Mystica

Peter Fiebag · Elmar Gruber · Rainer Holbe

Mystica

Die großen Rätsel
der Menschheit

Weltbild

INHALT

Mysterien des Altertums

Die heiligen Stätten	16
Glastonbury – Englands mythischer Ort	18
Stonehenge – der mystische Tempel	22
Avebury – Ebene der Giganten	26
Newgrange – die Auferstehung des Lichts	28

Die Stein-Alleen von Carnac	30
Trelleburgen – die Schiffshügel Dänemarks	34
Cumae – Grotte der Weissagung	36
Das Orakel von Delphi	40
Externsteine – eine germanische Kultstätte	42
Malta – Heiligtum der Erdmutter	44
Das Rätsel der großen Pyramide	46
Mekka – das Herz des Islam	52
Jerusalem – die Heilige Stadt	54
Tempeltürme des Vorderen Orients	58
Troja und der Schatz des Priamos	64
Mayaland – versunkene Welten im Dschungel	66
Teotihuacán – Stadt der Götter	72
Machu Picchu – verlorene Stadt	78
Das Indianerorakel Chavín de Huántar	82
Die indischen Felsentempel	86
Heilige Berge – Orte der Götter	90

Versunkene Länder	94
Atlantis – das verlorene Paradies	96
Unerreichbares Lemuria	100
Shangri-La – das geheime Utopia	102
El Dorado – das goldene Reich	104
Sagenhafte Städte der Nord- und Ostsee	108
Tartessos – goldene Stadt Iberiens	112
Bimini – versunkenes Land vor Florida?	114
Nan Madol – Venedig der Südsee	116
Legendäre Inseln im Atlantik	120

Tollan – das rätselhafte Land der Tolteken	124
Yonaguni Island – Pyramide im Meer	128
Çatal Hüyük – Kultstätte der Großen Göttin	132
Die rätselhaften Etrusker	136
Die Kultur der Anasazi	140
Ophir – das sagenhafte Goldland	144
Avalon – Königreich im Nebel	146

4

INHALT

Lehren der Vorfahren	148
Religionsgründer Echnaton	150
Thot – Hüter des geheimen Wissens	154
Die Lehren des Hermes Trismegistos	156

Zarathustra – der Kampf von Gut und Böse	160
Einweihung in die Mysterien	162
Die Mysterien von Osiris und Isis	166
Ägyptische Vorstellungen vom Wesen des Menschen	168
Platon und der Neuplatonismus	172

Legenden und Sagen	176
Die Königin von Saba und ihr legendäres Reich	178
Asgard – die Burg der germanischen Götter	182
Arthur – König einst und für alle Zeit	184
Die Heldentaten des Odysseus	188
Gilgamesch – der König von Uruk	192
Auf den Spuren der Großfüße	196
Nessie – das Wesen aus der Tiefe	200

Halb Mensch, halb Tier	202
Drachen – gute Götter oder böse Ungeheuer?	206
Fliegende Wunderpferde	208
Elfen, Feen und andere Naturgeister	210
Imhotep – Göttlicher Baumeister	212
Dilum, das Land des ewigen Lebens	216
Die Sintflut	218

5

INHALT

Mysterien des Ostens

Lehren des Ostens	224
Veden und Upanischaden	226
Atman und Brahman – Mystik im Hinduismus	232
Yoga – Erlösungsweg im Hinduismus	236
Chakren – die Energiezentren	240
Buddhismus	244
Vajrayana – der Weg des Tibetischen Buddhismus	250
Karma und Wiedergeburt	254
Zen – der steile Pfad	258
Meditation – Wege der Versenkung	262
Taoismus – Einheit der Gegensätze	266
Konfuzius und Lao Tse	270
Sufismus – Mystik im Islam	272
Altchinesische Weltformel – I Ging	276
Jainismus – Mahavira und die 24 Meister	280

Wunder des Ostens	282
Das Paradies	284
Die Arche Noah	286
Der Wille versetzt Berge	288
Yogis und Fakire	290
Lebendig begraben	292
Selbstregulation – Macht über die Körperfunktionen	294

Die magische Hitze	296
Das indische Palmblattorakel	298
Sai Baba – Heiliger oder Gaukler?	300
Kali – die schwarze Göttin und ihr Anhang	302
Meisterschaft über das Feuer	304

Symbole des Osten	306
Amarnath – Shivas Höhle im Himalaya	308
Lotos – die göttliche Blume	310
Ganesha – der Gott mit dem Elefantenkopf	312
Feurige Serafim	314

INHALT

Die Jakobsleiter	316
Nataraja – der Herr des Tanzes	318
Shiva und Shakti	320
Die Gottheit im Stein	326
Ganges – der heilige Fluss	328
Das Reittier des Schamanen	332

Yin und Yang – das Wechselspiel der Kräfte	334
Kathakali – mythisches Tanztheater	338
Der Kompass der Meister des Feng Shui	340
Die Terrakotta-Armee	344
Die Schlange	346
Lhasa – in einem Land vor unserer Zeit	348
Ahu – die Göttersitze Polynesiens	352
Der Ise-Schrein – Japans Heiligtum	356
Schriftengeheimnisse	358

Inkarnationen Vishnus — 362

Matsya – der Fisch	364
Kurma — die Schildkröte	366
Varaha – der Eber	368
Narasimha – der Löwenmann	370
Vamana – der Zwerg	372
Parashu-Rama – Rama mit der Axt	374
Rama - der Held des Ramayana	376
Krishna – der Hirtengott	378
Vishnu als Buddha	380
Kalki – das weiße Pferd	382

Phänomene des Ostens — 384

Das Weltbild der Schamanen	386
Schamanische Magie	390
Krankheits- und Todeszauber	394
Reinkarnation und Wissenschaft	396
Außergewöhnliche Körperfunktionen	400
Qi – die kosmische Energie	404

Qigong – Heilen mit Lebensenergie	406
Die Wunder der Qigong-Meister	410
Die visionäre Kunst des Narayana Murthy	412
Spuren von Außerirdischen in Asien?	414
Spuren von Außerirdischen im pazifischen Raum?	418
Die Felsenkirchen Äthiopiens	422
Die weiße Pyramide von China	426

7

INHALT

Mysterien des Westens

Lehren des Westens	432
Jesus – Mensch und Mythos	434
Das vergessene Thomasevangelium	440
Gnosis – Sehnsucht nach dem reinen Geist	442
Der Heilige Gral	444
Katharer – die Lehre der Reinen	450
Macht und Geheimnis der Templer	452
Das Erbe des Mittelalters	456
Die hermetische Tradition	458
John Dee – der Astrologe der Königin	460
Kabbala – die jüdische Mystik	462
Die christliche Kabbala	466
Alchemie – der Weg der Seele	470
Giordano Brunos unendliche Welten	474
Paracelsus, der Wegbereiter der Homöopathie	476
Natürliche Magie der Renaissance	478
Jakob Böhme und die Theosophie	482
Die Lehre der Kelten	484

Wunder des Westens	486
Die Wiederkehr der Engel	488
Biblische Wunder	492
Madonnen und Mirakel	496
Les Saintes-Maries-de-la-Mer	500
Findhorn – der Garten guter Geister	502
Guadalupe – das Bild der Gottesmutter	504
Stigmatisierte – Menschen mit den Wundmalen Jesu	506

Geheimwissenschaften	510
Ursprünge der Magie	512
Mantik – die Kunst der Wahrsagerei	516
Trance und Besessenheit	520
Voodoo – die exportierte Religion	522
Agrippas okkulte Philosophie	526
Faust – Dichtung und Wahrheit	530
Die Rosenkreuzer	532
Hexenglaube und Hexenangst	534
Hexensabbat – die »Synagoge Satans«	536
Geheimbünde	538
Magische Formeln, Amulette und Talismane	540
Weiße und Schwarze Magie	544
Schwarze Messe und Satanismus	546

INHALT

Die mysteriöse Geistheilung	548
Nostradamus – der Seher von Salon	552

Symbole des Westens — 558

Ursymbole	560
Indianische Symbole	564
Die Spirale	568
Das Labyrinth	570
Die alten geraden Wege	572
Petroglyphen – sprechende Steine	576

Die Bildnisse Britanniens	580
Nazca – Faszination in der Wüste	584
Die Mounds von Nordamerika und Asien	588
Cuzco – die kosmische Einheit der Inka	592

Unerklärte Phänomene — 594

Die großen Medien	596
Remote Viewing – Fernwahrnehmung	602
Spuk – ein Rätsel der Menschheit	606
Die Psi-Spione der CIA	610
Psychometrie – das Gedächtnis der Dinge	614

Gedankenfotografie	618
Spuren im Korn	620
Wo die Welt auf dem Kopf steht	622
Spuren von Außerirdischen in Amerika	624
Spuren Außerirdischer in Europa und Afrika	630
Außerirdische in Aktion	636

INHALT

Magische Kraftorte

Kraftorte 640

Kraftorte – Fantasie oder Realität?	642
Gaia - die Erde als Lebewesen	646
Die Kräfte der Elemente	650
Rhythmen und Schwingungen	654
Geomantie – Kunst der heiligen Plätze	658
Die Rätsel der gotischen Kunst	660
Englands magische Kathedralen	664
Orte der Einkehr und Kraft	668
Frankreich – Land magisch-mythischer Stätten	670
Irland – ein Land, ein Mythos	674
Dolomiten – Reich der Einarmigen	676

Die roten Felsen von Sedona	678
Das Rätsel der Talayots	680
Borobudur – der Tempel Buddhas	684
Maya-Ruinen in Mexiko und Guatemala	688
Hatra – Zentrum des Sonnengottes Schamasch	694
Rom – die heilige Stadt	696
Tanatowa – das Ursprungsland der Menschheit	702
Bali – Insel der Dämonenwächter	704
Karakorum – Highway der Riesen	706
Nemrud Dag - der Himmelsthron	710
Der heilige Uluru Australiens	712
Heilige Quellen – das Wasser des Lebens	716
Die Pagoden von Burma	720

Heilige Pflanzen 724

Heilige Pilze – Fleisch der Götter	726
Halluzinogene Kakteen	730
Ayahuasca – die Liane der Seelen	734
Die Alraune – Zauberpflanze Mandragora	736
Ginseng und Fo Ti Teng	740
Zaubertränke und Elixiere der Unsterblichkeit	742
Der Peyote-Kult	744
Mistel – Europas heilige Pflanze	746
Ololiuqui – die Samen der Wahrheit	748

10

INHALT

Das Geheimnis des Koka-Orakels	750
Engelstrompeten und Stechapfel	752
Salbei – das heilige Kraut	756
Cannabis – Nektar der Verzückung	758
Opium – die Tränen des Mohns	760
Magie der Pflanzen	762
Die Flugsalbe der Hexen	764
Der heilige Baum – Achse der Welt	768

Das Licht des Lebens 770

Strahlenkränze und Sonnengötter	772
Die Initiationserfahrung des Schamanen	776
Das Innere Leuchten des Schamanen	780
Magische Steine	782
Die Aura und der Kirlianeffekt	788
Heilendes Licht	792
Wilhelm Reichs Urenergie	796
Reichenbach und das Od	798
Der Astralkörper – ein feinstofflicher Leib?	800

Rätselhafte Objekte 802

Der Schädel aus Bergkristall	804
Wundertechnik der Vorzeit	808
Vorzeit-Computer von Antikythera	812
Die Schrifttafeln von Glozel	814
Die Osterinsel – der Nabel der Welt	816
Geheimnisvolle Landkarten	820
High-Tech-Astronomie in der Antike	824
High-Tech-Waffen im Altertum	826
Flugzeuge vor Jahrtausenden?	828
Eiszeitliche Nanotechnik	832
Die Kugeln von Costa Rica	834
Das Grabtuch von Turin	836
Das Jesus-Grab in Srinagar	842

Geheime Botschaften

Das 20. Jahrhundert — 848

Die Weisheit der Indianer	850
Éliphas Lévi und die französischen Okkultisten	852
Spiritismus – Kommunikation mit Verstorbenen?	854
Madame Blavatsky	858
Der Orden des Golden Dawn	860
Aleister Crowley – die Teufelsbestie	862
Yogananda	866
Krishnamurti, die Wahrheit	868
New Age oder das Zeitalter des Wassermanns	870
Rudolf Steiner	872
Ken Wilber – Evolution des Bewusstseins	874

Gegenwartsphänomene — 876

PSI-Forschung – von anomalen Phänomenen	878
Telepathie und Hellsehen	884
Psychokinese – Bewusstsein bewegt Materie	888
Uri Geller – der Löffelbieger und seine Nachfolger	892
PSI-Phänomene bei Tieren	896
Signale aus dem All	898
Kontakt: UFO-Begegnungen	902
Reisen in Zukunft und Vergangenheit	908
Leben auf dem Mars	912
Der Blitz über der Tunguska	916
Rätselhaftes Planetensystem	918

Botschaften der Zukunft — 922

Methoden der Visionäre	924
Die Macht der Träume	926
Astrologie – die Sternendeutung	928
Psychische Automatismen	930
Geistreisen – das Bewusstsein verlässt den Körper	934
Kartenlegen – der geheime Tarot	938
Magische Zahlenwelten	940
Endzeitangst und Weltuntergang	944
Hypnotische Progressionen	948
Botschaften anderer Dimensionen	950

INHALT

Leben nach dem Tod	952	Schwarzseher und Scharlatane	1006
		Prophezeiungen auf dem Prüfstand	1010
Die Reisen der Seele	954		
Der Tod – und was danach kommt	956		
Die Welt der Toten	958	Visionärswissenschaften	1012
Das Jenseits der alten Ägypter	960		
Die Totenbücher	962	Wissenschaft und Vision	1014
Göttliche Pole – Himmel und Hölle	964	Von sinnvollen Zufällen	1018
Im Angesicht des Todes	968	Das Gedächtnis des Universums	1022
Durch den Tunnel ins Licht	970	Die Kraft der inneren Bilder	1024
Technische Brücken zum Jenseits	972	Schneller als das Licht	1026
Jenseitswelten – Visionen anderer Dimensionen	976	Capra und das "Tao der Physik"	1028
Tod und Wiedergeburt in der Psychotherapie	978	Rätselhaftes Universum	1030
		Die Frage nach dem Leben	1034
		Gibt es Leben im Universum?	1038
Propheten	982	Darwins Irrtümer	1042
		Die holographische Theorie der Gehirnfunktionen	1044
Die prophetische Tradition	984	Bewusstseinsforschung	1046
Das Zeitalter der Propheten	988	Wunderwelt der vierten Dimension	1048
Echte Propheten – gefälschte Prophezeiungen	992	Die faszinierende Welt der Quanten	1050
Prophetische Wandersagen	996	Die Suche nach der Anti-Materie	1052
Der »prophetische Franzose«	1000		
Die Hopi-Prophezeiung	1004	Glossar	1056
		Register	1066
		Bildnachweis	1077
		Impressum	1080

13

Mysterien des Altertums

Die Mysterien des Altertums entstanden von ca. 6000 v. Chr. bis 600 n. Chr. – als klassisches Altertum wird die Zeit vom Beginn der ersten schriftlichen Aufzeichnungen im Orient (3000 v. Chr.) bis zum Untergang des Weströmischen Reiches (467 n. Chr.) gesehen. Auf der Suche nach diesen Mysterien dringt man in viele Länder vor. Das Buch führt z.B. nicht nur nach Nemrud Dag in die Türkei, wo Köpfe von Göttern durch einen wundersamen Schwur auf einer Berghalde ruhen, sondern auch nach England, zu den Steinkreisen von Stonehenge und Avebury, oder nach Glastonbury, dem Tor zur sagenhaften Insel Avalon. Wissenswertes über Religionen und Mythologien, die zum Bau der Stätten führte, vertiefen den Einblick in die wohl interessantesten Mysterien des Altertums.

Die heiligen Stätten

Menschen aller Zeiten und Kulturen waren stets auf der Suche nach Plätzen, an denen sie den Göttern näher sein konnten: Heilige Stätten, an denen magische Kräfte wirkten und an denen sie ihre Tempel errichteten, Kirchen oder Städte wie das geheimnisvolle Machu Picchu in den Anden. Auch Berge wurden den unsichtbaren Mächten geweiht und behielten ihre mystische Bedeutung bis in unsere Zeit – wie der japanische Fudschijama oder der glutrote Uluru in der australischen Wüste. Besonders sensible Menschen berichten von Visionen und Erscheinungen, die sie an solchen Orten haben, von einer kosmischen Kraft, die sie dort zu spüren glauben. Mythen und Sagen dieser Welt verdanken ihren Ursprung oft diesen magischen Kräften.

DIE HEILIGEN STÄTTEN

Mitten in der flachen Landschaft von Somerset liegt der markante Hügel von Glastonbury mit seinem Turm an der Spitze. Dieser Glastonbury Tor ist nicht nur das Wahrzeichen der Grafschaft, sondern seit Menschengedenken auch ein Ort, an dem sich zahlreiche mythische Geschichten kristallisieren.

Glastonbury – Englands mythischer Ort

Glastonbury in der Grafschaft Somerset, im Süden Englands, ist eine magische Stätte. Bizarr ragt die berühmteste Ruine des Inselreiches, der Turm einer ehemaligen Kirche, in den Himmel und zeugt noch heute von der Schönheit der einstigen Abtei. Heidnische Legenden, keltische Sagen und christliche Überlieferungen prägen Stadt und Landschaft. Einst war Glastonbury eine im Marschland gelegene Inselgruppe. Umhüllten hier die Nebel von Avalon das Reich des König Artus? Lag hier die Anderwelt der Kelten, bevor im Mittelalter Mönche der Abtei das Feuchtgebiet entwässerten und trockenlegten? Glastonbury ist Englands mythisches Zentrum. Die Menschen der Steinzeit verehrten hier, auf geheiligtem Boden, eine kosmische Muttergöttin, eine Gestalt, die als fruchtbare und furchtbare Mutter das weibliche Urprinzip verkörperte: Anima, wie es der Psychoanalytiker C. G. Jung benannte. Später nannten die Kelten die Hügel von Glastonbury Yns Avallach – die Apfelinsel – oder auch Avalon.

Die Druiden-Akademie

In den Überresten der Moorsiedlungen aus der Eisenzeit entdeckten die Archäologen Boote, mit denen die Bewohner ihre Siedlungen auf dem von Wasser umgebenen Land erreichen konnten. Das keltische Volk, das Avalon als die Anderwelt betrachtete, errichtete dort eine Druiden-Akademie. Hier wurden die Auserwählten in die Geheimnisse der Druiden eingeweiht und von dort stammen die Heiligen und Märchenwesen, Naturgeister und Magier wie Merlin und die Fee Morgane, die Schwester des sagenumwobenen Königs Artus. Ihr Reich war auch die Domäne der Kelten, denen die Sagen mehr galten als die Wirklichkeit. So ist es nicht verwunderlich, wenn medial begabte Menschen bis zum heutigen Tag von einem Experiment des Zauberers Merlin berichten, der in alten Zeiten Überlebende aus der Katastrophe von Atlantis mit dem neuen Volk der Kelten verbinden wollte. Damit sollte dem Strom archaischer Weisheit ein neuer Weg bereitet werden.

Joseph von Arimathea

Joseph von Arimathea soll nach Avalon gekommen sein, nachdem er in Jerusalem den Leichnam des Jesus von Nazareth vom Kreuz abgenommen und in einem Felsengrab bestattet hatte. Das ehemalige Mitglied des jüdischen Hohen Rates und heimliche Jünger Jesu hatte der Legende nach bei seiner Ankunft im nebligen Inselreich seinen Wanderstab in die Erde gestoßen, der darauf Wurzeln schlug. Aus ihm entwickelte sich ein Dornbusch, der jahrhundertelang an Weihnachten in den alten Ruinen der Abtei geblüht habe. Der heilige Mann aus Arimathea soll auf seiner Reise in den kühlen Norden auch den Kelch mitgebracht haben, aus dem Jesus beim letzten Abendmahl mit seinen Jüngern getrunken und in dem er das Blut des Gekreuzigten aufgefangen haben soll. Das Gefäß habe Joseph am Fuß des Glastonbury Tores (keltisch: Twr Avallach; Tor bedeutet Berg, Erde), einem 210 Meter hohen Hügel, schließlich vergraben, worauf die »Blood Spring«, die so genannte Blutquelle sprudelte, die noch heute zu sehen ist. Dort sei er auch an Land gegangen, als er mit dem Schiff aus Judäa kam. Die Geschichte um den

Die Legende einer Tragödie

König Artus widersetzte sich dem warnenden Ratschlag seines Magiers Merlin und heiratete die blonde Guinevere, die sich jedoch in seinen Freund Sir Lancelot verliebte und ihrem Mann untreu wurde. Als sich Lancelot danach dem Heiligen Gral näherte, wurde er von einem Windstoß umgeworfen. Artus versöhnte sich mit seiner Gattin, die durch die Intervention Lancelots vor dem Tod auf dem Scheiterhaufen bewahrt wurde. Nach Artus Tod sahen die Liebenden sich noch einmal wieder, gingen aber sogleich wieder auseinander, um von nun an für ihre Tat zu büßen. Guinevere wurde Nonne, Lancelot Einsiedler.

Die schöne Guinevere soll der Legende zufolge zusammen mit ihrem Gatten König Artus begraben worden sein. Die Illustration ist aus Eleanor Fortescue Brickdale's »Golden Book of Famous Women« entnommen (Anfang 20. Jahrhundert).

DIE HEILIGEN STÄTTEN

Der Journalist Harry Price erkannte in den weltweit ähnlich aufgebauten mythischen Geschichten kollektive Muster, die allen Menschen gemein sind.

Die Anderwelt der Kelten

Nachdem sie die Nebel von Avalon durchschritten hatten, gelangten die Druiden durch die Pforte des Twr Avallach in die Anderwelt der materiell-immateriellen vierten Dimension, die Same und Erfüllung der dreidimensionalen Welt bedeutet. Dort erforschten und erkannten sie die physikalisch-metaphysischen Gesetze, die das diesseitige Leben zwischen den Polen der körperlichen Geburt und des leiblichen Todes bestimmen und es einbinden in jenen ungleich größeren Zyklus von Entstehen und Vergehen und so lediglich Stationen in einem endlosen Umwandlungsprozess sind. Das war das Abenteuer der großen Wissenden: die den meisten Menschen nicht zugängliche Anderwelt zu erforschen und ihre Erkenntnisse in die Welt der dritten Dimension zu bringen.

Die Anderwelt war für die Kelten der Brunnen der Seele, des Geistes und der Unsterblichkeit, wo die Verstorbenen sich hin zur Wiedergeburt erneuern. Der Oxforder Publizist Harry Price (1881–1948), Begründer des National Laboratory of Psychical Research in London, wertete die keltischen Vorstellungen »als geistig-seelische Bilder, eine Art von Traumwelt, die die Erinnerungen und Wünsche der sie Erlebenden spiegelt«. Eine solche Bilderwelt brauche nicht rein subjektiv zu sein. »Wir alle können kollektive Bilderwelten aufbauen, die unser Bewusstsein erreichen und damit wirklich existieren«, sagte Price.

»Der Tod Joseph von Arimathea«, dargestellt auf einem Holzstich, nach einer Miniatur aus einer Gralsgeschichte des 15. Jahrhunderts.

Glastonbury Tor ähnelte auffallend einer Sage um die Verklärung Jesu auf dem Berg Tabor in der Heimat des frommen Reisenden.

Symbol der Erdschlange

Für die Kelten war der Tor der Eingang zur Anderwelt. Noch heute kann man den spiralförmigen Pilgerpfad, der sich rund um den Hügel windet, zur Turmruine auf dem Tor hinaufsteigen. Er soll vor etwa 2500 Jahren angelegt worden sein, als die Kelten nach Britannien kamen. Dieser gewundene Weg symbolisiert die Erdschlange und besitzt eine ureigene Harmonie und Kraft, die von sensitiven Menschen gespürt wird und einen tranceähnlichen Zustand auslösen kann. Wer in der Lage sei, dabei die Schwingungen der Erde (Twr) mit dem kosmischen Bewusstsein des Spiralweges in Einklang zu bringen, finde den Schlüssel zur Pforte zur Anderwelt. Wünschelrutengänger wollen bei ihren geomantischen Untersuchungen die Wirkung enormer Erdkräfte festgestellt haben. Nach alten Überlieferungen soll Glastonbury Tor nicht nur auf der Hauptkraftlinie Englands liegen – zusammen mit dem Saint Michaels Mount in Cornwall, Stonehenge und Avebury, sondern zugleich auch auf einer Kraftlinie, die sich wie eine liegende Acht (Lemiskate) als Symbol der Unendlichkeit um den ganzen Planeten zieht.

War Jesus in England?

Joseph von Arimathea soll schließlich auch den Grundstein für die erste christliche Kirche gelegt haben: Vetusta Ecclesia, die älteste Kirche im Inselreich, von der in den Legenden die Rede ist. Noch heute sind viele Bewohner Glastonburys davon überzeugt, dass er einst als Zinnhändler, zusammen mit seinem halbwüchsigen Neffen Jesus, in die neblige Einöde nach Glastonbury gekommen sei, um in der Druiden-Akademie von den heiligen Männern in keltischer Weisheit unterwiesen zu werden.

Das Grab von König Artus

Eine andere Legende besagt, in Glastonbury habe sich der in der Historie nicht nachzuweisende König Artus und die Ritter seiner Tafelrunde um den wieder ausgegrabenen Gral versammelt. Um dieses heiligste Zentrum des Reiches wurde von den frühen Christen eine kleine Kirche gebaut und im Laufe der Jahrhunderte entstand an ihrer Stelle die Benediktinerabtei, die 1184 durch ein Feuer zerstört wurde. Im Jahr 1191 suchten die heimatlos gewordenen Mönche auf Veranlassung Heinrich II. nach dem Artus-Grab. Diese Maßnahme sollte auch die aufmüpfigen Waliser eines Besseren belehren, die sich in dem Glauben zusammengerottet hatten, Artus sei gar nicht tot und würde nach Avalon zurückkehren, um Wales zu befreien.

Angesichts dieser Bedrohung fand man auch bald die Skelette eines überaus großen Mannes und einer Frau mit unverkennbar blondem Haar. Der Sage nach wurde die hellhaarige Guinevere als Strafe für ihren Ehebruch mit dem Ritter Lancelot zu Artus Füßen bestattet. Das Grab von König Artus und seiner Frau soll durch ein Bleikreuz mit der lateinischen Aufschrift »hic iacet sepultus inclytus rex arturius in insula avalonia« – »hier auf der Insel Avalon liegt der berühmte König Artus begraben« unschwer zu identifizieren gewesen sein. Auch das Grab von Joseph von Arimathea wurde bei dieser Gelegenheit wieder entdeckt. Beide Ruhestätten wurden rasch zu einer gefragten Attraktion für Pilger und erschlossen den Mönchen sehr bald die notwendige Finanzierung zum Wiederaufbau der Abtei.

Die imposante Anlage trotzte in den Jahren nach dem Wiederaufbau dem Ansturm der Dänen und Sachsen, aber gegen die Herrschaft unter Heinrich VIII., der sich selbst zum Oberhaupt der anglikanischen Kirche machte, war sie machtlos. Der König ließ 1538 allen Besitz der römischen Kirche im Lande auflösen und das Kloster von Glastonbury durch seine Soldaten plündern. Der letzte Abt wurde öffentlich gehängt, selbst die Bücher der großartigen Bibliothek wurden zum Auffüllen von Schlaglöchern verwendet. Die verfallenden Gebäude dienten den Bauern der Umgebung als Steinbruch für den Bau ihrer Häuser. Heute weist eine schlichte Tafel im Park der Abtei auf das Grab des legendären Artus hin, dort, wo einst der Hochaltar gestanden hat.

Inmitten der geschichtsträchtigen Landschaft Somersets befinden sich die Ruinen der Abtei von Glastonbury, in denen das einstige Grab König Artus vermutet wird, Anziehungspunkt für Tausende von Touristen. Das Schild im Vordergrund weist auf die Grablage des legendären Königs hin.

DIE HEILIGEN STÄTTEN

Stonehenge – der mystische Tempel

Stonehenge fasziniert seine Besucher sowohl durch schroffe Schönheit als auch durch magische Kraft.

In der südenglischen Grafschaft Wiltshire, mitten in einer weiten Ebene, zieht eine einsam in den Himmel ragende Steinkonstruktion mit Namen »Stonehenge« Touristen und Wissenschaftler gleichermaßen an. Genaueste Details ihrer Entstehungsgeschichte wurden nach und nach eruiert, doch bis heute kann niemand mit Bestimmtheit sagen, warum Stonehenge überhaupt gebaut wurde.
Stellt Stonehenge einen Tempel, eine Sternwarte oder gar ein Geschenk außerirdischer intelligenter Lebewesen an die Menschen dar? Allgemein weiß man wenig über den Verwen-

dungszweck solcher Megalithkonstruktionen, die es nicht nur in Stonehenge gibt.
Über dessen Entstehung sind sich Archäologen jedoch einig: Die Grundfeste für das faszinierende Steinmonument wurden vor mehr als 5000 Jahren gelegt – lange vor den ägyptischen Pyramiden.

Schrittweise zum Ziel
Untersuchungen nach der Radiocarbon-Methode – einem Verfahren zur Altersbestimmung von Gegenständen organischen Ursprungs – haben das hohe Alter von Stonehenge bestätigt. Im Zuge dieser Untersuchungen stellte man zudem verschiedene Bauphasen fest.

1500 Jahre Bauzeit
Die erste Phase wird auf 3000 v. Chr. datiert. Errichtet wurden damals ein Erdwall, ein Graben mit 56 Löchern, die Aubrey Holes und ein Menhir, heute Heel Stone genannt. Er stellte den Eingang der Stätte dar. Um 2100 v. Chr. gestaltete man diesen Eingangsbereich aus

Aus der Vogelperspektive erkennt man die ursprüngliche Ausdehnung von Stonehenge.

heute nicht bekannten Gründen um. Es kamen Steine aus den Preseli Mountains hinzu. Sie wurden in Form von zwei Kreisen innerhalb des Erdwalls aufgestellt. In einer dritten Bauphase wenig später karrten bis heute unbekannte Baumeister weitere Steine heran. Diese wurden zu den berühmten Trilithkonstruktionen (Dreistein) geformt.

Die Hufeisenform
Das Zentrum des Heiligtums markierten um 1900 v. Chr. fünf torartige Trilithe in hufeisenförmiger Anordnung. Sie waren umgeben von einem Steinring aus 30 mit Deckenplatten verbundenen Sandsteinmonolithen.
Erst in einer vierten Bauphase um 1500 v. Chr. erhielt Stonehenge seine heutige Gestalt: Zu dieser Zeit setzte man in das hufeisenförmige Innere der Anlage einen Zentralaltar, um den man weitere einzelne Bausteine in Hufeisenform aufstellte.
Bis heute konnte nicht geklärt werden, wie die damaligen Erbauer die riesigen Steinblöcke aufstellen konnten, wie die Querblöcke auf die Pfeiler gehoben und exakt in dafür vorgesehene Zapfen gelegt wurden. Auf jeden Fall muss das Volk von Stonehenge über ein

Im Gedenken an die Erbauer
Im Frühjahr 2000 wuchteten 40 englische Hobby-Archäologen einen drei Tonnen schweren Stein auf einen aus Birkenholz gezimmerten Schlitten, um ihn von den Preseli-Bergen in Wales in das etwa 400 Kilometer entfernte Salisbury, in dessen unmittelbarer Nähe sich Stonehenge befindet, zu transportieren. Ganze 1,6 Kilometer zogen sie den Stein durch die Landschaft. Danach legten sie erschöpft einen Tag Pause ein. Ein Jahr später, zur Sommersonnenwende 2001, soll der Felsbrocken den magischen Kreis von Stonehenge erreichen. Das schweißtreibende Spektakel erinnert an die Arbeit der Erbauer der Kultstätte, die in einer Zeit, als es bei den meisten Menschen noch ums bloße Überleben in einer unwirtlichen Umgebung ging, ein Werk geschaffen hatten, das bis heute seinesgleichen sucht.

Um die Basaltsteine aus den Preseli-Bergen nach Stonehenge zu bringen, mussten die Erbauer schwere Lasten ziehen. Freiwillige machen es in einem Experiment nach.

DIE HEILIGEN STÄTTEN

Möglicherweise war Stonehenge ein Ort religiöser Zeremonien (Aquatinta, 1816).

erstaunliches Ingenieurswissen verfügt haben. Oder, wie Mystiker behaupten, über Helfer mit außergewöhnlichen Fähigkeiten…

Tempel oder Observatorium

Besucher stehen heute vor den spärlichen Überresten dieser gewaltigen Konstruktion. Wie war es möglich, die 12 bis 25 Tonnen wiegenden Steinblöcke nach Wiltshire zu transportieren?

Man nimmt an, dass die meisten der Steine mit dem Floß von den walisischen Preseli Mountains auf dem Seeweg um die walisische Küste herum und von dort auf dem Fluss Avon an ihren Bestimmungsort gebracht wurden. Der Avon liegt nur 3,2 Kilometer von der Anlage entfernt.

STONEHENGE

Zu welchem Zweck wurde Stonehenge gebaut?

Der im 17. Jahrhundert lebende Altertumsforscher John Aubrey sah in der mystischen Stätte eine simple »Pfarrkirche«, wohingegen Inigo Jones, ein Zeitgenosse Aubreys, in der Steinformation einen römischen Tempel vermutete. Viele andere Betrachter meinten, in den Steinrelikten Landmarken zu erkennen. William Stukeley, ein Altertumsforscher aus dem 18. Jahrhundert, vertrat die noch heute weit verbreitete Meinung, Stonehenge sei ein Druidentempel gewesen. Heute teilen die meisten For-

Heute gibt es zwischen Anhängern des Druidenkults und der Polizei immer wieder Auseinandersetzungen. So ist es beispielsweise nicht gestattet, die Steine zu erklimmen.

scher die Ansicht des Astronomen Klaus Meisenheimer vom Max-Planck-Institut in Heidelberg. Er hält die megalithische Konstruktion für ein prähistorisches Observatorium. Demnach sei Stonehenge eine »Finsternisuhr zur präzisen Vorhersage von Sonnen- und Mondeklipsen« gewesen.

Druidenzauber

Jedes Jahr zur Sommersonnenwende, in der Nacht vom 21. zum 22. Juni, beobachten Tausende von Menschen den Aufgang der Sonne über Stonehenge. Sie geht an diesem Tag exakt zwischen dem Heel Stone und einem anderen, nicht mehr vorhandenen Stein auf. Junge Pseudo-Druiden in weißen Gewändern rufen und singen dazu: »Steig empor, o Sonne! Zerstreu mit deinem strahlenden Licht das Dunkel der Nacht!« Als Priesterkaste der Kelten hatten die Druiden, die nicht nur religiöse, sondern auch heilende und mystische Aufgaben wie Wahrsagen, Traum- und Sterndeutung innehatten, einen besonderen Bezug zum Himmel und zur Natur. So beeindruckend das heutige Schauspiel auch sein mag, es waren mit Sicherheit nicht die Druiden, die Stonehenge errichteten. Sie traten erst 2000 Jahre nach Erbauung Stonehenges in die Geschichte ein. Wahrscheinlich haben die Druiden Stonehenge als Tempelanlage für ihre Rituale entdeckt und möglicherweise haben sie auch dessen astronomische Besonderheiten erkannt.

Was auch immer der Zweck von Stonehenge gewesen sein mag – allein die Mühen, die man auf sich nahm, um es zu errichten, weisen auf seine große Bedeutung hin. Ob seine Erbauer aus religiösen oder aus astronomischen Gründen aktiv wurden – auf jeden Fall waren es Wesen mit bemerkenswertem Wissen und herausragenden architektonischen Fähigkeiten. Ob es auch Menschen waren? Ihr Geheimnis verbirgt der Steinkreis von Wiltshire bis zum heutigen Tag.

Ewige Rätsel

Der große römische Imperator Julius Cäsar vermutete nach seinen Feldzügen auf der britischen Insel (55/54 v. Chr.) einen Zusammenhang zwischen Stonehenge und den Ritualen der Druiden, den keltischen Priestern, in denen er »hochgelehrte, für Diskussionen über die Sterne und ihre Bahnen und für die Größe des Weltalls aufgeschlossene Männer« sah. Historiker konnten später keinen Zusammenhang zwischen den Kelten und den Steinkreisen entdecken. Auch gibt es weder Beweise für einen Einfluss anderer Kulturen wie der der Hindus oder Mayas, noch von Besuchern aus dem All. Für Radiästheten, Menschen die besonders sensibel auf sie umgebende Energien reagieren, ist Stonehenge ein bedeutsamer Ort, an dem sie mit ihren Wünschelruten gewaltige Energien messen. Sie meinen, dieses energetische Phänomen sei der eigentliche Grund für die frühzeitlichen Erbauer gewesen. Den Radiästheten zufolge soll das geheimnisvolle Monument Stonehenge ein spiritueller Kraftort sein.

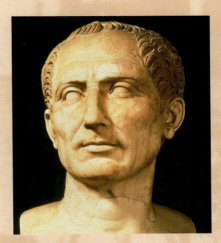

Gaius Julius Cäsar (100–44 v. Chr.), der römische Staatsmann und Feldherr aus dem Geschlecht der Julier, kam bei seinen Feldzügen in Britannien um 55 v. Chr. auch mit dem Mysterium Stonehenge in Berührung.

DIE HEILIGEN STÄTTEN

Avebury – Ebene der Giganten

Rund um ein kleines Dorf in Südwest-England liegt eine der bedeutendsten Steinkreisanlagen der Welt. Es handelt sich um die Ringanlage von Avebury, die man über eine Hauptstraße bequem erreicht und ohne Einschränkungen Tag und Nacht besichtigen kann.

In der kleinen Stadt Avebury in der südwestenglischen Grafschaft Wiltshire befindet sich die größte Steinkreisanlage Englands, größer und älter als das berühmte Stonehenge bei Salisbury. Etwa 700, aus der Jungsteinzeit (6.–2. Jahrtausend v. Chr.) stammende, roh behauene Steine waren einst in Avebury in drei Ringen angeordnet, die ein Erdwall mit einem 15 Meter tiefen Graben umschloss. Heute ragen noch 26 der, bis zu vierzig Tonnen wiegenden, steinernen Giganten in den Himmel. Anwohner behaupten, »dass die Kraft von Stonehenge auf Avebury übertragen wurde«.

Obwohl oder weil der Steinkreis nahe einer Hauptstraße liegt, können sich viele Besucher seiner magischen Ausstrahlung nicht entziehen. Im Gegensatz zum umzäunten Stonehenge dürfen hier die Steine auch berührt werden, man kann Experimente mit der Wünschelrute anstellen und mystisch-mythologische Feste feiern.

Die Stufenpyramide von Silbury Hill

In der Nachbarschaft von Avebury erhebt sich der nahezu 40 Meter hohe Silbury Hill. Ausgrabungen in den späten 1960er Jahren weisen auf eine Entstehungszeit dieses künstlich aufgeschütteten Monuments zwischen 2800 bis 2600 v. Chr. hin. Im Inneren des Hügels stießen Archäologen auf eine sechsstufige Steinpyramide.

Ist es Zufall, dass auch ein ägyptischer Pharao mit der Stufenpyramide von Sakkara ein ähnliches Bauwerk errichten ließ? Der Zweck der Anlage, an der bei einer angenommenen Bauzeit von zehn Jahren gut 700 Mann gearbeitet haben müssen, wurde bis heute nicht geklärt.

Botschaften im Korn?

Auffallend ist, dass in der Nähe von Silbury Hill kaum ein Sommer vergeht, in dem man in den umliegenden Feldern nicht jene mysteriösen Kreise und Piktogramme beobachten kann, deren Herkunft gern Außerirdischen zugeschrieben wird. Rutengeher wollen an dem geheimnisumwobenen Hügel die gleichen Energien gemessen haben, wie in den Stein- und Getreidekreisen der Umgebung.

Die Kennet Avenue, eine eindrucksvolle Allee mit rund 200 paarweise angeordneten Monolithen verbindet Avebury mit dem eigentlichen, prähistorischen Heiligtum der Gegend, dem »Sanctuary«, auf dem flach geschwungenen Overtone Hill. Präzise gebohrte Löcher in den Steinen deuten auf hölzerne Pfosten hin, die einen runden Tempelbau gestützt haben könnten. In diesem kleinen Steinkreis fand man Lavasteine, die nachweislich aus der deutschen Eifel stammen.

Sternwarten, Kalender, Heiligtümer?

Der britische Astroarchäologe Professor Alexander Thom (1894–1985) sah in den Steinanlagen seiner Heimat sorgfältig angelegte Sternwarten und Kalenderheiligtümer. Ihm gelang der Nachweis, dass die Stein- und Bronzezeitbaumeister mathematische Konstruktionen verwendeten und mit Sicherheit bereits das Prinzip der rechtwinkligen Dreiecke gekannt hatten, das dem Griechen Pythagoras (um 570–um 500 v. Chr.) zugeschrieben wird.

Dennoch bleiben die Steinkreise unergiebige Stätten für Forschung und Wissenschaft. Nie fand sich ein Hinweis darauf, was sich dort wirklich ereignet hat, niemals wurde etwas gefunden, was einen sicheren Aufschluss über Sinn und Zweck der Anlagen gab. Professor Richard Atkinson vom University College in Cardiff hat zwar in Avebury Geweihsprossen zum Graben, Bruchstücke von Feuersteinen, Äxte und Tonscherben verschiedenster Epochen gefunden, aber was die Menschen damals dachten, woran sie glaubten und was sie sich erhofften, bleibt ein Geheimnis. In jedem Fall fiel Atkinson auf, dass, obwohl die prähistorischen Stätten jahrtausendelang benutzt wurden, dort keinerlei Abfall zu finden ist: »Es sieht ganz so aus, als hätten sich die Erbauer in Avebury und anderswo so verhalten wie wir in den Kirchen«, meint der Forscher. Auch wir hinterlassen keine Spuren an Orten, die uns heilig sind.

In Südengland befinden sich neben mystischen Steinkreisen auch mehrere Hügelanlagen, wie hier in Wiltshire der Silbury Hill. Mündliche Überlieferungen berichten, dass er den »schwangeren Leib« der Erdgöttin aus matriarchalischen Zeiten darstellen soll.

Spekulationen um Avebury

Der Altertumsforscher John Aubrey (1626–1697) sah in den Steinkreisen von England die Wirkungsstätten von Druiden. Er verglich die weisen Männer mit den Propheten des Alten Testaments. In Anlehnung an die Arbeiten des Schweizer Psychoanalytikers C. G. Jung (1875–1961) sehen einige Wissenschafler in Avebury den weiblichen Archetypus des Kreises, der durch den phallisch aufgerichteten Stein ergänzt und gebildet wird. Avebury besteht aus einem nördlichen und einem südlichen Kreis – darin stellt sich das weibliche mit seinem Schatten dar. Für die Zeit der Erbauung von Avebury könnte eine Herrschaft des Weiblichen – ein Matriarchat – vorgeherrscht haben.

Männliche Götter setzten sich nachweislich erst in der Bronzezeit (2.–1. Jahrtausend v. Chr.) durch. 1979 veröffentlichte eine britische Forschergruppe erste Ergebnisse eines von ihr geleiteten Experiments. Danach wurden an Blöcken des Steinkreises Ultraschallimpulse gemessen. Eine Wiederholung der Versuche an dort zur Markierung aufgestellten Betonpfeilern brachte keine Resultate.

Sollten also die Steinkreise auch Orte der Heilung, frühzeitliche Energieübermittler für Kranke und Schwache gewesen sein?

AVEBURY

27

DIE HEILIGEN STÄTTEN

Newgrange – die Auferstehung des Lichts

Ein Relikt aus der Steinzeit ist das Ganggrab von Newgrange, das als kreisrunder Blickfang in der Nähe von Dublin steht. Kranzartig war der Bau in seinen Anfängen von einer Vielzahl an Megalithen umringt. Zwölf davon sind heute noch zu sehen.

Das imposante »Haus der Toten« auf einem Hügel über dem irischen Fluss Boyne gab es bereits lange bevor das griechische Mykene oder die Pyramiden von Gizeh entstanden. Das Hügelgrab von Newgrange, ca. 30 Kilometer nördlich von Dublin, darf als das größte architektonische Wunder der Vorzeit und als das älteste erhaltene Bauwerk der Welt bezeichnet werden. Seine Entstehung wird grob auf 5000 v. Chr. geschätzt. 200.000 Tonnen Steine mussten für den Bau bewegt werden. Das Faszinierende: An einem einzigen Tag des Jahres – der Wintersonnenwende um den 21. Dezember – wird die Grabkammer für 17 Minuten von einem gleißenden Sonnenstrahl erhellt.

NEWGRANGE

Jahrtausendelang versteckt

Newgrange ist das mystische Herz Irlands. Eingebettet in die saftig-grünen Midlands entlang der Ostküste, galt der prähistorische Bau jahrhundertelang als natürlicher Hügel. 1690 bei Straßenarbeiten entdeckt, blieb das Steinmonument lange Zeit ein einsamer Anziehungspunkt für seltene Besucher. Erst 1962 begannen Professor Michael J. O'Kelly und sein Team von der Universität in Cork mit Ausgrabungen und Restaurierungsarbeiten. Die Wissenschaftler fanden in den Steintrögen des Grabhauses neben menschlichen Knochen auch Reste von Schmuckstücken und Kultgegenständen.

43 aufrecht stehende, plattentragende Steinquader bilden einen 20 Meter langen, schmalen Gang, der in die Tiefe des Hügels führt und in drei Kammern endet. In den Steinen sind seltsame Zeichen geritzt: Schlangen- und Zickzack-Linien, Doppelspiralen und geometrische Symbole. Die Quader des prähistorischen Gebäudes sind fest verfugt. Entwässerungsrinnen sorgen für Trockenheit und konstante Temperaturen im Inneren. Über Jahrtausende müssen die dort aufbewahrten Leichname unversehrt geblieben sein.

Prophetische Menschen?

»Wir haben keine Ahnung, wer die Menschen waren, die auf diese exklusive Weise bestattet wurden«, erklärte O'Kelly, der die Ausgrabungen in Newgrange bis 1975 geleitet hat. »Es müssen keine Könige, Priester oder Stammeshäuptlinge gewesen sein. Möglicherweise waren es außerordentliche Menschen, die prophetische und heilende Gaben besaßen.« Eingeschlossen in tiefste Dunkelheit harrten sie vielleicht einer baldigen Auferstehung.

Spuren im Quarz

Das Phänomen, dass die die Grabkammer einmal jährlich zwischen 8.58 Uhr und 9.15 Uhr während der Wintersonnenwende erhellt, haben O'Kelly und seine Männer zufällig entdeckt. Sie stießen oberhalb des Eingangs auf einen rechteckigen Schlitz, der von einem offenbar als Schieber dienenden rechteckigen Block halb verschlossen war. Kratzer im Quarz deuten darauf hin, dass man den Schieber in der Vergangenheit oft bewegt hatte. Geöffnet gab er über dem mit einer fünf Tonnen schweren Steinplatte verschlossenen Eingang eine schmale Öffnung frei, die als Einlass für Menschen allerdings zu eng war.

Sonnenenergie

Die Archäologen erinnerten sich an alte Geschichten der Dorfbewohner, laut denen am Tag der Sonnenwende Licht in das Grab fallen sollte. Und tatsächlich: Am 21. Dezember 1967 hatte man den Beweis. Es muss ein erhabener Moment gewesen sein, als die Sonne am gegenüberliegenden Ufer des Boyne aufging und ein orangefarbener Strahl direkt durch den Dachschlitz in das Innere fiel. Der zunächst nur bleistiftdünne Strahl verbreitete sich zu einem Band von 15 Zentimetern. Die vom Boden reflektierte Helligkeit war so groß, dass die Grabkammern voll ausgeleuchtet waren.

»Ich erwartete eine Stimme zu vernehmen oder eine kalte Hand auf meiner Schulter zu spüren«, erinnerte sich O'Kelly, »aber nichts dergleichen geschah.« Die Sonne wanderte nach Westen weiter und der Strahl wurde schmaler, bis schließlich wieder völlige Dunkelheit herrschte. So faszinierend dieses Erlebnis für den Archäologen und seine Mitarbeiter auch war, den Sinn dieser Ausrichtung für eine Grabanlage hat man noch immer nicht geklärt. Tankten die Seelen der Toten einmal jährlich Energie oder stiegen sie mit den Sonnenstrahlen in das Universum hinauf?

Der Weg nach Newgrange

Die Grabstätte von Newgrange ist zu außergewöhnlich, um noch ein unberührter Ort zu sein. Die Außenwände und der Gang zu den Grabkammern wurden mittlerweile mit Stahlbeton abgesichert, so dass die Anlage mit ihrer exakten Rundung und der bewachsenen Kuppel wie ein Museumsbau aus dem 20. Jahrhundert wirkt. Jedes Jahr kommen Tausende von Besuchern aus aller Welt.

Das »Wunder des Lichts« zur Wintersonnenwende wird jedoch nur auserwählten Gästen zuteil. Andere müssen sich mit einer technischen Rekonstruktion des Vorgangs begnügen. Empfehlenswert für einen Besuch des Monuments an der Nationalstraße 51 sind die frühen Morgen- und späten Abendstunden, weil durch das rötliche Licht und die wenigen Besucher eine unvergessliche Atmosphäre entstehen soll.

Die Grabanlage von Newgrange bietet dem aufmerksamen Beobachter viele Symbole und Details. So könnte man das Kreisrund des Baus als »Schutzzirkel« gegen böse Mächte sehen. Von besonderer Schönheit sind auch die Randsteine, die die Außenmauern vor der Renovierung im letzten Jahrhundert zierten.

DIE HEILIGEN STÄTTEN

Die Stein-Alleen von Carnac

In Frankreich, genau gesagt vor der bretonischen Bucht von Quiberon, stehen Steinalleen, über deren Alter, Erbauer und Funktion man nur Vermutungen anstellen kann. In jedem Fall verleihen sie der Gegend ein mystisches Aussehen.

CARNAC

Das kleine Dorf Carnac in Frankreich hat nicht nur einen der schönsten Strände der Bretagne, es ist auch durch seine zahlreichen prähistorischen Denkmäler als eine der wesentlichen Fundstätten für vorgeschichtliche Kultur bekannt. Kilometerlang ziehen sich Alleen mit mehr als 3000 unbehauenen Steinen hin, von denen manche direkt ins Meer führen.

Geometrische Figuren

Heute kann man das Vorhandensein weiterer tausender Menhire, die im Laufe der Zeit zerfielen, zum Hausbau verwendet wurden oder in den Wellen des Atlantiks versanken, nur ahnen. Diese verschwundenen Steine erschweren die Lösung eines Rätsels, dessen Ursprung im 6. Jahrtausend v. Chr. lag. Aus der Luft betrachtet scheint es nämlich, dass einige der großen und kleineren Megalithe riesige geometrische Figuren bilden. Exakte Dreiecke mit den Diagonalen von 107 Metern und den gleichen Seitenverhältnissen von 5:12:13 sind auszumachen. Wozu, das ist nicht bekannt. In jedem Fall drücken Dreiecke in der antiken Mythologie die Harmonie des Kosmos aus. Für die Kelten zeigen sie die drei Entwicklungsschritte alles Seienden, für Christen symbolisieren sie die Dreieinigkeit.

Höhere Mathematik

Der Archäologe Dr. Bruno Kremer bemerkte in der Zeitschrift »Naturwissenschaftliche Rundschau« (Heft 12/Jahrgang 37), dass »die einzelnen Ensembles nach festen Maßbezeich-

Heiliges und Magisches

In Armorika – der heutigen Bretagne – liegt Heiliges und Magisches dicht beieinander. Jedes Jahr zur Sommersonnenwende werden in den Steinformationen um Carnac, inmitten der Dolme und Menhire, Seminare veranstaltet, in denen die Teilnehmer oft außergewöhnliche Fähigkeiten an sich entdecken: eine klare Wahrnehmung verborgener Energien, eine intensivere Beziehung zur Natur und eine ungewöhnliche Klarsichtigkeit. Niedergeschlagene und depressive Menschen verlassen nicht selten erfrischt und positiv gestimmt die alten Kultstätten – für Mystiker ein Beweis, dass an diesen Plätzen eine himmlische Energie wirkt, die den Einzelnen seinen Ursprüngen näher bringt.

Die Faszinationen der Zeugnisse einer längst vergangenen Megalith-Kultur offenbaren sich uns auch heute noch (Carnac bei Sonnenuntergang).

DIE HEILIGEN STÄTTEN

Den größten Dolmen (bretonisch dol-men, Steintisch) der Megalithkultur in der Bretagne findet man bei Locmariaquer. Er wird französisch »Table des Marchands«, Tisch der Händler, genannt, denn auf mehrere Trägersteine wurde eine Deckplatte gelegt. Da er viel zu groß für einen richtigen Tisch ist, wird vermutet, dass der Table eine Grabkammer war.

Vorgeschichtliche Zeugen aus Stein

Megalithe sind bis zu 21 Meter hohe und bis zu 350 Tonnen schwere, künstlich aufgerichtete Steine, die meist in geometrischen Formen (Kreise, Dreiecke) angeordnet sind. Um Megalithe aufzustellen, musste vorher ein Loch gegraben werden, in das dann der Stein hineingekippt wurde. So lautet die klassische Erklärung der Archäologie.

Menhire sind einzeln in der Landschaft stehende Megalithe, die nicht selten eingehauene Bildzeichen tragen wie Schlangen, Äxte oder geometrische Figuren. Der große Menhir von Locmariaquer bei Carnac war 21 Meter hoch und wog mit seinen 348 Tonnen 40 Tonnen mehr als ein vollbesetzter Jumbo-Jet. Seine Bedeutung ist rätselhaft. Archäologen vermuten u.a., dass er eine Landmarke darstellte.

Dolmen ist der bretonische Begriff für Gräber. Aus quergestellten Steinen wurde eine Kammer gebildet. Meist liegt als Dach ein flacher Stein darüber, so dass Dolmen einem riesigen Tisch ähneln. Oft haben solche Gräber noch eine Vorhalle.

nungen errichtet wurden, die auf eine hochentwickelte Vermessungstechnik in der mittleren Steinzeit schließen lassen«. Bei derart korrekten Anlagen geht es um angewandte höhere Geometrie. Die Kugelgestalt der Erde ist dabei ebenso berücksichtigt worden wie Gradeinteilung und astronomische Winkelmessungen.

Schnurgerade Linien

Über dem größten Menhir Europas, dem Er Grah bei Locmariaquer, 15 Kilometer von Carnac entfernt, haben der englische Archäologe Professor Alexander Thom (1894–1985) und sein Sohn Alexander S. Thom von der Universität in Oxford acht Linien entdeckt, die in die verschiedensten Richtungen führen, wobei die Linien stets schnurgerade über andere künstlich erstellte Steinanhäufungen ziehen. Eine dieser Linien beginnt zum Beispiel bei Trevas, zieht sich kurz die Küste entlang, überquert den Golf von Morbihan, kreuzt den riesigen Menhir und passiert auf einer Strecke von 16 Kilometern die Bucht von Quiberon. Die beiden Wissenschaftler meinen, dass in prähistorischen Zeiten all diese Landmarkierungen von der Spitze des mittlerweile zerborstenen 21 Meter hohen Steingiganten gesehen werden konnten.

Bauern und Fischer

Vor rund 4000 Jahren lebten in der Gegend von Carnac die Armorikaner, deren Vorfahren in den Cro-Magnon-Menschen, der ersten in Europa bekannten Rasse des Homo sapiens, zu suchen sind. Sie waren Bauern und Fischer und wagten sich mit leichten Booten aus Weidengeflecht auf das offene Meer.

Wie konnten sie also – mathematisch korrekt angeordnet – Tausende von mächtigen Steinsäulen errichten, den 348 Tonnen schweren Koloss von Locmariaquer transportieren und nach vorher durchdachten Plänen großflächige Dreiecke in die Landschaft stellen?

Technische Intelligenz

Kaum wahrscheinlich, dass zauberkundige Priester die schweren Lasten telekinetisch durch die Kraft ihrer Gedanken bewegt oder 3000 Menschen die Kolosse auf Rollen durch die unebene Landschaft transportiert haben. Oder sind die Erbauer der gewaltigen Denkmäler gar nicht der Steinzeit-Epoche zuzuordnen? War eine technische Intelligenz am Werk, die aus dem Weltall kam? Fest steht, dass einige der Großstein- und Ganggräber, die man um Carnac fand, jüngeren Datums sind und dass die Naturdenkmäler aufgrund der dort gefundenen Opfergaben heilig waren.

Geister und Spukgeschichten

Die Steine von Carnac und der übrigen Bretagne sind kein isoliertes Phänomen. Tausende finden sich überall in Europa, aber auch in Afrika, im Norden bis weit in den Süden nach Gambia und Senegal hinein. Um sie ranken sich zahlreiche Sagen und Legenden. Häufig werden Menhire mit Geistererscheinungen und anderem Spuk in Verbindung gebracht. Manche der Megalithe gelten als verzauberte Wesen, die zu bestimmten Zeiten tanzen und sich zu einem nahe gelegenen Fluss bewegen, um dort zu trinken. Für zeitgenössische Mystiker verbinden sich an den alten Steinen kosmische Kräfte mit den Energien der Erde und schaffen universelle Kraftzentren, deren Wirkung sich positiv oder negativ bemerkbar machen kann. So viele Erklärungsversuche man für das Entstehen und den mystischen Hintergrund der Kultobjekte auch entwickelte – Ursprung und Zweck liegen vermutlich noch lange im Dunklen.

Über die Megalithen von Carnac ranken sich zahlreiche Legenden. So handelt eine vom heiligen Cornelius, der 253 den Märtyrertod gestorben sein soll. Ihn wollte man angeblich zwingen, einem Heidengott zu opfern, woraufhin er von Rom in die Bretagne floh. Die Armee des römischen Kaisers, die ihn verfolgte, verwandelte der fromme Christ allein durch seine Gebete zu Stein. Sie bilden seitdem die Alleen von Carnac.

DIE HEILIGEN STÄTTEN

Trelleburgen – die Schiffshügel Dänemarks

Die Wikingerburg Fyrkat war einst eine stolze Wallanlage mit vier Toröffnungen, die durch diagonale Straßenführung miteinander verbunden waren. Heute erinnern nur noch die Mauergrundrisse an ihre glanzvolle Zeit.

Quer durch Dänemark wurde vor langer Zeit ein unsichtbares Band gelegt, an dem sich noch heute heilige Orte wie auf einer Perlenschnur aneinander reihen. Trelleburgen werden die eigentümlich hohen Ringwallanlagen nach der bekanntesten nahe der Ortschaft Trelleborg auf der Insel Seeland genannt. In ihnen befinden sich je 16 gleiche ellipsenförmige Figuren, die durch ihre präzise Ausarbeitung beeindrucken. Außerhalb des jeweiligen Ringwalls liegen 13 weitere ellipsoide Strukturen – angeordnet in einem perfekten Kreisbogen zur Ringwallmitte hin. Welche Architekten und Ingenieure haben diesen perfekt symmetrischen Grundriss geplant und umgesetzt? Zu welchem Zweck?

Fords für Familien?

Lange hielten Archäologen die um 980 entstandenen Wälle für Wikingerkasernen, deren hügelige Aufwerfungen man nach dem Grundriss großer Schiffe geplant hatte. Doch neueste Erkenntnisse und die Tatsache, dass man in den vermeintlichen Kasernen auch Knochen von Frauen- und Kinderleichen fand, legen eine andere Vermutung nahe. Sie wandelt die Trelleburgen von alten Fords zu den letzten großen Rätseln der Welt.

Die heidnische Lichtreligion

Betrachtet man die Wallanlagen, so wurden sie alle nach einem exakten Plan angelegt, der nur eine maximale Abweichung von zehn Grad vom magnetischen Nordpol für ihr Achsenkreuz erlaubte – was sie entlang einer Symmetrieachse über Hunderte von Kilometern miteinander verband. Dazu kommt ein längst vergessener heidnischer Kult, von dem man lange Zeit nicht wusste, dass er so hoch aus dem Norden kam: die »Religion des Lichts«. Ihr Zentrum war der mystische Ort Iumne oder Lumne, der über die Jahrhunderte unauffindbar schien. Der Historiker Adam von Bremen hatte den Weg nach Iumne zwar 1066 über das norddeutsche Oldenburg angegeben und die Slawen als Bewohner des Umlandes genannt, doch diese Angaben führten zu Verwechslungen. Man suchte den Ort in der Nähe von Stettin im heutigen Polen und hat dabei völlig übersehen, dass es an der norddeutschen Küste noch ein zweites Oldenburg gab, das heute den Namen der Wikingersiedlung Haithabu trägt. Und mit Slawen bezeichnete man um das Jahr 900 generell die Nordländer. Beachtet man all dies und begibt sich unter diesen Vorzeichen erneut auf die Suche nach Lumne, so gelangt man geradewegs nach Aggersborg, zu der größten der insgesamt vier dänischen Ringwallanlagen.

Sagenhaftes Lumneta

Auf alten Karten wird Aggersborg »Luxstedt/Lichtstätte« oder Lumnet genannt. Der antike Geschichtsschreiber Helmoldus (3. Jahrhundert) schrieb dazu: »Wo die Ostsee ins offene Meer fließt, lag einstmals Lumneta, die berühmte Stadt. Sie war vielbesuchter Aufenthaltsort von Barbaren und Griechen [...]. In der Tat kamen sie aus allen Städten Europas [...]. Nach der Zerstörung der Stadt und der heidnischen Bräuche irrten alle umher.« In der Mitte aber stand das wichtigste heidnische Heiligtum, ein Bauwerk, das so stark leuchtete, dass die Stadt Luxstedt genannt wurde. Welches Volk errichtete die Trelleburgen, von denen zumindest eine auf mystische Weise erleuchtet war? Was leuchtete so hell, dass sich darum eine ganze Religion bildete und Menschen aus weiten Teilen Europas kamen? Die verschwundene Fährte von Lumneta ist wiedergefunden. Nun muss die Archäologie an die Beantwortung der offenen Fragen gehen.

Riesenanlagen der Vorzeit

Bei einem Flug über Trelleborg fiel dem dänischen Piloten Preben Hansson (* 1923) die merkwürdig symmetrische Konfiguration der Wallanlage auf. Eine überdimensionale Kreuzstruktur schien als Wegweiser angelegt zu sein. Er stellte den Autopiloten darauf ein. Zu seiner Überraschung führte ihn sein Flugkurs genau über die zweite dieser Burgen, Eskeholm, dann zur dritten, Fyrkat, und schließlich nach Aggersborg. Es stellt sich die Frage, mit welchem Peilsystem eine Strecke von über zwei Flugstunden navigiert wurde – in einer Zeit lange vor den Wikingern (8. Jh.).

Nichts fürchteten die Küstenländer Europas im 9. Jahrhundert mehr, als die fast lautlos dahingleitenden Drachenschiffe der Wikinger. Brandschatzend drangen die Skandinavier bis nach Nordafrika vor. Die Trelleburgen wurden z. T. von ihnen militärisch genutzt, aber ihre Erbauer waren sie nicht. Im dänischen Roskilde kann man nicht nur im »Wikingerschiffshalle« genannten Museum Kriegs- und Handelsschiffe bestaunen. In den Sommermonaten bietet die Museumsverwaltung auch Schifffahrten auf Originalnachbauten an.

DIE HEILIGEN STÄTTEN

Eine der großen Prophetinnen des Altertums, die latinische Seherin Sibylle von Cumae, war seit jeher ein beliebtes Kunstmotiv. Das Ölgemälde »Römische Ruinenlandschaft mit predigender Sibylle« von Giovanni Paolo Pannini (um 1750) befindet sich in Valence im Musée des Beaux-Arts.

Cumae – Grotte der Weissagung

Eine der berühmtesten Orakelstätten der Antike lag an der Westküste Süditaliens. Cumae nannten die Römer diesen heiligen Ort. Tief in eine Höhle, die in den markanten Küstenfelsen hinunterführte, begab sich die Orakelpriesterin, wenn sie von Apollon, dem Gott der Weissagung, die Zukunft erfragen wollte. Die Menschen, ob Könige oder Bauern, glaubten so fest an ihr prophetisches Wort, dass ihre Weissagungen

Einfluss auf den Lauf der Geschichte nehmen: Man begann den Orakeln entsprechend zu handeln. War es der ehrfurchtgebietenden Seherin, die man Sibylle nannte, tatsächlich möglich, in die Zukunft zu schauen? Oder verstand sie es nur, die Leichtgläubigkeit ihrer Zeitgenossen auszunutzen?

Im Reich der Toten

Cumaes Wurzeln reichen bis zum Beginn des griechisch-römischen Altertums im zweiten Jahrtausend v. Chr. zurück. Die Geschichte des Orakels nahm ihren Anfang in der Mythologie – mit dem trojanischen Helden Aeneas. Ihm war geweissagt worden, er würde einst Stammvater einer mächtigen Dynastie sein, doch das schien vorerst nicht der Fall. Die Griechen zerstörten Troja und Aeneas musste fliehen. Nach einer gefahrvollen Schiffsreise erreichte der Held Latium, eine heute geschichtsträchtige Landschaft in Mittelitalien am Tyrrhenischen Meer. Da er von einem Orakel Kunde erhalten hatte, das sich an der latinischen Küste befinden sollte, beschloss Aeneas, dieses nach seiner wahren Bestimmung zu fragen.

Von der Sibylle wurde er in einen langen, unterirdischen Gang hinabgeführt. Je weiter er in die finstere Unterwelt eindrang, desto mehr umtanzten ihn schaurige, unheimliche Schatten. Schließlich wähnte sich Aeneas im Reich der Toten, wo er seinen verstorbenen Vater wiedersah. Dieser bestätigte seinem Sohn eine Zukunft voll Macht und Größe und gewährte ihm einen Blick in ein noch unbekanntes Imperium, in die Hauptstadt Latiums: das sagenhafte Rom.

Aeneas wurde nach dem lateinischen Epos »Aeneis«, das der römische Dichter Vergil im ersten Jahrhundert v. Chr. verfasste, tatsächlich König dieses Landes und gründete ein Geschlecht, das über ganz Italien herrschte.

Der Gehalt des Mythos

Überlieferungen wie die des Aeneas und des Orakels haben oft einen wahren Kern. Seit Heinrich Schliemann (1822–1890) Troja entdeckte, ist klar, dass die Helden des griechischen Epos »Odyssee« keine Traumgestalten waren. Auch die Erzählung von Cumae gibt handfeste Einzelheiten wieder. Erwiesenermaßen ist Kyme, wie die 20 Kilometer von Neapel entfernte Stadt zu Anfang hieß, die älteste griechische Kolonie in Italien. In Cumaes Blütezeit zwischen 700 und 500 v. Chr. verbreiteten seine Bewohner die hellenische Kultur, so dass die Römer nicht zu Unrecht den Beginn ihrer eigenen Werte mit diesem Platz in Verbindung brachten.

Bei Ausgrabungen in Cumae wurden zahlreiche historische Funde entdeckt, die den Alltag der einst blühenden Stadt widerspiegeln. Neben Beispielen wie diesem römischen Elfenbeinrelief, das eine Geburtsszene im zweiten Jahrhundert zeigt, sind auch immer wieder Relikte, die die Verehrung einer Sibylle bezeugen, zu sehen.

DIE HEILIGEN STÄTTEN

Eine Wandmalerei aus dem ersten Jahrhundert in der »Casa di Sirico« in Pompeji zeigt den verwundeten Helden Aeneas inmitten einer besorgten Schar von Bewunderern. Der spätere Gründer von Rom wurde nicht nur von seinen Soldaten, sondern auch von den Frauen sehr verehrt. Nachdem seine eigene Frau Kreuso gestorben war, bot ihm beispielsweise Dido, die Gründerin Karthagos, ihre Liebe an. Geheiratet hat Aeneas jedoch schließlich Lavinia, die Tochter des Königs von Latium, auf dessen Land Rom erbaut wurde.

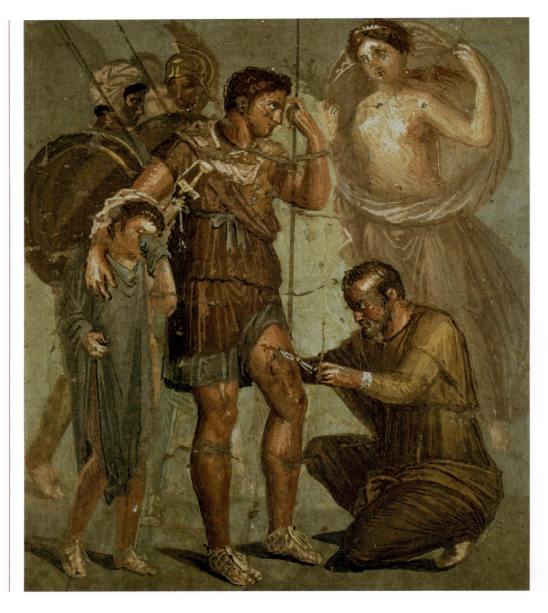

Tacitus, der wohl bedeutendste römische Geschichtsschreiber, wurde vermutlich 55 n. Chr. als Sohn eines höheren Beamten geboren. Nach seinem Rhetorikstudium schlug der Dichter selbst eine Beamtenlaufbahn ein, bevor er spät (nach 96) an die Veröffentlichung seiner ersten Werke ging. In ihnen kann man nachlesen, welchen Stellenwert die Weissagungen der Sibylle in der Antike einnahmen.

Das heilige Orakel

Bis ins 20. Jahrhundert dachte man, die Orakelstätte sei bloß eine fromme Erfindung, doch in den 1920er Jahren nahmen Archäologen Ausgrabungen im Bereich des Apollon-Tempels von Cumae vor. Dabei stießen sie auf unterirdische Gänge: Genau an diesem Ort befand sich im 6. Jahrhundert v. Chr. das Orakel. Durch einen 131 Meter langen Stollen mussten die Ratsuchenden hinabsteigen, um die berühmte Sibylle in ihrer Grotte zu sehen. Wie es die Geschichte von Aeneas beschreibt, tauchten sie dabei in eine mystische Welt ein. Durch seitlich in die Höhle einfallende Lichtstrahlen durchschritt der Ratsuchende abwechselnd Abschnitte des Lichts und der Dunkelheit. So verschwanden scheinbar Personen vor ihm und tauchten plötzlich wieder auf, wobei sie lange Schatten warfen. Am Ende musste der völlig eingeschüchterte Klient tatsächlich annehmen, er befände sich im Totenreich.

Der Ruhm des Orakels war enorm. Aus ganz Italien und Griechenland strömten Menschen herbei, um Rat zu suchen und die Zukunft zu sehen.

38

Antike Sibyllen

Die seherischen Traditionen des Altertums haben eine lange Geschichte. Das griechische Wort »Prophet« bedeutet, für jemand anderen zu sprechen. Der Seher sprach direkt für einen Gott, er verkündete dessen Willen. Über 20 Orakelstätten gab es in der Welt des antiken Griechenlands, in denen Sibyllen und Propheten ihren heiligen Dienst versahen. Durch unterschiedliche Techniken versetzten sich die Seher in einen rauschhaften Zustand. Manchmal wurden vulkanische Gase, die aus Erdspalten austraten, inhaliert und für die Trance genutzt, ein anderes Mal atmete man berauschende Lorbeerdämpfe ein. Der griechische Philosoph Iamblichos von Chalkis (um 250–um 330) beschrieb den Vorgang der göttlichen Eingebung für ein Orakel so: »Die Prophetin [...] sitzt entweder auf einer Säule oder sie hält einen Stab in der Hand, den ihr eine Gottheit übergeben hat. Sie benetzt ihre Füße und den Saum ihres Kleides mit Wasser [...] und so prophezeit sie.«

Römische X-Akten

Einen besonderen Ruf genoss die Sibylle von Cumae, da ihre Vorhersagen über Jahrhunderte im voraus eine erstaunliche Richtigkeit aufwiesen. Offenbar trafen ihre Angaben so exakt ein, dass sie der letzte König Roms, Tarquinius Superbus, für eine riesige Geldsumme kaufte und sie zum Staatsgeheimnis erklärte. Zur Zeit der Römischen Republik (500 v. bis 30 v. Chr.) durften nur 15 auserwählte Männer, die durch den Senat von Rom bestimmt waren, die Sibyllinischen Schicksalsbücher lesen.

Aufbewahrt wurden sie in einem Steintrog unter den Fundamenten des Jupitertempels auf dem Kapitolhügel in Rom, wo sie Tag und Nacht streng bewacht wurden.

Nur in besonderen Notlagen wie Krieg, Hungersnöten, Seuchen, schrecklichen Naturereignissen und – warum auch immer – beim Auftauchen eines androgynen Menschen, wurden sie hervorgeholt. Ein Missbrauch wurde mit dem sofortigen Tod bestraft. Der Inhalt der Bücher muss demnach von immenser Wichtigkeit gewesen sein.

Das Schicksal der Bücher

Leider fielen sie im Jahre 83 n. Chr. einem Brand zum Opfer. In den »Annalen« des römischen Geschichtsschreibers Tacitus (55–116 v. Chr.) kann man heute noch nachlesen, wie Römer bis nach Libyen, Sizilien und Griechenland reisten, um Kopien zu ergattern und als Staatsschatz zurück in das prophetische Zentrum ihrer eigenen Republik zu bringen. Würden die berühmten Bücher aus dem Orakel von Cumae noch heute existieren, fiele es uns vielleicht leichter, beim Vergleich der sibyllinischen Vorhersagen mit der historischen Realität zu entscheiden, ob der legendäre »Blick in die Zukunft« tatsächlich möglich war.

Ein römisches Mosaik aus dem dritten Jahrhundert, das heute im Bardo Museum in Tunis zu besichtigen ist, stellt den Dichter Vergil mit seinen Musen Kalliope und Melpomene dar, die ihn während seines Hauptwerkes, der »Aeneis«, inspirierten. Geboren wurde Publius Vergilius Maro, wie er wirklich hieß, 70 v. Chr. in Andes bei Mantua.

So sprachen die Orakel

Der römische Dichter und Historiker Vergil (70–19 v. Chr.) beschreibt, wie dramatisch die Weissagungen der Sibyllen in Cumae verliefen: »In dem Fels ist tief eine riesige Grotte eingehauen [...]. An die Schwelle gelangt, schon rief die Sibylle: »Fordert die Sprüche. Schnell. Der Gott, o schauet, der Gott!« – Und wie sie am Eingang solches rief, da wechselt sie plötzlich Miene und Farbe, und es löst sich ihr Haar, schwer keucht ihr Busen, und wilder Wahnsinn schwellt ihr Herz, die Stimme hat nichts Menschliches mehr.«

Der römische Konsul Tacitus (120–55 v. Chr.) notierte über einen Orakelort, Klaros in Griechenland, dass der Prophet nicht wusste, wer zu ihm kam.

Um seine Fähigkeiten zum Einsatz zu bringen, musste er ein mineralisches Wasser trinken. Danach konnte er durch Gedankenkraft die Frage ermitteln und eine Antwort ersehen.

DIE HEILIGEN STÄTTEN

Das Orakel von Delphi

Aus Maurice Clavels (1920–1979) Werk »Histoire des Religions« stammt diese Impression des französischen Künstlers Jeanron. Sie stellt nach schriftlichen Überlieferungen eine Weissagungsszene aus dem Orakel von Delphi dar. In der Mitte die sich in Trance windende Prophetin, um sie herum helfende Jungfrauen und die Fragenden.

Zu allen Zeiten hatten die Menschen den Wunsch, in die Zukunft zu sehen. In der griechischen Antike beantwortete die Seherin Pythia im Orakel von Delphi die Fragen von Königen, Feldherren und Philosophen. Die weisesten Männer ihrer Zeit kamen an diesen Ort, den sie den »Nabel der Welt« nannten und der in einer einzigartigen Landschaft gelegen ist. Das Heiligtum befindet sich in 550 Metern Höhe über dem von uralten Ölbäumen bewachsenen Plistos-Tal in Mittelgriechenland.

Appollons Heiligtum

Ursprünglich soll das Orakel von Delphi eine Wirkungsstätte der Erdgöttin Gaia gewesen sein. Mit den um 1000 v. Chr. eingewanderten Doren gelangte jedoch auch der Hirtengott Apollon dorthin. Er löste mit seinen Symbolen der Kraft, des Lichts und der Weisheit – die männlichen Prinzipien – das herrschende Matriarchat ab. Es heißt, Apollon, der Gott der Weissagung, habe Pythia stets persönlich informiert, so dass sie seinen Rat an die Besucher des Orakels weitergeben konnte. Leider wurden ihre Ratschläge von den wissbegierigen Kunden nicht immer richtig interpretiert.

Die Falle des Königs Krösus

Der griechische Historiker Herodot berichtet von Krösus, dem mächtigen König der Lyder, der zwischen 560 und 546 v. Chr. sämtliche bekannten Orakel auf ihren Wahrheitsgehalt überprüfen ließ und sich schließlich für Delphi entschied. Es ging um die Frage, ob er gegen das mächtige Reich der Perser zu Felde ziehen soll. Die Antwort des Orakels wurde für ihn zur Falle: »Wenn du den Halys (den heutigen türkischen Fluss Kizilirmak) überschreitest, wirst du ein großes Reich zerstören.« Krösus ahnte nicht, dass Pythia damit sein eigenes Reich gemeint hatte – er wurde vom Perserkönig Kyros II. besiegt.

Die Pythia als Institution

Pythia, die zum Symbol für Delphi wurde, war nicht eine bestimmte Frau, sondern vielmehr eine ganze Institution. Bei großem Andrang weissagten mehrere Pythien gleichzeitig in Wechselschichten. Ihre Aufgabe soll äußerst anstrengend gewesen sein. Das Orakel konnte zudem nur am siebten Tag eines jeden Monats befragt werden. In den Wintermonaten legte man eine Pause ein. Der Philosoph Plutarch (46–125 n. Chr.), der dem Orakel zeitweilig als Oberpriester diente, berichtete, dass in der Frühzeit von Delphi fünfzehnjährige Jungfrauen – einfache Mädchen aus dem Volk – als Pythien tätig waren. Deren teils verworrene Aussagen wurden von literarisch versierten Priestern in Verse gesetzt.

Bohnen und weise Sprüche

Im Tempel Apollons gab es mehrere Orakel-Kategorien: Sie reichten von einem umfangreichen Visions-Orakel über die Omen-Deutung bis hin zum Binär-Orakel, bei dem ärmere Kunden ihre Fragen so stellen mussten, dass sich die Antwort eindeutig mit einem »Ja!« oder einem »Nein!« geben ließ. Die Pythia griff dann lediglich in einen Topf mit weißen und schwarzen Bohnen: Weiß bedeutete »Ja!«, Schwarz »Nein!«

Delphi galt auch als Treffpunkt für die großen Geister der jeweiligen Epochen. In der Vorhalle des Apollon-Tempels, dem Pronaos, waren Lebensweisheiten in großen Lettern aufgeschrieben, wie das berühmte »Erkenne dich selbst!« oder »Nichts im Unmaß«! Thales von Milet (624–547 v. Chr.), Philosoph und Astronom, sagte Jahre vorher die Sonnenfinsternis vom 28. Mai 585 v. Chr. voraus.

Die Quellen versiegen

Fast tausend Jahre lang waltete Pythia auf der Höhe von Delphi. Im Jahre 362 n. Chr. wollte der Arzt Oribasius im Auftrag von Kaiser Julian wissen, wie lange die Orakelstätte in einer sich dem Christentum zuwendenden Welt wohl noch existieren wird. Die Antwort zeugte von prophetischer Gabe: »Künde dem König, das schöngefügte Haus ist gefallen. Apollon besitzt keine Zuflucht mehr, der heilige Lorbeer verwelkt. Seine Quellen schweigen für immer, verstummt ist das Murmeln des Wassers.« Sechs Jahre nach dieser Auskunft ließ Arkadiens, der Sohn von Kaiser Theodolits, die Orakelstätte zerstören.

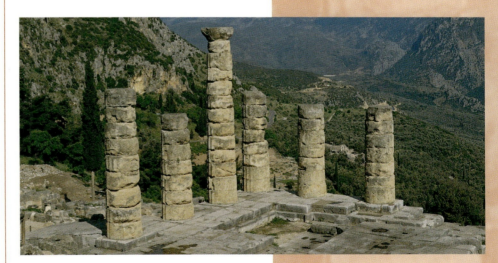

Dies soll einst das Apollonheiligtum mit dem berühmten Orakel von Delphi gewesen sein. Nach dessen Verfall wurde es zum erstenmal wieder ab 1832 durch ein Team von französischen Archäologen freigelegt.

Antworten in Trance

Von dem griechischen Philosophen Plutarch stammt die Schilderung einer Weissagungs-Zeremonie aus der Frühzeit des Orakels. Danach nahm die unbekleidete Pythia zunächst ein reinigendes Bad in der Quelle Kastalia, bevor sie heiliges Wasser trank. Zwei Oberpriester begleiteten die junge Frau in den Apollon-Tempel, wo sie ein Zicklein mit kaltem Wasser besprengten. Blieb das Tier ruhig, fiel die Weissagung an diesem Tag aus und der Besucher musste sich einen weiteren Monat gedulden. Zuckte das Tier zusammen, wurde es geschlachtet und verbrannt.

Dann inhalierte die Pythia den Rauch eines Fichtenholzfeuers, in dem zusätzlich Weihrauch, Laudanum, Bilsenkraut und anderes halluzinogenes Räucherwerk verschwelt wurden. Sobald die Frau einen tranceähnlichen Bewusstseinszustand erreicht hatte, wurde sie von den Priestern in das Adyton geleitet, die eigentliche Orakelzelle, und dort auf einen dreibeinigen Hocker gesetzt. In einer langwierigen Zeremonie wurden der Pythia dann die Fragen des Orakels gestellt, die sie in einer blumigen, gleichnishaften Sprache beantwortete. War die Frau erschöpft, wurde sie durch eine andere abgelöst.

DIE HEILIGEN STÄTTEN

Externsteine – eine germanische Kultstätte

Im nordrheinwestfälischen Regierungsbezirk Detmold befinden sich die Externsteine – Sandsteinfelsen, denen neben einer kultischen auch eine energetische Bedeutung nachgesagt werden. Die Kraft der Externsteine lässt sich beim Erklimmen der Giganten erfühlen.

Kurz vor dem kleinen Ort Horn bei Bad Meinberg in Deutschland, in einer Mulde des Teutoburger Waldes, liegt eine bizarre Steingruppe, deren frühere Bedeutung bis heute nicht geklärt ist: die Externsteine. Manche Archäologen halten die gewaltigen, vor Millionen Jahren durch Eruption entstandenen Sandsteinfelsen für eine ehemalige Kultstätte der Germanen, die diese wiederum von ihren steinzeitlichen Vorfahren übernommen haben. Die vielen Besucher, die jährlich zu den Externsteinen kommen, betreten mit den sieben bis zu 30 Meter hohen Felsen, die zum Teil ausgehöhlt und über Treppen und eine kleine Brücke begehbar gemacht wurden, heiligen Boden. Noch im 18. Jahrhundert nannte man den Teutoburger Wald »Osninghain«, den Hain der Götter. Archäologische Ausgrabungen im 19. Jahrhundert förderten in der Umgebung auch zahlreiche germanische Wallanlagen und Hochburgen ans Tageslicht. Historiker sind deshalb davon überzeugt, in den Externsteinen ein zentrales germanisches Heiligtum vor sich zu sehen.

Das Ende des Feldherren Varus

Für diese Annahme spricht auch die Mittellage im einstigen Grenzgebiet von neun Germanenstämmen, die der Cherusker Arminius 9 n. Chr. in eine schicksalsschwere Schlacht gegen die Römer geführt hat. Ihr Anführer Varus, der damalige Statthalter Germaniens, stürzte sich nach der blutigen Niederlage in sein Schwert. Nach der Missionierung Europas wurde der Bereich der Externsteine zu einem christlichen Kultzentrum, und eine »Sacellum« genannte Höhle zu einer Kapelle umfunktioniert. Aufmerksame Besucher sehen unter einem Felsenrelief, das die Abnahme Jesu vom Kreuz symbolisiert, noch die stark verwitterte Darstellung eines frühgeschichtlichen Fruchtbarkeitskultes: ein von einem Drachen umschlungenes Menschenpaar.

Frühe Sternwarte

Dass die kleine Kapelle zur Zeit der Germanen – und möglicherweise schon in der Steinzeit – so etwas wie eine Sternwarte gewesen sein muss, ist heute noch ersichtlich. Durch ein kreisrundes Loch und eine entsprechende Peilvorrichtung können die Sommersonnenwende und der nördlichste Stand des Mondes bestimmt werden. Der Geomantie-Experte Walter Machalett billigt den Germanen und deren Vorfahren ein mathematisches, astronomisches und kosmisches Wissen zu, dessen Symbolik sich in den megalithischen Anlagen Nordeuropas langsam erschließt. Machalett verband auf

Die Externsteine sind ein beliebter Ort für spirituelle Zusammenkünfte jeder Art, sei es für Seminare zum Erfühlen kosmischer Energien oder wie hier zum Feiern der Sommersonnenwende.

einer Karte die Externsteine mit dem Standort der Cheopspyramide in Ägypten und dem Ort Salvage auf den Kanarischen Inseln, der für viele Atlantis-Forscher eine der Säulen des untergegangen Kontinents ist. Er erhielt ein klassisches gleichschenkeliges Dreieck – exakt 51° 51′ 14,3″. Auch im Stadtplan von Karlsruhe und im Dom zu Aachen will Machalett das Dreieck nachgewiesen haben, zum Beispiel in den Dreiecken des so genannten karolingischen Gitters im Norden und Süden des Karlsdoms. Die Externsteine und die alte Kaiserstadt liegen zudem exakt auf dem für die Geomantie bedeutsamen 51. Breitengrad, auf dem sich u. a. auch Stonehenge befindet.

Mikro- und Makrokosmos

»Eine Kultstätte wie die Externsteine ist ein Ort außergewöhnlicher Energien«, meinte der Geomantie-Experte Dr. Jens M. Möller (1937–2000) aus Karlsruhe. »Hier ist ein Verbindungspunkt zwischen dem irdischen und dem himmlischen, göttlich übergeordneten Prinzip, zwischen Mikrokosmos und Makrokosmos, wie es der große ägyptische Eingeweihte Thot (oder Hermes Trismegistos wie ihn die Griechen später nannten) lehrte.«

Die »Ohren der Erde«

Der Seminarleiter David Luczyn schlägt die Trommel. Unterstützt durch den monotonen Rhythmus wagen die Frauen und Männer aus seiner Gruppe eine Exkursion in die Welt ihrer Seele. Jeder von ihnen legt sich hintereinander in einen in den Fels gehauenen Sarkophag, der dem in der Königskammer der Cheopspyramide ähnelt. Bilder steigen aus dem Urgrund ihres Bewusstseins auf, Botschaften aus dem sonst verschlossenen Bereich ihrer Persönlichkeit, längst vergessene Gefühle sind plötzlich wieder da. Manche weinen, andere lachen. Einige wollen ihre Erlebnisse erzählen, die meisten aber schweigen. Jeder erlebt ein anderes, geistiges Abenteuer, in dessen Mittelpunkt er selber steht. Die Menschen an den Externsteinen spüren die mystische Kraft des Ortes, an dem schon ihre Vorfahren den Kontakt mit den Energien der griechischen Erdgöttin Gaia hatten. Schamanen nennen solche Plätze die »Ohren der Erde«, an denen das Bewusstsein der Menschen registriert wird.

DIE HEILIGEN STÄTTEN

Malta – Heiligtum der Erdmutter

Eingang zum neolithischen Tempelkomplex von Mnaidra auf Malta, der auch unter dem Namen Hagar Qim bekannt ist. Die Steine sind mit punktartigen Einkerbungen versehen.

In wenigen Regionen Europas gibt es eine so erstaunlich große Zahl antiker Bauten wie auf dem Mittelmeer-Inselstaat Malta, zu dem Gozo, Comino und Filfla gehören. Sie alle stellen Reste einer Landbrücke dar, die einst Afrika mit Italien verband. Hier blühte vor rund 5000 Jahren eine jungsteinzeitliche Kultur, deren Grundlagen für Forscher bis heute ein Rätsel sind. Neben faszinierenden Leistungen in der Kunst muss die Bevölkerung damals bereits mathematisch-astronomische und technische Kenntnisse besessen haben, wie sie eigentlich erst bei viel späteren Generationen bekannt waren.

Maltas historische Anlagen zu besichtigen, heißt Epochen zu durchwandern, die Jahrtausende zurückliegen und in denen Menschen Riesensteine zum Bau von Denkmälern und Gebäuden benutzten, als seien sie selbst Titanen gewesen. Möglich, dass einige der Tempel auch viele Epochen der Altsteinzeit durchlebt haben und dass die ersten Menschen dort bereits vor 130.000 Jahren siedelten.

Unbekannte Bauten und Erbauer

Im Sommer 1915 wurden in der Nähe der Hauptstadt Valletta die ersten Megalithbauten ausgegraben – architektonische Relikte aus großen Steinblöcken, wie sie vor allem für das 3. Jahrtausend v. Chr. für Europa typisch sind. Zwei Jahre später wurde die so genannte »Anlage von Hal-Tarxien« freigelegt, die sich als erstaunliche Konstruktion erwies: Jeweils zwei Räume mit ovalem Grundriss sind so angelegt, dass ihre Längsachsen parallel verlaufen. Seitenwände und Fußböden bestehen aus riesigen Steinplatten. Handelt es sich um einen Palast, einen Tempel, eine Grabstätte oder gar um Wohnungen? Niemand konnte bisher das Rätsel lösen.

Spuren des Matriarchats

In einem der Räume wurde eine überlebensgroße weibliche Figur entdeckt, die auf einem reliefverzierten Steinsockel saß. Weitere weibliche Statuenfunde lassen vermuten, dass die vorgeschichtlichen Bewohner Maltas eine weibliche Gottheit verehrten, eine Erdmutter, zu deren Ehren man Opfer brachte und Feste feierte. An einigen Fundstätten weisen Steinkammern auf ein System von Opferriten hin. Der frühere Direktor des Archäologischen Museums von Valletta, Professor Zammit, konnte nachweisen, dass damals auch Orakel mit steinernen Kugeln stattfanden. Dabei wurden unterschiedlich große Kugeln aus einiger Entfernung auf gelochte Steine geworfen.

Über fünf Meter hohe Steine und 65 Zentimeter dicke Steinplatten wurden von dem unbekannten Volk lange vor unserer Zeit über viele Kilometer Entfernung auf rätselhafte Weise zu den Baustellen transportiert – eine Leistung, die nach Ansicht heutiger Experten nur in jahrelanger gemeinschaftlicher Arbeit mit Hilfe von Hebebalken, Steinkugeln und Baumrollen bewältigt werden konnte. Bemerkenswert ist, dass alle Bauwerke mit Steinwerkzeugen errichtet worden sind, obwohl zu dieser Zeit Kupfer- und Bronzeguss im Mittelmeerraum bereits bekannt waren.

Gleise und Kugeln zum Transport

Überall auf Malta und Gozo findet man zudem Hunderte von tiefen gewundenen Karrenspuren, die nach allen Richtungen hin verlaufen. Wie frühzeitliche Gleise gruben sie sich in den harten Kalkstein ein, führen durch Täler und über Berge und sind noch heute gut zu erkennen. Oft verlaufen mehrere nebeneinander, dann vereinigen sie sich zu einer zweigleisigen Strecke, um plötzlich Kurven zu nehmen und direkt in den Tiefen des Meeres zu verschwinden oder an einem Riff zu enden. Überlegungen, die Karrenspuren seien Überreste eines Transportsystems, wurden inzwischen von einigen Archäologen verworfen. Manche der Gleise haben eine Tiefe von über 70 Zentimetern, so dass ein frühzeitliches Fahrzeug Räder mit einem Durchmesser von mindestens 1,50 Metern gehabt haben müsste. Auch Schlitten mit Kufen kommen für dieses System nicht in Betracht. Steinkugeln, die man überall auf den Inseln fand, kommen als Teil eines Transportsystems ebenfalls nicht in Frage, da sie aus brüchigem Kalkstein bestehen. Um tonnenschwere Lasten zu bewegen, waren diese schlicht »zu schwach«.

Die Rätsel der neolithischen Bauwerke sind noch nicht gelöst. Aufgrund der Zusammenhänge mit ähnlichen Stätten in Frankreich und Großbritannien ist zu erwarten, dass die Geheimnisse aller europäischen Monolith-Monumente gemeinsam aufgedeckt werden.

Das Hypogäum auf Malta gilt als kulturgeschichtliche Sensation. Aus einem einzigen Fels wurde ein vierstöckiges Grabmal gehauen, in dem man, darauf lassen einige Funde schließen, auch Priesterinnen ausbildete.

Das geheimnisvolle Hypogäum

Das faszinierendste megalithische Rätsel von Malta ist das Hypogäum von Hal Saflieni. Der Name ist von dem griechischen Wort »Hypogeion« abgeleitet und bedeutet »unterirdisches Gewölbe«. Unbekannte Baumeister haben vor 6500 Jahren aus einem gigantischen Monolithen ein System mit Aushöhlungen, Gängen und Kammern unterschiedlicher Größe geschaffen. Dazwischen ragen immer wieder Stützsäulen auf. Der italienische Archäologe Luigi Ugolini hält die meisterhaft konstruierte Anlage für ein Orakel mit ungewöhnlicher Akustik. Wer mit tiefer Stimme gegen eine der künstlichen Nischen spricht, dessen Worte hallen von Wand zu Wand. Gegen Ende der Steinzeit diente das Hypogäum als riesige Totengruft. In den auf zwei Stockwerken angelegten Räumen fand man 7000 Skelette. Solche Gemeinschaftsgräber sind auch aus anderen Mittelmeerkulturen, z. B. aus Sizilien, bekannt.

Vermutlich herrschte in der Jungsteinzeit auf Malta eine matriarchalische Kultur. Zahlreiche Funde aus dem Hypogäum, die man in das Archäologische Museum in Valletta gebracht hat, weisen darauf hin. So auch die »Schläferin von Malta«, eine Terrakotta-Skulptur, die man vermutlich nach über 4000 Jahren Ruhe in unterirdischen Kammern fand.

DIE HEILIGEN STÄTTEN

Das Rätsel der großen Pyramide

Immer wieder entfachen die Pyramiden von Gizeh Mykerinos, Chephren und Cheops bei Sonnenuntergang einen unbeschreiblichen Zauber. Das Licht- und Schattenspiel lässt die spirituelle Bedeutung der Heiligtümer noch heute erahnen.

PYRAMIDEN

Auf dem Hochplateau von Gizeh, 16 Kilometer südöstlich von Kairo, ragen drei steinerne Denkmäler in den Himmel: die Pyramiden der Pharaonen Cheops, Chephren und Mykerinos. Sie sind Zeugnisse einer der ersten Hochkulturen dieser Erde, und sie bergen trotz intensivster Forschungen immer noch eine Fülle von Geheimnissen. Waren die Pyramiden als Grabmäler gedacht oder sind sie bloß Sinnbilder königlicher Macht? Fest steht: Die Pyramiden von Gizeh sind die letzten erhaltenen Weltwunder der Antike. 5000 Jahre nach ihrer Errichtung bewegen sie immer noch die Gemüter von Historikern, Archäologen und tausenden Besuchern aus aller Welt.

Cheops, Chephren und Mykerinos

Die beeindruckendste der drei Pyramiden ist die des Cheops. Er hat Ägypten etwa von 2551 bis 2528 v. Chr. regiert. Bis zur Mitte des 19. Jahrhunderts hatte die Cheops Pyramide eine Höhe von 146 Meter. Ägyptische Plünderer entfernten Teile der glatten Kalkstein-Verblendung, so dass ihre Höhe heute um acht Meter geringer ist. Das Grabmal besteht aus rund 2,3 Millionen Steinblöcken mit einem Durchschnittsgewicht von 2800 Kilogramm. Insgesamt wiegt die Pyramide nahezu 6.400.000 Tonnen. Die zweitgrößte Pyramide mit 136 Metern ist die von Chephren, dem Sohn Cheops'. Da sie auf einer Anhöhe steht, wirkt sie größer als die seines Vaters. Die kleinste Pyramide wurde für Mykerinos errichtet, Chephrens Sohn. Sein steinernes Denkmal ist nur 70 Meter hoch bei einer Kantenlänge von 108 Metern.

Vorläufer der Pyramiden

In der Zeit vor dem Bau der ersten Pyramiden wurden Pharaonen in einfacheren, aber nicht weniger wirkungsvollen Bauwerken bestattet. Die so genannte Mastaba gilt als Vorläufer der Pyramiden. Sie bestand aus einer unterirdischen rechteckigen Grube für den Leichnam und Grabbeigaben sowie einem Erd-, später Ziegel- oder Steinquaderdach, das die Grube sicher verschloss. Aus einer solchen Mastaba entwickelte Imhotep, Baumeister und engster Vertrauter von Pharao Djoser (2609–2590 v. Chr.), auf Geheiß seines Herrschers eine königliche Grabstätte, die als Vorbild der späteren Pyramiden diente. Imhotep setzte auf eine gewaltige Grabkammer und nach sechs nach oben immer kleiner werdende Dächer.

Die Väter der Pyramidenforschung

Im Jahr 1880 begann der britische Archäologe William Flinders Petrie mit der Vermessung der Pyramiden von Gizeh. 50 Jahre verbrachte Petrie in Ägypten. Seine Messungen an den Pyramiden ergaben eine so geringfügige Abweichung bei den einzelnen Längen und Winkelmaßen, dass er beim Anblick der steinernen Relikte von einem »Triumph menschlicher Fähigkeiten« sprach. Der britische Naturwissenschaftler Richard Anthony Proctor entwickelte aufgrund astronomischer Berechnungen die Theorie, dass die Große Pyramide vor ihrer Fertigstellung von ägyptischen Priestern als Sternwarte benutzt wurde. Wenig vorher wies schon der Brite Norman Lockyer, Begründer das Astro-Archäologie, nach, dass auch die ägyptischen Tempel astrologische Observatorien waren. Der gläubige Astronom Charles Piazzi Smyth erkannte zwar, dass die Maße der Großen Pyramide auf der Kreiszahl Pi beruhten, viel berühmter wurde er jedoch mit seiner Behauptung, er habe durch die Pyramiden das Datum der Rückkehr Christi erfahren. Leider behielt er dieses Geheimnis für sich ...

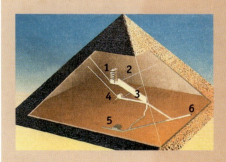

1 = Königskammer
2 = unerforschter Nordschacht
3 = Große Galerie
4 = Königinkammer
5 = Felskammer
6 = Besuchereingang

47

DIE HEILIGEN STÄTTEN

Elektrischer Strom in den Pyramiden

Archäologen rätselten lange Zeit, wie den Ägyptern die reichhaltige Wandverzierung in den dunklen Gängen und Kammern der Pyramiden möglich war. Die Malereien und Reliefs konnten unter keinen Umständen im Schein von Fackeln entstanden sein, da man nirgendwo Rußspuren an den Wänden fand.

Seit 1936 wissen Forscher, dass antike Völker bereits Kenntnisse von Elektrizität hatten und diese in Form von Glühlampen nutzten. Man nahm nach einer Ausgrabung bei Bagdad eine 2000 Jahre alte Tonlampe, die einen kupfernen Zylinder mit einem blau umkleideten Eisenstab enthielt, wieder in Betrieb – mit einer Spannung von einem Volt. Möglicherweise waren auch bei den Ägyptern solche Lampen in Gebrauch.

Die Augen des Licht- und Himmelsgottes Horus waren Mond und Sonne zugleich. Da jeder Pharao eine lebende Symbolisierung des Horus war, wurde das Auge auch in den Pyramiden als Relief oder als Zeichnung angebracht – wahrscheinlich schon bei elektrischem Licht!

Nach einer Zeichnung des Barockbaumeisters Johann Bernhard Fischer von Erlach (1656–1723) wurde dieser kolorierte Kupferstich angefertigt. Fischer von Erlach schuf die erste universale Achitekturgeschichte, in der er fantastische Rekonstruktionen berühmter Bauwerke veröffentlichte, wie hier die Pyramiden von Cheops, Cephren und Mykerinos.

Diese erste Stufenmastaba war zudem nicht aus lehmgetrockneten Ziegeln, sondern aus einem bislang nicht verwendeten Material: Stein. Djosers »Pyramide« steht oberhalb des Dorfes Sakkara, in der Nähe der berühmten Pyramiden von Gizeh.

Das Leben nach dem Tod

Nach ägyptischem Glauben waren jedem Lebenden ein »ba« und ein »ka« zur Seite gestellt. Ba war ein Falke mit Menschenkopf. Als eine Art Seele begleitete er den Menschen durch das Leben. Nach dessen Tod war der ba frei. Dennoch besuchte er den Leichnam, seine frühere »Heimat«, vornehmlich in der Nacht, um bei ihm zu sein. Ka ist als eine Art Schutzgeist zu verstehen, der ebenfalls den Menschen beseelte und nach dessen Tod zuerst den Körper verließ, um von der ägyptischen Liebesgöttin Speis und Trank zu empfangen, bevor er in das Grab »seines« Menschen zurückkehrte, um diesem in seinem neuen Leben, im Reich der Toten beizustehen. Ägyptische Gräber werden deshalb noch heute Häuser des ka genannt – gebaut für den Toten, sein ka und ba und somit für die Ewigkeit. In der Vorstellung der Ägypter zur Pharaonenzeit ähnelte das Leben im Jenseits dem Leben vor dem Tod. Man hatte denselben Beruf, ging denselben Vergnügungen nach, war von denselben Menschen umgeben. Daraus erklären sich die vielen Grabbeigaben: Der Tote sollte seine gewohnten Dinge des alltäglichen Lebens nicht vermissen müssen. Nur so blieb sein ehemaliger Status gewahrt. So erklärt sich auch, dass mit den Pharaonen oft deren gesamte Familien und die Bediensteten begraben wurden. Die

PYRAMIDEN

Vermutung liegt nahe, dass sie freiwillig mit dem Toten gegangen sind, um auch im Jenseits zu seinem Gefolge zu gehören.

Die Cheops-Pyramide

Cheops (2551–2528 v. Chr.) gab als junger Pharao sein Grabmal in Auftrag, einen Tempelkomplex, der dem Volk für viele Jahre Arbeit und Wohlstand verschaffte. Vor Baubeginn wurden ganze Siedlungen in die Wüste gesetzt, mit Nilwasser fruchtbar gemacht und als strategische Zentren verwaltet. Tausende von Arbeitern, Priestern und Baumeistern pilgerten zwischen den Baustellen und den Siedlungen. Noch bevor der erste Stein gesetzt wurde, war bereits ein reger Handel unter den Menschen in Gang. Nach Fertigstellung der Pyramide blieben die Anlagen weiter bestehen – als spirituelle Zentren und als Arbeitsstätten für Bäcker und Brauer, Viehzüchter und Handwerker. Der gewaltige Tempelkomplex – in dessen Mittelpunkt die Pyramide stand – wurde noch Jahrzehnte nach dem Tod des Pharaos von Priestern betreut. Sein steinernes Grab sorgte nach Ansicht seiner hinterbliebenen Untertanen für Ordnung im Universum, ließ Tage und Jahreszeiten kreisen und den Nil über seine Ufer treten. Die Pyramide war für die Ägypter der Antike Symbol für Leben und Licht, Tod und Untergang. Für die antiken Weisheitsschulen verkörperte die Pyramide den Gang der menschlichen Seele auf ihrer Wanderung durch die Welt, von der Einheit der Pyramidenspitze in die Vielfalt des Pyramidensockels und von dort wieder zurück zur Einheit.

Ein leerer Sarkophag

Obwohl die Pyramiden für die Ewigkeit gebaut wurden, drang bereits um 830 n. Chr. der ägyptische Kalif Abd Allah-al-Ma'mun mit Gewalt ins Innere der Pyramide ein. Eingang und Tunnel, die er aufbrechen ließ, dienen Touristen heute als Tor für einen Rundgang durch die Totenwelt. Der ursprüngliche, mittlerweile verschüttete Eingang zur Pyramide, liegt an ihrer Nordseite in 18 Metern Höhe. Von dort aus führt ein 97 Meter langer Gang mit einer Neigung von 27 Grad in eine unterirdische Grabkammer. Ein weiterer Gang weist wieder schräg nach oben, verläuft dann waagerecht und wird höher, so dass man aufrecht darin gehen kann. Dieser Gang mündet in die Königinkammer, die sich direkt unter der Pyramidenspitze befindet. Sie wurde weder fertiggestellt noch je für eine Königin benutzt. Verlässt man die Königinkammer über den waagerechten Gang, gelangt man wieder zum Schräggang, der schließlich als Galerie weiter nach oben, direkt in die Königskammer, führt. In ihr steht ein Granitsarkophag. Er war bei seiner Entdeckung leer, der Deckel verschwunden. Viele Forscher bezweifeln, dass sich Cheops je in diesem Sarg befand. Es bleibt die Frage: Wo befindet sich die Mumie des Pharao? Sie wurde bislang nicht entdeckt, ebensowenig wurden Grabbeigaben gefunden.

Energien und Offenbarungen

Die Große Pyramide hat zahlreiche Theorien und Spekulationen sowohl über ihre eigentliche Entstehung wie auch über ihre astronomische Bedeutung ausgelöst. Der englische Naturwissenschaftler Richard Proctor argumentierte,

Der Blatthornkäfer Skarabäus (griech. Pillendreher) wurde im alten Ägypten sehr verehrt. Das war für die Ägypter ein Zeichen, dass es sich bei diesem Tier um ein Urwesen und eine Gestalt des Sonnengottes handelt.

Zwischen den imposanten Steinquadern der Pyramiden von Gizeh ragt die aus dem Fels gehauene, 20 Meter hohe und 73,5 Meter lange Figur der Sphinx auf. Die Sphinx stellte für die Ägypter ein Fabelwesen dar, das den Körper eines Löwen und den Kopf eines Herrschers, in diesem Fall vermutlich König Chephrens, hatte.

DIE HEILIGEN STÄTTEN

Magie der Zahlen

Die Cheops Pyramide wurde im Verlauf ihrer Erforschung mit immer genaueren Methoden vermessen. Stellt man zwischen den Zahlen Bezüge her, ergeben sich erstaunliche Zusammenhänge: Zu ihrer Blütezeit hatte die Pyramide eine Höhe von 146,6 Metern, eine Zahl, die der Entfernung Erde – Sonne in Millionen Kilometern entspricht.

Ihre durch die doppelte Zahl der Höhe dividierte Grundfläche ergibt die Zahl Pi

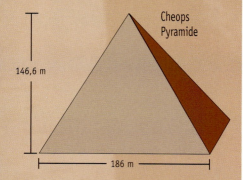

(gleich 3,1416). Der doppelte Umfang der Basis des Steinkolosses entspricht einer Bogenminute (der Entfernung, die ein Punkt am Äquator in einer Minute aufgrund der Erdrotation zurücklegt) am Äquator: 1.842,9 Meter.

Die Wahrscheinlichkeit liegt nahe, dass es sich hierbei nicht um Zufälle handeln kann, sondern um Hinweise darauf, dass die Ägypter Kenntnisse über Form und Gestalt der Erde und des Universums gehabt haben müssen.

Kritiker wenden ein, dass solche Messungen wohl eher dem Wunschdenken ihrer Erforscher entstammen, die viele Ungenauigkeiten akzeptieren.

Im Vergleich mit den nebenstehenden Siedlungen lässt sich die immense Größe der fünf Bauwerke erahnen. Durch das Abschlagen der glatten Fassaden kann man die ausgefeilte Schichtung der Steinblockmassen gut erkennen.

dass die perfekte Nord-Süd-Ausrichtung der inneren Gänge, zusammen mit ihrem Winkel von 26 Grad, es ihren Erbauern ermöglichte, den Sternenhimmel zu beobachten und exakt zu vermessen. Die so genannten Luftschächte, die von der Königskammer schräg nach oben aus der Pyramide hinausführen, weisen auf bestimmte Sternbilder. Folgt man der Theorie, dass die Seele des Pharao nach dessen Tod zu einem Stern wird, so könnten die Schächte »Startrampen« für die Pharaonenseele gewesen sein.

Der Pyramidenforscher Robert Beauval sieht in den drei Pyramiden von Gizeh das exakte Abbild des Orion und seiner drei Gürtelsterne, wie sie zur Zeit von Cheops über Ägypten sichtbar waren. Die Gürtelsterne bestehen aus zwei hellen und einer nur schwach leuchtenden Sonne. Sie liegen auf einer leicht geknickten Achse. Die Differenz in der Leuchtkraft der Sterne entspricht dem Massenunterschied der beiden großen Pyramiden Cheops und Chephren zur kleineren Pyramide von Mykerinos. Die drei Pyramiden liegen ebenso, wie die Gürtelsterne, auf einer leicht geknickten Achse. Die Schlussfolgerung, die drei Pyramiden wären das exakte Abbild der drei Gür-

telsterne, liegt nahe. Angesichts der Tatsache, dass die Ägypter zur Zeit des Pyramidenbaus ausgezeichnete Astronomen waren, gewinnt diese Theorie an Bedeutung.

Die Kraft der Pyramide

Weitere überraschende naturwissenschaftliche Phänomene wurden bei Messungen in der Cheops Pyramide festgestellt. Der französische Forscher Antoine Bovis fand 1920 in der Königskammer mehrere tote Katzen und die Überreste anderer kleiner Tiere. Trotz der Feuchtigkeit in dem Raum waren die Kadaver perfekt mumifiziert. Bovis baute später zu Forschungszwecken ein verkleinertes maßstabgenaues Holzmodell der Cheops Pyramide und richtete dieses, wie das Original, nach Norden aus. Auch in der Mini-Pyramide hielten sich tote Kleintiere und rohes Fleisch, ohne zu verwesen. In den 1930er Jahren wurden der Pyramidenform deshalb magische Kräfte zugeschrieben: Angeblich heilten sogar Wunden in ihr besser, Pflanzenkeime wuchsen schneller und der Geschmack von Rotwein verbesserte sich nach Pyramidenlagerung. Der tschechische Ingenieur Karel Drbal entdeckte in den 50er Jahren des 20. Jahrhunderts, dass

PYRAMIDEN

Roboter UPUAUT vor der Cheopspyramide. Als Wunderwerk der Mikroelektronik begab sich das wendige Gefährt auf die Spur des Jahrtausende alten Rätsels.

sich Rasierklingen in Pyramiden selbst schärften. Mit einem maßstabgerechten Modell der Cheops Pyramide entwickelte er mit nachweisbarem Erfolg ein Verfahren zum Schärfen von Rasierklingen, dass er in Prag als Patent anmelden konnte.

Die Reise des UPUAUT

Mit den Methoden der klassischen Archäologie, unterstützt durch moderne Technik, sind auch heute noch innerhalb der Pyramiden erstaunliche Entdeckungen möglich. 1993 sorgte der Münchner Ingenieur Rudolf Gantenbrink für eine Sensation. In der Cheops Pyramide ließ er von der unterhalb der eigentlichen Grabkammer gelegenen Königinkammer einen mit einer Kamera ausgerüsteten Mini-Roboter den südlichen der beiden so genannten Luftschächte hinaufklettern. Zentimeter um Zentimeter tastete sich UPUAUT – der »Öffner der Wege« – voran. Nach 65 Metern stieß er jedoch auf einen glatt polierten Kalkstein. An der Seite der Steinplatte wurden zwei verwitterte Kupferbeschläge, das erste Metall in der Cheops Pyramide, entdeckt. Seitdem rätseln Ägyptologen, ob sich hinter dem Stein eine sagenumwobene Geheimkammer mit der bisher nicht gefundenen Mumie des Pharao verbirgt. Auch kultische Gegenstände könnten dort verborgen sein. Noch wurde kein Versuch unternommen, die Tür zu öffnen. Gantenbrinks Vorschläge, zunächst mit einem Endoskop durch eine kleine Öffnung an der Unterkante des Verschlusssteines hindurchzusehen, lässt die ägyptische Altertumsverwaltung seit Jahren unbeantwortet.

Auch das Angebot mehrerer Sponsoren, die finanziellen Mittel für die Öffnung der Kammer bereitzustellen, ist bisher auf keine Gegenliebe gestoßen. Der bekannte englische Ägyptologe Eddson Edwards vermutete hinter der Zurückhaltung der Ägypter den so genannten »Schliemann«-Effekt (Schliemann leitete als archäologischer Laie die Ausgrabungen von Troja), demzufolge einem Amateur-Forscher wie Gantenbrink niemals eine bedeutende Entdeckung gelingen könne. Es scheint, als ob kleinliche Eitelkeiten womöglich eine anstehende archäologische Sensation bis auf weiteres verhindern.

Die Geschichte von Isis und Osiris

Osirirs war der erste König der Ägypter, Isis seine Schwester und Gemahlin. Das Glück der beiden endete, als ihr gemeinsamer Bruder Seth Osiris tötete. Wie, darüber gibt es verschiedene Versionen. Einmal verwandelte sich Seth in einen Stier und trampelte Osiris tot, dann wieder zwang Seth den Bruder mit einer List in einen Sarg, den er von Außen verschloss. Isis suchte und fand ihren Gatten. Sie ließ den Leichnam, um ihn vor dem Verfall zu schützen, einbalsamieren und bandagieren – Osiris stellt so die erste ägyptische Mumie dar. Dann hauchte Isis ihrem Mann für kurze Zeit wieder Leben ein und empfing von ihm den gemeinsamen Sohn Horus. Als dieser erwachsen war, rächte er den Tod des Vaters und vernichtete Seth. Das Auge, das er im Kampf gegen den feindlichen Onkel verlor, ging als das sprichwörtliche Horusauge in die ägyptische Mythologie ein.

Osiris gehört zu den tragischsten und komplexesten Persönlichkeiten der ägyptischen Mythologie. Er ist Sohn der Himmelsgöttin Nut und des Erdgottes Geb. Als sein Sohn Horus Gott der Lebenden wird, besteigt er den Thron des Totenreiches. Dargestellt wird er deswegen als Mumie mit Geißel und Krummstab.

DIE HEILIGEN STÄTTEN

Mekka – das Herz des Islam

Einmal im Leben muss jeder Moslem, so seine Gesundheit und finanziellen Mittel dies zulassen, die Hauptmoschee in Mekka mit der »Ka'aba« besuchen. In diesem rechteckigen Gebäude befindet sich der geheimnisvolle »Schwarze Stein«, den man erst nach sieben Umrundungen der Ka'aba berühren darf.

MEKKA

Der Mann war zu Tode erschrocken. Wohin er auch in der Morgendämmerung blickte, überall stand die Gestalt eines Engels am Horizont. Eine Stimme erschütterte sein Innerstes: »Du bist zum Propheten berufen!«

Der Religionsgründer

Mohammed, der zukünftige Religionsgründer, verweigerte jedoch die Annahme der göttlichen Verkündigung. Erst als ihm der Erzengel Gabriel ein zweites Mal erschien, nahm er sein Schicksal an. Das Ereignis, das einen einfachen Mann zum himmlischen Boten und Gründer des Islam, einer der mächtigsten Religionsgemeinschaften der Welt, machte, fand 610 n. Chr. in Saudi-Arabien, in der Nähe der alten Handelsstadt Mekka, statt. Der Überlieferung zufolge verkündete Mohammed von da an: »Es gibt keinen Gott außer Allah.«

Allah ist groß!

Allah ist der Schöpfer der Welt und der Allmächtige. So steht es im Koran, den Mohammed angeblich auf Anweisung des Engels schreiben ließ und der eine göttliche Offenbarung enthält.

Die reiche Handelsmetropole Mekka wurde zum pulsierenden Herzen des Islam. Mohammed selbst hat sie im Namen seines neuen Glaubens geprägt und zum Mittelpunkt erklärt, denn hier hatte er die ersten göttlichen Offenbarungen empfangen und hier soll das erste Gotteshaus der Menschheit gestanden haben, das der biblische Urvater Abraham errichtet hatte.

Die heilige Ka'aba

Im Islam werden alle Gläubigen, Männer wie Frauen, dazu aufgefordert, einmal in ihrem Leben eine Wallfahrt, die so genannte »Hadsch«, nach Mekka zu unternehmen. Zielpunkt der Pilgerreise und zugleich Glaubenszentrum ist die »Ka'aba«, ein würfelförmiges Gebäude im Hof der Hauptmoschee. Dort wurde an der Südostecke der heilige »Schwarze Stein«, der »Hadschar al-Aswad«, eingemauert. Dieses rätselhafte Objekt, das viele für einen Meteoriten halten, war bereits Kultgegenstand von heidnischen Stämmen in präislamischer Zeit. Den Moslems jedoch galt er als Relikt aus der Urzeit Adams – er soll einst vom Himmel gefallen sein – und ist noch heute Ausdruck eines Bündnisses zwischen dem Schöpfer und seiner Schöpfung.

Metropole der Welt

Fünfmal täglich verneigen sich die Moslems in Richtung Mekka. Diese »Mutter aller Städte« liegt auf einer kargen Hochebene. Die Stadt, die in der Vergangenheit eine moderne Prägung erfahren hat, zieht jedes Jahr Hunderttausende von Pilgern an.

In langwogenden Menschenreihen, die alle die Ka'aba entgegen dem Uhrzeigersinn umkreisen, nähern sie sich dann unter Gebeten ehrfürchtig dem Heiligtum, das mit seinen 15 Metern Höhe wuchtig den Innenhof überragt. In zwei Metern Höhe befindet sich eine ovale, silberglänzende Einfassung, durch die der Gläubige mit seinen Lippen den heiligen »Schwarzen Stein« berühren kann. Nicht-Muslimen ist bis heute der Zutritt nach Mekka verboten. Auch eine Untersuchung des »Schwarzen Steins« ist strengstens untersagt. Man erzählt: wer ihn auf diese Weise schändet, verwirke sein Leben.

Der Gesandte Gottes

Wer war Mohammed, der mit seiner Botschaft die Menschen aller Nationen erreichte und durch den der Islam zur Weltreligion wurde? Mohammed wurde um 570 n. Chr. in Mekka geboren. Sein Vater und seine Mutter verstarben früh. Ein Großvater und ein Onkel nahmen sich des mittellosen Waisen an. Mit 21 Jahren bekam Mohammed eine gute Stelle bei der reichen Kaufmannsfrau Khadîdja. Bis nach Syrien führte der junge Mann als Handelsreisender deren Karawanen. Später wurde er von Khadîdja zum Verwalter ernannt und mit 25 heiratete er schließlich die um 15 Jahre ältere Frau. Wieder 15 Jahre später stieg Mohammed zu einem der bedeutendsten Religionsstifter auf. Wegen der Verkündigung des Monotheismus im heidnischen Mekka musste er 622 nach Medina fliehen. Von Medina aus kämpfte er bis kurz vor seinem Tode am 8. Juni 632 gegen den heidnischen Vielgötterglauben.

Die Ka'aba in Mekka war im 17. Jahrhundert Hauptmotiv dieser indischen Miniatur. Der Islam breitete sich auf dem indischen Subkontinent schnell aus – heute leben hier über 100 Millionen Mohammedaner, weltweit sind es fast eine Milliarde.

DIE HEILIGEN STÄTTEN

Jerusalem – die Heilige Stadt

Der Felsendom in Jerusalem mit seiner vergoldeten Kuppel ist sowohl Christen als auch Juden und Moslems gleichermaßen heilig.

Gott will es!« Der fanatische Kampfruf drang aus tausenden Kehlen. Über brennende Belagerungstürme stürmten streng gläubige Kreuzritter die Mauern Jerusalems, um die heilige Stadt im Namen aller Christen aus moslemischer Herrschaft zu befreien. Über 70.000 Menschen fanden im ersten Kreuzzug am 15. Juli 1099 den Tod. Es war nicht das erste Mal, dass Jerusalem im Mittelpunkt von Glaubenskriegen stand und es sollte auch nicht das letzte Mal gewesen sein.

Die Gründungsväter Israels

Als heiliger Ort steht Jerusalem im Mittelpunkt dreier Weltreligionen. Christen, Juden und Moslems erheben aus historischen Grün-

54

den gleichermaßen Anspruch auf die Stadt, die man seit ihren Anfängen immer wieder im Namen einer Religion oder auch aus politischen Gründen erobert und zerstört hat.

Die historisch nachweisbare Geschichte Jerusalems ist auf nordsyrischen Tontafeln um 2500 v. Chr festgehalten. Der Israelitenkönig David (1004–965 v. Chr.) gründete den ersten jüdischen Staat und bestimmte Jerusalem zu dessen Hauptstadt. Unter David wurde auch das Heiligste des Judentums, die so genannte »Bundeslade« – eine vergoldete Truhe mit den Zehn Geboten Gottes – nach Jerusalem geholt. Zur sicheren Aufbewahrung der Gesetzestafeln ließ Nachfolger Salomon (bis 926 v. Chr.) den so genannten Salomonischen Tempel bauen.

Eine Klagemauer für das Judentum

Nachdem Salomons heiliges Bauwerk 587 v. Chr. von einfallenden Babyloniern zerstört worden war, errichtete man einen zweiten Tempel in Jerusalem. Dieser Bau war, trotz mehrmaliger politischer Machtwechsel, über

König David übergibt das Zepter seinem Sohn Salomon - so stellte sich Cornelis Devos (1584–1651) die Machtübergabe in der Heiligen Stadt vor.

Die Klagemauer ist das religiöse Zentrum der Juden. Vor allem Orthodoxe kommen regelmäßig zum Gebet hierher.

Jahrhunderte Mittelpunkt der Stadt und zentrale Pilgerstätte für die Einwohner Judäas. Um die Zeitwende ließ der unter römischer Oberherrschaft regierende König der Juden, Herodes, den Tempel zum größten sakralen Monument seiner Zeit ausbauen. Als sich sein Volk 70 n. Chr. gegen Rom erhob, wurde der heilige Bau zerstört. Übrig blieb lediglich die westliche Stützmauer. Sie wird heute als Klagemauer verehrt.

Die Lade Gottes

Der Traum jedes Religionshistorikers ist es, die mysteriöse «Lade Gottes» mit den Zehn Geboten zu finden. Nach dem zweiten Buch Mose sah die Bundeslade folgendermaßen aus: »Macht eine Lade aus Akazienholz, zweieinhalb Ellen lang, anderthalb Ellen breit und anderthalb Ellen hoch! Überzieh sie innen und außen mit purem Gold, und bring daran ringsherum eine Goldleiste an! Gieß für sie vier Goldringe, und befestige sie an ihren vier Füßen, zwei Ringe an der einen Seite und zwei Ringe an der anderen Seite! Fertige Stangen aus Akazienholz an, und überzieh sie mit Gold! Steck die Stangen durch die Ringe an den Seiten der Lade, so dass man die Lade damit tragen kann.« (25,10–14) Die Bundeslade wurde vermutlich um das Jahr 1250 v. Chr. von Moses angefertigt und als Kultschrein im 10. Jahrhundert v. Chr. von König David in seine Hauptstadt Jerusalem geholt und unter Salomon im Salomonischen Tempel aufbewahrt. Seit der Zerstörung dieses Bauwerks im 6. Jahrhundert v. Chr. fehlt jedoch von der goldenen Lade jede Spur. Viele vermuten sie heute unter dem Tempelberg. Dazu meint der israelische Chefarchäologe Ronny Reich: »Wir haben mit Infrarot- und Thermoscannern den Tempelberg vermessen, und wir konnten jetzt beweisen, dass der gesamte Berg wie eine Honigwabe von geheimen Gängen durchzogen ist. Sollten wir die Bundeslade je finden, dann wäre das die größte Entdeckung aller Zeiten!«

So könnte der Tempel Salomons vor seiner Zerstörung ausgesehen haben. (mittelalterlicher Kupferstich)

DIE HEILIGEN STÄTTEN

Das zeitgenössische Holzmodell zeigt Jerusalem zur Zeit Herodes' (ca. 20 v. Chr).

Kampf um Jerusalem

Im Jahr 1947 gab ein Teilungsplan der UNO Anlass zu Auseinandersetzungen im damaligen Palästina. Diesem zufolge sollte es neben einem arabischen und einem jüdischen auch einen internationalisierten Teil um Jerusalem geben. Damit waren die Araber und vor allem die arabischen Nachbarstaaten nicht einverstanden. Es entbrannte der erste Israelisch-Arabische Krieg, aus israelischer Sicht ein Unabhängigkeitskrieg. In ihm setzten sich die israelischen Streitkräfte gegen die arabischen Armeen aus Ägypten, Jordanien, Syrien, dem Irak und dem Libanon durch. Sie besetzten etwa 77 Prozent des früheren UNO-Mandatsgebiets und beanspruchten es als ihr eigenes Staatsgebiet. Das ging weit über das den Juden im Teilungsplan von 1947 zugesprochene Land hinaus. Im zweiten Israelisch-Arabischen Krieg im Oktober/November 1956 zogen sich die israelischen Truppen schließlich auf Betreiben der Vereinten Nationen aus den eroberten Gebieten zurück, doch die Auseinandersetzungen waren damit nicht gebannt.

Die arabischen Staaten verschärften ihren Kampf gegen die staatliche Existenz Israels. Zu seiner Verteidigung besetzte Israel 1967 in einem dritten Krieg (Sechs-Tage-Krieg) u.a. auch Teile Syriens. Es folgte 1973 der Jom-Kippur-Krieg und 1982 marschierten israelische Truppen im Libanon ein. Bis heute konnte keine Lösung für einen dauerhaften Frieden gefunden werden.

»Abrahams Felsen« im Jerusalemer Felsendom – von hier aus soll Mohammed, der Religionsstifter des Islam, in den Himmel aufgestiegen sein.

Ein Passionsweg für das Christentum

Was den Juden die Klagemauer, ist den Christen der Hügel Golgatha. Dort, außerhalb der Stadtmauern Jerusalems, vollzog sich einst die Kreuzigung von Gottes Sohn. Als im 4. Jahrhundert das Christentum, repräsentiert vom Römischen Reich, in Jerusalem die Oberhand gewann, wurde in Erinnerung an Christi Tod und Auferstehung die Grabeskirche ge-

Tausende von jüdischen und christlichen Pilgern besuchen täglich die Klagemauer.

baut, die wie viele andere Heiligtümer heute nicht mehr im Original erhalten ist. Weitgehend zerstört ist auch die Burg von Herodes, in der Pontius Pilatus einst das Todesurteil über Jesus Christus fällte und ihn geißeln ließ. Die Via Dolorosa, die Gassen, durch die Jesus das Kreuz trug, führt hingegen immer noch von der Altstadt nach Golgatha hinauf.

Rechts vom Portal der dort stehenden Grabeskirche soll das Kreuz gestanden haben, an dem Christus starb. Das Passionsmysterium schließt noch den Salbungsstein, auf den der Leichnam gelegt wurde und das Grab, aus dem Christus am dritten Tag auferstanden ist, mit ein.

Ein Felsendom für den Islam

Als Zentrum des islamischen Glaubens gilt heute der Tempelberg mit seinem gewaltigen Felsendom, einer Moschee, reich verziert mit blauen und gelben Keramikfliesen und Korantexten. Im Koran legte der Religionsgründer des Islam, der Prophet Mohammed (570–632) seine in Visionen erfahrenen Offenbarungen Gottes dar.

Aus dem Boden des Felsendoms tritt nackter Fels zutage. Von diesem Felsen aus, auf dem einst der Urvater des Judentums, Abraham, aus Gottesfurcht seinen Sohn Isaak opfern wollte, soll Mohammed in den Himmel aufgestiegen sein. Noch heute sind dort Mohammeds Fußabdruck, die Hufspuren seines Pferdes Burak und die Fingerabdrücke des Erzengels Gabriel, der laut Überlieferung den Felsen während der Himmelfahrt festgehalten hat, zu sehen.

Im jüdischen »Talmud«, entstanden in einem mehrere Jahrhunderte andauernden mündlichen und schriftlichen Überlieferungsprozess, wird behauptet, der Fels liege über der Öffnung eines Abgrundes, aus dem man das Rauschen der Sintflut hören kann. Laut moslemischer Erzähltradition soll der gesamte Felsen ohne Halt frei in der Luft schweben. Darunter fließt der Brunnen der Seelen, in dem sich die Verstorbenen zum Gebet versammeln.

Mythologie und Gegenwart

Ein friedliches Nebeneinander der beiden größten Bevölkerungsgruppen scheint gegenwärtig in Jerusalem nicht möglich. Juden und Moslems erheben Anspruch auf die Heilige Stadt, religiöse Kämpfe und Unstimmigkeiten schwelen beständig und lodern oft

genug auf. Fast jeder jüdische Einwohner betont die Unverzichtbarkeit und die einzigartige Bedeutung des Besitzes von ganz Jerusalem, arabische Bewohner sprechen von der Unmöglichkeit eines Friedens unter den Bevölkerungsgruppen, wenn Jerusalem nicht auch dem Islam zugesprochen wird.

Der Tempelberg in Jerusalem mit dem Felsendom im Hintergrund. Die kolorierte Kreidelithographie aus dem Jahre 1839 zeigt den Zustand der Bauwerke in der Mitte des 19. Jahrhunderts. Die Person im Vordergrund verdeutlicht, dass Jerusalem zu jener Zeit unter türkischer Herrschaft stand.

DIE HEILIGEN STÄTTEN

Tempeltürme des Vorderen Orients

Der Turmbau zu Babel geht auf eine biblische Erzählung aus der Genesis, dem ersten Buch Mose im Alten Testament, zurück. (»Der Turmbau zu Babel«, 1595. Maerten von Valckenborch.)

TEMPELTÜRME

Mesopotamien, Land zwischen den Strömen, nannten die Griechen ein Kulturland zwischen den Flüssen Euphrat und Tigris im heutigen Irak. Im vierten Jahrtausend vor unserer Zeitrechnung wanderte das Volk der Sumerer in den fruchtbaren südlichen Teil dieses Gebietes ein und brachte umwälzende Ideen mit, die das Gesicht der Welt veränderten. Aus ihren religiösen und ideologischen Konzepten entstand damals eine der ältesten Hochkulturen der Menschheit. Ihr Abglanz ist noch heute in jenen gigantischen, sandverwehten Türmen zu sehen, von denen schon die Bibel berichtete. Wer hat noch nicht vom legendären »Turmbau zu Babel« gehört, der den Zorn Gottes herausforderte und als Strafe zur Folge hatte, dass die Menschen seitdem unterschiedliche Sprachen sprechen und einander nur bedingt verstehen?

Wunder der Antike

Auch eines der sieben Weltwunder der Antike, die »Hängenden Gärten der Semiramis«, befand sich im Zweistromland, in Babylon. Unweit davon lag Eridu. Es war im Jahre 1946, als die beiden Archäologen Fuad Safar und Seton Lloyd vom Irakischen Direktoriat für Antiquitäten von den versteinerten Geheimnissen dieser altbabylonischen Stadt angezogen wurden. Einst war sie die heiligste Stätte Mesopotamiens. Sie galt als die erste Stadt der Welt. Wie man auf 4000 Jahre alten kleinen Tontafeln lesen kann, war Eridu dem Gott des Wassers, der Weisheit und der Magie, Enki, geweiht. Vor den Ausgrabungen im 20. Jahrhundert ließ nur noch eine eingesackte Zikkurat, ein Tempelturm, erahnen, dass sich an dieser

Zikkurat

2000 Jahre lang erbauten die Völker Mesopotamiens gewaltige stufenförmige Türme, deren Spitzen von einem Hochtempel gekrönt wurden. Wie übereinander gestapelte, kleiner werdende Kartons ragten sie zumeist 45 Meter in den Himmel. Symbolisch führten die Stufen bis in den Kosmos und verbanden so Himmel und Erde. An der höchsten Stelle der antiken Bauten aus Ziegelsteinen und Schilflagen erschien den Gläubigen die Gottheit. Eridus Tempelterrasse aus den Anfängen hatte noch bescheidene Ausmaße. Ihre aufgestockten Plattformen lassen aber bereits die kommenden gigantischen Tempeltürme erahnen.

Einem neuassyrischen Relief aus dem 8. Jahrhundert v. Chr. kann man entnehmen, welch große Anstrengungen für die Gläubigen mit dem Bau einer Zikkurat verbunden waren. Mehrere Männer schleppen Material für den Tempelbau an Seilen heran.

DIE HEILIGEN STÄTTEN

Hinter der Legende vom Turm zu Babel steht vermutlich die Zikkurat Etemenanki. Sie wurde unter Nebukadnezar II. (605–562 v. Chr.) errichtet und soll wie diese Rekonstruktion aus dem Jahre 1918 ausgesehen haben.

Stelle einmal ein imposantes Bauwerk befand. In mühevoller Kleinarbeit legten Safar und Lloyd, die mehr über die verschüttete Kultur erfahren wollten, jahrtausendealte Relikte frei. Schaufel um Schaufel brachten sie zerbrochene Ziegel hervor, aus denen die Zikkurat in biblischen Zeiten erbaut worden war.

Abenteuer der Forschung

Doch die Forscher entdeckten noch mehr. Plötzlich stießen sie auf Mauern einer früheren Epoche. Als sie in tiefere Sandschichten vorstießen, trafen sie auf immer ältere Heiligtümer, die im Verlauf der Jahrtausende überbaut worden waren. Am Ende hatten Safar und Lloyd 18 übereinandergetürmte Tempel, jeweils auf den Fundamenten des Vorgängers gebaut, freigelegt. Die dörflichen Fundamente in der Nähe des Tempels reichen bis in das sechste Jahrtausend v. Chr. zurück. Das bedeutet, dass schon lange vor den Sumerern Menschen in Eridu ein prähistorisches Kultzentrum angelegt hatten. Sie zählten zur so genannten Ubaid-Kultur, die man um 5900 v. Chr. in Vorderasien fand.

Damit gehört Eridu zu den ältesten geweihten Städten der Welt. Die Kontinuität im Stil der ausgegrabenen Heiligtümer und zahlreiche, im trockenen Klima erhalten gebliebene Grätenfunde von geopferten Fischen, sind für Historiker übrigens der Beweis, dass man in Eridu tatsächlich Enki, den Gott der Weisheit, verehrte, der gleichzeitig auch der Gott des Wassers war.

Ur – Spuren im Sand

»Schier unvorstellbar, dass eine derartige Wildnis irgendwann bewohnt gewesen sein soll«, vermerkte der britische Archäologe Sir Leonard Woolley (1880–1960), als er die Ruinen der Stadt Ur, die wie Babylon im Süden des Zweistromlands liegt, vor sich sah. Als Woolley 1922 eine angloamerikanische Expedition der University of Pennsylvania (USA) nach Sumer führte, glaubte er, in Ur die Geburtsstätte des biblischen Patriarchen Abraham gefunden zu haben. Äußerst umsichtig legte sein Team zwölf Jahre lang die dort untergegangene Kultur frei. Dabei stießen die Archäologen auf Königsgräber und Residenzen von Hohenpriesterinnen, auf Umfassungsmauern, eine Schatzkammer, ein Heiligtum des sumerischen Reichs- und Mondgottes Nanna sowie die Überreste einer Zikkurat von imposanten Ausmaßen. Woolley stellte fest, dass die Könige von Ur und ihre Nachfolger bis ins sechste Jahrhundert v. Chr. unter dem babylonischen König Nebukadnezar II. (605–562 v. Chr.) wiederholt profane und religiöse Gebäude erneuerten.

Stufenpyramiden für die Götter

Einer der herausragenden Herrscher von Ur war König Urnammu (um 2113 v. Chr.), der die III. Dynastie des Stadtstaates begründete. 23 Städte schloss er zu einem einzigen Reich zusammen und nannte sich »König von Sumer und Akkad«. Gleichzeitig begann er mit einem umfassenden Bauprogramm in der 30.000 Einwohner zählenden Hauptstadt, die damals direkt an den Ufern des Euphrat, mitten in einer blühenden Landschaft, lag.

Sein bedeutendstes Monument, das ihm einen Platz bei den Göttern sichern sollte, war die Errichtung eines riesenhaften Tempelturms zu Ehren des Reichsgottes Nanna. Eine dreiteilige Treppenkonstruktion aus gebrannten Backsteinen leitete eine völlig neue Dimension in der Baugeschichte ein. Eine optisch herausspringende, wuchtige Mitteltreppe musste sich in genau elf Metern Höhe auf der ersten Terrasse mit den beiden Seitentreppen treffen. Darüber ließ Urnammu ein zweites und drittes Stockwerk errichten, auf dem das Heiligtum des Nanna erbaut wurde. Mit einer Grundfläche von 63 x 43 Metern und einer Höhe von 24 Metern, muss dieses Bauwerk einen gewaltigen Eindruck auf die Pilger und Besucher der Stadt gemacht haben.

Der göttliche König

Auf einer Stele ließ Urnammu abbilden, wie er sich selbst mit den Göttern traf und von ihnen die Baugeräte für den heiligen Tempel erhielt. Einer solchen Macht traute sich niemand zu widersprechen, zumal zu allen Zeiten das Wohl des Königs mit dem Wohl des Staates verbunden war. Ein sumerischer Text erzählt, wie der Herrscher ein jährlich wiederkehrendes Hochzeitsritual mit der

Historische Hintergründe zu Babylon

Woher die Begründer der Mutterkultur des Vorderen Orients, die Sumerer, ursprünglich kamen, weiß man nicht. Funde zeigen Verbindungen zum Indus-Tal in Pakistan. Um 2600 v. Chr. gründeten sie erste Stadtstaaten und theokratische Monarchien (Herrschaft eines Priester-Königs). 700 Jahre später eroberten die Akkader Mesopotamien und schufen ein neues sumerisch-akkadisches Machtzentrum: Babylon. 1000 Jahre lang regierten babylonische Dynastien das Zweistromland, bis eine neue Machtballung im Norden, die der Assyrer, so stark war, dass sie um 883 v. Chr. die Herrschaft antrat. Das Neubabylonische Reich (625–539 v. Chr.) beendete jedoch nach 250 Jahren dieses Zwischenspiel.

4500 Jahre alt soll diese Gipsplastik eines Betenden sein, die man in Syrien in Mari im so genannten Ischtartempel fand. Ischtar war die babylonische Göttin des Kampfes und der Liebe. Bedenkt man die an Krisen reiche Geschichte Babylons, erhält man eine Vorstellung davon, wie sehr man Ischtar verehren musste, um sicher zu sein, von ihr geschützt zu werden. Die Plastik wurde vermutlich von den Sumerern geschaffen.

DIE HEILIGEN STÄTTEN

Das Weltwunder

Im zweiten Jahrhundert v. Chr. schrieb der Phönizier Antipatros von Sidon »Die sieben Weltwunder«, die auch heute noch Gegenstand zahlreicher literarischer und historischer Arbeiten sind. In Mesopotamien imponierten dem frühen Autor jedoch keine Ruinen, sondern die wunderbaren »Hängenden Gärten« von Babylon. Sieben Terrassen, zusammengefügt aus breiten Steinplatten, waren über einem Gewölbe aufgeschichtet und erreichten eine Höhe von 22,5 Metern. Pech und Schilf, gebrannte Ziegel und eine Bleischicht bildeten eine Feuchtigkeitssperre. Darauf wurde drei Meter Erde gehäuft, damit selbst große Bäume wurzeln konnten. Ein Bewässerungssystem sorgte für kühlendes Nass. Der Schöpfer dieses Gartens war Nebukadnezar, der für seine Frau Semiramis botanische Gewächse von seinen Feldzügen mit in den künstlichen Garten brachte.

Ein Relief vom Palast Nebukadnezars, der von 605 bis 562 v. Chr. das neubabylonische Reich regierte, zeigt den damaligen Statthalter von Auhi und Mari, Schamas-usch-usur, bei der Anbetung der Götter.

Fruchtbarkeitsgöttin Inanna durchführte. Vermutlich wurde die Göttin damals von einer jungen Priesterin symbolisiert, die im Hochtempel mit dem König den Geschlechtsakt vollzog und auf diese Weise die Fruchtbarkeit des Landes und Glück für König und Volk brachte.

Der Turmbau zu Babel

»Und sie sprachen: Wohlauf, lasst uns eine Stadt und einen Turm bauen, dessen Spitze bis an den Himmel reiche«. (1. Mose 11,3) Der Turmbau zu Babel hat stets als Sinnbild für menschlichen Hochmut und die gerechte Strafe Gottes gedient, der den anmaßenden Bau zerstörte und die Sprache der Menschen verwirrte, damit sie sich nicht mehr verstanden. Gab es diesen Turm jemals?

1811 traf zum ersten Mal ein Archäologe, der Brite Claudius Rich, im Trümmerfeld von Babylon ein. 10 Tage reichten ihm aus, um einige Skizzen anzufertigen, Lehmziegel einzusammeln und eine Versuchsgrabung durchzuführen. Dabei wurde er auf einen quadratischen Hügel aufmerksam, den die arabischen Begleiter den »Turm zu Babel« nannten. Es sollte jedoch noch weitere 89 Jahre dauern, bis der deutsche Archäologe Robert Koldewey (1855–1925) in Babylon eintraf und die Freilegung der babylonischen Hinterlassenschaften in Angriff nahm. 18 Jahre blieb Koldewey. Was er fand, war eine Sensation.

Der Götterthron

Prunkvolle Prozessionsstraßen, ein grandioses, der babylonischen Liebes- und Todesgöttin Ischtar geweihtes Tor, einen Tempel für den mächtigsten Gott im Götterhimmel, Marduk, sowie zahlreiche Gräber und Schätze zählten zu Koldeweys Entdeckungen. Dann vermaß er einen mit Wasser gefüllten Graben.

Als er die Grundrisse aufgezeichnet hatte, ahnte er bereits, dass es sich um das Fundament eines enormen Baudenkmals handeln musste. Tatsächlich war es die Basis des legendären Turms von Babylon. Koldeweys Rekonstruktion stimmte mit der Beschreibung auf einer alten Keilschrifttafel überein, auf der die Zikkurat »Etemenanki« genannt wird, was soviel wie »Haus des Grundsteins von Himmel und Erde« heißt.

Zwei Seitentreppen führten in eine Höhe von 31 Metern, die erste Stufe der Zikkurat. Auf 48 Metern endete auf der zweiten Terrasse die freistehende Mitteltreppe. Vier Stufen zu sechs Metern und ein 15 Meter hoher Tempel, verkleidet mit blauglasierten Ziegeln, bildeten mit 91,5 Metern Höhe den Abschluss.

Ein Tonzylinder im Fundament enthielt den Namen des Bauherrn: Nebukadnezar. Dieser berühmteste König des Neubabylonischen Reiches hatte Babylon mit seinen Palästen und über fünfzig Tempeln restauriert. Damit knüpfte er an die glanzvolle Regierungszeit von König Hammurabi (1792–1750 v. Chr.) an, der seinerzeit bereits einen enormen Tempelturm am selben Platz errichten ließ.

Versunkenes Babylon

Doch Unheil zog über Babylon herauf. Der Perserkönig Kyros (559–530 v. Chr.) griff das Reich 539 v. Chr. an und machte sich selbst zum »König aller Länder«. Als Babylon unter seinem Nachfolger Xerxes (519–465 v. Chr.) einen Aufstand wagte, erteilte dieser den Befehl, den Turm dem Zerfall preiszugeben. Die babylonische Macht war damit zerstört. Mesopotamiens Wahrzeichen zerfiel und verschwand im Nichts. Sein Mythos jedoch lebt – bis heute.

TEMPELTÜRME

Die Existenz der hängenden Gärten ist durch zeitgenössische Dokumente belegt. Antipatros sah sie noch mit eigenen Augen. Allerdings soll Semiramis nicht die Gattin Nebukadnezars, sondern möglicherweise die 300 Jahre zuvor herrschende Assyrerkönigin Sammu-ramat gewesen sein, womit sich die Legende, die sich um die Gärten rankt, etwas zerstreut. (»Die hängenden Gärten der Semiramis«, Kupferstich, 1679)

DIE HEILIGEN STÄTTEN

Troja und der Schatz des Priamos

Ihrem Gatten ist es zu verdanken, dass Troja, der denkwürdige Kriegsschauplatz aus Homers Epos »Ilias«, entdeckt wurde. Stolz präsentierte Sophia Schliemann in den 1870er Jahren den Goldschmuck, den ihr Mann, der Altertumsforscher Heinrich Schliemann, bei seinen Ausgrabungen in Troja fand. Er war schon als Kind von Homers Schilderungen über den Schauplatz des Trojanischen Krieges fasziniert. Sophia, die selbst Griechin war, hatte ebenfalls einen starken Bezug zu dieser Art mythischer Historie. Sie war bei den Ausgrabungen meistens dabei.

TROJA

Troja, an der Westküste der heutigen Türkei gelegen, gehört trotz reger Ausgrabungstätigkeit noch immer zu den ungelösten Rätseln der Geschichte. Über Jahrtausende blieb die Schilderung vom Aufstieg und Fall dieser Stadt eine Legende. Der griechische Dichter Homer hatte das Epos »Ilias« nach »Ilios«, dem ersten Namen von Troja, genannt und einige griechische Autoren haben immer wieder vermutet, dass in der Geschichte von der Belagerung Trojas ein wahrer Kern stecken könnte. Die Historiker wiesen diese Vermutung jedoch bis ins 19. Jahrhundert zurück, weil es keine Beweise für eine Existenz Trojas gab.

Heinrich Schliemann (1822–1890) wurde in Mecklenburg geboren und verstarb in Neapel. Auf der Suche nach dem historischen Troja war er ein Leben lang in den Ländern des Mittelmeers unterwegs.

Wie eine Legende zur Wahrheit wurde…

Nach der Erzählung Homers belagerte das griechische Heer unter Menelaos und seinem Bruder Agamemnon zehn Jahre lang die Stadt Troja, die Residenz des Königs Priamos. Die Entführung der schönen Helena, Ehefrau des mykenischen Königs Menelaos, durch den trojanischen Königssohn Paris, hatte diesen Feldzug ausgelöst. Doch die Festung blieb uneinnehmbar; enttäuscht zogen die Griechen ab. Als Weihegeschenk an die Göttin Athene ließen sie ein riesiges hölzernes Pferd zurück, das die Trojaner im Freudentaumel über den vermeintlichen Sieg in ihre Stadt zogen. Ein fataler Fehler: Aus dem Bauch der Trophäe kletterten nachts die griechischen Soldaten, öffneten die Stadttore für ihre Kameraden, besiegten die getäuschten Trojaner und machten die Stadt dem Erdboden gleich.

Gold und Juwelen aus der antiken Stadt

Seit 1870 ließ der deutsche Kaufmann Heinrich Schliemann, der bereits als Achtjähriger von den Geschichten Homers fasziniert war, in dem von Menschenhand künstlich aufgeschütteten Hügel von Hissarlik graben, unter dem er das antike Troja zu finden hoffte. Der weltgewandte Kaufmann, Sprachgenie und Amateur-Archäologe, hatte seinen Lieblingsdichter beim Wort genommen und machte damit selbst Geschichte. Mit seiner griechischen Frau Sophia und den zahlreichen von ihm engagierten Gehilfen fand er in dem Hügel tatsächlich die Reste einer antiken Stadt und – zu seiner Überraschung – goldene und silberne Gefäße, Juwelen, Streitäxte und ein kunstvolles Schmuckstück aus 4000 Goldblättern und 12.000 Kettengliedern – den so genannten Schatz des Priamos. Heute sind die Entdeckungen Schliemanns jedoch umstritten. Den Schatz und die Ruinen eines Palastes, die er fand, gehörten zur zweiten Siedlungsschicht der antiken Stadt, die um 2200 v. Chr. zu datieren ist. Schliemann hatte am Troja Homers, das rund 1000 Jahre später datiert wird, vorbei gegraben und doch bewiesen, dass die sagenhafte Stadt wirklich existierte.

Homer hatte Recht

Neueste archäologische Ausgrabungen bestätigen die Existenz jener »gut befestigten Stadt«, von der Homer schrieb. Dieses Troja erstreckte sich tatsächlich über 130.000 Quadratmeter, auf denen etwa 6000 Menschen lebten. 1992 konnte man nachweisen, dass die Unterstadt von Troja VI – der sechsten der insgesamt neun ermittelten Schichten des antiken Troja aus der Zeit zwischen 1700–1250 v. Chr. – tatsächlich von einer Befestigungsanlage umgeben war. Allerdings ist bisher in keiner Hügelschicht eine kriegerische Zerstörung nachgewiesen worden. Dagegen konnten Brandspuren sowie Verwüstungen durch Erdbeben festgestellt werden.

Zentrum einer Hochkultur

Für die Historiker blieb Troja 120 Jahre lang eine Ansammlung alter Ruinen. Dem deutschen Geoarchäologen Eberhard Zanger gelang inzwischen der Nachweis, dass Troja nicht nur eine unbedeutende Küstenstadt in Kleinasien war, sondern das politische und kulturelle Zentrum einer bisher nicht erforschten Hochkultur aus der Bronzezeit. Ob es allerdings griechische oder andere mysteriöse Seevölker waren, die Troja um 1200 v. Chr. den Untergang brachten, so wie es die »Ilias« erzählt, oder ob es Naturkatastrophen waren, denen auch die damaligen Metropolen Mykene, Ugarit und Hattusa zum Opfer fielen und damit Griechenland für Hunderte von Jahren in ein dunkles Zeitalter stürzten, bleibt vorläufig Spekulation.

Diese trojanischen Kunstgegenstände aus Troja II, die man im Museum für Vor- und Frühgeschichte in Berlin bewundern kann, sind leider nicht mehr im Original erhalten. Die echten Ausgrabungsstücke sind seit dem 2. Weltkrieg verschollen. Die Replika stellen eine Sauciere, einen goldenen Becher und eine goldene Kugelflasche aus der Zeit um 2300 v. Chr. dar.

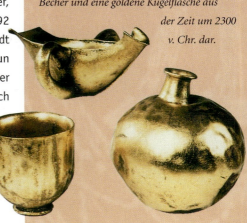

DIE HEILIGEN STÄTTEN

Mayaland – versunkene Welten im Dschungel

Aus dem dichten Urwald von Belize, dem geschichtsträchtigen Staat in Zentralamerika, erhebt sich in der ehemaligen Mayastadt Caracol die weiße Canaa-Pyramide. Mit seinen 42,5 Metern stellt der Sakralbau das höchste Gebäude in ganz Belize und ein Symbol für den Glauben an überirdische Mächte dar.

Als einstiger Träger einer indianischen Hochkultur gibt das Volk der Maya, das zwischen 2000 v. Chr. bis etwa 1500 n. Chr. in Mexiko, Guatemala, Honduras, Belize und El Salvador wirkte, der Nachwelt viele Rätsel auf. Der Aufstieg der Maya-Reiche und vor allem die Gründe für ihr jähes Ende sind bis heute nicht geklärt. Wundervolle Städte, architektonisch noch immer von beeindruckender Aussagekraft, wurden so übereilt von ihren Bewohnern verlassen, dass die Zeit nicht einmal reichte, um die letzten Toten zu begraben. Von einer urweltlichen Flora überwuchert, versanken die heiligen Stätten der Götter, Geister und Ahnen in einen tausendjährigen Schlaf. Chichén Itzá, eine Ruinenstätte auf der mexikanischen Halbinsel Yucatán, ist eines der Beispiele für dieses Szenario. Um die letzte Jahrtausendwende war die Stadt politisch wie religiös noch sehr bedeutend – doch kurz darauf wurde sie von ihren Bewohnern verlassen.

Die letzte Wanderung

Im heiligen Buch »Chilám-Balám« – wörtlich: »Das Buch des Jaguarpriesters« – wird berichtet, dass der Stamm der Itzá-Maya gegen Ende des 8. Jahrhunderts entlang der yucatekischen Küste erste Festungen anlegte. Eigentlich waren seine Mitglieder Händler, die aber auch mit Waffen umzugehen wussten. Strategisch durchdacht, starteten die Krieger in der Maske von Händlern ihren Siegeszug gegen die alteingesessenen Maya der Region. Ein Geheimnis ihres Erfolges war vielleicht eine neue politische Organisationsform: Sie wählten keinen Einzelherrscher, sondern ein Führungsteam. Mit kosmopolitischer Weltsicht planten sie ihre Hauptstadt, gingen Zweckbündnisse ein oder rissen mit brachialer Gewalt die Macht an sich. Um 1250 folgte ihr plötzlicher Untergang. Die Bevölkerung war aus ungeklärten Gründen verschwunden. Die Übriggebliebenen vom ruhmvollen Volk der Itzá zogen in einer letzten großen Wanderung hinein in die mythische Region des uralten Tikal im heutigen Guatemala.

Astro-Götter

Chichén Itzá war nicht nur politisches, sondern auch religiöses Zentrum. Lange verlassen, war es noch in spanischer Zeit im 15. und 16. Jahrhundert Pilgerstätte für Maya-Nachfahren. Stets wurde ein Zugang zu einem heiligen Brunnen offengehalten, in dem einst Goldschmuck und Menschen geopfert worden waren. Die Sterbenden nahmen damals Botschaften für das Jenseits mit in den Tod.

Überlieferungen besagen, dass der Gott Kukulcán an diesem Ort regiert haben soll. Kukulcán war ein Zwitterwesen aus menschlicher Gestalt, Vogel und Schlange. Seine jährliche Herabkunft aus dem Kosmos zelebrierten die Itzá mit einem raffinierten Licht- und Schattenspiel.

Die Kukulcán-Pyramide der Stadt ist so exakt ausgerichtet, dass sich das Sonnenlicht am 21. März, dem Frühjahrsbeginn, längs der Treppenstufen wie eine Schlange herabwindet, um in einem steinernen Schlangenkopf zu münden.

Copán – Stadt der Sternenkulte

Zu den klassischen Maya-Stätten zählt das bis ins 9. Jahrhundert erbaute ehemalige Zeremonialzentrum von Copán im tropischen Regen-

Das Leben dieser Maya-Indianer aus Guatemala ist von traditionellen Ritualen und Kirchgängen geprägt. Andächtig zünden sie Kerzen an, um Ahnen und Götter zu besänftigen. Obwohl auch in Mittelamerika das Christentum Einzug hielt, haben sich die Nachfahren der großen Maya einen Teil ihrer Kultur bewahrt.

Heilige Landschaften

Vor 4000 Jahren entwickelten Bauernvölker in Mesoamerika Riten, die sich bis heute gehalten haben. Der Maiskolben war »Gottes heiliger Sonnenstrahl« – aus Mais formten Götter den Menschen. Anbau und Ernte war heiliger Ritus. Nach Tollán oder dem Land der Olmeken wurde das Mayaland als das letzte der magischen Länder bezeichnet. Heute noch rufen die Schamanen der Maya-Nachfahren den Segen uralter Götter auf die Ernte herab. Holzaltäre symbolisieren dabei die vierseitige Erde, das Kreuz ist Sinnbild für das Leben.

In Guatemala werden von Zauberpriestern zeremoniell Idole der klassischen Epoche mit Zuckerrohrschnaps besänftigt und viele Maya huldigen heute an antiken Orten den Naturgottheiten. Jetzt fordern sie die Ritualstätten ihrer Ahnen zurück.

DIE HEILIGEN STÄTTEN

Astronomen im Urwald

Astronomische Meisterleistung und raffinierte Kultstätte: 18 steinerne Erdungeheuer und Sternengottheiten blicken in Uaxactún im Tiefland von Guatemala von ihrem gestuften Sakralbau, einer 15 Meter hohen Pyramide, herab. Diese Welt lebendiger Magie zeigt Aspekte der Kosmologie – den »heiligen Berg«, wie er aus dem Urwasser auftaucht. Die Pyramide ist mit ihrer Hauptfront nach Osten gerichtet, ihr gegenüber befinden sich drei kleinere Tempel. Lässt man einen Peilstrahl über zwei bestimmte Stelen gleiten, ergibt sich der Punkt, an dem die Sonne zur Tagundnachtgleiche aufgeht. Aus fünf Metern Höhe treffen die Visierlinien die Ecken der äußeren Tempel und somit genau den Sonnenstand zur Sommer- und Wintersonnenwende.

Im Nationalpark von Tikal befindet sich dieser Altarstein, der zwei Personen in prunkvollen Kleidern zeigt, die sich beratend gegenüberstehen. Zwischen ihnen befindet sich ein kleiner Opferaltar.

wald von Honduras. Weil die mächtige Königsdynastie ihr Schicksal mit einem komplizierten astrologischen System verknüpft sah, gestaltete sie ihre Architektur in Harmonie mit dem Kosmos.

Copán wurde entlang astronomischer Grundlinien ausgerichtet, damit die Priester-Astronomen exakte Sonnenstandspeilungen durchführen konnten. Nacht für Nacht studierten sie den Sternenhimmel, in dem ihre Götter lebten und erstellten mit verblüffender Genauigkeit Voraussagen für Sonnen- und Mondfinsternisse – Jahrhunderte im Voraus. Als hellster Stern am Morgen- und Abendhimmel nahm die Venus in der Maya-Astronomie einen besonderen Platz ein. Man verehrte sie für ihre strahlende Kraft. Ihr Umlauf um die Sonne wurde mit 583,92 Tagen berechnet. Dieses Ergebnis wird durch heutige Computeranalysen bestätigt.

Für andere Städte wurden Beobachtungslinien der Sterne Castor und Pollux, die beide Teil des Sternbilds »Zwilling« sind sowie für Canopus, den zweithellsten Fixstern in der Nähe des Südpols, festgestellt.

Kalendergeheimnisse

Vom Phänomen der Zeitberechnung grenzenlos fasziniert, schufen die Maya komplizierte Kalender, die an Exaktheit den unseren gleichkommen. Genaue Datumsangaben wurden erstellt, die vor 90 und sogar 400 Millionen Jahren stimmten. Sie verwendeten bereits die Null, eine »Nicht-Zahl«, die selbst die mathematisch fortschrittlichen Griechen und Römer

MAYALAND

damals noch nicht kannten. Es bleibt ihr Geheimnis, wie sie diese Berechnungen ohne moderne Technologie erstellten, da für manche Daten eine ununterbrochene jahrhundertelange Himmelsbeobachtung erforderlich ist. Leider ereilte auch den Zeitphilosophen von Copán dasselbe abrupte Ende wie den Maya von Chichén Itzá. Mitten in der Arbeit an einem Monument für den letzten Herrscher der Stadt, Yax-Pac, verließen sie Copán – das Denkmal für den König wurde nie fertiggestellt.

Land der Venuskrieger

Eine bis vor wenigen Jahren unbekannte Zentralmacht war der Stadtstaat Caracol an der westlichen Grenze Belizes zu Guatemala. Seinem göttlichen König »Te« war es gelungen,

Eine der letzten großen Maya-Städte im Norden der Halbinsel Yucatán war Chichén Itzá. Dort befindet sich der so genannte Tempel der Krieger, der, obwohl nur teilweise erhalten, einen beeindruckenden Anblick bietet. Vor den Säulen, die ursprünglich einer Schlangenform nachempfunden waren, thront Regengott Chac Mool.

69

DIE HEILIGEN STÄTTEN

Der Tempel des Großen Jaguars auf der neunstufigen Pyramide in Tikal in Guatemala gilt als Inbegriff der klassischen Mayakultur. Die Stadt selbst weist jedoch mehrere Baustile auf, woraus auf den Einfluss anderer mittelamerikanische Völker wie beispielsweise jenem aus Teotihuacán geschlossen werden kann. Der Jaguar selbst war das meistgefürchtete Tier, das es für die Maya gab. Man nahm an, dass sich die Sonne nach ihrem Untergang in einen Jaguar verwandelte.

Machtkonzentrationen wie Uaxactún im Norden Guatemalas und dessen Nachbarstaat Tikal zu besiegen. Ein Ausgrabungsteam legte zwischen 1989 und 1990 ein steinernes Dokument frei, das uns erzählt, wie »Te« seinen Rivalen »Doppel-Vogel« aus Tikal gefangen nahm und opferte.

Dafür gewährten die Himmlischen Caracol einen machtvollen Aufstieg. Es wurde zur beherrschenden Metropole, in der heilige Tempel und Pyramiden von seiner Größe kündeten. Doch Rache, Krieg und Chaos zogen ins Mayaland ein.

Krieg der Sterne

Ein Speerhagel ging auf die Krieger nieder. Obsidianspitzen bohrten sich in die schwarz-rot bemalten Kämpfer, die blutbedeckt zu Boden sanken. Hölzerne Trompeten durchdrangen die Todesschreie. Zwei gewaltige Heere lieferten sich eine gnadenlose Schlacht. Gegen Ende der klassischen Mayazeit lagen fast alle Stämme im Streit.

Möglichst viele Gefangene wurden damals mit dem Ziel gemacht, Menschenopfer für die Götter zu besitzen. Solche dramatischen Szenen begleiteten die Lebenszyklen der Maya. In

ihrem Weltkonzept konnte nur so die irdische wie die jenseitige Macht des eigenen Schamanenkönigs, dessen Wohl den Stämmen lebenswichtig war, wachsen. Er nahm für alle Untertanen Verbindung zur jenseitigen Welt der Ahnen auf. Von dort kamen Hilfe und dämonische Kraft. Die jenseitigen Wesen verlangten jedoch nach Blut. Je mehr Blutopfer ihnen zukamen, desto mehr halfen sie dem König und seinem Staat.

Vor jedem Kampf wurde der »Venus-Gott« gnädig gestimmt. Günstige Planetenkonstellationen legten die Kriegszüge fest. Was einst harmlos begann, steigerte sich zu selbstmörderischen Ausmaßen, weil die Herrscher nach immer neuen Opfern verlangten.

Eines Tages sank der Glücksstern Caracols. Im Jahr 859 n. Chr. verschwindet die wundervolle Stadt im Dunkel der Geschichte.

Höhle der leuchtenden Schädel

Eine neue Hochkultur wurde 1994 im Nordosten von Honduras entdeckt. Mitten im Mosquito-Regenwald am Rio Talgua stießen Forscher auf eine sakrale Höhle, die »Höhle der leuchtenden Schädel«, in der sie Zeugnisse einer Zivilisation fanden, die vor 3000 Jahren existierte. Als die Archäologen mit Taschenlampen in die dunkle Unterwelt leuchteten, begannen Schädel und Skelette zu funkeln. Sie waren mit rotbrauner Farbe bemalt und mit phosphoreszierenden Kalziumkristallen überzogen. Wissenschaftler sind überzeugt, hier einen Kultort entdeckt zu haben, den es schon hundert Jahre vor Copán gab.

Der Götterplan

Der Niedergang der Maya fasziniert Wissenschaftler wie Laien seit Jahrzehnten. Insektenplagen, Seuchen, Klimawandel, Erdbeben, Revolten und Kriege wurden im Laufe der Forschungen als Erklärungsversuche herangezogen. Aber selbst die Summe aller Katastrophen löst ein Rätsel nicht. Warum blieb eine Wiederbesiedlung aus? Möglich ist, dass der Exodus planmäßig aufgrund göttlicher Voraussagen erfolgte. Bereits die Olmeken, die Mutterkultur Amerikas, schienen ihre heiligen Städte rituell begraben zu haben, um sie anderenorts neu zu erbauen. Dasselbe lässt sich für Maya-Siedlungen wie Tikal, Caracol, Palenque oder Chichén Itzá vermuten. Folgten sie alle einem geheimen Götterplan?

Töne aus vergessenen Zeiten

Die älteste Tonaufnahme der Welt ist 1300 Jahre alt. Der Tonträger: die Kukulcán-Pyramide in Chichén Itzá. Steht man vor ihrer Treppe und klatscht, schallt ein Echo zurück, das den Ruf des Quetzal-Vogels, dem Symbol Kukulcáns, nachahmt.

Der amerikanische Wissenschaftler D. Lubman, der dies 1998 erkannte, glaubt, dass während kultischer Feiern der Gesang des prachtvoll schillernden Vogels reproduziert wurde. Die Schallwellen erreichen zuerst die unteren Stufen und werden von den senkrecht abfallenden Abschnitten reflektiert. Der Zuhörer nimmt einen abfallenden Ton wahr, der dem Ruf des heiligen Quetzal, eine Art »biuup«, zum Verwechseln ähnelt. Der Quetzalvogel ist heute das Wappentier Guatemalas, in früheren Zeiten stellten seine blau-grünen Federn den Schmuck von Maya- und Aztekenfürsten dar.

Stelen dienten den Maya zur Demonstration historischer Eckdaten. Neben Inschriften werden auf ihnen auch Abbildungen von den Gottkönigen der diversen Stadtstaaten gezeigt. Den steinernen Relikten verdankt man zu einem großen Teil, dass die Vergangenheit des mystischen Volkes nicht ganz im Dunkel der Geschichte versank.

DIE HEILIGEN STÄTTEN

Teotihuacán – Stadt der Götter

Der Platz des Mondes. Im Hintergrund die mächtige Sonnenpyramide von Teotihuacán. Obwohl nicht so gewaltig wie die ägyptische Cheops-Pyramide, gilt das Bauwerk zumindest als das größte und beeindruckendste Relikt alter Kulturen Mittelamerikas.

Etwa 40 Kilometer nordöstlich von Mexiko City, 2 300 Meter über dem Meer, liegt eine historische Stadt mit beeindruckenden Pyramiden und Palastanlagen aus der Zeit um 200 v. Chr. Archäologische Funde um und unter den Bauwerken lassen Rückschlüsse über deren Entstehung und Verwendung zu. Wer die wundervollen Pyramiden und Paläste gebaut hat und warum sie verlassen wurden, ist jedoch bis heute ungewiss. Fest steht, dass Teotihuacán, wie das Indianervolk der Azteken die Stadt später nannte, um 700 n. Chr. bereits wieder verlassen war.

TEOTIHUACÁN

Metropole der Götter

Teotihuacán bedeutet »Ort, wo man zum Gott wird«. Als die Azteken, die im 15. Jahrhundert (Aufstieg ab 1428) im mittleren Mexiko verbreitet waren, die verlassene Stadt fanden, waren sie von deren Anlage und Bauten so beeindruckt, dass für sie kein Zweifel bestand: Diese Stadt wurde von den Göttern selbst gebaut. In der Folge ließen sich die Azteken bei ihren Bauten von jenen in Teotihuacán inspirieren. Mit ihren Pyramiden und Palästen gilt die Stadt zudem als Vorlage für viele weitere Glanzwerke der mesoamerikanischen Hochkultur (ca. 200–900 n. Chr.). Zu welchem Zweck Teotihuacán gebaut wurde, lässt sich nur vermuten. Man fand keine schriftlichen Aufzeichnungen; man weiß nicht einmal, welcher Sprache sich die unbekannten Erbauer bedienten. Ihre Ruinen weisen ebensowenig auf konkrete Fakten hin. Einzig Funde von Menschenknochen und geo-astronomischen Berechnungen erlauben die Rekonstruktion einer möglichen Historie, nach welcher Teotihuacán vielleicht die Heimat eines, von Priestern kultisch dominierten, Volkes war.

Auf Menschenopfern gebaut

Dass es sich bei den Erbauern Teotihuacáns um ein kriegerisches Volk gehandelt haben könnte, darauf schließen manche Forscher aufgrund von Funden menschlicher Überreste auf dem Tempelgelände. Anfang der 1980er Jahre stieß das mexikanische Nationale Institut für Anthropologie und Geschichte bei archäologischen Ausgrabungen unter dem Quetzalcoatl-Tempel auf ein Massengrab. Geborgen wurden 120 Tote, die in Gruppen zu 20 Personen zusammengelegt und mit zahlreichen kostbaren Opfergaben und Körperschmuck, wie er von einer Kriegerkaste stammen könnte, versehen waren. Leider waren die Opfer »nur« zwischen zehn und 25 Jahre alt, was vor allem im Hinblick auf die Zehnjährigen die Kriegertheorie eher unwahrscheinlich macht.

Die Geschichte der göttlichen Stadt

- 2. Jh. v. Chr.: Bau von Teotihuacán
- 1. Jh. v. Chr.: Aufstieg der Stadt
- 2. Jh. n. Chr.: Fertigstellung von Kultplätzen, Pyramiden und Tempeln
- 3. Jh. n. Chr.: Handel mit und Einflussnahme auf weite Teile Mittelamerikas
- 5. Jh. n. Chr.: In der Blüte, erste Anzeichen eines baldigen Zerfalls
- 7. Jh. n. Chr.: Die Bewohner haben die Stadt verlassen – sie wird erst 800 Jahre später wieder entdeckt

Aztekische Jademaske eines Adeligen oder Hohepriesters.

Aus dem Völkerkundemuseum in Wien: Federschild mit der Darstellung eines Kojoten. Er wurde von den Einwohnern wegen seiner Flinkheit verehrt. Wer sich symbolisch mit dem Kojoten schmückt, nimmt, – so ein alter Indianerglaube – dessen Attribute an.

DIE HEILIGEN STÄTTEN

Das bedeutendste antike Bauwerk Mexikos ist der Tempel der gefiederten Schlange in Teotihuacán. Seine Westfassade ist mit in Stein gehauenen Schlangen verziert. Der Tempel selbst war vermutlich zentrales Monument eines Kriegerkultes, der später auch die Azteken und Tolteken beeinflusste.

Alltag in einer blühenden Stadt

Teotihuacán erlebte seine Blütezeit um 500 n. Chr. Bis zu 200.000 Menschen sollen in etwa 70.000 Einzelhäusern gelebt haben. Mit einer Fläche von mindestens 13 km² war die meisterhaft geplante Stadt größer und moderner als jede andere ihrer Zeit. Pyramidenförmige Kultstätten zogen zahlreiche Pilger an, was auf einen florierenden Handel schließen lässt. Indizien dafür sind exklusive Beigaben in Gräbern aus der Zeit zwischen 150 und 600 n. Chr., die in Teotihuacán gefertigt worden waren und die man in ganz Mexiko fand.

Unter den Ruinen der Stadt finden sich Hinweise auf ein perfekt ausgearbeitetes Entwässerungssystem – damals zweifelsohne ein Komfort, der Einheimischen wie Besuchern zugute kam.

Heute sind die Touristen von drei Bauwerken besonders fasziniert: der Sonnenpyramide, der Mondpyramide und dem Tempel des Quetzalcoatl. Sie alle sind verbunden durch die »Straße der Toten«, der damaligen Hauptverkehrsader Teotihuacáns.

Die Sonnenpyramide

Dominiert wurde die einst blühende Stadt von der so genannten Sonnenpyramide. Mit ihren Seitenlängen von je 250 Metern und einer Höhe von 70 Metern ist sie die höchste Pyramide Mittelamerikas. Über zweieinhalb Millionen Tonnen Ziegel und Geröll wurden für den beeindruckenden Bau verarbeitet. 1971 entdeckten Archäologen, dass sich unter der Pyramide eine Höhle in der Form eines vierblättrigen Kleeblatts befindet. Diese Höhle ist wesentlich älter als die Pyramide selbst. Vermutlich war sie schon vor dem Bau des in den Himmel ragenden Denkmals die Wallfahrtsstätte, zu der es die Pilger der präkolumbianischen Kultur zog. Noch heute legen Nachfahren der Azteken Blumengaben vor den Eingang der Kulthöhle.

Die Mondpyramide

Die fünfstöckige Mondpyramide ist kleiner als die Sonnenpyramide und weist Seitenlängen von »nur« 145 Meter bei einer Höhe von 46 Metern auf. Unter der Mondpyramide hat ein Archäologenteam aus Mexiko, den USA und Japan, unter der Leitung von Dr. Ruben Carbera bei Ausgrabungen im Jahr 1998 zwei Gräber mit Menschenopfern entdeckt. Die Toten waren wie bei den ersten Ausgrabungen wieder in einer bestimmten Art arrangiert und auch hier hatte man Beigaben wie z. B. Jaguarskelette, Kojotenknochen, Adler, Schlangen, Messer, Pfeilspitzen, Kultfiguren und Schmuckstücke beigelegt. Die Tierbeigaben erklären sich aus einer präkolumbianischen Symbolik, die jedem Tier bestimmte Qualitäten zuschrieb, so z. B. dem Jaguar die Kraft und dem Kojoten Raffinesse sowie Schnelligkeit.

TEOTIHUACÁN

Am Tag der Tag- und Nachtgleiche geht die Sonne genau über der Sonnenpyramide unter. Noch heute dient das Bauwerk deshalb als Kulisse für kultische Tänze und die Verehrung einer höheren Macht.

Rituelle Darstellung eines Jaguars.

Die Kraft der Grabbeigaben

Bei den Knochen der Menschen, die man unter der Mondpyramide fand, lagen Jaguarskelette als Grabbeigabe. In ganz Mittelamerika wurde der Jaguar – besonders von Kriegern – wegen seiner Stärke, seiner Schönheit und seiner Eleganz verehrt. Sein geflecktes Fell assoziierte man mit dem Sternenhimmel. Der Jaguar repräsentierte jedoch auch das Schicksal der Menschen, denn nachts, so erzählte man, verwandelte sich das Raubtier in einen grausamen Krieger, der eine Gefahr für jedes Leben war. Als zerstörende Kraft bedrohte der Jaguar sogar das Universum. Vielleicht haben ihn die Bewohner Teotihuacáns deshalb unter der Pyramide des Mondes beigesetzt – so schienen seine angeblichen destruktiven Energien gebannt. Auch Messer fand man als Grabbeigaben. Sie waren mehr oder weniger kostbar und zeigten wohl den Status des Verstorbenen innerhalb seines Volkes an. In jedem Fall symbolisieren Messer einen kämpferischen Geist.

Die Pyramiden Teotihuacáns unterscheiden sich ein wenig von den ägyptischen Bauwerken. Während die Ägypter den Innenraum der steinernen Denkmäler als Grabstätten benutzten, waren die Pyramiden der mesoamerikanischen Stadt einem Berg nachempfunden und sowohl als Grabstätten als auch zum Besteigen gedacht.

Ihre abgeflachten Spitzen weisen auf eine Altarfunktion hin. Stufen führen durchgehend bis nach oben, wo sich, so vermuten Forscher, jeweils ein strohbedecktes Heiligtum befand, in dem kultische Handlungen und das rituelle Darbringen von Menschenopfern stattfanden. Vielleicht liegen darin auch die Wurzeln für die rituellen Tötungen der Azteken. Deren Krieger lebten in dem Glauben, dass es nur zwei ehrbare Wege zu sterben gäbe: in einer Schlacht oder durch Priesterhand.

Der Tempel von »Gott Federschlange«

Neben den Kultpyramiden zieht vor allem der Tempel des Quetzalcoatl die Besucher in seinen Bann. Quetzalcoatl war für die Erbauer Teotihuacáns vermutlich ein Vegetationsgott,

Griff eines aztekischen Zeremonialmessers: Einlegearbeit mit Muscheln und Türkisen.

DIE HEILIGEN STÄTTEN

Im Talud-Tablero-Stil (Schrägwand/Steilwand) wurde der sechsstufige Pyramidentempel des Quetzalcoatl gebaut. Streng blicken die steinernen Schlangenfiguren auf die Besucher herab.

denn sein Bildnis, das einer gefiederten Schlange, wechselt sich mit dem des Regengottes Tlaloc, einem Maskenkopf, auf der reich mit Götterbildnissen verzierten Westfassade des Tempels ab. Zu den insgesamt 354 Reliefs kommen noch 12 Köpfe der Feuerschlange, die präkolumbianischen Vorstellungen zufolge die Sonne während ihres Tageslaufs über den Himmel trägt, hinzu.

Forscher bemerkten, dass die Zahl aller Steinköpfe 366 beträgt. Diese Zahl entspricht den Tagen eines Schaltjahrs. Vier Außentreppen zu je 13 Stufen führen zur Zahl 52, der Wochenanzahl eines Jahres. 13 Monate hätte ein Jahr, legte man ihm den Mondzyklus von je 28 Tagen zugrunde. All dies scheint ein Beweis dafür, dass sich das Volk der Erbauer im Rhythmus mit den himmlischen Gezeiten befand. Betrachtet man die ganze Stadt unter astronomischen Gesichtspunkten, wird tatsächlich Erstaunliches offenbart.

Dem Himmel so nah

In der Anlage Teotihuacáns ist das geometrisch-astronomische Wissen seiner Baumeister verschlüsselt. Als dessen Entdecker gilt der Ingenieur Hugh Harleston, dem 1974 die Entschlüsselung eines einheitlichen Maßstabes von 1,059 Metern gelang – des Grundmaßes aller Bauten Teotihuacáns. Wie eine Bombe schlug die Computerauswertung dieser Grundzahl ein, denn danach war deutlich zu erkennen, dass die Gebäude entlang der Hauptachse der Stadt die Bahndaten der Planeten unseres Sonnensystems in der richtigen Distanz zueinander darstellten. Nach der Mar-

kierung von Merkur, Venus, Erde und Mars folgt der Asteroidengürtel, symbolisiert durch einen Bachlauf mit Gesteinsbrocken, die für die kleinen Asteroiden stehen.

Zum Schluss kommen Bauten für Jupiter, Saturn und Uranus. Zur ihrer Verblüffung fanden Forscher genau an den berechneten Stellen für Neptun und Pluto die Ruinen zweier Tempel.

Der Bestsellerautor Erich v. Däniken vermutet den Einfluss einer außerirdischen Macht: »Haben Götter-Astronauten von fernen Sternen hier ein Zeichen setzen lassen, über das zukünftige Generationen stolpern sollten? Gaben sie den antiken Architekten ein Modell des Sonnensystems als steingewordene Botschaft für die Zukunft?« Unterstützung erhielt von Däniken durch weitere Auswertungen: Die Verhältniszahlen der Pyramidenmaße weisen auf das Dreifachsternsystem Alpha Centauri in 4,34 Lichtjahren Entfernung hin.

Das bittere Ende

Warum sich das Ende des hochentwickelten Teotihuacán so plötzlich vollzog, ist ebenso ungewiss wie es seine Anfänge sind. Ein Teil der Wissenschaft erklärt den Untergang der Stadt durch eine Reihe von Dürrekatastrophen im 5. und 6. Jahrhundert n. Chr., wodurch die landwirtschaftlichen Erträge der Handelsmetropole beeinträchtigt wurden. Andere Forscher vertreten die Meinung, dass es weder Dürrekatastrophen noch Hungersnöte gab, sondern religiöse Ursachen für das abrupte Ende der Stadt verantwortlich sein sollen. Welche Vermutung auch stimmen mag – das endgültige Aus von Teotihuacán wird wohl nie geklärt werden.

Blick von der Mondpyramide auf die Straße der Toten. Sie verläuft an der Sonnenpyramide vorbei, bis zur Ciudadela und dem Tempel des Quetzalcoatl

Der Mythos »Quetzalcoatl«

Der mythische Quetzalcoatl, den die Einwohner Teotihuacáns aller Wahrscheinlichkeit nach als Vegetationsgott verehrten und der sich im Laufe der Jahrhunderte bei den Azteken zum Schutzherrn der Priester, Beschützer der Handwerker und Erfinder des Kalenders entwickelte, nahm in fast allen mesoamerikanischen Kulturen eine Vorrangstellung unter den Göttern ein. Nach dem Auftreten eines realen Quetzalcoatl, eines Priesterkönigs der Tolteken, wurden vermutlich der mythische und der »echte« Quetzalcoatl vermischt, obwohl es dafür keine klaren Belege gibt. Dies kommt in einer Geschichte zum Ausdruck, in der man von Quetzalcoatls Rivalität mit Tezcatlipoca, dem Gott der Nacht und des Nordens, erzählt: Während der Priesterkönig Quetzalcoatl von seinen Untertanen nur Tieropfer wünschte, dürstete sein Widersacher nach Menschenblut. Es kam zu einer Auseinandersetzung, die Tezcatlipoca gewann. Quetzalcoatl wurde 987 aus seiner Hauptstadt Tula vertrieben. Man sagt, er hätte sich aus Gram selbst auf einem Scheiterhaufen verbrannt und sei als Planet Venus wiedergeboren. Die Venus wiederum wird mit einem Kriegersymbol der Azteken, der gefiederten Schlange, in Verbindung gebracht. Dies erklärt, warum man auch den »realen« Quetzalcoatl als gefiederte Schlange abbildete und verehrte.

Mosaikmaske des Quetzalcoatl aus Türkisen. Die Zähne sind aus Muscheln gefertigt worden.

DIE HEILIGEN STÄTTEN

Machu Picchu – verlorene Stadt

Im Jahr 1911 wurde in Peru durch Zufall eine der imposantesten Inkastätten Südamerikas entdeckt. 2360 Meter über dem Meer liegt der Ort Machu Picchu, der mehr als 400 Jahre den Augen der Öffentlichkeit verborgen war.

MACHU PICCHU

Im südlichen Zentralperu, auf einem Bergsporn über den Ufern des Río Urubamba, liegt majestätisch die Urwaldstadt Machu Picchu. Als 1911 die sensationelle Nachricht von ihrer Entdeckung durch Hiram Bingham (1875–1956), einem jungen Geschichtsprofessor der Universität Yale, durch die Weltpresse ging, begannen sich schnell Gerüchte um die Inka-Stadt zu ranken.

In der Region um Machu Picchu wurden bis zum Beginn des 21. Jahrhunderts mehrere Städte entdeckt, von deren Existenz bis dahin niemand wusste – auch die Überlieferungen der Inka kannten sie nicht. War die gesamte Gegend um Machu Picchu ein geheimer oder vor Jahrhunderten vergessener Landstrich?

Sensationen und Gerüchte

Von seiner Gier nach Gold getrieben, brach Pizarro 1527 auf, um in Südamerika das Reich der Inka zu erobern. Mit seinen etwa 200 gut ausgerüsteten Soldaten gelang dies zwar auch, doch scheint er nicht überall hingekommen zu sein, denn die Region um Machu Picchu hat er nie erreicht. Historiker vermuten, dass sie als letzte Bastion der Inka vor den Spaniern geheim gehalten werden konnte.

Wissenschaftler haben zahlreiche Theorien aufgestellt, um zu erklären, warum diese Stadt erbaut wurde und was für eine Funktion sie hatte.

War Machu Picchu eine »Stadt der Frauen«? Darauf deuten die ausschließlich weiblichen Skelette hin, die auf dem Friedhof der Stadt gefunden wurden.

War es eine Grenzbefestigung? Der Inka-Staat musste sich womöglich vor Überfällen der Waldindianer schützen.

Soll Machu Picchu eine Strafkolonie für Koka-Anbauer gewesen sein? Die vielen Terrassenfelder im Umkreis der Stadt geben dieser Vermutung Nahrung, zumal die Inka damals tatsächlich das von ihnen besiegte Indianervolk der Antis zu Zwangsarbeiten einsetzte.

Oder diente die Stadt als Zufluchtsstätte des letzten Inka-Kaisers Tupac Amaru, der 1572 starb? Dies ist nur eine kleine Auswahl der Vermutungen, die aber bislang nicht bewiesen werden konnten.

Explosive Kulte

Ein besonderes Rätsel umgibt den »torreon«, einen Felsen auf dem Huayna Picchu, der wie ein grüner Zuckerhut die »Perle der Anden«, wie Machu Picchu genannt wird, überragt. Auf ihm befindet sich ein Altarblock, der Spuren einer gewaltigen Verbrennung trägt. Die obersten Schichten sind förmlich weggeplatzt. Hiram Bingham notierte: »Die Oberfläche musste eine extrem hohe Temperatur erleiden.« Brannte einst ein starkes Opferfeuer auf diesem Monolith? Rund um die Welt gibt es Brandaltäre, aber keiner zeigt nur annähernd die Auswirkung solcher zerstörerischen Kräfte. Fast ist man geneigt, anzunehmen, hier sei eine moderne Energiewaffe zum Einsatz gekommen. Oder experimentierten prähistorische Alchemisten mit uns unbekannten Stoffen?

In Machu Picchu ist es den Besuchern gestattet, sich frei in der Inkastätte umzusehen. Auf den Spuren der Vergangenheit kann man so auf Wegen und durch Tore wandern, die das Indianervolk einst vor der Welt verborgen hielt.

DIE HEILIGEN STÄTTEN

Götter, Geister, Zauberriten

Auf den Zaubermärkten Boliviens und Perus lassen sich Indios wie schon zur Zeit der antiken Inka aus schimmernd-grotesken Bleigebilden die Zukunft weissagen. Sie kaufen getrocknete Lama-Föten oder Talismane, um vor Verwünschungen und bösen Geistern sicher zu sein. Der Pacha Mama, der Mutter Erde, wird wie vor Jahrhunderten geopfert – hoch in den Bergen oder in den großen Städten zwischen modernen Wolkenkratzern. Es ist derselbe Glaube an die Macht der Götter, der schon zur Zeit Machu Picchus gelebt wurde. Nach diesem Glauben hoffen viele Indios auch auf die Wiederkehr des letzten Inka-Prinzen, dessen Name nicht bekannt ist. Eine Legende erzählt, er soll im Jahre 1550 im Kirchturm der Kathedrale von Cuzco, der alten Reichshauptstadt der Inka, verschwunden sein, ganz in der Nähe der Stelle, wo der letzte Herrscher, Tupac Amaru, hingerichtet wurde. Die Prophezeiung besagt, der Prinz werde einst an dieser Stelle wieder hervortreten.

Dem Entdecker Machu Picchus, Hiram Bingham, war der Weg zur geheimnisumwobenen Inka-Stätte vage aus alten Indio-Mythen bekannt. Einheimische hatten ihm von einem versteckten Ort auf der Bergkette Vilcabamba, oberhalb des Flusses Urubamba, erzählt. Den entscheidenden Hinweis erhielt der Entdecker von einer Gruppe Indios, die sich in der Nähe Machu Picchus niedergelassen hatte.

Eine vergessene Kultur?

Der peruanische Archäologe Dr. Victor Angles ist der Ansicht, die Inka hätten Machu Picchu nicht vor den Spaniern geheimhalten können. Die Ruinenstätte muss einst eine viel zu große Bedeutung gehabt haben, als dass die Spanier nicht von ihr gehört hätten. Die Spione der Eroberer waren schließlich überall im Land und sie arbeiteten mit bedeutenden Mitgliedern des Hofstaates zusammen. »Und doch wussten die Spanier nichts von Machu Picchus Existenz. Warum?«, fragte 1971 der amerikanische Altertumswissenschaftler John Hemming. Seine Antwort: »Die einzig mögliche Erklärung ist, dass die Inka selbst nichts davon wussten.«

Es könnte sein, dass dieses Gebiet schon lange vor der Eroberung Perus verlassen war. Kriegszüge der furchterregenden Antis, Indianer aus den tropischen Wäldern, könnten möglicherweise dafür verantwortlich sein, dass um 1550 niemand mehr von Machu Picchu wusste. Der Direktor des Anthropologischen Museums in Lima, J. E. Nuñez, sagt zum heutigen Forschungsstand: »Gegenwärtig ist kein professioneller Archäologe imstande, die offenen Fragen zu Machu Picchu zu beantworten.« Und der Archäologe Luis A. Pardo aus Cuzco in Peru ist der Überzeugung, dass die »verlorene Stadt das sibyllinische Geheimnis eines uralten Volkes wahrt.«

Ein prä-inkaischer Staat

War Machu Picchu bereits aus den Erinnerungen der Anden-Indianer verschwunden, als die Spanier Peru eroberten? Manches im Baustil deutet auf die imperiale Epoche des Inka-Königs Pachacuti (1438–1471) um 1440 n. Chr. hin. Die Inka-Dynastie, die erst um 1230 mit einem kleinen Indianerstamm in Peru eingewandert war und ab Mitte des 14. Jahrhunderts ihr Reich auszudehnen begann, hätte demnach lediglich hundert Jahre Zeit gehabt, um Machu Picchu in seinen gewaltigen Ausmaßen, mit seinem Kanalsystem und den in die Felswände getriebenen Terrassen zu erbauen, zu bewohnen, zu verlassen und – zu vergessen. Viele Forscher halten dies für unmöglich. Der Archäologe und Astronom Dr. Muller gelangte vor kurzem aufgrund mathematischer Berechnungen zu dem Schluss, dass das »Astronomische Observatorium« der Stadt auf 4000 Jahre v. Chr. datiert werden kann. Der Architekt und Ingenieur Oswaldo Paez Patiño von der Universität Cuzco weist Machu Picchu »einen älteren Platz als den ägyptischen Pyramiden« zu. Tatsächlich fand ein Archäologenteam dort 3000 Jahre alte Scherben. Damit bestätigten sich die Annahmen des renommierten peruanischen Forschers Dr. Julio C. Tello, der bereits um 1930 dieses Alter annahm. Als 1990 ein Absinken des Haupttempels befürchtet wurde, stieß man bei Stützarbeiten auf zyklopische Steinblöcke, die 150 Meter tief lagen. Die Grundfeste der Stadt ruhen somit auf wesentlich älteren Strukturen, als man bislang annahm.

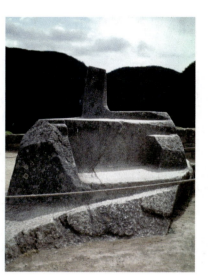

Machu Picchu (»alter Berg«) hat eine verblüffend strukturierte Bauweise. Es ist deutlich in mehrere Bezirke eingeteilt. Der Intihuatana-Fels im astronomischen Bezirk diente den Inka als Observatorium zur Bestimmung der Sonnenstände.

Zyklopenstädte

Entlang der Anden trifft man häufig auf Gigantenstädte aus gewaltigen zugeschnittenen Felsblöcken. Auch Machu Picchu gehört zu einem netzförmigen System von »Ceques«, monolithische Orte. Sie stammen alle aus einer weit zurückliegenden Periode, denn schon die Inka staunten über die Reste dieser sehr präzisen Bauten. Wie die antiken Völker

MACHU PICCHU

die riesigen Steine schneiden, schleifen und oft über weite Strecken transportieren konnten, bleibt ein Rätsel. Überlieferungen besagen, die Erbauer hätten einen Pflanzensaft gekannt, mit dem sie die Steine butterweich machen und zuschneiden konnten. So sollen auch andere Monolith-Kulturen aus anderen Teilen der Welt ihre riesigen Bauten und Skulpturen errichtet haben.

Machu Picchu besaß durch seine Gesamtkonzeption eine herausragende Stellung. Eine Legende erzählt, der erste Inka-Herrscher Manco Capac habe seinem Bruder um 1200 n. Chr. befohlen, einen »Tempel mit drei Fenstern« zu erbauen. Und tatsächlich ist ein solches Gebäude, das in ganz Südamerika einmalig ist, in Machu Picchu zu sehen. Das Bauwerk sollte an dem Ort errichtet werden, an dem Manco Capac und sein Bruder durch den Strahl der Sonne erzeugt worden waren. Und so fragte sich schon der Entdecker Machu Picchus, Hiram Bingham, ob er etwa diesen mythischen Erscheinungsort gefunden hatte. Wenn dem so wäre, dann könnte die versunkene Stadt noch zahlreiche Geheimnisse bergen.

Wer nach Machu Picchu möchte, hat die Möglichkeit, den »alten Inkapfad« zu gehen. Nahezu vier Tage ist man entlang des Flusses Urubamba und auf kleinen Trampelpfaden unterwegs, die in einer Höhe von 2300 Metern beginnen. Dass sich die Mühen des Aufstiegs gelohnt haben, weiß man, wenn man vor den Ruinen der alten Inkastätte steht. Deutlich sind die einstigen Häuser und Tempel, die sich an den Bergrücken anlehnen, zu sehen.

81

DIE HEILIGEN STÄTTEN

Das Indianerorakel Chavín de Huántar

Im nördlichen Hochland von Peru, in einem tief eingeschnittenen Tal, liegt das Zentrum der Chavín-Kultur, Chavín de Huántar. Die Menschen dort haben von ca. 850 bis 200 v. Chr. eine große Anzahl von Bauten, Skulpturen und Goldarbeiten hergestellt. Vieles davon ging zu Zeiten der spanischen Eroberung im 15. Jahrhundert verloren. Die Kultur von Chavíns, die ihr Gold aus naheliegenden Flüssen gewann, beeinflusste alle nachfolgende Indianerstämme der Region, so auch die Inka. Diese Inka-Goldfigur wurde in Cuzco gefunden.

CHAVÍN DE HUÁNTAR

Ehrfurcht gebietend thronte der Tempel auf drei U-förmigen Ebenen aus gigantischen Steinquadern. Ein heiliger Schauer durchfuhr die Hochlandindianer, als sie an seinen hohen Mauern hinaufblickten. Zehn Meter über ihnen ragten aus Stein gehauene Menschenköpfe mit riesigen Fangzähnen aus der Wand. Die mythischen Mischwesen ließen das Volk erstarren. Sie befanden sich unmittelbar vor dem Eingang zum Allerheiligsten – der Orakelstätte Chavín de Huántar in Peru. Und wie durch ein Wunder erschienen plötzlich im Hauptportal, dem Neuen Tempel, die mit goldenen Kopfkronen und Federmänteln geschmückten Schamanenpriester der Indianer und verkündeten ihrem gläubigen Volk den Willen der Götter.

Der lächelnde Gott

Chavíns Anfänge reichen in das erste vorchristliche Jahrtausend zurück. Innerhalb kürzester Zeit wurde damals in nur zwei Bauphasen eine glanzvolle, 5400 Quadratmeter große Tempelstätte mit vielfältigen Reliefs und Skulpturen errichtet. Die energiereiche Aura des Ortes zog die Menschen selbst aus entlegensten Tälern in das damals bedeutendste Kultzentrum Südamerikas. Doch welches Geheimnis verbarg sich hinter den Säulen des Eingangs? Welches Rätsel hielt der friesgeschmückte Tempel bereit?

Es war ein imposantes Götterbild, »El Lanzón«, herausgemeißelt aus einem viereinhalb Meter hohen, zwei Tonnen schweren Monolithen. Die anthropomorphe Gottheit, halb Mensch, halb Raubkatze, wurde von den Indianern als höchstes Wesen unter vielen Göttern verehrt. Ein grausamer Gott war dies wohl nicht, denn er lächelt noch heute, im mystischen Dunkel der Tempelreste verborgen, seinen Besuchern entgegen.

Die Chavín Götter

Die Hauptgötter der Chavín-Kultur sahen alle etwas grausam aus. Ihre Haare bestanden mitunter aus Schlangen, Jaguarzähne bleckten aus riesigen Schnauzen und Raubtierklauen hielten seltsame Stäbe. Doch sie waren den Menschen Helfer in der Not, denn man bat sie um landwirtschaftlichen Segen, um von sintflutartigen Regenfällen und katastrophalen Dürreperioden verschont zu bleiben.

An der Spitze des Sozialwesens stand die Priesterkaste. Sie setzte, wie in Chavín de Huántar, ihre astronomischen Kenntnisse u. a. zur Anlage und Kontrolle von Wasserkanälen ein. Daraus kann man schließen, dass die zeremonialen Zentren der Chavíns sowohl religiöse wie soziale Zwecke hatten: Man erzog sich die Menschen durch das Propagieren Ehrfurcht gebietender Götter, aber auch durch das Vermitteln von Wissen zu dankbaren und gefügigen Untertanen.

Götter wurden als Mittler zwischen gegensätzlichen Kräften angesehen. Die Religion Chavíns entsprang einer dualistischen Weltsicht, in der Menschen- und Götterwelt sich bipolar gegenüberstanden. Das Einflussgebiet dieses Glaubens erstreckte sich auf eine Region von 200.000 Quadratkilometern rund um die Tempelanlage.

Aufstieg und Fall

Der Zeremonialkomplex von Chavín (Blütezeit 850 bis 200 v. Chr.) konfrontiert uns mit einer der großen formativen Kulturen der Erde. Seine religiöse Inspiration bezog Chavín jedoch aus noch älteren Kulturen. Archäologen fanden in Cerro Sechín (Peru) Steinreliefs, die bereits um 1300 v. Chr. Figuren und Dekorationen im chavinoiden Stil zeigen. Was schließlich um 900 v. Chr. den jähen Verfall der Städte längs der Pazifikküste auslöste und zum glanzvollen Höhepunkt Chavíns, östlich der Weißen Kordillere, dieses gewaltigen Gebirgszuges in Peru, führte, bleibt ein Rätsel. Vielleicht war es bereits damals das El-Niño-Phänomen, eine anomale Warmwasserströmung im tropischen Pazifik, das man heute so sehr fürchtet, weil es eine Änderung der Temperatur und damit der Regenmengen bewirkt und somit immer wieder zu verheerenden Klimakatastrophen, aber auch durch Fisch- und Seevogelsterben zum Durchbrechen der natürlichen Nahrungskette führt.

In zahlreichen Museen Perus sind Kunstschätze der Chavín-Kultur, einer nahezu 3000 Jahre zurückliegenden Epoche, ausgestellt. Dass viele Relikte noch so gut erhalten sind, ist zu einem großen Teil auf die Existenz des Kultortes Chavín de Huántar zurückzuführen – er wurde als ein im Gebirge »versteckter« Wallfahrtsort vor Plünderungen geschont.

83

DIE HEILIGEN STÄTTEN

Über vieles, das die Menschen aus Chavín de Huántar der Nachwelt hinterlassen haben, muss nach wie vor gerätselt werden. So fand man diesen Stein mit insgesamt sechs Vertiefungen – er stellt entweder Kultschalen dar oder er weist eine astronomische Symbolik auf, die noch entschlüsselt werden muss.

»El Lanzón« (die große Lanze) wird dieses Standbild einer Gottheit genannt, das mit Reißzähnen und Klauen bewaffnet ist.

Geisterwelten

Was war dies für ein Kult, den die Pilger von Chavín de Huántar betrieben? Die präkolumbianischen Gemeinschaften lebten in einer Welt schamanischer Vorstellungen. Sie war von Beschwörungsritualen um Geister, bösem Zauber, Krankheit und Tod geprägt – eine übernatürliche Welt, die nur mit Zauberkräften besänftigt werden konnte. Schamanenpriester versetzten sich durch die Einnahme von Rauschmitteln und den rhythmischen Schlag von Trommeln oder Rasseln in einen bewusstseinserweiternden Zustand. In Trance nahmen sie Kontakt zu Jenseitswelten und Göttern auf.

Heilige Drogen

Die meisten Andenvölker verwenden bis auf den heutigen Tag Kokablätter unter Zusatz von Kalk als Katalysator für ekstatische Trancezustände. Den präkolumbianischen Völkern stand zudem eine vielfältige Pflanzenwelt zur Verfügung, aus denen sie Halluzinogene herstellen konnten, die auf das zentrale Nervensystem einwirkten und Visionen erzeugten. Auf Abbildungen in Chavín sieht man beispielsweise den säulenförmigen San-Pedro-Kaktus, der die Psychodroge Meskalin enthält und der bewirkt, dass man Farben hören und Klänge sehen kann. Der San Pedro wird noch heute für magische Heilungsrituale in Peru und Bolivien verwendet. Die spanischen Eroberer notierten zum San Pedro, dies sei die Droge, womit der »Teufel die Indianer betrog« – offensichtlich fehlte den

Eroberern das Verständnis für den Sinn einer absichtlich herbeigeführten Bewusstseinserweiterung.

Die Schamanen gelangten mit Hilfe des Meskalin in ferne Welten des Kosmos und in andere Seins-Dimensionen, aus denen sie neues Wissen über Heilungsmethoden und die Zukunft bezogen. In einer beeindruckenden Zeremonie verkündeten sie die Orakel, die sie von ihrer transzendenten Reise mitgebracht hatten.

Fauler Zauber?

Die gesamte Tempelanlage war in ihrem Inneren von einem unterirdischen Labyrinth aus Tunneln und Aufgängen durchzogen. In ihrem Zentrum befand sich das »El Lanzón«. Der Monolith stand – und steht heute noch – in einem länglichen Raum. Er war so groß, dass er die Decke zum darüberliegenden Gemach durchbrach. Der Archäologe Thomas Patterson vermutet, dass die Orakelpriester durch dieses Loch in der Decke sprachen, das wie ein Schalltrichter wirkte. So wurde der »Lächelnde Gott«, das »Große Idol«, der steinerne Monolith, zu einem »redenden Orakel« und zu einer Legende, die sich selbst noch im 17. Jahrhundert hielt, als man Chavín de Huántar wiederentdeckte.

Als die Inka im 13. Jahrhundert die Anden eroberten, fanden sie neben den Traditionen Chavíns noch viele andere, aus denen sie schöpfen konnten. Eine davon war das Indianerorakel von Chavín de Huántar, das man im Tempel von Pachacamac, in der Nähe von Lima, praktizierte.

CHAVÍN DE HUÁNTAR

Tosende Schrecknisse

Der peruanische Archäologe Luís Lubreras erkundete 1966 ein geschickt installiertes Kanal- und Rohrsystem im Chavín-Tempel. Als er Wasser in dieses hydraulische Netz einfließen ließ, erscholl ein furchterregendes Dröhnen, gleich dem gewaltigen Händeklatschen einer großen Menschenmenge. Der ohrenbetäubende Lärm muss einen unglaublichen Eindruck auf die Besucher hinterlassen haben. Wahrscheinlich hat man das Tosen als Zeichen aus der Götterwelt gesehen. In Angst und Schrecken versetzt, nahmen die Indianer der darauf folgenden Orakelstimme wohl jede Weissagung ab. Diese »Technik« war in Lateinamerika weitverbreitet. Ein ähnlicher Kult wurde noch bei der Ankunft der Spanier 1534 in Pachacamac nahe Lima ausgeübt.

DIE HEILIGEN STÄTTEN

Der Kailasa-Tempel in Ellora im heutigen indischen Bundesstaat Maharashtra wurde im 8. Jahrhundert aus einem mächtigen Felsen herausgemeißelt. Als beeindruckend erweist sich der Tempel schon, wenn man vor ihm steht, doch offenbart sich seine ganze Pracht vor allem aus der Vogelperspektive.

Die indischen Felsentempel

86

INDIENS FELSENTEMPEL

Wenn man in Ellora im Bundesstaat Maharashtra an einer nach Westen gerichteten Felswand entlanggeht, kann man insgesamt 34 Höhlen besichtigen. Keine gewöhnlichen Höhlen, wohlgemerkt, denn Handwerker arbeiteten fünf Jahrhunderte daran, für Hinduisten, Buddhisten und Jains, den Angehörigen der indischen Religion des Dschainismus, kunstvolle Tempel, Klöster und Versammlungshallen aus dem gewachsenen Fels zu schlagen. So sind die außergewöhnlichsten Schöpfungen südindischer Architektur entstanden.

Ein einzigartiger Bau

Am Ende des Weges, wenn man meint, alle staunenswerten Gebäude gesehen zu haben, wartet das eindrucksvollste Bauwerk auf den Betrachter: der Kailasa-Tempel. Er gehört sicherlich zu den kühnsten architektonischen Unternehmungen der Menschheit. Ein kompletter Tempel, ein höchst komplexes räumliches Gebilde, mit allen inneren und äußeren Formen, ist aus dem gewachsenen Felsen herausgemeißelt worden.

Man muss sich seine Größe vor Augen führen. Er nimmt zweimal so viel Raum wie der Parthenon-Tempel in Athen ein und ist eineinhalbmal so hoch. In über 100 Jahren Bauzeit wurden 200.000 Tonnen Gestein entfernt. Der

In der Höhle Nummer 17 der mehrstöckigen Höhlen bei Ajanta befinden sich bezaubernde Fresken mit Motiven aus dem Leben des Siddharta Gautama. Hier hofieren Untertanen den jungen Prinzen.

Malereien

Bei Ajanta in der Wand einer halbmondförmigen Schlucht, die der Fluss Waghora geformt hat, finden sich etwa 30 mehrstöckige Höhlen. Die ältesten stammen aus der Zeit von 200 v. Chr. bis 200 n. Chr. Erst 400 Jahre später wurden die restlichen Höhlen errichtet. Einige dieser Tempel beherbergen bemerkenswerte Wandmalereien. Sie haben sich nur so gut erhalten, weil sie hier vor Regen und Hitze geschützt blieben. Die historischen Szenen aus dem Leben des Buddha Siddhartha Gautama stellen das großartigste Denkmal buddhistischer Malerei in Indien dar. Sie zeigen die berühmten Ausfahrten des Prinzen aus seinem Schloss, bei denen er das Leiden der Menschen kennen lernt und den Entschluss fasst, der Welt zu entsagen und die Ursache des Leidens finden zu wollen. Man sieht die Verführungsversuche Maras, einer Verkörperung des Todes, der Gautama davon abbringen will, den Menschen seine Lehre zu verkünden. Auf Bildern der so genannten Jatakas, den buddhistischen Legendensammlungen, werden die Erzählungen über die früheren Existenzen des Buddha dargestellt. Sie bieten einen gründlichen Einblick in das Leben in Indien vor zweitausend Jahren.

DIE HEILIGEN STÄTTEN

Buddhistische Bildwerke

Am Eingang zu einem der buddhistischen Höhlentempel in Ellora erscheint eine monumentale Plastik Buddhas als asketischer Wandermönch. Die schiere Größe der Abbildung soll weithin jedem in Erinnerung rufen, dass die Entsagung den Anfang des buddhistischen Pfades darstellt. Darunter sieht man Buddha im Lotossitz wie er predigt – er setzt das Rad der Lehre in Bewegung. Ganz unten seine Erscheinung als Maitreya, die Verkörperung der allumfassenden Liebe. In der Lehre von den fünf irdischen Buddhas erscheint dieser als letzter. Er wird erst in einem kommenden Zeitalter erwartet. Seine Darstellung in gewöhnlicher Sitzstellung deutet an, dass er im Begriff ist, sich zu erheben.

Nicht nur die Eingangsportale dieses Felsentempels in Ellora sind mit ungezählten Buddhadarstellungen geschmückt, auch im Inneren finden sich zahlreiche Figuren des Religionsgründers, der in seiner typischen Meditationshaltung verharrt.

Kailasa ist dem Gott Shiva geweiht und repräsentiert den Berg Kailasa im Himalaja, den Sitz des Shivas. Der Tempel steht auf einem massiven Sockel, was die erhabene Wirkung noch verstärkt.

Der Kailasa-Tempel

Im Kailasa-Tempel spiegelt sich die mystische Geisteshaltung der indischen Religionen wider. Sein Plan basiert auf der sakralen Geometrie des Mandala – das konzentrische Gefüge als grundlegende Struktur des Universums. Der Mensch erzeugte nur das Unwesentliche, den leeren Raum. Der Tempel selbst war schon immer im gewachsenen Felsen verborgen anwesend. Er musste nur aus ihm gleichsam befreit werden. Von Anbeginn der Welt hatte Shiva in diesem Felsen seinen Wohnsitz. Nun ist er auch für die Augen des Volkes sichtbar geworden.

Tempel für drei Religionen

Die reinen Hindu-Tempel sind anders angelegt. Sie wurden von oben nach unten gearbeitet und mussten weitgehend geplant werden, zumal Generationen vonnöten waren, um ihre komplizierte Architektur zu vollenden. Bisweilen wurden ursprünglich buddhistische Klöster zu hinduistischen Shiva-Heiligtümern umgestaltet, indem Buddhas zu Hindugöttern gemacht wurden.

Die Tempel der Glaubensgemeinschaft der Jains machen die strikte Askese dieser Religion deutlich. Sie sind nicht so überbordend mit Figuren und Ornamenten geschmückt wie die buddhistischen und hinduistischen, weisen aber außerordentlich detaillierte Arbeiten auf, und sind auch nicht von so großer Dimension wie diese.

Göttliche Architektur

Die ältesten Höhlentempel von Ellora wurden im 5. Jahrhundert von den Buddhisten geschaffen. Die meisten dieser Höhlen sind Aufenthaltsräume für Mönche (Viharas). In den Felsentempeln betritt man geräumige Hallen mit über sechs Meter hohen Buddhastatuen. Zurecht werden diese einmaligen Bauwerke Vishvakarma-Höhlen genannt, denn Vishvakarma ist im Hinduismus die personifizierte Schöpferkraft, der göttliche Architekt. Nur ein solcher konnte diese wunderbaren Konstruktionen ersinnen.

Symbolik der Höhle

Von alters her galt die Höhle als Ort der Initiation und der Mysterien. In archaischer Zeit wurde der Initiand in die heilige Höhle geleitet, um in die religiösen Geheimnisse eingeweiht zu werden.

In der Höhle fanden, da sie das Symbol des Schoßes der großen Mutter Natur war, Riten um den Tod und die Wiedergeburt statt. Die Dunkelheit der Höhle beförderte Versenkung und Konzentration auf das Innerste des Selbst. In diesem Innersten manifestiert sich die Gottheit. Aus der Höhle entwickelte sich das Allerheiligste, das Zentrum des Tempels, das man in Indien Garbha-Griha (»Schoß-Raum«) nennt. Hier befindet sich das Bild der Gottheit. Nicht nur in den Tempeln, die in die Felsen gehauen wurden, son-

INDIENS FELSENTEMPEL

dern grundsätzlich blieb in Indien der Raum mit dem Allerheiligsten oft eine schmucklose dunkle Kammer.

Mystische Aura

In einer buddhistischen Versammlungshalle für Meditationen in Ellora wurde die Decke so gestaltet, als ob Holzbalken eingezogen seien. Durch die Dunkelheit entsteht eine eminent mystische Aura. Der Lichtstrahl vom Eingang beleuchtet immer nur Ausschnitte des Inneren. Wenn sich das Auge an das Halbdunkel gewöhnt hat, erscheinen schemenhafte Gestalten an den Wänden. Geheimnisvoll ziehen die Stationen von Buddhas Leben am Betrachter vorbei.

Generationen von Steinmetzen und Bildhauern haben vom 4.–10. Jahrhundert an dem Tempelkomplex des Kailasa-Tempels gearbeitet, der 1983 zum Weltkulturerbe der UNESCO erklärt wurde.

89

DIE HEILIGEN STÄTTEN

Heilige Berge – Orte der Götter

Pyramiden sind Nachbildungen des heiligen Weltenberges. Die Maya in Mexiko errichteten auf dem oberen Plateau Tempel, so, wie man sich die Wohnstatt der Götter auf den heiligen Bergen vorstellte (Kukulkan-Pyramide von Chichén Itzá, Mexiko)

Im Canyon de Chelly in Arizona ragt eine Felsnadel 244 Meter in die Höhe, der Spider Rock. Nach den mythologischen Vorstellungen der Navajo Indianer handelt es sich um Tsé Náashjéé ii (die heilige Spinnenfrau), eine der wichtigsten Navajo-Gottheiten. Sie brachte den Menschen das Spinnen bei. In Navajo-Liedern, wie dem »Song of the Earth«, wird die heilige Spinnenfrau besungen: »Ich bin tatsächlich ihr Kind. Es gibt keinen Zweifel, dass ich ein Kind der Erde bin.«

HEILIGE BERGE

Von bestimmten Bergen fühlten sich die Urvölker besonders angezogen. Eine eigenartige Kraft schien von dort auszugehen. Man sah in ihnen Verbindungsstellen zu den Göttern und himmlischen Mächten, über die sie den Kontakt mit den Menschen pflegten. Vielleicht waren die heiligen Berge die ersten Bereiche, die aus der gewöhnlichen Welt ausgesondert wurden. Ehrfürchtig musste man sich ihnen nähern. »Tritt nicht heran«, sprach der Herr zu Moses, »ziehe die Schuhe von den Füßen, denn die Stätte, darauf du stehst, ist heiliges Land.«

Himmelstürme

Nicht nur Pyramiden waren dem Weltenberg nachempfunden, dessen Spitze bis zum Sitz der Götter reichte, sondern auch die eindrucksvollsten Elemente der südindischen Tempelarchitektur, die so genannten Gopurams. Es handelt sich dabei um Tortürme, die pyramidenartig in den Himmel ragen. Sie sind üppig mit Szenen aus der Mythologie der Hindus geschmückt. Auf manchen Gopurams ist der Aufbau der Welt festgehalten: die Tiere auf der untersten Stufe, gefolgt von den Menschen, darüber himmlische Wesen, schließlich die Götter.

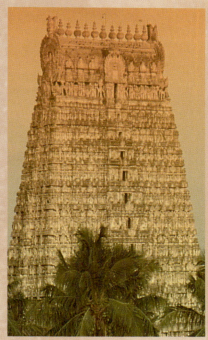

Wie ein Bergmassiv stehen die heiligen Tempel Indiens da. An den Seitenwänden wird die vielgestaltige Götterwelt, bisweilen in erotischen Verschlingungen, dargestellt. Im südöstlichen Bundesstaat Tamil Nadu steht dieser Gopuram.

| DIE HEILIGEN STÄTTEN |

Der Olymp, der mit 2917 Metern höchste Berg Griechenlands, ist auch der Namensgeber für den Gebirgszug, der in Mittelgriechenland, an der Grenze Thessaliens und Makedoniens, liegt. Seit Urzeiten ist hier der Sitz der griechischen Götterwelt, wo Zeus, für den Menschen unerreichbar, in luftiger Höhe thront. Die farbige Aquatintazeichnung wurde um 1801/1806 von Edward Dodwell (1767–1832) angefertigt.

Berg der Schöpfung

In Kalifornien, an der Grenze zwischen den USA und Mexiko, erhebt sich der Cuchama, »die erhabene Stätte«. Die Indianer glaubten, dass der Berg auf mysteriöse Weise errichtet wurde, damit die Menschen auf ihm mit den Göttern Zwiesprache halten mögen. Sie nennen ihn auch »Berg der Schöpfung«. Wo Himmelsgott und Erdmutter ihre heilige Hochzeit feierten, dort offenbaren sich auch heute noch die Himmlischen jenen Menschen, die mit dem »Auge des Herzens« schauen können, wie die nordamerikanischen Indianer sagen.

Berg der Offenbarung

Auf den heiligen Bergen ereigneten sich Offenbarungen und Inspirationen von Propheten. Auf dem Sinai hielt Moses mit dem Gott der Juden Zwiesprache und empfing von ihm die Gesetzestafeln. Auch der Prophet Elias stieg auf einen Berg, wenn er mit Jahwe sprechen wollte. Jesus hielt die bedeutendste seiner Predigten bezeichnenderweise auf einem Berg und er wurde auf einem Berg verklärt. Der Engel Gabriel umfing Mohammed auf dem heiligen Berg Hera und gebot ihm, seine Prophetenrolle anzunehmen.

Wohnstatt der Götter

Dass Götter auf den Gipfeln hoher Berge wohnen, gehört zu den häufigsten mythologischen Motiven. Am bekanntesten sind wohl die Wohnstätten des griechischen Gottes Zeus auf dem Olymp und des indischen Shiva auf dem Kailas. Für die Hindus ist der Kailas der heiligste Berg, das Ziel vieler Pilgerreisen.

HEILIGE BERGE

Auch die sibirischen Stämme kennen heilige Berge. Bei den Jakuten ist es der Dzokuo-Berg und bei den Altaiern der »eiserne Berg« Temir Taixa, deren Spitzen in den Himmel reichen. Adams Peak, der weithin sichtbare Berg in Sri Lanka gilt Hindus, Muslimen und Buddhisten gleichermaßen als heilig. Eine Hohlform im Gestein am Gipfel wird als Fußspur Adams oder Buddhas gedeutet.

Der Weltenberg

Ein heiliger Berg ist ein Spiegel des Kosmos. In der indischen Mythologie gilt der Berg Meru als die Heimat des vedischen Himmelsgottes Indra. Er steht im Zentrum des Universums. Auf seinem Gipfel befinde sich die viereckige goldene Stadt Brahmas. An seinen Ausläufern liegen die acht Städte der Lokapalas, der Wächtergötter, die über die acht Hauptrichtungen des Weltkreises herrschen. Unter dem Berg befinden sich die sieben niedrigen Welten. In der untersten lebt die Riesenschlange Vasuki. Sie trägt den Berg Meru und die anderen Welten. Am Ende eines Weltzeitalters vernichtet sie diese mit ihrem feurigen Atem.

Tai Shan

Bereits vor 4000 Jahren soll der legendäre Kaiser Shun am Berg Tai Shan (»Erhabener Berg«) dem Himmel und der Erde Opfer dargebracht haben. Der Tai Shan ist der bedeutendste unter den fünf heiligen Bergen der Taoisten. Um zum Tempel des Jadekissens auf dem Gipfel des Berges zu gelangen, erklimmen die Pilger 7000 Stufen. Entlang des Weges sind die Wohnstätten zahlreicher Gottheiten, denen die Anhänger der Taoisten und Buddhisten ihre Verehrung erweisen.

Tempel-Berge

Durch die Zikkurats in Mesopotamien oder durch Pyramiden an anderen Orten – Bauwerke, die Bergen nachempfunden sind – versuchte man den Göttern näher zu kommen. Auch die Pyramiden sind Spiegelbilder des Kosmos. Ihre Stufen entsprechen Himmelsstufen, der quadratische Grundriss den Himmelsrichtungen. Bei den Azteken und Maya befand sich ein Tempel auf dem Gipfel der Pyramiden, entsprechend der Götterwohnstatt auf einem heiligen Berg.

Um die beeindruckenden Überreste der mittelalterlichen Glastonbury Abbey ranken sich viele Sagen, in dessen Zentrum häufig die Geschichte des mythischen König Artus steht.

Der Glastonbury Tor

In Glastonbury, dem Ort der Legenden um König Artus, erhebt sich der Berg Tor. Auf ihm soll sich einst eine Festung Artus' und der Eingang in die Unterwelt Annwn befunden haben. Im Mittelalter errichteten Mönche eine Kirche auf dem heiligen Hügel, die später durch ein Erdbeben zerstört wurde. In der Nähe befindet sich ein heiliger Baum. An jener Stelle soll Joseph von Arimathea seinen Stab in die Erde gerammt haben, worauf dieser zu blühen begann. Aus dem verwandelten Stab soll so der Glastonbury Thorn entstanden sein, ein unscheinbarer Baum, der, gestützt von einem Drahtgeflecht, noch heute jedes Jahr von Neuem junge Triebe hervorbringt und so der Legende ein Quentchen Wahrheit hinzufügt.

Zwei tibetische Pilger auf ihrem Weg zum Berg Kailas, dorthin wo die Götter wohnen. Für die Hindus ist hier der Sitz des Gottes Shiva, aber auch den Buddhisten gilt der Berg als heilig.

Versunkene Länder

Das Geheimnis versunkener Welten zieht Wissenschaftler wie Abenteurer, Schriftsteller wie Leser mit fast magischer Kraft an. Denn uralte Legenden erzählen von wunderbaren Städten in den Wüsten Afrikas, von Ruinen, überwuchert vom undurchdringlichen Dschungel Brasiliens und von unbekannten Hochkulturen Südamerikas. Zwischen Fantasie und Wirklichkeit nehmen frühe Zivilisationen, die auf mysteriösen Inseln oder untergegangenen Kontinenten lagen, ihren Platz in unserem Denken ein. Und wie kaum ein anderer Mythos projiziert die Suche nach dem versunkenen Atlantis all die Ängste und Wünsche des Menschen auf ein verlorenes Paradies, das von Erdbeben und Wasserfluten unwiderruflich ausgelöscht wurde. Moderne Forschungen werfen jedoch ein neues Licht auf die fernen Horizonte der menschlichen Geschichte.

VERSUNKENE LÄNDER

Atlantis – das verlorene Paradies

Alle Welt kennt Atlantis, aber niemand hat es je gesehen. Der zeitgenössische Künstler Dovilio Brero stellt das versunkene Reich in Anlehnung an Platons Beschreibungen als konzentrische Ringstadt dar, deren einzelne Kreissegmente mit Wassergräben voneinander getrennt sind.

Um das sagenumwobene Atlantis ranken sich Legenden und Träume der unterschiedlichsten Epochen und Kulturen. Friedvoll, technisch hoch entwickelt und vor allem glücklich sollen seine Bewohner gewesen sein.
Das Goldene Zeitalter hätte Atlantis repräsentiert, sagen alle, die an den versunkenen Kontinent glauben wollen, denn seine Existenz und sein Untergang sind keinesfalls gewiss. Überliefert ist der Mythos dieses im Meer versunkenen Kontinents durch den griechischen Philosophen und Schriftsteller Platon (427–347 v. Chr.).
In zwei schriftlichen Dialogen, »Timalos« und »Kritias«, betonte er, dass die Existenz des Kontinents, von dem er spricht, keine Fiktion sondern Wahrheit sei.

Ein Mythos wird geboren

Als Dialogfigur Kritias berichtet Platon, er habe von Atlantis durch einen seiner Vorfahren, dem griechischen Staatsmann Solon, erfahren. Dieser habe von der Geschichte des versunkenen Kontinents auf einer Reise durch Ägypten gelesen.

haben will. Dass Platons Atlantik nicht unserer Bezeichnung von Atlantik entsprochen haben muss, wird deutlich, wenn man bedenkt, dass das Wort für die alten Griechen nur ein Synonym für »weltumfassender Ozean« war – womit Atlantis überall gewesen sein kann: in Troja, auf Santorin, in Indien.

Nach den Beschreibungen Platons stellten mittelalterliche Kartographen einen Lageplan von Atlantis her. Die Karte belegt nicht nur einen riesigen Kontinent zwischen Afrika und Amerika, sondern auch ein nie enden wollendes Interesse am versunkenen Kontinent.

Platon erwähnt in seinen Dialogen einen Krieg, der vor 9000 Jahren zwischen Atlantis und Ur-Athen stattgefunden haben soll und grenzt dabei die kriegsführenden Parteien geografisch voneinander ab, indem er angibt, dass die einen innerhalb der »Säulen des Herkules«, dem heutigen Gibraltar, und die anderen außerhalb lebten. »Die Atlanter lebten außerhalb dieser Säulen, auf diversen Inseln in offener See.« Diese Angaben haben zu heftigen Spekulationen über die Lage von Atlantis geführt.

Einige Forscher vermuten, dass Atlantis im Gebiet der heutigen Azoren im Atlantik gelegen hat, andere rücken es näher an Amerika, z. B. an Bimini, eine Inselgruppe vor Florida, heran, wo man tatsächlich unter Wasser Zeichen einer versunkenen Kultur gefunden

Der ideale Staat

Nach Platon war Atlantis ein ganz normaler Kontinent. »Es erstreckte sich von Norden nach Süden, hatte Berge, Flüsse, Seen und Ackerland.« Die Hauptstadt von Atlantis war ringförmig angelegt. Sie breitete sich von einem Hügel über drei Kanäle und zwei Landgürtel aus, die von einer Prachtstraße überspannt wurden. Geistiges Zentrum soll ein Poseidontempel gewesen sein, ein prachtvolles Gebäude inmitten von Palastanlagen, denn Atlantis wurde von weisen Königen, Nachfahren des Meeresgottes Poseidon, regiert.

Atlantis – ein historischer Irrtum?

In Dialogen erzählt Platon, sein Urahn Solon hätte auf einer Reise von ägyptischen Priestern von einem Krieg Ur-Athens mit Atlantis 9000 vor seiner Zeit erfahren. Zu dieser Zeit gab es jedoch das Volk der Griechen noch nicht. Die ersten griechischen Völker tauchen erst im 2. Jahrtausend vor unserer Zeit auf. Verwunderlich ist deshalb auch, dass Atlantis von griechischen Göttern dominiert wurde. Atlas, der erste König von Atlantis, soll ein Sohn des Meeresgottes Poseidon gewesen sein.

Historiker machten sich Gedanken über diese Diskrepanz und stellten eine Vermutung an: Vielleicht wurde eine historische Zahl falsch interpretiert und besagter Krieg habe statt 9000 erst 900 Jahre vor Solon stattgefunden. Das wäre ca. im Jahr 1500 v. Chr. gewesen. Zu dieser Zeit gab es auf der ägäischen Insel Santorin tatsächlich einen Vulkanausbruch.

Stimmt die Zeiten-Theorie, war Atlantis möglicherweise ein Teil des heutigen Griechenlands, was wiederum die Vorherrschaft der griechischen Götter dort erklären könnte.

Platon, der griechische Philosoph und Schriftsteller, war für seine so genannte Ideenlehre bekannt. Die besagt, dass Ideen die Urgestalten aller Dinge seien. Heute gilt Platon vor allem unter Atlantis-Forschern als einzige Informationsquelle zum versunkenen Kontinent.

VERSUNKENE LÄNDER

Auszüge aus Platons Kritias

»Diese Insel war, wie bemerkt, einst größer als Asien und Libyen zusammen, ist aber durch Erdbeben untergegangen und hat dabei eine undurchdringliche, schlammige Untiefe hinterlassen, die jeden, der die Fahrt in das jenseitige Meer unternehmen will, am weiteren Vordringen hindert. [...] Viele Generationen hindurch hatten sie, so lange noch die göttliche Abkunft in ihnen wirksam war, den Gesetzen gehorcht und waren freundlich gesinnt gegen das Göttliche, mit dem sie verwandt [...] Als aber der von dem Gott stammende Anteil ihres Wesens durch die vielfache und häufige Vermischung mit den Sterblichen zu verkümmern begann und das menschliche Gepräge vorherrschte, da waren sie nicht mehr imstande, ihr Glück zu ertragen, sondern entarteten [...].«

Immer wieder »sehen« Menschen in Trance Atlantis, hier in einer Zeichnung der Berliner Architektin Marete Mattern. Diese Aussage deckt sich mit einem Aspekt der Entstehungsgeschichte der griechischen Mythologie, die wiederum Ähnlichkeit mit der biblischen Version der Sintflut hat. Zeus soll, nachdem die Halbgöttin Pandora Leid und Elend unter die Menschen gebracht hatte, beschlossen haben, die Übeltaten der Menschen zu bestrafen. Er ließ es neun Tage und Nächte regnen. Alle bis auf zwei Menschen kamen um. Aus ihnen sollen die Hellenen gezeugt worden sein.

Santorin: Thera, wie das griechische Urlaubsparadies früher hieß, soll einigen Forschern zufolge, das sagenumwobene Atlantis gewesen sein. Die südlichste Kykladeninsel in der Ägäis umrahmt den Krater eines um 1525 v. Chr. ausgebrochenen Vulkans, der für den Untergang der Atlanter verantwortlich gewesen sein soll.

Das Zusammenleben der Menschen auf dem sagenumwobenen Kontinent, schildert Platon als demokratische Idealgesellschaft, eine Staatsform, die er seinen Zeitgenossen immer wieder empfahl. Möglicherweise, so Kritiker, sei Atlantis nur eine ideologische Erfindung Platons gewesen, um seine philosophischen und politischen Anschauungen besser untermauern zu können.

Alltag in Atlantis

Platon und die mit Vorbehalt zu betrachtenden Aussagen des amerikanischen Sehers Edgar Cayce (1877–1945) sind die einzigen Quellen zum Alltag in Atlantis. Bei Platon erfahren wir von einer prachtvollen Architektur. Naturstein, der in weiß, schwarz und rot vorhanden war, diente als Baumaterial. In Atlantis gab es zwei Quellen: eine mit heißem, eine mit kaltem Wasser. Dank der heißen Quelle richtete man üppige Bäder für alle Bevölkerungsschichten ein. Das Land war reich und bot jedem, was zum täglichen Leben nötig war. Dennoch betrieb man auch einen florierenden Handel mit anderen Hochkulturen und es wurden viele schöne und köstliche Dinge aus dem Ausland importiert. Nach Visionen von Edgar Cayce waren die Atlanter eine äußerst fortgeschrittene Zivilisation. Angeblich konnten sie bereits leitende von nichtleitenden Metallen unterscheiden und hatten Kenntnisse in Atomphysik. Sie waren dadurch in der Lage, Energie zu erzeugen und Energieströme zu kontrollieren. Trotz allen Wissens: Atlantis war dem

ATLANTIS

Untergang geweiht. Warum, erfährt man von Platon: Anfangs entsprachen die Könige von Atlantis noch den Gesetzen der Götter.
In ihrem Geist waren Milde und Weisheit vereint. Zunehmend jedoch begannen die Herrscher und ihre Untertanen, so Platon, menschlichen Begierden, z.B. »Gold und Eigentum«, zu verfallen. Dadurch wurde die göttliche Natur des ganzen Kontinents in den Hintergrund gedrängt, woraufhin der Gottvater Zeus seinen Untergang beschloss.

Der Untergang einer ganzen Zivilisation

Eines Tages soll Atlantis, so Platon, einfach einer Naturkatastrophe, einem Erdbeben, zum Opfer gefallen sein. Entspricht das der Wahrheit, dann müsste es sich nach Angaben von Experten um eine gigantische submarine vulkanische Explosion gehandelt haben, die durch eine Flut und ein drastisches Ansteigen des Meeresspiegels Atlantis unter sich begrub.

Laut Aussagen von Edgar Cayce beschworen die Atlanter in ihrem Hochmut insgesamt drei Katastrophen herauf. Diese waren alle soweit vorhersehbar, dass viele der Bewohner vor Eintritt der Katastrophen auswanderten. Die erste Katastrophe soll sich, so Cayce, ca. 50.000 v. Chr. ereignet haben. Die zweite teilte den Kontinent um 28.500 v. Chr. in drei kleinere Inseln mit den Namen Poseidia, Og und Aryan auf. Die letzte Katstrophe, ein Erdbeben, sei schließlich jene gewesen, die auch bei Platon Erwähnung fand. Sie führte zum endgültigen Untergang des sagenumwobenen Atlantis.

Ausgrabungen auf Santorin: Die griechische Kultur könnte von den Atlantern geprägt worden sein.

Archäologen legten auf Santorin diese, durch Lava konservierte Stadt frei. Einige Forscher sehen darin Reste von Atlantis.

99

VERSUNKENE LÄNDER

Unerreichbares Lemuria

Der Kartenausschnitt zeigt Madagaskar, das südliche Indien sowie Malaysia und Sumatra. Die Landbrücke von Madagaskar nach Indien könnte über die Seychellen und die Malediven verlaufen sein.

Drei Kontinente sollen im Laufe der Erdgeschichte bereits in den Wellen der Meere versunken sein: Atlantis – einst zwischen Afrika und Amerika vermutet, Mu im Pazifik und Lemuria im Indischen Ozean. Von allen gibt es weder nachweisliche archäologische Funde, noch erhaltene Schriften und vor allem keine authentischen Überlieferungen. Man kann nur vermuten, was vielleicht einmal war und wer dort lebte.

Halbaffen auf zwei Kontinenten

Etwa zwischen 90.000 und 30.000 v. Chr. soll Lemuria an Stelle des heutigen Indischen Ozeans als gigantische Landbrücke Madagaskar mit Malaysia und dem südlichen Indien verbunden haben. Der Name des hypothetischen Kontinents ist von den Lemuren abgeleitet, gnomartigen Halbaffen, die heute noch sowohl in Madagaskar wie auch in Indien und Malaysia heimisch sind. Da sie gleichzeitig auf zwei Kontinenten verbreitet sind, haben diese nachtaktiven Säugetiere schon früh das Interesse der Zoologen erregt.

Darwins Theorien

Nachdem der britische Naturforscher und Evolutionstheoretiker Charles Darwin (1809–1882) 1872 sein bahnbrechendes Werk »Über den Ursprung der Arten« veröffentlicht hatte, postulierte der englische Zoologe Philip L. Sclater die Existenz von Lemuria als gewaltige Landmasse, die vor Tausenden von Jahren Afrika mit Indien und der Inselwelt Südostasiens verbunden haben soll. Die Lemuren und einige andere Tiere zeigen, nach den Beobachtungen Sclaters, in allen Verbreitungsgebieten das gleiche Verhalten, obwohl die einzelnen Stämme durch die Weiten des Indischen Ozeans voneinander getrennt sind. Nach der Evolutionstheorie Darwins müssten sich die einzelnen Tierarten jedoch ihrer jeweiligen Umgebung anpassen und von dieser abhängig sein.

Obwohl schon bald nach Darwin Wissenschaftler davon ausgingen, dass sich Tierrassen an jedem Platz der Erde unabhängig voneinander identisch entwickeln können, erfreute sich die Idee vom Urkontinent Lemuria vor allem bei den Theosophen großer Beliebtheit. Helen Petrowna Blavatsky (1831–1891), die Mitbegründerin der Theosophischen Gesellschaft, stellte die Theorie der »sieben Wurzelrassen« auf: unter ihnen als »riesige, hirnlose, affenartige Wesen« die Bewohner Lemurias. Sie gelten der Theorie nach als dritte irdische Rasse, die in einer Naturkatastrophe unterging.

Die vierte Rasse soll beim Ende von Atlantis ausgelöscht worden sein. Die Nachfahren der fünften Rasse, die heute lebenden Menschen, werden, so Blavatsky, als sechste Rasse in das bald wieder auftauchende Lemuria zurückkehren. Unsere Nachfahren, die siebte Rasse, könnten schließlich die Erde verlassen und den Weltraum besiedeln.

Der Garten Eden

Befürworter von Lemuria berufen sich gern auf alte Weltkarten, auf denen in der südlichen Hemisphäre ein »großer, unbekannter, südlicher Erdteil« als Terra Australis Incognita eingezeichnet ist. Dass das später erforschte Australien mit seinen ausgedehnten Wüsten dieses verschollene Paradies sein könnte, wiesen Lemuria-Forscher stets zurück. Sie beharren darauf, dass der Kontinent als »Wiege des Menschengeschlechtes« bereits Millionen Jahre existiert hat und dann während eines Polsprungs unterging.

Der deutsche Astronom und Geophysiker Alfred Wegener (1874–1948) stellte 1915 die Theorie der Kontinentalverschiebung auf, nach der die gewaltigen Landmassen des Planeten sich wie Eisberge auf der inneren Erdkruste langsam bewegen. Für Wegener existierte anfangs eine einzige riesige Landmasse, die über eine lange Zeit hinweg auseinanderbrach. Einige frühe Kontinente versanken dadurch, anderen stiegen aus den Meeren empor.

Die Tafeln von Mu

Ein Ergebnis dieser Landverschiebungen sei der Pazifische Ozean, auf dessen Grund nach Ansicht des englischen Kulturhistorikers James Churchward die Überreste eines großen Kontinents und die Kultur von Mu liegen. Autoren beziehen sich immer wieder auf sein 1926 erschienenes Werk »Der versunkene Kontinent von Mu«, in dem Churchward als seine Hauptquelle die »Naacal-Tafeln« nennt, die ihm von hinduistischen Priestern gezeigt worden sein sollen.

Diese »Heiligen Schriften von Mu« seien etwa 15.000 Jahre alt und berichteten von einer Schöpfungsgeschichte ähnlich der aus der Bibel und von einem Land mit 64 Millionen Einwohnern, die schon vor 50.000 Jahren einen zivilisatorischen Stand erreicht hatten, der dem unseren in vieler Hinsicht überlegen war.

Die Legende von Atlantis konzentriert sich auf die Macht und Stärke der Atlantider, ihre Nutzung kristalliner Kräfte und einer zerstörerischen Energie, die schließlich zum Untergang des Kontinents führte. In Lemuria und Mu existierten, alten Mythen zufolge, unbeschwerte, friedfertige und spirituell ausgerichtete Südsee-Völker, die Opfer einer Naturkatastrophe geworden sein sollen.

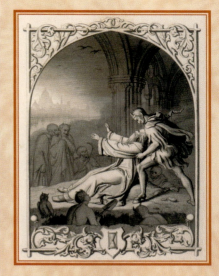

Fasziniert vom Mystischen kamen sogar in Goethes Faust II Lemuren vor. Stahlstich nach einer Zeichnung von Engelbert Seibertz (1813–1905).

Das Auge am Hinterkopf

Der Engländer William Scott-Elliot war bereits 1896 der Auffassung, Astronauten von der Venus hätten vor Tausenden von Jahren in die menschliche Entwicklungsgeschichte eingegriffen. Das Ergebnis ihrer Bemühungen waren die Lemurier. Diese beschrieb Scott als vier Meter groß, zweigeschlechtlich, eierlegend und mit einem dritten Auge am Hinterkopf. »Im Laufe ihrer Entwicklung bildete sich das dritte Auge in das Gehirn zurück und ist heute unter dem Begriff Zirbeldrüse bekannt«, so Scott.

Auch erlangten die Lemurier danach eine normale Heterosexualität, mischten sich aber törichterweise mit anderen Tieren. »Aus dieser Verbindung gingen die Lemuren hervor, die noch heute unseren Planeten bevölkern.«

Die Lemuren gehören zur Halbaffenfamilie der Makis. Sie sind nachtaktiv und ernähren sich vor allem von Insekten und Früchten. (Weiblicher Mohrenmaki)

VERSUNKENE LÄNDER

Shangri-La – das geheime Utopia

*»Mystery Man« hat der österreichische Maler Karl Käfer (*1947) sein Bild genannt. Es zeigt einen spirituell erleuchteten Meister mit magischem Mantel inmitten einer steil aufragenden Himalaja-Gebirgslandschaft.*

Seit Jahrhunderten hält sich die Legende, dass in einem verborgenen Tal des Himalaja die letzten spirituellen Geheimnisse der Menschheit von geistigen Lehrern gehütet werden. Indem diese Meister ihre Lehre an ihre Anhänger weitergeben, haben sie indirekt auch Einfluss auf die Geschicke der Menschheit. Das geheime Direktorium, dessen Mitglieder übersinnliche Kräfte besitzen sollen, lebt in der Kolonie Shangri-La (auch Shamballa genannt). Wird das Wirken der Menschheit von unsichtbarer Hand gelenkt? Gibt es eine Art Weltregierung im tibetischen Hochland? Zahlreiche Hinweise antiker Autoren deuten auf eine »höhere Macht«, die in historische Ereignisse eingriff – meist durch »himmlische Manifestationen«. So sollen beispielsweise leuchtende Balken in den Wolken erschienen sein, als die Spartaner in der Seeschlacht von Knidos (394 v. Chr.) ihre Herrschaft an die Athener abtreten mussten.

Geistiges Zentrum

In den Überlieferungen Asiens ist Shangri-La das geistige Zentrum des Planeten Erde, in dem die spirituelle Erneuerung der Menschheit vorbereitet wird. Das neue Ideal eines friedfertigen Menschseins soll von dort noch im 21. Jahrhundert in die Welt getragen werden. Buddha, Zarathustra, Lao-Tse und Jesus sollen in ihren jungen Jahren bei den Meistern gewesen sein. Im »Tibetischen Totenbuch« heißt es über das geheime Direktorium: »Als schweigende Wachposten schauen sie mit göttlichem Mitleid von ihren Bollwerken auf die Welt bis zum Ende des Kali Yuga – des dunklen Zeitalters – bis der Tag des Erwachens über alle Nationen hereinbricht.«

Der Graf von Saint Germain

Der Name Shangri-La wird auch in indischen Schriften (Puranen) erwähnt und dort als ein wirklich existierender geographischer Ort angesehen. Auch nach den Lehren der Adyar-Theosophie, der Muttergesellschaft aller späteren theosophischen Vereinigungen, ist Shangri-La der Aufenthaltsort der Meister und Sitz ihrer spirituellen Adepten und Anhänger, wie des legendären Grafen von Saint Germain. Dieser soll ein gern gesehener Gast an den Königshöfen des 17. und 18. Jahrhunderts gewesen sein und galt als Mann ohne Geburtsurkunde und Totenschein. Er war Alchemist, Philosoph, Komponist, Geigenvirtuose und Erneuerer geheimer Logen. Seine wahre Existenz gilt jedoch als umstritten. Von ihm sprach der Philosoph Voltaire als »der Mann, der alles weiss und niemals stirbt.«

Westliche Okkultisten rückten die Lage von Shangri-La in unzugängliche Bereiche der Wüste Gobi. Nach den Lehren der Arkanschule (1923 in New York als Übungsstätte für Meditationstechniken gegründet) ist Shangri-La »das Zentrum oder der Zustand göttlichen Bewusstseins«. Die Gründerin der Theosophischen Gesellschaft, Helena Petrowna Blavatsky (1831–1891), die von ihren Anhängern als Beauftragte der »Geheimen Meister« verehrt worden war, will ihr Wissen von verstorbenen und lebenden »Meistern aus dem Hochhimalaja« erhalten haben.

Parallelen zur modernen Wissenschaft

Ihre 1888 erschienene vierbändige »Geheimlehre«, das »magnus opus«, versteht Madame Blavatsky als »Synthese von Wissenschaft, Religion und Philosophie«. Denker wie der Astronom Camille Flammarion (1842–1925), der Erfinder Thomas Alva Edison (1847–1931) und der Maler Wassily Kandinsky (1866–1944) fühlten sich von der Veröffentlichung angesprochen. Der Biophysiker Professor W. D. McDavid (*1929) von der Universität Texas fand 1984 während eines Symposiums »verblüffende Parallelen zwischen der alten Geheimlehre und den Schlussfolgerungen der modernen Wissenschaft in Bezug auf die Entstehung des Universums und des Lebens auf der Erde.«

Der Abenteurer, der sich als Graf von Saint-Germain ausgab, war wahrscheinlich portugiesischer Herkunft. Er nannte sich auch Aymar oder Marquis de Betmar und trat seit 1770 in Paris und an deutschen Fürstenhöfen auf. (Zeitgenössischer Kupferstich)

Die Expedition des Nikolai Roerich

Zusammen mit einer kleinen Gruppe von Mitstreitern machte sich 1925 der russische Maler, Wissenschaftler und Friedensstifter Nikolai Konstantinowitsch Roerich (1874–1947) – er hat den so genannten Roerich-Pakt, einen Vertrag zum Schutz der Kulturgüter, der am 14. April 1935 von den 21 Mitgliedstaaten der »Panamerikanischen Union« für den Kriegsfall unterzeichnet wurde, intiiert – zur Durchquerung des Himalaja auf. Obwohl sich die Gruppe das Ziel gesetzt hatte, das kulturelle Erbe der Menschen Zentralasiens zu erkunden, war ihre eigentliche Hoffnung, das geheimnisvolle Shangri-La zu finden. Ein »plötzlich am Himmel auftauchendes großes, leuchtendes Objekt« wertet Roerich in seinem Buch »Shambhala« als ein »gutes Zeichen von beschützender Kraft.«

Hatte Nikolai Roerich sein Märchenland erreicht? Er selbst schwieg darüber, aber auf einem seiner schönsten Bilder »Burning of Darkness« ist eine Gruppe von Männern in langen Gewändern zu sehen, die in einer mondhellen Nacht aus einer Felsspalte eines Berges im Himalaja treten. Unter ihnen ein barhäuptiger Mann mit Vollbart – zweifelsfrei Roerich selbst, der wie ein Mönch einer geheimnisvollen priesterlichen Gemeinschaft anzugehören scheint.

VERSUNKENE LÄNDER

El Dorado – das goldene Reich

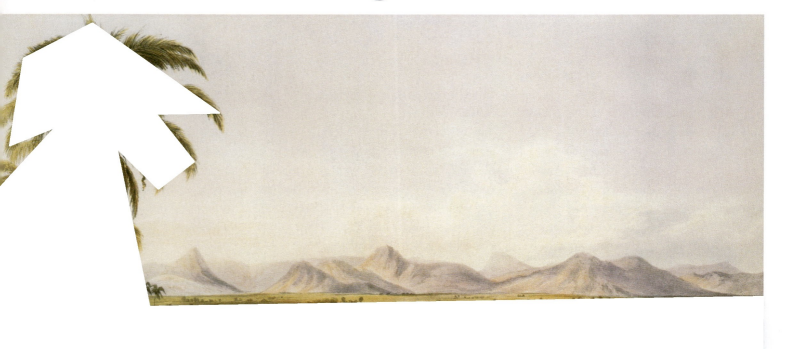

Als sich im 19. Jahrhundert ein verstärktes Interesse an fernen Ländern durchsetzte und zu vielen Expeditionen auch Maler und Zeichner hinzugezogen wurden, stellte man sich das sagenhafte El Dorado und seine Einwohner inmitten einer fruchtbaren Hochebene an den Ufern eines Sees vor, also in einer paradiesischen Landschaft. Der hier in einem Aquarell von George Barnard (1832–1890) dargestellten Landschaft dienten Vorbilder aus dem südamerikanischen Guyana.

Die Muisca-Indianer folgten gebannt dem Zeremoniell auf dem See. Auf einem über und über mit Goldstaub bedeckten Floß aus Schilfrohr stand ein königlicher Jüngling, auch er mit einer matt glänzenden Hülle aus feingemahlenem Gold überzogen. Sein Blick war starr auf die dunkelgrüne, glatte Wasseroberfläche gerichtet, zu seinen Füßen lagen unvorstellbar reich verzierte Gaben aus purem Gold: aufwändig ziselierte Becher und anderer durchbrochener Zierrat, Smaragde und Amulette. Die gesamte Lagune war vom Duft des wohlriechenden Moque-Harzes erfüllt, und die in fantastische Federgewänder gekleideten Indianer jubelten dem Goldkönig zu. Blasinstrumente und Trommeln unterstrichen die Geräuschkulisse, die durch ein geheimes Zeichen auf einen Schlag erstarb. Daraufhin warf der goldene Mann all die herrlichen Schätze in den See, wo sie lautlos in den dunklen Tiefen verschwanden. Durch diesen Ritus wurde der junge König in den Kreis der Häuptlinge aufgenommen. Das alles soll sich am Guatavita-See in der Nähe von Bogotá in Kolumbien ereignet haben.

EL DORADO

Gold als Droge

Gold macht besessen, Gold macht süchtig – vorausgesetzt man hat nicht im Überfluss davon. Immer wieder gab es Völker, die in einem von Gold gesegneten Landstrich lebten, sei es im alten Ägypten, in Mexiko, an der Westküste Afrikas und vor allem in den nördlichen Regionen Südamerikas. Dort haben unermessliche Goldvorkommen eine Kultur begründet, die durch die spanischen Eroberer im 16. Jahrhundert vollkommen zerstört wurde. In dem Wahn, den sagenhaften Reichtum, vor allem die versenkten Schätze im Guatavita-See, zu bergen, haben sie die indianische Urbevölkerung niedergemetzelt und die Landschaft verwüstet. Die Suche nach dem geheimnisvollen Goldland El Dorado dauerte Jahrhunderte und kostete vielen der Schatzgräber und unzähligen Menschen der Urbevölkerung das Leben. Noch heute werden Funde aus den verschiedensten Jahrhunderten entdeckt, die die Legenden vom Goldschatz belegen.

Das Zentrum des Goldes

Aufgrund der Überlieferungen vom versenkten riesigen Vermögen im Guatavita-See nahmen die Konquistadoren an, dass noch viel größere Schätze auf ihre Entdeckung warteten. Zunächst jedoch beschränkte sich die Suche auf diesen See. Gerade 170 der 1000 Spanier überlebten 1536 den Marsch nach Guatavita. Antonio de Sepulverde, Kaufmann aus Bogotá, ließ 1580 schließlich von 8000 Indianern eine Kerbe in das Ufer des Sees schlagen, um

Der Naturforscher und Geograph Alexander Freiherr von Humboldt (1769–1859) ließ nach eigenen Skizzen den Guatavita-See als Aquatintadruck anfertigen. Deutlich ist auf dem Druck die Kerbe zu sehen, die Antonio de Sepulverde 1580 in das Ufer schlagen ließ.

den Wasserspiegel zu senken. Der riesige Einschnitt ist heute noch zu sehen. Als bei den Arbeiten durch einen Einsturz Hunderte von Indianern begraben wurden, stoppte man das gigantische Vorhaben. Immerhin konnten hühnereigroße Smaragde, Brustpanzer und Stöcke aus purem Gold an den spanischen König Philipp II. überbracht werden.

In den folgenden Jahren entsandte Königin Elisabeth I. von England den Seefahrer Sir Walter Raleigh in den Amazonas-Dschungel, um die Stadt Manoa zu suchen, wo selbst die Kochtöpfe aus Gold sein sollten. Seine ergebnislose Suche kostete ihn den Kopf. Weil Elisabeth I. an eine Verschwörung glaubte, wurde Raleigh eingekerkert und im Interesse der neuen spanienfreundlichen Politik 1618 hingerichtet. Schließlich geriet über dem ausufernden Goldfieber die Sage um den goldenen König vom El Eldorado und sein Land in

Trinkbecher aus getriebenem Gold wurden auch von den Inka gefertigt, die neben anderen Stämmen in präkolumbianischer Zeit das Gebiet besiedelten, in dem auch El Dorado vermutet wird.

Manoa

Das Wunderland Manoa, ein zweites El Dorado, so hörten es die europäischen Forscher von den Indianern Südamerikas, läge auf einer magischen Insel inmitten eines großen Salzsees: »Das gesamte Essgeschirr im Palast ist aus reinem Gold oder Silber und ebenso die unbedeutendsten Gegenstände.« Im Zentrum der Insel soll ein Sonnentempel stehen, umrahmt von goldenen Statuen, die Riesen, einen Prinzen und Bäume darstellen. Vermutet wird Manoa südlich des Orinoco im heutigen Venezuela, aber bislang hat die Suche nach dem goldenen Paradies nur unsägliches Leid über die Ureinwohner Südamerikas gebracht.

Nicht nur Manoa gilt als mögliches El Dorado, sondern auch Stätten in Guyana, Ecuador und Peru, deren Ureinwohner ebenfalls große Goldvorkommen besaßen. Dieser vergoldete Affenkopf entstammt der Moche-Kultur (200–800 n. Chr.) im nördlichen Peru.

105

VERSUNKENE LÄNDER

Aus der nordperuanischen Lambayeque-Kultur (um 100–1450 n. Chr.) stammt der Griff eines Zeremonialmessers.

Metallurgie

Die geologisch vielgestalteten Landschaften zwischen Panama und Peru stellen das so genannte eldoradische Goldland der Indianer dar. Alle Länder der südlichen Pazifikküste sowie die Isthmusländer rund um Panama gelten als Wiege des Gold- und Keramikhandwerks. Schon sehr früh können Funde datiert werden wie dieser peruanische, goldene und silberne Trinkbecher in Form eines Beines (wahrscheinlich ein Hinweis auf eine Opfergabe) aus dem 5. Jahrhundert v. Chr. Der goldene Griff eines Zeremonialmessers (oben), der ebenfalls aus Peru stammt, wird der Lambayeque-Kultur zugeschrieben, in der die Metallurgie, die Kunst Metalle zu verarbeiten, ebenfalls beherrscht wurde.

Aus einer frühen Zwischenperiode der peruanischen Vicus-Kultur (500 v.–500 n. Chr.) stammt dieses Beingefäß, vermutlich eine Ritualbeigabe.

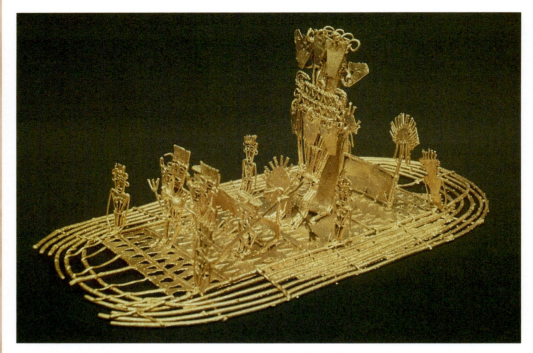

Diese fein ziselierte kolumbianische Votivgabe, in Form eines Floßes, stellt die königliche Zeremonie von El Dorado dar.

den Hintergrund. Doch noch heute konzentriert sich der Ursprung des sagenhaften Goldlandes auf die Gegend rund um den Guatavita-See.

Gran Moxo

Als 1622 der Portugiese Barco Centenera verstarb, nahm er ein goldenes Geheimnis mit in den Tod. Centenera hatte tief im undurchdringlichen Urwald Brasiliens eine rätselvolle versunkene Stadt entdeckt, über die er 1601 schrieb: »In der Mitte des Sees lag eine Insel mit prachtvollen Gebäuden. Ihre Schönheit überstieg die menschliche Fassungskraft.« Diese von den Indianern Gran Moxo genannte Stadt wurde zum Traum und Alptraum zahlreicher Expeditionen der folgenden Jahrhunderte.

Dem Geheimnis auf der Spur

Das Dokument mit der Nummer 512 der Nationalbibliothek von Rio de Janeiro enthält eine Sensation, einen detaillierten Bericht einer portugiesischen Goldsuchergruppe von 1743 über eine Ruinenstätte in Brasilien: das geheimnisumwitterte Gran Moxo. Sechs Portugiesen mit einem Tross von einem Dutzend afrikanischer Sklaven und etwa 30 Indianern hatten sich aufgemacht, der früheren Entdeckungsreise ihres Landsmannes nachzuzugehen. Die Expedition wandte sich nach Norden, bis sie im Zentral-Hochland auf eine jähe und ausgezackte Bergkette stieß. Die Abenteurer erklommen eine steil aufragende Felswand und gelangten unversehens auf eine Hochebene, von der aus sie in der Ferne die Umrisse einer Stadt wahrnahmen. Massive Steinblöcke umschlossen ihre Häuser. Doch sie war völlig verlassen und schien durch ein Erdbeben zerstört zu sein. Man fand einige Goldstücke und mehrere Bergwerksgruben und im nahe gelegenen Fluss ließen sich Goldnuggets waschen.

Weiße Indianer

Die Portugiesen beschlossen, besser ausgerüstet in die Stadt zurückzukehren, um die weiteren Goldvorräte ausbeuten zu können. Vom Fluss Paraguassú aus sandten sie einen vorläufigen Bericht durch Indianerläufer an den Vizekönig in Bahia voraus. Es war das letzte verbürgte Lebenszeichen, das man von ihnen hörte. Keiner der Teilnehmer wurde je wieder gesehen. Hatten sie sich verirrt? Waren sie von ihren Indianern oder den Sklaven überwältigt worden? In ihren zuletzt überlieferten Notizen hatten sie erwähnt, dass sie zwei Menschen mit weißer Haut und langem schwarzem Haar gesehen hätten, was sich auch mit früheren Berichten deckt. Existierte im Amazonasgebiet ein rätselhafter weißhäutiger Stamm, die Wächter einer versunkenen Kultur? Auch alle späteren Expeditionen, durchgeführt von Franzosen und Briten, endeten tragisch. Hält der riesige brasilianische Urwald eines seiner letzten Geheimnisse verborgen?

Die Tragödie des Oberst Fawcett

In der festen Überzeugung, die Lage El Dorados durch die von den Nafaqua-Indianern erhaltenen Informationen genau zu kennen und eine verschollene brasilianische Hochkultur zu finden, brach 1922 auch der englische Abenteurer Percy Fawcett zu einer Expedition auf. 1925 verließ Oberst Fawcett, begleitet von seinem Sohn Jack und einem jungen Engländer namens Raleigh Rimmel, den letzten Vorposten der Zivilisation, um in das unerforschte zentralbrasilianische Hochland des Mato Grosso aufzubrechen. »Ich habe nur ein Ziel: Die Geheimnisse zu erforschen, die so viele Jahrhunderte lang im Dickicht des Urwalds verborgen lagen. Wir sind in unserer Hoffnung bestärkt, die Ruinen einer alten, weißen Zivilisation zu finden«, notierte er vor seiner Expedition, die auch ihm zum Verhängnis werden sollte. Spätere Expeditionen fanden zwar Spuren seiner Unternehmung, er selbst aber blieb verschollen und wurde zum Mythos des Dschungel.

Der britische Seefahrer Sir Walter Raleigh sollte als einer der ersten den lange anhaltenden Fluch El Dorados erfahren – seine Forschungen musste er mit dem Tod bezahlen.

Auf 900–1200 n. Chr. wird das altkolumbianische Pektoral, ein kostbar verzierter Brustschmuck, datiert, das einen Schamanen in Alligatormaske darstellt.

In einem Stich von Theodor de Buy aus dem 16. Jahrhundert wird die Bestäubungszeremonie des goldenen Mannes von El Dorado beschrieben. Derweil bringen sich die Untertanen mit berauschenden Getränken aus goldenen Bechern in Hochstimmung, um das Zeremoniell des Initianten enthusiastisch zu erleben.

VERSUNKENE LÄNDER

Sagenhafte Städte der Nord- und Ostsee

In der Ostsee soll einst das sagenhafte Vineta gelegen haben – eine reiche Handelsstadt, die unter mysteriösen Umständen unterging. Um 965 von einem jüdisch-maurischen Kaufmann namens Ibrahim Ibn Jakub al Israeli als »eine große Stadt am Weltmeer, die zwölf Tore und einen Hafen hat«, dokumentiert, wird bereits 1165 berichtet, dass ein König diesen wohlhabenden Platz mit seiner Flotte angegriffen und zerstört haben soll. Andere, auf mysteriöse Weise verschwundene Städte im Norden, z.B. Rethre und Rungholt, sollen weniger durch menschliche Willkür als von natürlicher Gewalt zerstört worden sein. Man sagt, sie wurden von Flutwellen ins Meer gespült. (Vineta, Holzstich aus dem Jahr 1881 nach einer Zeichnung von Bernhard Mörlins)

NORD- UND OSTSEE-STÄDTE

In rauhen Winternächten erzählen an den Küsten Deutschlands und Skandinaviens die Alten von längst versunkenen Städten und verwunschenen Schätzen. Im kollektiven Gedächtnis der Menschen hat sich die Erinnerung an sturmumtoste Inseln, an alles vernichtende Flutwellen und an irisierende Polarlichter bewahrt. Vor allem aber sind da die Sagen von Rethre, Vineta und Rungholt, den drei verfluchten Städten im Meer.

Das heidnische Heiligtum

Als vor über 1000 Jahren das Seefahrervolk der Wikinger mordend über die Küstenstädte herfiel, eilte ihm der Ruf großer Skrupellosigkeit voraus. Die Wikinger eroberten und plünderten die Küstenregionen. Die Kämpfe hatten aber auch religiöse Gründe. Die besiegten Städte wurden vernichtet – so wie einst eines der bedeutendsten Heiligtümer der heidnischen Wikinger durch christliche Missionierungsversuche zu Schaden kam: das legendäre Rethre, das an der Mündung des Baltischen Meeres gelegen haben soll.

Adam von Bremen, ein junger Kanoniker, der zu den seriösesten Geographen und Chronisten seiner Zeit zählte, überlieferte in einer Aufzeichnung aus dem Jahre 1066 die Geschichte der nördlichen Heidenstämme und ihres geheimnisvollen Heiligtums: »Diejenigen, die am zentralsten wohnen und von allen die mächtigsten sind, sind die Retharier. Ihre weitberühmte Hauptstadt ist Rethre, ein Sitz der Götzenverehrung. Dort ist ein großes Heiligtum für die Götzen erbaut worden, von denen Redigast der Oberste ist. Sein Denkmal wurde aus Gold gefertigt, und sein Lager ist mit Purpur bereitet. Diese Stadt hat neun Tore und ist von allen Seiten von tiefem Wasser umgeben [...], zu welcher nur diejenigen, die Opfer bringen oder Orakelrat suchen, Zutritt haben [...]. Zu diesem Heiligtum sind es vier Tagesreisen von Hamburg.«

Schätze im Meer

Aufgrund einer Verwechslung suchte man den Ort jahrhundertelang an einer völlig falschen Stelle. Man vermutete, dass Adam von Bremen die Reise nach Rethre von Oldenburg in Norddeutschland aus beschrieb. Was man erst heute weiß: Es gab einen zweiten Ort dieses Namens an der Ostseeküste. Von dort aus traf ein See-

Der Bann über Vineta

Vineta ist eine verschollene Stadt Skandinaviens, die vermutlich bei Vendsyssel in Dänemark lag. Ursprünglich nannte man sie Jumne, »Stadt des Lichts«. Adam von Bremen berichtet, dass sie dasselbe Schicksal wie Rethre – die christliche Missionierung – traf. Er hat Jumne 1075 in seiner »Hamburger Kirchengeschichte« erwähnt. 1170 soll der heidnische Ort schon wieder Vergangenheit gewesen sein, wenn man dem Chronisten Helmold von Bosau (ca. 1125–1177) glauben kann. Er schrieb damals, dass »ein König der Dänen diesen wohlhabenden Platz [...] zerstört haben soll.«

Mehrmals waren im ersten Jahrtausend christliche Missionierungsversuche in dieser Region gescheitert. Bischöfe und Missionare waren bei dem Versuch enthauptet worden, Götter durch die Heilsbotschaft der Christen zu ersetzen. Als schließlich doch die Christen die Oberhand gewannen, wurden Vineta und Rethre dem Erdboden gleich gemacht und ihre Namen mit einem kirchlichen Bann belegt. Die Erinnerung an die sagenhaften Schätze blieb bestehen.

Im ersten Jahrtausend sorgte der christliche Missionierungseifer in den Ländern der Nord- und Ostsee für erheblichen Aufruhr: Menschen wurden getötet, ganze Städte zerstört. Der wohl berühmteste christliche Missionar dieser Zeit war der heilige Bonifatius. Er wurde 754 bei einem Tauffest von Heiden erschlagen. (»Taufe von Germanen und Märtyrertod des Bonifatius«, Buchmalerei um 975)

VERSUNKENE LÄNDER

Rungholt, die einst so ruhmreiche, untergegangene Hafenstadt der Edomsharde auf der alten Insel Strand, lag zwischen den heutigen Halligen Südfall, Nordstrand und Pellworm. Auf dem Bild ist die Insel Pellworm von Nordstrand aus zu sehen.

fahrer nach viertägiger Fahrt tatsächlich auf die dänische Insel Eskeholm. Dort ließen sich vom Flugzeug aus runde Wallstrukturen und überwachsene Straßenzüge ausmachen. Vermutlich haben sie einst zu dem Zentrum heidnischer Verehrung geführt. Noch wartet Rethre unter meterdicken Schlammschichten darauf, von Archäologen wieder zurück ans Tageslicht geholt zu werden und ein neues Kapitel in seiner Geschichte aufzuschlagen. Diesmal nicht als Trutzburg und Orakelstätte, sondern als Schatzkammer für Forscher und alle, die einer schon fast vergessenen Zeit nachspüren.

Verflucht im Wattenmeer

Ein weiterer Ort, der zwischen Fantasie und Wirklichkeit liegt, ist Rungholt. Die Stadt ist in der Welt der Sagen ebenso zu Hause wie in Forschungsberichten und Chroniken. Sie soll einst im nordfriesischen Uthland in Deutschland gelegen haben, wo die Brandung der Nordsee gegen das flache Geestland anrollte. Obwohl oder gerade weil Rungholt im Meer versank, lebt sein Mythos weiter. Seit dem Mittelalter und verstärkt im letzten Jahrhundert haben Abenteurer und Forscher, Kartographen, Dichter und Maler den Ort zum

Gegenstand ihres Interesses gemacht. Was macht die Faszination des »friesischen Atlantis« aus?

Die Todesflut

Einstmals war Rungholt Hafenstadt und ein bedeutender Handelsort der Edomsharde, einer nordfriesischen Landschaft, doch in einer verheerenden Sturmflut um das Jahr 1360 – manche Chronisten nennen als genaues Datum den 16. Januar 1362 – holte sich das Meer große Teile der der Küste vorgelagerten Marschfläche zurück. Die zerstörerischen Kräfte der heranrollenden Todeswellen rissen Menschen, Tiere und Gebäude von Rungholt mit in die Tiefe.

Die reiche, glückliche Stadt wurde schon bald nach ihrem Untergang zum Mythos. Die Menschen des Küstenlandes fragten sich, warum das blühende Handelszentrum in der schlimmsten Strumflut seit Menschengedenken hatte untergehen müssen. »Grote Mandränken« (großes Menschenertrinken) nannten die Nordfriesen dieses erschütternde Ereignis, weil Tausende von Menschen an jenem schrecklichen Tag ertranken.

Waren die Einwohner wegen ihres Reichtums zu arrogant geworden? Hatten sie einen Frevel begangen, wie man einst beim Untergang von Atlantis vermutete? War eine Strafe Gottes über sie hereingebrochen wie über die Bewohner des biblischen Sodom und Gomorrha? Die Menschen jener Zeit, abergläubische Seemänner und geschickte Kaufleute, nahmen das nach so viel Unglück an.

Die Tragödie von Rungholt

Erst im Jahre 2001 präsentierte der Bremer Ethnologe Professor Hans Peter Duerr für den Untergang von Rungholt eine nüchterne Erklärung. Der sich absenkende Wattenboden, so der Wissenschaftler, sei Schuld an der Tragödie gewesen. Zudem setzte im 14. Jahrhundert eine extreme Klimaänderung ein. Diese hatte Missernten, Viehseuchen und eine schlechte Ernährungslage zur Folge. Als dann auch noch die Pest, die nur jeder Vierte überlebte, die Menschen hinwegraffte, wurde der Küsten-

schutz vernachlässigt. Der Zustand der Deiche war äußerst kritisch, als die ungewöhnlich hohe Flut nach Rungholt kam.

Als die Menschen endlich ihrer Ehrfurcht und ihres Aberglaubens Herr wurden und sich aufmachten, nach Spuren der untergegangenen Stadt zu suchen – viele Forscher vermuten die Überreste des nördlichen Atlantis unter der Hallig Südfall – war die Erinnerung an sie und ihre genaue geografische Lage bereits verblasst. Doch in der Fantasie der Küstenbewohner hat sich bis heute die Legende von dem immensen Reichtum und dem Hochmut der Bewohner, die für ihr Verhalten von Gott mit einer tödlichen Flutwelle bestraft wurden, als warnendes Beispiel erhalten.

Dieses Relief zeigt zwei Krieger – einer mit gehörntem Helm, einer mit Wolfsmaske – beim Waffentanz für Odin, den Obergott, der auch als Kriegsgott verehrt wurde.

NORD- UND OSTSEE-STÄDTE

Die Strafe Gottes

Die Bewohner der norddeutschen Küste glaubten an einen göttlichen Fluch, der auf Rungholt lag. Wenige Jahre vor dem Untergang ließ die Pest in Friesland ein grauenvolles Bild des Todes zurück. Kurz darauf fiel das Heer des dänischen Königs Waldemar Atterdag über Rungholt her. Anton Heimrich schilderte 1666 in seiner »Nordfresischen Chronick« eine Überlieferung, der zufolge die unbelehrbaren Rungholter in ihrem Hochmut eine Gotteslästerung begangen hatten. Sie zwangen angeblich ihren Pfarrer dazu, einer betrunkenen Sau das Heilige Abendmahl zu reichen und übergossen das Heilige Sakrament mit Bier. Daraufhin erhielt der Prediger von Gott eine Warnung: Er und drei redliche Jungfrauen sollten noch in derselben Nacht den Ort verlassen, bevor er in einer sintflutartigen Welle vernichtet wurde.

VERSUNKENE LÄNDER

Tartessos – goldene Stadt Iberiens

Aus dem Park von Elche (bei Alicante) stammt dieser Sphinx aus Sandstein. Er wird von den Archäologen in das 5. Jahrhundert v. Chr. datiert. Obwohl auf der Iberischen Halbinsel zu dieser Zeit neben den Iberern auch Kelten siedelten, gab es vor allem an der Südwestküste Kolonien des Seefahrervolks der Phönizier.

Vor mehr als 3000 Jahren breitete sich im äußersten Westen Europas, an der Atlantikküste der Iberischen Halbinsel, der machtvolle Einfluss einer mit schier unermesslichen Reichtümern gesegneten Königsstadt aus. Von Tartessos kennen wir heute nur noch den Namen, wissen jedoch nicht, wo sie einstmals genau gelegen hat. Kann es gelingen, Spuren dieses »Spanischen Atlantis« wiederzufinden?

Das verschwundene Königreich

Anders als der sagenhafte Kontinent Atlantis ist Tartessos für uns nicht unerreichbar. Tartessos wurde weder von den Wellen des Ozeans verschlungen noch rissen grauenhafte Erderschütterungen die blühende Stadt in tiefe Erdspalten hinab. Tartessos, das die Bibel Tarschisch nennt und von dem Propheten Jesaia (Jesaia 23, 1) als »die fröhliche Stadt, die sich ihres Alters rühmt« bezeichnet wird, liegt fast

TARTESSOS

zum Greifen nahe. Das Alte Testament betitelt die Tartessier als »Einwohner der Insel«. Diese Insel lag vermutlich unweit des heutigen Sevilla, inmitten der Flussdelta-Landschaft des Guadalquivirs. Dort jedenfalls suchte sie schon in den 1950er Jahren der deutsche Gelehrte Adolf Schulten, der in Tartessos die Hauptstadt des berühmten Atlantis sah und sich bei seinen Ausgrabungen auf den römischen Geschichtsschreiber Junian Justinus (3./2. Jahrhundert v. Chr.) stützte. Dieser hatte recht detailliert die Reisen, Künste und Wissenschaften der Tartessier geschildert und einen König namens Gargoris genannt.

Segen und Fluch der Metalle

Über die Herkunft der Tartessier gibt es jedoch nur Vermutungen. Wahrscheinlich waren sie Abkömmlinge der aus Kleinasien eingewanderten Tyrsener. Als sie um 1100 v. Chr. den Atlantik erreichten, begannen sie einen regen Seehandel. Die Rohstoffe stellten sie selbst zur Verfügung, da in ihrer Umgebung Kupfervorkommen ausgebeutet und aus dem andalusischen Bergland Silber und Gold herangeschafft wurden. Aus England erhielten sie das begehrte Zinn, das ihren Reichtum überaus vergrößerte, denn Zinn war die Grundlage für Bronze, die begehrteste aller Metalllegierungen in der europäischen Bronzezeit. Schulten vermutete, dass die Phönizier, die von der nordafrikanischen Küste aus ein gewaltiges Handelsimperium errichtet hatten, verantwortlich für den Untergang des reichen und glücklichen Tartessos waren. Denn sie sahen in den Tartessiern nicht nur Konkurrenten als führende Handelsmacht, sondern neideten ihnen auch ihr wohlhabendes Leben und ihre Schätze sagenhaften Ausmaßes.

Die Gold- und Erzschätze, die um 500 v. Chr. zum Untergang des frühantiken Königreiches führten, könnten eines Tages auch wieder zu dessen Entdeckung beitragen. Denn irgendwo an der Westküste Spaniens liegen unter Dünen und Schlamm die Trümmer einer versunkenen Metropole und vielleicht werden diese und die vielfältigen Erzreste Archäologen oder Schatzsucher mit Metalldetektoren eines Tages auf die richtige Fährte zu der legendären Hochkultur der Iberischen Halbinsel führen.

Spurensuche

Der Forscher Adolf Schulten suchte Tartessos im Gebiet des heutigen Naturparks »Doñana« im Mündungsgebiet des Guadalquivirs. Dort entdeckte er zwar eine phönizische Turmruine, die die Anwesenheit der nordafrikanischen Seemacht belegt, auf tartessische Ruinen oder Grundfesten stieß er jedoch nicht und weitere Untersuchungen wurden bisher nicht gemacht, weil das Grundwasser im Gebiet des riesigen Mündungsdeltas fast bis an die Oberfläche reicht und Ausgrabungen zu einem kostspieligen Unterfangen werden ließe. In jüngerer Zeit wird Tartessos auch mit Casa Doña Blanca (an der Südküste Spaniens bei Huelva) in Verbindung gebracht. In mehreren Metern Tiefe stießen spanische Archäologen auf sieben übereinander liegende, mehrfach zerstörte Stadtschichten.

Aufgrund vielversprechender Hinweise glauben Archäologen Tartessos im Gebiet des Doñana-Nationalparks suchen zu müssen. Allerdings dürfte sich diese Annahme nur schwer nachweisen lassen, zu aufwändig wäre es, mit Hilfe genauer Forschungen dieses These belegen zu wollen.

113

VERSUNKENE LÄNDER

Bimini – versunkenes Land vor Florida?

Bimini, eine kleine Inselgruppe im Atlantik, war einst die Heimat der Arawak-Indianer. Nach ihrer Entdeckung durch Christoph Kolumbus im 15. Jahrhundert wurden die Eingeborenen von den Inseln vertrieben. Jahrzehnte lang blieben sie unberührt zurück. Erst 1629 fiel Bimini als Teil der Bahamas dem Britischen Königreich zu und wurde einer breiteren Öffentlichkeit bekannt. War die Insel im 18. Jahrhundert Zufluchtsort für Piraten und im 19. Jahrhundert Bühne für Kämpfe gegen Sklaverei, bot sich Bimini zu Beginn des 20. Jahrhunderts zu Zeiten der Prohibition den Schmugglern als idealer Umschlagplatz an. In den 1930er Jahren gewinnt die Inselgruppe endlich an Ansehen. Sie macht sich einen Ruf als beliebtes Hochseeangelgebiet und avanciert nach mystischen Unterwasserfunden zum modernen Atlantis.

114

BIMINI

Bimini, die kleine zu den Bahamas gehörende Inselgruppe östlich von Miami, Florida, ist den meisten Menschen nur als Urlaubsparadies und als eines der besten Hochseeangelgebiete der Welt bekannt. Verträumt erinnern sich ältere Sportangler an den US-amerikanischen Schriftsteller Ernest Hemingway (1899–1961), der in den 1950er Jahren vor Bimini einen 223 Kilogramm schweren Thunfisch fing. Für Wissenschaftler hegt die Inselgruppe im Pazifik eine andere Faszination: Unter Wasser fand man Hinweise auf eine versunkene Kultur – möglicherweise stumme Zeugen eines verlorenen Kontinents.

Rätselhafte Unterwasserwelt

Bereits 1968 entdeckten Unterwasserforscher in der Nähe von Bimini eine 570 Meter lange J-förmige Struktur aus riesigen Steinen auf dem Meeresgrund. Viele Geologen taten diese Steine als natürlich ab, doch einige waren nach näherer Untersuchung überzeugt: Was vor Bimini unter Wasser liegt, stammt von Menschenhand und ist über 12.000 Jahre alt. Es sollen Hinterlassenschaften mysteriöser Vorfahren sein.
Riesige Steinblöcke, zyklopische Mauern, gleisähnliche Strukturen und andere überdimensionale geometrische Unterwasserformationen lösten in der Folge einen Gelehrtenstreit aus, in dem immer wieder der Name »Atlantis« fiel. Vor allem, weil in den 1930er Jahren der amerikanische Seher Edgar Cayce (1877–1945) die Entdeckung von Atlantis vor Bimini vorausgesagt hatte.

Streit der Gelehrten

Während Geologen wie der Amerikaner Neil E. Sealy weiterhin standhaft behaupten, die unterseeischen Strukturen können nur natürlichen Ursprungs sein, vertreten Archäologen wie sein Landsmann David Zink das Gegenteil. Er hat den Meeresgrund vor Bimini im Jahr 1974 eingehend untersucht und neben der J-förmigen Mauer noch andere Funde entdeckt, darunter einen geformten Stein mit Spund- und Nutkanten sowie ein Stück Marmor, das vermutlich von einer antiken Skulptur stammt. Auch erkannte Zink ein geometrisches Muster in der Anordnung der Unterwassersteine, das an die Formation der sieben Sterne des Sternbilds der Plejaden erinnert. Möglicherweise hat Zink Recht, denn als Kolumbus auf seiner zweiten Reise (1493–1496) u.a. auch das Archipel von Bimini entdeckte, traf er auf den Stamm der Arawak-Indianer. Sie berichteten von einem sagenhaften Reich, in dem einst Jungbrunnen sprudelten und in dem die Götter von den Sternen kamen. Das Reich, so sagten sie vor über 500 Jahren, sei längst vom Wasser verborgen, die goldenen Zeiten seien dahin.

Vermutlich durch eine Erzählung der Arawak-Indianer entdeckte der Spanier Ponce de Leon im Jahre 1513 Florida. Eigentlich wollte er jenen Jungbrunnen suchen, der laut den Eingeborenen einst auf Bimini zu finden war.

Forschung in Trance

Für einen Archäologen bediente sich Dr. David Zink bei der Erforschung der Bimini-Strukturen ungewöhnlicher Maßnahmen. Unter seinen Studenten fand er sensitive Menschen, die mental und in Trance zu der verschollenen Zivilisation zurückkehren sollten. In dem Experiment notierten die jungen Leute streng getrennt voneinander ihre Eindrücke.
Übereinstimmende Berichte wurden später detailliert ausgewertet. Zink ist nach seinen umstrittenen Untersuchungen davon überzeugt, dass es sich bei den Mauern von Bimini »nicht nur um einen heiligen Ort, sondern um eine Stätte geistiger Weihen von besonderer Energie« handelt. Er schließt nicht aus, dass »eine geistige Inspiration aus dem Universum« dabei am Werke gewesen sein könnte.

Ernest Hemingway besuchte wie viele andere Berühmtheiten Bimini einige Male und machte die kleine Inselgruppe als Paradies für Hochseeangler bekannt.

VERSUNKENE LÄNDER

Nan Madol – Venedig der Südsee

In Mikronesien auf der kleinen Insel Temuen liegt das geheimnisvolle Nan Madol – 82 künstlich geschaffene Inseln mit steinernen Bauten und Wallanlagen, entstanden vermutlich schon um 200 vor unserer Zeitrechnung.

Mitten im Stillen Ozean liegt die Inselwelt von Mikronesien. Auf einem kleinen, dschungelbewucherten Eiland befinden sich die sagenhaften Ruinen von Nan Madol – gigantische Basaltblöcke, die von Archäologen und Historikern gern als das achte Weltwunder bezeichnet werden. Die zahlreichen, geheimnisvollen Bauwerke wurden aus etwa 400.000 Säulen errichtet, von denen manche bis zu zweieinhalb Tonnen wiegen. Wer hatte die Idee zu diesem »Venedig der Südsee«? Zu welchem Zweck wurde es erbaut? Auf welche Weise wurde das tonnenschwere Material durch den feucht-heißen Dschungel und über das seichte Wasser der Buchten gebracht?

Das himmlische Riff

Viele Archäologen vermuten, dass die Anlage Anfang des 13. Jahrhunderts erschaffen wurde. Ältere Unterwasserfunde wiederum scheinen dafür zu sprechen, dass sie schon um 200 v. Chr. entstanden ist. Nan Madol liegt auf der kleinen Insel Temuen, die zur größten der Karolinen-Inseln, Pohnpei, gehört. Der Archipel ist etwa dreimal so groß wie das Fürstentum Liechtenstein. Die polynesische Bezeichnung Nan Madol bedeutet »Ort der Zwischenräume«. Die vorgelagerte gewaltige Wallanlage, die die Küste wie ein Riff beschützt, nennen die Bewohner Nan Mwoluhsei, was so viel wie »Wo die Reise endet« heißt. Noch vor zweihundert Jahren nannte man die Inselgruppe Soun Nan-leng, das »himmlische Riff«, weil nach den polynesischen Mythen dort die Götter vom Himmel zur Erde herabstiegen.

Unbekannte Bauhilfen

Es müssen in der Tat wunderliche Wesen gewesen sein, die Hunderte von mächtigen Bauten errichteten, kanalartige Wasserwege an-

Särge aus Platin?

Während der japanischen Besetzung der Karolinen zwischen 1919 und 1944 sollen Marine-Taucher nicht nur Wohnstätten, Straßen und Steingewölbe auf dem Meeresgrund entdeckt haben, sondern auch das in vielen Legenden beschriebene »Haus der Toten«. In ihm wurden, Erzählungen zufolge, die ehemaligen Herrscher des Inselreichs bestattet.

Es wird berichtet, die Taucher hätten wasserdichte Platin-Särge gefunden und Teile des wertvollen Materials an die Oberfläche gebracht. Erstaunlich ist, dass zu den Hauptausfuhrartikeln in den 30er Jahren des letzten Jahrhunderts neben Kobra, Vanille, Sago und Perlmutt auch Platin gehörte. Dieses vor Nan Madol gefundene Edelmetall soll über Jahre hinweg die Zahlungsfähigkeit des japanischen Kaiserreichs aufgebessert haben.

Erst als zwei Taucher von ihrer Unterwasserexkursion zu den in Platin gebetteten Verstorbenen nicht zurückgekehrt waren, wurde der Abbau eingestellt.

Auf den künstlichen kleinen Inseln von Nan Madol sind noch heute die Fundamente für die steinernen Bauten und Wallanlagen der mythologisch verklärten Erbauer zu sehen. Viele Menschen glauben, dass die Initiatoren des historischen Relikts Götter gewesen sind.

VERSUNKENE LÄNDER

Die Legende vom fliegenden Schiff

Studenten des Community College of Micronesia auf Pohnpei, der größten der zu Mikronesien gehörenden Karolinen-Inseln, schrieben in mühevoller Kleinarbeit die zahlreichen, bisher nur mündlich überlieferten Erzählungen ihrer Vorfahren auf. In ihnen wimmelt es von himmlischen Göttern, die magische Kräfte besaßen, wie der folgende Text beweist:

»Dereinst segelte ein Kanu vom Himmel herab. Es kam nicht vom offenen Meer her, sondern vom hohen Himmel. An Bord waren drei Männer. Das fliegende Schiff kam nach Nan Madol. Es schwebte über der Insel dahin. Schließlich gelangte es in den Westen. Die Männer nahmen einen der hohen Häuptlinge des westlichen Nan Madol an Bord. Sie flogen mit ihm weg. Niemand wusste, was sie besprachen. Aber als sie wieder zurück kamen, da wurde der hohe Häuptling zum ersten König ernannt.«

Der Eingang zu einem unterirdischen Gang reicht von einer der künstlichen Inseln Nan Madols bis weit unter den Meeresboden. Was die Erbauer des Tunnels bezwecken wollten, ist bis heute unbekannt. In jedem Fall ernannte das U.S. Department für innere Angelegenheiten die Ruinen auf Temuen im September 1985 zu einem nationalen historischen Wahrzeichen. Verwaltet werden die Steinbauten vom lokalen Bürgermeister, dem Nahnmwarki.

legten und tonnenschwere Basaltsäulen bewegten. Temuen besteht aus 82 künstlich geschaffenen Inseln, deren mystische Konstrukteure zunächst unter Wasser ein Fundament aus gewaltigen Steinbalken errichteten. Auf diesen Grundmauern, die mit Steinabfällen, Korallenstaub und Erde verfugt wurden, türmten sie riesige Gebäude im Blockhausstil. Die bis zu neun Meter langen, sechs- und achteckigen, quergeschichteten Säulen trotzen seit Jahrhunderten den Gewalten der Natur. Der Engländer James G. O'Conell, der 1827 als Schiffbrüchiger bei Pohnpei gestrandet war, beschrieb das geheimnisvolle Nan Madol in seinem Werk »Adventures of James G. O'Conell«. Verwundert stellte er fest: »Die immense Größe der Steine in den Mauern machte es unmöglich, dass sie ohne Hilfe einer mechanischen Apparatur hätten eingebaut werden können. Ein solches Gerät hat es bei den Insulanern jedoch nie gegeben!«

Jahrhundertealtes Tabu

Oder vielleicht doch? War hier die gleiche Intelligenz am Werk, die in der europäischen Steinzeit Menhire auftürmte und astronomisch-ausgerichtete Steinkreise errichten ließ? Für die Bewohner der Nachbarinseln war die Ruinenwelt von Nan Madol jahrhundertelang ein absolutes Tabu. Sie wurden nicht müde, westliche Forscher vor einem bösen Zauber zu warnen, der über der geheimnisvollen Stätte liegen soll.

Kreuze und Quadrate

Der amerikanische Archäologe David Hatcher Childress (*1938) stieß bei mehreren Tauchgängen in einer Tiefe zwischen 20 und 35 Metern immer wieder auf senkrecht stehende Monolithen, von denen einige Gravuren wie zum Beispiel Kreuze, Quadrate, Rechtecke und Vierecke tragen. Im Jahre 1980 hatte der amerikanische Geologe Dr. Arthur Saxe im Auftrag der Behörde »The Trust Territory of the Pacific« die unterseeische Umgebung von Nan Madol erkundet und ebenfalls unzählige solcher Säulen entdeckt, postiert auf einer schnurgeraden Linie, die sich in der unergründlichen Tiefe des Ozeans verliert.

Eine wunderbare Stadt

Der Ethnologe und Historiker Professor Miloslav Stingl (*1930) von der Prager Karls-Universität vergleicht Nan Madol mit den Rätseln der chilenischen Osterinsel. »Rapa Nui, so der ursprüngliche Name, hat mich hauptsächlich durch seine Riesenskulpturen verblüfft, während ich in Nan Madol sogar eine große wunderbare Stadt mit einem Labyrinth unterirdischer Gänge gefunden habe«, erklärte er 1988 nach ausführlichen Erkundungen des Archipels. »Leider habe ich das legendäre Haus der

118

NAN MADOL

Nan Madol erinnert nicht nur Historiker und Ethnologen an die steinernen Relikte, die die Besucher der chilenischen Osterinseln faszinieren. Zu welchem Zweck die mikronesischen Bauten auf künstlichen Inseln errichtet wurden, konnte bislang nicht geklärt werden. Ebenso wenig weiß man, was zum Modellieren der Tuffsteingestalten mit den riesigen Gesichtern auf den im Südpazifik liegenden Osterinseln angeregt hat. Eine Gemeinsamkeit von Nan Madol und den Osterinseln könnten die oft als Initiatoren genannten »Götter« gewesen sein, die den einfachen Menschen von damals die baulichen und künstlerischen Meisterleistungen eingaben.

Toten nicht entdeckt und auch keinen der wertvollen Sarkophage, die dort vermutet werden.«

Amphibische Kreaturen

Für den Astronautik-Experten und Sachbuchautor Walter-Jörg Langbein (* 1954), der vor Ort mehrere alte Legenden der Bewohner auswertete, ist Nan Madol ein verlassener »Stützpunkt der Götter, die von den Sternen kamen«. Unterirdische Tunnel, die Wasser in künstlich angelegte Seen auf ebenso künstlich errichteten Inseln fließen ließen, sind für Langbein Hinweise darauf, dass das »Venedig des Südens« nicht von Menschen, sondern von intelligenten Meereslebewesen geschaffen worden ist – amphibischen Kreaturen die einst von einem anderen Planeten auf die Erde kamen. Der Forscher fordert, den Meeresboden um das Insel-Archipel systematisch mit Mini-U-Booten zu erkunden. Die Fahrzeuge könnten in Bereiche vordringen, in denen bisher noch kein Taucher gewesen ist und möglicherweise auf andere Götter-Metropolen stoßen, von deren Existenz viele Bewohner von Pohnpei überzeugt sind.

VERSUNKENE LÄNDER

Legendäre Inseln im Atlantik

Zwischen dem 10. und dem 40. Breitengrad im Atlantischen Ozean sollen schon viele Inseln gefunden worden sein, die auf mysteriöse Weise wieder verschwanden. Die sagenumwobenste war Antillia, die östlich der heutigen Antillen lag. (Kupferstich um 1795)

Der Atlantik soll das Meer der verlorenen Inseln sein. Glaubt man antiken Schriftstellern, die immer wieder geheimnisvolle Länder mitten im Ozean beschrieben haben, von denen man heute nichts mehr weiß, müssen tatsächlich einige große Inselkulturen unter den Wellen begraben liegen. Das berühmte Atlantis, das der griechische Philosoph Platon (427–348/347 v. Chr.) beschrieb, ist eine davon.

LEGENDÄRE INSELN

Antillia, das Paradies

Überhaupt scheint im antiken Griechenland sehr viel Wissen über mysteriöse Länder und Inseln jenseits von Europa vorhanden gewesen zu sein. Eine dieser sagenhaften Inseln hieß Antillia. Sie wurde bereits von Aristoteles (384–322 v. Chr.), dem Lehrer des makedonischen Herrschers Alexander des Großen (356–323 v. Chr.), erwähnt.

Im 15. Jahrhundert, zu einer Zeit, als Spanien und Portugal von muslimischen Mauren besetzt wurde, verbreitete sich in Europa das Gerücht, dass westlich des Kontinents, in Höhe des 31. Breitengrades, eine ideale christliche Gemeinschaft eine kleine Insel namens Antillia bewohne.

Auf einer mittelalterlichen Karte, die der türkische Admiral Piri Reis 1517 dem Sultan Selim I., dem Eroberer Ägyptens, zum Geschenk machte, finden sich nicht nur die erstaunlich genau eingezeichneten Konturen der Küsten Süd- und Nordamerikas, die Umrisse der Antarktis und Feuerlands, auch Antillia ist auf dieser Landkarte zu sehen. Experten vermuten, dass diese Karte nach einer viel älteren Vorlage angefertigt worden war.

Obwohl sie modernes kartographisches Wissen enthält, kann die Karte aufgrund der Küstenlinien, die darauf abgebildet sind, nur in einem sehr frühen Jahrtausend der Menschheitsgeschichte entstanden sein. Demnach wären die heutigen Azoren die letzten Überreste von Antillia.

Überflutete Welten

Was sagen Geologen und Ozeonographen zu einem versunkenen Inselstaat im Atlantik? Der amerikanische Bestsellerautor Charles

Wasserfischer

Wenn die Fischer der Azoren westlich ihres Archipels Eimer im Meer auswerfen, kommt es an manchen Stellen vor, dass sie Süßwasser aus der See schöpfen. Vermutlich handelt es sich hierbei um unterseeische Trinkwasserquellen, die früher einmal zum Festland eines Inselstaates gehörten. Ähnlich Eigenartiges geschieht 150 Kilometer westlich der Azoren.

Scheinbar mitten im Ozean verankern die Fischer ihre Boote, denn genau hier ragen bis knapp unter den Meeresspiegel gebirgige Landschaften auf. Ein Kontinent dürfte nach Erkenntnissen einiger Geologen hier zwar nicht existiert haben, aber vielleicht gab es einige größere bewohnte Inseln, die man in der Antike als Antillia zusammenfasste.

Die Fischer auf den Azoren lieben ihr mysteriöses Meer. Mitten im Ozean hieven sie mit ihren Kübeln trinkbares Süßwasser aus den Tiefen empor. Und dank unterirdischer Gebirgszüge können sie mitten im Atlantik vor Anker gehen. Die Aufnahme zeigt zwei Fischerboote vor der Insel Pico.

121

VERSUNKENE LÄNDER

Die Azoren, die angeblich Überreste eines fruchtbaren Kontinents mit gottesfürchtigen Einwohnern sind, ziehen alljährlich zahlreiche Touristen an. Die Inseln sind vulkanischen Ursprungs, das Klima ist ozeanisch mild.

Verlorene Paradiese

Der griechisch-römische Schriftsteller Lucius Apuleius (ca. 125–175 n. Chr.) schreibt im 2. Jahrhundert n. Chr. in seiner Kosmologie »De Mundo«: »Länder, die vorher Kontinente waren, sind in Inseln verwandelt worden.« Damit stützt er die Ausführungen seines Landsmannes, des Chronisten Plutarch (ca. 46–120 n. Chr.). Dieser spricht von einem untergegangenen Kontinent namens Saturnia, der im Atlantik lag. Der Römer Marcelinus (*330 n. Chr.) berichtet von »einer großen Insel, die verschlungen wurde«, genauso wie Timagenes (1. Jahrhundert v. Chr.), der von einer »Insel in der Mitte des Ozeans« zu erzählen wusste, von der die Gallier stammen sollten. Diese rätselhaften Eilande tragen Namen wie »Die glücklichen Inseln«, »Die Inseln der Seligen«, die »Hesperiden«, »Brasil« und »Antillia«.

Berlitz (*1913) stellt heute folgende Überlegungen zu Antillia an. Er glaubt, Antillia könne ein letzter Rest von Atlantis gewesen sein: »Wenn wir uns das Plateau vergegenwärtigen, das die Azoren unter Wasser umgibt, finden wir ein versunkenes Land mit Halbinseln, Landengen, Buchten, Bergen und Tälern, das größer ist als Portugal. Es liegt in einer Tiefe zwischen 120 und 270 Metern.«

Vor 12.000 Jahren, als der Meeresspiegel noch tiefer gelegen hat, hätten weite Gebiete nördlich und östlich der Azoren über der Wasseroberfläche gestanden haben müssen. Und tatsächlich scheint es einige Indizien zu geben, dass die Azoren vielleicht nur die Gipfel einer größeren Landmasse waren – die Gipfel der Berge von Antillia.

Geisterinseln im Atlantik

Der mittelatlantische Rücken, auf dem Antillia gelegen haben soll, gehört zu den tektonisch unruhigen Zonen der Erde mit plötzlichen Vulkanausbrüchen, heftigen Erdbeben und Absenkungen des Meeresbodens. So stießen schwedische Meeresgeologen 1948 unweit der Azoren mit ihrem Forschungsschiff »Albatross« in 3600 Metern Tiefe auf Süßwasseralgen, die einmal in einem See über dem Meeresspiegel gelebt haben müssen. 96 Kilometer nördlich davon fand man in den 1970er Jahren bei einer Tiefsee-Expedition der »Sowjetischen Akademie der Wissenschaften« Tachylit, gläserne Lava, die sich nur über Wasser bilden kann.

Professor Maurice Ewing von der Columbia University in New York kommentiert: »Entweder muss das Land drei bis fünf Kilometer gesunken sein oder das Meer muss drei bis fünf Kilometer niedriger gewesen sein als heute. Beide Schlussfolgerungen sind bestürzend.«

Vom Meer verschlungen

Der italienische Historiker Dr. Peter Kolosimo (1922–1980) ging dem Mythos zahlreicher anderer untergegangener Inseln im Atlantischen Ozean nach. Dabei stieß er auf einen Bericht der »Hydrographischen Gesellschaft Madrid« aus dem Jahre 1809, in dem Folgendes zu lesen steht: »Wir wussten nichts von dieser Inselgruppe, bis sie 1762 das Schiff »Aurora« entdeckte, nach dessen Namen sie benannt wurden. 1790 sah sie die Mannschaft der »Princess« von der Königlichen Schiffsgesellschaft der Philippinen unter Kapitän de Oyarvido, der uns in Lima sein Logbuch zeigte und uns über die Lage dieses Landes informierte.«

Die Geisterinseln wurden von Seefahrern zum letzten Mal 1892 erwähnt. Im Logbuch eines englischen Schiffes mit dem Namen »Glads« ist zu lesen: »Wir haben Land gesichtet, es scheint eine langgestreckte Insel mit zwei Hügeln zu sein, die den Eindruck erwecken, es handle sich um drei Inseln. Auf den Hügeln lag ein bisschen Schnee.«

Unsichtbare Inselwelten

Ungefähr 1500 Kilometer südöstlich von Buenos Aires in Argentinien wurde 1675 eine relativ große Insel mit einem geeigneten Hafen im Osten entdeckt. Sie wurde »Isla Granda« genannt, doch nur 100 Jahre später konnte sie niemand mehr finden.

Der englische Kapitän G. Norris machte eine ähnliche Erfahrung. Er erkundete 1825 eine der südlichsten Atlantikinseln, Bouvet, und landete zuvor weiter nordöstlich auf zwei kleinen Inseln, die er Thompson und Chimney nannte. Auch sie verschwanden im Dunkel der Geschichte.

Entlang des ozeanischen Erdbebengürtels scheint es tatsächlich Land gegeben zu haben, das durch Naturgewalten in die Tiefe des Meeres gespült wurde. Vielleicht werden Unterwasserarchäologen eines Tages Funde vorlegen, die auch bestätigen, dass die Mythen um ein Goldenes Zeitalter von Antillia nicht nur der menschlichen Fantasie entsprungen sind.

LEGENDÄRE INSELN

Man kann nur Vermutungen anstellen, welchem Glauben die Bewohner Antillias zugesprochen haben; vermutlich beteten sie göttergleiche Vorbilder an, wie diese von den Antillen stammende Idol-Maske vermuten lässt.

VERSUNKENE LÄNDER

Tollán – das rätselhafte Land der Tolteken

Die ansässigen Völker nannten die Gegend Teolalpa, »das Land der Götter«. In Tollán sollen niedere Götter durch Schnüre mit den höheren Gottheiten kommuniziert haben. Diese steinernen Atlanten sind über 4,50 Meter hoch und trugen einst einen Tempel.

TOLLÁN

Als die Azteken um das Jahr 1215 n. Chr. das Tal von Mexiko erreichten, in dem sie wenig später den Grundstein zu einem machtvollen Imperium legen sollten, existierte das Reich von Tollán nur noch in Mythen und Sagen. Staunen erfasste die Azteken beim Anblick der Gebäuderuinen und Basaltstatuen, die sie in der entvölkerten Hauptstadt vorfanden. In mehreren Geschichtsquellen tritt uns mit Tollán (auch Tula genannt) eine Stadt der Vollkommenheit und der paradiesischen Verhältnisse entgegen, die zugleich von einem tragischen Ende überschattet wird. Sprichwörtlich war die Rechtschaffenheit, Gottesfurcht und Weisheit ihrer Bewohner, der Tolteken, die von vielen mexikanischen Völkern als Erfinder der Handwerkskünste, als geachtete Medizinmänner, die der Heilpflanzenkunde mächtig waren und als Wissenschaftler angesehen wurden. Sie beherrschten die Deutung der Sterne, die Erstellung von Kalendern und waren Dichter und Sänger. Ihr Staat und ihre Kultur erreichten ein ausgesprochen hohes Niveau.

Das El Dorado Mexikos

Tollán, das war auch die legendäre Stadt einzigartiger Paläste, deren Säle mit Gold, Silber, Türkis, erlesenem Federschmuck und roten Muschelschalen geschmückt waren. Die Tolteken, ihr Siedlungsgebiet und ihre Hauptstadt entziehen sich bis heute einer genauen historischen Bewertung. Widersprüchliche Schilderungen und archäologische Forschungen tragen eher zur weiteren Mythenbildung als zu einer wirklichen Aufklärung bei. Doch unbestreitbar enthalten die zahlreichen Überlieferungen der nachfolgenden Kulturen einen Wahrheitskern.

Die Spur der Tolteken

Tollán wurde 856 n. Chr. gegründet. Weiträumige Säulenhallen demonstrieren, dass

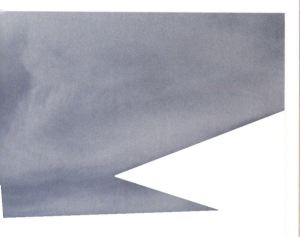

Die Stadt der Ahnen

Sind die Überreste der Stadt Tollán (60 Kilometer nördlich von Mexiko City) tatsächlich identisch mit jener sagenumwobenen Metropole der Tolteken oder trug sie nur denselben Namen in Erinnerung an eine weit zurückliegende Epoche? Die Archäologen haben nur wenig gefunden, das dem überlieferten Idealbild Tolláns gleicht. Interessanterweise berichten die Tolteken selbst von einem mythischen Land, aus dem sie stammten und das in der Gegend der »Sieben Höhlen« liegen soll. Das geheimnisvolle goldene Tollán muss vielleicht erst noch gefunden werden.

Von der Pracht der im Jahre 1170 zerstörten Hauptstadt des sagenumwobenen Reiches Tolláns zeugen noch heute die Überreste ihrer Architektur. Die Antlitze der steinernen Pfeiler verraten Historikern eine toltekische Herkunft.

125

VERSUNKENE LÄNDER

Tollán, die Regierungsstadt der Tolteken, umgab von Anfang an ein Nimbus der Heiligkeit. Die steinernen Giganten, die noch heute aus der Erde ragen, wo einst reges Leben war, trugen dazu bei. Man erzählte sich – und erzählt sich noch heute, dass die Figuren Abbilder von Göttern, Spiegelbilder von Außerirdischen seien, mit denen die Priesterkönige der Stadt einst im Bunde waren.

hier große Versammlungen stattfanden. Die Gesellschaft der Tolteken wurde von Militärorden dominiert, während die Priester ihre Vorrangstellung einbüßten. Feudalherren regierten ein Land, deren Vorposten bis in den Südwesten der heutigen USA, nach Guatemala und bis nach Chichén Itzá (Yucatán) reichten. Um das Jahr 1000 verließen die Tolteken unter der Führung ihres Herrschers Quetzalcóatl das Hochland und zogen an die Golfküste und nach Yucatán in das Gebiet der Maya, deren Kultur unter dem toltekischen Einfluss eine neue Blüte erlebte. Ende des 10. Jahrhunderts wurde ihre Regierungsstadt Tollán von Barbaren aus nördlichen Gebieten attackiert, 1168 steckten anstürmende Chichimeken die Stadt in Brand. Doch auch ein Bürgerkrieg beschleunigte den Machtverfall der toltekischen Priesterkönige.

Zeit des Lichts

Spanische Missionare vernahmen eine erstaunliche Geschichte, als sie Mexiko betraten. Es hieß, die Tolteken verehrten eine Gottheit namens Quetzalcóatl (»Federschlange«), dem sie keine Menschenopfer darbrachten, sondern Schmetterlinge. Er war der »Schöpfer der Sonne« und spendete mit seinem geistigen Atem das Leben. Und da war noch jener Tolteken-Herrscher Quetzalcóatl, der legendäre Hohepriester-König, der manchmal sogar mit dem Gott selbst identifiziert wurde. Dieser Topiltzin-Quetzalcóatl (Topiltzin bedeutet »kleiner Prinz«) regierte im 10. Jahrhundert. Unter seiner Herrschaft erreichte die Kultur der Tolteken ihren Höhepunkt. Als schließlich die spanischen Konquistadoren und mit ihnen die christlichen Missionare ins Land kamen, nahm der legendäre Priesterfürst fast Züge von Christus an. Barmherzigkeit, Menschlichkeit, ja sogar der Wiederkunftsgedanke findet sich in seinem Mythos.

Wundergeburt eines Christus

Um die Geburt des göttlichen Herrschers ranken sich seltsame Erzählungen. Sein Vater, König Mixcóatl, heiratete eine Prinzessin aus Xochicalco. Doch Topiltzin-Quetzalcóatl wurde erst zehn Jahre nach dem Tod seines Vaters auf übernatürliche Weise gezeugt, indem eine feurige himmlische Kugel auf seine Mutter herabglitt. Er wuchs bei ihr in Xochicalco auf. Als

126

TOLLÁN

Der kreisförmige Bau in Chichén Itzá trägt den Namen Caracol (spanisch für »Schnecke«) wegen seiner spiralförmigen Gänge im Inneren. Es handelt sich um ein Observatorium zur Aufzeichnung der Bewegungen der Venus und macht die außergewöhnlichen Fähigkeiten der Maya deutlich.

junger Mann sah er seine Aufgabe darin, in die Stadt seines Vaters, nach Tollán, zu gehen und den Kult seines Namenspatrons, des Gottes Quetzalcóatl, zu den Tolteken zu bringen. Ein starker Widersacher, Huemac, der Prinz einer konkurrierenden Adelsdynastie aus Tollán, stellte sich ihm entgegen. Dieser Huemac sollte Quetzalcóatl wieder aus Tollán vertreiben. Prinz Quetzalcóatl war jedoch nur deshalb besiegbar geworden, weil er einer Versuchung durch dämonische Wesen erlag: Der Legende nach war ein böser alter Mann zu ihm gelangt, der ihn dazu verführte, von dem heiligen Pulque (Agavenschnaps) zu trinken. Umnebelt von Alkohol überkam Quetzalcóatl Angst und er floh aus Tollán. Sein Ziel war die Golfküste Mexikos. Dort legte er ein Federkleid an und stieg in gewaltigen Feuerflammen zum Himmel auf, wo er seitdem als Morgenstern steht.

Götterdämmerung

Azteken und Maya glaubten, König Quetzalcóatl sei auf dem Meer in Richtung Osten entschwunden, um eines Tages erneut die Macht zu übernehmen. Dieser Irrglaube wurde ihnen zum Verhängnis. Denn als die Spanier landeten, erfüllten sich die Prophezeiungen: Ein Komet sollte erscheinen, eine Flammensäule mit großem Lärm sichtbar werden, ein Blitzstrahl ohne Donner einschlagen und Wasser ohne Wind aufschäumen.

All dies sollte im Jahr Ce Acatl passieren. Das war 1519 n. Chr., das Jahr, in dem Hernán Cortés das Azteken-Reich eroberte. Er kam aus dem Osten über das Meer und trug wie Quetzalcóatl einen Umhang mit Kreuzen. Der Azteken-Kaiser Moctezuma (Montezuma) und mit ihm sein Volk ergaben sich widerstandslos in ihr Schicksal.

Transatlantische Kontakte

Sehr früh scheinen euro-amerikanische Kontakte von Ägyptern, Römern und Wikingern stattgefunden zu haben. Wäre es möglich, dass Quetzalcóatl aus Europa stammte oder nach Europa floh? Der Priester-König gehörte einem Stamm namens »Nonohualca Teolixca Tlacochcalca« an, der aus dem Land »Tlapallán« stammte. Das bedeutet »Land im Osten, jenseits des Meeres«, wo jene wohnen, »die eine fremde Sprache sprechen«, »Soldaten« und »Boten Gottes«. Zudem wurden die Minister als »vom Tempel des Herrn«, als »Prediger« und »ehrwürdige Mönche« bezeichnet und trugen eine Tonsur wie europäische Mönche. Versuchte ein Mönchsorden des Mittelalters bereits, Indianervölker zu christianisieren?

VERSUNKENE LÄNDER

Auf den Spuren unserer Vorväter, Teil I

Um zu bestimmen, aus welcher Zeit der Unterwasserfund von Yonaguni stammt, muss man zuerst die Frage klären, warum das Bauwerk im Meer versank. Kam es durch ein Erdbeben oder einen Vulkanaus-

Professor Kimura erforscht seit mehreren Jahren Iseki Point. Dabei stieß er auf weitere Ruinen sowohl im Wasser wie auch an Land.

bruch zum Untergang oder sackte der Felsen langsam, beispielsweise durch klimatische Veränderungen wie Eisschmelze und Anstieg der Meeresspiegel, ab?

Für das schnelle Absinken spricht allerdings, dass Japan in einer Erdbebenzone liegt. Dass der Tempel von Yonaguni aufrecht steht, deutet jedoch auf ein langsames Absinken hin. Weil der Felsen nur an Land behauen werden konnte, muss der Ozean zu seiner Entstehung einen 30 Meter niedrigeren Wasserspiegel gehabt haben, als heute. Dies war, so Professor Masaaki Kimura, vor etwa 12 000 Jahren, noch vor dem Ende der letzten Eiszeit, Jahrtausende vor dem Bau der Pyramiden und dem bisher angenommenen Beginn der menschlichen Zivilisation, der Fall.

Zufällig entdeckte der Hobbytaucher Kihachiro Aratake die terrassenartigen Plattformen vor der Küste Japans.

Yonaguni Island – Pyramide im Meer

YONAGUNI ISLAND

Im Frühling 1985 machte der tauchbegeisterte Hotelbesitzer Kihachiro Aratake vor der kleinen japanischen Insel Yonaguni eine Entdeckung, die den Mythos Atlantis wieder aufleben ließ. Unter Wasser fand er bei einem seiner Tauchgänge vermutlich die steinernen Überreste einer bislang unbekannten Kultur – 10 000 Jahre sollen diese Zeugnisse der Vergangenheit vor sich hingeschlummert haben. Zunächst hielt Aratake seine Entdeckung für eine natürliche Steinformation. Erst bei näherer Betrachtung fielen dem Taucher kleine Stufen und Terrassen auf, die wie von Menschenhand gemeißelt schienen.
Aratake war überzeugt: 300 Meter vor der Küste einer winzigen, bislang völlig unbekannten Insel hatte er in einer Tiefe von nur 30 Metern einen uralten, geheimnisvollen Tempel entdeckt!

Strittige Unterwasserwelt

Professor Masaaki Kimura von der Ryukyus Universität in Okinawa, ein Experte auf dem Gebiet der Meeresgeologie, besichtigte den Unterwasserfund vor Yonaguni und kam zu demselben Ergebnis wie der Laie Aratake: Das entdeckte Felsrelikt ist von Menschen gebaut worden. Kimura hält das Monument für ein jahrtausendealtes Heiligtum.
Doch nicht alle Forscher schließen sich seiner Meinung an. Einige von Kimuras Kollegen weisen darauf hin, dass die Natur ebenfalls in der Lage sei, 90-Grad-Winkel und Löcher in Folge von Erosion zu formen. Der gigantische Unterwassertempel, so der deutsche Geologe Wolf Wichmann, sei nichts anderes als ein natürlicher Sedimentblock und der Sandstein sei von Rissen und horizontalen Klüften durchzogen. Alle Winkel und Stufen entstanden in

Ähnlich den Ruinen unter Wasser finden sich auf der Insel Yonaguni Steinstrukturen, die mit großer Wahrscheinlichkeit von Menschenhand bearbeitet wurden.

VERSUNKENE LÄNDER

Vor der schroffen Küstenlinie der japanischen Insel Yonaguni finden sich die vielleicht ältesten Spuren menschlicher Kultur.

Auf den Spuren unserer Vorväter, Teil II

Auch die Frühgeschichte des amerikanischen Kontinents müsste umgeschrieben werden, würden im Meer vor Japan tatsächlich von Menschen erschaffene Ruinen unter Wasser ruhen.

Früher ging man davon aus, dass Amerika von Norden nach Süden besiedelt wurde, von Einwanderern, die über die damals zugefrorene Beringstraße kamen. Seit in Südamerika, in Chile und Peru, Funde entdeckt wurden, die weit älter als alle archäologischen Funde Nordamerikas sind, geht man von einer weiteren, früheren Einwanderungswelle über den Pazifik aus – und diese Einwanderer waren vielleicht jenes mysteriöse Volk, das aus Yonaguni floh.

Spekulationen löste diese auf der japanischen Insel Okinawa gefundene Steinplatte aus. Deutlich ist ein pyramidenähnliches Bauwerk mit Antennen oder Fahnenmasten zu erkennen.

Nach den Messergebnissen der Geologen wurde diese Rekonstruktion angefertigt. Sie erlaubt einen Vergleich des Gesamtkomplexes mit babylonischen Zikkurat-Pyramiden.

solchen Bruchzonen. Außerdem stünde keine Wand im rechten Winkel und die angeblichen Treppen endeten im Nichts. Professor Kimura betont hingegen, dass es auch an anderen Orten der Welt solche »unmöglichen Bauwerke« gebe: In Peru bearbeitete eine unbekannte Kultur schon lange vor den Inka Felsen nach einem ähnlichen Prinzip; auch ihre Treppen und Gänge verloren sich im Nichts. Wenn Kimura recht hat mit der Annahme, dass »Iseki Point« (Ruinenpunkt), wie man die Fundstelle heute nennt, von Menschen geschaffen wurde, dann müsste die Frühgeschichte der Menschheit umgeschrieben werden: nicht mehr die Sumerer wären dann das älteste Volk der Welt, sondern jene Unbekannten aus Japan.

Hochkultur aus dem Nichts

Versank nun vor Jahrtausenden ein großartiges Zeugnis einer frühen japanischen Kultur oder narrt uns die mannigfaltige Kraft der

Die gigantischen Steinblöcke scheinen vor Jahrtausenden aus dem Sandsteinfelsen mit Messern herausgeschnitten worden zu sein.

YONAGUNI ISLAND

Natur? Die meisten japanischen Geowissenschaftler sind fest von einer antiken Kultur überzeugt, zumal mittlerweile vier weitere Ruinen vor der südjapanischen Inselkette, zu der auch Yonaguni gehört, entdeckt wurden. Auch vor Okinawa, 500 Kilometer nordöstlich, ruhen Steine der Vergangenheit in den Meerestiefen. Als Beweis, dass all diese Funde eine versunkene Kultur repräsentieren, verweisen Forscher in Yonaguni auf eine Art Fahrbahn, die den geheimnisvollen Felsfund in einer langgestreckten Kurve umgibt. Der Weg ist zwischen sechs und 20 Meter breit. In einer einzigen Reihe ordnen sich Steine mit einem Durchmesser bis zu sechs Metern längs dieser Straße zu einem gewaltigen Zaun an.

Nur Menschen waren nach Meinung der Kultur-Verfechter dazu in der Lage. Auf einem keilförmigen Aufsatz der Unterwasserpyramide finden sich zudem handwerksähnliche Bearbeitungsspuren. Ähnliche Zeichen existieren auch ganz in der Nähe an einer Felswand an Land. Setzt sich dort die submarine Kultur fort? Versank nur ein Teil der geheimnisvollen Bauten im Meer?

Fragen über Fragen

Wenn die Funde vor Japan von Menschenhand geformte Relikte sind, beginnt für die Forscher in aller Welt eine spannende Detektivarbeit. Im Juli 1998, 13 Jahre nach der Entdeckung der Yonaguni-Felsformation, wagte ein interdisziplinärer Stab von Wissenschaftlern aus den Bereichen der Anthropologie, Geologie und Archäologie eine Tauchexpedition. Auch Professor Kimura war dabei. Der Leiter des Unternehmens, der Archäologe Michael Arbuthnot, war anfangs ein Gegner von Kimuras Kultur-Theorie, doch nachdem er mehrere Unterwasserfunde näher untersucht hatte, ging auch er davon aus, dass es sich um Menschen und nicht um die Natur handelte, die sich Felsen zunutze gemacht und nach ihren Vorstellungen geformt hatten. »Zudem«, so Arbuthnot Argumentation, »enthält dieses Monument viele Teile, die es dem Betrachter schwer machen, an Formung durch natürliche Kräfte zu glauben.«

Lange Wegschluchten und tiefe Löcher durchziehen die rätselhaften Unterwasserfelsen.

VERSUNKENE LÄNDER

Çatal Hüyük – Kultstätte der Großen Göttin

Diese szenische, dreidimensionale Darstellung einer großbäuerlichen Zitadellensiedlung aus dem 6. Jahrtausend v. Chr. wurde in Anlehnung an die Ausgrabungsfunde von Çatal Hüyük in Anatolien gemacht. Das Original befindet sich in Preußischem Kulturbesitz und ist in den Staatlichen Museen zu Berlin ausgestellt.

ÇATAL HÜYÜK

Am südlichen Rand der anatolischen Hochebene lag Jahrtausende eine der ersten Städte der Welt begraben. Als der britische Archäologe James Mellaart 1952 dort auf verschüttete Zeugnisse der Steinzeit stieß, ahnte er noch nicht, dass sich unter dem sanft ansteigenden Hügel der kargen Ebene eine Sensation verbarg. An dieser Stelle hatten vor über 8000 Jahren Steinzeitmenschen eine ungeheure Pioniertat vollbracht. Im Zeichen einer üppigen, weiblichen Gottheit leiteten die Bewohner von Çatal Hüyük damals eine der außergewöhnlichsten kulturellen Entwicklungen ein, die es je in der Menschheitsgeschichte gab. Wie es zu diesem evolutionären Fortschritt kam, das ist das Rätsel, dem Altertumsforscher im Vorderen Orient seit Jahrzehnten nachgehen.

Die erste Stadt

»Ich konnte Reste verbrannter Mauern erkennen. Dies konnte nur eines bedeuten: Häuser, viele Häuser. Für mich bestand kein Zweifel, dass ganz Çatal Hüyük eine riesige steinzeitliche Stadt war«, so schildert Mellaart seine ersten Eindrücke. Die Bewohner von Çatal Hüyük hatten ein beachtliches Gemeinwesen entwickelt. Wie Bienenwaben strukturierten sie rechteckige Häuser zu Wohnkomplexen mit Innenhöfen. Die Innenräume waren durch Dachluken über Leitern zu erreichen, da es keine Straßen und Eingänge in Form von Türen gab. Offensichtlich führte diese Pueblo-Bauweise immer wieder zu Unfällen, wie Skelettfunde mit Knochenbrüchen bewiesen. 10.000 Einwohner lebten in der Stadt, die auch das Zentrum eines Fruchtbarkeitskultes war, wie Fresken und Statuen bezeugen. So lag in einem Kornbehälter noch unversehrt die Figur einer matronenartigen Muttergöttin, die gerade ein Kind zur Welt gebracht hatte. Die üppige Figur personifizierte die Vermehrungskraft der Menschen ebenso wie die der Erde.

Das Ende der Götter

Die Rituale der Muttergöttin fanden 4000 v. Chr. ein jähes Ende. Nach einer Invasion führten damals indogermanische Völker aus Südrussland patriarchalisch dominierte Religionen ein. Die Göttinnen, denen in der Weltsicht unserer Ahnen der Fortschritt im Neolithikum zu verdanken war, wurden durch die neuen Glaubensansichten überflüssig. Interessant ist, dass mit ihnen auch eine der ältesten uns bekannten Städte der Welt unterging.

Fruchtbarkeitsriten

Der Glaube an Fruchtbarkeitszauber hat sich weitgehend noch bis in 21. Jahrhundert gehalten. Die Trobriander, ein Inselvolk Papua-Neuguineas, zelebrieren noch immer einen, den Geschlechtsverkehr nachahmenden, Fruchbarkeitstanz; in Japan werden für Fruchtbarkeitsfeste riesige Holzphalli von Frauen durch die Straßen getragen. Sie sollen das Verschmelzen des Himmels mit der Erde symbolisieren und Voraussetzung für eine gute Reisernte sein. In Mitteleuropa werden weibliche Strohpuppen auf abgeerntete Felder gestellt. Auch in vielen Hochzeitsbräuchen, so bemerkte der englische Anthropologe Sir James George Frazer (1854–1941), erhielten sich uralte Fruchtbarkeitsriten unserer Vorfahren.

Die Statuette einer gebärenden Göttin, die zwischen zwei Tieren liegt, gibt einen Hinweis auf den Fruchtbarkeitskult und auf die Verehrung einer Muttergöttin in Çatal Hüyük. Die Figur wurde dort bei Ausgrabungen gefunden. Sie wurde ca. 5750 v. Chr. hergestellt.

VERSUNKENE LÄNDER

Startschuss zur Zivilisation

Was ereignete sich Rätselhaftes bei unseren Ahnen? Wer nahm die erfolgreichsten Zuchtexperimente der Menschheitsgeschichte vor?

Selbst heute können wir z.B. Gazellen nicht einfach in Nutztiere verwandeln. Doch die »produzierende Wirtschaftsweise« war die Voraussetzung für eine neue Stufe der Zivilisation – für Sesshaftigkeit, Siedlungs- und Bewässerungsbau sowie Kommunikationsstrukturen. Die Technik ermöglichte dem Menschen fortan, gezielt in die Welt einzugreifen. Erstmalig in der Geschichte breitete sich eine Spezies nicht mehr durch genetische Anpassung aus, sondern durch kulturelle Entwicklung, selbst bei unterschiedlichen Umweltvoraussetzungen.

Das Geheimnis einer Revolution

Die Halbinsel Anatolien oder auch Kleinasien galt bis ins 20. Jahrhundert als ein Grenzland der Kulturen und als historische Präziose. Schon die Römer hatten beeindruckende Tempel und Paläste auf den Ruinen der Seleukiden-Kultur errichtet, die im 3. Jahrhundert v. Chr. das Erbe des Welteroberers Alexander des Großen angetreten hatte. Zuvor lebten in diesem Land bereits Perser. Das Interesse der Gelehrten des 18. und 19. Jahrhunderts konzentrierte sich jedoch vor allem auf die Überreste der antiken Baudenkmäler. Allmählich erst ließen ältere Funde die Fachwelt umdenken. Nach drei Jahrtausenden stieg bei Ausgrabungen das Reich der Hethiter, jenes kriegerische Volk, das im Osten Anatoliens im 2. Jahrtausend v. Chr. das Reich Hatti gegründet hatte, wieder aus dem Dunkel der Geschichte empor. Doch auch sie waren schon auf ehemalige Stadtstaaten der frühen Bronzezeit ab 3000 v. Chr. gestoßen, als sie die fruchtbare Halbinsel erreichten. Das sagenhafte Troja war einer dieser alten Kleinstaaten gewesen. Doch Troja war nicht die älteste Siedlung in Kleinasien: Abermals 3000 Jahre zuvor, in der Zeit des 8. bis 6. Jahrtausends v. Chr., stand nämlich bereits Çatal Hüyük in voller Blüte.

Die jungsteinzeitliche Siedlung war umfriedet durch eine geschlossene Mauer. Ob zum Schutz der Bevölkerung vor feindlichen Angriffen ist fraglich, denn nirgendwo in ihrer 1000-jährigen Geschichte fanden sich Spuren von Kämpfen. Waren die Menschen der Steinzeit friedfertiger als ihre Nachfahren und damit fortschrittlicher? Diese Frage scheint durchaus berechtigt zu sein.

An den inneren Häuserwänden von Çatal Hüyük fand man Malereien, die sowohl Menschen als auch Tiere zeigen. Die Darstellungen sind, so Archäologen, von verblüffender Lebendigkeit – die Çatal Hüyük-Malereien sind die ältesten der Welt.

ÇATAL HÜYÜK

Genies der Steinzeit

In jedem Fall müssen die Bewohner von Çatal-Hüyük geniale Erfinder gewesen sein. Ihre Stadt entwickelte sich ab 6000 v. Chr. nicht nur zu einem Zentrum des Ackerbaus und des Handels, sondern auch zu einem Zentrum für Künstler, wie Grabfunde und Wandmalereien dokumentieren. Innerhalb weniger Jahrhunderte gelang es dieser Bevölkerung Kleinasiens, sich von einer primitiven Stammesgesellschaft zu einer wohlorganisierten städtischen Kultur zu entwickeln. Was dies bedeutet, wird klar, wenn wir uns vorstellen, dass der Mensch zwei Millionen Jahre, also 99 Prozent der gesamten Menschheitsgeschichte, als Jäger und Sammler in Horden gelebt hat. Plötzlich aber setzte eine entscheidende Veränderung ein: die so genannte »neolithische Revolution«. Lebensweise, Wirtschaftsform, Technik und Kultur änderten sich gravierend und es glückte den Menschen, wilde Getreidearten wie Einkorn und Gerste zu kultivieren und anzubauen. Auch wildlebende Tiere, Schafe, Rinder und Ziegen, wurden domestiziert. Wie den Nomaden dies ohne landwirtschaftliche Kenntnisse gelang, bleibt Spekulation. In Çatal Hüyük lässt sich jedoch an historischen Relikten studieren, dass und wie sich das Verhältnis von Mensch-Natur-Technik wandelte. Was oder wer dafür der Auslöser war, blieb bislang ein Geheimnis der steinzeitlichen Genies.

In Çatal Hüyük wurde eine Vielzahl von historischen Schätzen geborgen, die sich dank optimaler klimatischer und geographischer Bedingungen sehr gut gehalten haben. In türkischen Museen und vor Ort sind Wandmalereien, Töpferwaren, Obsidianwaffen, Tierknochen, menschliche Skelette und Steinwerkzeuge ausgestellt. Die Ausgrabungen wurden so akribisch vorgenommen, dass man sich ein sehr genaues Bild von Leben und Alltag der Bewohner von Çatal Hüyük machen kann.

VERSUNKENE LÄNDER

Die rätselhaften Etrusker

Die etruskischen Gräber aus späterer Zeit wurden häufig in Felswände eingeschnitten und weisen architektonisch gebildete Fassaden auf. Aus dem 5./4. Jahrhundert v. Chr. stammen diese Felsgräber aus der Gegend von Cerveteri, wo sich die Entwicklung zum architektonischen Felsgrab erkennen lässt.

ETRUSKER

Einst erfüllte Etrurien ganz Italien, von den Alpen bis hinunter zur Straße von Messina, mit dem ruhmreichen Klang seines Names«, schrieb der römische Historiker Livius (59 v.–17 n. Chr.) über das Kernland der Etrusker. Obwohl die Etrusker im beginnenden ersten Jahrtausend vor unserer Zeitrechnung eine der fortschrittlichsten Zivilisationen Europas waren, weiß bis heute niemand, wo der Ursprung dieses rätselhaften Volkes einstmals gelegen hat und wer jene geheimnisvollen Bewohner Italiens waren. In Erstaunen versetzten sie ihre Mit- und Nachwelt durch ihre tiefe Religiosität, ebenso wie durch ihre angebliche Sittenlosigkeit, vor allem aber durch die Kunst der Wahrsagerei. Es scheint, dass es genau dieser Faktor sein könnte, der eines Tages ihr faszinierendes Geheimnis lüften wird. Vielleicht sagt ein paranormal Begabter in naher Zukunft etwas über die noch dunklen Seiten der etruskischen Geschichte aus.

Frühe Zivilisation

Voll überschäumender Lebensfreude, heiter und gelassen, so blicken die Etrusker auf farbigen Wandmalereien in alten Grabbauten ihren Betrachtern entgegen. Exzellente Künstler schufen diese großartigen Werke. Ingenieure mit ausgeprägten Statikkenntnissen konstruierten bis heute erhaltene Brücken, befestigten Straßen und bauten Bewässerungsanlagen. Die Römer übernahmen diese Errungenschaften genauso wie deren Verfahren zur Metallverarbeitung und auch das Zahlensystem. Dennoch: Was wir über sie wissen, ist wenig, weil kein Mensch mehr ihre Sprache, wie sie mit einer aus dem griechischen

Sprachrätsel

Bislang waren nur 500 verschiedene Wörter des Etruskischen bekannt. Deshalb waren Archäologen aus Orvieto (Italien) begeistert, als sie 1999 eine kleine Bronzetafel mit 32 Zeilen eines Vertragstextes fanden. 27 neue Wörter konnten sie ihrem bereits bekannten Wortschatz hinzufügen und grammatische Konstruktionen und Verben lernen. Anschaulich beschreibt Dr. Giuseppe Della Fine vom Archäologischen Museum die Situation: »Aus den wenigen Beispielen, die wir haben, Etruskisch verstehen zu wollen, gleicht dem Versuch, das Italienisch ausschließlich durch das Lesen von Grabinschriften lernen zu wollen.« Die vollständige Enträtselung dieser Sprache wird wohl noch lange auf sich warten lassen.

Die etruskische Sprache wirft nach wie vor viele Fragen auf. Diese Inschrift findet sich in einem archäologisch noch nicht ausgewerteten etruskischen Kammergrab in Tarquinia. (7./6. Jahrhundert v. Chr.)

137

VERSUNKENE LÄNDER

Goldene Zeiten

Gold hat die Menschen zu allen Zeiten fasziniert. Auch die Etrusker schufen aus diesem seltenen Metall kunstvolle Werke. Das Geheimnis ihrer Goldverarbeitung behielten sie jedoch bis ins Jahr 2000 für sich. Ihre Goldschmiede und Alchemisten hatten eine Technik entwickelt, um allerkleinste Goldkügelchen von nur 0,1 Millimeter Durchmesser ohne Lötstellen zu verbinden. Diese Größe entspricht dem Punkt am Ende dieses Satzes. Entschlüsselt hat diese Technik im Jahre 2000 der Goldschmied Andrea Cagnett aus Corchiano (Italien). In alten Manuskripten fand er die Rezeptur: Wenn man den Saft von drei Gemüsearten und Holzkohlenstaub mit Goldpartikeln mischt und erhitzt, bilden sich wie von Geisterhand winzige Goldperlen.

Die Etrusker besaßen reiche Metallvorkommen. Ihre geschickten Handwerker schufen daraus mit teilweise heute nicht mehr bekannten Techniken faszinierende Kunstwerke. Auch Zahnprothesen aus Gold stellten sie her.

Alphabet entlehnten Schrift auf den erhaltenen Grabinschriften erscheint, kennt.

Diese Sprache aber macht sie so rätselhaft, denn sie ist mit keiner anderen Sprache der Welt vergleichbar. Woher also kamen die frühen Bewohner der Toskana, Latiums und Umbriens?

Schon der griechische Geschichtsschreiber Herodot (5. Jahrhundert v. Chr.) vermutet, die Etrusker seien aus Lydien (Westanatolien) gekommen. Als dort eine Hungersnot ausbrach, sei der Königssohn Tyrrhenos mit einem Teil seines Volkes nach Italien ausgewandert. Doch diese Geschichte kann sich so nicht zugetragen haben. Die Lydier sprachen eine indoeuropäische Sprache, und auch kulturell gibt es keine Ähnlichkeiten zu den Etruskern.

Das Schweigen der Geschichte

Wenn die Etrusker nicht aus Lydien stammten, waren sie dann vielleicht nach Italien vertrieben worden, als unbekannte Invasoren 1200 v. Chr. gegen das Hethiterreich (heutige Türkei) anstürmten und in Griechenland den Untergang der mykenischen Kultur herbeiführten?

Aber alle Funde, die in diese Richtung deuten könnten, lassen sich auch durch Handelskontakte erklären. Waren die Etrusker dann vielleicht einer bodenständigen (autochthonen) italienischen Bevölkerungsgruppe entsprungen oder erreichten sie Italien aus dem Norden? Wir wissen, dass sich in der Übergangsphase von der Bronze- zur Eisenzeit um 1000 v. Chr. schon eine protoetruskische Kultur etabliert hatte. Jedoch entschwindet auch diese Spur ihrer Vorfahren im Nichts.

Kontakte mit der Zukunft

Die Aura des Geheimnisvollen, die die Etrusker umgibt, ist auch ihren magischen Fähigkeiten, in die Zukunft sehen zu können, zuzuschreiben. Schon zu Beginn ihrer Kultur, so wurde es mündlich überliefert, steht ein seltsames, sagenhaftes Ereignis. Überraschend soll ein rätselhaftes Kind aufgetaucht sein, das jedoch das Aussehen eines Greises besaß. Der Erscheinungsort der kleinen Gestalt, die uns heute fast an eine Begegnung mit einem kleinen grauen Außerirdischen der UFO-Literatur erinnert, lag in der Nähe vor Tarquinii. Aus einem frisch gefurchten Acker war es »entsprungen« und hatte dem Bauern dabei einen furchtbaren Schrecken versetzt. Die Kunde von dem seltsamen Wesen, das sich Tages nannte, verbreitete sich wie ein Lauffeuer in Etrurien. Die Menschen strömten herbei, um dieses Wunder zu bestaunen. Unter ihnen befand sich Tarchon, der Gründer des ersten Stadtstaates. Mit großer Weisheit gab »der Enkel eines Gottes« Auskunft auf viele Fragen. Der himmlische Sohn erklärte den Menschen die Geheimnisse des Lebens und der Welt und zeigte ihnen, wie sie in die Zukunft schauen könnten. Danach soll es sich in Luft aufgelöst haben.

Schicksalsfragen

Vor diesem Hintergrund kann es nicht verwundern, dass die Etrusker glaubten, das Leben sei unwiderruflich vorherbestimmt. Nach etruskischen Prophetien sollte Etrurien zehn Säkula, also Menschenalter existieren. Das Faszinierende ist, dass sich die Vorhersage über ihren Untergang erfüllte. Die Gründung der Etrusker-Staaten begann im 11. vorchristlichen Jahrhundert; bis zum Jahre 280 v. Chr. waren alle etruskischen Stadtstaaten zu Vasallen Roms geworden. Daraufhin folgte die »dunkle Periode«.

Schwere ökonomische Probleme, Desorientierung, soziale Unruhen und Terror erschütterten die Gesellschaft. Der italienische Histori-

ker Mario Torelli sieht die Etrusker vom Fatalismus befallen: »Es war kollektiver Selbstmord. Zum Schluss wollten sie nichts anderes, als in der römischen Welt spurlos unterzugehen.«

Die Etrusker waren in ihrer Blütezeit zu einer der größten Seefahrermächte der Antike aufgestiegen. Sie unterhielten Handelsrouten nach Nordafrika, nach Spanien und nach Schweden. Ihre Gesellschaft war die liberalste der antiken Welt, denn die Frauen besaßen persönliche Freiheit und waren den Männern gleichgestellt. Diese »Unsitte« schockierte die Griechen, deren Frauen sich mit ihrer untergeordneten Rolle zufriedengaben. Verwerflich fanden sie auch den Luxus, der selbst Sklaven vornehme Kleidung erlaubte – in anderen Kulturen hatten Sklaven überhaupt keine Rechte.

Der Untergang der Etrusker

Möglicherweise war Dekadenz, Neid und Unverständnis der Nachbarvölker und zuletzt auch militärische Unterlegenheit gegenüber der aufstrebenden Römischen Republik die Ursache für den Untergang ihrer Kultur. Ganz wesentlich aber war es der Glaube an das eigene Ende, dass sich die Etrusker nicht noch einmal mit Macht gegen ihr Schicksal stemmten. Letztlich aber bleibt die Herkunft der Etrusker wie auch ihr Ende trotz vieler Erklärungsversuche ungelöst.

Vielfach stellen etruskische Grabmäler ein architektonisches Gesamtkunstwerk dar. Dort spiegeln Türen, Nebenräume, Säulen und Steinsessel die ehemalige Umgebung der Toten wider.

VERSUNKENE LÄNDER

Die Kultur der Anasazi

Schon in der Alt- und Mittelsteinzeit dienten so genannte Balme, also nischenartige Höhlungen unter einem Felsüberhang, den damaligen Völkern als Wohnstätten. Diese Abri (frz. »Obdach«), die ursprünglich durch Verwittern und Herauswaschen von porösem oder weicherem Gesteins entstanden, bearbeiteten die kulturell hochstehenden Anasazi-Indianer bereits 200 v. Chr. soweit, dass eine ganze Stadtlandschaft den Felsen prägte: die Cliff Palace, komplexe Siedlungen, wie sie z. B. in Mesa Vede und Chaco Canyon, im Südwesten der USA, zu finden sind.

Nach der »Korbflechterperiode« der Anasazi, die ca. bis 450 n. Chr. dauerte, schloss sich die »erweiterte Korbflechterperiode« an. Das Töpferhandwerk kam hinzu und die Anasazi begannen mit ihren irdenen Waren, die aufgrund ihrer Verarbeitung und Form hervorrragende Vorratsgefäße waren, zu handeln.

Im Südwesten der USA, dort, wo die Staaten New Mexico, Colorado, Utah und Arizona aufeinandertreffen, lebte bis in das 13. Jahrhundert n. Chr. ein Volk, das man heute Anasazi nennt. Das Wort Anasazi stammt aus der Sprache der Navajo-Indianer und bedeutet soviel wie »die Alten«, »alte Stammesväter«, »alte Ahnen«, aber auch »alte Feinde«. Wie sich die Anasazi selbst genannt haben, ist unbekannt. Sie breiteten sich zwischen 100 und 1300 n. Chr. im Viereckländereck aus und machten mit ihren Felsklippen-Behausungen in Mesa Verde (Colorado) und mit ihren Siedlungen im Chaco Canyon (New Mexico) Geschichte. Warum sie diese verlassen haben, ist nicht bekannt. Vermutlich wanderten sie wegen anhaltender Dürreperioden nicht allzu weit, nach Süd-Arizona oder Mittel-New Mexico, aus. Die friedliebenden Hopi-Indianer gelten als Nachfahren der Anasazi.

Felsklippen-Behausungen

Natürliche Felsnischen dienten den Anasazi in ihren Blütezeiten als Schutz und als Wasserreservoir. Leicht saurer Regen hatte in Mesa Verde über Jahrhunderte die Felsklippen ausgehöhlt und ein Netz aus kleinen Wasserkanälen in die Steine gewaschen. Die Ruinenstätten der Anasazi bezeugen, dass dieses

140

Volk ein Leben im Einklang mit der Natur führte. Forscher fanden auch Hinweise auf eine gezielte Sonnenbeobachtung. In diesem Zusammenhang wird das »Pueblo Bonito«, eine Siedlung im Chaco Canyon genannt. D-förmig, eng an eine Canyon-Wand gebaut, ist das ganze Pueblo nach Süden hin geöffnet. Die »Wohnhäuser« erhoben sich terrassenförmig über vier Stockwerke. Im Sommer traf die steilstehende Sonne auf die flachen Dächer der Siedlung und strahlte so, bevor sich das Klima im Dorf zu sehr aufheizen konnte, nach oben zurück. Im Winter hingegen, durch den niedrigeren Sonnenstand, strahlte die Sonne die Häuserwände an und heizte sie auf. Woher wussten die Anasazi von den Prinzipien der Solarenergie? War das Volk so hoch entwickelt oder handelten seine Angehörigen nach Instinkt?

Kulturepochen der Anasazi

Was Kultur und Baukenntnisse der Anasazi anbelangt, unterscheiden Archäologen vier Entwicklungsstufen. Als erste wird die »Korbflechterperiode« genannt. Sie dauerte etwa von der Zeitwende bis 450 n. Chr. Ihren Namen erhielt sie von den außergewöhnlichen Korbwaren der Anasazi, die so dicht geflochten waren, dass man noch heute in ihnen Wasser transportieren kann. Damals, als diese Korbwaren entstanden, lebten sie in niedrigen Höhlen an den Abhängen der Mesa oder am Boden der großen Canyons in unterirdischen Steinhäusern. Sie jagten Wild und Kleintiere und bauten Mais und Kürbisse an. Diese Zeit wurde von der »Veränderten Korbflechterperiode« abgelöst. In ihr kam zum Korbflechten noch das Töpfern hinzu und der Handel mit den Waren der Anasazi wuchs. In der anschließenden »Periode der Dorfbildung«, die man mit 750 bis 1100 n. Chr. angibt, schlossen sich die Menschen in Dörfern (Pueblos) zusammen. Es wurden erstmals Häuser über der Erdoberfläche gebaut und die vorhandenen Grubenhäuser verbessert. In der vierten und letzten Stufe, der »Klassischen Puebloperiode« von 1100 bis 1300 n. Chr., wurden sowohl Dorfbildung als auch Bauweisen perfektioniert.

ANASAZI

Cliff Palace – In die Klippen gebaut

1888 stießen die Forscher Richard Wetherhill und Charlie Mason im Gebiet des Tafelbergs Mesa Verde im Südwesten Colorados auf eine Felsklippen-Behausung, die heute zu den beeindruckendsten Hinterlassen-

Die terassenartig gestaffelten Wohnbereiche waren glänzend gegen die wechselnden Witterungsverhältnisse des Landstrichs geschützt, sowohl durch ihre Ausrichtung zur Sonne, als auch durch das ausgeklügelte Belüftungssystem. Die verborgene Lage war darüber hinaus ein Sicherheitsfaktor.

schaften der Anasazi-Indianer zählt: Cliff Palace. Die Anlage bestand aus 23 Gemeinschaftsräumen, den so genannten Kivas, und 200 Lehm- und Steinhäuschen. Die Anasazi hatten ihre Wohneinheiten und Dörfer zwischen 100 n. Chr. und 1300 n. Chr. perfektioniert.

Immer wieder stieß man nach den ersten Funden in Mesa Verde auf bislang unbekannte indianische Siedlungen. 400 davon wurden alleine im Jahr 1996 nach einem gewaltigen Buschbrand im Nationalpark Mesa Verde entdeckt.

Auch im Jahr 2000 kam es durch Brände zu weiteren Entdeckungen: Das Feuer trug die Vegetationsschichten ab, die die Siedlungen unter sich begraben hatten.

VERSUNKENE LÄNDER

Hopi – Anasazis Erben

Die Hopi gelten als Nachfahren der Anasazi. Es finden sich viele Gemeinsamkeiten in beiden Kulturen. Aus der Denk- und Lebensweise der Hopi lassen sich zudem heute wertvolle Rückschlüsse auf die einstige Kultur der Anasazi ziehen. Für Jahrhunderte war der Ackerbau Lebensgrundlage der Hopi. Sie orientierten sich an den Jahreszeiten, an den Gestirnen, hier vor allem am Mond und am Sonnenlauf. Noch heute gründet das Leben der traditionsverbundenen Hopi auf tiefer Achtung vor der Natur. Sie glauben an eine Beseeltheit und durch diese Beseeltheit an die gegenseitige Beeinflussbarkeit alles Existierenden. Den Mittelpunkt des Dorflebens bilden die Kivas, die unterirdischen Zeremonialkammern, wie sie auch die Anasazi hatten. Durch die Dachöffnungen der Kivas beobachten die Hopi die Gestirne. Dies lässt Rückschlüsse auf eine astronomische Bedeutung ihrer Vorbilder zu: den für religiöse Rituale genutzten Anasazi-Kivas.

Der Name einer vierstöckigen Anasazi-Siedlung in Chaco Canyon weist schon auf die kulturelle Nachfolge der prähistorischen Anasazi hin: Pueblo Bonito. Die Pueblo-Indianer (Hopi, Zuni u.a.), die die unmittelbare kulturelle Nachfolge der Anasazi antraten, übernahmen viele der prähistorischen Traditionen, so auch das Bauen terrassenartiger Häuser, deren Räume zum Teil nur durch Leitern in der Decke zu erreichen sind. Von den Hopi-Indianern leben heute noch 50.000 in Reservaten in Arizona und New Mexico. Diese typische Hopi-Anlage befindet sich in der Nähe des Grand Canyon.

Die runden unterirdischen Kivas, die zur Zeit der Anasazi mit Holzdächern bedeckt waren, bildeten das architektonische und spirituelle Zentrum der jeweils 23 Behausungen des Cliff Palace. Sie dienten als Gemeinschaftsraum, Kochstätte und religiöser Treffpunkt.

Die Menschen verließen die Mesa und suchten in den großen Felsnischen der Canyons Schutz, wo sie mehrstöckige Siedlungen aus Stein und Lehm bauten. Doch lange sollten sie dort nicht mehr leben …

Freundschaft mit der Geisterwelt

Esoteriker vermuten, die Anasazi hätten an einem gewissen Punkt in ihrer Geschichte »negative Energien« gespürt und seien deshalb abgewandert. Tatsächlich zeichnete sich bei dem Volk, je größer die Dorfgemeinschaften wurden, ein Hang zu Spiritualität und religiösen Zusammenkünften ab. Im Zentrum der Siedlungen standen die Kivas – unterirdische, runde Gemeinschaftsräume mit Holzdach. Man erreichte sie durch einen zentralen Einstieg, der zugleich auch Rauchabzug für die im Kiva vorhandene Feuerstelle war. Hinter der Feuerstelle gab es einen Sipapu, eine kleine Öffnung im Boden. Man glaubte, dass die Geister der Vorfahren des Stammes aus diesem Loch gekommen waren. Der Sipapu stellte auch das Sprachrohr für die Verständigung mit diesen Geistern dar. Gegenüber dem Sipapu befand sich ein Schacht für die Frischluftzufuhr. Er wurde »Geister-Tunnel« genannt und diente wahrscheinlich ebenfalls dem Kontakt mit einer anderen Welt.

Mensch und Religion

Ein gutes Verhältnis zu Geistern und Göttern war für die Bewohner der Felsklippensiedlungen besonders wichtig, lebten und starben sie doch mit den Gaben der Natur. Wissenschaftler nehmen an, dass in der Spätzeit der Anasazi deshalb so viele Kivas gebaut wur-

ANASAZI

In den Zeichnungen und Felsmalereien der Anasazi treten immer wieder Menschen mit dreieckigem Torso oder mit Geweihmasken auf. Geweihmasken waren vermutlich Teil von Zeremonien. Sie sollten den Schamanen helfen, mit den Geistern in Verbindung zu treten.

den, weil man versuchte, den Regengeist versöhnlich zu stimmen. Klimaforschungen zufolge setzte um 1100 n. Chr. im Vierländereck eine Dürrekatastrophe ein. In den religiösen Vorstellungen der nordamerikanischen Ureinwohner herrscht der »Große Geist« über die Schöpfung. Mit der Aufrechterhaltung dieser Schöpfung sind Elementargötter bzw. Elementargeister betraut. Sie geben dem Großen Geist als Oberbefehlshaber »Rapport«. Als Machtbereiche der Geister kannten und kennen die Indianerstämme beispielsweise Sonne, Erde, Sommer, Winter, Blitz, Donner oder eben auch den Regen, den möglichen Grund für einen Untergang. Vermutlich sagten Schamanen diesen Regen voraus.

Schamanen – Mittler zur Geisterwelt

Schamanen fungieren als Mittler zwischen Stammesmitgliedern und der Geisterwelt. Ein Schamane ist eine magisch-religiöse Autorität. Im Gegensatz zu einem westlichen Priester schöpft er sein Wissen nicht aus einer festen Lehre, sondern aus einer leidvollen Prüfung. Die Beziehung zwischen einem Schamanen und der spirituellen Welt hat den Charakter einer individuellen Religion. Durch eine visionäre Begegnung wachsen dem Schamanen Kräfte zu. Die Art der ersten Begegnung des Schamanen mit Geistern verhilft ihm zu seinem eigenen Mythos; er wird nun vom Volk geachtet und verehrt.

Das Ende eines Volkes

Mitte des 13. Jahrhunderts brachen die Spuren der Anasazi in Mesa Verde und den großen Canyons ab. Während Forscher im mangelnden Regen den Grund für das Verschwinden der Anasazi sehen und davon ausgehen, dass das Volk lediglich abwanderte und in nächster Nähe der Canyons weiterbestand, meinen die Bioarchäologen Dr. Christy und Jacqueline Turner von der Arizona State University nach eingehenden Untersuchung von Anasazi-Skeletten, dass das Verschwinden des Volkes aus seinen Felsklippen-Behausungen die Folge eines unmenschlichen Bürgerkriegs unter Kannibalen war – angeblich weisen viele der untersuchten Knochen Spuren von Kannibalismus auf. Vielleicht zeugen die »angesägten« Knochen, die die Turners fanden, aber auch nur von Menschenopfern für den Regengeist. Welche Vermutung richtig ist, lässt sich nicht sagen. Das Verschwinden der Anasazi zählt zu den Mysterien der Weltgeschichte und wie jedes Mysterium teilen auch die Anasazi die Gelehrten in verschiedene Lager auf.

Beschwörung, Dank, Fruchtbarkeitsrituale oder Jagdglück – auf alle Fälle sollten die Felsritzungen der Anasazi die Götter positiv stimmen.

143

VERSUNKENE LÄNDER

Lange Zeit galten die Ruinen der Stadt Zimbaoche im heutigen Zimbabwe als die Überreste, die vom vergangenen Glanz des mythischen Goldlands Ophir zeugten. Archäologen haben jedoch nachgewiesen, dass die Mauern dieser afrikanischen Stadt erst im 12. Jahrhundert errichtet wurden.

Ophir – das sagenhafte Goldland

Und Hiram sandte seine Knechte im Schiff, die gute Schiffsleute waren, mit den Knechten Salomons; und sie kamen gen Ophir und holten daselbst vierhundertundzwanzig Zentner Gold und brachten es dem König Salomon.« (Buch der Könige, 9,27). Seit 3000 Jahren suchen Abenteurer und Gelehrte nach dem legendären Goldland Ophir des israelitischen Königs Salomon. Auf sein Geheiß wurde zwischen 972 und 932 v. Chr. in Jerusalem ein wunderbarer Gottestempel erbaut. Die Edelmetalle dafür ließ er aus einem geheimgehaltenen Land bringen. Gibt es Spuren, die in Salomons märchenhaft reiche Schatzkammer führen?

In geheimer Mission

Liest man die Bibel, dann erhält man wichtige Hinweise, wo das sagenhafte Reich gelegen haben könnte. Die Israeliten waren keine Seefahrer. Dennoch ist belegt, dass Salomon in der Hafenstadt Ezeon-Geber, am Golf von Akaba (nordöstliche Bucht am Roten Meer), ein bedeutendes Seehandelsunternehmen gründete. Aber seine Untertanen verstanden nichts von Schiffbau und Navigation. Folgerichtig wandte sich Salomon an Hiram, den König der Phönizier. Er besaß die damals besten Spezialisten für jedwede Expedition zur See. Interessanterweise erwähnen auch phönizische Quellen die Errichtung eines Hafens am Roten Meer.

Und noch eine wichtige Information enthält die Bibel: Die »Meerschiffe des Königs kamen in drei Jahren ein Mal«. Dies würde bedeuten, dass sie bis zu 17 Monate zu ihrem Ziel unterwegs gewesen sein könnten. Gold und Silber, aber auch Elfenbein brachten die Händler von ihren Reisen mit. Deshalb suchten Forscher das sagenumwobene Ophir in Äthiopien oder dem Jemen, aber auch in Somalia und Westafrika, Persien und Indien.

Salomon in Afrika

Schon 1507 glaubte man, das Reich des Goldes sei aufgespürt. Ein Bericht aus der portugiesischen Handelsniederlassung Sofala im Süden Afrikas schilderte die Stadt Zimbaoche, aus der Händler Gold nach Sofala brachten. Der Mythos von Zimbabwe war geboren. Als der portugiesische Historiker Barros (1496–1570) auch noch von einer wunderbaren Steinfestung berichtete und als 1609 dem Dominikanerpater João dos Santos »einigen alte Mohren« versicherten, einst habe man der Königin von Saba von hier große Goldmengen gebracht, gab es für fromme Goldsucher kein Halten mehr. 1871 gelangte der Deutsche Carl Mauch (1837–1875) zu den wundersamen Ruinen von Zimbabwe, die er als Salomons Minen identifizierte. Obwohl der britische Ägyptologe David Randall schon 1906 nachwies, dass in der dortigen Architektur kein orientalischer Einfluss vorhanden war und Datierungen eindeutig das 12. Jahrhundert anzeigten, hielten weiße Rhodesier aus politischen Gründen am Mythos Ophir fest.

Das biblische Goldland gefunden zu haben, entpuppte sich als Traum. Aber solange Ophir in der Fantasie von Menschen lebt, solange werden Forscher und Abenteurer das legendäre Reich suchen.

Expedition zum Amazonas

Ungewöhnlich klingt die Theorie des amerikanischen Forschers Gene Savoy (*1929). Er vermutet das biblische Ophir in Südamerika. Savoy, der über 40 Städte der Inka-Kultur in Peru entdeckt hat, kam dieser Gedanke, als er Ruinen der ausgestorbenen Chachapoya-Indianer erforschte. Dokumente, Skelettfunde und die wenigen Nachfahren bestätigen, dass diese Indianer eine weiße Hautfarbe besaßen. Auch einige Symbole könnten phönizischer Herkunft sein. Auf Zeugnisse dieser Kultur war schon in den 1940er Jahren der französische Archäologe Professor Marcel F. Homet (*1898) im Amazonasgebiet gestoßen. Gene Savoy will beweisen, dass eine Expedition König Salomons bis zum Amazonas und nach Peru gelangt ist.

Auf einem Fragment einer Tontafel findet sich eine hebräische Inschrift, die mit den Worten »Gold von Ophir…« beginnt. Um welche Art von Schriftstück es sich bei dieser Scherbe handelte, kann jedoch nicht mehr eruiert werden.

VERSUNKENE LÄNDER

Avalon – Königreich im Nebel

Geheimnisvoll steigen die Nebelschwaden unter dem Glastonbury Tor, einem heiligen Hügel, empor. Hier soll einst Avalon, das Nebelreich, das dem berühmten König Artus nach seinem Tod Unterschlupf gewährte, gewesen sein. Wünschelrutengänger verkünden fasziniert: »Mit einer Wünschelrute in Glastonbury nach Energien zu suchen ist, als suche man nach Wasser in einem See.« – Glastonbury soll auch heute noch ein Ort der Kraft sein.

In ihrem Roman »Die Nebel von Avalon« ließ die amerikanische Schriftstellerin Marion Zimmer Bradley (1930–2000) ein altes Königreich wieder auferstehen, das beherrscht war vom sagenhaften König Artus und seinen Rittern der Tafelrunde, vom mächtigen Zauberer Merlin und von der Suche nach dem Heiligen Gral. Artus, der geliebt, geachtet und gefürchtet war wie kein Herrscher vor ihm, vollbrachte mit seinem Schwert Excalibur Wunder, von denen die Menschen noch heute erzählen.

Das englische Jerusalem

Beim Besuch von Glastonbury, für spirituell orientierte Menschen ein heiliger Ort, ein »englisches Jerusalem« in der Grafschaft Somerset, spürt man noch heute den Hauch von Geheimnissen und Mythen, die schon Jahrhunderte diesen Ort umgeben. Auf der einst legendären Insel von Avalon sollen Artus und seine Frau Guinevere begraben sein, dort, wo auch der spätere Erzbischof Thomas Beckett (1118–1170) aufwuchs und wo der Sage nach das Nebelreich der Meerespriesterinnen gelegen haben soll.

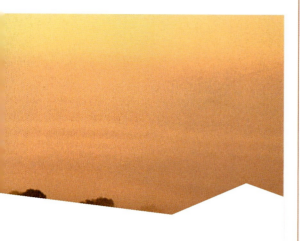

Die Beherrschung der Zeit

In keltischer Zeit sollen dort die Druiden durch die Pforte des Twr Avallach die Anderwelt der vierten Dimension erreicht haben. In ihr galten physikalisch-metaphysische Gesetze, wie das Durchschreiten von Raum und Zeit, wie man sie nur in Zauberreichen finden kann. Von dort her transferierten die Druiden ihre Erkenntnisse in unsere Welt, so zum Beispiel das Wissen um die Unsterblichkeit der Seele, die Wiedergeburt und die Beherrschung der Zeit. Der legendären Morgane La Fay, der Seepriesterin, verdanken wir den Begriff »Fata Morgana«, das Trugbild in einer heißen Wüstenlandschaft. Die in dichterischer Freiheit alter Legenden erschaffene Halbschwester von König Artus, der selbst kein König, sondern vermutlich nur ein im 6. Jahrhundert lokal bedeutsamer Feldherr war, war davon überzeugt, dass sich die Menschen durch das, was sie denken, sagen und tun ihre eigene Realität schaffen.

Das Tor ist nicht geschlossen

Moderne Bewusstseinsforscher glauben, dass die weise Fee das Tor zu anderen Welten nach Artus' Tod nicht restlos geschlossen hat. »Es beginnt sich zaghaft wieder zu öffnen«, meint der Berliner Heilpraktiker und Physiker Franz Bludorf (*1950). »Uraltes, längst verloren geglaubtes Wissen, zum Beispiel über die Beherrschung der Zeit, dringt in unseren Tagen an die Oberfläche zurück. Was einst nur wenigen Eingeweihten vorbehalten war, kann nun allen Menschen verfügbar werden.«
Nach den Überlegungen des Wissenschaftlers nehmen wir die Zeit nicht direkt wahr, sondern erleben sie eher passiv, durch die Abfolge von Ereignissen. Auf eine Ursache folgt die Wirkung. »Wer fähig ist, die Zeit zu beugen«, erklärt Bludorf, »der kann diese Zeitspanne nach Belieben verlängern oder verkürzen. Offenbar beherrschten die Druiden diese Kunst, als sie das Tor zu der Anderwelt von Avalon durchschritten.«
Nach dem Ende seines gewaltigen Reiches – man spricht von der Schlacht am Camalon im Jahr 537 – soll ein Schiff König Artus nach Avalon gefahren haben. Von dort soll er einmal wiederkommen. König Artus ist unsterblich. Sein Mythos gilt vielen Menschen noch heute als Beweis, dass Avalon immer existieren wird – auch wenn es uns schwerfällt, es zu sehen.

Artus in Glastonbury-Avalon

Die englische Kleinstadt Glastonbury in der idyllischen Grafschaft Somerset lebt von einer mythischen Vergangenheit, die noch heute den Alltag der Bewohner und Besucher erfüllt. Für Eingeweihte und Würdige soll hier einst das legendäre Tor zu Avalon offen gestanden haben. Tatsache ist, dass Glastonbury wirklich von Sumpf und Wasser umgeben war – und es war der Wasserweg, auf dem man in das Reich der Nebel kam.
Der Sage nach gelangte König Artus nach seinem Tod nach Avalon. Benediktinermönche in Glastonbury fanden 1190 auf dem Gelände ihrer Abtei eine Grabstätte, auf der stand: »Hic iacet sepultus inclitus rex arturius in insida avalonia« – hier auf der Insel Avalon liegt der ruhmreiche König Artus begraben. Forscher bestätigten zwar den Fund des Grabes, es gibt jedoch bis heute keinen Beweis, dass hier tatsächlich König Artus begraben lag.
Heute wird der Herrscher, bzw. das, was man für seine Gebeine hält, in einer Marmorgruft in Glastonbury verehrt.

Artus, der sagenhafte König der Briten, wurde mit seinen Rittern der Tafelrunde zum Mittelpunkt eines umfangreichen Sagenkreises, der sich um Artus' Erzieher, den Druiden Merlin, ein magisches Schwert namens Excalibur und einen mystischen »Becher«, den heiligen Gral, rankt. Der historische Artus ist in der Forschung sehr umstritten. Obwohl er der Sage nach der Sohn des Königs Uther Pendragon war, war er in Wirklichkeit vermutlich nur ein Heerführer, der 537 in der Schlacht von Camalon fiel. (Kupferstich, handkoloriert, 1823)

Lehren der Vorfahren

In der Zeit zwischen 800 und 200 v. Chr. kommt es zu einem einzigartigen Bruch in der Geistesgeschichte. Unabhängig von einander erscheinen in verschiedenen Teilen der Erde große Persönlichkeiten und Ideen, von denen die nachfolgenden Jahrhunderte bis in die Gegenwart entscheidend geprägt wurden: Buddha, Konfuzius, Laotse, Plato, Sokrates, Zarathustra, Hermes Trismegistos. Sie alle einte die Fähigkeit, Welt und Dasein rational zu begreifen und zu dem Schluss zu kommen, dass alles in zwei fundamental verschiedene Bereiche fällt, in Geist und Materie. Der innere Mensch sehne sich nach Befreiung und Erlösung von der Materie, nach Rückkehr zu seiner geistigen Heimat.

LEHREN DER VORFAHREN

Religionsgründer Echnaton

Pharao Echnaton, der von 1364 bis 1347 v. Chr. regierte, führte mit seiner geliebten Gattin Nofretete einen Eingott-Glauben in Ägypten ein. Viele seiner Untertanen, vor allem die Priester, die der Vielgötterei frönten, sahen darin einen Affront, den es zu bestrafen galt. Nach Echnatons Tod wurde nahezu alles, was an ihn erinnerte, zerstört. (Bemalter Kalkstein aus der Zeit Echnatons aus dem Louvre in Paris)

150

ECHNATON

Um 1340 v. Chr. tobte ein vernichtender Religionskampf im Land der Pyramiden. Monumente alter Gottheiten wurden zerstört, mit Meißeln die Namen des Reichsgottes Amun aus steinernen Inschriften herausgeschlagen. Angeordnet hatte dieses rituelle Morden der Pharao Echnaton. Er sollte als einer der umstrittensten Herrscher vor der Zeitwende in die Weltgeschichte eingehen.

Unter Echnaton kam es zum Monotheismus, also zum Glauben an nur einen Gott. »Es gibt keinen anderen außer ihm, außer Gott Aton«, ließ Ägyptens Herrscher während seiner umstrittenen Regentschaft verkünden.

Die Religion des Lichts

Wie war es zu dieser radikalen theologischen Neuerung gekommen? Angeblich wurde dem König der Monotheismus von einem Gott namens Aton in der Wüste offenbart. Ab diesem Zeitpunkt lobte der ägyptische Herrscher jenen himmlischen Vater mit den schönsten Hymnen, die die Menschheit kennt.

Aton, so sagte König Echnaton, sei das reine Licht, eine Kraft, die das gesamte Universum durchströmt. Aus dem Dunkel der Zeiten führe Aton die Schöpfung in die Schönheit. Aton, das sei die Wahrheit und die Liebe. Der Pharao verkörpere Atons Macht, ihn hätten die Sterblichen zu ehren.

Überall in seinem Reich ließ Echnaton Reliefdarstellungen anbringen, die den neuen Gott als leuchtende Sonnenscheibe darstellten, von der segnende Strahlenhände nach unten reichten und den Pharao und seine Familie beschützten. Auf solchen Abbildungen kann man noch heute sehen, dass die göttlichen Hände immer auch eine bestimmte Hieroglyphe halten – ein Kreuz mit dem ovalen Henkel, ein Ankh-Kreuz, das für die Ägypter Symbol des ewigen Lebens war. Echnaton glaubte, wie alle Pharaonen, an seine eigene Unsterblichkeit.

Aton und Echnaton

Historiker streiten darüber, ob Echnatons Reformversuche genial oder die Wahnsinnstaten eines kompromisslosen Ultrakonservativen waren, der in Aton die Verehrung des uralten Sonnengottes Ré wieder einführen wollte. Wie auch immer: Er verlangte Ungeheueres von seinen Untertanen. Sie sollten die alten Götter verdammen, die ihnen Wohlstand und

Nachdem Echnaton von Gott Aton den Auftrag zur Erfüllung eines Eingott-Glaubens erhalten hatte, ging die ägyptische Königsfamilie daran, die Untertanen von der neuen Religion zu überzeugen. (»Die königliche Familie opfert Aton«, Flachrelief um 1350 v. Chr.)

Aus dem Sonnenhymnus des Echnaton

»Schön erstrahlst Du,
o lebender Aton,
Herr der Ewigkeit, Ursprung des Lebens!
Du bist glänzend, licht und stark,
deine Liebe ist groß und gewaltig (...)«
»Du bist der lebende Aton, die Ewigkeit ist dein Abbild.
Du bist allein, und doch sind Millionen Leben in dir,
ein Lebenswind ist es,
wenn sie deine Strahlen schauen (...)«.

LEHREN DER VORFAHREN

Unter Echnaton, in der 18. Dynastie im Neuen Reich, wurde der Gem-pa-Aton, der Große Aton-Tempel, gebaut. Er steht in Tell el-Amarna in Mittelägypten und wurde wie viele andere Bauten des umstrittenen Pharaos nach dessen Tod zerstört. Die Säule auf dem Bild ist rekonstruiert.

Macht gebracht hatten. Sie sollten Echnaton als einzigen Vermittler Gottes zu den Menschen ansehen. Sie mussten sogar ihr trostreiches Jenseits leugnen, da durch Atons Leben spendende Strahlen, nach dem Verständnis der Theologie Echnatons, das Diesseits auch das Jenseits war. Alle trennenden Grenzen wurden durch den Aton-Kult aufgehoben. Echnaton glaubte, dass sich an den Opfertischen die Toten einfanden, wo sie mit Speisen und Trank von den Lebenden versorgt wurden.

Pharao Echnaton verstand sich möglicherweise als Inkarnation Atons. Denn das Wort »Ach« (»Ech«) lässt sich übersetzen mit »wirkender Geist«, »glänzender Zustand« oder »Transformation«. In seinen geheimnisvollen Gottesschauungen und dem Aton-Kult sehen Forscher einen Vorläufer der jüdischen Ein-Gott-Religion.

Rätselhafter Pharao

Echnatons Geburtsname lautete Amenophis IV. oder auch Amenhotep. Wohl zu Ehren seines Gottes nahm er einen neuen Namen an. Er war der zehnte ägyptische Pharao der 18. Dynastie (Neues Reich) und folgte seinem Vater Amenophis III. um 1353 v. Chr. auf den Thron. Nach nur 17 Herrscherjahren starb der Reformer jung, im 35. Lebensjahr.

Heilige Stadt in der Wüste

Die Hauptstadt des Reiches ließ Echnaton gleich zu Beginn seiner Regentschaft nach Amarna in Mittelägypten verlegen. Er nannte sie Achet-Aton, »Berg, wo sich Aton glänzend transformierte«. Die »Gnade der Eingebung« hatte ihn die Grenzen der Stadt bestimmen lassen. Haupttempel und heiliger Bezirk umspannten die Dimension von 800 Meter Länge und 275 Meter Breite. Dort, wo Echnaton das Allerheiligste errichten ließ, war ihm Aton, der Gott der Sonne, in menschlicher Gestalt erschienen, den Kopf unter einer »Falkenmaske« verborgen, und hatte ihn zum Bruch mit der alten Religion aufgefordert.

Die Stadt Achet-Aton wurde bald nach Echnatons Tod von den Einwohnern verlassen, die Tempel wurden dem Sandboden gleichgemacht. Das alte Ägypten unter den ehemals mächtigen Amun-Priestern rächte sich furchtbar für die Freveltat des Echnaton. Die Priester zerstörten die Bauten der Ära des verhassten Königs, der ihre alten Götter entthront hatte. Schon wenige Jahre nach Echnatons Tod bestieg ein naher Verwandter, Tut-ench-Amun, ein neunjähriges Kind, den ägyptischen Thron. Die alte Priesterschaft nutzte die Chance dieses schwachen Erben und setzte zur Restauration der Vielgötterei an. Bis heute weiß man nicht, wo der religiöse Visionär Echnaton von seinen Getreuen beigesetzt wurde. Vermutlich versteckten sie seine Mumie aus Furcht vor Leichenschändern. Auch der Sarkophag seiner geliebten Frau Nofretete wurde nie entdeckt.

Das Gotteserlebnis

Bis heute blieb zudem ungeklärt, was Echnaton gesehen und gehört hatte, das ihn zum Monotheismus wechseln ließ. Hatte er im heißen Wüstenklima eine Vision, die durch Wassermangel hervorgerufen war? Aber wie ist dann die genaue Anweisung zum Bau einer ganzen Stadt zu erklären? War Echnaton wahnsinnig oder vielmehr ein geschickter Diktator, der eine gottähnliche Stellung anstrebte? Manche vermuten in der schwebenden Scheibe, die der Monarch am Himmel gesehen haben will, einen Hinweis auf einen Kontakt mit Extraterrestriern, die auf paranormalem Wege mit Echnaton kommunizierten. Ihr Ziel: Ein neues Menschenbild einzuführen, das den Menschen erstmalig als Individuum verstand. Es wäre auch möglich, dass Echnaton eine Gotteserscheinung wie Moses hatte und wie jener einen göttlichen Auftrag erhielt. Wenn auch völlig ungeklärt ist, was mit dem mächtigsten Mann der damaligen Welt geschah, so scheint doch eines klar zu sein: Wäre Echnaton nicht als Prophet gescheitert, würden sich die großen Weltreligionen heute auf ihn als »biblischen Urvater« berufen. Sein Gott Aton würde dann der bekannteste Gott der Menschheit sein.

Abnorme Anatomie

Echnaton wurde auf vielen Darstellungen fast expressionistisch mit breitem Becken und kräftigen Oberschenkeln gezeichnet. Seine Gestalt könnte man auf eine Erkrankung der Hirnanhangsdrüse zurückführen. Ebenso wäre aber auch denkbar, dass Künstler mit den ausladenden Formen die Göttlichkeit des Pharaos unterstreichen wollten, der so männliche und weibliche Aspekte in sich vereinigte. Auffällig ist der deformiert dargestellte, übergroße Schädel, der sich auch bei Echnatons Töchtern und anderen Verwandten fand. Diese langschädelige Anatomie war vermutlich natürlichen Ursprungs, wie Obduktionen an Echnatons Familienangehörigen, z. B. dem berühmten Pharao Tut-ench-Amun, zeigten. Es wäre durchaus möglich, dass in der Pharaonenfamilie ein genetisch-evolutionärer Sprung zu einem größeren Gehirn stattfand.

Im ägyptischen Museum befindet sich der 21 Zentimeter hohe Quarzitkopf einer Tochter Echnatons. Um welche genau es sich handelt, ist nicht bekannt. Interessant ist jedoch die Kopfform der jungen Frau. Man vermutet, dass dies ein genetisches Merkmal der Familie Echnatons war. Auch bei anderen Verwandten des Pharaos fand man diese Schädelform.

LEHREN DER VORFAHREN

Thot – Hüter des geheimen Wissens

*In der ägyptischen Mythologie wurde der Gott Thot mit dem Mond gleichgesetzt. Ihm gegenüber steht der strahlende Sonnengott Re, der in einem ewigen Kreislauf Tag für Tag aus dem Schoß der Himmelsgöttin Isis wiedergeboren wird. (»Bruder Sonne, Schwester Mond«, Karl Käfer, *1947)*

THOT

In die eigentümliche ägyptische Gottheit Thot mit dem Kopf eines Ibis flossen schon früh verschiedene Traditionen. Die Bedeutung seines ägyptischen Namens Dehuti ist bis heute nicht geklärt. Als er in geschichtlicher Zeit zur Hauptgottheit aufstieg, verschmolz er mit einem Gott namens Hez-ur in der Gestalt eines Pavians. Von den alten Ägyptern wurden Paviane seitdem als irdische Manifestationen des Gottes Thot verehrt. Die Tiere wurden häufig sogar in Tempeln gehalten und nach ihrem Ableben mumifiziert.

Anwalt der Toten

Thot, nach dem der erste Monat des ägyptischen Jahres benannt ist, wurde in der Mythologie zum weisen Anwalt des sanftmütigen Gottes Osiris ernannt, den er häufig durch Zaubertricks gegen die Anklagen des streitsüchtigen Bruders Seth verteidigte. Aus diesem Grund tritt Thot auch im berühmten Ägyptischen Totenbuch – einer Niederschrift, die alles Wissen über die Jenseitswelt offenbart – als Verteidiger der Verstorbenen auf. Wenn Gericht über die Seelen der Toten gehalten wird, verfolgt Thot der Überlieferung nach, wie die Herzen der Verstorbenen gegen die so genannte »Feder der Wahrheit« gewogen werden und notiert auf einem Papyrusstreifen das Ergebnis dieser Wägung. Aus diesem Grund stellt man den Gerechten meist mit Schreibgerät und Palmrippe dar.

Beschützer von Isis und Horus

Auch Isis, der Gattin des Osiris, verhalf Thot zu Gerechtigkeit. Nachdem Osiris durch die finsteren Machenschaften seines Bruders Seth ums Leben gekommen war, erweckte Thot für die trauernde Witwe den Gatten noch einmal zum Leben. Aus dieser mystischen Zusammenkunft ging der Isissohn Horus hervor. Auch bei dessen Kampf gegen den mordenden Onkel spielte Thot eine entscheidende Rolle als Schützer und Helfer: Er war es, der das verletzte Horusauge, eines der wichtigsten Symbole der ägyptischen Mythologie, heilte.

Ahnherr der Geheimwissenschaften

Thot war der Meister der Sprache und der Schrift, der Schöpfer der Mathematik und Astronomie und den Ägyptern galt er als die Personifizierung von Geist und Verstand schlechthin. Die Griechen identifizierten seine Gestalt mit einem gewissen Hermes Trismegistos, dem sie das Ahnherrntum aller Geheimwissenschaften zuschrieben.

Thot soll einst in einer Höhle oder in einem verborgenen Gebäude seine Schriften versteckt haben. Diese geheimen Unterlagen standen schon in ältester Zeit im Ruf höchster magischer Wirksamkeit. Durch sie ließe sich die Macht über die Naturgewalten, sogar über die Götter, erlangen, hieß es. Es ist kein Wunder, dass man in späteren Zeiten den Ursprung aller magischen Künste, aller tiefen Einsichten in die Wissenschaften in Ägypten suchte, bei Hermes alias Thot.

Um 600 v. Chr. entstand diese Holzarbeit des ibisköpfigen Gottes Thot, der im Jenseits die Ergebnisse des Totengerichts notiert und auf besondere Weise mit dem Geheimwissen der Magie in Verbindung stand. Thot wurde neben seiner Funktion als Erfinder der Zeit auch als Schutzherr aller Schreiber verehrt und wird noch heute in ägyptischen Mythen als Erfinder der Hieroglyphen angesehen.

Der Mythos von Thot

Zu Anbeginn schwammen nur schlangenköpfige Gottheiten im Urozean Nun. Es gab noch keine Götter. Erst als Thot das Weltei ausgebrütet hatte, hauchte er durch seine Stimme den ersten vier Götterpaaren Leben ein.

Das Faszinierende an seiner Gestalt ist, dass sich sein Charakter nie wandelt, wodurch er sich von den anderen Göttern der ägyptischen Mythologie unterscheidet. Deren Auffassungen ändern sich häufig – nur Thot bleibt immer gleich. Er ist deshalb auch als die einzige Autorität für alle anderen seiner Art zu sehen.

Im Lauf der Zeit wurde Thot zum Gott der Weisheit, zum Gott des Lernens, zum Schöpfer des Tarot und zum Herrn des Mondes. Da die Phasen des Mondes ein wichtiges Maß waren, galt Thot auch als Erfinder des Maßes und der messbaren Zeit. In dieser Eigenschaft wurde er der »Herr der Zeit« und der »Rechner der Jahre«. Als solcher verfügte er über ein immenses Wissen und weil er als Mondgott der geheimnisvollen Nachtseite des Lebens zugeordnet war, repräsentierte er auch das geheime und magische Wissen für alle nach ihm.

155

LEHREN DER VORFAHREN

Die Lehren des Hermes Trismegistos

Das Denken der geheimen Wissenschaften von Mittelalter und Neuzeit geht auf einen berühmten Ahnherrn, Hermes Trismegistos, zurück. In 15 Thesen hat diese mythische Gestalt einst die Quintessenz aller menschlicher Weisheit formuliert. Seine Schriften werden Corpus Hermeticum, hermetische Schriften, genannt. Um 1570 stellte der Maler Hermann tom Ring den Weisen als Zeitgenossen dar.

HERMES TRISMEGISTOS

In der Blütezeit der geheimen Wissenschaften, im 14. bis 16. Jahrhundert, dem Zeitalter der Renaissance, berief man sich auf einen legendären Ahnherrn: Hermes Trismegistos (»Hermes der Dreimalgroße«). Nach ihm richtete sich ein ganzes Denksystem, das aus einer Synthese der Philosophie des Neuplatonismus mit ägyptischen, jüdischen und frühchristlichen Spekulationen über Magie, Alchemie, Astrologie und Heilkunst entstand – die hermetische Wissenschaft.

Der Gott der Götter

Hermes tauchte bereits sehr früh in der Geschichte als Erdgott mit magischen Fähigkeiten auf, so z. B. bei den Hethitern, die um 2000 v. Chr. in Mittelanatolien siedelten. Erst viel später fand sich der Name Hermes Trismegistos als hellenisierte Bezeichnung für den ägyptischen Gott der Weisheit, Thot. Bei den Ägyptern wurden der Plural und später auch der Superlativ immer durch eine dreifache Wiederholung einer Hieroglyphe angezeigt, so dass der Ausdruck »Hermes der Große, Große, Große« eigentlich »Hermes der Größte« und nicht, wie zumeist übersetzt, »Hermes der Dreimalgroße« heißen müsste.

Die hermetischen Bücher

Dem Gott der Götter schreibt man zahllose Schriften über geheime Wissenschaften zu. Diese so genannten »wahren« hermetischen Bücher werden heute Corpus Hermeticum genannt und behandeln verschiedenste Themen wie Religion, Theologie, Philosophie, Mystik, Magie und Astrologie.

Die frühesten seiner Werke scheinen die astrologischen Bücher gewesen zu sein. Sie gehen noch auf vorchristliche Zeiten zurück. Die übrigen Bücher entstanden zwischen dem ersten Jahrhundert vor und nach Christus.

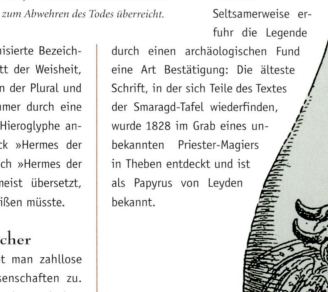

Hermes, auch Merkur genannt, galt als besonders listig und ideenreich. In der griechischen Mythologie wurde dem Gott von seinem Bruder Apollo ein goldener Stab für Gedeihen und Reichtum und zum Abwehren des Todes überreicht.

Die Lehre des Hermes

Einer Legende zufolge hat man einst das Grab des mythischen Hermes gefunden. In ihm lag der große Weise nach ägyptischer Sitte mumifiziert und hielt auf der Brust einen riesigen Smaragd in seiner Hand. Auf diesem stand in phönizischer Schrift die Grundweisheit seiner Lehre zusammengefasst. Die zentralen Vorstellungen von Hermetik, Astrologie, Alchemie und Magie wurden in der Folge wesentlich von dieser Tabula Smaragdina (»Smaragd-Tafel«) bestimmt. Die auf ihr niedergelegte Lehre weist auf die Entsprechungen zwischen der unteren Welt der Erscheinungen und der oberen, geistigen Welt hin. Seltsamerweise erfuhr die Legende durch einen archäologischen Fund eine Art Bestätigung: Die älteste Schrift, in der sich Teile des Textes der Smaragd-Tafel wiederfinden, wurde 1828 im Grab eines unbekannten Priester-Magiers in Theben entdeckt und ist als Papyrus von Leyden bekannt.

Nach Hermes wurde das alchemistische Gefäß der Verwandlung »Vas Hermeticum« genannt. Die Abbildung zeigt, wie in dem Behältnis das Neue durch Anfachen der Elemente, symbolisiert durch den geflügelten Löwen, entsteht, so wie es ein Anliegen der Alchemie war, alles und jeden durch alchemistische Prozesse einer positiven Wandlung zu unterziehen.

157

LEHREN DER VORFAHREN

Im 17. Jahrhundert waren Darstellungen des »Mercurius mit Schlangenstäben« sehr beliebt. In einem Werk des Alchemisten Basilius Valentinus von 1678 steht die Figur des Mercurius für die geheimnisvolle Substanz, welche zur Verwandlung der Stoffe in Silber und Gold, symbolisiert durch Mond und Sonne, benötigt wird. Wie schwer die Substanz zu fassen ist, das zeigen die beiden Alchemisten, die sich ihr zu nähern versuchen.

Die Smaragd-Tafel

In der lateinischen Fassung, die dem Naturforscher und Philosophen Albertus Magnus (1193–1280) zugeschrieben wird, heißt es: »Was oben ist, ist gleich dem was unten ist und was unten ist, ist gleich dem was oben ist – fähig die Wunder des Einen zu vollbringen. Und wie alle Dinge aus Einem stammen [...], so sind alle Dinge von diesem Einen durch Anpassung entstanden [...]«

Das bestimmende Element ist die Lehre von der Entsprechung alles Oberen zu allem Unteren, von der Vorstellung, dass der Mensch ein Abbild des Kosmos ist. Ohne diese Lehre sind die Geheimwissenschaften nicht denkbar. Das heißt freilich nicht, dass sie erst durch die hermetischen Schriften, also im 1. Jahrhundert n. Chr., als völlig neue Idee galten. Hier wird nur in aller Knappheit und als grundlegende Gesetzmäßigkeit formuliert, was seit Menschengedenken die Basis der geistigen Suche bildete. Die Anhänger der geheimen Wissenschaften waren davon überzeugt, dass es genüge, die Wahrheiten aus der Smaragd-Tafel zu verstehen, um das Universum zu begreifen.

Das Corpus Hermeticum

Die Form, in der uns heute das Corpus Hermeticum, die Zusammenfassung der 17 erhalten gebliebenen hermetischen Schriften, bekannt ist, stammt wohl aus Abschriften des dritten Jahrhunderts. In diese Büchersammlung, die den Grundstock der hermetischen Wissenschaften bildet, die im Mittelalter und in der Renaissance ihre Blüte erreichten, sind Einflüsse aus dem chaldäisch-persischen Bereich eingegangen. Das lässt sich insbesondere

158

HERMES TRISMEGISTOS

anhand eines Vergleichs mit den viel älteren Orphischen Hymnen und den ägyptischen Zauberpapyri erkennen, die ganz ähnliche Gedanken vermitteln. Die Orphischen Hymnen stammen aus dem Griechenland um 600 v. Chr. Die ägyptischen Zauberpapyri aus dem 1.–4. Jahrhundert n. Chr. stellen Anweisungen zur Ausführung magischer Handlungen dar. In ihnen wird die Unsterblichkeit der Seele gelehrt. Im Zentrum des Corpus Hermeticum steht die mythische Figur des Hermes Trismegistos selbst. Hermes, der sich selbst Poimandres (»Geist der höchsten Macht«) nennt, beantwortet darin die Fragen eines nach Gnosis (Erkenntnis) verlangenden Schülers und weist ihm den Weg zurück zum göttlichen Licht. Im ersten Jahrhundert unserer Zeitrechnung wurde Hermes zum Meister der Alchemisten ernannt. Später wurde er unter dem lateinischen Namen Mercurius, dargestellt mit geflügelten Schuhen und einem von zwei Schlangen umwundenen Zauberstab, zum zentralen Symbol der Alchemie.

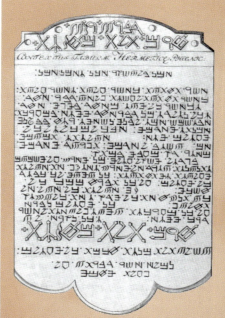

15 Weisheiten sollen auf der »Tabula smaragdina« notiert sein. So auch der Schlüssel zur hermetischen Philosophie.

Die ganze Wahrheit

In seiner Übersetzung der Smaragd-Tafel führte der mittelalterliche Wissenschaftler Albertus Magnus nach dem im Haupttext erwähnten »Gesetz der Entsprechung« Folgendes an: »Sein Vater ist die Sonne, seine Mutter ist der Mond. Der Wind hat es in seinem Schoß getragen, seine Ernährerin ist die Erde. Dies ist der Vater aller Vollkommenheit. Seine Kraft ist vollständig, wenn sie sich der Erde zuwendet. Trenne die Erde von Feuer, das Feine vom Groben, sanft, voll Sorgfalt. Der Grundwille steigt von der Erde auf zum Himmel und steigt wieder herab zur Erde, um die Kraft der unteren und oberen Dinge zu empfangen. Auf diese Weise wirst du den Ruhm der ganzen Welt erlangen. Darum wird alle Dunkelheit von dir weichen. Dies ist die starke Kraft aller Kraft: denn sie wird alles Feine überwinden und in alles Grobe eindringen. So ist die Welt erschaffen worden. Daher wird es wunderbare Angleichungen geben, deren Wesen hier mitgeteilt ist. Darum bin ich Hermes Trismegistos genannt worden, weil ich die drei Teile der Philosophie der ganzen Welt besitze. Erfüllt ist, was ich vom Wirken der Sonne gesagt habe.«

So stellten sich die Alchemisten in früheren Tagen ihren Ahnherrn Hermes Trismegistos vor. Das symbolbeladene Bild lässt den Hermesstab erkennen, aber auch die Verbindung des Irdischen mit dem Himmlischen.
Das Buch weist auf das Coprus Hermeticum hin, die Schriften des Hermes Trismegistos. Einer Legende zufolge soll er 36.525 Bücher verfasst haben.

159

LEHREN DER VORFAHREN

Zarathustra – der Kampf von Gut und Böse

Er gilt als einer der wichtigsten Religionsgründer der Weltgeschichte und doch geriet seine Lehre beinahe in Vergessenheit: Zarathustra, über dessen Biographie es nur ungenaue Angaben gibt, prägte die religiöse Auffassung, die Welt werde von zwei Grundprinzipien, dem Guten und dem Bösen, beherrscht. Diese Ansicht wurde von den großen Weltreligionen übernommen. Der Zoroastrismus, Zarathustras Lehre, ist weltweit heute nur noch ca. 200.000 Anhängern bekannt. Holzstich aus Sebastian Münsters (1488–1552) Cosmographia.

Etwa zur selben Zeit, in der Buddha in Indien seine Erlösungslehre verkündete, machte in Baktrien, im heutigen Afghanistan, der Prophet Zarathustra oder Zoroaster (ca. 628–551 v. Chr.) von sich reden. Gestärkt durch das berauschende Lebenselixier Haoma, schuf er aus dem Herrn des Lichts und der Gerechtigkeit der altiranischen Mythologie, Ahura Mazda, das höchste Prinzip des Guten, Ohrmazd. Dieses stehe in kosmischen Gegensatz zum Prinzip des Bösen, Angra Mainyu (Ahriman), dem Gott der Finsternis. Unter Zarathustras Einfluss geriet der ewige Kampf gegen das Böse zum bestimmenden religiösen Element. Dieser Kampf wurde durch das heilige Feuer symbolisiert, das im Zentrum seines Kultes, des Zoroastrismus, stand.

Die vier Weltzeitalter

Zarathustra verkündete einen Weltzyklus von vier Zeitaltern mit jeweils 3000 Jahren. Das erste Zeitalter war das der Schöpfung, dann trat Ahriman aus der Dunkelheit hervor, aber Ohrmazd verwirrte ihn. Ohrmazd schuf im zweiten Zeitalter die Welt, worauf Ahriman dem Guten den Krieg erklärte und seine Horden von Dämonen auf alle Geschöpfe losließ. Das dritte Zeitalter, das von diesem Kampf geprägt war, endete mit dem Auftreten Zarathustras. Im letzten Zeitalter erscheine der große Erlöser Saoshyant. Mit ihm komme die endgültige Erneuerung, Frasho-kereti: Die Erde wird von einer Flut geschmolzenen Metalls bedeckt und gereinigt, und Ohrmazd besiegt im Endkampf Ahriman.

Der Mithras-Kult

In ihrer Frühzeit erwuchs der christlichen Kirche große Konkurrenz im Kult um Mithras, einem iranischen Sonnengott. Mithras war der Bote Ahura Mazdas, der immer zur Morgendämmerung am Himmel erschien, um mit seinem von vier weißen Pferden gezogenen Wagen das Firmament zu durchqueren. Als Mittler zwischen der Welt des Lichts und der Welt der Finsternis, als Verbündeter der Menschen im Kampf gegen das Böse und als Führer der Seele bei ihrem Aufstieg zum ewigen Leben wurde Mithras bald mit dem von Zarathustra verheißenen Erlöser identifiziert. Schließlich wurde er zum Sonnengott, der am Ende der Tage als Mensch erscheinen wird. Diese alles überragende Gottheit trat einen glorreichen Siegeszug über die griechisch-römische Welt an.

Einflüsse auf Judentum und Christentum

Zahlreiche Elemente der Lehren des Zarathustra fanden ihren Niederschlag im Denken der Hebräer, in der hellenistischen Philosophie und im Neuen Testament. Neben dem endzeitlichen Sieg des guten Gottes waren es vor allem die Vorstellungen vom Leben nach dem Tod. Die guten Menschen würden dann Belohnungen und himmlische Segnungen erfahren, die schlechten Strafe und höllische Qualen. Schon bei Zarathustra gibt es die Idee von einem Dasein im Himmel nach dem Tode bis zur Zeit des Jüngsten Gerichts

ZARATHUSTRA

Türme des Schweigens

Zentral im Glauben des von den Parsen ausgeübten Zoroastrismus, auch Parsismus genannt, ist das heilige Feuer. Es symbolisiert die Reinheit und das Gute. Deshalb verbrennen die Anhänger Zarathustras ihre Toten nicht, um das heilige Feuer nicht zu verunreinigen. Eine Bestattung hingegen würde die Erde verschmutzen. Sie bahren deshalb die Toten in »Türmen des Schweigens« auf und liefern sie den Aasvögeln zum Fraß aus. Am bekanntesten sind die Türme des Schweigens in Mumbai (Bombay), wo sich das indische Zentrum der Parsengemeinde befindet.

So haben Zarathustras »Türme des Schweigens«, die die Toten der Parsen beherbergten, ausgesehen. Nach den Lehren des Propheten durften Leichen nicht verbrannt werden, da das Feuer heilig war.

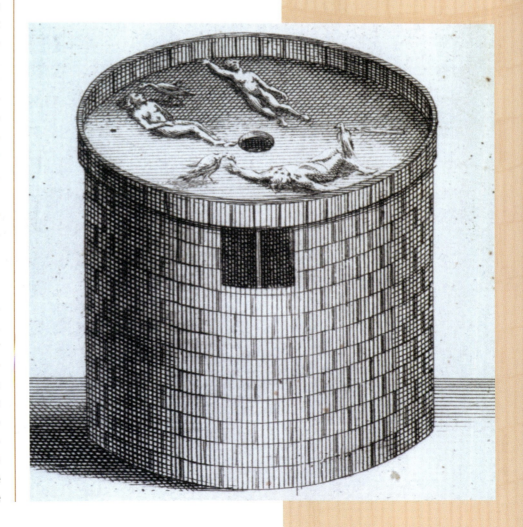

LEHREN DER VORFAHREN

Einweihung in die Mysterien

Die griechische Vasenmalerei zeigt Orpheus auf seiner Leier spielend. Gefunden wurde die Scherbe bei Neapel.

Orpheus

Der Sänger Orpheus, der mit seinem Gesang und seiner Leier selbst Bäume und Steine verzaubert haben soll, suchte in den Gefilden der Totenwelt nach seiner geliebten Gattin Eurydike. Durch sein Lied gelingt es ihm, die Götter der Unterwelt so zu rühren, dass sie Eurydike die Rückkehr zu den Lebenden erlauben. Da sie jedoch das Verbot, sich umzuschauen übertritt, muss sie ins Totenreich zurück.
Weil Orpheus durch die Totenwelt gegangen und ins Leben zurückgekehrt ist, gilt er als der Begründer der Mysterien. Die Mythen hinter den Mysterien erzählen immer von Heroen und Gottheiten, die durch den Tod gehen, um verwandelt wiederzukehren.

Das »große Eleusinische Weihrelief« entstand um 430/420 v. Chr. und zeigt Demeter (l.), Mutter der Erde, zusammen mit ihrer Tochter Persephone (r.), als sie Triptolemos beauftragen, den Ackerbau und den Kult der Göttinnen auf der Erde zu verbreiten. Das 2,2 Meter hohe Relief war wahrscheinlich im Kultbau von Eleusis, dem Telesterion, aufgestellt worden.

162

MYSTERIEN

"Der Eingeweihte erkennt in Eleusis Anfang und Ende des Lebens, jenen unsagbaren Gegenstand, den der Mensch bei den Mysterien im eigenen Innern findet." So äußerte sich der griechische Dichter Pindar (um 518–446 v. Chr.) über den Mysterienkult, der im Telesterion, dem Tempel von Eleusis (Attika) stattfand und der den Fruchtbarkeitsgöttinnen Demeter und Persephone geweiht war.

Schwärmend fährt er fort: »Glücklich, wer, nachdem er jenes gesehen hat, unter die hohle Erde geht, er weiß des Lebens Vollendung und des Lebens gottgegebenen Anfang.« Was waren diese Mysterien, die dem Dichter solche hehren Worte sprechen ließen?

Identifikation mit dem Göttlichen

Im abendländischen Kulturraum entstanden im ersten Jahrtausend vor der Zeitwende religiöse Zusammenkünfte, in denen eine mystische Identifikation mit dem Göttlichen angestrebt wurde. Diese so genannten Mysterien waren die kulturell verfeinerte Form der alten schamanischen Religionen. Es galt, in das letzte Geheimnis (griech. »mysterion«), das nicht vermittelt, sondern nur selbst erlebt werden kann, durch die Einweihung (Initiation) einzudringen. Bei der Initiation strebte der Neuling (Neophyt) die Identifikation mit einer Heros- oder Gottesgestalt an.
Er erlitt den »Tod« des Heros, wodurch seine alte Form der Persönlichkeit starb, um einer neuen, »unsterblichen« Platz zu machen. So wurde er ein Eingeweihter (Myste), am Ende gar ein Erleuchteter (Epopte) und fand dadurch Erlösung.

Platon und die Mysterien

Schon der griechische Philosoph Platon (427–347 v. Chr.) schrieb in seinem Werk

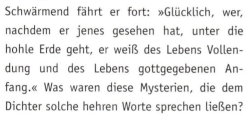

Eine Mänade, eine aus der großen Schar der Bacchantinnen, der weiblichen Gefolgschaft Dionysos, wehrt einen erregten Satyr ab.

»Phaidros«, der Zweck der Mysterien sei es, die Seele dort wieder hinaufzuziehen, woher sie herabgefallen sei. Ihre endgültige Form fanden die Mysterien in der hellenistischen Kultur in den letzten 300 Jahren vor der Zeitwende. Durch den intensiven kulturellen Austausch zwischen Okzident und Orient entstanden eigentümliche Mischreligionen – wie etwa der aus dem persischen Raum stammende Mithraskult –, in denen östliche spirituelle Systeme mit dem abendländischen Denken zusammengeführt wurden. Auf diesem Ferment gediehen die Mysterien und erfreuten sich vor allem bei den gebildeten Schichten großer Beliebtheit.

Tanz und Trance

Zu den bekanntesten Mysterien zählen der Dionysos-Kult, die Orphischen und Phrygischen Mysterien, jene der griechischen Fruchtbarkeitsgottheiten der Kabiren, der Korybanten und die Mysterien von Eleusis. Sokrates (ca. 470–399 v. Chr.) überliefert einige Elemente der Einweihungsriten der Korybanten, den Priestern der phrygischen Göttin Kybele. Bei der Initiation sitzt der Novize im Zentrum, umgeben von tanzenden Priesterhelfern.
Durch sanfte Flötenmusik wird er seiner gewohnten, alltäglichen Welt entrückt. Sobald er selber in einen Trancezustand fällt, fügt sich der Neuling dem ekstatischen Rhythmus der Gruppe ein, als Zeichen dafür, dass er einer der ihren geworden und von der verehrten Gottheit erfüllt ist.

Dionysos, auch Bacchus genannt, war ein Sohn des Zeus und der Kadmostochter Semele. Als die schwangere Semele vom Blitzstrahl getroffen stirbt, birgt Zeus die sechsmonatige Leibesfrucht in seinem Schenkel und trägt sie bis zur Geburt aus. Den neugeborenen Dionysos übergibt er in die Obhut der Nymphen von Nysa, seine spätere Erziehung ist dem Silen anvertraut, der hier den jungen Dionysos in den Armen hält. (Römische Plastik, Silen mit Bacchusknaben)

163

LEHREN DER VORFAHREN

Die Orgien der römischen Bacchus-Mysterien waren von Musik, Tanz und berauschenden Getränken begleitet. Die Bacchanten schwangen dabei ihren Kultstab, den Thyrsos. Teilweise arteten die Bacchanale zu exzessiven Kultfeiern aus. (Kupferstich aus dem 18. Jahrhundert)

Dionysos und die wilden Mänaden

Der ekstatische Dionysos-Kult kam aus den alten Schamanenländern der Thraker und Skythen nach Griechenland. Die Mänaden, die Dienerinnen des Weingottes Dionysos, sammelten sich zu ihren Festen im Freien, um sich mit ihrem wilden Gott zu vereinen. Man sagt, sie verfielen in Raserei, zerrissen sogar junge Rehe, wohl in Nachahmung ihres in mythischer Vorzeit zerrissenen Gottes, und gaben sich zügellos sexuellen Handlungen hin. Ihre Attribute waren das Panterfell, Schlangen im aufgelösten Haar und der mit Weinlaub umwundene Thyrsos, ein mit einem Pinienzapfen gekrönter Stab, den sie im Tanz über den Häuptern schwangen, während sie ihren Kultschrei erklingen ließen.

Die Mysterien von Eleusis

Im 6. Jahrhundert v. Chr. entwickelten sich unter dionysischem und orphischem Einfluss die bedeutenden Mysterien von Eleusis. Sie fußen auf dem Mythos vom Raub der Persephone, lateinisch Proserpina. Die Tochter des Zeus und der Demeter war von Hades in die Unterwelt entführt und zu seiner Gemahlin gemacht worden. Zeus gestattete ihr auf Bitten ihrer Mutter, zwei Drittel des Jahres in der Oberwelt zuzubringen. Wenn Persephone

MYSTERIEN

alljährlich im Frühling aus der Unterwelt emporsteigt, sprießen an den Bäumen die Blüten und die Pflanzen treiben Knospen. Überall erwacht die Vegetation wie aus einem tiefen Schlaf. Im Herbst tritt sie wieder ihren Weg in die Dunkelheit an. Mit ihrem Fortgehen fällt das Laub und die wachsende Natur zieht sich zurück, wartet auf ein Wiederkommen ihrer jugendlichen Göttin. In rituell hervorgerufenen veränderten Bewusstseinszuständen folgte der Eingeweihte in Eleusis der Fährte der geraubten Persephone ins Totenreich. Durch den Tod mussten die Mysten schreiten, um die Geheimnisse von Leben und Tod zu schauen. Der Kreislauf von Werden und Vergehen, wie er alljährlich in den Jahreszeiten seinen Niederschlag findet, wurde für den Eingeweihten eine Gewissheit, die auch sein eigenes Dasein betraf.

Der Ausschnitt eines pompejianischen Wandgemäldes zeigt eine »Gruppe mit bacchantischen Jünglingen«.

Der Raub der Persephone

Als Persephone mit Freundinnen auf einer Wiese Blumen pflückte, öffnete sich der Erdboden und der Unterweltsherrscher Hades entführte sie in sein Reich. Ihre Mutter Demeter, die Göttin der Fruchtbarkeit, verfiel in tiefe Trauer und die Felder trugen ein Jahr lang keine Früchte mehr.

Als Zeus vom Hunger der Menschen erfuhr, entsandte er seinen Boten Hermes, um Hades zu bedrängen, Persephone wieder freizugeben, da das Leben auf der Erde in Gefahr sei. Hades ließ sich umstimmen, heckte aber eine List aus: Unbemerkt ließ er Persephone einige Granatapfelkerne essen. Von nun an war sie gezwungen wiederzukehren, da sie etwas von der Totenwelt zu sich genommen hatte. Zwei Drittel des Jahres durfte Persephone in der Oberwelt weilen, ein Drittel musste sie mit Hades in der finsteren Unterwelt verbringen.

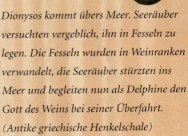

Dionysos kommt übers Meer. Seeräuber versuchten vergeblich, ihn in Fesseln zu legen. Die Fesseln wurden in Weinranken verwandelt, die Seeräuber stürzten ins Meer und begleiten nun als Delphine den Gott des Weins bei seiner Überfahrt. (Antike griechische Henkelschale)

165

LEHREN DER VORFAHREN

Die Mysterien von Osiris und Isis

König Pinudjem I. (11. Jahrhundert v. Chr.) als Osiris in der riesigen Tempelanlage von Karnak.

Der Mythos von Osiris und seiner Schwester und Gemahlin Isis beinhaltet die klassischen Elemente der Einweihung in einen Mysterienkult. Es geht beim Osirismythos in seiner universellen Symbolik um das große Thema von Tod und Wiedergeburt. Deutlich wird dabei auch der Bezug zur Natur, und zwar zu den zyklischen

OSIRIS UND ISIS

Phänomenen der alljährlichen Nilüberschwemmungen mit ihren Auswirkungen auf die Fruchtbarkeit der Böden. Nach der Version des griechischen Philosophen und Historikers Plutarch (um 100 n. Chr.) wird im Mythos erzählt, wie der neidische Seth seinen Bruder Osiris durch eine List in eine hölzerne Lade einschloss und in den Nil warf, wo er ertrank. Isis fand die in Byblos gestrandete Holzkiste und brachte den Leichnam zurück. Mit Hilfe ihrer magischen Kräfte erweckte sie Osiris für kurze Zeit zu neuem Leben – in Gestalt eines Sperbers über ihm schwebend, fächelte sie dem Toten mit ihren Flügeln den Lebensodem zu – und vereinigte sich mit ihm, um von ihm ihren Sohn Horus empfangen zu können. In blinder Wut zerriss daraufhin Seth den Leib des Osiris und verstreute die Glieder über das ganze Land.

Mühsam suchte die treue Isis alle Teile des zerstückelten Körpers wieder zusammen. Schließlich kehrte Osiris, mittlerweile Herrscher im Reich des Todes, zurück und rüstete seinen Sohn Horus zum Kampf gegen Seth. Dieser besiegte Seth, nahm ihn gefangen und übergab ihn Isis. Daraufhin trat Horus sein Erbe, die Herrschaft im Königreich der Lebenden, an.

Die Isis-Mysterien

Von Ägypten ausgehend, fanden die Isis-Mysterien in Griechenland und im ganzen römischen Reich Verbreitung. Apulejus (*um 125 n. Chr.) beschreibt in seinem Roman »Der goldene Esel« seine eigene Einweihung in die Isis-Mysterien. Im Tempelschlaf habe er den Auftrag der Isis erhalten, sich weihen zu lassen. Nach einem feierlichen Morgenopfer

Der altägyptische Mythos war auch im antiken Rom bekannt: Isis, deren Kopf mit einer von der Uräusschlange getragenen Krone bekränzt ist (Bild aus antoninischer Zeit um 180–200 n. Chr.).

und der rituellen Reinigung wird er vor eine Isis-Statue gestellt. Dort erhält er geheime Botschaften, die er nicht mitteilen darf.

Nach zehntägigem Fasten geleitet ihn der Priester ins Allerheiligste, wo ihm eine mystische Erfahrung des Göttlichen zuteil wird. Die Einweihung selbst schildert er folgendermaßen: »Ich ging bis zur Grenze des Todes; ich betrat Proserpinas Schwelle, und nachdem ich durch alle Elemente gefahren, kehrte ich wieder zurück. Um Mitternacht erblickte ich die Sonne, blendend in strahlendem Licht. Ich näherte mich den unteren und oberen Göttern und betete sie an von Angesicht zu Angesicht.«

Das Initiationserlebnis

So viel lässt sich über das Wesen der Initiation in die Mysterien schließen: Vor der Initiation verehrt der Mensch die Götter in ihren Symbolen, nach der Einweihung sieht er sie »von Angesicht zu Angesicht«. Der Initiand wird ihnen gleichgestellt. Er hat das Gefühl, in die Reihen der unsterblichen Götter aufgenommen zu werden.

Das Horusauge

Für den Kampf gegen Seth nahm Horus als Himmelsgott die Gestalt eines Falken an, dessen rechtes Auge die Sonne und dessen linkes Auge der Mond war. Im Kampf verlor er sein Mondauge, aber der Mondgott Thot gab es ihm zurück, so dass das Licht des Horus-Auges wieder dazu dienen konnte, Osiris in der Unterwelt zu neuem Leben zu erwecken. In Ägypten galt deshalb die Darbringung des Horusauges als Urbild der Opferhandlung. Im ägyptischen Totenbuch heißt es: »Das Horusauge verleiht das ewige Leben; und es beschützt mich, auch wenn es sich schließt.«

Aus der 22. ägyptischen Dynastie (um 874–850), der Regierungszeit König Osorkons II., stammt diese kleine Figurengruppe des heiligen Dreigespanns. Osiris, auf einem Sockel hockend, wird von seiner Schwester und Gattin Isis und seinem Sohn Horus flankiert.

167

LEHREN DER VORFAHREN

Ägyptische Vorstellungen vom Wesen des Menschen

In der Nationalbibliothek in Paris befindet sich dieses Fragment aus dem Totenbuch. Es zeigt einen Verstorbenen, der nach dem Totengott Osiris ruft.

Wer dort ist, der wird ein lebender Gott sein. Wer dort ist, wird einer sein, der im Sonnenschiff steht«, heißt es im Gespräch eines Lebensmüden mit seinem Ba in den so genannten »Pyramidentexten«, der ältesten Sammlung religiöser Schriften, die sich in der Geschichte der Menschheit erhalten hat. Der Ba ist mit der personifizierten Seele vergleichbar. Die Ägypter waren überzeugt, dass sie nach dem Tod an der Seite des Sonnengottes durch jenseitige Gefilde reisen würden. Grundlage dieser Ansicht waren differenzierte Vorstellungen vom Wesen des Menschen.

Der Energieleib

Auf der leiblichen Ebene unterschieden die Ägypter erstens den Körper und zweitens die lebendige Gestalt, den Ka, der den Körper entstehen und wachsen lässt und am Leben erhält.

Der Ka bildet das Wesen, das jedem Lebewesen innewohnt. Trennt sich der Ka vom Körper, stirbt dieser. Der Ka galt als dynamisches, energetisches Prinzip, das in ständigem Austausch mit der körperlichen Welt steht.

Selbst von göttlicher Abkunft, ist er im irdischen Menschen verkörpert, nimmt auf, was er auf Erden erfahren kann und kehrt nach dem Tod wieder in die göttliche Sphäre zurück. Die freie Beweglichkeit der Aufmerksamkeit verglich der Ägypter mit einem Vogel. So ist der Ba als Vogel mit Menschenkopf ein Sinnbild für die seelisch-geistige Sphäre des Menschen. Dem Vogel als Symbol wird man in der ägyptischen Mythologie immer wieder begegnen.

Der Seelenleib

Das dritte Wesensglied des Menschen hieß Ba und galt als Träger der seelischen Eigenschaften. Der Ba erfasst sinnliche Eindrücke wie Farben oder Töne und reagiert darauf mit einer Empfindung. Er ist Mittler zwischen der göttlichen und der irdischen Welt.

Das Jenseitsgericht

Bevor er in die göttliche Sphäre zurückkehrt, muss der Ba geläutert und gereinigt werden. Dies geschieht vor einem Gericht.

Der Herr der Totenwelt, Osiris, thront in der letzten von sieben Hallen, die der Ba durchqueren muss, um zum Ort der Rechtfertigung

ÄGYPTISCHE VORSTELLUNGEN

Die große Göttin

Ihre Namen waren Isis, Hathor, Nut; ihre Symbole Kuh, Löwin und die Menschengestalt. Sie ist die Herrin aller schöpferischen Kräfte der Welt – die Göttin Natur. Ihr Leib, der den gesamten Kosmos umschließt, ist sternenübersät, ihr Inneres von dem, das Leben nährenden, Urgrund der Welt, dem Nun, erfüllt. Jeden Morgen gebiert sie den Sonnengott Re, weswegen sie auch oft mit einer Sonne dargestellt wird und jeden Abend, nachdem er als geflügelte Sonnenscheibe den Lauf des Tages vollendet hat, nimmt sie ihn wieder in sich auf. Dieser Vorgang der Verwandlung wird im erweiterten Mythos von Isis, deren Gatten Osiris und Sohn Horus beschrieben. Horus ist die neugeborene Sonne – auf manchen Abbildungen hält Isis ihn in ihren Armen. Er beherrscht den äußeren Himmel. Osiris steht für die nicht mehr sichtbare, die dunkle, die gestorbene Sonne im Reich der Nacht. In Isis zeugt Osiris den Horus, der am Morgen geboren wird, heranwächst, reift und altert. Abends wird er im Sterben wieder zu seinem Vater Osiris, der sich in den Leib seiner Gattin Isis senkt. Demnach gehören zum täglichen Sonnenlauf drei göttliche Wesen: Vater, Mutter und Sohn. Das Sonnenwesen selbst bleibt sich immer gleich, allein seine Erscheinungsform wechselt. Am Tage zeigt es seine strahlende, sinnliche Seite, nachts seine schöpferische. Beide Aspekte gehören untrennbar zum Sonnengott, sie sind alternierende Weisen seines Seins.

Die römische Marmorskulptur aus dem 2. Jahrhundert n. Chr. stammt aus der Antikensammlung des Kunsthistorischen Museums in Wien und zeigt Isis, die ägyptische Muttergöttin.

169

LEHREN DER VORFAHREN

Durch die Götter legitimiert, ließen die Pharaonen glanzvolle Städte, Pyramiden und Tempel bauen. Unter Ramses II. (1290–1224 v. Chr.) entstand der legendäre Felsentempel Abu Simbel, der zwischen 1964 und 1968 einem Stausee weichen musste. Man hat ihn in 1036 Blöcke zersägt und 60 Meter von seinem ursprünglichen Standort entfernt wieder errichtet.

Das Totenbuch

Die »Pyramidentexte« entstanden zwischen 2350–2175 v. Chr. Es handelt sich dabei um Schriften, die bedeutenden Toten ins Grab mitgegeben wurden, um sie im Jenseits mit dem erforderlichen Wissen auszustatten. Vor den Augen gewöhnlicher uneingeweihter Menschen wurden diese Texte an unzugänglichen Stellen verborgen, z. B. auf den Innenwänden bestimmter Pyramiden.

Die strenge Geheimhaltung der Geschehnisse im Totenreich lockerte sich im Laufe der Zeit. Es entstanden auch an allgemein zugänglichen Grabmonumenten von Mitgliedern des Adels Inschriften und Bilder. Später entwickelten sich daraus die so genannten Sargtexte. Diese Sammlung von Sprüchen wurde auf die Seiten der hölzernen Sarkophage geschrieben. Nach 1700 v. Chr. fasste man diese Texte zum Ägyptischen Totenbuch zusammen.

Auf Papyrusrollen, die den Verstorbenen mit ins Grab gelegt wurden, beschrieb man darin den Weg der Seele nach dem Tod.

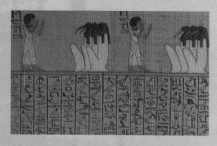

Ein Papyrus des Totenbuchs aus dem Pariser Louvre.

zu gelangen. Dort wird das Herz des Verstorbenen in der einen Schale mit der wahren Ordnung der Welt – repräsentiert durch das Symbol der Göttin Maat in der anderen Schale – aufgewogen. Das Urteil notierte der weise Schreiber unter den Göttern, Thot mit dem Ibiskopf. Es bestimmt so den weiteren Weg des Ba im Totenreich, der im Ägyptischen Totenbuch beschrieben ist. Erst wenn die Durchquerung des »Feuersees« im Anschluss an das Totengericht die dem Ba noch anhaftenden Begierden und Übel ausgebrannt hat, kann die Seele ihren postmortalen Weg fortsetzen und sich zu einem unvergänglichen Geist (Ach) verwandeln. Als göttliches Wesen kann der Ach an der Fahrt der Sonnenbarke

ÄGYPTISCHE VORSTELLUNGEN

teilnehmen und auf einen neuen Sonnenaufgang hoffen.

Ägyptisches Geheimwissen

Im Zentrum der Initiation in das ägyptische Geheimwissen stand die Einsicht in die Existenzweisen der menschlichen Wesensglieder vor der Geburt und nach dem Tod und ihr Zusammenhang mit dem mythischen Sonnenlauf: Die Sonne als Sonnengott Ra zieht tagsüber westwärts, bis sie den Mund der Göttin Isis in Gestalt der Himmelsgöttin Nut erreicht. Abends wird die Sonne von Nut geschluckt und nachts durchquert sie den Körper der Göttin, der erfüllt ist vom Leben nährenden Welturgrund namens Nun. Am nächsten Morgen gebiert Nut die Sonne wieder aus ihrem Schoß.

Vor allem das Wissen von der Verwandlung des Sonnengottes auf seiner nächtlichen Fahrt durch die Unterwelt war ein streng gehütetes Mysteriengeheimnis. Nur der Pharao und die Priester-Gelehrten hatten ein tiefes Verständnis von der lebenserneuernden Kraft, die von jenem gewaltigen Wesen ausgeht, das in allen Erscheinungen der Natur und des Kosmos wirkt.

Esoterische Texte

Ursprünglich wurde solches Wissen nur in den königlichen Bestattungskammern festgehalten. Da man ein Leben nach dem Tod für sicher hielt, sollten die ehrenwertesten Mitglieder jeder Gesellschaft in den jenseitigen Gefilden nicht unwissend und für alle möglichen Geschehnisse und Begegnungen gewappnet sein. Mit den Jahren begrub man mit den Toten auch die Standesdünkel: Jedem Verstorbenen sollte nun das Recht gegeben werden, sich wissend im Jenseits zu orientieren. Es entstand das Ägyptische Totenbuch, das auch gewöhnlichen Sterblichen zugänglich war.

Im Tal der Könige bei Theben finden sich neben den Grabanlagen zahlreiche bemalte Reliefs mit religiösen Texten und Darstellungen. Dieses Bild zeigt beispielsweise Anubis, der auch als Totengott und als Schutzherr der Gräber verehrt wurde, in der Gestalt eines schakalköpfigen Menschen. Oft wurden die Götter mit Tierköpfen als Sinnbild für animalische Kräfte versehen.

LEHREN DER VORFAHREN

Der Mensch im Zentrum des Kosmos, fähig zu den Sternen zu greifen.

Platon und der Neuplatonismus

Sokrates (470–399 v. Chr.) und seine Schüler sind in dieser Szene beim »Gastmahl des Platon«, dem legendären philosophischen Streitgespräch, dargestellt. Platon war ein Schüler Sokrates' und gab dessen Lehren in seinen Schriften weiter. Fresko in der Universität Halle von Gustav Adolph Spangenberg (1828–1891)

Es waren die Ideen Platons (427–347 v. Chr.), die nachhaltig das Denken des Abendlandes beeinflussten. Dennoch waren die Originalwerke des griechischen Philosophen bis in das Zeitalter der Renaissance praktisch unbekannt. Bis dahin wurden sie über die so genannten Neuplatoniker vermittelt. Der Neuplatonismus war eine systematische Philosophie der Spätantike (3.–6. Jahrhundert n. Chr.), in welcher die mystischen Dimensionen der Lehren Platons weiterentwickelt und mit orientalisch-religiösen Ideen vereinigt wurden. Diese Strömung bildete zugleich die philosophische Grundlage für Magie und Geheimwissenschaften.

Schon Platon hatte bestimmte Ideen aus der indischen mystischen Philosophie entnommen. Beispielsweise seinen Mythos von der Wahl der Lebensschicksale im vorgeburtlichen Zustand der Seele. Darin spiegeln sich die indischen Lehren der Seelenwanderung und der Tatvergeltung (Karma) wider. Solche Vorstellungen übten auf die Neuplatoniker große Faszination aus.

dieser Kette wieder zum Gipfel alles Seins emporzusteigen.

Durch besonderes Bemühen vermag das Wesen des Menschen zu jenen Sphären zurückzukehren, aus denen es ausgestrahlt ist. Da der Mensch im Innersten seines Kerns nie alle höheren Ebenen bis in die Ureinheit ver-

Der Mystiker Iamblichos von Chalkis

Der hellenistische Philosoph und Mathematiker Iamblichos von Chalkis (um 250–330) verwandelte die neuplatonische Lehre in eine orientalisch ausgerichtete, mystische Offenbarungsreligion.

Er schuf ein hierarchisches System aus überweltlichen Gottheiten, denen zunächst 360 innerweltliche Götter folgen und danach Engel, Dämonen, Heroen und Naturgötter. Iamblichos war insbesondere an Wahrsagekunst (Mantik), zahlenmystischer Mathematik und weißer, Nutzen bringender Magie (Theurgie), interessiert.

Seiner Ansicht nach ermöglichten es diese Techniken dem Menschen, in mystischer Versenkung der Gottheit näher zu kommen. Sein Buch »Von den Mysterien« (De mysteriis) übte einen bedeutenden Einfluss auf die Entwicklung von Magie und Geheimwissenschaften in der Renaissance aus.

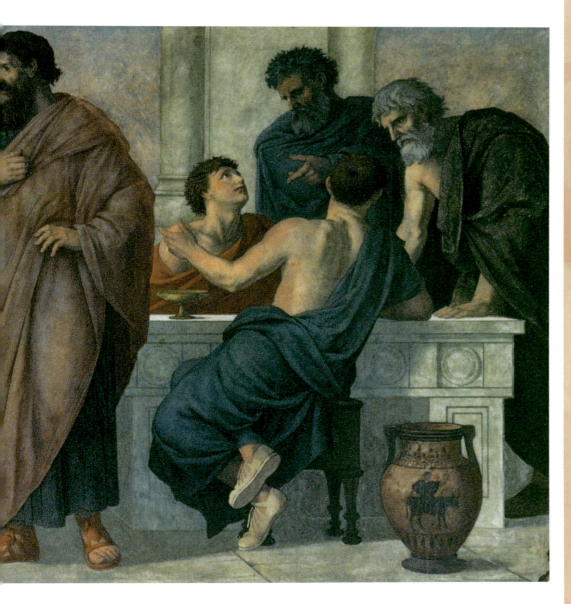

Rückkehr zum absoluten Geist

Platon hatte den grundsätzlichen Gegensatz zwischen »dem Einen« (auch »das höchste Gute«) und »der unbestimmten Zweiheit« gelehrt. Die materielle Welt sei als eine »goldene Kette« geordnet, die vom Einen bis zum letzten Abglanz des Seins im Materiellen hinabreiche, Ebene mit Ebene wesenhaft verbindend. Aufgabe des Menschen ist es, entlang

loren hat, steht ihm der Weg der vollständigen Rückkehr offen. Platon war der Auffassung, dass sich die Einsicht in das Eine als Folge geistiger Anstrengung in Form einer Erleuchtung einstellt.

Dieser Feuerfunken in der Seele, einmal entzündet, »nährt nunmehr sich selbst«, wie Platon im berühmten siebten seiner zwölf erhaltenen Briefe schrieb.

Titelblatt aus Iamblichos Werk »Von den Mysterien«, das im späten Mittelalter und in der Neuzeit großen Einfluss auf die neuplatonischen Lehren hatte.

LEHREN DER VORFAHREN

Im Mittelalter stellte man sich den Kosmos stufenartig aufgebaut vor. In einem Kupferstich hat Gregor von Welling (s. u.) den Sphärenaufbau der Welt dargestellt: Die Welt im Zentrum wird von konzentrischen Sphärenringen umhüllt, die u. a. den Himmel mit den Wolken, die unendliche Ewigkeit und den Ort repräsentieren, wo Gottes Thron steht.

Sehnsucht nach dem Ursprung

Den Neuplatonismus kann man als Philosophie mit starken religiösen Momenten charakterisieren. Er überwand die einflussreichen mystischen Lehren der Gnosis mit ihrem unversöhnlichen Gegensatzdenken von Geist und Materie, das damals außerordentlich populär war, indem der verkörperte Mensch als Endpunkt in einer Kette stufenweiser Verdinglichung des Geistes verstanden wurde. Als Begründer des Neuplatonismus gilt der griechische Philosoph Plotin (um 205–270). Seine Philosophie setzt als Quelle allen Seins das eigenschaftslose Ur-Eine voraus, womit Gott oder »das Gute« bezeichnet wird. Dieses Ur-Eine verstreut sich, indem es in die unbestimmbare Finsternis des Stoffes hineinstrahlt. Aus ihm gehen durch Ausstrahlungen (Emanation) der Weltgeist, die Weltseele und alles Leben hervor. Im Gegensatz zum biblischen Gott, der durch einen Willensakt die Schöpfung hervorbringt, ging Plotin von der Idee aus, dass es im Wesen des Einen liegt, durch Ausströmung alle Seinsformen hervorzubringen.

Körperwelt und Materie fasst Plotin als Spiegelungen der Ausstrahlungen des Einen im Nicht-Seienden auf. Die Seele als Bindeglied empfängt vom Geist die Ideen. Diese Ausstrahlungen erscheinen als die in der Menschenseele aufkeimende Sehnsucht nach dem göttlichen Ursprung. So erschafft Plotins Philosophie ein fünfstufiges Weltengebäude, auf deren Bühne sich das Drama der Einzelseele abspielt, die, im Körperlichen verhaftet, die Entscheidung treffen muss, ob sie sich dem Schlechten, das heißt Körperlichen, gänzlich zuwendet oder ob sie sich zurückwendet, um

»Systema magicum universi«, das magische System des Universums in einem kolorierten Kupferstich aus dem berühmten Werk »Opus magicum cabbalisticum« (1735) des Kabbalisten Gregor von Welling.

174

in Ekstase bis zum Einen emporzusteigen. Der Aufstieg zum Geist wird als Heimkehr aufgefasst und ist gleichsam die Umkehrung des Prozesses der Emanation. An Platon erinnert seine Vorstellung, dass man das Eine in der ekstatischen Schau erreichen kann. So könne sich der Mensch von der Selbsttäuschung individueller Existenz befreien und sein ureigenstes Wesen, sein eigentliches Selbst, seine innere Heimat finden.

Die Wirkung des Neuplatonismus darf nicht unterschätzt werden. Das christliche Denken hat, vor allem durch die Vermittlung des Augustinus (354–430), wesentliche Elemente des Neuplatonismus übernommen. Man kann sogar davon sprechen, dass der Neuplatonismus die philosophische und wissenschaftliche Grundlage für die Theologie nicht nur der christlichen, sondern auch der jüdischen und der islamischen Religion abgegeben hat. Am deutlichsten lassen sich die Spuren dieser Philosophie in der abendländischen Mystik wiederfinden, wo der Mystiker wie der Neuplatoniker mit dem Göttlichen in der mystischen Vereinigung (Unio mystica) zu verschmelzen trachtet.

Versenkung in die Gottheit

Der Neuplatonismus entwickelte ein Stufensystem, in welchem die Materie vom absoluten Geist, dem Ur-Einen, abgeleitet wurde. Der Mensch steht somit nicht nur mit seiner Seele und seinem Geist, sondern auch mit seinem Körper in Kontinuität mit dem absoluten Geist oder Gott. Zwar gilt das Materielle als negativ. Durch spezielle Reinigung mittels asketischer Übungen, wie sie Porphyrios von Tyros (232/3–ca. 301) lehrte, kann jedoch die Versenkung der Seele in die Gottheit (Ekstase) erfolgen und die Stufenleiter zum Reich des Geistes beschritten werden.

Sphärenaufbau der Welt

Neuplatonisches Gedankengut schuf die Voraussetzungen für die Vorstellungen vom stufenweisen Weltaufbau in von Engeln und Dämonen regierten Sphären, die im Mittelalter und in der Renaissance große Bedeutung er-

Im Palazzo Pitti in Florenz wurde in einem Fresko von Francesco Furini 1636 der Stadtherr und Förderer der Künste und Wissenschaften Lorenzo de Medici, der Prächtige (1449–1492), und die Platonische Akademie in Careggi verewigt.

langten. Die grobstoffliche Erde bildete die unterste Stufe dieser Entleerung des höchsten Geistes ins Materielle. Durch seinen Geist konnte der Mensch die Entwicklung rückgängig machen und sich durch die Sphären wieder in seine eigentliche geistige Heimat aufschwingen. Die Sehnsucht nach der Verwirklichung dieses Aufschwungs, der Rückkehr zur Ganzheit und zum Einen war Grundlage aller mystischen und geheimwissenschaftlichen Systeme.

Anweisung zur Gottesschau

Die systematische Gottsuche in mystischer Versenkung war das Ziel der Neuplatoniker. Im Kapitel »Anweisung zur Schau« in seinen Enneaden schreibt Plotin: »Steigen wir also wieder hinauf zum Guten, nach welchem jede Seele strebt. Wir erlangen es, indem wir nach oben hinaufschreiten, uns hinaufwenden, bis man dann, beim Aufstieg an allem, was Gott fremd ist, vorübergehend, mit seinem reinen Selbst jenes Obere rein erblickt, ungetrübt, einfach, lauter. Wenn man dieses erblickt – von welcher Liebe, welcher Sehnsucht wird man da ergriffen in dem Wunsch, sich mit ihm zu vereinigen, und wie lustvoll ist die Erschütterung!«

Legenden und Sagen

Odysseus auf seinen Irrfahrten durch die griechische Inselwelt, König Artus und die Ritter der Tafelrunde, fliegende Drachen und die Welt der Zwerge, Elfen und Feen: Sie alle gehören zum universellen Schatz der Erfahrungen, Träume und Wünsche unserer Ahnen. Der Reichtum der Legenden und Sagen gewährt uns einen tiefen Einblick in die menschliche Seele. Sie entstanden an unterschiedlichen Orten und zu verschiedenen Zeiten als Abbilder einer Wirklichkeit, die sich der rationalen Bewertung entzieht. In den modernen Industriegesellschaften verdrängte zunächst das wissenschaftliche Denken die alten Epen, während in anderen Teilen der Welt Mythologien höchst lebendig geblieben sind. So zum Beispiel in Indien, wo die Geschichten über die großen Gottheiten den hinduistischen Glauben wirkungsvoll unterstützen.

LEGENDEN UND SAGEN

Die Königin von Saba und ihr legendäres Reich

Die äthiopischen Herrscher leiteten ihre imperiale Würde in direkter Linie von der Königin von Saba ab. Der 1974 abgesetzte äthiopische Kaiser Haile Selassie betrachtete sich als 225. direkter Nachkomme der Königin und des Königs Salomo und leitete daraus seinen Herrschaftsanspruch ab. Umgeben von seinem Hofstaat empfängt König Salomo die Königin von Saba in Jerusalem, die ihm reiche Schätze zu Füßen legt. Ist die unsterbliche Liebesgeschichte real passiert oder entstammt sie einer biblischen Märchenwelt? Die königliche Begegnung malte der Flame Frans Francken II (1581–1642).

Die Königin von Saba hörte vom Ruf Salomos und kam, um ihn mit Rätselfragen auf die Probe zu stellen. Sie kam mit sehr großem Gefolge, mit gewaltigen Mengen Gold und Edelsteinen. Salomo gab ihr Antworten auf alle Fragen. Als nun die Königin von Saba die ganze Weisheit Salomos erkannte, da stockte ihr der Atem. Sie sagte zum König: ›Was ich in meinem Land über dich und deine Weisheit gehört habe, ist wirklich wahr.‹ Da schenkte sie dem König 120 Talente Gold, dazu eine große Menge Balsam und Edelstein.«

Antikes Gipfeltreffen

So beschreibt die Bibel eines der rätselhaftesten Gipfeltreffen der Welt. Ein mächtiger König wird von einer Frau auf die Probe gestellt, die ihm ebenbürtig an Macht wie Reichtum ist. Obwohl die Bibel keinen Eigennamen der Königin nennt, regte sie wie kaum eine andere Frau die Fantasie über die Jahrtausende hinweg an, denn ihr gehörten die prachtvollsten Schätze des Orients. Und sie wurde schließlich zur geheimnisumwitterten Legende, ihrer Ausstrahlung und ihrem Charme sollen die Männer reihenweise zum Opfer gefallen sein. Verführerisch und exotisch schön ging sie in die Dichtung und Malerei der Nachwelt ein. Selbst Hollywood-Filme setzten dieses Sinnbild der Erotik prachtvoll in Szene. Doch hat es diese Königin je gegeben? Hat die Bibel sie nur erfunden, um König Salomo ins rechte Licht zu setzen? Wann lebte sie, wie war ihr eigentlicher Name, wo lag ihr Königreich? Die archäologische Erforschung steht noch am Anfang einer spannenden Suche, bei der Orte, Zeit und Vorgänge mit detektivischem Gespür überprüft werden. Nach allem, was wir heute aus den Quellen wissen, ging es bei dem diplomatischen Besuch weniger um eine königliche Romanze als

Die legendäre Begegnung zwischen König Salomo und der Königin von Saba wurde auch in einer Szene auf dem aus dem 12. Jahrhundert stammenden Klosterneuburger Altar (Niederösterreich) festgehalten.

Theorien zur Identität der Königin Makeda

Das Nationalepos Äthiopiens behauptet, sein Königsgeschlecht entstamme einer Verbindung Königin Makedas mit Salomo. Die Geschichte kommt uns bekannt vor, möglicherweise ist dies der Name der Königin von Saba. Doch in dieser Erzählung verführt Salomo Makeda mit Hinterlist. Ein Ansatz für historische Nachforschungen müsste demnach in Axum, der alten Königsstadt Äthiopiens liegen. Im Volk haben sich Bezeichnungen für die Stadt wie »das Bad der Königin von Saba« gehalten, doch die archäologischen Zeugnisse und datierbaren Aufzeichnungen reichen nicht so weit zurück. Dennoch ist in Äthiopien eine bis ins erste Jahrtausend v. Chr. reichende jüdische Tradition vorhanden und möglicherweise vermischten sich in den Legenden um die Gestalt der Königin von Saba biblische Berichte mit Erzählungen aus dem Minäischen Reich.

LEGENDEN UND SAGEN

Von der rätselhaften Figur der Königin von Saba geht ein merkwürdiger Reiz aus, der die Menschen in verschiedenen Kulturkreisen seit Jahrtausenden beschäftigt. Im Buch Hiob wird die sonst namenlose Königin von Saba als »Lilith von Smaragd« bezeichnet, einem Namen, mit dem in der jüdischen Tradition eine Dämonin und Hexe benannt war. Die Wurzeln der Lilithgeschichte reichen aber noch viel weiter zurück. Schon 2000 Jahre vor der Aufzeichnung des Alten Testaments existierte im Gilgamesch-Epos eine Lilithgestalt, die später mit der der Königin von Saba verschmolzen wurde. Giambattista Tiepolo (1696–1770) stellte im Dogenpalast zu Venedig gleichsam programmatisch den Einzug der Königin von Saba in den Palast des weisen Königs Salomo in hochbarocker Prächtigkeit dar.

um den Ausbau einer Handelsbeziehung: ein Tauschgeschäft von Luxusgütern gegen Grundnahrungsmittel, die die Bewohner der arabischen Wüste und ihre Königin dringend benötigten.

Dämon oder Engel?

Die Königin von Saba umgibt ein seltsames, doppeldeutiges Geheimnis. Sie soll von einer Fußanomalie betroffen gewesen sein und wurde deshalb vor allem im Mittelalter häufig mit einem haarigen Klump- oder Pferdefuß oder auch einem Gänsefuß dargestellt, was sie zu einer Ausgeburt des Teufels machte. Jüdische Legenden erzählen, wie sie bei ihrer Ankunft in Salomos Palast über einen Glasboden geleitet wird. Sie glaubt, sie müsse durch Wasser gehen und hebt ihren Rock. Obwohl dabei ihre Beine sichtbar werden, verfällt ihr König Salomo. Aus dieser Verbindung soll schließlich Nebukadnezar, der später gefürchtete Herrscher von Babylonien und Zerstörer Jerusalems, hervorgegangen sein.

Während hier die Königin von Saba als dämonische Verführerin gezeigt und somit auch die männliche Angst vor einer starken Frau mit sexueller Anziehungskraft illustriert wird, wird die Fußanomalie der Königin in den christlichen Legenden ins Positive verkehrt: Als die Königin über den Kidron, im Tal zwischen

Jerusalem und dem Ölberg, schreiten will, hat sie eine prophetische Vision. Aus den Holzbalken der Brücke wird einstmals das Kreuz gezimmert werden, an dem Jesus sterben wird. Da sie die Holzbalken nicht betreten will, watet sie durch das Wasser, wo ihr verkrüppelter und dämonischer Gänsefuß auf wunderbare Weise in einen Mädchenfuß verwandelt wird. So ist die Königin von Saba zu einer frühen Prophetin Christis, dem kommenden Erlöser der Welt, geworden. Im Islam wird sie sogar als eine Anhängerin Allahs dargestellt.

Das Rätselland Saba

Ist die Königin von Saba nur ein Produkt der Fantasie? Keineswegs, meinen viele Forscher. Das Reich von Saba hat tatsächlich existiert. Es war das legendäre Weihrauch- und Goldland Arabiens und wird von vielen Wissenschaftlern im Nordosten des heutigen Jemens vermutet. Der deutsche Altertumsforscher Rolf Beyer gibt auch zu bedenken, dass in der arabischen Frühgeschichte mehr Königinnen als Könige regierten. Ebenso könnte die geheimnisvolle Regentin eine Nomadenkönigin gewesen sein, die einem schriftlosen Volk angehörte. Da sie mit »schwerem Aufgebot« nach Jerusalem kam, so Beyer, hält er als wahren Hintergrund der zahlreichen »Geschenke« auch eine militärische Bedrohung für möglich.

Regentin von Ma'in

Die mitgebrachten Geschenke lassen weitere Schlüsse auf das Herkunftsland zu. Balsam, also Weihrauch und Myrrhe, gab es damals nur im Südosten Afrikas oder im Südwesten der arabischen Halbinsel. In der Tat tritt im 9. Jahrhundert v. Chr. ein Königreich Saba in die Geschichte ein, das im heutigen Jemen lag. Je nach Datierung fehlen nur etwa 100 Jahre bis zur salomonischen Regierungszeit etwa um 965–926 v. Chr. Gut möglich, dass die Königin von Saba die Herrscherin des Vorläuferstaates, des Minäischen Reiches war, dessen Grenzen sich bis nach Jordanien erstreckten. Über Äthiopien hatten die Minäer direkte Handelsbeziehungen bis nach Ägypten. Ein Kontakt nach Israel wäre dann keine Besonderheit gewesen. Ausgrabungen in der damaligen Hauptstadt des Königreiches, in Ma'in, waren bislang aus politischen Gründen kaum möglich.

So bleibt vorerst das Geheimnis der sagenhaften Königin von Saba gewahrt. Ihr Mythos lebt auch ohne archäologische Beweise weiter.

KÖNIGIN VON SABA

Einige Forscher sehen in der ägyptischen Pharaonin Hatschepsut (1490–1468 v. Chr.) die Königin von Saba. Demnach ruht die sagenhafte Königin im »Tempel der Hatschepsut« im Tal der Könige.

Die Hatschepsut-Theorie

Der russische Wissenschaftsautor und Altphilologe I. Velikovsky (1895–1979) kommt zu der Auffassung, die Königin von Saba könne die ägyptische Pharaonin Hatschepsut gewesen sein. Er geht dabei von zwei Thesen aus. Er datiert die Pharaonendynastien durchgehend um 500 Jahre später als andere Wissenschaftler, womit er auch etliche Widersprüche der bisherigen Geschichtsschreibung klären kann. Zum anderen beruft er sich auf den Historiker Flavius Josephus (1. Jh. n. Chr.), der die geheimnisumrankte Herrscherin von Saba als »Königin von Ägypten und Äthiopien« bezeichnet. Ägyptische Reliefs berichten von einer Expedition Hatschepsuts in das »Gottesland Punt«. Damit könnte die Halbinsel Sinai gemeint sein, zumindest sprechen die auf den Tempelfriesen abgebildeten Pflanzen, die typisch für dieses Land sind, für diese Annahme. Dies wäre sicherlich die ungewöhnlichste Lösung eines uralten Rätsels.

Königin Hatschepsut, dargestellt als männlicher Pharao, mit Seschat, der Göttin der Schreibkunst. (Relief in Karnak)

LEGENDEN UND SAGEN

Asgard – die Burg der germanischen Götter

Island soll die Heimat der germanischen Götter sein. Die Orte, an denen die Himmlischen walteten, könnten tatsächlich in der märchenhaften Landschaft existieren. Wer sich mit der mythologischen Sammlung »Edda« auf der Insel auf Entdeckungsreise macht, stößt nämlich auf verblüffende Ähnlichkeiten zwischen Realität und Überlieferung.

Die Götterburg Asgard, die Unterwelt Helheim, die Brücke zum Totenreich, die Schlupfwinkel der Dämonen und die Schlösser der Riesen gibt es wirklich. Die Verfasser der alten germanischen Sagen haben ihre Ortsbeschreibungen verschlüsselt und mit literarischen Rätseln umgeben.

ASGARD

Die Schauplätze der Göttermythen liegen weit draußen im Nordmeer, fernab vom europäischen Festland am Polarkeis: auf der Vulkaninsel Island.

Bis weit in das 13. Jahrhundert hinein war diese Insel die letzte Bastion des germanischen Glaubens, auf der sich auch nach der Einführung des Christentums die Vorstellungswelt und die alten Traditionen aufrechterhielten.

Auf Island entstand 1230 die »Edda«, eine Sammlung nordischer Mythen und ein Frühwerk der Weltliteratur. Sie berichtet von den Göttern und Göttinnen der Germanen, von Gottvater Odin und seinem achtbeinigen Schimmel Sleipnir, dem Gewittergott Thor und dem Sonnengott Baldur, von der listigen Loki, die stets Zwietracht in Walhall – dem Sitz der Götter – sät und von dem Fruchtbarkeitsgott Freyr, der in Liebe zur schönen Göttertochter Frigg entbrennt.

Deutsches Wortgut in den Sagen

Viele Wörter des deutschen Sprachgebrauchs entstammen ursprünglich der »Edda«. Vom Namen der Totengöttin Hel leitet sich das Wort Hölle ab, nach Gott Donar (oder Thor) ist der Donnerstag benannt und die Liebesgöttin Freya stand Pate für den Freitag.

Auch Begriffe wie Götterdämmerung, Nornen, Asen, Walhall oder Walküren sind aus der von dem isländischen Poeten und Staatsmann Snorri Sturluson (1179–1241) aufbereiteten Sammlung abgeleitet. In den prallen Schilderungen mythischer Abenteuer vom Weltanfang und Weltuntergang, von Tragödien und Komödien, verhalten sich die Bewohner Walhalls nicht anders als die Menschen auf der Erde.

Auf den Spuren der »Edda«

Für den Münchner »Edda«-Experten Walter Hansen (*1934) ist die Sagensammlung ein Reiseführer zu den verschollenen Schauplätzen des germanischen Götterhimmels. In dem Versuch, Mythologie und Geologie zusammenzubringen, entdeckte er in einem menschenleeren Gebiet Islands vermutlich die Stelle, an der der Götterbote Hermodhr in die Unterwelt geritten ist, um den ermordeten Sonnengott Baldur zurückzuholen. Hansen überquerte außerdem den Gjöll, den sagenhaften Grenzfluss zur Unterwelt und fand die Brücke zum düsteren Reich der Totengöttin Hel, die von der Sturzflut eines Wasserfalls aus einem Lavafels geformt worden war.

»Sagen werden herausgefordert von der Faszination einer Landschaft«, meint Walter Hansen. »Jeder Mythos hat einen örtlichen Bezug. Ich bin überzeugt davon, dass ich den Göttersitz Asgard in Island gefunden habe, das Reiseland der frühen Edda-Dichter!«

Landschaft als Inspiration

Die Aussage klingt plausibel, stammt doch auch die Sage von Rübezahl aus dem Riesengebirge, der Mythos über den römischen Feuergott Vulcanus vom Feuer speienden Vesuv und auch der Teufelstanzplatz liegt nicht von ungefähr im nebligen Hochmoor im deutschen Harz.

Das schneeglänzende Dach der Götterburg Asgard erschließt sich dem einsamen Wanderer beim Anblick des Tafelvulkans Herdubreid im Südosten Islands. Auch Odins Hochsitz Hlidskjalf, der weithin in den Himmel ragt, kann man sehen, wie es die Sage beschreibt.

Viele weitere mystische Orte werden sich dem aufmerksamen Islandbesucher erschließen, wenn er die Edda mit den natürlichen Gegebenheiten vor Ort vergleicht. Fündig gewordene Mythologen sind überzeugt: Wer Asgard gesehen hat, hat einen Meilenstein in seinem irdischen Dasein erreicht – er hat als Lebender ins Himmelreich geschaut.

Yggdrasil – der Götterbaum

Die Weltesche Yggdrasil wird in der »Edda« als Schicksalsbaum beschrieben, ein Symbol für Werden und Vergehen der Welt. Heilige Bäume gibt es in fast allen Kulturen und die Vorstellung von Weltbäumen ist nicht auf Island beschränkt. Bäume wachsen und bewegen sich, sie rauschen wie die Stimmen der Menschen und sind Wohnstätten für viele Tiere. Mysteriös ist, dass es zur Edda-Zeit in Island keine Bäume gab, die Vorbilder für Yggdrasil gewesen sein könnten. Vielleicht haben Einwanderer die Sage mit auf die Insel gebracht. Manche Mythologen glauben, mit der Weltesche sei das Band der Milchstraße beschrieben worden, das sich allabendlich über den Himmel spannt.

Yggdrasil, die Weltesche, ist den altnordischen Mythen entsprechend ein immergrüner Baum im Weltmittelpunkt. Unter seinen Wurzeln entspringen das Wasser des Urwerdens und der Schicksalsquell. Buchcover aus dem Jahre 1847 zu »Mallet's Northern Antiquities«.

LEGENDEN UND SAGEN

Arthur: König einst und für alle Zeit

Umgeben von seinen Gefährten, den Rittern der Tafelrunde, bricht König Arthur auf, das Heilige Land zu erobern. Die französische Buchillustration des 15. Jahrhunderts zeigt, wie sich hier im Bildsujet die Sagen verdichten: So wie die Tempelritter zu dieser Zeit gen Jerusalem segelten, um das Land vom Islam zu befreien, unternimmt König Arthur zusammen mit seinem Gefolge die Reise auch, um den Heiligen Gral zu finden.

Wie König Arthur selbst konnte auch Lanzelot, durch die Zauberkünste Merlins unterstützt, das Schwert aus einem Steinblock herausziehen. Diese Illustration stammt aus dem um 1470 entstandenen französischen Lanzelot-Roman »Livre de Messire Lancelot du lac« von Gautier de Moap.

KÖNIG ARTHUR

Die unsterbliche Geschichte von König Arthur (auch Artus) und den Rittern seiner Tafelrunde von Camelot ist der wohl berühmteste und immer noch lebendige Mythos Britanniens: Arthur entstammte einer ehebrecherischen Liebesbeziehung zwischen dem britannischen König Uther Pendragon und Ygerna, der Frau des Herzogs von Cornwall. Uther hatte sich so leidenschaftlich in Ygerna verliebt, dass er den Zauberer Merlin dazu überredete, ihm die Gestalt des Herzogs zu geben. Dies gestattete ihm den Zugang zum Schloß Tintagel und somit zu seiner Angebeteten. Da Merlin dem Kind ein schreckliches Schicksal vorhergesagt hat, das dem Geschlecht der Pendragons ein Ende setzen werde, entschließt sich die Mutter, mittlerweile auch die Gemahlin König Uthers, dazu, das Neugeborene in die Obhut Merlins zu geben.

Als Uther stirbt, sichert Merlin dem fünfzehnjährigen Arthur den Thron, indem es nur ihm vor allen anderen Edelleuten gelingt, aus einem Felsblock ein darin steckendes Schwert herauszuziehen. Mit seinen auserwählten Rittern unterwirft Arthur viele Länder und begibt sich auf die Suche nach dem zaubermächtigen Heiligen Gral, der ewiges Leben verleihen soll.

Sagenhafte Zeiten

Letztlich, nach vielen Abenteuern, kommt es zu einem Kampf zwischen Arthur und seinem diabolischen Sohn Mordred (in manchen Arthurromanen wird Mordred auch als Neffe Arthurs bezeichnet), in dem Mordred stirbt. Auch Arthur wird tödlich durch das Schwert seines Sohnes verletzt. Man bringt den Sterbenden nach Avalon, der Feeninsel, wo er auf wundersame Weise errettet wird. Von dort, so erzählt die Sage, werde der britische Heroe eines Tages wiederkehren und ein neues Friedensreich errichten. Ist König Arthur ein körperloser Schatten, verhüllt von einem silbernen Nebelschleier aus Zauberhand? Oder entstammt er dem tiefen Dunkel frühester Geschichte? Eines jedoch steht fest: Das Geheimnis, das ihn und seine Tafelrunde umgibt, ist in der Fantasie der Menschen lebendig geblieben bis auf den heutigen Tag.

Merlin, Prophet und Zauberer

Merlin, der einer urtümlichen Welt zu entstammen scheint, gilt als Arthurs Erzieher und Mentor. Hervorgegangen aus einer dämonischen Vereinigung – auf Camelot ging das Gerücht herum, Merlin sei das Kind einer Nonne, die von einem teuflischen Geist verführt worden war – setzt er seine magischen Fähigkeiten nur zum Guten ein. Besondere Macht hat er über Metall, Wasser und Gestein: So vermag er es, ein Schwert in einen Felsblock zu rammen, das wütende Meer zu beruhigen oder die Mauern der Burg Camelot dazu zu veranlassen, die Feinde hinabzuschleudern, wenn diese versuchen hinaufzuklettern. Er versteht es auch, sich unsichtbar zu machen, er kann das Verborgene sehen und die Zukunft prophezeien, obwohl sein Schützling Arthur seine Warnungen oft in den Wind schlug.

Leider schützen Merlins Zauberkräfte ihn selbst nicht vor menschlichen Schwächen. So wurde er etwa von Nimiane, der Dame vom See, verführt, die ihn auch dazu brachte, ihr seine Zaubersprüche und Beschwörungsformeln beizubringen. Als sie schließlich seiner überdrüssig geworden war, wandte sie einen dieser Sprüche an und verwandelte Merlin

Der Ritter Lanzelot hatte sich unsterblich in die schöne Guinevere, die Frau König Arthurs, verliebt. Sie erwiderte seine Liebe, die nicht lange vor dem Hofstaat verborgen blieb, wie in dieser Illustration des 14. Jahrhunderts angedeutet wird.

Die Fee Morgan zeigt Arthur die Untreue seiner Frau Guinevere mit Lanzelot. Buchmalerei des 15. Jahrhunderts.

Die Ehebrecherin an Arthurs Seite

Königin Guineveres sündige Liebe zu Lancelot erregte über Jahrhunderte hinweg die Fantasie. Guinevere – die »weiße Elfe« – ist verheiratet mit dem edelmütigen Arthur. Gleichwohl zieht es sie zu seinem Waffengefährten Lancelot. Von vielen begehrt, stellt selbst ihr Stiefsohn ihr nach. So warnten Ritter Laufal und Merlin den König, eine Frau mit einem »lasziven« Vorleben zur Gemahlin gewählt zu haben. Trotz einer erstaunlichen sexuellen Freizügigkeit begegnen ihr die Arthusritter mit Respekt. Ihre Anmut wird gerühmt, und sie wird die »Quelle alles Guten« genannt. Manche sehen hierin Parallelen zu der irischen Erdgöttin Mebdh, die sich selbstherrlich ihre Liebhaber erwählte.

LEGENDEN UND SAGEN

Die Fee Morgan versuchte, ihren Halbbruder Arthur mit bösem Zauber zu ermorden. In der zweiten Hälfte des 19. Jahrhunderts gehörten Sagen und Legenden zu den bevorzugten Sujets der Kunst. Besonders der Symbolismus nahm sich der sagenhaften Vergangenheit an. Um 1862/63 entstand diese Darstellung der »Morgan le Fay« von Frederick Sandys.

Aus der »Histoire de Merlin«, der Geschichte des keltischen Zauberers, von Robert de Boron, stammt diese französische Buchmalerei des 13. Jahrhunderts. Sie zeigt die Zeugung Merlins durch den Satan mit einer reinen Jungfrau.

zeitweilig in eine Eiche. Letztlich entgeht Merlin jedoch jedem Bann, denn er ist unsterblich: Noch heute residiert er in seinem Palast auf dem Grund des Meeres.

Eine fantastische Geschichte mit einem sagenumwobenen Helden, und doch hat diese Gestalt einen historischen Kern. Wahrscheinlich spiegelt sich in ihm der kymrische, d. h. walisisch-keltische Barde Myrddin Wyllt wider, der vom Dichter Taliessin in einem Bardenverzeichnis erwähnt wird und der erste getaufte Druide war.

Verschollen im Grenzland der Sagen

Facettenreich tritt uns Arthur als mutiger Krieger und als gerechter Herrscher gegenüber. Ist dieser König nur ein Repräsentant mittelalterlicher Werte, ein Protagonist christlicher Sozialethik? Oder lebte er wirklich?

Schon vom siebten Jahrhundert an wird er in Chroniken und Balladen erwähnt. Der früheste erhaltene Hinweis auf König Arthur findet sich in dem walisischen Gedicht »Y Gogoggin« (um 600). Weitere Zeugnisse liefern lateinische Schriften aus dem 9. und 10. Jahrhundert sowie der »Mabinogion« (um 1100), eine Sammlung walisischer Sagenerzählungen.

Hier finden erstmals auch Arthurs Frau Guinevere und einige Ritter seiner Tafelrunde Erwähnung. Und um 1139 hält der englische Dichter Geoffrey de Monmouth in seiner Geschichte Britanniens, »Historia Regnum Britanniae«, die Grundzüge der Arthurgeschichte, wie wir sie heute kennen, fest.

Die Sage um König Arthur wurzelt wohl in der keltischen Mythologie und wurde in späteren Überlieferungen immer wieder erweitert. Der legendäre Ritter Arthur aber, darüber sind sich die Historiker einig, ist keineswegs ein literarisches Phantom. Er hat real gelebt! Der walisische Verfasser der »Historia Brittonum«, Nennius, erwähnt ihn um 900 als einen »dux bellorum«, einen Kriegsherrn, der gegen die eindringenden Sachsen ankämpfte.

Der britische Historiker Professor Geoffrey Ashe hat akribisch nachgewiesen, dass sich hinter Arthur somit ein britisch-römischer Offizier des 5. Jahrhunderts verbirgt, der in das von den Römern zurückgelassene Machtvakuum vorstieß und die Kelten in großen Schlachten gegen die heidnischen Angelsachsen führte.

So wurde er schon von seinen Mitstreitern als Kriegsführer und Held verehrt und blieb als Erneuerer der alten Ordnung in Erinnerung.

Königliche Spuren

Um 450 lässt sich quellenkundlich ein britisches Hochkönigtum belegen. Jordanes, der 551 die »Geschichte der Goten« verfasste, nennt diesen König sogar namentlich: Riothamus, der auf dem Seewege mit 12.000 Mann dem römischen Kaiser Anthemius zur Hilfe eilte. Mit sprachwissenschaftlichen Methoden hat bereits 1959 Professor K. Jackson einige sagenumwobene Schlachten, Orte und Ereignisse aus dem 5. Jahrhundert identifiziert. Demnach könnte Cadbury Castel (Camalat) in Somerset Camelot gewesen sein. Dadurch erhält ein Bericht aus dem 12. Jahrhundert Glaubwürdigkeit, wonach Mönche der nahen Abtei Glastonbury ein Bleikreuz auf dem Friedhof fanden, auf dem in lateinischer Schrift geschrieben stand: »Hier liegt der berühmte König Arthur begraben.« Darunter entdeckten sie einen Sarg mit männlichen und weiblichen Gebeinen. 1962 stießen Archäologen an der bezeichneten Stelle tatsächlich auf einen alten Schacht.

1986 rekonstruierte Professor Norma Lorre Goodrich das Leben eines historischen König Arthur in den »Borders«, der Grenzregion zwischen Schottland und England. Sämtliche militärische Strategien, religiöse Praktiken und die Sprache weisen den Arthur-Zyklus als absolut authentische Berichte aus. Alle diese Quellen und Hinweise sind zu genau, um die Gestalt König Arthurs im Reich der Sagen zu belassen, zu lebendig ist in vielen Gegenden Britanniens die Erinnerung an seine Schlachten. So ist es König Arthur gelungen, aus seinem verwunschenen Sagenland in die Gegenwart des 21. Jahrhunderts zurückzukehren.

Glastonbury war schon vor dem Christentum eine geheiligte Stätte gewesen. Der »Tor«, der legendenumwobene Hügel, der sich über dem Ort erhebt, ist mit einem Netz von Wegen überzogen, die als Reste eines prähistorischen Labyrinths gedeutet werden. Es entstand die Idee, dass diese Wege bei einem zeremoniellen Gang durch einen Irrgarten benutzt worden sein könnten, der die Gralssuche symbolisierte, wobei ein vorchristliches Ritual zu einem christlichen Mythos verwandelt worden sei. Archäologen, die den »Tor« studierten, ziehen eine solche Theorie durchaus in Betracht.

KÖNIG ARTHUR

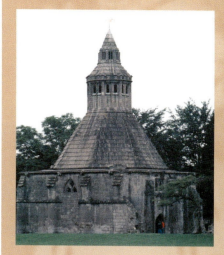

Auf dem Friedhof der Abtei von Glastonbury soll sich das Grab König Arthurs befinden. Nach einer anderen Überlieferung ließ sich Lanzelot, nachdem er von seiner Geliebten Guinevere Abschied genommen hatte, in der Nähe von Glastonbury als Einsiedler nieder.

Die Insel Avalon

Avalon, die »Apfel-Insel«, wie man sie von ihrer ethymologischen Wurzel auch bezeichnen kann, wurde schon von vielen Dichtern und Forschern gesucht: Manche erkennen in ihr einen Landstrich in der Gegend von Somerset, der besonders reich mit Äpfeln gesegnet ist, andere vermuten, dass Avalon die Isle of Man oder auch ein Ort in der Gegend von Glastonbury ist. Schon im 12. Jahrhundert fragte der Gelehrte Alanus: »Wo ist ein Ort innerhalb der Grenzen des Christenreiches, zu dem die beflügelten Lobpreisungen des Briten Artus nicht gelangt ist? Geht und verkündet, dass Artus tot sei. Ihr werdet kaum unbeschädigt davonkommen, ohne von den Steinen eurer Zuhörer zerschmettert zu werden«.

Die »Insel der Glückseligen«, wo Arthur auf seine Rückkehr in die Welt der Menschen wartet, wird in der Tiefenpsychologie als der »Archetypus (Urbild) des erschlagenen Helden« gedeutet. In ihm konzentriert sich die Hoffnung, dass der König in einem Goldenen Zeitalter die Ideale verwirklichen kann, die er zu Lebzeiten nicht erreichte.

LEGENDEN UND SAGEN

An den Mast seines Schiffes gefesselt trotzt Odysseus dem Gesang der Sirenen. Seine Männer haben die Ohren mit Wachs verschlossen, um den Verlockungen der Inselbewohnerinnen zu entgehen. (Röm. Mosaik, 3. Jahrhundert n. Chr., Dougga, Tunesien)

Die Heldentaten des Odysseus

Homer gilt als Verfasser der »Ilias« und der »Odyssee«.

Zehn Jahre kämpft er im Trojanischen Krieg, zehn Jahre irrt er anschließend über das Meer. Sein Leben ist von unmenschlichen Gefahren und von seiner unsterblichen Liebe zur Gattin Penelope geprägt – Odysseus, der König von Ithaka. Über den mutigen Helden werden in Griechenland noch heute die abenteuerlichsten Geschichten erzählt. Bekannt wurde er durch zwei klassische griechische Epen, »Ilias« und »Odyssee«. Ersteres beschreibt Odysseus' Mitwirken am Trojanischen Krieg, letzteres nimmt sich seiner zehn Jahre dauernden Irrfahrten über das Meer an.

Die Ilias

Die »Ilias«, als deren Verfasser der griechische Dichter und Philosoph Homer (8. Jahrhundert v. Chr.) gilt, ist das älteste erhaltene Großepos der europäischen Literatur. In über 16.000 Versen schildert Homer die entscheidenden Tage im letzten des insgesamt zehn Jahre dauernden Trojanischen Kriegs. Zahlreiche »private« Episoden unterbrechen die kriegerischen Auseinandersetzungen; eine menschliche und eine göttliche Handlung sind miteinander verwoben.

Als dies nicht geschieht, kommt es zum Krieg. Dieser wird, und das ist sowohl in der »Ilias« als auch in der »Odyssee« faszinierend, von den Vorlieben und Abneigungen der griechischen Götter geprägt. Sie teilen sich in zwei Lager. Die einen werden zu Odysseus' Feinden, die anderen zu seinen Freunden.

Als Motiv für den Trojanischen Krieg wird in der »Ilias« die Entführung der schönen Helena, der Königin von Sparta, durch Paris, den Sohn des trojanischen Herrschers Priamos, genannt. Als Menelaos, Helenas königlicher Gemahl, ihr Verschwinden bemerkt, ruft er die tapfersten Männer Griechenlands, unter ihnen Odysseus, zusammen. Gemeinsam ziehen sie nach Troja und fordern die Rückgabe Helenas.

Götter mit menschlichen Zügen

Der Verfasser der »Ilias« setzt mythologische Grundkenntnisse voraus. Erst sie führen zum richtigen Verständnis der göttlich manipulierten Geschehnisse im Trojanischen Krieg und der Rolle des Odysseus im Gefolge von Menelaos.

So genießt der Trojaner Paris den Schutz von Aphrodite, der Göttin der Liebe. Sie hatte er

ODYSSEUS

Der listenreiche Odysseus

Odysseus, Sohn des Laërtes und der Antikleia, war für seine Schläue und für sein Geschick bekannt. Dem Trojanischen Krieg gingen zwei seiner trickreichen Ideen voran: Penelope war die Tochter von Tyndareos, Bruder von Ikarios, dem König von Sparta.

Im Zuge der Antikenverehrung malte im Zeitalter der Klassik Jean-Auguste-Dominique Ingres (1780–1867) Odysseus als Denker.

Als Helena, die Tochter Ikarios', verheiratet werden sollte, reihte sich Odysseus – mit dem Ziel, Penelope, Helenas Cousine, zur Frau zu bekommen – unter Helenas Freiern ein. Als Odysseus sah, wie sich die Kandidaten zankten und wie verzweifelt Ikarios deswegen war, schlug er diesem einen Handel vor: Penelope gegen eine Idee, die zänkischen Bewerber zu versöhnen. Odysseus ließ die Männer einen Eid schwören: Derjenige, der zum Gatten Helenas gewählt würde, solle künftig vom Rest der Verehrer gegen jedes Übel beschützt werden. Menelaos hieß der Auserwählte, die verschmähten Anbeter gelobten ihm Treue – und Odysseus kehrte mit Penelope als Frau nach Ithaka zurück.

Odysseus' zweiter Schachzug: Als Helena nach Troja entführt wurde und Menelaos in den Kampf um ihre Befreiung zog, wurden die einstigen Freier an ihren Treueschwur erinnert. Odysseus, dem prophezeit worden war, dass er seine Familie viele Jahre nicht wiedersehen würde, wenn er in den Kampf um Troja zöge, stellte sich verrückt. Einer der Männer, die Odysseus holen kamen, deckte den Schwindel auf und Odysseus löste widerwillig sein Versprechen ein.

189

LEGENDEN UND SAGEN

Die inselreiche Ägäis ist Schauplatz der abenteuerlichen Heimfahrt Odysseus'. Die häufig zerklüfteten und unwirtlichen Küsten wären beinahe auch Odysseus zum Verhängnis geworden.

Odysseus, dargestellt in einer römischen Marmorplastik um 50 n. Chr.

einst in einem göttlichen Streit zur schönsten aller Göttinnen gewählt – allerdings nur, weil sie ihm dafür die schöne Helena versprach. Aphrodites damalige Konkurrentinnen Hera und Athene haben Paris diese Entscheidung nie verziehen. Im Kampf um Troja beschützen sie deshalb Menelaos und Odysseus, die Feinde von Paris. Vor allem Athene ist entscheidend in die Eroberung von Troja einbezogen.

Das Trojanische Pferd

Ihr Schützling Odysseus hat im Kampf um Troja die ausschlaggebende Idee: Ein hohles Holzpferd wird vor den Toren Trojas aufgestellt und als Opfergabe an Athene getarnt. Im Bauch des Pferdes befinden sich die tapfersten Krieger des Menelaos.
Offiziell tritt der Rest der Griechen den Rückzug an, während die ahnungslosen Trojaner das Pferd in ihre Stadt holen. Nachts aber kommt die griechische Flotte zurück, und die Krieger im hölzernen Pferd öffnen ihnen die Stadttore. Gemeinsam nimmt man Troja in einem Überraschungsangriff ein.

Der wahre Krieg

Ob es sich wirklich so zugetragen hat? Fest steht, dass es tatsächlich einen solchen Krieg gab. Altertumsforscher sehen in ihm jedoch mehr einen Handelskrieg, denn eine private

Fehde zwischen zwei Liebhabern. Mit seiner Lage südwestlich der berühmten Meerenge Hellespont, heute Dardanellen, dominierte Troja einst den ganzen Handel von der Ägäis bis ins Marmara- und Schwarze Meer. Als Troja gefallen war, wurde Athen zur Handelsmacht.

Die Odyssee

Nachdem nun der Kampf um Troja gewonnen ist, möchte Odysseus wieder zu Penelope und dem gemeinsamen Sohn Telemachos nach Ithaka zurück. Ihm wurde zwar prophezeit, dass er nach dem zehnjährigen Krieg noch weitere zehn Jahre auf dem Meer herumirren würde, doch der Held steuerte trotzig die Heimat an.

Tatsächlich aber kommt Odysseus noch ein weiteres Jahrzehnt nicht nach Hause. Er muss Abenteuer um Abenteuer, ungünstige Winde und vor allem den Zorn des Meeresgottes Poseidon überstehen. Viele Historiker sind der Meinung, die Odyssee sei ein Reisebericht rund um die Insel Sizilien. Der englische Schriftsteller Samuel Butler (1835–1902) sah in der Odyssee zudem noch das Werk einer Dichterin. Philologen geben Butler Recht: Sie zweifeln daran, dass Homer auch der Verfasser dieser Sage war. Angeblich liegt zwischen Ilias und Odyssee mindestens eine Generation. Zudem herrsche in der Odyssee ein »Übergewicht weiblicher Interessen«.

Als Beispiel sei nur der romantische krönende Abschluss der Irrfahrten, das Wiedersehen von Odysseus und Penelope genannt: Zeus verlängerte die Nacht, damit Odysseus und Penelope länger beisammen sein konnten.

Analyse einer Heldensaga

Jahrzehntelang bemühten sich Psychologen, die Abenteuer und Motivationen von Odysseus zu entschlüsseln: obwohl Spielball im Reigen der Götter, zeichnet sich der Held durch einen starken eigenen Willen und wenig Gottgefälligkeit aus. Homer oder wer auch immer die Odysse geschrieben haben mag, entwickelte hier ein neues Weltbild.

Der Philosoph Ken Wilber (*1947) sieht in dem Werk eine geistige Entwicklungsgeschichte verzeichnet. Odysseus markiere dabei den Aufbruch des menschlichen Bewusstseins, den Übergang vom Herdentier zum selbstbewussten Individuum.

Nach Wilber ist der heutige Mensch auf Stufe Vier (von Acht denkbaren Stufen) angelangt: Er befindet sich exakt in der Mitte zwischen Tieren und Göttern.

Auch in vorchristlicher Zeit wurde der Sagenkreis um Odysseus als Bild einer menschlichen Entwicklung angesehen.

Der Held überwindet bislang nicht gekannte Schrecken, trifft wunderschöne Frauen und hat trotzdem nur die Heimkehr zum Ziel. Odysseus stößt alles zu, was sich ein griechischer Seefahrer seiner Zeit ausgemalt haben kann: menschenfressende Riesen, betörende Magierinnen, todbringende Sirenen und eine Begegnung mit der Schattenwelt. Einige Wissenschaftler vergleichen den Helden seiner Mentalität nach mit einem modernen Abenteuerurlauber: Odysseus war durch Poseidon ständig in Gefahr, durch andere Götter jedoch gut beschützt. Auch der moderne Mensch sucht das Risiko mit möglichst vielen Sicherheiten.

Wie auch der Quell- und Waldgott Silen halb Menschengestalt, halb Tier ist, so erscheint auch die berühmte Sphinx – hier mit Ödipus – als Tiermensch.

Nach 20 Jahren trifft Odysseus Penelope wieder. Griechisches Relief um 450 v. Chr.

Stationen einer Odyssee

Odysseus, dem prophezeit wurde, dass er nach dem zehnjährigen Krieg noch weitere zehn Jahre in der Fremde sein würde, macht sich dennoch auf den Heimweg nach Ithaka – ein langer Weg. Hier ein paar seiner Stationen. Als erstes hält er sich im Land der Lotusesser auf. Seine Gefährten naschen dort von den Früchten und verlieren ihr Gedächtnis. Odysseus, der nichts gekostet hat, bringt sie mit Gewalt auf das Schiff zurück. Weiter geht es zur Insel des Aiolos, dem Hüter der Winde. Er schenkt Odysseus einen Sack mit allen Winden, bis auf den Westwind, der sie nach Ithaka bringen würde. Man kann schon die Heimat sehen, als Odysseus' Gefährten den Sack öffnen, weil sie vermuten, darin seien Wein oder Gold. Die Winde treiben das Schiff wieder aufs offene Meer hinaus. An den Sirenen und am Meeresfelsen Skylla vorbei, gelangt Odysseus auf die Insel des Sonnentitanen Hyperion. Obwohl Odysseus davor gewarnt hatte, das Vieh des Hyperion anzurühren, schlachten es Odysseus' hungrige Männer. Zeus, bei dem sich Hyperion beschwert, schickt Sturm und Blitz und bringt Odysseus wieder von seiner Route ab. Im Sturm sterben alle Männer, bis auf den Helden selbst. Das Ende des Odysseus wird zum Mythos. Der Seher Teiresias prophezeite ihm einen »Tod vom Meer«. Angeblich hat sein Sohn Telemachos Odysseus irrtümlich mit einem Speer, dessen Pfeilspitze das Rückgrat eines Stachelrochens war, getötet. Eine andere Version erzählt davon, dass Odysseus und Penelope bis ins hohe Alter glücklich waren.

LEGENDEN UND SAGEN

Gilgamesch – der König von Uruk

Bei seiner Suche nach dem ewigen Leben findet König Gilgamesch schließlich die Pflanze, die ihm die Unsterblichkeit ermöglicht. – Doch bevor er sie pflücken kann, raubt sie ihm eine Schlange, die sie verschlingt. (Illustration aus Zabelle C. Boyajians »Gilgamesch« von 1924)

GILGAMESCH

Ein trostloser Ort in der Wüste ist Warka (Irak), wie die Siedlung an der Stelle der ehemaligen Stadt Uruk heute heißt, deren Ruinen im Sand versunken sind. Und doch erblühte hier einst die erste Zivilisation der Menschheit. Vor 5000 Jahren lag Uruk in einer prächtigen Gartenlandschaft, denn der Euphrat brachte Leben spendendes Wasser in die weite Ebene Mesopotamiens. Während die Menschen einer prähistorischen Welt noch in primitiven Höhlen hausten, regierte im Land der Sumerer bereits einer der größten Könige der Geschichte. Gilgamesch, der Herrscher von Uruk, gebot über einen prachtvollen Staat. Die Nachwelt staunt noch 25 Jahrhunderte später über seine heldenhaften Taten, die im Gilgamesch-Epos überliefert sind. Dass dieses erste Menschheitsepos mehr ist als eine mythenumrankte Erzählung, ja eine geheime Botschaft enthält, das erfahren wir erst heute.

Ein spannendes Leben

»Schau seine Mauer an, die wie Kupfer strahlt ... Berühre die Schwelle, sie ist uralt!« So schrieb wehmütig vor 4000 Jahren ein babylonischer Schriftsteller. Wer in unserer Zeit Uruk besucht, wird von der imposanten Stadtmauer, die einst eine Länge von 10 Kilometer und 900 Türme aufwies, nur noch zerbröckelte Lehmziegel vorfinden. Das eindrucksvolle Festungswerk ließ, so die Berichte, König Gilgamesch, der »alles wusste, das Verborgene und das Geheime erschaute«, erbauen. Um die Mauer errichten zu können, trieb der König seine Untertanen zu solch harten Frondiensten an, dass sie sich in ihrem Leid an den höchsten Gott, Anu, wandten.

Ein frühgeschichtliches Epos

Gilgamesch, der wahrscheinlich im 28. oder 27. Jahrhundert v. Chr. lebte, war der Sohn Königs Lugalbandas. Ab etwa 2600 v. Chr. bezeichnete man die Göttin Ninsun als seine Mutter und erhob ihn selbst zum Gott der Unterwelt. Bereits aus dieser sumerischen Epoche sind bildliche Darstellungen bekannt. Ab 1900 v. Chr. sind epische Schriften vorhanden. Eingeritzt auf zwölf Tontafeln wurde das Werk in der verschütteten Bibliothek von Ninive, die aus dem 7. Jahrhundert v. Chr. stammt, wiedergefunden. Auf diese Weise konnten zahlreiche geographische und kulturabhängige Angaben geprüft und als korrekt identifiziert werden.

In Uruk wurden zahlreiche Keilschrifttafeln gefunden. Diese Tontafel stammt aus der Seleukiden-Dynastie (305–65 v. Chr.) und beinhaltet einen astrologischen Text mit Darstellungen eines Raben, eines Sterns und einer Frau.

193

LEGENDEN UND SAGEN

In einem Kahn, vom Bootsmann, der die Untiefen des wilden »Wasser des Todes« kennt, sicher geleitet, überquert Gilgamesch das Meer. (Illustration aus Zabelle C. Boyajians »Gilgamesch«)

Auf Anus Befehl erschafft nun die Göttin Aruru einen Feind des Gilgamesch namens Enkidu. Enkidu lebt in Eintracht mit den wilden Tieren und rettet sie vor den Jägern. Diese beschweren sich bei Gilgamesch. Der Herrscher greift zu einer List. Die Dirne Schamchat soll Enkidu verführen, um ihn der paradiesischen Natur zu entfremden, was ihr auch gelingt. Enkidu sinnt auf Rache. Es kommt zum erbitterten Kampf mit Gilgamesch, und doch werden beide schließlich zu Freunden. Zusammen ziehen sie aus, um einen Dämonen namens Chumwawa zu töten, dem Enkidu schließlich das Haupt abschlagen kann.

Der Schicksalsweg

Daraufhin verliebt sich die Göttin Ischtar in den jungen Herrscher. Aber dieser lehnt ihre Liebe ab. Gedemütigt hetzt sie den Himmelsstier auf die Helden, denen es jedoch gelingt, den Stier mit einem Schwerthieb zu töten. Zur Strafe für diese Untat beschließen die Götter den Tod Enkidus. Das Schicksal Enkidus macht Gilgamesch seine eigene Sterblichkeit deutlich und er macht sich auf die Suche nach dem Geheimnis des ewigen Lebens. Schon im Besitz einer unsterblich machenden Pflanze verliert Gilgamesch diese an eine Schlange. Der Tod, so wird dem König klar, ist das Schicksal aller Menschen. Geläutert kehrt er nach zahlreichen Gefahren als weiser Regent zurück nach Uruk. Damit findet die Dichtung ihren Abschluss.

Gilgameschs geheime Botschaft

Was ist Legende, was ist Wahrheit in der Geschichte von dem heldenhaften Gilgamesch? Zwei außergewöhnliche Lösungen haben sich

GILGAMESCH

vor kurzem herauskristallisiert. Der Altorientalist Dr. Werner Papke (*1944) von der Universität München veröffentlichte 1994 seine Aufsehen erregende Arbeit, in der er belegt, dass im Gilgamesch-Epos eine geheime Botschaft versteckt wurde. In ihm wird mythologisch verschlüsselt das astronomische Weltbild der Sumerer wiedergegeben. Das Sensationelle daran: Lange vor antiken Astronomen kannten sumerische Gelehrte bereits die Gesetze der Planetenbewegungen. Und so ist auch nicht, wie bisher angenommen, Hipparch von Nikaia (180–125 v. Chr.) der Begründer der wissenschaftlichen Astronomie.

Die Sumerer hatten schon sehr exakt die »Präzision« errechnet, also scheinbare Schwankungen des Sternenhimmels aufgrund der Kreiselbewegung der Erdachse. »Mit dieser Wiederentdeckung müssen die Anfänge der Zivilisation neu überdacht werden,« schreibt der Wissenschaftshistoriker W. Papke. »Es bietet sich uns ein grandioses Panorama kultureller Zusammenhänge: Im Lichte der altbabylonischen Astronomie, der Grundlage der chaldäischen Sternenreligion, ergeben scheinbar vertraute Überlieferungen plötzlich einen neuen Sinn.«

Gilgameschs Ahnen

Einen anderen Ansatz vertreten der US-Historiker Zecharia Sitchin (*1920) und der deutsche Philologe Dr. Hermann Burgard (Saarbrücken): Gilgamesch hatte Kontakt zu prähistorischen Raumfahrern von fernen Sternen. Burgard kann seine Argumentation sprachwissenschaftlich durchaus rechtfertigen. Die Sumerer sprachen nämlich keineswegs von Göttern, sondern von DINGIR-Wesen. Das Substantiv DIN lässt sich u. a. mit »Gebieter/ Entscheider« übersetzen, GIR bedeutet Flugkörper«. Die Gebieter aus den Flugkörpern führten nach den vorliegenden Texten einen »auf- und absteigenden Verkehr« mit dem »Himmel« durch, wo sich eine »leuchtende Konstruktion der Gebieter« befand. Dorthin gelangten sie mit dem »MUL.APIN«. Die Sprachwurzel dieses Begriffes lautet: »Objekt, das den Himmel durchpflügt«.

Auf einer assyrischen Tontafel wird detailliert beschrieben, wie ein solches DINGIR-Wesen Gilgamesch ein seltsames himmlisches Gefährt anbietet. Es war aus Metall, besaß Räder und Flügel, die »rotierten und von Wind machenden Geräten getrieben« werden. Wer würde da nicht an einen Hubschrauber denken? Die Zukunft wird vielleicht zeigen, ob sich diese Hypothese bestätigen lässt.

Das Astropoem

Nach der modernen Neuinterpretation Werner Papkes projizierten die Sumerer ihre poetische Heldendichtung an den Sternenhimmel. Der Himmelsstier heißt im Epos »GU.AN.NA«, und so wird auch das Sternbild, das wir bis heute Stier nennen, in astronomischen Texten bezeichnet. Östlich stand das Gestirn des »treuen Hirten« (Orion). Gilgameschs Königstitel war »Er ist Uruks Hirte«. Westlich befindet sich das Zeichen des Ackermanns, das mit Enkidu identisch scheint. Im Zusammenhang mit weiteren Bildern wie dem Pflug, der Ähre oder Ischtar, zeigt sich die symbolische Bedeutung des Astropoems. Erntezeiten, Saatzeiten, Sonnenauf- und Untergangszeiten und vieles mehr werden astronomisch-metaphorisch verschlüsselt.

Als monumentales Steinrelief hat der Kupferstecher Layard den sumerischen König Gilgamesch dargestellt. Seine mythische Geschichte ist in einem Zyklus sumerischer Kurzepen (nach 2000 v. Chr. verfasst) und in akkadischer Sprache auf insgesamt zwölf erhaltenen Tafeln überliefert.

LEGENDEN UND SAGEN

Auf den Spuren der Großfüße

Ein Filmzeugnis

Auf einem Amateurfilm, den Roger Patterson 1967 im nordkalifornischen Bluff Creek drehte, ist für einige Sekunden eine Art Menschenaffe zu sehen. Nach Analysen russischer und englischer Experten ist das Geschöpf »echt«. Mit einer Körpergröße von etwa 1,95 Meter und einer Schrittlänge von 1,07 Meter sei es größer als ein Durchschnittsmensch. Seine Schulter- und Hüftbreite lassen auf ein Gesamtgewicht von etwa 130 Kilogramm schließen. Da weder Gangart noch Haltung des Wesens auf dem Patterson-Film gekünstelt wirken, so die Forscher, schließe man eine Fälschung aus.

In einem stark vergrößerten Ausschnitt ist hier der Kopf des Bigfoot zu sehen, den der Amateurfilmer Roger Patterson am 20. Oktober 1967 gefilmt hat – die bislang einzige authentische Dokumentation.

Überdimensionale Fußabdrücke aus der Himalaya-Region, sensationelles Filmmaterial aus Nordamerika und furchteinflößende Erlebnisberichte aus Sibirien wollen belegen, dass es neben Mensch und Tier noch eine dritte Spezies, eine Art aufrecht gehenden Tiermenschen gibt. Dieses menschenähnliche Wesen soll groß, behaart und scheu sein. Man hat es noch nie deutlich und lange genug gesehen, um es näher zu beschreiben. Einzig seine Fußabdrücke, die man im Schnee und im Matsch fand, konnten bislang für Analysen des unbekannten Wesens herangezogen werden. Im nepalesischen Himalaya-Massiv, wo es erstmals bei einer Expedition im Jahr 1887 gesichtet wurde, wird das monströse Lebewesen »Yeti« genannt.

Nicht nur im Himalaya existieren yetiähnliche Kreaturen. In Nordamerika schleichen einsam Bigfeet durch die Wälder, in Kanada streunt der so genannte Sasquatch in der Wildnis herum. Auch in den Steppen Sibiriens sind menschenähnliche, behaarte Wesen, die »Almas«, bekannt und auf Sumatra haben Forscher der britischen Umweltschutzorganisation »Fauna und Flora International« jüngst Vergleichbares, den »Orang Pendek«, einen affenartigen Menschen, entdeckt.

Der Yeti

Die Sherpas in Nepal, die »Bewohner der Berge«, halten den Yeti für ein außergewöhnlich scheues Tier. Das Wort Yeti, das sich aus dem nepalesischen »Yeh« und »Teh« zusammensetzt, bedeutet »Tier aus Fleisch und Blut«. Aufgrund einer falschen Übersetzung wird er in vielen Erzählungen als »schrecklicher Schneemensch« verdammt, der ausgewachsenen Rindern das Genick brechen und schneller als ein Hund laufen kann. Wegen seiner Größe, die Sherpas berichten von drei Metern Höhe, mag der Yeti bei einer direkten Konfrontation für einen Menschen durchaus gefährlich sein, doch wie es scheint, ist der Schneemensch an solchen Begegnungen nicht interessiert. Hätte man ihn sonst nicht schon öfter in der Nähe von Menschensiedlungen gesehen?

Spuren im Himalaya

Westliche Augenzeugen berichteten bereits 1887 von ungewöhnlichen Spuren im Schnee des Himalaya-Massivs. 1925 erblickte der griechische Abenteurer N. A. Tombazi in den Bergen von Sikkim erstmals auch die dazu passende Gestalt. Tombazi beschrieb, wie das Wesen, das er sah, aufrecht ging und gelegentlich stehenblieb, um an Sträuchern zu zerren. Als das Wesen merkte, dass es beobachtet wurde, verschwand es sofort. Tombazi vermaß die auf der Flucht hinterlassenen Fußspuren, die mit einer Breite von 10 und einer Länge von 15 Zentimetern nicht den Füßen eines ausgewachsenen Menschen entsprechen.

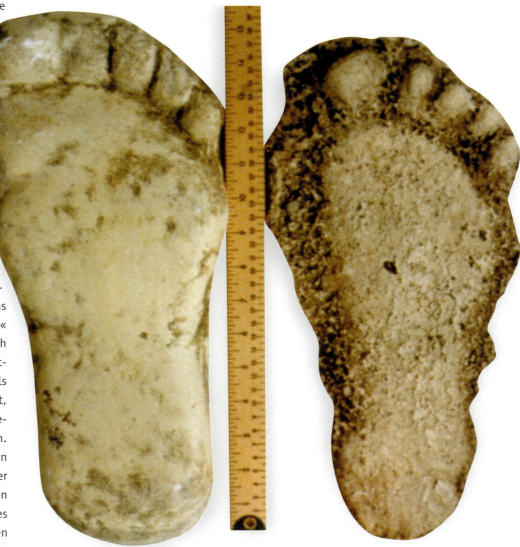

Während es in den 1930er und 1940er Jahren, bedingt durch den Zweiten Weltkrieg, relativ ruhig um den Yeti wurde, konnte man in den 1950er Jahren von einer wahren Yeti-Jagd sprechen.

1951 fand die so genannte »Everest Reconnaissance Expedition« um Expeditionsleiter Eric Shipton laut der »Londoner Times« frische Fußspuren im Schnee. Dieser Fuß bestand aus drei Zehen und einem seitlichen Greifzeh. Der Abdruck war 23 Zentimeter lang

Als einer der umstrittensten, aber auch aussagekräftigsten Vertreter der Bigfoot-Theorie gilt der Amerikaner Roger Patterson. Er hatte nicht nur 1967 in einem Amateurfilm die Existenz eines Bigfoot nachzuweisen versucht, sondern glaubte auch, zweimal Abdrücke der stillen Riesen gefunden zu haben. Bereits 1958 entdeckte er in Nordkalifornien den linken Abdruck. Der Gipsnachbildung kann man entnehmen, dass er fast 40 Zentimeter (15,72 inches) misst. Den rechten spürte er neun Jahre später an dem selben Ort auf, zur gleichen Zeit als er einen Bigfoot, wie der Yeti in Amerika heißt, auf Zelluloid bannte.

LEGENDEN UND SAGEN

Ähnlich den Vorstellungen von Bären zur Zeit der Neandertaler, so mag wohl der sagenumwobene Yeti aussehen. Ein riesenhafter, scheuer Bär, mitunter zweibeinig gehend und daher von Ferne einem Menschen sehr ähnlich.

Der Yeti, ein Bär?

Schon in den 30er Jahren wurde vermutet, dass die Yeti-Spuren im Himalaya in Wirklichkeit Bärenspuren sind. Der ehemalige Tibetforscher Dr. Ernst Schäfer schrieb 1991 an Reinhold Messner: »1934 bat mich General Liu Hsiang, der damalige Warlord der Provinz Setchuan, das Geheimnis des Yeti zu lüften und ihm ein Pärchen der langhaarigen »Schneemenschen« für seinen zoologischen Garten mitzubringen. Die Gelegenheit dazu hatte ich dann 1935 im für Menschen unbewohnbaren Innertibet, dem Quellgebiet des Yangtsekiang. Dort erlegte ich zahlreiche Yetis, und zwar in Gestalt der mächtigen Tibetbären.« Im Laufe der Zeit wurden drei Arten von Tibetbären beschrieben. Reinhold Messner schloss sich der Meinung, die Bärenrasse Ursus arctos sei der sagenumwobene Yeti, an.

Auf zahlreichen Forschungsreisen durch Nepal, Buthan, Baltistan (der Hochgebirgslandschaft zwischen Himalaya und Karakorum) und Nordindien ist der italienische Bergsteiger und Abenteurer Reinhold Messner dem Rätsel Yeti auf den Grund gegangen.

Bis heute konnte dem Amerikaner Roger Patterson nicht nachgewiesen werden, ob es sich bei seinen Funden um Fälschungen handelt. Im Gegensatz zu Eric Shiptons Entdeckungen weisen diese Fußabdrücke fünf Zehen auf.

und 33 Zentimeter breit. 1955 fand eine andere Expedition zwei »Yeti-Skalps«. Diese entpuppten sich, wie viele andere Funde danach und davor, als Fälschungen. 1961 gab der Bergbezwinger Edmund Hillary, der für seine Mount-Everest-Besteigung 1953 im Jahr 1959 geadelt wurde, den Mount Everest als Heimat des Yeti an. Gesehen hatte er den Schneemenschen jedoch nie.

Dieses Glück war einem anderen Gipfelstürmer bestimmt, dem, der als erster Bezwinger aller Achttausender der Welt Geschichte schrieb: Reinhold Messner. Er will dem Yeti 1986 das erste Mal und 1987 ein zweites Mal im Himalaya begegnet sein.

Bigfoot

Die nordamerikanischen »Verwandten« des Yeti scheinen weniger zurückhaltend als der Schneemensch zu sein. Sie lassen sich oft und gerne sehen und haben es mittlerweile als Vorlage für TV- und Kinoproduktionen zu internationaler Prominenz gebracht. Ob der Bigfoot real oder eingebildet ist, ist ein ebenso strittiges Thema wie die Existenz des Yeti, den die meisten Forscher für eine, durch Sagen und Legenden zum Schneemenschen mutierte Bärenart halten. Dennoch: In einer eigenen Bigfoot-Zeitschrift, den »Bigfoot News«, berichten Waldarbeiter und Wildhüter aus den USA und Kanada immer wieder von

GROSSFÜSSE

In den unwirtlichen, karstigen Tälern des Himalayas haben sich die Legenden vom Yeti über Jahrhunderte mündlich überliefert.

überdimensionalen Fußspuren und Exkrementen und von persönlichen Begegnungen mit Wesen, die riesengroßen Menschenaffen ähneln. Ein Beweisstück, dem in Bigfoot-Kreisen größte Bedeutung beigemessen wird, ist der so genannte Patterson-Gimlin-Film. Am 20. Oktober 1967 nahm der Amerikaner Roger Patterson in der Nähe von Bluff Creek, Kalifornien, einen Bigfoot auf, der sich scheinbar ohne große Hast von einem Bachbett, in dem er stand, in einen nahe gelegenen Wald bewegte.

Der Film wurde von Pattersons Zeitgenossen widersprüchlich aufgenommen. Die einen sahen in ihm den Beweis, dass es Bigfeet wirklich gab, andere sprachen von einer Fälschung. So sehr man sich bemühte, bis heute konnte man Patterson keinen Betrug nachweisen. In jüngster Zeit werden Stimmen laut, die vermuten, John Chambers, der Maskenbildner des Science-fiction-Films »Planet der Affen«, hätte Pattersons Bigfoot für ein wenig »Schmiergeld« kreiert. Chambers spricht sich vehement dagegen aus.

Almas

Aus den Steppen Sibiriens und aus dem unwegsamen Bergland des Kaukasus kommen Berichte über den Alma, das russische Gegenstück zu Bigfoot und Yeti. Schon im Zweiten Weltkrieg wollen Kriegsgefangene auf ihrer Flucht durch die unwegsamen Gegenden bis zu zwei Meter große, behaarte Wesen mit langem Rumpf, kurzen Beinen und Schlitzaugen gesehen haben. Die Hände dieser Wesen sollen wie Menschenhände geformt gewesen sein.

Die Universität von Ulan Bator in der Mongolei hat zahlreiche weitere Berichte über Begegnungen mit diesen fremden Kreaturen gesammelt. Es sind den Wissenschaftlern von Ulan Bator auch Fälle von Alma-Tötungen bekannt, bislang wurde jedoch noch keiner der Kadaver geborgen. So wie man den Yeti in Forschungskreisen heute allgemein für eine Bärenart hält, stellt man auch über die Herkunft des Almas Vermutungen und Forschungen an. Dr. Myra Shackley von der Universität Leicester sieht die Almas als Neandertaler. Sie behauptet, dass eine Restpopulation der Neandertaler unter dem Namen Almas in der Mongolei überlebt hätte.

Besonders unter den Sherpas, der tibetisch sprechenden Bergbevölkerung im ostnepalesischen Everest-Gebiet, haben sich viele Geschichten über den Yeti bewahrt. Doch auch sie bergen viel Widersprüchliches. Aberglaube, Erlebtes und Überliefertes finden in den Legenden dieser ausgezeichneten Bergsteiger zueinander und haben unser westliches Bild vom Yeti entscheidend beeinflusst.

199

LEGENDEN UND SAGEN

Nessie – das Wesen aus der Tiefe

Eines der ersten Fotos, das von Nessie, dem »Monster« aus dem schottischen Loch, entstand, wurde am 19. April 1934 von einem Arzt aus London, Dr. Robert Kenneth Wilson, gemacht. Das Bild erschien am 28. April desselben Jahres in den »Illustrated London News«. Auch diese Aufnahme wurde später als Fälschung entlarvt.

Es geschah an einem ruhigen Abend im August 1963. Der Bauer Hugh Ayton arbeitete mit seinem Sohn und drei weiteren Männern in der Nähe von Loch Ness, einem tiefen, geheimnisvoll schimmernden See im Norden Schottlands. Plötzlich nahm er aus den Augenwinkeln eine Bewegung wahr. Als er aufblickte, sah Ayton ein riesenhaftes, tierähnliches Wesen, dessen reptilienartiger Kopf über zwei Meter aus dem Wasser herausragte. Der Rumpf, der dem Kopf folgte, war laut Aussagen von Aytons Begleitern ungefähr zehn bis zwölf Meter lang.

Unheimliches Wesen aus den Tiefen des Sees

Schon 1933 wurde das Wesen aus dem Loch Ness von Spaziergängern gesehen. Die Anwohner Mr. und Mrs. John Mackay berichteten damals von einem Tier mit zwei Buckeln, jeder davon drei Meter lang. Nachdem eine Lokalzeitung über die unheimliche Begegnung geschrieben hatte, wurde das Lebewesen aus dem See nur noch »Monster« genannt. Eine wahre Hysterie brach los. In der darauffolgenden Zeit gab es zahlreiche Sichtungen. Noch im selben Jahr wurde das erste Foto von Nessie, wie das Ungeheuer bald ge-

NESSIE

nannt wurde, gemacht. Weitere folgten. Jedoch wurden sie alle früher oder später als Fälschungen enttarnt. Dennoch blieb die Nessie-Manie bestehen. Zu interessant schien Forschern die Existenz eines noch nicht kategorisierten Wesens.

Licht in der dunklen Unterwasserwelt

Einer der überzeugendsten Beweise für die Existenz von Nessie wurde im August 1972 erbracht. Damals scannten Sonar-Experten unter der Leitung des Wissenschaftlers Robert Rines mit einem Unterwasserortungsgerät den Grund des Sees. Am 8. August erkannte das Sonar im Loch Ness tatsächlich ein sieben bis zehn Meter langes Objekt. Auf Fotos ist eine Kreatur mit den aus vorigen Sichtungen beschriebenen Merkmalen – langer Hals und Buckel – zu sehen. 1975 brachte eine weitere Expedition ähnliche Bilder hervor. Dr. Georg H. Zug, Zoologe und Kurator für Reptilien und Amphibien am Smithonian Institut in Washington, reihte Nessie, das bisher nicht bekannte Lebewesen, schließlich in die biologische Kategorie »Nessiteras rhombopteryx« ein.

Die letzten Saurier der Welt?

Beschreibungen und Fotos des »Nessiteras rhombopteryx« von Schottland ähneln den so genannten Elasmosauriern. Sie bevölkerten vor ca. 60 Millionen Jahren die Erde. Möglicherweise hat eines oder haben mehrere der Tiere im Loch Ness überlebt und sich über die Jahrmillionen heimlich fortgepflanzt. Manche Augenzeugen wollen Nessie sogar mit einem Nessie-Baby gesehen haben.

Prominente Wissenschaftler setzen sich seit einigen Jahren für intensivere Untersuchungen des schottischen Sees ein. Da Loch Ness sehr stark mit Schwebepartikeln durchsetzt ist, wird die Arbeit von Unterwasserfotografen und Tauchern erschwert. Außerdem kann man auf dem Grund des Loch Ness so gut wie nichts sehen, weil er mit einer dicken, undurchgringlichen Schlickschicht bedeckt ist, die alles, was sich darin versteckt oder verstecken will, perfekt verbirgt. Dennoch erhoffen sich die Forscher für die Zukunft nicht nur Fotos, bei denen die Echtheit nicht mehr angezweifelt werden muss. Nein, sie wollen endlich den einzig wahren Beweis an die Oberfläche holen: Nessie selbst.

Wie der Brite Frank Searle betätigen sich viele Menschen als Nessie-Jäger. Searle fährt regelmäßig auf der Suche nach dem Ungeheuer mit seinem Boot über den See.

Ogopogo und Manipogo

Saurierähnliche Wassertiere wurden auch in Kanada gesichtet: Das etwa 22 Meter große »Ogopogo« im Okanogan-See und das mit automatischen Kameras geortete, etwa acht Meter lange, »Manipogo« aus einem kleineren See östlich von Quebec, faszinieren nicht nur die Kanadier – Wissenschaftler aus aller Welt sind ihnen auf der Spur. Auch in Japan hat man Nessie ähnliche Wesen in diversen Seen gesichtet. So ist eines der Ungeheuer, »Issie«, bereits Medienstar, und für ein anderes Wesen mit dem klingenden Namen »Kussi« setzt sich ein eigens gegründeter Verein ein. Kussi hat sich erst jüngst Amateurfotografen in seiner ganzen Länge von stolzen neun Metern präsentiert. Was hinter diesen Sichtungen tatsächlich steckt, ist genauso ein Rätsel, wie es Nessie schon seit Jahrzehnten ist.

So wie auf dem Gemälde des Künstlers Gino d'Achilu aus dem Jahre 1935 hat man sich nach den ersten Sichtungen das Ungeheuer von Loch Ness vorgestellt. Das Monster kann aus der Nähe betrachtet werden, da eine Uferstraße um den See führt.

Ungeheuer wie Nessie gibt es auf der ganzen Welt. Leider sind die meisten Aufnahmen von sehr schlechter Qualität. Es existiert bis heute kein einziges Bild von Nessie, das einwandfrei dessen Existenz beweist.

LEGENDEN UND SAGEN

Die griechische Sagenwelt beherbergt zahlreiche Mischwesen. Anders als hier auf Henry James Drapers Gemälde »Odysseus und die Sirenen« (1909) abgebildet, sollen auch die Unglücksbotinnen, die versuchten, mit ihrem Gesang tapfere Seefahrer ins Verderben zu lenken, halb Vogel, halb Mensch gewesen sein.

Halb Mensch, halb Tier

Die Welt der Legenden und Mythen ist voller merkwürdiger Wesen: Menschen mit Vogelköpfen, Männer mit Pferdekörpern, Frauen mit Fischschwänzen und Löwen mit dem Haupt eines Pharaos. Besonders der historische Nachlass aus Sumer, Assur und Ägypten, aber auch aus Zentral- und Südamerika ist voller Mischwesen, die auf den neuzeitlichen Betrachter wie die Bewohner eines Gruselkabinetts wirken. Man findet eindrucksvolle Abbildungen solcher Zwitterwesen und Monster im Ausutosh-Museum von Kalkutta, im Archäologischen Museum von Delphi oder im Metropolitan Museum von New York: Entspringen sie religiösen Vorstellungswelten, geheimen Götterkulten oder gab es sie in ferner Vorzeit wirklich?

Das bekannteste dieser Mischwesen ist der 20 Meter hohe und 74 Meter lange Sphinx von Gizeh. Der Kopf der aus einem Felsen herausgearbeiteten Monumentalstatue soll vermutlich den Pharao Chephren darstellen, für den die benachbarte gleichnamige Pyramide als Grabstätte vorgesehen war. Der übrige Körper ist einem liegenden Löwen nachempfunden. Über das Alter der Statue liegen unterschiedliche Angaben vor. Unwidersprochen bleiben die Aussagen eines Teams aus amerikanischen Geologen, Geophysikern und Ägyptologen vom Oktober 1991, die mit einer neuen Messmethode dem Sphinx ein Alter von mindestens 7000 Jahren bestätigen. Danach wäre er also 3000 Jahre vor Chephrens Pyramide errichtet worden.

Dämonische Geschöpfe

Sprachwissenschaftler sind sich nicht einig, ob das Fabelwesen die oder der Sphinx heißen muss. Wahrscheinlich ist gegen beide Formen nichts einzuwenden, denn aus dem alten Griechenland sind Sphingen seit dem 7. Jahrhundert v. Chr. als weibliche Statuen vor Gräbern und Tempeln bekannt, die an ihren Löwenkörpern meist noch Flügel haben. In antiken Sagen waren sie mordlüsterne, dämonische Geschöpfe, die vor Stadttoren lauerten und Fremden den Eingang versperrten. Auch der Islam kennt Sphingen mit Leoparden- oder Tigerkörpern. Im 19. Jahrhundert feierte »die« Sphinx als männermordende Femme fatale in der darstellenden Kunst und Literatur ihre Auferstehung. Sphingen waren das Symbol für eine grausame, geheimnisvolle und als dämonisch empfundene Weiblichkeit.

Gefährliche Sirene

Harmloser dagegen scheinen Frauen mit Fischschwänzen zu sein. Nixen oder Meerjungfrauen haben bis zum Nabel Menschengestalt, um dann zum Fisch oder Delphin zu werden. Manchmal stellt man sie auch mit zwei Fischschwänzen dar. Undinen – so werden Nixen auch genannt – gelten als außerordentlich schön, leben im Meer oder in Süßwasserseen und sind in Gestalt der sagenhaften, singenden Sirenen gefährlich für die Schifffahrt. Manch irdischer Seemann soll ihren Verlockungen bereits erlegen sein.

Das Interesse der Meerjungfrauen an Menschenmännern mag daran liegen, dass es im Meer nur wenige männliche Mischwesen gibt. Der Entdecker Amerikas, Christoph Kolumbus (1451–1506), will allein drei der weiblichen Amphibienwesen gesehen haben. Dem griechischen Gelehrten und Mystiker Theodorus Gaza (1398–1476) sollen bei seinen Reisen über den Peloponnes ebenfalls Nixen begegnet sein, »deren Leiber rau von Schuppen waren bis zur Scham, der übrig Teil hat sich geendet in ein Schwanz gleich einem Krebsschwanz«.

Ungehobelte Kerle

Zentauren oder Kentauren tummelten sich als Pferd-Mensch-Mischwesen vorwiegend in der griechischen Mythologie. Von Kopf bis zu den Hüften waren sie nackte Männer, dann ging ihr Körper in den eines Pferdes über. Ein Zentaur hatte die vier Beine des Pferdes und zwei Menschenarme, verfügte also über sechs Gliedmaßen.

HALB MENSCH, HALB TIER

Geburt aus der Wolke

Kentauros, das erste Wesen aus Pferdeleib und menschlichem Oberkörper, kam in einer Wolke auf die Erde. Diese trug die Gestalt der griechischen Göttin Hera und war eine List von deren Ehemann, dem Göttervater Zeus. Damit wollte dieser den thessalischen Helden Ixion bestrafen, der versucht hatte, seine holde Gattin zu verführen. Statt mit der schönen Hera verband sich Ixion im Liebesrausch nun mit besagter Wolke, die ihm kurze Zeit später den Kentauros gebar. Ixions »Sohn« paarte sich auf dem Berg Pelion mit zahllosen Stuten, die eine Schar weiterer Kentauren warfen. Als Schrecken der Wälder rissen diese Bäume aus, schmissen mit Felsbrocken um sich und galoppierten als Sinnbild des Schreckens durch die griechische Sagenwelt.

Nicht so der heilkundige Kentaur Chiron, dem man einen edlen und sanften Charakter nachsagte und der der Lehrer griechischer Sagengestalten wie Äskulap, Achilles und Herkules war. Seine Eltern sollen der Zeus-Vorgänger Kronos und die Nymphe Phylra gewesen sein. Chiron verletzte sich an einem vergifteten Pfeil seines Schülers Herkules. Da es kein Gegengift gab, drohte ihm das Schicksal ewigen Schmerzes. Die Götter hatten Erbarmen. Vor den Augen des unglücklichen Herkules löste sich Chiron auf und installierte sich als Sternbild Schütze am Firmament. Von dort zielt er bis heute mit Pfeil und Bogen auf den giftigen Skorpion.

Ein Kupferstich aus dem Jahr 1792 stellt den Kentauren Chiron dar. Er unterschied sich von seinen Artgenossen durch eine rein göttliche Herkunft. So kam es, dass er weder triebgesteuert, noch sterblich war.

203

LEGENDEN UND SAGEN

Das Motiv der Sphinx verdankt die Mythologie den Herrschern des alten Ägypten. Die ursprüngliche Löwendame mit dem Menschenkopf wurde dort, mit Herrscherköpfen versehen, als Sinnbild der Weisheit verehrt. Eine Renaissance erlebte die Sphinx im 19. Jahrhundert in Europa. Diese Zeit stand unter dem Einfluss von Napoleons Ägyptenfeldzug. Zudem wurden die Hieroglyphen entziffert und 1922 das Grab des Tutench-Amun entdeckt.

Gewöhnlich galten Zentauren als wilde, ungehobelte Kerle mit zügellosen Trieben, die in den Wäldern Thessaliens im östlichen Mittelgriechenland lebten.

Entfernte Verwandte dürften die tierbeinigen, sexhungrigen Satyre oder Silenen gewesen sein, die als Begleiter des Weingottes Dionysos, auch als Bacchus bekannt, recht trinkfeste Gesellen waren. Abgesehen von den Beinen, den Ohren und dem Schweif eines Pferdes hatten sie Menschengestalt. Unverkennbar ihre Stulpnase und der Vollbart. Die pferdemenschlichen Naturdämonen waren bekannt für ihren intensiven Weinkonsum und ihre derben Späße. Manchmal gaben sie sich auch als Mischung aus Ziegenbock und Mensch und ähnelten dabei dem Hirtengott Pan, der sich hin und wieder ihren orgiastischen Ausflügen anschloss.

Vogelmenschen oder Engel?

Eindrucksvolle Belege von geflügelten Wesen finden sich im sumerisch-babylonischen Raum in wirklichkeitsnahen Darstellungen vor allem auf Rollsiegeln, aber

HALB MENSCH, HALB TIER

Der Apis-Stier war zwar kein ersichtliches Mischwesen – dennoch wurde in ihm die Verkörperung des Stadtgottes von Memphis, Ptah, verehrt. Der jeweils einzige Stier der Stadt wurde selbst wie ein König gehalten. Sein Stall bestand aus mehreren Gemächern, sein Futter brachte man ihm in goldenen Schüsseln. 25 Jahre dauerte seine »natürliche Amtszeit«. Wenn er bis dahin nicht verstorben war, wurde er zugunsten eines neuen Apis-Stieres in einem Tempelsee ertränkt. (Holzstich nach Heinrich Leutemann, um 1880)

Geheimnisvolle Sarkophage

In den nur durch ein paar Glühlampen erhellten Katakomben von Serapeum stehen Ägypten-Besucher verwundert vor 29 gewaltigen Steinsarkophagen, jeder etwa 70 Tonnen schwer und mit einer Granitplatte von ca. 25 Tonnen bedeckt. Fremdenführer berichten vom jahrtausendealten Kult der Apis-Stiere, imposanten Tieren, die als Wiedergeburt des Gottes Osiris galten. Sie wurden im Tempelbezirk gehalten, nach einer angemessenen »Amtszeit« ertränkt und nach ihrem Tod mumifiziert und feierlich in einem Sarkophag bestattet. Schon bei ihrer Entdeckung durch den französischen Ägyptologen und Gründer des ägyptischen Museums in Kairo, Auguste Mariette (1821–1881), im Jahre 1851 waren die Sarkophage leer. Er nahm an, dass ihm Grabräuber zuvorgekommen waren. Im Verlauf seiner Untersuchungen entdeckte der Forscher in einem anderen Gewölbe weitere Sarkophage, zwei davon völlig unversehrt. Sie waren von einer vergoldeten Statue des Gottes Osiris bewacht. Mariette fand jedoch nicht die erhofften Reste eines Apis-Stiers, sondern nur eine »stinkige Masse mit winzigen Knochen, die beim kleinsten Druck zerbröselt.« Das Rätsel, dem er hinterher jagte, blieb ungelöst.

---

auch auf Stelen und Säulen. Fast alle wichtigen Göttinnen und Götter des alten Ägypten sind Mutationen aus Tier- und Menschenkörpern. So trägt der Sonnengott Re das Haupt eines Falken, der Totengott Anubis den Kopf eines Schakals, Horus, der Himmelsgott, wird sowohl als Falke wie auch als falkenköpfiger Mensch und die Muttergöttin Isis oft mit einem Kuhgehörn dargestellt. Chnum, der Schöpfergott und Herr der Nilquellen, trägt im mythischen Weltbild der Ägypter den Kopf eines Widders.

Es lässt sich nicht nachweisen, ob die Mischwesen aus Tier- und Menschenkörpern wirklich existiert haben oder ob sie der Fantasie von Geschichtenerzählern und Religionsgründern entsprungen sind.

Strahlen eines Kometen?

Der ehemalige Princeton-Gelehrte Immanuel Velikovsky (1897–1982) glaubte, dass ein in Erdnähe vorbeiziehender Komet etwa 1500 v. Chr. nicht nur eine Sintflut ausgelöst hat, sondern als Folge von Strahleneinwirkungen auch Mutationen im Erbgut des Lebens entstanden sind, die zu gravierenden Missbildungen bei Tieren und Menschen geführt haben könnten.

Zwitterwesen der Astronauten-Götter?

Die »Ancient Astronaut Society« in Chicago stellt zwei Hypothesen zur Wahl. Erstens: Frühe Besucher aus dem Kosmos kamen den damals lebenden Menschen dermaßen fremdartig vor, dass sie diese menschenähnlichen Gestalten mit fremder Kleidung und außerordentlichen Fähigkeiten als mächtige Tierwesen in ihr Weltbild einfügten. Zweitens: Die Astronauten-Götter haben durch Genmanipulationen, wie sie mit heutiger Technik bereits möglich wären, bei Menschen und Tieren Zwitterwesen geschaffen, die nur eine geringe Lebensdauer hatten und sich nicht selbst vermehren konnten. Beweise gibt es für keine dieser Theorien. Ägypten-Reisende sollten sich jedoch die eindrucksvollen Steinsarkophage ansehen, die sich im Serapeum in der Nähe von Sakkara befinden. In ihnen sollen geheimnisvolle Apis-Stiere, Mischwesen aus dem Reich der Pharaonen, bestattet worden sein.

205

LEGENDEN UND SAGEN

Drachen – gute Götter oder böse Ungeheuer?

Als faszinierende Fabelwesen geistern Drachen durch die Mythen nahezu aller Völker. Während sie jedoch in Ostasien als Glücksbringer und Herrschersymbole verehrt wurden, hat man sie in nordischen Regionen als feuerspeiend und Unheil bringend bekämpft. (»Siegfried«, Gemälde von Konrad Dielitz, um 1880)

In Europa und Vorderasien ist der Feuer speiende Drache die Verkörperung des Bösen und der Feind von Göttern und Menschen. In der Regel wird er als riesiges Ungeheuer mit Flügeln und großem Schwanz dargestellt. In Ostasien dagegen genießt der Drache als gute Gottheit und Symbol des Glücks hohes Ansehen. In China saß der Kaiser beispielsweise auf einem Drachenthron und das sonderbare Wesen wurde zum Herrscher-Emblem der Himmelssöhne. In Japan und China gelten Drachen noch heute als freundliche Naturen, mit dem die »Herren der Zeiten« einst zum Wohl der Menschen auf die Erde kamen. In den westlichen Mythologien kämpfen die Götter nicht selten gegen die Drachen. Horus (Ägypten), Krishna (Indien), Apollon (Griechenland) oder die altnordische Gottheit Thor besiegen die Ungeheuer und vernichten damit das Böse auf der Welt. Der Erzengel Michael vertreibt den zum Drachen gewordenen gefallenen Engel Luzifer aus dem Himmel und der Heilige Georg rettet eine Prinzessin vor einem Drachen.

Das Untier Fafnir

Der berühmteste Drachentöter aus den germanischen Sagen dürfte Siegfried von Xanten aus den Niederlanden gewesen sein. Der Gemahl der schönen Wormser Prinzessin Kriemhild war u. a. Besitzer einer Tarnkappe und eines magischen Rings. Er genoss die Gunst des höchsten nordischen Gottes Wotan und besiegte heldenhaft ein grausames Untier namens Fafnir. In europäischen Drachen-Sagen sind die Monster von dämonischer Bosheit, die dunkle Höhlen bewachen, in denen kostbare Schätze lagern. Oft terrorisieren sie die Bevölkerung ganzer Landstriche und beruhigen sich erst, wenn man ihnen eine Jungfrau opfert. Gelingt es mutigen Helden – meist Rittern oder Königssöhnen – einen Drachen zu erlegen, werden dessen Teile gegen allerlei Gebrechen eingesetzt: Drachenblut härtet die Haut, wer ein Drachenherz isst, kann die Sprache der Vögel verstehen.

Der Drache als Schatten

Die psychologischen Deutungen des Drachenkampfes sind äußerst vielfältig. Für die Christen bedeutete er die Überwindung des Heidentums und des Bösen. Der Psychoanalytiker Carl Gustav Jung (1875–1961) sah darin die Auseinandersetzung des »Ich« (der Held) mit dem Schatten, den unterdrückten Aspekten der Persönlichkeit. Die vom Drachen bedrohten Königstöchter sind für Jung die weiblichen Seeleneigenschaften des Mannes, die befreit werden wollen.

In der chinesischen Kunst ist der Drache ein beliebtes Motiv, wie man an dieser Stickerei aus dem 18. Jahrhundert sehen kann.

Der Sohn des roten Drachen

In der chinesischen Mythologie kam einst Drachenkönig Yu in einem Feuer speienden Wagen auf die Erde. Sein Nachfolger, Kaiser Yoan, nannte ihn den »Sohn des roten Drachen«. Für den Wiener Wissenschaftler Peter Krassa (*1939) sind solche Aussagen durchaus wörtlich zu nehmen.
In altchinesischen Überlieferungen will er »verblüffende Informationen über Besucher aus dem Weltall« entdeckt haben, »die einst auf feurigen Drachen und Donnervögeln in China landeten und dort ihre Spuren hinterlassen haben«.
Krassas Fazit: Jahrhundertelang unterwiesen außerirdische intelligente Lebewesen die Chinesen in allen erdenklichen Bereichen, so dass ihre Nachkommen noch heute erstaunliche Kenntnisse besitzen. Sie verstanden sich in der Kunst der Gedankenübertragung und verschiedener Heilpraktiken wie der Akupunktur. Und auch in der chinesischen Kunst ist der Drache das seit Jahrtausenden vorherrschende Motiv.

DRACHEN

Siegfried und der Drache

Im mittelhochdeutschen Heldenepos »Nibelungenlied« wird u.a. das Leben des unglücklichen Helden Siegfried von Xanten dargestellt. Bevor er durch ein Mordkomplott stirbt, darf er jedoch viele glorreiche Taten bestehen.

Nachdem er beispielsweise den Drachen Fafnir, den Hüter des so genannten »Nibelungenhorts« getötet hat, schneidet er das Herz aus dem Kadaver und verzehrt es. Danach versteht er die Sprache der Vögel. Auch wird berichtet, dass Siegfried nach vollbrachter Tat im Drachenblut gebadet hat und dadurch unverwundbar wurde – bis auf eine kleine Stelle, auf die beim Bad ein Lindenblatt gefallen war. Diese Unachtsamkeit sollte ihm später zum Verhängnis werden, da dieser einzige verwundbare Fleck an seinem Körper jener war, in die der Lehensmann Hagen auf Geheiß seiner, einst von Siegfried besiegten und seitdem nach Rache dürstenden Burgunderkönigin Brunhild, einen Degen so stieß, »dass die Spitze bis in die Brust ging, dass er davon zur Stund tot blieb«.

Die Existenz von Drachen zweifelte bis ins 17. Jahrhundert niemand an. Erst zu Zeiten der Aufklärung bemühte man sich herauszufinden, ob es die Wesen wirklich gab.

LEGENDEN UND SAGEN

Fliegende Wunderpferde

In einem Deckenfresko verewigte der Italiener Giovanni Batista Tiepolo um 1750 den Ritt des Prinzen Bellerophon, der auf dem Rücken von Pegasus die feuerspeiende Chimäre besiegte. Das Motiv ist in der Sala Grande im Palazzo Sandi Porto in Venedig zu sehen. Von der Chimäre, einer Sagengestalt mit dem Körper einer Ziege, dem Kopf eines Löwens und dem Schwanz eines Drachens, sagen griechische Mythen, dass sie ein Kind der Echinda und des Typhon sei. Echinda und Typhon zählen zu jenen Sagengestalten, die Halb-Mensch, Halb-Tier waren – Echinda mit dem Unterleib eines Drachens, Typhon mit 100 Schlangenköpfen. In einigen Quellen wird auch behauptet, dass die Chimäre das Kind der schlangenköpfigen Hydra sei. Zudem ist sie mit der ägyptischen Sphinx verwandt. Auch hier herrscht Unstimmigkeit über den Verwandtschaftsgrad.

Von jeher haben abenteuerliche Wesen die Fantasie der Menschen beflügelt. Eine besondere Stellung unter den mythologischen Kreaturen unserer Vorfahren nahmen die fliegenden Pferde ein. Sleipnir, das Pferd des Germanengottes Odin, der Pegasus der griechischen Sage und schließlich Burak, das Wunderpferd des islamischen Propheten Mohammed sind die bekanntesten Pferde der Luft.

Warum scheint es für Menschen aller Zeiten wichtig gewesen zu sein, sich solche Wesen vorzustellen? Die Mythen selbst geben Antwort darauf.

FLIEGENDE WUNDERPFERDE

Mit Sleipnir in den Himmel

Bis in das 11. Jahrhundert hielt sich in Island die heidnische Glaubenswelt der Wikinger. Auf seiner Heimatinsel gelang es dem isländischen Historiker Snorri Sturluson (1178–1241) mündliche Überlieferungen schriftlich niederzulegen. Dank seines Werks »Edda« sind uns die alten Gottheiten und ihre Taten bekannt. Danach war Odin der oberste Gott, der Herrscher über die Burg »Asgard«. Zur Befestigung der Burgmauern benötigten die Götter einen geschickten Handwerker. Den fanden sie in einem Riesen. Als Lohn hatte man ihm die Sonne, den Mond und die Liebesgöttin Freyja angeboten – falls das Werk in drei Wintern vollendet wäre. Um die Bezahlung zu umgehen, erdachten sich die Götter schließlich eine List. Damit der Riese nicht rechtzeitig fertig würde, verwandelte sich Gott Loki in eine Stute und lockte das magische Pferd Swadilfari, mit dem die Steine für Asgard transportiert wurden, in den Wald. Aus dieser Verbindung gebar Loki ein graues Fohlen mit acht Beinen: Sleipnir, das berühmte Ross Odins, auf dem er von nun an vom Himmel zur Erde ritt und gefallene Helden nach Asgard brachte. Für die nordischen Völker scheint dieses Wunderpferd die Hoffnung verkörpert zu haben, nach einem heldenhaften Kampf in die Wohnstatt der Götter zu gelangen.

Der windschnelle Pegasus

Das geflügelte Pferd Pegasus entsprang nach einem griechischen Mythos dem Blut der enthaupteten Medusa, einer zu den schlangenköpfigen Sagengestalten der »Gorgonen« zählenden Sterblichen, bei deren Anblick sich alles und jeder zu Stein verwandelte.
Bellerophon aus Korinth fing den Pegasus ein. Er konnte dann aus dem Flug heraus mit Pfeilen die feuerspeiende Chimäre, eine weitere Sagengestalt, die eine Mischung aus Löwe, Drachen und Ziege war, töten. Als er jedoch versuchte, mit Pegasus zum himmlischen Olymp zu reiten, auf dem die Götter thronten, warf das fliegende Pferd seinen Reiter ab und verwandelte sich in ein Sternbild. Auch bei den Griechen scheint zumindest in der Spätantike (ab 200 v. Chr.) der Flug des Pegasus die Unsterblichkeit der menschlichen Seele symbolisiert zu haben: Der Leib des Helden blieb auf der Erde zurück, seine Seele aber schwang sich empor bis in den Himmel.

Im Zeitalter der Passagierflugzeuge ist der Wunsch, göttergleich durch den Himmel zu fliegen, zum Teil in Erfüllung gegangen. Als 1970 die Raumkapsel Apollo 13 startete, trug sie den Namen des griechischen Lichtgottes Apollon. Und in ihrem Emblem befand sich der geflügelte Pegasus, der diesmal nicht nur in der Fantasie die Erde verließ, sondern endlich in Wirklichkeit bis zum Mond kam.

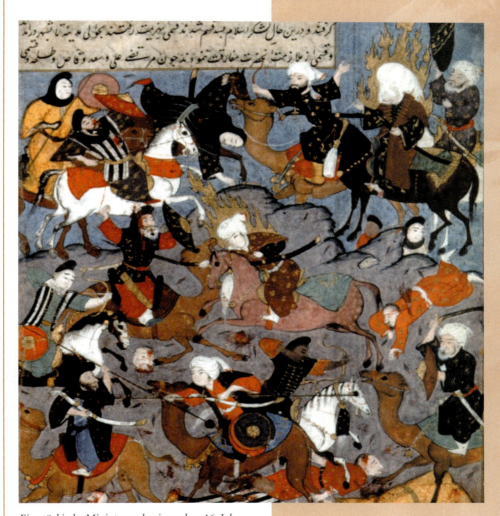

Eine türkische Miniaturmalerei aus dem 16. Jahrhundert zeigt den Propheten Mohammed inmitten kämpfender Truppen am Berg Uhud. Einen Großteil des Bildes nehmen Pferde ein, die Wendigkeit und Kraft symbolisieren und vielleicht deshalb als Vorlage für die geflügelten Sagengestalten aus der Mythologie gewählt wurden.

Der fliegende Prophet

Das zweithöchste Heiligtum des Islam ist ein gewaltiger Gesteinsbrocken im Felsendom in Jerusalem. Dorthin wurde nach dem Glauben der Muslime der Prophet Mohammed von der heiligen Moschee in Mekka durch den Engel Jibril (Gabriel) gebracht, indem dieser ihn auf ein geflügeltes Pferd namens Burak setzte. In Jerusalem angekommen, stieg Mohammed von dem Felsen aus auf einer Leiter direkt in den Himmel. Der Wunsch, sich in den Himmel zu erheben, mag hinter der Legende des sagenhaften Mischwesens Burak stehen.

LEGENDEN UND SAGEN

Elfen, Feen und andere Naturgeister

William Shakespeares »Sommernachtstraum« spielt im Reich des Elfenkönigs Oberon und seiner Frau Titania, hier dargestellt in einem Gemälde von Sir Noel Paton (1821–1901). Durch Wolfgang von Goethes Gedicht »Der Erlkönig« wurde der König der Elfen auch in Deutschland zu einer volkstümlichen Sagengestalt.

Auch Riesen gehören zu den Naturgeistern. (Stich aus dem 17. Jahrhundert)

Immer mehr Menschen öffnen sich den Kräften der Natur und entwickeln ein Gespür für ihre vielfältigen Erscheinungen und Ausdrucksformen. Unsere Urahnen lebten noch ganz selbstverständlich mit Pflanzen- und Erdgeistern und nahmen deren Hilfe bei der Bestellung der Äcker und Gärten an. Unzählige Sagen berichten aus der Welt der Elfen, Zwerge, Nixen und Gnomen, galten sie doch als Vermittler zwischen der Erde und den Menschen. Trotz der Vielzahl der Wesenheiten verbindet die Naturgeister ein gemeinsames Merkmal: ihre »Menschlichkeit« und ihre enge Beziehung zu uns Sterblichen. Zwar sind auch die Naturgeister höhere Wesen, doch stehen sie dem Menschen weitaus näher als etwa die Götter. Während diese – bildlich gesprochen – in den höheren Sphären schwe-

210

ben und sich aus der Ferne verehren lassen, sind Elfen und andere Naturwesen mit der Erde verhaftet und treten bisweilen auch in Kontakt mit den Menschen. So ist in der schottischen Findhorn-Gemeinde der Austausch mit den Naturgeistern der Pflanzen, dort Devas genannt, Voraussetzung für die Kultivierung von Pflanzen in der kargen Landschaft.

Geisterwesen und gefallene Engel

Geisterwesen waren schon zu Urzeiten Gegenstand menschlicher Vorstellungen. Was aber sind Geister und woher kommen sie? Der nordischen Mythologie zufolge krochen aus der Leiche des Riesen Ymir Maden hervor, die zu Licht- und Dunkelelfen wurden: Die gütigen Lichtelfen bevölkern die Lüfte, während die bösen und hinterhältigen Dunkelelfen im Verborgenen ihr Unwesen treiben. In Island gibt es eine andere Version der Geister-Geburt: Als Eva eines Tages ihre Kinder im Fluss baden wollte, sprach Gott zu ihr. Voller Angst und Scham versteckte sie die Kinder, die noch nicht gereinigt waren. Als Gott sie fragte, ob das alle ihre Kinder seien und sie dies bejahte, bestimmte er, dass von nun an alle vor ihm verborgenen Kinder als Elfen und Feen leben sollten. In anderen Kulturen gelten Geister als gefallene Engel, die, nicht gut genug für den Himmel und zu schlecht für die Hölle, in einem »Zwischenreich« leben müssen.

Die Elfenschule von Reykjavik

Auch im 21. Jahrhundert teilen die Isländer ihre Insel weiter mit Huldufolks, einem verborgenen Zwergenvolk, dessen Mitglieder bisweilen in der Alltagsrealität auftauchen und stets etwas altmodisch gekleidet sind. Nirgendwo gibt es so viele Naturgeister wie in Island, über die nicht nur die einheimische Medien, sondern auch seriöse internationale Publikationen immer wieder berichten. Der Stadtplan von Hafnarfjördur zeigt neben normalen Straßen auch die Wohnstätten des verborgenen Volkes. In Reykjavik gibt es die weltweit einzige Elfenschule (Álfaskólin), in der die Schüler lernen, unsichtbare Welten wahrzunehmen und ihre eigene Sensitivität zu verbessern.

Die Absolventen unterscheiden zwischen 79 Arten von Naturgeistern wie Feen, Elfen und Elben und den Pflanzengeistern, die etwa die Essenz einer Blume, einer Heilpflanze oder eines Baumes bilden. Man könne lernen, mit diesen Wesen in Kontakt zu treten und deren Hilfe zu erbitten. Naturgeister verkörperten darüber hinaus die vier Elemente Feuer, Wasser, Luft und Erde. Alle diese Wesen leben in einer parallelen Welt, die sich der menschlichen Wahrnehmung entzieht. In einem veränderten Bewusstseinszustand sei es jedoch möglich, sie zu hören und zu sehen, so behaupten die Elfenschul-Absolventen.

NATURGEISTER

Isländische und andere nordische Naturgeister

Huldufolks sind das verborgene Volk, das aus einer anderen Zeit zu stammen scheint und sich an Wasserfällen, Kirchen und alten Gerichtsplätzen bisweilen manifestiert.

Die »Huldre«-Mädchen sind besonders hübsche Feen und können sehr schön singen, haben aber oft einen Kuhschwanz; sie bieten, wenn das nicht der Fall ist, eine schöne Vorderfront, sind aber von hinten hohl. In Norwegen werden diese Feen Huldrafolk genannt. Huldelfe heißt die schwedische Fee, die oft am Kindbett erscheint und den Neugeborenen das Schicksal weissagt.

Die isländische Landschaft ist von einer Vielzahl von Kobolden bevölkert. Sie wohnen meist in Berghöhlen und stehen Jägern zur Seite, manchmal leben sie auch unter den Menschen. In den Erdhügeln von Thúfur sollen sich besondern gerne die Dunkelelfen treffen, die das Licht des Tages meiden. Nicht zuletzt die geographischen Besonderheiten Islands geben den Sagen von Elfen und Naturgeistern immer wieder neue Nahrung.

211

LEGENDEN UND SAGEN

Imhotep – Göttlicher Baumeister

Die Stufenpyramide beim kleinen Dorf Sakkara, südlich von Kairo, ist eine archäologische Besonderheit, denn sie dienten den berühmten Pyramiden von Gizeh als Vorlage. Ihr Baumeister war Imhotep. Die Bauarbeiten an dem Grabmal dauerten 29 Jahre.

Im frühen Licht der Geschichte tritt uns ein rätselhafter Mann entgegen: Imhotep. Eine 4600 Jahre alte Schrifttafel kündet von seinem erstaunlichen Ruhm – demnach war er »Wesir des Königs von Unterägypten, Erster nach dem König von Oberägypten, Großer Haushofmeister, Inhaber der erblichen Adelswürde, Hohepriester von Heliopolis, Baumeister und Bildhauer«.
Zur Zeit seiner Geburt ragten entlang des Nils noch keine gigantischen Bauwerke in den Himmel – bei seinem Tod hinterließ er den Prototyp aller Pyramiden: 2600 v. Chr. leitete Imhotep das seinerzeit gewaltigste Bauprojekt

der Menschheit ein. Als Architekt des Pharao Djoser, dem bedeutendsten König der dritten Dynastie (etwa 2778–2268 v. Chr.), entwarf er in genialen Zügen eine völlig neue Architektur. Imhotep konstruierte die erste Groß-Pyramide der Welt, die Stufenpyramide von Sakkara. Sechs zur Spitze hin kleiner werdende Ebenen wurden aus einem groben Kern roh behauener Steinblöcke und einem feinen Kalksteinmantel zu einem architektonischen Komplex zusammengefügt. Mit ihrer Basis von 121 x 109 Metern sollte sie die Vorgängerin aller ähnlichen Wunderwerke sein.

Wie diese Feluke, wurden viele Dinge des täglichen Lebens im alten Ägypten auf Papyrus festgehalten. So auch die Weisheit Imhoteps.

Das Wunder vom Nil

Unter Imhotep bekam auch die königliche Residenz von Memphis ein anderes Gesicht. Ohne vorherige Anregung ließ er wie bei einer modernen Filmkulisse, Scheinbauten mit Blendfassaden entstehen. Alles, was bislang nur mit Holz, Schilf und Lehm erbaut worden war, setzte der Baukünstler nun in Stein: Türen, Deckenbalken, Zäune, Wände. Fugenlos presste sich Stein an Stein, was den Bauten Ewigkeitswert verlieh.

Auch die Stufenpyramide wurde um weitere phänomenale Anlagen bereichert. Unter ihr ließ Imhotep ein Labyrinth aus Stollen und Schächten, Durchgängen und Kammern anlegen, die bis heute nicht vollständig erforscht sind. Ein 28 Meter tief abfallender Zentralschacht führte beispielsweise neben der Grabkammer des Gottkönig Djoser zu weiteren Gängen und Räumen. In ihnen wurden die Ehefrauen des Herrschers und die Prinzen beigesetzt.

Imhotep – Magier und Arzt

Wahrscheinlich gehen auch die fantastischen Behandlungsmethoden, die die Mediziner Altägyptens kannten, auf Imhotep zurück. Im Tempel von Dendera, der noch heute wie vor Jahrtausenden fast unbeschadet am Ufer des Nils in Mittelägypten steht, lässt sich Imhoteps Methodik studieren. Ein langer, dunkler Gang geleitete den Kranken vorbei an Statuen und heilkräftigen Zaubersprüchen. Die Figuren wurden von den ägyptischen Therapeuten mit Wasser übergossen. Dieses floss in tiefe Becken ab, in denen die Kranken badeten. Der nun einsetzende Genesungsprozess war psychischer wie physischer Natur. Der Patient im Halbdämmer des Tempels, umgeben von Götterstatuen und Zaubertexten, soll durch die Magie dieses Szenarios geheilt worden sein. Heute erinnert diese Heilmethode an eine Wasserkur.

Die zweite Behandlungsmethode, die ebenfalls in Tempeln wie dem von Dendera durchgeführt wurde, könnte man als therapeutischen Schlaf bezeichnen. In einem fast dunklen Raum wurde der Patient in einen hypnotischen Zustand versetzt, der durch monotone Gesänge, Objekte oder Düfte initiiert wurde. Entspannt trat so der Kranke den Weg der Genesung an.

Die Chirurgie Imhoteps

Dass Imhotep – aus heutiger Sicht betrachtet – ein moderner Wissenschaftler war, wird durch das »Edwin-Smith-Papyrus« deutlich, das ihm zugeschrieben wird. In einer Zeit magischer

Das Allround-Genie

Imhotep war mehr als nur Baumeister. Ausgebildet in Medizin und Naturwissenschaften, Technik, Dichtkunst, Philosophie, Astronomie und Mathematik leitete er neben seinen architektonischen Meisterleistungen als Staatsmann zukunftsentscheidende Reformen ein. Vor Imhotep hatte der König bislang den Staat patriarchalisch, wie einen Privatbesitz, beherrscht. Nun wurden Landbezirke und ein Beamtenapparat eingerichtet, Schulen entstanden und die Beamten lernten Schreiben und Lesen. Sie erhielten sogar eine technische, juristische und geographische Ausbildung.

Imhotep war zugleich Kanzler, Kriegs- und Kultusminister und oberster Richter. Er regelte die Besteuerung, verhinderte Amtsübergriffe und deckte Erpressungen auf. Sein Ruhm erstreckte sich auf alle Gebiete des Staatswesens, der Baukunde und der damaligen Wissenschaftsbereiche.

In der ägyptisch-orientalischen Sammlung des Kunsthistorischen Museums von Wien findet sich die anmutige 13 Zentimeter hohe Plastik des Architekten Imhotep. Alles Wissen seiner Zeit liegt, wie die Kupferlegierung durch den Papyrus auf seinem Schoß andeutet, in den Händen des Weisen.

LEGENDEN UND SAGEN

Im Hathortempel der Ruinenstätte Dendera, nahe der ägyptischen Stadt Kena, kann man die Methodik Imhoteps anhand von Inschriften studieren. Die Himmelsgöttin Hathor war die Frau des berühmten Horus und wurde als Liebes- wie auch als Totengöttin verehrt.

Der göttliche Imhotep

Noch Jahrtausende nach seinem Tod verehrten die Griechen Imhotep in ihren Überlieferungen als mächtigen Magier und Schutzherren der Schreiber. Die Ägypter errichteten für ihn bis zum Untergang des Neuen Reiches zur Zeit Cleopatras eigene Tempel und brachten ihm Weihrauchopfer dar. Pharaonen weihten ihm ganze Tempelterrassen und billigten ihm ein Privileg zu, das sonst nur ihnen selbst zustand: Göttlichkeit. In Gott Ptah, dem ältesten Wesen der ägyptischen Kosmogonie, sah man Imhoteps direkten, leiblichen Vater. Selbst noch im Römischen Reich wurde der vielseitig Begabte als weiser Gott verehrt.

Als Berater des Pharaos tat Imhotep gut daran, dem Volke Wissen zuzuführen: Solange alle zufrieden und beschäftigt waren, konnte man vor Unruhen und Kriegen sicher sein. (Wandmalerei aus dem archäologischen Ausgrabungsgelände in Theben)

214

Weltbilder und Zaubertränke analysierte Imhotep Krankheiten sehr sachlich. Auf hohem medizinischen Niveau präsentierte er beispielsweise die Knochenchirurgie. Systematisch werden im Papyrus 48 Fälle vorgestellt. Imhotep verlangte darin eine genaue Diagnose jeder Fraktur vor der Behandlung. Dann folgen therapeutische Anweisungen, Techniken zur Herstellung von Gipsverbänden, Schienen, Bandagen und Anleitungen zum Vernähen von Wunden. Sie alle gelten vom Prinzip her auch für heutige Chirurgen. Das Edwin-Smith-Papyrus, das Imhoteps medizinische Kenntnisse enthält, rät bei einem Bruch des Stirnbeins die Wunde mit einem Umschlag aus Fett und einem Straußenei zu umwickeln. Die magische Erwartung besteht darin, dass die Knochen, im Bestreben sich der Form des Eies anzugleichen, zusammenwachsen.

1994 machten Mediziner in Südamerika eine Entdeckung, die Imhoteps vorausschauende Genialität bezeugt: Antike Maya-Ärzte haben mit einem Brei aus Perlmuttmuschelkalk Schädelfrakturen überbrückt und damit eine absolut stabile Verbindung erzeugt. Sollte die Behandlung mit der Kalkschale des Straußeneies ähnliche Erfolge erzielt haben, wäre Imhotep lange vor den Maya ein medizinischer Geniestreich geglückt.

Notfallchirurgie der Pharaonen

Das »Mundöffnungsritual« war Bestandteil altägyptischer Bestattungsriten. Das dabei verwendete Instrument, der »Meißel aus Erz«, hat erstaunliche Ähnlichkeit mit Instrumenten der Notfallmedizin zur Einleitung der künstlichen Beatmung (Laryngoskop), wie ein deutsches Ärzteteam erkannte.

Auf dem Papyrus »Hunefer« wird ein Totenpriester mit dem »Meißel« gezeigt, auf einem Beistelltisch liegen weitere Werkzeuge zur »Wiederbelebung« wie z.B. ein Luftröhrentubus einschließlich eines Ballons zur Abdichtung der Luftröhre. Offensichtlich hatten die Ägypter bereits vor 4000 Jahren hochentwickelte Therapietechniken hervorgebracht.

IMHOTEP

Mythos Tod

Obwohl Imhoteps Mit- und Nachwelt das große Genie in Statuen und Schriften verehrte, ist über die Umstände seines Todes wenig bekannt. Imhoteps Grab wurde nie gefunden – auch nicht in den 1950er Jahren, als der englische Ägyptologe Sir Walter Emery die Grabstätte Imhoteps suchte und viele Forscher hofften, dass er die letzte Ruhestätte des Bauherrn in der Nähe Sakkaras aufspüren würde. In seinem Grab, das zumindest weiß man aus alten Überlieferungen, sollen seine Lebensaufzeichnungen liegen, »Die Geschenke der Götter«, die Imhotep einst direkt von himmlischen Besuchern erhalten haben soll. Sollte seine Mumie je gefunden werden, so dürfte dies einer der spannendsten Augenblicke der Ägyptologie werden. Lassen wir uns überraschen, was die Götter diesem Genie mit ins Jenseits gaben.

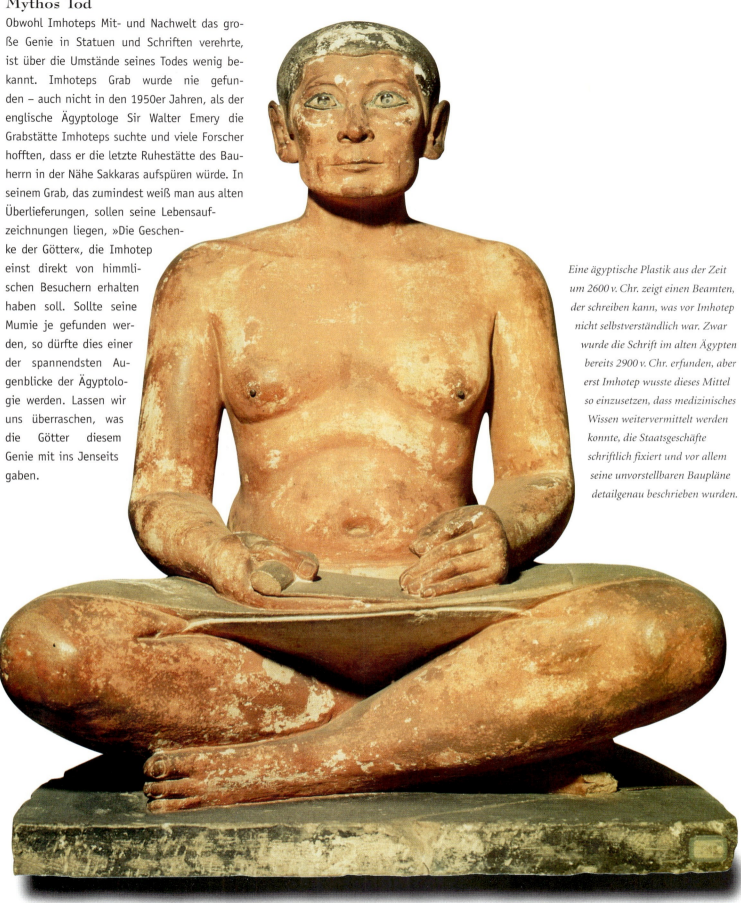

Eine ägyptische Plastik aus der Zeit um 2600 v. Chr. zeigt einen Beamten, der schreiben kann, was vor Imhotep nicht selbstverständlich war. Zwar wurde die Schrift im alten Ägypten bereits 2900 v. Chr. erfunden, aber erst Imhotep wusste dieses Mittel so einzusetzen, dass medizinisches Wissen weitervermittelt werden konnte, die Staatsgeschäfte schriftlich fixiert und vor allem seine unvorstellbaren Baupläne detailgenau beschrieben wurden.

LEGENDEN UND SAGEN

Dilum, das Land des ewigen Lebens

Der assyrische Königspalast in Ninive beherbergte einst die Tontafeln, auf denen der Mythos vom Land der Unsterblichkeit, Dilum, niedergeschrieben war. Aquarell um 1880 nach einer archäologischen Rekonstruktionszeichnung.

Ewiges Leben, gibt es das? Seit Tausenden von Jahren suchen Menschen das Land, wo man dem Tod entgehen kann. Schon in der sumerischen Mythologie wird uns von dem sagenhaften Dilum (Dilmun) berichtet, einem Ort des ewigen Lebens. Auf 5000 Jahre alten Tontafeln, die sich in der Bibliothek des assyrischen Königs Assurbanipal (668–ca. 527 v. Chr.) in Ninive befanden, wird im ältesten Epos der

Weltliteratur, dem Gilgamesch-Epos, von diesen paradiesischen Gefilden erzählt.
Auf ihnen wurde die Geschichte des Königs Gilgamesch, der um 2600 v. Chr. über Uruk herrschte, aufgezeichnet. Er galt als Sohn einer Göttin und eines Tempelpriesters. Doch er war sterblich. Deshalb bat er seinen Gott,

ihn in das »Land des Lebens« zu führen. Dort, so wussten die Sumerer, konnten Menschen dem Tod entgehen.
Tatsächlich soll der sumerische König dieses Paradies gefunden haben. Der Überlieferung nach trifft er in Dilum Ziusudra (babylonisch Utnapischtim), der die Sintflut überlebte. Ihm haben die Götter die Unsterblichkeit verliehen, die Gilgamesch erringen wollte.

Unsterbliche Menschen

Fand Gilgamesch, was er suchte? Ja und nein. Ziusudra verrät ihm das Geheimrezept der Unsterblichkeit. Es ist die »Blume des ewigen Lebens«. Sie wächst im Apsu, dem Abgrund Dilums. Daraufhin gräbt Gilgamesch einen tiefen Schacht und wird schließlich hinabgezogen. Bei einem Höhlensee findet er die Verjüngungspflanze. Doch bevor er sie essen kann, raubt ihm die Schlange Mush seinen kostbaren Besitz. Gilgamesch, der so nah an dem Ziel seiner Unsterblichkeitsträume war, blieb, was er war: ein sterblicher Mensch. Unsterblich aber wurde sein Ruhm.

Die Entdeckung Dilums

Der britische Archäologe Goeffry Bibby ist der Überzeugung, das geheimnisvolle Dilum gefunden zu haben. Die Insel Bahrain, mitten im Persischen Golf gelegen, scheint alle Voraussetzungen zu erfüllen. Dilum ist nämlich nicht nur ein fiktives Land, das in den Mythen erwähnt wird, sondern wird auch in Handelsbriefen der Sumerer (3. Jahrtausend v. Chr.) als Handelspartner genannt. Einst wurde auf Bahrain der heilige Tempel von Barbar aus Kalksteinblöcken, die perfekt behauen und ohne Mörtel zusammengefügt sind, errichtet. Stufen führen zu einer ummauerten Vertiefung, die als Auffangbecken für heiliges Wasser diente. Hier vermutet Bibby den Ort, an dem Gilgamesch hinabtauchte. Gänzlich überzeugt, das legendäre Götterland gefunden zu haben, war er, als er unter Erdwällen rund 100.000 Gräber und damit den größten frühgeschichtlichen Friedhof der Welt fand. Denn die hier beerdigten Menschen glaubten fest an ein Weiterleben nach dem Tod und an ein Treffen mit den alten Göttern.

Ewig leben?

Kann es ewiges Leben geben? Durch die moderne Gentechnik wurde 1999 ein Protein entdeckt, das den Alterungsprozess steuert. Mäuse, bei denen man dieses Gen ausschaltete, lebten um ein Drittel länger. Viele Wissenschaftler halten eine durchschnittliche Lebenslänge des Menschen von weit über 100 Jahren für möglich.

Sicher hatten auch unsere Vorfahren eine Sehnsucht nach ewigem Leben. Häufig sollten ihnen Zaubertränke und Wundermittel dazu verhelfen. Man muss auch bedenken, dass die durchschnittliche Lebenserwartung sehr niedrig war. Schon leichte Infektionen oder kleine Verletzungen konnten tödlich sein, sehr hoch war die Kindersterblichkeit und wie viele Frauen starben bei der Geburt oder im Kindbett?

Heute sind diese Faktoren weitgehend unter Kontrolle und man ist in der Lage mit »maßgeschneiderten Medikamenten« früher noch als unheilbar geltende Krankheiten zu besiegen und eine lebensverlängernde Wirkung zu erzielen, die man früher mit pflanzlichen Mitteln zu erreichen hoffte. Der Traum, der in den Überlieferungen vieler Völker formuliert wurde, wird sich aber nicht erfüllen lassen.

Die irakische Kolossalstatue eines löwenbezwingenden Heros wird für Gilgamesch gehalten. Sie stammt aus der Zeit König Sargons II. (722–705 v. Chr.).

LEGENDEN UND SAGEN

Die Sintflut

Die Menschen versuchen vor den drohenden Wassermassen der Sintflut zu fliehen. (Jan van Scorel, 1515)

SINTFLUT

Gab es sie oder gab es sie nicht? Die größte Katastrophe, die je beschrieben wurde, war die Zerstörung der Welt durch eine gigantische Flutwelle. Einen der eindrucksvollsten Berichte über sie können wir im ersten Buch Mose (7, 10 ff.) der Bibel lesen. Doch ist das Alte Testament keineswegs die einzige Überlieferung, die von einer solchen universalen Flut erzählt. Das sumerische Gilgamesch-Epos, die älteste schriftliche Großerzählung der Menschheit (1800 v. Chr.), kannte bereits den Mythos von der gewaltigen Überschwemmung. Was sagen Wissenschaftler unserer Tage dazu? Ist es möglich, dass ganze Kontinente von einer großen Welle überflutet wurden? Existieren greifbare Fakten für ein solches Ereignis?

Die Strafe Gottes

So erstaunlich es klingt, der Sintflut-Mythos enthält einen realen Kern. Wissenschaftler sind sich einzig darüber uneinig, ob sich eine globale Katastrophe ereignete oder ob es viele kleine Sintfluten gab. Die Bibel berichtet, dass »der Menschheit Bosheit groß war auf Erden« und es Gott »reute, dass er die Menschen gemacht hatte«. So beschloss er die Vernichtung des Menschengeschlechts. Nur einer, der rechtschaffene Noah, fand vor Gott Gnade. Er erhielt den Auftrag, von allen Tieren ein Paar in ein riesiges Schiff, die Arche, zu retten. Dann folgte das Katastrophenszenario: »Und als sieben Tage vergangen waren, kamen die Wasser der Sintflut auf Erden [...]. An diesem Tag brachen alle Brunnen der großen Tiefe auf und taten sich auf die Fenster des Himmels, und ein Regen kam auf Erden vierzig Tage und vierzig Nächte [...]. Und die Wasser wuchsen und hoben die Arche auf und trugen sie empor über die Erde.«

Geologische Vernichtung

Was viele Wissenschaftler des 19. Jahrhunderts als Märchen erschien, erhielt ab 1922 durch Ausgrabungen des englischen Archäologen Sir Leonard Woolley (1880–1960) eine erste konkrete Basis. In der sumerischen Stadt Ur legte er Zivilisationsschichten frei, die durch Lehmbänder unterbrochen waren.

Auf den Spuren der Arche

Der amerikanische Tiefseespezialist Bob Ballard gilt als der »Jäger der versunkenen Schiffe«. Sein größter Erfolg war die Auffindung der »Titanic«. 1999 rüstete er eine Expedition aus, um die Arche Noah zu finden. Sein Zielgebiet: das Schwarze Meer. Die Geophysiker William Ryan und Walter Pittmann von der Columbia University in den USA vermuten, dieses Meer sei früher ein Süßwassersee gewesen, der zum Ende der letzten Eiszeit mit katastrophaler Wucht überflutet wurde. Ballard gelang Ende 2000 tatsächlich eine sensationelle Entdeckung: In 100 Metern Tiefe vor der türkischen Küste stieß er auf 7500 Jahre alte Gebäudereste. Mit Unterwasserkameras ließ sich zudem eine 170 Meter abgesunkene Küstenlinie ausmachen. Dies scheint Noahs Heimat gewesen zu sein.

»Die Sintflut« als Holzstich. So stellte sie der französische Maler und Bildhauer Gustave Dorè (1832–1883) dar. Die Dramatik der Ereignisse offenbart sich in reißenden Fluten und einem kleinen Felsen als einzigen Zufluchtsort. In Dorès Vision spiegelt sich die mehr als 100 Jahre später propagierte Theorie, dass das Meer, auf dem die Arche Noah neuen Zeiten entgegenschwamm einst ein Süßwassersee war, der von gewaltigen Flutmassen überschwemmt wurde.

| LEGENDEN UND SAGEN

Über die historischen Tatsachen um den Sintflut-Mythos, der sich durch mündliche und schriftliche Überlieferungen zahlreicher Kulturen zieht, gab es bislang nur Spekulationen, die mehr oder weniger plausibel erscheinen. Eine Theorie entstand nach Ausgrabungen von Schlammschichten in der sumerischen Stadt Ur – die Standarte von Ur ist hier als über 4500 Jahre altes Mosaik zu sehen. Demnach soll die Sintflut nur als lokale Katastrophe aufgetreten sein.

Daraus schloss er, dass um 4000 v. Chr. eine ungeheure Flut über die Bewohner Mesopotamiens hereingebrochen sein musste. Nur wenige Menschen überlebten die Katastrophe, die diese Überflutung als Strafe Gottes für einen sündigen Lebenswandel sahen.

Allerdings wandten Kritiker der Sintflut-Theorie ein, dass die Schlammschicht nur in einem begrenzten Gebiet auftrat. Demnach müsste eine lokale Überschwemmung der reale Ausgangspunkt der Sintflut-Legende gewesen sein. Folgerichtig wären alle anderen Sintfluten gleichfalls örtliche Katastrophen gewesen. Genau dies bezweifeln Kulturgeschichtler, die den Sintflut-Mythos merkwürdigerweise weltweit in nahezu identischen Erzählungen antrafen.

Die Weltkatastrophe

In Indien wie in China, auf den pazifischen Inseln, in Australien, in Nord- und Südamerika, Germanien und Rom – überall kannten die Menschen die Legende von den verheerenden Wasserfluten. Der griechischen Überlieferung nach wollte Göttervater Zeus das »ruchlose Menschengeschlecht« vertilgen und beschloss, »unter Wolkengüssen die Sterblichen zu vernichten«. Regen und Meereswogen schufen Fluten, die durch Erdbeben unterstützt, ein Inferno über die Menschheit hereinbrechen ließen. In Persien berichtet das »Bundahishn«, das »Buch der Urschöpfung«, wie ein Stern in schrecklichem Glanz über der Erde aufstrahlte und Regenfluten die Erde ertränkten. Auch der älteste hinduistische Text, das Rig-Veda, kennt die Sintflut.

Gleichfalls schildern alle Überlieferungen die Errettung mindestens eines Menschenpaares und etlicher Tiere in einer Arche. Selbst die Eskimos wissen von einer Arche, auf die sich Angehörige des Volkes der Tlingits retten konnten.

SINTFLUT

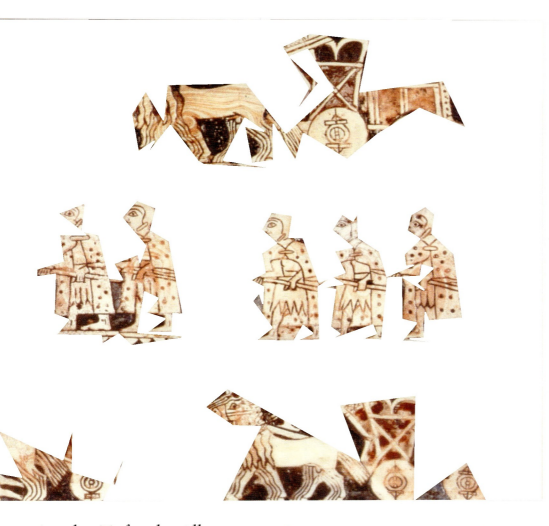

Aus den Tiefen des Alls

Interessant ist, wie etliche Mythen die genaueren Umstände ausführen. Im heiligen Buch der Quiché-Maya (Guatemala/Honduras), dem »Chilam Balam«, wird von einem feurigen Regen und fallender Asche kurz vor der Flutwelle berichtet. Diese Menschheitserinnerungen haben die beiden österreichischen Geowissenschaftler Professor Alexander und Dr. Edith Tollmann aus Wien untersucht. 1993 kamen sie in ihrem Buch »Und die Sintflut gab es doch« zu dem Ergebnis, dass vor 9600 Jahren ein riesiger Komet mit der Erde kollidiert sein muss. Die Gravitation der Sonne ließ ihn zuvor zerbersten, dann schlug er in die großen Weltmeere ein. Verschiedene Messungen, z. B. zum Anstieg von radioaktivem Kohlenstoff in der Atmosphäre oder Gesteinsveränderungen, bestätigen diese Auffassung. Mehrere Sintflutberichte geben exakte Angaben über die Himmelsrichtung (Südost) des Kometen und benennen den Herbst als Jahreszeit des Einschlags. Die Chipewyan-Indianer im Nordwesten Kanadas erwähnen sogar ausdrücklich den Monat September. Das stimmt verblüffend mit einem babylonischen Text überein, der noch exakter den 14. September als Tag der Katastrophe nennt.

Todesfluten über der Erde

Nun wird auch die biblische Passage klarer, die von aufbrechenden »Quellen der Tiefe« berichtet, denn vor 10.000 Jahren waren durch die Eiszeit noch große Mengen Wasser im Boden gebunden. Durch die Schockwelle des Einschlags, die um den ganzen Planeten raste, wurde es in Fontänen nach oben gedrückt. Dann tobte eine gewaltige Springflut über die Erde. So bestätigt sich eine uralte Menschheitserinnerung und die Bibel, deren historische Beweiskraft sehr oft angezweifelt wird, hat in diesem Fall wohl recht.

Der Sündenfall

Auf den Fidschi-Inseln ist es Gott Mdengi, der aus Zorn über die Verderbtheit der Menschen die Welt in die »tiefsten Tiefen des Wasser« tauchte. Die Hoka-Indianer aus der Prärie des amerikanischen Mittelwestens erzählen von Gott Morumba, der den grausam gewordenen Menschen eine Flut schickte, und bei den Kubas in Zentralafrika wurde die Weltkatastrophe durch einen Inzest zwischen dem Stammesgründer und seiner Schwester ausgelöst. Dieses Motiv der Strafe für ein sexuelles Vergehen lässt sich tiefenpsychologisch mit der Neugeburt des Menschen verbinden, denn Wasser ist das reinigende Element der Bibel, in das Johannes der Täufer Jesus Christus taucht.

Wasser symbolisiert das Auftauchen nach dem Untergang, ein neues Leben nach dem Tod. Aber vielleicht zeigt sich im Motiv der Neugeburt auch die Trennung von einer noch triebgesteuerten Welt, die in der Sintflut untergehen musste, um einer geistigvernunftgeprägten Kultur zu weichen.

Einer der prächtigsten Kometen unseres Sonnensystems ist der nach zwei amerikanischen Amateurastronomen benannte Komet Hale-Bopp. Sein Ionenschweif ist über 100 Millionen Kilometer lang. Im März 1997 wurde er über dem Abendhimmel sichtbar, er kam auf 197 Millionen Kilometer nah an die Erde heran. Der Komet, der nach einer bestimmten Theorie die Sintflut verursacht hat, könnte dem Hale-Bopp in seiner Größe ähnlich gewesen sein.

Mysterien des Ostens

Die großen Mysterien des Ostens entstanden aus einer gelebten Spiritualität mit geistiger Innenschau. In Indien beispielsweise strebt man damals wie heute nach der Auflösung menschlicher Grenzen durch Meditation. Auch die Askese, die Loslösung von allem Irdischen, wird im Hinduismus, aber auch im islamischen Sufismus praktiziert. In China philosophierten Lao Tse und Konfuzius über das geistige Wesen von Universum und Welt, und aus allen östlichen Ländern wurden der Nachwelt Mythen, Wunder und naturmedizinische Errungenschaften offenbart. Sie alle werden noch heute gelebt und praktiziert. Die Mysterien des Ostens führen durch die faszinierende und facettenreiche Thematik.

Lehren des Ostens

Geistiges Erwachen, die höchste Form der spirituellen Verwirklichung, vermutete man immer »anderswo« – in einer fernen Zeit, an einem fernen Ort. Für das Abendland war dies das Morgenland, der Osten, auch »Orient« genannt. Laut Schöpfungsgeschichte der Bibel, der Genesis, lag auch der Garten Eden »gegen Morgen«. Der Orient wurde so früh zum Sinnbild, zu einer geistigen Orientierung, selbst wenn das utopische Land eigentlich nur im Geist und in den Herzen der Menschen, nicht aber auf Landkarten existiert. Tatsächlich wurde in den östlichen Religionssystemen eine jahrtausendealte Erforschung der höheren Ebenen des Bewusstseins gepflegt. Nirgends drang der Mensch tiefer in die Geheimnisse der inneren Welten ein, als im Hinduismus, Buddhismus, Taoismus oder Zen.

LEHREN DES OSTENS

Veden und Upanischaden

Heilige Männer, Rishis, haben einst die Weisheiten und Mythen des Hinduismus in Worte gefasst und sie »Veden« genannt. In deren Kulten nimmt der Gott Indra eine ganz besondere Stellung ein: Er ist der Sonnengott, der Herrscher des Firmaments. (Relief in einem Höhlentempel in Ellora, Indien)

VEDEN UND UPANISCHADEN

Was im Westen als Hinduismus bezeichnet wird, nennen die Hinduisten selbst Sanatana Dharma – die ewige Wahrheit. Die unvergängliche Wahrheit ihrer Religion wurde zuerst heiligen Männern, Rishis, offenbart, und später von spirituell fortgeschrittenen Individuen variiert und erweitert. Sie gilt als ewige Norm, als universales Gesetz, das keinen Anfang und kein Ende kennt. Darum wird der Hinduismus auch durch ein Rad, Dharmachakra, das Rad des ewigen Gesetzes, symbolisiert.

Hinduismus

Bei diesem Glauben handelt es sich weniger um eine Religion als vielmehr um einen über fünf Jahrtausende gewachsenen mythologisch bedingten Religionsverbund – eine religiöse Kultur. Typisch für den Hinduismus ist beispielsweise das Kastensystem, wobei jede Kaste einen bestimmten gesellschaftlichen Rang repräsentiert. Im Glauben der Hindus gibt es zahlreiche lokale Kulte und Traditionen der Götterverehrung. Es ist charakteristisch für diese lebendig gewachsene Religionsform, dass sie einen flexiblen Kanon besitzt und sich anderen »ewigen Wahrheiten« gegenüber durchaus offen zeigt. So assimilierten die aus dem Norden eingewanderten Stämme der Indo-Arier, als sie in Südindien auf die dravidischen Kulturen stießen, deren religiöse Tradition, und gliederten sie in den Sanatana Dharma ein.

Erlösungslehre

Der Hinduismus lehrt die Möglichkeit der Erlösung aus der sterblichen Welt der Erscheinungen und Illusionen. Sie kann dabei auf dem Weg der Askese oder auch durch Eintauchen in die Welt der Erscheinungen gesucht werden.

Dem Hindu ist alles gleich heilig: ein Wurm, ein Elefant, ein Baum, ein Stein oder ein menschliches Wesen. In allen Dingen liegt das Absolute verborgen. Nur die Welt ist vergänglich. Ziel des Menschen ist es, durch das Studium der heiligen Schriften, die Abkehr von der äußeren Welt, durch Askese oder spezielle religiöse Praktiken wie Yoga und Meditation, Befreiung von der vergänglichen Welt zu erlangen, d. h. eins zu werden mit dem Ewigen. Dieser Zustand des Aufgehens im Absoluten wird Kaivalya oder Moksha genannt. Von Kaivalya spricht man, wenn die Seele erkennt, dass sie vollkommen ist und von nichts abhängt. Moksha meint die endgültige Befreiung und Erlösung von allen weltlichen Bindungen, von den Taten des Menschen (Karma) und vom Kreislauf der Wiedergeburten (Samsara). Moksha ist das höchste Ziel.

Das heilige Wissen

Seit etwa 1500 v. Chr. suchten die Rishis im heutigen Nordindien in der Versenkung das heilige Wissen von den Göttern zu empfangen. Da sie auch inspirierte Dichter waren, priesen sie das ihnen Offenbarte in Hymnen und schufen so die Veden (»Wissen«, »heilige Lehre«), die ältesten Texte des Hinduismus. Bei ihren Opferzeremonien rezitierten sie diese ihre »heilige Wissenschaft«.

Gläubige Hindus sind vom übermenschlichen Ursprung der Veden überzeugt. Die tatsächlichen Urheber dieser Texte waren jedoch Dichter, Asketen und Philosophen.

Die Veden

Die Veden sind eine über viele Jahrhunderte angewachsene, äußerst weitläufige Textsammlung, etwa vom sechsfachen Umfang der Bibel. Man nannte sie auch das »dreifache Wissen«, weil die Schriften in drei Abteilungen zusammengefasst wurden: Rigveda (Veda der Verse), der Hymnen enthält, Samaveda (Veda der Lieder), der liturgische Gesänge umfasst und Yajurveda (Veda der Opfersprüche). Später kam noch der Atharvaveda hinzu, der auf einen mystischen Feuerpriester Atharvan zurückgeführt wurde und hauptsächlich Zaubersprüche enthält. Den Hauptpriestern dienten die Veden als Handbücher.

Bei den Hindus wird eine Vielzahl von Göttern verehrt, über die die Veden Auskünfte geben. Krishna beispielsweise, dem dieser Altar gewidmet ist, soll eine Avatar, eine Verkörperung eines der höchsten Götter, Vishnu, gewesen sein. Der Legende nach war Krishna hoher Herkunft, wuchs jedoch aufgrund widriger Umstände getarnt als Hirte auf.

LEHREN DES OSTENS

Begriffe des Hinduismus'

Atharvaveda: Zählt zu den hinduistischen Glaubensbüchern. Wurde um 900 v. Chr. verfasst und enthält Zaubersprüche.

Atman: So bezeichnet man im Hinduismus das »Wahre Selbst« des Menschen, das man sich so vorstellen kann: Wenn man vom Menschen all sein Wollen, Denken, Fühlen usw. nimmt, erreicht man einen Funken seines Selbst, der nie verändert werden kann.

Brahma: Ein Gott. Er wird als Schöpfer des Himmels und der Erde angesehen.

Brahman: Wenn Atman das »Wahre Selbst« des Menschen ist, so ist Brahman das Äquivalent in Bezug auf das Universum. Im Endeffekt sind Atman und Brahman wesensgleich.

Dharma: Mit diesem Begriff bezeichnen die Hindus das, »was das wahre Wesen ausmacht«. Er meint Moral, Ethik, gesetzliche Ordnung des Universums und die Grundlage der Religion.

Karma: Die symbolische Last alter Taten, die die Seele bei ihren immer neuen Wiedergeburten erwirbt. Man kann schlechtes oder gutes Karma haben. Schlechtes kann aufgearbeitet werden.

Moksha: Die Erlösung von allen vorherigen Lebensabschnitten, Zielen und Schulden. Bezogen auf die Wiedergeburt, das Streben, im aktuellen Leben frei von alten Lasten zu sein.

Samsara: Hindus glauben daran, dass die Seele des Menschen immer wieder in neue Körper geboren wird, sobald der alte stirbt. Samsare steht für das »Rad der Wiedergeburt«.

Shiva: Hinduistische Hauptgottheit. Er wird sowohl als Gott der Askese, als auch als Gott des Phallus verehrt.

Vishnu: Ein Gott. Er schuf nach hinduistischem Glauben das Universum, indem er Himmel und Erde voneinander trennte. Seinem Nabel entsprang eine Lotosblüte, aus der der Schöpfer von Himmel und Erde, Brahma, geboren wurde.

Die vedischen Götter

Die Mythen und Gottheiten, die in den Veden eine zentrale Rolle spielen, stehen mit Himmelskörpern und Naturerscheinungen in enger Beziehung. Indra beispielsweise gilt als personifizierte Atmosphäre, als Gott des Firmaments. Obwohl er der höchste der Götter ist, besitzt er Eltern. Varuna verkörpert den alles umfassenden Himmel. Er ist der Hüter der Wahrheit und wurde in späterer Zeit als Herr der Sonnengötter verehrt.

Eines der heiligsten Dinge der ältesten Hindu-Verehrung ist das Feuer (Agni). Es nimmt in den vedischen Kulten eine wichtige Stelle ein. Am Himmel erscheint es als Sonne, in der Luft als Blitz, auf der Erde als Feuer. Die Veden widmeten dem als Gottheit personifizierten Feuer mehr Hymnen als Indra selbst. In ihnen gibt es zahlreiche weitere Götter. Sie alle wurden als Entfaltung einer tieferen Einheit in der Vielheit aufgefasst.

Brahmanen und geheime Lehren

Zu den einzelnen Veden entwickelte die Priesterkaste der Brahmanen später Anleitungen, die den praktischen Gebrauch der Inhalte regelten. Diese Texte wurden Brahmanas genannt. Sie enthalten Vorschriften für Rituale. In ihren philosophischen Kommentaren sind zahlreiche Legenden und Erzählungen eingewoben. Zu den einzelnen Veden gibt es auch noch Nachträge über Kulte und Riten, die vor Uneingeweihten verborgen gehalten wurden. Diese geheimen Schriften heißen Aranyaka, weil man sie nur allein in der Abgeschiedenheit des Waldes (Aranya) studieren durfte.

Atman und Brahman

Das magische Weltbild der Veden und Brahmanas wurde in der darauffolgenden Schicht der vedischen Literatur überwunden. Zum ersten Mal wurde das Konzept der Identität des individuellen Selbst (Atman) und des Urgrunds, der höchsten göttlichen Ganzheit (Brahman) philosophisch ausgearbeitet. Diese Gruppe von Werken mystischen Inhalts wird Upanischaden genannt. Sie entstand um 800-600 v. Chr. Das

Wort bedeutet in etwa »sich zu jemandem niedersetzen«. Gemeint ist damit, das Sitzen zu Füßen eines Lehrmeisters (Guru), um dessen geheimen Unterweisungen zu lauschen. Der Einfluss der Upanischaden darf nicht unterschätzt werden. Diese Schriften haben nicht nur das indische Denken entscheidend geprägt, sie wirkten darüber hinaus auch auf die hellenistische Philosophie. Viele ihrer

VEDEN UND UPANISCHADEN

Ideen gelangten auf diesem Weg in mystische Gedankengebäude des Abendlandes.

Die großen Epen

Mit den Upanischaden endeten die Veden. Es folgte die epische Literatur. Diese ist zwar weltlichen Charakters, hat sich aber den moralisierenden Unterton der Upanischaden erhalten. Die wichtigsten epischen Werke heißen Mahabharata und Ramayana. In ihnen sind die alten vedischen Götter fast vollkommen verschwunden. Als wichtigste Gottheiten treten nun Brahma, der Schöpfer, Vishnu, der Erhalter, und Shiva, der Zerstörer, auf. Wie das gesamte System der hinduistischen Religiosität vielgestaltig ist, so ist auch die den Göttern zugedachte Charakteristik, nur eine Annäherung an ihr vielgestaltiges Wesen.

Hinduistische Tempel wie der Meenakshi-Tempel in Madurai zeugen von einer reichen Götterwelt. Zu den bekanntesten zählen Brahma, Vishnu, Shiva, Krishna und Ganesha, wobei Krishna eine Inkarnation von Vishnu ist. Ganesha ist der Gott der Weisheit und der List, er ist Shivas Sohn, ein Gott mit dickem Bauch.

229

LEHREN DES OSTENS

Im Hinduismus sucht sich jeder einen Gott aus, den er besonders verehrt. Die Vielfalt an Götterstatuen am Meenakshi-Tempel ist somit ein Symbol für das Nebeneinander einer überirdischen Hierarchie.

Das Mahabharata
Als Verfasser des 106.000 Verse zählenden Mahabharata gilt der mythische Weise Vyasa. Zwischen dem 5. Jahrhundert v. Chr. und dem 2. Jahrhundert n. Chr. haben aber viele Autoren an diesem längsten Werk der Weltliteratur gearbeitet. Vor allem die Romanze von Damayanti, dem von einem Dämon besessenen König, der seine Gattin Nala aus Liebe und um sie vor sich selbst zu beschützen, verlässt und

auf eheliche Treue. Die wichtigste Geschichte des Mahabharata beinhaltet den Kampf zwischen den beiden verwandten Bharata-Familien, den bösen Kauravas und den tugendhaften Pandavas. Der Kampf entbrennt um das von dem blinden Dhritarashtra aufgeteilte Königreich. In dieser Geschichte gibt es einen bedeutenden philosophischen Abschnitt, der Bhagavad-Gita (»Gesang des Erhabenen«) genannt wird, in dessen Zentrum die Verehrung des Gottes Krishna, einer Inkarnation Vishnus, steht.

Das Ramayana

Der legendäre Heilige und Kunstdichter Valmiki soll der Verfasser des ältesten Epos der Sanskrit-Literatur sein, des Ramayana (»Der Lebenslauf des Rama«).

Rama ist eine weitere Inkarnation des Gottes Vishnu. Die Erzählungen, die sich um die Entführung von dessen Gemahlin Sita durch den Dämonenkönig Ravana ranken, sind derart

VEDEN UND UPANISCHADEN

Ritueller Gottesdienst

Riten spielen im Kult der Brahmanen eine besondere Rolle, weil sie die Kommunikation mit dem Göttlichen ermöglichen. Im Leben der Hindus sind sie allgegenwärtig und unüberschaubar in ihrer Fülle und Vielfalt. Die Götterbildnisse besitzen dabei einen besonderen Stellenwert. Sie symbolisieren nicht nur den Ort an dem sich das Göttliche zeigt, der Gläubige nimmt in ihrer Verehrung auch persönlichen Kontakt mit der Gottheit auf. Im Hausschrein werden Götterbilder deshalb ebenso nach komplexen Riten verehrt wie die Götterbildnisse im Tempel durch den Brahmanen. Puja wird dieser rituelle Gottesdienst genannt. Es handelt sich um eine vielfältige Abfolge von Handlungen, Gebeten, Gesängen, Waschungen, Reinigungen, z. B. mit Räucherwaren, etc., die den Götterbildnissen zuteil werden. Auf diese Weise werden sie jeden Tag aufs Neue belebt.

die wunderbare poetische Geschichte der treuen Savitri, die sich so einfühlsam dem Todesgott Yama stellt, dass dieser ihr tatsächlich den verstorbenen Ehemann wieder gibt, wurden zum populären Erzählstoff in Bezug

reich an abenteuerlichen Begebenheiten und einprägsamen Personen, dass das Ramayana, zusammen mit dem Mahabharata, zur bedeutendsten Stoffsammlung für alle Gattungen der indischen Literatur wurde.

Brahmanen gelten im Hinduismus als Auserwählte. Nur sie kennen die wahren Riten ihres Glaubens, die allen anderen Kasten vorenthalten sind. Nur sie werden zum Feiern religiöser Feste eingeladen.

231

LEHREN DES OSTENS

Atman und Brahman – Mystik im Hinduismus

Die Götter Brahma und Shiva, die auf dieser indischen Miniatur aus dem 18. Jahrhundert zu sehen sind, haben menschliche Eigenschaften und Entwicklungspotenziale – sie sind wandlungsfähig.

232

ATMAN UND BRAHMAN

In der mystischen Literatur des Hinduismus, den Upanischaden, wird das allgemeine schöpferische Weltprinzip, der Urgrund allen Seins, Brahman genannt. Es steht jenseits aller Erscheinungen und liegt sogar jenseits der Götter selbst. Brahman liegt außerhalb von Raum und Zeit und umschließt doch alles. Es ist reine Essenz ohne Gestalt und ohne Qualitäten. Aus Brahman ist alles hervorgegangen und in Brahman kehrt alles zurück. Die Verehrungs-Rituale an Heiligenschreinen in Häusern und in Tempeln gelten dem Hindu als Möglichkeit, sich dem Nicht-Verkörperten Brahman unter Vermittlung der Götter zu nähern.

Nicht dies, nicht das

Das Prinzip Brahman darf nicht mit Brahma, dem Schöpfergott des Universums, verwechselt werden. Er besitzt Eigenschaften und ist der Welt der Wandlungen unterworfen. Brahman aber kann man nicht beschreiben. Alles, was im Universum offenbar wird, verdeckt ihn bloß – das ewige Spiel der Täuschung und Illusion, die es beide zu durchschauen gilt. Jede Benennung, jedes Sprechen über Brahman ist bereits eine Form des Manifestierens. Dieses Darüber-Reden gehört immer der Welt des Beschreibbaren an und kann somit nicht Brahman sein. Die äußerste Form, sprachlich das Unnennbare durch Nicht-Benennen »anzusprechen« ist das »Neti, Neti« aus der Brihadaranyaka-Upanischad – brihat (groß) und aranyaka (zum Wald gehörend) – ursprünglich vermutlich für Waldeinsiedler gedacht. Diese Worte, die ihrem wörtlichen Sinn nach »nicht dies, nicht das« bedeuten, weisen alle Erscheinungen des Universums, einschließlich unseres Denkens als bloße Überdeckung Brahmans zurück. Die letzte Wirklichkeit, die allein die Existenz Brahmans darstellt, ist: nicht dies, nicht das.

Die verkörperte Seele

Im Hinduismus entwickelte sich die Vorstellung, dass die Seele in ihrer verkörperten Erscheinungsform sterblich ist. Durch die Identifikation unserer individuellen Seele mit dem

Das bist du

In der Chandogya-Upanischad – nach den Sängern hinduistischer Lieder benannt –, finden sich die berühmten Belehrungen des weisen Uddalaka Aruni über das Unermessliche Brahmans an seinen Sohn Svetaketu. Uddalaka fordert seinen Sohn auf, ihm eine Frucht von einem Banyan-Baum zu geben. Svetaketu reicht sie ihm:
»Hier ist sie, Ehrwürdiger.«
»Spalte sie.«
»Sie ist gespalten, Ehrwürdiger.«
»Was siehst du da?«
»Ganz feine Körner, Ehrwürdiger.«
»Spalte einen Samen.«
»Er ist gespalten, Ehrwürdiger.«
»Was siehst du nun?«
»Nichts, Ehrwürdiger.«
Da sprach Uddalaka zu ihm: »Mein Sohn, was du nicht sehen kannst, ist die Essenz, und in dieser Essenz existiert der mächtige Banyan-Baum. Glaube mir, mein Sohn, diese Essenz durchzieht dies All, das ist das Wahre, das ist das Selbst, und das bist du, Svetaketu!«

Ein indischer Guru mit seinem Schüler. Gurus gelten im Hinduismus als spirituelle Meister. Einen »echten« Weisen erkennt man daran, dass er bescheiden seinen Weg geht und nicht für sich wirbt. Für gewöhnlich geht man davon aus, das Meister und Schüler sich finden – sie werden vom Schicksal zusammengeführt. Da der Guru in seiner spirituellen Entwicklung extrem fortgeschritten ist, wird er seinen Schüler auch das Geheimnis um Atman und Brahman lehren.

LEHREN DES OSTENS

irdischen Denken und Körper entstehen Dualität und Kausalität.

Die inkarnierte Seele wird zu einem Ich, das unweigerlich an den Kreislauf von Werden, Vergehen und Wiedergeburt gebunden ist. Sie wurde demnach als ein im Körper Lebendes verstanden und Jiva genannt (von jiv, »leben«). Aber die verkörperte Seele ist nicht alles. Hinter ihr steht das unwandelbare wahre Selbst – Atman.

Das tiefe Selbst

Atman bedeutete ursprünglich Lebenshauch, Atem. Es bezeichnet das unsterbliche, wahre Selbst des Menschen, das hinter allen Erscheinungsformen steckt. Es steht auch hinter den Inhalten des Bewusstseins, hinter Wahrnehmungen, Gedanken und Gefühlen. Die Inhalte von Bewusstsein, Wahrnehmung und Denken sind im hinduistischen Verständnis nicht immateriell oder rein geistig. Vielmehr werden sie von einer Art »Geistmaterie« (chitta) erzeugt.

Man kann sich unser Bewusstsein wie eine Leinwand vorstellen, auf der ständig Filme projiziert werden. Die sich wandelnden Bilder sind Wahrnehmungen, Gedanken, Empfindungen. Sie sind aber nicht unser wahres Selbst, sondern nur ein Film, eben Illusion. Das wahre Selbst, der Atman, ist die Leinwand. Er bleibt unveränderlich und leer.

Atman ist der in der Tiefe des Menschen verborgene, göttliche Urgrund. Man könnte auch sagen, er ist das Wesen des Menschen so, wie Brahman das Wesen der Welt ist. Im Grunde, das lehren die heiligen Schriften Indiens, sind Atman und Brahman jedoch identisch. Im Normalfall wissen wir nur deshalb nichts davon, weil wir mit unserem »Ich« an die äußere Welt gebunden sind.

Mystische Wege

Mit dem Verstand ist das nicht zu begreifen. Nur die mystische Versenkung hilft. Das Erlösungsziel des Menschen auf seinem spirituellen

In Gesprächen mit seinem Guru lernt ein Schüler, dass jedes Lebewesen eine unsterbliche Seele hat, die darauf drängt, nach dem Tod wiedergeboren zu werden und wie es für ihn möglich wird, sich aus dem Kreislauf der Wiedergeburten zu befreien, um das Nirvana, das Einswerden mit dem ewigen und absoluten Brahman, zu erreichen.

234

ATMAN UND BRAHMAN

Ein indischer Sadhu, hochgeachtete hinduistische Wanderasketen mit langen Haaren und safrangelben oder roten Gewändern entsagen jedem materiellen Besitz und nehmen nur so viele Almosen an, wie zum Leben nötig ist. Sie versuchen durch diese Art zu leben, sich vom Rad der Wiedergeburten zu befreien.

Weg ist es, sein göttlich-ewiges Selbst, den Atman zu erkennen. Auf dem Weg zu diesem Ziel erfährt er, dass der Atman mit dem Brahman, dem göttlichen Selbst der Welt, identisch ist. In der Katha-Upanischad heißt es: »Dieses geheime Selbst in allen Wesen ist nicht äußerlich sichtbar, es wird aber mittels der höchsten, der subtilen Vernunft von denen gesehen, die die subtile Schau haben.« Um das Ziel dieser feinfühlenden Schau zu erreichen, entstanden in Indien spirituelle Wege: das Ablassen vom weltlichen Leben, die Hingabe an das Studium der heiligen Schriften, die Formen der Meditation sowie das Sichüben in Askese, sprich Enthaltsamkeit.

Erlösung als spirituelles Ziel

Das Ziel des Menschen ist es, sich von den Illusionen der äußeren Welt zu befreien. Die endgültige Befreiung und Erlösung von allen weltlichen Bindungen, von Karma und dem Kreislauf der Wiedergeburten (Samsara) wird durch das Überwinden des Nichtwissens und der damit verbundenen Vereinigung mit der höchsten Wirklichkeit erreicht.

Diese Erkenntnis der Einheit von Atman und Brahman kann erst erfolgen, wenn das Bewusstsein so klar geworden ist wie der Atman selbst.

Dieser Zustand der vollkommenen Erlösung wird erreicht, wenn die Seele ihre Vollkommenheit und Unabhängigkeit von der Welt und den Göttern erkennt. Der indische Heilige und Philosoph Shankara (788–820) sagte: »Erkenne den Atman als das wirkliche Selbst. Dann wirst du das uferlose Meer der Weltlichkeit überqueren, dessen Wellen Geburt und Tod sind.«

Der unsterbliche innere Mensch

In der Katha-Upanischad findet sich ein berühmtes Gespräch zwischen dem brahmanischen Jüngling Nachiketa mit dem Todesgott Yama. Nachiketa, der drei Wünsche an Yama frei hat, stellte ihm als dritte die große Menschheitsfrage: Was geschieht nach dem Tod mit dem Menschen? Yama versucht, die Antwort zu verweigern und bietet Nachiketa stattdessen die Schätze der Maya an, die große kosmische Illusion der Lebenswelt. Der Jüngling aber beharrt auf der Beantwortung seiner Frage. So muss ihm der Todesgott schließlich zugestehen, dass der Atman unsterblich ist. Damit hatten die Götter das Privileg der Unsterblichkeit verloren – es war auch den Menschen zu eigen geworden.

235

LEHREN DES OSTENS

Yoga – Erlösungsweg im Hinduismus

In typischer Meditationshaltung konzentriert sich ein hinduistischer Asket auf seinen Atemrhythmus. Das ist die Basis für ein allmähliches Loslösen vom Alltag. Dies ist eines der Ziele bestimmter Übungen im Yoga. Durch Körperhaltungen, Reinigungsübungen und Atemkontrolle lenkt der Yogi die feinstofflichen Energieströme im Körper.

YOGA

Yoga ist keine Gymnastik oder nur reine Versenkung, wie oft im Westen dargestellt. Vielmehr ist Yoga eine tief in der indischen Kultur verwurzelte religiöse Lebenshaltung. Die Bedeutung des Sanskrit-Wortes entspricht dem Deutschen »Verbinden, Vereinigen«. Es ist ein Sammelbegriff für eine Vielzahl von Wegen, auf denen man die Vereinigung der individuellen Seele mit dem universellen Geist erlangen kann. Durch Yoga soll eine Verbindung zum Unendlichen geschaffen werden. Das ist deshalb möglich, weil nach hinduistischer Vorstellung »Atman«, das wahre Selbst des Menschen, mit »Brahman«, dem Urgrund allen Seins, dem Absoluten, identisch ist. Man könnte Yoga auch als einen Übungsweg bezeichnen, der dazu führen soll, für die Anwesenheit des Unendlichen durchscheinend zu werden.

Der göttliche Wagenlenker

Im sechsten Buch des großen indischen Epos Mahabharata, das vom Kampf um die Herrschaft zwischen zwei Familien vom Stamm der Bharata erzählt, findet sich ein bedeutender philosophischer Einschub, die Bhagavad-Gita, der »Gesang des Erhabenen«. Man kann die Bhagavad-Gita, die vermutlich aus dem vierten oder fünften Jahrhundert v. Chr. stammt, als »Evangelium« des Hinduismus bezeichnen. Wie kaum ein anderes Werk hat sie auf das religiöse Leben Indiens gewirkt. Der Kriegsheld Arjuna erhält darin von seinem Wagenlenker angesichts einer bevorstehenden Schlacht grundlegende Unterweisungen. Der Wagenlenker entpuppt sich als Gott Krishna, eine Verkörperung des Gottes Vishnu. Dieser stellt neben Brahma und Shiva eine der drei Hauptgottheiten des Hinduismus dar. Auf dem berühmten Schlachtfeld Kurukshetra lehrt Krishna nun seinen Freund und Schüler Arjuna die Wege der Vereinigung mit der höchsten Wirklichkeit. Arjuna steht dabei stellvertretend für alle spirituell ausgerichteten Menschen. Durch ihn unterweist Krishna die Welt.

Die Wege des Yoga

Krishna zeigt Arjuna u.a. auch die Pfade des Yoga auf: den Weg der Erkenntnis (Jñana-Yoga), jenen der Gottesliebe (Bhakti-Yoga), den Pfad des selbstlosen Tuns (Karma-Yoga) und den Weg der Meditation (Raja-Yoga). Diese stellen die klassischen Hauptwege des Yoga dar. Im Karma-Yoga übt man sich darin, alle seine Handlungen und die sich daraus ergebenden Folgen, dem Gott als Opfer darzubringen. Der moralisch richtige Lebenswandel steht im Zentrum dieses Wegs. Im Bhakti-Yoga wird durch liebende Hingabe an eine ausgewählte Gottheit die Vereinigung mit dieser angestrebt. Durch die Intensität der Liebe, die der Übende für das erwählte Ideal, den geliebten Gott (Ishta-Deva) empfindet, soll sein Ego ganz in der Gottheit aufgehen.

Konzentration, die im Yoga sowohl bei Atem-, als auch bei Körperübungen unumgänglich ist, lässt sich lernen, z. B. beim Blick auf ein Mandala. Das Wort stammt aus dem Altindischen und bedeutet soviel wie »Kreis«.

Hingabe, Entsagung, Meditation

Jñana-Yoga bedeutet den Weg der intellektuellen Analyse. Um die Vergänglichkeit der Erscheinungswelt und die Unvergänglichkeit der darunter liegenden Wirklichkeit, Brahman, analysieren und erkennen zu können, muss der Yoga-Adept anhand der heiligen Schriften seinen Verstand schulen und durch die intellektuelle Auseinandersetzung mit der Lehre sein Denken läutern. Wichtig ist, dass er dem normalen Leben durch Bindungslosigkeit entsagt – nur so kann er sich ganz der Meditation über das Absolute hingeben.

Erlösung aus der Wiedergeburt

Die Hinduisten glauben, dass alle Lebewesen dem Samsara (»Wanderung«), dem Kreislauf von Geburt, Tod und Wiedergeburt, unterworfen sind. Unter ihnen besitzt nur der Mensch die Möglichkeit, ihm zu Entrinnen und Erlösung zu erlangen. Nur er kann die Erkenntnis gewinnen, dass sein wahres Wesen, sein innerstes Selbst, identisch ist mit Brahman. Der Weg, diese Befreiung zu erlangen, wird Yoga genannt. Durch den Yoga kann das angesammelte Karma – die Summe der Konsequenzen aus allen geistigen und körperlichen Handlungen in diesem und in vorangegangenen Leben – aufgelöst werden. Yoga ist nicht auf das hinduistische Glaubenssystem beschränkt. Auch die so genannten tantrischen Praktiken im Tibetischen Buddhismus werden als Yoga bezeichnet und die großen Heiligen dieser Tradition werden wie im Hinduismus Yogis genannt.

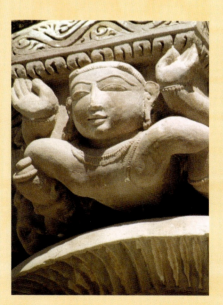

An vielen indischen Tempelfassaden sind nicht nur Gottheiten, sondern auch tantrische Yogis zu sehen. Während man Tantra im Westen hauptsächlich mit Sexualität in Verbindung bringt, sieht der Hindu im Tantrismus lediglich ein Instrument zur Bewusstseinserweiterung. Im Sanskrit bedeutet Tantra »Gewebe« oder »Zusammenhang«.

LEHREN DES OSTENS

Ein Ziel des Yoga ist es, durch Übung in Meditation einen überbewussten Zustand zu erreichen, in dem die Trennung zwischen Subjekt und Objekt nicht mehr existiert. Es handelt sich um die Erfahrung des Samadhi, wie sie dieser Yogi am Gangesufer in Hardwar erfährt.

Der Königsweg

Raja-Yoga bedeutet wörtlich »der königliche Yoga«. Er beschreibt den Weg der körperlichen und geistigen Übungen in Meditation. Der indische Weise Patañjali (2. Jh. v. Chr.) begründete in seiner berühmten Aphorismensammlung »Yoga-Sutra« die Philosophie dieses Yoga-Wegs. Für ihn bedeutet Raja-Yoga eine methodische Anstrengung zur Erlangung von Vollkommenheit. Sie wird durch die allmähliche Kontrolle der körperlichen und seelischen Elemente der menschlichen Natur erreicht. Es handelt sich um eine den ganzen Menschen umfassende Disziplin, die als Weg der Befreiung von der grundlegenden Illusion gilt, der er unterliegt, wenn er sich mit seiner Psyche und seinem Körper identifiziert.

Asanas, die Körperübungen im Yoga, sind so aufgebaut, dass eine bestimmte Stellung eine Zeit lang gehalten wird. Auf diese Weise werden bestimmte energetische Prozesse im Körper freigesetzt, die zur Erfahrung höherer Bewusstseinsstufen führen.

Die acht Stufen des Raja-Yoga

Der Raja-Yoga ist in acht Stufen aufgebaut. Grundlage für den Übenden sind die ethischen und moralischen Vorbedingungen Yama und Niyama. Die Begriffe bedeuten »Selbstbeherrschung« und »Strenge gegen sich selbst« und meinen einen moralisch einwandfreien Lebenswandel in Wahrhaftigkeit, Keuschheit und Selbstdisziplin, dem Studium der heiligen Schriften hingegeben, im Glauben an Gott. Darauf folgt als dritte Stufe Asana, die Körperhaltung. Auf dieser Stufe wird gelernt, den Körper in die für die Meditation förderlichen Positionen zu bringen. Schließlich wird auf der vierten Stufe der Atem durch Übungen reguliert (Pranayama). Aus der dritten und vierten Stufe entwickelte sich der so genannte Hatha-Yoga, bei dem Körperstellungen, Reinigungs- und Atemübungen eine Rolle spielen. Durch sie sollen die feinstofflichen Energieströme im Körper kontrollierbar werden. Wenn im Westen von Yoga gesprochen wird, ist meist Hatha-Yoga gemeint.

YOGA

Der Weg zum Überbewusstsein

Auf der fünften Stufe des Raja-Yoga werden die Sinne von den Objekten der Wahrnehmung abgezogen (Pratyahara). Dadurch kann der Geist ausschließlich auf den Gegenstand der Meditation gerichtet werden, was auf der folgenden Stufe erreicht werden soll. Die drei höchsten Stufen sind die wichtigsten auf dem Weg des Raja-Yoga. Zunächst wird die Fähigkeit der Konzentration geschult (Dharana). Der Geist verweilt nun ohne Abzuschweifen bei einem einzigen Objekt. Auf dieser siebten Stufe hören alle Vorgänge des Denkens auf. Es kommt zu einer Verschmelzung mit dem Objekt der Meditation.

Der eigentliche Zustand der Versenkung, Dhyana, ist erreicht. Der Weg gipfelt schließlich in der tiefsten Versenkung oder Erleuchtung (Samadhi) – ein überbewusster Zustand in welchem die dualistische Trennung zwischen Geist und Körperwelt, zwischen Subjekt und Objekt aufhört zu sein.

Diese über zwei Meter lange Haarpracht ist für einen Yogi nichts Außergewöhnliches. Die Meister der Versenkung haben zugunsten ihres spirituellen Wegs irdischen Idealen wie moderner Kleidung oder einem gepflegten Haarschnitt entsagt. Ihnen kommt es mehr auf die innere Schönheit an, die in einem gesunden, energiegeladenen Geist und Körper entsteht. Es ist erwiesen, dass die Übungen der Yogis blockierte Energien lösen, natürliche Heilkräfte im Körper stärken und innere Organe besser durchbluten. Auch werden in vielen Fällen Blutzucker und der Cholesterinspiegel gesenkt.

LEHREN DES OSTENS

Chakren – die Energiezentren

Im Hinduismus ist die Vorstellung verbreitet, der Körper des Menschen teile sich in kreisrunde Energiezentren ein. Vom Anus bis zum Scheitel drehen sich demnach sieben Räder, die man bei Blockaden durch gewisse Übungen energetisch aufladen und auch reinigen kann. Interessant in diesem Zusammenhang: die Energieflächen drehen sich bei Männern anders als bei Frauen – die jeweils entgegengesetzte Drehrichtung deutet das Wesen der Dualität, das allen Dingen innewohnt, an. (Zeitgenössisches Aquarell, Stefan von Jankovich)

CHAKREN

Nach indischer Vorstellung ruht im Menschen eine als Schlange visualisierte Energieform am unteren Ende der Wirbelsäule – die Kundalini (»die Zusammengerollte«). Diese schlummernde Energie soll durch die Technik des Kundalini-Yoga, auch Tantra-Yoga genannt, erweckt werden. Je weiter der Einzelne in seinen spirituellen Übungen fortschreitet, desto wahrscheinlicher steigt die Kundalini entlang der Wirbelsäule durch den zentralen Energiekanal Sushumna nach oben. Auf ihrem Weg aktiviert sie sechs Energiezentren, die so genannten Chakren. Damit sind bestimmte spirituelle Erfahrungen verbunden.

Räder der Energie

Chakra bedeutet »Rad« und bezeichnet ein Zentrum radförmig sich drehender feinstofflicher Energie im Körper. Sechs Chakren liegen innerhalb des Körpers, ein siebtes außerhalb, direkt über dem Scheitelpunkt des Kopfes. Der Kundalini-Yoga geht davon aus, dass der Mensch alle höheren Bewusstseinsebenen als Potenzial in sich trägt. Verwirklichen kann er sie durch die schrittweise Aktivierung seiner Energiezentren.

In jedem Chakra, zu dem der Yogi die Kundalini aufsteigen lässt, erfährt er eine besondere Art von Glückseligkeit. Zugleich erwirbt er besondere paranormale Fähigkeiten (Siddhi) und verwirklicht eine besondere Form der Erkenntnis. Der Kundalini-Yoga umfasst Reinigungsübungen, Askese, Atemschulung, bestimmte Körperpositionen (Asana) während der Meditation, Mudras (symbolische Handhaltungen) und intensive Versenkung.

Ein indischer Yogi bei der Chakra-Reinigung. Zuerst werden die Hände gerieben und mit Energie aufgeladen. Anschließend laden die energetisierten Hände durch Kreisbewegungen über dem Körper alle Chakren auf. Die nachfolgende Konzentration auf die frisch geladenen Energiezentren in meditativer Haltung soll so lange geschehen, bis der Körper zu prickeln beginnt, was oftmals eine Stunde dauern kann.

Die unteren Chakren

Das Muladhara Chakra liegt zwischen dem Geschlechtsorgan und dem Anus. Es beherrscht somit die Geschlechts- und Ausscheidungsorgane. Wenn die Kundalini-Schlange erweckt wird, durchdringt sie zuerst dieses Energiezentrum. Der Yogi besiegt dadurch die »Erd-Eigenschaft« – er hat keine Furcht mehr vor dem körperlichen Tod. Wenn sich der Übende jetzt in dieses Bewusstseinsniveau versenkt, beginnt er aus sich selbst weise zu werden. Er erlangt vollkommene Erkenntnis über die Kundalini und weiß, wie er sie weiter erwecken kann. Das zweite Energiezentrum heißt Svadhishthana-Chakra. Es liegt an der Wurzel der Genitalien und beherrscht die Eingeweide. Wenn die Kundalini es erreicht und aktiviert, erwirbt der Yogi die Fähigkeit zur intuitiven Erkenntnis. Durch das Svadhishthana-Chakra werden Begierde, Zorn, Gier, Täuschung, Stolz und andere geistige Unreinheiten in Form von Identifikationen

Formen der Erleuchtung

Der Kundalini-Yoga und die ihm verwandten Meditationsformen sind exakt ausgearbeitete spirituelle Übungen, durch die das gewöhnliche Bewusstsein überwunden werden kann. Auch im Tantrischen Buddhismus spielen die Chakren eine wesentliche Rolle. Die entsprechenden buddhistischen Meditationsformen unterscheiden sich jedoch in vielen wesentlichen Elementen von den hinduistischen des Kundalini. Die Übungen enden auch nicht mit der Meisterung der siebten Ebene: Es beginnen hier vielmehr Formen der Meditation, die durch sieben bis zehn höhere Stufen führen. Die Erleuchtung ist nicht das endgültige, große mystische Erlebnis. Schon auf dem untersten Niveau des Kundalini-Yoga, durch die Erweckung des ersten Chakras, wird nach hinduistischer Vorstellung Kreisen eine bestimmte Art von Erleuchtung erlebt.

241

LEHREN DES OSTENS

Strenggläubige Hindus im indischen Benares opfern dem phallischen Linga, einer Verehrungsform des Gottes Shiva. Sexualität hat im Hinduismus einen ganz besonderen Stellenwert: nicht als irdisches Vergnügen, sondern vor allem als spiritueller Weg zu Ganzheit, Gesundheit und Zufriedenheit.

und Anhaftungen ausgelöscht, die Sinne vollkommen beherrscht. Das Manipura-Chakra liegt in der Nabelgegend. Wenn die Kundalini-Schlange dieses Energiezentrum erreicht, erhält der Yogi die Fähigkeit des Hellsehens. Außerdem kann ihm keine Krankheit mehr etwas anhaben, da er sie ab jetzt besiegen kann. Er erlangt die Meisterschaft über das Feuer.

Die oberen Chakras

Das vierte Energiezentrum, das Anahata-Chakra, liegt in der Herzgegend. Es wird mit der »Luft-Eigenschaft« in Verbindung gebracht. Der Übende, der es zu beherrschen lernt, erlangt die Fähigkeit zu außerkörperlichen Erfahrungen und in den Körper anderer Menschen einzudringen. Das Anahata-Chakra steht symbolisch auch mit kosmischer Liebe in Beziehung. Es entspricht der Möglichkeit, sich im wahrsten Sinn des Wortes in andere hineinzuversetzen und so die allumfassende Liebe zu allem Leben zu verwirklichen.

Das Vishuddha-Chakra befindet sich am unteren Ende des Halses. Vishuddha bedeutet »Reinheit«. Seine Aktivierung führt den Yogi in die feinstoffliche Bewusstseinsebene des Ätherelements. Dem fortgeschrittenen Kundalini-Yogi, der diese Stufe erreicht, wird die vollkommene Erkenntnis der Veden, der heiligen Bücher des Hinduismus, zuteil. Selbst beim Untergang des ganzen Kosmos, der sich nach hinduistischer Auffassung im großen Schöpfungs- und Vernichtungszyklus (Mahayuga) in ewiger Aufeinanderfolge ereignet, wird sein Wesen nie mehr vergehen. Das heißt, ein so weit erwachtes Bewusstsein wird nie mehr in die Selbstvergessenheit zurücksinken, die den gewöhnlichen, im Kreislauf der Wiedergeburten gefangenen Menschen, kennzeichnet. Dieses Chakra gewährt auch die Kenntnis von Vergangenheit, Gegenwart und Zukunft.

Schließlich erreicht die Kundalini-Schlange das letzte Chakra im Körper, das Ajña-Chakra. Es liegt zwischen den beiden Augenbrauen und wird im Westen deshalb als »Drittes Auge« bezeichnet. Das Auge des Geistes öffnet sich. In diesem Chakra erreicht das erwachte Bewusstsein seinen ersten »Höhepunkt«. Der Übende zerstört alles Karma – die Summe seiner Taten und der daraus folgenden Konsequenzen – seiner vergangenen Leben und wird zu einem Jivanmukti: ein im Leben Befreiter, dem nun alle höheren und niedrigen paranormalen Fähigkeiten zuteil sind.

Der tausendblättrige Lotos

Das Kundalini-Yoga endet nicht beim sechsten Chakra. Über dem Scheitelpunkt des Kopfes, außerhalb des physischen Körpers, liegt noch das Sahasrara-Chakra – symbolisch dargestellt als tausendblättriger Lotos, strahlend »wie zehnmillionen Sonnen«. Durch die fortschreitende Öffnung der Energiezentren, angefangen vom Muladhara-Chakra, erfolgt die schrittweise Erhöhung des Bewusstseins mit dem Ziel, im Scheitelchakra die letzte Befreiung von den Banden des Irdischen zu erlangen. Wie jedes Chakra die darunter liegenden umfasst und bedingt, so umfasst und bedingt das Sahasrara-Chakra alle Chakren. Hier hat der Gott Shiva seine Behausung. Der Yogi wird auf dieser Ebene eins mit ihm. Alle im Menschen schlummernden göttlichen Kräfte erwachen zu guter Letzt im Geist als Weisheit und Seligkeit.

Sexuelle Symbolik

Im Kundalini-Yoga spielt der sexuelle Symbolismus eine wichtige Rolle. Gott Shiva wird als kosmisches Bewusstsein (Purusha) gedeutet und seine Partnerin, mit der er in sexueller Vereinigung dargestellt wird, als Shakti, seine schöpferische Kraft.

Manchmal wird sie auch Prakriti, die kosmische Kraft der Natur, genannt. Purusha und Prakriti sind die kosmologischen Erscheinungsweisen des Männlichen und Weiblichen. In Wahrheit sind sie untrennbar, weil sie die zwei Aspekte des Einen sind. Die Verwirklichung dieser integralen Einheit und Ganzheit ist das Ziel des Kundalini-Yoga.

In der Verwandlung der Energie, die der grobstofflichen Sexualität zu Grunde liegt, sucht der Kundalini-Yogi die Befreiung schöpferischer Kräfte in der Aktivierung der feinstofflichen Energiezentren, um in höhere spirituelle Ebenen zu gelangen. Die Vereinigung aller Gegensätze am Ende dieses Prozesses führt zu Ananda, der Erfahrung reiner Seligkeit.

Kundalini-Yoga, auch Tantra-Yoga genannt, versucht, die sexuelle Energie, die im ersten Chakra sitzt, in eine spirituelle Kraft umzuwandeln, die den ganzen Körper von unten nach oben durchzieht. Mit einem Partner praktiziert kommt es so zu einer intensiven Vereinigung, da der eine die Energie des anderen mit aufbauen und unterstützen kann. Dies wird neben besonderen Liebesstellungen auch durch eine spezielle Art der Atmung erreicht. (Tantrismus Gemälde, Entstehung unbekannt)

LEHREN DES OSTENS

Buddhismus

Im 3. Jahrhundert v. Chr. wurde der Buddhismus unter König Aschoka zur indischen Staatsreligion. Seitdem breitet er sich auch außerhalb seines Ursprungslandes aus. Steinplastiken aus Dazu (China)

Als Religion basiert der Buddhismus auf den Erfahrungen eines einzigen Menschen: des indischen Prinzen Siddhartha Gautama (566/563–486 v. Chr.). Ursprünglich Shakyamuni, »Der Weise aus dem Geschlecht der Shakyas« genannt, war er ein reicher Fürstensohn, dessen Stammbaum auf den im Himalaya sagenumwobenen König Ikshvaku zurückgeführt werden kann. Die Legende erzählt, dass Siddhartas Mutter Maya ihren Sprössling in einem blühenden Hain bei Kapilavastu gebar.

BUDDHISMUS

Der behütete Prinz

Von Geburt an wurde Siddhartha Gautama mit allen Reichtümern des irdischen Lebens bedacht, wurde jedoch von der Außenwelt völlig abgeschirmt und hinter den Mauern des Palastes versteckt. Sein Vater, Fürst Shuddhodana, wollte verhindern, dass sich sein Sohn religiösen Fragen zuwende – man hatte ihm geweissagt, er würde entweder ein Welteroberer oder ein Welterleuchter. Der Herrscher sah seine Nachfolge dadurch in Gefahr.

Als Siddharta alt genug war, gründete er eine eigene Familie. Als er bei vier heimlichen Ausfahrten aus dem Palast nacheinander einem Greis, einem Kranken, einem Leichnam und einem Asketen begegnete, fragte sich der Prinz, ob es nicht möglich wäre, die Welt von Alter, Krankheit und Tod zu befreien.

Diese Fragen ließen ihn nicht mehr los. Eines Tages entschied er sich, der Leichtigkeit seines Daseins den Rücken zu kehren und verließ im Alter von 29 Jahren den Palast. Siddhartha ließ all seine Habe, den Vater, die Frau und seinen Sohn ohne Abschied zurück. Drei Königreiche durchfuhr er mit seinem Wagenlenker Chandaka bis er sich am Fluss Anavama seiner fürstlichen Kleider entledigte, sein Haar schor und im Bettlergewand zu Fuß weiterzog.

Erleuchtung in Bodh Gaya

Lange suchte Siddhartha Gautama nach der Wahrheit. Er begegnete vielen berühmten Lehrern, Yogis und Philosophen, bis er schließlich mit fünf Gefährten, die ihn aufgrund seiner asketischen Strenge gesucht hatten und bewunderten, in das kleine Dorf Uruvela gelangte, das gegenüber dem heutigen Bodh Gaya am Ufer des Nirañjana-Flusses lag. Sechs Jahre lang unterzog er sich dort schmerzvollen Kasteiungen und strengen asketischen Übungen. Zum Skelett abgemagert, erkannte Siddhartha jedoch schließlich, dass die Wahrheit nicht in Selbstkasteiung und Askese lag. Die Wahrheit, so sah er nun, war ein inneres Ereignis und er setzte sich mit dem festen Ent-

Buddha – der Erwachte

Bei seiner Erleuchtung gewann Siddhartha Gautama die Einsicht in das Wesen der Dinge, des Daseins, des Ichs und wurde damit zu einem Buddha, zu einem »Erwachten«. Er erlangte Erinnerung an seine früheren Daseinsformen, die Erkenntnis der Wiederverkörperung in anderen Wesen, das Wissen um die »vier edlen Wahrheiten« und die Vernichtung der »drei Grundübel«, nämlich der Sinnenlust, der Werdelust und dem Nichtwissen. Als Buddha sieben Tage lang reglos unter dem Bodhi-Baum, dem Baum der Erkenntnis, gesessen hatte, soll der Teufel Mara versucht haben, ihn davon abzubringen, seine Einsichten an die Menschen weiterzugeben. Buddha aber blieb bei seinem Entschluss und erhob sich schließlich von seinem Platz, um die »Tore des Unvergänglichen für die, welche hören wollen« aufzustoßen und wurde so zu einem »vollkommen Erwachten« (Sammasambuddha).

Der japanische Buddha, der mit einem Seerosenkranz in Meditationshaltung auf einer Lotusblume thront, birgt eine tiefe Symbolik: Der Lotus, der als Name für verschiedene Seerosengewächse steht, symbolisiert im Buddhismus das reine Wesen aller Dinge, das in der Erleuchtung erkennbar wird. Mit ihren Blütenblättern ist die Pflanze auch als Welt, die sich nach allen Richtungen dehnt, zu sehen.

245

LEHREN DES OSTENS

Die Predigt von Benares

Im Park von Isipatana, dem heutigen Sarnath bei Benares, traf Buddha nach seiner Erleuchtung jene fünf Asketen wieder, die ihn anfangs begleitet und schließlich wegen seiner Aufgabe der Kasteiungen verlassen hatten. Mit der berühmten »Predigt von Benares« setzte Buddha »das Rad der Lehre« in Bewegung. Die fünf Asketen wurden seine ersten Schüler. Noch heute umrunden gläubige Buddhisten in Erinnerung daran in Sarnath in meditativer Versenkung den großen Stupa, das zentrale religiöse Bauwerk, das am Ort der ersten Buddhapredigt entstand, im Uhrzeigersinn.

In seiner Predigt wies der Buddha die Lehre von einem ewigen, unwandelbaren Selbst zurück. Er sah alle Existenz als ein nicht endendes Fließen von Wandel und Leiden. Vom anfangslosen Anfang an wandern die Menschen im Rad der Wiedergeburten (Samsara). Buddha bot keine Flucht aus der unvermeidbaren Wandelbarkeit an, indem man sein Heil in der Vorstellung eines ewigen, unwandelbaren Selbst sucht. Vielmehr verneinte er die wahre Existenz eines »Selbst« – sowohl als inneres Fundament der Person, als auch als äußeres Fundament des Universums in Form eines absoluten Geistes (Gott). Buddha lehrte das Nicht-Selbst (Anatman).

schluss unter einen Feigenbaum, erst dann wieder aufzustehen, wenn er die Wahrheit erkannt hatte. In einer Vollmondnacht im Mai am Morgen des 49. Tages »erwachte« er.

Die vier edlen Wahrheiten

Die grundlegende Einsicht, die ihm bei seiner Erleuchtung zuteil wurde, sind die »vier edlen Wahrheiten«. Erstens: Alle Existenz ist leidvoll, alle Freuden und Vergnügungen sind flüchtig und ohne bleibenden Wert. Zweitens: Das Leiden hat eine Ursache, wobei jedes Element unserer Erfahrung in Abhängigkeit von seinem Vorgänger in einem fortgesetzten zyklischen Prozess entsteht. Drittens: Die Ursache für das Leiden kann festgestellt werden. Viertens: Das Leiden kann beseitigt werden, wenn man dem Weg folgt, den Siddhartha, der von nun an Buddha, wörtlich »ein Erwachter« war, als den »edlen achtfältigen Pfad« bezeichnete – das Kernstück des Buddhismus. Auf ihn bauen Lebensweise, moralische Einstellung und religiöse Übung der Buddhisten auf.

Der achtfältige Pfad

Der achtfältige Pfad fordert den Menschen zu rechter Einsicht, rechtem Entschluss, rechter Rede, rechtem Handeln, rechter Lebensführung, rechtem Streben, rechter Aufmerksamkeit und rechter Versenkung auf. Rechte Einsicht meint die Einsicht in die vier edlen Wahrheiten und in die Unpersönlichkeit des Daseins. Der rechte Entschluss bezieht sich vor allem auf die Entsagung gegenüber weltlichen Dingen und auf Nicht-Schädigung von Lebewesen. Die rechte Aufmerksamkeit oder Wachsamkeit ist ein zentrales Konzept Buddhas. Es bezieht sich auf meditative Übungen, soll aber das ganze Leben des Buddhisten überstrahlen – das heißt: vollkommene Achtsamkeit (Smriti) auf Körper, Gefühle und Denken.

Der Buddha lehrte, Extreme zu meiden und einem »mittleren Weg« zu folgen. Nur dieser Weg könne Erkennen, Einsicht und Erleuchtung bewirken und zum Verlöschen, zum Vergehen, dem Nirvana, führen. Im achtfachen Pfad liegt die gesamte Lehre des Buddha beschlossen. Er ist der Angelpunkt seiner Lehre so, wie die Bergpredigt als der Angelpunkt für die Lehre Jesu gilt.

Mündliche Überlieferung

Die Lehre des Buddha wurde nicht aufgezeichnet. Er sprach wahrscheinlich Magadhi, den Dialekt der Region, in der er aufgewachsen war. Seine Lehrreden (Sutra) waren in eine poetische Form gefasst. Ein charakteristisches Merkmal sind häufige und langatmige Wiederholungen. Auf diese Weise sollte man sich ihrer leichter erinnern können. Der Begründer des Buddhismus hatte seinen Anhängern nämlich den Auftrag erteilt, seine Lehre

Der Dhamekh-Stupa, das religiöse Zentrum von Sarnath, dem Ort, an dem Buddha einst seine erste Predigt hielt, wird regelmäßig von Gläubigen aufgesucht. Sie pilgern um den runden Kuppelbau.

BUDDHISMUS

Auf dem Stupa von Swayambunath in Katmandu sind Symbole des Buddhismus zu sehen. Der edle, achtfältige Pfad, den jeder Gläubige gehen sollte, wird aufgefächert in einem himmelwärts strebenden Rad mit acht Speichen dargestellt – dem Rad der Wiedergeburt. Die goldenen Hirsche werden als Symbole der Weisheit, die dem großen Buddha inne war, verehrt.

Auf seinem Weg zur Erleuchtung meditierte Buddha unter einem Bodhi-Baum. Mit Setzlingen hat man die Frucht des Originals über die Jahrhunderte gerettet. Ein Abkömmling des berühmten Erstlings kam im Zuge von Missionierungsmaßnahmen nach Sri Lanka, wo man sowohl den Religionsgründer als auch seinen »Baum der Erkenntnis« verehrt.

überall zu verbreiten, damit sie bis in alle Ewigkeit allen leidenden Kreaturen zugänglich ist. So schuf Siddhartha Gautama die erste Religion mit einem Missionsauftrag. Für den Erfolg eines solchen Unternehmens war entscheidend, eine mündliche Tradition zu begründen, deren Inhalte möglichst originalgetreu weitergetragen wurden.

Der Hinayana

Mit der Zeit entwickelten sich verschiedene Lehrrichtungen, von denen Hinayana (»Kleines Fahrzeug«) und Mahayana (»Großes Fahrzeug«) die bedeutendsten sind. Der Hinayana-Buddhismus enthält sich jeder metaphysischen Spekulation, er sieht die Welt und das menschliche Leid als real an und lehrt, die Er-

247

LEHREN DES OSTENS

Der Ausschnitt einer Wandmalerei aus dem 19. Jahrhundert zeigt »Die große Reise«, die Buddha als Prinz Siddharta von seiner Heimatstadt Kapilavastu unternahm. Auf seinem Pferd reitet der Königssohn allem Reichtum zugunsten einer inneren Erleuchtung davon. Mit seinem Aufbruch wurde eine Prophezeiung erfüllt, die einst ein alter Weiser namens Asita verkündet hatte: Siddharta war von Anfang an zum großen spirituellen Lehrer bestimmt.

Buddhastatuen gibt es in unterschiedlichen, meist sehr edlen, Materialien. Die gebräuchigsten werden aus Elfenbein oder Jade hergestellt – Elfenbein wegen seiner reinen Farbe, Jade wegen seines reinen Klangs. Jade war beispielsweise schon 2000 v. Chr. in China ein beliebter Schmuckstein, der in der Produktion von Kultgegenständen Verwendung fand.

lösung daraus sei nur im Mönchsleben möglich. Der Hinayana wurde zur Religion für eine Elite. Nur wenige können es sich leisten, weltliche und familiäre Bindungen aufzugeben.

Der Mahayana

Im populäreren Mahayana werden viele mögliche Wege zur Erlösung gelehrt, weil in jedem Menschen die »Buddha-Natur« vorhanden ist – wenn auch meist unerkannt.

Für die Mystiker des Mahayana sind Erscheinungswelt und menschliches Leid nur Schein. Wirklich ist allein der transzendente, eigenschaftslose, aus sich selbst existierende Urgrund, aus dem alle Phänomene hervorgehen. Im Mittelpunkt des Mahayana steht das Mit-

BUDDHISMUS

Der Dharma

Unmittelbar nach dem Verlöschen (Nirvana) des Buddha versammelten sich die Mönche in Rajagriha, wo Ananda, Buddhas Lieblingsschüler, alle Lehrreden seines Meisters wortgetreu wiedergab. Seinem hervorragenden Gedächtnis verdankt die Nachwelt das Entstehen des Sutra-Pitaka (»Korb der Schriften«), des Kernstücks der buddhistischen Doktrin. Die Lehre Buddhas heißt in Sanskrit Dharma. Dieser wesentliche Begriff des Buddhismus wird in verschiedenen Bedeutungen gebraucht. Zum einen ist der Dharma die »Große Ordnung«, das kosmische Gesetz, dem unsere Welt unterliegt. Dann ist er Buddhas Lehre, weil diese die Wahrheit des kosmischen Gesetzes verkündet. Der Dharma ist aber auch die Manifestation aller Dinge, die Welt des Phänomenalen, da diese die Entfaltung des kosmischen Gesetzes darstellt. Zum Dharma nimmt der Gläubige Zuflucht, ihn zu erlangen wünschen jene, die die buddhistische meditative Praxis üben.

Die Plastik zeigt Buddhas Eingang ins Nirvana. Am Stadtrand von Kusinari ereilte den großen Heiligen ein reichlich profaner Tod. Die Sage berichtet, man hätte dem Meister unwissentlich vergiftetes Fleisch zum Essen gereicht.

gefühl allen lebenden Wesen gegenüber, als eine großartige, auf die Verwirklichung des Erbarmens und der allumfassenden Liebe begründete Konzeption. Diese Haltung wird im Ideal des Bodhisattva (»Erleuchtungswesen«) verkörpert.

Ein Bodhisattva ist ein Mensch, der dem buddhistischen Pfad bis an sein Ende gefolgt ist, der jedoch selbstlos auf sein endgültiges Eingehen ins Nirvana verzichtet hat. Freiwillig kehrt er zurück in das Rad der Wiedergeburten, solange, bis alle Wesen erlöst sind. Das Handeln eines Bodhisattva ist durch die Eigenschaft des Erbarmens bestimmt, das von höchster Einsicht und Weisheit getragen wird.

LEHREN DES OSTENS

Vajrayana – der Weg des Tibetischen Buddhismus

Eine klare Veranschaulichung des tibetischen Buddhismus, einer so genannten »Mönchsreligion«, stellt dieser Thangka dar, ein in Seidenstoff eingefasstes Rollbild aus dem 20. Jahrhundert: Der Lama, das geistige Oberhaupt, ruht in der Mitte – um ihn haben sich Mönche, die seiner Lehre folgen wollen, geschart.

VAJRAYANA

In Tibet entwickelte sich eine besonders ritualisierte, an magischen Praktiken und Meditationstechniken reiche Form des Buddhismus. Dort herrschten Schamanismus und die Naturreligion des Bön vor, eine Sammlung verschiedener Glaubensströmungen, die in Tibet vor der Einführung des Buddhismus viele Anhänger fand und die stark in der Vorstellung verwurzelt war, dass Naturplätze von Geistern und Dämonen belebt sind.

Im Vordergrund standen Wahrsagekunst, Trance, Grabriten zum Schutz der Lebenden und Toten und das Unschädlichmachen böser Geister. Als der Buddhismus im achten Jahrhundert den Himalaya erreichte, verband er sich mit der alten Volksreligion des Bön und wurde zum charakteristischen tibetischen Buddhismus oder Lamaismus. Das Wort Lama (Höherstehender) ist gleichbedeutend mit dem indischen Guru und meint einen geistig hervorragenden Lehrer.

Meditation als zentrale Praxis

Im Laufe der Zeit bildeten Mönche und ihre jeweiligen Lamas vier Hauptschulen: Nyingmapa (»Die Schule der Alten«), Kagyüpa (»Mündliche Übertragungslinie«), Sakyapa (nach dem Kloster Sakya in Südtibet benannt) und Gelugpa (»Schule der Tugendhaften«). In jeder Schule wird eine spezielle Synthese von philosophischer Überlieferung und ihrer praktischen Umsetzung durch Meditation gelehrt. Als letzte dieser großen Schulen entstand die Gelugpa im 14. Jahrhundert. Sie führte im 17. Jahrhundert das Amt des Dalai Lama, das politische und religiöse Oberhaupt des Lamaismus, ein.

Die spezifische Form des tibetischen Buddhismus wird Vajrayana (»Diamant-Fahrzeug«) genannt. Alte magische Praktiken wurden in das vergeistigte System integriert. Dies führte zu einem umfangreichen Ritualwesen. Der Vajrayana geht so weit, die magische Übertragbarkeit karmischer Verdienste anzunehmen. Das bedeutet: Der Lama, der aufgrund seines hohen Ranges aus vorangegangenen und dem gegenwärtigen Leben durch rechtschaffenen Lebenswandel gutes Karma angesammelt hat, kann besonders fortgeschrittenen Schülern von diesen karmischen Verdiensten gleichsam etwas abtreten, damit diese rascher zur Vollendung gelangen.

Ein zentraler Aspekt ist die mündliche Unterweisung und die von einem autorisierten Meister vollzogene Einweihung in eine Meditationspraxis. Dabei wird eine Gottheit als geistige Wirklichkeit erfahren. Der Meister übermittelt seinen Schülern eine Folge von kraftvollen Silben (Mantras), die der Tradition nach zu der Gottheit gehören.

Die verschiedenen Formen der Meditation sind in den so genannten Sadhana-Texten niedergelegt. Darin wird detailliert beschrieben, wie Gottheiten als real erfahren werden können, wie bildhafte Visualisierung eingesetzt und schließlich in einer formlosen Meditation wieder aufgelöst wird.

Einsicht in das Wesen des Geistes

Verschiedene Schulen betonen zwei Grundformen der geistigen Übung: Shamatha (»Ruhiges Verweilen«) und Vipashyana (»Besondere Einsicht«). Zunächst muss der Schüler in vorbereitenden Übungen lernen, den Geist so weit zu konzentrieren und ruhig zu stellen, dass er in der Lage ist, sich ausschließlich auf einen Gegenstand zu konzentrieren. In einem zweiten Schritt wird die Meditation ohne Objekt geübt. Erst die Meisterschaft darin versetzt jemanden in die Lage, Vipashyana, die nächste Stufe des spirituellen Prozesses, in Angriff zu nehmen. Vipashyana ist ein langwieriger Akt der inneren Analyse aller

Symbol der Vereinigung

Die Texte des tibetischen Buddhismus, in denen der Weg der spirituellen Entwicklung beschrieben wird, heißen Tantras. In allen Darstellungen der Tantras geht es um den dreiteiligen Stufenprozess von Basis, Pfad und Frucht. In der Mahamudra genannten Praxis ist die Basis die letztendliche, reine Natur des Geistes selbst. Der Pfad beschreibt die Kultivierung der Lehren durch Studium, Nachdenken, Betrachtung und Meditation. Die Frucht ist die vollkommene Verwirklichung der Nicht-Dualität, die gleichzeitige Erfahrung des Herkömmlichen und Absoluten in allen Dingen. Die Aufhebung der Dualität wird im Tibetischen Buddhismus in der Symbolik der sexuellen Vereinigung männlicher und weiblicher Gottheiten dargestellt. Das männliche Prinzip (Upaya) steht für die Aktivität des Absoluten in der Welt der Erscheinungen, in Worten der westlichen Welt: für das göttliche Wirken auf Erden, während das weibliche Prinzip als Weisheit (Prajña) für das Eine, Universale steht.

Verewigt in einer historischen Bronzeplastik: der Bodhisattva Manjushri in der Vereinigung mit seinem weiblichen Prinzip – seiner Prajña. Bodhisattvas genießen im Buddhismus einen besonderen Stellenwert. Sie haben den Weg der Erleuchtung nämlich nicht für sich selbst gewählt, sondern um anderen zu helfen. Sie verzichten freiwillig auf das Nirvana, um immer wieder geboren zu werden. Nur so können sie der Menschheit dienlich sein.

251

LEHREN DES OSTENS

*Der gegenwärtige Inhaber der traditionellen Drikung – Kagyü – Linie im tibetischen Buddhismus ist S. H. Drikung Kagyü Chetsang Rinpoche (*1940). Er trat sehr früh in die religiöse Leben ein und wurde schon mit viereinhalb Jahren als künftige Heiligkeit inthronisiert. Unter seinem Wirken wurden in Tibet 60 Klöster wieder aufgebaut und auch weltweit, so z. B. in Nepal, Indien, Chile, Kanada und den USA, sorgt er für das Fortsetzen und Blühen seiner Linie.*

Phänomene der Welt und des Bewusstseins, der mit dem nun mühelos aufmerksamen Geist durchgeführt wird. Ziel ist es, die Einsicht in die Leere (Shunyata), das wahre Wesen der Welt, zu erlangen.

Diese besondere Einsicht ist nicht als intellektuelle Leistung möglich, da nach Buddha alle Dinge in Abhängigkeit zueinander stehen, die man mit Logik nicht zu durchdringen mag. Allein der gereinigte Geist, der in der Lage ist, die Phänomene hinter der Begrifflichkeit des Verstandes zu betrachten, kann Shunata erlangen.

Das »Große Siegel«

Im Zentrum mancher Traditionslinien, wie jener der Kagyüpa, steht das besondere intuitive Wissen um die Leere, die auf dem meditativen Weg erreicht werden kann, was gleich bedeutend mit der Befreiung aus dem Rad der Wiedergeburten ist. Die höchste Form dieser Lehre wird Mahamudra (»Großes Siegel«) genannt. In der Mahamudra wird das Wesen des Geistes als Leere und Klarheit geschaut. Mit dem »Großen Siegel« ist das wahre Wesen aller geistigen und materiellen Erscheinungen gemeint, das ihnen gleichsam wie ein geheimer Stempel aufgedrückt ist.

Praxis der Mahamudra

Die eigentliche Praxis der Mahamudra beginnt mit der Meditation über den Yidam. Der Yidam ist eine Gottheit, die der individuellen Persönlichkeit des Übenden entspricht. Ihre Visualisierung wird so lange vorangetrieben, bis man mit ihr eins geworden ist. Darauf folgt die Meditation über den Lehrmeister (Lama), auch Guru Yoga genannt. In der Mahamudra-Praxis kommt dem Guru Yoga ein wichtiger Stellenwert zu. In ihm wird die Übermittlung des Segens der Traditionslinie vollzogen, der Lama überträgt seinem fortgeschrittenen Schüler die geheimsten Lehren der jeweiligen Tradition. Dieser Schritt wird deshalb nur bei sehr fortgeschrittenen Schülern unternommen, weil dabei die Verwirklichung der letztendlichen Natur des Geistes vom Meister an den Schüler weitergegeben wird. Es ist auch von entscheidender Bedeutung, dass der Schüler nunmehr fest in der Tradition der Linie steht, weil er selber zu einem Träger dieser Linie geworden ist. Der gegenwärtige Inhaber der Drikung Kagyü Linie, Chetsang Rinpoche, ein hoher wiedergeborener Lama, erklärt diese magische Übertragung so: »Jenseits aller Techniken und Beschreibungen der Praxis gibt es eine wirkliche Übermittlung, bei der die Verwirklichung der Natur des Geistes vom Meister in den Schüler gepflanzt wird.«

252

Schützer der Lehre

Die Gebetshallen (Lhakhang) der Klöster sind voll mit Figuren, denen Verehrung dargebracht wird. Man findet sie auf Rollbildern (Thangkas), auf Fresken an den Wänden oder auch als Bronze- und Goldstatuen. Meist stellen sie Buddhas, Bodhisattvas (»Erleuchtungswesen«) und Dharmapalas dar. In den Dharmapalas (»Schützer der Lehre«) findet der Tibetische Buddhismus seinen charakteristischen Ausdruck. Es handelt sich bei ihnen um erzürnte Dämonen aus der alten tibetischen Volksreligion. Durch den Sieg des Buddhismus haben sie sich verwandelt, wehren nunmehr feindliche Kräfte ab und beschützen die Lehre des Buddha. Durch Anrufungen unterstellt sich auch der Übende dem Schutz dieser Dharmapalas.

Junge tibetische Mönche üben sich früh in Andacht und Meditation. Die ehrfurchtsvoll aneinandergelegten Hände werden im Ursprungsland des Buddhismus, in Indien, als Hinweis auf die Dualität des Lebens gesehen, die man in Meditation oder im Gebet in sich vereint.

Begriffe aus dem Vajrayana

Bodhisattva: Ein Erleuchteter, der aus Mitleid mit den Leidenden immer wieder auf der Erde inkarniert, bis alle erlöst sind.

Bön: Sammelbegriff für religiöse Formen in Tibet vor Einführung des Buddhismus.

Dharmapala: Gottheiten, die als Schützer des Buddhismus gelten.

Drikung-Kagyü: Eine Schule des tibetischen Buddhismus.

Kagyüpa: Eine der vier Hauptschulen des tibetischen Buddhismus.

Lama: In Tibet ein verehrter spiritueller Lehrmeister. Entspricht dem indischen Guru. Nicht mit dem Dalai Lama identisch.

Lhakhang: Gebetshalle in einem tibetischen, buddhistischen Kloster.

Mahamudra: Eine der höchsten Lehren des Vajrayana führt zum Wissen um die Leere aller Erscheinungen und zur Befreiung aus dem Rad der Wiedergeburten.

Mantra: Eine Folge von Silben. Ständig wiederholt werden Mantras zu einem Hilfsmittel der Meditation.

Prajña: Das weibliche Prinzip und die intuitive Weisheit als Einsicht in die Leere als das wahre Wesen der Welt.

Sadhana: Eine bestimmte Gruppe von Ritualtexten. Sie enthalten Anweisungen über eine spezielle Meditation.

Shamatha: Vorbereitende meditative Übungen, in denen der Geist beruhigt wird.

Shunyata: Zentraler Begriff im Buddhismus, der das wahre Wesen aller Dinge als nichtwesenhaft auffasst. Kein Ding besitzt eine unabhängige Existenz oder dauerhafte Substanz.

Thangka: Rollbild mit Seidenstoffrahmen mit Darstellungen von Buddhas u.ä. nach einer festgelegten Ikonographie.

Upaya: Das männliche Prinzip und das Prinzip der Vielfalt.

Vajrayana: Spezifische Schulrichtung des tibetischen Buddhismus (auch Lamaismus).

Vipashyana: Es wird die Einsicht in die Leere als wahres Wesen der Welt angestrebt.

Yidam: Eine persönliche Gottheit, deren Charakter dem des Übenden entspricht.

LEHREN DES OSTENS

Karma und Wiedergeburt

Betende in einem Tempel im indischen Rajasthan.

Ein Großteil der Menschheit glaubt daran, dass sich ein Lebewesen in einen Leib und eine Seele unterteilt. Während der Leib sterben und vergehen kann, soll im Glauben an eine Wiedergeburt oder Reinkarnation, die Seele zu einer neuen Existenz in einem anderen Leib, in einem nächsten Leben, fähig sein. Das Gedächtnis der Seele bleibt dabei in allen ihren Wiedergeburten bestehen. Das kann man vornehmlich im Schriftgut östlicher Philosophien nachlesen. Ihnen zufolge löst sich auch die Erinnerung der Seele an die vollbrachten Taten der Menschen, in denen sie bereits gewohnt hat, niemals auf. Hier setzt der Begriff Karma an.

In eigener Verantwortung
Das altindische Wort Karma steht für Handlung. Laut Karmaverständnis löst jede Handlung in diesem Leben eine Wirkung im aktuellen oder im nächsten Leben aus. Doch ist das Karma nicht als unabwendbares Schicksal, als eine gnadenlose Reaktion auf Schuld oder Sühne des Erdendaseins zu sehen. Es dient vielmehr dem Ausgleich und der Harmonisierung in einem spirituellen, himmlischen Kräftespiel und ist jederzeit korrigierbar durch

KARMA

gegensätzliches Handeln, Denken, Sprechen oder Tun.

Mystiker gehen davon aus, dass die Seele vor ihrer Geburt in der Materie einen Lebensplan erstellt, in dem sie das zukünftige Dasein im Hinblick auf potentielle Erfahrungen und Lernprozesse mit Rücksichtnahme auf bereits angehäuftes Karma skizziert. Dieser Lebensplan reflektiert dann eine mögliche Zukunft des Menschen, die von ihm jedoch jederzeit durch seinen freien Willen, also durch neues bewusstes Karma, verändert werden kann.

Der Mantel der Vergessenheit

Der freie Wille repräsentiert die Gegenwart des Menschen. Will er geistig wachsen, braucht er seine Energien nur ohne Angst vor vergangenem Karma auf die Gegenwart zu konzentrieren. Der richtige Umgang mit dieser Zeitebene ist der Schlüssel zur Verbesserung der Lebensqualität. Hinduismus wie Buddhismus weisen darauf hin, dass das Wesen der Spiritualität darin besteht, in der Gegenwart zu leben: Die wichtigste Stunde ist immer die in der Gegenwart, der bedeutendste Mensch immer der, der dir gerade gegenübersteht. Wer positiv handelt und denkt, dem kann es gelingen, negatives Karma aus der Vergangenheit zu neutralisieren.

Die Angst vor negativem Karma mag einer der Gründe sein, warum bei einem neu inkarnierten Menschen der Schleier des Vergessens über frühere Leben gebreitet wird. Nur über Meditation, Trance, Träume oder in Hypnose kann man an das Wissen seiner Seele über frühere Existenzen und Handlungen herankommen.

Reise in die Vergangenheit

In so genannten Reinkarnationstherapien erfahren Menschen bisweilen etwas aus der Tiefe der Zeit. Schritt für Schritt führen geübte Therapeuten ihre Klienten zunächst in einen Zustand tiefster Entspannung und in der Folge in den Jahren zurück. Bei einer Rückführung wird zum Beispiel das Bild von Meilensteinen, auf denen Jahreszahlen stehen, verwendet. Der Rückgeführte »fliegt« dann unter Anleitung des Therapeuten an den Meilensteinen vorbei und hält schließlich bei einem inne, dessen Jahreszahl den Rückgeführten an »etwas« erinnert. Der Therapeut sieht sich mit dem Klienten durch geschickte Fragen im Umfeld der betreffenden Jahreszahl um: In welchem Land befindet sich der Rückgeführte? In wel-

Ein intelligentes Universum

Reinkarnationstherapie könnte ein Vehikel sein, das uns von einer Dimension der Wahrnehmung in eine andere befördert, um uns schließlich zu lehren, das unsere Existenz in ein intelligentes Universum eingebettet ist, das wir mit unserer jetzigen Begrenzung lediglich nicht wahrnehmen können. In spirituellen Kreisen glaubt man längst an den Makro- und den Mikrokosmos, die einander bedingen. Was der Einzelne heute tut, löst zugleich auch eine kollektiv spürbare Reaktion im Universum aus. Auch auf dieser Ebene lassen sich das Wissen um Karma, die Freude über gutes Karma und die Angst vor schlechtem Karma verstehen.

Während beispielsweise Hindus mit der Gewissheit aufwachsen, dass es das Phänomen der Wiedergeburt gibt, und dass jedes vorherige Leben das jetzige prägt, finden Menschen im Westen nur langsam Zugang zum Karma-Phänomen. In Reinkarnationstherapien gehen sie in den letzten Jahren verstärkt Altlasten aus früheren Existenzen nach.

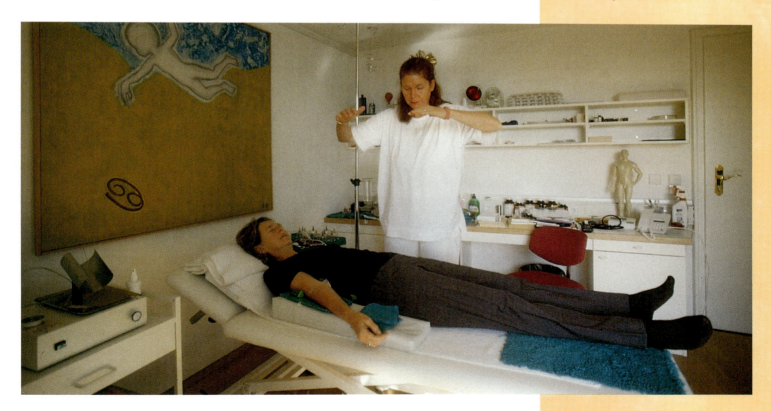

255

LEHREN DES OSTENS

Das Fresko des Klosters Hemis (1602–1606 erbaut) in Ladakh zeigt die sechs »Stufen der Wiedergeburt« sowie den Lebensbaum.

Mit Karma leben

Im Buddhismus gibt es ganz bestimmte Dinge, die die Reifung von Karma hindern oder fördern können:

- Eine gute Tat bringt kein positives Karma, wenn man sie im Nachhinein bereut.
- Hat man gute und böse Taten begangen, wird man in einer Wiedergeburt in erster Linie für die guten Taten belohnt. Es kann sein, dass das negative Karma, das einen ebenfalls erwarten könnte, durch Früchte der guten Taten gar nicht erst zum Ausdruck kommt.
- Körperliche Behinderung bzw. körperliche Unversehrtheit hindern bzw. fördern den Genuss von positivem Karma.
- Auch Zeitumstände wie Kriege und Hungersnöte können für die Entfaltung von positivem Karma hinderlich sein.
- Persönliche Anstrengung im Sinne von Sich-Bemühen, Sich-Einbringen und persönlicher Energie kann bewirken, dass gutes Karma reift und schlechtes zurückgedrängt wird, bzw. nicht zum Tragen kommt.

chem Körper steckt er? Welches waren seine Schlüsselerlebnisse? Was hat ihn geprägt? Einzelheiten sind dabei unwichtig. Denn bei einer Rückführung geht es mehr darum, zu erfahren, welche ethischen Werte im entsprechenden Vorleben erworben wurden, wie sie im Charakter des wiedergeborenen Menschen zum Ausdruck kommen und welches Karma gerade wirkt.

Buddhismus und Karma

Um ein negatives Karma zu vermeiden, empfehlen die Buddhisten, prinzipiell nur gut zu denken, zu reden und zu handeln. Im Gegensatz zum Hinduismus glauben sie jedoch nicht an eine Seele, die sich immer wieder in neuen Körpern inkarniert. Stirbt ein Mensch, ist es vielmehr sein Bewusstsein, das nahtlos in einen anderen Menschen übergeht. Dieses Rad der Wiedergeburt wird Samsara genannt.

Buddhistisches Karma existiert nur im Fluss von Bewusstseinszuständen, nicht in früheren Seelenleben, das sich uns verbirgt. Entsprechend gehen Buddhisten auch bewusst mit ihrem Karma um. Es existieren konkrete Vorstellungen, welche Strafe eine böse Tat nach sich zieht und was zu tun ist, um negatives Karma aufzulösen.

So wird man für Mord mit einem kurzen Leben, einer schlechten Gesundheit, ständigem Kummer und Trennung von dem, was man liebt, bestraft. Mit sexuellem Fehlverhalten zieht man viele Feinde an. Stehlen wird mit Armut, Elend und Frustration vergolten, und als Lügner wird man mit seinem Karma nicht vor übler Nachrede sicher sein.

Im Buddhismus lohnt es, sich aktiv gegen negatives Karma zu wehren – Faulheit und Passivität werden als schlechtes Handeln angesehen.

Geißelungen sind gerade unter den gläubigen, meist hinduistischen Bewohnern Sri Lankas ein Mittel, das negative Karma aufzulösen.

KARMA

Hinduismus und Karma

Den Schriften der vedischen Religion zufolge, der ältesten, aus einer Vielzahl von Göttern bestehenden Glaubensrichtung Indiens, ist dem Menschen zwar das Ausmaß von Genuss und Leid vorbestimmt, doch hat er die Freiheit, über sein Tun eigenverantwortlich zu bestimmen. So kann man beispielsweise auswandern, wenn man meint, woanders glücklicher zu werden, doch wird dem Aussteiger in seiner neuen Umgebung genausoviel Positives wie Negatives widerfahren, wie ihm vorherbestimmt war. Konkret befindet man sich nach hinduistischem Verständnis durch vergangene Wünsche und Handlungen in einer bestimmten Situation, man besitzt jedoch die Freiheit, selbst zu entscheiden, wie man mit der Situation umgehen will.

Shiva, der höchste Gott der Hindus, wird auch als »Herr der Tänzer« dargestellt, da sein kosmischer Tanz die Zerstörung der Welt symbolisiert.

Diese Handlung verursacht wieder künftige Situationen in einem Kreislauf der Wiedergeburt. Im Gegensatz zum Buddhismus spricht die vedische Lehre jedoch von einer höheren göttlichen Wirklichkeit. Trotz des menschlichen Willens entscheidet hier letztendlich Gott, wann und wie der Wille des Menschen zum Ausdruck kommt. Welcher Religionsphilosophie man auch näher stehen mag, im Kreislauf der Wiedergeburten ist Karma nicht als Bestrafung einer Schuld zu sehen. Der Begriff Karma umschreibt lediglich einen Vorgang und besagt, dass das, was von einer Person ausgeht, auch wieder zu ihr zurückfinden wird. Letzten Endes bestraft oder belohnt sich jeder selbst durch sein eigenes Denken, Wollen und Handeln.

Dharma – die große Ordnung und die Lehre des Buddha – wird häufig als »Rad der Lehre« (Dharma – Chakra) dargestellt. Die acht Speichen symbolisieren den »achtfachen Pfad« in der Lehre Buddhas.

Askese bis zur absoluten Bedürfnislosigkeit ist ein geheiligtes Mittel der Hindus.

257

LEHREN DES OSTENS

Zen – der steile Pfad

Den Rücken gerade, den Kopf in derselben Linie, die Beine, auf einem Kissen sitzend, zum Lotussitz gekreuzt – so pflegt man im Zen die Meditation. Obwohl aus dem Buddhismus hervorgegangen, weicht dieses philosophische System doch in einigen wesentlichen Punkten von seinem Ursprung ab. Zen ist z.B. ein Weg der Einsamkeit, weil nur der Einzelne für seine Gedanken, Worte und Taten verantwortlich ist. Im Zazen, der Zen-Meditation, wird versucht, der eigenen Atmung zu folgen, was ermöglichen soll, dass man zu einer tiefen Einsicht und Ehrlichkeit vordringt.

ZEN

Im sechsten Jahrhundert n. Chr. brachte ein aus Indien oder Persien eingewanderter Mönch namens Bodhidharma (um 470–543) den Mahayana-Buddhismus nach China. Dort wurden seine Lehren vom chinesischen Taoismus befruchtet. Daraus entstand das buddhistische System des Ch'an. Im zwölften Jahrhundert erreichte der Ch'an Japan, wo er Zen genannt wurde. Die Worte Zen und Ch'an sind Übersetzungen des Sanskrit-Begriffs Dhyana, was soviel wie »konzentrierte Sammlung des Geistes« oder »Versunkenheit in Meditation« bedeutet.

Radikale Einfachheit

Im Zen wird die intensive meditative Schulung in einer Art Schau in das eigene wahre Wesen (Kensho, Satori) gelehrt, die zum vollen Erwachen führen soll.

Im Gegensatz zum Tibetischen Buddhismus, mit seinen zahlreichen magischen Elementen, betont diese Lehre jedoch die Fruchtlosigkeit von rituellen religiösen Übungen. Im Zen steht allein die Erleuchtungserfahrung – das Erwachen – im Vordergrund. Sogar das überaus umfangreiche heilige Schrifttum des Buddhismus wird in vielen Zen-Schulen als Ablenkung zurückgewiesen.

Der »steile Pfad«, den man so nennen kann, weil er die spontane Einsicht und nicht den mühsamen Weg der kleinen Schritte sucht, strebt nach einer plötzlichen Erfahrung der Wirklichkeit hinter allen Erscheinungen. Selbst Meditation und Reflexion können zu Ablenkungen vom Wesentlichen, der Wahrheit, werden.

Die grundlegende Idee des Zen ist die Befreiung von jeglichem Anhaften an die äußere und innere Realität, um die Einheit des Seins zu erfahren. Der direkte Weg wird vor allem in der Praxis des Zazen, des »Sitzens in Versunkenheit«, angestrebt.

Jenseits der Tradition

Zen löst sich von allen religiösen Traditionen, auch von der buddhistischen. Er lehrt die Verwirklichung der Ur-Vollkommenheit alles Seienden, auf die die großen Weisen und Heiligen aller Zeiten und Kulturen verwiesen haben. Die Belehrungen erfolgen in dieser Strömung direkt von Herz-Geist zu Herz-Geist außerhalb der orthodoxen Lehre. Da begriffliches Denken in Dualismus verstrickt ist und so die Erfahrung der Ur-Vollkommenheit unmöglich macht, werden die Einsichten Buddhas im Zen durch »unmittelbares Deuten auf des Menschen Herz-Geist« (Jikishi-Ninshin) gelehrt. So soll das »Nicht-Sagbare« (Fukasetu) übermittelt werden. Das Festhalten an einem von dualistischer Welterfahrung motivierten Handeln oder etwa am Wortlaut heiliger Schriften, vereitelt das Erfassen der »Wahren-Wirklichkeit«.

Im Zen heißt es, heilige Schriften können der Finger sein, der auf den Mond zeigt, aber nie der Mond.

Zen ist, wie jede Religion, ein System, das das ganze Leben der Gläubigen durchdringt. Wie man in der Meditation versucht, zum Wesentlichen der Dinge vorzudringen, so neigt man auch im Alltag dazu, das Dasein auf Ursprüngliches ohne materialistische Extras zu reduzieren. In der Zen-Gartenkunst z.B. versucht man, das Natürliche, den Fluss der Dinge, nachzuvollziehen. Es gibt Zentren, in denen man sich sammeln kann, klare Strukturen zum Glätten des Geistes und fließende Linien für das symbolische Treiben im Lebensstrom.

Koans – Rätselworte

Die Lehren der Zen-Meister sind oft völlig überraschende und rätselhafte Handlungen, Bilder oder paradoxe Geschichten, so genannten Koan. Ein Koan ist ein, dem Intellekt nicht zugänglicher, Ausspruch oder eine meist in Dialogform zwischen Meister und Schüler gehaltene Erzählung. Es kann nicht durch begriffliches Verstehen erfasst werden und soll den Schüler dazu zwingen, seine Denkstruktur aufzubrechen, bzw. das Denken selbst zu überwinden. Der Zen-Meister überprüft anhand von Koans das Fortkommen seiner Schüler. Ein bekanntes lautet: »Bevor Vater und Mutter dich in die Welt gebracht haben, was war dein Urantlitz?« Ein anderes kurzes Koan lautet: »Wie klingt das Klatschen einer Hand?«

Die zehn Ochsenbilder des Zen

In der berühmten Bilderserie »Die zehn Ochsen« wird der Prozess der spirituellen Reifung im Zen jenseits des Denkens, jenseits der Begriffe dargestellt. Der Ochse steht als Symbol des tiefen Selbst, des eigentlichen Wesens des Menschen. Die bekannteste Version der Bildserie geht auf den chinesischen Zen-Meister K'uo-an Chih-yüan (ca. 1150) zurück.

1. Die Suche nach dem Ochsen

Die Suche nach dem verborgenen Selbst ist der Aufbruch zum spirituellen Weg, aber für den Zen-Schüler bereits der erste Fehler: Es hat den Anschein, als ob das Ich vom größeren Wesen, symbolisiert als der Ochse, getrennt ist. In Wahrheit war es nie von ihm abgeschnitten, allein durch Unwissenheit ist es nicht gegenwärtig. Auf dieser Ebene begegnet der spirituell Suchende seinen ersten Hürden. Er hat das Gefühl, erwacht zu sein, weil er den Drang verspürt, nach seinem wahren Wesen zu suchen, als ob es etwas anderes und völlig von ihm Getrenntes wäre.

2. Das Entdecken der Spuren

Überall, in Büchern, bei Meistern und in den Tiefen seiner eigenen Seele sucht der Schüler nach seinem wahren Wesen. Allerorts findet er sich wieder in tausenderlei Fragmenten, die er nicht zusammenzusetzen vermag.

In dem Text zu dem Bild heißt es: »Die Nase des Ochsen reicht bis zum Himmel und es gibt keinen Ort, an dem er sich verstecken könnte.« Nicht das Selbst versteckt sich, der Schüler hält die Augen geschlossen und jammert, dass er es nicht sehen kann.

3. Das Wahrnehmen des Ochsen

Der Mann erhascht endlich das Hinterteil des Ochsen. Es dämmert ihm, dass sich sein kleines Welt-Ich und der allumfassende Geist in der Tiefe ihres Wesens nicht voneinander unterscheiden. Es ist nicht wirklich etwas Neues gefunden worden, sondern vielmehr eine uralte Erinnerung ins Gedächtnis zurückgekehrt.

4. Das Einfangen des Ochsen

In den folgenden drei Bildern geht es um die Zähmung des Ochsen. Das Ich muss sich nun in spiritueller Disziplin üben, sonst läuft der Ochse wieder fort und mischt sich unter die Herde.

5. Das Zähmen des Ochsen

Endlich hat das Ich gefunden, wonach es gesucht hat. Aber es fällt ihm schwer, seine Gewohnheit abzulegen, alles in Konzepten einzuordnen und zu beschreiben. Der Reifungsprozess ist in dieser Phase ein Kampf mit sich selbst, bis sich das neue Bewusstsein mit dem Ich vereint. Doch selbst jetzt bewahrt das Bewusstsein seine Unterscheidung: Das Ich reitet auf dem Selbst.

6. Die Heimkehr auf dem Ochsen

Der Mensch meint, einen größeren Geist zu besitzen. Wie der Zen-Buddhismus jedoch lehrt, ist diese dualistische Trennung zwischen Ich und dem allumfassenden Geist die Wurzel allen Übels. Solange sie besteht, kann wirkliches Erwachen nicht möglich sein.

7. Der Ochse verschwindet, der Mann bleibt allein zurück

Die erste Stufe jenes einfachen Geistes, den Zen anstrebt, ist erreicht. Die Unterscheidung zwischen Ich und Selbst ist ver-

schwunden, da ist nur noch die eine Urnatur, das eine Urantlitz. Doch Zen hört auf dieser Entwicklungsstufe nicht auf.

8. Der Ochse und der Mann, beide verschwinden

Ein leerer Kreis, ein grenzenloser Kreis, das absolute Nichts als Urgrund aller Manifestationen. Nichts ist geblieben außer der Buddha-Natur allen Seins. Der Mensch vergisst sich selbst und wird eins mit der Wahrheit. Aber: um sich selbst vergessen zu können, muss man sich selbst erst kennen.

Unbewusstheit kann sich nicht selbst vergessen. Erst wenn sich das Individuum selbst vergessen hat, ist es in der Lage, sein wahres Wesen in der Welt zu entfalten. Die Illusionen, in die es seine Sinne und Gedanken verstrickt hatte, verschwinden.

9. Rückkehr zum Ursprung, zur Quelle

Der Zen-Schüler und alle Dinge sind eins geworden. Sein Bewusstsein umfasst und übersteigt sowohl die nie endende Wandlung, als auch die Leere. Es gibt keinen

Unterschied mehr zwischen innen und außen, zwischen ungeborenem Geist und der Welt der Erscheinungen. Ein Zustand völliger Natürlichkeit, der Freiheit von dualistischem Denken. Zen nennt dieses Bewusstsein Mushin (»Nicht-Bewusstsein«) und es lässt sich nur paradox umschreiben, nämlich als ein Bewusstsein, das kein Bewusstsein ist, ein Bewusstsein, das als nicht-existierendes Bewusstsein existiert. Die Abgeschiedenheit des Geistes ist damit gemeint.

10. In die Stadt kommen mit Glückseligkeit spendenden Händen

Die Kürbisflasche des dicken, lachenden Bodhisattva, des Erleuchtungswesens, ist das Symbol der Leere (shunyata). Sie erhält ihren Sinn durch die Leere, die sie umschließt. Im Text zu dem Bild heißt es:

»Das Tor seiner Hütte ist geschlossen und nicht einmal die Weisesten kennen ihn.« Seine Hütte ist nicht nur zu, sie ist verschwunden und ebenso er selbst. Und doch ist er überall, auf dem Marktplatz, auf den Bauernhöfen, er wird mit Kindern, Männern, Frauen und Tieren gesehen. Der Erleuchtete entfaltet so seine Wirksamkeit in der Welt. Er selbst als Person ist vollkommen unwichtig geworden, nur sein Handeln aus dem Nicht-Geist bleibt.

LEHREN DES OSTENS

Meditation – Wege der Versenkung

In tiefer Meditation konzentrieren sich zwei japanische Buddhisten auf ihr Inneres – ihr »wahres Wesen«. Dermaßen in sich selbst versenkt, schalten sie jeden Gedanken an Materie, so auch die körperliche Empfindung, in eiskaltem Wasser zu stehen, aus.

Unter Meditation versteht man spezielle Übungen, die auf den gesamten Menschen ausgerichtet sind und deren regelmäßiges Praktizieren helfen soll, Einsichten in das »wahre Wesen« von Bewusstsein und Wirklichkeit zu erlangen. In einer geistigen Sammlung erfolgt die Besinnung auf den Wesensgrund.

Meditation kann man auch als eine Praxis der Bewusstseinsentfaltung beschreiben. Es handelt sich dabei um eine Reihe von Verfahren, durch die dauerhaft höhere Bewusstseinszustände erlangt werden sollen. Diese Zustände bringen neue Einsichten in das Selbst und die Wirklichkeit.

Die Stille des Geistes

Der alltägliche Bewusstseinszustand der sinnlichen Wahrnehmung hält den Geist ständig in Bewegung, und deshalb ist es schwer, sein eigenes Bewusstsein und damit sich selbst wahrzunehmen. Es ist vergleichbar, wenn man in bewegtem Wasser versucht, die Spiegelung seines Gesichts zu sehen. Erst das stille Gewässer spiegelt das Antlitz. So bedeutet die Übung in meditativer Versenkung zunächst das Erlernen, den bewegten Geist zur Ruhe kommen zu lassen.

Erst jenseits dieser mentalen Beweglichkeit offenbart sich der reine Geist. Dadurch entwickelt sich Meditation zu einem Prozess, in dem Zustände immer tieferer Einsicht gewonnen werden und der Übende sich für seine ganze Existenz zu öffnen beginnt. Die Entfaltung des Bewusstseins durch Meditation wird in den verschiedenen Traditionen wie in der vedischen Überlieferung, im Yoga, in der buddhistischen Achtsamkeitsmeditation, im Zen und in bestimmten taoistischen Schulen ausführlich beschrieben.

Technik der Transformation

Echte Meditation umfasst eine Vielzahl von Techniken, um automatische Abläufe körperlicher und psychischer Art zu unterbrechen. Durch Ausschalten der Denkprozesse wird zunächst die Wahrnehmung (eigentlich die »Erkenntnis« und »Weisheit«) jenseits des Denkens in besonderem Maße verfeinert.

Durch Meditation soll aber auch auf energetische Abläufe im Körper gewirkt werden, um an der Transformation von Körper und Geist zu arbeiten. Wenn Sigmund Freud (1856–1939) den Traum als Königsweg ins Unbewusste bezeichnete, so muss die Meditation als Königsweg ins Überbewusste gelten. Sie führt, richtig angewendet, in Bereiche immer umfassenderer Einsichts-Weisheit, einer Weisheit, die nicht in erworbenem Wissen, sondern in der Einsicht in das Wesen aller Dinge liegt. In manchen Traditionen wird auf die subtilen, nicht sichtbaren, Prozesse im Körper besonderer Wert gelegt, etwa bei der Kundalini-Meditation im Hinduismus, wo man eine zu erweckende Schlange im Körper visualisiert oder bei den Meditationsformen der »inneren Alchemie« im Taoismus, bei der bestimmte bildhafte Erfahrungen höherer Bewusstseinsstufen gemacht werden.

Meditations-Forschung

Wissenschaftliche Studien haben gezeigt, dass bei meditativer Sammlung der Aufmerksamkeit in sich selbst, eine erhöhte geistige Wachheit mit gleichzeitiger körperlicher Entspannung einhergeht. Neben den subjektiven Erfahrungen der Ausdehnung des Bewusstseinsfeldes, der Klarheit und Transparenz können objektiv beträchtliche physiologische Veränderungen, wie z.B. langfristige Blutdrucksenkungen, Senkung des Adrenalin- und Cholesterinspiegels oder geringere Puls- und Atemfrequenz, gemessen werden.

Viele Untersuchungen von meditativen Zuständen konzentrieren sich auf diese elektrischen Abläufe im Gehirn. Während der Meditation kommt es zu einer erstaunlichen Gleichmäßigkeit und Rhythmisierung der Gehirnwellen. Es treten vermehrt so genannte Alphawellen auf. Alphawellen sind Gehirnwellen mit einer Frequenzbreite von acht bis dreizehn Hertz, die gewöhnlich nur im Zustand der Entspannung bei geschlossenen Augen erscheinen. Im Verlauf der Meditation nimmt die Amplitude dieser Wellen zu, die anzeigt, dass der Wellenrhythmus mehr und mehr eindringlicher und ausgeprägter wird. Man kann sagen, das Gehirn treibe ruhig dahin.

Bei normalen Versuchspersonen verschwinden Alphawellen, sobald die Augen geöffnet und optische Reize wahrgenommen werden. Bei wacher Aufmerksamkeit, in gewöhnlichen Alltagssituationen, herrschen Betawellen mit 13–30 Hertz vor. Bei Laborversuchen, die indische Forscher 1960 mit dem Yogi Sri Ramananda durchgeführt hatten, blieb in der Meditation ein rhythmisches Muster von Al-

Wissenschaftliche Untersuchungen

Die japanische Wissenschaftlerin Dr. Kimiko Kawano von der Nippon Medical School in Tokio ist den physiologischen und neurologischen Begleiterscheinungen der Meditation mit modernsten Methoden auf der Spur. Sie konnte viele Besonderheiten feststellen. In sehr tiefer Meditation kommt es zu einer Verlangsamung der Gehirnfrequenzen und zum Auftreten von Thetawellen (4 bis 8 Hertz). Erstaunlicherweise führen diese Stöße von Thetawellen nicht wie gewöhnlich zum Schlaf. Der Geist schwebt zwischen Schlafen und Wachen, ohne jedoch in einen der beiden Zustände zu gelangen. Darin scheint ein Geheimnis der Meditation zu liegen.

Mit einer Hand auf dem Herzen begibt sich ein Inder am heiligen Fluss Ganges nahe der Stadt Benares auf eine Reise in sich selbst. Der Weg in das Innerste seines Wesens kann oft lange dauern. Manchmal wird Stunden meditiert. Um den Körper möglichst zu entlasten, nimmt man deshalb den so genannten Lotussitz ein, bei dem man entweder beide Beine überkreuzt oder ein Bein über das andere legt.

LEHREN DES OSTENS

In der »taoistischen Meditation« teilt man den Weg zur Erkenntnis in verschiedene Stadien ein. Hier das Stadium »Die Geburt der Frucht«.

Klassifikation der Meditation

Die Meditationssysteme lassen sich meist mehreren Techniken zuordnen:

1. Konzentrative Techniken: Die Wahrnehmung wird auf ein Konzentrationsobjekt zentriert
2. Rezeptive (entfaltende) Techniken: »Öffnung« des Bewusstseins ohne Konzentration auf ein Objekt oder frei fließende, erhöhte Aufmerksamkeit auf alle Lebensvorgänge
3. Psychozentrierte Techniken: Das Zentrum der Aufmerksamkeit liegt mehr auf psychischen und mentalen Prozessen
4. Körperzentrierte Techniken: Das Zentrum der Aufmerksamkeit liegt mehr auf körperlichen Funktionen
5. Aktive Techniken: Selbststeuerung der Aufmerksamkeit und aktives Hervorrufen von körperlich angeregten Zuständen bis hin zur Ekstase
6. Passive Techniken: Passive Ausrichtung der Aufmerksamkeit

phawellen bestehen, auch als man versuchte, diesen Zustand innengerichteter Aufmerksamkeit mit Blitzlichtern, Klingel-Tönen und einer heißen Teströhre, die gegen seine Hand gedrückt wurde, zu unterbrechen.

Beständige gelassene Aufmerksamkeit

Meditation stellt wissenschaftlich betrachtet eine besondere Form der entspannten Wachheit dar. Bei der Untersuchung von Meditierenden im japanischen Zen konnte festgestellt werden, dass es nicht zu Gewöhnungseffekten beim Einfluss von Sinnesreizen kommt. Im gewöhnlichen Wachbewusstsein wird eine Unmenge an einströmenden Reizen ausgeblendet. Nur so sind wir fähig, uns auf etwas zu konzentrieren, ohne ständig abgelenkt zu werden. Wir gewöhnen uns an dauernd anwesende Reize und können sie so aus unserer gerichte-

264

MEDITATION

Unter den vielen Schritten, die man auf dem Weg zur Erkenntnis in der taoistischen Meditation durchlaufen kann, ist auch das Stadium der »Mitte inmitten der Bedingungen« – ein Stadium, in dem das Entstehen aller Phänomene in der Mitte der Leere erfahren wird.

In buddhistischen Klöstern, wie hier im Tempelbezirk Wat Pho in Bangkok, Thailand, werden Novizen in der Kunst der Meditation unterwiesen.

ten Aufmerksamkeit herausfiltern. Die Reaktionen des Gehirns darauf werden immer schwächer, bis es keine Reaktion mehr gibt – die Reize stören uns dann nicht weiter. Physiologische Messungen bei meditierenden Zen-Mönchen zeigten, dass sie auch bei monotonen wiederkehrenden Außenreizen immer eine Reaktion zeigen, als ob der Reiz das erste Mal auftreten würde. Die Reaktion nimmt nie ab, wie es im Normalfall durch die Gewöhnung geschieht. Subjektiv nahmen die Mönche die Reize in Meditation sogar deutlicher als im Normalzustand wahr, jedoch haben sie sich nicht von ihnen stören lassen. Ein Mönch verglich den Zustand der Meditation mit dem Gehen auf einer Straße, wobei zwar jeder Mensch bewusst wahrgenommen wird, man sich jedoch trotzdem nicht neugierig nach jedem umdreht.

Ein goldener Buddha aus einem privaten Schrein. Mit der Geste der Erdberührung ruft Buddha die Erde als Zeugin für die Verwirklichung der Buddhaschaft an. Die edle Haltung des Weisen erweckt jedoch den Eindruck, dass es im Leben noch mehr als das Materielle, nämlich das spirituelle Bewusstsein gibt.

LEHREN DES OSTENS

Der Ausdruck taoistischer Energieverhältnisse findet sich auch in der chinesischen Gartenkunst wieder. Ein harmonisches Miteinander von Pflanzen und Wasser wird angestrebt. Alles fließt und unterliegt lediglich den Schöpfungskräften der Natur.

Taoismus – Einheit der Gegensätze

Immer mehr Menschen des westlichen Kulturkreises sind zu Beginn des 21. Jahrhunderts mit ihrer Lebensanschauung unzufrieden. Auf der Suche nach einem inspirierenden Leitfaden zur Erfüllung ihres Daseins suchen sie nach mehr als nur beruflichem Erfolg und finanzieller Absicherung. Der Wunsch nach geistigem und körperlichem

TAOISMUS

Wohlergehen lässt sie die alten und vor allem bewährten Denkmodelle des Ostens studieren. Neben Buddhismus und Hinduismus ist es der Taoismus, der den geheimen Sehnsüchten des modernen Menschen zugute kommt und ihn inspiriert.

Alles ist eins

Während der christliche Glaube einen Unterschied macht zwischen Körper und Seele, Welt und Gott, Materie und Geist, sind im Taoismus alle eins. Er ist vor allem in China eine weit verbreitete Religionsphilosophie und begründet sich auf der Annahme eines Tao (Weg). Für einen echten Taoisten ist es unmöglich, das Wesen dieses Tao zu beschreiben. Es stellt bildlich eine fundamentale Einheit dar, die durch die Schaffung eines Gegensatzpaares, Yin und Yang, für sämtliche Wechselsituationen in der Welt verantwortlich ist. Yin steht dabei u.a. für das Dunkle, die Erde und das Weibliche, Yang für das Helle, den Himmel und das Männliche. Eines trägt, so weiß man, den Keim des anderen in sich. Nach Auffassung der Taoisten manifestiert sich das einheitliche und unfassbare Tao durch die Aufnahme der Produktivität zwischen den Gegensätzen Yin und Yang in der Welt.

Alles ist Wandel

Die philosophische Grundlage des Taoismus basiert auf folgender Erkenntnis: Universum, Erde und somit auch der Mensch befinden sich durch Yin und Yang in einem dynamischen Prozess ständiger Transformation. Das Leben auf der Erde ist dabei mit dem universellen Geschehen verbunden und umgekehrt. Alle sind Teil eines sich ständig wandelnden Gesamtsystems. So betrachtet, hat auch die Suche nach der ewigen Wahrheit keinen Sinn, denn das Leben ist Veränderung.

Nur wer nicht begehrt und sich dem unaufhörlichen Fluss von Yin und Yang anvertraut, kann in die geheime Welt des Taos vordringen, denn er ist frei von Willen und Wollen.

In der taoistischen Philosophie gilt: Wer sein Äußeres schmückt, schadet seinem Inneren; wer seinen Gefühlen Raum gibt, verletzt seinen Geist; wer seine Zierden zur Schau stellt, verbirgt seine Wirklichkeit.

Eitelkeit, wie sie die Hofdamen einer chinesischen Prinzessin zur Schau stellen, entspricht nicht der Lehre des Tao. (Wandmalerei im Grabvorraum einer chinesischen Prinzessin)

Das Tao im Alltag

Das heißt jedoch nicht, dass der Taoist sich willenlos treiben lässt. Er ist nach seiner Auffassung mit einem Grundvorrat an Kräften zur Welt gekommen, die es durchaus zu bewahren, gegebenenfalls sogar zu vermehren gilt. Was er jedoch im Laufe seines Lebens entwickeln soll, ist eine heitere Gelassenheit im Wissen um den universellen Zusammenhang allen Seins.

Es geht darum, Dinge der Sache wegen zu tun und nicht aus persönlicher Eitelkeit oder um selber Ansehen zu erlangen.

Ein Taoist möchte lernen, wie er ohne großen Aufwand ein naturverbundenes, beschauliches Leben im Einklang mit dem Universum führen kann. Er möchte nicht im Vordergrund stehen; viele Worte mit wenig Inhalt gehören nicht in seine Welt. Sein Wirken ist sanft und hilfreich, niemals jedoch einmischend, belästigend oder gar manipulierend.

Stille und Sanftheit, verstehen ohne Worte, wirken ohne handeln, sein ohne streben charakterisiert sein Verhaltensmuster.

Das Yin und Yang – Symbol der Polarität zwischen männlicher und weiblicher Energie – bilden zusammen das Prinzip des Tao. Darüberhinaus ist dieses Zeichen vor allem in den westlichen Ländern zum Inbegriff fernöstlicher Ausgeglichenheit geworden.

Aussagen des Taoismus

- Die Lehre vom Tao: Tao kann nur in der Stille oder durch intuitive Erkenntnis erreicht, vielleicht besser erahnt und erspürt werden.
- Woher komme ich? Wohin gehe ich? Es gibt keine allgemein gültigen Antworten. Ein jeder muss die Antwort für sich selbst finden.
- Leben und Tod: Der Tod wird als Rückkehr zum Ursprung gesehen, dessen Sinn erkannt sein muss, bevor er eintritt. Der Tod ist das Ereignis des Lebens, ohne den Leben nicht entstehen und bestehen kann.
- Kontakt zum Tao: Das Erkennen und Erfühlen des Tao kann u.a. im Traum geschehen. Erforderlich ist, dass das Innere des Menschen sich auf diese Begegnung vorbereitet hat.
- Natur: Allen taoistischen Philosophen ist der Respekt vor der Natur eigen. Gewaltsame Eingriffe in natürliche Vorgänge werden abgelehnt.

267

LEHREN DES OSTENS

In einer Pagode von Hoi An/ Vietnam befinden sich zahlreiche farbige Darstellungen taoistischer Mystik. In dieser Szene zu sehen: der »alte Mann in festlicher Kleidung begleitet obsttragende Kinder«.

Nur wer nicht begehrt, kann in die geheime Welt des Taos vordringen und ist frei von allem Begrenzenden wie Liebe, Hass und Neid.

Das Tao der Liebe

Diese Anschauung drückt sich besonders im Tao der Liebe und Sexualität aus. Nach Meinung des Taoisten wird man bei der Geburt mit verschiedenen Schätzen ausgestattet: Ching (Sexualkraft), Chi (Lebenskraft), Te (Herzkraft) und Shen (Geisteskraft). Lebenskraft und Sexualkraft können dabei soweit kultiviert werden, dass sie zu einer Verstärkung von Herz- und Geisteskraft führen. So liegt im richtigen Umgang mit der eigenen Sexualität das Potenzial für eine spirituelle Weiterentwicklung. In traditionellen Schriften wird das Zölibat als probates Mittel genannt, sexuelle Energie direkt in spirituelle Energie umzuwandeln.

Da eine solche Lebensweise vor allem für das gemeine Volk nicht durchführbar schien, entwickelten die Taoisten das Bild der verständnisvollen Partnerschaft, das zu geistigem Wachstum führen soll. Der jeweilige Partner liefert uns danach im Sinne von Yin und Yang jenen Teil des anderen Geschlechts, der auch in uns im Keim vorhanden ist, und ermöglicht durch die Vereinigung von Mann und Frau zugleich auch eine innere Wiedervereinigung von männlichen und weiblichen Energien – einen Schritt in Richtung zum »Wahren Selbst«.

268

TAOISMUS

Ein anderes Bild, ebenfalls aus der Pagode in Hoi An, zeigt einen alten Mann zusammen mit einem Kind – beide symbolisieren das Leben. Die Schriftzeichen bedeuten: Reichtum, langes Leben, Gesundheit und Friede.

Die Tuschzeichnung »Wetter« aus dem 19. Jahrhundert zeigt Feuer (Yang) und Wolken (Yin) als Symbol des Tao.

Die Fibel der Weisheit

Der Taoismus wird in seinen Grundzügen in 81 Gedichten im so genannten Tao-te-ching, einer Schrift, die von einem Mann namens Lao Tse stammen soll, dargestellt. Lao Tse hat angeblich im dritten bis vierten Jahrhundert v. Chr. gelebt, seine Existenz ist jedoch historisch nicht ausreichend belegt.

Überhaupt kennt der Taoismus neben dem mysteriösen Lao Tse keine weiteren Gründerfiguren. Daten über mögliche weitere Vordenker sind ebenso dürftig wie unzuverlässig. Taoistische Weise vermuten, dass dies gewollt ist. Schließlich zählt in ihrer Lebensphilosophie nicht die Person, sondern das Tao allein.

Tradierte Weisheit

»Alle Wesen tragen das ruhende Yin und umfassen das bewegende Yang. Der Urgrund, er bewirkt die harmonische Vereinigung«. (Tao-Te-King, 2. Buch, 42. Vers) Zum besseren Verständnis der östlichen Philosophie sei hier eine der Geschichten aus taoistischen Kreisen genannt.

Ein Schüler zu seinem Meister: »Sagt Meister, warum ist Tao so grausam? Warum tötet es, zerstört und liebt nicht das, was es erschafft?«

Antwortet des Meisters: »Wenn du Hunger hast, raubst du einer Pflanze die Blätter, die sie mit großer Mühe aufbaute. Wenn du dich wäschst, dann verschmutzt du die Wohnung der Fische, wenn du umhergehst, zermalmst du manches Wesen. Dein Leben, dabei führst du es mit Bedacht, zerstört ständig.«

Schüler: »Aber ist es nicht die Natur, welcher ich folge?«

Meister: »Die Natur des Taos ist auch Zerstörung. Aber es trennt nicht. Es ist.« In diesem Sinne haben Lao Tse und seine Anhänger gelebt – nach diesen Worten leben Taoisten noch heute.

In Fuijan, in der Region Quanzhon/China, ragt zu Füßen des Quingyuan-Berges eine riesige Statue Lao Tses, dem Begründer des Taoismus, auf.

LEHREN DES OSTENS

Konfuzius und Lao Tse

Ganz im Sinne der Konfuzianischen Tradition sind die Landschafts-Tuschzeichnungen. Ruhe und Harmonie, ausgedrückt durch die Elemente Berg, Wasser und Wälder, symbolisieren die angestrebte innere Ordnung. Der chinesische Maler T'ang Yin schuf die untenstehende Tuschzeichnung um 1500.

Ein früher chinesischer Holzschnitt, der nachträglich koloriert wurde, zeigt den großen Religionsstifter Konfuzius.

Die Zeit zwischen 700 und 400 v. Chr. war eine Epoche großer geistiger Leistungen. In Indien lehrte Buddha, in Persien Zarathustra und im Reiche Israel verkündeten Propheten wie Jeremia, Hesekiel und Jesaja die baldige Ankunft eines Messias.

Meister der Weisheit

In diesen Jahrhunderten wurden auch die bedeutendsten Philosophen Chinas geboren: Konfuzius und Lao Tse. Während die historische Existenz von Lao Tse nicht einwandfrei nachgewiesen werden kann, weiß man, dass

KONFUZIUS UND LAO TSE

Konfuzius 551 v. Chr. im chinesischen Staate Lu, dem heutigen Shandong, zur Welt kam. Lao Tse soll zu Lebzeiten unter dem Namen Be Yang als Archivar am Kaiserhof in Chengzhou in China gearbeitet haben. Ihm schreibt man das Tao-te-ching, das »Buch der Aussagen und der Tugend«, zu. Auf dessen Weisheiten begründen heutige Taoisten ihre Philosophie. Die darin enthaltenen Texte dienen ihnen als Wegweiser zu innerem Glück, Ehrfurcht und Gewaltlosigkeit, Duldsamkeit und Gelassenheit. Lao Tse stimmte in vielem mit Konfuzius überein. Er forderte den Menschen auf, zuerst in der eigenen Seele Ordnung zu schaffen, bevor er die Außenwelt zu ordnen beginnt.

Konfuzius' philosophische Ansätze fanden auch beim Bau von Tempeln Anwendung – hier der Konfuziustempel in Qufu.

Konfuzius als Lehrer

Konfuzius hinterließ viele Werke. Die wichtigsten, fünf Bücher, die als die »5 Ching« bekannt sind, beeinflussen das Denken und die Kultur Chinas bis in die Gegenwart. Will man die Lehren von Konfuzius verstehen, so muss man wissen, dass er in einer politisch wie wirtschaftlich instabilen Zeit, während der so genannten Dschou-Dynastie (11.–3. Jahrhundert v. Chr.), aufwuchs. Das herrschaftliche Kernland, zu dem auch die Provinz, in der Konfuzius geboren wurde, gehörte, war damals von Vasallenstaaten umgeben, die immer wieder gegen den König ankämpften. Machtkriege und Unruhen und eine immer absolutistischer werdende Monarchie prägten das Leben von Konfuzius. Ihm ging es deshalb weniger darum, eine Lebensphilosophie zu kreieren, als vielmehr eine Ordnung herzustellen, wie sie zu seiner Zeit nicht zu existieren schien. Er trachtete nach Sittlichkeit, Schicklichkeit und Menschlichkeit, Tugenden die der chinesischen Überlieferung zufolge die Gesellschaften früherer Tage verkörperten. Einer seiner Leitsätze lautete: »Handeln, bevor man spricht, und so sprechen, wie man gehandelt hat!« Auf die Frage: »Gibt es ein Wort, das als praktische Regel für das ganze Leben gelten kann?«, antwortete er: »Gegenseitigkeit«. Gemeint war damit die Abhängigkeit aller Dinge voneinander, das sich gegenseitig Bedingen, wie man es aus dem Taoismus kennt.

Die Rückkehr zur Ordnung

Konfuzius schuf keine neue Glaubensrichtung, er schuf in der Hoffnung auf Besserung der aktuellen Lebensumstände eine vergangenheitsorientierte Utopie. Alles Seiende sollte sich nach einem rechten Weg richten. Unruhezustände deuteten seiner Meinung nach eine Abkehr von diesem Pfad an. Um künftige Irrungen im Keim zu ersticken, entwickelte der Meister ein System von Verhaltensvorschriften und predigte die Kraft von den Riten.

Obwohl die historische Existenz Lao Tses nicht gesichert ist, stellte man den großen Philosophen in der Ming Dynastie auf einem Ochsen sitzend dar. (Porzellan-Stauette, 1368)

Der Meister sprach

»Lunyu« – die Gespräche des Konfuzius – stellen die wichtigste und zugleich wohl auch die verlässlichste Quelle zu seinen Lehren dar. Aufgezeichnet wurde das Buch von der zweiten Generation seiner Schüler, im 5./4. Jahrhundert v. Chr. Hier können wir noch heute nachlesen, was der Meister einst sprach:

- »Ein edler Mensch, der sich eine umfassende Bildung erworben hat und sich mit Hilfe der Riten zu zügeln weiß, vermag auch Verfehlungen zu vermeiden.« (LY 12,15)

- »Wo es um Bildung geht, darf es nicht Stände geben.« (LY 15,38)

- »Jene, die Wissen von Geburt mitbekommen haben, stehen am höchsten. Jene, die Wissen durch Lernen erwerben, stehen eine Stufe niedriger. Jene, die erst lernen, wenn sie in Bedrängnis geraten, stehen noch eine Stufe niedriger. Jene aber, die auch in bedrängter Lage nicht lernen wollen, stehen am niedrigsten im Volk.« (LY 16,9)

- »Man kann das Volk dazu bringen, dem rechten Weg zu folgen, doch nicht, ihn zu verstehen.« (LY 8,9)

- »Wenn die Oberern sorglich die Normen der Riten einhalten, wird das Volk leicht zu leiten sein.« (LY 14,44)

- »Der Meister sprach: Ich wünsche, keine Worte mehr zu machen. Des-Gung sagte: Wenn der Meister sich der Worte enthält, was sollen Eure Schüler dann an Weisheit weitergeben? Der Meister sprach: Und welche Worte spricht der Himmel? Und dennoch gehen die vier Jahreszeiten ihren Weg, und alle Dinge wachsen und gedeihen. Doch spricht der Himmel je ein Wort?« (LY 17,19)

271

LEHREN DES OSTENS

Tanzende Derwische sind Mitglieder einer mystischen Glaubensrichtung des Islam. Geprägt von einer bedingungslosen Hingabe zu Gott suchen sie die Erfahrung seiner Nähe und Kraft in entrückenden Riten bei Tanz und Musik. (Foto um 1885, Kairo, neu koloriert)

Sufismus – Mystik im Islam

Ab dem achten Jahrhundert versuchten asketische Gemeinschaften innerhalb des Islam einem drohenden Verlust ihrer religiösen Werte entgegenzuwirken. Dazu kleideten sie sich in ein Büßergewand aus Suf (Wolle) und predigten über die wahre Bedeutung der Koranverse. Nach ihrer Kleidung wurden sie bald Sufi genannt. Die Angehörigen von Sufi-Orden oder allein wandernde islamische Bettel-

SUFISMUS

mönche heißen auch Derwische, von darwis, einem Wort, das aus dem Persischen stammt und Bettler bedeutet. Zu den Gründern des Sufismus zählt Hasan al-Basri (643–728). Er hat angeblich den Spruch geprägt: »Wer Gott kennt, der liebt ihn. Wer die Welt kennt, der entsagt ihr.«

Ein von Gott durchdrungenes Leben

Die mystische Richtung im Islam, welche die Sufis von Anfang an einschlugen, führte zu einem schweren Konflikt mit der herrschenden theologischen Meinung. Im Gegensatz zu den orthodoxen Theologen, denen es um die Einhaltung der islamischen Pflichten und Gesetze (Scharia) und vor allem um den unbedingten Gehorsam gegenüber Gott ging, beriefen sich die Sufis auf eine Stelle im Koran, bei der es um die Liebe zwischen Gott und den Menschen geht.

Die Sufis sind der Auffassung, dass der Koran nicht nur äußerlich verstanden werden muss, sie trachten vielmehr danach, die in ihm verborgene Botschaft – auch jene zwischen den Zeilen – zu verwirklichen. Sie wollen die Hingabe an Gott, die in der Bedeutung des Wortes »Islam« (arab. »Ergebung«) steckt, mit ihrem Leben erfüllen. Wie die Mystiker aller Religionen, trachtet der Sufi danach, Gott zu erfahren.

Sein Weg führt zum Erleben, im innersten Wesen nicht von Gott getrennt zu sein. Für die Anhänger dieser Lehre war Mohammed, der Gründer des Islam, der erste Sufi dieser Welt. Er hat ein Leben geführt, das vollkommen von Gott durchdrungen war.

Das erlösende Wissen

Indem seine Jünger ein beispielhaftes Leben in Askese und Gottvertrauen (Tawakkul) führten, verbreitete sich der Sufismus gegen alle Widerstände schnell. Die Sufis entwickelten Systeme, die eine stufenweise Ekstase ermöglichen sollten. Ziel war das »erlösende Wissen« (Ma'rifa). Auf den weiteren Stufen

Gründergestalten

Die ersten Schulen der Sufis entstanden im neunten Jahrhundert um den legendären ägyptischen Mystiker Dhu'n-Nun († 859), um den islamischen Mystiker Bajesis al-Bistami († 874) und um den Philosophen al-Dschunaid († 909). Letzterer fasste als Erster die Schriften der Sufis zusammen. Seine Werke beinhalten vor allem mystische Erfahrungen von Ekstasezuständen, vom Auslöschen des Ich und dem Fortleben in Gott. Al-Dschunaid formte daraus seine »Philosophie der Auslöschung in Gott«, die großen Einfluss auf die Weiterführung sufistischer Traditionen hatte. Das Sein in der göttlichen Einheit beschrieb er mit den Worten: »Gott lässt den Menschen sich selber sterben, um in ihm leben zu können.« Solche, aus ekstatischen Erlebnissen gewonnenen mystischen Einsichten provozierten den orthodoxen Islam, die für ihn zu extrem waren. Viele der Sufi-Aussagen galten sogar als gotteslästerlich. »Ich bin der geworden, den ich liebe. Der, den ich liebe, ist ich geworden. Wir sind zwei Geister, in einem Körper verschmolzen.« Al-Halladsch, von dem diese Aussage stammt, wurde 929 dafür hingerichtet.

Im Inneren dieser Lehmmoschee in Badiyah (Vereinigte Arabische Emirate) aus dem 17. Jahrhundert herrscht noch dieselbe mystische Stimmung, die schon die ersten Sufis fesselte.

273

LEHREN DES OSTENS

Meister und Schüler

Der Sufi verfolgt nur das Ziel, die Vereinigung mit dem Geliebten (Gott) zu erreichen – als Zustand der Vollkommenheit. Im Herzen muss die Gottesliebe kultiviert werden, damit das selbstsüchtige Ich überwunden werden kann. Entsprechend wird der Schüler als »Strebender« bezeichnet. Dieser wird vom Oberhaupt des Ordens (Sheikh) auf seinem Weg geleitet. Der Sheikh gilt dabei als Repräsentant von Mohammed. Ihm ist unbedingter Gehorsam zu leisten. Gemäß seines spirituellen Fortschritts wird der Schüler immer weiter in das Wissen eingeweiht. Es handelt sich dabei um geheime Lehren, die nur den Ordensmitgliedern und diesen nur in mündlicher Unterweisung zugänglich sind. Der Sheikh selbst ist das jeweils letzte Glied einer spirituellen Kette (Silsila), die bis zum Ordensgründer, bei manchen Bruderschaften sogar bis zu Ali, dem Schwiegersohn des Propheten Mohammed, oder bis zu Mohammed selbst zurückreichen.

erreichte man das Auslöschen des Ich, das Verweilen in Gott und die mystische Vereinigung mit ihm.

Ordensgründungen

Zwischen dem zehnten und 14. Jahrhundert bildeten sich unterschiedliche Bruderschaften und Orden. In deren Schreibstuben entstanden zahlreiche Werke, welche die angestrebten mystischen Zustände beschrieben. In eindrucksvollen Worten legten sie die Lehren der Sufis dar. Nicht zuletzt war ihre Literatur dazu angetreten, zu zeigen, dass der Sufismus mit den grundlegenden Prinzipien des Islam völlig übereinstimmt. Einer seiner berühmten Vertreter, Abu Bakr al-Kalabadhi († 1000), verfasste eine berühmte Schrift mit dem Titel »Buch der Informationen über die Doktrin der Männer des Sufismus«. In ihm trat er den Beweis der Rechtmäßigkeit der Sufi-Lehren an.

Die wirbelnden Derwische

In dieser Zeit beeinflusste der Sufismus die schönen Künste in besonderem Maße. Man versuchte, sich in Musik, Tanz und Dichtkunst dem Mysterium Gottes zu nähern. Herausragender Exponent war der persische Dichter Dschelaladdin Rumi (1207–1273). Er lebte in Konya (Türkei) und gründete dort den Sufi-Orden Mewlawija. Da in diesem vor allem auf Gesang und Tanz Wert gelegt wurde, nannte man ihn auch die »Bruderschaft der wirbelnden Derwische«.

Seine feurige Lyrik voller Mystik und Folklore widmete Rumi übrigens dem Wanderderwisch Schams-i Tabriz. Die ekstatischen Wirbeltänze der Derwische sind heute noch das bekannteste Element der Sufi-Tradition. Musik und Tanz wurden zum Mittel, göttliche Ekstase hervorzurufen. Dazu bildeten Gruppen von Derwischen zwei Kreise. Darin drehten sie sich mit waagerecht ausgebreiteten Armen, während ein Einzelner sich gegen den Uhrzeigersinn dazwischen bewegte.

Techniken der Ekstase

In den Orden entwickelten sich unterschiedliche religiös-ekstatische Übungen (Dhikr).

Ein Bild aus unseren Tagen: tanzende Derwische aus Konya (Türkei). Religionshistoriker sagen, das vom ursprünglichen Sufismus, bedingt durch seine immer wieder behinderte Verbreitung, viel Orthodoxes verloren ging.

SUFISMUS

Allah wurde als Seelenfürst und Geliebter in einer durch Askese, Schlafentzug, Tanz und Trommelschlag erzeugten Trance angerufen. Die so genannten »heulenden Derwische« kultivierten auch die gemeinsame Rezitation der Gottesnamen, des Glaubensbekenntnisses oder einer Sure aus dem Koran als eine besondere Form des Verkehrs mit Gott. Weite Verbreitung fanden bei ihnen Atemtechniken, bei denen man beispielsweise minutenlang die Luft anhielt, um danach stundenlang die Silben der Gebetsformel »La ilaha illa 'llah« (»Es gibt keinen Gott außer Gott.«) mit gepresster Stimme zu wiederholen. Am Ende folgte mehrfach die dynamisch gehauchte Silbe hu (»Er«, d. h. Gott). Sufis, die mit solchen Techniken die Ekstase erreichen, sollen der Legende nach fantastische Fähigkeiten entwickeln. Demnach können sie beispielsweise fliegen, sich selbst verletzen, ohne Blut zu verlieren, und ihre Kleider können an ihren Körpern verbrennen, ohne dass sie selbst gebrandmarkt werden. Auf der höchsten Stufe soll sogar von Totenerweckungen die Rede sein.

Ursprünglich aus dem Anliegen entstanden, die traditionellen Werte des Islam zu bewahren, streben die Sufis nach einer Verinnerlichung ihrer Religion. Das Leben ist für sie der Weg, alles zu überwinden, was von Gott trennt. Traditionelle Moslems sind Allah in Mekka nah. (Pilgerkarawane auf dem Weg nach Mekka, 1861, Leon Belly)

275

LEHREN DES OSTENS

Altchinesische Weltformel – I Ging

Schon im 19. Jahrhundert waren Europäer vom I Ging fasziniert. Ein Stich von 1835 des Engländers Augustus Fox, nach einem Gemälde von Thomas Allom, illustriert, wie man sich den chinesischen Weisen beim Ritual des Orakelstellens vorstellte.

I GING

Im Chinesischen ist »I« ein komplexes, vieldeutiges Wort, das mit »Wandlung« übersetzt werden kann. »I Ging« heißt »Buch der Wandlungen« und zählt zu den wichtigsten Werken der Weltliteratur. Als »das erste Buch unter dem Himmel« blickt es auf eine 5000 Jahre alte Geschichte zurück. Es ist eine Sammlung von Weisheits- und Orakelsprüchen, die in China – aber auch in Korea, Japan und Vietnam – von Generation zu Generation weitergegeben wurde. Taoistische Gelehrte schätzten es und auch im 21. Jahrhundert erfreut es sich als Orakelbuch und sinnvolle Orientierungshilfe zunehmender Beliebtheit. Über die Jahrtausende hinweg bis in unsere Zeit haben sich Denker wie Konfuzius und Lao Tse, Könige und Kaiser, Dichter und Sinologen mit dem I Ging beschäftigt. Je tiefer sie in das »Buch der Wandlungen« eindrangen, desto mehr empfanden sie das Werk als ein Geschenk ihrer Ahnen, die ihr Wissen und ihre Erfahrungen allen suchenden Menschen vermitteln wollten.

Kontakt zum inneren Wesen

Für viele aber blieb das »wunderliche Buch« eine Sammlung unverständlicher Symbole und Zaubersprüche, deren Deutung schwierig und verschwommen war. Der Arbeit konsequenter Gelehrter ist es zu verdanken, dass es inzwischen gute und verständliche Übersetzungen der alten chinesischen Texte gibt. So spiegelt das I Ging auch für heutige Anwender Denk- und Verhaltensmuster wider, die unseren Alltag bestimmen. Die Impulse, die von dem uralten Orakel ausgehen, regen zur Versenkung, Innenschau und Selbstbefragung an und ermöglichen es dem Ratsuchenden, einen Kontakt zu seinem inneren Wesen herzustellen. So verhelfen die Orakelsprüche, sich über anstehende Probleme klar zu werden und zu deren Lösung beitragende Entscheidungen treffen zu können.

Tao als Urgrund

Die gesamte chinesische Philosophie beruft sich auf das I Ging, weil es geistige Erkenntnisse und praktische Empfehlungen miteinander verbindet. Seit Jahrtausenden war es in China üblich, dass die kaiserliche Regierung vor wichtigen politischen Entscheidungen das I Ging befragte und bis heute wird es von der Bevölkerung bei Fragen zur Aussaat und Ernte sowie bei beruflichen und partnerschaftlichen Angelegenheiten zu Rate gezogen.

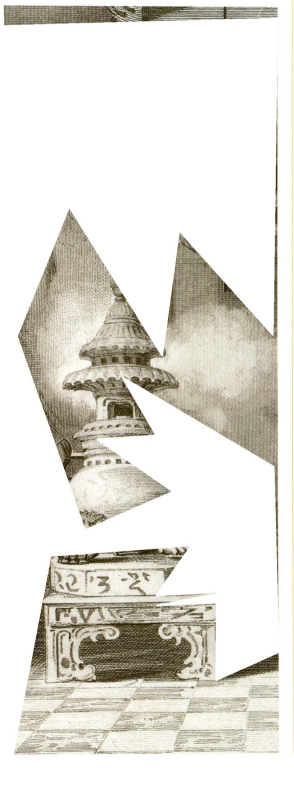

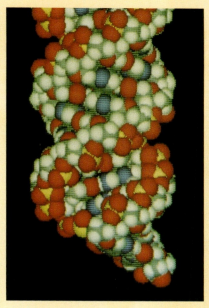

Das gesamte Erbgut eines Menschen ist in der DNS gespeichert. Wissenschaftler entdeckten eine verblüffende Übereinstimmung zwischen der Anzahl der genetischen Codes des Menschen und der Hexagramme des I Ging.

Entdeckung der Weltformel?

Dass das I Ging nicht nur geistige Prozesse spiegelt, sondern sich auch als Modell für den genetischen Code eignet, vermutet der deutsche Arzt Dr. Martin Schönberger (*1912). Während in dem Humangenomprojekt im Jahr 2000 das gesamte Erbgut des Menschen entschlüsselt werden konnte, entdeckte Schönberger beeindruckende Parallelen beider Systeme. Mit dem genetischen Code wurde der Bauplan des Lebens gefunden – die Verschlüsselung der genetischen Information für die Proteinsynthese in genau 64 Tripletts. Verblüfft stellte Schönberger fest, dass es offenbar eine Übereinstimmung gibt zwischen den naturwissenschaftlichen Resultaten und dem I Ging mit seinen 64, aus Tripletts bestehenden Hexagrammen, die ebenfalls den Anspruch erheben, das Gesetz des Lebens zu repräsentieren. Seine These: Die Muster beider Schlüssel stimmen überein. Es handelt sich lediglich um verschiedene Codes, durch die eine einzige Weltformel hindurchscheint.

LEHREN DES OSTENS

Schon der Physiker Werner Heisenberg, der 1932 den Nobelpreis für Physik erhielt, war davon überzeugt, dass in der Symbolik des I Ging mehr als bloße Orakelsprüche zu finden sind. Auch spätere Wissenschaftler erkannten im I Ging ein naturphilosophisches System.

»Magische Eigenschaften«

Das I Ging faszinierte auch den Physiker und Nobelpreisträger Werner Heisenberg (1901–1976), der 1969 in der Süddeutschen Zeitung schrieb: »Im I Ging und seinen Symbolen liegt eine naturphilosophische Weltformel vor, die geeignet sein könnte, das abendländische Denken zu befruchten.«

Der Schweizer Psychoanalytiker Carl Gustav Jung (1875–1961) stellte eine erstaunliche Übereinstimmung zwischen dem I Ging und seiner Archetypen-Lehre fest und sprach der chinesischen Weisheitslehre »magische Eigenschaften« zu, weil die darin verkörperten Prinzipien tief im Unbewussten des Menschen eingeprägt sind.

Schon bald erkannten die großen Denker der Vergangenheit die Zusammenhänge zwischen den stets wiederkehrenden Naturgeschehen und den Lebensprozessen des Menschen, die sie, miteinander verwoben, als Teil eines großen Ganzen sahen. So geht denn auch das I Ging davon aus, dass der Urgrund allen Lebens, das Tao, unwandelbar und ewig ist. Alles andere gehört zu den Wechselspielen des Lebens und ist der Veränderung unterworfen, die es zu erkennen gilt und die als Chance der persönlichen Entwicklung akzeptiert werden sollte.

Das Buch der Weissagungen beruht auf einem intuitiven Wissen darüber, das die Vielfalt unseres Daseins aus den zwei Polaritäten weiblich und männlich, Offenheit und Entschlossenheit, Ruhe und Bewegung besteht, die sich immer wieder abwechseln, ergänzen und neue Formen hervorbringen.

Der Einfluss auf die Psychologie

Als der Psychologe C. G. Jung in den 1920er Jahren das Buch der Wandlungen in der deutschen Übersetzung von Richard Wilhelm kennen lernte, war er vor allem von der Treffsicherheit der psychologischen Bilder in den 64 Hexagrammen stark beeindruckt. Für Jung offenbarte sich bei der Lektüre des I Ging die mythische Realität mit ihren Göttern und Königen, Kriegern und Staatsmännern, Helden und Schurken ebenso, wie sie einstmals den chinesischen Weisen bewusst waren. Jung sah im Buch der Wandlungen die menschliche Natur und die kosmische Ordnung in Symbolen, im »kollektiven Unbewussten« vereint, die die Menschen zu allen Zeiten und in allen Kulturen verstehen. So bezeichnete Jung diese Symbole des Lebens als Archetypen. Das I Ging fasst diese Symbole zu Hexagrammen zusammen.

Das chinesische Schriftzeichen »I« – (Wandlung). Es wird angenommen, dass es aus dem alten Symbol für Eidechse oder Chamäleon entstand. Hier eine alte Form des Schriftzeichens aus der Sung-Zeit (um 1000 n. Chr.).

Im Wechselspiel der Kräfte

Durch das Werfen von Münzen oder Stäbchen wird das I Ging zum Orakel, mit dem jedoch nicht die Zukunft vorausgesagt werden kann, sondern lediglich die momentane Lebensposition des Ratsuchenden bestimmt wird. Wer das Buch der Wandlungen als Orakel verwendet, indem er sechsmal drei Münzen auf eine ebene Fläche wirft oder nach dem Zufallsprinzip 49 Holzstäbchen teilt, hält gewissermaßen den Lauf der Zeit an. Zugleich wird mit dieser rituellen Handlung das Bild eines Augenblicks festgehalten, seine Bedeutung wird bis in alle Einzelheiten ergründbar, das Selbst und die Lebensumstände des Fragenden werden dadurch deutlich. Dabei steht dieser Moment des »Wandels« immer unter dem Aspekt einer konkreten Frage. Das I Ging zeigt auf, wie sich die Dinge entwickeln können – je nachdem, ob man sich entsprechend der Gesetze des Universums verhält. Das Orakel prüft dabei den Fluss der Yin- und Yang-Energien und weist den richtigen Weg für künftiges Handeln im Wechselspiel der negativen und positiven Kräfte. Es versteht sich als Ratgeber, weist aber ausdrücklich darauf hin, dass jeder Mensch einen freien Willen besitzt und diesen auch einsetzen sollte.

Extreme vermeiden

In den Texten des I Ging wird immer wieder darauf hingewiesen, dass der Mensch lernen muss, Gegensätze auszugleichen, aus seiner Mitte heraus zu handeln und Extreme zu vermeiden. Bemühungen, die darauf zielen, Lebensprozesse in eine Richtung zu zwingen, um sie dort festzuhalten, sind zum Scheitern verurteilt. Wer erkennt, dass scheinbar gegensätzliche Kräfte keine zerstörerischen Energien freisetzen, sondern zwei sich ausgleichende Strömungen darstellen, wird die Wertigkeit von Glück und Unglück, Fortschritt und Stillstand, Armut und Reichtum, Leben und Tod neu überdenken.

I GING

Konfuzius beim Befragen des I Ging in einer Darstellung des 19. Jahrhunderts. Sie zeigt ihn bei der traditionsreichsten Art, das I Ging zu stellen, indem man nach einem bestimmten Prinzip insgesamt 49 Schafgarbenstengel zu Vierergruppen auszählte, die sechsmal die Zahlen 6, 7, 8 oder 9 ergaben. Diese Zahlen erhält man auch. wenn man drei Münzen (»Kopf« hat den Wert 3, »Zahl« entspricht dem Wert 2) sechsmal wirft. Jede dieser Methoden erzeugt sechsmal eine der vier möglichen Arten von Linien im Hexagramm, die die momentane Beziehung zwischen den beiden Urqualitäten Yin und Yang widerspiegeln.

WUNDER DES OSTENS

Jainismus – Mahavira und die 24 Meister

Im Jainismus dienen die prächtigen Tempel nicht der Gottesverehrung. Vielmehr werden in den Häusern der Andacht, wie hier im Jaina-Tempel von Ranakpur aus dem 15. Jahrhundert, an Säulen und Wänden die mythischen Erlebnisse der Bereiter des Jainismus dargestellt. Diese, Tirthankaras genannten, Weisen lächeln inmitten unzähliger heiliger Symbole auf den Besucher herab.

JAINISMUS

Vardhamana, ein Königssohn und ein Zeitgenosse des historischen Buddha, begründete im 6. Jahrhundert v. Chr. die Religion des Jainismus. Man gab ihm den Ehrennamen Mahavira, »großer Held«, später kam der Name Jaina, »Sieger«, hinzu. Seine Anhänger, die Jains, wissen, dass ihre Religion schon lange vor Mahavira von über 20 Propheten verkündet worden war. Sie werden Tirthankaras, »Furtbereiter«, genannt. Mahavira wird also streng genommen nicht als Gründer, sondern lediglich als Erneuerer der Religionsgemeinschaft der Jains angesehen. Er habe, so sagt man, die alte Mönchsgemeinde des 23. Tirthankara Parshava reformiert.

Vardhamanas Geschichte

Mahavira wurde um ca. 580 v. Chr. als indischer Prinz geboren. Er erhielt den Namen Vardhamana. Noch als Kind verlor er seine Eltern und sagte dem königlichen Luxus ab. Als Wanderasket erlangte er nach 12 Jahren die Erleuchtung und begann, in der Tradition der 23 Furtbereiter des Janinismus, zu predigen. Nach 30 Jahren, in denen Mahavira die Gemeinschaft der Jainas nicht nur vergrößerte, sondern auch in ihrem Glauben festigte, starb er 527 v. Chr. den freiwilligen Hungertod.

Die Göttlichkeit der Seele

Im Weltbild der Jainas hat sich vielleicht die älteste noch bestehende Philosophie Indiens bewahrt. Die Autorität der Veden und die brahmanischen Opferhandlungen lehnen die Jainas ab und erkennen keinen Gott als Schöpfer des Universums an. Ihre Welt ist ewig, ohne Anfang, ohne Ende, und alles darin befindet sich für die Jains in einem endlosen Kreislauf des Werdens und Vergehens. In jeder Form von Materie – Menschen, Tiere, Pflanzen, Steine, Luft, Wasser – ist jedoch ein Funke göttlichen Bewusstseins enthalten. Dieser wartet darauf, dass man ihn von diesem leidvollen Kreislauf befreit. »Gott«, sagte Mahavira, »ist nichts anderes als die höchste und vollkommenste Verwirklichung all der Kräfte, die in der Seele des Menschen verborgen liegen.« Der Mensch ist demnach Herr seines Schicksals. Es steht ihm frei, auf dem von Mahavira vorgezeigten Weg, das göttliche Bewusstsein zu verwirklichen oder durch Bindung an die vergängliche Welt der Materie für immer in Leid und Unfreiheit zu bleiben.

Dieser Kupferstich aus dem 18. Jahrhundert zeigt, wie ein Jaina mit Mundschutz die Straße fegt. Die mittlerweile weltweit 2,7 Millionen Jains glauben daran, dass in jedem Lebewesen, auch in einem Käfer, der auf der Straße kreucht, der Funke göttlichen Bewusstseins wohnt.

Achtung des Lebens

Jaina-Mönche sind Vegetarier und extreme Asketen. Sie sind dazu angehalten, für ihr Überleben so wenig wie möglich zu konsumieren. Um die Mittagszeit gehen sie mit ihren hölzernen Schalen in der Hand auf ihren täglichen Bettelgängen von Haus zu Haus. Sie leben ohne Strom. Sie reisen ausschließlich zu Fuß. Sie lernen die Texte ihrer Schriften auswendig, denn zur Herstellung von Papier werden Bäume gefällt und Bäume sind für die Jainas Lebewesen mit einem innewohnendem göttlichen Bewusstsein. Behutsam kehren sie mit einem Pfauenfederwedel den Weg, um bei ihrer täglichen Wanderung keine Insekten zu zertreten. Viele tragen sogar eine Mullbinde vor dem Mund, um beim Einatmen keine Fliegen zu verschlucken. Die Jainas nennen diese unbedingte Achtung jeder Form von Leben Ahimsa. Sie ist der Kern ihrer Philosophie.

Fundamente des Glaubens

Drei Grundlagen prägen den Glauben der Jainas: Ahimsa, das unbedingte Unterlassen des Verletzens von Lebewesen, Aparigraha, die Genügsamkeit und der Verzicht auf jeglichen Besitz, und die Anekanta-Lehre. Sie nahm die Erkenntnisse der modernen Quantenphysik in erstaunlicher Weise vorweg, indem sie besagte, dass nur relative Aussagen über die Wirklichkeit möglich sind, da jedes Ding sich von vielen verschiedenen Seiten aus betrachten lässt. Worte sind nicht in der Lage, alle Dimensionen eines Dings zu einem bestimmten Zeitpunkt zu erfassen. Die Wahrheit einer Aussage hängt immer vom Standpunkt des Beobachters ab.

Bereits im 3. Jahrhundert v. Chr. spaltete sich die Gemeinde der Jains in zwei Fraktionen: die Shvetambara, »die weiß Gekleideten«, deren Asketen eine weiße Robe tragen, und die Digambara, »die Luftgekleideten«, deren Mönche völlig nackt gehen und sich fast ausschließlich in Klöstern aufhalten.

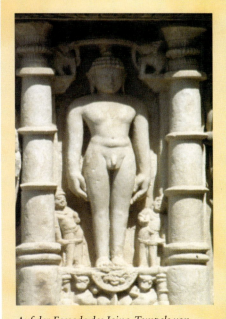

Auf der Fassade des Jaina-Tempels von Khajuraho steht Mahavira geschützt unter einem kleinen Dach. Als Prinz geboren, widmete er bald sein Leben der Armut und Achtsamkeit vor allem und jedem im Universum.

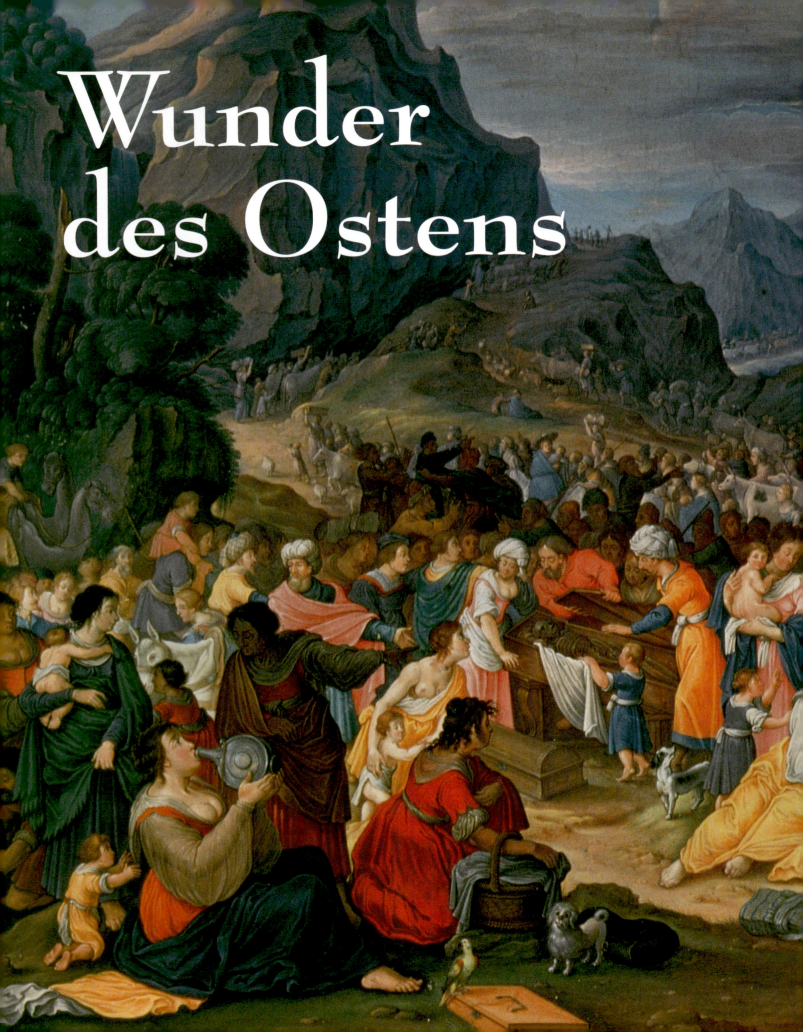

Wunder des Ostens

Wunder stehen nicht im Gegensatz zur Natur, sondern nur zu dem, was wir von der Natur wissen!« Diese weisen Worte sprach einst ein Kirchenvater namens Aurelius Augustinus (354–430). Aus allen Zeiten und von allen Völkern sind Berichte über mystische Erscheinungen und unheimliche Kräfte bekannt. Sie versetzten die Menschheit in Staunen, aber auch in Angst. Während einige Ereignisse als göttliche Wunder verklärt wurden, hat man andere als Werk des Teufels angesehen. In den Industrienationen verbannte die Aufklärung den Aberglauben aus dem religiösen Alltag. Man siedelte ihn im Bereich der Märchen, Mythen und Illusionen an. Während Mysterien und Mythologien in den Naturreligionen des Ostens weiterhin gediehen, haben sich die Menschen im Westen erst langsam wieder dem Glauben an Wunder geöffnet.

WUNDER DES OSTENS

Das Paradies

Viele Künstler wurden vom Garten Eden als idealen Lebensraum in ihrem Schaffen inspiriert. Lucas Cranach d. Ä. (1472–1553) schuf um 1530 das Gemälde »Das goldene Zeitalter«. Als Vorlage dienten ihm dabei die Beschreibungen paradiesähnlicher Zustände aus der »Erga« von Hesiod († 680 v. Chr.) und den Metamorphosen von Ovid († 17 n. Chr.).

Der Anfang der Welt, die Erschaffung des Menschen, das Paradies und der Sündenfall – Theologen mahnen, diese Schilderungen aus der Bibel nicht als Augenzeugenberichte, sondern als Parabel von Gut und Böse und dem Walten Gottes in der Welt zu verstehen. So betrachtet ist auch der Bericht vom Paradies mehr eine Erzählung mit Symbolgehalt als eine Tatsachenbeschreibung. Trotzdem haben sich immer wieder Menschen aufgemacht, den Garten Eden – jenes Paradies der Menschheit – auf der Erde zu suchen.

Der Garten Eden orientierte sich an mesopotamischen Paradiesvorstellungen. Hier verloren Adam und Eva ihre Unschuld, indem sie von den Früchten des Baumes der Erkenntnis aßen, ein Motiv, das zahlreiche Maler quer durch die Jahrhunderte inspirierte. Das Wort »Sündenfall« kommt übrigens in der Bibel nicht vor. Es wird auch nirgendwo ein Apfel erwähnt, nach dem Eva gegriffen haben soll. Im Alten Testament ist lediglich von »Früchten« die Rede.

Das Motiv für »Eva, die Schlange und der Apfel« lieferten vorbiblische griechische Vasenbilder, die sich auf die Sage von den Hesperiden bezogen, jenen mythologischen Hüterinnen der goldenen Äpfel, die ewige Jugend versprachen.

Blütezeit der Zivilisation

Für einige Kulturhistoriker sind die Berichte vom Garten Eden der Hinweis auf ein »Goldenes Zeitalter«, eine in der Vergangenheit gelegenen Blütezeit der Zivilisation, in der alles zwar vollkommen, aber gleichzeitig vom Verlust der Unschuld bedroht war. In China glaubten sowohl die Konfuzianer als auch die Anhänger des Lao Tse an einen längst vergangenen Zustand der Vollkommenheit. Auch könnte der Garten Eden gleichbedeutend mit den sagenhaften versunkenen Kontinenten von Atlantis, Mu oder Lemuria gewesen sein.

»...wo der Löwe nicht tötet«

Das Wort »Paradies« stammt aus dem Persischen und bedeutet soviel wie Garten. Es kommt aber im Alten Testament nicht vor und wurde lediglich als Zwischenüberschrift in der Einheitsübersetzung aus dem 20. Jahrhundert eingefügt. In der Urfassung ist stets nur von einem »Garten Eden« die Rede gewesen, wobei das Wort »Eden« sumerischen Ursprungs ist und eine Steppe bezeichnet. Das Paradies der Sumerer hieß »Tilmun«. Es war, so kann man auf assyrischen Schrifttafeln lesen, »eine Landschaft, wo es rein, sauber und hell ist, wo der Löwe nicht tötet und der Wolf das Schaf nicht raubt.«

Arbeit als Strafe

In der Vorstellungswelt der Menschen gab es das Paradies lange vor den alttestamentarischen Erzählungen, die im 5.–2. Jahrhundert v. Chr. zusammengestellt wurden. Schon in den Schilderungen der Assyrier (4.–1. Jh. v. Chr.) und in altindischen Sagen, die von einem Baum der Erkenntnis im Garten Jinna berichteten, waren solche Vorstellungen vermerkt. So unterschiedlich die einzelnen Paradiese in den Mythen der Völker auch sind, eines haben sie gemeinsam: Arbeit war dort immer nur als Strafe vorgesehen.

Die Suche nach dem Paradies

Der Text im Alten Testament nennt als Standort für den Garten Eden vier Flüsse, wobei der Euphrat klar benannt ist und Bibel-Archäologen den Hiddekel für den Tigris halten. Doch wo fließen der Pison, wo der Gison? Die einen meinen, der Pison sei der Fluss Indus, andere machen ihn zum Ganges und den Gison zum Nil. Kein Wunder, dass sich immer wieder Eroberer und Glücksritter auf die Suche nach dem einstigen Garten Eden – dem verlorenen Paradies der Menschheit – machten. Es gehörte bis ins 13. Jahrhundert zu den Zielen der Kreuzzüge, mit Feuer und Schwert den Landstrich des Friedens für das Christentum zurückzugewinnen. Der Reformer Martin Luther (1483–1546) hat sich eher kritisch über die Existenz eines Garten Eden geäußert: »Möglich ist's, dass es also gewesen ist, dass Gott einen Garten gemacht oder ein Land beschränkt hat, aber nach meinem Dünken wollt ich gern, dass es so verstanden möcht werden, dass es der ganze Erdboden wäre.«

DAS PARADIES

Der Baum der Erkenntnis

Gott pflanzte einen Garten in Eden, im Osten, und da hinein setzte er den Menschen, den er gebildet hatte. Und der Herr ließ allerlei Bäume aus der Erde wachsen, solche, die lieblich zum Anschauen waren, und solche, deren Früchte gut als Nahrung waren. In die Mitte des Gartens pflanzte er den Baum des Lebens und den Baum der Erkenntnis, des Guten und des Bösen. Es entspringt aber ein Strom in Eden und bewässert den Garten, und hinter dem Garten teilt er sich in vier Arme. Der erste heißt Pison, der zweite Gison, der dritte Hiddekel und der vierte Euphrat.
Und Gott der Herr nahm den Menschen und setzte ihn in den Garten Eden, damit er ihn bebaue und pflege. (Mose 1.1.2)

Im Kupferstichkabinett in Berlin befindet sich die Darstellung »Senior und Adept unter dem Lebensbaum«. Sie entstammt einer Prunkhandschrift aus dem 16. Jahrhundert und zeigt, dass der biblische Baum der Erkenntnis bzw. des Lebens ein Symbol ist, das die Zeiten überdauert. Schon immer galten der Stamm und das Blätterwerk als Verbindung zwischen Himmel und Erde und schon immer wurde der Baum symbolisch als Säule der Welt gesehen.

WUNDER DES OSTENS

Die Arche Noah

Die Geschichte Noahs, der auf das Gebot Gottes eine Arche bauen ließ, inspirierte viele Künstler. Die Sintflut nach dem Bau der Arche zählt zu den Schlüsselgeschichten des Alten Testaments. (Kupferstich von Theodor de Bry, 1591)

Nachdem Gott die Erde erschaffen hatte, musste er erkennen, dass der Mensch, der sein Ebenbild war, sich als der göttlichen Gnade nicht würdig erwies. Statt Liebe und Güte herrschten bald Habgier, Rachsucht und zügellose Leidenschaft auf der Welt. Einzig ein Mann namens Noah bewies Gottesfurcht und so beschloss Gott, die ganze Menschheit durch eine Sintflut zu vernichten und nur Noah als Gründungsvater einer neuen Menschheit zu bewahren.

ARCHE NOAH

Rettung vor der Flut

In der Genesis im Alten Testament wird berichtet, wie Noah auf Gottes Anraten eine Arche baut, um der drohenden Sintflut zu entgehen. Seine Frau, seine drei Söhne und von jeder Tierart einen männlichen und einen weiblichen Vertreter sollte der fromme Mann vor den Wassermassen bewahren. 40 Tage und 40 Nächte dauerte die Himmelsflut. Als der Regen aufgehört hatte, schickte Noah eine Taube aus, die mit einem Zweig im Schnabel zurückkam – Land!

5000 Jahre vor unserer Zeit

Die Bibel nennt kein Datum für eine Sintflut, und doch werden die zerstörerischen Wassermassen auch in anderen Schriften wie dem über 3000 Jahre alten Gilgamesch-Epos erwähnt.

In dieser schriftlichen Verherrlichung eines sumerischen Königs (um 2600 v. Chr.) finden sich Berichte über gigantische Überschwemmungen. Wissenschaftliche Untersuchungen weisen darauf hin, dass es eine Sintflut vor 5000 bis 7000 Jahren gegeben haben könnte.

Landung auf dem Ararat?

Wenn es Noah tatsächlich gegeben und er eine Arche gebaut hat, dann müsste diese gigantische Abmessungen gehabt haben.

Eine solche Arche, so vermuteten Bibelforscher, kann kaum verloren gehen. In Sagen weisen Berichte auf den 5000 Meter hohen Gipfel im heutigen Grenzgebiet zwischen der Türkei, dem Iran und Armenien hin: Angeblich soll die Arche dort aufgesetzt sein.

Ein Gebilde im Eis

Offensichtlich gibt es in etwa 4200 Metern Höhe – unter Schnee und Eis begraben – einen riesigen Holzkörper von schiffsartiger Form. Die Existenz des Gebildes wurde bereits von frühen Entdeckungsreisenden erwähnt und erstmals von einer türkischen Regierungskommission im 19. Jahrhundert bestätigt. 1955 hat eine Ararat-Expedition aus einer Gletscherspalte einen Balken geborgen. Sein Alter wurde auf etwa 5000 Jahre datiert.

Anfang 1970 schließlich haben amerikanische und sowjetische Flugzeuge und Satelliten ein schiffsähnliches Objekt auf dem Ararat fotografiert. Leider ließ die Lage des Objekts bis heute keine Bergung zu. Ob es sich um Noahs Arche handelt, bleibt weiterhin ungeklärt.

Held der Flut

Im Gilgamesch-Epos erscheint ein Mann mit Namen Utanapishti als Held der Flut, in anderen Texten werden gläubige Helden, die Atrachasis oder Ziusudra heißen, als Erbauer einer Arche genannt. Alle diese Gestalten wurden von den Göttern mit Unsterblichkeit belohnt, weil sie das Leben auf der Erde vor dem Aussterben bewahrten. In der jüdischen und christlichen Überlieferung stammt die Menschheit von Noahs drei Söhnen Sem, Ham und Jafet ab. Von Sem leiten die Semiten ihren Ursprung her, Ham wurde zum Stammvater aller dunkelhäutigen Völker und auf Jafet berufen sich die Menschen des Nordens.

Gilgamesch war ein sumerischer König, der um etwa 2600 v. Chr. lebte und den man in einem Zyklus von Kurzepen verherrlichte. Die ursprünglich eigenständige Sintflutsage mit dem Fluthelden Utanapishti fügte man erst spät, um das 12. Jahrhundert v. Chr., in das Epos ein.

WUNDER DES OSTENS

Der Wille versetzt Berge

Wenn sich mehrere Menschen zum Gebet versammeln, so wie hier ägyptische Moslems in einer Moschee, setzen sie gleichgerichtete Kräfte frei, die sich energetisch potenzieren.

Wir schaffen die Welt mit unseren Gedanken«, sagte Buddha. Auch andere Weisheitslehren des Ostens sprechen vom Sieg des Geistes über die Materie, kennen die große spirituelle Kraft, die in jedem Menschen vorhanden ist. »Der Wille versetzt Berge« – diese Aussage ist auch in allen westlichen Kulturkreisen bekannt.

Willenskraft durch Meditation

Konzentrations- und Visualisierungsübungen helfen, die Kräfte des Geistes und ihre Auswir-

288

kungen auf die Materie zu kanalisieren und zu bündeln. Längst gibt es Untersuchungen, die positive Veränderungen etwa durch meditative Übungen wie Qigong und Yoga oder auch durch Gebete und bewusstes positives Denken bestätigen. Der Zustand von Kranken verbessert sich mit diesen »Hilfsmitteln« oft dramatisch, doch der Heilungsvorgang selbst ist wissenschaftlich nur ungenügend erforscht.

Gebete können heilen

Dass Gebete eine heilende Wirkung haben, bestätigen mehrere empirische Untersuchungen aus europäischen Kliniken. Der Glaube an ein höheres Prinzip aktiviere seelische Kräfte und dadurch die körperliche Heilung. Der Wirkungsmechanismus eines Gebets scheint jedoch auch zu funktionieren, wenn sich der Kranke dabei nur passiv verhält. Nach einer Studie der »American Heart Association« in Dallas ging es Herzpatienten mit einer instabilen Angina Pectoris (Schädigung der Herzkranzgefäße) besser, weil als Teil eines Experiments nach Absprache, Menschen in aller Welt für sie gebetet hatten. Bei Patienten aus der Testgruppe, die eine derartige Unterstützung ablehnten, verzögerte sich die Heilung – einige starben sogar.

Gesund ohne Therapie

Fast jeder Arzt hat schon erlebt, dass ein als unheilbar eingestufter Patient oft ohne medizinische Therapie wieder ganz gesund wurde. Es gibt zwar noch keine Erklärung für dieses Phänomen, doch es hat bereits einen Namen: die »spontane Remission«.
Diesen Begriff verwenden Mediziner, wenn Krankheitssymptome plötzlich verschwinden. Spontan heißt hier jedoch nicht »sofort«, sondern leitet sich vom lateinischen Wort »sponte« ab, was so viel wie »von selbst« oder »von innen heraus« bedeutet.

Wunder werden erforscht

Mit der Untersuchung solch unerwarteter Genesungen vollzieht sich ein umwälzender Wandel in der jüngeren Geschichte der Medizin. Was bisher in Fallstudien als »Wunder« oder »Wunderheilung« bezeichnet wurde, scheint auf eine nachweisbare Verbindung zwischen Körper und Geist, zwischen Nerven-, Immun- und Hormonsystem zu deuten. Dass bei manchen Patienten durch die Einnahme von Placebos – einer Medikamentenattrappe ohne jeden Wirkstoff – verblüffende Heilungen herbeigeführt werden können, nur weil sie dachten, sie bekämen richtige Medizin, ist ein weiterer Hinweis für die Wirksamkeit der menschlichen geistigen Kräfte und ein Beleg dafür, dass der Wille tatsächlich Berge versetzen kann.

Dein Glaube hat dich geheilt!

Wunder entstehen nicht im Gegensatz zur Natur, sondern nur zu dem, was wir von der Natur wissen, sagte bereits ein Kleriker namens Augustinus im 4. Jahrhundert n. Chr.
Wunderheilungen wie in den katholischen Wallfahrtsorten Lourdes oder Fatima gibt es nicht nur im Christentum. Die ägyptische Göttin Isis soll Blinde von ihrem Leiden befreit haben, muslimische Geistliche verehren das Wasser eines Brunnens in Mekka und auch im Tempel des griechischen Gottes Asklepios gab es eine Quelle, aus der Kranke ihr Heilwasser schöpften. Jesus sprach zu einem spontan genesenen Kranken: »Dein Glaube hat dich geheilt!« Offenbar ist es diese innere Überzeugung des Einzelnen, dass ihm etwas Bestimmtes helfen wird, und die letztendlich eine positive Veränderung bewirken kann.

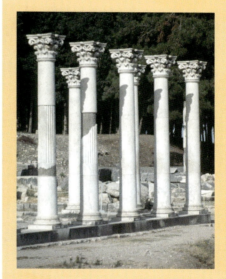

In Epidauros, einem Ort auf dem Peleponnes, steht das berühmte Heiligtum des Gottes Asklepios, das vermutlich aus dem 6. Jh. v. Chr. stammt. In ihm suchten Kranke durch die Befragung von Orakeln in Verbindung mit schulmedizinischen Methoden Heilung. Das Zeichen des Heilgotts Asklepios, auch Äskulap, ist der schlangenumwundene Äskulap-Stab.

WUNDER DES OSTENS

Yogis und Fakire

Durch Konzentration und Willenskraft gelingt es diesem indischen Yogi, seinen Körper zu verbiegen, wie es sonst nur »Gummimenschen« möglich ist. Das Fokussieren auf das Ziel beseitigt jeden Schmerz.

Paramahansa Yogananda (1893–1952), einer der ersten indischen Meister, die in den Westen kamen, berichtet in seiner viel gelesenen »Autobiographie eines Yogi« von indischen Asketen, die ungewöhnliche Früchte und goldene Teller materialisieren konnten. Er war der festen Überzeugung, dass Menschen, die eine hohe Kontrolle über ihren Geist erlangt haben, unverzüglich das eintreten lassen können, worauf sie sich konzentrieren.

YOGIS UND FAKIRE

Die Theosophin und der Yogi

Annie Besant (1847–1933), eine der Begründerinnen der anglo-indischen Theosophie, erzählte von einem Yogi, der eine leere kleine Schachtel besaß, die sie untersuchen durfte. Anwesende wurden aufgefordert, Gegenstände zu benennen, die in der Schachtel erscheinen sollten. Ein Teilnehmer wünschte Süßigkeiten aus einer weit entfernten Stadt. Der Yogi öffnete die Schachtel und entnahm ihr die gewünschten Süßigkeiten – und zwar mehr als die Schachtel eigentlich fassen konnte.

Die Wunder der Fakire

»Faqir« war ursprünglich der arabische Ausdruck für einen islamischen Mystiker, der als Bettler umherzog. Der Begriff wurde später auf indische Asketen, Bettelmönche und Yogis übertragen, die über außergewöhnliche Fähigkeiten verfügen sollen. Berichte von wundertätigen, heiligen Männern, Yogis und Fakiren, sind im Orient, vor allem in Indien, zahllos. Vor den Augen von Wissenschaftlern der Universität Kalkutta soll 1934 ein Yogi verschiedene Säuren getrunken haben, ohne gesundheitlichen Schaden genommen zu haben.

Die Tricks der Gaukler

So eindrucksvoll manche Fälle auch scheinen mögen, die meisten lassen sich auf Manipulationen zurückführen. Während die spirituell fortgeschrittenen Yogis kein Interesse an öffentlichen Demonstrationen ihrer Fähigkeiten haben, sind es bedauerlicherweise vor allem Gaukler und »falsche Heilige«, die die eigentlichen Phänomene gerne als Tricks nachahmen.

Ein Pseudo-Yogi zieht beispielsweise wie von einem Spinnrad einen meterlangen Faden aus dem Mund, der sich angeblich in seinem Inneren auf rätselhafte Weise gebildet hat. Dann vergräbt er feierlich einen Mangokern, legt ein Tuch darüber und murmelt eine Gebetsformel. Wenig später zieht er das Tuch weg, und eine 40 Zentimeter hohe Mango-Pflanze kommt zum Vorschein. Die meisten indischen Gaukler kennen den Trick – er gehört zu ihrem Standardrepertoire.

Untersuchungen eines Parapsychologen

Der indische Parapsychologe Dr. Ramakrishna Rao war jahrelang Direktor des angesehenen Institute for Parapsychology in Durham, USA. In den 1970er-Jahren verwandte er viel Zeit darauf, in seiner indischen Heimat nach Wundermännern Ausschau zu halten, die angeblich über paranormale Fähigkeiten verfügten. Nur wenige waren bereit, ihre Talente vor den Augen einer kritischen Wissenschaft zu demonstrieren. Jene, die es taten, erwischte Rao bei Manipulationen. Solche Ergebnisse sind ernüchternd.

Berichte über indische Yogis und Fakire müssen mit größter Vorsicht genossen werden. Viele Anhänger der als heilig verehrten Männer halten es jedoch für unmöglich, dass ein göttlicher Swami – Swami bedeutet wörtlich »Herr« und wird entweder Mönchsnamen vorangestellt oder als Ehrentitel hinter die Namen spiritueller Lehrer gesetzt – zu solchen Tricks greifen könnte. Auf diese Weise entstehen Anekdoten zu den außergewöhnlichsten Phänomenen, die einer wissenschaftliche Prüfung nur in den seltensten Fällen standhalten.

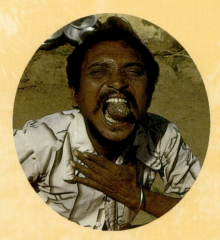

Ein indischer Gaukler würgt zu Demonstrationszwecken einen Linga aus seinem Mund. Der Linga ist im Hinduismus das mythische Symbol eines der drei Hauptgötter, Shiva, und zugleich ein phallisches Symbol.

Das Erscheinen des göttlichen Lingas

Zu besonderen Anlässen, speziell in der Geburtsnacht des Gottes Shiva (Shivaratri), ein bewegliches Fest, das meist im Februar oder März gefeiert wird, versammeln sich die Gläubigen in den Tempeln, um erstaunlichen Dingen beizuwohnen. Junge Mädchen werden dann plötzlich vom Gott besessen, und »heilige Männer« führen ein merkwürdiges Ritual auf: Sie behaupten, ein eiförmiger glatter Stein – das Symbol des Gottes Shiva (Shiva-Linga) – würde in ihrem Inneren reifen, wie ein Kind im Mutterleib. Zum Anlass des Festes würgen sie dann den Stein vor den verblüfften Zuschauern hervor. In Nachahmung der Yogis beherrschen die indischen Gaukler auch dieses Kunststück als perfekten Trick.

Mit Haken im Fleisch zieht ein indischer Yogi in Tamil Nadu einen Wagen hinter sich her. Obwohl wissenschaftlich belegt ist, dass das Gehirn jedes Menschen Schmerz unterschiedlich bewertet, scheint die Demonstration dieser offensichtlichen Schmerzunempfindlichkeit doch ein Wunder zu sein, das dem Yogi nur durch die Kontrolle seiner eigenen Psyche gelingt.

WUNDER DES OSTENS

Lebendig begraben

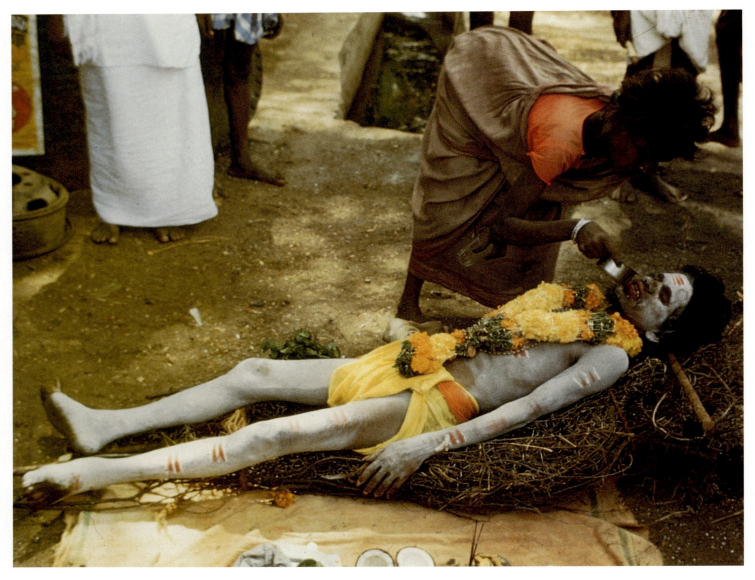

Zuerst ließ er sich lebendig begraben; anschließend ruhte er sich auf Dornen aus: Indische Yogis besitzen die Gabe, ihre Körperfunktionen so sehr auf ein Minimum zu reduzieren, dass sie selbst Aufenthalte in luftdichten Räumen und die unglaublichsten Schmerzen überstehen.

Die im Westen weit verbreitete Angst, lebendig begraben zu werden, machten weise Männer im Osten im letzten Jahrhundert zum mediengerechten Ritual. Immer wieder hört man seitdem von indischen Yogis, die sich bei lebendigem Leib begraben lassen und behaupten, dass dies durch gekonnte Meditationen möglich wird. Sind solche Berichte nichts als fromme Legenden?

Tatsächlich gibt es Yogis, die während ihrer Meditation mit nur ein bis zwei Atemzügen pro Minute auskommen und somit auch Chancen haben, durch die geringen Luftmengen, die sie dabei benötigen, die Gefangenschaft in einem luftdichten Raum lebend zu überstehen. Ein Team indischer Physiologen hat 1961 diese außergewöhnlichen Fähigkeiten bei einem Mann namens Sri Ramanand Yogi untersucht. Sie sperrten ihn in ihrem Labor in einen luftdicht abgeschlossenen Kasten. Ramanand kam verblüffender Weise ganze zehn Stunden mit einer Sauerstoffmenge aus, die 30 Prozent unter der lebensnotwendigen Mindestmenge lag. Schäden trug der Yogi nicht davon.

LEBENDIG BEGRABEN

Der Yogi in der Kammer

Im Januar 1974 untersuchte der amerikanische Physiologe Dr. Elmer Green zusammen mit dem indischen Parapsychologen Dr. Ramakrishna Rao in Waltair in Ostindien den Yogiraja Vaidyaraja, einen jener exzentrischen Yogis, die sich bei lebendigem Leib begraben lassen, um Stunden später unversehrt wieder zum Vorschein zu kommen. Für das Experiment wurde eine luftdichte Kammer mit einer gläsernen Wand konstruiert, durch die der Yogi unter permanenter Beobachtung stand.

Dr. Ramakrishna Rao, ein indischer Parapsychologe, der u. a. auch mit dem berühmten Psi-Forscher J. B. Rhine (1895–1980) zusammengearbeitet hat, erforscht ungewöhnliche Phänomene in Amerika und in seinem Heimatland.

Yogiraja Vaidyaraja erwies sich bei all dem als äußerst gelassene Versuchsperson – eine notwendige Voraussetzung, angesichts der Tatsache, dass sein ganzer Körper mit Elektroden zur Kontrolle physiologischer Details übersät war. Derart verkabelt ließ er sich in der Kammer einschließen. Zuvor hatte man für die versammelten Wissenschaftler eine brennende Kerze in die Kammer gestellt. Nach eineinhalb Stunden ging der Sauerstoffvorrat zu Ende, die Kerze erlosch. Die Wissenschaftler vermuteten, Vaidyaraja könne es durch eine Reduktion der Stoffwechsel-Rate etwa drei Stunden in dem Kasten aushalten. Ein Arzt nahm an, dass der Puls auf 120 Schläge pro Minute ansteigen würde und Vaidyaraja spätestens nach vier Stunden aus dem Kasten befreit werden müsste, um nicht bewusstlos zu werden.

Eine außergewöhnliche Leistung

Tatsächlich brach Yogiraja Vaidyaraja das Experiment aber erst nach sieben Stunden und 20 Minuten ab, und das nur, weil er durch die komplizierte Verkabelung der Geräte drei leichte Elektroschocks verspürt hatte. Während Yogiraja Vaidyaraja im Versuchskäfig saß, war er in einen tiefen Zustand der Meditation eingetreten. Die Wissenschaftler hatten versucht, ihn alle 30 Minuten durch 25 intensive Stroboskop-Blitze und laute Klingelgeräusche abzulenken. Der Yogi war jedoch durch nichts zu irritieren. Lange Zeit hindurch hatte seine Herzschlagrate unverändert bei 80 Schlägen gelegen und es wurden von ihm nur vier Atemzüge pro Minute gemacht. Kurz vor dem Abbruch des Experiments, nach über sieben Stunden, hatte Yogiraja Vaidyaraja einen Puls von 90 Schlägen und eine Atemfrequenz von sechs Zügen pro Minute. Die Gehirnströme zeigten über die gesamte Dauer des Versuchs vorwiegend so genannte Alphawellen – ein Zeichen, dass er sich ständig im Zustand gelassener Meditation befand.

Das Experiment von Dr. Elmer Green macht deutlich, dass Yogis durch meditative Übungen einen sehr starken Einfluss auf körperliche Abläufe ausüben können, die sich gewöhnlicherweise unserem Willen entziehen. Dadurch sind sie in der Lage, ihren Körper unbeschadet extremen Situationen auszusetzen.

Die Vorführungen des Yogi Haridas

In dem 1850 erschienenen Werk »Observations on Trance« des englischen Chirurgen James Braid wird geschildert, wie sich der Yogi Haridas († 1837) im Garten eines Rajas, eines indischen Fürsten, der an Haridas Fähigkeiten zweifelte, lebendig eingraben ließ. In seiner Jugend war ihm das Zungenband zerschnitten worden, was sich jetzt als Vorteil erwies: Haridas bog seine äußerst bewegliche Zunge so weit zurück, bis sie den Eingang der Luftröhre versperrte und er in einen todesähnlichen Zustand verfiel. So ließ sich der Yogi begraben. Soldaten wachten darüber, dass alles mit rechten Dingen zuging.

40 Tage später sollen seine Schüler den Yogi wieder ausgegraben haben. Mit ihrer Hilfe kehrten seine Lebensgeister bald wieder zurück. Allerdings soll Haridas bei einem weiteren Versuch, sich lebendig begraben zu lassen, verstorben sein.

Dieser Kupferstich aus dem 18. Jahrhundert zeigt, wozu Yogis und Asketen wohl schon immer fähig waren. Während im Vordergrund ein Weiser den Flammen eines Feuers standhält, wird im Hintergrund ein lebendig Begrabener überwacht.

293

WUNDER DES OSTENS

Selbstregulation – Macht über die Körperfunktionen

Durch äußerste Konzentration und Willenskraft Macht über den eigenen Körper zu erlangen ist eines der Ziele auf dem Weg zur Erlösung. Yogis demonstrieren, wie sie auf unterschiedlichste Arten eine lange Zeit ohne Luft auskommen, auch Schmerzen werden unterdrückt und nicht gefühlt.

Indische Asketen haben körperliche Methoden entwickelt, die ihnen nach eigenen Angaben auf dem Weg zur Erlösung dienlich sind. Manche schlafen nie, andere liegen nur auf Dornenhaufen. Es gibt sogar solche, die stets in einer gebeugten Position verharren oder einen Arm in die Luft strecken und so lange nicht herunternehmen, bis die Muskel völlig geschrumpft und die Fingernägel länger als der Arm sind. Um sich von den materiellen Süchten dieser Welt zu befreien, war bis ins 19. Jahrhundert die Zahl der Selbstverstümmler unter den bewusst enthaltsam lebenden Gläubigen sehr groß. Mit innerer Überzeugung ließen sich ekstatische Männer z. B. von Tempelwagen überrollen.

Die Übung der fünf Feuer

Auch Yogis sind Asketen. Sie trachten nach Vervollkommnung durch bestimmte geistige und körperliche Übungen. Dadurch schafften sie es, noch im hohen Alter jünger auszusehen, als sie tatsächlich sind. Von indischen Asketen werden aber hauptsächlich Vorführungen berichtet, die mit Schmerz verbunden sind. Manche von ihnen werden Meister der Technik der »fünf Feuer« (Pañchatapas) genannt. Dabei sitzt der Übende reglos in tiefer Meditation von Sonnenaufgang bis Sonnenuntergang unter glühender Sonne inmitten von vier großen Feuern. Wie der Yogi durch das Erzeugen von innerer Glut der größten Kälte zu trotzen lernt, muss er hier in ähnlicher Weise auf seinen Körper einwirken, um der enormen Hitze zu widerstehen.

Meisterschaft über den Schmerz

Einzelne Yogis ließen sich kopfüber an galgenartigen Vorrichtungen in ein offenes Feuer hängen, wo sie mit bloßen Händen brennende Scheite herausnahmen. Solch erstaunliche Leistungen an willentlicher Selbstregulation des Organismus und Schmerzunterdrückung können heute noch bei religiösen Festen beobachtet werden. So lassen sich die gläubig Entrückten beispielsweise Haken ins Fleisch treiben und ziehen daran enorme Lasten über Pilgerwege – ohne Schmerzen und ohne Blutverlust.

Schmerzfreiheit in Ekstase

Wie ist diese Meisterschaft über den Schmerz zu erklären? Wissenschaftler wissen heute, dass unter starkem Stress und bei übermäßiger Anstrengung große Mengen von so genannten Endorphinen im Körper freigesetzt werden. Endorphine sind körpereigene Opiate, die wie Morphium schmerzlindernd wirken und zudem einen euphorischen Zustand bewirken. In den veränderten Bewusstseinszuständen der Ekstase und der Trance werden besonders große Mengen von diesem Hormon ausgeschüttet, wodurch Schmerzempfindungen vollständig unterdrückt werden können und die Euphorie extrem gesteigert wird.

Schmerzfreie Selbstverletzung

Der amerikanische Wissenschaftler Dr. Elmer Green untersuchte Ende der 1970er Jahre die Fähigkeiten des Fakirs Jack Schwarz, der keine Schmerzen verspürte, wenn er eine lange Nadel durch seinen Oberarmmuskel stieß. Seine Gehirnaktionsströme zeigten Alphawellen auf, die das Gehirn normalerweise nur bei Entspannung produziert. Bei Jack Schwarz hätten jedoch, sobald feststand, dass er sich eine Nadel in den eigenen Arm stoßen soll, die Alphawellen so genannten Betawellen weichen müssen, die höchste Aufmerksamkeit und Reaktionsbereitschaft anzeigen.

Ein Teil des Geheimnisses, wie Schmerzfreiheit auch unter extremen Bedingungen erhalten werden kann, liegt also offenbar darin, die Aufmerksamkeit zu reduzieren und in einem entspannten Zustand zu verweilen.

Außergewöhnliche Selbstregulation

Wie weit Selbstregulation gehen kann, zeigt eine Untersuchung des amerikanischen Physiologen Dr. Elmer Green. In der Meditation konnte der indische Yogi Swami Rama die Temperatur an der linken Seite einer Hand steigern und gleichzeitig an der rechten Seite derselben Hand herabsetzen. Offenbar konnte er willentlich den Blutfluss steuern, wodurch die linke Seite der Hand sichtbar rosa und die rechte grau wurde. Außerdem war er in der Lage innerhalb von 50 Sekunden die Frequenz seines Herzschlags um 21 Schläge zu reduzieren.

Von allem Belastenden befreit versenkt sich dieser Yogi in seine tägliche Meditation. Er legt keinen Wert auf Äußerlichkeiten. Wichtig ist für ihn die innere Erleuchtung.

WUNDER DES OSTENS

Die magische Hitze

Buddhistische Mönche und indische Yogis sind durch Konzentration in der Lage, eine körperliche Erwärmung an sich selbst zu bewirken. Forscher haben bei Versuchspersonen wie diesem indischen Yogi einen allgemeinen Anstieg der Körpertemperatur gemessen – in den Fingern und Zehen betrug er bis zu 8 Grad Celsius.

Als einer der berühmtesten Heiligen Tibets gilt der Dichter und buddhistische Asket Milarepa (1038–1123). Ihm wurden ungewöhnliche Fähigkeiten nachgesagt, die er sich während seiner langen und außerordentlich strengen, buddhistischen Schulung erwarb. Besonderen Wert legte sein Lehrer auf die Übung der »inneren Hitze« (Tumo). So verbrachte Milarepa viele Jahre meditierend in Berghöhlen des Himalaya in eisiger Kälte. Bekleidet war er nur mit einem dünnen Baumwollgewand.

MAGISCHE HITZE

Ein Schüler des Yoga muss in Einweihungsprüfungen sein spirituelles Fortkommen unter Beweis stellen. Dazu gehört vor allem das Hervorrufen einer inneren leiblichen Hitze, die man Tapas nennt. Diese Gluthitze soll übersinnlicher Natur sein. Man sagt, sie gehe vom inneren Selbst aus, dem Antaratman.

Die schöpferische Glut

Im Mythos heißt es, der Urgott habe sich selbst erwärmt, er brachte das All durch seine innere Glut hervor. Der Yogi, der nach Tapas strebt, betreibt Alchemie an sich selbst – im leiblichen wie im geistigen Sinn. Er transformiert sein Inneres, wobei das äußerste Ziel seiner Anstrengungen die Selbstverbrennung des Körpers sein kann. Tapas ist eine unglaublich intensive, konzentrierte Energie. Ziel der ältesten Yoga-Praxis war es, diese Energie, der man sagenhafte Kräfte zuschrieb, zu speichern, um mit ihrer Hilfe magische Wirkungen zu erzielen.

Einweihungsprüfung in Tibet

Auch im Tibetischen Buddhismus spielt das Erzeugen von magischer Hitze, die dort Tumo heißt, eine besondere Rolle. Die Einweihungsprüfungen bestanden darin, den Fortschritt eines Schülers danach zu bemessen, wie viele feuchte Tücher er während einer eisigen Winternacht mitten im Schnee auf seinem nackten Körper zu trocknen vermochte. Alexandra David-Neel (1868–1969), eine französische Orientalistin und Tibet-Reisende, beschrieb diese Prüfung aus eigener Beobachtung: »Tücher werden in Eiswasser getaucht, kommen darin zum Gefrieren und werden steif vor Frost wieder herausgezogen. Die Schüler umwickeln sich damit und müssen sie an ihrem Körper auftauen und trocknen lassen. Kaum ist das geschehen, so taucht man das Tuch von neuem ins Wasser, das Spiel fängt von vorne an und wird bis Tagesanbruch fortgesetzt.«

Der Erwerb paranormaler Kräfte

Schon Patañjali, der Begründer einer einflussreichen Yoga-Philosophie, hat im zweiten Jahrhundert vor Christus in seiner berühmten Abhandlung über Yoga die unterschiedlichen paranormalen Fähigkeiten dargestellt, die ein Übender mit der Zeit erwirbt. Er verstand sie als notwendige Erscheinungen im Zuge der Meditation. Einen bedeutenden Abschnitt seiner Yoga-Sutras widmete Patañjali der Klassifikation der Siddhis (»vollkommene Fähigkeiten«), der paranormalen Kräfte: Durch konsequente meditative Praxis könne der Übende Kenntnis von früheren Leben erlangen. Auch wäre es möglich, die Gedanken und Vorstellungen von anderen zu erahnen, unsichtbar zu werden und Hunger und Durst zum Verschwinden zu bringen. Selbst Zukünftiges und Verborgenes könne man erfahren. Es wird möglich, das Bewusstsein von seinem Körper zu lösen und in einen anderen zu senken. Sogar das Wissen von der Welt und von der Ordnung der Gestirne kann man erlangen. Obwohl diese Kräfte als »übernatürlich« erscheinen, handelt es sich um Fähigkeiten, die nach hinduistischem Verständnis der körperlichen, also der illusionären Welt angehören. Deshalb warnen alle spirituellen Meister davor, sie um ihrer selbst willen anzustreben. Der Geist bleibt in diesem Fall an vergänglichen äußeren Erscheinungen haften – ein Hindernis für die geistigen Bemühungen, deren Ziel es ist, über die Welt der Erscheinungen hinauszugelangen.

Der aus Indien stammende buddhistische Tantriker und Magier Padmasambhava (ca. 721–790) kam 777 als Missionar nach Tibet, wo er die Kunst des Tumo lehrte und verbreitete. Wandmalerei aus den 1960er Jahren im Pemayangtse-Kloster von Sikkim, Indien.

Padmasambhava, der große Magier

Durch Übungen zur Erzeugung der inneren Gluthitze wird ein überwaches Bewusstsein hervorgerufen, in dem magische Machterlebnisse, Visionen und Entrückungen erfahren werden. Für den Tibetischen Buddhismus besitzen solche und andere außergewöhnliche Fähigkeiten zentrale Bedeutung, weil einer seiner wichtigsten Begründer, Padmasambhava (8. Jh.), als großer Meister der Magie galt.

Durch seine besonderen Fähigkeiten habe Padmasambhava die mächtigen einheimischen Dämonen überwunden und der Lehre des Buddha den Weg nach Tibet geebnet.

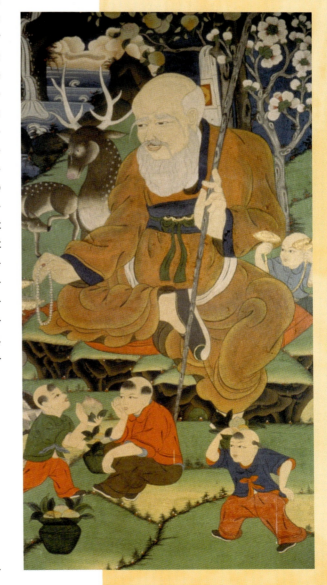

297

WUNDER DES OSTENS

Das indische Palmblattorakel

Die Klienten sitzen dem Nadi-Leser zu Füßen während er die Palmblätter interpretiert.

In Indien entwickelte sich in jüngster Zeit eine eigentümliche Form der Wahrsagerei, die dort schon seit Jahrhunderten gepflegt wird, zu einer touristischen Attraktion für esoterisch Interessierte. Auf uralten Palmblättern, die in Bibliotheken aufbewahrt werden, soll das Schicksal Tausender von Menschen niedergelegt sein. Eine ganze Reihe dieser Palmblattbibliotheken sind über den gesamten Subkontinent verteilt. In ihnen werden unzählige Palmblattbündel aufbewahrt.

Aufzeichnungen von Rishis?

Der Legende nach handelt es sich bei den Bibliotheken um Abschriften von Aufzeichnun-

PALMBLATTORAKEL

gen, die sieben weise Männer (Rishis) vor 5000 Jahren gesammelt haben.

Die Rishis galten als bedeutende Seher, ähnlich den biblischen Propheten. Ihnen hätten die Götter die Veden, die heiligen Schriften, offenbart. Sie sollen aber auch Aufzeichnungen hinterlassen haben, die Ereignisse im Leben zahlloser Menschen aus allen Zeiten und Kulturen betreffen.

Auf den Palmblättern seien etwa 80.000 Biographien von Männern und Frauen aufgezeichnet, die irgendwann einmal in einer ihrer Erdenexistenzen den Weg in eine der Bibliotheken finden würden.

Bibliotheken für Wahrsagetexte

Wer eine Palmblattbibliothek besucht, wird zuerst einem Reinigungsritual unterworfen. Ein Daumenabdruck und das Geburtsdatum sind vorgeblich die einzigen Hinweise, nach denen in der Bibliothek nachgeforscht wird, ob Aufzeichnungen vorhanden sind. Findet man welche, werden sie von einem Gelehrten, dem so genannten Nadi-Leser, vorgetragen. Da die Palmblätter in meist ausgestorbenen lokalen Dialekten, zumeist Alt-Tamil, in poetischer Sprache beschrieben sind, ist auch ein Dolmetscher nötig, der den Vortrag des Nadi-Lesers übersetzt.

Berichte in den Medien über erstaunliche korrekte Angaben auf den Palmblättern bescherten den Palmblattbibliotheken großen Zulauf aus dem Westen. Es wird erzählt, dass der eigene Name, die Namen von Familienangehörigen, familiäre und berufliche Ereignisse, wichtige Begebenheiten im Leben des Klienten, Krankheiten usw. exakt aufgezeichnet seien.

Ungeklärte Herkunft

Allerdings bleibt die Frage ungeklärt, wie es überhaupt zur Errichtung dieser Bibliotheken kam und welchen Stellenwert sie in der Vergangenheit einnahmen.

Die Palmblätter jedenfalls sind in der Regel nicht sonderlich alt. Erklärt wird das mit der Notwendigkeit, sie im Abstand von einigen Jahrzehnten immer wieder handschriftlich kopieren zu müssen, weil das Material nicht unbegrenzt haltbar sei. Ursprung und Bedeutung dieser eigentümlichen Schriftensammlungen harren einer sicherlich lohnenswerten, kulturgeschichtlichen Analyse.

Die aufgeschlagenen Seiten eines Palmblattbuches. Die Texte sind in lokalen Dialekten verfasst.

Enttäuschende Orakel

Richtige Angaben zu Personen scheinen sich auf einige wenige Fälle zu beschränken. In der Mehrzahl verstehen es die Betreiber der Palmblattbibliotheken in schlauer Weise die Leichtgläubigkeit vieler Besucher auszunutzen. Eine große Hilfe ist ihnen dabei der Umstand, dass die westlichen Reisenden weder die Schriften lesen noch die Sprache, in der sie abgefasst sind, verstehen können. In der Regel fragt ein Nadi-Leser zunächst geschickt nach möglichen Namen der Eltern, sondiert Berufsfelder und persönliche Entwicklungen, Informationen, die er angeblich braucht, um das vermeintlich korrekte Palmblattbündel lokalisieren zu können. Nach langem Suchen bringt er schließlich die »richtigen« Palmblätter. Von diesen liest er scheinbar vieles ab, in das er jene Informationen einflicht, die er zuvor herausgefunden hatte. Die geschickte Betrügerei ist zweifellos ein gutes Geschäft. Denn einige der Nadi-Leser verlangen 100 US Dollar und mehr für ein Orakel, das aber im Durchschnitt nur zwischen 10 und 20 US Dollar kostet.

Diese indische Miniatur aus einer Palmblatthandschrift stammt aus dem frühen 12. Jahrhundert. Im Gegensatz zu den Palmblattorakeln wurden diese kostbaren Illustrationen nicht in regelmäßigen Abständen restauriert, um sie vor dem Verfall zu bewahren. Dementsprechend ist ihr Zustand.

299

WUNDER DES OSTENS

Sai Baba – Heiliger oder Gaukler?

Um den Religionsgründer Sathya Sai Baba ranken sich bereits zu Lebzeiten Legenden. So soll er beispielsweise kurz nach seiner Geburt von einer giftigen Kobra, die sich unter seinem Bett versteckt hatte, verschont worden sein. Mit acht Jahren hat sich das Kind als Inkarnation eines indischen Heiligen offenbart.

Sai Baba hat in Indien, aber auch in zahlreichen westlichen Ländern eine große Schar von Anhängern, die ihn als Gott verehren. Sie sind ihm in blindem Gehorsam ergeben und doch hat er auch viele Gegner. Für die einen ist der Mann ein Heiliger, die Verkörperung der universellen Liebe, fähig, Dinge aus dem Nichts zu materialisieren. Seine Kritiker halten ihn für einen Gaukler, einen Scharlatan in der Pose eines Religionsstifters. In jedem Fall ist der indische Guru wohl der berühmteste der »Wundermänner« unserer Zeit.

Religiöser Größenwahn

Sai Baba, mit bürgerlichem Namen Ratnakaran Sathyanarayan Raju (*1926), behauptete zunächst die Reinkarnation des legendären indischen Heiligen Sai Baba von Shirdi zu sein, der 1918 verstarb. Später gab er an, ein Avatar, die Inkarnation eines Gottes zu sein – ausgestattet mit göttlicher Vollmacht. Er stelle die Verkörperung der hinduistischen Gottheiten Shiva und Shakti gleichzeitig dar, die Vereinigung der Symbole des Männlichen und Weiblichen. Schließlich verkündete Sai Baba, in ihm könne man auch die Inkarnation von Jesus Christus sehen und entsprechend sah er seine 1976 ausgerufene »Sai-Religion« als eine Zusammenfassung aller bisherigen Glaubensrichtungen, in deren Zentrum er selbst als Verkörperung der universellen Liebe steht. Sai Baba fordert Anhänger nicht auf, ihre religiösen Überzeugungen zu ändern, denn in der Verehrung seiner Person würde jede Religion ihrer Vollendung entgegengebracht.

Materialisation oder Betrug?

Als spiritueller Meister wird er immer wieder mit Wundern in Verbindung gebracht, von denen in den Augen kritischer Beobachter viele zweifellos nur Taschenspielertricks sind. Im August 1992 zauberte der Guru beispielsweise eine Goldkette herbei, um sie einem Architekten, der in seinem Ashram, eine Sanskrit-Bezeichnung für eine Art Glaubenszentrum, ein neues Gebäude errichtet hatte, als Geschenk zu überreichen. Auf dem Videomitschnitt für das nationale Fernsehen ist jedoch eine Hand zu sehen, die die Goldkette unter einem Gedenkstein hervorholt und sie Sai Baba reicht.

Im Mai 1995 soll der Meister ein kleines goldenes Ei »materialisiert« haben: Er würgte es aus seinem Mund hervor. Es sei das mythische goldene Ei (Hiranyagarbha), das für den Anfang, den einen Gott aller Wesen, das belebende Prinzip in allen Kreaturen, steht. Ob Trick oder echt lässt sich hier nicht entscheiden. Jedenfalls gibt es viele Gaukler in Indien, die dasselbe Phänomen als Zaubertrick vorführen.

Beobachtungen von Parapsychologen

Der amerikanische Parapsychologe Dr. Karlis Osis (1917–1997) und sein isländischer Kollege Dr. Erlendur Haraldsson wurden in den späten 1970er Jahren Zeugen angeblicher Materialisationen von Sai Baba.

Plötzlich hatte der Meister einen Ring mit seinem Bild in der Hand. Über sein Erscheinen konnten die Wissenschaftler keine Aussagen machen, so sehr waren sie von dem unerwarteten »Geschenk« überrascht. Während eines folgenden Gesprächs mit Sai Baba trug Osis den gefundenen Gegenstand am Finger. Auf unerklärliche Weise verschwand dabei das Bild aus dem Ring, obwohl der Rand des Schmuckstücks, der das Bild umschlossen hatte, und auch die vier Zacken der Halterung noch immer in ihrer ursprünglichen Position waren. Ohne diese zu verbiegen, hätte das Bild aber nicht entfernt werden können. Später nahm Sai Baba den mysteriösen Ring zwischen beide Hände, blies darüber und als er sie öffnete war ein anderer, dem ersten ähnlicher, Ring in seiner Hand zu sehen – aus hochkarätigem Gold, mit dem Konterfei des Meisters.

Obwohl die Vorführungen des Inders alle den Charakter von Bühnenzauberei haben und ihm des öfteren bereits Manipulationen nachgewiesen worden sind, ist es nicht ausgeschlossen, dass sich um Sai Baba echte unerklärbare Phänomene ereignen. Dabei mag der intensive Glaube seiner Anhänger diese vermeintlichen Fähigkeiten begünstigen.

Dieses goldene Ei soll Sai Baba aus seinem Innersten hervorgewürgt haben. Als Kind habe er auf ähnliche Weise Süßigkeiten materialisiert.

Die heilige Asche

Seine Lehren unterstreicht Sai Baba durch eindrucksvolle »Kunststücke«. Für viele handelt es sich dabei nur um Zaubertricks, seine Anhänger vermuten dahinter echte paranormale Phänomene. Ein endgültiges Urteil lässt sich wohl nicht fällen, weil die Fähigkeiten von Sathya Sai Baba bislang nicht unter optimalen Bedingungen beobachtet werden konnten. Zu seinen Standarddarbietungen zählt das Hervorbringen von heiliger Asche, der heilende Kräfte nachgesagt werden. Dazu wird meistens eine Tonvase, die leer zu sein scheint, kopfüber hochgehalten. Sai Baba steckt seine Hand hinein und schon rieselt Asche heraus. Manchmal »regnet« die Asche auch einfach aus seiner Hand. Diese Vorführung wirkt allerdings wie ein Zaubertrick und ist nicht dazu geeignet, Wissenschaftler von seinen angeblichen Fähigkeiten zu überzeugen.

Obwohl an der Echtheit der von Sai Baba »produzierten« heiligen Asche gezweifelt wird, stehen seine Anhänger zu ihm. Bei ihren Zusammenkünften mit dem Guru lassen sie sich damit ihr Haupt einstäuben. Sie hoffen auf Gesundheit, Glück und Lebensfreude. Sai Baba selbst soll schon als Kind besonders fromm und an religiösen Themen auffallend interessiert gewesen sein: Er hat als Schüler Theateraufführungen und Liederabende dazu organisiert. Ob das der Anfang eines lebenslangen Schauspiels war?

WUNDER DES OSTENS

Kali – die schwarze Göttin und ihr Anhang

Ein Talisman-Anhänger aus Rajasthan zeigt die indische Muttergöttin Amba.

Der Kali-Tempel von Udaipur wird täglich von vielen Gläubigen besucht. Es sind vor allem Frauen, die in den Tempeln der Kali vor den Bildnissen der Göttin ihre Andacht verrichten.

KALI

Die große Muttergöttin ist in Indien unter vielen Namen bekannt. Meist nennt man sie Amba (»Mutter«), Durga (»die Unergründliche«) oder Kali (»die Schwarze«). Sie ist die Gemahlin Shivas und wird des Weiteren auch Parvati genannt; alle Namen stehen für Aspekte ihres Wesens als Shakti (»Kraft«, »Energie«) – die Personifizierung der göttlichen Ur-Energie.

Die große Zauberin

Sieben weibliche Dienerinnen, die Yoginis, begleiten die göttliche Mutter. Sie repräsentieren die personifizierten Shaktis verschiedener Götter. Die Yoginis, die als Begleiterinnen der großen Göttin dargestellt werden, sind aber eigentlich nur weitere Aspekte des Wesens dieser Muttergöttin. Deutlich wird das zumal bei der achten Yogini, die erst in späterer Zeit die bestehenden sieben ergänzt hat. Man nannte sie Mahamaya (»die große Zauberin«). Aber mit diesem Namen wurden auch Kali und Durga angerufen. Kein Wunder, denn Mahamaya steht für die Gesamtheit aller Yoginis, für die Essenz aller Aspekte der großen Muttergöttin.

Die Erschaffung der Yoginis

Im Mythos wird erzählt wie Kali den Dämon Raktabija bekämpft. Jeder Blutstropfen, den der Dämon verliert, verwandelt sich zu einem neuen Dämon. In dieser ausweglosen Situation erschafft Kali die blutgierigen Yoginis. Sie schlucken das Blut von Raktabija, den Kali mit ihrem Schwert erschlägt.
Kali wird häufig tanzend oder in sexueller Vereinigung mit Shiva dargestellt. Sie schmückt sich mit einem Gürtel von abgeschlagenen Armen und einer Kette aus Schädeln. In einem Arm hält sie den Kopf eines Dämons, in einem anderen ein Schwert.

Magische Fähigkeiten

Die geheimnisvollen blutleckenden Yoginis wurden als Inkarnationen der Laster aufgefasst: Brahmani ist der Hochmut, Maheshvari der Zorn, Vishnavi die Habgier, Kaumari die Arroganz, Varahi der Neid, Indrani die üble Nachrede, Kamunda die Geschwätzigkeit und Yogeshvari steht für den Urgrund aller Laster, den Durst nach Existenz, der das Individuum an die körperliche Welt bindet und vom spirituellen Streben fern hält. Der Volksglaube hält die Yoginis für schrecklich und gefährlich: Sie verschlingen Kinder, bringen Krankheiten und halten sich an Orten auf, wo man die Toten verbrennt. Ihnen und den Hexen – ihre irdischen Anhängerinnen – werden außergewöhnliche magische Kräfte nachgesagt. Sie sollen durch die Lüfte fliegen und selbst Tote wieder zum Leben erweckt haben.

Die volkstümliche Plastik der Göttin Kali als Besiegerin des Dämons Mahashasur (Mahashasur Mardini) ist in der »Halle der Helden« in Mandore zu sehen. Kali hatte nicht nur viele Namen – sie hat auch viele Dämonen besiegt.

Sexualriten

In früheren Zeiten gab es allem Anschein nach einen Yogini-Kult, den »wilde«, heute würde man sagen »unkonventionelle«, Frauen betrieben, die man deshalb für Hexen hielt. Der Kult stand in Zusammenhang mit Sexualriten, die in den Tempeln begangen wurden. Eigentlicher Sinn dieser Riten war es, die Laster zu überwinden und in spirituelle Tugenden zu transformieren. Denn unter der Furcht erregenden Oberfläche offenbaren die Yoginis ihr wahres Gesicht – die Tugenden Intelligenz, Weisheit, Wissen, Denken, Beständigkeit, Erinnerung, Unterscheidungsvermögen und schließlich die befreiende Einsicht.

Die verehrte Göttin

Als Gestalt mit vier bis zehn Armen steht Durga auf einem Löwen. Ihre enorme Macht übt sie strafend oder gnädig aus. Wer nach spiritueller Verwirklichung strebt, wird von ihr mit Liebe und Erkenntnis belohnt. Den Armen spendet sie Speisen, den Dämon der Nicht-Erkenntnis zerstört sie als rasende Furie.
Vor allem in Bengalen, im Nordosten des indischen Subkontinents, wird sie besonders verehrt. Dort findet alljährlich im Herbst ein mehrtägiges Anbetungsfest statt, das Durga-Puja. In einem Fluss oder im Meer versenkt man am letzten Tag des Festes ein Durga-Bildnis, das man im betreffenden Jahr dazu auserwählt hat.

Durga steht mit einem erhobenen Schwert auf dem Löwen und packt einen Dämon. Die kleine Bronzestatue stammt aus dem Indien des 14. Jahrhunderts.

WUNDER

Meisterschaft über das Feuer

Feuerläufe sind auf heutigen Ethno- und Weltmusikfestivals durchaus gängige Showeinlagen. Doch bei allem Entertainment geht von dem nicht ungefährlichen Ritual ein Zauber aus, der auch westliche Zuschauer im wahrsten Sinne des Wortes nicht kalt lässt, denn das Feuerlaufen wird durch die Begeisterung der Gemeinschaft getragen, wie hier beim ersten Indischen Friedens- und Musikfestival in Quebec.

Sie bereiten sich auf etwas vor, das sie »Bekennungsübung« nennen. Jeder bekennt sich dabei zu etwas, wofür es sich lohnt, im wahrsten Sinne des Wortes durchs Feuer zu gehen: Der Feuerlauf ist heute in westlichen Kulturkreisen in Managerseminaren eine beliebte Trainingsmethode zur Stärkung des Selbstbewusstseins und der Selbstsicherheit. Für östliche Kulturen stellt der Feuerlauf mehr einen spirituellen Ritus dar, der den Feuerläufer reinigt, läutert oder mit seinem innersten Wesen in Verbindung bringt. Der Feuerlauf ist ein über 4 000 Jahre altes Ritual. Er wurde nicht überall zur selben Zeit und aus demselben Anlass eingeführt, jedoch liegt ihm in allen alten Kulturen das kultische Motiv vom Sieg »des Geistes über die Materie« zugrunde.

Feuerlauf und Initiation

Feuerläufe zählen zu den Initiationsriten dieser Welt. Ein Initiationsritus ist ein Einweihungsritual, das dem Naturgesetz unterliegt: Jedes Sterben bewirkt zugleich auch einen Neuanfang. Aus dem Jungen wird ein Mann, aus dem Sünder ein Gläubiger, aus dem ängstlichen ein selbstbewusster Mensch. Wenn Mensch und Natur im Einklang sind und wenn der Mensch die gesamte Kraft seines Geistes auf die Verwirklichung einer Vision fokussiert, wird auch scheinbar Unmögliches, wie eben der Gang über glühende Kohlen, möglich.

Feuerläufe auf der ganzen Welt

Bei Feuerläufen geht man nicht wirklich durch Feuer, sondern vielmehr über Glut, die jedoch auch 600 bis 800 Grad Celsius erreichen kann. Auf der Insel La Réunion, im Indischen Ozean, gehen Teile der Bevölkerung an jedem ersten Sonntag des Neuen Jahres barfuß über einen sechs Meter langen Glutteppich. Vor jedem Feuerlauf fasten und beten die Menschen meist tagelang. Der Brauch stammt von indischen Einwanderern, die mit diesem Akt Demut und Gottgefälligkeit demonstrieren. Enthaltsamkeit, Hunger und das Erfolgserlebnis, unbeschadet über Feuer zu gehen, gibt ihnen ein Gefühl geistiger Reinigung und die Gewissheit, mit den Göttern des Himmels und der Erde in Verbindung zu stehen. Auf Bali reiten Tänzer auf hölzernen Pferden über einen Glutteppich. Die Holzpferde geben die Verbundenheit mit ihrem Feuergott Agni an. Er soll einst auf einem pferdeähnlichen Geschöpf über die Lava der balinesischen Vulkane geritten sein. In Gedenken an ein Wunder zelebriert man in Bulgarien und in Mazedonien den Feuerlauf am 21. Mai. An diesem Tag brannte einst im Jahr 1250 n. Chr. eine Kirche nieder. Alle Menschen, die damals zur Rettung der Kirchengüter in das brennende Gebäude stürmten, kamen wie durch ein Wunder unversehrt wieder aus den lodernen Flammen heraus.

Wunder oder Wissenschaft

An der Universität von Kalifornien hat man bei Analysen von Videoaufzeichnungen festgestellt, dass kein Feuerläufer, der unverletzt den Gang über glühende Kohlen besteht, den Boden je länger als 1,9 Sekunden berührt. Mit zwei Sekunden geben die Wissenschaftler die physiologische Grenze an, ab der Körpergewebe durch Hitze geschädigt wird. Ein weiteres Erklärungsmodell stammt aus Deutschland. Der Mediziner Johann Gottlieb Leidenfrost fand bereits im 18. Jahrhundert heraus, dass ein Wassertropfen auf einem glühenden Untergrund nicht sofort verdampft, sondern, dank einer isolierenden Gasschicht, noch kurze Zeit weiter besteht. So könnte die natürliche Hautfeuchtigkeit der Feuerläufer ebenso als kurzfristiger, aber wirksamer Schutz gegen die Glut unter ihren Füßen funktionieren. Die Feuerläufer selbst führen ihre Erfolge meist auf vorangehende Rituale, tranceartiges Singen, Sprechen und Bewegen oder stille Meditation zurück. Neurologen bestätigen, dass tranceähnliche Zustände das Schmerzempfinden mindern. Erklärt wird damit jedoch nicht, warum sich der Feuerläufer nicht doch die Füße verbrennt.

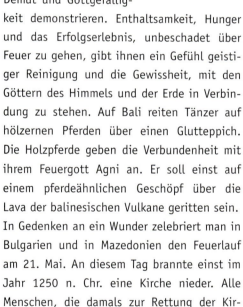

Feuertanz heißt das traditionelle Feuerlaufen auf Bali über in Brand gesetztes Stroh und Getreide.

Lava beginnt bei 700 bis 900 Grad Celsius zu erstarren – dann erfolgt auf Hawaii der Feuerlauf.

Barfuß über Lava

Auf Hawaii – die Pazifikinsel ist berühmt für ihre Vulkane, von denen der Mauna Loa und der Kilauea die bekanntesten noch tätigen sind – wird eine besondere Art des Feuerlaufs praktiziert. Kahunas, hawaiianische Schamanen, demonstrieren Touristen nach einer mehrtägigen gemeinsamen Wanderschaft den Gang über glühende Lava. Zuerst wird jedoch, wie bei allen Feuerläufen, ein gemeinsames Ritual zelebriert, das Touristen wie Schamanen in einen tranceartigen Zustand versetzt. Danach gehen nur diejenigen über glühende Lava, die sich dazu mental in der Lage fühlen.

In Pacific Harbour (Hawaii) fachen die Eingeborenen die Glut mit langen Holzpfählen an und verteilen sie gleichmäßig.

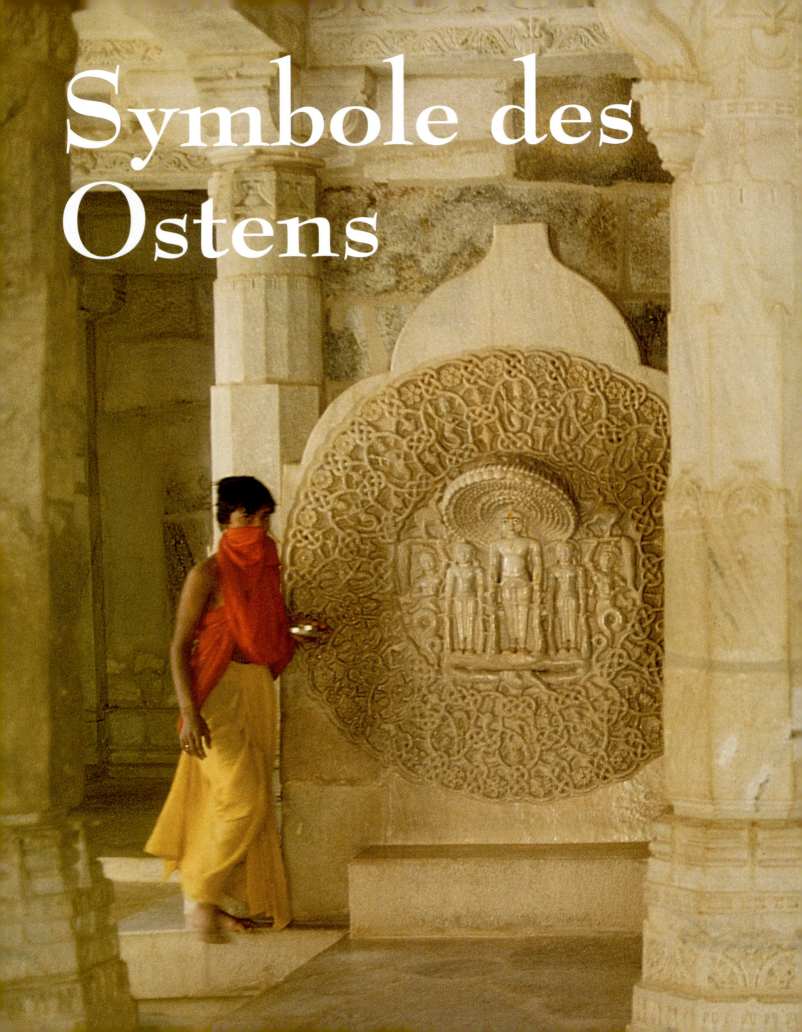

Symbole des Ostens

Übervoll wie orientalische Geschichten, facettenreich wie das Farbkaleidoskop eines indischen Gewebes sind die östlichen Kulturen von Symbolen durchwirkt. Die Menschen leben mit Symbolen. Symbole durchdringen das religiöse wie das alltägliche Leben und beide lassen sich oft schwer voneinander trennen. Man spürt, dass diese Symbole lebendig sind, dass sie eine seelische Wirklichkeit ansprechen und mit Energie versorgen, denn die mythischen Wurzeln sind noch nicht wie die in der westlichen Kultur in den Bereich längst überwundener Entwicklungsstufen zurückgedrängt. Es ist diese dynamische Wirksamkeit der Symbole, welche den östlichen Kulturen ihre unvergleichliche spirituelle Vitalität verleiht.

SYMBOLE DES OSTENS

Amarnath – Shivas Höhle im Himalaya

Vor der Höhle von Amarnath harren fromme Sadhus in eisiger Kälte aus, um Shiva zu ehren. Betend und fastend bringen sie Tage, manche sogar Wochen hier zu.

In den indischen Mythen wird erzählt, wie sich Gott Shiva selbst offenbarte. Vor den staunenden Augen der obersten Götter Brahma und Vishnu erschien Shiva in einem riesigen Gebilde, das unergründlich aus der Tiefe ins Grenzenlose emporwächst und zeigt ihnen damit, dass er schon vor ihnen ewig existierte. Die Form des phallusartigen Linga (Sanskrit »Zeichen«, »Phallus«), in dem Shiva allenthalben in

Tempeln verehrt wird, erinnert an diese mächtige Erscheinungsform des Gottes.

Das Geheimnis der Unsterblichkeit

Eines Tages bat Parvati, die göttliche Gemahlin Shivas, ihren Gatten, ihr das Geheimnis seiner Unsterblichkeit zu enthüllen. Nach einigem Zögern gab Shiva schließlich nach und suchte nach einem einsamen Ort, an dem ihm kein Lebewesen zuhören konnte. Seine Wahl fiel auf die Himalaya-Höhle Amarnath. Um sicher zu gehen, dass wirklich kein Lebewesen seinen Ausführungen lauschte, erschuf er einen Rudra, eine schreckliche Gottheit, die einen Feuerkreis um die Höhle legte. Auf seinem Hirschfell versetzte er sich in die Versenkung, vereinigte sich mit Parvati und erzählte ihr das Geheimnis seiner Unsterblichkeit. Aus einem Ei, das sich zufällig unter dem Fell befand, schlüpften später wundersamerweise zwei Täubchen. Weil sie der Erzählung Shivas gelauscht hatten, wurden sie unsterblich. Viele Pilger behaupten, auf ihrem Weg zur Höhle das Taubenpaar zu sehen.

Der Gott im Eis

Alljährlich bildet sich im Monat Sharvan (Juli-August) in der Höhle von Amarnath ein riesiger Stalagmit aus Eis. Wasser tropft von der Decke, formt einen Eissockel am Boden und auf ihm eine kolossale Säule aus Eis. Ihre Form an der Höhlenwand erinnert an einen mächtigen Linga. Die Eisformation nimmt mit dem Zyklus des Mondes zu und wieder ab, was als Zeichen für ihre Lebendigkeit gilt. Bei Vollmond erreicht der Linga seine größte Ausdehnung. An diesem Tag soll Shiva seine Gattin in das Geheimnis seiner Unsterblichkeit eingeweiht haben. Neben der mächtigen Eissäule finden sich zwei weitere kleinere Eisformationen. Sie werden als Repräsentationen Parvatis und ihres Sohnes, des elefantenköpfigen Gottes Ganesha, angesehen.

Der Eis-Linga in der Amarnath-Höhle gilt als Repräsentation Shivas. Dass er je nach Mondphase an Größe zunimmt oder abschmilzt wird als »lebendige« Anwesenheit Shivas gewertet.

Sadhus als Wächter

Vor dem Eingang zur Höhle, in 3882 Metern Höhe, haben sich Sadhus niedergelassen, heilige Männer, die der Welt entsagt haben, in Besitzlosigkeit leben und sich ganz ihren spirituellen Übungen hingeben. Leicht bekleidet trotzen sie in Meditation versunken der Kälte und verteidigen gleichsam den heiligen Linga vor den Wallfahrern, die ihn berühren wollen. Die Pilger werfen Blumen, Münzen, Perlen und Stoffstücke als Opfergaben auf die Eisformationen.

Die Wallfahrt

Die Pilgerreise zur Höhle von Amarnath gehört zu den heiligsten spirituellen Übungen der Hindus. Nie habe er eine höhere Verzückung erfahren, als bei seiner Wallfahrt nach Amarnath, erzählte der bedeutende indische Heilige Swami Vivekananda (1863–1902). Tagelang konnte er von nichts anderem sprechen, als von der Präsenz Shivas, des Gottes aller Yogis, die er dort erfahren hatte. Tausende gläubige Hindus machen sich drei Tage vor dem Vollmond im August auf den Weg zur Höhle. Die Pilger kampieren in Pahalgam, wo die Straße endet. Zu Fuß folgen sie weiter dem Weg, den einst Shiva genommen haben soll, nach Chandanwari, entlang des Sheshnag-Sees nach Panjtarni, um schließlich das »Wunder« des Eis-Lingas in der Höhle von Amarnath zu bestaunen.

In vielen Serpentinen windet sich die Schlange der Pilger zum Eingang der Amarnath-Höhle den Berg hinauf.

SYMBOLE DES OSTENS

Lotos – die göttliche Blume

Lotosblumen gehören zur Gattung der Seerosengewächse. Sie haben runde oder ovale auf dem Wasser schwimmende Blätter und lang gestielte bis zu 35 Zentimeter große Blüten. Die ägyptische Lotosblume (Bild) ist weiß. Im alten Ägypten war die Lotosblume Sinnbild der Regeneration.

LOTOS

Nachts schließt die Seerose ihre Blüten, zieht sich ins Wasser zurück und wird unerreichbar. Bei Sonnenaufgang gleitet sie empor und öffnet sich dem Licht gegen Osten. Für die Ägypter stand sie damit in enger Verbindung mit dem mythischen Weg des Sonnengottes.

Der Jüngling aus dem Lotos

Die ägyptische Lotosblume (nymphea lotus) ist die Blume, die sowohl am Anfang aus dem Urwasser (Nun) auftauchte, als auch aus dem Licht hervorging. Sie ist ein Sinnbild für die aus der Nacht hervorbrechende Sonne. Als mythologisches Bild kannten die Ägypter den Sonnengott, der auf einer Lotosblume aus dem Urmeer auftaucht. Im 15. Kapitel des Totenbuches heißt es, der Sonnengott Re erscheine »als Jüngling, der aus dem Lotos hervorkam«. Die Hoffnung auf Wiedergeburt drückt sich in einem weiteren Abschnitt des Totenbuches aus. Darin möchte der Tote in eine heilige Lotosblume verwandelt werden. Vergöttlicht wurde die Lotosblume als die Gottheit Nefertem.

Die Welt auf dem Lotos

In der mythischen Geographie der Inder schwimmt die Erde gleich dem Lotos (Nelumbo nucifera, Indische Lotosblume) auf dem Wasser. Der Fruchtknoten in der Mitte steht für den Götterberg Meru und die vier Blütenblätter der Blumenkrone symbolisieren die vier Haupt-Erdteile. In Indien ist der Lotos ein Sinnbild für die Freiheit von allen Äußerlichkeiten der Welt. Der spirituell Suchende lebt zwar in der Welt, soll aber nicht von der Welt angerührt werden. In gleicher Weise schwimmt der Lotos im Wasser und wird doch nicht vom Wasser benetzt.

Die Göttin Tara auf dem Lotossockel. Neben ihr wächst eine Lotosblume empor. (Tibetische Bronze)

Vishnu, Brahma, Lakshmi

Der Lotos ist in Indien das Symbol für Schönheit, Reinheit und Heiligkeit. Die Heiligen haben Lotosaugen und Lotosfüße. Der Gott Vishnu liegt auf einer Lotosblüte. Aus seinem Nabel wächst eine weitere Lotosblüte hervor, auf ihr sitzend wird oft Brahma, der Schöpfergott, dargestellt. Lakshmi, die Gemahlin Vishnus, entstieg dem zum Milchmeer gerührten Ozean mit einer Lotosblüte in der Hand. Sie hat Lotosaugen, eine lotosfarbene Haut und ist die Göttin des Glücks, der Liebe und der Schönheit.

Der Lotos im Buddhismus

Der Lotos wächst aus dem Schmutzwasser empor zum Licht und wird selber nicht beschmutzt. Innen ist er leer, außen gerade. Er besitzt keine Zweige und duftet. Er ist deshalb im Buddhismus zum Symbol für das wahre Wesen des Menschen, das auch durch den Schlamm der weltlichen Existenz (Samsara) und durch das Nichtwissen (Avidya) unbefleckt bleibt, geworden. Nur deshalb kann der Mensch erleuchtet werden. Die Buddhas werden mit Thronsitzen aus Lotosblüten dargestellt. Ob die weite Verbreitung der Verehrung des Lotos auch auf ihre halluzinogene Wirkung zurückgeht, ist nicht gesichert. Immerhin gibt es einige Hinweise darauf, dass die Pflanzen der Gattung Nymphaea in der Vergangenheit in halluzinogener Verwendung standen. Wissenschaftler konnten Apomorphin, eine psychoaktiv wirkende Substanz, aus der Pflanze isolieren.

Buddhistische Erlöserfiguren

Der Lotos zählt zu den acht Kostbarkeiten des Buddhismus. In engem symbolischem Zusammenhang steht der Lotos mit dem Bodhisattva (»Erleuchtungswesen«) des grenzenlosen Erbarmens, Avalokiteshvara. In China wird dieser Bodhisattva als Kuan-yin, als Gottheit der Barmherzigkeit, meist weiblich dargestellt. Der Legende nach weinte der Bodhisattva Avalokiteshvara einen See von Tränen, und aus einer Lotosblüte wurde als eine weitere Verkörperung Avalokiteshvaras die Göttin Tara geboren. Tara gelobte bis ans Ende der Zeiten in weiblicher Gestalt Hindernisse zu beseitigen und allen lebenden Wesen zur Befreiung zu verhelfen. Die Tara wurde zu einer populären Erlöserfigur in Tibet.

Die Göttin der Barmherzigkeit Kuan-yin sitzt auf einer Lotosblüte. (Chinesische Porzellanfigur)

311

SYMBOLE DES OSTENS

Ganesha – der Gott mit dem Elefantenkopf

Diese Bronzeplastik des elefantenköpfigen Ganesha wurde in Sri Lanka gefunden. Die etwa 80 Zentimeter hohe Skulptur stammt aus der Polonnaruwa-Periode aus dem 11. Jahrhundert n. Chr.. Das ursprünglich buddhistische Sri Lanka hat durch die Einwanderung der Tamilen aus Südindien (seit ca. 200 v. Chr.) auch die hinduistische Lehre und ihre Götter übernommen.

312

GANESHA

Man wird in Indien kaum einen Studenten finden, der nicht ein Bild oder ein kleines Amulett von dem elefantenköpfigen Gott Ganesha bei sich trägt. Ganesha gilt als Gottheit der Gelehrsamkeit. Schon Vyasa (»der Sammler«), der legendäre Verfasser des großen Epos Mahabharata, soll der Gott Brahma empfohlen haben, den intelligenten Ganesha zum Aufschreiben seines Werkes heranzuziehen.

Der Überwinder der Hindernisse

Der zwergenhafte Ganesha hat einen Hängebauch und nur einen Stoßzahn. In seinen vier Händen trägt er Insignien des Glücks, meist sind das Lotos, Axt, Stoßzahn und Reiskuchen oder Strick, Stachelstock und Gebetskranz. Sein Reittier ist die Ratte.

Der Elefant galt schon immer als kluges Tier, das alle Hindernisse des Dschungels mit seiner Kraft und Körpermasse beiseite räumt. Ganesha verleiht Weisheit, weil er der »Herr und Überwinder der Hindernisse« (Vighneshvara) ist.

Auch die Ratte ist schlau und vermag Hürden zu überwinden, indem sie sich etwa Zugang zum versperrten Getreidespeicher verschafft. Beide verkörpern die Macht dieses Gottes, alle Barrieren auf dem Weg zur Erlösung beiseite zu räumen. Vor allem bei intellektuellen Aufgaben, kann Ganesha Blockaden beseitigen und die geistigen Fähigkeiten hilfreich unterstützen. Deshalb wird er zu Beginn aller Unternehmungen, besonders bei literarischen, um Beistand angerufen. Man opfert ihm u.a. Räucherwerk, Blumen oder auch Speisen, weil er andernfalls Widerstände verursachen würde.

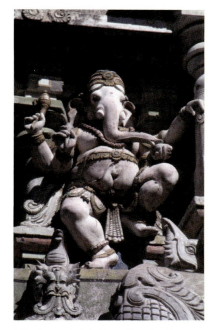

Mit einer wohlbeleibten Ganesha-Statue ist die Fassade des Tempels in Madurai geschmückt. Deutlich ist der »abgebrochene« Stoßzahn zu erkennen. In seinen vier Händen hält er verschiedene Attribute.

Der Streit mit Rama

Einen Stoßzahn verlor Ganesha, als er die Tür zum Gemach seines Vaters Shiva bewachen sollte. Er nahm seine Aufgabe so ernst, dass er dem »Rama mit der Axt« (Parashu-Rama), eine Inkarnation des Gottes Vishnu, den Zugang verwehrte. Es kam zu einem Kampf. Ganesha warf Parashu-Rama mit seinem Rüssel zu Boden. Dieser schleuderte daraufhin wutentbrannt seine Axt nach ihm. Da erkannte Ganesha, dass die Axt ein Geschenk seines Vaters an Parashu-Rama war. Er hielt inne und erwartete demütig den Schlag, der ihm schließlich den Stoßzahn kostete.

Die Herkunft des Ganesha

Für alle Götter im hinduistischen Pantheon gilt auch für Ganesha: Es gibt zahlreiche mythische Geschichten über deren Herkunft. Dem fremden Betrachter mögen einige von ihnen sich gegenseitig ausschließen. Dem Hindu aber, der in der Gewissheit der ewigen Wandelbarkeit aller Erscheinungen der Welt lebt, erscheinen sie keineswegs widersprüchlich. Er hat kein Problem damit, dass Ganesha der indischen Myhtologie zufolge, als eine Inkarnation des Gottes Krishna gilt.

Möglicherweise ist die Götterfigur des Ganesha aus einem Fruchtbarkeitskult entstanden. Jedenfalls wird er mit einer ausgeprägten Sexualität in Verbindung gebracht. In Südindien steht er mit Regen und Wachstum in Beziehung. Die Gottheit wurde derart populär, dass Ganesha zum großen Förderer des Wohlstandes erhoben wurde – so heißen seine Frauen bezeichnenderweise Siddhi (»Glücklicher Erfolg«) und Radhi (»Wohlstand«).

Wie der Gott zu seinem Kopf kam

Als Sohn des Götterpaares Shiva und Parvati ist Ganesha der Anführer des Gefolges seines Vaters und gewährt im weltlichen wie im spirituellen Leben Erfolg. In vielen Aspekten entspricht diese populäre Gottheit dem geschäftigen griechischen Gott Hermes und dem römischen Merkur. Deshalb steht er auch unter Kaufleuten in höchstem Ansehen.

Eine Legende berichtet, wie der Gott zu seinem Elefantenkopf kam. Parvati war über ihren prächtigen Sohn so von Stolz erfüllt, dass sie Shani, den Gott des Planeten Saturn bat, ihn anzusehen. Shani trägt den Beinamen »der mit dem bösen Blick«. Parvati hatte die verheerende Wirkung seines Blicks vergessen und so verbrannte der Kopf ihres Sohnes zu Asche. In ihrer Verzweiflung riet der Schöpfergott Brahma der Mutter den Kopf durch etwas zu ersetzen, das sie rasch finden konnte. Es war ein Elefantenkopf.

Als Glücksbringer fungiert Ganesha in einer Nische der reich geschmückten Vorhalle im Palast von Udaipur (Provinz Rajastan).

SYMBOLE DES OSTENS

Feurige Serafim

Einen »Sechsflügeligen Seraf« malte 1904 der russische Künstler Michail Alexandrowitsch Wrubel (1856–1910). Das Motiv dieser Engelsgestalt gehörte in der Kunst des Symbolismus zum bevorzugten Themenkreis. Da sich diese Stilrichtung als Gegenpol zu den rationalistischen, realistischen und naturalistischen Tendenzen in der Kunst des 19. und beginnenden 20. Jahrhunderts verstand, versuchten die Vertreter dieser Kunstauffassung ganz bewusst die Welten des Traums, der Fantasie und Mystik darzustellen.

In der bilderreichen Sprache der christlichen Mystik gibt es eine Rangordnung der Engel, die in unterschiedlicher Weise den Thron Gottes umkreisen, so wie in unserem Sonnensystem die Planeten ihre Bahnen um die Sonne ziehen. Die neun Engelschöre bilden in der hierarchischen Ordnung drei Gruppen: die obere, die untere und die mittlere Triade. Die Serafim, als Angehörige der höchsten Klasse der göttlichen Diener, gehören zur oberen Triade. Zu den Engeln der ersten Hierarchie gehören neben den Serafim die Cherubim und Throne, die sich ständig um eine Mitte bewegen, die in der Bibel als Gott bezeichnet wird. Dieser göttliche Mittelpunkt wird von vielen Mystikern, u. a. von Thomas von Aquin (um 1226–1274) »als fließende Kraft reiner Gedanken in höchsten Schwin-

314

gungen, deren feine Strahlen ständig die Frequenz zu ändern scheinen, je weiter sie sich vom Zentrum entfernen« beschrieben.

Wesen reinen Lichts

Um einen Mittelpunkt herum wirken die Serafim als Wesen reinen Lichts und reiner Gedanken. Sobald sich dieses Licht von der Mitte entfernt und sich damit verlangsamt, kondensiert es zur Materie – der Heimstatt niederer Engel und Erzengel und schließlich der Menschen. Aber im Gegensatz zu diesen geben die Engel ihre Gestalt nicht preis, so dass sie gern in einer Flammenhülle dargestellt werden. Wenn sie den Menschen erscheinen, haben sie die Form eines Wesens mit sechs Flügeln und vier Köpfen. So jedenfalls sah sie der Prophet Jesaja über den Thron Gottes schweben.

Feurige Schlangen

Vor allem im Mittelalter wurden die Serafim als »feurige, fliegende Schlangen des Blitzes«, die »brüllen wie die Löwen« dargestellt und mehr mit Schlangen und Drachen in Verbindung gebracht als mit den Angehörigen der Engelsklasse. Dabei bedeutet der hebräische Begriff »saraph« eher »brennen«, wird aber als Substantiv auch für »Heiler« oder »Arzt« angewandt, mit einer Tendenz zur Nebenbedeutung »Höheres Wesen« oder »Schutzengel«. So winden sich etwa auch zwei Schlangen um den legendären »Heroldsstab«, der noch heute als Symbol der Mediziner und des Gottes der Heilkunst, Äskulap, gilt. In seinem Werk »Über die himmlischen Hierarchien« beschreibt der erste Bischof von Athen, Dionysius Areopagita die Serafim: »Die Serafim haben ihren Namen von ihrer unaufhörlichen Bewegung um die göttlichen Wirklichkeiten sowie ihrer unerschöpflichen, leuchtenden und strahlenden Natur, die jede düstere Finsternis vertreibt.«

Luzifer – der Lichtbringer

In der Geschichte der christlichen Mystik fehlte es an einer allgemeinen Übereinstimmung, wenn es galt, die Vielfalt der himmlischen Hierarchien zu ordnen. Ein und derselbe Erzengel kann als Aufseher für verschiedene Himmelsbereiche erscheinen, gleichzeitig noch der Todesengel sein und darüber hinaus auch ein schrecklicher Fürst der Hölle. Um die theologische Verwirrung noch zu vergrößern, ist zum Beispiel Satan, der Erzfeind Gottes, als »Luzifer« (der Lichtbringer) ein gefallener Serafim. Selbst als Widersacher des Herrn bleibt er dessen Geschöpf.

SERAFIM

Eine Vision der Serafim

In den Aufzeichnungen des Propheten Jesaja (wirkte etwa zwischen 740–701 v. Chr.) im Alten Testament (Jesaja 6, 1–7) heißt es: »Im Todesjahr des Königs Usija sah ich den Herrn. Er saß auf einem hohen und erhabenen Thron. Der Saum seine Gewandes füllte den Tempel aus. Serafim standen über ihm. Jeder hatte sechs Flügel: Mit zwei Flügeln bedeckten sie ihr Gesicht, mit zwei bedeckten sie ihre Füße, und mit zwei flogen sie. Sie riefen einander zu: Heilig, heilig, heilig (hebräisch: Kadosh, Kadosh, Kadosh) ist der Herr der Heere. Von seiner Herrlichkeit ist die ganze Erde erfüllt. Die Türschwellen bebten bei ihrem lauten Ruf, und der Tempel füllte sich mit Rauch. Da sagte ich: Weh mir, ich bin verloren. Denn ich bin ein Mann mit unreinen Lippen und lebe mitten in einem Volk mit unreinen Lippen, und meine Augen haben den König, den Herrn der Heere, gesehen. Da flog ein Seraf zu mir; er trug in einer Hand eine glühende Kohle, die er mit einer Zange vom Altar genommen hatte. Er berührte damit meinen Mund und sagte: Das hier hat deine Lippen berührt: Deine Schuld ist getilgt, deine Sünde gesühnt«.

Ein von einer Schlange, häufiger jedoch von zwei Schlangen umwundener Stab, der so genannte Äskulapstab, wurde zum Symbol für die Heilkunst und die Ärzteschaft. Im Mittelalter erfuhr die Schlange als ein heiliges Tier eine zusätzliche symbolische Bedeutung als Seraph. (Äskulapstab aus Metall als Emblem einer Ärztevereinigung)

SYMBOLE DES OSTENS

Die Jakobsleiter

Matthäus Merian d. Ä. stach 1625/27 »Jakobs Traum von der Himmelsleiter« für die Luther-Bibel in Kupfer. Später wurde ein einziges der Bibel-Exemplare in der Werkstatt des Meisters koloriert.

In der christlichen Kunst vergangener Jahrhunderte war sie ein beliebtes Motiv: Die Himmelsleiter, auf der beständig Engel auf und ab stiegen, um die Wünsche der Menschen von der Erde zu Gottes Thron zu bringen. Die etwas naive Vorstellung von der Verbindung zwischen Himmel und Erde hat ihren Ursprung in einem Traum des biblischen Patriarchen Jakob, als er auf der Flucht vor seinem Zwillingsbruder Esau gewesen ist (1 Mose 28, 10 ff).

Nächtliche Vision

Jakob, der sich eines Abends zur Ruhe gebettet und sich einen Stein als Unterlage zurecht gelegt hat, träumt von einer auf die Erde gestellten Leiter, deren Spitze den Himmel berührt. Die Engel Gottes steigen auf ihr nieder. Oben steht Gott und verspricht Jakob: »Das Land auf dem du liegst, will ich dir und deinen Nachkommen geben. Deine Nachkommen werden zahlreich sein wie der Staub auf der Erde. Du wirst dich unaufhaltsam ausbreiten nach Wes-

JAKOBSLEITER

ten und Osten, nach Norden und Süden, und durch dich und deine Nachkommen werden alle Geschlechter der Erde Segen erlangen.«

Brücke zwischen Himmel und Erde

Für christliche Theologen und jüdische Rabbiner spielt die Himmelsleiter, auch Jakobsleiter genannt, eine bedeutende Rolle. Sie sehen darin ein Bild der Vorsehung Gottes, die er durch den Dienst der Engel über die Erde ausübt. Nach anderen Überlegungen ist sie eine vorweg genommene Darstellung »der Menschwerdung des Wortes als einer Brücke zwischen Himmel und Erde.« Im Alten Testament ist Jakob, der neben seinem Großvater Abraham und seinem Vater Isaak als Erzvater des israelitischen Volkes gilt, der dritte Patriarch. Als Sohn Isaaks und Rebekkas übervorteilt er später seinen erstgeborenen Zwillingsbruder Esau, den er bereits bei der Geburt an der Ferse festhält. Während ihrer gemeinsamen Kindheit und Jugend ist Esau der Liebling des Vaters, während Jakob sich mehr der Gunst der Mutter erfreute.

Der zehnte Teil

Nachdem Jakob durch eine List von seinem blinden Vater Isaak den Erstgeburts-Segen erschleicht, flieht er vor der Rache Esaus zu seinem Onkel Laban nach Haran, einer einst bedeutenden Stadt Mesopotamiens, in der Nähe der heutigen Stadt Urfa (Türkei). Auf dem Weg durch die Wüste hat er dann den Traum von der Himmelsleiter, den er als eine Bestätigung für seinen Führungsanspruch deutet. Als äußerliches Zeichen nimmt er den Stein, der ihn als Unterlage gedient hat, gießt »Heiliges Öl« darauf und nennt den Ort Bet-El, was so viel wie Haus Gottes bedeutet. Gemäß der lateinischen Weisheit »do ut des« – »ich gebe dir, damit du mir gibst«, verspricht Jakob, jeweils den zehnten Teil seiner Einkünfte Gott zu opfern.

Die zwölf Stämme Israels

In Haran schließt Jakob einen Vertrag mit Laban, in dem er verspricht, für ihn sieben Jahre lang zu arbeiten, um dann seine Tochter Rahel als Ehefrau zu erhalten. Statt ihrer führt Laban ihm jedoch die ältere, verschleierte Lea zu. Jakob erkennt den Betrug erst am frühen Morgen und erhält auf seinen Einspruch hin die schöne Rahel als Zweitfrau. Nachdem Jakob mit beiden Frauen elf Söhne und Töchter gezeugt hat und mehrere Intrigen seines Schwiegervaters unbeschadet übersteht, kehrt er als reicher Mann in seine Heimat zurück. Als Geschenk für Esau treibt er eine große Herde mit Schafen und Ziegen vor sich her. Jakob wirft sich vor Esau nieder und der versöhnt sich mit seinem Bruder. Jakob, der schließlich zum Vater der zwölf Stämme Israels geworden ist, stirbt im Alter von 147 Jahren.

In idealer Landschaft begegnen sich Jakob, der Stammvater der Israeliten und Rahel, seine spätere Frau – so zumindest in der Darstellung des italienischen Renaissance-Malers Palma Vecchio (1480–1528).

Jakob kämpft mit dem Engel

Engel gelten als freundliche, einfühlsame Wesen. Als Freunde und Beschützer des Menschen sowie als Boten Gottes haben sie eine lange Tradition im Glauben vieler Völker.

Umso rätselhafter ist eine Geschichte des Alten Testaments, die vom Kampf eines Engels mit dem von seiner langen Reise zurückkehrenden Jakob berichtet. Nachdem er Frauen und Kinder über den Fluss Jabbok geleitet hat, wird Jakob von einem Engel gestellt, der mit ihm bis zum Anbruch der Morgenröte kämpft. Das plötzlich auftauchende Wesen schlägt Jakob dabei mehrmals auf das Hüftgelenk, das dadurch verrenkt wird. Doch Jakob gibt nicht auf, bis ihn der Engel anfleht, er möge den Kampf beenden. Dazu ist Jakob nur unter Bedingungen bereit: »Ich lasse dich nicht los, wenn du mich nicht segnest«.

Auf diese Weise trotzt Jakob dem Engel den Segen ab, erhält dazu den Ehrentitel »Israel« und tritt – aus der Hüfte hinkend – dem aufdämmernden Morgen entgegen. Auf diese Weise zeigt sich auch in dieser Erzählung die Zielstrebigkeit und der Ehrgeiz Jakobs, der seinen Erfolg jedoch von Gottes Segen abhängig macht. Jakobs Kampf mit dem Engel wurde von Künstlern aller Zeiten dargestellt, u. a. von Rembrandt (1606–1669) »Jakob ringt mit dem Engel«, Eugène Delacroix (1798–1863), Gustave Moreau (1826–1898) und Paul Gaughin (1848–1903), für den das Bild »Jakobs Kampf mit dem Engel oder Vision nach der Predigt« das Ende eines fünfjährigen Kampfes voller Selbstzweifel an seiner Berufung als Maler markierte.

317

SYMBOLE DES OSTENS

Nataraja – der Herr des Tanzes

In der südindischen Provinz Tamil Nadu, in Chidambaram, steht der dem Schöpfungstanz gewidmete Nataraja-Tempel. Eine Skulptur an der Fassade zeigt Nataraja, eine der Manifestationen Shivas.

NATARAJA

Tanz und Musik sind in allen Kulturen unverzichtbare Bestandteile für religiöse und magische Handlungen. Der Tanz führt die Trance herbei, in der das Göttliche erfahren wird. In Indien hatte der Tanz vereint mit der weltabgewandten Askese stets eine besondere Bedeutung. Ein Gegensatz zwischen – zumindest nach westlichem Verständnis – lebensbejahendem Tanz und weltabgewandter Askese wird in Indien allerdings nicht gesehen.

Tanz und Spiritualität

Vielmehr haben alle Formen heiliger Tänze in Indien als letztes Ziel, die Zuschauer einem höheren spirituellen Bewusstsein näher zu bringen. Es geht nicht um vordergründige Unterhaltung. Die wahre Erfahrung des sakralen Tanzes übersteigt die Sinne. Durch das richtige Verstehen der heiligen Tänze soll der Teilnehmer der Ebene des göttlichen Bewusstseins näher geführt werden. Entsprechend der Bedeutung des sakralen Tanzes gilt Shiva, einer der wichtigsten Götter im hinduistischen Pantheon, sowohl als Meister der Askese, als auch als Meister des Tanzes. Auf der Bühne der Welt herrscht Shiva in seinem Aspekt als kosmischer Tänzer unter dem Namen Nataraja (»König des Tanzes«), er hat aber über 1000 andere Beinamen.

Symbolik von Shivas Tanz

Im Tanz des Nataraja offenbaren sich die fünf Aktivitäten Shivas: Schöpfung, Erhaltung, Zerstörung, Verkörperung und Befreiung. Mit einem Fuß zermalmt er den Dämon Mujalaka, der für Nicht-Erkenntnis und Weltlichkeit steht. Die untere linke Hand weist auf das erhobene Bein, das den überbewussten Zustand (oder die geistige Befreiung) symbolisiert. Die langen Asketenhaare wehen um sein Haupt. In seiner oberen rechten Hand hält er die kleine Trommel der Schöpfung, ein Symbol der Zeit. Aus ihren Klängen und im Tanz entfalten sich die Elemente. In der linken Hand die Flammenzunge – Symbol der Weltzerstörung, aber auch Sinnbild für die Vernichtung des Schleiers der Maya, der Kraft der Täuschung und damit der Illusionen. Das kosmische Spiel von Schöpfung und Vernichtung wird im Gleichgewicht dieser beiden Arme Natarajas symbolisiert.

Häufig hält Nataraja in den künstlerischen Darstellungen eine Trommel in der Hand, ein Symbol der Schöpfung.

In der linken Hand hält Nataraja, als Gegenpart zur rechten, eine Flammenzunge, das Symbol der zerstörerischen Kräfte.

Tanz im Flammenkreis

Im Flammenkreis wird der Tanz der Naturkräfte im Gegensatz zu Shivas Tanz der Weisheit dargestellt. Die freie rechte Hand formt das Abhaya-Mudra, die Geste der Furchtlosigkeit und Schutzgewährung – Symbol der Kraft Shivas, das Weltall zu beschützen. Ein Teil von Shivas Haar ist durch ein Band aus zwei Schlangen gebunden, die einen Totenschädel halten. Schlange und Totenschädel stehen für die zerstörerischen Aspekte Shivas, Zeit und Tod.
Im Bild des tanzenden Shiva mit einem erhobenen Bein wird auch die mystische Bedeutung des Tanzes transportiert: Tanzen kann nur, wer sich von der Erde zu lösen wünscht, wer nach Höherem strebt. Zugleich kann ein Tanz nur stattfinden, wenn der Kontakt zur Erde erhalten bleibt. Der göttliche Tanz wird zum Ausdruck der Verbindung von Irdischem und Himmlischem, von Materie und höchstem Bewusstsein.

Der Schöpfungstanz in Chidambaram

Im 10. Jahrhundert erkor die mächtige Dynastie der Cola-Könige Shiva als Nataraja zur wichtigsten Schutzgottheit aus und machte Chidambaram zum Zentrum des Tanzkultes Shivas. In Chidambaram im Süden Indiens soll Shiva seinen kosmischen Schöpfungstanz Ananda Tandava (»Wonnetanz«) aufgeführt haben. Chidambaram und sein Shiva-Tempel wurden mit dem Herzen des kosmischen Urwesens identifiziert. Shiva vollführte an diesem Ort seinen Tanz im Zentrum des Kosmos und gleichzeitig im Herzen der Gläubigen. Auf diese Weise wurde der ursprüngliche Tanzkult einer lokalen Gottheit zu einem bedeutenden Kult des Hinduismus erhoben.

Ein Relief auf dem Kailasanthana-Tempel in Ellora in Südindien zeigt den Tanz Shivas. Als Nataraja verdeutlicht er seine schöpferischen und zerstörerischen Kräfte. Durch den Tanz auf dem Haupt des Dämonen Mujalaka, zermalmt er die Unwissenheit, die in der Welt herrscht.

SYMBOLE DES OSTENS

Shiva und Shakti

*Shiva und Parvati beim Liebesspiel: Die Göttin Shakti sitzt auf dem linken Oberschenkel Shivas, sein linker Arm umfasst ihren Leib. Ihre maskenartigen Gesichter sind in Verzückung vom verborgenen Wissen durchtränkt.
In den indischen Mythen wird erzählt, dass Parvati den asketischen Shiva für sich einnahm und ihn mit dem Familienleben bekannt machte. Andere Geschichten berichten vom Gezänk zwischen Parvati und Shiva. So soll Parvati einstmals im Spiel Shiva von hinten die Augen zugehalten haben, wodurch sich die ganze Welt verfinsterte. Aus Zorn darüber ließ sich Shiva auf seiner Stirn ein drittes Auge wachsen, wie in der Reliefdarstellung aus dem 12. Jahrhundert zu erkennen ist.*

320

SHIVA UND SHAKTI

Wohl die bedeutendste, schillerndste aber auch widersprüchlichste Gottheit im hinduistischen Pantheon ist Shiva (»der Gütige«). Die ältesten religiösen Schriften aus der Zeit vor dem 1. Jahrtausend v. Chr., die Veden, kennen diesen Namen noch nicht. In ihnen erscheint dieser Gott als Rudra (»der Heulende«), der schreckliche Gott der Stürme.

Der große Yogi

Dem Shiva-Purana, einer Sammlung religiöser Texte des Hinduismus zufolge, besitzt Shiva fünf Gesichter, entsprechend seiner fünf Aufgaben (Panchakriya): Schöpfung, Erhaltung, Zerstörung, Zurückhaltung und Verleihung von Gnade. Er lebt auf dem Berg Kailash im Himalaya und reitet auf dem weißen Stier Nandi. Shivas drittes Auge auf der Stirn ist geschlossen. Er öffnet es nur im Zorn, denn es ist das Auge des Feuers, von dem die Macht der Zerstörung ausgeht.

Häufig begegnet uns Shiva als zorniger Gott, der alles Böse ausrottet. Er steht für Dunkelheit und vernichtet auch die Welt, um sie wieder neu zu schaffen. Denn Shiva ist der große Yogi, der Gott der tiefen Versenkung und Askese, in welcher er die spirituellen Kräfte für eine neue Schöpfung sammelt.

Im Mythos bekämpft Shiva den Dämon der spirituellen Blindheit, Andhaka. Somit gewährt Shiva als Zerstörer der Weltlichkeit und Verkörperung der Entsagung spirituelle Weisheit.

Shivas asketische Anhänger

Oft wird Shiva als dunkelhäutiger Asket, im Yoga-Sitz auf einem Hirsch- oder Tigerfell sitzend, dargestellt. Er trägt, mit Schlangen gebundene, verfilzte lange Haare und um den Hals eine Kette mit Menschenschädeln oder Schlangen.

Sein wichtigstes Emblem ist der Dreizack (Trishula). Die Sadhus, eine Gruppe unter den Shiva-Anhängern, die der Welt entsagt haben, tragen einen Dreizack bei sich und richten ihn bei ihren Andachten (Puja) auf. Oft reiben sie ihren ganzen Körper, ausgenommen Hände und Füße, mit Asche aus Kuhdung ein, wenn sie ihren Gott preisen und sich spirituellen Übungen hingeben.

Parvati – Shivas Kraft

Shiva wird gewöhnlich in der Form der Phallussäule (Linga), als Sinnbild aller regenerativen Kräfte, in seinen Tempeln verehrt. Der Linga wird zwar als Phallus dargestellt, ist aber ein Symbol des unsichtbaren, aber allgegenwärtigen und alles durchdringenden Raumes. Er ist ein sichtbares Symbol für die letztendliche Realität, in welcher das Universum eingebettet ist, die aber auch in jedem Menschen anwesend ist.

Shiva ist das Ruhen des klaren Geistes. Die Urenergie der Schöpfung, die mit dem Bild des Linga verbunden ist, kommt von seiner

Linga und Yoni

Dargestellt wird Shiva meist als Phallus (Linga), eingebettet im schalenförmigen weiblichen Geschlechtsorgan (Yoni) seiner göttlichen Gefährtin, der Quelle aller Erscheinungen. Der Shiva-Linga im Yoni-Sockel symbolisiert die Vereinigung vom männlichen mit dem weiblichen Prinzip in ihrer kosmischen Ganzheit. Man nennt Shiva auch Mahadeva (»der große Gott«) oder Mahayogi (»der große Yogi«) oder ruft ihn bei einem anderen seiner 1008 Namen an. Im Ekambaranthar-Tempel in Kanchipuram (Südindien) stehen 1008 Shiva-Lingas in Yoni-Sockeln, so viele wie der Gott Namen hat. Rituelle Handlungen um Linga und Yoni gehören zu den wichtigsten Verehrungsformen.

Eine endlose Reihe von Shiva-Lingas und Yonis läuft auf einem Sockel wie ein Band um den Ekambaranthar-Tempel von Kanchipuram.

SYMBOLE DES OSTENS

Kali – die schwarze Shakti

Shakti in der Form der Kali ist das Symbol der sich ständig erneuernden Zeit. Sie zerstört, weil aus Zersetzung und Auflösung der Keim des Lebens hervorgeht. Sie verkörpert Schöpfung, Erhaltung und Vernichtung. Kali als Auflöserin bestehender Gefüge und Ordnungen wird schwarz dargestellt. Im Mahanirvana-Tantra heißt es von ihr: »So wie alle Farben im Schwarz verschwinden, so verschwinden alle Namen und Formen in ihr.« Ihre Nacktheit deutet daraufhin, dass sie von allen Illusionen befreit ist. Das Mysterium des Todes, welches das Leben einschließt, wird in ihrem aufgelösten Haar symbolisiert. Als ursprüngliche, unbegrenzte Energie weckt sie im kosmischen Drama Shiva, den reglosen Betrachter.

Gefährtin Parvati, die entsprechend als Shakti (»Kraft«) bezeichnet wird. Sie erscheinen nur getrennt, sind jedoch in Wahrheit immer eins. Es gibt keinen Shiva ohne Shakti, keine Shakti ohne Shiva. Ihre Vereinigung ist der natürliche Zustand.

Zusammen mit Shakti wird Shiva zum transzendenten Absoluten. Eigentlich ist sie der weibliche Aspekt seiner göttlichen Ganzheit, in welcher er bisweilen als halb männliche halb weibliche Figur (Ardhanarisvara) dargestellt wird.

Die zusammenwirkenden Gegensätze

Die Wirklichkeit ist eine unteilbare Ganzheit, sie ist Shiva-Shakti. Das Mysterium des Zusammenspiels der schöpferischen Kräfte und ihrer Wesensgleichheit fand auf dem Hintergrund der Lebenslust der indischen Gesellschaft ihren Ausdruck in sinnlich-erotischen Bildwerken. Es sind Symbole des universellen wie des individuellen Lebens, die unaufhörliche Wechselwirkung zusammen schaffender Gegensätze. Die Bildnisse der sexuellen Vereinigung in Yogapositionen sind Darstellung der Differenzierung des Absoluten in den konträren, aber doch zusammenwirkenden Gegensatzpaaren Shiva und Shakti: Gott und Göttin als Selbstenthüllung des Absoluten – dem Anschein nach Gegensätze, im Wesen eins.

Die Macht des Alls

Das Symbol der Göttin ist die Yoni, der Mutterschoß des ewigen Werdens. Als Shakti nennt man sie die Macht des Alls und sie tritt uns in vielen Namen und Erscheinungsformen entgegen.

Besonders häufig zeigt sie sich in ihrer Form als Kali (»die Schwarze«). Dann ist sie die Shakti als erzürnte Mutter, die grimmig das Schwert schwingt, mit dem sie die Dämonen vernichtet. In der sexuellen Vereinigung liegt Shiva reglos ausgestreckt wie ein Leichnam unter seiner wilden Gefährtin Kali.

Philosophische Konzepte

Hinter den Darstellungsformen von Shiva und Shakti stehen das Männliche (Purusha) und Weibliche (Prakriti) als kosmologische Prinzipien. Prakriti (»Materie«, »Natur«), die Urmaterie des Universums, besitzt drei Grundeigenschaften (Gunas): Sattva, das Reine und Feine, Rajas, Kraft und Aktivität, Tamas, Trägheit und Schwere. Befinden sich die Gunas in perfektem Gleichgewicht, gibt es keine Schöpfung. Erst die Störung dieser harmonischen Struktur der Urmaterie bringt die Manifestation der äußeren Welt mit sich. Die Störung erfolgt durch die Verbindung von Prakriti mit Purusha (»Mensch«), wobei Purusha als das kosmische Bewusstsein unbewegt die ewigen Wandlungen der Prakriti betrachtet. Purusha repräsentiert den inaktiven männlichen Aspekt der Dualität. Erst durch sein aktives weibliches Gegenüber manifestiert er sich selbst.

In dieser volkstümlichen Plastik in der »Halle der Helden« in Mandore wird Kali auf einem Tiger reitend dargestellt. Meist wird die Rächerin Kali mit schwarzer Hautfarbe gezeigt. Hier wird ihre Grausamkeit durch die Trophäe des abgeschlagenen Hauptes des Dämons demonstriert.

SHIVA UND SHAKTI

Tantra – der Weg der Vereinigung

In der tantrischen Tradition des Yoga wird die Erlösung durch Auflösung dieser beiden Energien in Askese, geistigen Übungen und ritueller sexueller Vereinigung angestrebt. Ziel des Tantra ist es, selber eine Einheit zu werden, die Zusammengehörigkeit der Polaritäten zu erfahren. Die Verwirklichung dieser Einheit wird als ekstatische Seligkeit (Ananda) beschrieben.

Die Fassade des Kandariya-Mahadeva-Tempels in Khajuraho zeigt zahlreiche »Asanas«, teilweise sehr komplizierte sexuelle Yoga-Stellungen.

SYMBOLE DES OSTENS

Als Tantras werden die Lehrtexte einer religiösen Strömung bezeichnet, die großen Einfluss auf Hinduismus und Buddhismus besaßen. Der indischen Lehre entsprechend lasse sich für Mann und Frau »Erlösung« in der sexuellen »Wiedervereinigung« zu einem ursprünglich ungeteilten Ganzen finden. (Albumblatt zur Liebeskunst des Tantrismus, Indien, um 1800)

Tantra (»Gewebe«) ist eigentlich eine Gruppe von Texten mit religiösen Unterweisungen, in deren Mittelpunkt die Götter und ihre weiblichen Shaktis stehen.

Im engeren Sinn wird die Kennzeichnung »Tantra« auf Werke und Lehrgebäude von Sekten angewendet, in denen Shakti als Kraft verehrt wird, die alles Leben ermöglicht und das Universum erhält. In diesen so genannten Shakta-Sekten wurden die sexuelle Symbolik und die damit verbundenen sexuellen Praktiken entwickelt.

Es gibt indes verschiedene Ausformungen des Shaktismus. In manchen wird die sexuelle Darstellung nur als Symbol für innere meditative Prozesse aufgefasst. Diesen Lehren geht es nur um geistige, nicht um körperliche Vereinigung.

SHIVA UND SHAKTI

Eine der zahlreichen Mithuna-Gruppen auf der Fassade des Kandariya-Mahadeva-Tempels in Khajuraho. Die Paardarstellungen verdeutlichen den Heilsweg mit Hilfe der magischen und orgiastischen Praktiken.

Die Anhänger der Shakti

Der Shaktismus entstand in Bengalen, im Nordosten Indiens, auf der Grundlage des muttergöttlichen Kults um die Gattin Shivas. Aus der Verehrung wurde eine regelrechte Glorifizierung des weiblichen Prinzips mit starken erotischen Aspekten. Jene Form des Tantra, in der sexuelle Praktiken gepflegt werden, geht davon aus, dass durch Ausübung von Yoga-Stellungen (Asana) in Vereinigung mit einem Partner die Kundalini-Shakti, die als Schlange symbolisierte kosmische Energie im Körper, entfaltet und zur geistigen Energie der Befreiung verwandelt werden kann. Der Weg des Tantra gründet in der Ansicht, dass die körperliche Sexualität ein Vehikel für die Befreiung vom Rad der Wiedergeburten werden kann. Die Rituale der sexuellen Vereinigung als besondere psycho-physische Meditationsübungen spielen dabei eine wesentliche Rolle.

Genuss und Befreiung

Im Tantra-Yoga werden subtile energetische Prozesse in Gang gesetzt, die eine Verwandlung des Leibes zum Ziel haben. Es wird die Synthese der gegensätzlichen Werte Genuss (Bhoga) und Befreiung (Kaivalya) angestrebt. Das Prinzip der sinnlichen Lust wird in den Dienst der spirituellen Entwicklung gestellt. Der weiblichen Partnerin kommt die dynamische Rolle zu, da sie im tantrischen Ritual als Verkörperung der Shakti gilt. In speziellen Ritualen wie dem Kumari-Puja (»Opferritual durch eine Jungfrau«) oder dem Shakti-Upasana (»Sich-Versenken in die Shakti«) erfolgt ihre symbolische Identifizierung mit der Göttin.

Das kosmische Liebesspiel

Die Tempel von Khajuraho in Zentralindien finden sich die eindrucksvollsten Beispiele der künstlerischen Darstellung der schöpferischen Wechselwirkung von männlichem und weiblichem Prinzip in symbolischen Formen des Liebesspiels. Die ineinander verschlungenen Figuren in unkonventionellen und komplizierten Koitus-Haltungen (Mithuna) zeigen, dass der tantrische Weg der Befreiung nicht bloß sinnliches Vergnügen beinhaltet, sondern einen schwierigen Pfad darstellt. Die Fassade des Kandariya-Mahadeva-Tempels (950–1050 n. Chr.) ist Shiva und dem kosmischen Spiel der Vereinigung von Purusha und Prakriti gewidmet. Die von unzähligen Figuren überbordende Außenseite spiegelt die phänomenale Welt wider. Das Innere des Tempels ist hingegen der schmucklose dunkle Schoß (Garbhagriha), aus dem alle Erscheinungen hervorgehen.

SYMBOLE DES OSTENS

Die Gottheit im Stein

Vor dem Strandtempel von Mahabalipuram in Südindien steht diese Darstellung eines Linga (Phallussäule), die Shiva repräsentiert.

GOTTHEIT IM STEIN

Seit der Eisenzeit (ab ca. 1400 v. Chr.) galten jene rätselhaften, vom Himmel auf die Erde gefallenen Steine, die Meteoriten, als von einer Aura des Heiligen umgeben. Sie kamen direkt vom Sitz der Götter. Die Menschen glaubten, im rohen Stein aus dem Himmel sei die Gottheit anwesend.

Wunderbare Steine

Die Idee vom transzendenten Gottesbild im Stein hat sich über viele Jahrhunderte als Thema erhalten. Als die Römer im 2. Jahrhundert. v. Chr. nach Pessinus (das heutige Ballihisar) in Kleinasien kamen, um das Bild der dort verehrten großen Muttergöttin zu holen, erhielten sie einen Stein, der vom Himmel gefallen sein soll. Das einzige Idol, das der Islam aus der Zeit des altarabischen Heidentums übernommen hat, ist der Hadschar al-aswad (»schwarzer Stein«), der in der Kaaba in Mekka eingemauerte Meteorit. Im antiken Aphrodite-Heiligtum in Paläa Paphos, dem heutigen Koúklia auf Zypern, verehrte man die Anwesenheit der Gottheit in einem rohen, schwarzen Stein.

Die Heiligen im Stein

Noch in der Zeit des aufkeimenden wissenschaftlichen Geistes in der Renaissance begegnen uns im Westen eigentümliche Ausläufer dieses Glaubens.
Der Jesuitenpater Athanasius Kircher (1601–1680) zeigt in seinem berühmten Werk »Mundus Subterraneus« – eine groß angelegte Naturgeschichte von Welt und Kosmos auf dem neuesten Stand des damaligen Wissens – angeblich zufällig gefundene Steinformationen, die Heiligenfiguren und christliche Symbole darstellen.

Das aus sich selbst existierende Bild

Heute noch verehren die Inder ihre Götter in rohen meist ei- oder kegelförmigen Steinen. Man spricht von einem Svayambhu murti, einem »aus sich selbst existierenden Bild«. Svayambhu wird im Schöpfungsbericht des Manu, des Stammvaters der Menschen, als die unerklärliche erste Ursache beschrieben: der aus sich selbst Seiende, der aus Brahma hervorgegangen ist.
Gemeint ist, dass die Dinge der Erscheinungswelt aus sich selbst existieren, weil in ihnen die Kraft der Idee verborgen liegt. Die Steine stellen das Hiranyagarbha (»goldenes Ei«) dar, das in den alten vedischen Texten als die Form des Anbeginns beschrieben wird, das Himmel und Erde in sich enthält und zugleich das belebende Prinzip darstellt.

Bilder von Heiligenfiguren, hier die heilige Jungfrau mit dem Gotteskind, begleitet von einem vogelartigen Wesen, sollen – angeblich zufällig – auf Steinen erschienen sein. Die Abbildung ist aus Athanasius Kirchers Werk »Mundus Subterraneus« entnommen.

Der Stein Shivas

Von besonderer Bedeutung sind Svayambhu Lingas. Das sind ei- oder phallusartige glatte Steine, die meist in heiligen Flüssen gefunden werden. Sie gelten als aus sich selbst existierende Repräsentation des Gottes Shiva. In speziellen Zeremonien werden diese Steine zu Lingas verwandelt und sind fortan eine Wohnstatt des Gottes Shiva.
Als künstlerische Darstellung ist der Linga ein flammenumkränzter stilisierter Phallus, aus dessen Kern bisweilen Shiva hervorspringt.

Ähnlich wie die Linga-Säule symbolisieren die so genannten Kobra-Steine den höchsten Gott der Hindus, Shiva. Das Fruchtbarkeitssymbol wird häufig mit roten Punkten bemalt, sie sind Zeichen der höchste Kaste, der Bramanen und gleichzeitig Ausdruck tiefer Religiosität.

Der Jagannatha von Puri

Nicht nur in Steinen, auch in anderen rohen Materialien huldigen die Inder ihren Göttern. In Puri gibt es einen bedeutenden Kult um den Gott Vishnu als »Herrn der Welt« (Jagannatha). In seinem Heiligtum wird er als rohes, hölzernes Bildwerk verehrt. Einer Fassung der Legende zufolge stieß König Indradyumna von Avanti in einem Wald bei Puri, wo Vishnu als »Blauer Gott« verehrt wurde, auf einen Holzblock. Aus ihm fertigte der himmlische Architekt Vishvakarma drei Götter: Jagannatha, Balabhadra und Subhadra. Heute werden diese Gottheiten als einfache Holzpflöcke mit Armstümpfen und einem beinlosen Rumpf dargestellt. Augen und Mund sind mit Farbe aufgemalt.

SYMBOLE DES OSTENS

Ganges – der heilige Fluss

Die Ghats von Varanasi – die Kaitreppen am Ganges in Benares – sind das Ziel aller gläubigen Hindus.

GANGES

Ein Mythos im Ramayana, dem zweiten großen Nationalepos der Inder neben dem Mahabharata, berichtet, wie einst der heilige Agastya das Weltmeer verschluckte, um Dämonen zu vernichten, die in ihm lebten. Die Erde wurde trocken und alles Leben drohte zerstört zu werden. Die einzige Möglichkeit, die Erde zu retten, sah der fromme König Bhagiratha darin, die Götter zu bewegen, den himmlischen Strom, der wie die Milchstraße im Firmament schwebte, auf die Erde zu senden.

Ein frommer Sadhu bei sakralen Gesängen in einem Ashram in Hardwar.

Bhagiratha, der spirituelle Held

Ein Jahrtausend lang unterzog sich der legendäre Bhagiratha am Shiva-Heiligtum von Gokarna in Südindien strengsten Kasteiungen. Durch die spirituellen Kräfte, die Bhagiratha angesammelt hatte, offenbarte sich ihm schließlich der Schöpfergott Brahma und willigte ein, den Ganges auf die Erde herabsteigen zu lassen. Doch einfach war dieses gigantische Unterfangen nicht. Die enormen Wassermassen, die auf die Erde stürzen würden, könnten sie spalten und endgültig vernichten. Deshalb musste auch Shiva, der göttliche Yogi und Vorbild aller Asketen, zur Zusammenarbeit bewogen werden.

Bhagiratha beschwört Shiva

Einsam saß Shiva in vollkommener Meditation auf einem Gipfel im Himalaya. Bhagiratha musste also erneut eine spirituelle Heldentat vollbringen, um den unnahbaren Gott zur Mitarbeit zu bewegen. Er begab sich in den Himalaya, ernährte sich lediglich von dürren Blättern und Wasser und nahm ein Asana ein, eine Körperhaltung des Yoga, die als Urdhavabahu bekannt ist. Starr wie eine Säule auf einem Bein stehend, die Arme über dem Kopf mit ineinander verschränkten Fingern, sammelte er seine Konzentration. Ein berühmtes Relief in Mahabalipuram, einem kleinen Ort nahe Madras, zeigt Bhagiratha in Yogastellung vor dem Tempel in Gokarna. Es ist der Moment, in dem im Inneren des Tempels Brahma erscheint. Darüber erkennt man die Szene, in welcher Bhagiratha, vom Fasten abgemagert in stehender Yoga-Position Shiva beschwört. Als riesenhafte Gestalt mit gewaltig aufgetürmten Haaren und vier Armen offenbart sich Shiva neben ihm.

Der himmlische Fluss kommt auf die Erde

Shiva ließ sich von so viel Hingabe überzeugen und willigte in die Mitarbeit an dem kosmischen Unternehmen ein. Der Gott flocht

Vor den Augen der Menschen und der verschiedensten Tiere, darunter eine Herde heiliger Elefanten, findet die Herabkunft des Ganges statt. (Relief aus dem 7. Jahrhundert in Mahabalipuram)

Die Herabkunft des Ganges

In Mahabalipuram in Südindien befindet sich eine der eindrucksvollsten Reliefdarstellungen aus dem frühen 7. Jahrhundert n. Chr. Ein riesiger Felsblock wurde mit der Darstellung der Herabkunft des Ganges in Form einer fortlaufenden Erzählung bedeckt. In der Mitte scheint der herabströmende Fluss den Felsblock zu spalten. In ihm schwimmen majestätisch ein Schlangenkönig und eine Schlangenkönigin dankbar in anbetender Haltung. Von überall eilen Götter, himmlische Wesen, Dämonen, Menschen und Tiere herbei, um das Ereignis zu bestaunen. Das Relief ist ein Ausdruck der hinduistischen Überzeugung, dass alles in der Welt durchdrungen ist von einer Leben spendenden Energie. Es ist auch ein Ausdruck für das große Schauspiel der Entfaltung von Gottes Maya – die illusionären Ströme der sich ewig verwandelnden Lebenssubstanz.

SYMBOLE DES OSTENS

Riten der Pilger

Die Pilger, die nach Varanasi kommen, um im Erlösung spendenden Ganges zu baden, umrunden erst die alte Stadtbegrenzung, die den Madhyameshvara-Tempel im Abstand von ca. 16 Kilometern umschloss. Sechs Tage dauert die heilige Umgehung (Pradakshina) der Stadt, die am Ufer des Ganges am Manikarnika Ghat begonnen wird und nach 60 Kilometern Fußmarsch auch dort wieder endet. Das Umland von Varanasi galt als heilig und frei von Sünden. Es wird mit einem rettenden Schiff verglichen, mit dem man den Ozean der Seelenwanderung überqueren kann. Die über Jahrtausende von Erdenexistenzen angesammelten Konsequenzen aus allen Handlungen (Karma) werden mit einem Bad im Ganges in Varanasi vernichtet.

Nach der anstrengenden Reise und dem langen Fußweg um die alte Stadtbegrenzung ist für die Gläubigen schließlich mit dem rituellen Bad im Ganges das eigentliche Ziel ihrer Pilgerfahrt erreicht.

seine langen Asketenlocken zu einem Turm und stellte sich so unter die Stelle, wo der Ganges auf die Erde stürzen sollte. Sein Haar verzögerte die ungeheure Kaskade und das Wasser floss gedämpft zum Himalaya herab und ergoss sich in die weite Ebenen Nordindiens. Für diese Tat erhielt Shiva den Beinamen Ganga-Dhara (»den Ganges haltend«).

Orte der spirituellen Einkehr

In der mythischen Erzählung von der Herabkunft des Ganges wird die Kraft verherrlicht, die durch spirituelle Übungen erlangt werden kann. Selbst die höchsten Götter lassen sich auf diese Weise zu bedeutenden Taten gewinnen. Darum steht der Ganges seit frühesten Zeiten mit spirituellen Anstrengungen in engster Beziehung. Entlang des Ganges liegen viele heilige Orte mit ungezählten Ashrams, Zentren für religiöse Studien und Meditation. Hardwar und Rishikesh am Oberlauf des Ganges, wo sich der heilige Fluss in die Ebene ergießt, gelten als besonders heilig. Dort halten sich zahlreiche Sadhus auf, die der Welt entsagt haben, um sich ganz auf ihre spirituellen Übungen zu besinnen. Aber auch viele andere Hindus kommen hierher, um eine Zeit der Einkehr zu verbringen. An den Ufern des Ganges sieht man sie in Meditation versunken, ganz dem Zauber des Flusses und den Mythen, die sich um ihn ranken, hingegeben.

Das rituelle Bad im Ganges

Den größten Zustrom an Pilgern verzeichnet indes Varanasi (Benares) am Unterlauf des Ganges. Noch vor Sonnenaufgang steigen die Gläubigen Hindus die Ufertreppen (Ghat) hinunter, um im heiligsten ihrer Flüsse zu baden. Bis zur Brust im Fluss stehend, das entrückte Antlitz der aufgehenden Sonne zugewandt, gießen sie sich das segensreiche Wasser übers Haupt, streuen der Flussgöttin Ganga Blumen in den Schoß, führen rituelle Waschungen durch und trinken von dem bräunlichen Nass. Gelingt es einem Frommen nicht in jüngeren Jahren den heiligen Ort aufzusuchen, so will er hier sterben. Auf dem Sterbelager erhält

GANGES

der Gläubige einen Schluck heiliges Gangeswasser, dann flüstert ihm der Gott Shiva selbst ein mächtiges Mantra ins Ohr, durch das er die Befreiung erlangen kann. Am Ufer des Ganges werden die Leichen verbrannt, ihre Asche wird in den Fluss geworfen.

Gangeswasser und Brahmanen

Auf den Ghats von Varanasi haben sich die Brahmanen, die Mitglieder der Priesterkaste, eingerichtet. Unter den Sonnenschirmen, Symbole ihres Standes, predigen sie über Gottesverehrung und legen die heiligen Schriften aus für alle, die ihnen lauschen wollen. Überall wird Wasser aus dem Fluss abgeschöpft, um es nach Hause mitzunehmen. Ohne Gangeswasser ist jeder rituelle Gottesdienst (Puja) der Hindus undenkbar.

Brahma erscheint Bhagiratha in Gokarna. Relief aus dem 7. Jahrhundert n. Chr. in der Tempelanlage von Mahabalipuram, Südindien.

Geschützt von Sonnenschirmen verbringen die Angehörigen einer Brahmanenfamilie einen Tag an den Ufern des Ganges. Ob arm oder reich, das Bad in den Fluten des Ganges scheint die immer noch herrschenden starren Grenzen zwischen den verschiedenen Kasten aufzuheben.

331

SYMBOLE DES OSTENS

Das Reittier des Schamanen

Ein sibirischer Schamane mit der Trommel beim Schamanisieren. Die Aufnahme stammt zwar vom Beginn des 20. Jahrhunderts, diese schamanistische Tradition wird jedoch bei den mongolischen Stämmen Sibiriens noch heute praktiziert.

Wenn sich Schamanen auf ihre Flüge in die Ober- und Unterwelt begeben, dann reiten sie auf einem mit ihnen verbündeten Tier. Diese überlieferte und sehr alte Vorstellung tritt uns bereits auf steinzeitlichen Höhlenmalereien entgegen. Von ihr übernahmen schon die Menschen der Antike die Auffassung, die Magier würden auf dem Rücken von Tieren und Holzstecken ins Jenseits fliegen.

Die magische Trommel
Im Diesseits erscheint die Trommel als das Reittier des Schamanen. Mit Hilfe dieses magischen Instrumentes reitet er, wann immer er will, in das jenseitige Reich. Für Heilungen, Riten und Wahrsagen, den Aufgaben des Schamanen, sind diese Reisen unabdingbar. Um zum schamanischen Reittier zu werden, muss die Trommel des Schamanen aber erst belebt werden. Herstellung und Belebung der

Ein alte mongolische Schamanin aus der Provinz Khövsgol begleitet ihre Beschwörungsformeln bei der Heilungszeremonie für ein krankes Kind mit einem monotonen Rhythmus auf ihrer Trommel.

REITTIER DES SCHAMANEN

Der Hymnus zur Lebenserweckung

Im Hymnus zur Lebenserweckung seiner Trommel singt der Schamane der sibirischen Jakuten: »Meine Zeit ist jetzt gekommen, in ein Reittier dich zu wandeln!« Dann erzählt er in Einzelheiten, in welche gefahrvollen über- und unterirdischen Bereiche dieses Ross ihn tragen soll. Unter anderem heißt es da:

»Trommel wie ein runder See, der sogleich zu Eis erstarrt ist,

Dich verwandeln meine Worte in ein Ross von Heldengröße,

Und ein Pferd von großer Schnelle wird geschaffen aus der Trommel.«

Dann schwingt der Schamane den Schlägel auf dem gekrümmten Rücken seines Pferdes (der Trommel) und reitet mit seinen tierischen Verbündeten in die jenseitige Welt.

Trommel sind bedeutende Ereignisse im Leben des Schamanen.

Die Belebung der Trommel

Der Rahmen für die Trommel wird aus dem Stamm eines Baumes (meist einer Birke oder einer Lärche) geschnitten, der an einem geweihten Ort steht. Symbolisch gesehen ist dies der Weltenbaum im Zentrum des Universums, dessen Zweige in die Oberwelt und dessen Wurzeln in die Unterwelt ragen. Sobald die Trommel unter bestimmten Riten durch die Angehörigen seiner Sippe fertig gestellt ist, erhält sie der Schamane, um sie zu beleben. Im Belebungsritus der sibirischen Völker erzählen der Trommelreif und das Fell durch den Mund des Schamanen ihr früheres Leben als Baum und als Tier. Auf diese Weise werden sie wieder zum Leben erweckt. Mit dem Hirschen oder dem Rehbock, dessen Fell über den Rahmen gespannt ist, bleibt der Schamane zeit seines Lebens eng verbunden. Das birgt auch Gefahren. Denn erfährt ein feindlich gesinnter Schamane, wo sich das belebte Trommeltier befindet, kann er es töten und dadurch den Schamanen vernichten. Deshalb schickt der Schamane das rituell belebte Tier in die unendlichen Weiten der Taiga, wo es nicht mehr aufgespürt werden kann.

Pferd und Bär

Das Trommeltier wird durch den Belebungsritus zum wichtigsten Verbündeten (Hilfsgeist) des Schamanen, zu seinem Reittier für Reisen in die Anderswelt. In den Hymnen des Lebenserweckungsritus wird es als Pferd beschrieben. Bisweilen ist auch der Bär das Reittier des Schamanen. Bei vielen Volksstämmen galt der Bär als kein gewöhnliches Tier, er besitze vielmehr eine menschliche Seele. Unter nordamerikanischen Indianern ist der Bär als Totemtier und als Wächter in Tiergestalt weit verbreitet. Die Schamanen des sibirischen Stamms der Vogulen nehmen Fliegenpilze zu sich, um sich in einen Bären zu verwandeln. Auf einer sibirischen Felszeichnung ist ein Samojeden-Schamane zu sehen, der zum Rhythmus seines Trommelschlags auf dem Rücken eines Bären ins Land der Toten reitet. Astwerk und Geweih weisen ihn als Verwandelten aus.

Die Trommel eines Schamanen der Tibtibe, einem Stamm in Zentralasien. Über einen Holzrahmen mit pfeilartigem Handgriff werden die Tierfelle gespannt, die Trommel wird mit einem Krummstecken geschlagen. Häufig werden die Trommelfelle mit Darstellungen der Welten bemalt, die der Schamane auf seinen Reisen besucht oder geschmückt mit Bildern von Opfergaben oder Kraft-, Geister- und Reittieren.

333

SYMBOLE DES OSTENS

Yin und Yang – das Wechselspiel der Kräfte

Die Philosophie des Yin und Yang, der Gedanke, das alles im Himmel wie auf Erden Teil eines Ganzen ist, durchdringt den chinesischen Alltag, vom Privatleben bis zu öffentlichen Zeremonien. Bevor sich diese kleine Gruppe Gläubiger in Peking versammelte, schritten sie über den Teppich im Vordergrund – symbolisch wies ihnen das »Yin-Yang«-Zeichen den Weg.

YIN UND YANG

Das Tao (»Weg«) ist für die Chinesen das allumfassende erste Prinzip jenseits aller Vorstellungskraft. Namenlos und unbenennbar manifestiert sich dieser geheimnisvolle Urquell des Seins in zwei polaren Kräften mit den Namen Yin und Yang. Sie wirken in allen Dingen. Von der Bedeutung her war Yang ursprünglich die Bezeichnung für den südlichen, der Sonne zugewandten Hang eines Berges. Man brachte ihn mit Helligkeit und Wärme in Beziehung. Im Gegensatz dazu verstand man den der Sonne abgewandten Hang des Berges als Yin. Er wurde mit trübem Wetter und wolkenverhangenem Himmel assoziiert.

Mythische Wurzeln

Ein alter chinesischer Mythos zu Yin und Yang erzählt von Fu Hsi, dem ersten der drei erhabenen Kaiser, der im 3. Jahrtausend v. Chr. regiert haben soll. Fu Hsi war halb Mensch, halb Tier und hatte den Leib einer Schlange. Seine Gemahlin Nü-kua wurde als Schöpferin der Menschheit verehrt. Aus gelber Erde formte sie mit der Hand die Stammeltern der »Vornehmen«. Dann tauchte sie ein Seil in Schlamm und wirbelte es herum. Die auf den Boden fallenden Tropfen bildeten die Masse der armen und geringen Menschen. Nachdem diese Ordnung in die Welt gekommen war, vereinten sich Fu Hsi und Nü-kua als Paar. In dieser Vereinigung werden sie mit ineinander verschlungenen Drachenschwänzen dargestellt und stehen für die Zusammengehörigkeit der Gegensätze – für die zwei Entfaltungen einer ursprünglichen Kraft. Dergestalt repräsentieren sie auch das grundlegende Prinzip, das man in der späteren chinesischen Philosophie als Yin und Yang bezeichnet hat.

Philosophische Texte

Fu Hsi galt auch als der Erfinder der acht Trigramme, jener acht Zeichen, welche die Grundlage des berühmten Orakel- und Weisheitsbuchs I Ging (Buch der Wandlungen) bildeten. Die Trigramme bestehen aus jeweils drei Linien, denen die Qualität von Yang (durchgezogene Linie) oder Yin (unterbrochene Linie) zugewiesen wurde. In einem bedeutenden Kommentar zum I Ging, der wahrscheinlich im 4. Jahrhundert v. Chr. entstand, taucht zum ersten Mal die Bezeichnung Yin und Yang auf. Ausführlich wird die Entstehung aller Dinge aus dem Tao und dem Yin und Yang im philosophischen Werk Lü-shih ch'un-ch'iu, »Frühling und Herbst des Herrn Lü« aus dem dritten Jahrhundert v. Chr. erklärt.

Der ewige Wandel

Yin und Yang sind demnach in der chinesischen Vorstellung Gegensätze, die einander bedingen. Kein Yin ohne Yang und umgekehrt. Ihr Geheimnis ist: Sie gehören zusammen und sind doch getrennt. Alle Erscheinungen des Kosmos sind Ausdruck ihres ewigen, sich wandelnden Zusammenspiels. Wo Sonne (Yang) ist, da ist auch Schatten (Yin). Das Helle und das Dunkle, das Warme und das Kühle, Tag und Nacht, Mann und Frau, Leben und Tod. Alles, was existiert, erscheint polar. Nirgends in der phänomenalen Welt gibt es Stillstand. Alles ist einem ständigen Wandel unterworfen, verwandelt sich von einem Zustand in einen anderen.

Symbol des Wechselspiels

Diese Dynamik liegt im Wesen der zusammengehörenden Gegensätze selbst. Eine Erscheinungsform, die als Yin oder Yang angesehen wird, ist niemals ausschließlich Yin oder

Die polaren Kräfte

Dem Taoismus zufolge ist die aktivierende Kraft aller Erscheinungen die Bewegung von Energie zwischen den beiden Polen Yin und Yang. Als Erscheinungen und Eigenschaften werden dem Yin zugeordnet: die Erde, das Weibliche, das Passive, das Empfangende, die Nachgiebigkeit und die Dunkelheit. Als Symbole für Yin gelten das Wasser und der Mond, Tiger und Schildkröte, die Himmelsrichtung Norden, die Farbe Schwarz, das Element Blei und die geraden Zahlen. Yang steht für den Himmel, das Männliche, Schöpferische, Aktive und Helle. Seine Symbole sind Feuer und Sonne, der Drachen, die Farbe Rot, die Himmelsrichtung Süden, das Quecksilber und die ungeraden Zahlen.

Der Drache gilt in China als Yang-Symbol: aktiv, kräftig und, wenn es sein muss, auch zerstörerisch. Anders als im Westen, wo das Besiegen eines Drachens als Ausrottung des Bösen und Regentschaft über das Chaos gesehen wird, besetzte man das Fabelwesen in der Yin-Yang-Philosophie als positive Kraft.

SYMBOLE DES OSTENS

Eine Möglichkeit, die Energien im eigenen Körper auszugleichen, ist das Praktizieren von Qigong – meditativen Übungen, die den Fluss der Gegensätze aktivieren. In öffentlichen Parks in Peking verrichten die Bewohner immer wieder tägliche Übungen im Kreise Gleichgesinnter.

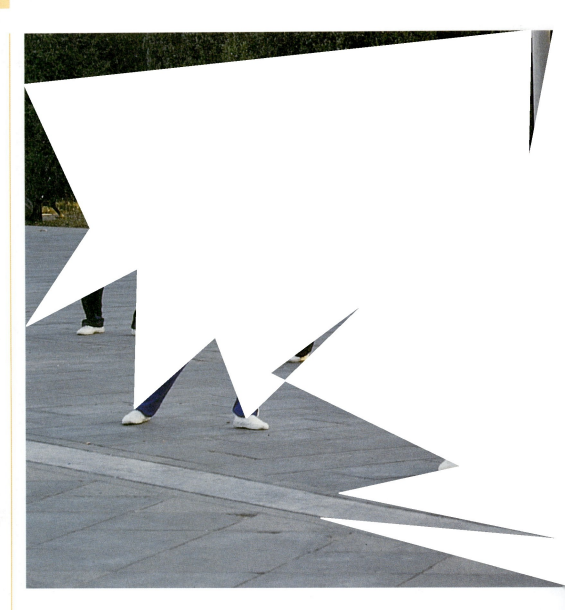

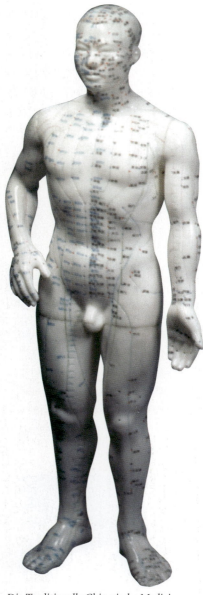

Die Traditionelle Chinesische Medizin macht sich die Vorstellung von Yin und Yang zunutze und teilt den Körper in so genannte Yin- und Yang-Meridiane ein. Diese Energiebahnen werden, je nachdem, was zur Herstellung des körperlichen Gleichgewichts von Yin und Yang benötigt wird, von Therapeuten aktiviert oder beruhigt.

Yang. Sie ist eine Mischung, in der wiederum die Kräfte von beiden in unterschiedlicher Ausprägung am Werk sind. Sie trägt immer einen Anteil des anderen in sich. Deshalb ist das Symbol für das Zusammenspiel von Yin und Yang ein S-förmig geteilter Kreis mit einer dunklen und einer hellen Hälfte, wobei sich in der dunklen ein heller und in der hellen ein dunkler Punkt befindet.

Entstehung des Universums

Durch ihr Wechselspiel und ihre Interaktion lassen Yin und Yang das Universum entstehen. Das ist die Bewegung des Tao. Aus der Vermischung der beiden Gegenpole gehen die fünf Elemente hervor: Wasser, Feuer, Holz, Metall und Erde. Gemeint sind damit Symbole und Kräfte für grundlegende Eigenschaften der Materie, nicht die tatsächlichen Stoffe. Aus den fünf Elementen schließlich gehen die »Zehntausend Dinge« (Wan-wu) hervor, – so wird im chinesischen Glauben die Gesamtheit der Erscheinungsformen im Universum genannt. Die Beziehung zwischen Yin und Yang und die Lehre der Fünf Elemente wurde im Übrigen in der als Yin-yang chia (»Schule des Yin-yang«) bekannten philosophischen Richtung im 3. Jahrhundert v. Chr. mit einer mystischen Zahlentheorie untermauert.

Yin und Yang in der Medizin

Nirgends wird die ewige Suche nach dem Gleichgewicht des Menschen im Universum und in seinem inneren Wesen deutlicher als im Tao-

YIN UND YANG

Der Mythos von Pan-ku

Der Legende zufolge hat der Weltschöpfer Pan-ku das Urchaos durch die beiden sich gegenseitig bedingenden Pole des Universums, Yin und Yang, überwunden. Das Chaos hatte die Form eines Hühnereis. Pan-ku trennte die Komponenten des Eis in leichte Yang-Elemente, aus denen der Himmel gebildet wurde, und in schwere Yin-Elemente, die zur Entstehung der Erde führten. Mit seiner Schöpfung wuchs Pan-ku zum kosmischen Urriesen. Jeden Tag entfernte sich der Himmel weiter von der Erde, 18.000 Jahre lang, und Pan-ku wuchs mit und füllte den Raum dazwischen aus. Nach seinem Tod entstanden aus seinen Körperteilen die Topographie der Erde und die Himmelskörper.

ismus. In ihm begründet liegt auch die Traditionelle Chinesische Medizin (TCM), in der das Konzept von Yin und Yang eine zentrale Rolle spielt. Wird der freie Fluss der Lebensenergie Qi über längere Zeit blockiert, kommt es zu einem Ungleichgewicht von Yin und Yang, was den Ausbruch von Krankheiten zur Folge haben kann. Ausschlaggebend ist es daher, im Körper eine harmonische Ausgewogenheit dieser beiden Kräfte zu erzielen. Sie ist die Basis für ein gesundes und langes Leben.

Harmonie im Körper

Das System einer stabilen Gesundheit in der TCM beinhaltet neben Ernährungsratschlägen und einem Tagesablauf im Zusammenspiel mit den Umweltgegebenheiten vor allem körperlich-geistige Übungen zur Harmonisierung der Körperenergie. Durch die gezielte Steuerung von Qi können Ungleichgewichte auf physischer und psychischer Ebene ausgeglichen werden.

Die Übungen selbst unterliegen ebenfalls dem Prinzip des Ausgleichs von Gegensätzlichem. Es gibt Übungen in Bewegung und Übungen in Ruhe. Männer trachten in fortgeschrittenen Übungen danach, das wahre Yin zu suchen und zu stärken – Frauen begeben sich auf den Weg zu ihrem wahren Yang.

Wer solchermaßen die Gegensätze in sich selbst findet und harmonisch miteinander leben lässt, hat schon viel für sein Wohlbefinden und für eine Zukunft in Glück und Harmonie getan.

Qigong-Kugeln, auch Klangkugeln genannt, werden oft mit dem Yin-Yang-Motiv hergestellt, um die Absicht, die hinter ihrer Anwendung steckt, zu verdeutlichen. Das ruhige Drehen der Kugeln in den Händen soll helfen, die Lebensenergie Qi in richtige Bahnen zu lenken sowie Yin und Yang zu harmonisieren.

337

SYMBOLE DES OSTENS

Kathakali – mythisches Tanztheater

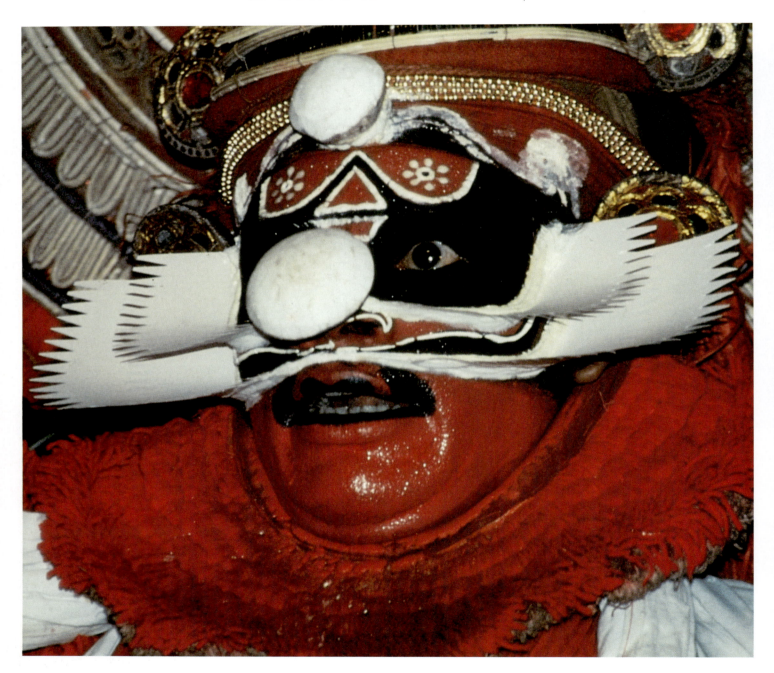

Beim indischen Tanztheater Kathakali treten Dämonen in Rot und Schwarz auf.

Abenteuerlich bemalte und luxuriös ausstaffierte Männer wirbeln über die Bühne zu einem energischen Trommel- und Zimbelrhythmus. Zur Singstimme aus dem Hintergrund entfaltet sich das kosmische Drama von Göttern und Dämonen, Helden und Bösewichtern. Dabei werden mit einer ganz besonderen Schauspielkunst, bei der nur die Augen und die Gesten »sprechen«, die Geschichten erzählt.

KATHAKALI

Dramatisches Mysterienspiel

Im 17. Jahrhundert war es Sitte, dass die indischen Rajas (Könige) lyrische Stücke und Tanzdramen schrieben, deren Themen sie den großen Epen Ramayana und Mahabharata entnahmen. Das Kathakali (»Tanzdrama«) geht auf eine solche vom Raja von Kottayam begründete Tradition zurück und wird heute noch im südindischen Staat Kerala gepflegt. Kathakali ist eine Art ausdrucksvolles Mysterienspiel, das einen Einblick in die mythische Seele Indiens gestattet. Reichhaltigkeit und Intensität der Aufführungen sind ein Spiegel für die intensive Lebendigkeit mythischer und religiöser Themen im indischen Alltag.

Erzählerische Gestik und Mimik

Das Kathakali entwickelte aus traditionellen Tanzformen einen eigenständigen Stil. Die alten Tempelrituale übten dabei ebenso einen bedeutenden Einfluss aus, wie das klassische Sanskrit-Schauspiel des Koodiyattam, bei dem komplexe Gesten und Minenspiele (Natyasashtra) im Zentrum des Spiels stehen. Durch die 24 wichtigsten Handgesten (Mudras) kann ein kompliziertes System von über 800 symbolischen Bedeutungen erzeugt werden.

Das perfekte Minenspiel, beispielsweise die gleichzeitige Darstellung von widerstreitenden Gefühlen wie Freundlichkeit und Zorn, wird durch unterschiedliches Spiel der Gesichtsmuskeln auf der rechten und linken Gesichtshälfte hervorgerufen.

Die Meisterschaft des Kathakali-Schauspielers erinnert an jene des Yogi, der es gelernt hat, sämtliche Muskeln seines Körpers seinem Willen zu unterwerfen. Tatsächlich beinhaltet die Ausbildung zum Kathakali-Tänzer Meditation und Yoga.

Allein indem der Darsteller ein Tuch sinken lässt, wird die Bühne zum Reich der Götter. Das Kathakali ist bei allem Reichtum der Kostüme eine sehr reduzierte Darstellungskunst, die mit der maskenhaften Stilisierung und mit ritualisierten Mitteln in Gestik und Bewegung arbeitet.

Der Schleier der Maya

Es gibt kein Bühnenbild, da Kathakali das Spiel der Götter und Halbgötter darstellt, die jenseits von Zeit und Raum existieren. Nach dem einleitenden Trommeln, welches das Ende der kosmischen Flut und den Anbeginn eines neuen Zeitalters bedeutet, lässt der Held langsam ein Tuch sinken: Der Schleier der Maya fällt, die illusionäre Lebenswelt der Menschen wird verlassen, man betritt das Reich der Götter. Das Schauspiel – eine faszinierende Veranschaulichung der mythischen Wirklichkeit – wird zur eigentlichen Realität, die Welt der Zuschauer in das Reich der Illusion verwiesen.

Masken der Götter und Dämonen

Beim Kathakali sind die Gesichter von Göttern, Helden und Königen immer grün bemalt und haben eine weiße Reispaste an den Rändern. Dazu tragen sie weiße stilisierte Bärte, während die Dämonen – Repräsentanten der Kräfte des Bösen – mit roten Bärten und weißen Oberlippenbärten sowie Knollen auf der Nase dargestellt werden. Ihre Gesichter sind vorwiegend schwarz. Alle männlichen Tänzer tragen lange silberne Fingernägel an der linken Hand und träufeln sich den ätzenden Saft einer Pflanze in die Augen, um diese zu röten. Die spirituelle und mysteriöse Atmosphäre des Spiels wird durch die spärliche einzige Beleuchtung von zwei Lampen aus Kokosnussöl auf großen Bronzeständern gesteigert.

Die Schauspieler des indischen Tanztheaters sind Meister des komplizierten Minenspiels. Nur durch den Einsatz von Augenbewegungen und der Beherrschung des Spiels der Gesichtsmuskeln können sie die unterschiedlichsten Gefühlszustände darstellen.

SYMBOLE DES OSTENS

Der Kompass der Meister des Feng Shui

Bei diesem Appartementhaus in Hongkong wurden »Freiräume« in der Architektur des Baus eingeplant, um den Energienfluss nicht zu blockieren.

FENG SHUI

Feng Shui – das Wissen um die Kräfte der Natur – verspricht Glück, Gesundheit, Erfolg und Reichtum. Die Geomantie, die chinesische Kunst von den räumlichen und zeitlichen Abläufen von Himmel und Erde, erlebt gegenwärtig im Westen eine Blütezeit. Durch die spezielle Gestaltung von Haus, Wohnung, Garten und Arbeitsräumen soll eine harmonische Atmosphäre entstehen, die Konflikte löst – oder besser gar nicht erst entstehen lässt.

Innere Harmonie durch äußere Harmonie

Die Mittel des Feng Shui können wichtige Impulse zu einer spirituellen Entwicklung nicht nur des Einzelnen geben, sondern auch die gesellschaftlichen Einstellungen nachhaltig beeinflussen. Die positive Energie in Räumen und Bauwerken, die durch die Anwendung von Feng-Shui-Gesetzen verstärkt werden kann, zieht so weitere Veränderungen nach sich. Doch der Gebrauch von Feng Shui – in der Praxis geschieht das z. B. durch das Umstellen von Möbeln, Aufhängen von Fächern, Spiegeln und Bambusflöten oder das Aufstellen kleiner Springbrunnen – macht aus einem Pessimisten noch keinen Erfolgsmenschen. Doch diese äußeren Veränderungen der eigenen Umwelt sind wertvolle Hilfsmittel für einen inneren Wandel. Wie überall gilt auch hier: Der Geist beherrscht die Materie und nicht umgekehrt.

Glück, Gesundheit und Erfolg

Die Ursprünge des Feng Shui entstammen der taoistischen Philosophie. Ähnliche Ideen gab es aber auch in anderen Teilen der Welt, in denen die Vorstellung akzeptiert wurde, dass die Atmosphäre eines Ortes das Wohlbefinden beeinflusst. Aus der Beobachtung der Natur entwickelten die Chinesen Richtlinien, mit deren Hilfe es möglich ist, so im Einklang mit den kosmischen und weltlichen Zyklen und Gesetzmäßigkeiten zu agieren und zu leben, dass sich Glück, Gesundheit und Erfolg wie von selbst einstellen. Hinter den beiden Worten »Feng Shui« – Wind und Wasser – verbergen sich eine eigene Astrologie und Numerologie, ein eigenes Maßsystem, eine Elementarlehre, ein magisches Quadrat, die Signaturlehre der Landschaft – das sind bestimmte ideale Landschaftsformen –, verschiedene Farbenlehren, magische Praktiken und die Philosophie des I-Ging, einer 3000 Jahre alten Weisheitsdivination, die auf uralte schamanische Praktiken zurückgeht und deren Symbole den Ursprung des philosophischen Denkens bilden. Der Einfluss des Magnetfeldes Feng Shui geht davon aus, dass alles in unserer Umgebung uns entweder bei der Verfolgung unserer Lebensziele unterstützt oder behindert. Es gilt, diese Gesetzmäßigkeiten zu erkennen und für unser Leben anzuwenden.

Für die Anwendung der Feng-Shui-Regeln in der westlichen Welt wurden aus den teilweise unsystematischen Anweisungen asiatischer Feng-Shui-Lehrer verschiedene Formen der Lehre entwickelt. Einige der im Westen praktizierten Stilrichtungen benutzen einen Kompass, um die Energieströme zu bewerten, die durch ein Gebäude fließen. Für besonders einflussreich hält man dabei das Magnetfeld der

Ein Feng-Shui-Kompass, genannt Lo P'an, wird bei der Zuordnung bestimmter Bereiche einer Wohnung oder zur optimalen Ausrichtung eines Bauwerks verwendet, damit die positiven Lebensenergien ungehindert fließen können.

Mauerdurchbrüche ermöglichen den optimalen Fluss des Chi, der positiven Energien und den Abfluss der negativen Energien. Chi bewegt sich von Natur aus in gebogenen Linien wie das Wasser. Es sollte ungehindert durch ein Gebäude hindurchfließen können. Wird es eingeengt, so wird es schal und es stagniert. Ideal ist es, eine Umgebung zu schaffen, die Gemütsruhe, Gesundheit und Wohlstand fördert.

SYMBOLE DES OSTENS

Wasser spielt im Feng-Shui-Garten eine große Rolle. Fließendes Wasser bei Brunnen, aber auch kleine Teiche, die durch ihre Bepflanzung auch das Auge erfreuen, sorgen für den Fluss des Chi.

Teiche und Brunnen

Das Element Wasser in Form von Teichen, Brunnen und Wasserspielen prägt den Feng Shui-Garten ebenso wie ein ausgewogenes Spiel von Licht und Schatten. Der Kompass bestimmt auch die Architektur des Gartens, die sich nach den Himmelsrichtungen orientieren sollte. So eignen sich Beete in Dreiecksform besonders für einen nach Süden gelegenen Garten, während südwestlich ausgerichtete Grundstücke vom Element »Große Erde« bestimmt sind, in denen – wie in Japan – Steine und Kiesel als Umrahmung von Beeten dominieren sollten.

Erde, die Sonnenenergie und die Stellung der Planeten.

Fliegende Sterne

Die Kompassmethode beruht auf der Idee, dass die acht Richtungen auf einem Kompass acht unterschiedliche Formen der Energie repräsentieren. Ergänzt wird dieses Verfahren durch die Methode der Fliegenden Sterne, bei der ein Kompass auf die Vorderseite des Gebäudes gerichtet wird, um dessen Geburtsdiagramm zu erstellen, das durch das Baudatum festgelegt ist. Bei der Planung oder der Veränderung von Häusern, Wohnungen und Gärten können Feng-Shui-Berater durch ihre langjährigen Erfahrungen gute Ergebnisse erzielen, so dass sich das Wohlbefinden der Bewohner deutlich verbessert. Feng-Shui-Laien sollten anfangs bei einem einzigen System bleiben, um dessen Möglichkeiten und Grenzen kennen zu lernen. Erst dann empfiehlt es sich, andere Systeme zu erschließen.

Spannungsausgleich durch Yin und Yang

Nach traditioneller chinesischer Auffassung wird das gesamte Leben von der polaren Beziehung des Yin und Yang beherrscht, die auch im Feng Shui eine fundamentale Rolle spielt. Landläufig wird Yin als »das Weibliche« und Yang als »das Männliche« interpretiert. Es geht aber um viel grundlegendere Gegensätze, die sich etwa mit den bio-elektrischen Gegensätzen von negativer, passiv-empfangender Qualität des Yin und Yang als positive impulsaufnehmende und aktive Qualität beschreiben lassen. Erst wenn ein Spannungsausgleich zwischen den beiden Polen stattfindet, kann ein ausgewogenes Chi fließen.

Bei Wohnhäusern, die nach Feng-Shui-Prinzipien errichtet werden, wie hier ein Beispiel aus der süddeutschen Gemeinde Massing, werden schon bei der Planung »Störzonen« oder »Kraftlinien« berücksichtigt. Das trägt dazu bei, dass sich die Menschen in diesen Häusern wohlfühlen, dass sich Harmonie und Gleichgewicht einstellen, Vitalität und Widerstandskraft gegen Krankheiten aufgebaut werden können.

Chi als Lebensenergie

Nach den Vorstellungen der asiatischen Geomantie ist Chi der feinstoffliche Fluss von Energien, die alles im Universum miteinander verbinden. Im Fernen Osten ist das Verständnis und die Anwendung dieser Energieströme die Grundlage für traditionelle Heilmethoden. In China nennt man diese Energie Chi, in Japan Qi und in Indien Prana. Im Westen entspricht wohl das Wort »Lebensenergie« am ehesten diesen Vorstellungen.

Chi-Energie beeinflusst Stimmungen und Gefühle, den Organismus und damit das Wohlbefinden. Sie fließt durch Türen und Fenster, durchdringt aber auch Wände. Feng Shui soll dem Menschen helfen, einen angemessenen Platz in diesem natürlichen Strom von Chi-Energie zu finden, um seine Ziele und Träume zu verwirklichen.

Keine Probleme erfinden

Feng Shui ist nach den alten Lehren nur einer von vielen Faktoren, die das Leben des Menschen beeinflussen. Richtige Ernährung, familiärer Hintergrund und die allgemeine Lebenserfahrung bestimmen ebenso über Glück und Unglück, wie das Wissen um die Chi-Energie. Deshalb sollte Feng Shui keine Probleme erfinden, die nicht existieren. Wer in einer für ihn ausgeglichenen Umgebung lebt, sollte sich auf Feinabstimmungen beschränken und keine zu großen und aufwändigen Veränderungen vornehmen.

Wohnen am Energiepunkt

Massing in Süddeutschland hat als erste europäische Gemeinde ein Baugebiet nach den Vorstellungen des Feng Shui errichtet. Nachdem ein konventioneller Bebauungsplan von der

FENG SHUI

Bevölkerung nicht angenommen wurde, stieß eine Feng-Shui-Expertin im Gelände auf Erdstrahlen, Wasseradern und andere ungünstige Energien. Aus den ursprünglich 150 Grundstücken wurden danach 84 großzügig geschnittene Parzellen. Die Straßenführung verläuft herzförmig statt zuvor im rechten Winkel über negative Energiefelder. Die Bewohner leben inzwischen im Einklang mit den Feng-Shui-Prinzipien, die Bebauung ihrer Grundstücke und die Grundrisse der Häuser sind danach ausgerichtet: Auf dem »Energiepunkt« vor dem Haus empfängt sie eine Grünanlage, auf dem »Nullpunkt« befindet sich ein Teich.

In einem chinesischen Tempel wurde dieser runde Stein in den Fußboden eingelassen: Das Zeichen für die Harmonie der Kräfte von Yin und Yang ist von einer Darstellung des chinesischen Tierkreises umgeben.

Für gutes Feng Shui sorgen helle, luftige Räume, die belebende Energie von Pflanzen und Wasser (Springbrunnen). Pastellfarbene weiche Polstermöbel mit abgerundeten Kanten wirken beruhigend und beeinflussen das energetische Gleichgewicht. Harte, glänzende Materialien wie Keramik, Glas und Marmor wirken anregend. Aus einem Zimmer des nach Feng-Shui-Gesetzen eingerichteten Hotels Crown-Plaza in Hamburg stammt diese Aufnahme. Es zeigt Stühle vor (Mitte) und nach der Umgestaltung nach dem Feng-Shui-Prinzip.

343

SYMBOLE DES OSTENS

Die Terrakotta-Armee

Qin Shi Huangdi, der als erster Kaiser mit seiner Armee die Provinzen Chinas zu einem riesigen Reich vereinte, setzte sich und seinen Truppen ein unvergessliches Denkmal. Unter zehn Meter dickem Lössboden wurden seit 1974 Tausende von Ton-Soldaten ausgegraben.

Er war der mächtigste Mann, der jemals in China gelebt hat. Vor mehr als 2000 Jahren unterwarfen seine Krieger die Königreiche Han, Zhao, Wie, Chu und Qan.

Als »alles Land unter dem Himmel« besiegt war, ernannte sich der einstige König von Qin zum »Ersten gottgleichen Herrscher«: Qin Shi Huangdi. Fortan widmete er sich in seiner Regierungszeit (221–210 v. Chr.) dem Ausbau der Großen Mauer, der Anlage von Überlandstraßen und Kanälen, der Einführung einer einheitlichen Schrift und dem Aufbau einer tönernen Armee, deren insgesamt 8000 Soldaten den ersten chinesischen Kaiser auch im Jenseits bewachen sollten.

TERRAKOTTA-ARMEE

Soldaten des toten Kaisers

Erst 1974 entdeckten Bauern bei Xi'an bei Brunnenbohrungen Teile der Terrakotta-Armee. Nur wenige Meter unter der Erde verbarg sich auf einer Fläche von 14.000 Quadratmetern in drei Gruben eine Armee Tausender von Ton-Soldaten. In vorschriftsmäßiger Schlachtordnung

eines chinesischen Infanterieregiments aufgestellt, verharren die lebensgroßen Plastiken der Soldaten mitten im Marschieren, vor ihnen richten Bogen- und Armbrustschützen ihre echten Waffen auf eine fiktive Bedrohung, hinter der Infanterie folgen die mannsgroßen gepanzerten Kavalleristen, die ihre Pferde am Zügel führen und von überlebensgroßen Kommandooffizieren befehligt werden. Verblüffend individuell sind die Gesichtszüge der Kriegerstatuen, die das Grab des ersten gottgleichen Herrschers bewachen, das bei Archäologen längst als achtes Weltwunder gilt. Die tönerne Armee, die zu ihrem größten Teil noch unter der Erde verborgen ist, wirft mehr Fragen auf, als beantwortet werden können. War der Kaiser ein brutaler Ausbeuter, der Hunderte von Handwerkern für ein Projekt arbeiten ließ, das keinem praktischen Zweck diente? War er ein größenwahnsinniger Despot, der glaubte, mit einer Armee von Terrakotta-Soldaten noch im Jenseits als Imperator auftrumpfen und böse Geister besiegen zu können?

Palast im Acker

Geophysikern vom Bayerischen Amt für Landespflege gelang es im Sommer 2000, gemeinsam mit chinesischen Kollegen die bisher unerforschte Residenz des Kaisers Qin Shi Huangdi in der Nähe von Xi'an in der Provinz Shaanxi aufzuspüren. Mit Hilfe von Detektoren entdeckten sie unter dem Erdreich die architektonischen Strukturen eines riesigen Palastes.

Die Reste von Pfosten, Mauern und Gruben erstrecken sich über eine Fläche von rund 50 Hektar – das entspricht knapp 70 Fußballfeldern. Die Magnetogramme, die Veränderungen des erdmagnetischen Feldes aufzeichnen, bestätigen, dass die alten Berichte über die märchenhafte Prachtentfaltung am Hof des ersten chinesischen Kaisers der Wahrheit entsprechen.

Jede der 8000 Figuren aus Ton hat individuell gestaltete Gesichtszüge. Möglicherweise handelt es sich um tatsächliche Nachbildungen der kaiserlichen Soldaten.

Kriegserklärung aus dem Jenseits

Mit seiner Furcht vor der Macht der Geister war der mächtige Kaiser Qin Shi Huangdi tief in der Vorstellungswelt seiner Epoche verhaftet. So sehr er sich mit seinen politischen Maßnahmen zur Stärkung des Reiches als Realist erwies, so ängstlich lieferte er sich unsichtbaren Mächten aus. Seine Inspektionsreisen in die Provinzen besaßen neben der praktischen auch eine magische Funktion. Es galt, sich des Wohlwollens der guten Geister zu versichern, die bösen aber zu bekämpfen. So nahm der Kaiser ein Unwetter als Kriegserklärung aus dem Jenseits.

Nachdem seine Barke in einen Sturm geraten war, ließ er einen in der Nähe wachsenden Wald abholzen, denn Magier hatten ihm berichtet, dort befände sich das Grab eines ebenso mächtigen Herrschers, der ihm nach dem Leben trachte.

345

SYMBOLE DES OSTENS

Die Schlange

Schlangenbeschwörer behalten ihre Schlangen nur für eine bestimmte Zeit und lassen sie dann wieder frei. Sie behandeln sie mit Respekt als Abkömmlinge von einem göttlichen Stamm.

Die symbolischen Bedeutungen, die der Schlange in den verschiedenen Kulturen zugewiesen werden, reichen vom schrecklichsten Teufel bis zum höchsten Gott. Auf der mythischen Projektionsfläche der Menschheit nimmt sie sehr viele Positionen ein, weil die Schlange das Urbild vom Wandel des Bewusstseins darstellt.

Das erwachende Bewusstsein

In mythischen Erzählungen und Märchen verschiedener Kulturen bewacht eine Schlange einen Schatz in einer Höhle oder einem Brunnen. Es ist der tief im Unbewussten schlummernde höchste Geist. Die eingerollte Schlange steht für die untersten Evolutionsstufen des Bewusstseins. Sie kriecht auf der Erde und gehört noch ganz der materiellen Ebene an. Die aufgerichtete Schlange symbolisiert den Aufstieg des Bewusstseins zu höheren Ebenen. Seit den Zeiten Gudeas von Lagash (Babylonien, Ende des 3. Jahrtausends v. Chr.) kennt man das Bild der sich an einem Stab nach oben kringelnden Schlange. In dieser Zeit werden in Ägypten besonders häufig

Schlangen im Kopfschmuck vieler Pharaonenstatuen dargestellt. Es sind Bilder für das aufsteigende Bewusstsein, für hohe und höchste Stufen der Evolution des Geistes.

Das Erwecken der Schlangenkraft

In Indien ist die Kundalini (»die Zusammengerollte«) eine als Schlange bildlich dargestellte latente Energieform, die am unteren Ende der Wirbelsäule ruht. Durch die Übungen des Kundalini-Yoga wird sie erweckt. Sie richtet sich auf, während dabei die Energie entlang der Wirbelsäule nach oben strömt und höhere Zustände des Bewusstseins bis hin zur Erleuchtung hervorruft.

Der Schlangenstab des Hermes

Dieselbe Vorstellung wird durch den Caduceus, den Schlangenstab des Gottes Hermes oder Mercurius, symbolisiert, dessen Herkunft zweifellos in Asien liegt. Er zeigt einen von zwei Schlangen umwundenen Stab, an dessen Spitze ein Vogel oder ein Flügelpaar sitzt. Der Vogel symbolisiert das vollständig erwachte Bewusstsein. Er gehört der Welt des Leichten und Flüchtigen an, kann sich von der Materie befreien und in den grenzenlosen Raum der Freiheit vordringen. Die häufigste Darstellungsform ist jene, bei der die Schlangen sechs Windungen um den zentralen Stab beschreiben, entsprechend der sechs Chakras (Energiezentren), die von der Kundalini schlangengleich umwunden werden. Das letzte Chakra, mit dessen Aktivierung die Erleuchtung erlangt wird, befindet sich an der Stelle, wo die Schlangenköpfe einander anschauen und der Vogel sitzt.

Bei Homer trägt der Götterbote Hermes einen goldenen Zauberstab, mit dem er Menschen einschläfern und wecken kann. Erst später kam das sich um den Stab windende Schlangenpaar hinzu und schließlich wurde der so genannte Caduceus zum Berufszeichen des Apothekers. (Kupferstich 16. Jh.)

Dieser afrikanische Fetisch aus Nigeria zeigt eine Schlangengottheit, die in einem Kahn gerudert wird.

DIE SCHLANGE

Nagas – mythische Schlangengottheiten

In Indien sind die symbolischen Bedeutungen der Schlange vielfältig und allgegenwärtig. Vishnu, der Erhalter des Alls, ruht auf den Windungen Anantas, einer mächtigen Schlange, inmitten des gewaltigen Weltmeeres. Das Wasser, die Schlange und Vishnu sind drei Manifestationen der einzigen kosmischen Ursubstanz, jene unvergängliche Energie, die allen Formen des Lebens zu Grunde liegt. Nagas, mythische Schlangenwesen, behüten diese Lebensenergie, die in Quellen, Flüssen und Seen gespeichert ist. Sie leben im Patala, einer Region der Unterwelt, in mit Edelsteinen ausgelegten Palästen. Ihr König ist Vasuki. Dargestellt werden die Nagas meist mit menschlichem Gesicht, das auf den gespreizten Nacken einer Kobra gemalt ist. Besonders in Südindien verehrte man Schlangenprinzessinnen wegen ihrer außerordentlichen Schönheit. Dort wurden sie zu den Ahnfrauen einiger Dynastien. An den Portalen hinduistischer Tempel erhalten die Nagas die Funktion von Torwächtern (Dvarapala).

Diese Darstellung des Schlangenkönigs findet sich auf einem Relief aus Mahabalipuram (Südindien) und stammt aus dem 7. Jahrhundert.

SYMBOLE DES OSTENS

Über Lhasa, mitten auf dem »Roten Berg«, befindet sich der Potala-Palast, der einst die wohlbehütete Residenz des höchsten Religionsführers, des Dalai Lama, war. Prophezeiungen entsprechend wurden die abgeschiedenen Hallen in den 1950er Jahren vom kommunistischen China gestürmt – der Dalai Lama musste nach Indien flüchten, unzählige Kulturschätze wurden zerstört.

Lhasa – in einem Land vor unserer Zeit

LHASA

Selbst rational geprägte Menschen können sich der Faszination nicht entziehen, die von Tibets spirituellen Werten und den Symbolen seiner urtümlichen Religion ausstrahlt. Was ist das Berückende an diesem Land und seinen traumverlorenen Lehren? Von welchen Seelenkräften fühlen sich die Menschen angezogen? Die Antwort liegt sowohl in der Geschichte als auch in der Gegenwart dieses magischen Zauberreiches Tibet.

Das Dach der Welt

Atemberaubend ist der Anblick der hohen Bergriesen des Himalaya, wie sie majestätisch aus den silbrigen Nebelstreifen aufragen und Sonnenstrahlen aus dem tiefblauen Himmel auf die ewigen Schneefelder treffen. Begrenzt von trostlosen Hochebenen und gewaltigen Gebirgszügen ist Tibet mit durchschnittlich 4000 Metern das höchstgelegene Land der Welt. Abgeschieden von aller Zivilisation konnte sich eine religiöse Lebensweise bilden, die von bedrohlichen Geistern und Dämonen, wohlwollenden Göttern, okkulten Praktiken und naturverbundenen Ritualen beherrscht wird.

Überragende Sinnbilder dieser im Untergehen begriffenen Welt sind ein Gottkönig und eine heilige Stadt: der Dalai Lama und Lhasa.

Lhasa, der »Platz der Götter«, unterscheidet sich auf den ersten Blick kaum von anderen chinesischen Kleinstädten. Durch gesichtslose Vorstädte führen breite Straßen auf das Zentrum zu. Doch Lhasa ist nicht wie jede andere Stadt. Hoch auf dem alles überragenden Marpori, dem »Roten Berg«, erhebt sich weiß-rot strahlend der Potala-Palast, Wahrzeichen und Freiheitssymbol Tibets. Die ehemalige Residenz des Dalai Lama, des geistigen Oberhauptes des tibetischen Buddhismus, ist nur durch

Revolution in Tibet

Im Oktober 1950 überschritten Truppen der Volksrepublik China die Grenzen zu Tibet. Damit erfüllten sich uralte Prophezeiungen tibetischer Mönche, die das schwere Schicksal dieses frommen Volkes vorausgesagt hatten. Die maoistische Kulturrevolution, die Religion als »Opium für das Volk« bezeichnete, vertrieb fast alle der insgesamt 600.000 Mönche und Nonnen gewaltsam aus ihren buddhistischen Klöstern, fast 11.000 von ihnen wurden bei lebendigem Leibe vergraben oder zu Tode gefoltert. Der Dalai Lama, ihr religiöser und weltlicher Führer, musste schließlich 1959 aus Tibet ins indische Exil fliehen und den Potala-Palast verwaist zurücklassen. 1987 kam es in Lhasa zu einem Mönchsaufstand gegen die Unterdrückung, der von den chinesischen Besatzern blutig niedergeschlagen wurde.

Im landschaftlichen wie kulturell überaus interessanten Tibet schwelt ein Religionskonflikt, der auf die chinesische Verwaltung des Landes zurückzuführen ist. Immer wieder lehnen sich die Tibeter gegen die ungewollten Machthaber auf, so auch im Oktober 1987.

349

SYMBOLE DES OSTENS

Eine Gottheit auf Erden

Im Glauben der Tibeter sind viele Lamas wiedergeborene Mönche, denen es gelungen ist, die Leiden des Lebens zu überwinden und freiwillig zum Wohle anderer zum Leben zurückkehren. Die höchste Inkarnation ist der Dalai Lama, der als die Wiedergeburt des Schutzgottes Tibets, des Changchub Sempa, verehrt wird. Der erste als Inkarnation erkannte Dalai Lama lebte im 16. Jahrhundert und hieß Bsod-nams-rgya-mtsho.
Stirbt ein Dalai Lama, wird der neue durch Orakel und Visionen erkannt. Das so von den Mönchen erwählte Kind wird mehrfachen Prüfungen unterzogen (z. B. Wiedererkennung spezifischer Gegenstände des verstorbenen Gottkönigs). Auf diese Art wurde 1939 auch der 14. Dalai Lama, Tenzin Gyatso (*1935), bestimmt. Seine Bemühungen um Freiheit für Tibet wurden 1989 mit dem Friedensnobelpreis ausgezeichnet.

Der aktuelle Dalai Lama, der mit einfachem Mönchsnamen Tenzin Gyatso heißt, wird, wie auch alle seine Vorgänger, als die Verkörperung von Avalokitesvara, des Bodhisattvas der Barmherzigkeit, angesehen. Seine Reinkarnationslinie geht auf Songtsen Gampo zurück, der als menschliche Emanation von Avalokitesvara gilt.

ein System aus endlos erscheinenden Stufen zu erreichen. Sie ragt 13 Stockwerke in die Höhe, umschließt 100 Kapellen, beherbergt 10.000 heilige Schreine, zahlreiche Gräber und 20.000 Buddha-Statuen.

Der Berg Buddhas

Als der österreichische Bergsteiger Heinrich Harrer (*1912) 1946 die verbotene Stadt Lhasa erreichte, erzählten ihm die Tibeter, der Potala könne nur ein Werk der Götter sein, denn niemals hätten Menschenhände so etwas fertiggebracht. Überirdische Wesen hätten dieses Wunderwerk geschaffen. Harrer sah fantastische Gemälde, tonnenweise Gold, Silber und Perlen in dieser sakralen Stätte.
Doch 1950 marschierten chinesische Truppen in Tibet ein. Tempel und unersätzliche Kulturschätze wurden vernichtet. Inzwischen hat Chinas Regierung Lhasa mit dem Potala (»Berg Buddhas«), dem größten buddhistischen Kloster der Welt, als eine Touristenattraktion erkannt. Seit 1980 werden deshalb die Tempel der Stadt wieder restauriert. Trotz Glaubensverfolgung durch die neuen kommunistischen Machthaber ist das religiöse Leben zu Füßen des Potala nie versiegt. An den buddhistischen Festtagen strömen unzählige Pilger nach Lhasa, bringen Blumen als Opfergaben mit und entzünden kleine Öllampen, die symbolisch für Weisheit und Erleuchtung stehen. Eines Tages, so hoffen sie, werden ihre Götter wiederkehren.

Magisches Tibet

Einst waren in das mittelalterliche Europa vereinzelte Gerüchte von einem seltsamen Land, tief in den Bergen des Himalaya, in dem man christliche Praktiken kannte, vorgedrungen. Anfang des 17. Jahrhunderts brachen die Jesuitenmönche Antonio de Andrade und Manuel Marques, verkleidet als hinduistische Pilger, aus Indien auf, um in das sagenumwobene Tibet zu gelangen, von dem man schon seit einigen Jahrhunderten sprach. Über gefährliche Bergpässe erreichten sie das Land schneeblind und zerschunden als erste Europäer. Sie gründeten westlich von Lhasa eine christliche Mission, die jedoch 1635 von einer Armee buddhistischer Lama geplündert wurde.

In der verbotenen Stadt

1661 machten sich erneut zwei Jesuiten, der Österreicher Johann Grueber und der Belgier Albert d'Orville auf, das Land des Dalai Lama zu durchqueren. Die Priester trafen nach drei Monaten beschwerlichster Reise in der für Ausländer verbotenen Stadt Lhasa ein.
Völlig überwältigt von dem grandiosen Potala-Palast waren sie jedoch schockiert über die Verehrung des Dalai Lama, da sie meinten, solche Huldigung stünde einzig dem Papst zu. Regiert wurde Tibet damals von einem eindrucksvollen Gottkönig, dem 5. Dalai Lama. Er wurde, wie seine Vorgänger, als freiwillige Inkarnation eines Gottes angesehen.
Auch mussten die Jesuiten feststellen, dass die Tibeter keine versprengte christliche Gemeinde waren, sondern eine Mischung aus Naturreligion und Buddhismus praktizierten. Die Geschichte dieses Glaubens reicht weit in die Vergangenheit zurück.
Im 5. Jahrhundert wurden nomadische Stämme von einem Kämpfer namens Songtsen Gampo zu einem Königtum vereinigt. Vor diesem Mann kapitulierte selbst das große China. Man bot dem selbst ernannten Herrscher Ti-

350

bets eine dynastische Heirat mit Prinzessin Wen Cheng an. Diese fromme Buddhistin brachte buddhistische Lehrer mit. Von nun an ging der einheimische Schamanenglaube eine einzigartige Verbindung mit dem Buddhismus ein, der als Lamaismus oder Nangpatschö bezeichnet wird.

Die Welt als Projektion

Im Gegensatz zu Buddha (ca. 550–478 v. Chr.), der die Erlösung vom menschlichen Leiden durch Askese und Meditation predigte, führte der buddhistische Missionar Padmasambhava ab 746 in Tibet eine Lehre ein, die Erleuchtung und Befreiung durch Selbstverwirklichung, durch das Ausleben der Triebe und durch die Befriedigung innerster Wünsche vorsah. Was einer entseelten westlichen Zivilisation verlorenging, nämlich der lebendige Kontakt mit geheimnisvollen Naturkräften, wurde im Lamaismus zu einem Pfeiler der Religion. Dort gilt alles Stoffliche nur als Manifestation des Geistigen. Beide seien durch tiefinnere Übereinstimmung metaphysisch verwoben. Alle Gedanken und Werke können zur Erleuchtung führen und direkt zur Erlösung aus dem immerwährenden Kreislauf der Wiedergeburten.

Tibetische Mönche treffen, auch nachdem sie von der chinesischen Regierung zu einem Großteil aus ihren angestammten Klöstern vertrieben worden sind, immer wieder zu buddhistischen Feierlichkeiten zusammen. Dann wird gesungen, getanzt und es werden Buddhastatuen verehrt.

SYMBOLE DES OSTENS

Ahu – die Göttersitze Polynesiens

Inmitten steil aufragender Felsen befinden sich die heiligen Gefilde, wie hier auf der Marquesa-Insel Ua Pou, wo die Götter Polynesiens vom Himmel zu den Sterblichen herabsteigen.

Das letzte Paradies der Erde liegt mitten im Pazifischen Ozean. Als um 1400 v. Chr. Seefahrer mutig und kühn auf kleinen Booten in die gewaltige Wasserwüste vorstießen, ahnten sie nicht, dass erst ihre Nachfahren 2500 Jahre später an den letzten Zielen der großen Entdeckungsfahrt ankommen würden. Einem gewaltigen Dreieck gleich reihen sich die Polynesischen Inseln wie schimmernde Erdsplitter von Neuseeland aus über 5820 Kilometer bis zu den Marquesas-Inseln im Nord-

AHU

osten. Weitere 3880 Kilometer gefahrvoller See mussten die Ur-Polynesier überwinden, um schließlich Hawaii im Nordwesten zu besiedeln. Sie hinterließen geheimnisvolle Steinkonstruktionen und uralte Tempel, die bis in unser Jahrhundert die Mysterien vergangener Zeiten erahnen lassen.

Tempelpyramiden

Der »Marae Arahurahu«, der »Tempel der Asche«, liegt versteckt im Landesinneren von Tahiti, umgeben von steil aufragenden 2000 Meter hohen Bergen. Auf einer planierten Geländestufe umläuft eine niedrige Mauer den sakralen Bezirk. Den Besuchern signalisieren geschnitzte Bretter, an denen früher Wimpel aus Rindenbast wehten, dass ein tabuisierter Platz vor ihnen liegt. Denn auf der breiten Terrasse wurden die verstorbenen Häuptlinge aufgebahrt. Bewacht wird der Eingang bis auf den heutigen Tag von nackten, dämonenhaften Holzbildnissen.

Am Ende des Zeremonialplatzes aber befindet sich das eigentliche Heiligtum der Insulaner, der »Ahu«, ein Altar mit über drei Metern Höhe, geformt als mehrstufige Pyramide aus Basaltsteinen. Dies ist der mystische Niederkunftsort der Götter Tahitis. Nur sie und ihre Priester durften sich in diesem Bereich aufhalten und ein einziges Mal in seinem Leben der Stammesfürst bei seinem Amtsantritt.

Rätselhafte Herkunft

Überlieferungen und Bauwerke regen die Fantasie an. Stammen die Polynesier aus Amerika? Der norwegische Ethnologe Thor Heyerdahl (*1914) fand verblüffende Parallelen zu den Bauten, die den südamerikanischen Göttern geweiht waren. Fasziniert war er insbesondere von einer zehnstufigen Ahu-Pyramide auf Tahiti, die 100 Meter lang, 30 Meter breit und 120 Meter hoch gewesen sein muss und den Pyramiden Mexikos erstaunlich ähnlich sah. 1947 bewies der Forscher mit seinem Segelfloß aus Balsaholz »Kon-Tiki«, dass ein

Die Macht der Tiki-Götter

Die Marquesas-Inseln liegen 10 Grad südlich des Äquators. Auch hier stößt man im dichten Dschungel auf Kultplätze. Vor ihren Mauern kauern »tikis«, steinerne Monsterfiguren und Hüter der heiligen Stätten. Wer sie entweihte, wurde durch ihre magische Kraft, ihr »mana«, tödlich bestraft.

Als 1966 ein 2,74 Meter großer »tiki« von Raivavae (Austral-Archipel) nach Tahiti gebracht werden sollte, weigerten sich die Hafenarbeiter, den Transport zu übernehmen. Vier Männer erklärten sich schließlich dazu bereit. Beim Verladen fiel einer von ihnen über Bord und ertrank. Nach dem Ende seiner Reise schien der »tiki« sich auch an den anderen zu rächen. Sie starben innerhalb kürzester Zeit.

Auf der Insel Nuku Hiva finden sich diese so genannten Tiki-Figuren, stilisierte Ruderer in einem Kahn, die von der Eroberung der vielen pazifischen Inseln durch wagemutige Seefahrer in mythischer Zeit erzählen.

353

SYMBOLE DES OSTENS

Mit der »Kon-Tiki«, einem Floß aus Balsaholz, fuhr Thor Heyerdahl 1947 in einer 97 Tage dauernden Tour von Peru nach Tahiti. Die Aufnahme zeigt den Beginn der Reise, als die peruanische Marine das Floß in den Bereich der Humboldtströmung zog.

Kontakt zwischen Amerika und Polynesien immerhin denkbar wäre. Ein endgültiger Beweis freilich steht noch aus.

Zerfallene Vergangenheit

Während der französischen Kolonialzeit begann der Zerfall der Götterstätten. Die »Maraes« wurden als Steinbrüche für Haus- und Straßenfundamente zweckentfremdet. So liegen heute viele Zeugnisse einer mythischen Vergangenheit Polynesiens zerstreut in den Hafenkais oder den Wegen, über die jährlich Tausende Touristen gehen, um die letzten Zeugnisse einer uralten Geschichte zu sehen und um sich von der paradiesischen Landschaft Tahitis, der »Perle der Südsee«, verzaubern zu lassen.

Küsten der Götter

Polynesiens Götteridole werfen Fragen auf: Welche Zauberwirkung sollten sie ausüben? Monsterwesen mit großäugigen Gesichtern meißelten die »Wikinger der Südsee« auf ihre Altäre: Waren es Götter? Dämonen? Wesen aus einer anderen Welt?

Die polynesischen Dichter beschwören in ihren Gesängen eine legendäre Vergangenheit, die sie die »Nacht der Überlieferungen« nannten. Sie glaubten an den Schöpfer Taaroa und an göttliche Wesen, die ihre Kultur gründeten und die von »jenseits der Erde« kamen. Von dort besuchten die Boten der Götter ihre Inseln. Auch die Wiege der Menschheit lag für sie auf »wandernden Inseln« oder riesigen Muscheln, die vor der Küste trieben oder am Himmel schwebten.

Tane, der Herr des Waldes und des Lichtes, kam auf diese Weise zu der Insel Huahine, die ca. 170 Kilometer nordwestlich von Tahiti entfernt liegt. Ihm war der heiligste Ort, der »Marae Mata'ire'a-rahi«, geweiht. 28 künstliche Plattformen mit länglichen Aufbauten umfasst die größte Kultanlage der ganzen Südsee. Glaubt man den alten Mythen, fühlten sich auch Götter auf diesem Eiland wohl. Die Einheimischen zeigen den Inselbesuchern das »Bett Tanes«, wo der Gott auf einem Steinplatten-Podest schlief, wenn er sein Volk besuchte.

Südsee-Rätsel

Auf Bora Bora (Philippinen) landete direkt aus dem Himmel kommend der Kriegsgott Oro. Er traf auf die hübsche Vairumati und verliebte sich in sie. Als Ende des 18. Jahrhunderts europäische Seefahrer die Inseln erreichten, wurden auch diesen falschen Göttern wie selbstverständlich die schönsten Frauen als Gastgeschenke gebracht. Ein verlockendes Angebot, dem sie nur selten widerstehen konnten. Der bedeutendste Kultsitz Oros trägt den sonderbaren Namen »Taputapuatea«: »Allerheiligstes des Luftraums«. Der deutsche Schriftsteller Horst Dunkel vermutete im Jahr 2000 bei dem archäologischen Kongress »Ursprung der Zivilisationen« in San Marino eine außerirdische Herkunft der polynesischen Götter und wies auf Beschreibungen hin, die an UFO-Sichtungen erinnern. Denn die Polynesier verglichen die Götterfahrzeuge mit tauchenden Schildkröten und nannten sie »Schatten der Götter, die am Himmel flogen«.

Aber es waren nicht nur freundliche Götter. Denn Oro verlangte blutige Menschenopfer. Als eines Tages ein Baum auf Oros Tempel stürzte, sagten die Priester das Kommen fremder Eroberer voraus. Nur kurze Zeit später erfüllte sich ihre Prophezeiung.

Missionare und Abenteurer plünderten und zerstörten Ende des 19. Jahrhunderts ihre Heiligtümer, die uns vielleicht Auskunft hätten geben können, woher die unheimlichen Götter der Inseln im azurblauen Weltenmeer einst kamen.

Ein Nukahiwer mit einer Keule und Kalebasse von den Marquesas-Inseln. (Kupferstich von 1813)

Opfer für die Götter

Als Kapitän James Cook 1776 auf Tahiti eintraf, musste er einer schaurigen Opferfeier beiwohnen. Zu den Klängen von Trommeln und Rasseln gruben zwei Eingeborene ein Loch, das dazu bestimmt war, die Leiche eines gefesselten Menschen aufzunehmen. Im Hintergrund erblickte Cook eine Steinmauer, die mit zahlreichen Menschenschädeln geschmückt war. Auch wird von einigen Fällen von Kanibalismus berichtet.

Mit einer Gebetsformel rief der Priester die Götter zum kultischen Fest: »Großer Tangaroa, einziger Urgrund, und deine große Götterfamilie. Bleibe hier oben in der Luft über diesem Ort, der den Menschen heilig ist. Wir Sterblichen aber wandeln auf dieser Erde.«

Um die Götter zu besänftigen, brachten ihnen die Südsee-Insulaner Menschenopfer. (Illustration zu James Cooks dritter Reise, Kupferstich nach der Zeichnung von John Webber.

SYMBOLE DES OSTENS

Der Ise-Schrein – Japans Heiligtum

Im 4. Jahrhundert v. Chr. wurde auf einer Flussinsel im japanischen Ise ein Shintô-Tempel errichtet, der als göttliches Heiligtum einen Spiegel bergen soll. Den Spiegel haben bislang nur die Herrscher Japans gesehen. (Kupferstich, 1846)

Japan kennt viele Stätten mythischen Geschehens, aber der heiligste Ort der alten Shintô-Religion ist die Stadt Ise auf Honshu unweit von Kobe und Osaka. Dort steht auf einer Flussinsel ein Tempel, der Ise-Jingu-Schrein, der einen von Göttern hergestellten geheimnisumwitterten Kristallspiegel beherbergt. Er ist das Symbol göttlicher

ISE-SCHREIN

Autorität des jeweiligen Tenno, des japanischen Kaisers. Wie gelangte dieser Gegenstand zu einer so zentralen Position in einer Staatsreligion? Warum pilgern jährlich acht Millionen Menschen zu dieser altehrwürdigen Reliquie?

Götterwege

Die Urreligion Japans, der Shintoismus (wörtlich: »Der Weg der Götter«), geht auf die kultische Verehrung einer Vielzahl von Gottheiten (kami) zurück, die allen Erscheinungen der Natur innewohnen. Im Mittelpunkt der Mythologie befinden sich die Sonnengöttin Amaterasu (»Erhabene Person, die den Himmel erstrahlen lässt«) und ihre Nachkommen, die das japanische Volk einigten.

Amaterasus Ur-Ur-Ur-Enkel Jimmu-tenno landete aus dem Himmel kommend in Südost-Kyûshû und brach zu einer gefahrvollen Eroberungsreise ins mittlere Japan auf, wo er im Jahre 660 v. Chr. das Reich Yamato gründete. Damit wurde er zum Ersten der 125 Tennos, deren Linie bis über das Jahr 2000 hinausreicht und die alle ihre Stammeslinie geradewegs auf die Sonnengöttin zurückführen.

Der himmlische Spiegel

Zusammen mit Jimmu-tenno soll ein heiliger Spiegel zur Erde gelangt sein. Dieser wurde über zahlreiche Generationen direkt im Kaiserpalast aufbewahrt. Im 1. Jahrhundert v. Chr., in der Ära des zehnten japanischen Kaisers, Sujin tenno, wurde dieses Symbol kaiserlicher Legitimität von Prinzessin Mikoro nach Kasanuinomura und schließlich unter der Regentschaft des Imperators Suinin (4 v. Chr.) in die Stadt Ise transportiert, wo es seinen Platz in einem Sanktuarium auf einer Insel im Isuzu-Fluss erhielt, genau an der Stelle, wo Amaterasu das erste Mal den Menschen erschien.

Der heilige Spiegel, der ursprünglich der Anbetung durch die königliche Familie vorbehalten war, wurde im 19. Jahrhundert zur Verehrung der Shinto-Anhänger freigegeben. Doch darf ihn niemand je zu Gesicht bekommen. Seit Jahrhunderten wird er deshalb immer aufs Neue mit Tüchern verhüllt. Die einzige Ausnahme ist der Kaiser selbst. Nach seiner Inthronisation darf er sich direkt zu dem rätselhaft-göttlichen Kristallspiegel begeben, um das Signum seiner Göttlichkeit zu berühren.

Vielleicht wird eines Tages eine wissenschaftliche Kommission die Erlaubnis erhalten, das göttliche Artefakt zu untersuchen. Welche außergewöhnliche Entdeckung sie dann machen wird, ist vorläufig noch der Fantasie und dem Glauben überlassen.

Bis heute verrichten die Shintô-Priester in ihrem traditionellen Ornat den Dienst in den vielen heiligen Schreinen Japans. (Lithographie nach einer Daguerreotypie aus dem 19. Jahrhundert)

Göttlicher Tenno

Als wichtigste Quelle der japanischen Mythologie gilt das Kojiki, der »Bericht über alte Begebenheiten«, den Kaiserin Gemmei 711 n. Chr. anfertigen ließ. Es enthält die älteste Genealogie der Tenno-Dynastie und ihrer göttlichen Vorfahren. Bis ins 6. Jahrhundert regierten verschiedene Clane über eigene Territorien. Dann gewann der heute noch herrschende Yamato-Clan die Vorherrschaft, indem dessen Ahnengottheiten als höchste Autoritäten allgemein akzeptiert wurden. Der Titel »Tenno« (wörtlich: göttliches Wesen) ist bis ins Jahr 677 n. Chr. durch Schriftzüge zurückzuverfolgen, die in Begräbnishügeln in der Nähe von Osaka gefunden wurden.

SYMBOLE DES OSTENS

Auf dem Berg Sinai wurden Moses von Gott die Zehn Gebote offenbart. Gottes Finger meißelten die Botschaften für die Nachwelt in Stein. Den hebräischen Schriftzeichen, die er dabei verwendete, sagt man eine besonders mystische Aura und Bedeutung nach. (Gemälde von Lucas Cranach, 1516)

Schriften-geheimnisse

SCHRIFTENGEHEIMNISSE

Vor fast 6000 Jahren erfand der Mensch eine Methode, Wissen zu speichern: die Schrift. Ab diesem Zeitpunkt gab es für ihn viele Möglichkeiten der Reproduktion: Durch eingeritzte Zeichen auf kleinen Tontafeln, Symbolen auf Steinen und schließlich Buchstaben in Büchern sprachen Verfasser über die Jahrtausende hinweg zu ihren Zeitgenossen und zu nachfolgenden Generationen.

Der schreibende und lesende Mensch konnte die Abgründe der Zeit überwinden, und Wissen und Fantasien vergangener Epochen waren ihm zugänglich. Schreiber wurden zu Magiern, die das gesprochene und somit vergängliche Wort für die Ewigkeit festhalten konnten. Und was noch bedeutender war: Sie konnten auch ihrer Mit- und Nachwelt das göttliche Wort überliefern. Kann es da verwundern, dass die Schriftzeichen selbst zu heiligen Symbolen wurden, dass sie für jedermann eine magische Aura auszustrahlen schienen? Schriftzeichen wurden in einigen Kulturen sogar als Lebewesen gesehen, die Unheil oder Glück bringen konnten.

Gottesworte

Die Griechen waren es, die unbekannte Zeichen, die sie in ägyptischen Tempelruinen fanden, Hieroglyphen nannten, was so viel wie »heilige Schrift« bedeutete. Sie war heilig, weil sie nur von den gebildeten Priestern gelesen werden konnte. Als die Ägypter um 3000 v. Chr. eines der ältesten Schriftsysteme erfanden, ersannen sie 700 Bildzeichen, »Gottesworte«, die jedoch nicht nur Informationen weitergaben; auch ihre Anordnung und Gestalt war von Bedeutung. Das Volk am Nil glaubte, dass das Abgebildete durch Magie zum Leben erweckt werden könne. Die Hieroglyphe für den Laut »M« war beispielsweise eine Eule. Also war man der Überzeugung, dieses Zeichen könne sich wirklich in einen Vogel verwandeln und von der Wand, auf der es aufgezeichnet war, davonfliegen. Die magische Natur der Hieroglyphen führte zu einer bizarren Praxis der Schriftgestaltung. Beispiel dafür ist die Grabkammer der Prinzessin Neferuptah, der Tochter des Pharaos Amenemhet III. (1842–1797 v. Chr.). Auf ihrem Sarkophag wurden alle Tierzeichen der Inschrift verstümmelt eingemeißelt. Die Hornviper besaß keinen Schwanz, den Eulen fehlten die Beine. So wollten die Totenpriester verhindern, dass sich die Tiere aus der Inschrift entfernen. Denn dann hätte der Text seine magische Wirkung verloren.

Das göttliche Buch

Einem ägyptischen Schreiber wurden seine Schreibutensilien mit ins Grab gelegt. Ihr Besitz sollte ihm im Jenseits sämtliche magische Geheimnisse des göttlichen Buches eröffnen, das der Gott Thot, der den Menschen die Hieroglyphenschrift schenkte, geschrieben hatte. So schloss sich der Kreis. Der Mensch war durch die Götter zum Beherrscher des magisch-okkulten Wortes geworden, aber die letzten Mysterien der Schrift waren für das Jenseits vorbehalten.

Der hebräische Buchstabe »Aleph« wird als geistiger Ursprung aller Buchstaben gedeutet und steht selbst nur für das lautlose Öffnen des Mundes, für das Schweigen. Er wird also nie gesprochen.

Geniale Schrifterfindung

Die Schrift ist das grundlegende Informationssystem einer modernen Gesellschaft. Wem aber um 1400 v. Chr. der geniale Einfall zu verdanken ist, Laute einer Sprache so zu zergliedern, dass sie mit Buchstaben wiedergegeben werden können, ist nicht bekannt. Der mexikanische Anthropologe Ivan Illich (*1926) aus Cuernavaca weist daraufhin, dass das nordsemitische Alphabet vom ersten Augenblick seines Erscheinens so vollständig »das Universum vernehmbarer Laute« abbildet, dass es nur von einem Einzelnen erfunden sein könne. Durch die Möglichkeit einer nunmehr phonetischen Schreibweise überflügelten die Israeliten die ägyptische Kultur intellektuell. Jedermann, nicht nur Zauberpriester, konnten künftig lebendige Rede in schriftlichen Text umwandeln.

359

SYMBOLE DES OSTENS

Diese Schriftrollen auf feinem Kupfer listen die versteckten Schätze oder vielleicht sogar den Tempelschatz der Essener auf.

Wortmagie

Die geheime Macht von Schriftzeichen lässt sich in vielen Kulturen wiederfinden. In griechischen Bibelübersetzungen wird Gott als das »Alpha und Omega« bezeichnet, weil das A der erste, das O der letzte Buchstabe im Alphabet waren und daher alle anderen Buchstaben in sich einschlossen, somit auch alle Worte, Dinge und Gedanken, die sie bezeichneten.

Das nur im Geheimen weitergegebene jüdische Buch »Sepher Jezirah« (Buch der Schöpfung, ca. 700 n. Chr.) befasst sich mit den geistigen Kräften des Alphabets und behauptet: »Jeder Buchstabe ist als eine Macht mit den Ideen des Universums verbunden.« Dieser Gedanke wurde zur Grundlage der Wortmagie, wie sie Agrippa von Nettesheim (1486–1535) betrieb. Der deutsche Alchemist meinte, alle Schriftzeichen würden mit den »göttlichen und himmlischen Körpern und Kräften übereinstimmen«.

Als die heiligsten Schriftzeichen sah er die des Hebräischen an, die angeblich allein durch die Gestalt ihrer Buchstaben die Kräfte der durch sie bezeichneten Dinge freisetzen können.

Riten und Orakel

Derartige magisch-religiöse Zauberwirkung wiesen schon die Sumerer (sie lebten im heutigen Irak) ihren 2000 Schriftzeichen zu. Als sie vor 6000 Jahren die älteste Schrift der Welt erfanden, benutzten sie die Zeichen, um direkt mit den Göttern zu kommunizieren. Auf Weiheschriften riefen sie ihre Götter an. Das Volk der Maya in Mittelamerika, das seinen kulturellen Höhepunkt zwischen 600 und 800 n. Chr. erreichte, scheint seine Hieroglyphen in erster Linie zur Verständigung mit dem Jenseits verwendet zu haben.

In der dunklen Höhle von Naj Tunich in Guatemala schrieben sie Kolonnen von Zeichen auf die Wände, um ihren geheimsten Riten Kraft und Magie zu verleihen. Für Weissagungen verwendeten die Chinesen bereits um 1600 v. Chr. Schriftzeichen, die sie auf Knochen einbrannten. Über dem Feuer erhitzt, zeigten sich Sprünge, die von den »Göttern eingegeben wurden«. Daraus lasen sie die Zukunft.

360

Die Faszination der Schriftzeichen

In vielfältiger Weise hat sich der Glaube an die Macht der Schrift bis heute erhalten. Juden schreiben ihre Bittgebete auf Zettel, die sie in die Mauerritzen der Ruinen des Jerusalemer Tempels legen, damit Gott sie lesen kann. Eingravierte Namen auf Ringen oder Anhängern beschwören millionenfach die Treue geliebter Personen. Kettenbriefe laden einen Fluch auf den, der ihren Inhalt nicht vervielfältigt. Zum neuen Jahr werden in asiatischen Ländern Glückshoroskope auf kleine Zettelchen geschrieben und verschenkt. Und Bibelforscher wie Professor Eli Rips aus Israel vermuten in der Bibel einen geheimen göttlichen Code, der mit Computern zu entziffern ist und der Menschheit die Zukunft enthüllen wird. Die Magie der Schriftzeichen und der Zauber, den sie vermeintlich bewirken, scheint auch im Internet-Zeitalter nichts an seiner Faszination verloren zu haben.

SCHRIFTENGEHEIMNISSE

Runenmagie

Magische Macht schrieben die Germanen im nördlichen Europa ihren Schriftzeichen zu. Die Runen kamen im 2. Jahrhundert n. Chr. auf. Jede Rune (gotisch: rûna, »Geheimnis«) war nicht nur Buchstabe, sie hatte auch kultisch-magischen Charakter. Mit ihr wurde ein Runenzauber für Flüche, Beschwörungen und Weissagungen durchgeführt. Schon das Einritzen der Runen auf Stäbe galt als kultische Geheimkunst, die oftmals durch Formelwörter wie »alu« eingeleitet wurde, was »Abwehr« und »Schutz« bedeutete. Auch die Abfolge der 24 verschiedenen Zeichen des Runenalphabets hatte eine mythologische Bedeutung, deren Sinn aber nicht mehr bekannt ist. Die Germanen glaubten, dass ihre Götter in besonderem Maße die Runenlehre und -magie beherrschten und dadurch mächtigen Zauber bewirken konnten.

Die Zehn Gebote haben Künstler aus allen Ländern fasziniert. Das um 1600 von einem unbekannten Maler erschaffene Werk ist in den Niederlanden entstanden – die Schrifttafeln legen Gottes Botschaften in flämisch dar. Sie lauten: Ich bin der Herr, dein Gott. Du sollst nicht andere Götter haben neben mir. Du sollst den Namen des Herrn, deines Gottes, nicht unnütz gebrauchen. Du sollst den Feiertag heiligen. Du sollst Vater und Mutter ehren. Du sollst nich töten. Du sollst nicht ehebrechen. Du sollst nicht stehlen. Du sollst nicht falsches Zeugnis reden wider deinen Nächsten. Du sollst nicht begehren deines nächsten Haus. Du sollst nicht begehren deines Nächsten Weib, Knecht, Magd, Vieh noch alles, was sein ist.

361

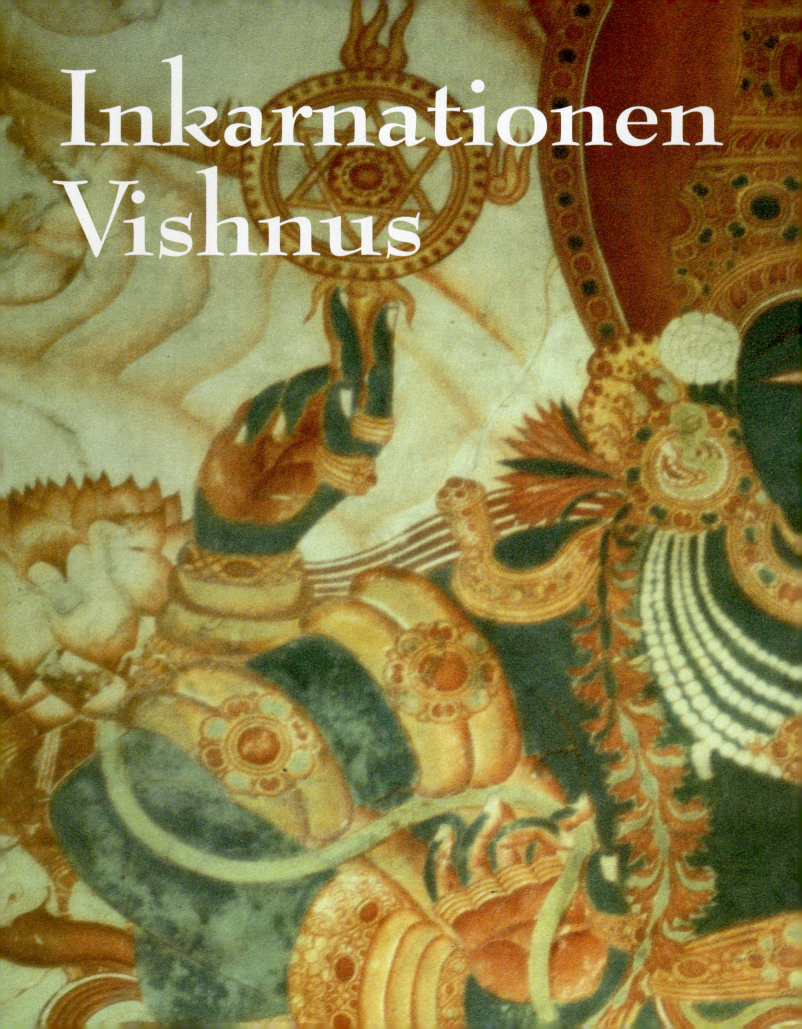

Inkarnationen Vishnus

Mythen sind immer vielstimmig, wie Symphonien. Der Mythenkreis um Vishnu beinhaltet sowohl die Erinnerung an die biologische Evolution als auch an die Entwicklung und Entfaltung des Bewusstseins. Nach alter Vorstellung manifestiert sich der indische Gott Vishnu in zehn Verkörperungen auf der Erde. Die mythischen Erzählungen um diese herabgekommene göttliche Kraft (Avatar) entwerfen die kosmische Weltgeschichte und die Wiederherstellung einer aus der Balance geratenen göttlichen Ordnung als Kampf Vishnus mit Dämonen und später mit hochmütigen Menschen. Entartungen auf jeder erreichten Bewusstseinsstufe werden jeweils durch ein neuerliches Erscheinen Vishnus überwunden. Dadurch wird der Aufstieg zu einer höheren Ebene des Bewusstseins ermöglicht.

INKARNATIONEN VISHNUS

Matsya – der Fisch

Vishnu, in Gestalt von Matsya, erschlägt Hayagriva, den Dämon im Schneckenhaus. Zuvor hat er den Dämon jedoch gezwungen, die vier Vedas, die von Brahma gegebenen Weltgesetze, wieder herauszugeben. Nur so kann Vishnu die gesetzlose Welt, die im Reich des Bösen zu versinken droht, retten. (Kupferstich des 18. Jahrhunderts)

DER FISCH

Nach dem Ende einer Schöpfung und vor dem Beginn der folgenden schläft der Gott Brahma 4320 Millionen Jahre lang – eine Brahma-Nacht. Es ist eine Periode, in der es kein bewusstes Dasein gibt. Der Dämon Hayagriva raubt ihm in dieser Zeit die Veden. Ohne diese heiligen Bücher kann Brahma allerdings keine neue Welt erschaffen. Deshalb erscheint Vishnu in Gestalt des Fisches (Matsya). In den Urfluten spürt er den in einem Schneckenhaus verborgenen Dämon auf und besiegt ihn. Seitdem gilt das Muschelhorn, eines der Symbole Vishnus, als sichtbares Zeichen dieses Sieges. Brahma erwacht, und Vishnu – in Gestalt von Matsya – übergibt ihm die Veden. Eine neue Schöpfung kann beginnen.

Mythen von der großen Flut

Die Rettung der Menschheit vor der Sintflut ist in Indien aus verschiedenen Mythenkreisen überliefert. Manu, der Urahn der Menschen, fing einen kleinen Fisch und beschützte ihn. Als später die große Flut kam, zieht das mittlerweile zu einem Riesenfisch herangewachsene Tier aus Dank das Boot Manus in Sicherheit und ermöglicht den Neubeginn der Menschheit.
Im Mythos von Matsya finden wir die Rettung bereits im Symbol der rettenden spirituellen Weisheit eingebettet: Vishnu trug dem Weisen Satyavrata auf, Kräuter, Samen und Tiere zu sammeln und die sieben Rishis (Weisen) um sich zu scharen. Als der große Regen auf die Erde fiel, die Meere anstiegen und drohten, die Erde zu überfluten, bestiegen die Rishis mit den Tieren, den Samen und den Pflanzen ein Boot. Mit Hilfe des Schlangenkönigs Vasuki wurde es an Matsya festgemacht und der Gott in Gestalt des Fisches zog es durch die Nacht Brahmas und rettete so die Menschheit vor der Flut.

Genetische Erinnerungen?

Aus solchen Mythen versuchte der deutsche Paläontologe und Naturphilosoph Edgar Dacqué (1878–1945) die genetische Erinnerung an Zeitalter abzuleiten, in denen die Ahnen des Menschen noch urzeitliche Fische waren. Man muss jedoch nicht unbedingt ein paläontologisches Menschheitsgedächtnis bemühen, um den wirklichen Sinn der Fisch-Inkarnation Vishnus zu erhellen.
Die Tiefe des Meeres, in die das Licht nie hinunterdringt, ist ein Symbol für Chaos und Finsternis, die den Keim des Schöpferischen in sich tragen, für das noch nicht ins Dasein Getretene, auch für das Unbewusste, wie es sich in den Träumen der Menschen spiegelt. Hier unten finden sich der kostbare Schatz, die heiligen Schriften mit den Erzählungen über die Götter, die Riten und Hymnen.
Sie repräsentieren die Erinnerung an das höhere Sein, an das spirituelle Ziel des Menschen, verborgen in der tiefsten Nacht des Nicht-Wissens. Wird der Schatz aus der Finsternis gehoben, kann Bewusstsein und geistiger Neubeginn erfolgen. Der Mythos wiederholt also nicht nur den korrekten Ablauf der biologischen Evolution aus dem Reich der Fische, er erzählt zugleich von der Evolution des Bewusstseins, vom Erwachen des Geistes.

Monströse, halb menschliche, halb tierische Fabelwesen bevölkern die Mythen aller Völker. Einige dieser Wesen aus verschiedenen Kulturen ähneln sich erstaunlich. Fischleibige Ungeheuer, wie z.B. Sirenen oder Tritone, begleiteten schon in hellenistischer Zeit den Meeresgott Poseidon und die Nereiden.

Dagon, der Meeresgott der Philister. Wie die Abbildung links stammt sie aus J. Gaffarels Kuriositätensammlung »Curiositez inoryes« aus dem Jahr 1676.

Der mythische Fisch

Die älteste Erwähnung des mythischen Fisches Matsya geht auf die Schriftensammlung des Yajurveda (10. Jahrhundert v. Chr.) zurück, in der auch die Sage von der großen Flut beschrieben wird. In dieser mythischen Erzählung spielt der Kampf zwischen Dunkelheit und Licht die zentrale Rolle – ein Thema, das in keinem Mythenkreis fehlt. Es ist der Kampf zwischen Tag und Nacht, zwischen Entstehen und Vergehen, zwischen unbewusstem Schlummer und dem Erwachen des Bewusstseins. Die eigentümlichen Übereinstimmungen in diesen Mythenkreisen zwischen weit auseinander liegenden Kulturen ist bisweilen frappierend. In einem Mythos der mexikanischen Maya findet sich ein ähnliches Wasserwesen, das aus einer Riesenmuschel hervorkommt. Im vorderasiatischen Raum gibt es mehrere halbmenschliche Götter mit Fischleibern, wie Dagon, die Meergottheit des einstigen Seefahrervolkes der Philister. Sie alle stehen in Zusammenhang mit den Anfängen der menschlichen Geschichte, mit den Urwassern oder den Mythen von der Sintflut.

INKARNATIONEN VISHNUS

Kurma – die Schildkröte

Götter und Dämonen quirlen mit dem Berg Mandara auf dem Rücken der Schildkröte Kurma den Urozean. (Figuren auf dem Meenakshi-Tempel in Madurai)

Viele Millionen Jahre nach der Erscheinungsform als Fisch verkörperte sich Vishnu in der Gestalt einer Schildkröte (Kurma). Auf ihrem Rücken trug Kurma den Berg Mandara. In jener Zeit hatten Götter (Devas) und Dämonen (Asuras) ihre Unsterblichkeit verloren. Auf Vishnus Rat hin banden sie die Schlange Vasuki um den Berg und begannen – Götter auf der einen, Dämonen auf der anderen Seite – an der Schlange

DIE SCHILDKRÖTE

zu ziehen. Auf diese Weise quirlten sie den Urozean. Amrita, der Trank der Unsterblichkeit, sollte gewonnen werden.

Die Geschenke des Milchmeeres

Durch die heftigen Bewegungen fielen Gesteinsbrocken des Berges Mandara in den schaumig gedrehten Milchozean. Aus diesen entstanden die Berge der Welt.

Aus den Haaren, die der Schildkröte dabei ausgerissen wurden und die mit der Strömung ans Ufer trieben, entstanden die Pflanzen. Auch wunderbare Dinge gingen aus dem Milchmeer hervor, die in kommenden Zeitaltern benötigt würden: die Kuh des Überflusses, der Baum des Paradieses, die Göttin des Glücks und der Liebe (Lakshmi), das Ross der Himmlischen und natürlich Amrita, der Trank der Unsterblichkeit.

Als das Amrita gewonnen wurde, brachen die dämonischen Asuras ihre Abmachung und bemächtigten sich des Gefäßes mit dem Trank der Unsterblichkeit. Vishnu aber nahm die Gestalt von Mohini an, der schönsten Frau der Weltgeschichte. Geblendet von ihrer Schönheit versammelten sich die Dämonen um Mohini, während die Götter allein den Nektar der Unsterblichkeit bis zum letzten Tropfen austranken.

Dualistische Dynamik

Es steht außer Zweifel, dass in diesem Mythos der Fortgang der Entwicklung der Welt als Ergebnis von zwei Weltanschauungen dargestellt wird, repräsentiert durch die Götter und Dämonen. Es geht aber nicht um einen Kampf zwischen den guten, hellen und den bösen, dunklen Mächten, sondern um die Dynamik, die erst entsteht, wenn zwei Seinsauffassungen in Widerstreit geraten. Die Götter stehen für Kultur als Ausdruck eines göttlichen Gesetzes, die Dämonen für die triebhaften aber auch schöpferischen Mächte des Chaos. Die feindlichen Mächte sind in Wahrheit verwandt, sie ziehen, im wahrsten Sinn des Wortes, am gleichen Strang. Bemerkenswert ist auch, dass zuerst das Gift aus dem gequirlten Urmeer heraufbefördert wurde, das der Gott Shiva schließlich verschluckte.

Als Schildkröte Kurma verhinderte Vishnu, dass der Berg Mandara in den Milchozean stürzt. Seit dieser heroischen Tat ruht der Berg und damit die Welt auf dem Rücken von Kurma. (Zeichnung aus dem 17. Jahrhundert)

Die Läuterung des Urstoffes

Die Quirlung des Milchmeeres ist im Grunde ein alchemistischer Mythos. Aus dem geläuterten Urstoff des Alls solle die höchste Essenz gewonnen werden, die in Form göttlicher Unsterblichkeit zu Tage tritt.

Am Ende des Rührens unter Beihilfe aller göttlichen und dämonischen Kräfte ist eigentlich nichts geschehen. Das Gleichgewicht ist auf einer neuen Ebene wieder hergestellt worden. Gut und Böse, Kräfte der Schöpfung und Zerstörung, des Wissen und Nichtwissens befinden sich im Gleichgewicht, allerdings mit dem entscheidenden Vorteil der Unsterblichkeit auf Seiten der Devas, den Hindu-Gottheiten.

Der Schildkröte, ein Tier, das sowohl an Land als auch im Wasser lebt, kommt in der indischen Mythologie als zweite Inkarnation Vishnus eine besondere Bedeutung zu.

Das Symbol der Schildkröte

Die Schildkröte ist ein Tier, das sehr alt werden kann und sich äußerst langsam fortbewegt. Es steht für eine Sicht auf die Dinge über enorme Zeiträume hinweg. Eine Schau, die dem göttlichen Betrachten aus dem Blickwinkel der Ewigkeit verwandt ist. Die Schildkröte steht für Weisheit und Beständigkeit in einer Welt von Dummheit und Wandel.

Sie verkörpert Vishnu, den Erhalter der Welt, der als Kurma das Weltgeschehen beobachtet und zusieht, wie durch die Dynamik entgegengesetzter Kräfte, Welten vergehen und neu entstehen – eine Kette der ewigen Wiederkehr des Gleichen. Die Schildkröte steht aber auch für den vitalen, physischen Menschen, für dessen noch weitgehend unbewusste spirituelle Sehnsucht, die symbolhaft im Umrühren des Urmeeres dargestellt wird, und schließlich aus den Tiefen seines Unbewussten heraustritt.

367

INKARNATIONEN VISHNUS

Varaha – der Eber

In der dritten Verkörperung Vishnus rettete er in Gestalt eines Ebers die Erde aus den sieben unterirdischen Welten. Vishnu wird als allgegenwärtiger Gott verehrt. Seinem Nabel entsprang eine Lotusblüte, aus der Brahma, der Schöpfer allen Seins, geboren wurde. Bevor Vishnu als Eber die Welt rettete, war er schon als Matsya (Fisch) und Kurma (Schildkröte) inkarniert. Als Matsya hat er die Erde vor einer großen Flut bewahrt und für den Fortbestand der Arten gesorgt, indem er eine Arche bauen ließ. Als Schildkröte Kurma trug er einen Berg auf seinem Rücken. Mit diesem Berg musste Gott Indra den Ozean umrühren, um die Welt vor bösen Geistern zu befreien. Nach seiner dritten Inkarnation als Eber tauchte Vishnu u. a. noch als Löwe oder Zwerg auf.

DER EBER

Seinem Ruf als Erhalter der Welt wird Vishnu besonders in seiner Inkarnation in der Gestalt des Ebers Varaha gerecht. Als einst ein neues Zeitalter angebrochen war, versank die Erde in den Gewässern der Urzeit. Wie eine Mutter, deren Kind ins Wasser gefallen ist, nicht zögert ihm hinterherzuspringen, um es zu retten, gilt Vishnus erster Gedanke dem Erhalt der Erde. Er nimmt die Form des Ebers, des mächtigsten Sumpftieres an, und taucht in den Urozean hinab. Dort tötet er den gefährlichen Dämon Hiranyaksha, hebt auf seinen kolossalen Hauern die Erde empor und rettet sie so vor dem Versinken im vorzeitlichen Chaos.

Ein evolutionärer Mythos

Der Mythos erklärt das Entstehen der Kontinente. Es geht um die Wiederherstellung der Welt nach der Sintflut. Betrachtet man die ersten drei Avatare Vishnus, den Fisch, die Schildkröte und den Eber, so spiegeln sie das wider, was die Paläontologie und Evolutionstheorie Jahrtausende später als wissenschaftliche Gewissheit präsentierten: den evolutionären Schritt vom Wasser auf das Land. War der Fisch noch ausschließlich Bewohner des Wassers, ist die Schildkröte ein amphibisches Wesen. Sie ist sowohl im Wasser als auch auf dem Lande zu Hause. Der Eber als Warmblüter ist schon ganz Landtier, aber am liebsten wühlt er im Sumpf und zeigt damit, dass er dem Element des Wassers verbunden ist.

Das erwachende Bewusstsein

Die Tiergestalten Vishnus sind aber zugleich, wie der Indologe und Mythenforscher Heinrich Zimmer (1890–1943) sagt, »Erinnerung an frühgeschichtliche Werdegänge des Bewusstseins, an sein Ringen, zu sich selbst zu kommen.« Wie sich der Lotos aus dem schmutzigen Wasser erhebt und auf ihm unbefleckt die Erde ruht, hebt Vishnu in Gestalt des Ebers eine mögliche Lebenswelt für den Menschen aus dem Urozean. Für den Menschen, der erst mit dem Erscheinen eines rudimentären Bewusstseins aus den »Fluten des Unbewussten« ins Dasein tritt. Auch in diesem Zusammenhang sprechen wir von einem »Auftauchen« des Bewusstseins. Der Weg führt aus dem Wasser an das Licht. In diesen frühen Stadien der Evolution des Bewusstseins bestand immer die Gefahr des Zurücksinkens in den vorbewussten Zustand. Das Erwachen des Bewusstseins will erkämpft sein.

Einfacher ist es, dem vorbewussten Schlummer, dem Tierisch-Triebhaften nachzugeben. Im Mythos drückt sich dies in der Verrohung der Sitten, im Wirken der dämonischen Mächte aus. Diesen Tendenzen wirkt der spirituelle Held Vishnu in seinen verschiedenen Verkörperungen entgegen.

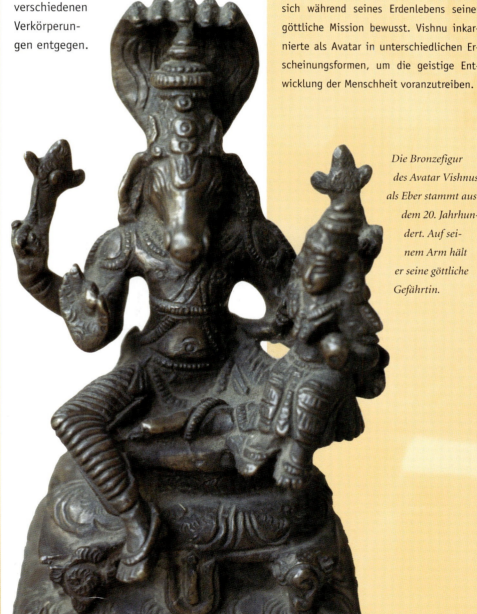

Der Avatar

Vishnu wird im Rigveda noch nicht als personifizierter Gott dargestellt. Es ist vielmehr die Manifestation der solaren Energie. Später wird er in der göttlichen Dreieinigkeit zum Erhalter des Universums neben Brahma, dem Schöpfer, und Shiva, dem Zerstörer. Als Avatar wird eine Inkarnation des göttlichen Bewusstseins auf Erden bezeichnet. Eine Gottheit kann als Avatar aus freier Entscheidung auf der Erde inkarnieren. Sie ist nicht wie gewöhnliche Menschen dem Rad der Wiedergeburten ausgeliefert. Der Avatar bleibt sich während seines Erdenlebens seiner göttliche Mission bewusst. Vishnu inkarnierte als Avatar in unterschiedlichen Erscheinungsformen, um die geistige Entwicklung der Menschheit voranzutreiben.

Die Bronzefigur des Avatar Vishnus als Eber stammt aus dem 20. Jahrhundert. Auf seinem Arm hält er seine göttliche Gefährtin.

INKARNATIONEN VISHNUS

Narasimha – der Löwenmann

Vor den Eingängen der indischen Tempel finden sich sehr häufig Darstellungen von Narasimha, dem Löwenmann, der vierten Inkarnation Vishnus. Denn durch die List, sich am Eingang des Tempels zu verbergen, war es Vishnu einst gelungen, die Dämonen zu besiegen.

DER LÖWENMANN

Mit der vierten Inkarnation Vishnus betreten wir eine Welt, die bereits von Menschen bevölkert ist. Ein Dämonenkönig mit dem Namen »Goldgewand« (Hiranyakashipu) herrscht über die Welt. Unablässig verfolgt er seinen Sohn Prahlada, der an das Göttliche, an Vishnu glaubt. Um jedoch den Dämon zu besiegen, muss sich Vishnu etwas Besonderes einfallen lassen. Die Asuras (Dämonen) können nur sehr schwer überwunden werden. Sie entziehen sich dem gewöhnlichen Zugriff, weil sie einer Art Zwischenwelt angehören. Man kann sie weder am Tag noch in der Nacht, weder als Mensch noch als Tier, weder in ihrem Schloss noch außerhalb des Schlosses vernichten.

Vishnu kommt als Narasimha aus einer Säule hervor und reißt den Körper des gefährlichen Dämons Hiranyakashipu entzwei. (Kupferstich aus dem 18. Jahrhundert)

Der Gott in der Säule

Vishnu wendet darum eine besondere List an. Er verkörpert sich als eine kunstvoll gestaltete Säule an der Eingangspforte des Dämonenpalastes, die sich sowohl innerhalb als auch außerhalb der Behausung befindet. Die Säule stellt ein Wesen dar, das halb Löwe und halb Mann ist (Narasimha). Als der Dämon in der Dämmerung vor seinen Palast tritt, zerbirst die Säule und der gewaltige, riesenhafte Leib des Gottes als Löwenmensch tritt unversehens aus ihr hervor. Er tötet Myriaden von Dämonen, die von dem Dämonenherrscher Goldgewand gegen ihn ausgesandt wurden und zerstört die strahlende Halle des Palastes. Dann legt er den Dämon über seine Schenkel und reißt ihm die Brust auf.

Das aufkeimende Bewusstsein

Bis zu dieser vierten Inkarnation trat Vishnu in Gestalt eines Tieres in Erscheinung. Diese Mythen beziehen sich auf ferne Urzeiten, während die folgenden Verkörperungen in menschlichen Formen auf jüngere Zeitalter deuten. Der Löwenmensch steht am Übergang zur Herrschaft des Bewusstseins, das im Menschen voll zum Erwachen gelangt und ein Ich ausbildet, das sich aus dem triebhaft-tierischen Geist herauslöst.

Vom Standpunkt der Evolution des Bewusstseins aus betrachtet, spricht der Mythos vom Löwenmann von der Frühzeit des mentalen Bewusstseins. Mit dem neuen ich-haften Bewusstsein empfand sich der Mensch von anderen und von der Natur getrennt. In ihm keimte die Sehnsucht nach der verlorenen Einheit und Ganzheit, die sich in spirituellem Streben äußerte. Auf der anderen Seite feierte sich das Ich in seiner Hybris triumphierend selbst und widersetzte sich gegen alle Götter und Dämonen. In der Figur des Dämonenherrschers Goldgewand findet dieser Hochmut seinen Ausdruck.

Der Löwe als Symbol

In vielen Kulturen gilt der Löwe als Sinnbild für Stolz, Ehre, Mut und Stärke. Entsprechend wurde unter der Kriegerkaste und vor allem unter Königen Vishnu als Löwenmann besondere Verehrung zuteil. Die Mitglieder der Kaste vertrauen darauf, dass der Mutige, der auf Vishnu als Erhalter der kosmischen Ordnung setzt, auch in hoffnungslosen Lagen Hilfe erfahren wird.

Aufkeimen der Menschlichkeit

Die Verkörperung des Gottes als Löwenmann ist ein Symbol für die Wende zur Herrschaft des Bewusstseins, das im Menschen erwacht. Ein Relikt früherer Entwicklungsstufen erkennt man im brutalen barbarischen Abschlachten der Dämonen und ihres Anführers. Mit Prahlada, dem Sohn des Dämons, tritt die Idee der liebevollen Hingabe zum Allwesen (Bhakti) in die Welt und damit das wahrhaft Menschliche: Liebe und Demut gegen Überheblichkeit und Bestialität. Es ist die Vorwegnahme eines menschlichen Ideals, das der Hinduismus weiter entwickelte: die Aufgabe des Ichs in Askese und Gottergebenheit. Ein Versprechen an künftige Entwicklungen des menschlichen Bewusstseins.

In einem Tempel in Haridwar befindet sich diese geschmückte zeitgenössische Figur des Avatar Vishnus als Löwenmann. Sie macht deutlich, wie lebendig der Götterglaube Indiens ist.

371

INKARNATIONEN VISHNUS

Vamana – der Zwerg

Vishnu in der Inkarnation als Zwerg beim König Bali. (Kupferstich, 1681)

372

DER ZWERG

Die ersten vier Inkarnationen Vishnus fanden im ersten der vier Weltzeitalter, dem Krita-Yuga statt. Seine fünfte Verkörperung ist die erste im zweiten Zeitalter (Treta-Yuga). In jener Zeit gab es bereits drei Welten: Himmel, Erde und Unterwelt. Der tugendhafte König Bali hatte durch große Frömmigkeit und Askese die Herrschaft über Himmel, Erde und Unterwelt errungen. In den Augen der Götter war dies eine zu große Anmaßung Balis. Schließlich sahen sie ihre Macht und Vorherrschaft schwinden.

Wie immer, wenn die Gesetze zwischen Himmel und Erde bedroht werden, rufen sie Vishnu zu Hilfe, der auf die Erde hinabsteigt.

Die drei göttlichen Schritte

Vishnu lässt sich eine besondere List einfallen. Er überrascht König Bali bei einer spirituellen Übung. Vishnu tritt ihm in der Form eines unscheinbaren Zwerges (Vamana) entgegen und bittet bescheiden um drei Schritte Land für seine Feuerstätte. Bali ist verblüfft ob dieser lächerlichen Bitte aus dem Mund eines Zwerges und gewährt sie. Da verwandelt sich Vishnu in seine kosmische Form, die aus allen Göttern besteht, Mond und Sonne sind seine Augen, der Himmel sein Haupt, die Erde seine Füße, Sternbilder in seinem Blick, die Strahlen der Sonne seine Haare, Sterne seine Poren. Mit zwei Schritten durchmisst Vishnu Himmel und Erde. Aber aus Achtung vor der Güte Balis hält er inne und überlässt ihm die unergründliche Tiefe, die Region der Unterwelt.

Der Schirm des Zwerges

Häufig wird der Zwerg-Avatar durch einen Schirm symbolisiert, den er in der Hand trägt. Manchmal findet sich der Schirm allein als Symbol.
Der Schirm gilt als ein Erkennungszeichen der indischen Priester aus der Kaste der Brahmanen. Es gibt zu diesem Symbol indes eine andere Parallele, die auffällig ist. Die zentralasiatischen Schamanen kannten als Sinnbild der magischen Kraft, die ihren heiligen, psychoaktiven Pilzen eigen ist, die Figur des Zwergs (den Erdmann) unter dem Pilz. Ein Bild, das sich bis in die europäischen Märchen erhalten hat.

Man denke an die Zwerge aus den Märchen, die Pilze als Schirme tragen. Auch im Zwerg, der mit drei Schritten das All durchmisst, erkennt man den Däumling mit seinen Siebenmeilenstiefeln, der die finsteren Mächte besiegt, wieder. Der schamanische Ursprung dieses Vorstellungskomplexes liegt auf der Hand: Trotz körperlicher Schwäche und kleiner Statur kann man die physisch überlegenen Mächte durch den Aufschwung in eine ekstatische und mystische Wirklichkeitserfassung überwinden. Manche Forscher halten den Fliegenpilz für die geheimnisvolle »Somapflanze«, die in Schriften der vedischen Arier beschrieben wird.

Vishnu als Zwerg auf einer Empore unter dem Baldachin (Stich aus dem 17. Jahrhundert)

Symbolische Bedeutungen

Die drei Schritte Vishnus gehen auf eine berühmte Legende im Rig-Veda zurück, dem ältesten Teil der Veden (12.–8. Jahrhundert v. Chr.). Darin heißt es, dass Vishnu in drei Schritten über Himmel, Erde und Unterwelt hinweggeht. Es handelt sich um den symbolischen Ausdruck des Sonnenlaufs: Aufgang, Kulmination und Untergang.

Im übertragenen Sinn spiegelt der Mythos jene Ebene der Geistesentwicklung wider, in der das Ich begreift, dass es die Welt erringen kann, aber immer an die Tiefen des Unbewussten gebunden ist. Erst zusammen ergeben das Bewusste und das Unbewusste eine Ganzheit. Das Dämonische ist ein Teil des göttlichen Spiels der Illusionen (Maya). So ist auch der ewige Kampf von Göttern und Dämonen nur ein Spiel der Maya, das der Allgott mit sich selber spielt. Nur dem in spirituellen Dingen Fortgeschrittenen wird das offenbar.

373

INKARNATIONEN VISHNUS

Parashu-Rama – Rama mit der Axt

Rama in verschiedenen Erscheinungen, gekleidet wie ein Angehöriger der Kaste der Kshatriyas, der Herrscher und Krieger. (Volkstümliche Plastik aus der »Halle der Helden« in Mandore)

Vishnu sieht sich gezwungen, in seiner sechsten Verkörperung auf die Erde zu kommen, als die Kaste der Krieger, Fürsten und Könige – die Kshatriya – übermütig geworden ist. Sie spielt sich zum Herrn der Welt auf und schickt sich an, die Priester zu verjagen und die Götter vom Himmel zu stürzen. Um die göttliche Ordnung erhalten zu können, wird ein Eingreifen Vishnus unabdingbar. Er inkarniert als Rama mit der

RAMA MIT DER AXT

Axt (Parashu-Rama) und tötet die Krieger mit seinen Axthieben.

Die gestohlene Kuh
Parashu-Rama wurde in der Priesterkaste der Brahmanen geboren, aber er verfügte über ungewöhnliche Körperkräfte und war ein bes-

serer Kämpfer als alle anderen Kshatriyas. Sein Zorn wurde entfacht, als er erfuhr, dass König Arjuna und seine Söhne, die Kuh des Überflusses (Surabhi), die alle Wünsche erfüllt, gestohlen hatten. Diese gilt als Symbol für den Himmel und spendet den Menschen die heilige Milch des Lebens. Die Krieger schickten sich an, die Leben spendenden göttlichen Kräfte in ihre Gewalt zu bringen. Vishnu wollte den Hochmut und die unmenschliche Tyrannei der Kshatriyas brechen. Er schwor, alle Kshatriyas auslöschen zu wollen. Schlacht auf Schlacht folgt Sieg auf Sieg gegen sie. Das berühmte indische Epos Mahabharata erzählt diese Geschichte.

Erneuerung der ritterlichen Gesinnung
Vishnu rottet aber die Kaste der Krieger nicht völlig aus, weil die durch sie verkörperte ritterliche Gesinnung, die auch für den Schutz der Armen und Schwachen steht, nicht verschwinden darf. Er gestattet, dass ihre Nachkommen die Kaste erneuern. Die Krieger, die gefehlt und an der Verschwörung teilgenommen haben, muss Vishnu nach einer Version des Mythos einundzwanzig Mal vernichten. Damit soll gezeigt werden, dass eine ständige Versuchung besteht, sich über die göttliche Ordnung zu stellen und die irdische Macht zu missbrauchen. Wer sich aber der göttlichen Ordnung unterordnet, dessen Geschlecht wird neu entstehen. Der Zorn Vishnus mit der mythischen Axt Ramas kann ihm dann nichts anhaben.

Symbol des Hochmuts
War die kosmische Weltgeschichte in den früheren Inkarnationen Vishnus vom Ringen zwischen Göttern und Dämonen geprägt, tritt nun der Kampf des heldenhaften Gottes mit Menschen an seine Stelle. Der kriegerische Mensch, der nur die Selbstbehauptung kennt, ist das Sinnbild des Bewusstseins, das das Ich als oberste Instanz akzeptiert. Das Verjagen der Priester und Götter unter der Herrschaft der Kshatriyas symbolisiert die Hybris des ichhaften Bewusstseins, das sich an die Stelle des Obersten setzt. Es erkennt keine höheren Ebenen des Bewusstseins an und muss deshalb von eben diesen Ebenen – symbolisiert in der Inkarnation Vishnus – in die Schranken verwiesen werden.

Vishnus gnadenlose Wut
Der gestörten Ordnung begegnet Vishnu mit gleicher Brutalität wie sie die Kaste der Kshatriyas an den Tag legt. Vishnu fällt keinen Richterspruch, er kommt zur Wiederherstellung der Ordnung als Rächer und gebärdet sich mit seiner Axt in keiner Weise weniger kriegerisch, bestialisch, dämonisch als die Kshatriyas selbst. Seine gnadenlose Wut verweist auf eine frühe Kulturstufe, auf der elementare Regungen herrschten, als die Triebe noch nicht in einen menschlichen Moralcodex eingebunden waren.

Darstellungen zeigen den rächenden Gott in seiner Inkarnation als Parashu-Rama mit zahlreichen Armen, die sich wie Räder um seinen Rumpf drehen, und mit schrecklichen Waffen, mit denen er das grauenvolle Blutbad an den Kshatriyas anrichtet.

Vishnu als rächender Rama mit der Axt im Kampf gegen einen Kshatriya. (Kupferstich aus dem 18. Jahrhundert)

375

INKARNATIONEN VISHNUS

Rama – der Held des Ramayana

Rama mit dem Bogen, neben ihm hält Sita die Axt, daneben der Affenherrscher Hanuman, mit Fliegenwedel und einem Pfeil in der Hand. (Volkstümliche Plastik aus der Halle der Helden in Mandore)

In seiner siebten Verkörperung erscheint Vishnu abermals als Rama, der Sohn des mächtigen Königs Dasharatha. War er in seiner vorangegangenen Inkarnation noch dabei, die Kriegerkaste der Kshatriyas auszurotten, ist Rama nun selbst ein vorbildlicher Kshatriya. Der Gott lebt in dieser Gestalt den Menschen gleichsam vor, wie es

RAMA, HELD DES RAMAYANA

sich ritterlich und doch nach göttlichem Gesetz leben lässt.

Rama und Sita

Das Ramayana, was so viel wie »Der Lebenslauf des Rama« bedeutet, ist das älteste Epos der Sanskrit-Literatur und wird dem legendären Heiligen Valmiki zugeschrieben. In ihm wird das Leben Vishnus in seiner Inkarnation als Rama geschildert. Im Mittelpunkt der Erzählung steht die Entführung von Ramas Gemahlin Sita durch den Dämonenkönig Ravana nach Sri Lanka. Rama bekämpft die Dämonen mit Unterstützung des treuen Affengottes Hanuman, kehrt mit Sita in seine Heimatstadt Ayodhya zurück, wo sie stirbt und in den Himmel aufsteigt.

Viele mythologische Elemente werden im Ramayana aufgenommen. Die Ehe wird als Ausdruck der ewigen Verbindung zwischen Mann und Frau dargestellt. Ravana, der diese sozialpsychologisch wichtige Institution bedroht, erscheint als Feind der Kultur. Das ritterliche Ideal, das in Rama verkörpert ist, spricht von der Bedeutung des Kampfes neben dem spirituellen Streben. Wer in jeder Prüfung, die einem das Leben auferlegt, seinen Idealen treu bleibt, wird am Ende siegreich sein. Erst der Wille zum Kampf für seine Ideale verleiht dem Leben Sinn.

Das göttliche Tier

In seinen späteren Inkarnationen erscheint Vishnu in menschlicher Form. Sie deuten auf eine fortgeschrittene Phase der Entwicklung des Bewusstseins hin. Auffallend ist dabei der Umstand, dass Vishnu als Rama einen Verbündeten aus dem Tierreich benötigt. Die Instinkte, die »tierischen« Seelenanteile, sind in diesem Stadium schon weit abgespalten. War Vishnu in seinen ersten Inkarnationen als tierisches und halbtierisches Wesen selber schlau im Erfinden von Listen, ist es nun der Affe Hanuman, der den Part des gerissenen Strategen übernimmt, während Vishnu als der größte menschliche Held Rama in Erscheinung tritt. Eine Aussage Hanumans zeigt, dass er Teil des göttlichen Wesens ist, aber auf der erreichten höheren Entwicklungsstufe, ist dieser Teil bereits völlig vom menschlichen Ich abgespalten. Hanuman sagt zu Rama: »Wenn ich vergesse, wer ich bin, bin ich ich. Wenn ich mich aber erinnere, wer ich bin, bin ich du.«

Die Anwesenheit Gottes im Menschen

Rama muss zur Gruppe der großen Heldenmythen gezählt werden, wie beispielsweise die Erzählungen von Herakles, Odysseus oder Aeneas. Diese Mythenkreise sprechen von der Stufe der Bewusstseinsentwicklung, in der sich das personale Ich von seiner Verbundenheit an die Natur und an das Triebhafte gelöst hat und damit zwar den entscheidenden Schritt zur Kultur getan hat, aber gleichzeitig die Verbindung mit dem Göttlichen, das auf der früheren Bewusstseinsstufe in der Großen Göttin Natur gefasst war, verloren hat. Er muss erst wieder entdecken, das es im Grunde seines Wesens mit der Gottheit identisch ist. Erst am Ende aller Abenteuer erkennt auch Rama, dass er in Wahrheit die Gottheit selbst ist. Symbolisch wird dadurch die Überwindung des alten Dämonenglaubens durch ein neues Bewusstsein ausgedrückt. Durch ein Bewusstsein, das von der verborgenen Anwesenheit der Gottheit im Menschen selbst weiß – ein grundlegendes Konzept des hinduistischen Glaubens.

Rama, der Held des Ramayanas, kämpft mit mehreren Angreifern gleichzeitig. Dabei sind seine Augen überall, denn Rama besitzt zahlreiche Köpfe. Mit seinen vielen Armen wirbelt er seine Schwerter umher, um die Pfeile der Feinde abzuwehren.

INKARNATIONEN VISHNUS

Krishna – der Hirtengott

Vor allem in großen Städten kann man den Anhängern der Krishna-Bewegung bei ihren Umzügen auf den Straßen begegnen. Durch Verteilen von Werbezetteln und dem Ansprechen von Straßenpassanten versuchen sie für ihre Bewegung zu werben. Diese Missionstätigkeit wird immer wieder durch das so genannte »Chanten« unterbrochen,. Dabei singen sie zu Trommelmusik laut ihre Mantras.

Am Ende des dritten Zeitalters (Dvapara-Yuga) inkarniert Vishnu in seiner achten Verkörperung als Krishna, um schonungslos die Dämonen, insbesondere den grausamen Kamsa, zu töten. Krishna gilt für die Verehrer des Gottes Vishnu als eine Erscheinungsform des Erlösers.

Der grausame Kamsa

Kurz vor Anbruch unseres gegenwärtigen Zeitalters habe sich Vishnu als schöner und liebenswerter Königssohn Krishna inkarniert. Dieses Wesen kann als Gegenpol zur Entartung von Macht und Pracht aufgefasst werden, von der das ehrwürdige Geschlecht der Yadavas erfasst worden ist. Grund dafür ist ihr

KRISHNA

grausamer Herrscher Kamsa, der aus einem Seitensprung seiner Mutter mit einem Dämon (Asura) hervorgegangen ist. Kamsa zerstört systematisch die hergebrachte sittliche Ordnung. Er entehrt die Stellung der Frau, indem er z. B. seine Schwester, eine Hexe, als Todesengel einsetzt: Sie reibt sich für Kamsa ihre Brüste mit Gift ein und bietet sich Müttern als Amme an. Kamsa schafft so ein Bild der Frau als Kindsmörderin. Auch lässt er heilige Kühe schlachten, um ihr Fleisch zu verzehren, aber vor allem verfolgt er die Bewahrer der Religion, denn er möchte die Erinnerung an die Dreiheit der indischen Götter Brahma, Vishnu und Shiva, vor allem aber an Vishnu auslöschen.

Symbol der ewigen Liebe

Als dem Vasudeva und seiner Gattin Devaki aus dem Geschlecht der Yadavas der Sohn Krishna geboren wird, verbergen sie ihn bei einem Hirtenstamm, weil Kamsa, beunruhigt durch Prophezeiungen seiner dämonischen Berater, alle Kinder mit besonderer Kraft töten lässt, in der Hoffnung, so auch Krishna beseitigen zu können. Gleichwohl wird Krishna durch göttliches Eingreifen vor den Übergriffen Kamsas immer wieder gerettet. Krishna lebt mit der schönen Hirtin Radha und vielen anderen Kuhhirtinnen (Gopis) ein glückliches Leben in Liebe und Seligkeit. Zum Symbol wird sein Flötenspiel. Die wilden Tiere legen sich friedlich zu seinen Füßen, um dem göttlichen Musiker zu lauschen. Es ist die Harmonie mit der gesamten Schöpfung, die Sympathie unter allen Wesen, die sein Flötenspiel bewirkt. Das Paar Krishna und Radha symbolisiert die ewige Liebe zwischen den Menschen und Gott. Krishna tötet schließlich Kamsa, er besteigt den Thron und bringt den Vishnu-Kult zu neuer Blüte. Sein Tod markiert den Beginn des finsteren vierten und letzten Zeitalters (Kali-Yuga).

Der göttliche Lehrmeister

Krishna wird im Hinduismus hoch verehrt. Ihm ist auch die berühmte Bhagavad-Gita (»Gesang des Erhabenen«) gewidmet, einer der wichtigsten Texte des Hinduismus. Krishna belehrt darin in Gestalt des Wagenlenkers seiner Freund, den Kriegshelden Arjuna, und weist ihn in die Wege des Yoga als den Pfad der Vereinigung mit der »Höchsten Wirklichkeit« ein. Die Beschäftigung mit den Unterweisungen in der Bhagavad-Gita gehört zur täglichen religiösen Erziehung in einer traditionellen indischen Familie.

In der Bhagavad-Gita heißt es nach der Unterweisung: »Nachdem er so gesprochen hatte, o König, enthüllte Krishna, der große Herr des Yoga, dem Arjuna seine höchste göttliche Gestalt. Da schaute Arjuna das ganze Universum mit seinen mannigfachen Teilen in einem Einzigen vereint, in dem Körper des Gottes der Götter.« Darum wird Krishna mit dem Begriff Satcitananda in Verbindung gebracht, sein Körper sei ewig (sat), sein Geist voller Wissen (cit), sein Wesen voller Glückseligkeit (ananda).

Die Krishna-Bewegung

Im Westen ziehen die Anhänger der so genannten Krishna-Bewegung singend durch die Straßen. Junge Leute in orangefarbenen Gewändern, den Kopf zum Zeichen der Demut bis auf einen dünnen Haarzopf kahl geschoren. Begründet wurde die Krishna-Bewegung 1966 von Abhay Charan De (1895–1977). Grundlage ihrer Lehre und Praxis bildet die Bhagavad-Gita. Ihrer Auffassung nach sei das Krishna-Bewusstsein für die Menschheit von grundlegender Bedeutung. Nur dadurch könne die höchste Vollkommenheit erreicht werden. Um eins zu werden mit Krishna, singen die Mitglieder der Krishna Bewegung das »Hare Krishna« Mantra, das durch das Musical »Hair« bekannt geworden ist.

Der Hirtengott Krishna ist als eine der Inkarnationen Vishnus einer der populärsten Götter im Hinduismus. Als Hauptgestalt in der Bhagavad-Gita verkündet er die Gottesliebe als Weg der Erlösung. Die zeitgenössische volkstümliche Darstellung zeigt Krishna mit seiner Hirtenflöte.

INKARNATIONEN VISHNUS

Vishnu als Buddha

In vollkommener Versenkung scheint dieser Buddha eine Blüte zu betrachten. Wie der Buddhismus auf die indische Religion, so wirkte der Hinduismus auch auf den Buddhismus zurück: Einige der indischen Gottheiten wie Brahma und Indra gingen in den buddistischen Pantheon mit ein.

Wie anpassungsfähig der Hinduismus ist, zeigt sich darin, dass Siddhartha Gautama – als Buddha der Begründer des Buddhismus – kurzerhand zu einer Verkörperung des Gottes Vishnu gemacht wurde, zugleich wird die Rivalität zwischen den Buddhisten und den Anhängern Vishnus deutlich. Vishnu sei zu Beginn des gegenwärtigen Zeitalters (Kali-Yuga) in seiner neunten Inkarnation als Buddha auf Erden erschienen.

380

BUDDHA

Gottsucher als Gegner der Brahmanen

Seit dem 6. Jahrhundert. v. Chr. stieg der Unmut in der Bevölkerung über die religiös sanktionierte Macht und Kontrolle, welche die bestimmende Kaste der Brahmanen ausübte. Viele trachteten nach einer neuen spirituellen Orientierung. Überall zogen Gottsucher durchs Land und verkündeten ihre neuen Einsichten. Einige dieser Lehren haben bis in unsere Gegenwart überdauert. Die bedeutendste war jene des Prinzen Siddhartha Gautama aus dem Reich der Shakya, dem nach langen Jahren der Suche die Einsicht in tiefer Meditation unter einem Feigenbaum widerfuhr. Als er sich von seinem Platz erhob, war er der Buddha, der »Erwachte«, und verkündete die Lehre des Buddhismus.

Aus dem 17. Jahrhundert stammt dieser Stich mit einer Darstellung Buddhas, der neunten Inkarnation Vishnus, der hier von zwei Mönchen begleitet wird.

Buddhisten gegen Brahmanen

Nach dem Eingang Buddhas ins Nirvana (»Verlöschen«) verbreitete sich seine Lehre rasch. Sie stieß auf große Resonanz, weil sie enormen soziologischen Zündstoff barg. In Buddhas System war für die Einteilung der Menschen in Kasten kein Platz. Bald jedoch erstarkte der vom Buddhismus zurückgedrängte Hinduismus wieder auf dem indischen Subkontinent, und in dem jahrhundertelangen Machtkampf zwischen der Priesterkaste der Brahmanen und den buddhistischen Mönchen behielten die Brahmanen die Oberhand.

Die edelste Entfaltung des Geistes

Ab dem 11. Jahrhundert drangen islamische Heere von Westen her nach Indien ein. Das war das Ende für die Lehre des Erwachten in seiner Heimat. Der Buddhismus wurde in die entlegenen Winkel des Reiches abgedrängt, fand in Tibet, China und Südost-Asien eine neue Heimat. Aber zu diesem Zeitpunkt hatte der Hinduismus Buddha längst für sich in Anspruch genommen, da er tiefe Spuren hinterlassen hatte, die nicht einfach getilgt werden konnten. So verwandelten die Brahmanen den Rivalen zum Fürsprecher ihrer Religion und erhoben Buddha zu einem Avatar, eine Verkörperung Vishnus. Als Symbol dieser Inkarnation ist Vishnu eine Lotosblüte oder ein Kopf – das Haupt des erleuchteten Prinzen – beigestellt. Die Lotosblüte symbolisiert die höchste und edelste Entfaltung des menschlichen Geistes, für die Buddha steht.

In den Höhlentempeln von Elbora und Ajanta wurden oft Buddhadarstellungen, wie diese, später zu Hinduheiligtümern umgeformt.

Der Aufstieg der Brahmanen

Der Hinduismus ist eine erstaunlich assimilationsfähige Religion. Im weitgefächerten Reich ihrer Schriften, Mythen, Legenden, Kulte und Riten fanden viele neue Strömungen eine natürliche Heimat. Von alters her war das indische religiöse Denken von einer vielgestaltigen Mythologie und einem dicht besiedelten Götterhimmel geprägt. Im 6. Jahrhundert v. Chr. zerfielen die Stammesverbände und kleine Fürstentümer nahmen ihre Plätze ein. Städte entstanden, deren Bevölkerung einen bis dahin unbekannten Wohlstand genossen. Die Stelle der alten Verehrung von Bäumen, Bergen und Flüssen, des Glaubens an eine beseelte Natur im endlosen Kreislauf von Werden und Vergehen, nahm der Opferkult der Brahmanen ein, die behaupteten, außerhalb der von ihnen vollzogenen Rituale gäbe es keinen Weg zum Heil. Die Priesterkaste der Brahmanen trachtete nur noch besitzergreifend danach, ihre Ämter und ihre Stellung zu bewahren und konnte letztendlich ihren Anspruch gegenüber den Buddhisten durchsetzen.

INKARNATIONEN VISHNUS

Kalki – das weiße Pferd

Auf dieser Zeichnung aus dem 17. Jahrhundert wird das edle Pferd Kalki von Vishnu mit dem Schwert geleitet. Das weiße Pferd, der letzte der zehn Avatare Vishnus, gleitet auf seinen Flügeln dahin, denn er steht auf nur drei Füßen, den vierten Fuß hat er immer erhoben. Auf der Erde erscheint er nur, um sie zu vernichten und einer schöneren Schöpfung Platz zu machen. Damit verweist Kalki – ähnlich wie es im Christentum durch das Jüngste Gericht geschieht – auf das Ende aller Tage und den Beginn eines neuen strahlenden Weltzeitalters hin.

KALKI

Die eigentümlichste Inkarnation Vishnus ist seine zehnte und letzte. Mit der neunten Verkörperung als Buddha schloss sich eigentlich der Zyklus der Avatare, die als Symbole für die Stufen der Entwicklung des menschlichen Bewusstseins gelten, d. h. von der tierischen Stufe bis zum erwachten Geist in seiner höchsten Vollendung.

Die künftige Inkarnation

Seine zehnte Erscheinung ist jene des kommenden Gottes. In ihr hat sich Vishnu noch nicht auf Erden verkörpert. Nach einer südindischen, volkstümlichen Überlieferung wird Vishnu in der Gestalt des weißen Pferdes Kalki, nach der literarischen Tradition der Brahmanen aber als Reiter mit dem Namen Kalki auf dem weißen Pferd Devadatta erscheinen.

Das letzte Zeitalter

Im Hinduismus ist man der Auffassung, dass es nach dem Erscheinen des Buddha, des neunten Vishnu-Avatars, nur noch Teil-Avatare gibt. Das hänge mit dem Umstand zusammen, dass sich die Welt im Kali-Yuga befinde. In diesem letzten finsteren Zeitalter verbleibe nur noch ein Viertel an Rechtschaffenheit, spirituelle Bemühungen schlafen ein, geistige Erkenntnisse geraten in Vergessenheit, das Böse, Krankheit, Zorn, Neid, Habgier, Krieg und Verzweiflung dominieren. Das Kali-Yuga endet in der großen Weltvernichtung. Darauf folgt wieder eine Nacht Brahmas, in der er 4320 Millionen Jahre lang bis zur nächsten Weltschöpfung und dem Beginn des neuen »Großen Kreislaufs der Weltzeitalter« (Maha-Yuga) schläft.

Grund für den Niedergang seien die Dämonen (Asuras), welche den Geist der Menschen benebeln und sie so vom rechten Pfad abbringen. Wenn die Herrschenden nicht mehr ihrer Ämter walten, sondern nur noch danach trachten, aus ihrer Position Gewinn zu ziehen und Priester ihre Stellung ausnutzen, ohne spirituelle Einsichten weiterzugeben, seien das untrügliche Anzeichen für das herannahende Ende des Kali-Yuga, den Zeitpunkt der Weltvernichtung. Die Errungenschaften der Kultur, die humane Gesinnung, die Schönheit der menschlichen Sitten gehen verloren.

Als vielköpfiges Pferd erscheint Vishnu auf diesem rätselhaften Kupferstich des 18. Jahrhunderts. Er stellt die westliche Auffassung einer Kalki-Statue mit einem tierköpfigen Reiter in einem indischen Tempel dar.

Die ewige Wiederkehr

Am Ende dieses Zeitalters werde Vishnu als Reiter auf dem weißen Pferd Kalki erscheinen. Das Pferd symbolisiert die Stärke, die Farbe Weiß die Kraft, die der kommende Vishnu besitzen wird. Mit gezücktem Schwert verjage er dann die Dämonen. Den Untergang der jetzigen Welt kann er dennoch nicht aufhalten.

Sie versinkt, um einer neuen Platz zu machen und um einen neuen Zyklus von göttlichen Inkarnationen entstehen zu lassen. Das Rad des ewigen Wandels dreht sich weiter. Vishnu wird dann die Dunkelheit und den Tod (Yama) besiegen und alle Gegensätze auflösen.

Der amerikanische Anthropologe William Irwin Thompson vertritt die Auffassung, dass sich in den Mythen die Geschichte unserer Seelen widerspiegele.

Mythos: Geschichte der Seele

Im Mythos stellen sich die Zusammenhänge der Welt als zeitlos erscheinende Aussage dar. In ihm steckt die Keimform des historischen Bewusstseins. Der amerikanische Kulturanthropologe Dr. William Irwin Thompson (*1938) betrachtet den Mythos als Geschichte der Seele. In der höchsten Erfahrungsform des Mythos, so Thompson, erkennt das Individuum die Geschichte und Evolution unserer Seele. Der Zyklus der Inkarnationen Vishnus berichtet von der Evolution des Bewusstseins aus dem vorbewussten Schlummer bis zu seiner schon erreichten höchsten Entfaltung, symbolisiert in der Gestalt des Buddha, des »Erwachten«.

Phänomene des Ostens

Die Regionen des Ostens stellen eine Fundgrube an unerklärten und unerklärlichen Phänomenen dar. Zentralasien ist sowohl die Wiege des Schamanismus, als auch das Ursprungsland für dessen magisches Weltbild. Aus ihm entstanden die Lehren von der Lebensenergie. In den spirituellen Traditionen Indiens und Chinas entwickelten sich Übungen, diese Energie zu sammeln und zu steigern. Früh erkannte man ihren positiven Einfluss im Bereich der Heilung und für magische Handlungen. Aus den Lehren von der Lebensenergie entstanden die großen mystischen Erlösungsphilosophien des Hinduismus, Buddhismus und Taoismus, in deren Zentrum die Praxis der Bewusstseinsentfaltung steht. Im Zuge meditativer Übungen wird hier von außerordentlichen Phänomenen berichtet, die sich einer Einordnung in gängige wissenschaftliche Modelle noch weitgehend entziehen.

PHÄNOMENE DES OSTENS

Das Weltbild der Schamanen

Aus der Provinz Khövsgöl in der Mongolei stammt diese alte Pfeife rauchende Schamanin.

Schamanen sind berufen, zwischen der Lebenswelt und der Ebene der mythischen Vorstellungskraft zu vermitteln, zwischen Kultur und Natur, zwischen den Welten der Menschen und der Tiere, zwischen den Menschen und den Reichen der Götter und Dämonen. Sie kümmern sich um eine vernünftige Balance zwischen den Welten und Ebenen des Seins und versuchen das Gleichgewicht in sozialer, politischer, psychischer und vor allem gesundheitlicher Hinsicht unter den Stammesangehörigen zu erhalten. Die Welt erhält und erneuert sich in einer ständigen Wiederherstellung des Gleichgewichts.

Stellung in der Gesellschaft

In vielen Volksgruppen hat der Schamane eine gefürchtete und geachtete Randposition. Für gewöhnlich gibt es mehrere Schamanen pro Volk bzw. Stamm, aber nur einen Schamanen pro Dorf. Ausdruck findet die Sonderstellung eines Dorfschamanen in der Tatsache, dass er häufig in einer Hütte am Rand der ihm anvertrauten Siedlung lebt. Diese Art von Isolation zeigt, dass Schamanen anders sind. Mehr noch, sie ist der Ausdruck dafür, dass die Schamanen zwei Welten zugehören – der bekannten irdischen und der unbekannten überirdischen. Sie stehen für den Stamm, dem sie angehören, außerhalb der Ordnung des Gewöhnlichen.

Träger der Kultur

Bevor sich um ca. 10 000 v. Chr. größere sesshafte Gemeinden bildeten, war der Schamanismus eine über den gesamten Globus verbreitete Erscheinung. Obwohl sie von der beginnenden Stadtkultur langsam verdrängt wurde, hielt sie sich dennoch, vor allem in ländlichen Gebieten, bis in die Gegenwart. Noch heute glauben viele Angehörige indigener Völkergruppen, z.B. in Zentral- und Ostasien, in Mittel- und Südamerika und in Australien, an Schamanismus. Die modernen Schamanen, die in diesen Regionen auch als voll integrierte Mitglieder der Gesellschaft in den Städten anzutreffen sind, haben allerdings nur in den seltensten Fällen noch die umfangreichen Mittlerfunktionen zwischen Diesseits und Jenseits, die sie einmal hatten. Sie sind in der Hauptsache nur noch Heiler, Ratgeber und Wahrsager.

Da allein er die anderen Welten kannte, wurde der Schamane zum ersten Mythenerzähler. In Gesten, Tanz, Pantomime und Gesang gebärdet er sich als Urschauspieler mythischer Begebenheiten. Seit den Tagen der Steinzeit gingen vom Schamanen die Impulse aller geistigen Kultur aus. Er erzählt und singt von Göttern und Dämonen und von seinen gefahrvollen Reisen in andere Welten. Kunst, Dichtkunst, Gesang, Tanz, Schauspiel, Berichte von jenseitigen Welten und damit die Anfänge von Religion und Philosophie, Erkundung der Wirkung der Pflanzen und damit das Erscheinen einer rudimentären Naturwissenschaft, alle diese Tätigkeiten laufen in der Figur des Steinzeitschamanen zusammen.

SCHAMANEN

Herkunft des Schamanismus

Die Ursprünge des Schamanismus liegen in der Altsteinzeit. Damals stand die Tätigkeit des Schamanen eng mit der Jagd in Zusammenhang. Er war ebenso dafür verantwortlich, durch magische Handlungen das Wild anzuziehen, das seinem Stamm als Nahrung dienen sollte, als auch die Götter zu beschwichtigen, wenn ein Tier getötet wurde. Der Schamane leitete dann die Seele des Tieres zurück in die jenseitigen Gefilde, dorthin, wo die Mutter aller Tiere, die große Urgöttin, die Seelen wieder in sich aufnimmt, um neue Tiere zu gebären. Die Seelen müssen versöhnt werden, damit sie nicht Rache an den Menschen nehmen, die sie, um Nahrung zu gewinnen, töten mussten.

Als »Zaubermittel« werden in Afrika die so genannten Fetisch-Figuren verehrt. Dieses westafrikanische Götzenbild soll durch die beiden Zepter und die stilisierten Tierhörner magische Kräfte verleihen.

PHÄNOMENE DES OSTENS

Verbreitung des Schamanismus

Das Wort Schamane stammt aus der Sprache des sibirischen Stammes der Tungusen. Es geht auf den vedischen Begriff »sram« zurück, was so viel wie »sich selber mit Hitze erfüllen« bedeutet. Die geheimnisvollen Fähigkeiten des Schamanen stehen eng in Zusammenhang mit der Selbsterhitzung – der Ekstase. Zudem ist nach alter schamanischer Vorstellung die Erzeugung einer inneren Gluthitze unverzichtbar für das Hervorrufen magischer Wirkungen. Der Schamanismus ist ein universales Phänomen. Schamanen gab es schon vor Jahrtausenden in Grönland, in den Weiten der nordamerikanischen Prärie, im dichten Regenwald des Amazonas, auf Feuerland, in den Savannen Afrikas, den Wäldern Mitteleuropas, den sibirischen Tundren, auf dem »Dach der Welt« in Tibet und in den Wüsten Australiens. Auf der ganzen Welt gleichen die schamanischen Lehren und die Aufgaben der Schamanen einander in erstaunlicher Weise.

Ein sibirischer Schamane der Burjaten mit seiner Rahmentrommel. (Fotografie aus dem 19. Jahrhundert)

Tätigkeiten des Schamanen

Während einer Lebenskrise erlebt der Schamane eine gefahrvolle innere Reise, er lernt den Tod kennen und ihn zu überwinden. Das Chaos, das sich in der Tiefe seiner Seele auftut, ordnet er zu einem neuen System des Kosmos. Ausdruck verleiht er dieser Ordnung in seinen umfangreichen Tätigkeitsfeldern. Er ist Heiler, Zeremonienmeister, Wahrsager, Richter, Künstler, Poet und Sänger zugleich. In manchen Kulturen steht der Schamane im Mittelpunkt, in anderen spielt er eine untergeordnete Rolle, was sich oft auch daran zeigt, dass sich seine Wohnstätte am Rand des Dorfes befindet. Gemeinsam ist allen Schamanen auf der Erde das Erleben von Trance und Ekstase, das Erforschen visionärer Welten und ihr Erwachen zu anderen Ebenen des Bewusstseins.

Meister der Ekstase

Bei seiner wichtigsten Tätigkeit, dem Schamanisieren, fällt der Schamane in den veränderten Bewusstseinszustand der Ekstase oder Trance. In der Trance schlüpft er durch das Tor zu einer anderen Wirklichkeit, wird Teil und Teilnehmer einer Welt der übernatürlichen Kräfte und Wirkungen, wo er sich verwandelt und mit seinen Hilfsgeistern fliegt.

Die Trance wird vom Schamanen gewöhnlicherweise durch lang anhaltende monotone Sinnesreizungen hervorgerufen. Häufig handelt es sich um eine auditorische Reizung durch Schütteln der Rassel, Trommelschlag und eintönigen Gesang. Oft muss ein Helfer während des Schamanisierens den Trommelschlag weiterführen. Denn die Trommel ist das schamanische »Reittier« in überirdische Sphären. Wenn sie aufhört zu tönen, besteht die Gefahr, dass der Schamane sofort wieder in das normale Wachbewusstsein zurückkommt.

Wirkungen der Trance

In wissenschaftlichen Untersuchungen konnte nachgewiesen werden, dass monotones Trommeln Veränderungen im Zentralnervensystem hervorruft. Zahlreiche Zonen des Gehirns, die normalerweise keine elektrische Aktivität aufweisen, werden durch die rhythmische Klangerregung beeinflusst. Der niederfrequente schamanische Trommelschlag unterstützt das Auftreten von so genannten Thetawellen im EEG (Messverfahren zur Feststellung elektrischer Gehirnströme), die gewöhnlich mit einer schlafähnlichen Bewusstlosigkeit einhergehen. Durch das zusätzliche Bewegen der Rassel werden höhere Frequenzbereiche im Gehirn angesprochen. Der sibirische Schamane beginnt meist nach dem einleitenden Trommelrhythmus einen eigentümlichen Schütteltanz. Dadurch erzeugen die zahlreichen Glöckchen und Metallplättchen auf seinem Schamanenmantel jene höherfrequenten Töne, die sonst durch die Rassel hervorgerufen werden. Die Mischung von niederfrequenten Thetawellen mit sehr hochfrequenten Gammawellen scheint, neuesten Untersuchungen zufolge, das Geheimnis für die besonderen Erfahrungen während der schamanischen Trance zu bergen.

Der Bewusstseinszustand der Trance ist gekennzeichnet durch eine radikale Reduzierung der Wahrnehmung, erhöhte Suggestibilität, das Auftreten von Illusionen (Verkennungen), Halluzinationen (Trugwahrnehmungen) und auch paranormalen Eindrücken (telepathische, hellsichtige oder präkognitive Wahrnehmungen).

SCHAMANEN

Techniken der Ekstase

Bei fast allen schamanischen Gesellschaften wird die Trance auch durch Einsatz psychoaktiver Substanzen hervorgerufen. Diese sind vor allem für bestimmte Riten und Heilséancen hilfreich, wenn es nötig ist, dass auch andere Stammesmitglieder oder Patienten in einen veränderten Bewusstseinszustand versetzt werden, die nicht über jene Meisterschaft über die Ebenen des Bewusstseins verfügen, wie der Schamane selbst.

Es gibt allerdings Unterschiede der Tranceerfahrung, die vom Kontext abhängen, aber auch von körperlichen Voraussetzungen. So kennen die verschiedensten Völker für bestimmte schamanische Aufgaben besondere Körperhaltungen, in denen die Trance induziert wird, um ein besonderes Resultat zu erzielen. Um eine Besessenheitstrance hervorzurufen, stellt sich der Schamane mit leicht gebeugten Knien hin, drückt den Kopf etwas in den Nacken und hält die Hände vor die Brust. Um sich auf schamanischen Flug zu begeben, scheint die ausgestreckte Rückenlage von besonderer Effizienz zu sein.

Kritikpunkte

Kritik am Schamanismus ist im Wesentlichen Kulturkritik und Religionskritik, und die gibt es bekanntlich in Bezug auf alle Kulturen und Religionen. Von Seiten des »aufgeklärten«, rationalen und westlichen Denkens wird Schamanismus häufig als Relikt längst überwundener magischer Glaubenshaltungen angesehen. Man spricht dem Schamanen seine Fähigkeiten als Heiler und Seher ab, seine Visionen, ekstatische Zustände und das Erlebnis des Schamanenfluges werden sogar als Ausdruck einer psychopathologischen Störung betrachtet.

Dieselbe Art der Kritik übt das rationale Denken an allen menschlichen Aktivitäten, die das Irrationale und Unerklärliche nicht von vorne herein ablehnen, mithin an allen Arten nicht ausschließlich rationalen Denkens, vor allem etwa an den Formen von Religion, an Magie, paranormalen Erscheinungen, aber auch an Psychologie, Psychotherapie, Kunst und Intuition. Allerdings ist Schamanismus äußerst resistent und hat sich als bedeutendes kulturstiftendes Instrument trotz aller Angriffe über Jahrtausende gehalten.

Peruanische Schamanen bei der Zubereitung eines Tranks für ihre Zeremonie, der aus Schnaps und verschiedenen Kräutern besteht.

PHÄNOMENE DES OSTENS

Schamanische Magie

Die Rekonstruktion eines Schamanen der Tsimshian, eines Indianerstamms von der Nordwestküste Kanadas, zeigt typische schamanische Kultobjekte: der geschnitzte Fetischstab, eine Rassel und eine Krone aus Grizzlybär-Krallen. (Nationalmuseum, Ottawa)

SCHAMANISCHE MAGIE

Schamanen verstehen es, aufgrund ihrer intimen Kenntnis der Götter und Dämonen, die Zukunft zu deuten. Den Willen der Götter erfahren sie in zufälligen – eben ihnen »zufallenden« – Rissen im Gestein, aus dem Rascheln des Laubes im Wind, aus dem Flug der Vögel oder dem Rauschen der Waldbäche. Sie sehen in Trance die Plätze, wo die Jäger das Wild finden würden, und sie verfügen über die Fähigkeiten, Kranke zu heilen und Gesunde zu verhexen.

Die alles durchströmende Kraft

Wahrsagen und Heilen, die Beherrschung von Magie, sind für den Schamanismus von zentraler Bedeutung. Um diese Fähigkeiten auszuüben und zu verwirklichen, muss sich der Schamane eine besondere Kenntnis über die Lebensenergie aneignen, die alles Existierende durchströmt. Im schamanischen Kosmos ist alles von einer Lebenskraft durchwirkt. In Melanesien, einem inselreichen Gebiet im Pazifischen Ozean nennt man sie Mana und versteht darunter eine spirituelle Kraft, mit der man z. B. Menschen oder Tiere beeinflussen kann. Die Oglala, ein Stamm der Sioux, sprechen von Wakan, das überall ist und eigentlich keinen Ort besitzt. Diese Kraft ist mit den Mitteln der sinnlichen Erfahrung nicht erfassbar, aber dennoch in der gesamten Welt der Erscheinungen vorhanden. So besitzen auch die Menschen diese Lebensenergie; ihr Mangel oder Verlust führt zu Krankheit und Tod. Aufgabe des Schamanen ist es, die Energie dort wieder ins Gleichgewicht zu bringen, wo sie verschwunden ist.

Aktivierung der Lebensenergie

Die südafrikanischen Kung in der Kalahari-Wüste nennen diese übernatürliche Kraft, der sich der Schamane für Heilung, Hellsehen, Röntgenblick, Prophetie und Trancereisen bedient, N'um. Erst wenn die Lebensenergie seinen Körper erfüllt, erhält der Schamane heilende, aber auch hellsichtige Fähigkeiten. Durch einen bestimmten Tranceheiltanz, der Kia heißt, erhitzt der Schamane der Kung seinen Körper. Er bringt die Energie zum Sieden.

Das N'um steigt aus dem Bauch in den Kopf. In diesem Zustand vermag der Schamane alles zu sehen, was den Menschen Leid bereitet. Durch die im Tanz aktivierte Lebensenergie vermag er Krankheiten aus seinen Patienten herauszureißen.

Die Aktivierung der Lebensenergie wird als gefährlich beschrieben, weil ihre Wirkung so stark ist, dass sie bei extremer Anwendung für den Patienten tödlich ist. Die Kung nennen sie darum das »Todesmittel«. Es liegt in der Hand des Meisters, N'um zum Guten wie zum Bösen einzusetzen.

Ein uraltes Wissen

Die akademische ethnologische Forschung hat die magischen Fähigkeiten der Schamanen meist nur aus dem Blickwinkel kurioser abergläubischer Handlungen betrachtet, aber nur selten den Schamanen als Erforscher des Bewusstseins und als Meister über paranormale Kräfte angesehen. Mit aller Genauigkeit wurde das Gewand der Schamanen beschrieben, seine Farben, Ornamente, Attribute, man zählte die von ihm verwendeten Geräte auf, notierte alles, was er von sich gab und berichtete genau, welche Handlungen er vollzog.

Ob allerdings sein Ritual erfolgreich war, interessierte so gut wie gar nicht. Erst in jüngster Zeit konnten einige wenige Forscher feststellen, dass schamanische Magie tatsächlich funktioniert. Offenbar verbirgt sich hinter den wunderlichen Ritualen, Trancevorstellungen und Gesängen der Schamanen ein uraltes Wissen um die Techniken, magische Wirkungen erzielen zu können.

Ein schwieriges Amt

Für den Schamanen ist seine Aufgabe äußerst ernst und schwierig. Die wenigsten wollen der Berufung nachgehen, wenn sie sich durch Träume und Krankheiten andeutet.

Sie sträuben sich, dieses gefährliche Amt zwischen den Welten einzunehmen. Falsche Schamanen haben keine Chance, denn hat der Meister der Magie keinen Erfolg, wird er davongejagt und von einem besseren ersetzt. Vielleicht treibt er sich dann als ruheloser hexender Scharlatan herum, der wahre Schamane aber muss seine magischen Fähigkeiten immer unter Beweis stellen. Seine Stammesmitglieder sind in diesem Fall unerbittlich. Schließlich kommt es auf ihn an, dass die Götter weiterhin ein gnädiges Auge auf ihren Stamm richten.

Eine afrikanische Fetisch-Figur mit einem Zepter. Vor allem in Westafrika wurden solche Plastiken bei kultischen Handlungen als Stellvertreter der Götter und Dämonen benutzt bzw. waren selbst Objekte, denen außernatürliche Kräfte zugemessen wurden.

391

PHÄNOMENE DES OSTENS

Schmerzfreiheit

Es gibt heute vereinzelt wissenschaftliche Hinweise darauf, dass der Schamane durch den veränderten Bewusstseinszustand auf das eigene Immunsystem im Körper Einfluss nehmen kann und durch Resonanzphänomene mit Patienten, die ebenfalls in einen Trancezustand versetzt werden, auf deren Immunsystem wirken kann. Insbesondere werden durch die Trance so genannte Endorphine im Körper freigesetzt. Es handelt sich dabei um körpereigene Opiate, die wie Morphium schmerzlindernd wirken und einen euphorischen Zustand erzeugen. Im Zusammenhang mit der Endorphin-Ausschüttung ist auch die schamanische Fähigkeit zu sehen, bei gefährlichen Riten, bei denen etwa glühende Kohlen in die Hände genommen oder sogar gegessen werden (z. B. bei dem Stamm der Dama in Südwestafrika), keine Schmerzen zu verspüren. Rätselhaft bleibt allerdings der Umstand, dass Schamanen bei solchen Handlungen auch keine Brandblasen davontragen, ganz so, als ob ihr Leib während des Schamanisierens anderen Gesetzen gehorchte oder kein gewöhnlicher Körper wäre. Vielleicht stellen Trommeln, Tanz und Trance eine Technik zur Programmierung von Bewusstseinsfähigkeiten dar, deren Anwendung in zivilisierten Gesellschaften weitgehend verloren gegangen ist.

In Südkorea praktizieren die Mudangs, Schamanen und Schamaninnen, die so genannte Kut-Zeremonie. Während dieses Vorgangs des Schamanisierens befinden sie sich in Trance. Beim »Messer-Test«, bei dem sie ihre Zunge durchstoßen, zeigt sich, dass sie völlig schmerzunempfindlich sind.

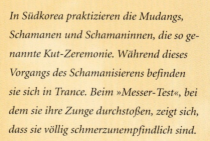

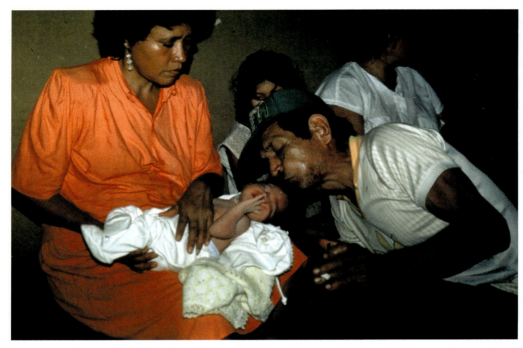

Ein Schamane der Shipibo-Indianer aus dem peruanischen Amazonasgebiet während einer Heilséance. Dabei »saugt« er einem Kind die Krankheit aus dem Leib.

Aussaugen der Krankheit

Die Heilrituale der Schamanen ähneln sich überall auf der Welt. Der Schamane versetzt sich in Trance, umtanzt ein Feuer und bleibt reglos auf dem Boden liegen.

In dieser Zeit hat er ein Flugerlebnis. Völlig erschöpft von der gefährlichen und mühevollen Reise steht er auf, kniet neben dem Patienten nieder und beginnt an dessen Körper kräftig zu saugen. Er zittert vor Anstrengung. Mehrere Minuten lang setzt er sein Saugen fort, dann springt er von seinem Patienten weg, wälzt sich mit schmerzverzerrtem Gesicht auf der Erde und spuckt schließlich ein kleines Tier oder einen blutigen Daunenballen in seine Hand.

SCHAMANISCHE MAGIE

Ein Kupferstich des 18. Jahrhunderts zeigt einen Schamanen der Lappen beim Heilungsritual. Vor etlichen Zuschauern und Angehörigen des Kranken führt er seine Handlungen aus. Dabei umkreist er den am Boden auf dem Bauch liegenden Patienten und beschwört ihn gestenreich. Für das Ritual hat er ihm seine Trommel auf den Rücken gelegt. Mit dem Zweig in der Hand reinigt er das Feld um den Kranken.

Der magische Pfeil

Viele schamanische Völker gehen von der Vorstellung aus, dass die Krankheit durch einen magischen Pfeil verursacht wird. Deshalb muss der Schamane die Krankheit aussaugen. Der Pfeil wird gezogen und die Krankheit wird als kleiner Kieselstein, als ein Stück Federkiel, als ein Käfer oder als eine Bohne präsentiert. Die sichtbare Entfernung der Krankheit ist wichtig. Eine untergeordnete Rolle spielt dabei der Umstand, dass es sich um einen Trick handelt. Das wissen sowohl die Schamanen wie ihre Stammesgenossen. Dennoch gehört das Spiel mit dem ausgesaugten Krankheitspfeil zum gesamten Ritual, wodurch die Selbstheilungskräfte des Patienten aktiviert werden. Während der Trance war der Schamane mit der Hilfe seiner tierischen jenseitigen Verbündeten auf den Weltenbaum in die Oberwelt aufgestiegen. Mit der Gottheit feilschte er regelrecht um das Leben des Erkrankten. Ist es ein mächtiger Schamane, bewirkt er von der Gottheit die Möglichkeit der Heilung.

PHÄNOMENE DES OSTENS

Krankheits- und Todeszauber

Aus Zimbabwe stammt dieser afrikanische Schamane im rituellen Ornat. In den Händen hält er Rasseln und andere kultische Gegenstände, um seinen Hals hängen magische Amulette und Fetische, die bei seinen Zeremonien zum Einsatz kommen.

KRANKHEITSZAUBER

Der »gute Schamane« ist weitgehend eine romantische Fiktion. Wie er Krankheiten zu heilen vermag, ist der Schamane auch in der Lage, Menschen zu verhexen. In vielen Kulturen glaubt man, dass die magische Substanz, die der Schamane beherrscht, sowohl größere Resistenz vor Krankheiten verleiht, als auch als tödliche Waffe gegen Feinde verwendet werden kann.

Magische Tötung

Krankheiten zu heilen und Krankheiten hervorzurufen sind zwei sich nur scheinbar widersprechende Funktionen im Schamanismus. Bei den Maori in Neuseeland musste der Initiand seine Weihe zum Schamanen durch eine gelungene Ferntötung unter Beweis stellen, die zugleich als Garantie für sein eigenes Leben galt – bei den Maori herrschte die Vorstellung, dass ein Schamane Gefahr läuft, verrückt oder sterbenskrank zu werden, wenn seine Ferntötung nicht funktioniert. Ähnliche Vorstellungen finden sich im nordasiatischen Raum. Dabei müssen Sippenangehörige des angehenden Schamanen den Krankheitsgeistern auf magische Weise – durch Ferntötung – geopfert werden, um sein Leben zu sichern.

Deuten mit dem Knochen

Eine der bekanntesten Arten des Todeszaubers ist das »Deuten mit Knochen« der australischen Ureinwohner. Wenn ein Stammesangehöriger ein Tabu übertritt, beschließt der Ältestenrat seinen Tod. Der Schamane muss ihn auf magische Weise herbeiführen. Dafür holt er seinen kleinen Tötungsknochen Ngathungi hervor. Er erwärmt ihn, konzentriert sich auf das Bild des Beschuldigten, und wünscht mit intensivster Emotion und Energie dessen Tod. Die ganze Nacht hindurch behält er das Bild des Opfers vor Augen. Am darauffolgenden Morgen wiederholt er dasselbe Ritual aus nächster Nähe zu seinem noch schlafenden Opfer. Gewöhnlich wird der auf diese Weise Verhexte binnen weniger Wochen krank und stirbt.

In Ghana demonstriert ein Lobi-Hexer seine magischen Fähigkeiten, indem er ein Huhn auf ein mit Pflanzen und verschiedenen Gegenständen gefülltes Säckchen (Ju Jus) legt. Das Huhn stirbt dabei sofort ohne äußeres Zutun.

Der Ethnologe als Zauberlehrling

Die Wirksamkeit des Tötungszaubers beobachtete der deutsche Ethnologe Eckhardt Brockhaus bei den Zeremonien einer Familienfeier in Dahomey, dem heutigen Benin im Jahr 1968. Der Medizinmann zog einen Kreis auf dem Boden der Hütte und warf ein Huhn hinein. Dann – über das Opfertier gebeugt – murmelte er Beschwörungsformeln, woraufhin das Huhn immer apathischer wurde und schließlich tot zusammenbrach. Brockhaus vermutete, der Schamane habe das Tier vorher vergiftet, so dass es während der Zeremonie sterben musste. Der Ethnologe wollte es genau wissen. Er begab sich in die Lehre des Schamanen, was nur wenigen Fremden gewährt wird. Brockhaus war ein Begünstigter, weil er ein enger Freund des Schamanen war. Nach Monaten wurde er in die Geheimnisse der höheren Magie eingeweiht, lernte die Zaubersprüche, die Verwendung von Fetischen und das Durchführen der Rituale. Endlich war es so weit. Der Schüler aus dem Westen versuchte sich am rituellen Töten eines Huhns. Er traf alle Maßnahmen, um Tricks auszuschließen, und setzte sein erlerntes Wissen in die Praxis um. Zwar dauerte es länger als bei seinem Meister, aber am Ende war auch sein Huhn verhext und auf rätselhafte Weise im magischen Kreis verendet.

Wissenschaftliche Erklärungen

Der amerikanische Forscher W. B. Cannon nahm 1942 an, dass der magische Tod – das Sterben durch Ferntötung – deshalb eintritt, weil das verhexte Individuum von der Tatsache der Verhexung weiß. Dadurch wird das Opfer von intensiver Angst heimgesucht, was sich in einer starken Aktivierung des autonomen Nervensystems äußert. Diese anormale Aktivierung schlägt sich in einer Änderung der Blutgefäße und Organe nieder. Die Folge sind physiologische Abläufe, die zu einer Reduzierung des zirkulierenden Blutvolumens führen, was in eine kritische Blutdrucksenkung münden kann, die wiederum zum Tode führt. Ein Kollege von Cannon, C. P. Richter, vertrat 1955 die These, dass nicht Angst und Stress die Ursache für den Ferntod seien, sondern eine Stimulation des parasympathischen Nervensystems, die sich durch Hoffnungslosigkeit und Selbstaufgabe einstellt.

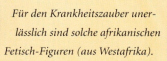

Für den Krankheitszauber unerlässlich sind solche afrikanischen Fetisch-Figuren (aus Westafrika).

PHÄNOMENE DES OSTENS

Reinkarnation und Wissenschaft

Der 14. Dalai Lama hat, nachdem sein Land 1951 von der Volksrepublik China annektiert wurde, den größten Teil seines Lebens im Exil verbracht, um seine Friedensmission auf Erden ungestört zu verwirklichen. »Die Wiedergeburt des Dalai Lama wird außerhalb Tibets stattfinden,« sagt er.

Die Prüfungen des Dalai Lama

Dass große Erleuchtete sich reinkarnieren, um leidenden Lebewesen auf ihrem Weg zur Befreiung zu helfen, gilt im Buddhismus als Tatsache. Demgemäß soll jeder tibetische Lama die Wiedergeburt seines Vorgängers sein. So gilt der Friedensnobelpreisträger Tenzin Gyatso, der 1935 geborene aktuelle Dalai Lama, als Wiedergeburt in der bis ins 14. Jahrhundert zurückreichenden Kette der Dalai Lamas, die die höchsten geistigen Lehrer Tibets sind.

Die Prozedur, mit deren Hilfe ein neuer Lama entdeckt wird, ist aufwändig und geschieht nach strengen Kriterien. Ein wiedergeborener Lama muss zum Beispiel Texte und Gegenstände seines Vorgängers zweifelsfrei identifizieren. Gesucht wird unter Kindern auf der ganzen Welt.

Ist man davon überzeugt, einen »echten« reinkarnierten Lama gefunden zu haben, wird dieser von seiner stolzen Familie getrennt, um als Mönch in einem Kloster für sein Leben als heiliger Mann vorbereitet zu werden.

Der sitzende Buddha im Wat Si Chum in Sukhotai (Nordthailand) ist 14, 70 Meter hoch. Vor ihm versammeln sich täglich Novizen und Lehrer zum Gebet.

Lebt der Mensch mehrmals auf Erden? Gibt es so etwas wie ein Naturgesetz der ewigen Wiederkehr? Die Reinkarnation oder Wiedergeburt, die bisher Glaubensgut östlicher Religionen und Philosophien war, interessiert längst auch die westliche Wissenschaft. Viele Psychotherapeuten nehmen mittlerweile beispielsweise an, dass nicht nur Geschehnisse in diesem, sondern auch Ereignisse aus vergangenen Leben für Verletzungen und Traumata ihrer Patienten verantwortlich sein können. In so genannten

REINKARNATION

Rückführungen zu vergangenen Existenzen sehen sie einen Weg der Heilung.

Berichte von Kindern

Professor Ian Stevenson von der University of Virginia hat zum Thema Reinkarnation die weltweit umfangreichsten Forschungsergeb-

nisse vorgelegt. Er sichtete, sortierte und überprüfte wesentliche Fälle vor Ort und ließ nur absolut sicher dokumentierte Untersuchungen gelten. Der Wissenschaftler konzentrierte sich bei seiner Arbeit hauptsächlich auf die Aussagen von Kindern, die ohne den analysierenden Verstand von Erwachsenen spontan von zurückliegenden Inkarnationen berichteten. Dabei konnte Stevenson eine Beeinflussung durch die Eltern ebenso ausschließen wie ein möglicherweise bereits angelesenes Wissen.

Wache Erinnerung

In allen Kulturen gibt es Kinder, die, sobald sie sprechen können, wie selbstverständlich von einem »früheren Leben« in einem anderen Körper und an einem anderen Ort erzählen. Stevenson akzeptiert, dass diese spontan auftauchenden und für die Kinder meist unproblematischen Erinnerungen mit Eindrücken und Erfahrungen aus dem jetzigen Leben vermischt sind. Dabei machen die Kinder jedoch nachprüfbare Angaben, nennen Namen, Orte und Ereignisse aus der Vergangenheit. Die empirischen Untersuchungen gewinnen ihre Überzeugungskraft aus der Anhäufung vieler kleiner Details, die jeden Fall einzigartig machen. Auch an der Universität von Neu Delhi hat der Psychologieprofessor N. K. Chadha Kinder im Alter von vier bis zehn Jahren untersucht, die konkrete Angaben über ein früheres Dasein gemacht haben. 25 Fälle wurden als echte »Wiedergeburten« anerkannt, weil die Berichte mit den recherchierten Fakten übereinstimmten.

Der Fall Titu

So wurde bespielsweise im Dezember 1983 in einem Dorf 50 Kilometer von der indischen Stadt Agra entfernt ein Junge namens Titu geboren, der im Alter von vier Jahren von einem Leben als Radiohändler in Agra erzählt und auch seinen damaligen Namen nennt: Suresh Verma. Er habe eine Frau namens Uma und zwei Söhne gehabt und er nannte auch Einzelheiten über seinen Tod,

Umfragen zufolge glauben 91 Prozent der Inder an die Wiedergeburt. Hindus wissen um die Kostbarkeit des kindlichen Erinnerungsvermögens an vorherige Leben Bescheid. Anders als im Westen fordern sie daher ihren Nachwuchs zum Erzählen von »alten« Geschichten auf und lehnen unglaublich Klingendes nicht als Hirngespinste ab.

PHÄNOMENE DES OSTENS

der ihn mit 35 Jahren ereilte: Suresh Verma wurde im Hof seines Hauses von einem Unbekannten erschossen. Professor Chada war nicht überrascht, als man bei Nachforschungen die trauernde Witwe des tatsächlich vier Jahre zuvor erschossenen Suresh Verma in Agra fand.

Tod vorgenommen worden waren. Titu fand sogar den Tresor hinter einem Gemälde und erzählte Anekdoten von seiner Hochzeit mit Uma. Als kurz darauf die betagten Eltern von Suresh auftauchten, umarmte Titu sie zwar herzlich, war jedoch enttäuscht, dass

Im Kreis seiner Familie war niemand erstaunt, als Titu über seine Erlebnisse in einem früheren Leben als Radiohändler sprach. Interessant ist, dass manche Kinder behaupten, sie könnten fliegen – was ihnen in ihren aktuellen Körpern nicht gelingt. Vielleicht weist diese Aussage auf ein Leben als Vogel oder als ein Wesen von einem anderen Planeten hin.

Auf Wiedersehen!

Der Fall von Titus und dem verstorbenen Radiohändlers Suresh Verma, dessen Wiederverkörperung der Junge sein soll, machte internationale Schlagzeilen. Bei einer Gegenüberstellung im Laden des ermordeten Suresh Verma im indischen Agra erkannte der Wiedergeborene, Titu, nicht nur »seine« Witwe Uma und die bereits halbwüchsigen Söhne Ronu und Sonu, sondern er benannte auch Veränderungen im Radiogeschäft, die nach seinem

sie nicht mit ihrem alten Fiat gekommen waren, sondern mit einem anderen Auto, das sie kurz nach dem Tod ihres Sohnes gekauft hatten.

Vergangene Leben erfahren

In einer Rückführung, wie eine Reinkarnationssitzung auch genannt wird, tauchen frühere Inkarnationen nicht als statische Erinnerungen, sondern als lebendige Wirklichkeiten, auf: Jede Verletzung, jede Kränkung, jeder

Schmerz, der einem Wiedergeborenen in früheren Leben widerfahren ist, wird noch einmal durchlebt. Eine Rückgeführte berichtet beispielsweise: »Es war im Jahre 1784, ich war Gefangene im wohl berühmtesten Gefängnis von Paris, der Bastille, weil ich den damaligen Machthabern nicht gefiel. Ich entstammte einer einfachen Tuchmacherfamilie und war in einen jungen revolutionären Studenten verliebt. Als ich mich einmal mit diesem traf, geschah ein Unglück in unserem Laden: Ein Feuer brach aus und meine ganze Familie – ich hatte noch zwei jüngere Geschwister – kam darin um.«

Ursachen erkennen

Die Konflikte von damals können zu Konflikten von heute werden, mit denen man sich in der jetzigen Realität auseinandersetzen muss. Die junge Frau, die schließlich in der Bastille den Freitod gewählt haben will, verspürt in ihrem jetzigen Leben eine scheinbar unbegründete Angst vor Feuer, eine Ablehnung gegen Männer und einen unnatürlichen Drang, immer in der Nähe ihrer Eltern zu sein. Reinkarnationsforscher sehen dies als einen Beleg für ein vergangenes Leben, das das jetzige prägt: Durch ihr heimliches Treffen mit dem Geliebten blieb sie vor dem Feuer verschont. Feuer steht für die Rückgeführte seitdem in Verbindung mit Schuld und Tod. Indirekt trägt für sie auch der heimliche Liebhaber unverzeihbare Schuld, weswegen die Frau im jetzigen Leben Männern oft misstraut. Die unbewusste Selbstanklage »wäre ich bei den Eltern geblieben, wäre das Unglück vielleicht nicht passiert«, führt dazu, dass ein besonderes Verlangen nach Nähe zu Vater und Mutter besteht.

Aus der Vergangenheit lernen

Bei einer Rückführung begegnen sich, wie veranschaulicht wurde, zwei Wesen: eine längst vergessene Persönlichkeit und der Mensch der Gegenwart. Verläuft die Begegnung positiv, so Reinkarnationsforscher, kann das Wiederbeleben von lange zurückliegenden Ereignissen zu einer Befreiung traumatischer Ängste im jetzigen Leben führen. Für die Psyche macht es nämlich angeblich keinen Unterschied, ob die Kräfte, die im Leben eines Menschen zu Konflikten führen, aus der Kindheit oder aus einem weit zurückliegenden Leben stammen.

Immer mehr Menschen nehmen das Angebot von Reinkarnationstherapeuten an, in früheren Leben die Lösung aktueller Probleme zu suchen. Oft scheint dies der einzige und vielen Erfahrungsberichten zufolge auch ein sehr erfolgreicher Weg zum Glücklichsein. Vor blindem Vertrauen in die Reinkarnationstherapie wird trotzdem gewarnt: Unerfahrene Therapeuten und Scharlatane richten nicht selten mit einer unsachgemäßen Rückführung Schaden im Seelenheil und Leben von Betroffenen an.

REINKARNATION

Blockaden und Ängste lösen

Zahlreiche Therapeuten bieten Reinkarnationssitzungen an, in denen ihre Klienten in Trance in die Vergangenheit zurückgeführt werden. Sie gehen davon aus, dass Ängste und Blockaden in diesem Leben »Hinterlassenschaften« aus vergangenen Leben und Erfahrungen sind. Nicht Neugier sollte ihrer Meinung nach der Grund für eine Reinkarnationstherapie sein, sondern der ehrliche Wunsch, ungeklärte Ängste und Blockaden zu lösen.

Während im Westen der Glaube an die Wiedergeburt langsam zunimmt, wachsen Kinder in buddhistischer Tradition mit dem Wissen um den Kreislauf von sterben und neu geboren werden auf. Man vermutet, die Vorstellung von Reinkarnationen komme aus der indogermanischen Glaubenswelt. In jedem Fall war sie Bestandteil der Urchristenheit. Auch berühmte Philosophen wie Pythagoras, Kant, Goethe, Schopenhauer und Steiner glaubten daran.

399

PHÄNOMENE DES OSTENS

Außergewöhnliche Körperfunktionen

Diese Aufnahme aus dem Jahr 1925 demonstriert das rege Interesse der Wissenschaft an außergewöhnlichen Körperfunktionen – schon lange vor dem Boom der 1970er Jahre. Aus Nantes in Frankreich stammt dieser Teenager, der sich im »Sehen ohne Augen« übt. Diese Tätigkeit hat erst 50 Jahre später von China ausgehend für ein internationales Medienecho gesorgt. Mit einer Augenbinde und einem Brett auf dem Kopf, das die Sicht nach schräg oben zur Texttafel verhindern soll, lässt das Mädchen ihrer Intuition freien Lauf. Sie nimmt das Geschriebene wahr, ohne es zu sehen.

KÖRPERFUNKTIONEN

Wir schreiben das Jahr 1983. Die beiden chinesischen Mädchen Xiong Jie und Li Hong Wu sitzen nebeneinander auf einem Sofa und haben Zettel unter ihre Achselhöhlen geklemmt. Ein Experimentbeobachter hatte zuvor etwas darauf geschrieben, das Papier sorgfältig gefaltet und den Mädchen gegeben. Es dauert nur kurze Zeit bis die Mädchen Eindrücke erlangen und etwas zu Papier bringen, von dem sie überzeugt sind, dass es auf den verborgenen Schriftstücken steht.

Experimente

Die damals 13-jährige Xiong Jie kann Zeichnungen auf Zetteln hellsichtig wahrnehmen, die sich unter ihren Achselhöhlen befinden. In der Vergangenheit war das Mädchen nicht nur in der Lage, chinesische Schriftzeichen wiederzugeben, sondern auch ihr unbekannte Zeichen, wie griechische Buchstaben oder die lateinischen Zeichen EKG, die sie immerhin fast genau als EAG erkannte und niederschrieb. Die Skizze eines Hauses zeichnete Xiong Jie exakt nach der vorgegebenen Perspektive.

Sehen ohne Augen

Einmal hatte ein westlicher Versuchsteilnehmer die Zahl 28 auf einen Zettel notiert, diesen sorgfältig gefaltet und darauf geachtet, dass Xiong Jie ihn nicht lesen konnte, als er ihn in ihre Kniekehle legte. Nach etwa fünf Minuten zeichnete sie ihrerseits zuerst eine Zwei und dann ein Q. Obwohl die geschriebene Zahl nicht exakt wiedergegeben wurde, musste der ungläubige Wissenschaftler doch anerkennen, dass ein ziemlich konkreter Wahrnehmungsvorgang stattgefunden hat.

Chinas hellsichtige Kinder

Begonnen hatte alles am 11. März 1979, als die chinesische Tageszeitung Sechuan Daily einen Bericht über den damals zwölfjährigen Jungen Tang Yu veröffentlichte. Eine Sensationsmeldung, der zufolge Tang Yu fähig sein sollte, Schriften, die man an sein Ohr hielt, zu »lesen«. Zwei Monate später tauchten plötzlich überall in China Kinder auf, die dieses Kunststück ebenfalls vollbringen konnten. Ob es sich bei diesen Nachfolgern um Trickbetrüger oder um tatsächlich paranormal Begabte handelte, ließ sich nie klären. Die wenigsten Fälle wurden je wirklich gründlich analysiert es ist davon auszugehen, dass man bei den Untersuchungen auch viele Fehlinterpretationen gemacht hat.

Die beiden Mädchen Xiong Jie (links) und Li Hong Wu haben viele Jahre die Forscher des Paranormalen mit ihren telepathischen Fähigkeiten verblüfft.

Fehlerquellen der Wissenschaft

Wissenschaftlich untersucht wurden diese Fähigkeiten seit 1979 von den chinesischen Forschern Chen Hsin und Mei Lei am angesehenen Institut für Raumfahrtmedizin ISME in Peking. Unter strengen Bedingungen sollen einige Kinder tatsächlich in der Lage gewesen sein, Zeichnungen, Zahlen und Buchstaben, die ihnen ans Ohr gehalten wurden, in über 80 Prozent der Fälle korrekt zu identifizieren. Diese überaus hohe Trefferquote widerspricht jedoch den sonstigen Erfahrungen der Parapsychologie und es kam der Verdacht auf, dass die Bedingungen bei diesen Versuchen aufgrund der Tatsache, dass solche Forschungen für chinesische Wissenschaftler damals Neuland waren, vielleicht doch nicht so einwandfrei gewesen waren, beispielsweise durch unzureichende Kontrollmaßnahmen. Bei parapsychologischen Experimenten kommt es auf eine sehr genaue Überprüfung aller möglichen Fehler- und Betrugsquellen an.

Ein neues Forschungsfeld

Aufgrund dieser Erfahrungen verfeinerte man später die Untersuchungsmethoden. Zettel

Paranormale Begabungen

Li Zhi Nan, Generalsekretär der Wissenschaftlichen Qigong Forschungsgesellschaft Chinas und sein Mitarbeiter Liu Han Wen, ein Qigong-Meister der Chan-Mi-Schule, berichteten 1995 bei einem Kongress in München über massive Anstrengungen im Bereich der Psi-Forschung in ihrem Land. Man unterscheidet dort zwischen paranormalen Fähigkeiten der Yang- und Yin-Sorte. Yang-Fähigkeiten sind durch Übung erworbene, während die der Yin-Sorte angeborene, mediale oder auch schamanische Begabungen sind.

Offiziell wird dem Paranormalen gegenüber in China ein streng skeptischer Standpunkt vertreten. Inoffiziell wird allerdings nach besonderen paranormalen Begabungen der Yin-Sorte Ausschau gehalten. Diese werden ausgesondert und, wie Li Zhi Nan erklärt, »internen« Untersuchungen unterworfen. Gemeint sind damit streng geheime Programme zur Erforschung der außergewöhnlichen Funktionen des menschlichen Körpers.

Der chinesische Wissenschaftler Li Zhi Nan wurde 1921 geboren und widmete einen Großteil seines Lebens den Studien der traditionellen chinesischen Kultur. Mit seinen Arbeiten trug er erheblich zur internationalen Verbreitung der unterschiedlichen Qigong Methoden und Praktiken bei.

401

PHÄNOMENE DES OSTENS

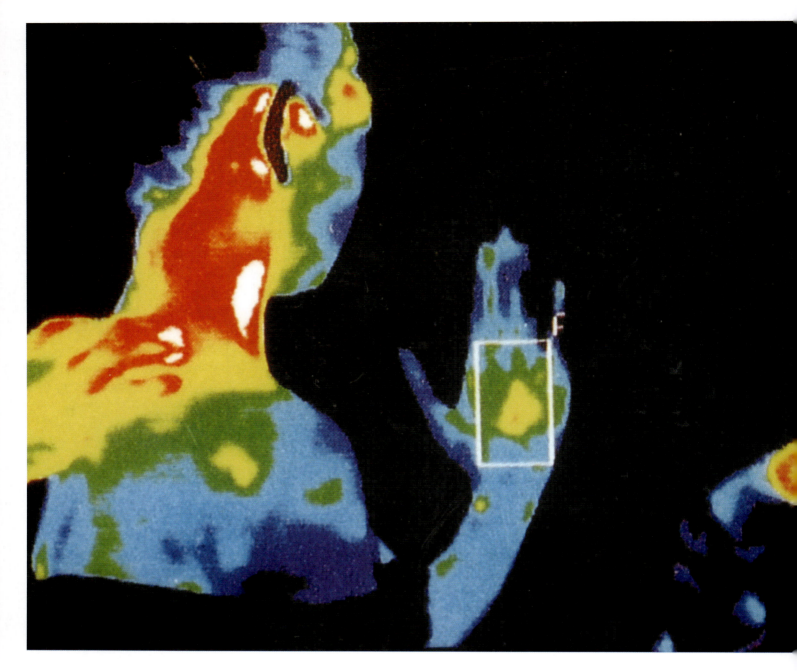

Hier gelang es mit Hilfe einer Thermovideoaufnahme die Hände eines Qigong-Meisters bei einer Energieübertragung zu filmen: Durch die Übertragung von Qi wird Wärme durch den Körper in die Handflächen geleitet. Die roten und weißen Zonen rechts zeigen während der Qi-Übertragung im Vergleich zu links eine stärkere Wärmeentwicklung an.

wurden sorgfältig gefaltet und beispielsweise in die Achselhöhle gedrückt. Die Trefferquote sank, aber immer noch gab es erstaunlich viele Kinder, die Übereinstimmungen zwischen den »geheimen« Papieren und ihren persönlichen Wahrnehmungen erzielen konnten.

Um eine Art erhöhter Hautsensitivität, eine »dermooptische Wahrnehmung«, kann es sich dabei nicht gehandelt haben, überlegten die Forscher, zumal die Zeichnungen gefaltet waren und das Geschriebene nicht direkt auf die Haut gelangte.

Außergewöhnliches Qi

Das Forschungsgebiet, das sich fortan der Enträtselung solcher Phänomene widmen sollte, nannten die Chinesen »Außergewöhnliche Funktionen des menschlichen Körpers«. Sie vermuteten, dass die den Körper und das Universum durchströmende Lebensenergie Qi für die ungewöhnlichen Wahrnehmungen verantwortlich sei. Meister des Qigong – eine Technik, die es ermöglicht, willentlich den Strom von Qi innerhalb und außerhalb des eigenen Körpers zu steuern – seien zu vielen anderen unerklärlichen Leistungen fähig.

KÖRPERFUNKTIONEN

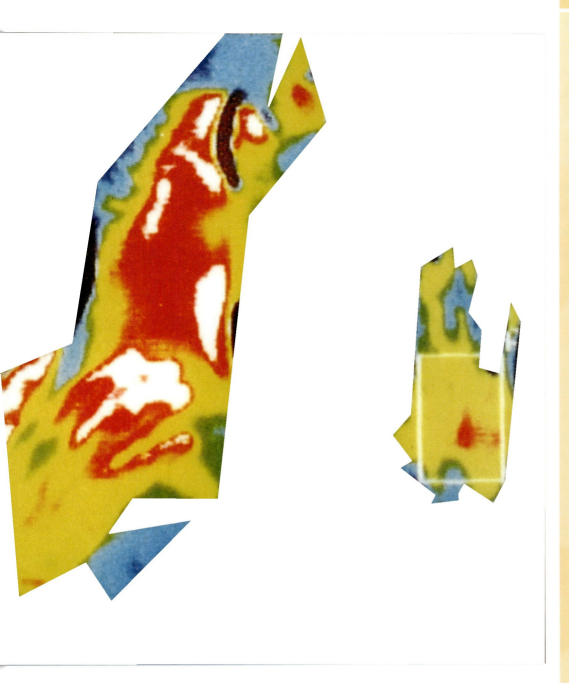

Der Arzt und Parapsychologe Dr. Wei Nengrun ist davon überzeugt, dass außergewöhnliche Funktionen nicht mystisch, sondern ganz »normal« sind.

Erklärungsansätze

Der Arzt und Vizepräsident der Chinesischen Parapsychologischen Gesellschaft, Dr. Wei Nengrun aus Wuhan, untersuchte Ende der 1970er Jahre die außergewöhnlichen Wahrnehmungsfähigkeiten chinesischer Kinder. Er glaubt, dass die Wissenschaft noch weit davon entfernt ist, alle Fähigkeiten des menschlichen Organismus zu verstehen. Die seltenen paranormalen Phänomene stehen seiner Meinung nach in Zusammenhang mit den biologischen Fähigkeiten des menschlichen Körpers und den Verarbeitungsmechanismen des Zentralnervensystems.
Nichts Mystisches sei daran, man müsste nur das aktuelle Wissen auf den Gebieten von Medizin, Physiologie und Biologie erweitern, um die Phänomene einordnen und verstehen zu können. Wei Nengrun meint, dass ein vertieftes Studium der traditionellen chinesischen Medizin und des Qigong zu Theorien führen kann, welche uns ansatzweise die außergewöhnlichen Funktionen des menschlichen Körpers verstehen lassen. Nengrun ist überzeugt, dass ein vertieftes Verständnis dieser Phänomene zu einer neuen Revolution in Wissenschaft und Technologie führen und die Zukunft der Menschheit entscheidend verändern könne.

Der Steuerung und Übertragung der Lebensenergie Qi wurde fortan in der Erforschung außergewöhnlicher Funktionen des menschlichen Körpers große Bedeutung beigemessen. Von einem Verständnis dieser Prozesse erhoffte man sich Aufschlüsse über viele rätselhafte Erscheinungen.

Zhang Baosheng

Unerklärliche Effekte demonstrierte seit 1984 am ISME in Peking auch Zhang Baosheng (*1955), ein Arbeiter aus der Provinz Jiangsu, der mit seinen paranormalen Fähigkeiten erstmals 1976 auffällig geworden war. Er konzentrierte sich beispielsweise auf ein lebendes Insekt in einem versiegelten Glaskolben. Zwei Minuten später befand sich das Insekt außerhalb des weiterhin intakt verschlossenen Gefäßes und krabbelte munter herum. Mit einer Hochgeschwindigkeitskamera soll sogar einmal eine Filmaufzeichnung von einem ähnlichen Versuch gelungen sein: Die Aufnahme zeigt eine Tablette, die sich durch schlichte Konzentration eines paranormalen Begabten durch die Wand eines hermetisch versiegelten Glasbehälters bewegt.

403

PHÄNOMENE DES OSTENS

Qi – die kosmische Energie

In China herrscht der Glaube an eine alles durchströmende Lebenskraft – Qi. Damit das Qi zu jeder Zeit frei und ungehindert fließen kann, wurden in den letzten Jahrtausenden viele geomantische Kriterien erdacht, die man im Westen unter dem Namen Feng Shui kennt.

QI – KOSMISCHE ENERGIE

Qi bezeichnet in China eine sowohl das Universum als auch den Menschen durchströmende Naturkraft. Seine eigentliche Bedeutung ähnelt sehr dem hinduistischen Begriff »Prana« und dem griechischen Ausdruck »Pneuma«, die beide gleichfalls eine körperliche wie auch eine geistige Energie meinen – eine lebenstragende und gestaltbildende Kraft, deren unmittelbarster Ausdruck der Atem ist, gewissermaßen als Bindeglied zwischen dem Fassbaren und dem Immateriellen. Der Feinstoff Qi existiert überall, auch in allen materiellen Dingen. Qi erhält das Leben und sorgt für eine ausgeglichene Gesundheit.

Qigong-Meister Zhi Chang Li hat die Lehre vom Qi auch außerhalb Chinas bekannt gemacht.

Drei Ebenen des Seins

Das taoistische Weltbild kennt drei Ebenen des Seins: die materielle Ebene (You), die geistige Ebene (Wu) und eine Zwischenebene, die eine Brücke zwischen dem Materiellen und dem Geistigen bildet. Auf dieser Ebene existiert Qi als vermittelnder Energieträger zwischen dem Greifbaren und dem Unsichtbaren.

Arbeit mit Qi

In den letzten Jahren hat die traditionelle chinesische Medizin im Westen überall Fuß gefasst. Dieser tausendjährige Schatz fernöstlichen Heilwissens ist aber keineswegs erschöpfend bekannt. Seit der Han-Dynastie (206 v. Chr.–220 n. Chr.) gilt das Qigong in China als eines der vier großen Teilgebiete der Medizin. Qigong bedeutet »Arbeit oder Übung mit Qi«. Die Wurzeln des Qigong sind dabei geistig-körperliche Übungen, die auf religiös-philosophische, taoistische und buddhistische Erfahrungen zurückgehen.

Durch körperliche Übungen und geistige Konzentration, die im Qigong gelehrt werden, soll Qi im Körper mittels der Vorstellungskraft Yi wahrnehmbar werden. Das ist die Voraussetzung dafür, dass man sein Qi bewusst durch den Körper lenken kann. Dann ist es etwa möglich, das Qi an verschiedenen Stellen und in verschiedenen Tiefen des Körpers kreisen zu lassen. Man kann auch das Qi über bestimmte Leitbahnen, so genannte Meridiane, an kranke Körperstellen bringen und an ausgewählten Punkten sammeln.

Qigong Übungen

Beim Qigong unterscheidet man zwischen Übungen in Ruhe und Übungen in Bewegung. Übungen in Bewegung werden von vielen Chinesen prophylaktisch als Methode zur Erhaltung der Gesundheit praktiziert. Die Genauigkeit ihrer Durchführung, begleitet von der Visualisierung des Qi-Stromes durch den Körper, soll unterstützend auf den Fluss des Qi wirken. Meister des Qigong sollen sogar fähig sein, Qi auszusenden und damit Krankheiten anderer zu heilen.

Kreisendes Qi

Professor Yoshio Machi, Physiker der Denki-Universität in Tokio, untersuchte 1997 physiologische Muster bei einer speziellen Übung des Qigong, dem so genannten »Kleinen Kreislauf« (Xiao Zhoutian). Dabei wird Qi durch Atmung und Vorstellungskraft im Körper zum Kreisen gebracht. Machis Studien brachten einige Besonderheiten an den Tag: Die Atmung der Übenden verringerte sich von 14 Atemzügen pro Minute vor der Übung auf sechs während des Qigong. Diese auffällige Änderung der Atemkurve soll mit der Zirkulation von Qi im Zusammenhang stehen. Um diese Ansicht zu überprüfen, zeichnete Yoshio Machi die elektrische Aktivität des Gehirns auf. In den Momenten, in denen das Qi vom Rücken über den Scheitelpunkt des Kopfes geführt wird, zeigt sich die stärkste Intensität von Alphawellen – Gehirnwellen, die bei hoher Entspannung auftreten – entlang der Mitte der Hirnrinde. Machi ist überzeugt, dass die Alpha-Aktivität ein eindeutiges Zeichen für die Bewegung von Qi im Körper darstellt.

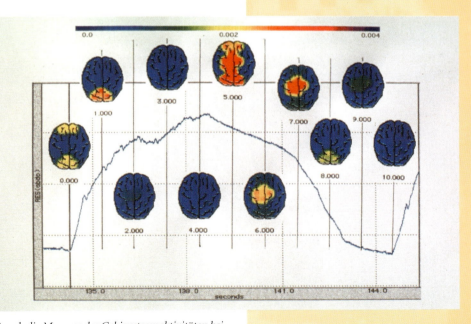

So sah die Messung der Gehirnstromaktivitäten bei Professor Yoshio Machi während der Qigong-Übung »Der kleine Kreislauf« aus. In der Mitte oben ist deutlich der Höhepunkt der Übung, das bewusste Führen des Lebensstroms vom Rücken über den Scheitelpunkt des Kopfes, zu sehen.

PHÄNOMENE DES OSTENS

Qigong – Heilen mit Lebensenergie

In der traditionellen chinesischen Medizin (TCM) geht man davon aus, dass Lebensenergie in zwölf Bahnen, den so genannten Meridianen, durch den Körper fließt. Jeder Meridian steht dabei stellvertretend für ein ganz bestimmtes Organ oder System. So gibt es z.B. einen Gallen-, einen Leber- und einen Magenmeridian. Entlang der Energiebahnen befinden sich winzige Punkte. Drückt man in diese eine Akupunkturnadel, kann man zu schnell oder zu langsam fließende Lebensenergie entlang der Bahnen drosseln oder aktivieren. Da es immer auf die punktgenaue Behandlung ankommt, werden Meridian-Dummys für die Praxis hergestellt. Sie veranschaulichen, wohin man die Nadeln für die erfolgreiche Anwendung stechen muss.

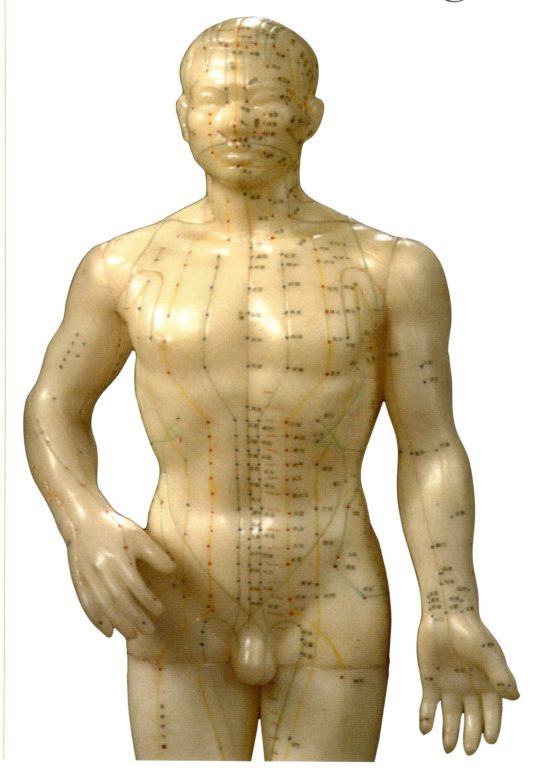

QIGONG

In China ist man seit Jahrtausenden der Auffassung, dass die Lebensenergie Qi den gesamten Kosmos und alles, was sich darin befindet, durchströmt. Die Kunst, diese Energie im eigenen Körper und zum Wohl anderer wahrzunehmen, zu lenken und einzusetzen wird im Qigong gelehrt und gilt seit der Han-Dynastie (206 v. Chr.–220 n. Chr.) als eines der großen Teilgebiete der chinesischen Medizin. Seine Wurzeln sind geistig-körperliche Übungen, die auf taoistische und buddhistische Praktiken zurückgehen. Übersetzt bedeutet Qigong schlicht: Arbeit oder Übung mit dem Qi.

Ein Holzschnitt aus dem Jahr 1805 zeigt Akupunkturpunkte im Gesicht, am Hals, auf der Schulter und an der Hand an.

Nach chinesischer Vorstellung hat ein Meister des Qigong so starke Kontrolle über Qi, dass er es lenken, akkumulieren und aussenden kann. Mittels des eigenen, über die Hände auf den Patienten ausgesandten Qi kann er auf Krankheiten von Patienten einwirken.

Forschungsansätze

Zusammen mit Forschern der Chinesischen Akademie für Somatische Wissenschaften in Peking sucht die japanische Wissenschaftlerin Dr. Kimiko Kawano nach den Begleiterscheinungen von Qigong-Heilungen im menschlichen Gehirn. Die willentliche Kontrolle des

Positives und negatives Qi

Seit einiger Zeit ist bekannt, dass Magnetfelder eine gewisse, wenn auch noch weitgehend ungeklärte Rolle bei paranormalen Effekten im Heilprozess spielen. An der Abteilung für Physiologie der Showa-Universität in Tokyo und am Bioelektrochemie-Labor der Mount Sinai School of Medicine in New York ist in den Jahren 1994 bis 1996 der Nachweis gelungen, dass Qigong-Meister bei der Aussendung von Qi sehr starke Magnetfelder erzeugen.

Zur selben Zeit wurden auch am Shanghai Qigong Institut in China Versuche mit Qigong-Meistern durchgeführt. Die Heiler erzeugten durch die Aussendung einer tödlichen Form von Qi auf Bakterienkulturen eine Abnahme der Bakterien um mehr als 50 Prozent. Nach chinesischer Vorstellung sind Meister des Qigong in der Lage, Qi sehr konzentriert zu lenken und auszusenden. Ein Übermaß an Qi, das nicht beherrscht wird, wie es ein Qigong-Meister vermag, kann zu Krankheiten führen. Qigong-Meister wenden zudem sehr hohe Konzentrationen von Qi bei der Aussendung von Qi zum Heilen von Krankheiten an. Damit wollen sie Zellen oder Bakterien abtöten, z.B. bei der Behandlung von Krebs. Auf gesunde Organe angewandt, kann eine solche Form von Qi tödlich sein.

Bei der Anwendung von gesundheitsförderndem Qi soll die Anzahl der Bakterien um 700-1000 Prozent gesteigert worden sein. Bei beiden Effekten konnten die Forscher abermals den Aufbau von starken Magnetfeldern durch die Qigong-Meister feststellen. Es liegt nahe, dass diese für die beobachteten Wirkungen verantwortlich sind, doch der eindeutige, wissenschaftlich anerkannte Beleg steht trotz der Nachweise in den 1990er Jahren noch aus.

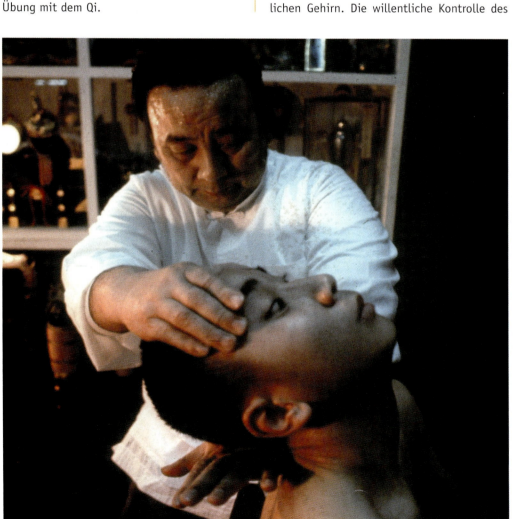

Nicht nur mit Nadeln können die Energiepunkte der Meridiane aktiviert werden. Die Akupressur basiert auf sanftem Druck. Mit den Fingern werden die für die Heilung entscheidenden Stellen behandelt.

PHÄNOMENE DES OSTENS

Wirkung auf Zellwachstum

1996 untersuchte eine Gruppe von Wissenschaftlern in Chiba, Japan, unter der Leitung von Masatake Yamauchi von der Genom-Forschungsgruppe den Einfluss von energetischen Heilern auf menschliche Zellkulturen, die zuvor tödlichen Dosen von Antibiotika oder Röntgenstrahlen ausgesetzt worden waren.

Die Heiler sollten durch Aussendung von Qi versuchen, die Zellen zu heilen. Während das bei den mit Antibiotika behandelten Zellen nicht gelang, kam es bei den durch Röntgenstrahlen verseuchten Zellen zu Neuentwicklungen von Zellkolonien. Die Wissenschaftler schlossen aus diesen Pilotversuchen, dass ausgesendetes Qi gegen chemische Mittel nicht genug Positives bewirken kann. Auch Röntgenbestrahlung führt zu Schäden im Zellkern, die normalerweise das Absterben der Zelle zur Folge hat. Doch Organismen sind bisweilen in der Lage, solche Schäden selbst wieder zu reparieren. Die Heiler konnten offenbar jene natürlichen Gesundungsmechanismen durch die Aussendung von Qi anregen – Qi und die natürlichen Gesundungsmechanismen haben die Schäden »repariert«.

Versuchsanordnung zur Überprüfung der Wirkung von Qi auf Zellkulturen.

Qi-Flusses im Körper ist von einem Anstieg langsamer Gehirnwellen begleitet. Bei der Aussendung von Qi gleichen sich die Gehirnstrommuster von Qiging-Meister und Empfänger an. Beide Effekte sind vielleicht nur die Folge des meditativen Qigong-Zustands und noch keine Hinweise auf das Wesen der vermuteten Lebensenergie Qi.

Fluss der Lebensenergie

Man sagt, die Lebensenergie Qi fließt im Menschen durch ein Netz von Kanälen, den so genannten Meridianen. Das freie und ungehinderte Fließen von Qi in den Meridianen ist nach alter chinesischer Vorstellung vonnöten, um Harmonie, Balance und damit geistige, seelische und körperliche Gesundheit zu erhalten. Die Akupunktur und verwandte Heilverfahren stützen sich auf dieses Prinzip, indem Energieblockaden oder unausgeglichen fließende Energie durch Sedieren oder Stimulieren bestimmter Akupunkturpunkte korrigiert wird. Diese Akupunkturpunkte liegen auf den Meridianen, die ihrerseits wieder mit bestimmten, ihnen durch Erfahrungswerte zugeordneten Organen in Verbindung stehen.

Wirkungen von Qigong

Wie wirkt Qigong? Genaues ist noch nicht bekannt, weil erst seit wenigen Jahren intensiv auf diesem Gebiet geforscht wird. Am Bio-Emissionslabor im japanischen Chiba werden alle Aspekte von Qigong untersucht. Wie ihre chinesischen Kollegen vermuten die japanischen Wissenschaftler, dass Qi für alle paranormalen Phänomene verantwortlich ist: Qi als Träger für unerklärbare Informationsübertragungen. In Experimenten studiert man, ob Menschen in der Lage sind, Aussendungen von Qi wahrzunehmen oder ob zumindest der Körper darauf reagiert. Es gibt erste Hinweise, dass sich bestimmte Gehirnstrommuster verändern, wenn eine Übertragung von Qi stattfindet.

Übertragung von Qi

In komplexen Experimenten studieren die Wissenschaftler des Bio-Emissionslabors in Chiba die Aussendung der Lebensenergie Qi. Ein Qigong-Meister wird dabei von einer Versuchsperson abgeschirmt. Seine Hand befindet sich zum Zweck der elektro-magneti-

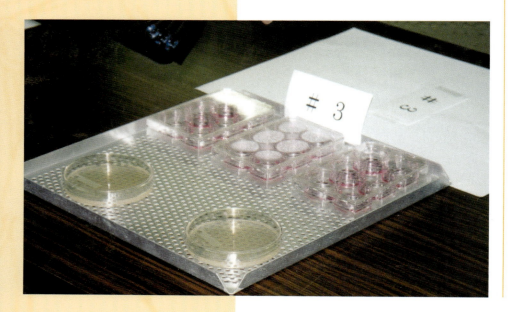

QIGONG

schen Abschirmung in einer Metallschachtel. Der vom Qigong-Meister so isolierte Empfänger, die Versuchsperson, sitzt ihm gegenüber, die Hand über der Metallschachtel. Beide sind an EEGs, Geräte zur Aufzeichnung von Gehirnströmen, angeschlossen. Der Empfänger soll spüren, wann eine Qi-Übertragung stattfindet. Obwohl die Teilnehmer dies nicht vermochten, zeigten ihre EEGs die Qi-Übertragungen an. Es kam zu einer deutlichen Erhöhung der Amplitude der Alphawellen (8–13 Hz). Die Forscher hoffen durch die Versuche feststellen zu können, was sich im Körper verändert, wenn Qi übermittelt wird.

Die Rolle des Gehirns

Dank moderner Untersuchungsmethoden bezüglich der Aussendung von Qi konnten japanische Wissenschaftler auffällige Aktivitäten in den Schläfenlappen und den so genannten Hippocampi des Gehirns feststellen. Die Hippocampi sind Strukturen in einem Bereich des Gehirns, der für die Steuerung vegetativer und emotionaler Reaktionen verantwortlich ist. Wenn paranormale Phänomene und Qi Gemeinsamkeiten besitzen, kann die Aktivierung dieser Hirnstrukturen einen ersten Ansatz für ein Verständnis der Prozesse liefern.

Es ist eine bekannte Tatsache, dass wir ständig sehr viel mehr Sinneseindrücke registrieren, als jemals in unser Bewusstsein gelangen. Eine der Aufgaben der Schläfenlappen ist es, Sinnesinformationen zu filtern, damit wir nicht ständig mit »überflüssigen« Wahrnehmungen bombardiert werden. Allem Anschein nach werden auch paranormale Eindrücke hier einer Zensur unterzogen.

Qigong-Übungen basieren auf der Vorstellung, dass uns eine Lebensenergie umgibt, mit der man körperlich wie geistig arbeiten kann. So wird sie beispielsweise bei bestimmten Übungen als Strom, der in oder aus dem Körper fließt, visualisiert. Das kann durch die Vorstellung, Energie sei eine goldfarbene Lichtquelle, die durch uns fließt, geschehen. Auch versuchen Praktizierende zu erfühlen, wie sie positives Qi mit ihren Händen herbeiholen und negatives Qi abwehren können.

PHÄNOMENE DES OSTENS

Die Wunder der Qigong-Meister

Der Leiter des Bio-Emissionslabors im japanischen Chiba, der 56-jährige Wissenschaftler Dr. Mikio Yamamoto, führt seit Jahren erfolgreich Untersuchungen zu Qigong-Effekten durch. Dass die Ergebnisse von internationalem Wert sind, beruht auf den angewandten High-Tech-Methoden.

In China zählt Qigong für viele Menschen zur täglichen Routine. Die Übungen zum Energiesammeln und zur Körperbeherrschung werden mindestens einmal täglich ausgeführt – wie hier in Macau im Park »Lou Lim Ioc«.

Qigong-Meister sind Menschen, die eine hochgradige Beherrschung von autonomen Prozessen im eigenen Körper erreicht haben. Sie sollen die Lebensenergie, »Qi« genannt, willentlich steuern und zum Zweck der Heilung aussenden können.

Eine Aufsehen erregende Serie von Versuchen mit einem chinesischen Qigong-Meister namens Yan Xin (*1950, Jiangyou) wurde an der Qinghua-Universität in Peking durchgeführt.

Fernwirkung

Zehn Minuten lang richtete Yan Xin dabei sein Qi auf verschiedene biologische und chemische Präparate. Sie reagierten auf den Einfluss durch dramatische Veränderungen ihrer Molekularstruktur. Bei einem Molekül handelt es sich um die kleinste Einheit einer chemischen Zusammensetzung, der man noch dieselben charakteristischen Eigenschaften ihrer Verbindung nachweisen kann.

Gleich nach Beendigung der Übermittlung von Qi verschwand dieser Effekt, die Präparate »verwandelten« sich wieder zurück. Dies war für die Wissenschaftler ein messbarer Beweis, dass vermutlich die Lebensenergie einer Person Dinge in ihrer Zusammensetzung verändern kann. So fantastisch dieses Ergebnis auch war, es kommt noch unglaublicher: Yan Xin hatte diesen Einfluss auf Entfernung

durchgeführt – nicht aus einigen Metern, nicht von einem anderen Laborraum aus, sondern aus einer Distanz von sieben bis zehn Kilometern.

Qi und der menschliche Organismus

Auch am Nationalen Institut für Radiologische Wissenschaften in Chiba, Japan, werden solche Versuche durchgeführt. Unter der Leitung von Dr. Mikio Yamamoto (*1944) untersucht man die Effekte des Qigong mit einem Arsenal von modernsten High-Tech-Geräten. Yamamoto ist in Forschungskreisen schon lange eine anerkannte Größe. Er entwickelte 1979 in Japan einen Positron Emissions Tomographen (PET) aus dem Bereich der Nuklearmedizin und wurde in der Vergangenheit mehrfach für seine radiologischen Forschungen preisgekrönt. Hauptziel seiner Qigong-Forschung ist es, die physiologischen Veränderungen während der anomalen Effekte zu studieren.

Bei einem dieser Versuche sollte ein Qigong-Meister einem Empfänger Qi senden. Der Qigong-Meister saß hinter einem Schirm, der ihn vom Empfänger trennte, während seine Hand durch eine Metallschachtel zusätzlich abgeschirmt wurde. Der Empfänger, visuell und akustisch isoliert, saß ihm gegenüber und hielt seine Hand über der Metallschachtel. Er sollte versuchen, zu erfühlen, wann eine Übertragung von Qi stattfand. In den 20 Durchgängen gelang es dem Empfänger zwar nicht, die Zeitintervalle zu erkennen, in denen Qi ausgesendet wurde, seine Gehirnwellen wiesen jedoch deutliche Unterschiede zwischen den Übertragungszeiten und den Kontrollepochen auf. Ein Hinweis darauf, dass das ausgesendete Qi unbewusst vom Organismus registriert wurde.

Tohate

Tohate heißt die japanische Form der zielgerichteten Aussendung von Qi. Japanische Forscher gingen beispielsweise der Frage nach, ob Schüler tatsächlich, wie man sagt, eine Tohate-Aktion ihres Meisters auf körperliche Distanz spüren können. In verschiedenen Laborgebäuden wurden ein Meister und eine Schülerin in voneinander abgeschirmten Räumen untergebracht. An zufällig ausgewählten Zeitpunkten führte dann der Meister eine Tohate-Aktion durch. Seine Schülerin reagierte in sechs von 16 Fällen auf diese Aussendung von Qi innerhalb von einer Sekunde. Die Forscher konnten mittlerweile auch wissenschaftlich dokumentieren, dass sich während des Tohate die Rhythmen der Gehirnwellen bei den Schülern verändern. Außerdem treten bei den Tests Übereinstimmungen in den Mustern der Gehirnwellen zwischen Meister und Schüler auf.

QIGONG-MEISTER

Magnetfelder

Untersuchungen haben gezeigt, dass Magnetfelder eine gewisse Rolle beim paranormalen Heilen spielen können. Japanische Forscher von der Abteilung für Physiologie an der Showa-Universität in Tokio wiesen 1995 nach, dass Qigong-Meister durch Aussendung von Qi in der Lage sind, sehr starke Magnetfelder auszustrahlen. Eine Gruppe von Wissenschaftlern vom Bioelektrochemie-Labor der Mount Sinai School of Medicine in New York konnte kürzlich feststellen, dass Qigong-Meister bei der Beeinflussung eines Enzymsystems im menschlichen Organismus einen Effekt hervorrufen, welcher der Einwirkung eines starken Magnetfeldes entsprach. Inwieweit die Aussendung von Qi mit der rätselhaften Erzeugung von Magnetfeldern zusammenhängt und ob dies ein Ansatz für das Verständnis von Qi-Aussendungen sein kann, ist noch nicht geklärt.

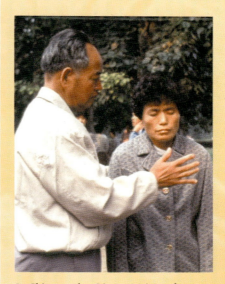

In China werden Qigong-Meister oft zur Heilung von Kranken hinzugezogen. Langsam wirkt dieser Meister auf das Energiefeld seiner Patientin ein. Die Lebensenergie »Qi«, die dabei zum Fließen kommt, gibt ihr wieder die Kraft, die sie zum Genesen braucht.

411

PHÄNOMENE DES OSTENS

Die visionäre Kunst des Narayana Murthy

Mystische Kunst stellen die Gemälde des streng gläubigen Hindus Narayana Murthy aus Bangalore dar. Auf einem seiner berühmtesten Bilder, »Ganesha«, ist oben in der Mitte ein majestätischer Elefantenkopf zu sehen. Wenn man seine Konzentration davon löst, treten zu beiden Seiten Profildarstellungen des Elefantengottes Ganesha hervor. Ganesha, dessen Elefantenkopf und dicker Menschenbauch höchste Weisheit repräsentieren, wird in Indien als Gott zur Beseitigung von Hindernissen verehrt.

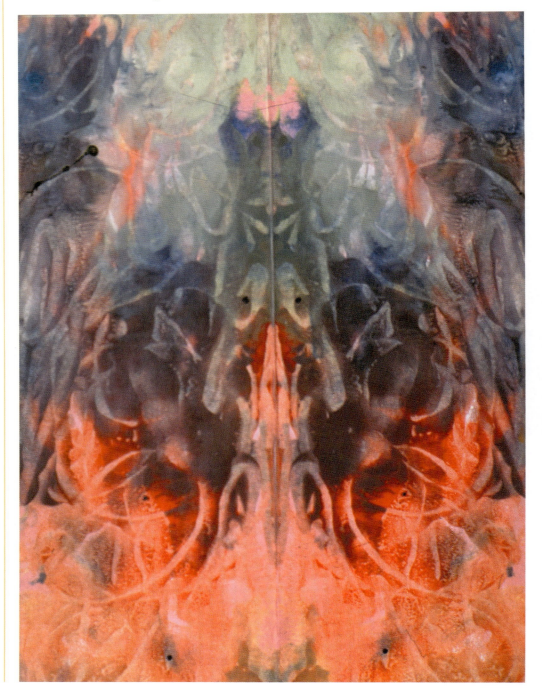

NARAYANA MURTHY

Mythen sind Produkte des menschlichen Geistes. Sie bilden und wandeln sich entsprechend der jeweils erreichten Ebene des Bewusstseins. Den Prozess der Schöpfung von Mythen kann man aber auch nachempfinden. Beispielsweise in der Kunst eines spirituellen Zeitgenossen, des indischen Konstruktionszeichners Narayana Murthy aus Bangalore. Durch Falten eines Blattes, auf das vorher Farbe aufgetragen wurde, entstehen zufällig symmetrische Farbkleckse. Narayana Murthy meditiert über diesen Bildern und erkennt in ihnen visionäre Formen, die er mit wenigen, sparsamen Pinselstrichen aus dem Unbestimmten löst. Die wachen höheren Sinne des Künstlers nehmen die verborgene Botschaft des Bildes auf. Auf diese Weise entstehen suggestive Bilder – Manifestationen hinduistischer Gottheiten, Szenen aus den großen Epen seiner Heimat, dem Ramayana und dem Mahabharatha. Sie kommen gewissermaßen ohne sein Zutun zu ihm.

Narayana Murthy, der sich jahrelang in Meditation und Yoga übte, stieß eines Tages zufällig auf die so genannten, in der Psychologie verwendeten, Rorschach-Tests, in denen symmetrische Tintenkleckse Patienten zur Interpretation zur Verfügung stehen. In Anlehnung an diese Tests entwickelte Murthy eine künstlerische Richtung mit spiritueller Interpretationsmöglichkeit.

Arjunas Buße

In den Werken Narayana Murthys entstehen sozusagen mythische Szenen neu. Das Bild »Arjunas Buße« spiegelt beispielsweise eine Erzählung aus dem alten indischen Epos »Mahabharata« wider. Ein strahlend gelber Bereich steht dabei für den Himmelsgott Indra, den Vater Arjunas. Eine aufsteigende Struktur ist die Darstellung des Shiva Linga, der heiligen Repräsentation des Gottes Shiva als Phallus. An der Krone des Shiva Linga entspringt das göttliche Licht als rotes Zentrum. Die schmale, darin eingeschlossene Struktur zeigt Arjuna im Lotossitz, über seinen Beinen befinden sich seine zerbrochene Waffe, Pfeil und Bogen.

Kommunikation mit den Göttern

Narayana Murthys Kunst ist als Kooperation mit dem Zufall zu sehen. Diese Art von Zusammenarbeit ist Ausdruck der leidenschaftlichen Auseinandersetzung mit der Grenze, die für das große Unbekannte steht. Seine Bilder muten archaisch-archetypisch an. Ihren Reiz gewinnen sie nicht zuletzt durch den Schwebezustand, der jenen Moment vor der Formwerdung zu umschreiben scheint. Man könnte auch sagen, dass Narayana Murthy den Prozess des Werdens an der Schwelle zur raum-zeitlichen Festlegung stoppt und damit das weitere Geschehen zurück in den immateriellen Raum verlagert. Hier können Fantasie und Projektion eine Verbindung mit dem archaischen, ursprünglichen Verständnis der Kunst als Kommunikation mit den Göttern eingehen. Narayana Murthys Gemälde sind Entfaltungen mystischer Einsichten. Wie der Mystiker versucht, durch paradoxe Aussagen seine Erfahrung des unaussprechlichen Göttlichen in eine sprachliche Form zu bringen, so wird bei Murthy dem undarstellbaren Göttlichen eine bildhafte Form gegeben. Die Welt der Hindugötter breitet sich in einer Vielfalt von Entsprechungen und Bezügen aus und bekommt für den mystischen Künstler aus Bangalore eine neue Qualität.

Ozean des Lebens

Ein an visionären Symbolen übervolles Bild nennt Narayana Murthy »Ozean des Lebens«. Im Zentrum des oberen Teiles steht die Yoni, das weibliche Geschlechtsorgan, als Symbol des kosmischen Mysteriums. In der umschließenden Form erscheint der schreckliche Kopf eines Rakshasa, eines bösen Geistes, mit herausgestreckter Zunge. In der lang gestreckten Struktur im Zentrum darunter taucht der Linga auf, das Phallussymbol des Gottes Shiva. Umschlossen ist die gesamte Figur vom Ozean des Lebens, in dem sich alle Gegensätze vereinen.
Das Ungewollte, das bewusst Hinzugefügte und das visionär Erkannte stellen in diesem wie in allen Bildern des mythischen Künstlers Murthy eine Einheit dar.

In seinem Bild »Ozean des Lebens« versucht Narayana Murthy das hinduistische Weltverständnis in komprimierter Form darzustellen. In Murthys Bild schließt der Ozean des Lebens, in dem sich symbolisch alle Gegensätze vereinen, die abgebildeten Kontraste ein.

PHÄNOMENE DES OSTENS

Alte indische Schriften weisen auf Wesen und Objekte, die vom Himmel zu den Menschen kamen, hin. Gelehrte vermuten: So mancher indische Tempel wurde nach den Plänen Außerirdischer gebaut. (Sri-Ranganathasawamy-Tempel in Indien)

Spuren von Außerirdischen in Asien?

Die Frage nach Leben im Kosmos ist so alt wie die Menschheit. Schon der antike griechische Philosoph Anaxagoras kam um 500 v. Chr. zu dem Schluss, das All müsse voller Leben sein und die Erde sei ein »Empfänger« organischer Substanz aus dem Weltraum. Sehr konkrete Informationen über den Besuch außerirdischer Intelligenzen vermitteln uns die ältesten Überlieferungen der Menschheit. Zu ihnen gehören die indischen »Veden« und das 5500 Jahre alte »Mahâbhârata«. In diesem einzigartigen literarischen Erbe werden detailliert fliegende Maschinen beschrieben, mit denen die Götter aus dem Weltraum zur Erde herabkamen.

Raumschiffe in Indien

Der angesehene Sanskritgelehrte Professor Dileep Kanjilal vom Sanskrit College im indischen Kalkutta hat sich intensiv mit den in den Schriften erwähnten »vimâna« auseinandergesetzt. Wörtlich bedeutet dieser Begriff: »Etwas, das den Himmel durchfährt und sich wie ein Vogel bewegt«.

Diese »Himmelsfahrzeuge« waren von dreieckiger Form, konnten auf Rädern landen, die während des Fluges eingezogen wurden, entwickelten hohe Geschwindigkeiten und bestanden aus Metall. Angetrieben wurden sie mit flüssigem Brennstoff, der mit Quecksilber versetzt war und in drei Treibstofftanks gespeichert wurde. Drei Piloten flogen die Maschine. Zusätzlich konnten noch vier Passagiere mitfliegen.

Bereits 1943 veröffentlichte die Royal Sanskrit Library in Mysore, Indien, einen Bericht, worin Sanskritforscher und Techniker festhielten, was die alten Inder über die Raumschiffbesuche berichteten: vom Pilotentraining bis zu Flugrouten, Maschineneinzelteilen, hitzeabsorbierenden Metallen und diversen Antriebsarten, findet sich alles ganz genau erklärt.

Start der Götter

Professor Kanjilal macht darauf aufmerksam, dass in den alten Texten ausdrücklich vermerkt wird, diese Flugwagen seien über die obersten Wolkenschichten hinaus in das Weltall vorgestoßen. Landete das Raumschiff-Shuttle, versammelten sich am Boden große Menschenmengen. Startete es, so »wackelten die Gebäude, Pflanzen wurden umgerissen, das Echo des Startlärms wurde von Höhlen und Hügeln zurückgeworfen, der Himmel schien vom lauten Getöse des fliegenden Fahrzeuges aufgewühlt und in Stücke gerissen«. Menschen, die schon einmal einen Space-Shuttle-Start live miterlebt haben, können die ausgesprochen genaue Beschreibung des Startvorganges bestätigen. Die Motivation für den Besuch der Sternengötter finden wir in den Texten der »Sabhâparva«-Schriften: Die Himmelswesen kamen in früheren Zeiten auf die Erde, »um die Menschen zu studieren«. Glaubt man aktuellen Zeugenaussagen von Begegnungen mit Außerirdischen, so ist dies auch heute noch der Fall.

AUSSERIRDISCHE

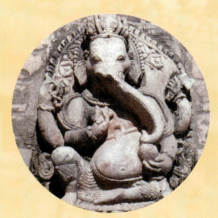

Ob die Göttermythologie des Hinduismus auf tatsächlichen Begegnungen mit Wesen, die vom Himmel kamen, fußt, kann man nicht beweisen. Alte Schriften mit Hinweisen auf außerirdische Fahrzeuge lassen aber gerne auch auf außerirdische Fahrzeuglenker schließen. Vielleicht haben die fremden Wesen wie Gott Ganesha, der Gott der Weisheit und der Händler, Elefanten ähnlich gesehen?

Weltraumstationen

Im Veden-Buch »Sabhâparva« werden »Weltraumstädte« beschrieben, die unsere Erde umkreisen. Sie rotierten um ihre eigene Achse, um Schwerkraft zu erzeugen. Himmelswesen konnten mit kleinen Maschinen an einer Art Hangar andocken, wenn sie von der Erde kamen.

Mehrfach wurden auch die Waffen der Himmlischen beobachtet, die nach unserem heutigen Wissen an die Wirkung der Atombombe erinnern. Ihre Geschosse »bargen die Kraft der Sonne, heftige Stürme tobten, Donnergrollen wurde hörbar, die Erde bebte, Finsternis kam über die Stadt.« Anschließend fielen den Menschen die Fingernägel und Haare aus, sie bekamen Beulen und starben.

415

PHÄNOMENE DES OSTENS

Religiöse Überlieferungen von hochentwickelten Geräten und Anweisungen aus göttlichen Sphären zu deren Bau haben über die Jahrhunderte hinweg immer wieder Künstler aus allen Bereichen zu fantastischen Darstellungen und Romanen inspiriert. Der dänische Aufklärer Ludvig Baron von Holberg (1684–1754) veröffentlichte 1741 einen utopischen Reiseroman mit dem Titel »Nicolai Klims unterirdische Reise«, in dem er, den Überirdischen trotzend, einen Baummenschen von einem unterirdischen Planeten erwähnt.

Religion und Technik

Viele Passagen in religiösen Überlieferungen lassen sich heute technisch deuten. Dies würde nahe legen, dass unsere unwissenden Urahnen von einer hochentwickelten Zivilisation besucht wurden und die unbegreiflichen Vorgänge religiös interpretierten. Ein Beispiel hierfür sind die Kafire, die in den unzugänglichen Hindukusch-Tälern Afghanistans leben. Sie berichten von einem riesigen »Donnerkeil«, der mit enorm viel Feuer bei ihnen landete. Sieben Männer aus der Welt der Götter sollen dem glänzenden Objekt aus Eisen entstiegen sein, das sogar Fenster und Türen hatte. Über der Erde aber befand sich schwebend ihre riesige Heimstätte.

Flugkörper in der Bibel

Eine der erstaunlichsten Überlieferungen des Alten Testaments wurde von dem biblischen Propheten Ezechiel verfasst. 593 v. Chr. beschrieb er eine göttliche Erscheinung in Vorderasien (Babylon), die Techniker von heute als Landung eines Raumschiffs deuten. »Die Räder hatten das Aussehen und waren verfertigt wie blinkende Tarissteine; alle viere hatten dieselbe Gestalt und waren so gearbeitet, wie wenn ein Rad inmitten des anderen wäre. Nach vier Richtungen konnten sie laufen, die drehten sich nicht, wenn sie gingen. Auch Felgen hatten sie. Ich schaute, und siehe da – ihre Felgen waren mit Augen erfüllt ringsum bei den vieren. Wenn die Lebewesen sich bewegten, gingen auch die Räder neben ihnen; erhoben sich die lebendigen Wesen von der Erde empor, dann gingen auch die Räder hoch.« (Ezechiel 1,16–19)

Josef F. Blumrich, der ehemalige Chef der Leitung für Projektkonstruktion bei der NASA, stieß 1973 auf einen seltsamen Bibeltext. Berichtet wird, wie ein »Sturmwind« aufkam, umgeben von einer großen Wolke und strahlendem Glanz. Darin leuchtete es wie Feuer, und vier »Wesen« mit geraden Beinen und je vier Flügeln funkelten wie blankes Erz. Auf der Spitze des Objekts saß ein menschenähnliches Wesen auf einem Stuhl. Schließlich erkannte der Prophet Räder, die »so gearbeitet waren, als wäre ein Rad mitten im anderen«. Nach allen Seiten waren sie beweglich, ohne sich zu wenden. Stieg das ungeheuerliche Gefährt wieder zum Himmel empor, verursachten die Flügel »Lärm wie tosendes Wasser«, um dann in ein riesiges Getöse überzugehen.

Landung in Israel

Theologen haben diesen Bericht stets als eine Gotteserscheinung ausgelegt. Anders der erfahrene Ingenieur Blumrich. Eigentlich wollte er die Theorien Erich von Dänikens widerlegen, Außerirdische könnten unsere Erde in früheren Zeiten besucht haben und wären wegen ihrer technischen Überlegenheit als Götter angesehen worden. Weiter behauptete er, dass sich aufgrund dieser Ereignisse zahlreiche Religionen gebildet hätten.

Dann aber setzte sich Blumrich an sein Reißbrett und hielt sich exakt an Ezechiels Angaben. Es entstand ein Hauptkörper in Form eines Kreisels, auf dem sich der Kommandostand befand. Mit vier montierten Helikoptereinheiten, die den schrecklichen Lärm verursachten, konnte das Fluggerät in der Erdatmosphäre fliegen. Landete es, so wurden gerade Stützen mit Landetellern ausgefahren, die wie poliertes Erz glänzten.

Da Ezechiel seine Beobachtungen sehr genau protokollierte, kann sogar nachvollzogen werden, dass der Hauptantrieb aus einem Kernreaktor im Zentrum des Flugobjektes bestand. Selbst die Räder konnten rekonstruiert werden.

War der Prophet Ezechiel Augenzeuge einer Landung eines außerirdischen Flugobjekts? (Kupferstich aus dem 17. Jahrhundert von Matthäus Merian)

Augenzeuge Ezechiel

Eine verblüffende Bestätigung erhielten die Arbeiten von Josef Blumrich durch den deutschen Ingenieur Hans Herbert Beier (*1929). Dieser hatte einen von Ezechiel beschriebenen Tempel nachgebaut, in dem das Fluggerät gelandet war. Der Prophet hatte damals auf Anweisung einer himmlischen Gestalt an dem Gebilde genau Maß genommen: »Und die Gemächer, so beiderseits neben dem Tor waren, maß er auch, nach der Länge eine Rute und nach der Breite eine Rute; und der Raum zwischen den Gemächern war fünf Ellen weit.« (Ez. 40,7) »Und der Gemächer waren auf jeglicher Seite drei am Tor gegen Morgen, je eins so weit wie das andere; und die Pfeiler auf beiden Seiten waren gleich

AUSSERIRDISCHE

Aus dem biblischen Buch des Propheten Ezechiel rekonstruierte NASA-Ingenieur J. F. Blumrich einen aerodynamischen Flugkörper mit vier Hubschraubereinheiten. Sie verliehen dem Shuttle in der Erdatmosphäre eine hohe Mobilität. Wurde die Raketendüse gezündet, konnten die Rotorflügel eingefaltet werden und das Fluggerät konnte wie ein Raumschiff die Erdatmosphäre verlassen. Blumrich erhielt auf Teile seines Entwurfes, z. B. auf die Räder, US-Patente.

groß.« (Ez. 40,10) »Und vorn an den Gemächern war Raum abgegrenzt, auf beiden Seiten, je eine Elle; aber die Gemächer waren sechs Ellen auf beiden Seiten.« (Ez. 40,12). Sechs Ellen entsprechen bei dieser Schilderung einer Rute. Eine Rute war 3,3 Meter lang. Der von Ezechiel beschriebene »Tempel« entpuppte sich bei der Nachkonstruktion durch Hans Herbert Beier als irdische Wartungsanlage für ein Zubringerraumschiff. Seine Rekonstruktion passte perfekt zu der des NASA-Raumflugingenieurs. Hat eine 2500 Jahre alte Mitteilung ihre Adressaten, die Menschen des 21. Jahrhunderts, erreicht?

In einem florentinischen Kloster malte Fra Angelo (1387–1455) die Visionen des Propheten Ezechiel von einem mystischen hochentwickelten Himmelsrad. Ezechiel bedeutet »Gott ist stark«. Der Prophet lebte im ausgehenden siebten Jahrhundert vor Christus. Er wuchs als Sohn eines Tempelpriesters in Jerusalem auf und musste als Sohn des Volkes Israel unter den einmarschierenden Horden des Babylonierkönigs Nebukadnezar II. ins so genannte »Babylonische Exil«. Dem gottesfürchtigen Mann kommt von Seiten der Kirche höchste Glaubwürdigkeit zu.

417

PHÄNOMENE DES OSTENS

Spuren von Außerirdischen im pazifischen Raum?

Felszeichnungen von Aborigines im Kakadu Nationalpark in Australien weisen auf die mythische Welt der Eingeborenen hin. Derzufolge soll alles, was die Erde prägt, in der Traumzeit, der »Alchera«, durch die damals lebenden Vorfahren entstanden sein. Diese Ahnen erinnern in ihrem Aussehen an Darstellungen anderer Kulturen von Wesen aus dem All.

Werden steinzeitliche Kulturen, die technisch völlig unbedarft sind, mit fortschrittlicher Technologie konfrontiert, glauben sie, von Göttern besucht zu werden. Oft entwickelten sich im pazifischen Raum aus solchen Kontakten neue Religionen. Die Überlegung, dass unsere eigenen Religionen ähnlich entstanden sein könnten, ist somit nicht von der Hand zu weisen. Doch wer sollte moderne Technik in fernster Vergangenheit besessen haben? Forscher stoßen seit einigen Jahrzehnten auf Indizien,

AUSSERIRDISCHE

die den Verdacht nahelegen, Außerirdische könnten auf unserem Planeten Erde gelandet und zum Initialereignis für verschiedenste Religionen geworden sein.

Terra Incognita, unbekanntes Australien

Die australischen Ureinwohner, die Aborigines, glauben, die Welt sei von Lebewesen geordnet worden, die sie »Wodjina« nennen. Felsgemälde zeigen, wie sich die prähistorischen Menschen diese Wodjina vorstellten. Im Gegensatz zu den unbekleideten Aborigines tragen sie Overalls und helmähnliche Kopfbedeckungen. Aus großen runden Augen schauen sie ihre Betrachter an. Die Eingeborenen sind überzeugt, dass jene Wesen in mysteriösen Lichtern am Himmel wohnen, die von den weißen Australiern als UFOs bezeichnet werden.

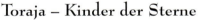
Die Ahnen der Aborigines sollen sich, so besagt es ihre Mythologie, in heilige Scheiben verwandelt haben – ein Hinweis auf fliegende Untertassen?

In anderen Malereien stellen die Aborigines die Traumzeit, die Epoche der Schöpfung dar, in der Götter ihren Kontinent bevölkerten und alle Wesen schufen. Für die heutige Wissenschaft sind diese Wesen lediglich Fantasieprodukte, doch die Uraustralier sind fest von ihrer Existenz überzeugt.

Historische UFO-Fälle

Interessant ist, dass die Erzählungen der Ureinwohner viele Gemeinsamkeiten mit UFO-Sichtungen unserer Tage aufweisen. Der Stamm der Wiradjuri (New South Wales) behauptet beispielsweise, die seltsamen Wesen, Nyols genannt, seien kleine, graue, menschenähnliche Individuen, nicht größer als ein Meter, die ihnen in der Dämmerung begegnen. Teilweise seien sie körperlos wie die Old Red-Eye – eine geisterhafte Erscheinung mit rotglühenden Augen – und könnten jederzeit überall auftauchen. Durch ihren starren Blick aus leuchtend roten Augen gelinge es ihnen, Menschen zu hypnotisieren, so dass diese niemanden um Hilfe rufen können, wenn sie den Wesen begegnen.

1959 gelangen einem australischen Filmteam bislang einmalige Aufnahmen in den Steppen Zentralaustraliens bei den Pintubi-Aborigines, die erst wenige Monate zuvor auf der Suche nach Nahrung von weißen Ranchern entdeckt worden waren, als sie im Glauben, alles gehöre allen, deren Kühe schlachteten. In einem abgelegenen Felslabyrinth, das sie Allala nennen, verehren die Pintubi »Die Riesen, die vom Himmel kamen«. In aerodynamisch geformten, konisch zulaufenden »Archen« seien Wesen von den Sternen bei ihnen gelandet und hätten ihnen neues Wissen und ihre Gesetze gebracht, die sie bis zum heutigen Tage befolgen. Das Filmteam kommentierte spontan die Felszeichnungen als Raumschiffdarstellungen. Ein Beweis für die Anwesenheit von Außerirdischen auf der Erde ist dies freilich nicht, aber sicherlich ein Anreiz nach weiteren Spuren und Indizien für ihre Existenz zu suchen.

Toraja – Kinder der Sterne

»Die ersten unserer Ahnen, sie kamen herab aus dem All, unsere Vorväter aus der Zeit jenseits der Erinnerung, die kamen herab von den Sternen«. Diese Jahrtausende alten Verse hörte der niederländische Missionar Dr. Henk van der Veen 1960 bei dem Volk der Toraja auf Sulawesi (Indonesien). In der religiösen Vorstellung der Toraja existiert außerhalb der Erde ein geheimnisvolles Land namens »puya«. Sie selbst betrachten sich als Kinder des Sternbilds der Plejaden. Denn ihre Mythologie erzählt, wie ihre Vorfahren zusammen mit Göttern durch den Kosmos flogen.

In Tana-Toraja, ihrem Siedlungsgebiet, zelebriert dieses Volk geheimnisvolle Totenrituale. Es glaubt, seine Toten würden eine Reise durch das All zu einer fernen Sternenkonstel-

Cargo-Kulte

Als der australische Forscher Frank Hurley um 1920 Papua Neuguinea besuchte, sahen die Eingeborenen zum ersten Mal ein Wasserflugzeug. Daraufhin wurden Hurley und sein Pilot zu Göttern erklärt; das Flugzeug sahen die Eingeborenen als lebendes Wesen an, dem sie fortan Schweine opferten.

Seit Kolumbus Amerika entdeckte, hat sich dieses Szenario bei vielen Kontakten mit der westlichen Welt wiederholt. Auf diese Weise sind so genannte Cargo-Kulte entstanden, Religionen, z. B. in Neuguinea oder Melanesien, die auf Cargo (Geschenke, Waren) warten und ihre Erlösung in den unbegreiflichen »Göttern« und ihrer Technik sehen.

Einer der bekanntesten Cargo-Kulte aus der jüngsten Vergangenheit entstand in Neuguinea nach dem Zweiten Weltkrieg. Amerikanische Soldaten hatten dort militärische Außenposten stationiert und die Eingeborenen mit ihren »göttlichen Kräften« verblüfft: Sie konnten fliegen, hatten Donnerwaffen und sperrten Stimmen in kleine Kästchen (Radios) ein. Nachdem die mysteriösen Fremden abgezogen waren, bauten die Männer von Neuguinea symbolisch deren Technik nach. Sie erhofften sich damit, die amerikanischen Götter zur Rückkehr zu bewegen und von deren Kraft zu profitieren.

419

PHÄNOMENE DES OSTENS

Im unzugänglichen Bergland von Sulawesi, einer der 6000 bewohnten Inseln Indonesiens, lebt eine ethnische Gruppe mit einer extraterrestrisch angehauchten Kultur: die Toraja. Die Häuser dieses Volkes ähneln riesigen Schiffen, mit denen angeblich einst Götter auf die Erde kamen, um nach ihren Ahnen zu sehen. Beim Hausbau der Toraja werden neben Bambus und Holz nur vier Farben verwendet, von denen jede mit einer bestimmten Bedeutung besetzt ist: Gelb ist die Farbe des Goldes. Weiß, das Symbol für Gott. Schwarz steht für den Tod und Rot symbolisiert das Leben.

lation antreten. Damit die Toten eines Tages von den Göttern schneller abgeholt werden können, stellen die Toraja die Särge in steile Karstwände, um so den Sternen näher zu sein.

Historischer Raumflug

In einem »maro« (verrückt) genannten Lied, das sie während eines Rituals singen, wird sogar der Raumflug einer Priesterin (»to tumbang«) geschildert. Die Frau steigt zuerst wie in einem Wirbelwind von der Erde auf, dann »fliegt sie auf ihrem Kurs aus der Luftströmung heraus, gleitet weiter und erreicht den Himmel.« Wie bei einem Weltraumflug mit Astronauten sitzt die Heldin in einer kleinen Kugel, die vor und zurück geschüttelt wird, bis sie den »Rand des Himmels erreicht hat«, wo sie »schwebt«. Anschließend vermittelt das Lied Informationen über die Erde, wie sie aus großer Entfernung wahrgenommen wird, und letztlich – gleich einer Apollo-Raumkapsel – wieder im Wasser landet.

Weltraumhäuser

Die Toraja behaupten, ihre hölzernen Häuser, die »tongkonan«, seien Nachbauten eines Objekts aus purem Eisen, mit dem die Götter aus dem Himmel ihre Ahnen besuchten. Das »Sich-herabschwingende-Haus«, so nennen sie es, schwebte über ihrem Land, bevor es

420

AUSSERIRDISCHE

Der Beweis?

Der amerikanische Physiker Dr. Robert A. Freitas regte 1980 die Suche nach außerirdischen Artefakten auf der Erde an. In diesem neuen Wissenschaftsbereich (SETA = Search for Extraterrestrial Artifacts) wird von der Annahme ausgegangen, eine Sternenzivilisation könnte stoffliches Beweismaterial zur Erde gesandt haben.

Ein solcher Fund könnte ein präislamisches Heiligtum auf Süd-Sulawesi sein: das Heiligtum von Bontolowe. Leider ist es so heilig, dass es nie öffentlich gezeigt wird und man somit nur vermuten kann, worum es geht. Das Relikt stammt der Legende nach direkt aus dem Götterhimmel. Es wird heute in einem Miniaturbett im Hause einer Priesterin aufbewahrt und dient den Gläubigen zur symbolischen Kommunikation mit den Göttern.

niederging. Dann öffnete sich das »Tor der Götter« und über eine Rampe kamen die Insassen nach unten. Deshalb bezeichnen die Toraja ihre Religion als »Das, was vom Himmel herabkam«. Die Könige der Toraja, die bis 1968 offiziell regierten, führten ihre Abstammung direkt auf Wesen von den Sternen zurück. Deshalb gaben sie ihren Kindern Namen wie »Er-kam-herab-aus-dem-Weltraum«.

Angesichts dieser Überlieferung wird die Frage, ob Menschen der Vorzeit Götter erfanden oder mit vorgeschichtlichen Raumfahrern konfrontiert wurden, höchst brisant. Die Toraja kannten die Antwort schon immer, nämlich, dass sie die »Kinder der Sterne« sind.

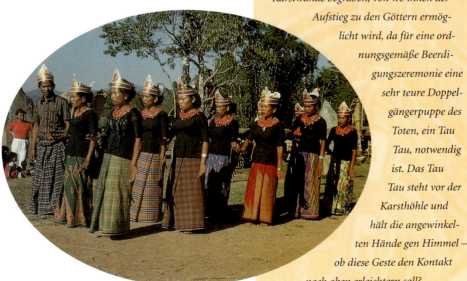

Selten sind die Toraja so schön geschmückt wie für diesen Tanz. Ihre Toten können sie oft jahrelang nicht in den Nischen ihrer Karstwände begraben, von wo ihnen der Aufstieg zu den Göttern ermöglicht wird, da für eine ordnungsgemäße Beerdigungszeremonie eine sehr teure Doppelgängerpuppe des Toten, ein Tau Tau, notwendig ist. Das Tau Tau steht vor der Karsthöhle und hält die angewinkelten Hände gen Himmel – ob diese Geste den Kontakt nach oben erleichtern soll?

421

PHÄNOMENE DES OSTENS

Die Felsenkirchen Äthiopiens

Im Amhara-Hochland Äthiopiens befinden sich die berühmten Felsenkirchen von Lalibela. Sie wurden allesamt aus riesigen Felsen gehauen und innen nach den Bedürfnissen der Gläubigen ausgehöhlt. Die Kirche »Beta Libanos« stammt, wie alle steinernen Gotteshäuser der Region, aus dem 12. Jahrhundert.

FELSENKIRCHEN

Zu den spektakulärsten Monumenten der Welt gehören die Felsenkirchen Äthiopiens. Sie sind etwas Besonderes in der Geschichte der Architektur, denn sie bestehen aus nur einem einzigen Stein. Die christlichen Basiliken wurden im Norden des afrikanischen Landes tief in die schroffe Felslandschaft der Provinzen Tigre, Welo und Lasta gehauen. Ihre Konturen wurden aus dem gewachsenen Stein herausgeschält, um anschließend ihr Inneres auszuhöhlen. Wer diese einzigartigen Wunderwerke erbaute, ist bis heute ungewiss. Auch wieviele Menschen wie lange an diesen Gotteshäusern arbeiteten, weiß niemand mehr. Nur Legenden lassen eine fantastische Vergangenheit des Landes, seiner Menschen und ihres Glaubens erahnen.

Im Land der Wunder

Es ist ein Vorstoß ins Dunkel für jeden, der eine dieser Felsenkirchen betritt. Langsam jedoch enthüllt sich den Augen eine ungewöhnliche Pracht. Bis zu 12 Meter hoch streben die Innenwände: Säulen mit Kapitellen, wie sie auch in äthiopischen Kaiserpalästen anzutreffen waren, stützen jede der gewaltigen ausgehöhlten Steinkonstruktionen und verlieren sich in Kuppeln und Gewölbebögen. Mit weit aufgerissenen Augen schauen Heilige und Engel auf ihre Besucher herab. Auffallend ist, dass jegliche Perspektive und Tiefenwirkung fehlt. Vermutlich dachten die Künstler, dass kein noch so gutes Abbild die Vollkommenheit eines Originals erreichen kann. Die Gemälde hatten nur die Aufgabe, den Betrachter zu Gott zu lenken, hinein in eine überirdische Welt.

Aus diesen himmlischen Gefilden, so will es die Überlieferung, stammte auch der Auftrag, diese Welträtsel aus Felsgestein zu erbauen. Im zwölften Jahrhundert wurde in Äthiopien Prinz Lalibela geboren. Sein Bruder, König Harbay, sah in ihm eine Konkurrenz für seine Herrschaft und versuchte ihn zu töten. Doch das Giftattentat schlug fehl. Stattdessen sah sich der junge Prinz im Koma zu Gott entrückt, der ihm mitteilte, er solle sich ganz auf die Vorsehung verlassen. In Jerusalem sei er in Sicherheit und eines Tages werde er als König nach Äthiopien zurückkehren. Dann erhielt Lalibela konkrete Anweisungen für den Bau der ersten Kirche, ihre Ausgestaltung und ihren Standort.

König Lalibela

Historisch gesichert ist, dass Prinz Lalibela tatsächlich von 1160 bis 1185 in Jerusalem lebte. Als er in das Land seines Vaters zurückkam, eroberte er den äthiopischen Thron und begann unverzüglich mit dem Bau der rätselhaften Felsenkirchen. Der Regierungssitz Roha wurde das Zentrum der neuen Baukunst. Lalibela opferte all seinen Reichtum, um in seiner Königsstadt elf himmlische Felsenkirchen zu erbauen. Nach Vollendung des göttlichen Auftrags zog sich der Herrscher in die Einsamkeit zurück. Zum Gedenken an ihn wurde Roha nach seiner Heiligsprechung in Lalibela umbenannt.

Die Bundeslade in Äthiopien

Die Anfänge der christlichen äthiopischen Kirche gehen weit ins vierte Jahrhundert zurück. Das Nationalepos Kebra Nagast verweist sogar auf biblische Wurzeln: Menelik I. war der Sohn des weisen Königs Salomon und der legendären Königin von Saba, deren Reich in Äthiopien

Ein Weltkulturerbe

Die äthiopischen Felsenkirchen, die die UNESCO 1978 zum Weltkulturerbe erklärte, thronen keineswegs weit sichtbar auf den Berghöhen. Im Gegenteil: In dem teils gelblichen, teils rötlichen Gestein der Umgebung löst sich ihre Fassade auf und wird fast unsichtbar. Die Basilika des heiligen Georg beispielsweise wurde 12 Meter senkrecht in Form eines Kreuzes in den Felsblock hinuntergetrieben. Das Dach schließt flach mit der Oberfläche der Umgebung ab, von der der Kirchenbau durch eine quadratische Grube getrennt ist, so dass man das Gebäude nur durch einen abfallenden Graben mit ausgetretenen Stufen erreichen kann.

Eine der berühmtesten Felsenkirchen ist »Beta Giorghis«. Das außergewöhnliche Gotteshaus ist dem heiligen Georg geweiht. In Form eines Kreuzes mit vier gleich langen Flügeln wurde der Bau aus einem Monolithen gehauen. Auf seinem Dach befindet sich ein griechisches Doppelkreuz. Der heilige Georg nimmt in der christlichen Mythologie eine Vorrangstellung ein. Er hat der Sage nach allein gegen einen gefährlichen Drachen gekämpft und wird als Märtyrer verehrt.

423

PHÄNOMENE DES OSTENS

Templer in Äthiopien

Der britische Erfolgsautor Graham Hancock (*1950) vermutet, dass der Ritterorden der Templer in alten Manuskripten die Spur der Bundeslade wiederentdeckte und während der Kreuzzüge in Jerusalem mit dem äthiopischen Prinzen Lalibela in Kontakt trat. Die Kreuzritter seien, so Hancock, jene »weißen Männer«, die genialen Baumeister, von denen Legenden berichten, gewesen. Ihr Traum, die Lade Gottes zu finden und mit nach Frankreich zu bringen, könnte sich erfüllt haben, da verschiedene Abbildungen in französischen Kirchen eine solche Möglichkeit andeuten. In Äthiopien befände sich dann nur noch eine Kopie.

Der Templerorden, der offiziell »Arme Ritterschaft vom Salomonischen Tempel« hieß, wurde von zwei französischen Rittern 1119 gegründet und war zum Schutz von Pilgern zu Zeiten der Kreuzzüge gedacht. Mit militärischer Ausrichtung und absolutem Verhandlungsgeschick nahmen die Templer schon bald nicht nur eine religiös bedeutsame Position ein, sie waren auch eine internationale Handelsmacht, die Geld und Güter transportierte. Ob die Bundeslade eines dieser Güter war, ist ungewiss.

Die älteste Darstellung, die es von der Bundeslade gibt, befindet sich in der altjüdischen Synagoge Dura-Europos am Euphrat. Das Gemälde ist deshalb von außerordentlichem Wert, weil es entgegen der Abbildungsverbot, dem alle Juden einst unterlagen, angefertigt wurde.

gelegen haben soll. Vor 3000 Jahren stattete der Prinz seinem Vater in Jerusalem einen Besuch ab. Sein wirkliches Ziel war jedoch das höchste Heiligtum der Israeliten, die Bundeslade – ein mit göttlicher Energie geladener goldener Schrein, mit dem die Priester in direkte Verbindung mit Gott treten konnten, da der Prophet Moses die Konstruktionsanleitung vom Allmächtigen selbst erhalten haben soll. Durch Menelik gelangte das wundersame Relikt in die Hauptstadt Äthiopiens, nach Axum, wo es sich noch heute streng bewacht, wie die Äthiopier glauben, in der Steinkirche »Maria Zion« befinden soll. Um diese Bundeslade im Mittelalter vor den vordringenden islamischen Armeen zu beschützen, legten die Äthiopier über 160 weitere Felsenkirchen an. Getarnt durch die Berghänge waren sie von den Feinden kaum auszumachen. Zudem verbinden unzählige Höhlengänge viele Kirchen miteinander.

Biblische Spuren

Durch das Tunnellabyrinth Lalibelas gelangen die Gläubigen auch in die Kirche »Beta Medhane Alem«, das »Haus des Welterlösers«. Um den »Staub dieser Welt« abzuschütteln, ziehen sie sich vor Betreten der Kathedrale die Schuhe aus. Sonore Gesänge dröhnen durch einen 38 Meter langen Innenraum. Rhythmisches Klatschen und der monotone Schlag des Sistrums, einem biblischen Rasselinstrument, Weihrauchduft und Kerzenrauch hüllen die Betenden ein. Mit prächtigen Umhängen bekleidete Priester mit großen Prozessionskreuzen in ihren Händen sprechen Gebete. Sie bewachen den Eingang zu einem zweiten Bereich, der mit Vorhängen verschlossen ist. Selten nur gelingt es, einen Blick auf den dahinter liegenden dritten Kirchenraum zu werfen, wo sich das Allerheiligste befindet.

Die Dreiteilung der äthiopischen Kirche ist eine direkte Verbindung zum salomonischen Tempel von Jerusalem und zeigt, wie stark die Christen dieses Landes vom jüdischen Glauben beeinflusst wurden. Im »magda« genannten dritten Teil jedes Gotteshauses wird das Kirchenheiligtum aufbewahrt, der Tabot. Er ist eine Nachbildung der Bundeslade. Das Original selbst – sofern es sich tatsächlich um das Original handelt und äthiopische Priester in der Vergangenheit nicht nur ein Duplikat der Bundeslade in ihr Land transportiert hatten – wird einmal im Jahr zum höchsten religiösen Fest, dem Timkat, in Tüchern verhüllt in einer Prozession von Priestern durch das 230 Kilometer nördlich von Lalibela gelegene Axum getragen. Die Geheimnisse der Felsenkirchen und der Bundeslade sind noch nicht enthüllt. Doch wenn in den alten Überlieferungen ein Kern Wahrheit verborgen liegt, dann könnte uns eines Tages eine sensationelle Entdeckung bevorstehen.

In dieser herrlichen Landschaft Äthiopiens liegen die berühmten Felsenkirchen von Lalibela. Bis auf 4000 Meter steigt das äthiopische Hochland an. Die Befreiungskriege zwischen 1900 und 2000 haben in dieser natürlichen Festung gegen Feinde übrigens tiefe Landschaftsnarben hinterlassen, die man neben den heiligen Bauten sehen kann.

PHÄNOMENE DES OSTENS

Die weiße Pyramide von China

Weiße, spitze und flache Pyramiden – in China, dem »Reich der Mitte«, wurden lange vor den ägyptischen Grabdenkmälern Pyramiden erbaut. Erforscht sind bislang die wenigsten. Viele wurden auch erst im 20. Jahrhundert entdeckt.

426

WEISSE PYRAMIDE

Man schreibt das Jahr 1945. Die letzten Tage des Zweiten Weltkriegs sind auch für das ferne Asien angebrochen. Spezialeinheiten der US-Armee observieren China, um die von japanischen Truppen besetzten Gebiete zurückerobern zu können. Leutnant James Gaussman von der US-Air-Force steigt in seine einsitzige Militärmaschine, um das Qin-Ling-Shan-Gebirge südwestlich von Xian zu erkunden. Sein Aufklärungsflug führt ihn in die Seitentäler des mittelchinesischen Gebirges. Plötzlich bemerkt der junge Pilot etwas Unglaubliches unter sich. Eine gewaltige Pyramide erhebt sich aus dem hochgelegenen Tal. Ist er einer Täuschung aufgesessen? Sollte es Pyramiden nicht nur in Ägypten und Lateinamerika, sondern auch im »Reich der Mitte« geben?

Unbekanntes China

Was der Flieger nach seiner Landung zu Protokoll gab, klingt noch heute sensationell: »Ich flog um einen Berg herum und erreichte ein ebenes Tal. Direkt unter mir lag eine gi-

Um die Stadt Xian in der chinesischen Provinz Shaanxi findet man nicht nur Pyramiden, sondern auch zahlreiche Kulturdenkmäler. Eines davon ist die so genannte Kleine-Wildgans-Pagode, die in der Tang-Dynastie zwischen 618 und 907 n. Chr. entstand.

Geheimhaltungstaktik

Die Öffentlichkeit erfuhr 40 Jahre lang nichts von der einzigartigen Entdeckung der weißen Pyramide. Das Protokoll des Fluges und die Fotos wurden zur militärischen Verschlusssache erklärt. Allerdings erschien im März 1947 in der »New York Times« ein Bericht des ehemaligen Oberst der US-Streitkräfte, Maurice Cheahan. Auch er schilderte einen Flug über die rätselhafte Pyramide im Qin-Ling-Gebirge. Der australische Autor Brian Crowley nahm 1986 diese Fährte wieder auf. Ihm gelang es, ein Foto des Aufklärungsfluges aus dem US-Militärarchiv zu erhalten. Darauf abgebildet ist eine Pyramide mit parallel verlaufenden Erosionsrinnen, die ein deutlicher Hinweis auf das hohe Alter dieses Bauwerkes sind.

PHÄNOMENE DES OSTENS

Da man die »weiße Pyramide«, von der nur mysteriöses Bildmaterial aus den 1940er Jahren existiert, noch nicht »geborgen« und untersucht hat, konzentrieren sich die Forscher auf die anderen Pyramiden um Xian. Diese sind zwar kleiner, aber immerhin greifbarer. Besonders interessant erscheint vor allem dieses abgeflachte Bauwerk, das in Form und Höhe (60 Meter) an die Sonnenpyramide von Teotihuacán in Mexiko erinnert.

gantische weiße Pyramide – von einem fast unwirklichen, hellen Glanz umhüllt. Es erschien mir so, als ob sie aus Metall oder einer ganz besonderen Gesteinsart sei. Mehrere Male überflog ich den silbrig-weißen Koloss. Das Bemerkenswerteste daran ist die Spitze: ein großes Stück edelsteinähnliches Metall. Ich war von der gewaltigen Größe dieses Dinges tief beeindruckt, aber es war für mich unmöglich zu landen, obwohl ich es gerne getan hätte. Eines steht für mich fest: Eine moderne, militärische Anlage ist dieses Bauwerk sicher nicht.«

Gigantisches Denkmal

Die militärische Führung wollte anfangs der fast märchenhaft klingenden Pyramidenentdeckung keinen Glauben schenken, doch musste sie sich eines besseren belehren lassen, als die Fotos der Bordkamera ausgewertet wurden. Das enorme Bauwerk war deutlich darauf zu sehen, wenngleich Rückschlüsse auf seine Zweckbestimmung nicht möglich waren. Analysen des Bildmaterials ergaben, was auch Leutnant Gaussman geschätzt hatte: An die 300 Meter ragte die Steinkonstruktion in den Himmel, die Seitenlänge an der Pyramidenbasis beträgt ganze 490 Meter. Zum Vergleich: Die größte Pyramide Ägyptens, die Cheops-Pyramide, ist mit einer ursprünglichen Höhe von »nur« 146,94 Metern und einer Basislänge von 230,38 Metern knapp halb so groß. Die monumentalste Pyramide aller Zeiten ist somit in Asien zu finden.

China – Land der Pyramiden

Es gibt in China mehr Pyramiden als in Ägypten. Hunderte von ihnen bedecken allein das Gebiet zwischen den Großstädten Xian und Xianyang. Erst allmählich erfährt die Welt von dem Vorhandensein dieser immensen archäologischen Schätze. Selbst in der Volksrepublik China war die Existenz der Pyramiden nur wenigen bekannt, da sie in militärischen Sperrzonen oder weit abseits befahrbarer Wege liegen.

Die Sonnengräber

So wurden 1991 nahe der Stadt Xian zahlreiche Pyramiden entdeckt, als ein Platz für einen neuen Flughafen gesucht wurde. 40 Meter hoch ragen diese »Sonnengräber« über die Felder auf. Ähnlich wie manche Pyramiden Mittelamerikas besitzen sie keine Spitze, sondern ein abgeflachtes Plateau. Sogar bis zu 50 Meter Höhe messen die Pyramiden bei Xianyang, die zumeist in Vierer- und Fünfergruppen nebeneinander stehen. Da bislang keine Ausgrabungen erfolgten, lässt sich nur mutmaßen, dass in ihrem Inneren große Hohlräume verborgen liegen. Eingebrochene Terrassen deuten darauf hin. Etliche der Pyramiden gehen auf die Kaiser der Han-Dynastie zurück (206 v. Chr.–220 n. Chr.). Ihr Gründer, Kaiser Liu Bang und weitere elf Han-Herrscher fanden in ihnen ihre letzte Ruhestätte.

Zwei der Bauwerke stammen bereits aus der Zhou-Dynastie, die vor 3000 Jahren regierte. Noch älter ist die Pyramide von Kaiser Shao-Hao, dem Sohn des legendären »Gelben Kaisers«, der um 2600 v. Chr. über das Reich der Mitte herrschte. Nahe der Stadt Qufu, inmitten eines weitläufigen Parkgeländes, leuchtet weiß ein 18 Meter hoher und 28 Meter breiter Steinbau, der von einem kleinen Tempel gekrönt wird, auf. In seinem Inneren sitzt in der Art eines Pharaos Kaiser Shao-Hao, der sich wie die ägyptischen Könige als Sohn der Götter sah.

Unglaubliche Messdaten

Welch grandioses Wissen die Pyramidenerbauer besaßen, fand der Archäologe Professor Wang Shiping aus Xian heraus. 1994 wurden 30 Kilometer von seiner Heimatstadt entfernt in einem militärischen Sperrgebiet Pyramiden entdeckt. Eine von ihnen befindet sich exakt auf dem geometrischen Mittelpunkt aller Erdteile, was das Wissen um die Kugelgestalt der Erde und die Verteilung der Landmassen voraussetzt. Gleichfalls vertritt Professor Wang die Ansicht, dass die Pyramiden nach den Sternen ausgerichtet wurden. Damit würden sie der uralten Feng-Shui-Lehre folgen, die von einer geheiligten Geomantie ausgeht, einem Prinzip, nach dem auch ägyptische Pyramiden, Steinmonumente in Nordeuropa und in Griechenland angelegt worden sein könnten. Sollten sich diese Zusammenhänge bestätigen, stehen große Entdeckungen über das Wissen alter Völker bevor.

WEISSE PYRAMIDE

Ein globales Phänomen

Gab es in der Frühzeit der Hochkulturen einen Ideentransfer, von dem man bislang nichts ahnte? Seltsam ist, dass die Kaiserstadt Shao-Haos den Namen Qufu trägt. Dieses Wort (Qufu) ist in seiner Aussprache identisch mit dem Namen des ägyptischen Pharaos Chephren, der neben der Cheops-Pyramide eine riesige zweite Pyramide erbauen ließ – zeitgleich mit der chinesischen. Nachweisbar ist, dass über die berühmteste Handelsverbindung der Geschichte, die 6500 Kilometer lange Seidenstraße, das Han-Reich mit dem Römischen Imperium vor 2000 Jahren Gold und Glas gegen Seide tauschte. Unmöglich erscheint also dieser frühe Kontakt keineswegs. Dies zu beweisen ist jedoch Aufgabe zukünftiger Forschung.

Die Pyramiden von Gizeh. Als steinerne Denkmäler erinnern sie an die Pharaonen Cheops, Chephren und Mykerinos. Pyramidenwächter ist der Sphinx. Ein Pendant zu ihm wurde in der Nähe der chinesischen Pyramiden nicht gesehen.

429

Mysterien des Westens

Spricht man von den großen Mysterien der Weltgeschichte, teilt man sie in jene des Westens und in solche aus dem Osten ein. Den Praktiken des Westens haftete dabei immer etwas undurchdringlich Mystisches, oft sogar Schwarzmagisches an. Es verwundert rückblickend wenig, dass es im Mittelalter zur Verfolgung von Hexen, Magiern, Mystikern und Naturheilkundigen kam.

Das Buch durchleuchtet diese dunkle Seite der Geschichte, rückt aber auch alles Positive ins Licht der Aufmerksamkeit, das durch den Forschungsdrang westlicher Mystiker späteren Wissenschaften zugute kam. So ist die mittelalterliche Alchemie ein Vorläufer der heutigen Chemie und Medizin. Bibelforschung, Heiligenforschung, Ordensgründungen und neue philosophische Ansätze zur Erklärung des Kosmos trugen zu heutigen Weltanschauungen bei.

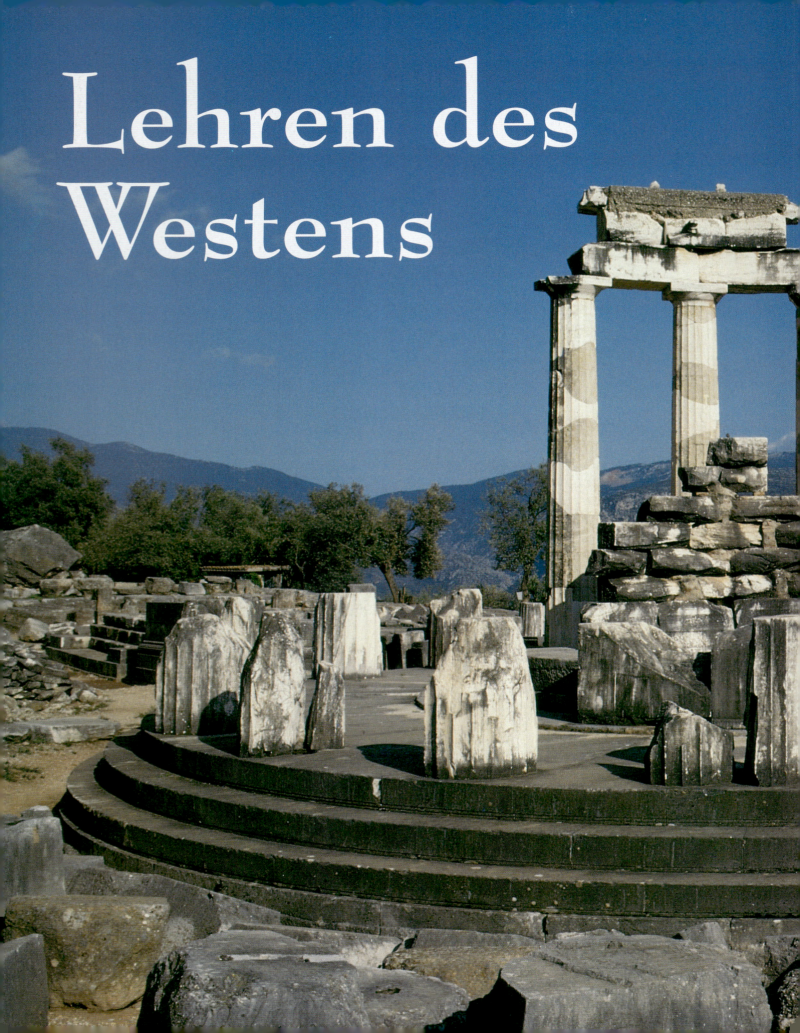

Lehren des Westens

Die Quellen der mystischen Lehren des Westens liegen in der Kultur der hellenistischen Welt. In den Jahrhunderten vor der Zeitwende kam es zu einer großen Erweiterung der griechischen Bildung durch östliches Gedankengut und asiatische Religionsformen. Die alten Mysterien des Abendlandes wurden nach und nach mit spirituellen Systemen und Geheimlehren aus dem indischen, persischen und kleinasiatischen Raum vermischt. Aufgrund dieses Verschmelzungsprozesses der unterschiedlichsten Philosophien entstand eine charakteristische europäische Kulturform, die Voraussetzung für die Bildung von Weltanschauungen und neuartigen Erlösungslehren war und die schließlich bis hin zur Entwicklung der modernen Naturwissenschaften führte.

LEHREN DES WESTENS

Jesus – Mensch und Mythos

Kupferstich aus der Merianbibel von Matthäus Merian (1593–1650): Was alle ersehnen, schafft der Prophet und Wundermann mit dem Heiligenschein – der Mensch Jesus hat in seinem Leben viele Kranke und Aussätzige von ihren Leiden befreit.

Kaum eine Persönlichkeit bewegt die Gemüter seit 2000 Jahren so sehr wie die Person des »Jesus von Nazareth«, über kaum ein Thema wurden so viele Bücher geschrieben, wurde so heftig und leidenschaftlich diskutiert. Und doch bleibt der historische Jesus in tiefes Dunkel gehüllt.

Was wir von ihm aus der Bibel wissen, sind zum größten Teil Kultlegenden und vermutlich fiktive Geschichten.

Fehlen historischer Belege

Den Historikern zu Jesus Lebzeiten scheint er unbekannt oder zumindest nicht erwähnenswert gewesen zu sein. Es ist erstaunlich, dass dieser bedeutende Mensch, auf den sich die gesamte Christenheit beruft, außerhalb der christlichen Literatur nicht mehr als eine Fußnote der Geschichte war. Jesus Zeitgenosse Philo Judaeus (20 v.–50 n. Chr.) schrieb etwa fünfzig Werke über Geschichte, Philosophie und Religion. Nirgendwo erwähnte er den Gottessohn. Über Pilatus hingegen berichtete Judaeus ausführlich. Erst um 117 n. Chr. tauchte bei dem römischen Geschichtsschreiber Tacitus (55–116) die »abergläubische Sekte« der Christen auf, die ihren Namen auf einen gewissen Christus zurückführte. Plinius der Jüngere (62–113) schrieb über Christen in Bithynien, einer Landschaft in Kleinasien, die schon 74 v. Chr. an Rom ging und bis 395 n. Chr. Teil des Römischen Reiches blieb. Sueton (70–140) schildert die Vertreibung von Juden aus Rom unter Kaiser Claudius (41–54), weil sie unter dem Einfluss eines gewissen »Chrestos« Unruhe gestiftet hätten.

In einem Werk des jüdischen Geschichtsschreibers Flavius Josephus (37–ca. 100) wird Jesus immerhin als Wundermann und als erfolgreicher Lehrer charakterisiert. Allerdings stammt dieses berühmte »Testimonium Flavianum« (»Zeugnis des Flavius«) nicht aus der Feder des Josephus. Es handelt sich um die Fälschung eines christlichen Kopisten aus dem dritten Jahrhundert, wie man mittlerweile nachweisen konnte.

Einer unter vielen

Offenbar fiel Jesus während der kurzen Zeit seines öffentlichen Wirkens in Palästina kaum auf unter den zahlreichen ähnlichen Propheten, Weisheitslehrern und Wundermännern, die damals eine göttliche Mission zu erfüllen glaubten. Die Wunder, die man Jesus zuschrieb, wurden von den Autoren der Evangelien nach den kursierenden Erzählungen über

Jesus – Ein Kyniker?

Für den Religionshistoriker Dr. Burton L. Mack erscheint der authentische Jesus als kynischer Philosoph. Kyniker wurden im alten Griechenland die Anhänger der Philosophenschule des Sokrates-Schülers Antisthenes genannt. Sie verachteten alle staatlichen und religiösen Gesetze und übten sich in Bedürfnislosigkeit.

Jesus extreme Positionen gegenüber der Konvention, peinlich anmutende Aufforderungen (»Lass die Toten die Toten begraben.«), sozialkritische Aussagen (»Wenn dir jemand deinen Mantel wegnehmen will, lass ihm auch dein Hemd.«) – sie alle erinnern an die Haltung der Kyniker, an ihre Bedürfnislosigkeit, ihre Schamlosigkeit, ihre Missachtung der Konventionen. Jesus lehrte in dichter Sprache, in kurzen Sprüchen, Maximen, Aphorismen, Anekdoten und Parabeln. Die Kyniker hatten diese rhetorischen Formen zur Meisterschaft gebracht, um ernsthafte Lebensregeln als Richtschnur des Verhaltens in heiterem Gewande wiederzugeben.

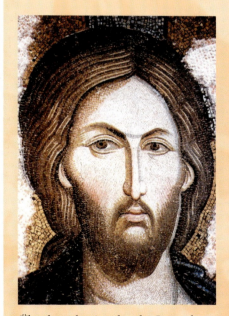

Über das wahre Aussehen des Gottessohnes wurde seit seiner spektakulären Wundertätigkeit auf Erden gerätselt. In der byzantinischen Kunst (6. bis 15. Jahrhundert) hatte man sich weithin auf das Aussehen, das dieses Mosaik repräsentiert, geeinigt.

LEHREN DES WESTENS

Der authentische Jesus

Das Jesus-Seminar am Westar Institute in Sonoma, Kalifornien, ist die führende Vereinigung von Forschern, die auf der Suche nach den authentischen Reden Jesu sind. Auch unabhängige Gelehrte, wie der österreichische Bibelforscher Dr. Herbert Ziegler (1916–1998), kamen zu ähnlichen Ergebnissen wie sie: Von allen Aussagen Jesu im Neuen Testament gehen weniger als fünf Prozent tatsächlich auf den Menschen Jesus zurück. Nur wenige Worte der Bergpredigt, bestimmte Auseinandersetzungen mit dem Pharisäismus – einer alt-jüdischen, streng gesetzesfrommen Partei – einige Gleichnisse und einzelne Aphorismen sind authentisch.

Taten vorhergehender berühmter Wundermänner der Antike, wie Epimenides (7. Jh. v. Chr.), Pythagoras (6. Jh. v. Chr.) und Empedokles (5. Jh. v. Chr.) geformt. Von Empedokles erzählte man, er habe Kranke geheilt, Tote erweckt, Stürme beschworen und die Zukunft vorhergesagt. Die Ähnlichkeiten mit den Jesus zugeschriebenen Wundern ist bisweilen verblüffend. Die Geschichte, in der Jesus Petrus aufträgt, die Netze noch einmal zum Fischfang auszuwerfen (Lukas 5,1-7), ist einer Erzählung über Pythagoras nachgebildet, der in Kroton den Fischern voraussagte, wie viele Fische sie fangen würden, wenn sie ihre Netze noch einmal ins Wasser werfen würden.

Auch die Biographie des zwielichtigen Magiers Apollonios von Tyana, eines Zeitgenossen von Jesus, zeigt zahlreiche erstaunliche Parallelen zu den Geschichten, die von ihm in den Evangelien erzählt werden: Er weissagte, heilte Kranke, trieb Dämonen aus, erweckte eine Tote zum Leben, entrückte auf wunderbare Weise aus dem Gefängnis und wurde nach seinem Tod als Heros oder Gott verehrt.

Eigenname oder Titel?

Wir wissen nicht einmal, ob der Name »Jesus« sein wirklicher Name war. In Galiläa – heute zu einem Teil im Libanon und zum anderen in Israel – herrschten zu Zeiten des Jesus Unruhen und Rebellionen gegen die römische Fremdherrschaft. Das jüdische Volk war von der Hoffnung erfüllt, ein Messias würde auftreten, um sie von den unterdrückenden Römern zu befreien. Viele der Propheten, die durch die Lande zogen, beriefen sich auf Josua ben Nun als das große mythische Vorbild des Befreiers. Josua war als Nachfolger des Moses der Anführer der israelitischen Stämme bei der Eroberung des Westjordanlandes. Er hatte die Israeliten gegen Kanaan geführt, die Mauern von Jericho unter dem Posaunenschall zum Einsturz gebracht und mit dem Volk Israel und der Bundeslade trockenen Fußes den Jordan durchquert.

Diese Propheten gaben sich selbst den Namen Josua. Der Name Jesus ist nichts anderes als die griechische Übersetzung von Josua. Es mag durchaus sein, dass der Name Jesus in jener Zeit weniger als Eigenname in Gebrauch war, denn als Bezeichnung für einen, der als von Gott bewegter Befreier auftrat. Vielleicht nannten ihn seine Anhänger so, weil sie von ihm keine überirdische, sondern die weltliche Befreiung erhofften?

Das verlorene Evangelium

Wo also lässt sich der wahre Jesus finden? Sind seine authentischen Worte für immer verloren? Vermutlich nein. Angeblich finden sie sich in den kanonischen Evangelien und in einigen Schriften der Jesus-Anhänger, die nicht im Neuen Testament aufgenommen wurden. Erst die moderne historisch-kritische Forschung brachte dies ans Licht. Sie ent-

Der segnende Jesus auf dem 704 Meter hohen Berg Corcovado breitet schützend seine Hände über Rio de Janeiro aus. Seine beeindruckende Größe von 38 Metern zeugt von der strengen Gottesfürchtigkeit im katholischen Brasilien. Ähnliche monumentale Kreuze oder Christusfiguren lassen sich auch in Europa finden.

JESUS

Die Auferstehung von Jesus Christus, wie sie hier auf einem Deckengemälde von Martin Knoller (1725–1804) in der Kirche der Benediktinerabtei Neresheim dargestellt ist, wird heute von vielen Wissenschaftlern und Religionshistorikern angezweifelt. Medizinisch-physiologische Untersuchungen, die klären sollten, woran ein zum Kreuzestod Verurteilter stirbt, konnten belegen, dass es bei der Art und Weise, wie Jesus ans Kreuz genagelt wurde, Tage hätte dauern müssen, bis der Tod eingetreten wäre. Da Jesus, den Evangelisten zufolge, jedoch bereits nach Stunden verstorben war, konnte es sich bei seinem »Dahinscheiden« – so die Forscher – nur um einen Scheintod gehandelt haben. Als ein weiterer Beweis unter vielen gegen die »Auferstehungstheorie« gilt das Wort des Evangelisten Johannes, der schrieb: »Als sie aber zu Jesus kamen und sahen, dass er schon gestorben war, brachen sie ihm die Beine nicht; sondern der Kriegsknechte einer öffnete seine Seite mit dem Speer, und alsbald ging Blut und Wasser heraus.« (Joh. 19,13) Wenn Blut tatsächlich noch geflossen ist, so ist dies eher ein Zeichen dafür, dass die Blutzirkulation noch nicht, wie bei Toten üblich, beendet war.

LEHREN DES WESTENS

Kupferstich aus der Merianbibel: Die Versuchung in der Wüste durch den Teufel, die einer buddhistischen Vorlage entnommen wurde, beschreibt der Evangelist Matthäus so: »Als er 40 Tage und 40 Nächte gefastet hatte, bekam er Hunger. Da trat der Versucher an ihn heran und sagte: Wenn du Gottes Sohn bist, so befiehl, dass aus diesen Steinen Brot wird.«

deckte, dass die Evangelisten Matthäus und Lukas ihre Inhalte zum großen Teil dem Markustext entnommen hatten. Zudem müssen Matthäus und Lukas aber auch noch eine Sammlung von Sprüchen Jesu benutzt haben, die Markus nicht bekannt war und aus der sie übereinstimmend zitierten.

Dieser hypothetische Text wird die »Spruchquelle« oder kurz Q genannt. Q ist so etwas wie ein »Ur-Evangelium«. Seine Gestalt wurde aus den neutestamentlichen Schriften rekonstruiert. Durch die Analyse dieser Spruchsammlung wollen Forscher zu jenen Jesusworten vordringen sein, die er seinen Schülern tatsächlich mit auf den Weg gegeben hatte.

Ein anderer Jesus

Aber auch in dieser Spruchquelle stammen nicht alle Aussagen von Jesus. Einige Religionshistoriker meinen, die authentischen Darlegungen rekonstruieren zu können. Fasst man diese dann zusammen, ergibt sich ein völlig anderes Jesus-Bild, als die Evangelien glauben machen. Nichts deutet in den wahren Worten Jesu darauf hin, dass er sich als Messias verstand. Seine Lehre war auch keine

JESUS

»Mandylion« nennen orthodoxe Christen ein Abbild von Jesus, das nicht von Menschenhand geschaffen sein soll. Es wird häufig auf Ikonen, den auf Holz gemalten Heiligenbilder der Ostkirchen, abgebildet. Die Ikonenmalerei, die normalerweise von Mönchen und Nonnen betrieben wird, gilt als liturgische Handlung und folgt strengen Vorgaben.

Der Paulinismus

Die Theologie, die den weitgehend erdichteten Erzählungen im Neuen Testament zugrunde liegt, stammt von Paulus oder von den Autoren, die jene Briefe verfasst haben, die unter seinem Namen bekannt sind. Die meisten von ihnen hat die moderne Forschung als Fälschungen entlarvt. Was wir heute als Christentum kennen, ist die von Paulus und den »Redakteuren« seiner Briefe geschaffene Theologie von der Erbsünde, dem Sühnetod von Gottes Sohn am Kreuz, dem Mythos um seinen Leib und der Erlösung durch eine Hierarchie von Priestern. Eine Religion, die treffender Paulinismus heißen müsste.

Anklage gegen das Judentum, wie oft behauptet wird. Die wenigen authentischen Jesus-Worte sind vielmehr stark von östlichem Gedankengut inspiriert und weisen erstaunliche Parallelen zu buddhistischen Lehren, speziell den Reden Buddhas auf.

Die Quellen einzelner Wunder, die als »typisch« für Jesus gelten, konnte die Forschung aufdecken. So ist das berühmte Brotwunder und der Wasserwandel Jesu aus buddhistischen Quellen übernommen: Die bis im Detail identischen Wunder wurden Jahrhunderte vorher Buddha zugeschrieben. Auch andere Geschichten um Jesus entstammen nachweislich buddhistischen Vorlagen, so die Versuchung Jesus in der Wüste, die Begegnung mit der Samariterin am Brunnen oder die Erzählung vom Scherflein der Witwe.

Jesus Anhänger, unter denen dieses Ur-Evangelium zirkulierte, fassten seinen Tod im Übrigen nicht als göttliches Ereignis oder als Erlösertat auf. Niemand glaubte daran, dass Jesus auferstanden sei, um über eine neue Welt zu herrschen. Sie hielten Jesus vielmehr für einen außergewöhnlichen spirituellen Lehrmeister, dessen Botschaft von Liebe und Toleranz es ihnen erleichterte, in schwierigen Zeiten das Leben zu ertragen.

Paulus, der mit jüdischem Namen Saulus hieß, verbrachte den Großteil seines Lebens als christlicher Missionar und gilt als Verfasser der ältesten Schriften des Neuen Testaments. Vermutlich starb er um 60 oder 62 n. Chr. in Rom den Märtyrertod.

439

LEHREN DES WESTENS

Das vergessene Thomasevangelium

Das Thomasevangelium soll angeblich vom Apostel Thomas persönlich aufgezeichnet worden sein. Dieser ging als »ungläubiger Thomas« in die Bibelgeschichte ein, wie im Johannesevangelium (20,24–29) nachzulesen ist: Dort steht geschrieben, dass Thomas als einziger der Jünger an die Auferstehung des Herrn nicht glauben wollte. Jesus forderte ihn auf, die Hand in seine Seitenwunde zu legen und sprach zu ihm: »Weil du mich gesehen hast, glaubst du. Selig sind, die nicht sehen und doch glauben.«
Das Gemälde »Der Apostel Thomas« von Georges de la Tour (1593–1652) befindet sich im Louvre in Paris.

Im Jahr 1946 entdeckten ägyptische Bauern in einem Grab in Nag Hammadi bei Luxor 49 religiöse Texte in koptischer (mittelägyptischer) Sprache aus den ersten Jahrhunderten unserer Zeitrechnung. Darunter befand sich ein Traktat, das bis dahin nur dem Namen nach aus den Schriften frühchristlicher Autoren bekannt war: das Thomasevangelium. Dieser Text hat unsere Kenntnisse über die authentischen Lehren Jesu und die frühe Jesus-Bewegung revolutioniert.

Das verlorene Ur-Evangelium

Die moderne kritische Bibelforschung entdeckte bei der Analyse des Neuen Testaments, dass den Evangelisten Lukas und Matthäus eine Sammlung von Sprüchen Jesu vorgelegen haben muss, die den anderen Evangelisten nicht bekannt war. Diese Spruchsammlung war die älteste Schrift, die unter den frühen Jesus-Anhängern zirkulierte, gleichsam das verlorene »Ur-Evangelium«, das die Aussagen Jesu bewahrte. Das Thomasevangelium ist ein solches Spruchevangelium. Es handelt sich um 114 lose aneinander gereihte Aussagen. Sie zeigen erstaunliche Übereinstimmungen mit der aus der philologischen Analyse der bekannten Evangelien rekonstruierten Spruchsammlung.

Die authentischen Worte Jesu

Das Thomasevangelium ist älter als jene vier Evangelien, die das Neue Testament ausmachen, und es bewahrt zahlreiche Sätze, die Jesus wohl tatsächlich gesagt hat und die ihm nicht von den Evangelisten in den Mund gelegt wurden. Dieser Umstand veranlasste eine einflussreiche Vereinigung von Wissenschaftlern, die Mitglieder des Jesus-Seminars am Westar Institute im kalifornischen Sonoma, das Thomasevangelium für die Einschätzung von authentischen Aussagen Jesu als fünftes Evangelium gleichberechtigt neben den kanonischen Evangelien zu behandeln.

Buddhistische Quellen

Erstaunlicherweise zeigen die Aphorismen aus dem Thomasevangelium Parallelen zum östlichen, besonders zum buddhistischen Gedankengut. Den deutschen Forschern Dr. Elmar R. Gruber und Holger Kersten gelang in ihrem Buch »Der Ur-Jesus« (1994) der Nachweis, dass Jesus tatsächlich von buddhistischen Lehren beeinflusst war.

»Wer aus dieser Welt scheidet, ohne seine eigentliche Welt erkannt zu haben, dem nützt diese, weil sie nicht erkannt ist, so wenig, wie der Veda (religiöse Weisheit Indiens), den man nicht studiert hat oder eine Arbeit, die man unterlassen hat«. Diese Aussage aus dem hinduistischen Buch »Brihadaranyaka Upanishad« findet ihr Echo im Thomasevangelium (ThEv 67). Dort vermittelt Jesus seinen Schülern den zutiefst buddhistischen Auftrag, ohne Bindungen an die Welt, ohne Besitz und Haus als Wandermönche zu leben: »Werdet Wanderer«, (ThEv 42).

Schriftvergleiche

Achtsamkeit zu üben bedeutet dem Buddhisten, sich alle Tätigkeiten, auch die alltäglichen automatischen Funktionen wie Atmen oder Gehen, bewusst zu machen und die meditative Haltung eines reinen Beobachters einzunehmen. Das Satipatthana (»Vier Erweckungen der Achtsamkeit«) ist die grundlegende Meditationsart. Konsequente Achtsamkeit soll alles Undeutliche in Klarheit, alles Unbewusste in Bewusstheit und jede Unkenntnis in Einsicht verwandeln. Im Thomasevangelium (ThEv 5) wird diese Haltung ebenfalls angesprochen. Auch Vergleiche mit Licht und Finsternis, die bei dem Christen eine Rolle spielen (ThEv 61), stehen in Übereinstimmung zu buddhistischen Quellen: »Der Weise soll den Weg der Finsternis aufgeben und den hellen Weg verfolgen« (Dharmapada 6,12) und »Diese Welt ist in Finsternis gehüllt; wenige darin können sehen. Wenige gehen in das Reich der Glückseligkeit wie Vögel, die aus dem Nest entkommen«. (Dharmapada 13,8)

THOMASEVANGELIUM

Aus dem Thomasevangelium

»Wer die Erklärung dieser Worte findet, wird den Tod nicht schmecken.« (Thomasevangelium 1)

»Erkenne, was vor deinem Angesicht ist und was dir verborgen ist, wird sich dir offenbaren. Denn es gibt nichts Verborgenes, das nicht offenbar würde.« (ThEv 5)

»Liebe deinen Bruder wie deine Seele, hüte ihn wie deinen Augapfel.« (ThEv 25)

»Wenn das Fleisch wegen des Geistes entstanden ist, ist es ein Wunder. Wenn aber der Geist wegen des Körpers entstanden ist, ist es ein Wunder der Wunder. Aber ich wundere mich darüber, wie dieser große Reichtum in dieser Armut Wohnung genommen hat.« (ThEv 29)

»Wenn man euch fragt: Woher seid ihr gekommen? antwortet: Wir sind aus dem Licht gekommen, von dort, wo das Licht durch sich selbst entstanden ist.« (ThEv 50)

»Deshalb sage ich dir: Wer leer ist, wird sich mit Licht füllen. Wer aber geteilt (in die Vielheit) ist, wird sich mit Finsternis füllen.« (ThEv 61)

»Jesus sprach: Und würde einer das All erkennen, dabei aber sich selbst nicht erkennen, so würde er die Erkenntnis des Ganzen doch verfehlen.« (ThEv 67)

»Sucht auch ihr nach dem Schatz, der nicht vergeht und dort ist, wohin keine gierigen Motten dringen und wo kein Wurm ihn zernagt.« (ThEv 76)

Der Buchautor Holger Kersten wies in seinen Arbeiten buddhistische Quellen in den Lehren Jesu Christi nach. Auch das Thomasevangelium zeigt Parallelen auf.

LEHREN DES WESTENS

Gnosis – Sehnsucht nach dem reinen Geist

Zur Darstellung der paradiesischen Unschuld sollen die Adamiten ihre Zusammenkünfte nackt abgehalten haben. (Kupferstich des 18. Jahrhunderts)

Um die Zeitwende entstand eine Form der Religion, die sich überall im Römischen Reich ausbreitete. Viele ihrer Gedanken wurden im ägyptischen Alexandria, dem intellektuellen Schmelztiegel der damaligen Epoche, wo asiatische Überlieferungen mit der hellenistischen Philosophie zusammentrafen, entwickelt. Von dort strahlten die zahlreichen Facetten der unter dem Oberbegriff Gnosis (Erkenntnis) zusammengefassten religiösen Bewegung aus und drohten sogar das Christentum zu vereinnahmen.

GNOSIS

Radikaler Dualismus

Die Gnostiker waren davon überzeugt, dass die Schöpfung von einem bösen Gott und den vom guten Gott verfluchten niederen Mächten der Archonten (Herrscher) ausging. Alles Materielle sei demnach von Übel und dem Einfluss der Archonten und Dämonen unterworfen. Der wahre, der gute Gott existiert jenseits allem Geschaffenen. In den verschiedenen gnostischen Sekten heißt er der Andere, der Fremde, die Tiefe, der Abgrund, der Nicht-Seiende. Dem Menschen ist ein Funken dieses göttlichen Geistes in die Seele gelegt. Ihn zu erkennen bedeutet Gnosis – der erste Schritt zur Umkehr. Ihr ganzes Streben richteten die Gnostiker auf diesen inwendigen göttlichen Funken, der genährt werden musste.

Ablehnung des Materiellen

Den Körper und alles Irdische lehnten die Gnostiker radikal ab. Durch die Fleischwerdung im irdischen Körper vergisst der Geist seine Herkunft. Im Leib, diesem »Gebilde des Vergessens«, sei der wahre, der geistige Mensch wie in einem Gefängnis eingeschlossen. Erlösung aus der Gefangenschaft ist durch Erkenntnis möglich, Erinnerung an die wahre Heimat des Geistes heißt Gnosis. Gott war das Drängen im eigenen Seelengrund und der Anlass, sich zum Reich der reinen Geistes aufzuschwingen. Alles Trachten der Gnostiker zielte auf Erlösung aus dem Gefängnis des Materiellen. Sie entwickelten verschiedene mystische Praktiken, um den Ausbruch aus der Gefangenschaft in der irdischen Welt zu erreichen. Sie reichten von der leibverachtenden Askese bis hin zur Austreibung des Bösen durch orgiastische Exzesse.

Die Stadt Alexandria war in der Antike das Zentrum der Bildung. Von dort aus wurde das gesammelte arabische Wissen und die griechische Philosophie ins Abendland vermittelt.

Gnostische Tradition

Die Gnostiker hielten sich aufgrund ihrer Erkenntnis für rein. Von Sünde könne nur ihr Leib befleckt werden, der eine Schöpfung des bösen Gottes sei. Darum ergingen sich bestimmte Sekten in sexuellen Exzessen. Kultische Orgien sollten das Irdisch-Böse reinigen. Bei anderen war die Nacktheit das Zeugnis für ihre Vollendung in der Überwindung allen Schamgefühls. Eine direkte Traditionslinie führt von der Gnosis über die Katharer des Mittelalters zu den Adamiten des 18. Jahrhunderts, einer in der Kirchengeschichte allerdings nicht sicher bezeugten Glaubensgemeinschaft, die ihren Gottesdienst angeblich zur Darstellung paradiesischer Unschuld nackt feierte.

Abraxas

In der gnostischen Sekte des Basilides – er war um 130 n. Chr einer der führenden Gnostiker in Alexandria – galt Abraxas als höchste Gottheit. Nach griechischer Zählung ergeben die Zahlenwerte, die den Buchstaben des Namens Abraxas zugeordnet sind, die Zahl 365, die wie folgt zusammengesetzt ist.

α (a)	=	1
β (b)	=	2
ρ (r)	=	100
α (a)	=	1
ζ (x)	=	60
α (a)	=	1
φ (s)	=	200
Summe	=	365

Die Gottheit wird damit durch ein Symbol der Ganzheit – die Anzahl der Tage eines Jahres – dargestellt.

Abraxas wurde als hahnen- oder eselsköpfiges Mischwesen mit Schlangenfüßen abgebildet. Von der Antike bis zum Mittelalter galten Gemmen, künstlerisch geschnittene Steine, auf denen Abraxas abgebildet war und die Inschriften seines Namens »Iao Abraxas« trugen, als mächtige Amulette.

Das eigentümliche Mischwesen Abraxas war der Gott der Basilides Sekte. (Kupferstich des 18. Jahrhunderts nach einer gnostischen Gemme des 2. Jahrhunderts)

443

LEHREN DES WESTENS

Der Heilige Gral

Häufig wird Arthur, der sagenhafte König der keltischen Briten, im Kreis seiner Ritter dargestellt. Der Gral, jener geheimnisvolle Kelch, erhebt sich dabei aus der Mitte des Tafelrunds. Diese Buchmalerei wurde im 15. Jahrhundert von Gaultier de Moap angefertigt.

HEILIGER GRAL

Kaum ein anderer abendländischer Mythos hat die Fantasie so beflügelt wie die Legende vom Heiligen Gral. Aber hat es je existiert, dieses schillernd-magische Gefäß? Besaß es die wunderbaren Fähigkeiten, von denen die Minnesänger des Mittelalters berichteten?

Dieser Gral ist in der mittelalterlichen Dichtung ein geheimnisvoller, heiliger Gegenstand, der seinem Besitzer irdisches und himmlisches Glück verleiht, den aber nur der Reine, dazu Vorbestimmte, finden kann.

Es existieren unterschiedliche Sagen um die Herkunft des Heiligen Grals. In der deutschen Version (um 1200–1210) des Dichters Wolfram von Eschenbach ist der Gral mit der Parzivalsage verknüpft: Der junge Parzival zieht hinaus in die Welt, um ein Ritter zu werden.

In der französischen Buchmalerei aus dem 13. Jahrhundert wird der Troubadour Ventadour gezeigt, der als Mönch Ende des 12. Jahrhunderts in Südfrankreich lebte, also ein Zeitgenosse und Landsmann des Troubadour Chrétien de Troyes war, auf den die älteste niedergeschriebene Geschichte vom Gral zurückgeht.

Das Buch vom Gral

Ende des 12. Jahrhunderts verfasste der französische Troubadour Chrétien de Troyes die älteste erhaltene Geschichte vom Gral: »Perceval oder Die Geschichte vom Gral«. Ihm folgten die Fassungen von Robert de Boron und Wolfram von Eschenbach. Auch bei Chrétien ist der Gral in eine Parzivallegende eingebunden, während er bei de Boron in der Sage von Joseph von Arimathea (um 1200) auftaucht: Hier ist der Gral das Gefäß, das Christus als Abendmahlskelch benutzte und in dem Joseph von Arimathea Christi Blut bei der Kreuzigung auffing. An Robert de Boron schließen sich mehrere französische Grals-Romane an (Merlin, Lancelot, Estoire de Saint Greal). Die Literaturwissenschaft hat nachweisen können, dass die Parzival-Erzählung ein Konglomerat aus unterschiedlichsten Quellen ist. Keltische Überlieferungen von einem einfältigen Jungen namens Peronik und der geheimnisvollen Burg Ker Glas, die Berichte um König Arthur, ägyptische Mythen, Märchen von Wunderkesseln sowie christliche Schriften wurden zu einer schillernden Mischung aus Mystik und Realität verwoben. Davon unabhängig aber bleibt der Kern all dieser Legenden: der Bericht über einen rätselhaften Gegenstand mit dem Namen Gral.

445

LEHREN DES WESTENS

Kosmische Geheimnisse

Der Gral ist ein Relikt einer außerirdischen Herkunft. Zu dieser brisanten Ansicht gelangen die beiden Brüder und Wissenschaftler Dr. Johannes und Peter Fiebag aus Deutschland. Sie forschen in der Geschichte des Artefakts in bis zu 3200 Jahre alten Dokumenten. So wird in dem »Sohar«, einer jüdischen Geheimüberlieferung, die mündlich seit der Wüstenwanderung der Israeliten (ca. 1500 v. Chr.) tradiert und im Mittelalter schriftlich niedergelegt wurde, ein Gegenstand genannt, der mit dem Gral identisch sein dürfte. Auch der »Talmud« scheint mit dem Begriff »Schechina« ebenfalls den Gral zu bezeichnen, wie dies bereits um 1900 der Philologe A. Hauck ermittelte. Wolfram von Eschenbach beschreibt, wie der Gral von einer »Schar« auf der Erde zurückgelassen wurde, bevor sie wieder zu den Sternen zurückflog. Außerdem ist von Begleiterscheinungen, die in der Nähe des Artefakts auftraten, die Rede, die als radioaktive Strahlung gedeutet werden können. Einer der frühesten Berichte über den Gral scheint auf den Erbauer des Salomonischen Tempels, den Phönizier Hiram-Abi, zurückzugehen. Verschiedene biblische Stellen, die sich auf Gegenstände im Allerheiligsten des Tempels Salomos in Jerusalem beziehen, lassen Parallelen zum Gral deutlich werden. Deswegen besteht die Möglichkeit, dass das geheimnisvolle Gefäß dort aufbewahrt wurde.

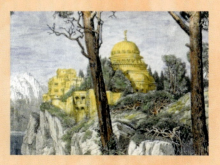

Manche Darstellungen der Gralsburg – wie hier in dem kolorierten Holzstich von Ferdinand Kalb (1834–1902) – zeigen einen stark orientalischen Baustil, tempelähnlich und von kosmischem Licht überstrahlt.

In der Buchmalerei aus dem 14. Jahrhundert wird die Szene gezeigt, in der Parzivals Pferd auf der Suche nach dem Heiligen Gral von einer Lanze tödlich getroffen wird.

Naiv durchsteht er mannigfache Gefahren, bis er in die Tafelrunde König Arthurs (Artus) aufgenommen wird. Auf der Suche nach Abenteuern gelangt er in die geheimnisvolle Burg Munsalvaesche, deren König schwer erkrankt ist. Er beobachtet, wie ein Gegenstand, von dem ein überirdischer Schein ausgeht, der Heilige Gral, in das Gemach des Erkrankten hereingetragen wird.

Parzival aber vergisst zu fragen, woran der König erkrankte. Deshalb muss er die Burg verlassen, denn er hat einen Fluch auf sich geladen: Seine Frage hätte den Herren von Munsalvaesche erlösen können.

Die Erleuchtung

Der junge Ritter macht sich erneut auf, den Gral und die nun unsichtbare Burg zu suchen.

Der Sage nach soll Arthur in der Schlacht von Camlann 537 gefallen sein. Eine andere Version besagt, dass er schwer verletzt auf die Feeninsel Avalon entrückt wurde, von der er einst wiederkehren werde. Das Gemälde von James Archer (1822–1904) zeigt König Arthur auf dem Sterbelager.

Nach langer Irrfahrt trifft er einen Einsiedler, der ihm das Geheimnis offenbart. Am Karfreitag werde sich eine Taube mit einer Hostie auf dem Gral niederlassen. Durch dieses Wunder erhalte er die Kraft, den Menschen ewiges Leben zu spenden. Einst hätten Engel ihn gehütet, jetzt dagegen ein hohes Rittergeschlecht, dessen König durch eine Sünde verletzt wurde und durch eine Frage Parzivals erlöst wäre. Parzival überkommt Reue. So wird ihm verziehen und er wird zum neuen Gralskönig berufen.

Wieder und wieder haben sich Gralssucher aufgemacht, jenen geheimnisvollen Gegenstand zu finden. Kann es uns heute gelingen in seine magisch-religiöse Sphäre einzudringen und das Mysterium des Grals ganz zu enthüllen?

HEILIGER GRAL

Die Gralsburg

Wolfram von Eschenbach behauptet, er allein habe die richtige »maere« von einem geheimnisvollen Mann namens Kyôt erfahren, der sie in einem uralten Buch in Toledo entdeckt hatte. Dieses sei von dem Heiden Flégetânis zur Zeit König Salomos verfasst worden. Kyôt habe auch in alten Manuskripten ein Adelsgeschlecht entdeckt, das den Gral zusammen mit den »templéisen« bis ins Mittelalter hütete. Die Gralsritter wurden daher oft mit den Templerordensrittern, die Gralsburg Munsalvaesche mit Montségur (Südfrankreich), einer Burg der Katharer gleichgesetzt. Die Burg der katharischen Ketzer wurde 1244 von päpstlichen Truppen erobert, doch zuvor soll ein Schatz in Sicherheit gebracht worden sein. Handelte es sich dabei möglicherweise um den Gral?

Der Kelch Christi

Ist der Gral der »Kelch des Letzten Abendmahls Christi«? Ausgerechnet diese Deutung des Grals, die auf den höfischen Dichter Robert de Boron zurückgeht, steht auf schwachem Grund. Sie basiert auf der Reliquiengläubigkeit des Mittelalters, denn weder Chrétien de Troyes noch Wolfram von Eschenbach erwähnen dieses christliche Element. Sie sprechen lediglich von einem »Ding«, einem »edlen Stein aus dem Himmel«. Robert de Boron beschreibt hingegen, wie Joseph von Arimathea mit einem Kelch das Blut Christi am Kreuz auffängt.

Dieses Gefäß gebe somit eine innere Seligkeit und Joseph, der mit dem Kelch nach England gelangt sei, hätte dort den christlichen Glauben gepredigt und eine Art Überkirche gegründet. Als Grundlage diente das Evangelium

In Südfrankreich nahm die Ketzerverfolgung ihren Anfang. Dort hatten sich vor allem die Katharer und Albigenser zu einer Reformbewegung gegen die regierende Kirche zusammengeschlossen. Als diese kirchenkritischen Gruppen immer mehr Zulauf fanden, ging die Kirche mit drastischen Verfolgungsmaßnahmen gegen sie vor. In dem Bild von Jean Paul Laurens trägt ein Inquisitor des Languedoc seine Ergebnisse den Kirchenvertretern vor.

447

LEHREN DES WESTENS

Zu Wolfram von Eschenbachs »Parzival« entstand 1869 ein Aquarell-Zyklus von Eduard Ille (1823–1900). Der Ausschnitt zeigt »Parzivals ersten Besuch auf der Gralsburg« und »Parzival reitet seines Weges«.

HEILIGER GRAL

Nicodemi, eine von der Kirche als nicht echt angesehene Schrift. Allerdings ließ sich die Wundererzählung vom Christuskelch dazu benutzen, die Eucharistie weiterhin zu mystifizieren und so ein Glaubensvakuum, mit dem die Kirche kämpfte, zu füllen. Zahlreiche Kelche wurden seitdem als der »echte« Gral ausgegeben.

Die Blutslinie

Die Autoren Michael Baigent, Richard Leigh und Henry Lincoln haben aus französischen Legenden sogar eine »geheime dynastische Blutlinie des Grals« konstruiert. Nachkommen von Jesus und Maria Magdalena seien die Hüter des Grals geworden. Dieses Erbe habe eine Geheimgesellschaft, die Prieuré de Sion, bis heute bewahrt. Dokumente bestätigenden Inhaltes lägen in der Kirche Rennes-les-Châteaus in den Pyrenäen versteckt, damit der Vatikan diese Unterlagen nicht vernichten könne. Diese Deutung bietet jedoch kaum konkrete Anhaltspunkte. Die sprachliche Ableitung des Grals von »sangreal«, also »königliches Blut«, wurde bereits um 1900 von dem Literaturwissenschaftler Professor Paul Piper als spätmittelalterliche, nachträgliche Konstruktion identifiziert. Dubios sind auch die Gewährsleute der Autoren, nachprüfbare Fakten fehlen bis heute.

Die Grals-Initiation

Die unterschiedlichen Interpretationsmöglichkeiten und Aspekte des Gralsthemas machen auch heute noch die Faszination des mysteriösen Gefäßes aus. Als »Suche nach dem letzten Ursprung« sehen die einen die Gralssage, andere als »Quell ewiger Jugend« oder »Kommunion mit Gott«. Der dornenreiche Weg zur Gralsburg wird als Durchgangsritus vom Profanen zum Heiligen interpretiert, vom Tod zum Leben, vom Menschsein zur Göttlichkeit, der letztendlich zur Erkenntnis führt, was Gott ist,

Parzival tat Buße bei dem Einsiedler Trevrizent, der sie ihm unter dem Zeichen der Heiligen Dreifaltigkeit abnahm. Das Aquarell entstammt einem bebilderten Parzival-Zyklus nach dem Text von Wolfram von Eschenbach.

und wie Mikro- und Makrokosmos entstanden sind. Als Abbild des Mikrokosmos des Universums wird der Gralstempel verstanden, das Licht des Grals wird als Symbol der Erleuchtung gesehen. Als Metapher für das unterdrückte weibliche Prinzip und die Integration des Weiblichen in die männliche Hierarchie der Religion wird die Rolle der keuschen Gralshüterin gedeutet, die den Gral in den Saal der Burg Munsalvaesche trägt.

In der »Großen Heidelberger Liederhandschrift« (Codex Manesse) erscheint der Dichter Wolfram von Eschenbach in Ritterrüstung mit Knappen und gesatteltem Pferd. Aufgabe der Hofdichter war es auch, das Rittertum zu verherrlichen.

449

LEHREN DES WESTENS

Katharer – die Lehre der Reinen

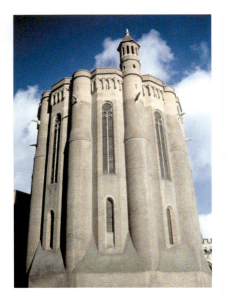

1282 begann man in der südfranzösischen Stadt Albi mit dem Bau der Kathedrale. Damit setzte die Papstkirche im Zentrum der Katharer-Bewegung ein Zeichen ihres Herrschaftsanspruchs.

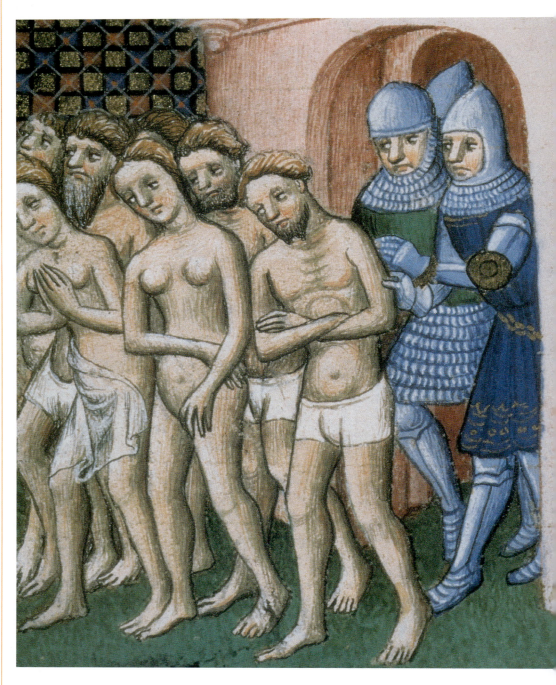

Die Katharer, im Mittelalter auch Albigenser genannt, hatten im 12. und 13. Jahrhundert einen bedeutenden Einfluss in Südfrankreich und wurden in den Albigenserkriegen 1209–1229 von der Kirche blutig verfolgt. Die französische Buchmalerei aus dem 14. Jahrhundert zeigt die Gefangennahme der besiegten Albigenser.

Im 12. Jahrhundert breitete sich im Rheingebiet und in Norditalien, vor allem aber in Südfrankreich, eine Bruderschaft aus, deren Anhänger sich »Katharer«, die Reinen (griechisch), nannten. In Anlehnung an den Namen der südfranzösischen Stadt Albi, wo ihr bedeutendstes Zentrum entstand, werden sie auch Albigenser genannt.

450

KATHARER

Die Katharer sind die Nachfolger der spätantiken Gnostiker. Wie diese vertraten sie einen rigorosen Dualismus: Der gute Gott mit seinem Sohn Christus steht einem bösen Gott mit seinem Sohn Satan gegenüber. Alles Materielle und Irdische verabscheuten die »Reinen«, denn es sei vom bösen Gott und

von Satan geschaffen. Das Alte Testament betrachteten sie als Übel, denn es war das Buch des Schöpfers der Materie, des bösen Gottes.

Askese als Ideal

Durch Askese wollten sich die Katharer von der Befleckung durch die materielle Welt fern halten. Ihre führenden Köpfe verstanden sich als Eingeweihte oder Vollkommene. Durch nichts waren sie vom Weg zum Geist abzubringen. Zum Eingeweihten wurde man durch ein spezielles Ritual, das Consolamentum (Tröstung) hieß. Der Sinn dieser Initiation bestand darin, sich für das Erscheinen des heiligen Geistes als Tröster bereit zu machen.

Glaube an die Seelenwanderung

Die Katharer provozierten die Machtkirche. Ihre Bischöfe lebten allein für den Glauben, ohne Besitz, Pomp, Pfründe oder Territorien. Sie lehnten Sakramente und Heiligenkulte ab, ebenso den gekreuzigten Jesus.
Sie glaubten an eine »Wiederbelebung« in Form der Seelenwanderung, die sich sogar auf die Wanderung in Tierleiber erstreckte. Die Seelen konnten erst dann die Erlösung von ihrer Wanderung finden, wenn sie in den Leib eines katharischen Vollkommenen inkarnierten.

Die Ketzer werden vernichtet

Im Jahre 1179 sprach Papst Alexander III. den Bannfluch gegen die Katharer aus. Wer einen Katharer tötete, erhielt einen Nachlass von zwei Jahren Buße und wurde wie ein Kreuzfahrer unter den Schutz der Kirche gestellt.
Zwanzig Jahre später erließ Papst Innozenz III. seine furchtbaren Ketzergesetze. Das Wort »Ketzer« ist übrigens von »Katharer« abgeleitet. Die Katharer verteidigten sich nicht, weil sie den Krieg als antichristlich ablehnten, und wurden schließlich brutal niedergemetzelt. Am 12. März 1244 ergaben sich die letzten Katharer vor ihrer Festung Montségur in den Pyrenäen den Belagerern freiwillig und gingen in den Feuertod.

Das Rätsel des Grals

Im Lauf der Jahrhunderte wurden die tapferen Katharer auf der ewigen Suche nach überirdischem Trost mit der Patina des Geheimnisvollen überzogen: Eingeweihte Wissende seien sie gewesen, die auf ihrer Burg Montségur den heiligen Gral aufbewahrt hätten. Einer These zufolge soll dieser Gral, der das Blut Jesu enthielt, in Wahrheit das Grabtuch gewesen sein, in das Jesus nach der Kreuzabnahme gelegt wurde und auf dem ein rätselhaftes Negativbild der Körperform und das Blut des Gekreuzigten erhalten geblieben sein sollen.

Papst Innozenz III. (1160–1216) war einer der mächtigsten Päpste des Mittelalters. Er erweiterte den Kirchenstaat, reformierte die Kurie und den Klerus und legte den Grundstein des Inquisitionsprozesses. Unter seinem Pontifikat (1198–1216) wurden die Katharer grausam verfolgt. (Fresko mit der Schenkungsurkunde des Klosters San Benedetto in Subiaco, 13. Jahrhundert)

451

LEHREN DES WESTENS

Macht und Geheimnis der Templer

Der Konvent von Tomar war ein bedeutendes Zentrum des Templerordens in Portugal.

Oben: Ein Templer im Ornat des Großmeisters. Als »Soldaten Christi« eroberten sie die heiligen Stätten Palästinas.

Eines der dunkelsten Kapitel Europas ist die Vernichtung des Templer-Ordens. Es war 1314, als nach sieben Jahren Kerker und Folter der letzte Großmeister, Jacques de Molay, unter fanatischem Gejohle auf einem Scheiterhaufen nahe der Kathedrale von Notre-Dame (Paris) in den lodernden Flammen sein Leben gab. Er war der Gotteslästerung und der Sodomie angeklagt und zum Tode verurteilt worden. Wenn er das erpresste Geständnis nicht widerrufen hätte, wäre er verschont geblieben. Im Angesicht des Todes verfluchte er den Papst und den König von Frankreich, die skrupellos gegen den Orden vorgegangen waren. Schon wenige Monate später erfüllte sich der Fluch, denn

452

TEMPLER

überraschend verstarben seine beiden Widersacher. Aber was hatte sich ereignet, dass die einstmals vom Kaiser, vom Papst und von der ganzen Christenheit hoch geschätzten Templer auf so exzessive Weise verfolgt und vernichtet wurden?

Kämpfer für Gott

Ein mystisches Geheimnis umgibt die Templer seit Gründung des Ordens. Es ist die Zeit der Kreuzzüge, als im Jahre 1119 Hugo de Payens aus der Champagne zusammen mit einigen Rittern von Frankreich aus nach Jerusalem aufbricht, um dort – militärisch straff organisiert – den Schutz der Pilger auf ihrem Weg ins Heilige Land zu übernehmen. Balduin II., König von Jerusalem, fördert diese kleine Bruderschaft. Sie erhalten einen Teil des königlichen Palastes auf dem Boden des alten salomonischen Tempels. Daher der Name »Templer«.

Der Orden nimmt einen rasanten Aufstieg. Schenkungen aus allen Ländern machen ihn reich, dazu erhält er zahlreiche Privilegien, wie etwa die Befreiung von Zöllen und von sämtlichen Steuern. Ihre Fundamente erhält die Vereinigung jedoch in Frankreich. Bernhard von Clairvaux, Begründer des Zisterzienserordens, wird der große Protektor des Ordens, und die Ritterschaft gelobt ihr Leben gemäß seiner Ordensstatuten zu führen: Keuschheit, Gehorsam, Armut und den Kampf gegen die Ungläubigen.

Aufstieg und Fall der Tempelritter

1139 erließ Papst Innozenz II. eine Bulle, in der er verfügte, dass die Templer keiner weltlichen oder kirchlichen Macht außer der des Papstes unterstellt sind. Damit begann die Blütezeit des Ordens: Viele junge Adelige tra-

Der heilige Bernhard von Clairvaux wirkte an der Gründung des Templerordens maßgeblich mit. 1128 erfolgte die offizielle Gründung. (Stich aus dem 19. Jahrhundert)

ten der Bruderschaft bei und übergaben ihre Reichtümer dem Orden, um dem Gebot der Armut entsprechen zu können. So flossen den Templern zahlreiche Besitztümer, ja ganze Landstriche zu. Sie gelangten zu Macht und Einfluss, der durch keinen weltlichen Herrscher begrenzt werden konnte.

Nach der Eroberung Jerusalems (1187) und Akkas (1291) durch moslemische Heere mussten die Templer 1303 das Heilige Land verlassen. Ohne seine bisherigen Aufgaben war der Orden seiner Daseinsberechtigung beraubt und musste sich ein neues Betätigungsfeld suchen.

In Südfrankreich stand fast das ganze Languedoc unter seinem Einfluss. Dies war durch seine guten Verbindungen zu den Katharern möglich geworden, einer religiösen Bewegung, die bald als Ketzer blutig verfolgt wurden.

Damit wurden die Templer nicht nur den kirchlichen, sondern auch den weltlichen Herrschern missliebig und verdächtig. Besonders ihre unermesslichen Schätze weckten bei Philipp IV. von Frankreich Begehrlichkeiten. Im Bund mit dem schwachen Papst Klemens V. wird ein vernichtender Schlag gegen den Orden geführt: Am 13. Oktober 1307 werden alle Templer verhaftet und später vor Gericht gestellt. Sie werden ketzerischer Geheimlehren und unsittlicher Bräuche bezichtigt. Viele von ihnen wurden so lange gefoltert bis

Mysteriöse Geheimnisse

Im Gralsepos scheinen die Templer Vorbild für die Gralsritter, die »templéisen« zu sein, und es ist wohl kein Zufall, dass der erste Autor der Gralsgeschichte (um 1180), Chrétien (de Troyes), aus Troyes, einem mächtigen Zentrum der Templer, stammte. Seltsam ist, dass die Schenkungsurkunde der Region Cera in Portugal, unterzeichnet von König Alonsus, ein Kryptogramm enthält, das sowohl als »PORTUGAL« wie auch als »POR TUO GRAL« (Für deinen Gral) zu lesen ist – Jahrzehnte bevor der erste Gralsepos niedergeschrieben wurde. Außerdem ist es befremdlich, dass die Templer heiligstes Land in Jerusalem, wo einst der Salomonische Tempel gestanden hatte, zum Ordenssitz erhielten. Dort führten sie Schatzgrabungen durch. Sie suchten die rätselhafte Bundeslade mit den zehn Geboten, die Moses erhalten hatte und die seit dem Auszug der Juden aus Ägypten verschollen ist. Berichte scheinen zu bestätigen, dass sie fanden, was sie suchten, und die Heilige Lade Gottes mit nach Frankreich brachten.

Jacques Bernard de Molay war der letzte Großmeister (seit 1298) der Tempelherren. Er wurde 1314 auf dem Scheiterhaufen verbrannt.

453

LEHREN DES WESTENS

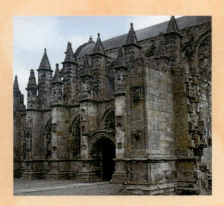

Nach ihrer Auflösung 1313 gingen die Templer in den Untergrund. Bewahrt Rosslyn Chapel ihr geheimes Wissen?

Geheime Zirkel

Im alten schottischen Hauptquartier der Templer legte Sir William St. Clair 1446 den Grundstein für eine rätselhafte Kirche. Rosslyn Chapel ist übersät mit geheimnisvollen Zeichen. William entstammte einem Adelsgeschlecht, das vielfältig mit den Templern verbunden war. Diese St. Clairs sollen die Gründer einer Freimaurerloge, einer geheimen Bruderschaft, gewesen sein, in der sie das Wissen der Templer weitergaben. Zudem gibt es Hinweise, dass Templer 1312 auf die schottische Insel Mull geflüchtet sind und dort einen geheimen Orden gegründet haben. Tatsächlich finden sich in der Freimaurersymbolik zahlreiche Zeichen der Templer. Zentralsymbol ist der Salomonische Tempel.

Der Legende nach haben die Templer bei der Kapelle von Rosslyn, südlich von Edinburg, einen Schatz vergraben. Die Kapelle wurde im 15. Jahrhundert erbaut.

sie die angeblichen Schandtaten gestanden. Ironischerweise wurde gerade dadurch die Unsterblichkeit der Templer in Sagen und Legenden begründet.

Fantastische Wahrheit?

Templerburgen gab es in vielen europäischen Ländern. In Portugal besaßen sie die gewaltige Festung Tomar. Bis heute kreisen Gerüchte über ein unterirdisches Netzwerk von Geheimgängen. Esoteriker vermuten dort einen »Kristall der ewigen Weisheit« oder ein Fünftes Evangelium, das Christus eigenhändig geschrieben haben soll. Die Templer nannten sich »Ritter vom Salomonischen Tempel«, da sie dort, wo die Fundamente des Tempels in Jerusalem lagen, ihren ersten Sitz als Ordensbruderschaft hatten.

Eine Kopie dieser Grabeskirche errichteten sie in voller Größe in ihrer Festung Tomar – was die ganze Anlage noch rätselhafter erscheinen lässt. Bis heute erlauben die Behörden keine archäologischen Grabungen, so dass die Templerburg weiterhin sagenumwoben bleiben wird.

Der Mythos

Dunkle Geheimnisse lasten auf den Templern. In schwarzen Messen sollen sie heidnische Götzen mit drei Köpfen angebetet haben, in schaurigen Ritualen die abartigsten sexuellen Praktiken zelebriert und Kinder geopfert haben. Sogar der Hexerei, wobei sie Frauen zur Abtreibung gezwungen haben sollen, bezichtigte man sie. Außerdem hätten sie einen

Ohne Mitleid lässt der Papst den ihm treu ergebenen Templerorden vernichten. Trotz des drohenden Scheiterhaufens leugneten viele Ritter ihre Schuld bis zum Tode.

Götzen namens Baphomet angebetet und das Kreuz mit Füßen getreten. Sicherlich waren nicht alle Mönchsritter Heilige, doch ähnliche Verfehlungen wurden auch anderen Orden vorgeworfen, wenn man sie denunzieren und ihre Macht brechen wollte. Bei den Hausdurchsuchungen fand die Inquisition indes kein Beweismaterial, das die Anklage bestätigt und gerechtfertigt hätte. Dennoch hält sich das Bild eines Mysteriums, das die Ritter umgab. Für Außenstehende mögen die Templer in der Tat geheimnisvoll gewirkt haben, denn sie waren zu absolutem Stillschweigen verpflichtet. Ihre Aufnahmeriten scheinen einer Initiation gleichgekommen zu sein. Daraus entstand später das Gerücht, sie würden das Kreuz missachten, und der brüderliche Aufnahmekuss durch den Abt spiegele eine verbotene homosexuelle Haltung wider.

Mit der Vielzahl der Vorwürfe und Anschuldigungen war das Schicksal der Tempelritter besiegelt: 1312 wurde der Orden offiziell aufgelöst. Mit der Verbrennung des Großmeisters Jacques de Molay und dem Großpräzeptor der Normandie, Geoffroi de Charnay, 1314, schien der Orden endgültig von der Bühne der Geschichte abgetreten zu sein. Dennoch hörte der Orden nicht auf zu existieren, er lebt weiter, nicht zuletzt in unserer Vorstellung.

Templer-Legenden: Der Schatz

Eine unbändige Anziehungskraft entwickelte der verschollene Ordensschatz. Noch am Abend vor dem großen Vernichtungsschlag im

TEMPLER

Oktober des Jahres 1307 wurden die Ordensmitglieder gewarnt, worauf ein Wagenkonvoi mit unbekanntem Ziel ihren Hauptsitz in Paris verließ. Seitdem gibt es nur Gerüchte über den sagenhaften Schatz, der in der Burg Gisor bei Paris, in Südfrankreich, in Spanien, Portugal und Schottland vermutet wurde. Tatsächlich gelang etlichen Templern die Flucht ins Ausland. Sie nahmen das Wissen um das Mysterium ihres Ordens mit, und vielleicht können eines Tages versteckte Hinweise den Weg zu ihren Heiligtümern zeigen.

Die Templer-Flotte

Wie konnte sich die riesige Schiffsflotte der Templer in Nichts auflösen? Wir wissen heute, dass in Portugal der Templerorden lediglich in den Christusorden umbenannt wurde. Selbst das Symbol des Ordens, das rote Tatzenkreuz auf weißem Grund, blieb ihm erhalten. Viele spätere Entdecker segelten unter diesem Zeichen zu neuen Ufern, Heinrich der Seefahrer genauso wie Christoph Kolumbus. Kolumbus standen alte Karten des Christusordens zur Verfügung, als er nach Indien segeln wollte und Amerika entdeckte. Deshalb nehmen Forscher an, diese, für die damalige Zeit überaus kenntnisreichen und geografisch weitgehend richtigen Karten seien das Erbe der Templer gewesen, die Amerika bereits kannten und dorthin flohen. Auszuschließen ist dies nicht. Denn im US-Bundesstaat Massachusetts wurde das Abbild eines Ritters mit einem Schwert aus dem 14. Jahrhundert gefunden. Möglicherweise hat man den Templerschatz nie finden können, weil er von den Ordensrittern in das sicherste Land der Welt gebracht wurde, nach Amerika. Denn davon ahnten ihre Verfolger in der Tat noch nicht einmal etwas.

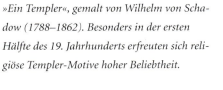

»Ein Templer«, gemalt von Wilhelm von Schadow (1788–1862). Besonders in der ersten Hälfte des 19. Jahrhunderts erfreuten sich religiöse Templer-Motive hoher Beliebtheit.

Noch immer geistern die legendären Schätze des Templerordens durch die Gemüter der Menschen. Unter der Burg von Gisor will 1946 der ehemalige Aufseher Roger Lhomoy eine unterirdische Kapelle mit Truhen entdeckt haben. Weitere Grabungen wurden verboten.

455

LEHREN DES WESTENS

Das Erbe des Mittelalters

Der Naturforscher, Philosoph und Theologe Albertus Magnus war einer der bedeutendsten Gelehrten des Mittelalters. Er lehrte an verschiedenen Ordensschulen und an den Universitäten Paris und Köln. (Fresko, 1352, von Tommaso da Modena)

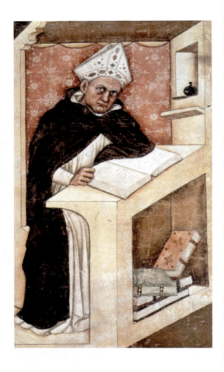

Die Schriften des griechischen Philosophen Aristoteles waren bis ins Mittelalter in Europa unbekannt. Erst über die Werke arabischer und jüdischer Philosophen gelangten sie gegen Ende des 12. Jahrhunderts in das übrige Abendland. Das Fresko »Die Philosophie: Die Schule des Aristoteles« aus dem Jahr 1883/84 von Gustav Adolph Spangenberg ziert das Treppenhaus der Universität in Halle an der Saale. Es zeigt die Schüler im philosophischen Disput vertieft.

Mitten im Winter des Jahres 1248 soll ein deutscher Dominikaner durch Magie frische Früchte und einen blühenden Garten geschaffen haben. Doch damit nicht genug. Man munkelte, der ungewöhnliche Mann habe sogar einen künstlichen Menschen gebaut, den sein Schüler, der große Theologe Thomas von Aquin (1225–1274), zerstört habe. Die Rede ist von Albert Graf von Bollstädt, besser bekannt unter dem Namen Albertus Magnus (1193–1280).

Der Wissenschaftler als Magier

Der in Lauingen geborene Albertus Magnus war der bedeutendste Gelehrte des Mittelalters. Er hatte in Padua studiert, wurde dann Dominikanermönch und Anhänger des griechischen Philosophen Aristoteles (384–322 v. Chr.). Aber seine Beschäftigung mit Mathematik, Naturwissenschaft, Grammatik, Astrologie und Alchemie brachten ihm den Ruf eines Magiers ein. Zauberei und Naturwissenschaft ließen sich im Mittelalter kaum voneinander trennen. Albertus Magnus führte wissenschaftliche Experimente durch und vertrat die Ansicht, dass sich Wunder mit Hilfe von magischen Operationen vollbringen lassen. Sein Werk gab bedeutende Anstöße zur Ausbildung der so genannten magia naturalis – dem Vorläufer der experimentellen Naturwissenschaft.

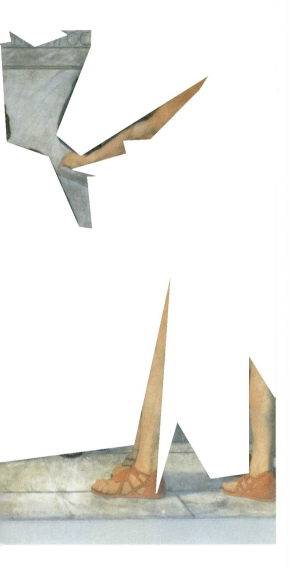

Roger Bacon

Nach dem Urteil des Naturforschers Alexander von Humboldt (1769–1859) war der englische Franziskaner Roger Bacon (ca. 1214–ca. 1292) die »hervorragendste geistige Persönlichkeit« des Mittelalters. Von besonderem kulturgeschichtlichen Interesse ist eine Schrift, in der Bacon Automaten, Maschinen, Fahrzeuge und sogar Luftschiffe beschrieb, das Mikroskop und das Teleskop voraussah und den Gebrauch des Dampfes als Antriebskraft vorhersagte. Auch Bacon wurde wegen umfassender Kenntnisse auf den Gebieten der Alchemie, Astronomie und Physik der Schwarzen Magie verdächtigt.

Ramón Lull

Der katalanische Gelehrte und Mystiker Ramón Lull (Raimundus Lullus, 1235–1316) schuf ein System der allgemeinsten Regeln, aus denen durch ein spezielles Zuordnungsverfahren, die Kombinatorik, alle wissenschaftlichen Lehrsätze ableitbar sein sollten. Um dieses Ziel zu vereinfachen, bezeichnete er die Grundbegriffe mit Buchstaben und gruppierte sie in Tafeln, Feldern und Figuren mit drehbaren Kreisscheiben. Die Geheimwissenschaftler wie auch die späteren Naturwissenschaftler studierten jahrhundertelang diese »Lullischen Künste«. Neben seinen Abhandlungen verfasste er Romane und Gedichte, meist in katalanischer Sprache. Bei vielen der ihm zugeschriebenen Schriften wird seine Autorenschaft heute jedoch angezweifelt.

Ihrer Zeit voraus

Albertus, Bacon und Lull wurden von den Geheimwissenschaftlern für ihre Sache eingenommen. Zahlreiche alchemistische Traktate wurden Ramón Lull zugeschrieben. In diesen Werken wurde er zu einem Eingeweihten stilisiert, der im Besitz des Steins der Weisen gewesen sei. In Wahrheit hatten diese Gelehrten versucht, betrügerischen und abergläubischen Haltungen entgegenzuwirken. Roger Bacon war der Auffassung, die experimentelle Naturwissenschaft müsse der Magie, die die Menschheit durch ihre Wunder geblendet und getäuscht habe, mit größeren Wundern die Stirn bieten.

ERBE DES MITTELALTERS

Die sprechenden Automaten

Albertus Magnus und Roger Bacon sollen einen künstlich hergestellten Kopf mit übermenschlichem Wissen besessen haben – einen orakelnden Sprechautomaten. Schon in der Antike kannte man die so genannten »Sprechenden Häupter« und Statuen. Man glaubte, dass sie von einem Dämon bewohnt würden. Offenbar handelte es sich bei diesen mysteriösen Objekten um mumifizierte und nach astrologischen Gesichtspunkten präparierte Menschenköpfe, denen die Fähigkeit zu sprechen zugeschrieben wurde.

Roger Bacon, Naturphilosoph, Theologe und Gelehrter prägte den wissenschaftlichen Begriff des Naturgesetzes und stellte dem mittelalterlichen Autoritätsbeweis Erfahrungs- und Quellenstudium entgegen. (Kupferstich nach einem älteren Bildnis)

457

LEHREN DES WESTENS

Einer der bedeutendsten italienischen Gelehrten der Renaissance war Marsilio Ficino. Mit seiner Übersetzung antiker Texte setzte er eine Fiktion in die Welt: Die Textvorlage soll Hermes Trismegistos verfasst haben. In Wahrheit stammen die magisch-philosophischen Texte aber von unterschiedlichen Autoren.

Der italienische Mathematiker Luca Pacioli, (um 1445–ca.1510) war ein Zeitgenosse der Renaissancephilosophen Marsilio Ficino und Pico della Mirandola. Zwar war der Gelehrte noch den mittelalterlichen Traditionen verpflichtet, aber in seinen naturwissenschaftlichen Schriften äußert sich mit aller Macht der Geist der Renaissance. Für sein Werk »De Divina Proportione« (»Über die göttliche Proportion«) hat Leonardo da Vinci die Illustrationen gezeichnet. Jacopo de Barbari (1440–1515) schuf dieses Doppelporträt 1495, das den Franziskaner Pacioli zusammen mit einem jungen Patrizier zeigt. Kunsthistoriker halten den jungen Mann im Hintergrund für Herzog Guidobalda da Montefeltro aus dem begüterten urbinischen Adelsgeschlecht, einem großen Mäzen für Wissenschaft und Kunst. (Neapel, Museo di Capodimonte)

Die hermetische Tradition

Vielleicht hätte es eine Renaissance, die den Menschen in den Mittelpunkt der Welt gerückt und großartige geistesgeschichtliche Fortschritte erbracht hat, nie gegeben, hätte nicht der Gelehrte Marsilio Ficino (1433–1499) aus Florenz ein Manuskript ins Lateinische übersetzt, das Hermes Trismegistos, dem legendären Stammvater der Geheimwissenschaften, zugeschrieben wurde.

458

HERMETISCHE TRADITION

Hermetik und Christentum

In der Renaissance war man der Meinung, Hermes Trismegistos sei ein ägyptischer Eingeweihter zur Zeit des Moses gewesen. Ficino war deshalb erstaunt, in dessen Schriften viele christliche Ideen wiederzufinden. Er sah in Hermes einen altehrwürdigen Theologen, der die Wahrheit der christlichen Religion vorweggenommen habe. Tatsächlich aber sind die hermetischen Schriften (das Corpus Hermeticum) eine Sammlung von magisch-philosophischen Texten aus dem 1.–3. Jahrhundert unserer Zeitrechnung, in denen jüdische, neuplatonische, gnostische und christliche Gedanken zu finden sind.

Auf Grund seiner Einsichten versuchte Ficino das Gedankengut der hermetischen Schriften in eine Synthese mit der christlichen Theologie zu bringen. Seine Ideen zu Magie, Astrologie und Medizin legten den Grundstein für die Magie als Vorform der experimentellen Naturwissenschaft. Das dazu passende neue Menschenbild lieferte der junge Giovanni Pico della Mirandola (1463–1494), das bedeutendste Mitglied von Ficinos »Platonischer Akademie«, die er in Careggi bei Florenz leitete.

Der Mensch im Zentrum der Welt

Pico räumte der geistigen Freiheit des Menschen den zentralen Platz ein. Der Mensch, der nicht an ein vorherbestimmtes Gesetz gebunden ist, sondern seine Existenz in freier und bewusster Wahl bestimmen kann, rückt in den Mittelpunkt der Welt. Er wird durch seinen Willen oder durch seine Fähigkeit der Imagination zum aktiven Gestalter seines Schicksals. Noch ein Jahrhundert nach Ficino und Pico versuchte Giordano Bruno (1548–1600) eine universale Religion zu begründen, die auf hermetischen Schriften basierte. Er endete dafür auf dem Scheiterhaufen.

Die ewige Philosophie

Ficino und Pico führten neben der Hermetik auch die mystische Geheimlehre des Judentums, die Kabbala, in die Gelehrtenkreise der Renaissance ein. Sie versuchten zu zeigen, dass alle diese Strömungen Teil der »ewigen Philosophie« (Philosophia Perennis) seien. So begannen ganzheitliche Weltanschauungen im Zusammenspiel von Astrologie, Magie, Medizin, Kabbala und Alchemie zu florieren. Von der Platonischen Akademie in Florenz ging eine Welle der Erneuerung durch die Gelehrtenstuben der Alten Welt.

Die goldene Kette oder Stufenleiter des Seins der Hermetiker. (aus: Anton Josef Kirchwegers »Annulus Platonis«, 1781)

Der italienische Humanist Pico della Mirandola. Kupferstich nach einem Gemälde von Sandro Botticelli (1445–1510).

Picos Weltentwurf

Pico della Mirandola bemühte sich um eine Einheit zwischen gelehrter Religion und gottesfürchtiger Philosophie. Die ehrgeizige Synthese, die Pico anstrebte, reichte über antike Mysterien, das Alte und das Neue Testament, über die Lehren von Platon bis hin zu Astrologie und Magie. Auf der Grundlage der neuplatonischen Ansichten über eine Stufenleiter des Seins, die vom höchsten Sein (Gott) bis zum unbelebten Körper hinabreichte, entwarf er eine großartige »ganzheitliche« Weltsicht. Darin sei der Mensch ein »Mikrokosmos«, in dem alle Möglichkeiten angelegt sind und der sich entsprechend der Seinsstufen, für das Elementarische, Tierische oder Himmlische entscheiden könne.

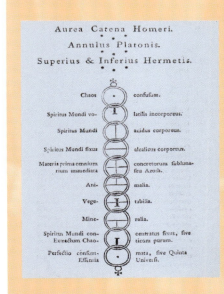

LEHREN DES WESTENS

John Dee – der Astrologe der Königin

Dr. John Dee wurde als Sohn eines Höflings von Heinrich VIII. geboren. Er hatte damit von Geburt an einen engen Bezug zum englischen Königshaus. Als erwachsener Mann sollte er der astrologische Berater von Königin Elizabeth I. sein. Da er neben seiner »Sterndeutung« auch noch andere mystische und magische Ansätze in seinen Arbeiten verfolgte, war er vielen seiner Zeitgenossen unheimlich. Auch heute hat er teilweise noch den Ruf, ein Schwarzmagier gewesen zu sein.

JOHN DEE

John Dee (1527–1608) war der Visionär des Britischen Empires und zudem ein eigenwilliger Magier. Als Mathematiker, Astrologe und Alchemist wandte er geometrische Berechnungen in der Navigation an, prägte das Wort Brittannia für England und Schottland und entwickelte einen Plan hinsichtlich des Aufbaus der britischen Flotte und der Ausbildung von Navigatoren. Aber er bestimmte auch das Horoskop für den Krönungstag der Königin Elisabeth I., wurde ihr Berater und unterrichtete sie in Astrologie. 1595 berief sie ihn zum Präfekten des Manchester College.

Technik der Beschwörung

Mit seinem Medium Edward Kelley begann Dee eine der außergewöhnlichsten Erkundungen der unsichtbaren Welt, von der man in den Annalen der Magie Kenntnis hat. In große Wachstafeln (Almadele) ritzte er magische Symbole und diverse Quadrate mit den Buchstaben des Alphabets. Zusätzlich wurde ein Zauberspiegel auf einem Tisch bereitgestellt, der in Sektoren (Aethyre) eingeteilt war. Jeder Aethyr korrespondierte mit einer bestimmten Region der unsichtbaren Welt. Diese Regionen wurden laut Dee von Engeln und Dämonen regiert, die unter besonderen Ritualen heraufbeschwört werden sollten.

Das henochische System

Bei den Ritualen fiel Kelley in Trance und sah im Zauberspiegel die Erscheinung von Engeln. Die Engel deuteten mit einer Rute auf verschiedene Buchstaben in den Quadraten, die John Dee nach dem Diktat Kelleys aufschrieb. Die Reihenfolge der Buchstaben wurde dann umgedreht, weil Kelley der Meinung war, die Engel würden sie rückwärts übermitteln, damit ihre magische Kraft erhalten bleibe. Dee war der Ansicht, diese Botschaften aus der unsichtbaren Welt bildeten die Grundlage des Henochischen, die Sprache der Engel und jene Sprache, die Adam im Paradies gesprochen haben soll. Das so entwickelte »henochische« System der Magie wird heute noch von magischen Geheimbünden zur Anrufung von Geistern benutzt.

Protokoll magischer Experimente

Zweifellos zählt der überaus gelehrte John Dee zu den schillerndsten Persönlichkeiten in der Geschichte der Geheimwissenschaften. Die Vorgehensweise Dees und Kelleys hat die Grundlage für die spiritistischen Experimente des 19. Jahrhunderts und für das so genannte automatische Buchstabieren gelegt. Dees Aufzeichnungen über seine Invokationen wurden 1659 von Meric Casaubon (1599–1671) herausgegeben. In seiner Einleitung fällt Casaubon übrigens ein vernichtendes Urteil über den Gelehrten, was Dee bis in unsere Tage in den Verruf brachte, ein Schwarzmagier gewesen zu sein.

Edward Kelley gilt, zusammen mit John Dee, als Begründer des henochischen Sprachsystems. Als Dees Medium vermittelte er der Nachwelt die Sprache der Engel in Trance.

Kelley und der Zauberspiegel

Entscheidend wurde John Dees Begegnung mit einem zwielichtigen jungen Mann aus Irland, Edward Kelley. Wegen Fälschungen hatte man Kelley beide Ohren abgeschnitten. Den scharfen Beobachter Dee konnte er dennoch überzeugen, mit »Geistwesen« in Kontakt treten zu können. Schon beim ersten Versuch will Kelley einen Engel gesehen haben, den Dee als Uriel identifizierte. Von diesem Engel will Dee einen Obsidian-Stein – seinen Zauberspiegel – erhalten haben, in dem Kelley die Erscheinungen der Dämonen und Engel wahrnahm.

461

LEHREN DES WESTENS

Kabbala – die jüdische Mystik

Durch die zahlreichen symbolischen Entsprechungen werden die zehn göttlichen Kräfte im sephirotischen Baum der Kabbala zu einem System der Welterklärung. (»Adam Kadmon« von Karl Käfer, Öl auf Leinwand)

JÜDISCHE KABBALA

Einem Mythos im Talmud zufolge, neben der Bibel das Hauptwerk des Judentums, soll der Prophet Moses auf dem biblischen Berg Sinai außer den Zehn Geboten noch weitere geheime Lehren empfangen haben. In diese wurden jedoch nur die so genannten »70 Alten«, Weise des Volkes, eingeweiht. Daraus entwickelte sich die Kabbala, die esoterische Geheimlehre des Judentums. In Wahrheit stammt die mündliche Überlieferung der Kabbala jedoch nicht aus den Zeiten des Alten Testaments, sondern aus dem ersten Jahrhundert unserer Zeitrechnung. Die Form, in der sie bedeutenden Einfluss auf die okkulte Tradition im Mittelalter und in der Renaissance ausgeübt hat, entstand sogar erst im 12. Jahrhundert.

Kabbalistische Verfahren

Kabbala kommt von dem hebräischen Begriff quabal (»empfangen«). Die Kabbalisten nannten sich »Kenner der geheimen Weisheit« (chochma nistra). Gemeint war damit ihre Fähigkeit, den verborgenen Sinn in den fünf Büchern Mose zu enträtseln. Sie waren der Überzeugung, dass sich in dem Text geheime Botschaften verbergen, die durch bestimmte Techniken entschlüsselt werden können. Da die hebräischen Buchstaben Zahlenwerte besitzen und prinzipiell nur Konsonanten ausgeschrieben werden, lassen sich tatsächlich durch Methoden mit den geheimnisvollen Namen Gematrie, Notarikon und Temurah vielfach neue Bedeutungen erzielen.

Die Lehren der Kabbala

Der Kabbala zufolge offenbart sich der in einem unzugänglichen Dunkel verborgene Gott En Sof (Das Unendliche) durch Ausstrahlungen (Emanationen) in der ganzen Welt. Die möglichen Manifestationen Gottes werden Sephirot genannt. Sephirot ist die Mehrzahl von sefer. Die Zahlen von Eins bis Zehn werden unter diesem Wort zusammengefasst.

Die erwähnten Manifestationen werden nun in eine Anordnung gebracht, die das zentrale Symbol der Kabbala wiedergibt, den so genannten »kabbalistischen Baum«. Dieser stellt die zehn Sephirot als mystische Sphären der göttlichen Kräfte dar und ist ein gleichnishaftes Bild für die Gestalt des himmlischen und vollkommenen Menschen, die im Hebräischen Adam Kadmon bedeutet. Zusammen besitzen die 22 Buchstaben des hebräischen Alphabets und die zehn Zahlen der ersten Dekade nach kabbalistischer Vorstellung Schöpfungsmächtigkeit.

Die Kabbala fand auch Eingang in reformatorische religiöse Bewegungen. Ein Kupferstich von 1785 zeigt »geheime Figuren der Rosenkreuzer«.

Heinrich Cornelius Agrippa von Nettesheim wurde nach Gründung einer kabbalistischen Philosophie von der Inquisition 1533 der Schwarzen Magie bezichtigt, kam jedoch mit dem Leben davon.

Gematrie, Notarikon und Temurah

Bei der Gematrie wird der Zahlenwert ausgewählter Wörter durch die Addition ihrer Quersumme bestimmt. Wörter mit gleichem Zahlenwert werden als in innerer Beziehung zueinander stehend angesehen. Die vier Buchstaben des Gottesnamens JHVH entsprechen den Zahlen 10, 5, 6 und 5, was eine Summe von 26 ergibt. Diese Summe war Ausgangspunkt für zahlreiche magische Operationen und mystische Spekulationen. Mit der Technik Notarikon wurde aus den Anfangsbuchstaben der Wörter eines Satzes ein neues Wort gebildet. Man schrieb solchen Wörtern magische Macht zu und gravierte sie auf Talismane.

Beim kabbalistischen Kunstgriff Temurah werden die hebräischen Wörter als Anagramme betrachtet: Man vertauscht die Buchstaben und erhält dadurch neue Wörter. Nach Ansicht der Kabbalisten würden diese neuen Wörter die geheime Botschaft eines Textes transportieren. Die verschiedenen kabbalistischen Verfahren, zusammen mit Magie, Astrologie und Alchemie nahm der deutsche Philosoph und Theologe Heinrich Cornelius Agrippa von Nettesheim (1486–1535) zur Grundlage seiner kühnen Synthese der Geheimwissenschaften »De occulta philosophia«.

LEHREN DES WESTENS

Ein Prophet hütet die Wahrheiten und Gesetze – jüdische Buchmalerei um 1400.

Grundlegende Schriften

Zugänglich ist die Kabbala über unsystematische und teilweise sehr verwirrende Texte. Bereschit, nach dem ersten hebräischen Wort des alten Testaments benannt, das »Im Anfang« bedeutet, umfasst die Schöpfungslehre und die der Schöpfung zugrunde liegenden Gesetze. Merkaba, das Fahrzeug, auf dem Gott dem Menschen seine Botschaft zukommen lässt, beschäftigt sich mit dem Wesen Gottes und der Art, in der die Offenbarung von den Menschen empfangen wird. Diese beiden ersten Teile werden in den Büchern Sepher Jezirah (»Das Buch der Schöpfung«) und Sohar (»Das Buch des Glanzes«) behandelt. Der Sohar, ein Kompendium kabbalistischer Philosophie und zugleich auch die wichtigste Schrift der Kabbala, beinhaltet die Schöpfung, die Geheimnisse der Seele, der Wiederverkörperung und der kommenden Welt, sowie Unterweisungen über den Urmenschen Adam Kadmon und eine Darstellung von sieben himmlischen Palästen. Seine zentrale Idee ist die Lehre der Unerkennbarkeit des göttlichen Urgrundes und die stufenweise Offenbarung seiner Ausstrahlungen.

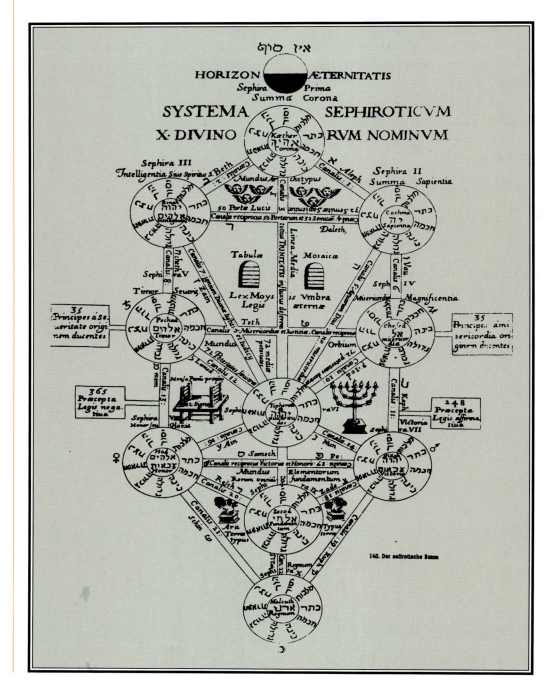

Der Baum des Lebens ist ein relativ »modernes« Konzept innerhalb der Kabbala. Erstmals wurde er, wie hier abgebildet, in Athanasius Kirchers 1562 erschienenem Werk »Oedipus Ägyptiacus« dargestellt. Kircher ging davon aus, dass die oberste Sefer Kether die Gesamtheit allen Seins symbolisiert. Die unterste Sefer Malchut müsste demnach für den Menschen der erste Schritt zu einer Entwicklung in Vollkommenheit sein. Der Lebensbaum zeigt auf, welche Wege nach oben zu gehen sind.

JÜDISCHE KABBALA

Das System der Sephirot und ihre Bedeutungen

1. Kether
Eljon, die höchste Krone der Gottheit. Zugeordneter Gottesname: Ehjeh (Ich bin). Vater der Barmherzigkeit.

3. Binah (Einsicht)
Die sich entfaltende Intelligenz Gottes. Zugeordneter Gottesname: JHWH (gelesen als Elohim). Der Heilige Geist. Bekehrung, Buße.

2. Chochmah
Die Weisheit oder Uridee Gottes. Zugeordneter Gottesname: JH (Jah: der abgekürzte Name). Der erstgeborene Sohn. Anfang.

5. Geburah
Die Stärke oder Din (Gericht), die (strafende) Macht Gottes. Zugeordneter Gottesname: Elohim (Gott). Erzvater Isaak. Schwert. Der gerechte Gott. Strafe, Schrecken. Linker Arm, linke Hand. Element Feuer. Mitternacht.

6. Rachamim
Die Barmherzigkeit Gottes oder Tipheret, die (Schönheit der) Liebe. Zugeordneter Gottesname: JHVH (Tetragramm). Erzvater Jakob. Sonnenaufgang, Licht. Erkenntnis, Baum des Lebens. Mittellinie, Rumpf. Element Luft. Metalle und Mineralien.

4. Chessed
Die Gnade oder Gedullah, die Größe Gottes. Zugeordneter Gottesname: El (Gott). Erzvater Abraham. Zepter. Der barmherzige Gott. Begnadigung. Rechter Arm, rechte Hand. Element Wasser. Mittag.

8. Hod (Lob)
Die Majestät Gottes. Zugeordneter Gottesname: Elohim Zebaoth (Gott der Herrscharen). Becher des Grimms. Linker Fuß, linkes Bein. Die beseelte (atmende) Natur. Die Säule Boas.

9. Jessod (Fundament)
Der Grund aller wirkenden und zeugenden Kräfte Gottes. Zugeordneter Gottesname: El Chaj (der lebendige Gott) und El Schaddaj (der allmächtige Gott). Zaddik (der Gerechte). Der Berg Zion.

7. Nezach (Sieg)
Die beständige Dauer Gottes. Zugeordneter Gottesname: JHWH Zebaoth (HERR der Heerscharen). Becher des Trostes. Rechter Fuß, rechtes Bein. Die grünende Natur. Die Säule Jachin.

10. Malchut (Königsherrschaft)
Das Reich Gottes. Zugeordneter Gottesname: Adonaj (Herr) und Melech (König). Schechinah: Einwohnung Gottes in Israel. Stiftshütte (Zelt der Begegnung mit Gott). Versammlung Israels. Segen. Haus Davids. Element Erde.

465

LEHREN DES WESTENS

Die christliche Kabbala

Jüdische Kabbala und Geheimnisse des christlichen Glaubens in einem Bild vereint. Die so genannte »Lehrtafel der Prinzessin Antonia« von Württemberg diente der meditativen Versenkung in einer mit barocken Symbolen überladenen mystischen Welt.

CHRISTLICHE KABBALA

In Europa verbreitete sich die Kabbala, die esoterische Geheimlehre des Judentums, nach der Vertreibung der Juden aus Spanien (1492) und Portugal (1497). Dieser Akt wurde von den Kabbalisten als Analogie zur Vertreibung aus dem Paradies aufgefasst. Den Sinn einer solchen Entsprechung erklärte die jüdische Geheimlehre – die Kabbala. Auch christliche Gelehrte trafen in der Folge auf sie. Im Umkreis der Florentiner Akademie war es der junge Graf Giovanni Pico della Mirandola (1463–1494), der die Auffassung vertrat, dass in der esoterischen Überlieferung der Juden auch die Mysterien des christlichen Glaubens ausgesprochen waren. Pico galt deshalb als einer der ersten »christlichen Kabbalisten« der Geschichte.

Die christlichen Gelehrten fühlten sich vor allem von der kabbalistischen Vorstellung angezogen, der Kosmos sei ein großer Weltbaum oder Mensch (Adam Kadmon), dessen mikrokosmisches Abbild Adam, der erste Mensch, war. Sie erkannten darin jenen aus der Antike stammenden Gedanken, der Mensch, in dem der gesamte Kosmos angelegt ist, sei als Mikrokosmos die Entsprechung des gesamten Alls. Diese Spekulation bestimmte das Menschenbild der Renaissance.

Wegbereiter der christlichen Kabbala

Zu den Protagonisten der christlichen Kabbala zählte Johannes Reuchlin (1455–1522) mit seinen Werken »De Verbo mirifico« (1494) und »De arte cabbalistica« (1517). Paulus Ricius, der Leibarzt von Kaiser Maximilian I. (1459–1519), stand mit führenden Humanisten in Verbindung und versuchte vergeblich zwischen Protestanten und Katholiken zu vermitteln. Er übersetzte wichtige hebräische Texte ins Lateinische (Portae lucis, 1515), ebenso wie Guillaume Postel (1510–1581), der die erste lateinische Übersetzung des kabbalistischen Grundlagenwerks Sepher Jezirah (»Das Buch der Schöpfung«) vorlegte. Weithin bekannt wurde die Kabbala erst im 17. Jahrhundert durch die Schriften von Christian Knorr von Rosenroth (1631/1636–1689). In seiner »Kabbala Denudata« (1677–1678) präsentierte er eine lateinische Übersetzung der wichtigsten kabbalistischen Schrift, des Sohar (»Das Buch des Glanzes«) und anderer Texte der Kabbala. Die Arbeiten über die christliche Kabbala beeinflussten die theosophischen und mystischen Ausrichtungen des Christentums. Vor allem während der Barockzeit, als man geistigen Ausdruck in symbolischen und allegorischen Bildern suchte, wurde die kabbalistische Lehre der göttlichen Ausstrahlungen zur Grundlage für mystische Spekulationen über die Christusbotschaft.

Die Ausstrahlungen Gottes in der Welt

Die Kabbala ist eine mystische Entsprechungslehre. In ihr wird gelehrt, wie sich der unnennbare Gott En Sof (»das Unendliche«) in der Welt manifestiert. Das Wesen Gottes verwirklicht sich in der Welt durch zehn Ausstrahlungen (Emanationen). Diesen zehn mystischen Sphären oder göttlichen Kräften wurden in der jüdischen Kabbala bestimmte Gottesnamen, Eigenschaften, Elemente, Regionen, Tageszeiten und symbolische Bezüge zugeordnet. Dargestellt wurden sie als so genannter Sephirot-Baum.

Kabbala als Geheimwissenschaft

Kabbalistische Schriften wurden in katholischen Ländern durch die Beschlüsse des Konzils zu Trient (1545–1563) weitgehend unterdrückt. Sie enthielten Gedanken, wie die der Seelenwanderung, die für die Kirche nicht akzeptabel waren. Umso stärker wuchs die Bedeutung der christlichen Kabbala in der esoterischen Tradition reformierter Länder. In der kabbalistsichen Andacht wurden himmlische Kräfte herabgezogen, was die Kabbala in gefährliche Nähe zur Magie brachte. Häufig wurde sie tatsächlich von Juden und Nichtjuden als magisches System verstanden und eingesetzt. Während sie unter den der Magie nahestehenden Naturforschern der Renaissance als Geheimwissenschaft schlechthin galt und für die unterschiedlichsten magischen Operationen unverzichtbar wurde, verwandelte sich die christliche Kabbala zusehends zu einer mystischen Verschmelzung von esoterischem Judentum und der Christusbotschaft, die man im Kern als identisch zu erkennen glaubte.

Im Heiligen Römischen Reich unter Kaiser Maximilian I. konnten Kunst und Wissenschaft gedeihen. Maximilian, der sich selbst als Humanist bezeichnete und auch als Schriftsteller tätig war, förderte besonders die Arbeiten seines Leibarztes Paulus Ricius, der wichtige hebräische Texte ins Lateinische übersetzte. In einem von Ricius' Hauptwerken, »Portae lucis«, ist diese Abbildung eines Kabbalisten zu sehen, der den Sephiroth-Baum mit den 10 Ziffern, die die Emanationen Gottes symbolisieren, in seinen Händen hält.

LEHREN DES WESTENS

Die Vertreibung der Juden

Es begann im Jahre 1232. Damals wurden durch Papst Gregor IX. Glaubensgerichte eingeführt. Ziel war die Aufspürung und Ausrottung von Gotteslästerern und Ketzerei. 1545 wurde die Inquisition, wie man die Glaubensgerichte nannte, im Zuge der Gegenreformation zentral der Kongregation für römische und weltliche Inquisition unterstellt. Ihren Höhepunkt erreichte die Praktik der Glaubensgerichte in Spanien, wo zwischen 1481 und 1808 rund 31.000 Menschen verbrannt und 270.000 zu Kerkerhaft und Vermögensentzug verurteilt wurden. Nicht nur Hexen und Gottesabtrünnige wurden verfolgt – ein Ergebnis dieser grausamen Zeiten war die Ausrottung und Vertreibung der Juden aus Spanien.

Die Vertreibung der Juden aus Spanien und Portugal wurde von den Christen als Entsprechung zum eigenen Schicksal, der Vertreibung aus dem Paradies, angesehen. Während diese jedoch nur auf biblischen Informationen beruht und folglich nur bedingt »historisch« nennen kann, war das Schicksal der Juden im Mittelalter dokumentierte Realität. Holzstich aus dem Jahr 1880 nach einem Gemälde von Michaly von Zichy (1827–1906).

Die Lehrtafel der Antonia

Die christlichen Kabbalisten brachten die zehn Ausstrahlungen der Kabbala mit der christlichen Lehre in Beziehung, um zu einer ganzheitlichen Schau von Schöpfung und Heilsplan Gottes zu gelangen. Einen Höhepunkt der christlichen Kabbala stellt die so genannte »Lehrtafel der Antonia« dar, die seit 1673 in der Dreifaltigkeitskirche in Bad Teinach im Schwarzwald aufbewahrt wird. Auf ihr wird der Versuch unternommen, den göttlichen Heilsplan nach christlichem Verständnis in der symbolischen Anordnung der zehn kabbalistischen Ausstrahlungen oder Sphären Gottes bildhaft darzustellen. Geschaffen wurde sie 1663 durch den Hofmaler Johann Friedrich Gruber nach den Anweisungen von Gelehrten, die Antonia, Prinzessin von Württemberg (1613–1679), um sich scharte. Auf der Lehrtafel wird der Sephirot-Baum in die christliche Bildsprache überführt und in barocker Überfülle an Bezügen und Entsprechungen als Meditationsbild dargestellt.

Der Brautzug der Sulamith

Das äußere Bild der Lehrtafel der Antonia zeigt den Brautzug der Sulamith, angeführt von Antonia, Prinzessin von Württemberg, die dem himmlischen Bräutigam Christus entgegenzieht.

Diese Art von »Brautmystik« bildete sich in der Barockzeit in der protestantischen Kirche als Gegenbewegung zur trockenen reinen Lehre. Begründet wurde sie mit dem Hohenlied des Alten Testament. Auf dem Bild besitzt jedes Element symbolische oder allegorische Bedeutung. Von den 94 Frauen auf der Außentafel sind 77 historische oder symbolische Gestalten aus dem Alten und Neuen Testament.

Das zentrale Motiv

Auf dem Hauptbild bleibt nichts ohne Bezug. Selbst die Bilder auf den Pfeilern und der Landschaftshintergrund bieten ein übervolles Panorama an Entsprechungen. Im Zentrum sieht man die Prinzessin im Tor zum Paradiesgarten. Sie tritt in die von den zehn Kräften Gottes durchwaltete Welt ein. Die symbolische Darstellung folgt der Anordnung des Sephirot-Baumes, mit der zehnten Emanation Gottes an unterster Stelle. Sie entspricht dem Element Erde. Entsprechend repräsentiert Christus, als der auf die Erde gekommene Sohn Gottes, diese zehnte Sphäre (Malchuth). Von hier fließen die Segensströme aus und gestalten eine Ordnung des Weltkreises. Sie fließen zum neuen Gottesvolk, das Christus als Kreis umgibt. Es sind die zwölf Stämme Israels, dargestellt durch die Stammesfürsten. Ihr Charakter und die ihnen verheißene Zukunft wird allegorisch durch die Zuordnung von Tieren, Bäumen, Edelsteinen und Tierkreiszeichen dargestellt.

Der christliche Sephirot-Baum

Dahinter erhebt sich der salomonische Tempel als Sammelplatz der Sephirot und Stätte des neuen Gottesdienstes. Im Aufgang sind die Evangelisten und Apostel zu sehen.
Den Vorplatz des Heiligtums formen die unteren vier Kräfte Gottes nach der Kabbala: Malchuth, (Reich) Jesod (Fundament), Hod (Lob) und Nezach (Sieg). Der Giebel des Tempels wird von den mittleren Sephirot gebildet:

CHRISTLICHE KABBALA

Tipheret (Liebe), Geburah (Stärke) und Chessed (Gnade). Tipheret ist Zentrum und Herzstück im gesamten System der Sephirot. Deshalb ist dieser göttlichen Emanation auch der wichtigste Gottesname zugewiesen, der alle anderen mit einschließt: JHVH. Dieser »Name aus vier Buchstaben« (Tetragramm) spielt in kabbalistischen und magischen Schriften eine bedeutende Rolle. Allegorisch wird Tipheret in der Lehrtafel als »die Schönheit der Liebe« dargestellt. Die Bekrönung des Giebels schließlich erfolgt durch die oberen Sephirot: Binah (Einsicht), Chochmah (Weisheit) und Keter (Krone).

»Der Hochzeitszug der Sulamith« aus der »Lehrtafel der Prinzessin Antonia« von Württemberg. Dem Kunststil des 17. Jahrhunderts entsprechend besticht das Bild durch überladene Üppigkeit und unzählige eingearbeitete Symbole wie Apfel und Totenkopf, als Brautgeschenke zur Erinnerung an Leben und Tod.

469

LEHREN DES WESTENS

Alchemie – der Weg der Seele

Die Arbeit der Alchemisten bestand nicht nur im Durchführen chemischer Experimente, sondern es war zugleich auch philosophisches System, das sich an den Kosmos wendet und nach der »Veredelung« des Menschen strebt. Gemälde von Joseph Marquard Treu, 1760.

ALCHEMIE

Das Wort Alchemie wird in verklärten Überlieferungen oft mit mittelalterlichen, schwarz gekleideten mystischen Gestalten und gefährlichen chemischen Experimenten, beispielsweise um das Geheimnis der Ewigen Jugend zu entdecken, in Verbindung gebracht.

Tatsächlich war die Alchemie zu ihrer Blütezeit im Mittelalter bereits mehrere hundert Jahre alt. Ihre Anfänge nahm sie angeblich im 2. Jahrhundert n. Chr. in Ägypten. Damals galt sie als »Naturwissenschaft«, Basis chemischer und medizinischer Erkenntnis. Erst im »dunklen« Mittelalter verkam die Alchemie zu einer geheimen Kunst, zu einer dunklen Wissenschaft.

Einfluss auf die Naturwissenschaften

Durch den Eingriff des Alchemisten in die Natur begann schon früh in der Geschichte der Menschheit ein großes Projekt, das sich die Verbesserung der Natur zur Aufgabe machte und die Grundlage allen naturwissenschaftlichen Denkens der Zukunft bildete. Die Naturwissenschaft verdankt der Alchemie

Das Merkur-Symbol

Der wichtigste Stoff für alchemistische Operationen war, neben Salz und Schwefel, das Quecksilber, jene geheimnisvolle metallische Zwischenform, der verjüngende Kraft zugeschrieben wurde. Quecksilber hat teil am Reich des Flüchtigen und des Festen, weil es als Metall flüssig wird. Darum vermittelt es zwischen diesen beiden und zwischen allen Gegensätzen, die es während des Gipfelpunktes jedes alchemistischen Prozesses zu vereinen gilt. Es wird mit Merkur identifiziert, dem Götterboten mit dem geflügelten Stab, an dem sich zwei Schlangen nach oben winden – ein Symbol für das Irdische, das sich zum Geistigen erhebt. Merkur ist für den Alchemisten der Führer durch das sich schrittweise verwandelnde Bewusstsein.

Aus Hieronymus Reusners »Pandora« von 1588 stammt dieser kolorierte Holzschnitt. Er zeigt als alchemistische Allegorie einen geflügelten Hermaphroditen, der die Vereinigung der Gegensätze weiblich-männlich, weiß-schwarz, oben-unten versinnbildlichen soll. Die Symbolik der Abbildung geht so weit, dass es auch auf das Wesen der Metalle Gold und Silber verweist. So sprießt der Keim des Goldes auf der männlichen Seite des Wesens und tut sich links als sieben Sonnen kund. Das Silber wächst auf Seiten der Frau und glänzt in Gestalt des Mondes.

471

LEHREN DES WESTENS

Der Stein der Weisen

Um erfolgreich eine Verwandlung des Metalls oder des Menschen zu erreichen, führte man ab dem 12. Jahrhundert eine besondere Substanz ein, den Stein der Weisen (lapis philosophorum). Auch unter den Namen Quintessenz, Großes Elixier oder filius macrocosmi (»Sohn der Großen Welt«) ist diese rätselhafte Substanz bekannt. Der Stein der Weisen galt in alchemistischen Kreisen als Lebenselixier, das den Urstoff aller Dinge enthält und das die Kraft hat, alles Sein in seine Bestandteile aufzulösen. Mit ihm wollte man Menschen verjüngen und heilen sowie unedle Metalle in Gold verwandeln.

Als Sinnbild für den Beginn der Verwandlung der Materie und zugleich für den Zustand kurz vor dem Erwachen des Bewusstseins galt der griechische Ouroboros, die drachenähnliche Gestalt, die sich in den eigenen Schwanz beißt.

Auf antiken Buchtitelblättern wurde oft in alchemistischen Symbolbildern das Geheimnis des Steins der Weisen offenbart.

wichtige Fortschritte – sie gilt als Vorläufer der heutigen Chemie. Genaue Kenntnisse der Metalle und Mineralsäuren, die Darstellung des Alkohols und die Einführung von quantitativen Naturbeschreibungen durch Rezepturen stammen alle von der mittelalterlichen Forschung ab.

Die Alchemisten wurden in ihren Glanzzeiten die Erfinder des Laboratoriums und machten das Experiment zum bedeutendsten Beweismittel der Wissenschaft.

Geschichte und Mythos

Der erste historisch nachweisbare Alchemist war Zosimos von Panopolis, (ca. 4. Jahrhundert n. Chr.). Aus seiner Zeit stammt der alchemistische Lehrbrief »Isis an ihren Sohn Horus«, der den ägyptischen Ursprung der Alchemie unterstreichen soll. Die Priesterin Isis behauptet darin, sie habe ihre alchemistischen Kenntnisse von einem Engel namens Amnael als Belohnung für ihre Liebesbeziehung zu ihm erhalten. In frühen historischen Manuskripten erscheinen oft gefallene Engel als Verräter göttlicher Geheimnisse. Der Verrat war dabei eine Folge von sexuellem Gunsterweis durch Frauen. Deutlich wirkt in diesen Legenden die Vorstellung vom Sündenfall nach; entsprechend sind Baum und Schlange beliebte Sinnbilder der Alchemie.

Das Streben nach Vollendung

Der Alchemist ging von der Vorstellung aus, dass in der Welt alles auf seinen höchsten

Eine Abbildung aus dem Buch »Schatzkammer der Alchymie« aus dem Jahr 1718: Allegorisch wird der Alchemist selbst im Kessel erhitzt. Die mit der Verwandlung einhergehende Vergeistigung wird durch den Vogel auf dem Kopf ausgedrückt.

Als weiteres Sinnbild der Verwandlung galt der Ouroboros, eine drachenähnliche Gestalt, die sich in den eigenen Schwanz beißt und damit das eigene Ende mit dem eigenen Anfang zusammenbringt.

Endzustand ausgerichtet ist und die Natur unablässig ihrer Vollendung entgegenschreitet. Demzufolge streben auch alle aus demselben Grundstoff, der materia prima, stammenden Erze danach, zu Gold zu werden. In allem sei Gold in verschiedenen Mischungen und Quantitäten vorhanden – so wie der Funken göttlichen Geistes in ungeistigen und spirituellen Menschen verschieden stark zum Ausdruck kommt, meinten die Alchemisten.

Im Leib der Mutter Erde reifen die Erze langsam heran. Lässt man der Natur genügend Zeit, dann wird sie alle unvollkommenen Metalle in Gold verwandeln. Der Alchemist wollte diesen allmählichen Erlösungsvorgang beschleunigen und griff in ihn ein.

Seelische Reifung

Wie alles in der Natur der Perfektion zustrebt, so ist auch der Mensch, spirituell gesehen, auf seinen höchsten Zustand hin ausgerichtet. Diese Wesensgleichheit zwischen der Entwicklung der Natur und dem Menschen bestimmte das Denken der Alchemisten. Mit der Verwandlung und Veredelung der Metalle musste ihrer Ansicht nach stets auch die Verwandlung und Verbesserung des Menschen einhergehen. Dem wahren Alchemisten ging es nie nur um Goldmacherei, sondern auch um die Vergeistigung von allem Gefallenen. Man ging davon aus, dass der Geist ursprünglich in die Materie gefallen war und wollte diesen wieder in einen rein geistigen Zustand zurückzuführen. Der bedeutende Schweizer Tiefenpsychologe Carl Gustav Jung

(1875–1961) postulierte, dass die Herstellung der Vollkommenheit auf geistigem und auf körperlichem Gebiet das wahre Ziel des Alchemisten war. Mit dem aus der dunklen Materie herausgelösten Gold als der höchsten Möglichkeit der stofflichen Reifung sollte zugleich auch eine Reifung des Geheimwissenschaftlers bis hin zum höchsten geistigen Zustand einhergehen.

Stufen des alchemistischen Prozesses

Ein alchemistischer Prozess umfasst vier Stufen: Trennung, Schwärzung, Weißung und Rötung.

Die Trennung war gleichbedeutend mit der Erkenntnis von Ich und Außenwelt. In der Schwärzung wurde der Anfangszustand der Materie, das Chaos, hergestellt. Als seelischer Vorgang ist damit die Auflösung der alten Person gemeint. Kein Aufstieg ohne Abstieg.

Friedrich Nietzsche (1844–1900) sollte später in seiner unvergleichlichen Prägnanz sagen: »Nur ein Chaos kann einen tanzenden Stern gebären«. In Allegorien spricht der Alchemist vom Tod als Voraussetzung für die Neugeburt. Damit war auch der Tod der alten Person des Alchemisten selbst gemeint. Symbolische Bilder zeigen Alchemisten, die selbst in Kesseln gekocht oder deren Leiber zerstückelt werden.

Die »Chymische Hochzeit«

Vom tiefsten Punkt aus kann der Aufstieg beginnen. Durch »Abwaschung«, auch Taufe genannt, führt der Prozess zur Weißung und schließlich wird im Gold- oder Sonnenzustand (Rötung) das Große Werk erreicht. In der Phase zwischen Weißung und Rötung muss eine schwierige Gegensatzvereinigung vollzogen werden.

Das Weiße und das Rote werden als Königin und König beschrieben. Jung sah in dieser Symbolik den jeweils gegengeschlechtlichen Seelenteil, den jeder in sich trägt und zu einer Ganzheit zusammenfügen muss, um zur Selbstverwirklichung zu gelangen. In der Alchemie treten an dieser Stelle die Sinnbilder von der »Chymischen Hochzeit« auf – einem anderen Ausdruck für den Vorgang der Erleuchtung – und jene des Hermaphroditen, eines zweigeschlechtlichen Wesens, als Symbol der Vereinigung der Gegensätze und als Geburt eines verwandelten Menschen.

Aus der ca. 500 Jahre alten Augsburger Prunkhandschrift »Splendor Solis« stammt das Symbolbild »Die Kinder der Venus«. Der im hermetischen Gefäß erscheinende Pfauenschwanz (cauda pavonis) symbolisiert den Zustand der alchemistischen Neugeburt.

LEHREN DES WESTENS

Giordano Brunos unendliche Welten

Der Gelehrte, Naturwissenschaftler und Dominikanermönch Giordano Bruno stellte eine für seine Zeit ungeheuerliche Behauptung auf, wonach nicht die Erde, sondern die Sonne der Mittelpunkt des Weltensystems sei, womit er das gesamte Weltbild und die anerkannte Ordnung in Frage stellte. Zwar repräsentiert der Renaissance-Philosoph noch stark den Neuplatonismus mit seinen okkulten und magischen Interessen, aber sein Weltbild brach mit den mittelalterlichen Ansichten über die göttliche Schöpfung. Hinzu kam sein religiös-politisches Sendungsbewusstsein, das ihn schließlich vor das Tribunal der Inquisition brachte, die ihn auf den Scheiterhaufen schickte. (Kolorierter Kupferstich aus dem 17. Jahrhundert)

Der Traum einer religiösen Erneuerung endete am 17. 2. 1600, als Giordano Bruno in den Flammen des Scheiterhaufens qualvoll den Tod fand. Die Inquisition hatte ihr Urteil gefällt und nach sieben Jahren, die Bruno im Kerker saß, vollstreckt. Was hatte der 52-jährige Philosoph so Aufrührerisches getan? Giordano Bruno hatte couragiert eine für die damalige Zeit riskante Vision entworfen. Er behauptete, jede Einzelseele strebe »zur höchsten Höhe des Denkens und der geistigen Entwicklung, die mit ihrer eigenen Natur vereinbar ist, wobei die gesamte Unendlichkeit bewusster und unabhängiger Seelen in ein riesiges Ganzes, eine Weltseele, verschmolzen ist.«

Der Renaissance-Philosoph

Giordano Bruno wurde 1548 in Nola/Neapel geboren. Er trat dem Dominikanerorden bei, studierte und revolutionierte schließlich das bis dahin gültige Wissen um das menschliche Sein mit seiner Lehre des heliozentrischen Weltbilds (die Sonne und nicht die Erde als Mittelpunkt der Welt), die die Unendlichkeit des Alls und die Vielheit und Gleichwertigkeit der Weltsysteme mit einschloss. Dies alles waren Behauptungen, die das bis dahin gültige Weltbild der theologischen, religiösen und politischen Autoritäten erschütterten und angriffen. Er musste fliehen (1576) und unterrichtete an den Universitäten von Genf, Paris, Oxford und Wittenberg. 1591 wurde er in Venedig an die Inquisition verraten.
Brunos pantheistische Kosmo-Philosophie besagt, die Welt sei Gott, sei Gottes Art zu existieren. Sie ist somit nicht durch Gottes Schöpfung entstanden. Gott ist in allem, ist die »Summenformel« für die Welt, wie die Welt die Entfaltung seines eigenen göttlichen Wesens ist.

Gottesfunke? Weltseele?

Die Behauptungen Giordano Brunos waren ungeheuerlich. Für diesen bedeutendsten Geist seiner Epoche bestand der Kosmos aus einer unendlichen Vielzahl von Welten. Jede dieser Welten, so vermutete er, bestehe aus allerkleinsten Teilchen, den Monaden. Er griff damit Gedanken, die bereits bei den griechischen Philosophen Euklid (um 450–370 v. Chr.) und Platon (427–348/47 v. Chr.) formuliert sind, wieder auf. Die Welten seien also aus einer »Unendlichkeit von Monaden« zusammengesetzt, von der jede ihrer eigenen Vollendung zustrebe. Damit kommt Bruno der modernen Quantenphysik erstaunlich nahe. Auch der deutsche Gelehrte Leibniz (1646–1716) entwickelte diese Ideen in seiner Monadenlehre weiter. Ein in sich ruhender seelischer Baustoff durchdringe demnach die Wirklichkeit. Später hat man Bruno vorgeworfen, sein Werk sei deshalb noch mit alten, magischen Elementen verwoben. Gleichwohl konstatiert der russische Wissenschaftshistoriker Alexandre Koyré (1882–1964) mit Recht, dass seine Konzeption »so fruchtbar und so prophetisch, so rational und so poetisch (ist), dass wir uns der Bewunderung nicht entziehen können. Sein Denken hat die moderne Wissenschaft und Philosophie so tief beeinflusst, dass wir nicht umhin können, Bruno einen außerordentlichen Platz in der Geschichte des menschlichen Wissens einzuräumen«.

Das zuerst von Kopernikus (1473–1543) begründete und von Giordano Bruno weitergedachte heliozentrische Weltsystem revolutionierte das bis dahin gültige geozentrische Weltsystem des Ptolemäus. Die Theorie des Mathematikers und Astronomen Kopernikus fußte auf der täglichen Umdrehung des Fixsternhimmels durch die Eigendrehung der Erde und deren jährlichem Umlauf um die Sonne. Allerdings benutzte er noch die aristotelische Forderung nach (exzentrischen) Kreisbahnen, wie es der Kupferstecher Christoph Cellarius in den Planetenmodellen seines Druckwerks »Harmonia Macrocosmica« 1660 darstellte.

Die Außerirdischen

»Es gibt eine Unzahl von Erden, die sich um ihre Sonne drehen... Lebewesen bewohnen diese Welten«. Brunos kühne Gedanken standen im Widerspruch zur Glaubenslehre der Religion. Der mittelalterliche Mensch befand sich gedanklich an einem statischen, endlichen und gut geordneten Platz. Darin hatte alles eine bestimmte Aufgabe und eine bestimmte Position. Die Furcht der etablierten Mächte vor Umwälzungen führte zu einem grausamen Urteil gegenüber einem, der Fortschritt wagte. Bruno aber wurde zum leuchtenden Symbol für die Freiheit des Denkens.

Als Standbild steht der Dominikanermönch Giordano Bruno auf einem der belebtesten Plätze Roms, dem Campo dei Fiori. (Holzstich des 19. Jahrhunderts in Anlehnung an das Denkmal)

LEHREN DES WESTENS

Paracelsus, der Wegbereiter der Homöopathie

Zwei Alchemisten bei der Arbeit an einem Destiliergerät in der Form der zweifachen Merkurschlange. (Kolorierter Holzschnitt aus Hieronymus Brunschwigs »Grossem Destillierbuch« Straßburg 1512)

Die Alchimisten gehörten zu den besten Köpfen ihrer Zeit, für Uneingeweihte blieb ihr Handeln aber stets ein Geheimnis. Staat und Kirche verfolgten sie mit Misstrauen. Weil die Umwandlung unedler Metalle zu Gold ihr vorrangiges Ziel war, hatten jedoch viele von ihnen wohlhabende Gönner, die auf Vermehrung ihres Reichtums hofften.

PARACELSUS

Wer heilt, hat Recht

Der berühmteste Alchimist seiner Zeit war Philippus Aureolus Theophrastus von Hohenheim, der 1493 im schweizerischen Einsiedeln als Sohn eines Arztes geboren wurde und sich nach seiner Promovierung zum Doktor der Medizin Paracelsus nannte. Schon früh begann er, die Alchimie zur modernen Chemie zu entwickeln und wurde so einer der ersten Wegbereiter der modernen Medizin. Er verzichtete auf Zeit raubende Experimente zur Erzeugung von Gold und entwickelte neue Verfahren zur Herstellung von Arzneien, wobei er die Überlieferungen der Volksmedizin als wichtige Erkenntnisquelle mit einbezog. Auch scheinbar ungewöhnliche Vorgehensweisen ließ er gelten, so lange sie bei den Kranken zum Erfolg führten. »Wer heilt, hat Recht« war sein Motto. Bei der Behandlung seiner Patienten richtete sich sein Interesse mehr auf Entstehung und Ursache von Krankheiten als auf bloße Symptombehandlung.

Paracelsus durchwanderte lernend, studierend und praktizierend Mitteleuropa und hielt schließlich als Professor in Basel viel beachtete Vorlesungen – zum Ärger seiner Kollegen in deutscher Sprache, obwohl schon damals Latein die Sprache des Ärztestandes war. Er wies immer auf die besondere Bedeutung der Heilkräfte der Natur hin und forderte größte Reinlichkeit bei Wundbehandlungen. Besonders intensiv beschäftigte er sich mit der Syphilis und deren Therapie, den Berufskrankheiten der Berg- und Hüttenarbeiter sowie der Chirurgie. Auch seine ständigen Hinweise auf die Wirkung meditativer Bilder zur positiven Beeinflussung des Organismus ließen ihn zu einem Visionär der heutigen psychosomatischen Medizin werden. Mit seinem Denkansatz, dass Gleiches mit Gleichem behandelt werden müsse, machte er sich zu einem Vordenker der Homöopathie. Als typischer Universalgelehrter verfasste er viele Werke zu theologischen, religionsphilosophischen und sozialpolitischen Themen.

Paracelsus, Arzt, Naturforscher und Philosoph, war der Wegbereiter für eine neuzeitliche Medizin. Am unteren Rand seines Porträts steht sein Motto »Alterius non sit qui suus esse potest« (»Wer sein eigner Herr sein kann, soll keinem anderen anhängen«).

Magie und Astrologie

In seinen zahlreichen Schriften enthüllt Paracelsus ganzheitliche Muster der Welt: Den Mikrokosmos Mensch sieht er als Spiegel des Universums, des Makrokosmos. Er beschreibt verschiedene außersinnliche Wahrnehmungen, beispielsweise Erscheinungen wie wir sie heute als Nahtod-Erfahrungen kennen, und hält Magie und Astrologie für geeignete Mittel, um verborgene Erkenntnisse zu erreichen. Paracelsus war davon überzeugt, dass die Astrologie einen sehr großen Einfluss auf das Leben des Menschen hat. Er schrieb: »Die Kräfte des Firmaments wirken unmittelbar psychisch und physisch auf den Menschen, formen seinen Charakter, zwingen ihn zu Handlungen, setzen Zeichen. Auf der anderen Seite hat der Mensch den göttlichen Auftrag, diese Kräfte zu erkennen und zu realisieren«. Wurde er schon zu seinen Lebzeiten, aufgrund seiner neuen Ideen und Behandlungsmethoden von seinen Berufskollegen mit Argwohn betrachtet, so ließen die tiefen Geheimnisse in seinen Schriften nach seinem Tod in Salzburg im Jahre 1541 den Verdacht aufkommen, dass hier ein Wunderdoktor und Scharlatan am Werke gewesen sei. Heute wissen wir, dass Paracelsus als Arzt und Gelehrter seiner Zeit um Jahrhunderte voraus war.

Medizin – ein Werk des Teufels?

Paracelsus setzte an die Stelle der überlieferten antiken Säftelehre eine chemische Biologie und Pathologie, die in die Zukunft wies und deren Richtigkeit teilweise erst Jahrhunderte später durch die Ergebnisse der medizinischen Forschung bestätigt wurden. Besonders umstritten war seine Kosmologie und Anthropologie. Da er an die Stelle der Elemente Planeten und Kräfte setzte, die er chemisch und astrologisch benannte, zum Beispiel Sulphur oder Mercurius und mit ihnen Wirkungen und Prinzipien deutlich machen wollte, wurden seine Leistungen von vielen seiner Zeitgenossen abgelehnt und sogar als Werke des Teufels angesehen.

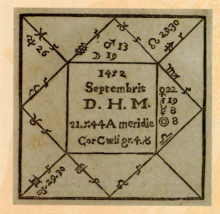

Ein Horoskop aus dem 16. Jahrhundert.

Alchemistisches Symbolbild: Mercurius auf der Materia Prima mit Schlüsseln und Merkurstab (Johannes de Monte Raphaim).

LEHREN DES WESTENS

Natürliche Magie der Renaissance

Der italienische Maler Giuseppe Arcimboldo (1527–1593) schuf allegorische Bilder (hier »Der Frühling«), meist Köpfe, die aus realistisch gemalten Blumen oder Früchten zusammengesetzt sind. Er entwickelte damit einen manieristisch-naturalistischen Stil, der den Geist der Renaissance in sich trägt.

NATÜRLICHE MAGIE

Mit dem neuen Selbstbewusstsein, das der Mensch im Zeitalter der Renaissance errang, indem er sich selber in den Mittelpunkt des Kosmos gerückt hatte, kam es zu einem ungeheuren Aufschwung in den Naturwissenschaften. Man wollte die noch weitgehend ungelösten Zusammenhänge zwischen dem Makrokosmos des Weltganzen und dem Menschen (Mikrokosmos) verstehen lernen.

Die natürliche Magie

Die mystische Schau der Einheit von Materiellem und Geistigem, von Endlichem und Unendlichem wurde durch Beobachtung und Experiment und durch den Versuch wissenschaftlicher Erklärungen erweitert. Dafür spielte die Astrologie als »mathematische Wissenschaft« eine zentrale Rolle. Magie wurde zur Vorform angewandter Wissenschaft. Es ging nicht mehr um die Magie im Sinne von übernatürlichem Wissen, sondern im Sinne der natürlichen Erkenntnis. Sie war deshalb Bestandteil der Dinge und als Konsequenz wurde alles dem neuen Begriff der »natürlichen Magie« (magia naturalis) untergeordnet, von der Dämonenbeschwörung, über die Herstellung magischer Siegel bis hin zu damals fantastisch anmutenden naturwissenschaftlichen Experimenten.
Die führenden Forscher auf dem Gebiet der magia naturalis waren die Italiener Geronimo Cardano (Hieronymus Cardanus, 1501–1576) und Giambattista della Porta (1538–1615) sowie der Wegbereiter der modernen Medizin, Paracelsus (1493–1541).

Magie und Wissenschaft

Die natürliche Magie steht am Übergang von der überlieferten Magie zur Naturwissenschaft. Treffend charakterisierte der Philosoph Tommaso Campanella (1568–1639), der Autor des utopischen Werkes »Der Sonnenstaat«, die neue Weltanschauung: »Alles, was die Wissenschaftler in Nachahmung der Natur oder um ihr zu helfen mit Hilfe einer unbekannten Kunst vollbringen, wird Magie genannt. Denn Technologie wird immer als Magie bezeichnet, bevor sie verstanden wird, und nach einer gewissen Zeit entwickelt sie sich zu einer normalen Wissenschaft.«

Der Renaissancegelehrte Hieronymus Cardanus lehrte, dass die Welt überall von beseelter Urmaterie erfüllt sei. Er versuchte in seinen theoretischen Schriften Wirklichkeit und Naturgeschehen mechanisch zu verstehen. (Titelblatt seines Hauptwerks »De rerum varietate«)

Die Kräfte der Sympathie

Man begann Naturkräfte wie Magnetismus und Elektrizität zu erforschen, und weil man die dahinter stehenden Gesetzmäßigkeiten nicht kannte, ordnete man die Wirkungen einer allgemeinen Sympathie oder Antipathie der Dinge zu. Man war der Meinung, man könne die kosmischen Kräfte der Gestirne, die durch diese Sympathie wirksam würden, den weniger wirksamen Kräften des Menschen dienstbar machen. Diese Art von Wechselbeziehung wurde vor allem einer äußeren oder inneren Ähnlichkeit der Dinge zugeschrieben. Wichtig für die Welterklärung und für magische Wirkungen überhaupt waren die Verbindungen zwischen bestimmten Planeten und Erzen, Mineralien oder Pflanzen. Beispielsweise standen Gold und Sonne sowie Silber und Mond miteinander in Beziehung. Die Vorstellung vom verborgenen Gewebe einer inneren Harmonie alles Seienden wurde zur Leitidee für die naturwissenschaftlich orientierten Forscher.

Die physiognomischen Studien von Giambattista della Porta waren eine Vorform der Psychologie.

Die Signatur der Dinge

Mit der Lehre der Sympathie stand die so genannte Signaturenlehre, die für den Wandel in der Medizin bedeutsam wurde, in enger Beziehung. Die Ähnlichkeit bestimmter Pflanzen mit Gliedern oder Organen von Tieren oder Menschen hielt man für einen Hinweis darauf, dass sie für entsprechende Krankheiten eben dieser Glieder oder Organe wirksam wären. Melisse und Sauerklee haben herzförmige Blätter, also helfen sie gegen Herzkrankheiten. Disteln sollen gegen stechende Schmerzen helfen, Gewächse, die zwischen Stein wachsen (z.B. Steinwurz) helfen gegen Blasen- und Nierensteine.

Durch die zufällig übereinstimmenden Merkmale von Pflanzenformen und den Formen der Hörner bestimmter Tiere übertrug man die dem Tier zugeschriebenen Kräfte auch auf die Pflanze. (Holzschnitt aus Gianbattista della Portas »Phytonomoni«, ca. 1591)

LEHREN DES WESTENS

Kenntnis der Naturgeheimnisse

Mit fortschreitendem Wissen über die Naturgesetze schwand die alte Magie als Glaube an übernatürliche Einflüsse. Den Abschluss dieser Entwicklungen bilden die beiden Universalgelehrten Athanasius Kircher (1601–1680) und Caspar Schott (1608–1666). Beide verfassten viel beachtete Werke über seltsame und absonderliche Erscheinungen der Natur. Schott schrieb über die natürliche Magie, sie sei »eine gewisse verborgene Kenntnis der Naturgeheimnisse, wodurch man, wenn man die Natur, die Eigenschaften, verborgenen Kräfte, Sympathien und Antipathien der einzelnen Dinge erkannt hat, gewisse Wirkungen hervorrufen kann, die jenen, die mit den Ursachen nicht vertraut sind, seltsam oder sogar wunderbar erscheinen.«

Ein Grundlagenwerk über die natürliche Magie schuf 1678 Athanasius Kircher mit seinem Werk »Mundus subterranaeus«. Er vollendete das magische Gesamtwerk des Paracelsus und seines Lehrers Agrippa von Nettesheim. Kircher gilt auch als Erfinder des Brennglases und der Urform der Laterna magica. Letztere, die »Zauberlaterne« (lat.), war ein einfacher Projektionsapparat für Glasdiapositive. Beide Erfindungen basieren auf der Bündelung des Lichts.

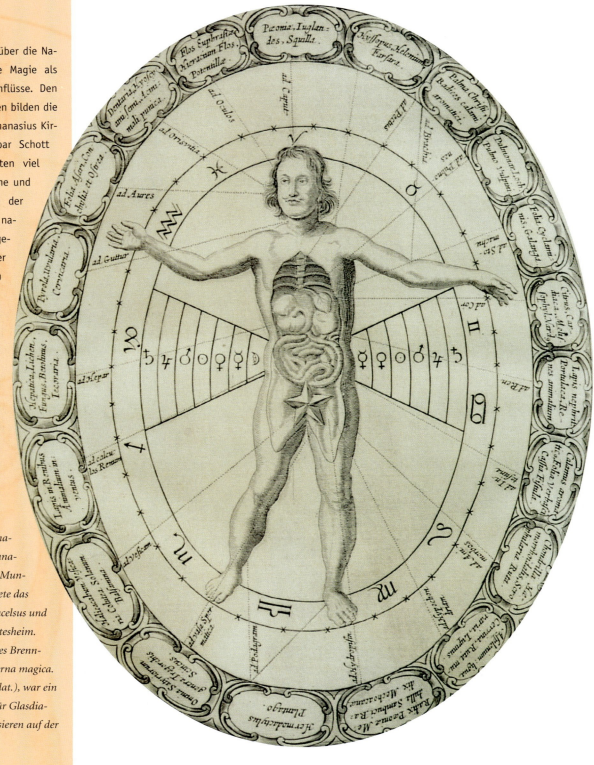

Melancholie

Da das zentrale Thema im humanistischen Denken der Renaissance der Mensch als ein Kosmos im Kleinen war, der seinen eigenen Platz im Weltgebäude finden musste, entstanden die ersten Ansätze einer Psychologie. Die Renaissance-Gelehrten selbst jedenfalls verstanden sich als Melancholiker. Schon Aristoteles hatte alle herausragenden Menschen für Melancholiker gehalten.

Der wichtige Impulsgeber für die Weltanschauungen der Renaissance, Marsilio Ficino (1433–1499), beschrieb den Melancholiker als einen von Natur aus übererregbaren Menschen, der auf dem schmalen Grat zwischen Enthusiasmus und Geistesschwäche wandelt. Der melancholische Wahn galt als göttlicher Wahn.

Saturn, der am höchsten stehende und dem Leben fernste Himmelskörper, wurde als Planet der Melancholie zum großen Symbol, zum Gott der Extreme, zum Herrscher des Goldenen Zeitalters einerseits, traurig, entmachtet, zur Unfruchtbarkeit verdammt andererseits.

Die Gelehrten verstanden sich als Saturnier und trugen aus Angst vor dem Saturn Jupiter-Amulette, die die negativen Einflüsse abwehren oder ausgleichen sollten.

Vorformen der Psychologie

Giambattista della Porta erforschte die morphologischen und physiognomischen Übereinstimmungen zwischen Pflanzen und Menschen und zwischen Tieren und Menschen. Er war der Ansicht, dass die Ähnlichkeiten zwischen Tier- und Menschenformen einen Erklärungsrahmen für Eigenschaften und Persönlichkeitsmerkmale liefern. Porta begründete damit die Charakterologie, einen Vorläufer der Psychologie. Rudolph Goclenius (1572–1621), Mediziner und Anhänger des Paracelsus, prägte schließlich den Begriff »Psychologia« als Titel für ein seelenkundliches Werk.

Der italienische Philosoph Tommaso Campanella verstand die Welt als »empfindendes Lebewesen«. Er lehrte auf der Grundlage des Neuplatonismus eine doppelte Offenbarung durch die Natur und die Bibel. In seinem Werk »Der Sonnenstaat« (1602) propagierte der Dominikanermönch nach dem Vorbild des platonischen Staates, den menschlichen Egoismus durch die Utopie eines katholischen und sozialistischen Gemeinwesens zu überwinden.

1662 erschien Caspar Schotts »Physica Curiosa«, eine Naturgeschichte des Absonderlichen. In ihr wurden Bezüge von Menschen zum Tier- und Pflanzenreich hergestellt und Entsprechungen von Eigenschaften, Kräften, Sympathien und Antipathien in Fauna und Flora gefunden.

LEHREN DES WESTENS

Jakob Böhme und die Theosophie

Jakob Böhme hatte großen Einfluss auf spätere Generationen von Philosophen. Böhme lehrte u. a. die Notwendigkeit der Gegensätze als das bewegende Prinzip der Schöpfung.

Jakob Böhme veröffentlichte zu seiner Theosophie zahlreiche Schriften. 1619 erschien »Die drei Prinzipien göttlichen Wesens« und im darauffolgenden Jahr »Vom dreifachen Leben des Menschen«.
Die zeitgenössischen Kupferstiche stammen aus Johann Georg Gichtels »Eine kurze Eröffnung & Anweisung der drei Prinzipien im Menschen« (1696) und zeigen (v. l. n. r.) eine symbolische Darstellung der drei Prinzipien des Menschen nach Jakob Böhme: Im Menschen spiegeln sich heiliger Geist (Stirn) und Jehova (Bauch), der Unterleib wird der »finsteren Welt« zugeordnet und alles wird von Jesus, Gottes Sohn (Herz), überstrahlt. Im mittleren Bild (Practica) wird der Rücken des Menschen als göttliches und erleuchtetes Wesen dargestellt, wobei die Luftwelt die Kräfte der Lichtwelt (oben) und der Hölle (Unterleib) in sich vereint. Und schließlich ist beim »Wiedergeborenen Menschen« (Bild rechts) die Schlange der Verdammnis ganz zermalmt, da er Christus im Herzen trägt.

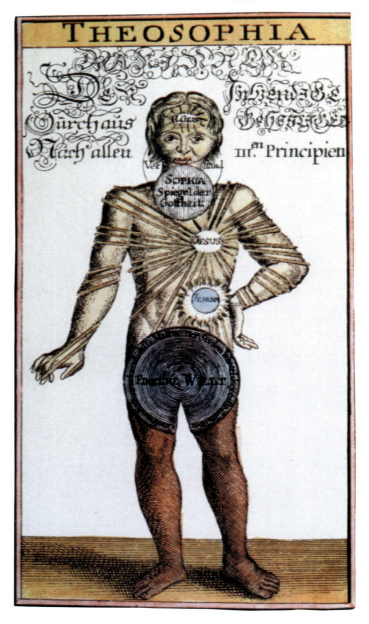

Eines Morgens fiel dem einfachen Schuster aus der Lausitz, Jakob Böhme (1575–1624), ein Lichtreflex auf einem Zinnteller an der Wand auf und löste das Erlebnis einer »inneren Schau« aus. Er begriff, dass Licht, ohne dunklen Hintergrund nicht zu sehen ist. Diese Erkenntnis führte zu einer Folge von tiefen Einsichten in das Wesen Gottes und seiner Schöpfung. Gut und Böse bedingen einander und können deshalb nur in einer höheren Einheit gemeinsam existieren. In Gott muss Gut und Böse bereits angelegt sein. Gott und Teufel stellen also keine voneinander unabhängigen Prinzipien dar.

Böhmes Theosophie

Gotteserkenntnis auf mystisch-intuitive Art wird Theosophie (»Gottesweisheit«) genannt. Böhmes Theosophie gründet auf mystische Einsichten, die ihm in veränderten Bewusstseinszuständen widerfuhren. Durch die konzentrierte Betrachtung eines Gegenstandes wurde sein Geist für visionäre Erkenntnisse empfänglich gemacht. In seiner berühmten Erstlingsschrift »Aurora oder die Morgenröte im Aufgang« (1612) entwickelte er die Lehre von den drei Prinzipien, die im »Urgrund« der Gottheit und im Menschen vorhanden sind: »Höre du blinder Mensch, du selbst bist in Gott und Gott in dir, und so du heilig lebst, so bist du selber Gott.«

Die drei Prinzipien

Die gegensätzlichen Prinzipien zeigen sich als das wilde »Zornesfeuer« Gottes und im sanftmütigen »Liebes-Licht« des Sohnes. Das dritte Prinzip sei der anfangslose einigende Wille, welcher weder gut noch böse sei und das ewig Gute hervorbringe und dem heiligen Geist entspreche. Böhme kommt zu der Erkenntnis, dass das Zerstörerische die Möglichkeit des Schöpferischen in sich trägt und umgekehrt. Die Einsicht in dieses Wirkprinzip beschreibt er als Wiedergeburt.

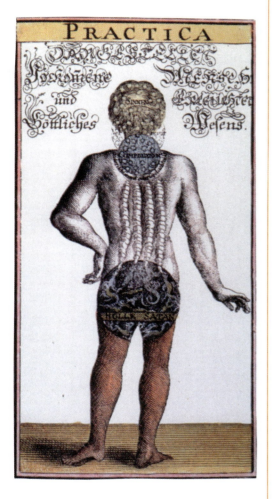

Der androgyne Mythos

Der Böhme-Schüler Johann Georg Gichtel (1638–1710) führte die Lehren seines Meisters fort.
Besonderen Eindruck machten auf ihn Böhmes Einsichten in die ursprünglich androgyne, männlich-weibliche Ganzheit des Menschen. Eine lichte Leiblichkeit umschloss im Paradies harmonisch die weiblichen und männlichen Anteile im Menschen. Durch den Fall Adams ging sie verloren, verfinsterte und verdichtete sich. Aus Adam wurde die Zweiheit der Geschlechter. Er verlor, wie Gichtel sagt, seine Engelhaftigkeit.

Energiezentren

Merkwürdig sind gewisse Abbildungen in Gichtels Anleitung zur praktischen spirituellen Übung »Eine kurze Eröffnung und Anweisung der drei Prinzipien im Menschen« (1696). Es gibt Darstellungen von der Lage der okkulten Kraftzentren des Menschen, die erstaunliche Übereinstimmungen mit denen der Chakras aufweisen, den Energiezentren des menschlichen Körpers in der indischen Tradition. Charles Webster Leadbeater (1847–1934), einer der Begründer der anglo-indischen Theosophie, war einer der Ersten, der auf die Parallelität zwischen den Ausführungen Gichtels und der Lehre der Chakras aufmerksam machte.

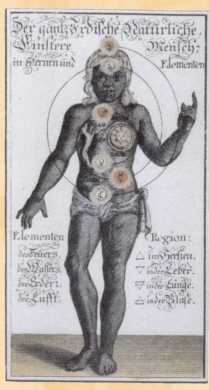

Die Kraftzentren des »irdischen, finsteren Menschen« entsprechen den Chakras der Inder.

LEHREN DES WESTENS

Merlin – Meister aller Magier

Merlin, dem Zauberer aus der Artus-Sage, werden große magische Kräfte zugeschrieben. Er konnte Nebel hervorrufen, soll ohne fremde Hilfe Stonehenge errichtet und den gewaltigen Tisch für die Tafelrunde von König Artus geschaffen haben. Der Barde aus den walisischen Wäldern machte zahlreiche Prophezeiungen von blutigen Schlachten und Attentaten gegen damalige Potentaten. Darüber hinaus sah er die zukünftige Welt von großem Unheil bedroht.

Er beschreibt das Chaos, das sich einst auf die Erde senken wird, Sterne und Planeten aus der Bahn wirft und die Tierkreiszeichen bis zur Unendlichkeit verändert: »Die Meere werden im Nu anschwellen, und der Staub der Ahnen wird wieder hergestellt«. Angesichts sich mehrender Klimakatastrophen eine beunruhigende Vision.

Die Legenden um Merlin wurden schon früh in Romanen und epischen Erzählungen, vor allem der Artus-Sage niedergeschrieben. Im Mittelalter waren diese kostbaren, handgeschriebenen Bücher nur den gebildeten Schichten zugänglich. Eine französische Buchmalerei aus dem 13. Jahrhundert, aus der »Histoire de Merlin« von Robert de Boron, zeigt den Zauberer Merlin mit dem Schreiber Blaise beim Diktieren seiner eigenen Geschichte.

484

Die Lehre der Kelten

Zahlreiche Relikte aus keltischer Zeit gibt es auf den britischen Inseln. Tintagel Castle an der Küste Cornwalls soll der Wohnsitz von König Artus gewesen sein. Die Burgruine stammt jedoch aus dem 12. Jahrhundert.

Auf der Suche nach ihren spirituellen Wurzeln suchen immer mehr Nordeuropäer Zuflucht zu den magischen Bräuchen der Kelten, die in vorchristlicher Zeit den Kontinent besiedelten. In Italien wurden einige dieser Keltenstämme 300 v. Chr. von den Germanen besiegt und auf die Mainlinie zurückgedrängt. Die Eroberung Galliens durch Cäsar in den Jahren zwischen 58–51 v. Chr. bedeutete schließlich das Ende der Keltenherrschaft auf dem Festland. In der Folgezeit gingen sie in anderen Volksstämmen auf und konvertierten zum Christentum. Trotzdem haben sich diese Ureinwohner Europas viel von ihrem ursprünglichen Charakter bewahrt, und somit lebt auch heute, vor allem auf den britischen Inseln, die Erinnerung an die Kelten weiter. Dort gelang es den römischen Eroberern nicht, das »Große Wissen«, die verborgene Botschaft eines Volkes, das sich nie in einem Staat organisierte und seine Glaubensvorstellungen von Generation zu Generation mündlich überlieferte, völlig auszumerzen.

Weitergabe von keltischem Wissen

Vielfach werden die keltischen Druiden als Zauberer bezeichnet – damit werden jedoch ihre Fähigkeiten reduziert, denn ihr Aufgabenbereich umfasste viel mehr: Als oberste Richter, Magier, Philosophen und Lehrer, Seher, Sänger und Dichter bildeten sie in vorchristlicher Zeit den Gelehrtenstand. Zahlreiche irische Epen berichten, dass selbst der König bei einer Versammlung nicht vor dem Druiden sprechen durfte.

Heute gibt es in England, aber auch verstreut in der ganzen Welt etwa eine Million Menschen, die druidischen Orden, Logen oder Bruderschaften angehören. Viele von ihnen behaupten von sich, selbst Druiden und damit Nachfolger der keltischen Priesterklasse zu sein. Jede dieser Gruppen hat ihre eigene Auffassung vom Druidentum. Sie vermitteln ihr geheimes Wissen, das beispielsweise die Praxis der magischen Beschwörungsformeln und -rituale umfasst, jedoch nur Auserwählten. Einige dieser Vereinigungen versuchen dabei wieder an das antike Heidentum anzuknüpfen, andere sind darauf bedacht, die Harmonie zwischen dem alten heidnischen Druidentum und der hinzugekommenen neuen Religion wiederherzustellen.

Bekanntlich hat in Irland der Heilige Patrick bereits Priester und sogar Bischöfe aus den Reihen der Druiden rekrutiert, und diese haben ihre doppelte Tradition an ihre Nachfolger weitergegeben.

Weisheit aus der Anderswelt

Heute sind keltische Kreuze als Amulette gefragt, keltische Musik liegt im Trend und das Wissen der Druiden gilt als Weisheit aus der Anderswelt, die sich in veränderten Bewusstseinszuständen öffnet.

Eine Pforte, die den Übergang aus der Alltagsrealität in diese Andere Welt ermöglichte, waren die Zeremonien in Schwitzhütten, in denen die Kelten nach dem Klang von Trommeln und Rasseln, Tänzen und Gesängen in Trance fielen. Indem manche Menschen des 20. und 21. Jahrhunderts die alten Rituale wiederbeleben, hoffen sie, dass sich die Wesen der mit der Erde verbundenen geistigen Welt wieder zurückmelden.

Der Kopf als Sitz der Seele

In keltischen Mythen ist häufig von abgeschnittenen Köpfen die Rede, die auf Schalen liegend weiterhin als Sitz der Seele lebendig geblieben sein sollen. Das Haupt eines Geköpften habe dabei Botschaften aus einer anderen Dimension vermittelt. Bei Segnungsritualen riefen die Kelten die Natur um Hilfe an – den Wald, den Wind, die Sonne. Sie verehrten ihre Ahnen und glaubten an die Unsterblichkeit der Seele, die sich ihrer Anschauung nach vom Mineral- über das Pflanzenreich bis hin zum Menschen entwickelte. Dabei waren sie davon überzeugt, dass die Seele gleichzeitig an verschiedenen Orten sein kann: sowohl wiedergeboren in der Materie, als auch als eine geistige Projektion in der Anderwelt.

Die Begegnung eines Druiden mit einer »weisen Frau«, wie Druidinnen später auch genannt wurden. Während der Magier sein mit Zaubertrank gefülltes Horn präsentiert, verweist die Zauberin auf ihre mit den Runen eines Zaubererspruchs bedeckte Sichel, die auch beim Sammeln der Zauberkräuter, etwa der Mistel, verwendet wurde. Im Hintergrund sieht man zwei Zauberer bei der Beschwörung eines Getöteten, vielleicht hatte der Trank eine magische Wirkung bei der Bestattungszeremonie. So zumindest stellte man sich im frühen 19. Jahrhundert die Welt der Kelten vor. (Aquarell von R. Havell, um 1816)

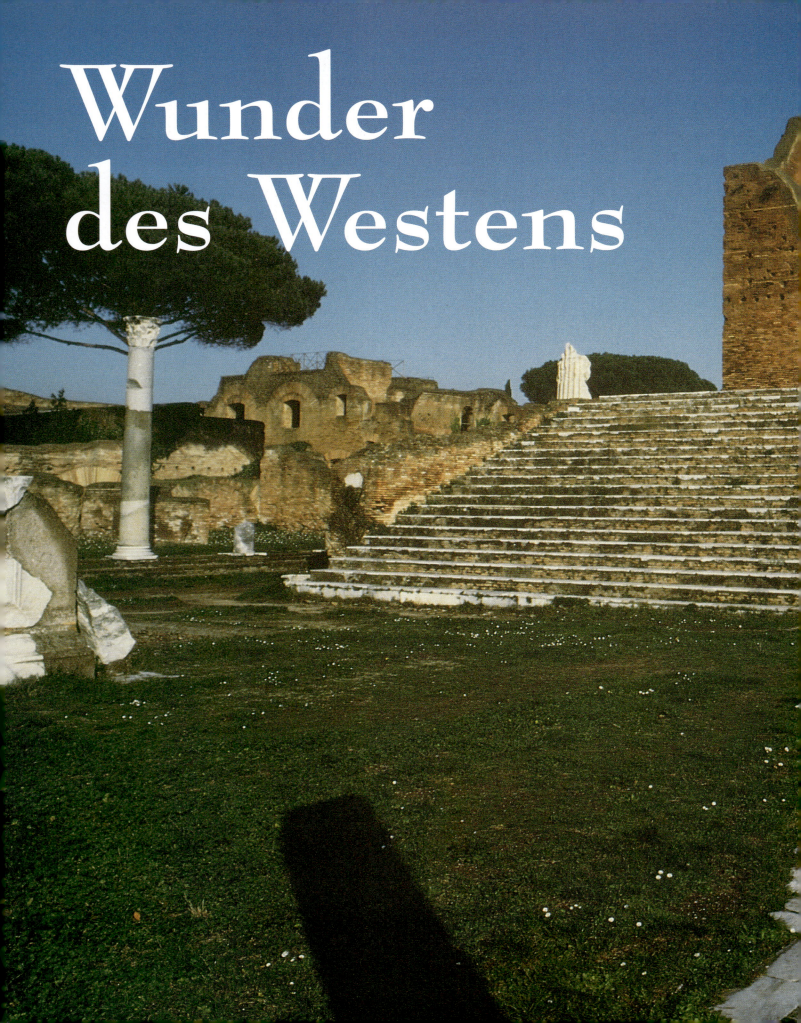
Wunder des Westens

Wunder werden in Lexika als die Aufhebung von Naturgesetzen durch besondere Handlungen höherer Wesen oder durch das Eingreifen unsichtbarer Mächte definiert. Beim Gedanken an höhere Wesen und unsichtbare Mächte begibt man sich fast unweigerlich in den religiösen Bereich. So ist es für gläubige Menschen akzeptabel, dass es in ihrem Glauben Wunder gibt. Das Christentum kennt hier vor allem die Marienerscheinungen, z.B. in Lourdes oder in Fátima. Meist zeigt sich die Gottesmutter jungen Menschen, besonders Kindern. Obwohl bereits die Bibel von Dingen, die allen natürlichen Gesetzen zu widersprechen schienen, berichtete, wurden und werden außergewöhnliche Ereignisse vielerorts immer noch als Aberglaube oder gar als Lügen der Berichtenden abgetan.

WUNDER DES WESTENS

Die Wiederkehr der Engel

In Tizians (1476–1576) Gemälde »Verkündigung an Maria«, stellte der Maler den Erzengel Gabriel als Überbringer der Botschaft der Empfängnis dar.

Engel zählen wohl zu den größten Mysterien der Weltgeschichte. Sie sind uns u.a. aus der Bibel überliefert und stellen sich uns immer wieder in verschiedenen Hierarchien mit verschiedenen Aufgaben dar. Augenzeugen berichten, wie es war, als sie einen Engel sahen. Die verbreitetsten Engelsbegegnungen sind aus dem christlichen Alten und Neuen Testament, aber auch aus dem Islam bekannt.

Himmlische Gestalten

Seit den biblischen Engelsbegegnungen, beispielsweise von Maria mit dem Erzengel Gabriel, der ihr Empfängnis und Geburt von Jesus voraussagte, zählen die himmlischen Wesen zum festen Glaubensbestand der christlichen Religionen. Nach deren Auffassung stellen Engel körperlose Geistwesen dar, die von Gott geschaffen wurden um ihm, neben anderen Aufgaben, als Boten für die Menschen zu dienen. Am weitesten verbreitet sind die Engelsdarstellungen mit Flügeln – sie zeigen sich aber auch in anderen Formen. Augenzeugen berichten von sehr unterschiedlichen Begegnungen – offenbar nehmen Götterboten, je nach Belieben, verschiedene Erscheinungsformen an. So hat man Engel bereits in Träumen, in Visionen, als Abbilder von Verstorbenen oder auch als ätherische Lichtwesen in weißem Engelskleid gesehen. Manchmal erscheinen sie auch als ganz gewöhnliche Mitmenschen.

Christliche Boten

In biblischen Büchern sind Engel zwar nirgendwo in einer Gottesoffenbarung genannt, von Propheten und Evangelisten wird jedoch mehrmals ihr Erscheinen beschrieben. Aus diesen Texten entwickelten Theologen im Laufe der Zeit eine systematische Lehre von den Engeln, die Angelologie. Aus dieser geht hervor, dass Engel nur in monotheistischen Religionen, dort in Hierarchien, vertreten sind. Eine erste Engelshierarchie schuf ein gewisser Dionysios Areopagita, ca. 500 Jahre nach Christi Tod. Er teilte die Götterboten in verschiedene Gruppen ein, je nach ihrer Nähe zu Gott.

Cherubim und Seraphim

Am nächsten sind dem Schöpfer die Cherubim und Seraphim. Sie bestehen, laut Areopagita, aus reinem Licht, das sich zu Materie verdichten kann.

Die Cherubim werden in der Schöpfungsgeschichte als Bewacher des Paradieses genannt. Eine nähere Beschreibung der Wächter liefert das Buch Ezechiel aus dem Alten Testament: »Jedes Lebewesen hatte vier Gesichter. Das erste war ein Cherubsgesicht, das zweite ein Menschengesicht, das dritte ein Löwengesicht, das vierte ein Adlergesicht« (Ezechiel 10,14 ff). Ezechiel beschrieb weiter, dass jeder Cherub zu seinen vier Gesichtern auch vier Flügel hatte. Unter den Flügeln befand sich etwas, das »wie Menschenhände« aussah.

Der Prophet Jesaja hatte die Ehre, die göttlichen Seraphim zu sehen. Sie stehen in der Himmelshierarchie noch über den Cherubim, weil sie Gottes Thron am nächsten sind.

Diese byzantinisch-serbische Ikonenmalerei aus dem 14. Jahrhundert zeigt den Erzengel Gabriel. Das Werk befindet sich auf dem Berg Athos in dem serbischen Kloster Filanda.

Die Erzengel Michael, Gabriel und Raphael

Michael steht im Hebräischen für »Wer ist wie Gott?« und Michael wird auch als mächtigster der drei Erzengel genannt. Im Buch Daniel wird prophezeit, dass Michael auf die Erde kommen wird, wenn deren Zerstörung droht. Viele Menschen glauben, dass es im 21. Jahrhundert soweit sein wird.

Gabriel ist der Botenengel unter den Erzengeln. Er hat Maria vom Gottessohn Jesus erzählt. Doch ist er den Christen auch als Kämpfer bekannt. Gefürchtet ist Gabriel vor allem, weil er dazu da ist, Gottes Strafgerichte mit unerbittlicher Härte am unwürdigen Menschen zu vollziehen.

Der sanfteste unter den Erzengeln ist Raphael. Sein Name bedeutet im Hebräischen »Heil Gottes« und entsprechend milde und gütig stellt man ihn dar. Man sagt, Raphael wandert in Sandalen und mit Pilgerstab auf der Erde und verkündet Gottes Wort.

WUNDER DES WESTENS

Im Namen der Wissenschaft

Seit den 1970er Jahren sind viele Engelsbücher erschienen. Zahlreiche Berichte von Engelssichtungen gehen damit Hand in Hand. Was die Menschen darin beschreiben hat wenig mit der konkreten Materialisation von Himmelswesen zu tun. Vielmehr gehen die Schilderungen in die Richtung, man hätte gefühlt oder gewusst, dass an dieser Begegnung oder an jenem Ereignis ein Engel beteiligt war. Genau betrachtet, könnten Engel in allem sein; zu wenig Konkretes ist der Wissenschaft bekannt. Psychologen sprechen bei Engelssichtungen daher oft ganz schlicht von Fantasie. So sagte schon der Schweizer Psychologe C. G. Jung (1875–1961), dass in unserem Unterbewusstsein Bilder von Engeln und Dämonen, Teufeln, Feen und Außerirdischen existieren. Erscheint uns etwas als »nicht normal«, greifen wir zur Erklärung des Ungewöhnlichen gerne auf diese Archetypen zurück.

Im ausgehenden 19. Jahrhundert haben die beiden Begründer der Psychoanalyse C. G. Jung (oben) und Sigmund Freud die Bedeutung des Unterbewusstseins entdeckt. Dazu gehören neben den klassischen Archetypen, deren Vorbilder C. G. Jung in der griechischen Mythologie sieht, auch die Bilder von Engeln, Dämonen, Hexen und anderen Prototypen, die für emotionale Grundzustände stehen.

Ihre Aufgabe ist es, den Herrn zu preisen. Tagein, tagaus schallt ihr Lobgesang durch das Himmelszelt. Jesaja beschrieb die Seraphim wie folgt: »Jeder hatte sechs Flügel: Mit zwei Flügeln bedeckten sie ihr Gesicht, mit zwei bedeckten sie ihre Füße, und mit zwei flogen sie. Sie riefen einander zu: Heilig, heilig, heilig ist der Herr der Heere. Von seiner Herrlichkeit ist die ganze Erde erfüllt« (Jesaja 6,2 ff).

Erzengel und Engel

Im Neuen Testament werden schlichtere Engel in weißen Gewändern geschildert: Michael, Gabriel und Raphael, die drei Erzengel. Die Erzengel sind Gottes Boten; sie übermitteln Botschaften an die Menschen. So erfuhr Elisabeth, die Mutter von Johannes dem Täufer, von einem der Erzengel, dass sie ein Kind empfangen wird und wie sie es nennen soll. Nach den Erzengeln kommen die gewöhnlichen Engel, jene, die dem Menschen am nächsten sind und zu denen auch die Schutzengel gehören. Die einfachen kümmern sich um Pflanzen, Tiere, Elemente und Menschen. Ihre Aufgabenbereiche sind u.a. Geburt, Frieden, Gerechtigkeit, Heilung, Inspiration, Liebe und Tod.

Schutzengel

Obwohl Schutzengel in der himmlischen Hierarchie ganz unten rangieren, nehmen sie eine Vorrangstellung in der Gunst der Menschen, die an Engel glauben, ein. Einer verbreiteten Meinung zufolge, bringen Schutzengel ihren Schützlingen in der Kindheit das größte Engagement entgegen. Nach dem 30. Lebensjahr lässt der Einsatz der himmlischen Helfer nach. An ihre Stelle tritt der freie Wille des Erwachsenen. Dennoch verlassen Schutzengel »ihre« Menschen nie. Sie sind immer zur Stelle, wenn man sie um Hilfe bittet.

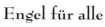

Im Dom von Anagni (Italien) ist die Krypta mit einem Fresko aus dem 13. Jahrhundert ausgestattet, dem diese Cherubim entnommen ist.

Engelsbegegnungen

Im Neuen Testament berichtete der Evangelist Matthäus, wie Joseph im Traum ein Engel erschien, der ihm befahl, mit Frau und Kind nach Ägypten zu fliehen. Der Engel nannte auch Gründe für den hastigen Aufbruch: Herodes, der damalige Herrscher, hatte vor, Jesus zu suchen und umzubringen. Joseph gehorchte und kehrte erst nach dem Tod von Herodes mit Frau und Kind in seine Heimat Galiläa zurück.

Doch nicht nur in der Bibel, auch in der Geschichte und in der heutigen Zeit gibt es Engelsbegegnungen. Jeanne d'Arc, die Jungfrau von Orléans (1412–1431), hat nach eigenen Angaben in ihrem Feldzug zur Befreiung von Orléans 1428 an der Seite des Erzengels Michael gegen die feindlichen Engländer gekämpft. Die Schlacht der mutigen Jungfrau war Teil des Hundertjährigen Kriegs, der bereits 1337/39 durch den Streit zwischen Engländern und Franzosen um die französische Krone entbrannt war. Als strahlender junger Krieger stand Michael, von Engelscharen umringt, Jeanne d'Arc in ihren Kämpfen bei. Nach ihrem triumphalen Sieg wurde die junge Frau nicht müde, zu behaupten, ein Engel hätte mit ihr gekämpft. Für diese frohe Kunde musste sie bitter büßen: Die Jungfrau von Orléans wurde als Ketzerin auf dem Scheiterhaufen verbrannt.

Engel für alle

Auch Franz von Assisi (1181–1226), der Gründer des Franziskaner-Ordens, hatte eine Engelsbegegnung. In einer Vision sah er einen Seraph, zwischen dessen Flügeln sich ein Mensch, der ans Kreuz genagelt war, befand. Nach dieser Vision fühlte der Heilige, wie seine Hände und Füße zu bluten begannen: Franz von Assisi trug nach seiner Engelsbegegnung die Wundmale von Jesus Christus.

ENGEL

Paul Klees (1879–1940) »Engel, noch tastend« beschreibt sowohl stilistisch wie auch thematisch die Vorliebe des Malers zu metaphysischen und traumhaften Elementen. In fast kindlich anmutender Einfachheit hat Klee das Motiv »Engel« in geometrische Grundformen zerlegt und so seiner Intention nach Klarheit Ausdruck verliehen.

Gerade der stigmatisierte, heilige Franz von Assisi wird häufig als Seraphim dargestellt. Der Ausschnitt stammt aus einem Fresko der Unterkirche von San Francesco in Assisi und wird um 1260 datiert.

Jeanne d'Arc (Die Jungfrau von Orléans) die heute als französische Nationalheldin verehrt wird, wird hier von Charles Armable Le Noir († 1861) in einem »Idealbildnis« dargestellt. Durch den Heiligenschein wird sowohl ihre Heiligsprechung symbolisiert als auch ihre Begegnung mit dem Engel Michael, der ihr die Teilnahme an dem Feldzug zur Befreiung von Orléans ankündigte.

In den 1970er Jahren berichtete der amerikanische Baptistenprediger Billy Graham in seinem Buch »Engel: Gottes Geheimagenten« von einem Arzt aus Philadelphia, der eines Nachts von einem kleinen Mädchen geweckt wurde. Das Kind bat ihn, mitzukommen, seine Mutter sei sehr krank. Als der Arzt bei der Mutter des Mädchens ankam, stellte sich heraus, dass die Frau an einer schweren Lungenentzündung litt und dem Tod nahe war. Der Arzt organisierte sofort einen Krankenwagen und beglückwünschte die Schwerkranke zu ihrer beherzten Tochter. Die Frau sah den Lebensretter verwundert an: »Meine Tochter ist vor einem Monat gestorben.« Im Schrank fanden Mutter und Arzt die Kleidung, die das Mädchen bei seiner nächtlichen Aktion getragen hatte: Die Kleider des toten Kindes waren noch warm.

491

WUNDER DES WESTENS

Biblische Wunder

Für einen Freskenzyklus im Vatikan thematisierte Raffaello Santi (1483–1520) das Motiv »Moses unter dem brennenden Dornbusch«. Moses, der Sohn Israels, kniet vor dem Busch und wird von Gott auserwählt, die Israeliten aus der ägyptischen Gefangenschaft zu führen.

Schon in früheren Zeiten wurden Texte der Bibel auf ihre historische und naturwissenschaftliche Glaubwürdigkeit hin untersucht. Sprachwissenschaftler und »Bibelarchäologen« bemühen sich seit Jahrhunderten, Licht in die vielen, bisher dunklen Stellen, des Alten und Neuen Testaments zu bringen. Jahrzehntelang galt der Bestseller von Werner Keller (1909–1980) »Und die Bibel hat doch recht« als Standardwerk für die mühsame Suche nach den Quellen des wohl berühmtesten Buches der Welt. In der Wüste Sinai, einem der Schauplätze des Alten Testaments, liegen die Wurzeln für

492

BIBLISCHE WUNDER

das Christentum, das von da aus die Welt eroberte hat. Moses – gerade mit einer Schar von Landsleuten aus ägyptischer Knechtschaft geflohen – verkündete hier den Glauben an nur einen Gott. Auf Steintafeln präsentierte er seinen Leidensgenossen die »Zehn Gebote«, jene klare und gebieterische Form göttlichen Willens, die noch heute in christlichen Religionen Gültigkeit hat.

400 Jahre vor Moses

Doch so bedeutungsvoll das Ereignis auch gewesen sein mag, einmalig war es nicht. Schon die berühmte »babylonische Gesetzesstele« im Pariser Louvre zeigt König Hammurabi (1728–1686 v. Chr.) mit langem Bart und wallendem Gewand dem Sonnengott Schamasch gegenübersitzend. Von ihm nimmt er steinerne Gesetzestafeln entgegen, immerhin vierhundert Jahre vor dem Zeitpunkt, zu dem Moses seine Weisungen erhalten haben soll.

Die Bibel ist kein Geschichtsbuch. So ist weder der Auszug der Israeliten aus der Gefangenschaft, noch die Vernichtung des pharaonischen Heeres bei ihrer Verfolgung in den sonst so genauen Aufzeichnungen der ägyptischen Beamten festgehalten. Auch scheint es seltsam, dass die Kinder Israels auf ihrem Weg in das gelobte Land vierzig Jahre brauchten. Die Strecke vom Nil bis zum Jordan ist bequem in vierzehn Tagen zu begehen.

Anonyme Autoren

Die meisten biblischen Berichte haben mehr symbolischen als geschichtlichen Wert. Sie stehen als Metaphern für Ereignisse, die sich der Nachprüfbarkeit von Historikern entziehen. Trotzdem ist es gelungen, viele der Rätsel zu entschlüsseln, die sich hinter der blumigen Sprache der anonymen Autoren verbergen. So sind sich Orientalisten einig, dass die vierzig Jahre in der Wüste wohl eher der Dauer einer damaligen Generation entsprechen. Vierzig ist eine Zahl, die in der Bibel immer wieder auftaucht und offenbar einen symbolischen Wert besitzt, denn auch Jesus Fastenzeit in der Wüste betrug vierzig Tage.

Brennendes Öl

Auch Naturwissenschaftler haben zur Aufklärung biblischer Wunder beigetragen. So heißt es im Alten Testament (2. Mos. 3,2): »Und er sah, dass der Busch mit Feuer brannte und ward doch nicht verzehrt.« Ein Experte für biblische Pflanzenwelt, Dr. Harold N. Moldenke, Direktor des Botanischen Gartens von New

Woher kam das Manna?

Ein Wunder der Bibel ist das »himmlische Brot«, welches Jahwe vom Himmel regnen ließ, um das Volk Israels bei seinem Auszug aus Ägypten zu ernähren. Als die Menschen die Nahrung am Boden liegen sahen, fragten sie »Man hu?«, »Was ist das?«. Aus diesen beiden Silben bildete sich das Wort Manna. Naturwissenschaftler vermuten in der Götterspeise den Honigtau einer auf Tamarisken lebenden Schildlaus, der im heißen Wüstenklima eindickt. Nach dem Studium jüdischer Überlieferungen, vor allem der Kabbala, kamen der britische Elektronik-Ingenieur George Thornycroft Sassoon (*1936) und der Biologe Rodney A. M. Dale (*1933) jedoch auf eine andere Schlussfolgerung: Manna soll eine in einer Maschine kultivierte Algenform sein – ähnlich der heutigen eiweißhaltigen Algennahrung für Astronauten. Die Forscher fanden in den mystischen Schriften auch eine »Gebrauchsanweisung« für das Manna-Produktionsgerät. Im Buch »Hadra Zuta Odisha«, einem Abschnitt aus der Kabbala, soll es beschrieben sein. Die Apparatur stellte angeblich am Tag 1,5 Kubikmeter Nahrung her. Nach dieser Überlieferung (2. Chronik 2,5) wurde das seltsame Gerät solange im Tempel von Jerusalem aufbewahrt, bis es bei einer Plünderung vernichtet wurde. Sassoon und Dale bewahren ein selbst nachgebautes und funktionierendes Modell in London auf.

Einer der ersten Filme, der sich alttestamentarischen Themen annahm, war »Die zehn Gebote« von 1923. Theodor Roberts als Moses-Darsteller führt sein Volk aus der ägyptischen Gefangenschaft durch die Wüste.

WUNDER DES WESTENS

Ein großes biblisches Wunder war der Zug der flüchtenden Israeliten durch das Rote Meer. Auf Gottes Geheiß hatten sich die Fluten erst geteilt und nach dem Durchschreiten wieder geschlossen. In Hans Jordaens (1595–1643) Gemälde »Die Israeliten nach dem Durchzug durch das Rote Meer« sind den Kindern Gottes Erschöpfung, aber auch Erleichterung anzusehen, den Verfolgern aus Ägypten entkommen zu sein.

York, ist überzeugt, dass es sich bei dem, von Moses gesichteten brennenden Rosenbusch um ein starkwüchsiges Kraut mit winzigen Öldrüsen handelte. Dieses Öl ist so flüchtig, dass es bei starker Sonneneinstrahlung entweicht und oft auch kurzzeitig entflammt, ohne dabei die Pflanze zu beschädigen.

Als alternative Erklärung zur biblischen Feuerflamme bietet sich der karmesinrot blühende Mistelzweig Loranthus acaciae an, der auf dornigen Akazienbüschen im Sinai wächst und im Licht der auf- und untergehenden Sonne eine Wirkung wie die beschriebene erzielt.

Wasser in der Wüste

Fremdenführer zeigen heutigen Sinai-Besuchern gerne den Felsen, aus dem Moses mit einem Stab Wasser für seine dürstenden Schutzbefohlenen geschlagen haben soll. Vor-

her hatte er einfach seine Hand auf den Stein gelegt (2. Mos. 17, 1-7; 4.). Es ist in der Tat möglich, unter dem porösen Kalkgestein Wasser zu suchen, in dem man nach feuchten Stellen tastet. Moses mag diese Methode während eines Aufenthalts bei den Midianitern – sie stammen nach der Bibel von Abrahams Frau Ketura ab – kennen gelernt haben; möglicherweise beherrschte er aber auch die Kunst des Rutengehens. Der britische Gouverneur Major C. S. Jarvis hat in den 1930er Jahren eine Gruppe Sudanesen aus seinem Kamelkorps beobachtet, die mit dieser Technik des Wasserschlagens vertraut waren.

Das Meer stand wie eine Mauer

Zu den eindrucksvollen Bildern des Alten Testaments zählt auch der Zug der Israeliten durch das Rote Meer: »[...] und der Herr trieb

BIBLISCHE WUNDER

des Wortes »jam suf« entspricht. Die Suche nach den Ursachen dieses Wunders blieb bisher erfolglos. Es mag seinen Ursprung in den Lagerfeuer-Erzählungen der israelitischen Stämme haben, die möglicherweise einen alltäglichen Grenzzwischenfall zu einem wundervollen Sieg ausschmückten.

Mag die Wissenschaft auch viel zur Aufklärung biblischer Rätsel beigetragen haben. Eine Antwort schuldet sie nach wie vor: Wer war Moses wirklich? Auch wenn man es nicht mit Sicherheit weiß, nach den Beschreibungen muss dieser Mann auf jeden Fall voller Weisheit und Charisma sowie einem unerschütterlichen Glauben an sich selbst, gewesen sein.

Moses wurde in ägyptischer Gefangenschaft geboren. Da der Pharao alle männlichen Neugeborenen unter seinen Gefangenen töten ließ, wurde Moses von seiner Mutter im Schilf versteckt. Dort fand ihn die Tochter des Pharaos, die ihn großzog. (»Moses« von Jean Valentin de Boulogne, 1620)

die ganze Nacht das Meer durch einen starken Ostwind fort. Er ließ das Meer austrocknen; und das Wasser spaltete sich. Die Israeliten zogen auf trockenem Boden ins Meer hinein, während rechts und und links von ihnen das Wasser wie eine Mauer stand.« (2. Moses, 14,21).

Als die ägyptischen Verfolger mit 600 Kriegswagen – auf denen sich je drei Lenker befanden – durch die scheinbare Furt preschten, ertranken sie kläglich: »Das Meer flutete zurück und bedeckte Wagen und Reiter«.

Ungeklärte Rätsel

In der Bibel finden sich keine Angaben, wo genau das Wunder der Wellenteilung stattgefunden haben soll. So wird in neueren Ausgaben das »Rote Meer« durch die Bezeichnung »Schilfmeer« ersetzt, da dies der Übersetzung

Der Herr als Wolkensäule

Es fehlt nicht an Erklärungen darüber, wie sich die Israeliten bei ihrem Zug durch die Wüste orientierten. In der Bibel heißt es (2. Mos. 13,21): »Der Herr zog vor ihnen her bei Tag in einer Wolkensäule, um ihnen den Weg zu zeigen, bei Nacht in einer Feuersäule, um ihnen zu leuchten.«

Akzeptiert man die Auffassung, die biblische Wolkensäule könne eine, von einem Wirbelwind erzeugte, auf bis zu zwanzig Metern hochgejagte, Sandsäule sein, wird es bei der zweiten Erklärung bereits schwieriger. Einige Orientalisten meinen nämlich, möglicherweise hätten brennende Ölquellen den nächtlichen Wanderern den Weg gewiesen. Eine Auffassung, die wohl eher in die Neuzeit passt.

495

WUNDER DES WESTENS

Diese Portraitaufnahme von Bernadette Soubirous zeigt sie als 16-jährige, kurz bevor sie ins Kloster eintrat.

Das Mädchen Bernadette

In großer Armut war Bernadette Soubirous (1844–1879) als Tochter eines Müllers in Lourdes aufgewachsen. Als sie am 11. Februar 1858 beim Sammeln von Holz zusammen mit einigen anderen Mädchen etwas zurückblieb – Bernadette war Zeit ihres Lebens starke Asthmatikerin – ging ein Rauschen durch den Wald und es erschien ihr in einer Wolke aus Goldstaub eine wunderschöne Frau. In den folgenden fünf Monaten sollte sich die Erscheinung der »Dame«, wie Bernadette die Frauengestalt mit dem Rosenkranz nannte, noch 17-mal wiederholen. Bei einer der Erscheinungen, die immer in der Nähe der Grotte Massabielle stattfanden, wurde Bernadette aufgetragen, in der Erde zu kratzen, worauf eine Quelle entsprang. In der Folge kam es dort zu zahlreichen, heute auch von der Kirche anerkannten Wunderheilungen. Zwei Jahre nach den Marienerscheinungen trat Bernadette in ein Kloster ein. Sie nahm es als durch die Jungfrau Maria gegeben, ein Leben lang kränklich zu sein. Trotzdem opferte sie ihre gesamte Kraft der Versorgung Armer und Schwacher – mit 35 starb sie an Tuberkulose. Nicht unumstritten sind aufgrund ihrer Krankheiten ihre Visionen gewesen, denn man unterstellte der Asthmatikerin Hysterie und Prahlerei. Die Anfeindungen und Verleumdungskampagnen, in die sich sogar der französische Schriftsteller Emile Zola (1840–1902) einschaltete, nahmen erst ein Ende, als die Wunder geschahen.

Madonnen und Mirakel

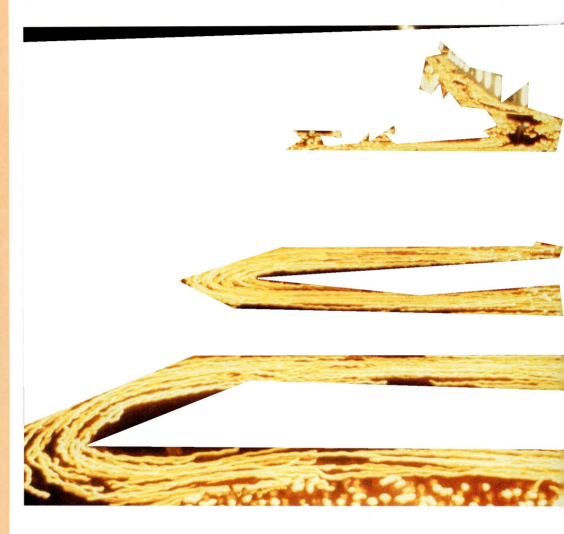

In Lichterprozessionen gedenken die Gläubigen der Wunder und der vorausgegangenen Marienerscheinungen. In Lourdes nehmen jährlich Tausende betend an diesen Lichterketten teil.

Es gehört zum Wesen der Weltreligionen, dass sich in ihrem Umfeld Ereignisse abspielen, die mit dem Begriff »Wunder« nur ungenügend umschrieben sind. Seit der Reformation wird innerhalb der katholischen Kirche von Hunderten von Marienerscheinungen berichtet, in denen die »Heilige Jungfrau« meist zu Kindern und einfachen Menschen gesprochen haben soll. Einige mit Marienerscheinungen verbundene Mirakel oder Wunder sind vom Vatikan anerkannt und viele davon haben einen besonderen Einfluss auf das kirchliche Leben in den betroffenen Orten bekommen.

So strömen jedes Jahr Hunderttausende von Gläubigen in die Wallfahrtskirchen von Tschenstochau (Polen), Lourdes (Frankreich), Fatima (Portugal), nach Medjugorje (Bosnien-Herzegowina) oder auch ins fränkische Heroldsbach.

MADONNEN

Die Prophezeiung der drei Geheimnisse

Am 13. Mai 1917 hüteten die zehn Jahre alte Lucia dos Santos, ihre Cousine Jacinta Marti und deren Bruder Francisco außerhalb des Dorfes Fatima Schafe, als sie eine »weiß gekleidete Dame« unter einer Eiche stehen

sahen. Diese gab sich ihnen als Jungfrau Maria zu erkennen und überbrachte ihnen in der Folge mehrere Botschaften. Sechsmal, jeweils am 13. des Monats, erschien die Jungfrau und übermittelte ihnen insgesamt drei Prophezeiungen, die als die »Geheimnisse von Fatima« in die Geschichte eingingen. Bei der letzten dieser Erscheinungen waren rund 70.000 Menschen anwesend und konnten, wie selbst kritische Augenzeugen später berichteten, einem eigenartigen Phänomen beiwohnen: Die Sonne schien sich um ihre eigene Achse zu drehen und dabei in den Farben des Regenbogens zu strahlen.

In der ersten Botschaft soll der frühe Tod von zwei der Seherkinder sowie der Zweite Weltkrieg vorhergesagt worden sein. Das »zweite Geheimnis« wurde als Aufstieg und Fall des Kommunismus in Russland interpretiert. Über das »dritte Geheimnis« war in den vergangenen Jahrzehnten viel spekuliert worden, sein Inhalt wurde erst vor kurzem an die Öffentlichkeit gebracht.

Die Erfüllung der Geheimnisse

Die Geschwister Francisco und Jacinta Marti starben tatsächlich im Alter von nur neun und zehn Jahren 1919/20, kurz nachdem ihnen die Jungfrau erschienen war, an Lungenentzündung. Lucia Dos Santos lebt heute noch hochbetagt als Nonne in einem Konvent nahe der portugiesischen Stadt Coimbra – sie konnte im Jahr 2000 ihren 93. Geburtstag feiern. Nach der Erfüllung der zweiten Prophezeiung, mit der unbeschreibliches Leid verbunden war, rätselte man jahrzehntelang über den Inhalt der dritten Botschaft, die die Nonne 1944 niedergeschrieben hatte. Ihr versiegelter Brief war nur den jeweils amtierenden Päpsten zugänglich, bis Johannes Paul II. bei der Seligsprechung der beiden früh gestorbenen Seherkinder am 13. Mai 2000 dieses letzte der drei Geheimnisse preisgab: Es beschreibe den Mordanschlag auf einen »in weiß gekleideten Bischof«, der »von Schüssen getroffen – wie tot – zu Boden« falle. Johannes Paul II., der auch Bischof von Rom ist, sah in der Prophezeiung einen Hinweis auf den Anschlag vom 13. Mai 1981 – dem Jahrestag der Fatima-Erscheinung – bei dem er von den Schüssen des türkischen Attentäters Mehmet Ali Agca schwer

Auch die Märchenerzählungen des 19. Jahrhunderts, die viele religiöse Phänomene für sich wiederentdeckt haben und unter anderen durch die Gebrüder Grimm und Hans Christian Andersen zu großem Ansehen kamen, haben das Bild der Marienerscheinung integriert. Unter dem Begriff »Marienkind« illustrierten viele Maler diese Szene in den Märchenbüchern. Diese Farblithografie von Viktor Paul Mohn (1842-1991) ist überschrieben mit dem Satz: »Ich bin die Jungfrau Maria, (...) Du bist so arm gib mir dein Kind, ich will ihm eine Mutter sein!« So sollte wohl einerseits früher der Kindstod erklärt werden, auf der anderen Seite wird die starke Anziehung Marias auf Kinder dargestellt.

WUNDER DES WESTENS

verletzt worden war und mit dem Tode gerungen hatte. Er ist überzeugt, dass »eine mütterliche Hand den Lauf der Kugel geleitet hat«, wie er seinem Kardinalskollegium kurz nach dem Attentat, noch auf dem Krankenlager, mitteilte. Damit hatte der Vatikan eines der größten Mysterien der jüngeren Kirchengeschichte enthüllt und die Spekulationen, die um dieses letzte der drei Geheimnisse kreisten, vorläufig beendet. Weitere, noch nicht entschlüsselte Mirakel werden aber im Brief von Lucia Dos Santos vermutet.

Lourdes – Ort der Wunder

Ähnlich wie später Fatima war Lourdes in Südfrankreich bereits seit den Marienerscheinungen des Hirtenmädchens Bernadette 1858 zu einer wunderwirkenden Stätte geworden. Hunderte von teilweise schwerstkranken Pilgern sollen hier – ähnlich wie an anderen Wallfahrtsorten – ihre Gesundheit wiedererlangt haben. Eine vom Vatikan eingesetzte Ärztegruppe hat inzwischen 70 spontane Heilungen bestätigt. Diese werden nur dann anerkannt, wenn sie innerhalb von 24 Stunden nach dem Besuch erfolgen, ein Jahr anhalten und medizinisch unerklärbar sind. Heute ist Lourdes mehr denn je der Ort, an dem alljährlich fünf Millionen Pilger erleben, welch große Hoffnung durch die Begegnung der heiligen Bernadette mit der Muttergottes in die Welt gekommen ist.

Der Kult um die Marienerscheinungen sorgt, wie hier im portugiesischen Fatima, in allen Wallfahrtsorten für regen Handel mit Devotionalien.

Nicht nur die Stätten der Wunder sind Ziel vieler Pilger, sondern auch die Kirchen, die mit Marienstatuen der Wallfahrtsorte ausgestattet sind, wie diese Madonna di Fatima, die sich in der Chiesa dei San Vincenco am Piazzale Trevi in Rom befindet.

Im Zentrum aller Erscheinungsstätten steht die Statue der Jungfrau Maria, hier im fränkischen Heroldsbach, überkrönt durch einen Baldachin. Der lichtdurchflutete Altarraum symbolisiert die Erscheinung, die der Erzählung nach meist von faszinierenden Sonnenstrahlen begleitet wird.

MADONNEN

Schwebende Rosenkränze

Im fränkischen Heroldsbach leben die Zeuginnen eines fast 50 Jahre zurückliegenden Geschehens in völliger Abgeschiedenheit: Gretel und Erika wollen ihre Erlebnisse, die sie zusammen mit fünf anderen Mädchen zwischen den Jahren 1949 und 1952 hatten, »still und in demütiger Einkehr« für sich selbst verarbeiten. Die damals elf Jahre alten Mädchen wurden mit Eindrücken konfrontiert, die sie an die Grenzen ihrer psychischen Belastbarkeit brachten: Sie sahen hellgrüne Schriften am Himmel und die Gestalt einer Frau in weißem Licht. Nachdem sich die Erscheinungen wiederholten, wurden die Mädchen von zahlreichen Menschen begleitet, die beobachteten, wie die Kinder verzückt und mit offenem Mund scheinbar ein Getränk zu sich nahmen, ein – für die Zuschauer unsichtbares – Jesuskind streichelten, schwebende Rosenkränze beschrieben oder auf bloßen Knien zur Erscheinungsstelle rutschten, ohne sich zu verletzen. Da diese Phänomene umstritten waren, schloss der damalige Weihbischof die Kinder von der Teilnahme an den Sakramenten aus, da sie einen Widerruf verweigerten – in einer vom Katholizismus geprägten Umgebung eine demütigende Strafe. Eindrucksvoll für die Kinder und die Einwohner von Heroldsbach war das »Sonnenwunder«. Ähnlich wie in Fatima haben im Frankenland 10.000 Menschen das himmlische Schauspiel beobachtet, als am 8. Dezember 1949 – dem Fest der »Unbefleckten Empfängnis Marias« – bei bedecktem Himmel eine »glühende Scheibe auftauchte«. Im Oktober 1952 kam für die Seherkinder der Tag des Abschieds. Maria schwebte – ihren Aussagen nach in den Himmel, wobei sie die Worte gesprochen haben soll: »Ich bin bei euch, auch wenn ihr mich nicht seht. Der Sieg wird unser sein.«

Der große Marienverehrer Ildefonso (606–667), Erzbischof von Toledo, ist einer der am häufigsten dargestellten Heiligen. Ihm soll durch die Jungfrau Maria sein weißes Messkleid überreicht worden sein. Zahlreiche Visionen haben ihn zu einem glühenden Verteidiger der Jungfräulichkeit Marias werden lassen.

Ängste oder UFOs?

Für Marienerscheinungen haben Theologen und Psychologen unterschiedliche Erklärungsversuche: Theologen gehen davon aus, dass es sich bei einer solchen Erscheinung um eine Manifestation des Göttlichen handelt. Psychologen sehen andere Ursachen für solche Visionen, etwa bei Menschen – vorwiegend Kindern – die eine besondere sensitive Gabe haben. Sie geben einen Beitrag zur kollektiven Bewusstseinsveränderung weiter, in dem sie eine »göttliche Botschaft« aus sich selbst heraus verkünden. Denkbar ist auch, dass mit der Erscheinung der Jungfrau nicht die biblische Maria gemeint sei, sondern eine Projektion der Menschheitsängste vor den Auswirkungen moderner Technologien auf das gegenwärtige Leben.
Ufogläubige wiederum halten Marienerscheinungen für Zeichen einer außerirdischen Zivilisation, die mit einer hoch entwickelten Technik eine Art Hologramm darstellt. Die Beschreibungen des »Sonnenwunders« ähneln Augenzeugenberichten von UFO-Erscheinungen, die dabei ein »leises Knistern« gehört und »jegliches Gefühl für Zeit« verloren hätten.

Heilende Gebete

Gebete können eine heilende Wirkung haben. Die psychosomatische Medizin untersucht die Beziehungen zwischen Leib und Seele sowie das Zusammenspiel zwischen seelischen Störungen und körperlichen Erkrankungen. Im Gebet, dem Ausdruck des Glaubens an ein höheres Prinzip, können Vorstellungen und Gefühle freigesetzt werden, die über Hirnfunktionen auf den Organismus wirken.
Eine ähnliche Wirksamkeit kennt die medizinische Forschung auch von den so genannten Placebos, Scheinmedikamenten ohne jeden Wirkstoff, mit deren Einnahme jedoch häufig verblüffende Heilungen erzielt werden – vorausgesetzt, der Patient glaubt, ein hochwirksames Mittel bekommen zu haben. Hier zeigt sich, dass das Wort vom »Glauben, der Berge versetzen kann« in diesem Zusammenhang durchaus seine Berechtigung hat.

Die anatomisch so präzisen Pinselzeichnungen – Studien für die betenden Hände eines Apostels von Albrecht Dürer (1471–1528) sind weltberühmt, nicht allein durch die naturalistische Darstellung, sondern auch durch den Ausdruck puristischer Innigkeit dieses meditativen Aktes.

WUNDER DES WESTENS

Les Saintes-Maries-de-la-Mer

Zu Ehren der Volksheiligen Sara finden sich alljährlich tausende Sintis und Romas in Les-Saintes-Maries-de-la-Mer ein. Dabei begleiten hunderte von Pferden und Reitern die Standbilder der heiligen Sara und die der dort verehrten Marien zur Kirche.

Nach alten provenzalischen Überlieferungen landete im Jahre 40 n. Chr. eine Gruppe von Jüngern des gekreuzigten Jesus an der französischen Küste des Mittelmeeres, darunter drei Frauen, die alle den Namen Maria trugen, und ein gewisser Lazarus von Bethanien, der einst vom Tode erweckt worden war. Heute strömen jedes Jahr am 24. und 25. Mai Sinti- und Roma-Familien aus ganz Europa in den kleinen südfranzösischen Ort Les-Saintes-Maries-de-la-Mer, um neben ihrer Schutzheiligen Sara auch die »drei Marien« zu verehren. Die jährliche Wallfahrt übt wegen ihres exotischen Flairs eine besondere Anziehungskraft auf die zahlreichen Besucher aus aller Welt aus – eine Mischung aus religiöser Inbrunst und fröhlichem Volksfest.

Die Geschichte von den vor der Christenverfolgung in Palästina geflüchteten Jesus-Anhängern ist historisch nicht bestätigt, zumal in den Erzählungen verschiedene Personen mit späteren Heiligenfiguren verschmolzen wurden. Folgt man der gültigen Überlieferung, so handelt es sich bei den bis zum heutigen Tag in Les-Saintes-Maries-de-la-Mer verehrten heiligen Frauen um Maria Jakobaea (Frau des Cheophas und Mutter von Jakob den Jüngeren), Maria Salomea (Mutter von Jakobus den Älteren und Johannes) sowie Maria Magdalena (Schwester des Lazarus), die in einigen Legenden auch als Schwester der Gottesmutter Maria genannt wird. Die sterblichen Überreste der Letzteren sollen hier 1448 bei Grabungen in Gewölben unter der Kirche gefunden worden sein.

Sara, die Heilige der Zigeuner

Selbst für wohlmeinende Beobachter völlig undurchsichtig bleibt die Person der heiligen Sara, die als Dienerin der »drei Marien« mit an Land gegangen sein soll. Ihre Überreste will man im Reliquienschrein der Krypta unter dem Chor der Kirche in Les-Maries-de-la-Mer aufbewahrt haben. Saras Herkunft bleibt geheimnisvoll. Der Schriftsteller Frédéric Mistral nennt sie »eine undeutliche Patronin und unvorschriftsmäßige Heilige«. Man weiß nichts über die Gründe, die ihrer Verehrung durch die Sinti und Roma vorausgehen. Auch die Ursprünge der Wallfahrten sind ungeklärt, möglicherweise haben die Zigeuner die heilige Sara aufgrund ihres Aussehens – sie soll von dunkler Hautfarbe und schwarzhaarig gewesen sein – zu ihrer Volksheiligen erwählt. Erst 1935 gestattete der damalige Erzbischof von Arles und Aix-en-Provence die alljährliche Prozession zu Ehren Saras, an der er und seine Nachfolger seither teilnehmen. Dabei segnet der Erzbischof die Menge und das Meer von einem Boot aus. Dann werden die Marien-Statuen und die der heiligen Sara – eskortiert von geistlichen Würdenträgern, frommen Provenzalen und Gardians auf ihren Pferden – in das Gotteshaus geleitet.

Bastion des Glaubens

Die wehrhafte Kirche von Saintes-Maries ist schon von weitem als Bastion des Glaubens zu erkennen, die über die Camargue und das Meer wacht. Die Kirche, in der zweiten Hälfte des 12. Jahrhunderts erbaut, wurde im 14. Jahrhundert befestigt und in der Spätgotik umgebaut. Nur noch an der Apsis mit ihren Blendarkaden nach lombardischem Vorbild erkennt man, dass es einen früheren romanischen Kirchenbau gegeben hat, der in der Spätgotik umgestaltet und teilweise neu errichtet wurde. Zahlreiche Bittschriften an die Heiligen im düster wirkenden Kirchenschiff zeugen von der Hoffnung der Menschen auf Beistand aus göttlichen Dimensionen. Anders als in Lourdes und Fatima wacht hier keine Kommission über Wunderheilungen, doch die zahlreichen Dankesbezeugungen deuten darauf hin, dass vielen Bittstellern in ihrer Not Hilfe gewährt wurde.

Mittler zwischen Mensch und Gott

Heilige gelten seit Beginn des Christentums als Mittler zwischen Gott und den Menschen. Ihre Biographien und ihr Wirken haben nichts an Faszination eingebüßt. Auch die weiterhin gepflegten Legenden sowie die Wallfahrtsstätten und Namenstage sind Zeugnisse einer lebendigen Tradition. In einigen Regionen Europas feiern die Menschen statt ihrer Geburtstage ihre Namenstage. Jeder Tag im Kalenderjahr ist einem Heiligen gewidmet, einige werden besonders hervorgehoben wie der 19. März für den heiligen Josef und der 29. Juni für die Apostel Petrus und Paulus. Nach Ansicht der Kirche begegnet ihren Gläubigen Tag für Tag mit einem Heiligen das Antlitz Jesu, tritt ein Zug seines Lebens in ihren Alltag.

Wirklichkeit und Legende

Die Heiligen haben einst als normale Menschen in dieser Welt gelebt, haben geschichtliche Zeugnisse hinterlassen und sind nach genauer Prüfung durch die römische Kirche in ihren Stand erhoben worden. Trotz ihrer einst realen Existenz weisen ihre Lebensbeschreibungen oft etwas Unfassbares auf. In ihnen strahlt das Wunder und zu ihrer historischen Wirklichkeit tritt dann die Legende, die übertreibt, vergoldet, verklärt, so wie in Saintes-Maries-de-la-Mer.

SAINTES-MARIES-DE-LA-MER

Die Auferweckung des Lazarus

Lazarus von Bethanien, der Bruder von Marta und Maria, galt als reicher Mann, dem ein Teil Jerusalems gehörte. Nach dem Johannes-Evangelium im Neuen Testament (11,45) erkrankte Lazarus und die Schwestern benachrichtigten Jesus. Er antwortete ihnen, die Krankheit führe nicht zum Tode, blieb noch zwei Tage an dem Ort, wo er sich gerade aufhielt, und machte sich dann erst nach Bethanien auf. Inzwischen war Lazarus gestorben und lag bei der Ankunft des Nazareners schon vier Tage im Grab. Als Jesus die beiden Schwestern weinen sah, weckte er Lazarus von den Toten auf. Diese Auferweckungsszene wurde neben der Wiederauferstehung von Jesus zu einem weiteren zentralen Motiv in der christlichen Kunst.

Vor einer idealisierten Landschaft und inmitten einer staunenden Menschenmenge stellte der niederländische Maler Geertgen tot Sint Jans (um 1460/65–vor 1495) die »Auferweckung des Lazarus« dar.

501

WUNDER DES WESTENS

Findhorn – der Garten guter Geister

Viele der Beete im schottischen Findhorn sind kreisförmig angelegt. Häufig werden sie sogar spiralförmig bepflanzt, wodurch sich die Energien zusammenführen lassen. Es hat sich gezeigt, dass Pflanzen nebeneinander oder in Gruppen erheblich besser gedeihen.

An den Idealen der Findhorn-Gemeinschaft bzw. an deren Grundkonzeption hat sich bis heute kaum etwas geändert. Allerdings hat sich die Gemeinschaft sehr rasch vergrößert. Aus den Anfängen der Findhorn-Bewegung stammt diese Meditationshalle.

Das kleine Dorf Findhorn im Norden Schottlands ist ein märchenhafter Ort. Naturgeister sollen geholfen haben, aus dem unwirtlichen Platz ein Paradies zu schaffen. Gemüse und Obst gedeihen in dem rauen Klima so prächtig, dass Findhorn zum Zauberwort für eine sanfte Ökologie geworden ist.

Die 500 Bewohner hoffen, dass ihre Kommune eines Tages zu einer »Stadt des Lichtes« werden wird.

Stimmen aus der Erde

Es begann damit, dass einige vom Stress der Großstadt geplagte Menschen aus London kamen, um sich in Findhorn niederzulassen. Sie hausten in einem Wohnwagen zwischen den Dünen, lagen in der Sonne und lauschten dem Wind. Eine von ihnen, Dorothy McLean, will auch eine flüsternde Stimme gehört haben, die ihr wiederholt riet, in der kargen Erde Bohnen, Kürbisse und Rüben anzubauen. Ihre Freunde Peter und Eileen Caddy wider-

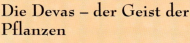
FINDHORN

Der erste Wohnwagen der Gründer von Findhorn steht immer noch als »Museumsstück« im Garten. In den 60er Jahren waren Dorothy McLean und Eileen und Peter Caddy auf der Flucht vor dem Großstadtleben nach Findhorn gekommen.

sprachen nicht, als sie von den geheimnisvollen Botschaften hörten. Im Gegenteil: Peter, der sich schon immer ganz besonders den anthroposophischen Ideen Rudolf Steiners aufgeschlossen gezeigt hatte, nutzte die auf diese Weise gewonnenen Informationen. Er legte einen Garten an und stellte über Dorothy gezielt Fragen an die unsichtbaren Ratgeber, die ohne Verzögerung und vor allem richtig beantwortet wurden: der Erfolg stellte sich immer ein, sobald sie den Anweisungen folgten.

Naturgeister und Menschen

Das Ergebnis dieses gemeinschaftlichen Wirkens von Naturgeistern und Menschen konnte sich sehen lassen. Auch Experten für biologischen Ackerbau fanden keine Erklärung, wie unter so kärglichen Voraussetzungen derart gigantische Gemüse und Blumen gediehen. Dorothy McLean war überzeugt davon, dass sie und ihre Freunde Kontakte zu einer speziellen Art von Engeln gefunden hatten. Denn »obwohl ich diesem Experiment ein nicht geringes Maß an Skepsis entgegengebracht hatte –

zweifellos unter dem Einfluss zu enger Vorstellungen von solchen Wesen wie Elfen –, so akzeptierte ich dann, als die Kontakte ihren Wert durch die Hilfe beim Wachstum im Garten bewiesen, doch die Realität jener Wesen...«

Attraktion für Öko-Pilger

Findhorn wurde zur Attraktion für Neugierige aus der ganzen Welt, die in den Ort an der nördlichsten Spitze Schottlands kamen, um das Phänomen mit eigenen Augen zu bestaunen. Viele von ihnen ließen sich dort nieder und die Einwohnerzahl der Gemeinde verdoppelte sich in kurzer Zeit. Als die Gründer der Findhorn-Gemeinschaft ihr Wissen in ihrem Buch »The Findhorn Garden« veröffentlichten, erhöhte das den Strom der Interessierten noch einmal. Inzwischen gilt das Dorf mit seiner erfolgreichen ökologischen Landwirtschaft als Hauptversorger der Region. Daneben gibt es ein großes Angebot von Seminaren zur spirituellen Lebensführung bis hin zu speziellen Computerlehrgängen und natürlich Kursen, die an die metaphysischen Existenzen der Devas, jenen Wesen zwischen Tag und Traum, heranführen.

Eileen Caddy, eine der drei Gründungsmitglieder der Findhorn-Gemeinde.

Die Devas – der Geist der Pflanzen

Im Sanskrit bedeutet Deva »Wesen des Lichts«. Da sie in einer anderen Sphäre leben, sind die Devas für den Menschen unsichtbar. Sie sind aber dem beständigen Kreislauf von Geburt, Tod und Wiedergeburt unterworfen. Sie gelten als der schützende Geist für Pflanzen und Tiere, wobei Dorothy McLean feststellen konnte, dass jede Pflanzenart ihre eigene Art von Devas hat. So gibt es eine Erbsen-Deva genauso wie es Tomaten-Devas oder Rüben-Devas gibt. Jede Pflanze ist somit ein mit einer Seele und Intelligenz ausgestattetes Lebewesen. Eine Vorstellung, die schon bei den keltischen Druiden, den Ägyptern oder den Griechen existiert hat und die uns auch heute helfen kann, denn: »Mit dem Geist der Pflanzen zu sprechen, ist tatsächlich eine Möglichkeit, mit uns selbst und auch mit anderen auf neue und tiefe Weise sprechen zu lernen«, sagt Dorothy McLean. Für McLean sind die Devas gleichsam archetypische Ur-Gedanken oder Energien.

In Findhorn besteht über die Devas ein Kontakt und Austausch zwischen Pflanze und Mensch. So wird es möglich, dass trotz der kargen Böden und des rauhen Klimas im schottischen Norden die Pflanzen prächtig gedeihen.

WUNDER DES WESTENS

Dies sollen die wahren Augen der Gottesmutter sein. Da vieles für die Echtheit des Bildes spricht, müsste Maria eigentlich, wie zu sehen ist, indianischen Ursprungs und somit braunhäutig gewesen sein.

Marias Fotografie

Experten der Firma Kodak fanden heraus, dass die Marien-Abbildung von Guadalupe ihrem Wesen nach den Charakter einer Fotografie hat. Es sind keine Pinselstriche auf dem Bild festzustellen. Bei den Untersuchungen erkannte man auch, dass sich in den Pupillen der Mariengestalt das Gesicht eines bärtigen Mannes spiegelt. Hinzugezogene Augenärzte stellten eine Verzerrung des Bildes in Übereinstimmung mit der Krümmung der Hornhaut fest. In einer Computeranalyse sind neben dem Bartträger noch weitere Personen in der Pupillenspiegelung präsent. Das Marienbild von Guadalupe bietet Fakten für seine Echtheit, die man nicht verleugnen kann:

- Die Tilma Juan Diegos besteht aus Agavefasern, die nicht länger als 20 Jahre halten. Seit 450 Jahren aber existiert dieser Umhang ohne Auflösungserscheinungen.
- Durch die freiwerdende Strahlung von Kerzenrauch müssten die Farbpigmente mittlerweile verblasst sein.
- Die Farben bestehen weder aus pflanzlichen, tierischen noch mineralischen Stoffen. Einzige Alternative sind synthetische Farben, die es damals jedoch nicht gab.

Jedes Jahr in der zweiten Dezemberwoche machen sich Zehntausende Gläubige in ganz Lateinamerika auf nach Mexiko City, um den Jahrestag der Marienerscheinung von Guadalupe zu begehen. Juan de Villegas Gemälde aus dem 18. Jahrhundert zeigt Diegos Mantel mit dem Abbild Marias.

Guadalupe – das Bild der Gottesmutter

GUADALUPE

Sind Erscheinungen reale Begebenheiten oder nur fromme Fiktion? In Guadalupe (Hidalgo), in der Nähe von Mexiko City, fand vor 450 Jahren eine überirdische Manifestation von besonderer Tragweite statt: Die Erscheinung von Guadalupe hinterließ eine Fotografie!

Marienerscheinung in Mexiko

Am 9. Dezember 1531 brach ein gewisser Juan Diego auf, um in Tlatilolco einer heiligen Messe beizuwohnen. Von Geburt Azteke, war er sechs Jahre zuvor zum Christentum übergetreten.

In der Nähe des kleinen Berges Tepeyac vernahm er überraschend eine überirdische Musik. »Als der wunderbare himmlische Gesang plötzlich endete, hörte er, wie er gerufen wurde: ›Juanito, Juan Dieguito!‹ Und als er auf dem Gipfel ankam, sah er ein Edelfräulein. Ihr Gewand leuchtete wie die Sonne, als ob es von Licht widerstrahlte«, berichtet in eindringlichen Worten die Überlieferung.

Das Blumenwunder

Die Erscheinung gab sich als heilige Jungfrau Maria zu erkennen und forderte, man solle ihr ein Heiligtum am Ort ihrer Erscheinung errichten. Juan Diego ging zu seinem Bischof, Juan de Zumárrage, und trug den frommen Wunsch Marias vor. Der Bischof schenkte dem Indianer jedoch keinen Glauben. Enttäuscht kehrte Juan Diego zur Königin des Himmels zurück. Maria versprach ein göttliches Zeichen und ließ mitten im frostigen Winter Blumen auf dem Hügel erblühen. Sie legte Juan Diego einige der duftenden Blüten in seine Tilma (Umhang). »Das ist der Beweis, den du dem Bischof bringen sollst,« ließ sie ihn wissen. Als Juan Diego seine weiße Tilma vor dem Bischof ausbreitete, erschien auf ihr plötzlich das Bild der heiligen Jungfrau. Schon bald errichteten die Gläubigen eine glanzvolle Kathedrale in Guadalupe, zu der jährlich Millionen Menschen pilgern, um das wundersame Bildnis Mariens auf dem einfachen Mantel von Juan Diego zu verehren.

Mit Blumen und Musik feiert man die Heilige Jungfrau von Guadalupe. Für die Gläubigen ist es ein denkwürdiges Ereignis, vor einer der angebeteten Marienstatuen zu stehen. Neben dem heiligen Tuch ist es leider nicht möglich zu posieren. Es befindet sich in der neuen Basilika von Guadalupe: wegen des großen Andrangs installierte man Förderbänder – auf diesen schleust man die Betenden am Tuch vorbei.

Aus dem Album zum 450. Geburtstag der Erscheinung von Guadalupe: Juan Diego breitet seinen Mantel mit dem Abbild von Maria auf, aus dem Blumen quellen.

WUNDER DES WESTENS

Die Erscheinung

Am 12. August 1951 verspürte der Italiener Antonio Ruffini während einer Autofahrt südlich von Rom einen unerklärlichen Durst. Er hielt seinen Wagen an und stieg über eine Böschung hinunter, um seinen Durst an einer Quelle zu löschen, an der eine schwarz gekleidete Dame stand. Als sich seine Handflächen mit dem Wasser füllten, sah er, dass sich das Wasser rot gefärbt hatte. Im selben Augenblick war sein Durst verschwunden. Ruffini glaubte zunächst, sich bei seinem Abstieg verletzt zu haben. Da gab sich die schwarz gekleidete Frau als Maria zu erkennen und ließ Antonio Ruffini verstehen, dass er in den Kreis der Jünger aufgenommen sei. Die Erscheinung verschwand. Als Ruffini das Wasser von seinen Händen abschüttelte sah er, dass er die blutenden Wundmale trug.

Antonio Ruffini hat an dem Ort seiner Marienerscheinung eine Kapelle errichten lassen. Seine Hände sind zwar dauerhaft von den Wundmalen gezeichnet, dennoch kann er sie ungehindert bewegen.

Stigmatisierte – Menschen mit den Wundmalen Jesu

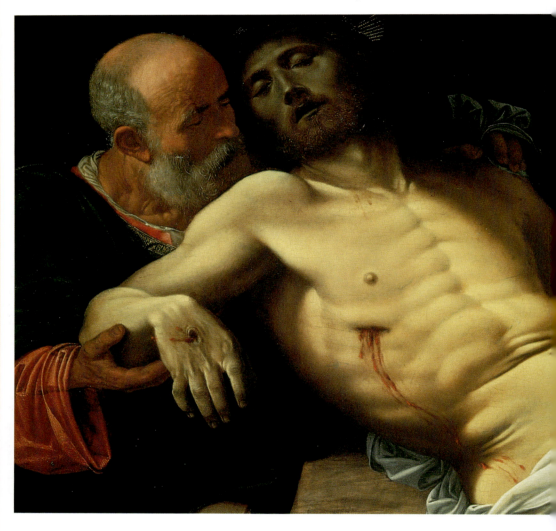

Das Renaissance-Gemälde »Die Beweinung Christi« (um 1510) von Giovanni Girolamo Savoldo zeigt deutlich die Wundmale, wie sie auch bei heutigen stigmatisierten Menschen auftreten.

Zu den eigentümlichsten Erscheinungen im Bereich religiöser Phänomene gehören die Stigmatisierten – Menschen, auf deren Körper sich die Passionswunden von Jesus zeigen. Einer der ersten und berühmtesten Stigmatisierten war im Jahr 1224 der Heilige Franz von Assisi, der Stifter des Franziskanerordens. Das Auftreten von unerklärlichen Wundmalen ist ein psychisch bedingtes Phänomen. Es handelt sich dabei um organische Bildungen aufgrund der Einbildungskraft, die in veränderten Bewusstseinszuständen außergewöhnliche körperliche Symptome hervorzurufen vermag. Theologen betrachten sie als ein charismatisches Zeichen. Dagegen stehen Ärzte und Wissenschaftler dem Phänomen kritisch gegenüber, denn ihre Untersuchungen hatten ergeben, dass viele der Patienten, die unter hysterischen Erkrankungen leiden, sich Stigmen und Verletzungen selbst beibringen.

Mittelalter auf. Schon aus der Zeit um 920 wird von dem jungen Mädchen Ozanne berichtet, das im Kloster von Reims aufgenommen worden war. Sie soll zwei Jahre lang weder Fleisch noch Brot gegessen haben, jedoch bei guten Kräften gewesen sein. Sie hatte Phasen, in denen sie viele Visionen hatte. Dabei lag sie bis zu sieben Tagen völlig bewegungslos im Bett und schwitzte zum Erstaunen aller Blut, das, wie von einer Dornenkrone verursacht, von der Stirn über ihr Gesicht floss.

Die »Pietà« von Hugo van der Goes (1440–1482) zeigt deutlich die Wunden Christi und deren Beweinung. Als Pietà werden so genannte Vesper- oder Andachtsbilder bezeichnet, in denen Christus-, Marien- oder Johannesdarstellungen gezeigt wurden. Besonders im Mittelalter waren sie ein beliebtes Kunstmotiv – wurden sie doch als Kopien oder Holzschnitte in Gebetsbüchern aufbewahrt und dienten der Besinnung oder als Unterstützung beim Beten.

Stigmen und andere Symptome

Die Forschung hat erwiesen, dass es in der Vergangenheit überwiegend Frauen waren, die stigmatisiert waren und dass sich in der orthodoxen Kirche bis heute kein einziger Stigmatisationsfall ereignet hat.
Besonders häufig tauchten solche Passionsmale bei den so genannten Mystikerinnen im

Charakteristische Eigenheiten und Symptome, etwa vorübergehende Taubheit, Blindheit oder Stimmlosigkeit, Veränderungen der Geschmacks-, Geruchs- oder Tastempfindungen sowie Krämpfe und Momente einer Muskelstarre treten bei fast allen Stigmatisierten auf. Typisch sind bei vielen aber auch Spontanheilungen. Wissenschaftler, Ärzte und

WUNDER DES WESTENS

Psychologen können heute in vielen Stigmen und anderen Symptomen psychopathologische Züge oder körperliche Störungen bei den Betroffenen erkennen und belegen.

Der Einfluss des Geistes

1860 erregte der Amerikaner Charles H. Foster in England Aufsehen, weil er Wörter auf seiner Haut erscheinen lassen konnte. Bei solchen so genannten Dermographismen handelt es sich um Vorformen der Stigmatisierung. Unter Hypnose lassen sich milde Arten dieser Hauterscheinungen hervorrufen. Wird etwa einem Hypnotisierten suggeriert, dass eine Münze auf seinem Arm brennend heiß sei, zeigt sich die Stelle der Haut in der Tat stark gerötet.

Faszination der Zeichen

Wie stark Stigmen von unbewussten Vorstellungen abhängen können, zeigen Wunden, die symbolische Formen annehmen. Bei der Stigmatisierten Nonne Anna Katharina Emmerick (1774–1824) erschien auf der Brust ein Kreuz, das dem Kreuz in der St.-Lambert-Kirche in Coesfeld (bei Münster) glich, vor dem sie oft betete. Es sind vor allem die angeblichen außergewöhnlichen Fähigkeiten der Stigmatisieren, die das Phänomen so rätselhaft erscheinen lassen. Dazu zählen Hellsehen, das Überleben ohne Nahrungsaufnahme oder das Erscheinen an einem fernen Ort. Diese Befähigungen brachten dem Stigmatisierten Padre Pio (Franceso Forgione, 1887–1968) den Ruf ein, ein Heiliger zu sein. Damals wie heute zieht das Phänomen die Massen an.

Der deutsche Dichter Clemens Brentano (1778–1842), der sich einige Jahre in Dülmen niederließ, um bei Anna Katharina Emmerich zu sein, schrieb über den Strom der Schaulustigen: »Die heftigsten Schmerzen leidend, hatte sie gewissermaßen auch noch ihr Eigentumsrecht an sich selbst verloren und war gleichsam zu einer Sache geworden, welche zu beschauen und zu beurteilen jedermann das Recht zu haben glaubte.«

Zwei stigmatisierte Zeitgenossen

Auch gegenwärtig gibt es Menschen, die Stigmen aufweisen. Der Italiener Antonio Ruffini trägt seit 1951 die Kreuzigungswunden. Immer wieder beginnen die offenen Wunden an hohen katholischen Feiertagen zu bluten. Niemals jedoch entzünden sich die betroffenen Stellen seiner Hände und er kann sie ohne jegliche Einschränkung bewegen und gebrauchen. Für viele Ärzte sind solche jahre-

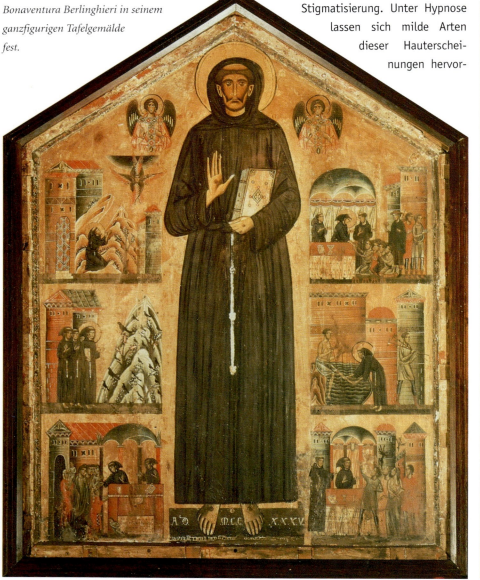

Der Ordensgründer Franz (Francesco) von Assisi (1181–1226) gilt als einer der ersten Wundmalträger nach Christus. Dieses Phänomen hielt bereits 1235, also nur neun Jahre nach seinem Tod, der Maler Bonaventura Berlinghieri in seinem ganzfigurigen Tafelgemälde fest.

Kreuzförmige Wundmale zeigten sich bei der stigmatisierten Augustinernonne Anna Katharina Emmerich.

STIGMATISIERTE

Bongiovanni, Führer einer Sekte von Auserwählten, wurde in einem Gemälde, das einer seiner Anhänger entwarf, neben Jesus gestellt.

langen Hautblutungen ein Rätsel, denn längst müssten Muskel, Sehnen und Nervenbahnen in Mitleidenschaft gezogen worden sein.

Blutzeichnungen

Bei Natuzza Evolo aus dem süditalienischen Paravati zeigt sich neben den Stigmen ein eigentümliches Phänomen: Schon als kleines Mädchen schwitzte sie Blut. Sobald das Blut mit Binden oder Taschentüchern in Kontakt kam, entstanden darauf Blut-Zeichnungen mit religiösen Symbolen: Kelche, Hostien, Monstranzen, Heilige, Pilger, Madonnen, Engel, Herzen und Dornenkronen.

Allerdings hat noch niemand den Entstehungsprozess der Zeichnungen mitverfolgt und so muss das Urteil, ob es sich hierbei um Manipulation handelt oder nicht, offen bleiben.

Der Dichter Clemens Brentano widmete den Stigmatisierten große Aufmerksamkeit. Die Dichter der Romantik waren zum einen durch eine Wiederbelebung des Mittelalters, zum anderen aus einem verstärkten Interesse des Christentums von »Wundern« wie der Stigmatisierung fasziniert.

Hysterische Symptome

Bei manchen Stigmatisierten ist es offenkundig, dass die Wunden durch eine hysterische Störung erzeugt oder sogar selber beigebracht werden. Der junge Italiener Giorgio Bongiovanni war überzeugter UFO-Anhänger als er 1989 am Ort der berühmten Marienerscheinung von Fátima die Wundmale erhielt. Seitdem bildete sich ein merkwürdiger apokalyptischer UFO-Kult um seine Person. Für den Hysteriker sind solche Begleiterscheinungen nicht unwillkommen, da er sein Publikum braucht. Ärzte bestätigten das Vorhandensein der Wunden, ohne allerdings eine Aussage zu treffen, ob er sie sich vielleicht selber zugefügt hat. Ein Blutfluss wurde nie beobachtet. Man sieht nur die großen erhabenen und verkrusteten Stellen, die bisweilen ein pastöses Aussehen haben.

Bongiovanni präsentiert sich gern seinem Publikum.

Maria aus dem UFO

Während seiner Ekstasen berichtet Giorgio Bongiovanni von religiösen Visionen, in denen Jesus und die Muttergottes in Overalls einem Raumschiff entsteigen, um die Welt vor dem nahen Ende zu warnen. Bongiovannis Stigmen verändern sich laufend, nehmen symbolische Formen an, die mit angeblichen Transplanetariern in Beziehung stehen. Die Anhänger seiner Kultgemeinde seien Auserwählte, die bei der Zerstörung der Erde verschont werden sollen. In seiner Sekte lässt Bongiovanni sich als Heiliger – Jesus, Buddha, Krishna, Mohammed ebenbürtig – feiern und schürt die Angst vor der Apokalypse.

Geheim-
wissenschaften

Es gehört zu den ältesten Überzeugungen der Menschen, dass die wahren Zusammenhänge der Welt nur einigen wenigen Eingeweihten und Wissenden zugänglich sind. Ihr geheimes Wissen geben sie nur mündlich an ihre Schüler weiter. In Kulten und Bruderschaften sollen die Auserwählten eine Einweihung erfahren und selber an der Einsicht um das Geheimnis des Daseins und der letzten Dinge teilhaben können. Die so Berufenen haben aufgrund des Zugangs zu diesem geheimen Wissen die Fähigkeit, magische Kräfte zu erlangen und anzuwenden. Die Traditionen, in denen solche Vorstellungen weitergetragen wurden, existierten vor allem im Mittelalter, halten sich aber in versteckt operierenden Zirkeln, archaischen Kulturen und okkultistischen Orden bis heute.

GEHEIMWISSENSCHAFTEN

Ursprünge der Magie

Zwei chinesische Magier beim Studium der Orakelbücher (Bildvordergrund) und beim Verkünden der Prophezeiungen, zu dem sich zahlreiche Fragende eingefunden haben. (Kupferstich des 17. Jahrhunderts)

Magie geht auf die Vorstellung zurück, dass alles im Kosmos von einer transzendenten Kraft durchdrungen ist. Magie ist die Fähigkeit von Menschen, auf diese Kraft Einfluss zu nehmen, sie zu lenken und zum Guten oder Schlechten zu gebrauchen.

Während gemeinhin Magie und magische Wirkungen als Aberglauben angesehen werden – ein Relikt aus einer primitiven Entwicklungs-

URSPRÜNGE DER MAGIE

stufe des Menschen – hat die moderne Parapsychologie nachgewiesen, dass »magische« Effekte zwar selten, aber unter bestimmten Bedingungen durchaus möglich sind. Um die verschiedenen magischen Techniken ranken sich unterschiedliche abergläubische Systeme. Der Glaube an nicht kausale, also

magische Effekte, mag aber durchaus auf eine Urerfahrung der Menschheit mit Phänomenen wie Telepathie, Hellsehen, Zukunftsschau und unerklärlichen Fernwirkungen zurückgehen.

Fetische

Im magischen Denken von Naturvölkern können Zauberkräfte auch auf einen Gegenstand oder eine Tier- oder Menschenfigur übertragen werden. Solche Übertragungen können positiver oder negativer Natur sein. Gegenstände, die in magischen Handlungen eine wichtige Rolle spielen, vermögen somit Sitz übernatürlicher Kräfte zu werden. Mit diesen so genannten Fetischen, können magische Angriffe abgewehrt und Schadenzauber ausgeführt werden.

Das Ritual

Das Ritual gilt als das wirksamste Mittel, die magischen Kräfte einsetzbar zu machen. Unter einem Ritual wird ein ordnungsgemäßer, richtiger und dadurch »wahrer« Brauch verstanden, um mit dem Übernatürlichen in Kontakt zu treten. Es bildet sich aus einzelnen Gebräuchen, den Opferriten oder Reinigungszeremonien. Durch ein Ritual soll ein bestimmtes Ergebnis erzielt werden, das in Zusammenhang mit der jenseitigen Welt steht. Gewöhnlicherweise wurde es geheim gehalten. Es galt als heilig und wurde durch die Götter dem jeweiligen Stamm vermittelt. In späteren Zeiten wurde es oft schriftlich festgehalten; so genannte Ritualbücher entstanden.

Der Weise

Der Begriff »Magie« geht auf den medischen Stamm der Magier (oder Mager) zurück, die im Altertum im Nordwesten des heutigen Iran beheimatet waren. Der griechische Geschichtsschreiber Herodot (490–ca. 425 v. Chr.) berichtete, unter den Magiern gebe es viele Weise, die sich besonders mit Traumdeutung und Astrologie beschäftigten. In diesem Sinne verwendeten die Gelehrten seit dem Mittelalter das Wort »Magier« im Sinne von »Weiser«. Man verstand darunter einen Wissenden, der das Weltganze nicht nur philosophisch, sondern auch durch experimentelle Forschung zu verstehen trachtete. Das Beherrschen und Manipulieren des Bewusstseins und der Natur ist ein Anliegen, dass Magier und Wissenschaftler teilten.

Reinigung mit dem Meerschweinchen

In schamanistischen Gesellschaften ist die Vorstellung weit verbreitet, dass die magische Kraft, welche Krankheiten verursacht, durch Übertragungen auf ein Tier wieder abgezogen werden kann.

In Südamerika gibt es ein Heilritual, bei dem der Schamane einen Kranken mit einem lebenden Meerschweinchen »reinigt«, indem er das Tier beschwört. Dadurch soll die Krankheit auf das Tier übertragen werden. Anschließend tötet der Schamane das Meerschweinchen, um so die Krankheit zu beseitigen.

Um Näheres über den Hintergrund und die Quelle der Krankheit zu erfahren, liest der Schamane schließlich in den Eingeweiden des Tieres.

Viele afrikanische Stämme verwenden aus Holz geschnitzte Fetischfiguren. Dieser Maiskolben-Fetisch kommt bei Fruchtbarkeitszeremonien zum Einsatz.

513

GEHEIMWISSENSCHAFTEN

Schon früh hat die christliche Kirche die magischen Handlungen der heidnischen Urbevölkerung in ihre Lehre integriert. Dazu gehörte auch die Austreibung von Dämonen und Teufeln, die die Kirche mit Hilfe des Exorzismus praktizierte. Auf dem Altarflügel von Michael Pacher (1435/40–1508) heilt der heilige Wolfgang eine Besessene. (Wolfgang-Altar von 1481, in St. Wolfgang in Österreich)

Apollonios von Tyana rettet seinen Schüler Menippos vor einer Lamia, einem weiblichen Vampir.

Antike Vorbilder

Schon in der Antike spielt der Bildzauber bei magischen Handlungen eine bedeutende Rolle und zwar als Schadenzauber und auch im Liebeszauber. Wachspuppen stehen dabei meist Modell für eine zu beeinflussende Person. Legenden, in denen durchbohrte Wachspuppen Krankheit und Tod ausgelöst haben sollen, sind sehr alt und waren im ganzen Abendland verbreitet. Geschichten von antiken Magiern, wie die des berühmten Apollonios von Tyana, der im ersten Jahrhundert in Kappadokien lebte, trugen dazu bei, die Gestalt des zwielichtigen Magiers zu prägen. In Korinth soll er eine Lamia, einen weiblichen Vampir, die seinen Schüler Menippos töten wollte, durch Magie unschädlich gemacht haben.

Bund mit den Dämonen

Später vermischte sich der Begriff des Magiers im allgemeinen Sprachgebrauch unter dem Einfluss der Kirche mit dem Maleficus, dem Schadenzauberer, der mit Dämonen im Bunde sei. Hauptverantwortlich für die Verdammung und Verfolgung der Magie durch die Kirche ist der bedeutende Theologe Thomas von Aquin (ca. 1225–1274). Er hatte die Magie dämonisiert. Seiner Auffassung nach gibt es keine Personen mit magischen Fähigkeiten. Alle magischen Effekte seien auf die Einwirkung von Dämonen zurückzuführen.

Daraus entwickelte sich die Vorstellung, dass der Magier einen Pakt mit den Dämonen eingeht, um sich ihrer Dienste zu versichern. Auch Wahrsagerei sei nichts anderes als das Werk von Dämonen.

Religion und Magie

Die christlichen Theologen hatten allerdings größte Mühe, mystische Handlungen in der Kirche von der Magie abzugrenzen. Die Propheten betrieben Wahrsagerei, Sakramente galten als Zaubermittel, das Agnus Dei – die künstlerische Darstellung eines Lamms, das durch Heiligenschein, Kreuz und Kelch als Symbol Christi ausgewiesen war – als Talisman, Gebete wurden als magische Beschwörungsformeln eingesetzt, Reliquien standen in Funktion von Amuletten, Bibelsprüche und Psalmen wurden als Abwehrzauber benutzt und fanden bei der Dämonenaustreibung (Exorzismus) Verwendung. Die Priester scheuten sich nicht, magische Handlungen auszuführen, und selbst die Päpste im Mittelalter bedienten sich der Zauberei. Einer der bedeu-

URSPRÜNGE DER MAGIE

tendsten Gelehrten des Mittelalters, Gerbert von Aurillac, der spätere Papst Sylvester II. (999–1003), soll derart außerordentliche magische Fähigkeiten besessen haben, dass man ihn als »Teufelspapst« bezeichnete. In der Tat besteht zwischen Magie und Religion ein enger Zusammenhang, wobei der Magier mit den übernatürlichen Kräften aktiveren Umgang pflegt als in der Religion üblich.

Wandlung des Magiers

Im Lauf der Zeit machten Magie und Magier zahlreiche kulturgeschichtlich interessante Entwicklungen durch. Vom Stammesschamanen wandelte sich der Magier über den Techniker und Spezialisten paranormaler Effekte zum mysteriösen Okkultisten esoterischer Prägung. Komplizierte Riten wurden allmählich zum unverzichtbaren Bestandteil für die magischen Handlungen in Geheimgesellschaften und religiösen Kulten. Um magische Wirkungen zu erzielen, wurden rituelle Kleidung und ein Arsenal an Gerätschaften, magischen Steinen, Spiegeln, Amuletten und Talismanen, nach Farben und Symbolen ausgewählt, unerlässlich. Es wurden auch sakramentale Speisen oder Getränke eingenommen, Räucherwerk und ätherische Öle verwendet, die nach alten Vorstellungen einer bestimmten Gottheit oder Wesenheit zugehören.

Schließlich durfte die Rezitation von Zaubersprüchen oder mächtigen Silben und Namen nicht fehlen, um die eigentliche Beschwörung durchzuführen, durch welche die Dämonen zum Gehorchen, Erscheinen oder Antworten gezwungen werden sollten.

Auch heute noch werden von den Schamanen und den Stammesangehörigen vieler Naturvölker die verschiedensten »Zaubermittel« und Fetische bei den magisch-religiösen Handlungen verwendet. Beim Djagli-Voodoo in Benin kommen Affen- und Hundeschädel zum Einsatz, die man auf dem Markt erwerben kann.

GEHEIMWISSENSCHAFTEN

Mantik – die Kunst der Wahrsagerei

In Delphi, der antiken Stadt am Fuß des Berges Parnassos, war der Sitz des berühmten Orakels. Der dortige Apollontempel wurde bis ins 4. Jahrhundert genutzt.

MANTIK

Die Kunst der Wahrsagerei wird »Mantik« oder »Divination« genannt. Die lateinische Form divinatio bedeutet »Kenntnis des göttlichen Denkens«. Mantik geht auf den griechischen Begriff mania, »Wahnsinn«, »Raserei«, zurück. Unter Wahnsinn verstanden die Griechen allerdings nicht einen psychopathologischen Zustand, sondern vielmehr die Ekstase, das »Außer-Sich-Sein«, die göttliche Inspiration. Der Mantis war ein gotterfüllter Seher. Entsprechend waren die großen mythologischen Seher im Altertum, wie Helenus, Kalchas oder der blinde Seher Tereisias, der das

Die Sibylle von Cumae legt ein Blatt in den Eingang ihrer Grotte. Die Fragesteller erfuhren allerdings von ihr nie die gesamte Wahrheit über ihre Zukunft. (Kupferstich 17.Jh.)

Schicksal des Ödipus vorhersagte, keine Wahrsager und Zukunftsdeuter, sondern Übersetzer göttlichen Willens. Ihre Fähigkeit war es, im Buch der Natur die geheimen Mitteilungen der Götter lesen zu können.

Die ursprüngliche Technik der Wahrsagekunst bestand darin, in zufälligen Ereignissen sinnvolle Muster zu erkennen. Götter und überirdische Wesen benutzen diese als Mittel, um jenen, die dazu befähigt sind die Zeichen zu verstehen, ihren Willen kundzutun. Zufällige Geräusche, vorbeiziehende Vogelschwärme, Risse in Knochen, Formen auf spiegelnden Wasserflächen werden zu göttlichen Botschaften. Das Rascheln von Blättern eignete sich besonders dazu, mystische Bedeutungen zu erlangen. Vom Rauschen des Windes in Maulbeerbäumen ließ sich schon David zu Prophe-

Eine Auswahl mantischer Praktiken

- **Alektryomantie**
  Ein Hahn pickt Körner auf, die über Buchstaben verstreut sind und die zur Deutung herangezogen werden

- **Astragalomantie**
  Deutung von mit Zeichen versehenen Knöcheln, die gewürfelt werden

- **Axinomantie**
  Eine locker gehaltene Axt bewegt sich, wenn der Name eines Schuldigen fällt

- **Bibliomantie**
  Zufälliges Aufschlagen eines Buches und Berühren einer Stelle, welche die Antwort auf eine Frage gibt

- **Chiromantie**
  Wahrsagung aus den Linien der Hand

- **Daktylomantie**
  Pendeln mit einem an einem Haar hängenden Ring über einem Alphabet

- **Gastromantie**
  Deuten von Spiegelungen in mit Wasser gefüllten, angeleuchteten Glasgefäßen

- **Hepatomantie oder Hepatoskopie**
  Deutung von Opfertiereingeweiden

Darstellung einiger mantischer Techniken. Frontispiz von J. G. Jobs »Anleitung zu denen curiösen Wissenschaften«, 1747.

GEHEIMWISSENSCHAFTEN

Weitere mantische Praktiken

- **Hippomantie**
  Deuten des Wieherns von einer Gottheit geweihten Pferden
- **Hydromantie**
  Deuten von Erscheinungen in und über dem Wasser von Quellen oder in Schalen
- **Kleromantie**
  Ziehen von Losen aus einem Helm
- **Kraniomantie**
  Deuten der Beschaffenheit eines Tierschädels nach dem Brandopfer oder Mantik mit Hilfe eines Totenschädels.
- **Libanomantie**
  Deuten der Rauchformen verbrennenden Weihrauchs
- **Metopososkopie**
  Interpretation der Stirnfalten
- **Nekromantie**
  Totenbeschwörung
- **Onychomantie**
  Deuten von Visonen durch Betrachten eines Fingernagels
- **Rhapsodomantie**
  Deuten zufällig in einem Buch aufgeschlagener Verse
- **Teratoskopie**
  Deuten auffallender Ereignisse nach ihrem prophetischen Sinn
- **Xylomantie**
  Werfen von Holzstäbchen oder Würfel

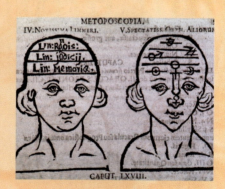

Aus den unterschiedlichsten physiognomischen Besonderheiten entwickelten sich in der Vergangenheit mantische Praktiken wie etwa die Metopososkopie. (Holzschnitt aus J. Praetorius »Ludicrum chiromanticum«, 1661)

In der Orakelstätte des Trophonios bei Lebadaia, im antiken Böotien, stiegen die Fragenden in eine unterirdische Höhle hinab, wo sie zahlreiche Abenteuer zu bestehen hatten. (Kupferstich von Romeyn de Hooghe, 17. Jahrhundert)

zeiungen inspirieren. In Dodona, einer der berühmtesten Orakelstätte des Zeus, die schon Homer erwähnte, weissagten die Priester aus dem Rauschen der heiligen Eiche und in Delos und Delphi soll es weissagende Lorbeerbäume gegeben haben.

Die Methode der Sibylle

Der für die Wahrsagerei nötige Zufallsprozess wurde auch künstlich hergestellt. Die berühmte Sibylle von Cumae schrieb eine fortlaufende Prophezeiung auf verschiedene Blätter und legte diese auf den Boden in ihrer Höhle. Wenn der Fragesteller in die Grotte kam, wurden ihre prophetischen Mitteilungen durch den Luftzug durcheinander gewirbelt. Auf diese Weise würde er nie den gesamten Umfang der Prophezeiung kennen, sondern nur Fragmente erhaschen.

Klassifikation der Mantik

Der bedeutende römische Redner und Philosoph Marcus Tullius Cicero (106–43 v. Chr.) unterschied in seinem Werk »De divinatione« künstliche (divinatio artificiosa) von natürlicher Wahrsagerei (divinatio naturalis). Zur künstlichen Wahrsagerei zählte er alle Techniken, die angewandt wurden, um ein göttliches Orakel zu erhalten, von der Eingeweideschau, dem Werfen von Losen bis zur Deutung von Omina (Vorzeichen). Natürliche Divination ereignet sich in einem Zustand der Trance, in göttlicher Erregung oder als Wahrtraum. Im antiken Griechenland versuchte man, im Tempelschlaf diese natürliche Weissagungsfähigkeit der Seele zu nutzen. Herakles enthüllte im Traum des Sophokles den Namen eines Diebes, der das Tempelgeschirr gestohlen hatte. Den Tempelschläfern sendet Telesphoros Träume, die Wirklichkeit sind und die helfen, Psyche und Physis zu heilen.

Das Orakel des Trophonios

In den antiken Orakelstätten wurde nicht nur ernsthaft die hohe Kunst der Mantik betrieben. Schauspiel, Illusionskunst und Betrug begleiteten seit den ältesten Zeiten die menschlichen Versuche, die Zukunft zu entschlüsseln. Das Orakel des Trophonios, des legendären Erbauers des Tempels von Delphi, am Unterweltseingang bei Lebadeia in Böotien (östliches Mittelgriechenland) wurde seit dem 6. Jahrhundert v. Chr. bis in die christliche Zeit befragt. Dort wurde der Fragesteller zunächst Reinigungen, Bädern und Salbungen unterzogen. Anschließend wurden seine Opferhandlungen von den Priestern beobachtet und durch Eingeweideschau (Hepatomantie) bei einem geopferten Tier gedeutet. Nachdem man ihm eine besondere Kleidung angelegt hatte, wurde er durch ein enges Loch in einen unterirdischen, dunklen Raum gerissen.

Dort erschreckte man ihn mit Schlangen. Diese wurden durch Opferkuchen, die der Klient mitbrachte, besänftigt. In dieser unterirdischen Höhle konnte der Ratsuchende den Trophonios, der einst von der Erde verschluckt worden war, selbst hören und sogar sehen. Wahrscheinlich flüsterten ihm die Priester durch Sprachrohre die »göttlichen« Worte der Weissagung ins Ohr und hielten ihm Spiegel vor, um im Schein der Fackeln mysteriöse Erscheinungen hervorzurufen.

Das Schulterblatt-Orakel

In Asien bestand eine beliebte und verbreitete Form der Wahrsagekunst darin, in Schildkrötenschalen oder in Schulterknochen von Rindern und Schafen Löcher zu bohren, in die glühende Stäbe gesteckt wurden.

Die dadurch entstehenden Risse wurden von Orakelauslegern als Glück verheißend oder Unheil bringend gedeutet. Durch den Einfluss des tibetischen Lamaismus verfeinerten die mongolischen Stämme die Divination aus Schulterblättern (Skapulamantik). Im 18. Jahrhundert stellte der tibetische Gelehrte Sumpa mkhan-po ein Handbuch der Skapulamantik zusammen. Bis in unser Jahrhundert wurde auf diese Weise das Orakel befragt.

Die Radierung von Romeyn de Hooghe aus dem 17. Jahrhundert zeigt einen Fragesteller in der unterirdischen Grotte des Trophonios. Nicht der sagenumwobene Trophonios tat hier seine Weissagungen kund, sondern die Priesterschaft des Heiligtums veranstaltete in den dunklen Verließen allerhand, um die Sinne zu täuschen.

GEHEIMWISSENSCHAFTEN

Trance und Besessenheit

Aus der peruanischen Moche-Kultur (200–800 n. Chr.) stammt diese Figur. Sie zeigt einen Schamanen in Trance. Er ist mit seinem Hilfsgeist in Form eines Jaguars eins geworden. Die Mischwesen und Schlangen, die seinen Körper bedecken sowie die aufgerissenen Augen verdeutlichen den Zustand der Intoxikation.

Bei den Zeremonien des Mami Wata Voodoos in Benin tanzen sich die Voodooanhänger auf dem Dorfplatz in völlige Trance hinein, bei der jegliche Kontrolle ausgeschaltet ist. Bei den Naturvölkern wird der Trancezustand, wie auf dieser Aufnahme zu sehen, für schamanische Handlungen genutzt. Danach folgt meist Erinnerungslosigkeit.

Trance und Besessenheit gehören zu den Grundmustern ursprünglicher Religionsausübung. Der Steinzeitschamane versetzte sich in den Zustand der Trance, um mit Göttern und Geistern zu kommunizieren oder sein Körper wurde auf Zeit von den transzendenten, übernatürlichen Wesenheiten besessen. Die zugrunde liegende

Idee besagt, dass der alltägliche Bewusstseinszustand gekennzeichnet ist durch die Abwesenheit der Götter. In bestimmten veränderten Bewusstseinszuständen könne man jedoch in die verborgene Wirklichkeit eintreten, wobei die Herrschaft des Willens über den Körper aufgehoben ist. Im Gegensatz zur

Hypnose, die durch Suggestion hervorgerufen wird, wird die Trance durch andauerndes monotones Reizen der Sinne, etwa durch rhythmische Musik und Tanz hervorgerufen.

Kultische Besessenheit

Der Trancezustand ist Voraussetzung für kultische Besessenheit. Bei so genannten Besessenheitskulten, wie den aus Afrika stammenden und durch die Sklaven nach Süd- und Nordamerika importierten Kulten des Voodoo, Candomblé, Macumba, Umbanda oder auch beim Zâr-Kult in Nordafrika, nehmen Gottheiten oder Geister die Gläubigen in Besitz. In Nigeria wohnen die Anjenu-Geister in Flüssen und Termitenhügeln. Diese Dämonen können den Menschen Krankheiten schicken. Wer durch sie erkrankt, muss auch durch sie besessen werden, um in rituellen Handlungen wieder geheilt werden zu können. Er wird dadurch Mitglied einer Kultgemeinde.

Das sexuelle Element

Das Muster der göttlichen Erwählung als Besessenheit ist uralt. Wenn Frauen die Besessenen sind, wird das Ereignis als sexuelle Inbesitznahme durch die Gottheit beschrieben. Der griechische Geschichtsschreiber Herodot (ca. 485–425 v. Chr.) berichtet von erwählten Frauen, die mit Göttern im Tempel den Beischlaf vollführten. Ähnliches kannte man in Babylon, im ägyptischen Theben und im lykischen Patra, im südwestlichen Kleinasien.

Dämonische Besessenheit

Unter christlichem Einfluss erfuhren Trance und Besessenheit eine Neuinterpretation. Die Besessenheit wurde als real angesehen, allerdings seien es Teufel und Dämonen, die von der Person Besitz ergreifen. Sie können nur durch Teufelsaustreibung (Exorzismus) vertrieben werden. Die Taufe ist eine besondere Art des Exorzismus, denn nach altkirchlicher Lehre waren alle Heiden in der Gewalt des Teufels. Personen, die als Besessene gelten, sind durch eine labile Geistesverfassung gekennzeichnet, sie neigen zu Hysterie oder multipler Persönlichkeit. Sie befinden sich in einem Zustand, in dem sie stark suggestibel sind. Im Exorzismus werden die angeblichen Teufel gezwungen, sich zu offenbaren. Dabei rufen die Exorzisten zumeist erst jenen Zustand der Teufelsbesessenheit hervor, den zu heilen sie vorgeben.

TRANCE UND BESESSENHEIT

Trance und Körperhaltungen

Der Zustand der Trance kann durch lang anhaltende monotone Sinnesreizungen hervorgerufen werden: Trommelschlag, Tanz, Gesang oder auch durch längeren Aufenthalt in eintönigen Schneefeldern, wie es etwa bei den Schamanen sibirischer Stämme gebräuchlich ist. Vielfach nehmen Schamanen auch psychoaktiv wirkende Substanzen zu sich. In der Trance treten vermehrt Illusionen (Verkennungen), Halluzinationen (Trugwahrnehmungen) und paranormale Wahrnehmungen (Erscheinungen, telepathische, hellsichtige oder präkognitive Eindrücke) auf. Die Erfahrungen in der Trance hängen nicht nur vom kulturellen Umfeld ab, sie können auch durch bestimmte Körperhaltungen, z. B. auf die Brust gepresste Hände, gesteuert werden. Wie die amerikanische Anthropologin Dr. Felicitas Goodman (*1914) nachweisen konnte, kennen die verschiedensten Völker für bestimmte schamanische Aufgaben besondere Körperhaltungen, in denen die Trance induziert wird, um ein bestimmtes Resultat zu erzielen. Auch im Spiritismus entwickelten die Medien besondere Körperhaltungen, um in Trance angeblich mit Geistern Verstorbener zu kommunizieren.

Eine junge Frau aus Hountohoue in Benin bei einer Voodoo-Zeremonie. Zu monotoner, rhythmusorientierter Musik zu tanzen ist häufig die Voraussetzung, um in Trance zu fallen.

GEHEIMWISSENSCHAFTEN

Voodoo – die exportierte Religion

Zum Schutz vor Hexenzauber hält dieser Voodoo-Gläubige aus Ghana Gefäße mit darin steckenden Messern vor sich hin.

VOODOO

Durch Vermengung alter Besessenheitskulte mit dem Christentum entstand in Westafrika die Religionsform des Voodoo. Mit den Sklaven wurde sie nach Süd- und Nordamerika exportiert. Heute werden diese Rituale vor allem in Brasilien und Haiti, aber auch in New Orleans (USA) in verschiedenen Ausprägungen als Voodoo, Macumba, Candomblé und Umbanda von einer großen schwarzen Anhängerschaft weitergeführt. In Afrika haben sich Voodoo-Gesellschaften besonders im Westen erhalten, die Bwiti in Gabun etwa oder die Juju in Ghana.

Religion als Reaktion

Der Voodoo-Kult entstand als Reaktion auf eine fremde, aufgezwungene Ideologie. Während der Kolonialzeit musste er im Untergrund weitergeführt werden.

In den Reihen der Voodoo-Anhänger sammelten sich deshalb neben den Spiritualität Suchenden auch kriminelle und anarchische Elemente. Erst mit der Befreiung der traditionellen Religionen und der Suche nach einer neuen afrikanischen Identität in der nachkolonialen Zeit erfasste Voodoo alle Gesellschaftsschichten. Aufgrund dieser Entwicklung hat Voodoo bis in unsere Tage nicht den Makel des Gefährlichen und Schwarzmagischen verloren. Hollywood-Filme haben ihren Anteil an den Mythen von schauerlichen Riten, Menschenopfern, blutgierigen Untoten (Zombies) oder Krankheits- und Todeszauber mit Hilfe von Nadelpuppen.

Voodoo-Altäre

Voodoo ist eine Religion in andauernder Veränderung. Das Wort Voodoo hat viele Bedeutungen: die Kraft, der Unsichtbare, der Geist. Ein Geist kann eine Seele sein, ein Dämon eine Hexe, ein Gott ein Voodoo. Ganz genau weiß man das aber nie. Die Götterhierarchien sind nicht für die Ewigkeit festgeschrieben. Sie gehen auf Orakelsprüche und Prophezeiungen in der Besessenheit zurück. Der Götterhimmel wandelt sich ständig. Was heute oder an einem bestimmten Ort Gültigkeit hat, ist morgen oder an einem anderen Ort schon überholt. Die vielen Schichten unterschiedlicher Herkunft der Loas zeigen sich vor allem in den Voodoo-Altären. Sie sind eine erstaunliche Zusammenstellung von religiösen Figuren aller Kulturen mit Alltagsgegenständen, die symbolisch mit bestimmten Loas in Beziehung stehen. Da gibt es Wassergläser zum Absorbieren negativer Energien, Spiegel und reflektierende Objekte sollen schädigende Einflüsse zu ihrer Quelle zurücksenden, Kerzen mit Parfüm und Ölen, Ketten aus Farbperlen, Skulpturen von Heiligen, Speise- und Geldopfer.

Beim Kola-Nuss-Voodoo in Ghana wird eine Katze zum Schutz gegen Hexerei geopfert. Während der Zeremonie wird die tote Katze in der Erde vergraben. Anschließend wird darauf eine Art Altar errichtet, auf dem Schalen mit Speisen stehen und Pfeile stecken.

GEHEIMWISSENSCHAFTEN

Damit keine Dämonen vom Körper Besitz ergreifen können, hält man sich beim so genannten »Nana Tongo« Voodoo in Ghana Gegenstände über den Kopf.

Besessenheit

Während eines nächtlichen Voodoo-Rituals in einem Houngan (Voodoo-Tempel) werden viele Teilnehmer von Loas besessen. Anhand der Gestik erkennen die Gläubigen, welcher Loa von einer Person Besitz ergriffen hat. Ästhetische Bewegungen etwa deuten auf Erzulie, die Göttin der Schönheit hin, die sich gerne junge geschmeidige Körper aussucht, um sich zu zeigen. Simbi-en-deux-eaux, ein mächtiger, aber zwiespältiger Loa, zeigt sich gern mit militärischem Drill. Er ist für seine Derbheit bekannt. Ogoun hantiert gerne mit Säbeln und lässt den Besessenen oft erschreckende Dinge tun. Er bohrt mit dem Säbelknauf ein Loch in die Erde, reißt sein Hemd vom Leib, beugt sich über den Säbel und drückt seinen Bauch auf die Spitze. Dann streckt der Besessene die Arme aus, hebt die Beine in die Höhe bis er auf der kalten Klingenspitze balanciert ohne eine Verletzung davonzutragen. Für die Gläubigen ein untrügliches Zeichen, dass der mächtige Loa tatsächlich anwesend ist.

Aus dem Benin stammen diese Voodoo-Skulpturen des Künstlers Cyprien Tokoudagba.

Gut und Böse

Das Grundgerüst der Voodoo-Religion ist die Dualität von Gut und Böse. Wie die Menschen auch, sind die Voodoo-Götter gut und schlecht, tugendsam und lasterhaft, geizig und großzügig zugleich. Ein Zusammenhang ist darin zu sehen, dass die Ahnen mit der Zeit selbst zu götterhaften Gestalten wurden, Irdisches im Überirdischen Platz gefunden hat und sich so auch im Götterhimmel das Leben auf der Erde widerspiegelt. Handelt der Voodoo-Anhänger in Übereinstimmung mit seiner Religion, hat er vor den Göttern nichts zu fürchten. Nur der Abtrünnige muss mit der Rache der Himmlischen rechnen.

Die »Pferde« der Gottheiten

Das wichtigste und zentrale Element im Voodoo ist die Besessenheit. Durch sie werden die Voodoossis zu Medien der Gottheiten. Hounsins (Priester), Mambos (Priesterinnen) und Gläubige tanzen sich zum monotonen Trommelrhythmus in Trance und werden von den Loas (Götter) besessen. Sie geben Orakelsprüche von sich, die den Gläubigen als Lebenshilfe dienen. Der Loa bedient sich der Menschen, um Wünsche zu äußern oder Empfehlungen zu geben. Er gilt als ein Bindeglied zum Himmelreich und ist sowohl eine Gottheit als auch den katholischen Heiligen gleichgestellt. Die besessenen Voodoossis werden Pferde genannt, denn die sind die Reittiere der in sie gefahrenen Gottheiten.

Dicht besiedelter Götterhimmel

Die Liste der haitianischen Loas ist lang. Unter ihnen ist Damballah, der uralte verehrte Vater. Ein Ahne aus der Zeit, als man auf der Erde noch keine Mühen kannte. Er ist die göttliche Schlange des Himmels, dem eine Affäre mit der schönen Göttin Erzulie nachgesagt wird. Agwé ist der Herr des Meeres. Auf einer Insel wie Haiti, wo der Fischfang von besonderer Bedeutung ist, gebührt ihm ein wichtiger Platz. Die Zeremonien für Agwé gehören zu den kompliziertesten im gesamten haitianischen Voodoo. Zwischen ihm und Ogoun herrscht immer Kampfstimmung. Kein Wunder, denn Ogoun ist der Loa des Feuers, ein kriegerischer Held mit martialischen Attributen. Als Feuergeist bietet er häufig außergewöhnliche Vorstellungen, lässt den Besessenen immer wieder »foutre tonerre!« (»Beim Donner!«) schreien und wenn er den angebotenen Rum nicht auf den Boden schüttet und anzündet, dann prustet er ihn auf die Herumstehenden.

Schelm und Wächter

Die Eskorte für den mächtigsten Loa, Legba, führt sein Diener Loco an. Legba, der Schelmengott und Herr des Lebens, ist auch der Gott der Wegkreuzungen, der Eingänge und der Ausgänge, aber auch der Märkte und der Tempel. Legbas werden daher als Wächterfiguren aufgestellt. Weil sie viele Merkmale mit dem Loa Ghede teilen, stehen sie häufig auf Voodoo-Altären beisammen. Ghede steht an der Grenze zwischen Leben und Tod, denn er ist durch den Tod gegangen und gilt deshalb als die Gottheit der Auferstehung. Er ist der große Heiler und Beschützer der Kinder. Ghede trägt schwarze Brillen, bei denen häufig ein Brillenglas fehlt – eine Anspielung auf seine Fähigkeit in das Diesseits und Jenseits blicken zu können.

Manchmal gehen Voodoo-Zeremonien mit dem Konsum berauschender Getränke oder anderer bewusstseinsverändernder Drogen einher. Monotone, rhythmusorientierte Musik kann die Anwesenden in Trance versetzen. In dieser Besessenheit ergreift dann eine Loa-Gottheit von ihnen Besitz, von der sie Ratschläge und Hilfestellung für ihr Leben erhalten.

GEHEIMWISSENSCHAFTEN

Agrippas okkulte Philosophie

Agrippa von Nettesheim war Doktor der Rechte und der Medizin, Philosoph und Schriftsteller. Er führte ein abenteuerliches und unstetes Leben; so war er 1509 Lehrer der Theologie in Dôle in Frankreich, musste jedoch, wegen derber Späße der Ketzerei beschuldigt, die Stadt verlassen. Er ging nach England, lehrte anschließend einige Zeit Theologie in Köln und kam über Zwischenstationen in Italien, Metz und den Niederlanden nach Lyon und Grenoble. Aufgrund seines Werks »De occulta philosophia« wurde er von der Inquisition der Magie beschuldigt. Trotz seiner Beschäftigung mit Geheimwissenschaften und kabbalistischer Philosophie war er einer der Ersten, der sich mit den Naturwissenschaften im modernen Sinn, etwa aufgrund seiner Untersuchungsmethoden, beschäftigte und den Hexenglauben wirkungsvoll bekämpfte. (Zeichnung um 1650)

AGRIPPA

Die zentrale und bedeutendste Figur an der Schnittstelle zwischen der alten Magie und der neuen Naturwissenschaft war der aus Köln stammende Heinrich Cornelius Agrippa von Nettesheim (1486–1535). Agrippa war universal gebildet und führte ein abenteuerliches sowie ruheloses Leben, in dem er nicht selten in den Ruf eines Teufelsbündlers kam. Dazu kam es, weil Agrippa erfolgreich die Verteidigung in einem Hexenprozess in Metz übernahm und einen schwarzen Hund als Begleiter hatte, welcher im Volksglauben als Verkörperung des Teufels selbst galt. Für die Figur seines Faust entlieh Goethe einige markante Züge des Renaissancegelehrten und Mephisto kann die Gestalt eines schwarzen Pudels annehmen.

Eine ehrgeizige Synthese

Für Agrippa war ein Magier ein Gelehrter besonderen Ranges, zumal er durch seine Wissenschaft den Bereich der Theologie (das Überirdische) und den der Naturwissenschaft (das Irdische) umfasse und übersteige. Agrippa entwickelte insbesondere eine anspruchsvolle Entsprechungslehre, die es erlaubte, durch die Verwandtschaft der Dinge, die ihren Erscheinungen nach zu erkennen ist, magische Heilmittel herzustellen. Aufbauend auf der griechischen Philosophie des Aristoteles (384–322 v. Chr.), der Astrologie des Griechen Ptolemäus (ca. 100–160), der neuplatonischen Philosophie und den kabbalistischen Lehren des Mittelalters findet sich in seinem ehrgeizigen Werk der bedeutendste und einflussreichste Versuch, die Übereinstimmungen magischer Operationen mit der bekannten Naturordnung und den religiösen Anschauungen seiner Zeit aufzuzeigen.

Die drei Welten

Das All umschließen nach Agrippa die drei hierarchisch geordneten Welten der Elemente, der Gestirne und der Engel (Geister). Das Medium, durch welches der Geist den Stoff in Bewegung setzt, sei die Weltseele, die er auch die Quintessenz (das »fünfte Existierende«) nennt, weil sie nicht aus den vier Elementen, sondern aus einem fünften besteht, das ihnen übergeordnet ist. Die Weltseele steht für die alles belebende Kraft.

Da der Mensch als Mikrokosmos ein Spiegelbild des Makrokosmos ist, hat er Anteil an allen drei Welten und kann in sie eindringen.

Unter Kaiser Maximilian I. (1459–1519) wurde Agrippa von Nettesheim in Italien zum Ritter geschlagen. (Gemälde von Albrecht Dürer, 1519)

Lehre der Entsprechungen

Die jeweils höhere Ebene wirkt auf die unteren bis auf die elementare Welt ein. In der magischen Theorie Agrippas gilt die Lehre der Entsprechungen: Wie das Höhere auf das Niedere einwirkt, gibt es auch die umgekehrte Wirkung und alles, was auf derselben Stufe steht, beeinflusst sich gegenseitig durch die Sympathie in der Wesensähnlichkeit. Auf diesen kosmischen Zusammenhängen beruhen alle magischen Wirkungen. So konnte Agrippa erklären, dass man die himmlischen Kräfte, die Intelligenzen und Dämonen herabziehen kann, indem man etwa die mit der bestimmten

Trithemius und die Geheimschriften

Agrippas Lehrer und Vorbild war der Abt des Klosters Sponheim (bei Kreuznach) Johannes Trithemius (1462–1516), der als einer der gelehrtesten Männer seiner Zeit galt. Man hielt Trithemius, der sich mit Geheimschriften und Techniken der Kabbala, der jüdischen Geheimlehre, beschäftigte, für einen großen Magier. Einer Legende zufolge soll er für Kaiser Maximilian I. im Jahre 1482 den Geist seiner verstorbenen Frau, Maria von Burgund, beschworen haben. Seine Beschäftigung mit Geheimschriften verstärkte seinen Ruf als Magier. Denn Trithemius verpackte seine Chiffrierschlüssel in Aneinanderreihungen von sinnlosen Wörtern, die er als Beschwörungsformeln für Engel und Dämonen ausgab. Wie der Jurist Heidel 1676 in Worms entdeckte, verbargen sich hinter den angeblichen Beschwörungsformeln Anleitungen zu verschiedenen Arten von Geheimschriften. Der Schlüssel dazu war einfach: wenn man alle ungeraden Wörter streicht (das erste, dritte, fünfte, etc.) und von den verbleibenden alle ungeraden Buchstaben entfernt, ergibt sich daraus eine sinnvolle Botschaft.

Johannes Trithemius war einer der führenden Gelehrten seiner Zeit. Der Holzschnitt mit seinem Porträt erschien 1584 posthum.

527

GEHEIMWISSENSCHAFTEN

Aus dem Hauptwerk Agrippa von Nettesheims »Die geheime Philosophie« stammen die Abbildungen dieser Seite. Agrippa zeigt mit seinen Illustrationen, dass der Mensch ein vollkommenes Abbild des Kosmos im Kleinen darstellt. Die Kreis- und Quadratformen, die sich aus den Stellungen der Glieder des menschlichen Körpers ergeben, sind für ihn Sinnbilder dieser Ganzheit. Die Proportionen der Körperteile entsprechen den Harmonien in der Musik und den Verhältnissen der Planetensphären zueinander. Diese intime Beziehung des Menschen zur Gesamtheit der Schöpfung befähigt ihn auf magische Weise in die Welt einzugreifen.

Sphäre in Entsprechung stehenden irdischen Dinge (Pflanzen, Steine, Gewürze, Metalle, Tiere) sammelt oder Siegel mit speziellen magischen Zeichen (Sigillen) herstellt.

Geheimnis der Charactere

Aufgrund seiner Theorien gab Agrippa Anweisungen, welche Zeichen man in Talismane gravieren musste. Das waren die so genannte Charactere – magische Symbole für bestimmte Planeten, Engel, Dämonen. Durch komplizierte magische Operationen, wobei man bisweilen die hebräischen Buchstaben des jeweiligen Geistes zum Ausgangspunkt nahm, konnten diese Charactere gefunden werden.

Agrippa von Nettesheim brachte sie auch mit magischen Quadraten in Verbindung, die wiederum bestimmten Geistern zugeordnet waren.

Symbolträchtig ist die Darstellung des Menschen, dessen Arme bis zu den Sternen greifen.

Das System der Magie

Bei der Magie als Mittel um in den Besitz der Kräfte der höheren Welt zu gelangen, unterscheidet Agrippa von Nettesheim drei Arten: für die Welt der Elemente die natürliche, für die der Gestirne die himmlische und für die Geisterwelt die religiöse Magie.

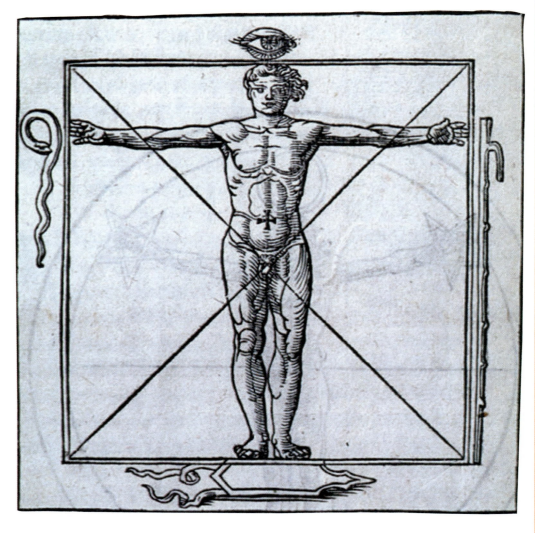

Das Durchschreiten der drei Arten von Magie wird als ein Stufenweg aufgefasst, der von der Naturwissenschaft über die Mathematik (Astrologie) zur Theologie und damit zu Gott führt.

Agrippas Hauptwerk

In seinem Hauptwerk »De occulta philosophia« (Die geheime Philosophie, 1533) vereinigt Agrippa alle magischen Wissenschaften zu einem System, in welchem er eine Synthese von Magie und Christentum versucht. Dabei geht es Agrippa um eine Reform der Ansichten über die Magie. Er befreite sie von ihrem anrüchigen Status als übernatürliches Wissen und versuchte, sie in den Erklärungsrahmen von Physik, Mathematik und Theologie als natürliches Wissen einzuordnen. Sein Buch ist das grundlegende Werk der magischen und okkulten Tradition. Es übte den stärksten Einfluss auf das magische Denken und die okkulten Wissenschaften der folgenden Jahrhunderte aus. Die geheime Philosophie stellt die letzte große Zusammenfassung des im Untergang begriffenen magischen Weltbildes dar und markiert zugleich den Beginn der experimentellen Naturwissenschaften.

Hier stehen die Proportionen des Menschen im Mittelpunkt.

Der Kampf gegen den Aberglauben

Johannes Wierus (1515–1588), ein Schüler Agrippas, setzte alles daran, seinen Lehrer vom Verdacht der Schwarzen Magie reinzuwaschen. Vehement kämpfte er gegen den Aberglauben in Magie und Hexenwesen und stellte das System des Agrippa als zeitgemäßen Ansatz der Naturerkundung dar. Trotz dieser bedeutenden kulturgeschichtlichen Leistung verwendete Wierus selbst noch Beschwörungsformeln, die er Trithemius und Agrippa entlehnte.

Johannes Wierus führte Agrippas Werk nach dessen Tod weiter. Der Holzschnitt von 1576 zeigt Wierus als 60-Jährigen. Der Schädel auf dem Holzschnitt ist das typische Attribut eines Arztes. Wierus war Leibarzt Herzog Wilhelms IV. von Jülich, Cleve und Berg. Über seinem Kopf ist seine Devise zu sehen: Vince teipsum (»Besiege dich selbst«).

GEHEIMWISSENSCHAFTEN

Faust – Dichtung und Wahrheit

Der niederländische Künstler Adrian Matham (1599-1660) war fasziniert von der Gestalt des Doktor Faust, den er in seinen Federzeichnungen immer wieder ins Leben rief. Das Bild, das hier zu sehen ist, zeigt, wie Faust von Mephistopheles die Helena zugeführt bekommt. Es ist im Rijksmuseum von Amsterdam zu sehen.

Um das Leben des Doktor Faustus ranken sich zahllose Legenden: Durch die Verdichtung einer historischen und literarischen Gestalt entstand das Bild eines Magiers, dessen Charakter und Wirken typisch sind für die Übergangsepoche vom Mittelalter zur Neuzeit, die Ära der Entdeckungen neuer Kontinente und alter Geheimlehren, des Goldmachens und der Teufelsverschreibung. Historiker und Germanisten setzten sich auf die Spur eines Mannes, der als Inbegriff des nach letzter Erkenntnis strebenden Menschen gilt.

Erst als Johann Wolfgang von Goethe (1749–1832) mit den Theaterstücken »Faust I« und »Faust II« bedeutende Werke der Weltliteratur veröffentlichte (1808 und 1832), erwachte das historische Interesse an diesem Helden. Dem jungen Goethe gab das Puppenspiel vom Doktor Faustus den Anstoß, sich während seines ganzen literarischen Schaffens – 60 Jahre lang – mit dem Stoff zu befassen: Faust will Universalgelehrter, Mystiker und Wissenschaftler zugleich sein – »zwei Seelen schlagen ach in meiner Brust«.

Gott wettet mit dem Teufel

Goethe ist fasziniert von Alchimie und Magie, kennt alten Hexenzauber und weiß um die authentischen Beschwörungsformeln, die die Geisterwelt bannen. Als Gott und der Teufel (Mephisto) um Fausts Seele wetten, stellt der Dichter das Schicksal seines Helden in einen übergreifenden, kosmischen Rahmen: Im Schöpfungsplan gibt es die Polarität von Gut und Böse als Antrieb zur Höherentwicklung des Menschen. Ein Grundgedanke, den auch die heutige Bewusstseins- und Evolutionsforschung vertritt.

Der Faust aus Romanen, Puppenspielen und Theaterstücken – neben Goethe befasste sich u. a. Christopher Marlowe bereits vor 1589 mit dem Stoff – hat jedoch keine eindeutig historisch nachweisbare Biografie. Hauptanteile der literarischen Figur gehen auf den 1480 im schwäbischen Knittlingen geborenen Johann Georg Faust zurück, der als Theologe, Hellseher, Astrologe und Medikus zwischen Elbe und Rhein unterwegs war und 1540 in Staufen starb. Berichte über seine magischen Leistungen lassen vermuten, dass er nicht nur mit Tricks arbeitete, sondern auch über hypnotische und suggestive Kräfte verfügte.

Die Schwarze Kunst als Teufelswerk

Während der Hochblüte magisch-alchimistischer Praktiken könnte im 15. Jahrhundert auch die Figur des reichen Kaufmanns Johann Fust (1400–1466), Kompagnon und Geldgeber von Johannes Gutenberg (nach 1397–1468), mit in der Faust-Legende verwoben sein. Beide wurden von ihren Zeitgenossen als »Schwarzkünstler« bezeichnet, denn die Buchdrucker-

kunst galt als Teufelswerk, die neue Erfindung von Luzifer persönlich inspiriert. Die Vervielfältigung von Büchern in beliebiger Zahl konnte nicht von Gott gewollt sein, so der Klerus und die gelehrten Stände, die ihre Macht erhalten wollten. Und ein Handlanger des Teufels zu sein, ist in den alten Sagen stets der Grund für ewige Verdammnis, weshalb die überlieferten Fausterzählungen immer mit der Höllenfahrt des Magiers enden. Goethe hingegen gesteht seinem Faust ein versöhnliches Ende zu: Faust wird im Jenseits erlöst, Engel retten seine Seele, Mephisto hat verspielt. Das Werk endet mit einem himmlischen Mysterium und den Worten »Das Ewig-Weibliche zieht uns hinan«.

Der Theologe, Hellseher, Astrologe und Medikus Dr. Faustus in einer Federzeichnung von Adrian Matham (1599–1660).

Goethe und Faust

Die Arbeit am Faust nannte Goethe sein »Hauptgeschäft«, wohl auch deswegen, weil es ihn ein Leben lang beschäftigte. Im Verlauf des langwierigen Entstehungsprozesses wurde sie zum Sammelbecken eines ganzen und vielseitigen Lebens, in das die Vielzahl der Erlebniswelten und die verschiedenen Lebensalter des Autors, der Wandel der Literaturepochen, die vielen unterschiedlichen Tätigkeiten und wissenschaftlichen Beschäftigungen ihren Ausdruck fanden. Nicht zuletzt war es auch das Studium antiker Mythologie sowie die philosophische Auseinandersetzung Goethes mit theologischen, theosophischen, magischen und mystischen Schriften, die ihn zum Vordenker und Wegweiser bei der Suche nach erweiterten Bewusstseinsinhalten machten, die auch jene Dimensionen miteinschließen, die über unsere fünf Sinne hinausgehen.

Zeit seines Lebens beschäftigte sich Johann Wolfgang von Goethe mit dem Faust-Stoff. Schon in seiner Jugend entstand der so genannte Urfaust. Durch weitere Bearbeitung entwickelte sich das Faust-Drama zum Menschheitsdrama schlechthin. Gemäldeausschnitt, 1826, von Heinrich Christoph Kolbe (1771–1836)

GEHEIMWISSENSCHAFTEN

Die Rosenkreuzer

Titelblatt der »Geschichte des Makro- und Mikrokosmos« von Robert Fludd.

Der Weg der Rosenkreuzer, dargestellt als Aufstieg auf einen mit alchemistischen Symbolen beladenen Berg. (Kupferstich, 1604)

532

ROSENKREUZER

In der Renaissance verfolgten Gelehrte, Magier und Alchemisten die utopische Idee einer umfassenden Reform auf gesellschaftlicher, politischer, religiöser und wissenschaftlicher Ebene.

Diese Idee verband sich mit den alchemistischen Vorstellungen von einer geistigen Verwandlung des Menschen. Die daraus entstandene philosophisch-religiöse Bewegung, die ein weltweites Reich des Friedens und der Gelehrten anstrebte, wurde Pansophie genannt.

Ein erfundener Geheimbund

Unvermittelt erschienen zu Beginn des 17. Jahrhunderts Pamphlete über eine »hochlöbliche« Bruderschaft der Rosenkreuzer, die seit vielen Jahren im Geheimen für eine solche Weltverwandlung arbeite. Entsprechend hieß eine der Schriften »Allgemeine und Generalreformation der ganzen weiten Welt« (1614). Gegründet habe sie der legendäre Christian Rosencreutz, der von 1378–1484 gelebt habe und dem in Marokko die höchsten Lehren offenbart worden sein sollen.

Die Schriften erregten großes Aufsehen. Zahlreiche hoch gebildete Zeitgenossen wollten wissen, wie sie sich mit dem unsichtbaren Kollegium der Rosenkreuzer in Verbindung setzen könnten. Doch auf die Anfragen kamen nie Antworten. Die Rosenkreuzer gab es nicht. Sie waren eine Erfindung aus dem Umkreis des schwäbischen Theologen Johann Valentin Andreae (1587–1654).

Sehnsucht nach Verwandlung

In Andreaes Roman »Chymische Hochzeit Christian Rosencreutz« (1616) wird die enge Verflechtung der Rosenkreuzer-Idee mit der Alchemie besonders deutlich.

Das Rosenkreuzertum wird als Verwandlung alles Unedlen in das Vollkommene durch die alchemistischen Allegorien der Hochzeit von König und Königin dargestellt.

Die Leitidee war die Existenz eines Eliteordens frommer, im Sinne der alchemistischen Symbolik gebildeter Männer, der den Islam, die Scholastik und das Papsttum bekämpfen und ein esoterisch geläutertes, evangelisches Christentum zum Sieg führen sollte. Den Erfolg, den Andreae mit seinem Märchen von den Rosenkreuzern hatte, ging auf die Sehnsucht der Gelehrten nach einer vergeistigten Welt von forschenden Gottsuchern zurück.

Symbolische Namensgebung

Das namensgebende Sinnbild der Bruderschaft ist die Vereinigung von Kreuz und Rose, das ursprünglich als Symbol der Durchdringung der Natur mit Gottesgeist gesehen wurde und geht wohl auf das Wappen Luthers zurück, das ein aus einem Herzen wachsendes Kreuz im Inneren einer Rose zeigt.

Ebenso taucht diese Kombination (Andreaskreuz mit vier Rosen in den Winkeln) im Wappen J. V. Andreaes auf und deutet symbolisch an, dass die Schöpfung (Rose) durch die Erlösungstat Christi geadelt und geläutert wurde. Durch die ersten Schriften in utopischer Form wurden interessierte Männer zu einer »Reformation des Herzens« angeregt, auch wenn viele bereits ahnten, dass es sich bei der ursprünglichen Ordensgemeinschaft der Rosenkreuzer um schiere Erfindung handelte. Heute existieren zahlreiche Gruppierungen moderner Pseudo-Rosenkreuzer-Gesellschaften, die jedoch nichts mit den auf Christian Rosencreutz zurückgeführten Ideen zu tun haben.

Jede dieser Rosenkreuzer-Gesellschaften hält sich jedoch für die einzig wahre, einigen dieser Gruppen dient die Bezeichnung Rosenkreuzer zur Legitimation magischer Sexualpraktiken.

Der lutherische Theologe und Satiriker Johann Valentin Andreae brachte den Rosenkreuzer-Mythos in Umlauf. Er verfasste eine der frühesten rosenkreuzerischen Schriften, den Roman »Chymische Hochzeit des Christian Rosencreutz«. (Kupferstich aus dem 17. Jahrhundert)

Die Rosenkreuzer entstehen

Die Rosenkreuzer waren eine Romanfiktion. Aber ihre Ideale sprachen offenbar vielen frei denkenden Geistern aus der Seele. Und so entstanden später Gesellschaften, die sich auf diese Ideale beriefen und sich »Rosenkreuzer« nannten. Sie entwickelten ein Stufensystem der Einweihung mit verschiedenen Graden und übten einen direkten Einfluss auf das Aufkommen der Freimaurer im 18. Jahrhundert aus. Begründet wurde dieses eigentliche Rosenkreuzertum von so einflussreichen Gestalten wie Michael Majer (1568–1622), der Leibarzt Kaiser Rudolphs II. und Robert Fludd (1574–1637). Der bedeutende englische Naturforscher und mystische Philosoph Robert Fludd suchte in seinen Schriften nach einem umfassenden System der kosmischen Entsprechungen. In eindrucksvollen Kupferstichen und komplizierten Diagrammen illustrierte er das Weltbild, das dem Leitbild der Rosenkreuzer entsprach. In seiner Geschichte des Makro- und des Mikrokosmos (1617) entwickelte Fludd ein naturphilosophisches System, das in okkulten Kreisen höchstes Ansehen genoss.

533

GEHEIMWISSENSCHAFTEN

Hexenglaube und Hexenangst

Durch die so genannten Ordalien wurden Hexen ihrer Vergehen »überführt«. Diese »Gottesurteile« wurden als prozessuale Beweismittel benutzt, wenn der Beweis durch Zeugen versagte. Sie beruhen auf dem Glauben, dass der Uschuldige in einer Probe, die er zu bestehen hat, von der Gottheit geschützt wird. Zwar wurden Gottesurteile schon 1215 vom 4. Laterankonzil verboten, die Wasserprobe blieb jedoch bis ins 17. Jahrhundert hinein, neben den Folterungen, ein wichtiger Bestandteil in den Hexenprozessen. (Holzschnitt aus dem 17. Jahrhundert)

Der Glaube an Hexen ist ein sehr altes, weltweites Phänomen, das in enger Beziehung zum Schamanismus steht. Dass vor allem Frauen als Hexen galten, die Feldfrüchte verderben, geheimnisvolle Riten vollziehen, Krankheiten anhexen und Liebeszauber durchführen können, hat viele Gründe. Sicherlich spielt die weibliche Neigung zu Vision und Wahrsagerei ebenso eine Rolle, wie die Kenntnisse bei der Bereitung von Heilmitteln und die damit verbundene Nähe zur Natur. Gestalt gewann die Vorstellung von der Hexe in antiken heidnischen Frauenkulten um die griechische Göttin der

Jagd und der Fruchtbarkeit Artemis und ihrer römischen Entsprechung Diana.

Angst vor der unkontrollierbaren Frau

Seit dem Mittelalter galten nicht nur Frauen, die zaubern konnten, als gefährlich, sondern auch jene, die ohne Mann an ihrer Seite waren. Die Angst vor den Hexen war motiviert durch die Angst der Männer, speziell des herrschenden Klerus, vor der ungezügelten Frau. Ihre Freiheit wurde besonders als sexuelle Freizügigkeit ausgelegt. Das konnte nur bedeuten, dass sie satanischen Einflüssen unterstand. Die frauen- und sexualfeindliche Grundhaltung der Kirche erleichtere es ihr, solche Frauen als Hexen zu dämonisieren.

Der Hexer als Werwolf

Auch gesellschaftlich unbequeme Männer kamen in den Verdacht, Hexer zu sein. Da der Wolf als das Teufelstier schlechthin galt, vermutete man, dass sich bestimmte Hexer nachts in reißende Werwölfe verwandeln. Man nahm an, der Werwolf sei ein »versipellis« (Hautumdreher). Als Werwolf stülpe er nachts sein Fell nach außen, das tagsüber, wenn er sich in seiner menschlichen Gestalt zeigt, nach innen gekehrt sei. Diese absonderliche Theorie, die der französische Rechtsgelehrte Jean Bodin (1530–1596) in seiner berühmt-berüchtigten »Démonomanie des Sorciers« (Dämonenlehre der Hexenmeister) aus dem Jahr 1580 aufstellt, wurde zum Anlass für die schlimmsten Marterungen genommen. Verdächtigen wurde stückchenweise die Haut vom Leibe gezogen, um die behaarte Innenseite zu finden. Konnte die nicht gefunden werden, bedeutete das für den Gequälten jedoch weder Beweis der Unschuld noch Rettung.

Hexenverfolgung

Die Ängste des Volkes vor Menschen mit »übernatürlichen« Begabungen verstand die Kirche geschickt zu nutzen, indem sie in allen unerklärlichen Phänomenen das Treiben des Teufels feststellte. Das führte vor allem zwischen 1500 und 1700 zu gnadenlosen Hexenverfolgungen, bei denen verdächtigte Frauen der Teufelsbuhlschaft (crimen exceptum) oder der Zauberei (crimen magiae) angeklagt wurden. Durch Folter sollten Hexen und Hexer erkannt und schließlich vernichtet werden. Diese Hetzjagd brachte nicht nur grausame Misshandlungen mit sich, um Geständnisse zu erzwingen, sondern auch die Erfindung immer neuer Gottesurteile (Ordalien): In Wasser-, Feuer- und Blutproben wurde eine höhere Macht angerufen, Unschuld zu enthüllen oder Schuld zu strafen. Der flämische Arzt Johannes Wierus (1515–1588) war einer der Ersten, der sich vehement gegen die Ansicht aussprach, die Hexen stünden mit dem Teufel im Bunde. Er stellte eine psychologische Theorie auf, wonach es sich um »melancholische Personen« handele, die sich einen Teufelspakt lediglich einbilden würden. Sie seien eher »erbarmens- als strafwürdig«. Aber noch bis in 18. Jahrhundert wurden viele Kranke, die ein psycho-pathologisches Leiden hatten, bezichtigt, dem Hexenglauben anzuhängen.

HEXENGLAUBE

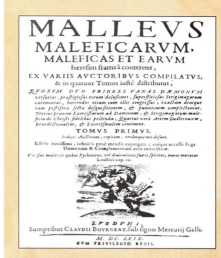

Titelblatt eines Nachdrucks des Malleus Maleficarum, des Hexenhammers, aus dem Jahr 1669.

Hexenbulle und Hexenhammer

1484 erließ Papst Innozenz VIII., selbst einer der unwürdigsten Päpste der Renaissancezeit, die so genannte Hexenbulle, wodurch die Verfolgung vermeintlicher Hexen verhängnisvoll gefördert wurde. Unter Einbeziehung der Bulle veröffentlichten 1487 Heinrich Institoris und Jakob Sprenger den so genannten Hexenhammer (Malleus Maleficarum), in dem sie das Hexenwesen darstellten und Anleitungen zu dessen Bekämpfung gaben. Unter dem Einfluss dieses diffamierenden Werkes steigerte sich der Hexenglaube zum Hexenwahn. Eine regelrechte Massenverfolgung setzte ein, zunächst in Frankreich und im Verlauf des 16. Jahrhunderts auch in Deutschland. Begünstigt wurde dieser Massenwahn durch die Übernahme des römisch-rechtlichen Inquisitionsprozesses und der Folter, die praktisch jede Angeklagte der Hexerei »überführte« und so den Hexenwahn immer wieder aufs Neue bestärkten.

Werwölfe konnten nach Meinung des Volkes in vielfältigen Erscheinungen auftreten. Dennoch hatten sie alle etwas gemeinsam: einen Blutdurst, der die Bevölkerung vor Angst erstarren ließ. (Kolorierter Holzschnitt aus dem 19. Jahrhundert)

535

GEHEIMEISSENSCHAFTEN

Zwei Hexen bei der Zubereitung der »Flugsalbe«.

Hexensabbat – die »Synagoge Satans«

536

HEXENSABBAT

Die mittelalterlichen Vorstellungen über die Hexen schlossen einen infernalischen Ritus, den so genannten Hexensabbat, ein. Zu diesem würden die Hexen nachts mit Hilfe ihrer Flugsalbe auf Stielen, Besen oder Hexengetier fliegen. Dann würden sie sich auf einem Feld oder einem Berggipfel versammeln und in orgiastischem Treiben beim Hexenmahl und wilden Tänzen Satan als Anführer des Hexenvolkes huldigen.

Antike Wurzeln

Es gab alte Kulte, eine Art heidnisches weibliches Mysterienwesen, das sich im Untergrund über die Jahrhunderte erhalten und zur fantastischen Vorstellung vom orgiastischen Fest des Hexensabbats geführt hat. In der Antike waren dies vor allem die Kulte um die Jagd- und Fruchtbarkeitsgöttinnen Artemis in Griechenland und Diana im Römischen Reich. In der Ilias wird Artemis die »Herrin der wilden Tiere« genannt, die – wie später angeblich auch die Hexen – durch die Lüfte flog.

Zeichen der Endzeit

Zur Zeit der Hexenverfolgung bezeichnete man den Hexensabbat als »Synagoga diabolica«. Der Begriff stammt aus der Apokalypse des Johannes, wo die ungläubigen Juden als »Synagoge Satans« bezeichnet werden. Die Hexen hätten sich wie diese Juden zur Speise von Götzenopferfleisch und Unzucht (Apk 2.14) verführen lassen. Hier wurde der Satansdienst in Anlehnung an die Apokalypse als Zeichen der nahenden Endzeit aufgefasst.

Angst vor dem Fremden

In der Bezeichnung Synagoge Satans darf der antisemitische Unterton nicht übersehen werden. Der Gottesdienst der Juden in ihren Synagogen ist für Christen nicht sichtbar, deswegen ist dieses ein heimliches Geschehen und könne nur teuflischen Charakter haben. In diese unbeobachteten Riten konnte die Fantasie der Menschen nach Belieben ihre Befürchtungen und Illusionen projizieren. Der Aberglaube von Ritualmorden, Abscheulichkeiten und Obszönitäten beim Hexensabbat hat seine Quelle in der Angst vor dem Unbekannten.

Hexensabbat in der Walpurgisnacht (Kupferstich aus dem 17. Jahrhundert). Diese ungezügelten Frauen wurden im Mittelalter als mit dem Teufel im Bunde angesehen. Häufig reichte schon ein geäußerter Verdacht, um eine Frau der Hexerei anzuklagen. Heute versammelt sich alljährlich in der Nacht zum 1. Mai eine größer werdende Schar von Anhängern des Hexenkults auf dem »Blocksberg«, dem Brocken im Harz, um die Walpurgisnacht zu feiern.

Der Flug zum Sabbat

Das nächtliche Herumfliegen und der Flug zum Sabbat zählt zu den ältesten Vorstellungen im Hexenglauben. Der Ritt erfolgt auf Tieren oder Gegenständen, besonders auf Besen. Bisweilen wird er als Entrückung beschrieben: Dämonen oder Teufel fliegen mit der Seele davon, während der Körper in todähnlichem Schlaf liegen bleibt. Alle Verletzungen der ausgefahrenen Seele sind am nächsten Tag auch auf dem Körper zu sehen. Die Parallelen zum Schamanismus sind auffallend. Bei den Lappen reist die Seele des Schamanen zu magischen Zwecken in Form eines Tieres oder Stabs fort. An seinem Körper kann man später die Verletzungen sehen, welche die Seele erlitt. Von den Lappen wurde im Altnordischen der Begriff »gandr« für einen Stab oder Stock als Zaubermittel entlehnt. In einer Sage heißt es »seinen Stab schwingen«, was so viel wie ein Ritt durch die Luft bedeutet. Auch die burjatischen und tartarischen Schamanen in Sibirien reiten im ekstatischen Zustand auf einem Stab ins Geisterreich.

Auf ihren Besenstielen reiten die Hexen zum Blocksberg, um dort die Walpurgisnacht zu begehen. Holzstich um 1870 nach einer Zeichnung von Gustav Spangenberg (1828–1891).

GEHEIMWISSENSCHAFTEN

Geheimbünde

Bei diesem Kupferstich handelt es sich um eine Logenliste aus dem Jahr 1735. Im Vordergrund sieht man Freimaurer mit ihren Symbolen Kelle und Winkelmaß. Ein junger Novize wartet darauf, in den Bund aufgenommen zu werden.

Geheimbünde besitzen bei Naturvölkern, beispielsweise den australischen Aborigines, eine wichtige soziale Funktion. Sie stehen im Zentrum des Stammeslebens. In diese Geheimbünde werden ausschließlich Männer eingeweiht. Vielleicht handelt es sich dabei um das Relikt einer Gegentendenz zu solchen Kulten, die in archaischen Zeiten matriarchalisch organisiert waren. Als Zeichen der Zugehörigkeit zu einem Geheimbund besitzt der Eingeweihte bestimmte Masken. Sie repräsentieren den Geist eines Ahnen und werden bei rituellen Anlässen getragen.

Der Bund des Pythagoras

In westlichen Kulturen bildeten sich Geheimbünde zur Weitergabe esoterischen Wissens.

GEHEIMBÜNDE

Da dieses Wissen vorgibt, die Geheimnisse der Welt und des Daseins zu vermitteln, kann es nach Auffassung der Esoterik nicht erlernt, sondern nur auf der Ebene der persönlichen Erfahrung, durch Riten und Symbole zugänglich gemacht werden. Solche Geheimbünde gab es bereits in der Antike. Berühmt ist der Bund des Pythagoras (ca. 570-480 v. Chr.), in welchen nur die höheren Schüler in alle pythagoreischen Geheimnisse eingeweiht wurden. Ihr Erkennungszeichen war das Pentagramm.

Die Freimaurer

Die Steinmetzvereine im Mittelalter, die sich in Bretterhütten (englisch lodges, Logen), bei den im Bau befindlichen Kirchen versammelten, besaßen eine Reihe von Symbolen, wie Hammer, Zirkel, Winkelmaß, das pythagoreische Pentagramm, zwei ineinander geschobene Dreiecke, etc. Diese wurden im 18. Jahrhundert von den Geheimgesellschaften der Freimaurer übernommen. Sie organisierten sich in Logen und deuteten das Bauhandwerk moralisch und symbolisch um. Sie verstanden sich als die freien Maurer am Tempel der Humanität und strebten eine weltbürgerliche Gesinnung an. Begründet wurde der Freimaurerbund durch Theofil Desaguliers, James Anderson und George Payne 1717 in London.

Vermittlung geheimen Wissens

Der Bund der Freimaurer erhielt seinen esoterischen Anstrich durch komplexe symbolisch-rituelle Handlungen, die nur Mitgliedern vorbehalten sind. Bei der Einweihung wird der Aspirant durch verschiedene Grade der Erleuchtung geführt. Dabei geht es aber nicht mehr um mystische Erfahrungen, wie bei den Einweihungen in die antiken Mysterien, sondern um Vermittlung esoterischen Wissens. Erst in den Hochgraden, etwa des Schottischen Ritus, wird dieses »geheime Wissen« weitergegeben.

Im persönlichen Erleben der Kulthandlungen in den einzelnen Graden, durch welche die esoterischen Inhalte vermittelt werden, besteht das Geheimnis der Freimaurer. Dieses Erleben, in dem auch die seelische Einswerdung aller dem Bund angehörenden Brüder angestrebt wird, ist nicht mitteilbar. Schon der Freimaurer Johann Wolfgang von Goethe (1749–1832) schrieb:

»Niemand soll und wird es schauen,
Was einander wir vertraut.
Denn auf Schweigen und Vertrauen
Ist der Tempel aufgebaut.«

Der Erzzauberer Cagliostro

Viele fragwürdige Charaktere fühlten sich von den geheimen Riten und Lehren der Freimaurer angezogen. Sie gründeten ihre eigenen Geheimbünde und gaben vor, nicht nur geheimes Wissens weiterzugeben, sondern ihren Adepten zugleich okkulte Kräfte zu verleihen.

Berühmt wurde der ehemalige Apothekergehilfe aus Palermo, Giuseppe Balsamo, der sich Graf Alessandro Cagliostro nannte (1743–1795). Er begründete ein ägyptisches System der Freimaurerei, das durch fantastische Riten auf seine Zeitgenossen enorme Anziehungskraft ausübte und schließlich zur Klischeefigur des intrigierenden Magiers und Betrügers wurde, der die Dummheit der Menschen zu seinem Vorteil und seiner eigenen Mystifizierung auszunutzen wusste.

Der italienische Abenteurer, Scharlatan und Betrüger Cagliostro um 1790 von C. Guérin in einem Kupferstich porträtiert.

Cagliostros Versprechungen

Cagliostro versprach seinen Anhängern die »Vollkommenheit durch physische und sittliche Wiedergeburt«. Diese würde durch eine 40-tägige Klausur in einem verschlossenen Raum unter strengem Fasten und der Einnahme einiger Tropfen einer geheimnisvollen Tinktur, die der Großmeister Cagliostro selbst verabreichte, erfolgen. Am 33. Tag erscheinen die sieben ersterschaffenen Engel. Auf ein speziell vorbereitetes Pergament drücken sie ihre Siegel. Am 40. Tag erhalten die Auserkorenen von ihnen eine geometrische Figur. In diesem Augenblick würden ihre Einsichten und ihre Macht unermesslich.

Verschiedene Freimaurerlogen bedienen sich derselben Symbole in ihren Erkennungszeichen. Hier sind die drei ägyptischen Pyramiden von Gizeh, das Auge der Dreifaltigkeit sowie Zirkel und Winkeleisen zu einem Emblem vereint.

GEHEIMWISSENSCHAFTEN

Gnostische Abraxas-Gemme mit dem Symbol des Ouroboros, der hier als Schlange mit Eselskopf die Aufschrift einfasst.

Magische Formeln, Amulette und Talismane

Der Ju-Jus-Mann, wie die Zauberer und Heiler im westafrikanischen Benin genannt werden, tragen bei den Voodoo-Ritualen zahlreiche Amulette und Talismane um den Hals, um die Dämonen fernzuhalten und die guten Geister zu rufen. Darunter das Ju-Jus-Säckchen, in dem sich magische Knochen, Tierzähne und andere Jagd-Gegenstände befinden, als Fetische geschnitzte Holzfiguren und ein Bündel Geldscheine, um den Reichtum anzulocken.

MAGISCHE FORMELN

Der Ursprung des Glaubens an die Kraft der Amulette und Talismane geht auf die frühe Menschheitsgeschichte zurück. Man trug Teile der Jagdbeute (Felle, Krallen, Zähne, Federn) oder erschlagener Gegner, etwa Schrumpfköpfe oder ein Stück eines Schädels, bei sich, um sich die Kraft der Tiere und Menschen anzueignen. Auf Indiomärkten werden heute noch Teile von Tieren als Amulette und Talismane feilgeboten.

Anziehen und Abwehren

Im Gegensatz zum Talisman, der Glück anziehen soll, dient das Amulett zur magischen Abwehr von Unheil und feindlichen Mächten. Amulette entwickelten sich aus primitiven Bildwerken, welche zum Schutz vor Dämonen angefertigt wurden.

In der Antike kannte man in allen Kulturen solche apotropäische (Dämonen abwehrende) Statuen und Bildnisse. Berühmt ist das aus der griechischen Mythologie stammende Gorgenenhaupt – das von Schlangen umwundene Antlitz der Medusa. Wer ihr ins Gesicht blickte, erstarrte zu Stein. Durch die Ansicht, dass mit denselben Mitteln, mit denen Schadenzauber betrieben wird, diesem entgegengewirkt werden kann, galt das Abbild des Gorgonenhauptes als mächtiges Amulett.

Abraxas-Talismane

Die berühmtesten Talismane der Spätantike waren die so genannten Abraxas-Gemmen. Diese künstlerisch geschnittenen Steine entstanden im Umfeld der gnostischen Sekte des Basilides (um 130 n. Chr.). Abraxas war der höchste Gott dieser Sekte. Auf den Gemmen finden sich Inschriften wie »Iao Abraxas« (»Gott Abraxas«) oder Abbildungen eigentümlicher Mischwesen mit einem Hahnen- oder Eselskopf, einem Schlangenpaar anstatt der Beine. Häufig ist auch das Symbol des Ouroboros, die Schlange, die sich in den Schwanz beißt, auf ihnen dargestellt. Das heute noch populäre Zauberwort »Abracadabra« ist übrigens eine andere Form des gnostischen Gottesnamens Abraxas.

Komplizierte Herstellung

Die Herstellung von Amuletten und Talismanen war aufgrund der magischen Theorien im Mittelalter und in der Renaissance sehr aufwändig. Durch die Entsprechung der Himmelssphären mit den irdischen Dingen, mussten zur Herstellung Metalle oder Mineralien gewählt werden, die einem bestimmten Planeten unterstellt waren und damit die Kräfte des ihn regierenden Engels in sich aufnehmen würden. Auch der Zeitpunkt für die Herstel-

Zaubersprüche

Die zaubermächtige Sprache drückt das Unsagbare aus und richtet sich an Wesen, die nicht in irdischer Sprache kommunizieren. Darum erscheint sie dem Außenstehenden sinnlos und unergründlich. In der Antike standen auf einem Bild der Jagd- und Fruchtbarkeitsgöttin Artemis von Ephesos solche unverständlichen Zauberworte. Ein weiteres Beispiel ist der altenglische Segen der Feldfrüchte: »Erce erce erce eorthan modor«. Solche mystischen Laute eines pseudo-keltischen Zauberspruchs sollten aus sich heraus machtvolle Wirkung entfalten. Zaubersprüche und Talismane standen seit der Antike in engem Zusammenhang. In Mitteleuropa hat sich eine interessante Tradition von Zaubersprüchen direkt aus der Wahrsagerei mit Hilfe von Runen entwickelt. Die berühmtesten sind die Merseburger Zaubersprüche aus dem 10. Jahrhundert. Noch älter ist der so genannte Wurmsegen, den man bis ins 9. Jahrhundert verfolgen kann. In ihm soll durch einen Zauberspruch die Krankheit, die man sich als Wurm vorstellte, aus dem Körper vertrieben werden. Übrigens zeigt sich hier das Alter der magischen Auffassung. Die Heilkunst der Schamanen besteht seit jeher darin, Krankheit in Form eines Wurms oder eines andern Fremdkörpers aus dem Körper herauszusaugen.

Der Gott Abraxas auf einem Talisman der Basilides-Sekte. Über die häretische Sekte ist nur wenig bekannt. Ihr Gründer Basilides gab vor, im Besitz der geheimen Überlieferungen des Apostels Petrus zu sein und schrieb 24 Bände Kommentare über das Evangelium, von denen nur Bruchstücke erhalten sind.

GEHEIMWISSENSCHAFTEN

Die Europäer waren fasziniert als sie in die neue Welt kamen und mit den Zeremonien und Riten der Ureinwohner konfrontiert wurden. In einer Federzeichnung von Harold MacDonald von 1890 wurde dieses indianische Heilungsritual festgehalten. Nach gebetähnlichen Beschwörungen und rituellen Handlungen saugt der Schamane die Krankheit als Wurm aus.

lung musste beachtet werden, die Farben des Gewandes des Magiers, das richtige Räucherwerk – alles musste jener Dämonenmacht entsprechen, die man in seinen Talisman hinabzuziehen wünschte.

Lesen im Buch der Natur

Bei den alten Germanen warf der Runenmeister die Runen, auf Holz- oder Knochenstücken eingekerbte Schriftzeichen (althochdeutsch: runa »Geheimnis«, »Geflüster«), durcheinander, »nahm« sie auf und formte dann daraus seine Deutung in sehr poetischer Sprache. Seit den frühesten Zeiten war es die Kunst des Magiers, dort zu lesen, wo keine Schrift war: Er las in den Eingeweiden, im Vogelflug, in auf den Boden geworfenen Knochen, in den Sternen.

Medusa war eine der drei Gorgonen und als einzige sterblich. Sie ist geflügelt und hat Schlangenhaare, ihr Blick lässt jeden Betrachter zu Stein werden.

Als die Schrift entstand, machte er neben den Runen auch von den Schriftzeichen Gebrauch. Auf diesem Weg fand die magische Praxis Eingang in Schrift und Sprache.

Zauberei und die Kirche

Die Macht des Zauberspruchs hat sich in den Religionen erhalten. Den christlichen Theologen ist es jahrhundertelang nicht gelungen, zwischen Gebet und Zauberformel klar zu unter-

542

MAGISCHE FORMELN

scheiden. Und so verwundert es kaum, dass im Volksglauben die Namen der Heiligen oder Gebetsformeln wie magische Zaubersprüche Verwendung fanden.

Reliquien und geweihte Gegenstände wurden als Talismane und Amulette gebraucht. Amulette mit christlichen Symbolen konnten auch durch ein entsprechendes Verbot auf der Synode zu Laodikaia (um 360) in Phrygien (heute Türkei) nicht zum Verschwinden gebracht werden. So hielten sich bis in die Gegenwart, wie in vielen Kulturen, auch in der katholischen Kirche magische Sprüche, Abkürzungen und ornamentale Muster. Man denke in christlichen Gegenden etwa an das C.M.B. für Caspar, Melchior, Balthasar, das am Dreikönigstag mit geweihter Kreide an die Haustüren geschrieben wird oder auf den Boden gezeichnete Muster, die Geister anziehen und gnädig stimmen sollen, wie sie beim Voodoo angewendet werden.

In Indien gehört es zur Hausarbeit der Frauen, auf der Straße vor der Türschwelle mit einem Gemisch aus Reismehl und Quarzpulver täglich neue Ornamentmuster zu streuen (Rangoli). Sie bringen Glück, da sich die Götter an schönen Dingen erfreuen.

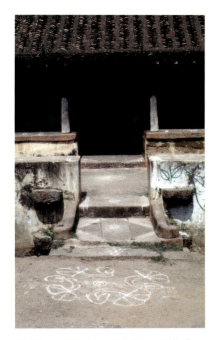

Ein Rangoli-Muster ziert diesen indischen Hauseingang.

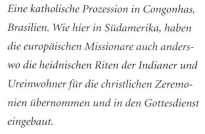

Eine katholische Prozession in Congonhas, Brasilien. Wie hier in Südamerika, haben die europäischen Missionare auch anderswo die heidnischen Riten der Indianer und Ureinwohner für die christlichen Zeremonien übernommen und in den Gottesdienst eingebaut.

543

GEHEIMWISSENSCHAFTEN

Weiße und Schwarze Magie

»Hexen und ihre Beschwörungen« lautet der Titel des um 1646 entstandenen Gemäldes von Salvator Rosa (1615–1673). Möglicherweise sind die drastischen Schilderungen der Hexenhandlungen nicht ganz ernst gemeint. Der italienische Künstler war u. a. bekannt wegen seiner satirischen Schriften, in denen er die zeitgenössische Gesellschaft angriff.

Magie, als die unerklärliche willentliche Einflussnahme auf die Natur und den Menschen, gehört dem Bereich des Zwiespältigen an. Wo ist die versuchte Beeinflussung moralisch gerechtfertigt, wann beginnt sie verwerflich zu werden? Die gute und die schlechte magische Handlung gehen Hand in Hand. Dementsprechend ist der Prototyp aller Magier, der Schamane, von alters her sowohl Heiler als auch Hexer. Er heilt und hilft durch seine magischen Fähigkeiten seinen Stammesmitgliedern, aber er kann auch seine Gegner verhexen. Auch heute noch wird weiße und schwarze Magie von modernen Hexen und Hexern ausgeübt. Mehr oder weniger im Verborgenen werden die unterschiedlichsten Praktiken und Zauberbräuche angewendet.

Schwierige Abgrenzung

Die Unterscheidung zwischen Weißer (guter) und Schwarzer (böser) Magie ist selten eindeutig und unterliegt häufig einer kulturspezifischen Interpretation, die nicht universal sein kann. Der Schamane der australischen Aborigines, der durch einen magischen Ritus einen Tabuübertreter krank oder sogar zu Tode verhext, wird das als »gute« Magie bewertet.

Sie dient dem Schutz der Stammestradition und damit dem Gemeinwohl. Die Magier in den Kulturvölkern gaben meist vor, nur gute, weiße Magie zu pflegen, was jedoch den wenigsten geglaubt wurde. Wem außerordentliche Fähigkeiten nachgesagt werden, der bleibt immer im Verdacht, das Unerhörte zu wollen.

Theurgie

Seit der Spätantike nennt man die Weiße Magie »Theurgie« und die Schwarze Magie »Nigromantie« (selten auch »Goëtie«). Bei der Theurgie (griechisch: »göttliche Handlung«) sucht der Magier die Hilfe von Engeln oder guten Geistern. Durch das Weltbild des Neuplatonismus, das den Menschen durch den Stufenaufbau der Welt in Verbindung mit den höheren Geistern sieht, hielt man es prinzipiell für möglich, durch geeignete magische Mittel sich der Dienste von höheren Geistern oder Engeln zu versichern. Eine solche theurgische Handlung ist die Beschwörung des Erdgeists in Goethes Faust I.

Nigromantie

Die bekanntesten Rituale der Nigromantie, der verwerflichen Art der Magie, betreffen die Totenbeschwörung (Nekromantie).

Da man der Auffassung war, die Verstorbenen wüssten die Zukunft, versprach man sich von der Nekromantie Einblicke in künftiges Geschehen. Das bekannteste Vorbild für die Totenbeschwörung ist das der Hexe von Endor, die auf Geheiß Sauls den Geist Samuels zitiert.

In der römischen Literatur sind viele nekromantische Riten beschrieben, die gewöhnlich von Hexen ausgeführt wurden. Eine besonders eindrucksvolle Schilderung der grausamen Künste der thessalischen Hexe Erichto verdanken wir Marcus Annaeus Lucanus (39–65 n. Chr.) in seinem Epos »Pharsalia«. Dabei flößt sie einer frischen Leiche, die sie an einem Haken in eine Höhle geschleppt hat, kochendes Blut ein. Als der Geist zögert, in den Leib einzufahren, peitscht sie die Leiche mit einer lebenden Schlange und stößt wilde Beleidigungen gegen die Totengöttinnen aus. Erst dann gehorchen die Göttinnen, und der Geist des Toten weissagt ihrem Auftraggeber, dem römischen Staatsmann Pompeius (106–48 v. Chr.), dem Helden dieses Epos.

Zauberbücher

Weite Verbreitung fanden seit Erfindung des Buchdrucks volkstümliche Zauberbücher. In diesen anspruchslosen Werken finden sich Anleitungen zur Beschwörung von dienstbaren dämonischen Geistern. Meist handelte es sich um niedere Wesen, die beim Auffinden von Schätzen oder bei der Anfertigung von Talismanen behilflich sein sollten. Diese Zauberbücher sind auch unter dem französischen Begriff Grimoire – eine Verballhornung von »grammaire«, deutsch Grammatik, – bekannt. Viele dieser verbotenen Zauberbücher wurden dem sagenhaften Dr. Faust zugeschrieben.

Aus dem 1626 erschienenen »Compendium maleficarum«, eine Art Hexenhandbuch, stammt dieser Holzschnitt, der eine Teufelsbeschwörung zeigt. Vor einer Menschengruppe in einem Bannkreis erscheint der Satan als geflügeltes, tierköpfiges Wesen.

GEHEIMWISSENSCHAFTEN

Schwarze Messe und Satanismus

Die Geschichte der Schandtaten von La Voisine, der Helferin des berüchtigten Abbé Guibourg bei den Schwarzen Messen, wurde auf diesem Kuperstich in einzelnen Bildern festgehalten.

Viele Künstler des Mittelalters haben sich mit dem »Jüngsten Tag« beschäftigt. Gerade in dieser Epoche erwarteten die Gläubigen als Vergeltung für ihr Handeln das Hereinbrechen des Weltuntergangs und das Erscheinen Satans, der die ihm verfallenen Seelen zu sich nimmt. Auf Hans Memlings (um 1433–1494) Altarbild in der Danziger Marienkirche stürzen die Verdammten in das Feuer der ewigen Hölle hinab, wo sie von Teufeln gequält werden.

SCHWARZE MESSE

Grundlage des Satanismus war die Annahme der prinzipiellen Gleichrangigkeit von Gott und Teufel. Diese Auffassung geht auf gnostisches Gedankengut der Spätantike zurück. Lange Zeit hindurch existierten der Teufelspakt und die Verehrung Satans weitgehend nur in den Köpfen der Kirche, die Hexen und Hexer dieses Vergehens bezichtigten. Es wurde jedoch so viel darüber geschrieben, dass Nachahmer dieser Fiktion auf den Plan traten.

Gilles de Rays – Teufel in Menschengestalt

Ein kulturgeschichtlich interessanter Fall betrifft den bretonischen Adeligen Gilles de Rays (1404–1440), den Begleiter von Jeanne d'Arc. Als sein großes Vorbild, die Jungfrau von Orléans, wegen Zauberei angeklagt und auf dem Scheiterhaufen verbrannt wurde, brach für Gilles de Rays eine Welt zusammen. Er zog sich enttäuscht auf seine Güter zurück, und aus einem glühenden Gottesfürchtigen wurde der verwerflichste Satanist. Die Chroniken seines Prozesses sprechen von 140 Kindern, die er zusammen mit seinen Dienern bei satanischen Riten in der Krypta seines Schlosses von Tiffauges geschlachtet haben soll.

Die Teufel von Loudun

Zur Zeit des Höhepunkts der Hexen- und Ketzerbekämpfung meldeten sich die ausgegrenzten Seiten des Menschlichen mit Macht zurück. Die Nonnenklöster waren regelrechte Brutstätten dafür. Urbain Grandier, ein freigeistiger und darüber hinaus auch äußerst ansehnlicher Priester, war das Opfer solcher Entwicklungen, als zwischen 1634 und 1635 die Nonnen im Kloster von Loudun laszive hysterische Anfälle bekamen, weil sie den Geistlichen begehrten. Grandier wurde kurzerhand zum Satanisten erklärt, der die Nonnen verhext habe, und hingerichtet.

Die Schwarzen Messen des Abbé Guibourg

Die Schwarze Messe als Perversion des katholischen Messritus wurde im 17. Jahrhundert populär. Sie wurde zu einem Schauspiel mit großem Zulauf, wie es der den Prunk liebenden Zeit Ludwigs XIV. entsprach. Eine der berühmtesten Schwarzen Messen veranstaltete der Abbé Guibourg für Athénais de Tonnay-Charente, Marquise de Montespan, der späteren Mätresse des Sonnenkönigs Ludwig XIV. Besessen von dem Verlangen Königin zu werden, wollte die Marquise durch eine Schwarze Messe alle Hindernisse aus dem Weg räumen. Ihr nackter Körper diente Guibourg als pervertierter Altar. Nach katholischem Ritus sprach der Abbé die Messe, konsekrierte die Hostie über ihrer Scham. Seine Helferin, die berüchtigte Chatérine Montvoisin, genannt »La Voisine«, brachte ein zweijähriges Kind herein, das man seiner Mutter für einen Taler abgekauft hatte. Dann rief Guibourg Dämonen an, schnitt dem Kind, das auf dem Bauch der Montespan lag, die Kehle durch und ließ das Blut in einen Kelch fließen. Guibourg und die Marquise tranken von dem mit dem Kindesblut gemischten Wein und vollzogen schließlich einen Geschlechtsakt. Am Ende überreichte der Priester der Marquise ein Säckchen mit den Resten der Hostie, den Eingeweiden und dem Blut des Kindes. In den Augen der Marquise de Montespan muss die Schwarze Messe ein Erfolg gewesen sein, denn im folgenden Jahr wurde sie die Geliebte des Königs und gebar ihm später sieben Kinder.

Der Satanismus des Fin-de-Siècle

Der wissenschaftliche Materialismus des 19. Jahrhunderts führte bei vielen Intellektuellen zu einer Gegenreaktion: Man wandte sich den Phänomenen des Hypnotismus und Spiritismus zu. Die Romantik zelebrierte ihr Interesse am Abseitigen und den Nachtseiten des Seelenlebens. Auf der anderen Seite entstand ein neues dynamisches Verständnis für Grenzphänomene der Psyche, das der Wegbereiter für die Psychoanalyse und die moderne Parapsychologie wurde. Es gab aber auch eine Reaktion, die sich aus den dunkelsten Kammern der Seele Bahn brach. Sie fand vor allem in Frankreich in der Form des Satanismus des Fin-de-Siècle ihre Ausformung. Ihr Aushängeschild ist Joris Karl Huysmans' (1848–1907) satanistischer Roman »Là-Bas« von 1891, in dem Gilles de Rays als Mystiker und die Symbolgestalt dieser okkultistischen Bewegung, Stanislas de Guaïta (1861–1897), als Satanspriester »Docre« dargestellt wird.

Der Stich aus dem 19. Jahrhundert zeigt Abbé Guibourg bei der Schwarzen Messe für die spätere Mätresse von Ludwig XIV.

GEHEIMWISSENSCHAFTEN

Die mysteriöse Geistheilung

Neben dem direkten Kontakt des Heilers mit seinem Patienten kann Geistheilung auch durch gedankliche Konzentration als Fernheilung geschehen.

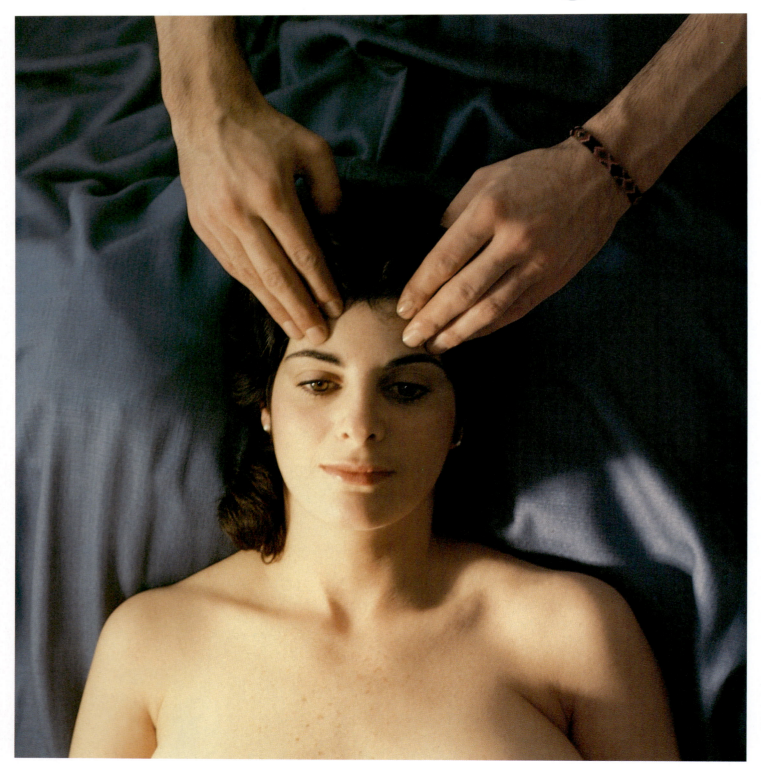

GEISTHEILUNG

Heilen zählt zu den ältesten Betätigungen des Menschen. Schon die steinzeitlichen Schamanen waren in erster Linie in dieser Funktion tätig. Heute erwarten vor allem Menschen, die von der Schulmedizin enttäuscht oder gar aufgegeben wurden, Wunder von Heilern. Auf diesem Gebiet bekannt. Vor allem in Südamerika ist diese eigenartige Heilform auf dem Hintergrund spiritistischer Überzeugungen weit verbreitet. Angeblich sind es verstorbene Ärzte, die aus dem Heiler wirken. Dieser Umstand ist Rechtfertigung genug, um mit unhygienischem Besteck zu hantieren.

Während westliche Geistheiler an die Kraft des positiven Denkens und an das Vermögen heilender Energieströme glauben, sind die Medizinmänner in Ländern der Dritten Welt noch davon überzeugt, sie seien von medizinisch versierten Geistern beseelt. Entsprechend stimmen sie sich auf das Treffen mit den Ahnen ein.

tummeln sich jedoch auch viele »schwarze Schafe«, selbsternannte Heiler, die sich ohne ausreichende Kenntnis der Materie die Not ihrer Patienten zur eigenen finanziellen Bereicherung zu Nutze machen. Dies kann, wie Berichte in den Medien immer wieder zeigen, für die Hilfesuchenden oft nicht nur lebensgefährlich, sondern auch tödlich sein.

Blutige Eingriffe

Manche Heiler sind der Auffassung, dass sie natürliche Energien zu bündeln vermögen. Andere begreifen sich selbst als Durchgang, als einen Kanal für göttliche Energien. Zum Heilen legen viele ihre Hände auf kranke Körperstellen auf. Andere heilen durch Gedanken, indem sie sich in Meditation versenken und auf eine gesundheitliche Störung konzentrieren. Aber auch blutige Eingriffe mit nicht sterilisierten Messern und Scheren sind

Der Geistchirurg

Mit einer einfachen Nagelschere, in überfüllten Räumen und unter katastrophalen hygienischen Bedingungen, ohne Narkose und den vor Eingriffen üblichen Vorbereitungen führt beispielsweise ein gewisser Ivan Trilha aus Paraguay schauderhafte Operationen durch. Einer Indianerin schnitt er unter diesen Bedingungen einen Hauttumor an der Nasenwurzel weg. Eine andere Frau »operierte« er mit seiner Schere an einem Augenleiden. Auffallend war, dass kein einziger Patient bei den Eingriffen über Schmerzen klagte und niemand Infektionen an den Wunden bekam, obwohl Trilha, um das besondere Vermögen der ihn kontrollierenden »Geister« zu zeigen, demonstrativ die Nagelschere vor den Operationen auf seiner Schuhsohle »desinfizierte«. Geistchirurgen wie Trilha gibt es auch auf den Philippinen. Obwohl bereits viele Manipula-

Vor allem in Lateinamerika ist der Glaube an Geistheilungen in Anlehnung an alte Schamanenkulturen groß. Nach wundersamen Genesungen pflegt man in christlichen Kreisen Votivgaben in die Kirche zu bringen.

Klassifikation des Heilens

Paranormale Heilungen teilte der englische Parapsychologe Robert Thouless (1894–1983) in vier Gruppen ein:

1. Glaubensheilung, die durch eine geistige Neuorientierung erfolgt.
2. Gebetsheilung, wobei das Beten des Heilers, einer Gemeinde, oder des Kranken das entscheidende Element ist.
3. Ritualheilung durch Handauflegen, Wallfahrten und andere rituelle Handlungen.
4. Geisterheilung – die von Spiritisten nicht aufgegebene Therapie von Medien als Werkzeuge verstorbener Ärzte. In der Praxis ergänzen die Gruppen einander.

Ein Beispiel für Gebetsheilung gibt die so genannte Rosenkreuzer-Gemeinschaft zu Mount Ecclesio nahe dem kalifornischen Oceanside. An jeweils festgelegten Tagen fangen die Mitglieder der Gruppe immer zur selben Uhrzeit ganz allgemein für Kranke und Hilfsbedürftige zu beten an. Ritualheilungen sind belegt, z. B. aus dem französischen Lourdes, wo einst einem Mädchen namens Bernadette die Jungfrau Maria erschien und wo eine Quelle mit heilenden Eigenschaften fließt.

549

GEHEIMWISSENSCHAFTEN

Auf der philippinischen Insel Jolo wird eine Geistheilung oft zum Familienritual. Nicht nur der Kranke profitiert von der Anwesenheit seiner Verwandten und Freunde – die positive Energie des Heilers strahlt, so sagt man, auch auf die Gesunden ab.

Veranstaltungen von Heilern führen in westlichen Ländern und hier vor allem in den USA, nicht selten zu Massenhysterien. Ein gefährliches Phänomen, wenn man bedenkt, dass gutgläubige Menschen ihre Wünsche nach Gesundheit, Glück und Liebe in die Hände eines Fremden legen und sich damit der Eigenverantwortung entziehen.

tionen nachgewiesen werden konnten, wird doch immer wieder von erstaunlichen Heilerfolgen bei Patienten berichtet, die entweder von der Schulmedizin aufgegeben oder aus finanziellen Gründen gar nicht bei Schulmedizinern vorstellig geworden waren.

Paranormale Diagnose

Jeder Heiler entwickelt sein eigenes System. Am Anfang steht aber in jedem Fall die paranormale Diagnose. Mit der Hand fährt er über den Körper und erspürt die kranken Zonen. Andere stellen sich auch vor, sie würden auf der Suche nach dem gesundheitlichen Problem durch den Körper ihrer Patienten reisen. Manche verwenden für ihre Diagnosen ein Pendel oder eine Wünschelrute – die Ausschläge geben Aufschluss über Problembereiche, z. B. Magen oder Herz.

Selbstheilungskräfte

Heute weiß man, dass bei den meisten Beschwerden ein Zusammenhang zwischen Körper und Psyche besteht. Die Seele kann Krankheiten auslösen, sie kann aber auch entscheidend zur Gesundung beitragen. Viele Heiler sind in der Lage, die natürlichen Selbstheilungskräfte des Menschen zu wecken. Einen wichtigen Stellenwert nimmt dabei die Suggestion ein. Allein der Ruf, der manchem Heiler vorauseilt, reicht bereits aus, dass die Patienten in ihm den lang ersehnten Retter sehen. Ihre folgende positive Einstellung kann schließlich bewirken, dass Selbstheilungskräfte aktiviert werden, die zur völligen Genesung führen.

Unerklärliche Einflüsse

Es gibt aber auch eine ganze Reihe von Heilerfolgen, die nicht mit psychischen Selbst-

heilungskräften erklärt werden können. In diesen Fällen scheint der Heiler einen unerklärbaren Einfluss auf den Körper seines Patienten auszuüben. Parapsychologen haben diese direkte Wirkung des Geistes auf die Materie nachgewiesen und solche Effekte unter den Begriff Psychokinese gefasst, denn es besteht prinzipiell kein Unterschied zwischen einem direkten Effekt auf tote Materie oder auf Lebewesen wie Mensch und Tier.

Die Rolle des Bewusstseins

Die moderne Wissenschaft entdeckt immer mehr Einflussgrößen, die zu einer Heilung führen können. Eines der aufregendsten Ergebnisse der Forschung weist dem menschlichen Bewusstsein eine zentrale Bedeutung im Heilprozess zu. Es dient als Vermittler zwischen Körper und Geist, um Selbstheilungskräfte zu aktivieren und für die Prozesse der Fremdheilung empfänglich zu sein. Die jüngsten Resultate deuten darauf hin, dass Heiler tatsächlich in der Lage sind, eine unbekannte Form der Energie zu bündeln und auf andere zu übertragen – eine Vorstellung, die in allen Kulturen von alters her überliefert wurde. Es ist gelungen, diese Energieform durch verschiedene Techniken in ihrer Wirkung nachzuweisen.

Experimente mit Matthew Manning

In wegweisenden Versuchen konnte der englische Heiler Matthew Manning (*1956), der im ostenglischen Bury St. Edmunds ein Zentrum für Geistheilung betreibt, auf Krebszellen in einem Reagenzglas einwirken. Unter seinen Händen starb ein hoher Prozentsatz der Krebszellen ab. Ebenso gelang es ihm, rote Blutkörperchen in einer Lösung psychokinetisch zu beeinflussen. Blutzellen enthalten Monoaminoxidase (MAO), ein Enzym, das auf wichtige Chemikalien im Gehirn wirkt. MAO baut Botenstoffe in den Nervenzellen ab und spielt eine Rolle bei Depressionen und anderen Gemütszuständen. Manning konnte allein durch Konzentration die MAO-Aktivität in den Blutzellen einer Versuchsperson erhöhen oder verringern.

Wissenschaftliche Untersuchungen

Seit Jahren haben Wissenschaftler immer wieder Einzelstudien über Grenzen des paranormalen Heilens zusammengetragen. Heiler waren demnach in der Lage, das Wachstum von Zellkulturen und die Aktivität von Enzymen zu beeinflussen, die Wundheilung bei Tieren zu beschleunigen, die Molekularstruktur von Wasser und chemischen Lösungen zu verändern, ja sogar Tumorwachstum zu unterdrücken. Obwohl all diese Tatsachen bekannt sind, hat die Geistheilung neben der Schulmedizin noch keinen Platz als anerkannte Wissenschaft. Ob dies so bleibt oder ob sich die Menschheit eines Tages angesichts der vielen Heilerfolge dieser spirituell geprägten Medizin vor ihr verbeugen muss?

GEISTHEILUNG

Die englische Heilerin Joan Clark beschäftigte sich im Basler Biozentrum mit dem Wachstum von Coli-Bakterien.

Abgetötete Bakterien

Im Biozentrum in Basel gelang es der englischen Heilerin Joan Clark, psychokinetisch auf Bakterien einzuwirken. Für den Versuch wurden Kulturen von so genannten E. coli Bakterien in Testflaschen vorbereitet. Die komplizierte Aufgabe, die ihr gestellt war – einen Wachstumsstopp der Bakterien herbeizuführen – konnte sie nicht erfüllen. Die Wissenschaftler konnte sie dennoch überraschen. Nach der ersten Wachstumsphase hatte Joan Clark die Bakterien abgetötet, was natürlich auch ein weiteres »Erblühen« verhinderte, da die Aufgabe, auf die sich Clark konzentrierte, der »Wachstumsstopp« war. In seinem Privatinstitut in San Francisco untersuchte Henry S. Dakin den Einfluss der Heilerin Olga Worrall auf das Wachstum von Pflanzen. Sie erhielt eine versiegelte Flasche mit einer sterilen Kochsalzlösung, die sie »behandeln« sollte. Mit dieser Lösung, die normalerweise das natürliche Pflanzenwachstum behindert, wurden Roggensamen gegossen. Danach erhielten die Samen jeweils täglich 15 Milliliter destilliertes Wasser. Nach mehreren Tagen wurden die Pflanzen analysiert. Die Ergebnisse waren im Vergleich zu den Kontrollpflanzen, die keine behandelte Kochsalzlösung bekommen hatten, positiv, d.h. sie gediehen besser.

551

GEHEIMWISSENSCHAFTEN

Nostradamus – der Seher von Salon

Nostradamus gilt als einer der berühmtesten Seher. Seine Prophezeiungen sind in vieldeutigen Vierzeilern gehalten und geben bis heute immer wieder Anlass zu neuen Interpretationen. (Holzschnitt um 1850)

NOSTRADAMUS

Als unerschrockener Pestarzt, aber auch als Erfinder von Kosmetika für das schöne Geschlecht hatte er sich einen Namen gemacht. Unsterblich wurde er hingegen als Prophet. Für viele ist Nostradamus der größte Prophet aller Zeiten.

Gelehrter und Dichter

Michel de Notredame, genannt Nostradamus (1503–1566), lebte die meiste Zeit in Salon in der Provence. Er war eine humanistisch und universal gebildete Persönlichkeit, der typische Gelehrte der Renaissance, der sich sowohl dem Studium der antiken Autoren hingab, als auch bereit war, im Experiment die neue Naturforschung zu erkunden. Und er war vor allem Dichter. Die Zeit gewaltiger und gewaltsamer religiöser und gesellschaftlicher Umbrüche, in der er lebte, löste in ihm tiefste Beunruhigung aus. Er nahm sie zum Anlass, ein prophetisches Menetekel zu entwerfen. Von Jugend an verfolgten ihn Visionen. In der Astrologie fand er einen Weg, diese Visionen, die er als Prophezeiungen künftigen Geschehens verstand, einzuordnen.

Arbeit am eigenen Mythos

Anhand einer Sammlung von Briefen des Nostradamus, die der französische Literaturwissenschaftler Jean Dupèbe 1983 herausgegeben hat, kann man ermessen, wie Nostradamus seinen eigenen Mythus pflegte, indem er sich umständlich als Medium nach Art eines antiken Orakels darstellte. Nostradamus versuchte seinen Korrespondenten so zu erscheinen, wie diese es von ihm erwarteten. Er zeigt eine äußerst verformbare, schwer fassbare Persönlichkeit. So nimmt er in einigen Briefen an deutsche Adressaten eindeutig für die Sache des Protestantismus Partei, während er zugleich in seinen Almanachen und den »Prophéties« die Position des überzeugten Katholiken vertritt.

Die Werke

Nostradamus verfasste etliche Almanache und Prognostika. Solche »Taschenbücher« mit den astronomischen Daten des folgenden Jahres waren in jener Zeit weit verbreitet, da sie auch meteorologische Prognosen sowie Weissagungen enthielten. Die Bauern richteten sich danach, um ihre Felder zu bestellen. Die Politiker lasen die Almanache, um Hinweise auf etwaige Kriege, Umstürze oder das Ableben von Regenten zu erhalten.

Der deutsche Nostradamus-Experte Dr. Elmar R. Gruber.

Deutung von Vorzeichen

Dr. Elmar R. Gruber konnte zeigen, wie sich Nostradamus der Deutung von Vorzeichen (Prodigien) nach antiker Tradition bediente. Böse Omen waren meist ungewöhnliche Himmelserscheinungen und meteorologische Phänomene. Auch das Auftauchen von Missgeburten gehörte zu diesen schlechten Omen. Es sind diese Vorzeichen, welche die Interpreten zu völlig falschen Auslegungen dessen verleiten, was Nostradamus, dem Geschmack seiner Zeit folgend, beabsichtigt hatte. Er verfasste auch eine Flugschrift über einen Meteoriten, der über der Stadt Salon als Zeichen für drohende Katastrophen gesehen wurde.

Siamesische Zwillinge galten im Mittelalter als Ausgeburten der Hölle und als üble Vorzeichen. (Augsburger Flugblatt, Holzschnitt von 1560)

553

GEHEIMWISSENSCHAFTEN

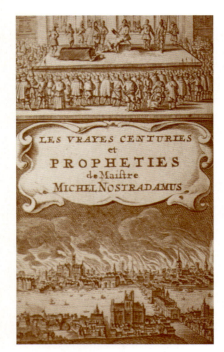

Das Titelblatt einer Ausgabe von Nostradamus' »Prophéties« aus dem Jahr 1668. Am unteren Bildrand ist der Brand Londons (1666) abgebildet, den Nostradamus prophezeit haben soll. Häufig sind solche »zutreffenden« Vorhersagen erst nachträglich in die Aussagen der Seher hineininterpretiert worden. Die verschlüsselten und geheimnisvollen Texte Nostradamus' konnten auf zahlreiche Ereignisse als Prophezeiungen gedeutet werden.

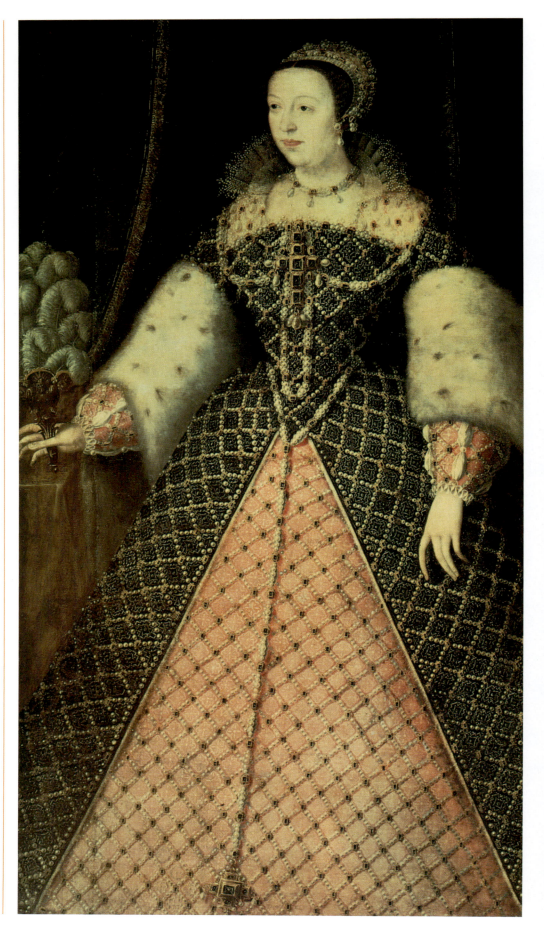

Katharina von Medici, Tochter Lorenzos II. von Medici war eine große Förderin von Nostradamus. Von ihr protegiert, machte Nostradamus eine rasche Karriere. (Zeitgenössisches Porträt, anonym)

NOSTRADAMUS

Die Karriere

Die Almanache von Nostradamus mit ihrer dunklen poetischen Sprache lösten eine unerwartet heftige Reaktion aus. Zu Beginn seiner außerordentlichen Karriere wurde der Gelehrte an den Hof Heinrichs II. (1519–1559) nach Paris gerufen. Seine Gemahlin, Königin Katharina von Medici (1519–1589), war bekannt für ihren Glauben an Magie und Astrologie und beschäftigte Hofastrologen. Sie protegierte Nostradamus, der später zum Leibarzt ihres Sohnes, König Karl IX. (1550–1574), avancierte. Der Seher von Salon wird zum gefragten Astrologen. Nostradamus erstellt Horoskope für reiche Geschäftsleute, aber auch für den Habsburger-Prinzen Rudolf, den späteren Kaiser Rudolf II. (1552–1612).

Die Prophéties

Heute sind seine Almanache fast in Vergessenheit geraten. Nur die Historiker und Literaturwissenschaftler beschäftigen sich noch mit ihnen. Dass Nostradamus immer noch als größter Prophet aller Zeiten gilt, geht auf sein ehrgeizigstes Werk zurück, die »Prophéties«. In zehn Abschnitten (Centurien) von jeweils 100 düsteren Vierzeilern (Quatrains), in geheimnisvoller Sprache verfasst, will er darin Weissagungen für kommende Jahrhunderte, ja bis weit in das vierte Jahrtausend niedergelegt haben.

Die Astrologie galt als Wissenschaft und war zugleich eine Quelle der Prophezeiungen. Nostradamus grenzte seine Methoden der astrologischen Forschungen von denen seiner Zeitgenossen ab. Mehrfach wendete er sich gegen die »Barbaren und Dummköpfe«, die kein Verständnis für seine Arbeit hätten. Er wandte die »judizielle Astrologie« an und meinte damit eine wertende und urteilende Astrologie. Allerdings sahen alle damaligen Astrologen in den Planetenkonstellationen und Sternbildern eine Beeinflussung auf die irdischen Ereignisse. Nostradamus bezog aber in seine Berechnungen auch die Fixsterne mit ein. Dieses Titelblatt einer Ausgabe von Nostradamus Werken zeigt den Gelehrten schreibend vor einem Globus in seiner Studierstube sitzend. Umgeben ist die Darstellung von den Symbolen der Tierkreiszeichen.

Die Gelehrten streiten, wie viele Verse der Prophéties wirklich auf Nostradamus zurückgehen. Die Erstausgabe von 1555, von der nur zwei Exemplare erhalten sind, beinhaltet die ersten drei Centurien und einen Teil der vierten. Eine Ausgabe von 1557 enthält sieben Centurien. Eine für 1558 erwähnte Veröffentlichung der Centurien acht bis zehn ist nicht erhalten. Vielleicht handelt es sich um eine Phantomausgabe. Die erste Gesamtausgabe erschien erst nach seinem Tod 1568. Wurden hier bereits Nostradamus Vierzeiler untergeschoben, die gar nicht von ihm stammen, wie es später bei zurückdatierten Ausgaben der Fall war?

Verworrene Sprache

Die nachhaltige Faszination von Nostradamus' Werken geht von seiner eigentümlichen Sprache aus. Dunkle Werke haben viele geschaffen, auch prophetische. Aber keines reizte so sehr, einen verborgenen Sinn in und vor allem hinter dem Geschrieben erkunden zu wollen, als das des Sehers von Salon, mit der sonderbaren und originellen Poesie seiner Vierzeiler, in ihrer rätselvollen Undurchschaubarkeit, abstoßend für die einen, anziehend für andere.

Die Stimme des Schicksals, des Unvermeidlichen, scheint bedrückend und verführerisch durch die Verszeilen zu klingen. Diese Texte, gespickt mit Kunstworten, Anagrammen, Kür-

Nostradamus in seiner düsteren Schreibstube mit dem Anspitzen der Feder beschäftigt – so stellte sich ein unbekannter Künstler des 19. Jahrhunderts den Visionär vor.

Pierre Brind'Amour

Die quellenkritischen Untersuchungen des kanadischen Professors für Philologie, Pierre Brind'Amour (1942-1995), haben die Einordnung von Nostradamus revolutioniert. Er konnte nachweisen, welchen literarischen Vorbildern Nostradamus bei seinen Prophezeiungen folgte. Unter anderem zeigte er, dass Nostradamus den berühmten und von vielen Interpreten geschätzten einzigen lateinischen Vierzeiler der Prophéties (»Legis cautio«) wörtlich aus dem Buch »De honesta disciplina« des Florentiner Humanisten Petrus Crinitus (1465–1504) kopiert hatte.

Der Kanadier Brind'Amour konnte durch sprachwissenschaftliche Vergleiche die Vorlagen, die Nostradamus benutzt hat, herausfinden.

555

GEHEIMWISSENSCHAFTEN

Vlaicu Ionescu ist einer der zahlreichen Nostradamus-Interpreten, die dessen Prophezeiungen auf ihre ganz spezielle Art und Weise auslegen.

»Inspirierte« Interpreten

Roger Frontenac, ein Fachmann für Chiffrierkunst, will gleich drei Chiffren-Schlüssel zur Entzifferung der Prophezeiungen gefunden haben. Von seinem durch abenteuerliche Operationen und Manipulationen gefundenen chronologischen Schlüssel ist der Autor so vollständig überzeugt, dass er sich bemüßigt fühlt, Nostradamus bei gewissen Zuordnungen zu korrigieren.

Der in den USA lebende rumänische Nostradamus-Interpret Vlaicu Ionescu sagte den Untergang des Sowjet-Kommunismus voraus, weil er hoffte, dass diesem verhassten System der Garaus gemacht würde. Heute rühmt er sich, diese Prophezeiung aus Nostradamus herausgelesen zu haben und unterschlägt, dass er in diesem Zusammenhang auch einen 3. Weltkrieg mit einer Allianz gegen die kommunistischen Staaten angekündigt hatte.

Die Interpreten suchen überall aktuelle Bezüge. Viele von ihnen setzen den Begriff »Hister« mit »Hitler« gleich, und beziehen die entsprechenden Quatrains auf Ereignisse des 2. Weltkriegs. Hister ist aber der antike Name des Unterlaufs der Donau, und als solchen verwendet ihn auch Nostradamus. Dreimal kommt der Ausdruck in den Prophéties vor. Jedesmal eindeutig als eine geographische Bezeichnung. Für »inspirierte« Interpreten kein Hindernis.

zeln, obskuren Fremdwörtern und einer lateinischen Syntax folgend, sind das ideale Medium dafür, Bedeutungen hineinzulegen, die nie so gemeint waren. Was immer Interpreten darin entdecken möchten, mit ein wenig Geschick werden sie es finden. Das beste Beispiel sind die Deuter selbst. Jeder ist der Überzeugung, den Schlüssel zu Nostradamus gefunden und die richtige Auslegung geliefert zu haben – aber alle kommen zu unterschiedlichen Ergebnissen.

Falsche Interpretationen

Das Urteil über Nostradamus als »Prophet« steht und fällt mit der Güte einzelner Weissagungen. Und hier ist die Situation, entgegen dem einhelligen Urteil seiner Anhänger, eindeutig. Weder lassen sich den »entschlüsselten« Vierzeilern rückblickend eindeutig historische Ereignisse zuordnen, noch ist es jemals gelungen, anhand eines Quatrains des Nostradamus eine künftige Begebenheit vorher-

zusagen. Die Enthauptung Karls I. von England (1649) und der große Brand Londons (1666) sind bekannte Ereignisse, die schon früh in Nostradamus hineingelesen wurden. Sie dienen vielen Ausgaben der »Prophéties« als Frontispiz. Für alle Interpreten überzeugend soll Nostradamus im 35. Quatrain der 1. Centurie den Turniertod König Heinrichs II. vorhergesagt haben. In Wahrheit beschreibt der Quatrain, streng nach Nostradamischer Manier, etwas ganz anderes, nämlich ein Vorzeichen, das am Himmel gesehen wird.

Und in der Tat hat zu Lebzeiten des Nostradamus niemand diesen Quatrain mit dem Tod Heinrichs in Verbindung gebracht, selbst Nostradamus nicht. Er und andere haben einen ganz anderen Vierzeiler auf diesen Vorfall bezogen. Erst als César, der Sohn von Nostradamus, in seiner »Histoire et Chronique de Provence« (1614) den Quatrain auf den Tod Heinrichs münzte, beherrscht diese Interpretation die Beweisführung der Nostradamisten.

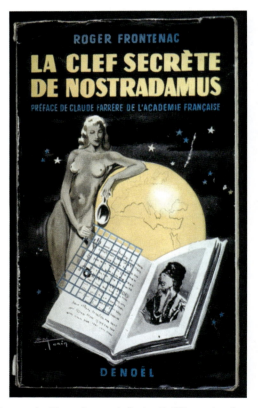

Besonders im letzten Jahrhundert erreichten die Prophezeiungen des Nostradamus ein breites Publikum. Aus den 20er Jahren des letzten Jahrhunderts stammt die Ausgabe eines Nostradamus-Buches, das die Prophezeiungen bis zum Ende des 20. Jahrhunderts beinhaltet (links). In den 50er Jahren veröffentliche Roger Frontenacs sein Werk über die Verschlüsselungstechnik, die Nostradamus angewendet haben soll.

NOSTRADAMUS

Damit begründete César auch den Fehler zahlreicher Nostradamus-Interpreten nach ihm: die Neigung, sinnvolle Muster in eine Vorlage hineinzusehen, was zum Glauben führt, derartige Muster seien objektiver Bestandteil der Vorlage. Man nennt diesen Fehlschluss die »subjektive Gültigkeitserklärung«. Keiner erkannte auch über 40 Jahre nach dem Tod von Nostradamus in dessen Versen die Voraussage des Todes von Heinrich II. Erst als César darauf aufmerksam macht, lesen alle Nostradamisten dasselbe aus diesen Zeilen. Das ist wie mit Bildern, die man in einem zufälligen Muster zu erkennen glaubt. Hat man sie einmal entdeckt, sieht man sie immer wieder.

Zahllos sind die Ausgaben von Nostradamus' Werken und die Untersuchungen dazu.

Die Flucht nach Varennes

In einem Quatrain soll Nostradamus die Flucht Ludwigs XVI. nach Varennes im Jahr 1791 beschrieben haben. In Wahrheit hatte er Wegbeschreibungen aus dem »Guide des chemins de France« von Charles Estienne (1552), einem der ältesten Reiseführer, zusammengestellt und daraus einen düsteren Vierzeiler gebaut. Die Namen im Quatrain sind Ortsnamen, die in dem Guide in identischer Folge auftauchen. Der Zufall wollte es, dass Varennes Ort eines historischen Ereignisses und der harmlose Vierzeiler von den unermüdlichen Interpreten als prophetische Vorwegnahme der Flucht des Königs angesehen wurde.

Begleitet von einer riesigen Wachmannschaft und dem Triumphgeheul des Volkes wurden Ludwig XVI. und seine Familie von Varennes nach Paris zurückgeleitet, wo er 1793 auf der Guillotine hingerichtet wurde.

557

Symbole des Westens

Mit Schreckensmasken, Dämonenskulpturen, Opfergaben und abstrakten Bildzeichen versuchten sich unsere Vorfahren, vor den Angriffen des Bösen zu schützen oder das Gute zu beschwören. Weltweit schufen sie eine Symbolsprache, die über die sinnliche Realität hinauswies. Bizarre Steine, angsteinflößende Höhlen, ehrfurchterweckende Quellen, Fetische, Kreise, Kreuze und Spiralen bildeten das Unfassbare ab oder repräsentierten Götter, Geister und Teufel. Viele uralte Machtsymbole und rituelle Handlungen, vom Kreuzzeichen bis zum Handauflegen, haben selbst in der Welt des 21. Jahrhunderts ihren Platz behauptet und bauen Brücken in andere Seinswelten.

SYMBOLE DES WESTENS

Ursymbole

Der Elefantengott Ganesha streckt dem Betrachter seine Handinnenseite entgegen und präsentiert das uralte Symbol der »Svastika«, das Hakenkreuz. Dieses Zeichen gibt es in vielen Kulturkreisen, erst mit den Nationalsozialisten wurde seine ursprüngliche Bedeutung verfälscht.

Schon zu Beginn der Menschheitsgeschichte stellten sich die Menschen die ersten Fragen nach einem Grund für die Erscheinungen der Welt. Man suchte nach gemeinsamen Nennern für Beziehungsmuster und fand Zeichen – Zeichen, die als Ersatz für eine Sache oder ein Ereignis standen, so genannte Symbole.

Die vertikale Linie

Eines der einfachsten Symbole ist die aufrecht stehende Linie. Der aufrechte Strahl steht für die Verbindung zwischen oben und unten, zwischen Himmel und Erde und damit für Aktivität und Schöpfung. Im Phallus und im Pfahl, als frühes Kultbild, findet das Symbol seine Übertragung. In Indien fand das

Symbol seinen Ausdruck im Linga, dem Phallus-Symbol Shivas, das nicht nur die Zeugungskraft, sondern vielmehr auch die kosmische Unermesslichkeit repräsentierte, weil es im Mythos als ohne Anfang und ohne Ende beschrieben wird.

Später finden wir das global verbreitete Symbol wieder im Stab des Stammesfürsten, in der Lanze des Häuptlings, im Zepter der Herrscher und im Zauberstab der Magier.

Das Kreuz

Die liegende Linie steht für den Horizont, für die Oberfläche der Erde. Kreuzt sie die stehende Linie, dann kommt es zur Vereinigung des Schöpferischen mit dem Ruhenden, des Männlichen mit dem Weiblichen, von Geist und Materie. Wir erhalten das einfachste Bild der Welt. Es weist in die vier Himmelsrichtungen und entspricht den vier Elementen (Erde, Feuer, Wasser, Luft). Aber schon dieses einfache Symbol entfaltet ungezählte Bedeutungen. Der Schnittpunkt zweier Linien ist die Kreuzung. Wenn die Linien in einem Winkel von 90 Grad einander treffen, so führen sie in unterschiedliche Richtungen.

Symbolische Vielschichtigkeit

Stellt man sie sich als Wegkreuzung vor, dann finden auf den Kreuzwegen extrem verschiedene Begegnungen statt. Bei diesem Zusammentreffen der Gegensätze werden Fähigkeiten und Potenzen maximal herausgefordert. Somit ist das Kreuz auch ein Symbol des Aufeinandertreffens der Gegensätze, was zu Spannung und Kampf, aber auch zu Überwindung und Vereinigung führen mag. So ist es im Abendland seit zwei Jahrtausenden das mächtigste, mit Bedeutungen überfrachtete

Symbol. Es steht für Scheitern, Vernichtung, Auflösung, aber auch für Wandlung, Läuterung, Befreiung.

In China ist das Kreuz ein uraltes Symbol. Das Zeichen dafür steht für die Zahl zehn. Es ist Ausdruck der Vollständigkeit, der Vollkommenheit und der Ganzheit. Das Kreuz als Kontakt mit dem völlig anderen ermöglicht somit die höchste Entfaltung der eigenen Potenzen. Als philosophische Bedeutung verbirgt sich dahinter die Vorstellung, dass der eigene, unverwechselbare Weg, das Tao, ins Nichts führt und ohne Sinn bleibt, solange er sich nicht mit anderen Wegen kreuzt.

Der Kreis

Mit dem Kreis verband sich von alters her die Vorstellung von etwas Vollständigem und Beglückendem. Schließlich hat die Wärme und

URSYMBOLE

Entstehung der Symbole

Die frühesten Symbole entstanden, als der Mensch versuchte, eine Repräsentation für Dinge und Begebenheiten zu finden, etwas, das sich durch ein Bild mitteilen ließ. Das Dargestellte wurde auf seine wesentlichen Merkmale reduziert und in ein abstraktes Bild überführt. Da das Bild aber einen komplexen Sachverhalt wiedergab, waren Symbole, auch wenn sie einfach waren, vielschichtig. Ein Symbol transportiert das Gemeinte auf verschiedenen Ebenen des Verstehens und ist deshalb niemals eindeutig wie ein einfaches Zeichen, sondern vieldeutig. Aus dem Symbol ergaben sich neue und unerwartete Zusammenhänge. Auf diese Weise wurden Symbole Mittel, den tieferen Sinn der Welt zu erkunden.

Aus Sentium (Sassoferrato) stammt dieses antike Bodenmosaik. Es zeigt einen jugendlichen Ewigkeitsgott (Aion) im Himmelskreis der Sternzeichen zwischen einem grünen und einem winterlichen Baum. Im Vordergrund rechts ist die Erdmutter Tellus mit ihren Kindern, die für die Jahreszeiten stehen, dargestellt.

561

SYMBOLE DES WESTENS

Kreis und Kugel

Im Kreis ist die Ganzheit des Kosmos eingeschlossen, aber auch die Leere, die ihn umgibt. Die Bedeutungen von Fülle und Nichts machten den Kreis zu einem besonders geheimnisvollen Symbol, das helfen soll, die Unbegreiflichkeit der Transzendenz und des Göttlichen zu bezeichnen. In seiner Form als geometrischer Körper der Kugel bewahrt es dieses Geheimnis. In einem mystischen Text des Mittelalters heißt es: »Gott ist eine unendliche Kugel, deren Mittelpunkt überall und deren Umgrenzung nirgendwo ist.«

Die Kugel ist ein ins Dreidimensionale übertragener Kreis und entspricht im Wesentlichen auch dessen Bedeutungen. Durch die Vorstellung des Firmaments als Kugelschale wurde das Symbol z. B. auch auf die Architektur – auf Kuppel und Halbbogen – übertragen.

Leben spendende Sonne eine Kreisform. Die Teile des Kreises, etwa Schalen oder Halbkreise wurden mit dem Mond in Verbindung gebracht. Die Bewohner der polnahen Gebiete konnten im Sommer beobachten, wie die Sonne überhaupt nicht unterging und in einem Kreis über den Himmel wanderte. Aufgrund dieser Erfahrungen erfanden die Menschen in diesen Regionen den Zeitkreis.

Man zog diese Beobachtungen heran, um ein Zeit- und Kalendersystem zu erstellen. Man baute Hütten, die gleichsam Abbilder des Kosmos waren. Vier Stützen, die eine Rundhütte tragen, bilden ein Pfeilerquadrat, das Symbol der Erde. Die Rundung steht für den Zeitkreis, ein kuppelförmiges Dach für die Himmelskuppel. Im Zentrum dieses Weltgerüsts stand häufig ein Mittelpfosten, der die Weltenachse repräsentierte.

Zeitkreis und Ewigkeit

Der Kreis als Zeitkreis findet seinen symbolischen Ausdruck im Bild der Schlange, die sich in den eigenen Schwanz beißt (Ouroboros). Es ist ein Sinnbild für die Ewigkeit und die uranfängliche Ganzheit.

Der Zeitlauf verbindet sich hier mit dem Symbol des in sich selbst kreisenden Geistes. Wenn die Zeit ein Kreis ist, folgt daraus die ewige Wiederkehr. So ist das Kreissymbol eine Spiegelung der Eingeschlossenheit, auch der Geborgenheit der Existenz in einen vollständigen Kosmos und in einem zyklischen Zeitlauf ohne Ende.

Das Rad

Der dynamische Aspekt tritt hinzu, wenn sich Kreuz und Kreis mischen. Spannung und Vereinigung treffen auf den abstrakten Zeitlauf, der damit einen konkreten Ausdruck gewinnt. Im Schnittpunkt des Kreuzes erhält der Kreis ein Zentrum. Er verwandelt sich zum Symbol des Rades, als Bild der sich um den ruhenden Mittelpunkt – die unbewegliche Nabe der Radachse – drehenden Zeit. Ausgedrückt wurde in diesem Symbol auch die Wandelbarkeit und Geschäftigkeit der Welt, die sich um ein unwandelbares Zentrum bewegt. Das unwandelbare Zentrum wurde im hinduistischen Indien mit dem Dharma – die Grundlage der menschlichen Moral und die Ordnung des Universums als Grundlage der Religion – in Verbindung gebracht. Große Herrscher galten als Repräsentanten dieser kosmischen Ordnung. Sie wurden als Weltenherrscher Chakravartin genannt, was wörtlich »Rad-Herrscher« bedeutet.

Später bezeichnete man mit diesem Namen einen Buddha, dessen universelle Lehre den gesamten Kosmos umfasst. Und das von zwei Kreuzen geteilte Rad mit acht Speichen wurde zu einem Symbol des Buddhismus, in dem die acht Speichen für den »edlen achtfältigen Pfad« stehen.

Das Rad der Energie

Erhält das Kreuz im Kreis einen Knick, entsteht das Hakenkreuz (Svastika) als dynamischer Ausdruck des sich bewegenden Rades. Die Grundkräfte geraten in Bewegung, es entsteht Energie. Die Svastika ist eines der älte-

URSYMBOLE

In Lappland verehrte man Pfähle als Kultbilder. Der Kupferstich aus dem 18. Jahrhundert zeigt Lappen beim Schlachten eines Rentieres. Das in der Schale aufgefangene Blut des Tiers wird auf einem podestartigen Altar einem mit einem Gesicht versehenen Pfahl als Weihegabe gereicht. Im Hintergrund erkennt man die Gläubigen vor weiteren Pfahl-Kultbildern.

sten Symbole, das in zahlreichen Kulturkreisen Verbreitung gefunden hat. Der Sanskrit-Begriff Svastika bedeutet »Glück«. Dieses Glück bringende Symbol findet sich in Asien allerorten wieder, an Kunstobjekten, Tempeln und Hauseingängen. Ist in China das Kreuz das Zeichen für zehn, bedeutet die Svastika die Zahl 10.000 und symbolisiert die Unendlichkeit. Im Geist Buddhas offenbart sich das Ewige. Auf chinesischen Buddhadarstellungen findet sich darum in Höhe des Herzens das Hakenkreuz. Die Nationalsozialisten haben die Svastika als Zeichen in ihre Ideologie integriert und als Symbol für ihren Herrschaftsanspruch und ihr »Tausendjähriges Reich« missbraucht.

Aufgerichtete Steine mit phallischer Bedeutung sind besonders in Indien häufig anzutreffen. Die als »Linga« verehrte Säule symbolisiert dort den Hindu-Gott Shiva. Als Symbol der Fruchtbarkeit und des Lebens hat der Phallus jedoch in sehr vielen Kulturen seinen Platz. Dieser hier abgebildete stammt aus dem Phallustempel in Uxmal (Mexiko).

563

SYMBOLE DES WESTENS

Indianische Symbole

Eine maskierte Gottheit der Hopi-Indianer. Als Symbol für Segen und gute Ernte trägt sie einen Maiskolben und eine Schale.

Für die Maya markierte eine Stele den Mittelpunkt der Welt und war zudem der Ort, wo die Götter ihren Willen verkündeten. Die hier gezeigte Stele steht in Quiriguá in Guatemala.

INDIANISCHE SYMBOLE

Zahlreiche Symbole, die man von den indianischen Völkern Nord-, Mittel- und Südamerikas kennt, gehen auf Zeiten zurück, als die Menschen noch auf Höhlenwänden einfache Zeichen hinterließen: Handabdrücke, Punkte, Linien, Quadrate, Kreuze. Es waren die ersten Versuche, eine geistige Welt zu bannen, sie vom Subjekt der Erfahrung zu trennen. Daraus entwickelten sich Symbole, die erstaunlicherweise in sowohl räumlich als auch zeitlich weit auseinander liegenden Kulturen große Ähnlichkeit aufweisen.

Das Quadrat der Welt

Nicht nur den Indianerstämmen Amerikas, auch vielen anderen Kulturen ist die Einteilung der Welt in vier Weltgegenden geläufig. Die vier Ecken sind die äußersten Punkte des sichtbaren Horizonts und entsprechen den Sonnenwenden. Symbolisch sind ihnen die verschiedensten Dinge zugeordnet. Bei den Maya in Mexiko ist der Osten rot, der Norden weiß, der Westen schwarz und der Süden gelb. Diese Ecken der Welt bilden ein Quadrat. Getragen werden die Weltecken von vier Göttern, die Bacabs genannt werden. Von dort, von den Rändern der Welt, kamen die Winde, die als Verursacher der Krankheiten gelten. In jeder Weltgegend wuchs ein heiliger Baum mit je einem Schicksalsvogel in den Ästen. Auch die Maissorten, der rote, der weiße, der blaue und der gelbe Mais wurden den Weltgegenden zugeordnet. Der Mais hatte darüber hinaus als wichtigstes Nahrungsmittel bei vielen Stämmen weit reichende symbolische Bedeutungen.

Der Mittelpunkt des Universums

In der Mitte der vier Weltgegenden befand sich das Zentrum des Universums. Die vier Götter an den Ecken der Welt wurden auch als Teile der zentralen Gottheit in der Mitte (Bacab) verstanden. Die Inkas in Peru sprachen von den vier Weltgegenden, die sich von Cuzco, dem Nabel der Welt, aus erstrecken. Zahlreiche indianische Riten beziehen sich auf ein solches Weltgefüge. Bei den Maya wuchs im Zentrum der Welt der Yaxche (Kapokbaum), der erste Baum, dessen Zweige in den Himmel ragten und dessen Früchte den ersten Menschen ernährten.

Bei den Chorti-Maya wird für einen rituellen Anlass auf einem Altar, der durch vier Opferschalen das Quadrat der Welt bildet, in der Mitte der Erdentisch errichtet. Darauf steht ein mit Blättern bekleidetes Kreuz. Es repräsentiert jenen mythischen ersten Baum, den man auch den »grünen Baum des Überflusses«, »Yax Cheel Cah«, nennt. Vier Steine zu Füßen des Altars bilden den magischen Schutzgürtel, so wie sich vier Holzkreuze an den vier Ausgängen eines Dorfes befinden. Während eines bestimmten Rituals wird der Baum mit Speisen überschüttet, wodurch die Befruchtung der Erde sicher gestellt wird. Die symbolischen Bedeutungen des mythischen Weltenbaumes als aufrechter Pfahl finden sich auch in den magischen Stäben und Zepter der Medizinmänner und Fürsten wieder.

Ein universelles Symbol

Die Spirale gilt als eines der ältesten Symbole der Menschheit. Auf paläolithischen Felszeichnungen in Zimbabwe finden wir sie ebenso wie auf einem neolithischen Relief im Tempel von Al Tarxien auf Malta (ca. 2400 v. Chr.) oder auf dem Schwellstein am Eingang und in den Gängen von New Grange, dem Grabhügel der irischen Könige (4./3. Jahrtausend v. Chr.). Von einem sehr frühen Zeitpunkt an stand die Spirale (manchmal auch konzentrische Kreise) für das Auflösen der herkömmlichen Person, ihr Eintauchen in eine andere Wirklichkeit und das Auftauchen als Neugeburt. In Mexiko schmückt sie Tempelfassaden der Maya-Kultur.

Dieses viereckige Spiralmotiv der Mayakultur mit der Darstellung eines Menschenkopfes findet sich auf der Fassade des Westgebäudes im so genannten Nonnenviereck in Uxmal, Mexiko.

SYMBOLE DES WESTENS

Der »Tempel des Hohepriesters« ist eine der Pyramiden im Komplex von Chichén Itzá, auf der Halbinsel Yucatán in Mexiko. Die einzelnen Ebenen der Pyramide symbolisieren nach dem Verständnis der Maya die Schichten des Kosmos.

Symbol des Kosmos

In der ältesten Zeit, im 1. Jahrtausend v. Chr., errichtete man in Mexiko die Kultstätten auf Berggipfeln, bis man künstliche »Berge« schuf, die dem symbolischen Zusammenhang der vier Weltgegenden mit dem erhobenen Zentrum Ausdruck verliehen: Das kosmische Quadrat findet sich als Grundriss der Konstruktion der Tempelpyramiden wieder. Es ist der ins Kosmische vordringende Altar, dessen Grundfläche auf der Erde ruht und das Idol – die Idole konnten variieren, also verschiedene Götter sein – im erhöhten Zentrum trägt. In konzentrischen Quadraten erhebt sich so die Stufenpyramide als Nachbildung des heiligen Berges der Mitte und als Symbol des gesamten Kosmos nach oben.

Weltmitte und Pyramide

Wenn das Quadrat, das die Welt symbolisiert, mit dem Altar in der Mitte in den Himmel projiziert wird, entsteht die Form der Pyramide. Sie ist zugleich der spätere kulturelle Ausdruck eines natürlichen Symbols für die Mitte: der heilige Berg als die mythische Begegnungsstelle von Himmel und Erde. Der Mittelpunkt und das imaginäre Quadrat bestimmen und ordnen das indianische Gemeinschaftsleben. Suchen die nordamerikanischen Indianer nach einem Zeichen für die Weltmitte, dann finden sie dieses meist in einem Felsen. Er verkörpert Festigkeit, Unwandelbarkeit, Dauer und hohes Alter. Man huldigt diesem Repräsentanten des »Nabels der Welt« mit einem Opferritus und verwendet ihn als Orakel. Unbewusste Ableitungen davon sind die kunstvollen Stelen, welche die Kultur der Maya hervorgebracht hat.

Der Kreis

Der vierfach oder achtfach geteilte Kreis mit einem Kranz aus Federn des Quetzalvogels symbolisierte bei den Azteken die Sonne. Die Teilung entspricht den Punkten der Sonnenwenden und Tagundnachtgleichen. Bei den nordamerikanischen Indianern finden sich große, aus Steinen geformte Räder mit ebenfalls mit Steinen ausgelegten Speichen und einem kleinen Ringwall in der Nabe. Hier konnte sich ein Indianer hineinstellen und entlang der Speichen den Sonnenstand anvisieren. Mit Hilfe solcher »Medizinräder« errechneten beispielsweise die Sioux den Termin für wichtige rituelle Feste, wie den Sonnentanz. Die Sonne war freilich dem Feuer zugeordnet, der Mond dem Wasser. Bei den Azteken wurde der Mond deshalb als mit Wasser gefüllte Knochenschale abgebildet.

Schlangenlinie und Spirale

Vielfältige Bedeutungen können verschlungene Linien oder Schlangenlinien, beziehungsweise Spiralen annehmen. Sie stehen meist als Symbole für den Weg in die andere Welt, ins Jenseits. Das Mysterium des Todes steht mit ihnen in Verbindung. Auf Felsbildern in Arizona und in Idaho fand man Abbildungen von Männern, bei denen ein Arm in einer verschlungenen Linie, ähnlich einem Labyrinth, dargestellt ist, während der andere in eine Spirale ausläuft. Sie stehen für den Schamanen, der den Weg in die jenseitige Welt kennt. Das Jenseits ist zugleich das wahre Zentrum der Person. Deshalb bezeichnet das Spiralmotiv auch »die Entfaltung des anderen Ich«, wie es der peruanische Schamane Don Eduardo Calderón (1930–1996) einem Ethnologen gegenüber ausdrückte. Auf seiner Rassel hatte Calderón eine Spirale eingeritzt. Er sah sie als einen Strudel, der ihn befähigte, in andere Welten einzutauchen. Schlangenlinien und stilisierte Abbildungen von mythischen Wesen mit spiralartig eingedrehten Armen finden sich als Muster auch auf Stoffen der alten Andenvölker.

Stilisierte mythische Figuren mit spiralförmigen Armen (links) und sich endlos windende Schlangen (rechts) zeigen diese Stoffmuster der peruanischen Moche-Kultur (200–800 n. Chr.).

SYMBOLE DES WESTENS

Die Spirale

In der von dem amerikanischen Mathematiker B. Mandelbrot (1924) entwickelten fraktalen Geometrie werden komplexe Formen und Erscheinungen (Fraktale) als so genannte Mandelbrot-Menge dargestellt.

Spiralen gehören zu den ältesten Symbolen der Menschheit. Man findet sie auf Felsbildern ebenso wie auf den riesigen Steingräbern aus prähistorischer Zeit, im Alten Ägypten auf Skarabäen und in Grabmalereien oder in den Tempeln des Fernen Ostens.

Der Symbolgehalt dieses ornamentalen Motivs ist jedoch umstritten. Wahrscheinlich liegt der Bedeutungszusammenhang in der komplexen zyklischen Bewegung des Sonnenlaufs oder der Mondphasen und ihrem Einfluss auf Wasser oder Fruchtbarkeit. So drückt die Spirale etwas Werdendes aus und bezeichnet die ewige Wiederkehr und den sich wiederholenden Charakter der Evolution. Besonders bei der Doppelspirale liegt eine Deutung von Wiederkehr und Erneuerung, von Leben und Tod durch die sich einwärts- und auswärtsdrehende Bewegung nahe.

Überall, wo die Spirale seit der Steinzeit auftaucht, weist sie auf eine Erneuerung des Lebens, auf vegetabilische und organische Fruchtbarkeit hin. So wird sie auch auf den späteren christlichen Gedenksteinen keltischer Herkunft verständlich. Spiralförmige Steinsetzungen, wie z. B. die so genannten Troyaburgen in Nordeuropa, etwa in Visby auf Gotland, verweisen aber auch auf eine kultische Funktion dieses Motivs, die im

Zusammenhang mit der Sonne zu sehen ist. Als Symbol der Fruchtbarkeit und des sich entfaltenden Lebens findet sich in frühen Mittelmeerkulturen die Spirale in der Geschlechtsgegend weiblicher Statuetten. In der christlich-mittelalterlichen Kunst erscheint die Spirale auch in Verbindung mit Christus oder christlichen Symbolen.

Ewiges Werden und Vergehen

In der mystischen Geheimlehre des Hermes Trismegistos, dem legendären spätantiken Verfasser der so genannten hermetischen Schriften, wird der Austausch und die Wechselwirkung von Mensch und Universum, von Mikrokosmos und Makrokosmos als ein Zusammenhang des »so wie oben so unten« beschrieben. Darin scheint sich die Symbolik der Spirale ebenso wiederzufinden wie im Kernsatz des griechischen Philosophen Heraklit (ca. 550–480 v. Chr.): »Panta rhei« – alles fließt. Er lehrt, dass alles Sein sich im permanenten Strom des Entstehens und Vergehens befindet.

Ohne Anfang und Ende

In der Form der Spirale gibt es, egal ob es sich um eine schraubenförmige dreidimensionale oder um eine flache, zweidimensionale handelt, keinen eigentlichen Anfang und kein Ende. Die Spirale dreht sich unendlich weiter – Bezüge wie sie sich nicht zuletzt auch in den kosmischen Spiralnebeln der Milchstraße manifestieren. Durch die Drehbewegung, dem Einrollen und dem sich gleich darauf wieder Öffnen verkörpert die Spirale eine scheinbare Ordnung, doch dafür fehlen klare Abgrenzungen, Regeln und Schwerpunkte.

So erzeugt sie beim Betrachter eher Verunsicherung, weil er das Schwebende in der Symbolik mit seiner Erfahrung in der Materie schwer in Einklang bringen kann. Deshalb steht die Spirale auch für den Zweifel des Menschen und für seine unbeantworteten Fragen. Doch das uralte Zeichen gibt keine Antworten, es entzieht sich dem forschenden Verstand, in dem es – scheinbar flüchtend – sich beständig verändert und doch gleich bleibt.

Das ganze Universum im Tanz

Der Tanz der Derwische, den Angehörigen einer mystischen Ordensgemeinschaft des Islams, stellt eine Verkörperung der Spirale dar, in der sich die Himmelbewegung eines Planeten um seine eigene Achse und die der Sonne ausdrückt.

Während sich sein Körper in einer wirbelnden Tanzbewegung um die unbewegte Achse seines eigenen Herzens dreht, vergegenwärtigt sich ihm die spiralförmige Entstehung und Bewegung des Universums. Gleichsam einem Trancezustand kann der Derwisch so die Manifestationen des Göttlichen aufnehmen, die ihn zu höherer Erkenntnis führen und ihn den göttlichen Ursprung erkennen lässt.

Die schwarze Rose

Milly Canavero aus Genua hatte zu Beginn der 1980er Jahre ein sonderbares Erlebnis. Über ihren Zeichenblock gebeugt, wollte sie den Baum vor ihrem Fenster skizzieren, als sich der Filzstift in ihrer Hand gewissermaßen verselbstständigte. Alles geschah wie automatisch.

Es war nicht der Baum, den sie zeichnete, sondern Kreise, die ineinander übergingen. Eine schier endlose Spirale, durch die sich gerade Linien wie Pfeile nach oben zogen.

Seitdem hat Frau Canavero Tausende solcher Spiralen gezeichnet, die trotz ihrer exakten Geometrie unterschiedlich ausgefallen sind. Oft stehen unter den Bildern merkwürdige Zeichen, die an prähistorische Schriften erinnern, und jedes Mal ist auch als Signum eine kleine schwarze Rose zu erkennen.

Milly Canavero: »Am Anfang waren die Motive sehr einfach, inzwischen sind sie äußerst kompliziert. Jeder Strich, jede Linienführung hat eine bestimmte Bedeutung. Die Rose ist das Leben, die Spirale steht für die Evolution des Menschen. Die nach oben gerichteten Pfeile sind das Symbol für die Ausrichtung all unserer Bemühungen auf ein Höheres hin!«

Der Blattaufbau von Rosen entspricht geradezu perfekt dem einer Spirale. Gleichzeitig ist die Rose Sinnbild für das »Stirb und Werde« – das Leben.

SYMBOLE DES WESTENS

Das Labyrinth

Der Irrgarten ist ein nicht nur zur Belustigung gebautes Labyrinth. Zwischen undurchsichtigen Buchsbaumhecken werden die Menschen auf verschlungenen Wegen in die Irre geführt. (Garten in Lissabon, Portugal)

Das Labyrinth ist eines der ältesten Symbole der Weltgeschichte und findet sich in vielerlei Formen in vielen Kulturkreisen. Im Wesentlichen handelt es sich bei einem Labyrinth um ein irreführendes Wegesystem, das zu einem Zentrum führt. In seiner Symbolik widerspiegelt es vor allem die Suche nach dem richtigen Weg im Leben. Es steht exemplarisch für eine Lebenssituation, in der die Orientierung fehlt und man nicht weiß, in welche Richtung man seine Schritte lenken soll. So lässt sich das Labyrinth als Sinnbild des menschlichen Lebens mit all seinen Prüfungen, Schwierigkeiten und Umwegen sehen. Aufgabe des Menschen ist es, das Ziel oder auch das Zentrum zu finden und zum Mittelpunkt vorzudringen, wo alles seine Ordnung hat und uns Erkenntnis zuteil wird. Das Labyrinth hatte über die Zeitgeschichte und die verschiedenen Kulturen hinweg unterschiedliche Bedeutungszusammenhänge und Funktionen.

Der Faden der Ariadne

Die Bezeichnung Labyrinth geht zurück auf den griechischen Mythos vom Minotaurus, einem Ungeheuer halb Tier, halb Mensch. Der kretische König Minos ließ für dieses Wesen ein Gefängnis in Form eines Labyrinths errichten, aus dem es nicht fliehen konnte. Alle neun Jahre mussten dem Ungeheuer der Sage nach sieben Mädchen und Jungen geopfert werden. Unter den Unglücklichen war einst auch der junge Königssohn Theseus, in den Ariadne, die Tochter des Minos, verliebt war. Sie gab ihm eine Rolle Garn – den Ariadnefaden – an dem er aus dem Labyrinth zurück fand, nachdem er den Minotaurus getötet hatte. Ganz offensichtlich erscheint hier die Bedeutung des Labyrinths als Symbol für den Abstieg zur Unterwelt.

LABYRINTH

Leben und Tod

Labyrinthe und Irrgärten können auf eine rund 5000-jährige Geschichte zurückblicken. Eines der ältesten Labyrinthsymbole wurde nahe dem Grabmahl des ägyptischen Königs Perabsen (um 3400 v. Chr.) entdeckt. Pharao Amenemhet III. ließ 1800 v. Chr. einen gigantischen Totentempel mit 3000 Kammern errichten, deren Anordnung an ein Labyrinth erinnert. Aber bereits lange davor ritzten oder malten die Menschen der Frühzeit labyrinthähnliche Zeichen an Felswände oder auf Gegenstände. Deren ursprüngliche Form und Funktion war sicherlich, eine magische Verbindung zum Tod herzustellen, wovon Perabsens Grabmal zeugt. Dabei ähneln die kreisförmigen Labyrinthe den Spiralen, die als Karten der Unterwelt galten und den Seelen der Verstorbenen den Weg weisen sollten.

Heutige Labyrinthe können sowohl real existierende Anlagen sein – beispielsweise Gärten – Symbole oder auch Ornamente auf Wänden und Fußböden sowie sprachliche Bilder für eine verwirrende, unübersichtliche Situation: im Labyrinth der Gefühle.

Tanz auf der Töpferscheibe

Die Restaurierung des Palastes von Knossos, in dem Minos regiert haben soll, ergab keine Hinweise auf eine tatsächliche Labyrinthanlage. Historiker gehen eher von einem labyrinthförmigen Bodenornament oder auch von der einstmals verwirrenden Vielzahl der Räume des Palastes als Ursprung der Legende aus. Auf einem so geschmückten Boden hätten die Kreter ihre Labyrinth-Tänze aufgeführt, von denen Homer berichtet: »Kreisend liefen sie umher wie auf einer Töpferscheibe.« Ziel solcher Rituale war offensichtlich das Erreichen einer tranceähnlichen, nicht-alltäglichen Erfahrung, ähnlich wie es die Derwische, Angehörige eines mystischen Ordens des Islam, heute noch praktizieren.

Reims und Chartres

In zahlreichen europäischen Kirchen und Klöstern finden sich Labyrinthe als Fußbodenmosaike. Das Christentum hatte das antike Motiv schon früh übernommen und als Heilszeichen umgedeutet.

Die Mitte eines solchen Labyrinths bedeutete im Mittelalter die Ecclesia, war also Symbol für die Kirche selbst oder für den Himmel, es konnte jedoch auch der Bußweg eines Gläubigen nach Jerusalem sein. In der Nähe des Eingangs schützten die Labyrinthe vor bösen Geistern, sie waren aber jahrhundertelang auch Bestandteil religiöser Rituale. In den mittelalterlichen Kathedralen von Reims und Chartres versuchten die Gläubigen singend und betend beim Abschreiten oder auf den Knien rutschend auf den verschlungenen Pfaden der Labyrinthe, sich auf die christlichen Ideale zu besinnen.

Lucas I. von Valckenborgh (um 1535–1597) malte diese »Frühlingslandschaft mit künstlichem Labyrinth« 1587. (Kunsthistorisches Museum, Wien)

Irrgarten und Labyrinth

Ein Irrgarten ist meist aus immergrünen Hecken angelegt und dient dem Vergnügen der Besucher, denn nur wer nach langem Herumirren den richtigen Weg findet, kann bis zum Ziel im Zentrum vordringen. Das Labyrinth erschafft und schützt dieses Zentrum und gewährt nur unter besonderen Bedingungen Einlass. Einlass ist also Einweihung, ein Schritt auf dem Pfad der Erkenntnis. So steht das Labyrinth als ein Initiationssymbol auch für das Eindringen in eine verworren erscheinende geistige Welt, deren Mittelpunkt das Erlangen von Spiritualität bedeutet. Es verkörpert gleichzeitig Tod und Wiedergeburt und hat somit sowohl in der Form als auch in seinem sinnbildlichen Gehalt einen engen Bezug zum Symbol.

Minotaurus, das Ungeheuer halb Stier, halb Menschengestalt, wurde der Sage nach in dem von Dädalus erbauten Labyrinth gefangen gehalten.

SYMBOLE DES WESTENS

Die alten geraden Wege

Auf schnurgeraden Verbindungswegen haben die Menschen der Vorzeit die megalithischen Kultstätten in astronomisch-geografischen Beziehungen zu einander gesetzt. So steht auch die Anlage von Trelleborg in Dänemark mit anderen Kultplätzen in Verbindung.

DIE GERADEN WEGE

Vor 5000 Jahren lebten in Europa steinzeitliche Menschen, die als Jäger und Sammler durch die Berge und Täler des Kontinents und seiner Inseln zogen. Ist es denkbar, dass sie dabei einem unsichtbaren geometrischen Raster folgten, das sich quer über unseren Erdball spannt?

Einige Geologen und Physiker sind der Ansicht, es gäbe ausreichende Indizien, die diese verblüffende Behauptung belegen.

Es war im Juni 1921, als der britische Fotograf Alfred Watkins auf seiner Landkarte den kürzesten Weg zu einigen megalithischen Baudenkmälern Englands suchte, um eine Fotoserie zu machen. Als er die Orte mit kleinen Kreisen markiert hatte, stutzte er: Alle historischen Stätten lagen über eine Strecke von 100 Kilometern hinweg genau auf einer Linie. Und noch etwas bemerkte er, als er schließlich mit dem Kompass in der Hand die Plätze mit einem Pferd abritt. Die Linie verlief ebenso durch Kirchen und Kapellen.

War dies doch nur eine zufällige Anordnung? Watkins forschte weiter und entdeckte, dass sich vor der Christianisierung genau an diesen Stellen heidnische Kultstätten befunden hatten.

Ein geographisches Spinnennetz

Schon 1909 war der Astronom Sir Norman Lockyer auf seltsame geometrische Verbindungen antiker Heiligtümer gestoßen. Der Scheitelpunkt schien in Stonehenge, dem riesenhaften Steinkreis-Monument im Süden Englands, zu liegen.

Der nächste Peilpunkt war die südlich gelegene Kultstätte Grovely Castle, dann folgte Old Sarum. Zusammen ergaben sie ein genau gleichseitiges Dreieck.

In den nächsten Jahrzehnten wurden immer mehr solcher schnurgeraden gedachten Verbindungslinien zwischen alten Heiligtümern in ganz Europa aufgedeckt. Rätselhaft bleibt, mit welchem Peilsystem und warum Menschen der Steinzeit ein solches kultisches »Netz« über England spannten.

Paneuropäische Ideen

Die Entdeckung seines Lebens machte der französische Philologe Xavier Guichard im Jahre 1911. Er war bei seiner Forschungsarbeit auf das Wort »Alesia« gestoßen, das aus einer uralten europäischen Sprache stammt.

Das Pentagramm von Karlsruhe

Mysteriös wird es, wenn man ein Pentagramm (einen fünfeckigen Stern) über eine Landschaft legen kann und an den Eck- und Schnittpunkten heidnische Kultplätze antrifft.

Genau diese Erfahrung macht der Altertumsforscher Dr. Jens Möller in Karlsruhe. In Eggenstein, im Norden der Stadt, befindet sich eine alte Kultstätte. Dort liegt die obere Spitze des gedachten Fünfsterns. Quer durch Karlsruhe zum Klosterwald, wo man in vorchristlicher Zeit Götzen anbetete, zieht sich die Linie, dann nach Büchelberg im Westen und nach Osten bis nach Steinbach, von dort aus nach Reinau, die die anderen Eckpunkte des Sterns bilden. Seltsam ist auch, dass die Ortschaft Knielingen, die ebenfalls in diesen Stern eingebunden ist, in ihrem Ortswappen das Pentagramm trägt. Wie es in das Wappen gelangte, kann jedoch heute niemand mehr genau sagen.

Bereits seit 1568 besaß die Ortschaft Knielingen ein eigenes Siegel, dessen Wappen den Heraldikern ein großes Rätsel aufgibt. In welchem Zusammenhang das schwarze Pentagramm, auch Drudenfuß genannt, steht, können auch sie nicht erklären.

573

SYMBOLE DES WESTENS

Erst 1950 entdeckte man bei Ausgrabungen die Wikingerburg Fyrkat. Sie liegt auf einer Landspitze, am breiten Fluss Onsild im Norden von Dänemark. Fyrkat ist ein Wikingerlager vom gleichen Typ wie Trelleborg auf Seeland, Nonnebakken auf Fünen und Aggersborg am Limfjord und wurde um 80 n. Chr. erbaut. Diese vier Anlagen sind nach dem gleichen System, einem streng geometrischen Schema, das mit äußerster Präzision befolgt wurde, errichtet. Sie lagen an bedeutenden Verkehrswegen des damaligen Wikingerreiches. Darüber hinaus scheinen alle Wallanlagen durch eine imaginäre Linie verbunden zu sein. Die Aufnahme zeigt ein rekonstruiertes Wikingerhaus.

Spätere Wortwandlungen führten zum griechischen »Eleusis« oder dem indogermanischen »Alés, Alis, Alles«, womit ein Treffpunkt bezeichnet wurde. Überrascht stellte er fest, dass Ortsnamen, die auf »Alesia« zurückzuführen sind, auf 24 strahlenförmig verlaufenden Linien angeordnet sind, die von Spanien (Aliseda) nach Polen (Kalisz), von Aizecourt in Nordfrankreich bis nach Eleuris am Nildelta in Ägypten reichen. Das Zentrum dieses gigantischen sternenförmigen Systems liegt süd-östlich von Paris zwischen Aisey und Alièze.

Europas sakrale Geometrie

Als die Wikinger vor 1000 Jahren Dänemark beherrschten, lebten sie in kreisrunden Wallanlagen. Über die eigentlichen Ursprünge dieser Ringhügel wissen wir heute nichts mehr. Aber langsam enthüllt sich uns ihr Geheimnis, das ganz Europa betrifft. 1990 überflog der dänische Pilot Preben Hansson die Wikingerburg

»Trelleborg«. Innerhalb des Walles konnte er 16 ellipsenförmige Bodenstrukturen ausmachen, die wie verschüttete Schiffe oder wie Parabolantennen wirkten. Spontan folgte Hansson der Richtung der fiktiven Antennen. Nach 76 Kilometer überflog er die zweite Wikingerburg, »Eskeholm«, 100 Kilometer weiter folgten die Wallanlagen von »Fyrkat« und schließlich die Festung »Aggersborg«. Wie an einer Perlenschnur aufgereiht hatte er über eine Distanz von 218 Kilometern Luftlinie vier Burgen überflogen.

Die Dänemark-Griechenland-Verbindung

Erst recht erstaunt war der Pilot, als er die Linie verlängerte. Er traf genau auf das antike Heiligtum Delphi im fernen Griechenland. Zufall? Hansson konnte an eine zufällige Anordnung nicht glauben. Denn wie er wenig später feststellte, waren auch alle griechischen Kult- und Orakelstätten durch ein rätselhaftes geometrisches Liniensystem verbunden, das in einem bestimmten Verhältnis und in gleichschenkligen Dreiecken angeordnet war. Ist unsere Erde vielleicht mit unsichtbaren Kraftpunkten bestückt, die einem geometrischen System folgen? Gelang es unseren frühen Vorfahren, Peilungen über viele tausend Kilometer vorzunehmen? Eine endgültige Antwort auf diese Fragen kann bislang niemand geben.

Astronomische Projektionen

Erliegen die Erforscher früher Kulturen nur schwärmerischem Wunschdenken, wenn sie ein systematisch entworfenes geometrisches Netz von Kultstätten entdeckt zu haben glauben? Immerhin gibt es Erklärungsansätze. Vielleicht orientierten sich die Menschen der Megalithzeit an den Gestirnen und verfügten bereits über vermessungstechnisches Wissen, das wir ihnen heute nicht mehr zutrauen. Es fällt jedenfalls auf, dass viele heilige Stätten Südenglands entlang einer astronomisch-geographischen Linie verlaufen, an der genau am 1. Mai die Sonne aufgeht. Wenn sich die Menschen der Frühzeit an dieser Linie orientierten, müssen sie auch ein Kommunikationssystem gekannt haben, das ganz Europa einschloss.

Die Sternenstraße

Mit einem Atlas kann man folgendes überprüfen: Dicht neben dem 42. Breitengrad verläuft eine imaginäre »Straße der Sterne«. Die ältesten Orte dieser Linie haben alle denselben Wortstamm »Stern«. Das lateinische »stella« wurde im Französischen zu »Etoile« und im Spanischen zu »Estrella«. Beginnt man im nordwestlichsten Zipfel Spaniens im Wallfahrtsort Santiago de Compostela, findet man in Katalonien bei Luzenac die Ortschaft Les Eteilles, südlich der Pyrenäen stößt man auf Lizarra, bei Pamplona auf Lizarraga, in Galizien auf Liciella.

DIE GERADEN WEGE

Die Kathedrale von Santiago de Compostela im Nordwesten Spaniens liegt am so genannten Jakobsweg, einer uralten Pilgerstrecke, die sich durch weite Teile Europas zieht. Seit dem 9. Jahrhundert strömen Pilger zu dem neben Jerusalem und Rom bedeutendsten Wallfahrtsort der Christen.

SYMBOLE DES WESTENS

Petroglyphen – sprechende Steine

In diese Felswand im US-Bundesstaat Utah haben amerikanische Ureinwohner vor einigen tausend Jahren diese schematischen Zeichnungen dreier kämpfender Männer geritzt.

576

PETROGLYPHEN

Die Natur rächt sich. Globale Katastrophen konfrontieren uns immer stärker mit den Folgen des Raubbaus an der Natur. Unser »Abwehrzauber« besteht in dem Vertrauen, dass High-Tech-Laboratorien Lösungen für die sich häufenden Naturdesaster zur Verfügung stellen werden. Im 21. Jahrhundert glauben wir an die Macht des technischen Fortschritts. Vor Jahrtausenden war dies anders. Der Mensch sah sich in eine Welt gesetzt, die von Naturwesen, die Tod oder Leben bringen konnten, beherrscht wurde. Durch religiöses Handeln versuchte er, die Grenze zwischen Natur und Zivilisation, zwischen Diesseits und Jenseits aufzuheben und jene unfassbaren Mächte zu bannen. Älteste Relikte solcher magisch-religiöser Praktiken sind die rätselhaften Petroglyphen, die uralten Felsgravierungen und -zeichnungen, die wir auf allen Kontinenten der Erde antreffen.

Wo Indianer beteten

Zu den bekanntesten zählen die altindianischen Felsbilder, von denen es etwa 20.000 gibt. Von der eisigen Küste Alaskas bis hinab nach Kalifornien sind sie zu finden. Mit einfachen Steinwerkzeugen und Naturfarben wurden die bis zu 5000 Jahre alten Gravuren in die Felsen geritzt. Neben Clansymbolen, die die Zugehörigkeit zu bestimmten Stämmen anzeigten, sind die meisten Motive astronomischer, mythologischer und schamanischer Art. Die figürlichen Darstellungen zeigen Schlangen, Büffel, Insekten und Vögel, aber auch abstrakte Muster.

Religiöse Elemente in den Gravuren legen die Vermutung nahe, dass in unmittelbarer Nähe einst auch kultische Versammlungsstätten lagen, an denen Priester einen Kampf- und Jagdzauber beschworen. Bis heute halten Indianer Nord- und Südamerikas manche dieser Orte, an denen sie besondere Kraftfelder spüren, geheim, um ungestört mit ihren Ahnen und Schutzgeistern in Verbindung treten zu können.

Zeichen in der grünen Hölle

Der französische Archäologe Marcell Homet erforschte auf seinen Expeditionen um 1950 zahlreiche Petroglyphen im Amazonasgebiet Brasiliens. Seine imposanteste Entdeckung machte er am Pedra Pintada, einem kultischen Steinmonument in Form eines Riesenellipsoids mit 100 Metern Länge und 30 Metern Höhe. Dieses Denkmal einer versunkenen

Poetische Mysterien

Besucher megalithischer Kultstätten vermeinen oft, eine besondere Aura an diesen Orten wahrzunehmen. In dem bronzezeitlichen Falera (Schweiz) wurde tatsächlich eine erhöhte Radioaktivität festgestellt – und zwar nur in unmittelbarer Nähe der Steine, die eigens für die Anlage herangeschafft worden waren. Dieses Phänomen existiert auch bei anderen Menhir-Stätten. Haben prähistorische Menschen ihre Welt mit anderen Sinnen wahrgenommen? Verweist ihre heilige Symbolsprache auf ein komplexes Wissen über den Kosmos und die Struktur der Dinge? Der italienische Philosoph Giambattista Vico (1668–1744) war der Ansicht, dass unsere Vorfahren eine »angeborene poetische Weisheit« besaßen, um den »Code der Welt« zu entschlüsseln. Die poetischen Bildsymbole könnten uns helfen, zum Urbeginn menschlicher Erfahrung zurückzukehren.

Der Geschichts- und Rechtsphilosoph Giambattista Vico. (Standbild des 19. Jahrhunderts)

577

SYMBOLE DES WESTENS

Eingravierte Geschichtsbücher

Mitten in den italienischen Dolomiten liegt das reizvolle Dorf Val Camonica. 40.000 Felszeichnungen trieben hier Menschen der Bronze- und Eisenzeit in den harten Stein. Prähistoriker vermuten, dass sie die Geschichte des sagenumwobenen Fánis-Reiches und des schrecklichen Zauberers Spina de Múl erzählen. Dieser Magier besaß einen Wunder wirkenden Strahlenstein, der in den Besitz der Könige von Fánis überging. Ob dieses sagenhafte Land einst existierte, ist umstritten. Die Felszeichnungen von Val Camonica könnten uns jedoch eines Tages noch mehr über jenes geheimnisvolle Volk Norditaliens erzählen, wenn wir lernen ihre Symbolsprache zu verstehen.

Urgeschichte weist heilige Schlangen, Kröten, Pflanzen, Kreise der vier Jahreszeiten, Köpfe sowie Sonnensymbole auf. Rätselhafte Inschriften machen einen ausgesprochen »keltischen« Eindruck. Ob in entfernten Weltteilen die Schöpfer prähistorischer Kulturen ähnliche Symbole erdachten oder ob es transozeane Kontakte gegeben hat, wird wohl ein Rätsel bleiben.

Bildsignale in der Wüste

Im Norden von Chile, etwa 100 Kilometer von der Hafenstadt Iquique entfernt, schufen steinzeitliche Künstler gigantische Felsenbilder. Dort sind die ausgetrockneten Berghänge geradezu übersät mit unerklärlichen Zeichen. Abstrakte Symbole, Pfeile, wilde Tiere, Räder und fliegende Wesen wurden sorgfältig ausgearbeitet. Welcher Vision die Erschaffer bei diesen überdimensionalen Geoglyphen folgten, ob sie Götter von den Sternen beschworen oder magische Fruchtbarkeitsriten durchführten, nahmen sie als ihr Geheimnis mit ins Grab.

Geschnitzter Stein: ein globales Phänomen

Alte Symbole können ganze mystische Welten heraufbeschwören. Universell scheint ihre Botschaft zu lauten: Fruchtbarkeit wird durch die die Regenwolke oder die Wellenlinie symbolisiert, und die Sonne steht für Leben.
Doch gänzlich unbekannt ist uns der Inhalt von kleinen eingeschliffenen Vertiefungen oder von Diagrammen, die denen eines Mühlespiels ähneln. Auch die Aussage, die hinter

An Kinderzeichnungen erinnern diese indianischen Petroglyphen, die in Arizona (USA) entdeckt worden sind. Man erkennt neben astronomischen Zeichen wie Sonne, Mond und Sterne, auch verschiedene Tiere, etwa eine Schlange, ein hörnertragendes Tier, ein weiteres größeres Tier, das möglicherweise niedergestreckt wurde und auch den Menschen.

PETROGLYPHEN

den abstrakten Strichzeichnungen steinzeitlicher Kulturen in Australien, Asien, Afrika und Amerika steht, wird weiterhin im Verborgenen bleiben. Europa allerdings stellt die prähistorische Forschung in besonderer Weise vor ein Rätsel: Von den Mittelmeerinseln zum Alpenraum, von Ungarn bis zur Iberischen Halbinsel, auf den Britischen Inseln und in Skandinavien, überall sind dieselben Spiralen, Kreisgruppen, napfartigen Vertiefungen und Tiersymbole zu finden.

Monomente magischer Macht

Deutungsversuche gab es massenhaft, aber keine der Spekulationen ist wirklich befriedigend. Dienten die Näpfchen als Schalen für Opfer? Beschworen die Spiralen kosmische Kräfte? Stellten konzentrische Kreise Fruchtbarkeit dar, weil sie als Abstraktion des lebenspendenden Wassers, in das ein Stein geworfen wurde, gesehen werden könnten? Schemenhafte Gestalten, wie sie aus über 300 Fundstellen in Europa bekannt sind, lassen sich als Zeichen deuten, die auf magischen Geisterglauben hinweisen.

Oder birgt die neolithische Kunst ein noch größeres Geheimnis? Möglicherweise müsste der nichtreligiöse Mensch der heutigen modernen Gesellschaft das intuitive Wissen unserer Ahnen erst wieder neu erlernen, um deren steinerne Symbolsprache zu verstehen.

In Valle de Encanto, Chile, wurde diese Petroglyphe eines maskenartigen Antlitzes aufgefunden, das den stilisierten Goldmasken späterer Inkavölker gleicht.

SYMBOLE DES WESTENS

Die Bildnisse Britanniens

Die größte und am besten erhaltene Hügelfigur Englands liegt in der Nähe des Dorfes Cerne in Dorset. Viele Mythen ranken sich um das Abbild des Riesen. Im Dorf erzählt man sich, dass er einmal tatsächlich gelebt und in der Gegend sein Unwesen getrieben haben soll.

BILDNISSE BRITANNIENS

Auf Englands grünen Hügeln weiden gigantische weiße Pferde, schwingen furchterregende Riesen ihre Keulen und kilometerlange prähistorische Wallanlagen ziehen sich durch die Landschaft. Stellen die seltsamen Abbildungen Fruchtbarkeitssymbole dar oder schützen die meterdicken Mauern Kultplätze einer untergegangenen Zivilisation?

Allein in der Gegend von Wiltshire auf der Hochebene von Salisbury im Südwesten Englands gibt es sieben Bildnisse von weißen Pferden, die in die Kreideschichten der weithin sichtbaren Hänge gegraben sind. Einige stammen von Soldaten aus dem Ersten Weltkrieg, die dort auch ihre Regimentsabzeichen platzierten, die Herkunft der anderen ist unbekannt. Sind also die meisten der Tierdarstellungen aus neuerer Zeit, so stellen doch die anderen Landschaftsfiguren Historiker vor unlösbare Rätsel.

Drache oder Ross?

In Anlehnung an das berühmte Pferd von Uffington – zwischen London und Bristol gelegen – wurde die ganze Gegend das »Tal des weißen Pferdes« genannt. Das monströse Tier gilt als Vorbild für die vielen neuzeitlichen Nachahmer.

Das streng stilisierte Geschöpf ähnelt mit seinem skelettartigen Kopf jedoch mehr einem Drachen als einem Ross. Es misst vom Kopf bis zum Schwanz 112 Meter und seine Gestalt ist aus dem Grün des Rasens herausgeschnitten worden: Die dünne Grasschicht wurde entfernt, das kreidige Gestein des Untergrundes gab die Umrisse frei. Niemand weiß genau, wie alt das Fabelwesen ist, das zum ersten Mal im 12. Jahrhundert im »Book of Wonders« schriftlich erwähnt wurde, in dem die Landschaftsfigur als »Pferd mit Fohlen« beschrieben steht, wobei das Fohlen mittlerweile verschwunden ist. Im Urkundenregister des Klosters Albingdon aus der Zeit Heinrichs II. (1154–1189) wird ein Mönch namens Godrick erwähnt, der Land »juxta locum qui vulgo Mons Albi Equi nuncupatur« besitze, was soviel wie »nahe dem allgemein als Hügel des Weißen Pferdes benannten Ort« heißt. Späteren Generationen galt das Fabelwesen von Uffington als »größtes Wunder nach Stonehenge«.

Das rote Pferd

Im roten Lehmboden von Tysoe in der malerischen Grafschaft Warwickshire ist zwischen üppiger Vegetation ein »rotes« Pferd versteckt. Es wurde erst im letzten Jahrhundert durch die aufwendige Auswertung von Luftaufnahmen rekonstruiert. Diese zeigten Kopf, Hals und Rücken eines riesigen Rosses, das eine Länge von ca. 64 und eine Höhe von ca. 76 Metern aufweist.

Vermutlich stammt es bereits aus prähistorischer Zeit, denn Aufzeichnungen in Kirchenbüchern von 1461 sprechen von einem »Roten Pferd von Tysoe«, das restauriert, danach aber wieder von der Vegetation überwuchert wurde.

Gefürchtete Riesen

Es fehlt nicht an Spekulationen über die Herkunft der roten und weißen Riesenrösser, doch ihre wahre Bedeutung wird wohl nie entschlüsselt werden. Möglich ist jedoch, dass die seltsamen Figuren mehr als 2000 Jahre alt und Relikte eines unbekannten Kultes sind. Gibt es zu den überdimensionalen Pferden auch gigantische Reiter? Man könnte es meinen, wenn man den »Riesen von Cerne« und den 77 Meter langen »Mann von Wilmington« betrachtet. Sie wurden von der Bevölkerung seit jeher nicht nur verehrt, sondern auch gefürchtet. Der britische Archäologe T. C. Lethbridge sieht in ihnen die Denkmäler eines vorgeschichtlichen Sonnenkults.

Pferde als Fruchtbarkeitsgötter

Bereits in altsteinzeitlichen Höhlen begegnet man Abbildungen von Pferden. Vermutlich hatten sie damals schon Kultstatus. In jedem Fall jedoch stiegen sie in den nachfolgenden Kulturen zu mächtigen Symbolen auf, wo man ihnen beispielsweise nachsagte, sie könnten mit ihren Hufen Leben spendende Quellen aus dem Boden schlagen. Auch mit dem Feuer der wärmenden Sonne wurden Pferde in Verbindung gebracht. Viele Völker stellten sich vor, dass die Sonne von Pferden über den Himmel gezogen wurde.

Das weiße Pferd von Uffington stammt nach Ansicht von Experten aus der Eisenzeit, etwa 500 v. Chr., als die Kelten die britischen Inseln besiedelten. Ähnliche Figuren findet man auf Münzen aus dieser Epoche. Den Germanen galt das Pferd als Symboltier ihres Gottes Wotan. Auch sah man Pferde als Fruchtbarkeitsgötter an. Noch heute tauchen sie symbolisch als »Maipferde« oder hölzerne Spielzeug-Steckenpferde bei britischen Maifeiern auf.

In England wie in Deutschland finden sich Hinweise auf einen symbolischen Pferdekult zur Eisenzeit. Diese keltische Skulptur aus dem 5. Jahrhundert v. Chr. fand man in einem Fürstengrab im Saarland.

SYMBOLE DES WESTENS

Das weiße Pferd von Uffington in der englischen Grafschaft Oxfordshire entstand vermutlich um 100 v. Chr. Die Kelten der Eisenzeit hatten damals Pferde als Abbilder der Göttin Epona verehrt. Diese Göttin der Pferde hatte einen starken Einfluss – sie wurde sogar im fernen Rom anerkannt.

Herkules oder Nodens?

Am wahrscheinlichsten ist, dass die riesigen britischen Hügelfiguren kultischer Natur sind und eng mit dem Leben der Menschen verknüpft waren: Fruchtbarkeit, Geburt und Tod, der Wechsel der Jahreszeiten und das Wirken der Götter mögen damit ebenso symbolisiert sein wie alte Legenden und Sagen.

Denkbar ist, dass der Riese von Cerne den alten Keltengott Nodens repräsentiert, der vor der römischen Eroberung im Jahre 43 n. Chr. verehrt wurde. Möglich auch, dass römische Besatzer den Halbgott Herkules im heidnischen Britannien einführen wollten, gab es doch bei ihnen einen ausgeprägten Kult um den antiken Helden, der als Sohn von Gottvater Zeus schon in der Wiege einen lebensbedrohenden Kampf gegen zwei Schlangen erfolgreich bestanden hatte und dessen Lebensweg unzählige weitere Heldentaten begleiteten.

Der nackte Mann von Cerne

Hoch über dem Dorf Cerne in der südenglischen Grafschaft Dorset erhebt sich die imposante Gestalt eines nackten Mannes, der eine 37 Meter lange knotige Keule schwingt und dessen neun Meter langer Phallus provokativ nach oben weist. Obwohl der Riese als Symbol eines prähistorischen Fruchtbarkeitskultes gilt, hat er nach mündlicher Überlieferung auch astronomisch auslegbare Eigenschaften. Es gibt keinerlei Aufzeichnungen über die Entdecker und den Zeitpunkt der Entdeckung dieses Phänomens, aber wer sich am 1. Mai am unteren Ende des Phallus postiert, sieht die Sonne in gerader Linie vor sich aufgehen.

Bis heute hat der Riese auch für Rituale der besonderen Art gedient: Frauen in Beziehungskrisen schreiten die Figur in der Hoffnung ab, ihre Verbindung zu verbessern, andere kommen vor der Hochzeit und bitten um reichen Kindersegen.

Der Lange Mann von Wilmington

Mysteriös sind Herkunft und Bedeutung des zweiten englischen Riesen, dessen Umrisse in den Kreideschichten der Gegend Jahrhunderte überdauert haben. Der »Lange Mann von Wilmington« bei Eastburne in Ost-Sussex zeigt imponierende athletische Körperformen, hat aber keine Gesichtszüge. Da der Körper auch keine Geschlechtsmerkmale aufweist, könnte die Gestalt als generelle Umrisszeichnung eines Menschen konzipiert worden sein. In jeder Hand hält die Figur einen 73 Meter langen Stab. Spekulationen, sie sei einmal mit Sense und Rechen ausge-

582

rüstet gewesen, konnten jedoch ebensowenig bestätigt werden wie eine Identität als Waffen tragender kriegerischer Anführer.

Regelmäßige Korrekturen

Sicher ist, dass die gewaltigen Bildnisse im Laufe ihrer langen Geschichte verändert wurden. Zumindest in den 200 Jahren vor Ende des Ersten Weltkriegs sind die beiden Riesen und der Schimmel von Uffington alle sieben Jahre am Tag der Sommersonnenwende von der Landbevölkerung nach einem überlieferten Ritual bearbeitet worden. Ein alter Brauch – sein Ursprung ist unbekannt – sah vor, dass nachgewachsenes Gras und Unkraut sorgsam von der Figur entfernt wurden. Mit den Restaurierungsarbeiten war diese Zeremonie verbunden: Über die Böschung unterhalb des Pferdes rollten die Bauern große runde Käselaiber hinab. Vielleicht ist diese Tradition ein Überbleibsel eines Fruchtbarkeitsritus, vielleicht eine Abwandlung der heidnischen Feuerräder, die Sonnenverehrer in vorchristlicher Zeit als lodernde Symbole für die Sonne zu Tal schickten.

Heute sind diese Bräuche weitgehend in Vergessenheit geraten, so dass Witterungseinflüsse und wucherndes Gras die Konturen der Kreidefiguren bald völlig verdecken könnten – wie beim roten Pferd von Tysoe. Übrigens stellten Archäologen mit Hilfe von Messgeräten fest, dass auch das Erdreich um die Bildnisse in der Vergangenheit mehrmals bearbeitet wurde. Ob dabei Details an den Figuren verloren gingen oder Teile hinzugefügt wurden, lässt sich nicht mehr rekonstruieren.

Labyrinthe als Kultplätze

Die englischen Landschaftsbilder kann man in Zusammenhang mit den ebendort vorkommenden Ringwallanlagen aus prähistorischer Zeit sehen. Die bisher geäußerten Vermutungen, es handle sich dabei um Festungen, sind mittlerweile revidiert.

So weist beispielsweise das kilometerlange Maiden Castle bei Dorchester, unweit der englischen Südküste, mehrere merkwürdige labyrinthartige Eingänge auf, die militärisch sinnlos sind. Strategen haben berechnet, dass zur Verteidigung dieser Wallanlage ein Heer von 250.000 Mann erforderlich gewesen wäre. Vielmehr meinen Historiker, dass zahlreiche ausgelassene Feste dort bäuerliches Leben mit religiösen Bräuchen in Einklang brachten und wichtige Punkte im Ablauf des Jahres, wie den 1. Mai als Tag der wärmenden Sonne; den Mittsommer, wenn die Erntezeit begann und die Wintersonnenwende als die Wiedergeburt des Lichts, markiert wurden. Vieles spricht dafür, dass die Festungen aus der Eisenzeit (8. Jahrhundert v. Chr. – 4. Jahrhundert n. Chr.) als Kultplätze dienten, da Labyrinthe in der Vorzeit eine große mythologische Bedeutung hatten: als Sinnbilder für die »Verirrungen des Lebens« und »den Weg durch die Ewigkeit«.

Eine keltische Münze aus dem 1. Jahrhundert v. Chr., die im Mailänder Castello Sforzesco zu sehen ist, zeigt eine Sonne und ein Pferd – eine Kombination, die Fruchtbarkeit, Glück und ein strahlendes Leben verheißt.

Vermutlich zeitgleich mit den Riesenbildnissen entstanden die ersten englischen Labyrinthe – dieses befindet sich im Doddington Moor, in der Grafschaft Northumberland.

SYMBOLE DES WESTENS

Nazca – Faszination in der Wüste

1941 wurde das erste von Hunderten von Scharrbildern in der Gegend um Nazca entdeckt. Beim Überfliegen einer flachen Bergkuppe erkannte der Archäologe Paul Kosok das riesige Bild eines Vogels, das sich als helle Umrisszeichnung vom dunklen Boden abhob.

Kilometerlange Linien führen schnurgerade über karge Hügel, riesige Vögel breiten ihre gigantischen Schwingen aus und überdimensionale Dreiecke, Trapeze und Rechtecke haben sich im trockenen Wüstenklima seit Jahrhunderten erhalten. Ein unbekanntes Volk schuf auf dieser Ebene im heutigen Peru, zwischen der Pazifikküste und den Anden, über 100 dieser geheimnisvollen Zeichnungen, deren Ausmaße erst aus der Luft erkennbar werden. Viele der rätselhaften Linien formieren sich zu riesigen Spinnen, Kolibris und anderen noch ungeklärten Mustern und Objekten. In der Nähe der peruanischen Stadt Nazca wurde ein Weltwunder in den kargen Boden gegraben, das sich in seiner ganzen Dimension erst den Menschen des 20. Jahrhunderts erschließen sollte.

NAZCA

Ein Affe in der Wüste

Bei der Erforschung alter Bewässerungssysteme der Inka stieß der amerikanische Archäologe Paul Kosok 1941 auf die geometrischen Muster, die durch Entfernen der oberen dunkelbraunen Steinschicht auf dem darunter befindlichen hellen Boden entstanden waren. Erst als der Wissenschaftler das Gelände aus dem Flugzeug betrachtete, enthüllte sich ihm eine gigantische Landschaftsmalerei. Die riesigen Bilder von Spinnen, Kolibris, Fischen, Echsen, eines Affen und eines Vogels mit einer Spannweite von 122 Metern, der wahrscheinlich einen Kondor darstellt – ziehen sich über ein Wüstengebiet von nahezu 500 Quadratkilometern hin.

Frühe Landebahnen?

Neben den Tierabbildungen entdeckten Archäologen eine überwältigende Zahl von geometrischen Mustern: Zickzacklinien und Spiralen bedecken den Wüstenboden, faszinierende Landschaftsgrafiken und exakt gezogene Rechtecke, die aus der Vogelperspektive wie die Landebahnen eines Flughafens wirken.

Eine astronomische Großanlage?

Bei der Übertragung der Linien und Figuren in verkleinertem Maßstab auf Papier machte Paul Kosok eine Aufsehen erregende Entdeckung: Am Abend der Sommersonnenwende – auf der Südhalbkugel ist dies der 21. Dezember – versank die Sonne genau am Ende einer langen Scharrlinie hinter dem Horizont. Möglicherweise weisen sämtliche Linien und Bilder von Nazca auf die Auf- und Untergangspunkte von Gestirnen. Dieser Theorie schloss sich auch die deutsche Mathematikerin und Archäologin Dr. Maria Reiche (1903–1998) an, die jahrzehntelang die Linien erforschte und als erste dafür kämpfte, dass die Linien überhaupt als schützenswerte prähistorische Zeichnungen anerkannt wurden. Derzeit wer-

Die Wissenschafler rätseln wie es der Urbevölkerung gelungen sein könnte, komplexe Figuren, wie dieses 145 Meter große »Äffchen« mit seinem spiralförmigen Schwanz, ohne technische Hilfsmittel zu schaffen.

Der Schriftsteller Erich von Däniken hat die Theorie aufgestellt, dass die Linien von Nazca Anflugbahnen außerirdischer Besucher seien.

Besucher aus dem Kosmos

Die »AAS – Forschungsgesellschaft für Archäologie, Astronautik und SETI« (Search for Extraterrestrial Intelligence, Suche nach außerirdischen Intelligenzen) geht davon aus, dass außerirdische Astronauten auf der menschenleeren Ebene von Nazca zwei Landebahnen für ihre in Erdnähe operierenden Raumfahrzeuge anlegten. Nach deren Abflug zu den Sternenwelten wünschten sich die dort lebenden Stämme aus der Vor-Inka-Zeit die Rückkehr der Götter und bauten neue Linien, die exakt nach Fixsternen ausgerichtet waren.

Auf späteren Scharrbildern entstanden neben einer bizarren Tierwelt auch Umrisse menschenähnlicher Gestalten mit eulenartigen Augen und einem Strahlenkranz, die an die kosmischen Besucher erinnern sollten.

Der Autor Erich von Däniken entdeckte neben den bereits bekannten Piktogrammen eine riesige, schachbrettähnliche Struktur, die aus Quer- und Längslinien besteht und wie ein Bogen voller Morsezeichen angelegt ist. Daneben machte von Däniken aus großer Höhe kreisförmige Objekte aus, in deren Mitte sich Recht- und Vierecke befinden. Im Gegensatz zu den bekannten Tier- und Menschenfiguren sieht er seine Entdeckungen als »visuelles Anflugsystem« oder eine »Botschaft im binären Code«.

585

SYMBOLE DES WESTENS

Der Riese von Atacama

In der 1370 Kilometer von Nazca entfernten chilenisch-peruanischen Atacama-Wüste startet auf dem Berg Sierra Unica eine 120 Meter große Gestalt in den Himmel, das größte Menschenbildnis der Welt. Auf dem Kopf trägt der Gigant eine Krone, seine Füße stecken in Stiefeln und seine Hand geht in eine Pfeilspitze über. In der Umgebung des Riesen finden sich Vögel- und Lama-Darstellungen, Spiralen und Kreise, Zeichnungen von fliegenden Menschen und der eines riesigen dreiarmigen Kandelabers. Einheimischen Archäologen gelten die Piktogramme als Wegweiser für durchziehende Inka-Karawanen. Von welcher Kultur und wie alt dieses riesige Bild ist, konnte bisher nicht geklärt werden.

Nur in gebührendem Abstand oder vom Flugzeug aus erkennt man die gigantischen Dimensionen des Riesen von Atacama. Trotz genauester Untersuchungen können die Wissenschaftler verschiedenster Disziplinen nur vage Vermutungen über die Bedeutung dieses Scharrbilds aussprechen.

den exakte Computerberechnungen durchgeführt, die die Pendelbewegung der Erdachse im Laufe der Jahrhunderte simulieren. Sie könnten nicht nur die exakte Entstehungszeit der Scharrbilder klären, sondern auch die viel diskutierte Frage beantworten, ob es sich bei Nazca wirklich um eine astronomische Großanlage handelt.

Geheimnisvolle Nazca-Kultur

Obwohl eine genaue Altersbestimmung bisher nicht möglich war, häufen sich die Indizien, dass die Zeichen in der Wüste in der als Nazca-Kultur beschriebenen Epoche zwischen 300 v. Chr. und 900 n. Chr. entstanden sein müssen. Sollte es sich jedoch um einen frühzeitlichen astronomischen Kalender handeln, müssten die Markierungen ja nicht nur in mühevoller Arbeit hergestellt, sondern davor durch jahrhundertelange Beobachtungen des nächtlichen Himmels ermöglicht worden sein.

Im Inka-Ballon zur Sonne

Für den Historiker Jim Woodman waren die Inkas in der Lage, Heißluftballons zu bauen, in deren Gondeln sie ihre toten Stammesoberen zur Sonne fliegen ließen. Diese zunächst verwegen erscheinende Theorie wird vor allem von zwei Tatsachen untermauert: Bemalungen auf erhaltenen Tongefäßen und Keramikkacheln der Nazca-Kultur zeigen Objekte, die durchaus Ballons sein könnten und zum anderen wurden in den Nazca-Gräbern Stoffgewebe gefunden, deren Dichte, Leichtigkeit und Reißfestigkeit die modernen Materialien für Heißluftballons sogar übertreffen. Mitglieder des International Explorer Clubs aus Florida bauten 1975 mit Materialien, die den alten nachempfunden waren, einen Ballon, der eine

Schnurgerade ziehen sich die Linien der Scharrbilder über viele Kilometer durch das unbewohnte Gebiet.

Höhe von 90 Metern erreichte und schließlich ins Meer stürzte. Damit unterstützte Woodman seine Theorie, die gewaltigen Scharrbilder könnten nur von einer Zivilisation geschaffen worden sein, die in der Lage war zu fliegen: von den Inkas selbst! Andere Forscher vermuten, dass die Schöpfer der riesigen Zeichnungen auf diese Weise die exakte Ausführung der Linien und Figuren überwacht haben könnten. Ein Indiz dafür sind die großen runden »Feuer-Gruben« mit geschwärzten Steinen, die an den Endpunkten vieler Linien gefunden wurden und die als Startrampen beim Beheizen der Ballons gedient haben könnten.

Ein Leben für Nazca

Die 1998 in Peru gestorbene Wissenschaftlerin Dr. Maria Reiche hat seit Mitte der 40er Jahre ihr Leben der Erforschung der Zeichnungen von Nazca gewidmet.
Sie hat als erste die bis zu 300 Meter großen Nazca-Figuren vermessen und die astronomische Ausrichtung der Geoglyphen (Steinzeichnungen) näher untersucht. Nach ihren Erkenntnissen haben die Konstrukteure der Linien und Piktogramme ihre Muster in kleinem Maßstab vorgezeichnet, um sie dann entsprechend im Gelände zu vergrößern. Dabei mussten Zehntausende Tonnen Steine bewegt werden. Für Maria Reiche deuten die Figuren von Nazca auf eine kulturelle Höchstleistung hin, deren Herkunft und Bedeutung ungeklärt ist.

Kann das Geheimnis enträtselt werden?

Seit 1994 sind die empfindlichen Erdzeichnungen von Nazca in die Liste des Weltkulturerbes der UNESCO aufgenommen. Da sie so-

NAZCA

Seit Dr. Maria Reiche 1941 erstmals eine der Erdzeichnungen sah, versuchte sie zunächst auf eigene Faust, später von den bescheidenen Mitteln einer amerikanischen Stiftung unterstützt, die Erforschung der Nazca-Kultur weiterzutreiben. 1952 stellte sie ihre Forschungsarbeit Senatoren der peruanischen Regierung vor.

1932 kam Maria Reiche nach Peru und lernte durch den Archäologieprofessor Paul Kosok die Erdbilder von Nazca kennen.

wohl von der Umweltverschmutzung als auch vom zunehmenden Tourismus bedroht sind, versucht die Archäologie sie zumindest in digitaler Form zu bewahren. Die Stadt Dresden, der Geburtsort von Maria Reiche, hat es sich zum Ziel gesetzt, das Lebenswerk der Forscherin weiterzuführen und die Ergebnisse ihrer Arbeit der Welt zur Verfügung zu stellen. Zusammen mit einer Gruppe von Wissenschaftlern der Universität Tübingen sollen die Linien und Geoglyphen auf einen möglichen astronomischen Hintergrund untersucht werden. Dafür werden derzeit die Auswertungen von Luftbildern und eines digitalen Geländemodells des Gebietes, in dem die Erdzeichnungen vorkommen, miteinander verglichen. Weiter soll ein spezielles Datenmodell entwickelt werden, welches die Analyse der geometrischen, astronomischen, archäologischen und thematischen Karten ermöglicht. Mit Hilfe der Computersimulation können dann auch die Phänomene am Sternenhimmel im Zeitraum von ca. 1500 Jahren vor und nach Christus berücksichtigt werden, wodurch die astronomisch bedingten Konstruktionspläne der Zeichnungen, falls vorhanden, sichtbar gemacht werden können. Die Berechnungen werden für die Archäologie sicherlich zahlreiche Erkenntnisse über die Schöpfer der Nazca-Kultur erbringen. Ob sich jedoch die Bedeutungen der geheimnisvollen Zeichen jemals völlig entschlüsseln lassen, ist zweifelhaft.

Noch im hohen Alter und nahezu erblindet beschäftigte sich Maria Reiche mit den Erdzeichnungen. Als sie 1998 starb war sie zu einer der bekanntesten Persönlichkeiten Perus geworden.

587

SYMBOLE DES WESTENS

Die Mounds von Nordamerika und Asien

An der Küste Neufundlands wurde diese Wikingerausgrabung aus dem 12. Jahrhundert entdeckt. Moundsartige Erdhügel dienten den Wikingern als Behausungen und als Gräber.

588

MOUNDS

»Wir mochten kaum glauben, dass er von Menschenhand geschaffen war«, notierte der Archäologe William McAdams 1887 voller Bewunderung, als er den Monks Mound sah. Es ist die höchste von Menschenhand erschaffene Erhebung nördlich von Mexiko – ein 30 Meter aufragendes pyramidenförmiges Erdmonument, das einst Indianer der Mississippi-Kultur (800–1500 n. Chr.) im Tempelbezirk von Cahokia in Illinois, USA, aus 600.000 Kubikmetern Erde erbaut hatten. Verblüfft stellte McAdams eine frappierende Ähnlichkeit zu ägyptischen und mexikanischen Pyramiden fest. Der Mythos der Hügelerbauer trug seltsame Blüten: Aus Indien sollten sie stammen. Oder waren es ausgewanderte Tolteken aus Mexiko? Waren es Phönizier oder Überlebende des untergegangenen Atlantis, die allein im Tal des Ohio 10.000 Mounds (Erdhügel) anlegten, ebenso wie in Kanada, New York, Nebraska, Florida oder Texas?

Die »Mound-Builders«

Den Indianern traute man eine solche gigantische Gemeinschaftsleistung nicht zu. Und doch haben bereits die Adena- und die Hopewell-Kultur (500 v. bis 400 n. Chr.) unzählige symmetrische Kegel und erstaunliche Landschaftsbilder aus Erdaufschüttungen geformt: geometrische Figuren, Bisons, Vögel, Bären, Menschen und Reptilien. Am beeindruckendsten ist der Schlangenhügel von Portsmouth (Ohio). Über 400 Meter spannt sich das Abbild einer Schlange über einen Bergkamm. Mit ihrem weit offenen Kiefer scheint sie ein Ei zu verschlingen.

Die Symbolik dieser Bildwerke können wir heute kaum noch deuten, zu lange vor unserer Zeit sind ihre Schöpfer und die Relikte ihrer Kultur – bis auf die riesigen und rätselhaften Erdhügel – verschwunden.

Ganzheitliches Wissen

Mit visionärer Kraft haben Urvölker ihre Umwelt gestaltet. Die Bodenbildnisse reflektieren letztlich die Beziehung von Mensch und Natur. Auch wenn diese Naturvölker ihr Land künstlich umformten, gelang ihnen doch ein harmonisches Gleichgewicht trotz der Manipulation zu erhalten. Wir können heute diese kreativen Schöpfungen vom Flugzeug aus in ihrer ganzen Dimension betrachten. Die prähistorischen Indianer hatten diese Möglichkeit nicht. Schufen sie die Bildnisse für die Götter oder für Besucher aus dem

Hügel der Jenseits-Armee

Als im Jahre 210 v. Chr. der erste Herrscher des »Reichs der Mitte« starb, war für sein Leben nach dem Tode alles vorbereitet. In einer zwei Quadratkilometer großen Grabanlage nahe seiner Hauptstadt Xian, in der Provinz Shaanxi, ruht ungestört bis heute Qin Shi Huang Di, der erste Kaiser von China. Aus alten Überlieferungen wissen wir, dass sein Leichnam in einem schiffsförmigen Sarkophag umgeben von einem Quecksilberfluss ruht. Über ihm spannt sich ein Kupferhimmel mit den Konstellationen des Sternenhimmels. Von hier aus wollte der Kaiser weiter regieren. Und darauf ließ er einen 43 Meter hohen Mausoleums-Kegelberg aufschütten, dessen Bau 700.000 Menschen über drei Jahrzehnte beschäftigte.

Über 7000 menschengroße Terrakotta-Krieger ließ er symbolisch als Grabwächter und Jenseitsbegleiter antreten, ausgestattet wie zu Lebzeiten mit Schwertern, Lanzen, Bögen und Äxten, mit Pferden und Streitwagen.

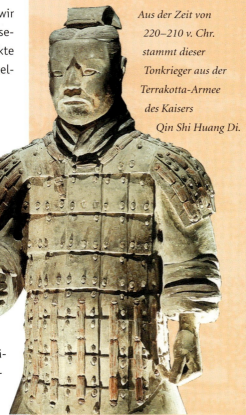

Aus der Zeit von 220–210 v. Chr. stammt dieser Tonkrieger aus der Terrakotta-Armee des Kaisers Qin Shi Huang Di.

SYMBOLE DES WESTENS

Luftaufnahme des etwa 400 Meter langen »Serpent Mound« in Ohio. In unmittelbarer Nähe befinden sich weitere Mounds, in denen Gräber und Werkzeuge aus dem Zeitraum von 800 v. bis 100 n. Chr. gefunden wurden.

Berge für die Ewigkeit

Stufenpyramiden waren in Amerika wie China bekannt. Die Weißen Di, ein Volksstamm aus dem nördlichen China, bestatteten ihren König Cuo 311 v. Chr. unter einem 35 Meter langen Hügel, auf dem sie mehrere massive Trauertempel in Form von Pyramiden errichteten. Ähnlich wie in der Mississippi-Kultur folgten ihm zwei Ehefrauen und Personen des Hofstabes mit in den Tod. Beigelegt hatte man ihnen Tafeln mit Geschichtsberichten sowie das bronzene Symbol des Schriftzeichens »shan«, das Berg bedeutet. Vermutlich war das dreizackige Schriftzeichen für die Di mit einer heiligen Bedeutung verknüpft und bezeichnete ihre ursprüngliche Heimat, die in weit entfernten Gebirgsregionen gelegen hatte. Im Jenseits sollte der König nun die ewigen Berge besteigen.

Kosmos? Vielleicht erspürten sie auf uns unbekannte Weise die vielschichtigen symbolischen Bezüge eines Bildes, begriffen intuitiv den Rhythmus der Naturkräfte, wie die Archäologie-Fotografin Marilyn Bridges (USA) meint, und wussten, wie der Mensch sich mit ihnen in Einklang bringt.

Tempelhügel

1725 konnte der Niederländer Le Page du Pratz bei den Natchez-Indianern Beeindruckendes erleben.
»Große Sonne« war der damals regierende Gottkönig, der seine Herkunft direkt auf das

Eines der berühmtesten indianischen Landschaftsbilder ist der »Serpent Mound« in Adams County, Ohio. Die Schlange windet sich um einen Hügel und scheint in ihrem Maul ein Ei zu verschlucken. (Aus William McAdams »Records of Ancient Races in the Mississippi Valley«, 1887)

Himmelsgestirn zurückführte. Er residierte in einem Tempel auf einer Hügelplattform, die gegenüber einer Erdpyramide stand, in der sein Vorgänger ruhte. Als der Bruder von »Große Sonne« verstarb, begleitete ihn sein gesamter Hofstaat in den Tod. Erstaunt hielt du Pratz die letzten Worte einer der Ehefrauen fest: »Grämt euch nicht. Wir werden im Land der Geister sehr viel länger Freunde bleiben, denn es gibt dort keinen Tod.« Später wurde der Tempelbau, der zum Totenhaus geworden war, niedergebrannt und eine neue Schicht Erde darüber gehäuft.

MOUNDS

Unsterbliche Tote

Auf solche Stätten ewiger Ruhe trifft man auch an vielen Orten Chinas. Östlich von Linxiang wölbt sich ein vier Meter hoher, künstlicher Erdhügel. Ein 20 Meter tiefer Schacht führt senkrecht in die mit Ton abgedichtete Gruft, in die im Jahre 168 v. Chr. die sterbliche Hülle einer Fürstin gesenkt wurde. 2100 Jahre hielt sich der Körper der Toten unversehrt. Bilder auf einem als Grabbeigabe beigelegten Seidenbanner symbolisieren Unterwelt und Himmel. Eine Tür zur Geisterwelt steht offen, durch die die Marquise ins Jenseits eintreten soll. Frappierend ist, dass die Menschen Chinas die gleiche Vision wie im fernen Amerika hatten, um sich sinnbildlich die Unsterblichkeit zu sichern. Die archaischen Zeugnisse der Hügelerbauer hier wie dort sprechen bis in unsere Gegenwart hinein eine eigene magische Sprache, die menschliche Begrenztheit und Ewigkeit verbindet.

Präkolumbianischer Totenkult

Als Grabstätten für hoch gestellte Persönlichkeiten dienten zahlreiche Adena-Mounds auch in Amerika. Allein der Cresap Mound (West Virginia, USA) nahm über 50 Tote auf, die im Zeitraum von 200 v. Chr. bis 50 n. Chr. beigesetzt wurden.

In einfachen Gruben oder in Holzgewölbe hatte man die Würdenträger bestattet, ihnen Werkzeuge oder Schmuck beigelegt und bei jeder neuen Beisetzung den Hügel weiter aufgestockt.

Besonders interessant ist ein Schädelfund aus dem Wright Mound (Kentucky). Anstelle der Schneidezähne waren noch zu Lebzeiten Teile eines Wolfskiefers eingesetzt worden. Wahrscheinlich war der Verstorbene ein Schamane gewesen, der sich durch den Zahnersatz auch die mächtigen Eigenschaften des Wolfs symbolisch aneignen wollte.

Auch die Wikinger haben ihre Toten in Erdhügeln bestattet. Die Fürsten oder andere hoch gestellte Persönlichkeiten hat man mit Grabbeigaben versehen und in ein langes Boot gelegt, über dem Erde aufgeschüttet wurde. (Rekonstruktionszeichnung des Schleswig-Holsteinischen Landesmuseums)

SYMBOLE DES WESTENS

Cuzco – die kosmische Einheit der Inka

Mystische Steinkulte scheinen die Inka in tempelartigen Steinbauten, den »haucas«, zelebriert zu haben, von denen noch heute geheimnisvolle Kräfte ausstrahlen.

Nirgendwo in der Welt«, notierte der Chronist Pedro de León, »habe ich so viel Gold und Silber gesehen wie im Tempel des Inti«. Als die Spanier das riesige Inka-Imperium eroberten, das sich vom Äquator bis nach Chile erstreckte, ging ihr Traum nach Gold endlich in Erfüllung. Allein im Haupttempel der Königsstadt Cuzco, in den südlichen peruanischen Anden gelegen, rissen die Spanier 700 Goldplatten, so dick »wie Bretter von Kisten« herab.

Doch hinter Cuzcos glänzender Fassade lag ein unsichtbarer und erhabener religiöser Gedanke verborgen. In ihren Tempeln verehrten die Indianer die Mondgöttin Mamaquillia und den Sonnengott Inti. Der Venus, den Plejaden

Aus Chimu, an der peruanischen Nordküste, stammt diese aus Goldblech stilisierte Mumien-Maske eines hochstehenden Inka.

und allen Sternen weihten sie eigene Räume, ebenso dem Donner, dem Blitz und dem Regenbogen. Wie Heilige wachten an der Seite eines riesigen Sonnenbildes die Mumien der verstorbenen Könige als die »Söhne der Sonne« über ihr Reich.

Der heilige Jaguar

Cuzco und seine Tempel waren als kosmologische Geschichte zu lesen, die mit der schöpferischen Kraft des Universums in Verbindung standen. Ihre Hauptstadt hatten die Inka in der Gestalt des Jaguars angelegt, dem Symbol für Stärke und Macht. Von bestimmten Punkten aus wurden astronomische Vorgänge durch Schächte angepeilt, weswegen Berggipfel bis heute Namen wie »Angelpunkt (der Sonne)« (Intihuatana) oder »Fadenkreuz des Universums« (Pachatusan) besitzen.

Das Tal des Vilcamayu, das sich von Cuzco bis nach Machu Picchu erstreckt, galt als Spiegel des Himmels. Entlang dieses irdischen Abbildes der Milchstraße zelebrierte der Inka-Herrscher in uralten Megalithbauten heiligste Zeremonien. Denn diese Andenindianer lebten in einer Weltsicht, in der Jenseits und Diesseits, Himmel und Erde, Mensch und Natur als eine große Einheit galten. Wir Menschen des 21. Jahrhunderts scheinen nur mühsam jene alte Weisheit wieder zu erlernen.

Der »Nabel der Welt«

Als die Menschen noch in Barbarei lebten, so erzählten sich die Indianer, entsandte der göttliche Vater der Inka seinen Sohn und seine Tochter in die Anden, ausgestattet mit einem goldenen Stab. Dort, wo dieser in die Erde eindringe, sollten sie ansässig werden. Der mysteriöse Gegenstand versank nahe des Gründungsortes von Cuzco im Hügel von Hanacauri, dem »Nabel der Welt«.

Archäologische Ausgrabungen haben weltweit bestätigt, dass derartige Mythen häufig einen realistischen Kern besitzen. Welch ein Gegenstand in Hanacauri einst von der Erde verschlungen wurde und was hinter dieser Geschichte verborgen liegt, muss vorläufig Spekulation bleiben.

Magische Plätze

Die Inka wähnten sich auf der Erde nur in der »Verbannung aus der Heimat in der Welt oben«. Der Fluss Vilcamayu im Tal von Cuzco galt als das Sinnbild eines reißenden Stromes, der die Lebenden von den Toten trennte. Die Seele konnte ihn nur über eine Brücke, die so schmal wie ein Haar war, überqueren. Das geheime Wissen der Inka, wie dieser Übergang von der materiellen in die transzendente Welt gelingen konnte, ging vermutlich mit der Eroberung ihres Reiches durch die Spanier im 16. Jahrhundert endgültig verloren.

Farbenprächtig präsentieren sich diese Nachfahren der Inka bei einem traditionellen Fest.

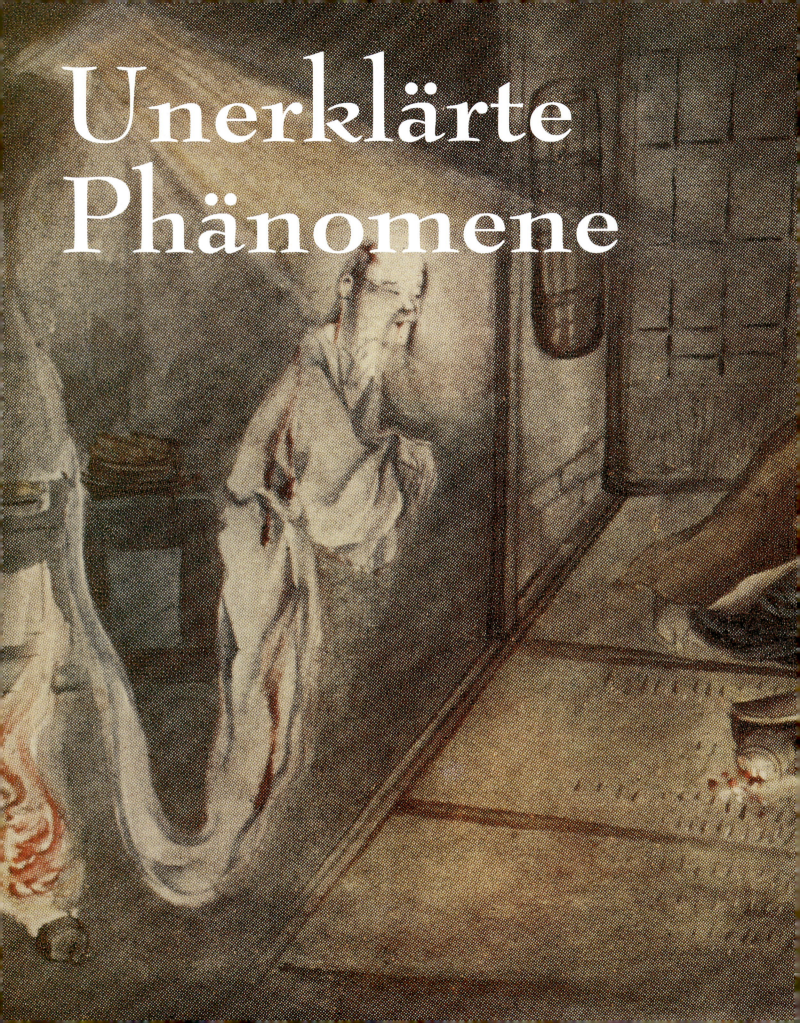

Unerklärte Phänomene

Die Auseinandersetzung mit dem Unerklärlichen hat stets die Fantasie der Menschen beflügelt. Einbrüche des Außergewöhnlichen begleiten das gewohnte Leben und verunsichern oder verstören diejenigen, denen solche rätselhaften Ereignisse begegnen. Aus allen Zeiten und Kulturen und aus allen Schichten der Bevölkerung wird von außerordentlichen Phänomenen in Zusammenhang mit dem menschlichen Bewusstsein berichtet. Phänomene, die im volkstümlichen Verständnis mit den Begriffen paranormal, mystisch oder spirituell assoziiert werden. Sie gehören zum festen Bestandteil der menschlichen Erfahrung und ihre Erforschung stellt eine Herausforderung für die moderne Wissenschaft dar.

UNERKLÄRTE PHÄNOMENE

Die großen Medien

Sitzung mit Eusapia Paladino und Dr. Albert Freiherr von Schrenck-Notzing (vorne links) 1903 in München: Aus dem mit einem Vorhang abgetrennten Kabinett schwebt eine Mandoline, ihre Saiten werden angeschlagen.

MEDIEN

Vor aller Augen und unter großer Bewegung der Anwesenden wird ein beim Tischchen am Boden liegendes Taschentuch von dort aufgehoben, steigt in rascher, sicherer und energischer Bewegung in den relativ hellen Lichtschein der Lampe und verharrt dort zwei oder drei Sekunden lang, während welcher drückende und schüttelnde Umgestaltungen damit vorgenommen werden, worauf es zum Fußboden zurückkehrt.« Dies ist keine Beschreibung einer Romanszene, an der sich hier der deutsche Schriftsteller Thomas Mann (1875–1955) versucht hat, sondern vielmehr die Beobachtung eines unerklärlichen Phänomens, die während einer Sitzung mit dem Medium Willi Schneider (1903–1971) am 20. Dezember 1922 in München gemacht wurde.

Wie von Geisterhand

Ein Medium ist ein Mittler zwischen Lebenden und den Geistern von Verstorbenen. Oft treten bei Medien auch unerklärliche Phänomene, die man als paranormal bezeichnet, auf.
Mit Rudi Schneider, dem Bruder Willis, der ebenfalls ein Medium war, stellte der französische Arzt Dr. Eugène Osty (1874–1938) in Paris eine Reihe von Versuchen an. Osty ließ Gegenstände, die von Rudi Schneider mit Hilfe seiner psychokinetischen Fähigkeiten bewegt werden sollten, von Infrarotschranken umgeben.

Levitations-Experimente mit Stanislava Tomczyk: Ein Ball scheint zwischen Ihren Händen zu schweben…

…oder ein Löffel. Die Fotos dokumentieren aber eher eine Manipulation, denn es ist gut zu erkennen, dass die Gegenstände an dünnen Fäden hängen.

Die Unterbrechung der Schranke führte zur Auslösung eines Blitzlichtes und somit zu einer Fotografie. Es wurden erstaunlich viele Aufnahmen gemacht, während Rudi Schneider, von den Versuchsbetreuern festgehalten, ruhig auf seinem Stuhl saß.

Sich bewegende Gegenstände waren auf den Bildern allerdings nicht zu sehen. Man vermutete deshalb eine Art feinstoffliche, unsichtbare Substanz als Auslöser der Fotografien. Auf diese Substanz habe das Infrarotlicht reagiert, bevor sie die Gegenstände erreicht habe.

Levitation oder Manipulation?

Auch das im 19. Jahrhundert berühmte polnische Medium Stanislawa Tomczyk konnte Gegenstände auf unerklärliche Weise zum Schweben bringen.
Sie ließ kleine Objekte zwischen ihren Händen tanzen und setzte Waagschalen in Bewegung, ohne sie dabei zu berühren.
Auf Fotos zeigte sich jedoch, dass es sich bei diesen angeblichen »Levitationen«, wie das Schweben von Dingen und Lebewesen auch genannt wird, in Wahrheit um Manipulationen durch Fäden oder Haare handelte, die das Medium zwischen den Fingern hielt. Dennoch hielten manche Forscher an der Echtheit dieser Phänomene fest. Viele beriefen sich darauf, dass schon der heilige Franz von Assisi levitiert haben soll. Für sie war auch das »Erscheinen« der Fäden paranormal.

Willi Schneider – an einer Sitzung mit diesem Medium nahm Thomas Mann teil.

Außergewöhnliche Phänomene

Eine Sitzung mit einem Medium galt im 19. Jahrhundert als gesellschaftliches Ereignis. Wer etwas auf sich hielt, bot seinen Gästen paranormalen Nervenkitzel an. Dass bei diesen Veranstaltungen unter schwachem Rotlicht oder bei völliger Dunkelheit an exakte Forschung nur bedingt gedacht werden konnte, hielt einige der Wissenschaftler nicht ab, vehement für die Existenz außergewöhnlicher Erscheinungen einzutreten.
Welche Phänomene produzierten die Medien? Ohne sie zu berühren, flogen kleine Gegenstände, erklangen Instrumente, schwebten Tische. Einige Medien sollen sogar in der Lage gewesen sein, Materialisationen hervorzubringen. Man versteht darunter das Erscheinen von Gegenständen aus dem Nichts. Sogar vom Auftauchen vollständig materialisierter Phantome zeigte sich manch ein Forscher überzeugt. Als eine Vorstufe vollständiger Materialisation hielt man das Erscheinen von so genanntem Ektoplasma, einer gazeartigen Substanz, die aus dem Mund, der Nase oder den Ohren der Medien quoll.

UNERKLÄRTE PHÄNOMENE

Das Knoten-Experiment

1877 experimentierte der Leipziger Physiker und Astronom Friedrich Zöllner (1834–1882) mit dem amerikanischen Medium Henry Slade. Er versuchte, paranormale Effekte mit Hilfe einer Theorie der vierten Dimension zu erklären. Die vierte Dimension ist als die Weiterführung unserer dreidimensionalen Welt zu verstehen. In ihr können unerklärliche, rätselhafte Phänomene entstehen. Bei einem Versuch soll Slade ein aufregendes Kunststück gelungen sein. Zöllner hatte die Enden einer Hanfschnur versiegelt, um einen endlosen Faden zu erzeugen. Er legte seine Daumen auf den auf der Tischplatte liegenden Faden. Slade saß neben ihm, berührte aber nie den Faden, der auf den Schoß Zöllners fiel. Slades Aufgabe war es, in dem Faden einen Knoten »entstehen zu lassen«. Innerhalb weniger Minuten erschienen sogar vier Knoten. Zöllner war überzeugt, dass das nur durch eine Aktion in der vierten Dimension geschehen sein konnte.

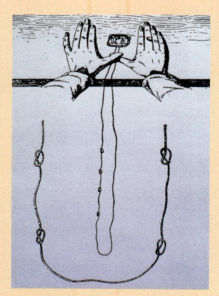

Illustration des Knoten-Experiments: Deutlich sind die vier Knoten zu sehen, die allein durch die geistige Kraft des Mediums erzeugt worden sein sollen. Man sieht, wie der Kontrolleur die Hände auf der Tischplatte liegen hat, während die Knoten wie von selbst entstehen.

Ektoplasma

Berühmt war um 1900 das 19-jährige polnische Medium Stanislava P. für das Hervorbringen von Ektoplasma, einer gazeartigen Substanz, das aus den Körperöffnungen des Mediums quoll. Um Betrug vorzubeugen, zog man Stanislava ein speziell gefertigtes Trikot, eine Art Overall ohne Taschen, über. Manchmal wurden sogar Gesicht und Hände mit einem Netzschleier umhüllt. Zuvor unterzog man sie einer ausführlichen Körpervisite. Dennoch erschien häufig die seltsame schleierartige Substanz. Meist trat sie aus dem Mund von Stanislava aus und manchmal erweckte sie sogar den Eindruck, als würde sie sich durch den Kopfschleier hindurch bewegen. Leider konnte das Ektoplasma bislang nicht untersucht werden, da es sich zu schnell wieder in Luft auf

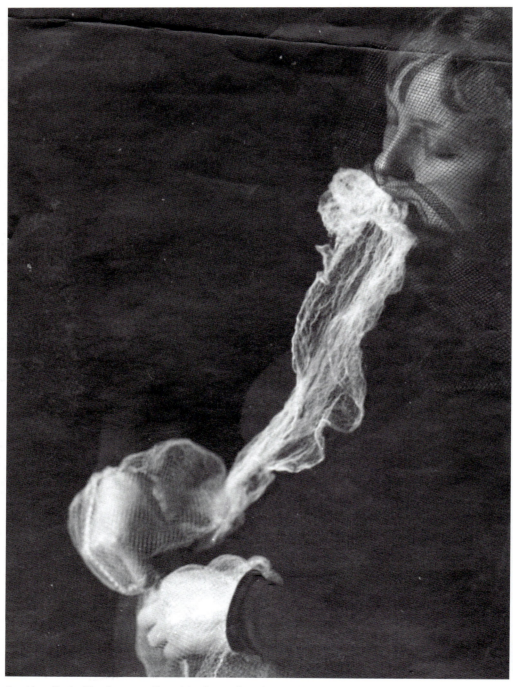

Stanislava P., der Ektoplasma aus ihrem Mund zu quillen scheint. Ob Ektoplasma eine unbekannte Substanz darstellt oder auf Manipulation mit einem Gazestoff zurückgeht, konnte bisher nicht nachgewiesen werden.

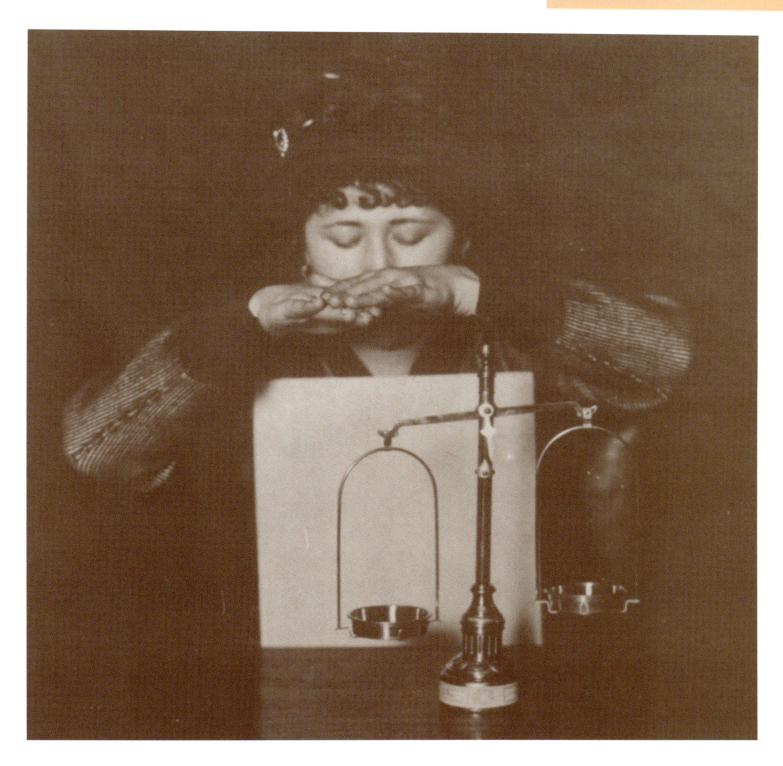

löste. Man vermutete dahinter jedoch eine auf Licht reagierende, organische Substanz.

Das Medium Eva C.

Beim Lieblingsmedium des Münchner Nervenarztes Dr. Albert von Schrenck-Notzing (1862–1929), der Französin Eva C., war auf Fotos Ektoplasma in verschiedenen Varianten zu sehen. Bisweilen schien es sich sogar zu Gliedmaßen zu formen. Kritiker erhoben angesichts des fotografischen »Beweismaterials« jedoch häufig den Vorwurf, es handle sich nur um banale Manipulationen. Die zweidimensionalen Gesichtsformen aus Ektoplasma seien aus Illustrierten ausgeschnittene und einfach übermalte Bilder. Tatsächlich hinterlassen viele Fotografien den Eindruck von flachen »Papiergesichtern«.

Stanislava Tomczyk beim Waage-Experiment: Allein durch ihre mediale Kraft soll sie die Waagschalen bewegt haben.

UNERKLÄRTE PHÄNOMENE

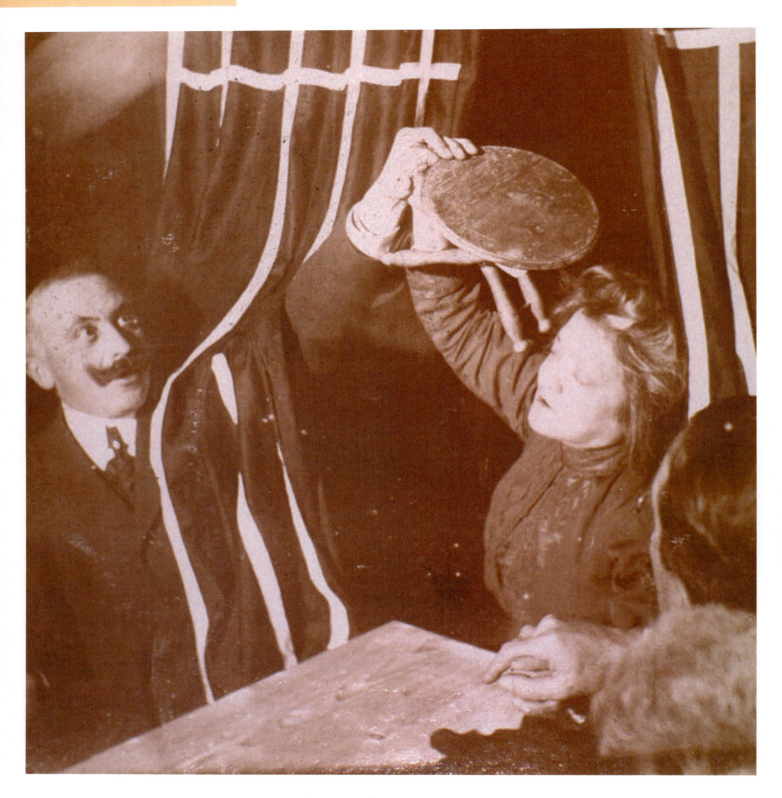

Die mit Blitzlicht während der Sitzungen gemachten Bilder brachten Manipulationen zutage: hier die Levitation eines Tischchens mit dem Medium Eusapia Paladino. Sie hält den Tisch selber in der Hand, und die Hand des sie kontrollierenden Sitzungsteilnehmers liegt noch auf der ihren.

Mystische Gestalten

In Anwesenheit des berühmten Physiologen und Nobelpreisträgers der Medizin Professor Charles Richet (1850–1935) materialisierte Eva C. vollständige Phantome: »Nach ziemlich langem Warten sehe ich kaum 40 Zentimeter von mir entfernt, vor dem unbeweglichen Vorhang, einen weißen Dampf. Er gleicht einem weißen Schleier, einem Taschentuch auf dem Boden. Dieses Weiße erhebt und rundet sich. Bald ist es ein Kopf unmittelbar am Boden; es erhebt sich noch mehr, wird größer und wird zu einer menschlichen Gestalt«, beschreibt Richet seine Beobachtungen. Er hat niemals das Gesehene hinterfragt oder gar angezweifelt.

Eusapia Paladino

Die Neapolitanerin Eusapia Paladino (1854–1918) war vielleicht das bedeutendste unter den großen Medien.

Die intelligente Frau galt als hochgradig hysterisch und verlangte genau kontrolliert zu werden, damit ihr in der Dunkelheit nicht die Möglichkeit einer Manipulation gegeben würde. So konnte sie viele Zweifler davon überzeugen, dass zahlreiche von ihr produzierten Phänomene echt, d. h. paranormaler Natur waren. Professor Cesare Lombroso, ein italienischer Psychiater, war einer der bekanntesten Augenzeugen, die bei Eusapia vom Skeptiker zum Gläubigen wurden. Er machte in zahlreichen Sitzungen Einzelbeobachtungen wie schwebende Tische, selbstständig spielende Instrumente, sich ohne offensichtliche Manipulataion bewegende Gegenstände. Allerdings muss man anmerken, dass Lombroso bei seinen Beobachtungen auf wissenschaftliche Genauigkeit verzichtete.

Eusapia Paladino war eines der umstrittensten Medien ihrer Zeit – Manipulation und tatsächliche paranormale Fähigkeiten lagen bei ihr nahe zusammen.

Dr. Albert Freiherr von Schrenck-Notzing erforschte als einer der ersten Ärzte den Hypnotismus und wandte sich ab 1886 parapsychologischen Phänomenen zu.

Der Trick eines Mediums

Eusapia Paladino saß vor einem Vorhang, hinter dem sich ein »spiritistisches Kabinett« mit Instrumenten und kleinen Gegenständen befand. Vor ihr stand ein Tisch, der Raum war so stark abgedunkelt, dass die Teilnehmer Eusapia an Händen und Füßen festhalten mussten, um sie zu kontrollieren. Eusapia benutzte jedoch den Trick, Arme und Beine ständig zu bewegen. Die Kontrolleure, die fortwährend nach ihren zuckenden Armen und Beinen greifen mussten, bekamen deshalb oft denselben Arm bzw. dasselbe Bein zu fassen. Den anderen Arm konnte Eusapia für Manipulationen benutzen. Mit einer Hand strich sie dann über die Saiten eines Instruments im Kabinett oder sie holte aus ihm ein Tischchen hervor, das von den Teilnehmern als »levitierendes Objekt« registriert wurde. Überraschend durchgeführte Blitzlicht-Aufnahmen während der Séancen konnten ihr allerdings die Manipulationen nachweisen.

Paladino und die Nobelpreisträger

Dass Eusapia Paladino trotz ihrer Tricks als großes Medium in die Geschichte einging, ist vor allem technisch ausgefeilten Untersuchungen mit besonders skeptischen Beobachtern zu verdanken. In den Jahren 1905 bis 1908 waren Pierre und Marie Curie, die Physik-Nobelpreisträger, bei Experimenten am Institut Général Psychologique in Paris beteiligt.

Eusapia gelang es, ein Elektroskop, ein Gerät, das elektrische Ladungen misst, ohne es zu berühren, zu entladen. Eine Waage zeigte ein Gewicht von sieben Kilogramm an, ebenfalls ohne von ihr berührt worden zu sein. Manipulation und paranormale Fähigkeiten liegen bei vielen Medien folglich nahe zusammen.

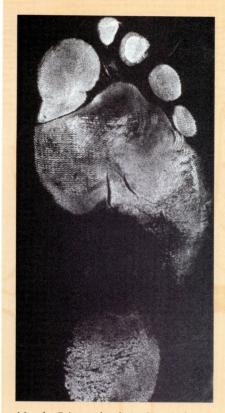

Manche Geister gaben besondere Zeichen ihrer Anwesenheit in materieller Form. Sie hinterließen Fußabdrücke auf mit Ruß und Mehl bestreuten Unterlagen oder tauchten Hände und Gesichter in flüssiges Paraffin, von dem Gipsabgüsse genommen wurden. Obwohl die Vermutung von Manipulation nahe liegt, konnte vielfach nachgewiesen werden, dass es sich zumindest nicht um Abdrücke der Gliedmaßen des Mediums handelte. In der Society for Psychical Research in London werden heute die Gipsabdrücke von Händen aufbewahrt, die Abdrücke von materialisierten Geisterhänden in Paraffin darstellen sollen.

UNERKLÄRTE PHÄNOMENE

Remote Viewing – Fernwahrnehmung

Das amerikanische Verteidigungsministerium in Arlington bei Washington wird aufgrund seiner fünfeckigen Form auch Pentagon genannt. Hinter seinen Toren entstand in den 1970er Jahren eine parapsychologisch begründete Spionagemacht.

»Remote Viewing« oder »Fernwahrnehmung« wird das Phänomen genannt, bei dem man auf paranormalem Weg Eindrücke erwirkt. Bei Experimenten bleibt dabei ein Versuchsleiter mit einer Versuchsperson (»Empfänger«) im Labor, während ein »Sender« sich zu einem der Versuchsperson unbekannten Ort begibt. Der Sender lässt die Eindrücke seiner Umgebung auf sich wirken, die der Empfänger zu erfas-

REMOTE VIEWING

sen versucht. Zentrales Element ist die geschickte Fragetechnik des im Labor verbliebenen Versuchsleiters. Seine Aufgabe ist es, die Versuchsperson dazu anzuleiten, nur die unmittelbaren Eindrücke zu schildern und möglichst alles Raten und Fantasieren – kurz das »mentale Rauschen« – auszuschließen.

Die Technik des Remote Viewing

Ingo Swann, ein New Yorker Künstler, der die erst in den 1970er Jahren zu Spionagezwecken in Amerika erprobte Technik mitentwickelte, unterscheidet drei Stadien beim Remote Viewing. In der ersten Phase soll man seiner Hand freien Lauf lassen und rasch eine spontane Skizze anfertigen, noch bevor sich ein bewusster Eindruck einstellt.

Im zweiten Stadium versucht man, sich auf vereinzelte Sinneseindrücke zu konzentrieren, wie kühl, blau, still, usw. Konkrete Begriffe sollten vermieden werden. Tauchen sie auf, muss man sie aufschreiben, um sie aus dem Kopf zu bekommen. Sie sind Produkte unseres Denkens und überlagern die echten flüchtigen paranormalen Eindrücke. Die Aufgabe eines geschulten Versuchsleiters ist es, den Remote Viewer so zu dirigieren, dass er stets die den einzelnen Stadien entsprechenden, relevanten Informationen wiedergibt und nicht in seinen Erinnerungen und Fantasien verloren geht. Das dritte Stadium kündigt sich oft mit Eindrücken von Dimensionen an wie riesig, winzig, schwer, usw. In dieser Phase werden ausführlichere Zeichnungen angefertigt. Die gewonnenen Eindrücke werden in einer Checkliste nach einem festgelegten Verfahren mit dem Interviewer durchgegangen und man gelangt zu einem Ergebnis über das anvisierte Ziel.

Militärische Anwendung

Remote Viewing ist einfach anzuwenden und kann äußerst erfolgreich sein. So erfolgreich, dass Geheimdienste und Militärs darauf aufmerksam wurden. In den 1970er Jahren baute das Pentagon eine kleine Einheit von paranormal Begabten zu Spionagezwecken auf. Sie sollten Remote Viewing bei militärischen Einsätzen anwenden. Man stellte sich der Neuerung pragmatisch. Generalmajor Edmund Thompson, Stellvertretender Stabschef für den amerikanischen Nachrichtendienst, brachte es auf den Punkt: »Ich hatte nie Lust, mit Skeptikern zu debattieren, denn wer nicht an die Realität von Remote Viewing glaubte, hatte

Rom – Detroit

Ein interessantes Experiment zum Thema Remote Viewing wurde zwischen Amerika und Europa durchgeführt. Dazu saß eine Wissenschaftlerin in Detroit und wollte »herausfinden«, wo sich ihr Kollege aufhielt, der in Italien von Ort zu Ort reiste: In der Nähe des Flughafens Fiumicino bei Rom sieht sich der Parapsychologe Dr. Elmar R. Gruber um. Er bemerkt Löcher im Boden – Gruber befindet sich in der Nähe archäologischer Ausgrabungen. Im Hintergrund liegen die Landepisten und das Flughafengebäude. Zur selben Zeit, 8000 Kilometer weit weg in Detroit, USA, zeichnet seine Kollegin, Dr. Marilyn Schlitz, fragmentarisch auftauchende Eindrücke auf Band auf: »Landepiste? Rote Lichter. Starke Tiefenwirkung […] Ein Loch im Boden […] Sehe dunklen Himmel. Windig und kalt. Etwas fliegt nach oben.« Am Ende notiert sie: »Ich möchte sagen, es war ein Flughafen.«

Dr. Marilyn Schlitz ist Forschungsdirektorin am Institute of Noetic Sciences in Sausalito, Kalifornien. Sie ist ausgebildet in medizinischer Anthropologie und Parapsychologie und untersucht vor allem die Möglichkeiten und Grenzen des paranormalen Heilens.

603

UNERKLÄRTE PHÄNOMENE

Diese Brücke, die sich über einen vielbefahrenen amerikanischen Highway spannt, wurde durch Remote Viewing von den prominenten Versuchspersonen Hella Hammid und Keith Harary beschrieben. Durch ihr Gitterwerk und ihre Form war die Brücke für solche Zwecke sehr markant.

seine Hausaufgaben nicht gemacht. Wir wussten nicht, wie man es erklären sollte, aber wir waren weniger daran interessiert, es zu erklären, als es in der Praxis anzuwenden.«

Spionageeinsatz

Am renommierten Stanford Research Institute in Menlo Park, Kalifornien, entwickelten Dr. Harold Puthoff und Dr. Ed May das Remote Viewing für den Einsatz in der Spionage weiter. Dafür musste auf eine Versuchsperson vor Ort (»Sender«) verzichtet werden. Anstatt sich auf eine Person und deren Gedanken bzw. Erlebnisse einzustellen, sollte sich der Remote Viewer nun direkt auf den Zielort

Dr. Edwin May ist Direktor des Cognitive Sciences Laboratory in Palo Alto, Kalifornien. Er war jahrelang für das vom amerikanischen Geheimdienst CIA in Auftrag gegebene, geheime Psi-Forschungsprogramm verantwortlich. May zählt zu den führenden Psi-Forschern der USA.

konzentrieren. Meist wurden ihm lediglich geographische Koordinaten genannt. Wie sich zeigte, reichte das von Anfang an aus, um mit dem Ziel in außersinnlichen Kontakt treten zu können. Die Technik konnte soweit verfeinert werden, dass sie auch ohne Sender erfolgreich blieb. Die amerikanischen Geheimdienste bedienten sich 25 Jahre lang dieser Art der Psi-Spionage.

Keith Harary

Der nahezu tägliche Umgang mit Remote Viewing brachte schnell Ergebnisse. Zu den begabtesten Fernwahrnehmern zählte der Psychologe Keith Harary. Bei einem Versuch mit ihm war das Zielobjekt eine Fuß-

604

gängerbrücke über einer Autobahn. Die charakteristische Brücke erstreckt sich als schlanke Röhre, umgeben von einem engmaschigen Drahtgeflecht, über den Highway. Harary fertigte nun, ohne zu wissen, welche Aufgabe er hatte, mehrere Zeichnungen an, die das Gitterwerk des geheimen Objekts hervorhoben. Er schrieb dazu: »Gekreuztes Metall, ähnlich einer Brücke […] etwas, worauf Menschen hochklettern, […] Fußgängerbrücke.«

Hella Hammid

Auch die amerikanische Fotografin Hella Hammid verfügte über eine ausgezeichnete Begabung für Remote Viewing. Wie für Keith Harary war auch für sie bei einem Experiment die Fußgängerbrücke über dem Highway der Zielort. Ihre Beschreibung und Zeichnung war ebenfalls korrekt, obwohl sie das Ziel aus einer völlig anderen Perspektive als ihr Kollege wahrnahm. Hella Hammid zeichnete konzentrische Rechtecke – exakt das Bild, das man sieht, wenn man auf der Brücke steht und den Weg entlangblickt. Sie vermerkte dazu: »Eine Art diagonale längliche Rinne oben in der Luft.« Zahlreiche Versuche wurden mit Remote Viewing gemacht und beachtenswerte Erfolge erzielt. Das Projekt nahm erst sein Ende, als die USA nach der Beendigung des Kalten Krieges mit Russland keine allzu große Veranlassung für diese Art der Spionage mehr sahen. Obwohl nicht mehr Staatsangelegenheit, bleibt der Glaube an die Fernwahrnehmung bei Menschen aus aller Welt bestehen.

Die Fotografin Hella Hammid lebte bis zu ihrem Tod in der Nähe von Los Angeles. Sie war deutscher Abstammung und paranormal außerordentlich begabt. Bei den Experimenten zum Remote Viewing war Miss Hammid eine der wichtigsten Versuchspersonen.

Diese Zeichnungen wurden von Remote Viewer Keith Harary zur links oben gezeigten Fußgängerbrücke gemacht. Deutlich ist das Wort »bridge«, Brücke, unter der Skizze von den außersinnlich erworbenen Eindrücken zu sehen.

REMOTE VIEWING

Börsengeschäfte

Keith Harary und Russell Targ gründeten vorübergehend eine Firma, mit der sie Bewegungen an der Warenterminbörse durch Remote Viewing voraussagten. Neunmal in Folge gelang es ihnen im Jahr 1982, die Bewegung auf dem Silbermarkt korrekt vorauszusagen. Nach der Wahrscheinlichkeitsrechnung würde man in vier Versuchen einen Treffer erwarten. Neun Treffer in neun aufeinander folgenden Versuchen kann kein Zufall sein.

Die Methode nennt sich »assoziiertes Remote Viewing«. In der Praxis funktionierte das so: Im Gegensatz zum herkömmlichen Experiment wurde ein bestimmtes Börsenergebnis mit einem Objekt assoziiert. Ein Frosch stand für steigende Silberkurse, ein Basketball für fallende. Die Versuchsperson kannte die zugeordneten Objekte natürlich nicht. Ihre Aufgabe war es jedoch, durch Remote Viewing eines der beiden Objekte zu »sehen«. Entsprechend, ob der Viewer einen Frosch oder einen Basketball sah, wurden Silberkontrakte ge- und verkauft.

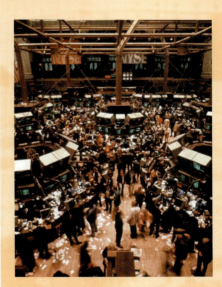

Börsen haben eine nicht wegzudenkende wirtschaftliche Funktion. Auch für private Spekulationen werden sie zunehmend attraktiv. Wer diese Entwicklungen vorab erkennen kann – sei es durch Kenntnis des Marktes oder durch paranormale Fähigkeit – ist ganz gewiss bald reich.

605

UNERKLÄRTE PHÄNOMENE

Spuk – ein Rätsel der Menschheit

Spukschlösser wie das schottische Fyvie Castle locken immer wieder Neugierige und Wissenschaftler an. Durchsichtige Gestalten huschen von Raum zu Raum. Angeblich strahlen jedoch nicht die Gespenster, sondern der englische Kalkstein solche unheimlichen Energien ab.

Mit Klopfgeräuschen an den Fenstern hatte alles begonnen. Dann drang der Spuk ins Haus ein. Bücher im Schrank wurden verstellt, Teppiche bewegten sich, verschiedene Gegenstände flogen umher, das Ehebett wurde verschoben, oft zog der sprichwörtliche kalte Lufthauch durch das Haus. Der Spuk bewies auch Humor. Er ließ die Dessous der Hausfrau verschwinden und verteilte sie an den eigenartigsten Stellen im trauten Heim.

Unerklärliche Phänomene

Parapsychologen und Physiker untersuchten diesen Fall, der sich 1981 in der französischen Stadt Mühlhausen im Elsaß zutrug. Ein Messgerät, das kontinuierlich die Temperatur aufzeichnete, registrierte tatsächlich unerklärliche Kälteeinbrüche. Überall im Haus tauchten eigenartige geometrische Kritzeleien auf: Kreuze, Kreise, Dreiecke. Aus einer Kamera verschwanden die Filme. Um sicher zu gehen, wurde ein neuer Film eingelegt, die Kamera zugeklebt und versiegelt. Als sie wieder geöffnet wurde, war der Film abermals spurlos verschwunden. Stattdessen befand sich ein zusammengefalteter Zettel mit rätselhaften geometrischen Zeichen im Inneren. In Trancevisionen sah die Frau des Hauses eigenartige Phänomene im Keller. Als ihr Mann diesen mit einem Bekannten inspizierte, konnte er die Tür nach oben nicht mehr öffnen – der Erdfußboden musste sich um etwa 10 Zentimeter gehoben haben. Ein Radargerät in einem verschlossenen Raum schaltete bei geringsten Bewegungen eine Filmkamera ein. Die Kamera wurde mehrfach ausgelöst, aber nichts hatte sich bewegt. Schließlich flüchteten die Betroffenen in ein anderes Land, um dem Spuk zu entgehen. Nachdem sich auch dort eine Zeit lang merkwürdige Phänomene ereigneten, verschwand der Spuk so rätselhaft, wie er begonnen hatte.

Erklärungen für das Unerklärliche

Spuk gehört zu den rätselhaftesten und eigenwilligsten Phänomenen, die von der Parapsychologie untersucht werden. Kleine Gegenstände machen sich selbständig, fliegen wie von Geisterhand geworfen durch den Raum, Bilder fallen von den Wänden, es klopft obwohl niemand in der Nähe ist, der gesamte Hausrat gerät in ein völliges Durcheinander. Es handelt sich dabei um eine Form der Psychokinese, also

Das Paranormale war sein Leben. Professor Hans Bender kombinierte Psi-Forschung mit Psychologie.

Der Spukprofessor

Eine Spezialität des deutschen Professors Hans Bender (1907–1991) war die Untersuchung von Spukfällen. Er fand heraus, dass die Auslöser der Ereignisse meist Kinder im Alter der Pubertät waren, die einer psychisch belastenden Familienbeziehung ausgesetzt waren. Durch psychodiagnostische Tests wie Fragebögen oder Bilderassoziationen konnte er übereinstimmende seelische Grundbefindlichkeiten zum Zeitpunkt des Spukgeschehens feststellen, wie etwa ein starkes Bedürfnis, innerhalb des Familienverbandes zu dominieren. Eine weitere Gemeinsamkeit war die Unfähigkeit, Versagen zu ertragen, was zu einer Anstauung von Aggressionen, die sich zumeist gegen einen Elternteil richten, führen kann. Die spukauslösenden Personen sind leicht erregbar und neigen zu innerer Unruhe. Es zeigte sich aber auch, dass sich die vom Spuk betroffene Gruppe insgesamt in einer konfliktgeladenen Situation befand, die sich in neurotischen Verhaltensweisen äußerte. Verdrängte Aggressionen, sexuelle Spannungen und andere Formen eines gestörten Gleichgewichts finden in einem schwierigen sozialen Umfeld keine Möglichkeit, sich abzubauen. Diese explosive Mischung entlädt sich in seltenen Fällen auf paranormalem Weg als Spuk. Die psychokinetische Kraft komme von der Fokusperson. Der Charakter der Spukphänomene spiegele seelische und soziale Probleme wider.

UNERKLÄRTE PHÄNOMENE

Die Gesichter von Bélmez haben nie ihre Abstammung und den Grund ihres Auftretens offenbart. Waren es Geister oder das Resultat von psychokinetischen Kräften Lebender?

Die Gesichter von Bélmez

Im Sommer 1971 erschienen in einem Bauernhaus in dem kleinen spanischen Dorf Bélmez Gesichter auf dem Küchenfußboden. Die Bilder veränderten sich, verschwanden, und neue tauchten auf. Für den Pfarrer des Dorfes ein untrügliches Zeichen für Einwirkungen des Bösen, für andere waren es einfach »Gesichter aus einer anderen Welt«.

Mehrere Zeugen wollen beobachtet haben, wie sich die Portraits ohne fremde Einwirkung bildeten. Der Bürgermeister ließ ein Gesicht in einem feierlichen Ritus im Beisein von Hunderten von Schaulustigen aus dem Fußboden schneiden und hinter Glas setzen. Das mysteriöse Bildnis wurde zum andächtig bestaunten Kunstwerk, das ein unsichtbarer Künstler geschaffen hatte. Der Kunstprofessor Ramón Aznar schrieb begeistert von der an byzantinische Schöpfungen erinnernden Feinheit der Arbeiten. Wahrscheinlich handelte es sich bei den Gesichtern um einen ortsgebundenen Spuk. Sicher ist man sich jedoch nicht, da die Frau des Hauses während des drei Jahre andauernden Phänomens immer anwesend war. Möglicherweise war sie die Fokusperson.

der direkten Einwirkung auf die physische Welt. Die Parapsychologen nennen sie auch »spontane wiederkehrende Psychokinese«, wobei sich Spannungen offenbar ein paranormales Ventil suchen. Häufig handelt es sich bei so genannten »Spukauslösern« oder »Fokuspersonen« um Jugendliche im Pubertätsalter, deren innerseelische Konflikte sich nach Außen kehren.

Zwei Arten von Spuk

Die Psi-Forscher unterscheiden zwischen ortsgebundenem und personengebundenem Spuk. Personengebundener Spuk dauert nur einige Wochen. Die Erscheinungen treten plötzlich und unerwartet auf und enden häufig ebenso. Wenn man die spukauslösende Person aus der Hausgemeinschaft entfernt, kann man die Phänomene meist unterbinden. Oft spielt bei den innerseelischen Konflikten, die einem Spuk zu Grunde liegen können, ein gestörtes soziales Gefüge eine Rolle. Löst man die für die Fokusperson belastende Situation, müssen sich die unbewussten, nicht ausgelebten Aggressionen nicht mehr in destruktiven Spukphänomenen entladen. Auffällig am personengebundenen Spuk ist sein neckisches, koboldhaftes Verhalten. Ortsgebundener Spuk wird oft über Generationen hinweg an einem Ort beobachtet. Neben Klopfgeräuschen ist er vor allem durch Erscheinungen von »Geistern« charakterisiert. Berühmt ist die englische »Grey Lady«, im deutschsprachigen Raum die »Weiße Frau«.

Erscheinungen

Nur wenige Menschen nehmen Erscheinungen von »Geistern« bei ortsgebundenen Spukfällen wahr. Eventuell verfügen sie über eine seltene Eigenheit in der Verarbeitung von Sinnesreizen im Gehirn, speziell in den so genannten Schläfenlappen, der Sinnesreize integriert,

filtert, speichert und sie in Resonanz mit Informationen treten lässt, die am Ort gespeichert sind. Neuere Forschungen haben gezeigt, dass über ungewöhnliche interne oder externe elektrische Phänomene im Schläfenlappen Halluzinationen, Erscheinungen, Visionen und spontane Psi-Erlebnisse hervorgerufen werden können. Eine Theorie nimmt an, dass es an Gegenständen und Orten eine Art »Gedächtnis der Dinge«, besonders für emotional aufwühlende Geschehnisse, gibt.

Spukschlösser

An Spukgeschichten mangelt es in Schlössern nie. Einige davon sind in der Tat merkwürdig. Im schottischen Fyvie Castle, 40 Kilometer nordwestlich von Aberdeen, gibt es Blutflecken, die nicht entfernt werden können, einen Geist – nach einer Legende der Geist der Gattin von Sir Alexander Seton (16. Jahrhundert), der sie verhungern ließ, weil sie ihm nur zwei Mädchen gebar – und zwei Flüche des sagenumwobenen Propheten Thomas the Rhymer (um 1210–1294), der das Schloss verwünschte, weil Steine einer ehemaligen Kirche für seinen Bau verwendet worden waren. Erst wenn drei dieser Steine zusammenge-

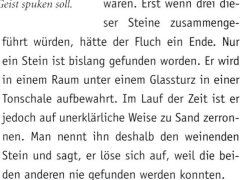

Ein Stich aus dem 19. Jahrhundert zeigt die »Weiße Frau« Agnes Gräfin von Orlamünda, die, nachdem sie ihre beiden Kinder ermordet hatte, als Geist spuken soll.

führt würden, hätte der Fluch ein Ende. Nur ein Stein ist bislang gefunden worden. Er wird in einem Raum unter einem Glassturz in einer Tonschale aufbewahrt. Im Lauf der Zeit ist er jedoch auf unerklärliche Weise zu Sand zerronnen. Man nennt ihn deshalb den weinenden Stein und sagt, er löse sich auf, weil die beiden anderen nie gefunden werden konnten.

Die Lords of Mar

In Alloa, Schottland, steht der Alloa Tower der Erskines, der Lords of Mar. Aus dem 14. Jahrhundert stammend, zählt er zu den größten erhaltenen mittelalterlichen Turmhäusern in

Die Ahnfrau und der Ritter (Holzstich um 1900) sind als Spukgestalten für Gruselgeschichten sehr beliebt. In Großbritannien, wo es mehr als in allen anderen Ländern der Erde spuken soll, haben viele Menschen nicht nur von Gespenstern gehört – man will sie auch schon leibhaftig gesehen haben.

Schottland. Im 16. Jahrhundert belegte der Abt von Cambuskenneth das Geschlecht der Erskines mit einem eigenartigen Fluch. Unter anderem sagte er den Untergang der Familie voraus und dass ein König in einem Raum des Alloa Towers großgezogen wird, dieser Raum jedoch abbrennen würde. Im Brand käme eine Mutter um, deren drei Kinder nie das Licht sehen würden. Erst wenn ein Eschenschössling auf dem Dach wüchse, fände der Fluch durch einen Friedenskuss ein Ende. Nach der Schlacht von Sheriffmuir 1715 wurde den Erskines ihr Titel aberkannt und ihre Ländereien konfisziert. Ein Feuer brach in einem Raum des Turmes aus, in dem James VI. als Kind lebte. Mistress Erskine verbrannte dabei und hinterließ drei blinde Kinder. Um 1820 wuchs ein Eschenschössling auf dem Dach und Georg IV. gab dem Enkel der Erskines die Adelswürde zurück. Schließlich wurde dessen Frau von Königin Viktoria geküsst. Nach 300 Jahren kam damit der Fluch von Mar zu seinem prophezeiten Ende, doch die Spukgeschichten dieser Welt gehen weiter, solange es den Mythos Geister gibt.

Temperaturmessgeräte werden von Geisterjägern bei ihren Einsätzen angebracht. Auf dem hier abgebildeten sind anomale Ausschläge zu sehen, was auf einen plötzlichen unerklärbaren Temperatursturz schließen lässt: der sprichwörtliche »kalte Lufthauch«, der das Erscheinen von Geistern begleiten soll.

UNERKLÄRTE PHÄNOMENE

Die Psi-Spione der CIA

Pat Price, hier mit seinen Freunden Christopher Green (links) und Hal Puthoff (rechts). Der Physiker und Laser-Experte Puthoff erkannte als Erster die paranormalen Talente von Price. Vor seiner Bekanntschaft mit dem Remote Viewer hatte Puthoff bei der Regierung einen Antrag für Forschungsgelder zur Untersuchung quantenbiologischer Prozesse gestellt.

In Menlo Park, Silicon Valley, südlich von San Francisco, steht ein Institut, das jahrelang Heimat für geheimste Psi-Forschungen in den Vereinigten Staaten war: das Stanford Research Institute, auch SRI International.

Den griechischen Buchstaben Psi setzt man in der Welt der Wissenschaft zur Bezeichnung paranormaler Vorgänge und Fähigkeiten ein.

Besagte Psi-Forschungen, von deren Existenz die Öffentlichkeit erst nach ihrer Beendigung im Jahr 1995 erfuhr, waren in den 1970er Jahren vom amerikanischen Geheimdienst CIA zu militärischen und Spionagezwecken ins Leben gerufen worden und beschäftigten sich mit dem Phänomen der »Fernwahrnehmungen«. Damals befand sich Amerika im Kalten Krieg mit der Sowjetunion und Gerüch-

PSI-SPIONE

te ließen befürchten, dass Moskau schon länger mit paranormalen Kräften experimentiere und sehr erfahren im Bereich der Psi-Spionage sei.

Die USA reagierte und bildete in einem Top-Secret-Programm der CIA nun ebenfalls »Psi-Spione« aus – 23 Jahre lang.

ein Zielobjekt nach und nach genauer benennen zu können.

Man fand heraus, dass »Remote Viewing« nicht beliebig trainierbar ist. Nur wenige »Remote Viewer« des Projekts erreichten in ihren Fernwahrnehmungen eine erstaunliche Genauigkeit.

Heute verrottet ein Großteil der russischen Typhoon-U-Boote aus Geldmangel und aus Mangel an Einsatzgelegenheiten in ihren Heimathäfen. In den 1970er Jahren hatte der Psi-Spion Joe McMoneagle den Bau dieses damals größten Typhoon-U-Boots durch »Remote Viewing« vorausgesehen.

Remote Viewing

Nach dem 28. November 1995, dem Tag, an dem der damalige CIA-Direktor Robert Gates das Ende des Psi-Forschungsprogramms am SRI verkündet hatte, gab das Stanford Research Institute erstmals Teile der Untersuchungen frei.

In jahrelangen Experimenten hatte man eine spezielle Technik für den gezielten Einsatz telepathischer und hellsichtiger Fähigkeiten entwickelt. Diese Technik wurde »Remote Viewing«, Fernwahrnehmung, genannt.

Dabei wurden Versuchspersonen stufenweise dazu angeleitet, spontane Eindrücke über

Koordinaten-Sehen

Zu den Stars unter den Psi-Spionen zählte Pat Price. Als ehemaliger Polizeikommissar und Vizebürgermeister von Burbank, einem Vorort von Los Angeles, hatte er schon mehrmals im Verlauf seiner Karriere eine »paranormale« Spürnase bewiesen und durch Ahnungen Verbrechen aufgedeckt. Price stieß im Juni 1973 zu den Forschern am Stanford Research Institute. Dort gab man ihm zum Testen seiner hellseherischen Fähigkeiten Zufallskoordinaten an. Keiner der am Experiment beteiligten wusste, was sich am Ort dieser Koordinaten befand. Auch Price nicht. Die Angaben,

Operationale Einsätze

Welche Kreise die Psi-Versuche des CIA zogen und wie oft die Psi-Spione heimlich für Fernwahrnehmungen herangezogen wurden, darüber berichtete Ex-Präsident Jimmy Carter vor einigen Jahren bei einem Gespräch mit College-Studenten in

Jimmy Carter (*1924), der 39. Präsident der USA (1977-1981)

Atlanta. Als während seiner Amtszeit ein in Zaire abgestürztes Flugzeug trotz fieberhafter Suche mit Aufklärungssatelliten nicht gefunden werden konnte, setzte man Pat Price zur Angabe von Koordinaten ein. Die Spionagekameras des Satelliten wurden auf die Koordinaten eingestellt und das Wrack konnte nach den Angaben von Price tatsächlich entdeckt werden.

Neben Pat Price war Joe McMoneagle der erfolgreichste Psi-Spion in Sachen Militäranlagen.

Das Hauptquartier der CIA (Central Intelligence Agency) in Langley, im Bundesstaat Virginia, USA.

die er durch Fernwahrnehmung machte, er sprach von einer geheimen Militäranlage, stellten sich dennoch als richtig heraus.

Psi-Genie Pat Price

Dieser erste blieb nicht der einzige Erfolg von Price. Eine Sternstunde der Psi-Spionage ereignete sich 1973. Price wurden wieder nur geographische Koordinaten mitgeteilt. Diesmal wussten jedoch bis auf Price alle Bescheid, dass sich auf den angegebenen Koordinaten Semipalatinsk (Kasachstan) eine geheime sowjetischen Militäranlage befand. Price skizzierte industrielle Gebäude und einen mehrere Stockwerke hohen Spezialkran. Durch herkömmliche Agententätigkeit kannte man das ungefähre Aussehen der Einrichtung. Die Zeichnung eines CIA-Grafikers zeigte erstaunliche Übereinstimmungen mit den Eindrücken von Price. Dieser beschrieb auch eine Halle, in der riesige Metallkugeln in einer neuartigen Schweißtechnik hergestellt wurden. Er vermutete, dass sie Energien von nuklearem Explosionsmaterial auffangen und speichern sollten.

Ein Jahr später konnte ein US-Spionagesatellit die riesigen Objekte außerhalb der angegebenen Halle aufnehmen.

1977 fanden Reporter heraus, dass die russischen Metallkugeln tatsächlich mit einer neuen Schweißtechnik hergestellt worden waren. Price erlebte diesen persönlichen Triumph seiner Psi-Fähigkeiten nicht mehr. Er verstarb 1975.

Der Militär-Spion

Nach den Erfolgen mit den Zivilisten vom Stanford Research Institute richtete man 1976 in der Militäranlage Fort Meade, Maryland, ebenfalls ein Zentrum für Psi-Experimente ein. Die ersten drei Vollzeit-Psi-Spione dort hießen Mel Riley, Ken Bell und schließlich Leutnant Joe McMoneagle, der begabteste unter ihnen. Pentagon, Geheimdienste und der Nationale Sicherheitsrat der USA setzten seine erstaunlichen Fähigkeiten schon bald zum Ausspionieren verdächtiger Anlagen ein.

Das Typhoon-U-Boot

Im September 1979 sollte Joe McMoneagle (*1946) ein gigantisches Gebäude in der nördlichen Sowjetunion paranormal ausspähen. Er ging in sich und beschrieb ein neuartiges, riesiges U-Boot, das sich im Bau befinde. Es sei um vieles größer als die bekannten U-Boote der Sowjets, besitze ein breites, flaches Achterdeck und Geschützrohre, die Platz für 18 bis 20 Raketen böten.
Ein derart untypisches und enormes U-Boot, darüber waren sich die Geheimdienste einig, konnte es nicht geben. Und es würde nicht in einem Gebäude gebaut, das 100 Meter vom Meer entfernt war. McMoneagle indes beharrte auf seinen Eindrücken.
Er sagte voraus, dass in vier Monaten ein Kanal zum Meer gesprengt und das U-Boot aus der geheimen Werft auslaufen würde. Vier Monate später, im Januar 1980, konnten Spionagesatelliten an diesem Ort Aufnahmen von dem größten je gebauten U-Boot machen: ein Typhoon, das durch einen künstlichen Kanal ins Meer glitt. Deutlich waren das flache Achterdeck und zwanzig Geschützrohre zu sehen.

Das Ende der Psi-Spione

Immer wieder fragen sich Menschen, die sich mit den erstaunlichen Ergebnissen der

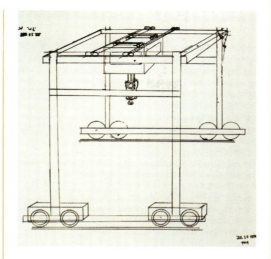

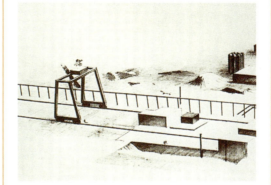

Oben: Pat Price »sah« in Semipalatinsk einen Spezialkran, der mehrere Stockwerke hoch war und mit übermannshohen Rädern auf Schienen fuhr. Unten: Der Spezialkran von Semipalatinsk – nach einer Zeichnung eines CIA-Grafikers.

amerikanischen »Remote-Viewing-Forschung« beschäftigen: Warum wurde das erfolgreiche Projekt nach 23 Jahren eingestellt? Manche vermuten den Grund in der erstaunlichen Effektivität des »Remote Viewing«.
Offenbar erlangten einige Versuchspersonen mehr Informationen, als ihren Auftraggebern lieb war. Andere sehen in dem Forschungsstopp die nach dem Zusammenbruch der Sowjetunion gewonnene Erkenntnis, dass der »Feind« auf dem Gebiet des »Remote Viewing« nur bescheidene Erfolge zu Tage gefördert hatte und wohl ohnehin nie ernsthaft konkurrenzfähig gewesen war.
Skeptiker erinnern zudem an die Tatsache, dass das »Remote Viewing«, trotz unzweifelhaft großer Erfolge, auf der anderen Seite doch nicht 100-prozentig sicher war.

PSI-SPIONE

Im Dienste der Menschheit

In geheimer Mission haben die Psi-Spione des CIA nicht nur militärische, sondern auch zivile Arbeit im Dienste der Menschheit getan. Wenigen Menschen war vor 1995 bekannt, dass der Psi-Spion Pat Price in die Aufklärung eines prominenten Entführungsfalls verwickelt war. 1974 kidnappten Unbekannte Patty Hearst, die Tochter des amerikanischen Zeitungsmagnaten William Randolph Hearst. Price hatte sofort das Gefühl: Hier geht es nicht um Geld, sondern um Politik. Als man ihm Fotografien von Verdächtigen zeigte, die Patty Hearst entführt haben könnten, fiel Price bei einem Foto das Wort »Wolf« ein. Wie sich herausstellen sollte, verlangten die Entführer kein Geld, sondern Nahrung für Hungernde. Tatsächlich zählte der Mann auf dem Foto zu den Entführern und trug den Spitznamen »Willie the Wolf«.

Patricia »Patty« Hearst erregte 1974 weltweites Aufsehen: Sie wurde am 4. Februar von Terroristen entführt und einer Gehirnwäsche unterzogen. Danach beteiligte sie sich in der »Symbionese Liberation Army« an einem bewaffneten Bankraub und wurde dafür nach ihrer Festnahme zu sieben Jahren Freiheitsstrafe verurteilt. US-Präsident Jimmy Carter begnadigte sie 1979.

UNERKLÄRTE PHÄNOMENE

Psychometrie – das Gedächtnis der Dinge

Bei den Ausgrabungen der Edgar Kapelle in Glastonbury nahm der Architekt Frederick Bligh Bond psychometrische Hilfe in Anspruch und erhielt mit seinem Freund John Allen Bartlett die Informationen auf paranormalem Weg.

PSYCHOMETRIE

In Träumen tritt der aus Rom stammende Umberto di Grazia häufig Reisen in die Vergangenheit an. Er sieht sich als etruskischer Krieger oder als Wahrsager beim Vollführen antiker Rituale. Später findet er manchmal zufällig die Orte, von denen er geträumt hat, sei es beim Spazierengehen oder beim Pilzesammeln. Steht er an einem solchen Ort, nimmt er die Wirklichkeit wie in Zeitlupe wahr. Er beginnt sich umzusehen, schürft im Boden, durchkämmt Dickicht und Waldstücke. Auf diese Art und Weise hat Umberto di Grazia zahlreiche, vorher unbekannte antike Siedlungen entdeckt. Östlich von Rom fand er ein riesiges bronzezeitliches Gräberfeld und einen für Archäologen sehr interessanten etruskischen Tempel. Vor Ort berührt er die Steine, dann beginnen sie gleichsam zu ihm zu sprechen. Sie erzählen ihre Geschichte.

Technik der Psychometrie

Ein Sensitiver nimmt einen Gegenstand in die Hand, und hat in kürzester Zeit eine Unmenge von bildhaften Eindrücken, die irgendwie mit diesem in Verbindung stehen. Man nennt diesen Vorgang Psychometrie. Psychometrie ist eine überaus weit verbreitete Technik von Sensitiven, Eindrücke über bestimmte Dinge zu erlangen. Viele Sensitive verlangen nach einem persönlichen Gegenstand, der es ihnen ermöglicht, mit einer betreffenden Person in außersinnlichen Kontakt treten zu können. Besonders bei der paranormalen Verbrechensaufklärung und bei der Psi-Archäologie hat das Verfahren der Psychometrie einen bedeutenden Stellenwert.

Aus der Frühzeit der Forschung

Als Entdecker der Psychometrie gilt der amerikanische Arzt J. Rhodes Buchanan (1814–1899). Er behauptete, dem Menschen entströme eine Kraft, die er als Nervenaura bezeichnete. Durch diese Kraft sollen bestimmte Personen in der Lage sein, Spuren vergangener Ereignisse an Gegenständen zu entschlüsseln. William Denton (1823–1883), ein Professor für Geologie aus Boston, versuchte die Thesen von Buchanan in ungezählten Experimenten mit seiner Frau, seinem Sohn und seiner Schwester zu überprüfen und gelangte zu einigen interessanten Ergebnissen. Denton war der Auffassung, unbekannte Strahlen

Maria Reyes de Z. besaß außerordentliche seherische Fähigkeiten.

Die Flaschenpost

Maria Reyes de Z. wurde von dem in Mexiko lebenden deutschen Arzt Gustav Pagenstecher (1855–1942) gegen diverse Beschwerden mit Hypnose behandelt. Dabei entwickelte sie außergewöhnliche paranormale Empfindungen, wenn sie einen Gegenstand in der Hand hielt. Einmal gab er ihr ein versiegeltes Kuvert, in dem sich ein Blatt Papier befand. In außerordentlich lebhaften Einzelheiten schilderte Maria Reyes de Z. eine Reise auf einem Dampfer, Personen, Maschinengewehrfeuer, schließlich das Sinken des Schiffes. Vor dem Untergang des Schiffes habe ein Mann einen Brief geschrieben und als Flaschenpost ins Meer geworfen. Tatsächlich befand sich in dem versiegelten Umschlag eine Flaschenpost, die Fischer an den Strandklippen der Azoren gefunden hatten. Auf ihr standen die spanischen Worte: »Das Schiff geht unter. Lebe wohl, meine Luisa, sorge dafür, dass meine Kinder mich nicht vergessen. Dein Ramon. Havanna. Gott schütze Euch und mich selbst! Adieu.«

Tongefäße versunkener Kulturen dienten sensitiven Menschen als psychometrische Objekte. (Präkolumbianisches Tongefäß der Moche-Kultur)

615

UNERKLÄRTE PHÄNOMENE

Peter Nelson

Bei einem psychometrischen Versuch erhielt der Amerikaner Peter Nelson ein altes gläsernes Tintenfass. Sofort stellte sich das Bild eines Mannes mit einem eigenartig eckig geschnittenen weißen Bart ein, der an einem altertümlichen Schreibtisch saß. Dann sah Nelson ein kleines, flaches, rechteckiges Päckchen, in buntes Papier gewickelt und verspürte einen starken süßen Geschmack im Mund. Das Tintenfass stammte aus dem Besitz eines verstorbenen Schokoladenfabrikanten – ein Mann, der genau seiner Beschreibung entsprach. Von Altertumsforschern wird Nelson gerne zu Rate gezogen. Als man ihm eine Reihe von Tonfiguren als psychometrische Objekte gab, konnte er genaue Aussagen über die Lebensbedingungen in den Kulturen machen, die sie hergestellt hatten.

Peter Nelson bei einem psychometrischen Versuch mit einer präkolumbianischen Doppelfigur.

würden Ereignisse und Objekte in materiellen Gegenständen in ihrer Umgebung abbilden.

Besitzen Objekte ein Gedächtnis?

Ein Rätsel bleibt, ob ein psychometrisches Objekt nur als Assoziationshilfe dient, um in einen hellsichtigen oder telepathischen Kontakt zu kommen, oder ob dem Objekt selbst ein »Gedächtnis« anhaftet. Eine aktuelle Theorie sieht die Wirklichkeit wie ein Hologramm aufgebaut. Ein Hologramm speichert auf ganzheitliche Weise optische Informationen auf einer Fotoplatte. In jedem kleinsten Teil der Fotoplatte befindet sich der gesamte gespeicherte Inhalt. Sollten bestimmte Menschen in der Lage sein, die holographisch gespeicherte Information über die Wirklichkeit anhand von Gegenständen abzurufen, könnte dies einen Erklärungsansatz für die Psychometrie darstellen. Auch die Theorie der morphogenetischen Felder des englischen Biologen Dr. Rupert Sheldrake geht davon aus, dass auch leblosen Dingen ein Art Gedächtnis anhaftet. Durch eine geheimnisvolle »morphische Resonanz« sollen ohne Kontakt und ohne bekannten physikalischen Ursachen von Objekten Informationen abgerufen werden können. Eine

PSYCHOMETRIE

Theorie, die gegenwärtig heiß diskutiert wird und Befürworter und Gegner in zwei unversöhnliche Lager spaltet.

Die Edgar-Kapelle

Der englische Architekt Frederick Bligh Bond (1864–1945) sollte 1907 die Reste der Abteikirche von Glastonbury in Somerset ausgraben. Bond wusste nicht, wo er graben sollte. Mit seinem Freund Captain John Allen Bartlett versuchte er auf paranormalem Wege die gewünschten Informationen zu erhalten. Bei einer spiritistischen Sitzung begann Bartlett automatisch in einer ununterbrochenen Linie den Grundriss der Kathedrale mit einem kleinen Anbau zu zeichnen. Dann schrieb er, ebenso automatisch, einen lateinischen Text, in dem ein Mönch, angeblich aus dem Jenseits, von einer Kapelle berichtete, die von Abt Beere im frühen 16. Jahrhundert für König Edgar erbaut und später zerstört worden sei. Bond ließ an der bezeichneten Stelle graben. Zum Vorschein kam die Edgar-Kapelle, die exakt den von Bartlett gezeichneten Plänen entsprach.

Archäologie mit Psi

In den 30er Jahren wurde der polnische Psychometrist Stefan Ossowiecki von Archäologen eingesetzt. Sobald er einen alten Gegenstand in der Hand hielt, sah er plastische Szenen vor seinem inneren Auge auftauchen. Er hatte das Gefühl, sich darin frei bewegen zu können, als ob er tatsächlich in einer anderen Zeit als unsichtbarer Betrachter anwesend war. Er konnte Alter, geographische Lage der Fundstätten und sogar die Charakteristiken der Kultur, der die Objekte entstammten, korrekt beschreiben und erweiterte häufig durch interessante Einzelheiten die Kenntnisse der Wissenschaftler.

Aufgrund seiner psychometrischen Gabe entdeckte Umberto di Grazia zahlreiche prätruskische und etruskische Fundstätten. Neben Gräbern ortete er östlich von Rom die Überreste einer etruskischen Stadtmauer und diesen höhlenartigen Tempel.

617

UNERKLÄRTE PHÄNOMENE

Gedankenfotografie

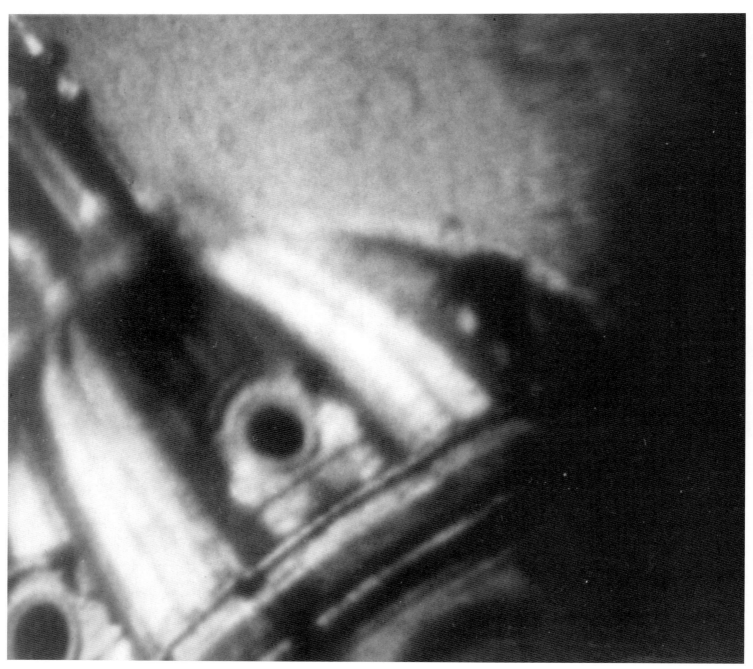

»Extras« nannte Ted Serios Gedankenfotografien, auf denen ihm unbekannte Menschen erschienen. Die Bilder entstanden ausschließlich Kraft seiner Gedanken, waren also keine »Fälschungen«, etwa durch Doppelbelichtungen.

Ted Serios hat sein Hemd ausgezogen, schwitzt und flucht, nachdem er bereits mehrere Flaschen Bier getrunken hat. Seit Stunden blickt er immer wieder durch einen kleinen Kartonzylinder, auf die Linse einer Polaroidkamera. Der Blick durch das Kartonrohr verbessert die Konzentration auf die inneren Bilder, und wenn diese sich einstellen, wird die Kamera auf seinen Laut hin ausgelöst. Experimentieralltag mit Ted Serios (*1930), einem Gelegenheitsarbeiter aus Chicago. Seine Spezialität: Gedankenfotografie. Der Psychoanalytiker und Parapsychologe Dr. Jule Eisenbud (1908–1999) entschied sich bei seinen Versuchen mit Ted Serios in den 1960er Jahren, Polaroidkameras zu verwenden, weil diese die Filme in der Kamera entwickeln und somit Manipulationen in der Dunkelkammer ausgeschlossen sind.

Fotos der Vorstellungswelt

Zuerst gab es nur verschwommene Bilder von Serios Gesicht, auch weil die Kamera bei jeder der expermentiellen Sitzungen auf unendlich gestellt war. Nach Stunden dann die ersten unerklärbaren Abzüge: pechschwarze Bilder, obwohl der Versuchsraum hell erleuchtet war. Dann erschienen meist die wirklich Aufsehen erregenden Bilder von Szenen und Bauwerken: Säulen, Kuppeln, ein Foto des Hilton Hotels in Washington aus einer ungewöhnlichen Perspektive, u.v.m.

Mit Gegankenfotografie in die Vergangenheit

Ein Fernsehteam erhielt einmal nach langem Warten elf Bilder mit dem gewünschten Motiv: einen prähistorischen Menschen. Wie man feststellte, hatte Ted Serios Teile eines Demonstrationsmodells im Museum of Natural History in Chicago mit Abweichungen wiedergegeben. Manchmal zeigten die Bilder von Ted Serios keine Strukturen, wiesen aber unerklärliche Anomalien auf: pechschwarze oder vollkommen weiße Bilder. Diese anomalen Fotografien gingen gelungenen paranormalen Abbildungen von identifizierbaren Gegenständen oft voraus. Erklärungen für diese eigentümlichen Effekte gibt es nicht. Offenbar können psychokinetische Fähigkeiten auch direkt auf die Schichten einer Filmemulsion wirken, sodass daraus Bilder entstehen.

Die Spieluhr

Als Ted Serios einmal gebeten wurde, Gedankenfotos in der für ihn typischen hell-dunkel Darstellung zu erzielen, produzierte er zwei Bilder, die als Darstellungen der Spieluhr am Münchener Rathaus identifiziert wurden. Die tanzenden Figuren haben sich bei genauer Analyse gegenüber dem Original als spiegelverkehrt und etwas verändert erwiesen. Es waren eben solche Abweichungen von den Vorlagen bei den Gedankenfotos von Ted Serios, die den Wissenschaftlern als Hinweis für ihre Echtheit galten. Darüber hinaus wurde eines der beiden Bilder von der Spieluhr mit einer Kamera ohne Linse erzielt, die etwa einen Meter von Ted Serios entfernt gehalten wurde. Hier ist Manipulation ausgeschlossen. Warum es zu solchen merkwürdigen Veränderungen gegenüber dem Original kommt, ist ungeklärt. Da es sich nicht wirklich um die Fotografie von Bildern der Vorstellungswelt handelt, kann man nicht die Lückenhaftigkeit unserer Erinnerung vermuten. Zumeist wusste Serios nicht, was auf den Filmen erscheinen würde. Häufig konzentrierte er sich überhaupt nicht auf bestimmte Bilder in seinem Geist, und bisweilen erschienen völlig andere Bilder, als die, die er sich vorgestellt hatte. Man kann den Prozess des Zustandekommens von Gedankenfotos noch nicht verstehen, vor allem auch deshalb, weil Begabungen wie jene von Ted Serios und Masuaki Kiyota äußerst selten vorkommen, und nicht genügend wissenschaftliche Experimente angestellt werden konnten.

Für Ungeübte schwer zu erkennen, aber auf diesem Gedankenfoto wurde die Aufnahme der Spieluhr am Münchener Rathaus identifiziert.

GEDANKENFOTOGRAFIE

Die Freiheitsstatue

Der 14-jährige Masuaki Kiyota erregte in Japan großes Aufsehen mit seinen Fähigkeiten, Besteckteile ohne physische Kraftanwendung kunstvoll zu deformieren. Diese psychokinetischen Fähigkeiten stellte er auch mit Gedankenfotografien unter Beweis. Für die Experimente wurden Objektiv und Verschluss einer Polaroid-Kamera entfernt. Als man die Kamera nach draußen brachte, während Masuaki Kiyota im Versuchsraum blieb und sich dort weiter konzentrierte, gelang ihm die Abbildung einer doppelten, spiegelbildlichen Freiheitsstatue.

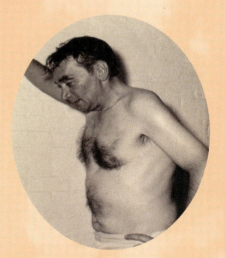

Ted Serios während eines Experiments mit Dr. Jule Eisenbud. Gedankenfotos gelangen Ted oft erst nach zahlreichen Versuchen. Um sich in Stimmung zu bringen, trank er – etwas ungewöhnlich für einen Sensitiven – meist mehrere Flaschen Bier. Gewöhnlich rauchte und fluchte er dabei auch ununterbrochen. Er tat dies absichtlich, rief so einen selbstinduzierten Erregungszustand hervor. Da er dabei zu schwitzen begann, zog er sich bis zur Taille nackt aus. Dann erschienen die ersten anomalen Aufnahmen, so genannte »blackies« – pechschwarze Bilder. Danach produzierte er meist in rascher Folge mehrere seiner charakteristischen Gedankenfotos.

619

UNERKLÄRTE PHÄNOMENE

Spuren im Korn

Seit dem Auftauchen der ersten Kornkreise in Europa, Nord- und Südamerika rätseln die Forscher über Sinn und Zweck dieser Phänomene. Kornbild in Woodborough Hill, England.

Zum ersten Mal tauchte das mysteriöse Naturphänomen im Sommer 1981 in Südengland auf: Über Nacht entstanden bizarre Muster von erstaunlicher Symmetrie und Schönheit in Getreidefeldern. Seitdem vergeht kein Sommer ohne die Botschaften im Korn, die inzwischen auch auf dem europäischen Festland und in japanischen Reisfeldern beobachtet werden. Mittlerweile gibt es sogar schon Wettbewerbe für die schönsten Piktogramme aus menschlicher Hand – Fälscher wurden bereits enttarnt. Doch die zahlreichen echten Erscheinungen stellen noch immer eines der größten Rätsel des 21. Jahrhunderts dar.

Echte und falsche Kornkreise

Bei jeder Entdeckung solcher Zeichen in Kornfeldern werden unerklärbare Phänomene beobachtet. So stellten Kornkreis-Forscher fest, dass sich die echten von den falschen Darstellungen dadurch unterschieden, dass die betreffenden Halme nicht geknickt waren und sich nach einigen Tagen von selbst wieder aufrichteten. Nächtliche Fälscher hingegen hatten die Ähren so beschädigt, dass sie später verfaulten. Auffallend war auch, dass es die nachgeahmten Gebilde kaum mit der Ästhetik und Symbolkraft der echten Zeichen aufnehmen konnten. Die bisher gesichteten Kornbilder hatten ein Ausmaß von bis zu

SPUREN IM KORN

180 Metern im Durchmesser und wiesen fast immer geometrische, meistens kreisförmige, Figuren auf, aber auch Sterne oder Sechsecke sind schon gesichtet worden. Die hohe Präzision der Ausführung, die kreativen und teilweise sehr schwierig herzustellenden Formen sind ohne komplizierte Berechnungen sowie großen technischen Aufwand von Menschen nicht herzustellen.

Delfine und der DNS-Code

Besonders die in der Nähe prähistorischer Kultstätten entdeckten Zeichen weisen auf eine bisher nicht entschlüsselte Bildersprache hin, die Fraktale (geometrische Symbole) aus der Chaostheorie enthält oder bildhafte Zeichen wie Delfine, Symbole aus der Maya-Kultur.

Einige gleichen sogar den Chromosomen. Es gab Piktogramme, deren Linien so fein gezeichnet waren, dass kein Fuß mehr hineinpasste und großformatige Symbole, deren Halme in verschiedenen Schichten verwirbelt wurden: Eine Schicht läuft im Uhrzeigersinn, die darüber liegende in die entgegengesetzte Richtung.

Fliegende Scheibe

Der Brite Steve Alexander nahm am 12. Juli 1990 das Piktogramm von Alton Barnes (Grafschaft Wiltshire) mit seiner Videokamera auf, als er eine kleine, helle Scheibe bemerkte, die in geringer Höhe über die Felder glitt. »Das Objekt kam in unsere Richtung, drehte und tauchte in das Kornfeld ein«, berichtete er. »Es flog sehr tief und glitzerte. Schließlich blieb es ungefähr drei Minuten über einem Feld stehen«. Eine Analyse ergab, dass das Objekt auf dem Video einen Durchmesser von 20 Zentimetern hatte und die von ihm berührten Weizenhalme zur Seite drückte. Auch die englische Luftwaffe scheint sich für dieses Phänomen zu interessieren, denn seit Jahren beobachtet sie die Region. Die Einsätze vor Ort werden mit »meteorologischen Übungen« begründet.

Intelligentes Universum

Zur Entstehung der Kornkreise werden zur Zeit vier verschiedene Erklärungsansätze diskutiert:

- Eine Botschaft der Kelten: Die Zeichen bilden sich in Europa dort, wo in der Prähistorie Steinkreise und andere Monumente errichtet wurden.
- Verschlüsselte Nachrichten von Astronauten-Göttern, die ihre Wiederkehr vorbereiten.
- Ein intelligentes Universum will die Menschheit mit subtilen Botschaften aus ihrer selbst geschaffenen Begrenzung führen.
- Eine irdische »Schattenarmee« im Besitz einer neuartigen Technologie produziert die präzisen Gebilde im Korn.

In der Nähe von Kassel wurde am 10. Juli 2000 diese Dreierspirale bei einem Hubschrauberflug entdeckt. Ohne komplizierte Berechnungen und technische Geräte sind solche geometrischen Formen der Kornkreise vom Menschen nicht herstellbar. Die riesigen Ausmaße und die Präzision der Muster widersprechen dem häufig vorgebrachten Argument der schnellen nächtlichen Fälschung durch ein paar Spaßvögel.

UNERKLÄRTE PHÄNOMENE

Wo die Welt auf dem Kopf steht

Unter anderem durch die Einführung des systematischen Experiments wurde der Mathematiker, Physiker und Philosoph Galileo Galilei zum Begründer der neuen Naturwissenschaft. Mit seinen Untersuchungen zur Fall- und Wurfbewegung begründete er die moderne Kinematik, die Untersuchung und Beschreibung von Bewegungen im Hinblick auf Zeit und Raum. Als er sich öffentlich für das Kopernikanische Weltsystem einsetzte, also ein heliozentrisches Weltbild vertrat, wurde er von der Kirche wegen Ketzerei zu Hausarrest verurteilt. In seiner Haft – er war schon fast erblindet – beschäftigte er sich intensiv mit den Fallgesetzen.

Das zum Vatikanstaat gehörende Castel Gandolfo, der Sommersitz des Papstes, liegt in unmittelbarer Nähe des Ortes Rocca di Papa (Papstfelsen). Vielleicht kommt es nicht von ungefähr, dass dieser energetisch und gravitationstechnisch so besondere Ort sich dieser berühmten Nachbarschaft erfreut?

Seltsam, aber wahr: Es gibt Orte auf der Welt, an denen Autos im Leerlauf nach oben rollen und wo das von dem englischen Physiker Isaac Newton (1643–1727) nach den keplerschen Gesetzen aufgestellte Gravitationsgesetz scheinbar keine Gültigkeit hat. So zieht es jedes Jahr Tausende von Besuchern in das kleine unscheinbare Dorf Rocca di Papa in der Nähe von Rom, unweit des Albaner Sees.

Dort scheint die Welt auf dem Kopf zu stehen, denn wenn man von der Hauptstadt her kommend, den Ort wieder verlässt, erlebt man auf einem etwa 100 Meter langen Streckenabschnitt in Richtung der Ortschaft Arriccia ein eigenartiges Phänomen: Runde Gegenstände

WO DIE WELT KOPF STEHT

rollen ohne fremdes Zutun den Berg hinauf.

Den Einheimischen ist dieses außergewöhnliche Geschehen schon lange bekannt und seit geraumer Zeit ist der Ort wegen seines »Verstoßes« gegen die Gravitation zu einem regelrechten Ausflugsziel geworden. Besonders an den Wochenenden kommen zahlreiche Familien nach Rocca di Papa, parken ihre Autos am Rand der schmalen Straße und lassen Flaschen und Getränkedosen den Berg hinauf rollen. Junge Leute fahren mit ihren Fahrrädern bergan, ohne ein einziges Mal in die Pedale treten zu müssen. Staunend erleben Autofahrer, wie sich ihre schweren Wagen aus dem Stand im Leerlauf nach oben bewegen, sobald die Handbremse gelöst wurde. Menschen, die auf diesem Abschnitt die Straße hinauflaufen, spüren, dass dies »unheimlich leicht geht«.

Geophysikalische Messungen

Der Geologe Dr. Johannes Fiebag war einer der wenigen Wissenschaftler, die dieses Phänomen bisher untersucht haben. Er führte an der Straße, die am Rand eines Vulkankraters liegt, der heute das Becken des Albaner See bildet, geophysikalische Messungen durch. Sie ergaben, dass tatsächlich ein leichtes Gefälle vorliegt und konnten eine optische Täuschung, die immer wieder von Skeptikern als Ursache angeführt wird, ausschließen.

Eine schlüssige Erklärung für die Tatsache, dass hier ein physikalisches Grundgesetz außer Kraft gesetzt ist, könnte sich jedoch nur durch die Auswertung von Luft- und Satellitenbildern (dem GPS, Global Positioning System) ergeben. Bei dieser Messmethode können die Ergebnisse nicht durch die eventuellen lokalen Gravitationsanomalien beeinflusst werden, die bei den herkömmlichen Verfahren nicht auszuschließen sind.

Mit dem Gesetz der Gravitation konnte Sir Isaak Newton den freien Fall und die Planetenbewegung erklären. Die von der Erde und von anderen Himmelskörpern ausgeübte Schwerkraft ist ein Sonderfall der allgemeinen Gravitation.

Galileos Erbe

In unmittelbarer Nähe von Rocca die Papa liegt Castel Gandolfo, der Sommersitz des Papstes. Dort wurde im 17. Jahrhundert, von seinem Erbauer Papst Urban VIII., das Urteil über Galileo Galilei (1564–1642) gesprochen, der als Erster Messungen des Erdschwerefeldes durchgeführt hatte.

Im Zusammenhang mit dieser Urteilssprechung gibt es einige mysteriöse Begleitumstände: Obwohl Galileo Galilei die päpstliche Erlaubnis hatte, seine »weltbewegenden« Erkenntnisse zu veröffentlichen, wurde er dennoch von seinem ehemals so geschätzten Freund Papst Urban VIII. unter Androhung der Folter mundtot gemacht. Seine Lehre, dass nicht die Erde, sondern die Sonne das Zentrum des Weltsystems sei, galt nun als falsch und wurde als ketzerisch verunglimpft. Was war der wahre Grung für dieses Verdikt? Wieso bestand Papst Urban auf dem Bau von Castel Gandolfo an diesem Ort in der Nähe des Albaner Sees, das zunächst nicht einmal der Kirche gehörte, sondern dem Papst vonm Kaiser geschenkt wurde?

Der Geologe Johannes Fiebag überzeugt sich davon, dass in Rocca di Papa Gegenstände, trotz Gefälle, bergauf rollen.

Hinfahren und Ausprobieren!

Etwa 30 Kilometer südlich der Stadtgrenze Roms, am Rande des Albaner Sees, verläuft die Via del Laghi, eine Landstraße, die als Verlängerung der Via Appia Nuova die Hauptstadt Italiens mit der Region Frascati verbindet. Hinter dem Dorf Rocca di Papa kommt es zu dieser seltsamen Anomalie.

Am Albaner See verläuft die Via Appia Nuova, die in Höhe Rocca di Papa das Phänomen des Aufwärtsrollens aufweist.

In Europa gibt es noch weitere Ortschaften mit ähnlichen Gravitationsabweichungen wie in Rocca di Papa:

Etwa 30 Kilometer südöstlich von Görlitz, am Fuße der Schneekoppe auf der polnischen Seite des Riesengebirges, führt eine schmale Straße zu dem Luftkurort Karpacz (Krummhügel). Regionale Gelände- und Wanderkarten des Kurorts verzeichnen auf der »Ulica Strazacka« der Strazacka-Straße im Ortsteil Karpacz Górny (Brückenberg) einen »Ort gestörter Gravitation« (Miejsce zaburzenia grawitacji). Dort lassen Busfahrer oft ihr schweres Fahrzeug zum Erstaunen der Fahrgäste im Leerlauf den Berg hinaufrollen.

In Deutschland können sich Skeptiker in der Oberlausitz, sieben Kilometer von Bautzen entfernt, am so genannten »Meltheuer« und auch in der Eifel, am Ortsausgang des Dorfs Schleiden, davon überzeugen, dass »alles nach oben rollt«.

623

UNERKLÄRTE PHÄNOMENE

Spuren von Außerirdischen in Amerika

So sieht die umstrittene Zeichnung in der Grabkammer des Königs Pacal II. aus, die im 7. Jahrhundert einen Astronauten abgebildet haben soll. Archäologen sehen in dem Bild jedoch zumeist den Sturz des Maya-Herrschers in die Unterwelt.

Im mexikanischen Palenque fand man das Grab eines Königs. Auf dem Deckel seines Sarkophags ist eine interessante Ritzzeichnung zu sehen. Der Forscher Erich von Däniken behauptet, darin einen prähistorischen Astronauten in seiner Raumkapsel zu sehen.

AUSSERIRDISCHE

Die Idee, unser Planet könne im Laufe seiner Geschichte von außerirdischen Zivilisationen besucht worden sein, ist ein Gedanke, der viele Menschen beschäftigt. Einen definitiven Beweis gibt es jedoch nicht. Andererseits deuten alte Mythen – insbesondere aus Amerika – auf solche Kontakte mit Extraterrestriern hin.

ETs in Nordamerika

»Sie kommen zu uns aus dem Weltraum. Sie kommen nicht aus unserem eigenen Planetensystem, sondern von weit entfernten Planeten.« Diese Behauptung stammt von dem alten Indianerhäuptling der Hopi, »Weißer Bär«.
Der Stamm der Hopi lebt im US-Bundesstaat Arizona und hat bis in unsere Zeit seine alte Religion bewahren können. Als Ende der 1970er Jahre der NASA-Ingenieur Josef F. Blumrich das Indianerreservat besuchte, hörte er von den eigenartigen Erzählungen. Er freundete sich mit »Weißer Bär« an und erfuhr die Geschichte der sagenhaften Kachinas. Kachinas sind Wesen aus dem All, »Sendboten der Götter«.
Auf die Frage, woher diese Kachinas kämen, antwortete der Häuptling geheimnisvoll: »Der Hopi-Name für deren Planeten ist Tóonáotakha. Ihre Schiffe fliegen mit Magnetkraft, auch wenn sie die Erde umrunden.«

UFOs bei den Hopi-Indianern

Auch frühere Häuptlinge der Hopi haben von Flugkörpern berichtet, in denen die Kachinas zu unserer Erde geflogen kamen. Sie nennen sie »Fliegende Schilde«. In der Nähe des Hopi-Dorfes Oraibi bestätigt eine uralte Felszeichnung von einem UFO-förmigen Objekt diese Auffassung. Zudem sind die Hopi fest davon überzeugt, dass sie bis heute Kontakt mit außerirdischen Wesen haben.
Skeptisch ging der deutsche Rundfunkjournalist Alexander Buschenreiter 1981 diesen Erzählungen nach. Während der Reportage bemerkte er einen sich bewegenden Stern. Bald stellten er und zwei Begleiterinnen fest, dass sich ihnen ein Flugobjekt näherte. Ein schauerartiges Gefühl überkam sie, als wolle jemand geistigen Kontakt mit ihnen aufnehmen. Das Objekt schien landen zu wollen und wurde »zu einem großen, mächtigen, kaltweißen Licht, wie ein Kristall«. An die Geschehnisse danach haben alle beteiligten Personen keine Erinnerung.

Die Weisen von den Sternen

Als Buschenreiter am nächsten Morgen den religiösen Führer der Hopi, Thomas Jr., traf, antwortete dieser keineswegs überrascht: »Ja, das sind Kräfte, die zu unserem Plane-

Dieser Hopi-Häuptling feierte wie seine Ahnen und seine Nachkommen heute, das Fest der »Sterne, das das geheime Wissen besitzen«. Lange hielten die Indianer ihre mystischen Traditionen vor der übrigen Welt geheim. (Fotografie um 1900)

Wissende jenseits der Sterne

Alle vier Jahre feiern die Hopi ein Fest, das sie »Die Sterne, die das geheime Wissen besitzen« nennen. Dann führen sie die Zeremonie der »Alten, die vom Himmel kamen« durch, wobei Tänzer fremdartige Wesen mit Helmen imitieren, die »Planetengeister aus den Tiefen des Weltraums« symbolisieren. Der US-Ethnologe Frank Waters berichtete 1963 von vier steinernen Tafeln, die die Hopi von diesen himmlischen Wesen bekamen. Heute gelten sie als verschollen. Eine aber soll sich noch versteckt in einem Hopi-Reservat befinden. Könnten Wissenschaftler diese Steintafeln analysieren, gäbe es einen Beweis für die ungewöhnliche Überlieferung der nordamerikanischen Indianer.

625

UNERKLÄRTE PHÄNOMENE

Am Atitlan-See in Guatemala – hier mit den Vulkanen Atitlan (3537 m) und Toliman (3158 m) – leben Maya-Nachfahren, die noch heute ihre alten Götter verehren. In ihren Überlieferungen wird, wie in vielen südamerikanischen Mythen, von mysteriösen Wesen, die vom Himmel auf die Erde kamen, erzählt.

tensystem gehören und uns beobachten – das war schon immer so.«
Der Philosoph Professor Luis E. Navia (*1940) vom New York Institute of Technology hat viele solcher mythologischer Überlieferungen studiert. Er kam zu dem Schluss, dass wir mit der Theorie von Besuchern aus dem Weltraum den roten Faden durch das verwirrende Labyrinth der menschlichen Entwicklung auf unserem Planeten erkennen können.

Ein Raumschiff in Mittelamerika

Aus der Frühgeschichte Zentralamerikas sind uns ebenfalls Berichte über kosmische Besucher bekannt. Ein Ort solcher Erzählungen ist die Ruinenstadt Palenque in Chiapas, dem südlichsten Bundesstaat von Mexiko und eine der großen Metropolen des siebten Jahrhunderts. Über die rätselhafte Sargplatte des Gott gleichen Herrschers Pacal II., dem König der

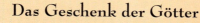

AUSSERIRDISCHE

Maya-Indianer von Palenque, streiten sich seit Jahrzehnten Forscher in aller Welt. Denn vieles spricht dafür, dass auf dem Sarkophag des Monarchen die Umrisse eines Raumschiffes eingraviert wurden.

Pacal regierte von 615 bis 683 n. Chr. Als er verstarb, gewährten ihm seine Untertanen ein einmaliges Begräbnis tief im Inneren einer steinernen Pyramide.

Sensation in der Tempelpyramide

Die sensationelle Wiederentdeckung des Pyramidengrabes fand 1952 durch den mexikanischen Archäologen A. Ruz Lhullier (1906–1997) statt. Auf der Oberfläche eines sechs Kubikmeter großen Steinblocks befanden sich umfangreiche symbolische Elemente, die durchaus technisch wirkten.

Als der Schweizer Bestsellerautor Erich v. Däniken (*1935) 15 Jahre später seine Interpretation vorlegte, löste er in der Fachwelt mit seiner Meinung, die Grabplatte zeige eine Raumfahrerkapsel in technischer Manier, Entrüstung aus. Im mittleren Teil liege ein menschliches Wesen, das einen komplizierten, extraterrestrisch anmutenden Kopfputz trage, von dem doppelspurige Schläuche rückwärts verlaufen. Mit beiden Händen manipuliere der »Außerirdische« an Knöpfen oder Hebeln. Die Archäologen hingegen meinen, der König hocke in einer Art »Lebenskreuz« und würde sich symbolisch auf seiner Reise in die Unterwelt befinden.

Pacals Sternenflug

Von Däniken erhielt ungewohnt fundierte Unterstützung aus der technischen Fachwelt für seinen Vorschlag. Der ungarische Ingenieur Làszlo Tóth (*1945) entwarf anhand der Darstellung auf dem Pacal-Grab ein Raumschiff einschließlich eines Antriebsaggregats, in dem ein Pilot sitzen kann.

Unabhängig davon konstruierte der amerikanische Flugingenieur John Sanderson zeitgleich einen ähnlichen Flugkörper.

Hatte Pacal also Kontakt mit frühgeschichtlichen Astronauten von fernen Sternen, die ihm ihr Raumschiff zeigten? Gab der König von Palenque seinen Künstlern den Auftrag, dieses einmalige Ereignis in Stein zu verewigen? Immerhin ist die vermeintliche Raumkapsel von Symbolen des Kosmos umgeben, von Planeten und Sternen, und die Schriftzeichen beschreiben seinen Weg hinaus in die Milchstraße. Es ist gut möglich, dass die Maya der Nachwelt ein unglaubliches Erlebnis in künstlerischer Form weitergeben wollten. Es liegt an uns, die Wahrheit zu suchen.

Himmlische Besucher in Südamerika

Auch in Peru findet man Hinweise auf ein Leben aus dem All. »Landeten Raumfahrzeuge von fernen Welten auf einer unbewohnten Hochebene in Südamerika?«, fragen sich Touristen, wenn sie das südperuanische Nazca über-

Auch die Anasazi, die ihre Blütezeit zwischen 1100 und 1300 im Südwesten Amerikas hatten, wurden vielleicht von Außerirdischen besucht. Natürlich könnte das »Gemälde« auch der Fantasie der Indianer entsprungen sein.

Das Geschenk der Götter

Die heutigen Maya-Nachfahren am Atitlan-See (Guatemala) huldigen am Ostersamstag ihren alten Göttern. Aus einem geheimen Versteck holen sie ein Idol, über das schon alte Texte des 15. Jahrhunderts berichten. Der Gegenstand wird »Psióm K'ak'al«, »Verhüllte Kraft«, genannt. Es handelt sich um ein Bündel, das mit vielen nahtlosen Tüchern umwickelt ist. Dieses mysteriöse Idol wurde den Indios der Erzählung nach von einem Gott übergeben, bevor er wieder in den Himmel zurückflog.

Das rätselhafte Bündel könnte ein Beweis dafür sein, dass Menschen früher Hochkulturen von außerirdischen Intelligenzen beeinflusst wurden. Doch solange niemand den definitiven Nachweis, das wissenschaftlich anerkannte Faktum, für den Kontakt der Indianer mit außerirdischen Intelligenzen erbringt, werden Befürworter der Theorie von außerirdischen Besuchern und deren Gegner weiter forschen und geteilter Meinung sein.

| UNERKLÄRTE PHÄNOMENE |

Im peruanischen Nazca ist ein Großteil der Landschaft mit seltsamen Markierungen überzogen. Linien sehen aus der Vogelperspektive wie Landebahnen aus und auf Hügeln finden sich Bildnisse von Wesen, die heutigen Astronauten verblüffend ähnlich sehen. Auch wenn man nicht an Außerirdische glaubt, muss man sich doch fragen, warum die 1000 Jahre alten Darstellungen so aussehen.

fliegen, denn sie können dort riesige Pisten erkennen, die wie Landebahnen aussehen.

Ganze Hügel und Flächen um Nazca sind mit Rollbahnen überzogen. Bis zu 62 Meter breit erklimmen die planierten Wege, von denen der längste 23 Kilometer misst, die Berge. Geometrische Figuren, Zickzacklinien und Spiralen, aber auch Erdzeichnungen – Scharrbilder – von Vögeln, Affen und Spinnen haben die Vermutung aufkommen lassen, dass die Motive einerseits der genauen Gestirnbeobachtung dienten und zweitens, dass in grauer Vorzeit Astronauten von den Sternen herab-

gekommen sind. Da, wo sie gelandet waren, legten später die Eingeborenen für die »Götter« exakte geometrische Linien an, um ihnen den Weg zu weisen und sie zur Rückkehr zu bewegen. Ein Verhalten, das übrigens auch die Ureinwohner der Pazifischen Inseln, allen voran Hawaii, zeigten, als Europäer und US-Amerikaner erstmalig mit Flugzeugen zu ihnen kamen.

Lehrmeister von den Sternen

Die Kayapó, die auf der östlichen Seite der Anden am oberen Flusslauf des Amazonas

AUSSERIRDISCHE

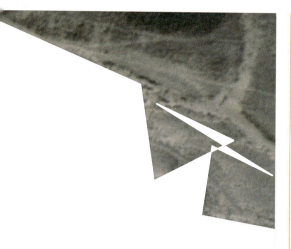

Steine zerschmelzen und Menschen paralysieren konnte, den Kayapó neues Wissen und Gesetze brachte und schließlich unter Donner, Feuer und Rauch die Erde wieder verließ.

Amerikas außerirdisches Wissen

Der österreichische Völkerkundler Anton Lukesch hat diese Mythen 1954 erstmals aufgeschrieben, doch schon 1884 gelang es dem deutschen Etnologen Karl von den Steinen einen solchen Strohanzug von einem Nachbarstamm, den Bakairi-Indianern, mit nach Europa zu bringen, lange bevor Menschen an Raumfahrt dachten.

Der Archäologieprofessor Carlos M. Bandeira (*1931) aus Rio de Janeiro, Brasilien, hat etliche solcher indianischer Berichte gesammelt. Sein Resümee: »Die wiederholte Erwähnung eines ›himmlischen‹ Ursprungs nahezu aller amerikanischer Kulturen, die in den Mythen beschriebene Anwesenheit von Wesen, die von den Sternen gekommen waren, ihre Darstellung in der Kunst, all das zeigt deutlich den auf den Kosmos zurückgehenden Anfang der amerikanischen Kulturen, deren Grundlage vermutlich von fremden Intelligenzen geschaffen wurde, die einst aus dem All kamen.«

leben, bestätigen in ihren Überlieferungen diese Ansicht. Der brasilianische Stamm hält jedes Jahr ein Fest ab, bei dem Bep-Kororoti, ein »Besucher aus dem Himmel«, geehrt wird. Direkt aus dem All soll er einst zu den Indianern gekommen sein. Er trug – im Gegensatz zu den unbekleideten Kayapó – einen hermetisch geschlossenen Anzug, deshalb fertigt dieses Naturvolk eigens für die Zeremonie einen Strohanzug mit Helmaufsatz an, der frappierend an einen Astronauten erinnert. Ein Tänzer zeigt, wie Bep-Kororoti einst mit seinem »Flammenstab«

Außerirdische Leichen

Mitten in der Atacama-Wüste im Norden Chiles liegt San Pedro. In diesem Ort lagert womöglich eine Sensation, denn dort glaubte der belgische Missionar und Archäologe Gustav Le Paige (1908–1980) 1975 bei Ausgrabungen auf Leichen von Außerirdischen gestoßen zu sein. Fünf Jahre später ging der katholische Pater mit seiner Entdeckung an die Öffentlichkeit: »Ich glaube, dass in den Gräbern außerirdische Wesen mitbeerdigt wurden. Einige der Mumien hatten Gesichtsformen, wie wir sie auf der Erde nicht kennen. Man würde mir nicht glauben, wenn ich erzählen würde, was ich sonst noch in den Gräbern gefunden habe.« Noch bevor Le Paige seine Funde präsentieren konnte, verstarb er. Die Funde sollen sich heute entweder in den unterirdischen Archivräumen des Le-Paige-Museums von San Pedro oder in den Laboratorien der Katholischen Universität von Autofagasta (Chile) befinden.

Eines der Relikte, das auf Besuche von Wesen aus dem All schließen lässt, ist ein Stein, den man in der Wüste von Toro Muerte, in der Nähe von Arequipa in Peru gefunden hat. Erich von Däniken hat die drei Männchen links unten als Astronauten identifiziert.

629

UNERKLÄRTE PHÄNOMENE

Spuren Außerirdischer in Europa und Afrika

Stammesmitglieder der Dogon aus Mali feiern das Sigui-Fest zu Ehren eines Sterns, von dessen Existenz sie eigentlich nichts wissen können.

AUSSERIRDISCHE

"Astronauti" nennen die Bewohner des oberitalienischen Val Camonica ihre Felsgravuren aus der Bronze- und Eisenzeit, die 1979 zum UNESCO-Weltkulturerbe ernannt wurden. An die 40.000 Felsritzungen zeigen neben Szenen des täglichen Lebens eigenartig schwebende Gestalten, die von helmartigen Strahlenkränzen umgeben sind und seltsame Instrumente in den Händen halten. Der italienische Geschichtsforscher Dr. Peter Kolosimo wies bereits 1965 auf die fremdartigen Symbole und ihre Ähnlichkeit mit Astronauten hin. Er kam zu dem Ergebnis, eine primitive Steinzeitkultur müsse Kontakt mit außerirdischen Besuchern gehabt haben.

Sternengötter

Dagegen sah sein Landsmann Dr. Ausilio Priuli aus Capo di Ponte, ein Experte für vorgeschichtliche Felszeichnungen, in einer Stellungnahme aus dem Jahr 1995 in diesen Felsritzungen nur eine symbolische »Verbindung der Wirklichkeit mit dem Göttlichen«. Die Frage, welche Rituale an diesem heiligen Ort zelebriert wurden und warum, konnte auch er nicht beantworten. Es fragt sich, was die Steinzeitmenschen vor 10.000 Jahren darstellen wollten, als sie Wesen mit Helmen und Overall abbildeten, die von propellerförmigen Objekten umgeben sind, von Sternendarstellungen, Strahlenbündel und Bewegungssymbolen.

Alte Sagen des italienischen Alpenraumes berichten von dem legendären Reich der Fànis. Deren Bewohner erhielten Besuch von einem mysteriösen »Volk der Einarmigen«, die in »Adlerkleidern« durch die Lüfte fliegen konnten. Von diesen »Einarmigen« berichtet auch das 1341 niedergeschriebene chinesische Werk »Ku yü t'u«. Das Werk ist für China historisch von großer Bedeutung, denn es ordnet geschichtliche Ereignisse den Regierungszeiten einzelner Monarchen zu. Demnach seien an Kaiser Tschengs (1115–1077 v. Chr.) Hof mysteriöse Wesen mit Flugapparaten, »die vom Winde getrieben wurden«, erschienen.

Geschichtliche UFOs

Offenbar haben sich in Italien in alten Zeiten mehrere solcher merkwürdigen Ereignisse zugetragen. Der römische Geschichtsschreiber Plutarch (46–119 n. Chr.) verzeichnete z. B. für die Zeit um 86 v. Chr. im Luftraum über den italienischen Städten Ameria und Tuder »feurige Schilder«, die im Formationsflug verschiedene Manöver ausführten.

Auch der Historiker Livius (59 v. Chr.–119 n. Chr.) berichtet von »strahlenden Schiffen, die vom Himmel herab erschienen«. Dies soll sich 218 v. Chr. zugetragen haben. 214 v. Chr. wurde zudem, so Livius, ein eckiger Flug-

Im italienischen Camonica-Tal, über dem Ort Capo di Ponte, finden sich Felszeichnungen, die an Astronauten erinnern. Seit ihrer Entdeckung in den 1950er Jahren rätseln Forscher aus aller Welt, welche Bedeutung die den dargestellten Menschen aufgesetzten Helme haben.

Bilder von Außerirdischen

Darstellungen behelmter Wesen, die von frühen Kulturen als Götter angesehen wurden, findet man nicht nur in Italien. Ähnliche Felsbilder existieren auch in der nordafrikanischen Sahara im Tassili-Gebirge.

Neben naturalistischen Zeichnungen werden dort Wesen mit antennenartigen Auswüchsen am Kopf, mit eng anliegenden Overalls und mit kugelförmigen Helmen wiedergegeben. Konservative Erklärungen gehen von Fruchtbarkeitsgöttern, Dämonen oder Darstellungen von Naturgewalten aus, die die Naturvölker auf diese Weise symbolisierten.

Mysteriöse, fliegende Kugeln mit aufgeklappten Luken erwecken jedoch den Verdacht, auch in Nordafrika hätten Ureinwohner lange vor unserer Zeit vorgeschichtliche Astronauten gesehen.

631

UNERKLÄRTE PHÄNOMENE

Der Beweis?

Die Dogon behaupten, Sirius habe einen weiteren Mini-Stern, »emme ya« genannt. Auch umkreise ein Planet auf einer elliptischen Bahn den Sirius. Wissenschaftler haben lange bezweifelt, dass ein solches Sonnensystem existieren könne, doch Berechnungen der Franzosen Daniel Benest und J. L. Duvent ergaben 1995: Sirius könnte wirklich von einem dritten Stern (0,05 Sonnenmassen) alle sechs Jahre umrundet werden. Außerdem ist in dem international gültigen Sternenkatalog seit 1999 noch ein viertes Objekt verzeichnet, das auf Berechnungen der französichen Astronomen J. M. Bonnet-Bidaud und C. Gry zurückgeht.

Die 59 Zentimeter hohe Holzfigur zeigt einen schwarzen Krieger der westafrikanischen Dogon. Das Volk hat neben seinen handwerklichen Traditionen auch eine wunderschöne Schöpfungsmythologie: Demnach hat Gott die schwarzen Menschen aus Sonnenlicht und die weißen aus Mondschein gemacht.

körper über der Stadt Hadria gesehen, aus dem »Gestalten in der Art von Menschen mit weißglänzenden, glühenden Rüstungen ausstiegen.« Haben unsere Vorfahren Besuch von Außerirdischen bekommen? Die zahlreichen Hinweise sprechen dafür.

Das Sirius-Rätsel

Alle 50 Jahre, so erzählten in den 1930er Jahren die Stammesangehörigen der Dogon aus Mali französischen Ethnologen, feierten sie das so genannte »Sigui-Fest«. Dann durchwandere ein unsichtbarer Stern, Digitaria, die Bahn des Sirius (Sigui), des hellsten Fixsterns am Himmel.

Die Wissenschaftler stutzten. Woher wollten die Dogon von einem nicht sichtbaren Stern Kenntnis haben? Die Eingeborenen wiesen auf uralte Zeichnungen hin. Dort war eine Ellipse mit einem Punkt zu erkennen, der den Siriusbegleiter abbildete. Trotz seiner geringen Größe sei dieser Stern aber extrem schwer, erklärten die Dogon.

Ihr Wissen hätten sie vom Gott Nommo erhalten, der aus dem Himmel zu ihnen kam. Haben möglicherweise außerirdische Intelligenzen einen westafrikanischen Stamm besucht?

Außerirdisches Wissen

Es wäre möglich, denn den Stern gibt es tatsächlich. 1834 war dem deutschen Mathematiker und Astronomen Friedrich Wilhelm Bessel (1784–1846) eine wel-

lenförmige Eigenbewegung beim Sirius aufgefallen. Er vermutete einen unsichtbaren Begleiter des achteinhalb Lichtjahre entfernten Sternes und nannte diesen »Sirius B«. Tatsächlich konnte der US-Astronom Alvan Graham Clark 1862 die Mini-Sonne von 41.000 Kilometer Durchmesser entdecken. Seit 1926 weiß man, dass es sich um einen so genannten »Weißen Zwerg« handelt, eine kollabierte Sonne mit extrem hoher Dichte. Dieses Wissen sollte ein primitiv lebender Stamm in Mali auch besitzen?

Als 1931 die beiden französischen Forscher Marcel Griaule und Germaine Dieterlein zum ersten Mal dem komplizierten sozio-kulturellen System der afrikanischen Dogon gegenüberstanden – es gibt bei diesem Volk genau festgelegte Zeichen männlicher und weiblicher Macht, exakte Vorstellungen über die magischen Kräfte von Dingen und penibelst eingehaltene Riten in der Gestaltung des Alltags, die bei Nicht-Einhalten den Tod bedeuten können – waren sie erstaunt, von diesen Menschen astronomische Details über den Saturn, den Jupiter und seine vier größten Monde, die Drehung der Erde um ihre eigene Achse, ja sogar über die Milchstraße und die Spiralkräfte zu erfahren, die in der Galaxis wirken.

Uralte Informationen

Der österreichische Professor Hans Biedermann (*1930) fragt, ob die Dogon ihr Wissen nicht vielleicht doch auf ganz einfache Art erworben haben, nämlich, indem westliche Reisende ihnen die erwähnten Informationen vermittelten. Der englische Völkerkundler Robert Temple (*1945) hat sich intensiv mit diesem Problem befasst. Er hält dagegen, dass die Superdichte von Sirius B erst fünf Jahre vor Griaules und Dieterleins Besuch im Dogongebiet erkannt wurde.

Auch Germaine Dieterlein wies 1998 solche Spekulationen als völlig absurd zurück, da die Erzähltradition und die exakt übermittelten Riten zum Sigui-Fest der Dogon weit in die Vergangenheit zurückzuverfolgen sind. Alles deutet darauf hin, dass die Dogon ihr Wissen

AUSSERIRDISCHE

In Algerien, im unwirtlichen Tassili-Gebirge, fanden Archäologen in den 1950er Jahren über 15.000 Felszeichnungen, die bis zu 7000 Jahre alt und – klimatisch bedingt – sehr gut erhalten sind. Neben bildlichen Zeugnissen der nordafrikanischen Tier- und Pflanzenwelt sowie des Alltaglebens im Wandel der Zeit, verblüfften vor allem Darstellungen von behelmten Wesen, die heutigen Astronauten gleichen. So sehr sich Historiker und Archäologen auch bemühen, es konnte bislang keine zufrieden stellende Begründung für die seltsamen Wesen gegeben werden. UFO-Forscher haben jedoch erklärt, dass man hier Außerirdische, die vor Tausenden von Jahren die Erde besucht hatten, sehen könne.

von einem Wesen erhalten haben, das von den Sternen kam.

Ägyptische Götterflüge

Ein Thema geht um die Welt: Sind vorgeschichtliche Kulturen und Religionen in Europa und Afrika tatsächlich von außerirdischen Zivilisationen beeinflusst worden? Sind wir Menschen Erben von Sternengöttern? Dies wäre eine historische Revolution.

Eine der ersten Hochkulturen der Welt entstand vor 5000 Jahren in Ägypten. Die Mythen erzählen, die Götter selbst hätten dort regiert und den Menschen technisches Wissen beigebracht. Einer von ihnen war der Gott Ré, der mit einem »benben« über den Himmel flog und auf der Erde landete. Die Form dieses Fluggefährts wurde zum Vorbild für Obeliske. Sind diese Steinmonolithe vielleicht nur Abbildungen eines antiken Raketensystems?

Der mysteriöse »benben«

Das Wort »benben« bedeutet »das in den Himmel glänzend Aufschießende«. Der »benben« wurde mit einem Quarzitstein verglichen, der extrem feuerbeständig ist. Auf

633

UNERKLÄRTE PHÄNOMENE

Die Pyramiden von Gizeh stellen nicht nur eines der sieben Weltwunder der Antike dar – sie geben auch immer wieder Anlass zu Spekulationen, wie es möglich war, sie zu erbauen. Architektonisch imposant bergen die vermutlichen Grabdenkmäler der Pharaonen Cheops, Chephren und Mykerinos nämlich auch noch astronomische und mathematische Besonderheiten, die man zur Zeit ihrer Erbauung noch gar nicht wissen konnte. Eine mögliche Erklärung ist, dass das Wissen zum Bau der Pyramiden von extraterrestrischen Wesen kam. (Farblithographie um 1890 aus Lehmanns geographischen Charakterbildern)

die Spitze ihrer Obelisken setzten die Ägypter einen »benbenet«, der eine kaum zu übersehende Ähnlichkeit mit einer Apollo-Kapsel der Mondrakete besitzt. Dieser wurde mit einer Mischung aus Gold und Silber überzogen.

Der »benben« soll in Heliopolis (bei Kairo) auf einem künstlichen Hügel, der »Insel des Aufflammens« gelandet sein, die an eine Startplattform erinnert. Pharao Pi-anchi sah einer Hieroglypheninschrift zur Folge um 751 v. Chr. den »benben« aus der Nähe. Als er die Tür des Heiligtums entriegelte, erblickte er den Gott Ré.

In einem Papyrus heißt es: »Der Himmel spricht, die Erde bebt und zittert; der Boden bricht auf, wenn er (Ré) über das Gewölbe fährt. Der Himmel lacht, wenn der König aufsteigt zum Himmel. Der donnernde Sturm treibt ihn. Er fliegt, dieser König, weg von euch, gleich einem Vogel. Er ist nicht der Erde, er ist des Himmels.«

Pyramidengeheimnisse

Lässt sich so auch das Geheimnis der Pyramiden erklären? Allein die Cheopspyramide, die um 2550 v. Chr. errichtet wurde, ist ein einzigartiges Baudenkmal. Nicht nur, dass sie exakt nach den Himmelsrichtungen ausgerichtet wurde, im Zentrum der Festlandmasse der Erde steht, der Abstand vom Mittelpunkt der Erde genauso groß ist wie die Distanz zum Nordpol und die mathematische Konstante pi (3,14) beinhaltet, sie enthält vielleicht auch eine verborgene Botschaft von Außerirdischen. In ihrem Inneren sollen, arabischen Überlieferungen zufolge, die im mittelalterlichen Buch »Hitat« zusammengefasst wurden, alle »gelehrten Schriften und alles, worum man sich sorgte, dass es verloren gehen könnte« für die Nachwelt deponiert worden sein.

AUSSERIRDISCHE

Kosmische Signale

Der deutsche Mathematiker Dr. Wolfgang Feix errechnete zwischen 1990 und 1992 aus den Daten der Cheopspyramide ein Rufsignal auf der Wellenlänge von 21,11 Zentimetern. Das angesprochene Objekt wäre demnach der Stern Alpha Centauri. Er ging dabei von NASA-Studien für einen interstellaren Informationsaustausch aus. Bei Botschaften, die mit Radioteleskopen in das All ausgestrahlt werden, verwendet man mathematische Strukturen. Dieses Prinzip auf die Cheopspyramide übertragen, ergibt ein dominantes Rufsignal, das auf der Zahl pi beruht.

Erstaunlich ist, dass mit diesem Prinzip auch für die Sonnenpyramide von Teotihuacán (Mexiko) dieselbe Frequenz und dasselbe Nachbargestirn ermittelt werden konnte.

In Karnak, einem ägyptischen Dorf in der Nähe von Luxor, befinden sich die Überreste eines riesigen Tempelbezirks. Inmitten der Ruinen erhebt sich der Obelisk der Hatschepsut (1490–1468 v. Chr.), jener Pharaonin, deren Regentschaft in ihrem engsten Familienkreis stets umstritten war. Obwohl sie schließlich von ihrem Stiefsohn Tutmosis III. entmachtet wurde, zeigt der Obelisk von Karnak noch heute mit seiner nach oben strebenden Spitze eine Verbindung Hatschepsuts zu den Sternen an.

UNERKLÄRTE PHÄNOMENE

Außerirdische in Aktion

Was die fantasiebegabten Drehbuchschreiber des Schwarzweiß-Filmklassikers »Fliegende Untertassen greifen an« für die Leinwand zu Papier brachten, wurde 1986, so man den Berichten Glauben schenken kann, für die Besatzung eines japanischen Frachtflugzeuges Wirklichkeit: die Begegnung mit einem UFO.

Am 17. November 1986 startete eine japanische Maschine zu einem Flug von Paris über Alaska nach Tokio. Kapitän Kenu Terauchi war mit 19 Jahren Cockpit-Erfahrung ein kompetenter Pilot. Nie hätte er gedacht, dass geschehen könnte, was auf diesem Flug geschah. Er und seine Besatzung trafen um 4.25 Uhr Lokalzeit auf »zwei kleine und ein riesiges Raumschiff«. Der Vorfall dauerte 50 Minuten. Zu keiner Zeit fühlte sich die Crew bedroht.

Die Begegnung der Boeing 747 der Japan Airlines mit einem Objekt von der Größe eines Flugzeugträgers gehört zu den am eindringlichsten dokumentierten UFO-Sichtungen. Tonbandaufzeichnungen mit Dialogen zwischen der Besatzung und der militärischen wie zivilen Flugüberwachung in Anchorage, Alaska sowie Radarbilder und das Bordbuch des Piloten sind glaubwürdige Beweise für eines der ungewöhnlichsten Ereignisse, das sich je am Himmel über Alaska ereignete.

AUSSERIRDISCHE

Lichter vor dem Cockpit

Beschreibungen der Crew zufolge, tauchten bei der legendären UFO-Begegnung nach einer Linkskurve plötzlich nicht identifizierbare Lichter auf, die sich in der gleichen Richtung und im gleichen Tempo bewegten wie der JAL-Jumbo. Der Co-Pilot fragte die Kontrollstation, ob in der Nähe der Maschine noch anderer Flugverkehr stattfindet. Nachdem der Lotse verneint hatte, bat er die Besatzung, die unbekannten Flugkörper zu identifizieren. Die japanische Crew sah sich dazu nicht in der Lage. Sie hatten noch nie etwas Ähnliches, Vergleichbares gesehen.

Es wird berichtet, dass die Objekte wenige Minuten nach diesem Funkspruch stoppten. Die UFOs leuchteten das Flugzeug an. »Das Licht fühlte sich warm an, dann wurde es schwächer und wir konnten die Konturen der Raumschiffe sehen: sie waren rechteckig«, schrieb Terauchi in sein Bordbuch. Plötzlich verschwanden die Lichter wieder und der Co-Pilot nahm erneut Kontakt zur Bodenstation in Anchorage auf. Inzwischen hatte sich auch die militärische Luftüberwachung eingeschaltet. Sie bot den Japanern Hilfe an und schlug vor, mit Abfangjägern zu intervenieren. Die JAL-Besatzung lehnte dies jedoch entschieden ab, denn wie bereits gesagt: Sie fühlten sich von den UFOs in keinem Moment bedroht.

Die Silhouette eines Raumschiffs

»Plötzlich tauchte hinter uns die gigantische Silhouette eines Raumschiffs auf«, ist in Terauchis Bordbuch nachzulesen. »Wir baten um die Erlaubnis, unsere Flughöhe ändern zu können und begannen sofort mit dem Sinkflug. Doch das Schiff flog weiter in Formation mit uns.« Der Vorfall dauerte zu diesem Zeitpunkt bereits 40 Minuten, und inzwischen besaß man auch Radaraufzeichnungen von dem unbekannten Flugobjekt. Der Dienst habende Offizier der Bodenstation hatte in der Zwischenzeit eine in der Nähe fliegende United-Airlines-Maschine gebeten, den Kurs zu ändern und eventuelle ungewöhnliche Beobachtungen zu melden. Als das Flugzeug jedoch in die Nähe der japanischen Boeing kam, verschwand das Raumschiff: »Es löste sich gewissermaßen vor unseren Augen auf.«

Glückliche Landung

Außerplanmäßig landete Flug 1628 nach den Vorkommnissen in Anchorage. Dort wartete bereits ein Krisenstab und die Besatzung musste sich einem Drogentest unterziehen. Die Crew-Mitglieder wiesen, allen Vermutungen zum Trotz, einen optimalen gesundheitlichen Zustand auf. Der JAL-Jumbo durfte seinen Flug fortsetzen und landete mit erheblicher Verspätung in Tokio.

Aus Terauchis Bordbuch

»Falls vor langer Zeit ein Jäger ein Fernsehgerät gesehen hätte, wie hätte er es den anderen beschrieben? Mein Erlebnis war ähnlich [...] Es tauchen viele Fragen auf, die ein Mensch nicht beantworten kann [...] Die Lichter bewegten sich wie kleine Bären, die miteinander spielen [...] Unser seltsames Erlebnis hatte 50 Minuten gedauert [...] Selbst die neuesten Flugzeuge mit ihrer hoch entwickelten Technik sind keine Garantie für Sicherheit gegenüber einer Kreatur mit unbekannter wissenschaftlicher Technologie [...] Meine Kollegen sind verheiratet, haben Kinder und sind noch jung. Ich bin froh, dass nichts passiert ist.«

UFO-Sichtungen konnten bislang fotografisch nicht dokumentiert werden. Stattdessen versucht man in Filmen tricktechnisch solche Begegnungen nachzuempfinden. (Szene aus »Mars Attacks«: ein Blick ins All)

Magische Kraftorte, Pflanzen und Steine

Die Kraft der Erde und ihre magischen Reichtümer haben den Menschen seit jeher fasziniert. Pflanzen wuchsen und vergingen, Böden ließen sich kultivieren oder verschlossen sich der Urbarmachung, Steine boten sich zur vielfältigen Bearbeitung und Nutzung dar. Man nahm an, dass alles Gute und Böse, das die Erde bot, von oben, von den Göttern kam, dass in jeder Pflanze, jedem Stein Göttliches wohnt. Entsprechend achtsam ging man mit den Schätzen der Erde um. Im Zuge dieses achtsamen Umgangs sammelte man zahlreiche Erfahrungen. Es stellte sich heraus, dass man nach der Einnahme bestimmter Pflanzen mit den verstorbenen Ahnen in Verbindung kam, oder dass man durch Auflegen bestimmter Steine diese oder jene Krankheit heilen konnte. Auch entdeckte man spezielle Kraftorte, an denen die Menschen eine Welle positiver Energien überkam. Die faszinierendsten dieser Orte, Pflanzen und Steine werden in diesem Band präsentiert.

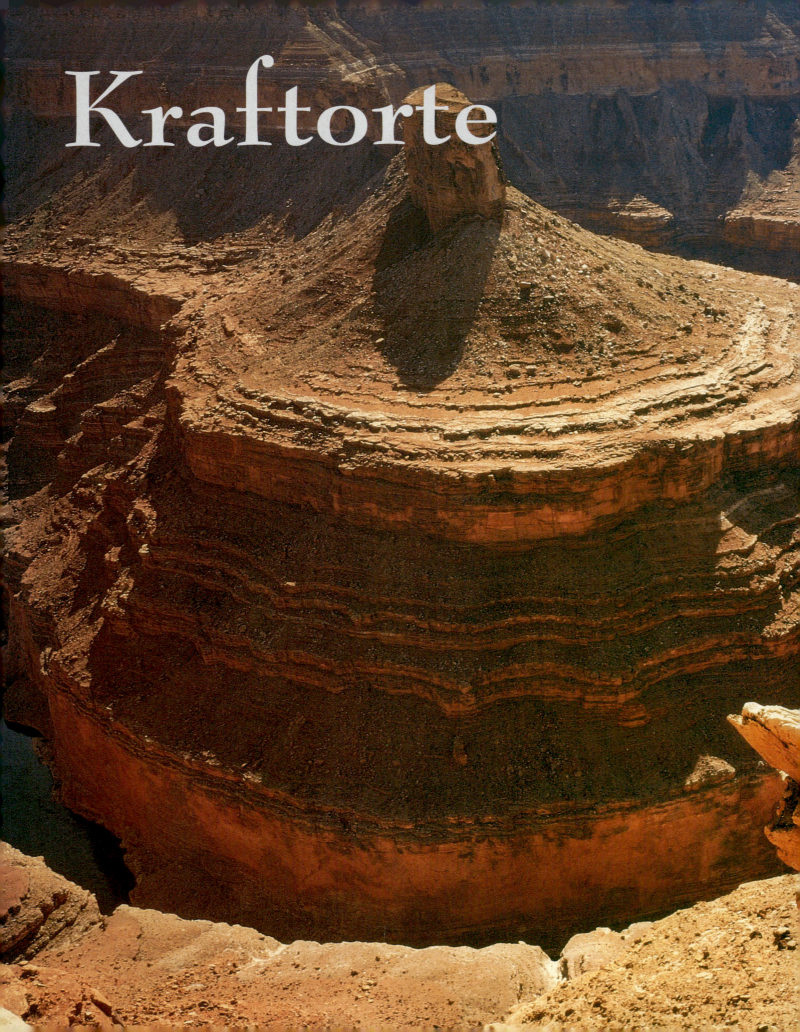

Kraftorte

Orte der Kraft spielen in den Mythen alter Völker eine zentrale Rolle. Berggipfel, Flussufer und Wälder wurden schon immer als magische Plätze angesehen. An ihnen errichtete man Kirchen, baute Tempel und legte Steinkreise an. Durch die Aufklärung im 17./18. Jahrhundert geriet die Magie der Kraftorte zugunsten einer nüchternen Weltanschauung in Vergessenheit. Erst seit dem 20. Jahrhundert erleben sie ihre Renaissance. Spiritualisten tanken an besagten Plätzen Lebensenergie, Kranke versuchen, ihre körperlichen Leiden zu lindern, andere hoffen, an Kraftorten Kontakt zu Elementargeistern, Elfen und Gnomen aufzunehmen, die in alten Sagen zu finden sind. Dass an den magischen Plätzen der Urzeit tatsächlich besondere Energien wirken, haben geophysikalische Untersuchungen im 20. Jahrhundert nachgewiesen.

KRAFTORTE

Kraftorte – Fantasie oder Realität?

Die atemberaubenden Felsformationen des Monument Valley in Arizona in den Vereinigten Staaten von Amerika wurden im Lauf von Millionen Jahren durch den einst gewaltigen Colorado River geschaffen.

642

Bereits die Menschen der Frühzeit fühlten sich von Kraftorten angezogen. Quer durch alle Zeiten und Kulturen gibt es Berichte von Visionen und Eingebungen, die sich an besonderen Orten ereigneten, von kosmischer Energie und magischer Macht. Man glaubte, die geistige Entwicklung werde an diesen Orten beschleunigt und der Kontakt zu den Göttern erleichtert. Oft kam es zu Erscheinungen, die sich in den Sagen und Mythen wiederfinden. Sind dies Halluzinationen, die durch die Einwirkung gewisser Hormone, körpereigenen Drogen, bei Geist und Körper hervorgerufen werden? Oder gibt es an den Orten der Kraft eine noch heute messbare außergewöhnliche physikalische Realität?

Die Bedeutung des Heiligen

Irgendwann entdeckten unsere Vorfahren die Bedeutung des Heiligen und Göttlichen und begriffen, dass der Mensch nicht nur einen Körper hat, sondern auch ein geistiges, spirituelles Potenzial besitzt. Von diesem Augenblick an, der zehntausende Jahre zurückliegt, war ihr Blick nicht nur auf die sichtbaren Dinge gerichtet. Die damalige Menschheit wagte den Sprung vom »bezogenen« zum »abstrakten« Denken.

Der Mensch begann seine Umwelt wahrzunehmen und fand Plätze, an denen er den Göttern näher war. Lange vor der Zeit der großen Entdeckungen umspannte ein Netz von Steinsäulen, Grabstelen, Menhiren und Dolmen die gesamte Erde. Berggipfel und alte Bäume, sprudelnde Quellen und tiefe Höhlen wurden zu natürlichen Orten der Kraft, an denen man Zeremonien durchführte. Die Zeitpunke für diese Feste waren die wichtigen astronomischen Daten wie Frühlingsanfang oder Sommersonnenwende.

Konzentration von Reizzonen

Dr. Jörg Purner von der Universität Innsbruck untersuchte mit der Wünschelrute mehrere Kraftorte und stellte dabei eine Konzentration von »Reizzonen« fest, die den Ausschlag der Rute provozierten. Sein Fazit: Unsere Ahnen haben die Plätze zum Bau ihrer Heiligtümer bewusst gewählt.

Die Rutengänger (Radiästheten) können die Strahlwirkungen messen, die von bestimmten Orten ausgehen. Wünschelrute und Pendel sind dabei lediglich die verlängerten Arme eines Sensitiven, der solche Ungleichheiten im Strahlungsfeld der Erde aufspürt. Der Radi-

---

FANTASIE ODER REALITÄT

Was tun am Kraftort?

An Kraftorten kann man Energie empfangen, aber nicht verlangen. Um sich mit der Magie des Platzes zu verbinden, sind Meditation, Visualisierung, Gebet und vor allem die Gabe der Fantasie sehr hilfreich. Man kann dies erreichen, indem man sich vorstellt, eine Lichtsäule würde aus dem Universum strömen, alle Zellen des eigenen Körpers erreichen und in ihnen eine heilende Wirkung ausüben.

Vorstellungen, wie sie schon bei den Mystikern des Abendlandes angewendet wurden und die auch in den östlichen Religionssystemen auf ähnliche Weise zum Tragen kommen. Am besten macht man sich selbst zu einem Ort der Kraft, indem man zu seiner eigenen geistigen Mitte findet.

Viele Menschen, die auf der Suche nach sich selbst sind, zieht es zu den bekannten spirituellen Zentren der Welt. Allerdings kann man durch Meditation oder Visualisierungstechniken auch ohne anstrengende Reisen zu seinem eigenen Zentrum finden und neue Energien aufbauen.

KRAFTORTE

Bekannte und unbekannte Kräfte

Unser alltägliches Leben, unsere Gesundheit und unsere Gefühle werden von unterschiedlichen bekannten und unbekannten Kräften beeinflusst. Einige davon, wie die elektromagnetischen Felder, die Auswirkungen von Wetter und Klima oder die Sonnenfleckenaktivitäten sind physikalisch nachweisbar, andere wiederum nicht. So übt der Mond seit jeher eine eigentümliche Anziehungskraft auf uns aus. Sein geheimnisvoller Einfluss auf unseren Lebensrhythmus und die Gezeiten der Natur entzog sich bisher weitgehend dem forschenden Blick der Naturwissenschaft.

ästhet reagiert zum Beispiel auf unterirdische Wasserläufe mit unbewussten Muskelkontraktionen, die sich im Ausschlag der Rute oder des Pendels niederschlagen.

Der Geist des Ortes

Wünschelrutengänger spüren an den sakralen Stätten meist ominöse Energien auf, die der Grund für die Heiligkeit des Ortes sein können. Wasserfälle, Berge und dichte Vegetation schaffen ein Mikroklima, das sich durch eine hohe Konzentration an negativ geladenen Ionen auszeichnet, die in der Medizin als wohltuend gelten. Nicht selten wird dort auch eine höhere, doch den Organismus anregende Radioaktivität gemessen. Auch der schwindende Luftdruck auf einem Berg kann körperliche und geistige Gelöstheit bewirken.

Seelische Empfindungen an Kraftorten sind ohnehin subjektive Erfahrungen, die messtechnisch nicht erfassbar sind. Der »Geist des Ortes« lässt sich nur durch die direkte geistige Kommunikation – das Gebet oder die Meditation – aufnehmen.

Radioaktivität an Kultstätten

Eine Wasseraderkreuzung im Boden ist sicherlich etwas Besonderes, aber sie besitzt noch nicht die Eigenschaft, die man als numinos bezeichnet: die Anwesenheit einer heiligen, weil heilenden Kraft. Messungen mit Geigerzählern, Magnetometern und Mikrowellen-

Grandiose Landschaften, wie hier ein in die Felsen Islands eingekerbtes Flusstal, finden sich an vielen Plätzen dieser Erde. Oft überträgt sich die Kraft, die eine solche Landschaft ausstrahlt, auch auf die Menschen.

FANTASIE ODER REALITÄT

Nicht nur für die keltischen Bewohner der Bretagne, die riesige Steine in verschiedenen Formationen aufstellten, war Carnac ein Ort der Kraft. Auch heute spüren die Besucher die eigentümliche Atmosphäre, die von solchen Plätzen ausgeht.

spektrometern führten zu verblüffenden Ergebnissen. So besitzt Granit eine hohe natürliche radioaktive Strahlung, die besonders an megalithischen Kultstätten gemessen wurde. Eine dieser Messungen gab es beispielsweise an den Steinen von Rollright, etwa 35 Kilometer von Oxford entfernt. An anderen Kraftorten fanden Physiker heraus, dass die dort befindlichen Menschen im Wachzustand zur Produktion von Theta- und Delta-Gehirnwellenrhythmen neigen, die denen der Tiefschlaf- und Traumphase entsprechen.

Offenbar waren unsere Vorfahren in der Lage, auch ohne diese Instrumente, allein durch intensive Naturbeobachtung, besondere Plätze für ihre Rituale zu erkennen und für ihre prähistorischen Kultbauten zu bestimmen. Heute stehen die meisten christlichen Kirchen und Kapellen auf solchen Kraftorten, die ihre Wirkung auf Seele und Geist der Menschen nicht verloren haben.

Über 100 Buddhas und ihre glockenförmigen Behausungen, den Stupas, zeichnen das buddhistische Heiligtum in Borobudur auf Java aus. Die um 800 erbaute siebenstufige pyramidenähnliche Tempelanlage wurde erst 1830 entdeckt; seit 1991 zählt sie zum UNESCO-Weltkulturerbe.

KRAFTORTE

Gaia – die Erde als Lebewesen

Die Erde vom Weltraum aus gesehen: Sie ist Teil der Milchstraße des unvorstellbar großen Komplexes von Abermillionen Stern- und Sonnensystemen.

646

GAIA

Der Planet Erde ist ein riesiger lebender Organismus, der von einer Vielzahl lebendiger Wesen bevölkert ist und in 365 Tagen einmal die Sonne umkreist. Und ähnlich wie die fein verästelten Blutgefäße einen Organismus durchziehen, umspannt ein unsichtbares Netz von Linien den gesamten Globus. Der britische Naturwissenschaftler James Lovelock stellte Ende der 1960er Jahre diese These auf und nannte den vitalen Organismus, den das System Erde zusammen mit allen seinen Lebewesen innerhalb der Atmosphäre bildet, »Gaia«. Diese Theorie wurde zur Grundlage alternativer Politik, die den Menschen als Teil und somit als Teilverantwortlichen seiner gesunden Umwelt sieht, und findet weltweit ebenso Anerkennung wie Ablehnung.

Erdgöttin und Gaia-Theorie

Die alten Griechen gaben der Erdgöttin den Namen Gaia und verehrten sie als sanfte, weibliche und beschützende Gottheit. Zugleich aber war sie unnachsichtig mit allen Lebewesen, die nicht im Einklang mit der Erde leben wollten. Die Gaia-Theorie besagt, dass Leben und Umwelt eine Gesamtheit bilden. Sämtliche Organismen des Planeten und ihre physikalisch-chemische Zusammensetzung sind so eng miteinander verbunden, dass sie zusammen einen sich selbstregulierenden Evolutionsprozess bilden.

Platonische Körper

Die Chinesen leiteten die sich schlangenartig bewegenden Energieströme auf der Erde in schnurgerade Kanäle um, die auf den Palast des Kaisers ausgerichtet waren. Als »Drachenpfade« dienten sie der Konzentration der Macht und der spirituellen Stärkung der Herrscher. Auf manchen der Pfade wurden Verkehrswege errichtet, andere verliefen unsichtbar und sind bis heute nur mit kleinen Tempeln, Statuen und Obelisken markiert.

Ebenfalls in China wurden »Sphärenkugeln« aus Jade hergestellt, die ineinander verschachtelt das reine, aber noch ungeformte Bewusstsein darstellten. Auch andere Völker stellten die Erdenergien symbolisch dar. Funde aus Schottland zeigen, dass bereits um 3000 v. Chr. Dodekaeder hergestellt wurden. Kelten und Römer übernahmen diese Tradition. Warum und zu welchem Zweck Menschen diese so genannten platonischen Körper anfertigten, ist nach wie vor ein Rätsel.

Das den zwölf Flächen einschreibbare Pentagramm ist ein weit verbreitetes magisches Symbol, das für die Griechen der Ausdruck für Harmonie und Göttlichkeit gewesen ist. In den Überlieferungen des Mittelalters wird es bei den Zauberformeln gebraucht und sollte eine Herrschaft über die Elementargeister ausüben. Als Drudenfuß wurde es auch als Abwehrzeichen gegen das Böse angewandt und so lässt Johann Wolfgang von Goethe seinen Faust zu Mephisto sagen: »Das Pentagramma macht dir Pein, ei sage mir, du Sohn der Hölle, wenn das dich bannt, wie kamst du denn herein?«

Diese Plastik vom Haupt der Erdgöttin Gaia aus dem 3.-2. Jahrhundert v. Chr. wurde im Gebiet der heutigen Türkei gefunden.

KRAFTORTE

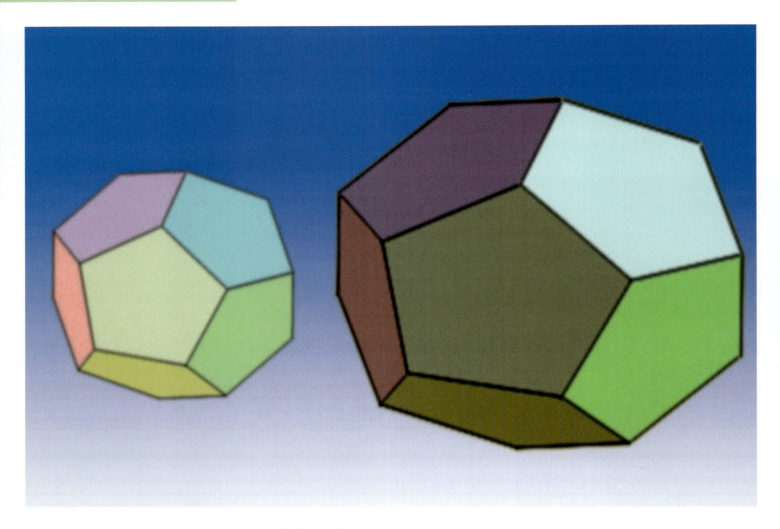

Der griechische Philosoph Platon stellte sich die Welt in Form der geometrischen Figur eines Dodekaeders vor.

Der britische Ökologe James Lovelock stellte in seinen zahlreichen Veröffentlichungen seine »Gaia-Hypothese« vor. (Foto von 1993)

Insel des Lebens

Erst die bemannte Weltraumfahrt machte Gaia sichtbar: eine Insel des Lebens in der Schwärze des Alls. Die Erde – ein Super-Organismus in blauem Gewand – ist ein durchgängiges physiologisches System, ein Dasein, das zumindest in dem Sinne lebendig ist, als sie wie jeder biologische Organismus ihren Stoffwechsel und ihre Temperatur selbst regelt und in den mehr oder weniger engen Grenzen hält, in denen das Leben existieren kann. Gibt es als Ergänzung zur sichtbaren Gestalt des Planeten ein unsichtbares, übergeordnetes Energiemuster, das den gesamten Globus umspannt? Geomanten vermuten, dass die Existenz dieses Energienetzes bereits vor Jahrhunderten bekannt gewesen ist und für die Auswahl heiliger Plätze und Kraftorte genutzt wurde. Auch für die Erstellung großflächiger Landkarten sei das Wissen um die so genannten Leylines hilfreich gewesen. So sind zum Beispiel in Europa markante Punkte in der Landschaft so miteinander verbunden, dass sie unsichtbare Dreiecke, Fünfecke und Pentagramme bilden. Der Kaiserdom von Aachen, die Walhalla bei Regensburg und Basel, dessen Name als »Stadt des Sonnengottes Baal« gedeutet wird, sind, um nur ein Beispiel zu nennen, als Dreieck vernetzt.

Ströme des Lebens

Leylines sind hypothetische »Ströme des Lebens«, die Pflanzen-, Tier- und Menschenwelt inspirieren und kraftvoll unterstützen. Tempel und Steinkreise, später Kirchen und Kathedralen wurden an den Schnittlinien von Leylines errichtet, um transformierende Kräfte freizusetzen. Besonders feinfühlige Menschen sollen in der Lage sein, diese feinstofflichen Energien wahrzunehmen. Der slowenische Geomant Marko Pogacnik (*1944) beschreibt die Erde als einen lebendigen Körper, hinter dessen

sichtbarer physischer Gestalt sich die wahren Geheimnisse offenbaren: ein System von Chakren, Kraftlinien, feinstofflichen Organen, Akupunkturpunkten, hochsensiblen Gleichgewichtsorganen, Atmungspunkten und Systemen, die die Verbindung zwischen Himmel und Erde aufrecht erhalten.

Ein verändertes Bewusstsein als Voraussetzung

Um zu einem »Gaia-Bewusstsein« zu gelangen, ist ein anderer Umgang mit unserem Planeten erforderlich. Konkrete Anwendungsbereiche des neuen alten Wissens könnten von Architektur und Städtebau über Natur- und Gewässerschutz bis hin zur Gestaltung von Freizeit und Tourismus reichen.

Ähnlich wie das chinesische Feng Shui sind auch die Theorien um Gaia und den Leylines als Hinweise für ein neues Bewusstsein zu sehen, das auch die feinstofflichen Dimensionen des Planeten akzeptiert: weg von der Herrschaft über die Erde hin zur Kommunikation mit Gaia.

Die Gefährdung von Gaia

Durch die unaufhörliche Weiterentwicklung des Lebens auf der Erde seit etwa 3,6 Milliarden Jahren sind die Bedingungen – zumindest bis jetzt – stets so geblieben, dass Leben existieren kann.

Sollte eine Spezies die Umwelt so weit schädigen, dass sie für ihre Nachkommen unbewohnbar wird, wird sie sich nicht in diesem System halten können. James Lovelock formuliert es so: »Sie wird von Gaia eliminiert«. Unvermittelt drängt sich in diesem Zusammenhang die Spezies »Mensch« auf. Vom Menschen verursachte Umweltkatastrophen, wie die im Jahr 1984 im Kernreaktor von Tschernobyl, zeigen durchaus die Berechtigung einer solchen Theorie.

Das Detail auf der »Neun-Drachen-Mauer« im Behai Park in Peking zeigt den Glück bringenden und Dämonen abwehrenden Drachen, der die Erdkugel mit seinen Feuerblitzen umfasst.

Geomantie – Wissen um die Kräfte der Erde

Geomantie ist ursprünglich eine traditionelle Fertigkeit der Chinesen und Araber, aus Linien und Figuren im Sand wahrzusagen. Zeitgenössische Geomanten beschäftigen sich mit dem hypothetischen Muster von Kraftlinien, die als unsichtbares Gitternetz die Erde umspannen sollen. Wünschelrutengänger spüren mit Hilfe von Weidenruten unterirdische Wasserlinien auf, die etwa für Störungen in Räumen verantwortlich sind. Häufig werden die Fähigkeiten der Geomanten bei der Suche von Wasseradern beim Brunnenbau angewendet.

KRAFTORTE

Die Kräfte der Elemente

Die zerstörerischen Elemente zeigen sich beispielsweise bei Vulkanausbrüchen. (»Untergang von Pompeji«, Pierre-Jacques Volaire, 1777)

Das Weltbild von der Antike bis hin zum Mittelalter sah den Menschen im Schnittpunkt der Elemente Feuer, Wasser, Luft und Erde. Diese Elemente – sie haben mit dem neuzeitlichen Elementebegriff aus Chemie und Physik nichts gemein – dienten als Symbole der Orientierung, um viele ineinander verschränkte Systeme miteinander zu verbinden. Heute besitzen sie allenfalls noch eine theoretisch-philosophische Bedeutung.

KRÄFTE DER ELEMENTE

Die Urqualitäten

Die Elemente werden auch mit den vier Himmelsrichtungen und verschiedenen Farben sowie den so genannten Urqualitäten in Verbindung gebracht: So stehen »Trocken« und »Feucht« für das aktive, »Kalt« und »Warm« für das passive Prinzip. Aus ihrer Kombination ergeben sich nach alchemistischen Zuordnungen die eigentlichen Elemente: »Trocken« und »Kalt« bilden die Erde, »Trocken« und »Warm« das Feuer, »Feucht« und »Warm« die Luft, »Feucht« und »Kalt« das Wasser.

Harmonie als Ziel

Alte Behandlungsweisen wie das Schröpfen, die von manchen Heilpraktikern noch heute angewendet werden, haben die Harmonisierung der Elemente im Menschen zum Ziel, um keinem von ihnen die absolute Herrschaft zum Schaden der Ausgewogenheit zu erlauben. So werden z. B. die vier Elemente bei der Therapie eingesetzt und Luft, Wärme, Erde, Wasser kommen bei vielfältigsten Beschwerden wie Verspannungen zum Einsatz. Sie werden nach der traditionellen Chinesischen Medizin durch Wärme in der so genannten Hoxa-Therapie gelöst.

Chinas Urprinzipien

Das chinesische Weltbild, das von den Urprinzipien Yin und Yang, von sich ergänzenden und austauschenden weiblichen (dem passiven, empfangenden, dunklen, kalten und feuchten Prinzip) und männlichen Energien (dem aktiven, zeugenden, lichten, warmen und trockenen Prinzip) ausgeht, kennt nicht vier, sondern fünf Himmelsrichtungen, weil es die »Mitte« als zentralen Punkt ansieht. Die Elemente sind hier Wasser, Holz, Feuer, Erde und Metall. Die Luft bleibt unberücksichtigt.

Das Feuer

In der Heilkunde repräsentiert das Feuer als Jahreszeit den Sommer, die gelbe Galle, die Leber und als Menschentyp den Choleriker. Gleichzeitig steht es für alle lebensspendenden Kräfte, für die Prozesse der Ätherisierung und die Qualität der Strahlung.
Das scheinbar lebende Element verzehrt, wärmt und leuchtet, bringt aber auch Schmerz und Tod. Oft ist es ein heiliges Symbol des häuslichen Herdes und symbolisiert die Inspiration und den Heiligen Geist, der in Gestalt von Flammenzungen am Pfingstfest die Apostel erleuchtet. Als einziges Element kann der Mensch das Feuer selbst erzeugen, so dass er eine göttliche Macht zu erlangen

Geometrische Körper

Der griechische Philosoph Platon (427–348/7 v. Chr.) setzte die vier Elemente mit geometrischen Körpern gleich: »Der Erde wollen wir die Gestalt des Würfels zuweisen, denn sie ist das unbeweglichste und bildsamste Element... dem Wasser hingegen geben wir von den übrigen Gestalten die am schwersten bewegliche (den Ikosaeder = von 20 gleichseitigen Dreiecken begrenzter Körper), dem Feuer die am leichtesten bewegliche (den Tetraeder = von vier gleichseitigen Dreiecken begrenzter Körper) und der Luft die mittlere (den Oktaeder = achtflächiger Körper).« Hatte der griechische Philosoph Empedokles (um 483–430/420 v. Chr.) die traditionelle Lehre von der Vierzahl der Elemente begründet, fügten Platon und Aristoteles (384–322 v. Chr.) den Äther, den Urstoff allen Lebens, als fünftes Element hinzu und fassten die Elemente als ineinander umwandelbar auf.

Zu Platons Betrachtungen der Welt gehörte auch die Beschäftigung mit den fünf Elementen. (Die Statue Platons steht in Athen vor der Akademie der Wissenschaften)

651

KRAFTORTE

Die Elemente sind ein häufiges Sujet in der Kunstgeschichte, oft werden sie in Darstellungen der vier Jahreszeiten thematisiert. Besonders in der Barockzeit wurden diese Themen immer wieder variiert. Im Auftrag des Grafen Lothar Franz von Schönborn entstand um 1718 »Die Luft« von Johann Baptist Rudolf Byss.

glaubte. Die Zähmung des Feuers durch den Menschen markiert den Beginn der Kultur.

Das Element Feuer vereinigt die negativen Kräfte der Zerstörung, des Höllenfeuers, des Blitzes, des Vulkans und der Feuersbrunst. Feuer als reinigende Flamme kann Böses vernichten und fand in der Verbrennung weiser Frauen (Hexenverfolgung) durch die Inquisition des Mittelalters seine dämonische Anwendung. Schließlich wird nach der katholischen Glaubenslehre auch im Fegefeuer jede Art von Sünde getilgt.

Das Wasser

Wasser steht im Heilwissen unserer Vorfahren für Winter, Schleim, Gehirn, weiße Farbe und Phlegmatiker. Es symbolisiert die gefühlsmäßigen Kräfte und die Qualität der Bewegung. Als Quelle allen Lebens ist Wasser zugleich aber auch das Element des Auflösens und des Ertrinkens. Sintfluten vernichten in den Schöpfungsmythen der verschiedensten Weltkulturen Lebensformen, die den Göttern nicht genehm waren. Als zweideutiges Symbol wirkt es einerseits fruchtbar und belebend, andererseits verweist es auf Untergang und Tod.

Taufe und Erbsünde

Als reinigendes Element wäscht es für die Christen bei der Taufe den Makel der Erbsünde ab, und als Weihwasser dient es ihnen für jede Art von Segnung: Aqua benedicta!

Wasser hat auch eine Bedeutung für das Totenreich: Im Wasser des Westmeeres versinkt allabendlich die Sonne, um während der Nacht das Jenseits zu erwärmen. In vielen Kulturen sind Tümpel, Teiche und von Quellen gespeiste Seen die Aufenthaltsorte von Nixen, Nymphen und Wassermännern. Die Sitte, Münzen in einen Brunnen zu werfen, ist ein symbolisches Opfer an Wasserwesen, die Wünsche erfüllen können.

652

KRÄFTE DER ELEMENTE

Nicola Salvi schuf 1732–1762 mit dem »Fontana di Trevi« in Rom ein barockes Meisterwerk des 18. Jahrhunderts und eine Verklärung des Elementes Wasser.

Im Tempelbezirk von Olympia stand einst neben Bauten wie dem Nymphäeum, dem Stadion, den Thermen und Badehäusern auch die Kultstätte des Zeus. In diesem heiligen Hain wird zwischen den Säulen des Zeustempels alle vier Jahre die Fackel der Olympischen Spiele entzündet.

Die Luft

Die Luft entspricht dem Frühling, steht für das Blut und das Herz, repräsentiert helle glänzende Farben und das Temperament des unbeständigen, leicht erregbaren Sanquinikers. Das Element bezeichnet die Gedankenkräfte, die Prozesse der Kommunikation und die Qualität der Ordnung. Es wurde schon früh als »Atemgas« erkannt, heute wissen wir von der außerordentlichen Bedeutung der Atmosphäre als Wärme- und Strahlenschutzschicht für das Leben auf der Erde. In der Astrologie stehen die Luftzeichen Zwillinge, Wassermann und Waage für Ruhelosigkeit, Zerstreutheit, Neugier und Nachgiebigkeit.

Die Erde

Das Element Erde steht mit dem Herbst, der schwarzen Galle, dem Organ Milz und der grauen Farbe des Bleis in Verbindung, woraus sich das schwermütige Temperament des Melancholikers ergibt. Das Element Erde bezeichnet auch die Kräfte der Verwirklichung in der Form, die Prozesse der Materialisierung und die Qualität der Erdung.

In alten Weltbildern wird die Erde von einer Muttergöttin verkörpert: Gaia bei den Griechen, Tellus bei den Römern oder Nerthus bei den Germanen. Die »heilige Hochzeit« zwischen Himmel und Erde wird in vielen frühzeitlichen Ritualen gefeiert, die stets als Fruchtbarkeitskulte galten. Wenn die Erde bebt, wird dies in vielen Völkern noch heute als eine Äußerung göttlicher Kräfte verstanden, die die kosmische Ordnung gefährden und beschwichtigt werden müssen.

Der Fortschritt in den Naturwissenschaften ließ den Elementen Feuer, Wasser, Luft und Erde lediglich den Wert einer symbolischen Sicht der Natur, die sich mit den chemisch-physikalischen Erkenntnissen nicht mehr in Einklang bringen lassen.

Erde als mythischer Baustoff

Nach der islamischen Tradition sandte Allah seine Engel aus, um Erde in sieben verschiedenen Farben zu holen. Als die Erde sich weigerte, etwas von ihrer Materie abzugeben, raubte der Todesengel die farbigen Erden. Erst nach dem Tod der Menschen sollte die Erde ihren Anteil zurückerhalten. Allah erschuf nun Adma, und aus ihm gingen die verschiedenen Menschenrassen hervor: Weiße (z. B. Europäer), Schwarze (Afrikaner), Braune (Mulatten), Gelbe (Asiaten), Grüne (die olivfarbenen Inder), Halbschwarze (Nubier) und Rote (die Völker der Indianer).

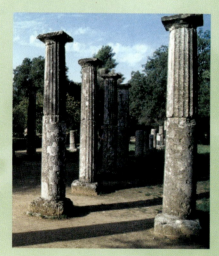

Im Hain von Olympia

Das Entzünden des Feuers ist in vielen Kulturen ein magischer Moment. Seit es die Olympischen Spiele der Neuzeit gibt, ist ein solcher Augenblick für die Menschen aller Erdteile und Nationen miterlebbar, wenn alle vier Jahre im heiligen Hain von Olympia eine Fackel über einen Spiegel direkt von der Sonne entflammt wird. Athleten tragen dann die Flamme von der antiken Kultstätte des Zeus und der Hera in einem rituellen Staffellauf durch viele Länder bis zu dem Austragungsort der Olympischen Spiele.

653

KRAFTORTE

Rhythmen und Schwingungen

Das Wünschelrutengehen lässt sich bis ins 15. Jahrhundert zurückverfolgen, es gibt jedoch Spekulationen, dass es wesentlich älter war. Ob die griechische Göttin der Jagd hier tatsächlich einem Krieger eine Wünschelrute überreicht, ist umstritten. (antike Vasenmalerei)

Für die Mystiker aller Zeiten ist der Kosmos – das Wort stammt aus dem Griechischen und bedeutet »das geordnete Ganze« – der ursprünglichen Bedeutung nach eine alles umfassende Einheit. Daher unterliegt die planetare Welt, die wir bewohnen, auf allen Ebenen Gesetzmäßigkeiten, die in einem größeren Zusammenhang stehen. Rhythmen und Schwingungen des Alls beeinflussen die Erde und damit auch die belebte und unbelebte Natur. Der feinstoffliche Fluss aller elektromagnetischen Energien zielt auf Gefühle, Gesundheit und Lebensglück von Pflanzen, Tieren und Menschen ab.

Hund und Katze als Strahlenfühler

Die Wirkung von Erdstrahlen ist unter Naturheilmedizinern unbestritten. Sie bestätigen krank machende Eigenschaften bestimmter Plätze, auf denen beim Menschen der Sauerstoffgehalt des Blutes abnimmt, das vegetative Nervensystem geschädigt und die Abwehrkräfte gemindert werden.

Verwachsene Bäume sowie Löcher in Hecken weisen beispielsweise auf derartige Störzonen hin. Störche und Schwalben nisten nie auf einem solchen Platz, auch Hunde sind dort nicht anzutreffen. Katzen dagegen halten sich gern auf strahlungsintensiven Plätzen auf. Vermutlich brachte man deswegen früher Katzen mit Schwarzer Magie in Verbindung. Auch Ameisenhaufen und Wespennester sind Hinweise auf problematische Orte.

Beobachtungen brachten folgende Resultate zutage: Schafe, Schweine, Pferde, Hühner und Rinder sind neben Apfelbäumen, Rosen, Geranien, Sonnenblumen, Birken und Linden »Strahlenflüchter«. Eulen, Schlangen, Kaninchen und Insekten sind neben Eichen, Pilzen, Weiden, Tannen, Kastanien und Obstbäumen »Strahlensucher«.

Gesundheitliche Schäden

Nach Ansicht von Radiästheten (Rutengänger), können auch negative Reizzonen in Haus und Wohnung zu erheblichen gesundheitlichen Störungen führen. Anzeichen für einen ungesunden Schlafplatz sind beispielsweise: Schlafstörungen in der Nacht und beim Einschlafen, Abneigung vor dem Zubettgehen, Albträume, Nachtschweiß, Herzklopfen, Krämpfe, Appetitlosigkeit, Nervosität, Unbehagen, unklare Beschwerden wie Allergien, Asthma o. ä., eine Besserung des Befindens bei Ortswechsel, beispielsweise während eines Urlaubs. Bei Kindern manifestieren sich die negativen Auswirkungen durch quengelndes und weinerliches Verhalten.

Auch medizinisch nicht geklärte Kinderlosigkeit kann ihre Ursache in energetischen Störzonen unter dem Schlafplatz haben.

Das von dem deutschen Arzt Dr. med. Ernst Hartmann beschriebene »Hartmann-Gitter« ist magnetisch nach Nord-Süd und Ost-West ausgerichtet und bildet ein engmaschiges Netz um den Erdball. Seine Streifen sind knapp

SCHWINGUNGEN

Auf diesem Stich ist ein Radiästhet mit seiner Wünschelrute zu sehen. Ruten, die man heute auch »Biotensoren« nennt, bestanden in früheren Zeiten hauptsächlich aus Astgabeln. Heute zieht man für verschiedene Formen auch Metalle heran. Die ruckartige Bewegung, die man bei einem radiästhetischen Vorgang beobachten kann, wird nach dem britischen Physiologen W. B. Carpenter (1813–1885) Carpenter-Effekt genannt. Heute ist damit eine nicht steuerbare Muskelbewegung, die aufgrund von Störzonen in der Erde entsteht, gemeint.

Der gute Platz

Nach Ansicht von Rutengängern kann jeder Mensch mit Ruhe und Konzentration die positiven Plätze in seiner Wohnung finden. Ruhig stehend oder auf einem Holzstuhl sitzend, prüft man langsam, in sich hineinhorchend, das gesamte Schlafzimmer Quadratmeter für Quadratmeter und macht sich dabei Notizen. Dort, wo man sich wohl fühlt, kann man jeweils zehn Minuten bleiben. Auf schlechten Plätzen fällt das Durchatmen schwer, es kribbelt und kommt zu Krämpfen. Solche Stellen sollte man wieder verlassen. Für den Standort einer gesunden Schlafstätte braucht man höchstens zwei Quadratmeter.

KRAFTORTE

Wir sind von einer Vielzahl elektrischer und magnetischer Felder umgeben, die man zwar nicht messen, dafür aber wahrnehmen kann. Der Radiästhesist Josef Fischbach demonstriert die Wirkung von Kraftfeldern – die Leuchtspuren im Bild sind das Ergebnis eines optischen Tricks.

25 Zentimeter breit. Das Hartmann-Gitter läuft von Norden nach Süden in Abständen von zwei Metern und in Ost-West-Richtung in Abständen von 2,5 Metern. Laut Hartmann haben die Kreuzungspunkte der Streifen gesundheitsschädliche Auswirkungen. Ein längerer Aufenthalt an diesen Stellen könne sogar Krebs auslösen.

Störzonen und Unfälle

Energetische Störzonen beeinflussen häufig auch die Konzentration von Autofahrern. Die Folge können unerklärliche Unfallserien auf scheinbar unproblematischen Straßenabschnitten sein. Die Schnellstrasse S6 bei der Wiener Neustadt im österreichischen Bundesland Niederösterreich war so ein gefährlicher Ort. Ungewöhnlich oft kam es zwischen Kilometer 13,5 und 13,7 zu schweren Unfällen, obwohl diese Stelle weder besonders kurvig, noch abschüssig und der Fahrbahnbelag intakt war. Mitarbeiter der zuständigen Straßenbauabteilung griffen deshalb nach einiger Überlegung zu außergewöhnlichen Methoden, indem sie energetisch bearbeitetes Tachyonen-Material in die Umgebung der Unfallstelle vergruben. Tachyonen sind Objekte aus unterschiedlichsten Materialien wie beispielsweise Glas, die in speziellen Verfahren, etwa die Behandlung mit Magneten, energetisch aufgeladen werden. Die Objekte sollen dadurch in der Lage sein, freie Energieteilchen, so genannte Tachyonen, einzufangen und so energetischem Spannungsabfall und Störzonen entgegenzutreten. Tachyonen sind hypothetische Teilchen, die sich schneller als Licht bewegen sollen. Ihre Existenz wurde bislang nur angenommen und noch nie experimentell bewiesen.

Die genaue Lage der Tachyonen ermittelte die Straßenbauabteilung der Wiener Neustadt vor Ort – auf intuitivem, mentalem Weg, mit einem Medium. Danach wurde in der Statistik kein einziger Unglücksfall mehr gemeldet.

Heilendes Licht

Auch aus der Schweiz sind ähnliche Vorfälle bekannt. In einem konkreten Fall ging es um die heilenden Schwingungen des Lichts: Nach Eröffnung des St.-Gotthard-Tunnels im Jahr 1980 wurden viele Autofahrer auf ihrem Weg nach Süden bereits nach vier Kilometern von einer unerklärlichen Müdigkeit befallen. Sie reduzierten regelmäßig die Geschwindigkeit oder hielten sogar auf dem Standstreifen im Tunnel an. Erst nachdem an der offenbar kritischen Stelle stärkere Lampen installiert worden waren, verschwand das Phänomen.

Heilende Klänge

Auch die energetische Schwingung von Musik kann heilend sein. Seit ihren Anfängen waren Rhythmen ein Mittel, den tiefsten Empfindungen und dem höchsten Streben des Menschen Ausdruck zu verleihen. Ihre wechselvolle Geschichte zeugt von einem sich ständig erweiternden Bewusstsein. Ägyptische Priester setzten die Musik zur Heilung ein, assyrische Keilschriften berichten von Konzerten gegen böse Geister, im antiken Griechenland war der Heilgesang ein wichtiges Element der Körpertherapie und auch arabische Ärzte begründeten eine Blütezeit des Heilens mit Klängen. Sie beschäftigten Harfenspieler, Lautenschläger und Trommler zum Wohle ihrer Patienten. Naturheilkundige Ärzte stellten sich im Lauf der Menschheitsgeschichte Krankheiten immer so vor, dass »falsche Schwingungen« im Körper des Menschen gespeichert sind, die zu Fehlregulationen führen.

Abbau von Spannungen

Im klinischen Alltag wird die Musik heute mit wachsendem Erfolg als begleitende Therapieform eingesetzt. Physiologische Untersuchungen belegen den Einfluss wohlklingender Kompositionen auf die Funktionen von Herz, Atmung, Kreislauf, Gehirnwellen und das limbische System, dem Regulator von Emotionen, Motivationen und der Tätigkeit der inneren Organe. Klassische Musik ist zum Spannungsabbau besonders geeignet, weil sie durch ihren musischen Charakter, ohne Gesangsstimmen, Gedanken fließen lassen und Gefühle widerspiegeln, unterstützen und forcieren kann.

SCHWINGUNGEN

Natürliche Reizzonen

Strömendes Wasser erzeugt durch seine Reibung am Gestein Strom, durch den das Erdmagnetfeld verändert wird. Es bilden sich Störzonen, die wie im Raum verlaufende Wände nach oben wirken. Unterirdische Verwerfungen erzielen einen ähnlichen Effekt. Reizzonen mit verstärkter Strahlung werden von Rutengängern wahrgenommen, da sie auf das biologische Zell- oder Nervensystem wirken, was einen Ausschlag der Wünschelrute durch einen Abfall der Körperspannung und einer Veränderung des Hautwiderstands beim Radiästheten bewirkt.

Sprechen Wünschelrutengänger von Wasseradern, die sie aufspüren wollen, sind damit eher ausgedehnte unterirdische Wasserflächen gemeint, da Adern für den Laien kaum auszumachen sind.

KRAFTORTE

Geomantie – Kunst der heiligen Plätze

Die Geomantie vereint uraltes Wissen um das Zusammenspiel von Elementen und Energien mit den jüngsten Forschungen zum Thema Wohlfühlen aus unserer Zeit. So empfiehlt man beim Bau von Häusern nicht nur natürliche Baustoffe, sondern weist auch auf die Wichtigkeit einer gezielten Raumaufteilung hin. Wenn man etwa die Morgensonne mag, baut man seine Veranda im Osten an.

Beim Bau und der Einrichtung von Häusern und Wohnungen, der Errichtung von Arbeitsräumen und der Anlage von Balkonen, Parks und Gärten werden wieder immer öfter die alten Gesetze der Geomantie (»Erdweisheit«) angewendet. Es ist das Wissen davon, wie man das Richtige am rechten Platz, zur rechten Zeit und mit der richtigen Ausrichtung macht. Diese Erfahrungen unserer Vorfahren können uns zu Glück, Gesundheit und Harmonie und zu einer ausgewogenen Beziehung zu anderen Menschen und Lebewesen verhelfen. Die Geomanten sagen, dass eine solche Beziehung zu unserer Umgebung und zur gesamten Erde allem, was wir tun, mehr Kraft verleiht.

Natürliche Materialien

Die Geomantin und Feng-Shui-Expertin Lilian Too (*1955) berät in Malaysia Großunterneh-

GEOMANTIE

men bei der Planung und Errichtung ihrer Firmensitze. Sie rät, vor dem Bau das Grundstück nach Störzonen, beispielsweise unterirdische Wasseradern, abzusuchen und die Himmelsrichtungen zu bestimmen. Mit dem Weg, den die Sonne am Himmel nimmt, ändere sich der Strom der Energien, die durch ein Gebäude fließen. Als Baustoffe empfiehlt sie natürliche Materialien wie Holz, Ziegel, Granit und Glas.

Ihre Ratschläge sind auch für private Bauherren bestimmt. Bei der Aufteilung der Räume sollten sie darüber nachdenken, wer welches Zimmer die meiste Zeit nutzt und welche Art von Aktivitäten am besten gefördert werden soll: Ein Wohnzimmer im Norden eines Hauses strahlt eher Ruhe und Stille aus, während ein nach Süden gelegener Raum Wärme und Feuer vergibt und somit sozialen Beziehungen förderlicher ist.

Harmonische Farben

Die Philosophie der Geomantie basiert auf dem Hang zu runden Formen, weil man sich im wahrsten Sinne des Wortes nicht daran stoßen kann: Bögen über Türen und Fenstern, geschwungene Ausbuchtungen statt spitze Ecken, sanft fließendes Design bei Möbeln. Die Farbgebung setzt ebenfalls Akzente, was bedacht werden sollte. So erzielt rot beispielsweise eine anregende Wirkung, während grün beruhigt.

Gegenstände im Haus beeinflussen den Strom der Gedanken, weshalb auf eine harmonische Inneneinrichtung Wert gelegt werden soll.

Wasser beruhigt

Geomanten empfehlen auch, die subtilen Energien von Wasser zu nutzen. Ein Aquarium etwa kann zum Gefühl von Schönheit und Harmonie beitragen. Die darin befindlichen Pflanzen geben frischen Sauerstoff ab, das sanfte Gleiten der Fische beruhigt Seele und Geist. Ein Zimmerspringbrunnen steigert nicht nur die Luftfeuchtigkeit, sondern schafft ein heilsames Geräusch. Wasserschalen – auf denen eine einzige Blüte schwimmt – dienen als Fokus zum Zentrieren und Ausbalancieren von Energie. Auch im Garten wandeln Teiche und Springbrunnen negative in positive Energie. Langsam fließendes Wasser bildet einen Schutzgürtel um das Haus.

Spiegel der Bewohner

Das Zuhause sollte ein Ort der Kraft, der Kreativität und der Zuflucht sein, in dem sich das Bewusstsein seiner Bewohner spiegelt, meint die englische Heilerin und Psychologin Denise Linn (*1958). Wer sich diese Ansicht zu Eigen macht, dem wird bewusst, dass ein Zuhause aus Energie besteht und nicht gesondert von seinen Bewohnern betrachtet werden kann. Wohnungen sind nach den alten Lehren der Geomantie sich entwickelnde, schöpferische Wesen. Sie leben und wachsen mit ihren Bewohnern und laden durch ihre Gestaltung zu einer bestimmten Art der Daseinsbewältigung ein.

Ein heilendes Zuhause

Ein Zuhause verfügt über eine Vielfalt an Bereichen und Sphären, emotionalen und ätherischen Energien. Als Zufluchtsstätte sollte es ein Ort des Heils und des Heilens sein. Gedanken und Gefühle der Bewohner und ihrer Gäste werden von der räumlichen Gestaltung des Zuhauses ebenso beeinflusst wie durch Möbel, Farben und Pflanzen. Der Herd in der Küche repräsentiert das lebensspendende Element und sollte so groß wie möglich sein. Natürliches Feuer ist vorzuziehen. Elektroöfen und Mikrowellen bilden elektromagnetische Felder, die störend sind. Das Schlafzimmer soll lebhafte und fröhliche Elemente enthalten, damit man dort gern aufwacht und den Tag positiv beginnen kann. Eine weiche Beleuchtung vermittelt Ruhe und Intimität, Blumen stärken positive Energien.

Springbrunnen in Heim und Garten verursachen ein energetisches Fließen, das negative Schwingungen und Blockaden auflösen und positive Energien verstärken kann. Obwohl sich diese mystische Vorstellung aus östlichen Weisheitslehren nicht mit wissenschaftlichen Methoden beweisen lässt, haben Medizin und Forschung zumindest anerkannt, dass das Plätschern von Wasser eine beruhigende Wirkung auf Organismus und Psyche des Menschen haben kann.

KRAFTORTE

Die Fensterrose von Chartres war Vorbild für zahlreiche andere gotische Kathedralen.

Die Rätsel der gotischen Kunst

Die hochgotische Westfassade der Kathedrale von Reims, die im 13. Jahrhundert erbaut wurde, auf einer Lithografie von Benoist aus dem Jahre 1840. Gerade zu dieser Zeit erwachte das Interesse am gotischen Stil wieder neu.

Niemand wundert sich über das, was er alle Tage sieht, denn nur im Ungewöhnlichen und Außerordentlichen vermuten die Menschen ein Geheimnis. Für die Besucher französischer Kathedralen sind diese gotischen Bauwerke mit ihren atemberaubenden Dimensionen und beeindruckenden Inneren zur Perfektion ausgereift, vollendet schon im Zeitpunkt ihres Entstehens. Die Innenräume dieser gewaltigen Gotteshäuser sind

660

gleichsam von außerirdischem Licht und Geist durchdrungen. Welche unvorstellbar gewaltige Wirkung müssen diese Bauten auf die Menschen des Mittelalters gehabt haben, die solchen Dimensionen erstmals gegenüberstanden?
Von den Erbauern der Kathedralen in Chartres, Reims, Rouen und Paris trennen uns nicht nur

Jahrhunderte, sondern auch das Wissen um die mystischen Zusammenhänge dieser Architektur mit der damaligen Weltsicht. Umschließen die alten Steine uralte Einweihungsstätten der Menschheit, die in der Tradition der ägyptischen Pyramiden und des Salomonischen Tempels stehen?

Die Geheimnisse um die Entstehung der Gotik

Das Rätsel der gotischen Kunst ist bis heute nicht gelöst. Während sich die Ursprünge späterer kunsthistorischer Stilepochen, etwa der Renaissance oder des Barocks chronologisch zurückverfolgen lassen, lässt sich dies für die Entstehung der Gotik nicht genau festlegen. Um 1130/40 tritt dieser Baustil plötzlich in Frankreich in der Île des France in Erscheinung. Ohne direkte Vorläufer entwickelt sich dieser selbstständigste Stil des Abendlandes und erreicht in nur wenigen Jahrzehnten eine ungeahnte Blüte. Aus dem Dunkel der Zeit treten nun auch vereinzelt Baumeister hervor, etwa Villard de Honnecourt, der durch seine Aufzeichnungen in dem Bauhüttenbuch (Buch mit Plänen und Skizzen, um 1230) der Kathedrale zu Reims namentlich bekannt ist. Zusammen mit den Steinmetzen, Zimmerleuten, Fliesenlegern und Glasmachern errichten diese Architekten in nicht einmal hundert Jahren über achtzig gewaltige Bauwerke im Norden Frankreichs.

Chartres – ein Kraftzentrum?

Die unbekannten Erbauer der Kathedrale von Chartres dachten wohl nicht an die Errichtung eines Kunstwerkes, als sie das Gotteshaus in die flache Landschaft der Beauce stellten.
Aber warum entstand eine so gewaltige Kathedrale ausgerechnet über einem kleinen Erdhügel in einem winzigen, unbedeutenden Marktflecken wie Chartres?
Der Ort war zwar bereits in frühchristlicher Zeit ein Ziel für Wallfahrer, doch die Ursprünge reichen noch weit über die Zeit der Kelten zurück. Der Legende nach soll hier lange vor der Geburt Christi ein Engel einem Druiden verkündet haben, dass eine Jungfrau einen Gott gebären werde. Tatsächlich wurde in der Nähe von Chartres eine Frauenstatue aus römischer Zeit gefunden, die die Inschrift trägt: virigini pariturae (lat.: die Jungfrau, die gebären wird).

GOTISCHE KUNST

Die Elemente der Gotik

Erstmals werden verschiedene bereits existierende architektonische Elemente beim Bau der Abteikirche von St. Denis im Norden von Paris um 1130/35 zusammengeführt und verschmelzen in der Folgezeit zu einem völlig neuartigen Stil. Dazu gehören eine mächtige Doppelturmfassade, die von einer Fensterrose durchbrochen ist, das Strebewerk, das den Schub der gewaltigen Mauern nach außen ableitet: Im Innenraum, der nun als eine Einheit gesehen wird, war das Kreuzrippengewölbe die Voraussetzung dafür, dass man den Kirchenraum zu so mächtiger Höhe emporsteigen lassen konnte. Das Kirchenschiff war durch die riesigen bunten Glasfenster von Licht durchflutet und wies ein völlig neues Raumgefühl auf – anders als die düsteren Kirchen der Romanik.

Die Fenster der Kathedrale von Tours, die 1846 bis 1865 im neogotischen Stil errichtet wurde. Im Lauf des 19. Jahrhunderts erfuhr die Gotik erneute Wertschätzung.

661

KRAFTORTE

Die Kathedrale von Chartres war einer der ersten rein gotischen Kirchenbauten im 12./ 13. Jahrhundert. Im Mittelschiff kündet das weltberühmte Labyrinth im Fußboden vom Glauben der Menschen: Betend und auf den Knien rutschend, rückten die Gläubigen auf dem Pfade ins Zentrum vor.

Ungeheuer und Monstren treiben an den Fassaden und im Gewirr der Strebepfeiler der gotischen Kathedralen ihr Unwesen: Ob sie dort aus Furcht vor Dämonen und zur Abwehr böser Geister angebracht wurden oder mehr der gestalterischen Freiheit ihrer Schöpfer entsprechen – darüber rätseln die Forscher noch heute. Häufig sind diese Wesen als Wasserspeier ausgebildet. (Notre-Dame, Paris)

Im Jahr 1194 brannte die ursprüngliche Kathedrale bis auf das Westportal nieder. Beim Wiederaufbau richtete man die Kirche nach Westen aus, was für die katholische Lehre, die ihre Kirchen nach Osten orientiert, außergewöhnlich ist.

Die Kraft der Orte

»Es gibt Stätten, wo der Geist weht«, so beschrieb einst der französische Schriftsteller Maurice Barrès (1862–1923) jene Orte, wo eine besondere Kraft den Menschen durchdringt, wo sich ihm »Organe« für das Göttliche öffnen. Für unsere Vorfahren war der Mensch nur dann wahrhaft Mensch, wenn er geistig erweckt war. Eine solche Erweckung entstand durch uns unbekannte Einwirkungen an besonderen Orten, an denen Tempel, Megalithe und Dolmen und später die Kathedralen errichtet wurden.

Die symbolträchtige Architektur von Chartes

Das Verhältnis zwischen Länge, Breite und Höhe des Bauwerks ist das Ergebnis eines Prinzips, das uns bis heute verborgen geblieben ist. Auch das Geheimnis der berühmten Glasfenster, die die Sonnenstrahlen so außerordentlich brechen und deren spezifische Zusammensetzung noch immer nicht entschlüsselt oder imitiert werden konnte, bleibt bestehen. Chartes ist eine Kathedrale für einen Menschen, der in Bewegung ist, der dem sich ständig veränderten Licht und den Klängen folgt, die ihm aus den unterschiedlichsten Bereichen der Sinne erreichen. Der Stein mahnt ihn an die Schwere der Erde und ein überdimensionales Labyrinth im Fußboden der Kathedrale weist dem Pilger den mit zahlreichen Umwegen und Kehren bestückten Weg ins himmlische Jerusalem, symbolisiert durch das Zentrum.

Die großartigen farbigen Fenster, das mit Figuren der Heiligen geschmückte Mittelportal, die Türme und das Labyrinth stehen für ein spirituelles Weltbild, dessen geistiges Zentrum Jerusalem war. Dieses für die Christenheit zu erobern und zu verteidigen, war der selbstgewählte Auftrag des Templerordens, der nicht nur in Chartres als Finanzier, Organisator und Ideenlieferant aufgetreten sein könnte.

Wer waren die Auftraggeber der Bauwerke?

Kunsthistoriker nennen den Glauben als die treibende Kraft, um solch gewaltige Bauwerke zu errichten. Zweifellos waren die Menschen des Mittelalters von starker Religiosität geprägt. Und doch waren andere Impulse nötig, um das breiteste gotische Gewölbe zu schaffen, dass es auf der Welt gibt. Woher kam das Wissen? Im dunklen Zeitalter der Kreuzzüge, der Inquisition und der Scheiterhaufen entstanden lichtdurchflutete Kathedralen von zeitloser Schönheit – Tempel für das Volk, vom Volk errichtet?

GOTISCHE KUNST

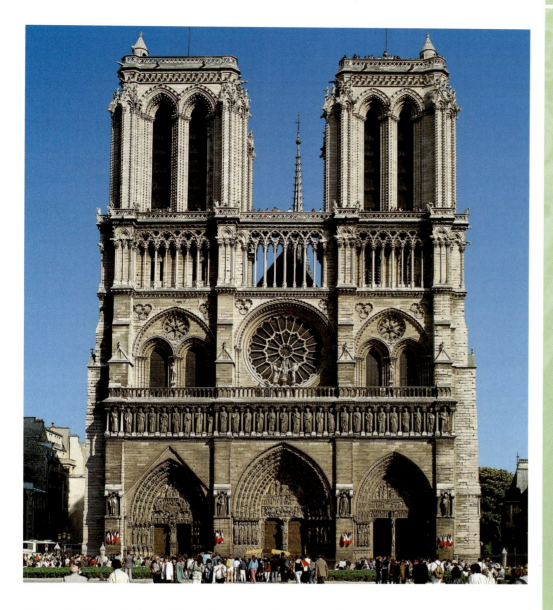

Die Kathedrale Notre-Dame zählt heute zu einem der Wahrzeichen von Paris. Mit ihrer architektonischen Gliederung, dem Rosenfenster, der Königsgalerie und dem reichen Figurenschmuck war sie ein Vorbild für zahlreiche Kirchenbauten. Sowohl von der Architektur als auch von der Gestaltung der Fassade und ihrem reichen Reliefschmuck der Portale hatte sie weit reichende Wirkung auf die Nachfolgebauten der Île de France.

Keine Kreuzigung

Alle von den Templern inspirierten Darstellungen vom Leben des Jesus von Nazareth enthalten keine Kreuzigungsszenen. Die Mitglieder des Ordens weigerten sich, den von Pilatus Gekreuzigten als den wahren Christus anzuerkennen. In den späteren Prozessen gegen die Templer findet man durchgehend das Geständnis, dass ein Ritter bei seiner Aufnahme in die Gemeinschaft den Gekreuzigten verleugnen musste. Offenbar machten die Templer einen Unterschied zwischen Christus und dem Gekreuzigten. Hatten sie etwa in Palästina Dokumente gefunden, nach denen im Urchristentum eine Verwechslung stattgefunden hatte zwischen dem leidenden Gottessohn und einem gekreuzigten Rebellen, der gegen die römische Herrschaft rebellierte?

Niemand arbeitete für Gotteslohn und meistens waren die Menschen arm. Kollekten frommer Pilger brachten nur einen winzigen Bruchteil der Kosten für den Bau einer Kathedrale ein. Von den reichen Orden der Benediktiner oder Zisterzienser war kein Geld zu erwarten. Traten daher wirklich die geheimnisvollen Templer auf den Plan, deren sagenhafter Reichtum noch heute Legende ist? Vielleicht lag es an einer von ihnen ausgehenden genialen Strategie, dass der Bau der Kathedralen so schnell, so leicht und so perfekt vonstatten ging.

Ankündigung einer neuen Zeit

Notre-Dame in Paris und die Kathedralen von Reims, Rouen und Chartres sind Stätten der Geburt, des Aufbruchs in eine neue Zeit, nicht Stätten des Todes und des finsteren Mittelalters. Selbst die Teufel, die in den alten Fresken nach Königen und Bischöfen greifen, sind wohl mehr als scherzhafte Kommentare der Künstler gedacht und nicht als Schreckensszenarien für das gläubige Volk. Jahrhundertelang gab es im Inneren der Kathedralen nur wenige steinerne Skulpturen, Kruzifixe oder andere Bildwerke. Darstellungen, die der geschichtlichen und religiösen Belehrung dienten, waren stets an den Außenseiten angebracht, vornehmlich in den Vorhallen und an den Portalen, wie etwa die berühmten Monstren und Wasserspeier von Notre-Dame in Paris, die scheinbar auch heute noch im Stande sind, die heidnischen Dämonen zu bannen.

Ein Tempelritter in seiner Kriegsrüstung. (Stich aus Pierre Dupuys »Histoire de l'ordre militaire des Templiers«, Brüssel 1751)

663

KRAFTORTE

Englands magische Kathedralen

»Normannischer Übergangsstil« wird der Baustil der ältesten Kathedrale Großbritanniens genannt. Etwas in die Landschaft gesenkt und statisch nicht nach optimalen Kriterien errichtet, trotzt die St. David's Cathedral in Wales dennoch seit über 800 Jahren den Stürmen der Zeit.

MAGISCHE KATHEDRALEN

Fast alle englischen Kathedralen und Klöster wurden auf »heiligem Boden« errichtet, der schon von vorgeschichtlichen Bewohnern des Inselreichs als Kultplatz verehrt worden war. Wer heute die alten Kirchen besuchen will, findet oft nur noch Ruinen vor, die von verwilderten Parks umgeben sind. Zu den wenigen Bauten, die vom zeitlich bedingten Verfall unbehelligt blieben, gehören die Kathedralen von Salisbury (Wiltshire) aus dem 13. Jahrhundert und St. David's (Wales), mit deren Bau um 1180 begonnen wurde.

Die Zerstörung und Auflösung kirchlichen Besitzes – und damit verbunden die Verfolgung von Priestern und Mönchen – erfolgte in den Jahren 1491 bis 1540 auf Befehl von Heinrich VIII. (1491–1540), der sich gegen den bedeutenden Renaissancepapst und Verbanner von Reformer Martin Luther, Leo X. (1475–1521), erhoben hatte. Um nicht selbst der päpstlichen Gerichtsbarkeit zu unterliegen, gründete der König seine eigene Kirche, die »Church of England«, und setzte sich als deren Oberhaupt ein.

Das legendäre Gotteshaus

Die Ebene um die einst blühende Stadt Sarum am Fluss Avon, die zum heutigen Salisbury zählt, gilt als die geschichtsträchtigste Landschaft Großbritanniens. Schon vor 7500 Jahren siedelten sich dort Menschen an. Kaum ein anderer Ort der britischen Inseln ist so planvoll angelegt wie New Sarum, das im 13. Jahrhundert das drei Kilometer nördlich gelegene Old Sarum ersetzte. Im Mittelpunkt beider Orte stand ein Gotteshaus. Die alte Kathedrale lag an einem feuchten und kalten Platz, an dem, so schriftlich überlieferte Aussagen von Mönchen, auch die Geister früherer Bewohner umzugehen pflegten.

Der Legende nach schoss ein Bogenschütze von Old Sarum auf der Suche nach einem geeigneten Platz für eine neue Kathedrale einen Pfeil ab. An der Stelle, an der das Geschoss auf die Erde traf, sollte der neue christliche Mittelpunkt von Sarum entstehen. Der Pfeil traf ein Reh, das sich auf ein Stück kirchlichen Grundbesitzes schleppte, bevor es tot zusammenbrach.

Die Einwohner von Old Sarum folgten ihrem Bischof und bauten zwischen 1220 und 1258 dort, wo das Reh verstarb, ohne zeitliche Unterbrechung St. Mary's Cathedral, eine der stilsichersten frühgotischen englischen Kathedralen. Um die Kathedrale herum, die auf dem Reißbrett entworfen wurde, entstand New Sarum. Die Errichtung des Gotteshauses mit dem 123 Meter hohen Turm war extrem teuer und konnte nur dank der damals florierenden Textilmanufakturen von Salisbury finanziert werden.

Alte Schätze im Mysterium

Die »Kathedrale aus einem Guss«, wie St. Mary's aufgrund ihrer Herstellungsgeschichte auch hieß, hat doppelte Querschiffe und einen rechteckigen Chorschluss mit einer Marienkapelle. In der 1756 errichteten Bibliothek sind neben einem angelsächsischen Messbuch auch eine der vier Kopien der Magna Charta, dem englischen Grundgesetz, untergebracht.

Die alte Kathedrale in Old Sarum wurde im Laufe der Zeit abgerissen. Ihre Steine dienten zum Bau der neuen Kirche und zur Verstärkung einer ebenfalls in Old Sarum befindlichen normannischen Burg, die im 15. Jahrhundert endgültig zerfiel. Die Grundmauern der Kirche existieren heute noch.

Christlicher Kraftort in St. David's

Weniger aufregend erscheint die Geschichte von der Entstehung der St. David's Kathedrale in einem gleichnamigen Städtchen, das seit dem frühen Mittelalter als die »heilige Stadt der Waliser« gilt. Hier wirkte und starb im sechsten Jahrhundert der Nationalheilige St. David, der die Bewohner von Südwales zum Christentum bekehrt haben soll.

Der Bau der Kathedrale, die noch vereinzelt von uralten Menhiren umgeben ist, wurde vom normannischen Bischof Peter de Leia in der Zeit um 1180 begonnen, der den sterblichen Überresten des Heiligen David eine ihm gebührende Ruhestätte verschaffen wollte.

Heinrich VIII. – König, Kirchenvater, Ehemann

Noch auf dem Totenbett unterschrieb Heinrich VIII. Todesurteile und Verbannungsdekrete. In seinem blinden Reformeifer tat er sich durch die Anordnung von Kirchenplünderungen, Reliquienschändungen, Beschlagnahmung von Kirchengütern und Ermordung von Priestern und Mönchen hervor. Dabei hatte der Sohn des Tudorkönigs Heinrich VII. ursprünglich als gläubiger Katholik selbst eine gelehrte Schrift verfasst, in der er die Sakramente gegen den Reformer Martin Luther verteidigte. Erst als Papst Clemens VII. sich weigerte, die Scheidung des Königs von dessen ungeliebter Gattin, Katharina von Aragón, vorzunehmen, spaltete Heinrich sein Land und machte sich selbst zum Oberhaupt der von ihm reformierten »Hofkirche Englands«. 1533 heiratete der Monarch die Hofdame Anna Boleyn, die er jedoch aus Eifersucht dem Henker übergab. Wenig später vermählte er sich mit Johanna Seymour, die bei der Geburt eines Sohnes starb. Die nächste Gattin des Herrschers hieß Anna von Cleven. Von ihr trennte er sich bald. Heinrich erhob Katharina Howard zur neuen Königin. Nach deren Enthauptung beschloss er sein Leben mit seiner sechsten Gattin, Katharina Parr.

Mit Heinrich VIII. brachen in Großbritannien religiöse Umbrüche an. Unter ihm wurde das Land von einer Hochburg des Katholizismus zum Sitz der »Church of England«.

KRAFTORTE

Die Magna Charta – das Grundgesetz Englands

Im Jahre 1215 trotzten englische Adelige ihrem König Johann ohne Land (1166–1216) grundlegende Freiheitsrechte ab, die in der »Magna Charta« niedergelegt wurden. Der Monarch, der des Lesens und Schreibens unkundig war, ließ den Text von einem Mönch aus Salisbury in die Juristensprache übertragen und versah die Fassung mit seinem Siegel. Von diesem Original wurden vier Kopien angefertigt. Eine davon brachte der Mönch nach Salisbury zurück, wo sie noch heute im »Chapter House« ausgestellt ist.

William Longspee, der Graf von Salisbury, der auch einer der Zeugen bei der Abfassung des ersten schriftlichen englischen Grundgesetzes war, legte später den Grundstein zur Kathedrale von Salisbury und ließ sich in ihr auch beerdigen.

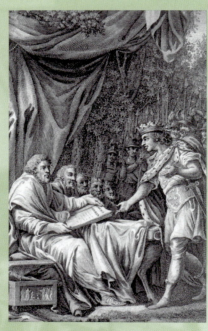

Um einen Aufstand seiner Untertanen zu vermeiden, unterzeichnete König Johann unter dem Druck mehrerer Adeliger am 15. Juni 1215 auf der Themse-Insel Runnymede die Magna Charta – das britische Freiheitsdokument.

In der südenglischen Grafschaft Wiltshire steht die imposante Kathedrale von Salisbury. Sie wurde im 13. Jahrhundert ganz im Zeichen der himmelwärts strebenden Gotik erbaut. Mit dem Anliegen, Gott möglichst nah zu sein, erreichte der Turm des Bauwerks 123 Meter – damit ist er der höchste Turm Englands.

Die Kathedralen von Salisbury und St. David's werden von vielen Menschen als »Kraftorte« empfunden, eine Einschätzung, die auch Wünschelrutengänger bestätigen. Unter den Fundamenten der Gotteshäuser konnten besonders im Bereich der Altäre und der Kanzeln Wasseradern nachgewiesen werden.

Die Ausrichtung der beiden Kathedralen nach Leylines, unsichtbaren Kraftlinien, die die Erde überziehen und zu anderen mystischen Orten wie Stonehenge hin sowie ihre besondere topographische Lage an Flüssen oder Hügeln bestimmen ihre magische Ausstrahlung.

Inseln des Heils

In den Steinkreisen der weiteren Umgebung soll die volle Energie am frühen Morgen und bei untergehender Sonne zu spüren sein. Nur dann, so sagt man auf der Insel, stehen die Tore zur Anderwelt offen. Ein Besuch der Kathedralen wird dagegen erst zur Mittagsstunde empfohlen, wenn die Sonne bei ihrem

MAGISCHE KATHEDRALEN

Höchststand durch die farbigen Glasfenster scheint und dem Kirchenschiff eine Aura des Heilseins verleiht.

»An solch einem Platz geschieht immer etwas mit uns«, sagt der deutsche Naturphilosoph Klausbernd Vollmar (*1946), »weil sich dort im Lauf der Zeit eine Atmosphäre verdichtet hat, die sich auf uns als Besucher überträgt.« Für Vollmar sind Kathedralen, Klöster, sakrale Ruinen, aber auch Steinkreise oder Megalith-Tempel »heilsame Inseln« und er rät, vor deren Betreten für kurze Zeit innezuhalten, um sich ihrer »meditativen Ausstrahlung zu öffnen.«

Das Mysterienspiel von Norwich

Besonders eindrucksvoll erleben die Besucher englischer Kirchen die Magie des jeweiligen Ortes an kirchlichen Feiertagen. So ist beispielsweise die Weihnachtsfeier in der Kathedrale von Norwich (Norfolk) als Mysterienspiel inszeniert. Um Mitternacht zünden im dunklen Kirchenschiff ein weiß gekleideter Mönch und sein Mitbruder in schwarzer Kutte die ersten Kerzen an, während am Schluss des Gottesdienstes der Bischof eine goldene Scheibe hoch über seinen Kopf hält, die einen Lichtstrahl reflektiert und in das Innere der Kirche lenkt: die Wiedergeburt des Lichts.

Zweifellos liegen die Ursprünge dieses Brauchs in einer prähistorischen Epoche, in der ein unbekanntes Volk Steinkreise und Hügelgräber errichtete, in denen man zu den Sonnenwenden ähnliche Rituale veranstaltet hat.

Old Sarum, das alte Salisbury, ist aus der Vogelperspektive in allen seinen Grundfesten zu erkennen. Wer sich den Eintritt in die einst sächsische, später normannische Siedlung sparen will, verweilt am besten auf dem äußeren Festungsring. Von dort kann er das Fundament der alten Kathedrale sehen.

667

KRAFTORTE

Orte der Einkehr und Kraft

Im deutschen Franken steht der Walberla, ein Tafelberg, der bereits 4000 v. Chr. besiedelt war. Berühmt wurde er durch seine keltischen Bewohner in der Jungsteinzeit. Die Tatsache, dass sich Druiden und ihr Volk auf dem Walberla versammelten, wird als Bestätigung für dessen mystische Ausstrahlung gesehen. Heute ist der Berg ein Naturschutzgebiet. Einmal jährlich, am ersten Sonntag im Mai, findet das so genannte Walberla-Fest statt, eines der ältesten Frühlingsfeste in Franken, dessen Geschichte bis ins 17. Jahrhundert zurückgeht.

ORTE DER EINKEHR

Schon in frühgeschichtlicher Zeit suchten die Menschen nach Orten der Einkehr, an denen sich ihre geistige Entwicklung beschleunigte und ihre Kräfte verbesserten. Natürliche Orte der Kraft können Quellen, Flussufer, Schluchten oder besondere Bergformationen wie der Ipf bei Bopfingen oder der Walberla in der Nähe von Forchheim sein.

Es war eine gewaltige Katastrophe, als vor drei Milliarden Jahren auf der Schwäbischen Alb nördlich der Donau ein Meteor einschlug und alles Leben vernichtete. Heute gehört der Krater von damals, der Ries-Kessel, zu den bedeutendsten Kraftplätzen in Deutschland. Sensible Menschen spüren noch immer die kosmische Energie des herabstürzenden Steinbrockens aus dem All. Der sich am Rande dieser 23 Kilometer breiten Senke bei Bopfingen erhebende Ipf, ein abgeflachter Kegelberg, gilt als idealer Platz für innere Einkehr.

Die Jahreskreisfeste

Der sich um das Plateau windende Ringwall deutet auf eine frühe Besiedlung durch die Kelten, die die Bergkuppe wegen der idealen Fernsicht auswählten und sich dort niederließen. Ob energetisch-kultische Gründe bei der Wahl dieses Wohnorts ebenfalls eine Rolle spielten, kann nur vermutet werden. Heutige Besucher schwärmen auf den unter Naturschutz stehenden Berg von seinen bizarren Naturfelsen und einer geschwungenen Allee, an deren Ende sich unter drei alten Linden ein idealer Meditationsplatz befindet. Seit Jahren werden hier Jahreskreisfeste gefeiert, wie z. B. die Wintersonnenwende.

Ausflüge in der Altsteinzeit

Ein vorgeschichtliches Wallsystem um das beeindruckende Bergmassiv des Walberla, auch »Ehrenbürg« genannt, in der Nähe des fränkischen Forchheim deutet auf eine Besiedlung seit etwa 4000 v. Chr hin. Krümliger Boden, quellfrische Wiesen und weite Obstbaumhaine zeugen von jahrhundertelanger Landwirtschaft rund um den 1500 Meter langen, 300 Meter breiten und etwa 523 Meter hohen Inselberg Walberla. Feuersteinklingen von Jägern und Sammlern aus der Altsteinzeit zeugen von gelegentlichen Ausflügen früher Vorfahren in diese Region.

Süßholz als Heilpflanze

Alljährlich an jedem ersten Sonntag im Mai steigen unzählige Besucher auf das Plateau des Walberla, um dort das Frühlingsfest zu feiern. Dabei erwerben sie traditionsgemäß ein Stück Süßholz, das einst als Heilpflanze auf dem Berg gewachsen ist und jetzt im Gartenland um Bamberg kultiviert wird. Auch die »neuen Hexen« und Volkstanzgruppen haben den Berg für Sonnwendfeiern wieder entdeckt. Zahlreiche Bräuche deuten auf ehemals heidnische Kulte, die sich in der Frühzeit des Christentums mit dessen Ritualen zu mischen begannen. Auch sonst wird die Geschichte dieses imposanten Berges von vielen Legenden begleitet.

Die Geister der Ahnen

So soll einst die heilige Walpurga beabsichtigt haben, auf der alten Kultstätte eine Kapelle zu errichten. Darüber waren die Geister der ehemaligen Bewohner so erbost, dass sie mit Felsbrocken nach ihr warfen. Doch die Kräfte der Heiligen waren stärker: Walpurga zwang die Geister, aus den Steinen eine Kapelle zu bauen. Zum Dank dafür gab sie den schwarzen Scharen in der Nacht zum 1. Mai ihre Freiheit wieder. So nutzen auch die Hexen und Magier seither die Walpurgisnacht zu orgiastischen Ausschweifungen.

Abseits dieser Jahrestage, die auch in unserer Zeit mit Volksfesten gefeiert werden, verbergen sich Deutschlands Kraftorte in der Einsamkeit stiller Landschaften. Ihre Magie erschließt sich nur denen, die Augen haben um zu sehen, Ohren um zu hören und alle ihre Sinne öffnen für den Zauber des Augenblicks.

Kirchen sollen, so bestätigen Rutengeher, bewusst an Kraftorten gebaut worden sein. Die Kanzel stellt dabei als höher gelegener Punkt innerhalb eines Kraftortes ein energetisches Zentrum dar.

Suche nach dem Kraftplatz

Ein Kraftplatz ist ein Ort, an dem der Geist ruhig und klar wird und man sich aufgehoben, energetisch aufgeladen und eins mit sich selber fühlt. Bei der Suche nach einem Kraftplatz sollte man sich ganz von seiner Intuition leiten lassen.

Menschen, die Kraftplätze aufsuchen, sollten offen sein für neue Erfahrungen und Wahrnehmungen. Leider haben die meisten von uns ihre natürliche Sensibilität für die Magie eines Ortes verloren. Deshalb sollte man nicht enttäuscht sein, wenn man nicht gleich die großen Visionen erfährt. Sensitive raten, einen Ort der Kraft zu unterschiedlichen Zeiten und über ein paar Tage hinweg mit allen Sinnen zu erforschen, ihn auf sich wirken zu lassen und ein wenig zu meditieren.

Kraftplätze früher Kulturen werden oft von »Mediallinien« gekreuzt, die von den Rutengehern auch »Linien der Beredsamkeit« genannt werden. Dort redet man fließend, kraftvoll und überzeugend, wächst in seiner Argumentation über sich hinaus und fühlt sich einer höheren Eingebung verbunden. Solche Mediallinien finden Rutengeher oft unter Kirchenkanzeln oder im Mittelpunkt von Steinkreisen und Tempelanlagen.

669

KRAFTORTE

Frankreich – Land magisch-mythischer Stätten

Wie eine Fata Morgana scheint die Felseninsel des Mont Saint-Michel, aus der Ferne betrachtet, in den Wellen des Atlantiks zu schwimmen. Bei Ebbe ist der heilige Felsen mit seiner mittelalterlichen Abtei leicht zu Fuß zu erreichen.

MAGISCHES FRANKREICH

Frankreich weist eine Fülle magischer Stätten auf, an denen fremdartige Riten und geheimnisvolle Kulte abgehalten wurden. Seit Anbeginn der Zeiten kamen die Menschen zu diesen Orten, um die eigenen Lebenskräfte aufzuspüren, gesund zu werden oder sogar um die ewige Jugend zu erlangen. Die Kultstätten der Urbevölkerung wurden später von den Galliern, den Römern und schließlich vom Christentum genutzt. Der heilige Berg Puy de Dôme in der Auvergne und der beeindruckende Mont Saint-Michel in der Normandie, die Kathedralen Notre-Dame von Chartres und Paris, sind für viele ihrer Besucher noch heute heilende Stätten, die ihnen helfen, verlorene Harmonie und Spiritualität wieder zu entdecken.

Akropolis von Frankreich

Die Kathedrale von Chartres gilt wegen ihrer Schönheit sowie ihrer architektonischen Bedeutung als die »Akropolis Frankreichs«. Vor allem ist das Bauwerk ein Ort mit alchemistischem Hauch, an dem sich Himmel und Erde in einer außergewöhnlichen Schwingung vereinigen. Es liegt auf einer geomantischen Linie, die die Stadt Reims mit der Bretagne verbindet. Unter dem Zentrum des Chores haben Rutengänger 14 unterirdische Wasserströme gefunden, die diesen Ort zu einem Zentrum elektromagnetischer Wellen machen. Schon von weitem erkennt man die Bedeutung der Kathedrale, deren scharfe Linien sich gleichsam als »kosmische Antenne« klar am Horizont abzeichnen.
Chartres wurde wie die anderen späteren großen Kathedralen in so gewaltigen und kühnen Ausmaßen geplant und gebaut, dass es auch heute noch ein unvergessliches Erlebnis ist, in eine solche Bischofskirche einzutreten, vor deren riesigen Dimensionen die Menschenwelt klein und nichtig zu werden scheint.
Als erste dieser Kirchen gab Chartres den Gläubigen eine Ahnung von einer anderen Welt. In der Offenbarung Johannis, 21, hatten sie vom »himmlischen Jerusalem« gehört, mit den Toren aus Edelsteinen und Perlen, den Häusern und Gassen aus kostbarem Gold und durchscheinendem Glas. Diese Vision war jedoch nur scheinbar Wirklichkeit geworden. Ihre Armseligkeit erinnerte sie zu sehr an ihre menschliche Existenz hier auf Erden.

Das Labyrinth von Chartres

Ein ringförmiges Labyrinth nimmt die ganze Breite des Kirchenschiffes ein und ist mit seinen fast 13 Metern Durchmesser eines der größten, das je gebaut wurde. Die Pilger benutzten es früher als Einweihungsweg, in dem sie die das Labyrinth singend und betend – häufig auf den Knien – durchmaßen. Dieser Prozess löste oft heftige Körperreaktionen wie Zittern oder sogar Krämpfe und eine Veränderung des Bewusstseinszustands aus. Heute ist das Labyrinth meist von den Kirchenbänken bedeckt, um eine Wiederholung der alten Rituale zu verhindern.

Das Reich der Steine

Auch Notre-Dame in Paris steht auf einem Kreuzungspunkt zweier magnetischer Achsen, deren energetische Wechselwirkungen ihr Strahlkraft verleihen. Man besucht die Kathedrale nicht, man erlebt sie aus seinem tiefsten Inneren als eine Stätte der Meditation. Nach einer Überlieferung soll jeder Mensch, der am Bau dieses Monuments beteiligt war,

Geologische Untersuchungen haben ergeben, dass sich unter der Kathedrale von Chartres zahlreiche Wasserläufe in verschiedener Tiefe kreuzen. (Südportal der Kathedrale)

Von Tausenden von Besuchern andächtig bestaunt und begangen wird das gotische Labyrinth im Fußboden der Kathedrale von Chartres. Im Eingangsbereich des Kirchenbaus gelegen, ist es eine bildhafte Aufforderung an die Gläubigen, das eigene Leben zu bedenken und innezuhalten, bevor man zum Altar tritt. Nach 294 Metern auf 11 konzentrischen Kreisen erreicht der Pilger auf diesem Pfad der Andacht den Mittelpunkt des Labyrinths, um dort niederzuknien und zu beten.

Wunderheilungen im Mittelalter

Lange vor der Geburt von Jesus Christus verkündete nach einer Legende in der Gegend von Chartres ein Engel einem Druiden, eine Jungfrau werde einen Gott gebären. Wandernde Barden sorgten für die Verbreitung der Botschaft in ganz Gallien. Daraufhin zogen Massen von Pilgern in die Stadt, die im 10. Jahrhundert für die dort stattfindenden Wunderheilungen bekannt wurde. Die Kranken wurden in der Krypta der Kathedrale untergebracht, wo sie eine neuntägige Andacht verbringen mussten, die mit strengem Fasten verbunden war.

KRAFTORTE

Steil erhebt sich der Vulkankegel des Puy de Dôme aus der Landschaft der Auvergne. Seit altersher wird er als ein Ort der Kraft verehrt. Der Begriff »puy«, mit dem fast alle Vulkane in der Auvergne bezeichnet werden, leitet sich vom lateinischen podium ab, das »erhöhter Ort« bedeutet.

die Materie dem Licht näher gebracht haben. Damit würde es späteren Besuchern leichter fallen, eine höhere Bewusstseinsform zu erreichen. Und tatsächlich hat man als Besucher beim Betreten der Kathedrale diesen Eindruck, und auch Kunsthistoriker sprechen beim Anblick der gotischen Kathedralräume von »gebautem Licht«. Wie muss dieses Erlebnis erst die Menschen des Mittelalters beeindruckt haben.

Das Wunder Mont Saint-Michel

Nicht nur wegen seiner außergewöhnlichen Lage ist der Mont Saint-Michel in der Normandie einer der faszinierendsten Orte des Abendlandes. Als wahres Meisterwerk der Natur erhebt sich die 80 Meter hohe Insel aus Granit über dem Meer. Bei den Galliern diente der Berg als Einweihungsstätte für Druiden, die die magische Kraft besessen haben sollen, Stürme zu besänftigen.

1017 wurde eine Abtei errichtet, die dem heiligen Michael geweiht wurde. Der Erzengel soll dem damaligen Erzbischof erschienen sein und später beeindruckende Wunder für die Bevölkerung bewirkt haben. Seit dem Abzug der Mönche von der Insel im Jahr 1886 wurde die Abteikirche zu einem Wallfahrtsort zu Ehren des heiligen Michael. In ihrem Inneren ist der Erzengel – gleich den Rittern des Mittelalters –

Im französischen Le Mont-Dore sprudeln aus den Tiefen des Gesteins heilende Quellen. Im Kurhaus steht dieser Brunnen, aus dem das wohltuende Wasser geschöpft werden kann.

MAGISCHES FRANKREICH

Temperaturumkehr

Ein Teil der magischen Energien des Puy de Dôme mag von der Ausstrahlung des vulkanischen Gesteins kommen. Es enthält das winzige Partikel aus Eisenoxid, das die Eigenschaft besitzt, sich in flüssigem Zustand bei Vulkanausbrüchen stark nach dem Magnetfeld der Erde auszurichten. Zu den Geheimnissen des heiligen Berges gehört auch das atmosphärische Phänomen der »Temperaturumkehr«: Während es im Tal bitterkalt ist, weht auf dem Dôme ein mildes Lüftchen. Die schwerere kalte Luft sinkt hinab und verdichtet sich in der Ebene, während die warme Luft nach oben steigt. Heute erkennt man in dieser meteorologischen Erscheinung eine klassische Inversionswetterlage. Die Druiden deuteten den für sie magischen Vorgang jedoch als Eingriff der Götter.

mit einer silberbezogenen Rüstung dargestellt. Mit Schwert und Schild hat er gerade den Drachen besiegt, der zu seinen Füßen liegt.

Die Abteikirche ist eine der bedeutendsten ländlichen Kirchen Frankreichs und spiegelt den kargen Charme ihrer Region wider. Als magisches Kunstwerk, das von den Göttern auf die Erde gebracht worden sein soll, gehört der heilige Berg der Gallier zu den herausragenden Sehenswürdigkeiten des Landes und wird von den Franzosen als einzigartiges Natur- und Kulturdenkmal verehrt.

Das energetische Zentrum

Die Auvergne ist nach Aussage von Geomanten das energetische Zentrum Frankreichs (das Hara, wie das Energiezentrum in Indien genannt wird), von dem aus sich die Erdenergien spiralförmig über das ganze Land ausdehnen sollen. Ausgangspunkt ist der älteste, höchste und bekannteste Vulkan Frankreichs, der Puy de Dôme, der mit seinen 1465 Metern Höhe die benachbarten Krater weithin überragt.

Auf dem heiligen Berg errichteten die Gallier zu Ehren Teutates, eines ihrer Hauptgötter, einen Tempel, während die Römer dem Gott Merkur ein Heiligtum mit einem Orakelsitz über einer Felsspalte erbauten. Man erreichte es über eine Folge von Terrassen und Treppen, über die man nicht nur der beeindruckenden Bronzestatue des Gottes, sondern seiner eigenen Erleuchtung näher gekommen sein soll.

Das Gebirgsmassiv des Mont-Dore, dessen Felsen aus zwei Arten von Lava bestehen, wobei die eine reich, die andere arm an Kieselsäuren ist, gilt als energetisches Zentrum. Möglicherweise ist gerade das seltene Phänomen der unterschiedlichen Lavagesteine die Ursache für die dort zu findende Energie. Ebenso gelten die Felsnadel von Le Puy und der Vulkan Puy de Sancy als magisch-heilige Bezirke. In dieser Gegend um den Mont-Dore tragen heiße Quellen, etwa im Heilbad von La Bourboule oder die Quelle, die im Park des kleinen Orts Fenêstre beim Fels der Feen aus dem Boden quillt, ihren Teil zum »Zauberreich der Auvergne« bei.

Die Auvergne, im südlichen Mittelfrankreich, weist über 60 erloschene Vulkane auf. Zu den höchsten zählt der Le Puy-en-Velay, der wie eine Felsnadel geformt ist und von dem eine magische Anziehung ausgeht. Auf seiner Bergspitze steht eine Kapelle, die dem heiligen Michael geweiht ist.

673

KRAFTORTE

Irland – ein Land, ein Mythos

Im Norden der Republik Irland, im County Donegal, findet man sanfte Hügel ebenso wie zerklüftete Felsen. Ganz Irland ist von diesem oder einem ähnlichen landschaftlichen Reiz. Mythen um geheimnisvolle Wesen und Begebenheiten tragen das ihre zur Faszination dieser Insel bei.

Die Insel Irland ist mit ihren verwunschenen Schlossruinen, verwitterten Steinkreisen, nebeligen Hochmooren und steil aufragenden, zerklüfteten Klippen ein einziger Mythos, dessen magische Anziehungskraft keinen Besucher unberührt lässt. Hunderte von Artefakten, wie z.B. die rätselhaften Steinfiguren auf den Inseln des Sees Lough Erne, stehen auf der Liste der Nationalmonumente. Die Schriften der Griechen und Römer geben Auskunft über das hünenhafte Volk der Kelten, das kein Alphabet kannte und um 400 v. Chr. nach Irland vordrang, nachdem es von Norden her bereits den größten Teil Westeuropas besiedelt hatte. Die Kelten legten Ringwälle und Forts an, züchteten Vieh und bestatteten ihre Toten in Hügelgräbern.

Alltag der Kelten

In Burgen wie Staigue Fort, einem besonders gut erhaltenen Ringfort im Süden der Grafschaft Kerry, herrschten ihre Oberhäupter wie Könige. Deren »Völker« müssen damals relativ klein gewesen sein, da nur eine halbe Million Menschen zu dieser Zeit dort lebten, die in 150 Stämme aufgeteilt waren. Und lediglich fünf Prozent der Inselfläche waren kultiviert. Es kam sehr oft zu blutigen Kämpfen um Vieh und Weideland, dessen Größe immer den sozialen Stand eines Clans bestimmte. Daneben war es für Kelten eine Ehre, den Tod im Schlachtfeld zu finden. Das brachte seinen Hinterbliebenen Ansehen und nach der vorherrschenden religiösen Überzeugung konnte man so seines glücklichen Weiterlebens in der Anderwelt sicher sein.

Auch ohne Kampf war das Leben der meisten Menschen bis lange nach der Zeitwende kurz und entbehrungsreich und hing vom Erfolg bei Ackerbau und Viehzucht ab. Da es keinen Handel zwischen den Stämmen gab, kam es schon durch eine einzige Missernte oder eine Viehseuche zum Zerfall der Gemeinschaft.

In ihren Sagen, die erst im 7. und 8. Jahrhundert n. Chr. von Mönchen aufgeschrieben wurden, entwickelten die Kelten eine innige Zuneigung für das von ihnen besiegte Urvolk der Insel, »Tuatha De Danann«. Deren Heldentaten wurden möglicherweise schon deshalb gepriesen und besungen, weil die Macht und Stärke der Besiegten auch dem Sieger zur Ehre gereichen.

Das Volk der Riesen

In den keltischen Legenden sind die Tuatha ein Volk von Riesen gewesen, die mit ihrer abnehmenden Bedeutung auch an Körpergröße verloren und sich schließlich als Feenvolk unter das Erdreich zurückzogen. Als Sidhen bevölkern sie seitdem die mystischen Plätze des Landes, so z.B. den Ring of Kerry, eine ringförmige Straße, die durch eine geheimnisvolle Landschaft führt oder den Steinkreis von Beaghmore, der im County Tyrone liegt und erst 1940 entdeckt wurde. Über eine Fläche von 20.000 Quadratmetern erstrecken sich dort Doppelkreise und parallele Linien, runde Hügel und kieselsteinbelegte Fluchten. Die Steinmuster, die aus der Vogelperspektive wie geflügelte Engel aussehen, sind einst wohl planmäßig angelegt worden, denn sie richten sich ausnahmslos nach Süden aus.

Die Musik der Sidhen

Haben die rätselhaften Erbauer des Steinsystems hier in der Landschaft Sonnenumläufe, Mondphasen, Planetenkonjunktionen oder Meteoritenschauer dargestellt? Diente das Feld einst Prozessionen, Orgien und Feuertänzen? Niemand kann es genau sagen. Nur Eines wissen die Archäologen mit Sicherheit: Die Steinkreise von Beaghmore stammen aus der Jungsteinzeit und überlagern Reste eines noch älteren Systems aus der Jäger- und Sammlerkultur der Mittleren Steinzeit. Sie alle sind von geheimnisvollen Begebenheiten geprägt, die, glaubt man den Einheimischen, noch heute in Irland alltäglich sind.

So soll in den Steinkreisen von Beaghmore in kurzen Sommernächten eine unendlich schöne Musik, die der Sidhen, zu hören sein. Ihr wilder, klagender Gesang ertönt, wenn das letzte Licht der Sonne um Mitternacht verschwunden ist. Dann, flüstert man sich zu, hätten die Menschen keine Vorbehalte gegen das Reich der Unsichtbaren mehr.

MYTHOS IRLAND

Rätselhafte Steinfiguren

Plätze voll stiller Schönheit und geheimnisvoller Magie finden sich auf den kleinen Inseln des Lough Erne im Norden Irlands im County Fermanagh. So ist White Island durch seine in der Nähe einer romanischen Kirche aufgestellten geheimnisvollen Steinskulpturen aus dem 8./9. Jahrhundert bekannt, deren Herkunft und Zweck unbekannt ist. Archäologen wollen in ihnen heidnische Motive erkannt haben: Priester, Krieger und Opfertiere.

Über dem kreisrunden kleinen Friedhof von Caldragh auf Boa Island herrschen zwei verwitterte Janusfiguren, eine große mächtige und eine kleinere schwächliche, die ihre Besucher nahezu unheimlich berühren.

»Vor diesen zu Stein geschmolzenen Klumpen Energie gibt es kein Entweichen«, sagt der Ethnologe Matthias Weingold. »Furcht und Staunen und Respekt vor Mächten, von denen wir wenig begreifen, beschleichen uns hier.«

Die Friedhofswächter von Caldragh auf Boa Island mitten im Lower Lough Erne muten mit ihren herzförmigen Gesichtern und ihren Katzenaugen überirdisch an. Welchen Lebewesen sie nachempfunden wurden ist ein Rätsel. Durch ihre unheimliche Ausstrahlung werden gerne Außerirdische als Modelle angeführt.

675

KRAFTORTE

Dolomiten – Reich der Einarmigen

Wie es zahlreiche Sagen aus den Bergwelten Österreichs, Deutschlands und der Schweiz gibt, so werden auch über die Dolomiten, jene zerklüfteten Kalkalpen in Italien, wundersame Dinge erzählt. Märchenhafte Gestalten sollen dort einst über Berg und Tal gewandert sein. Fabelkönige und rätselhafte Einarmige beschäftigen jedoch nicht nur die Märchenerzähler, sondern auch die Wissenschaft.

Etwa 300.000 Zeichnungen an den Hängen des oberitalienischen Tals Val Camonica erzählen vom Alltag der Menschen in der Bronze- und Eisenzeit. Über Jahrhunderte hinweg ritzten die frühen Bewohner Motive von der Jagd, ihrem Zusammenleben und ihren kultischen Riten in die harten, von Eiszeitgletschern glatt geschliffenen Felsen. Geben die urzeitlichen Bilder auch Aufschluss über jenen mythischen König, der das mächtige Sagenreich Fànis hoch oben in den Dolomiten regiert haben soll? Und über seine seltsamen Verbündeten, dem »Volk der Einarmigen«?

Das Maultiergerippe

Eine weitere sinistre Gestalt, von der in dieser Gegend der Dolomiten noch immer erzählt wird, ist das »Spina de Mùl«, jenes Maultiergerippe, das in grauer Vorzeit in der Nähe von Cortina d'Ampezzo sein Unwesen getrieben haben soll. Hinter dem Spuk steckte der Hexenmeister Spina, der sich alten Legenden zufolge gern in der Gestalt eines halbverwesten Maultieres herumtrieb. Er besaß den Wunder wirkenden Strahlenstein Rayèta, der später auf rätselhafte Weise in den Besitz des Fànis-Königs gelangte.

Wallburg in 2600 Metern

Während für den Ethnologen Karl Felix Wolff das »Spina de Mùl« ein Gebilde menschlicher Fantasie darstellt, hält er die Legende vom König der Fànis historisch für überprüfbar. Viele Jahre nach Wolffs Aufzeichnungen fand der Bozener Archäologe und Ingenieur Dr.

Georg Innerebner im Jahre 1953 in den Steinwüsten der Fânesalpe auf 2600 Metern Höhe die Überreste einer vorgeschichtlichen Wallburg. Schon oberflächlich durchgeführte Ausgrabungen führten zu einem Burgstall, brachten Asche längst verglühter Feuer und Scherben von Tongefäßen zutage. Die Funde deuten auf die späte Bronzezeit, also etwa 1000 bis 800 v. Chr.

Umfangreiches Material

Tatsächlich lebten vor der Besetzung durch die Römer etwa 200 Stämme in den Dolomiten, von denen nicht nur die vielen tausend Felszeichnungen Zeugnis ablegen, sondern auch Hunderte von mündlich weitergegebenen Sagen. Das umfangreiche Material nennt einige der durch den Fânis-König unterdrückten Völker wie die Cayùtes oder die Peleghétes, die schließlich gemeinsam in den Kampf gegen ihren Widersacher zogen.

Doch auch die Fânes (das Gebiet ihres Stammes heißt Fânis) hatten mächtige Verbündete im Volk der Einarmigen, die durch die Luft zu Hilfe geeilt sein sollen. Woher sie kamen, verschweigen die Legenden. Überliefert ist in den alten Sagen nur, dass sie sich in Adlerkleidern aus den Lüften herabstürzten – jeder ein Schwert in der Hand. Neben den zahlreichen prähistorischen Figurenzeichnungen über dem Val Camonica, dem Tal des Flüsschens Oglio, finden sich auch seltsame, geflügelte Gestalten. Vielleicht handelt es sich bei diesen um Darstellungen himmlischer Wesen oder um Menschen, deren außerordentlicher Bewusstseinszustand auf diese Weise beschrieben wird.

Symbole und Schriftzeichen

Der italienische Archäologe Professor Emmanuel Anati, der von 1961 bis 1975 die Gegend untersuchte, hält die fast 300.000 Darstellungen aus prähistorischer Zeit »für die bedeutendste und reichhaltigste in Europa bekannte Felskunstsammlung«. Neben Darstellungen von Tieren, Menschen und Pfahlbauten enthalten sie aber auch bisher nicht entschlüsselte Symbole und frühe Schriftzeichen.

Beinlose Körper

Für Verwirrung unter den Vorzeitforschern sorgten die Zeichnungen von kriegerischen Kampfszenen auf großen Felsplatten, von einem stilisierten Reiter- und Fußvolk und tödlich verwundeten Menschen, die als beinlose Körper dargestellt wurden. Verblüffend ist auch, dass die siegreichen Krieger als Einarmige abgebildet wurden. Gab es die Einarmigen, die sich wie Vogelmenschen in die Lüfte erheben konnten, wirklich? Naturvölker pflegten religiöse Rituale der Selbstverstümmelung wie die Amputation eines Beines, eines Armes oder einer weiblichen Brust (Amazonen). Darüber hinaus haben sich Sagen von fliegenden Menschen im gesamten Alpenraum erhalten.

Fliegende Wagen in China

Im Jahre 1943 brachte der deutsche Arzt Professor Dr. Fuchs aus China Kopien alter Bücher mit, in denen von Windwagen im Reich der Mitte berichtet wird, die vor etwa 3700 Jahren vom Tschi-kung-Volk, dem »Volk der Einarmigen«, verwendet wurden. In dem aus dem dritten Jahrhundert n. Chr. verfassten Werk »Po-wü-tschi« wird bestätigt, dass das Tschikung-Volk bereits vor über 2000 Jahren in fliegenden Wagen und bei gutem Wind große Entfernungen zurücklegen konnte.

Vom Wind getragen

Als diese chinesischen Vertreter der Einarmigen auf ihren seltsamen Gefährten zur (historisch nicht belegbaren) »Versammlung der achtzehnhundert Völker« kamen, sollen sie vom Westwind getragen worden sein. Ihr eigenes Land lag nach den Überlieferungen »40.000 Li« weit im Westen. Für die Chinesen beschrieb eine solche Zahl eine unbeschreiblich große Entfernung, die weit über die Grenzen des Reiches der Mitte hinausging und möglicherweise sogar den halben Erdball umfasste. Ob allerdings die »fliegenden Einarmigen« aus den chinesischen Überlieferungen und ihre Ebenbilder aus der alpenländischen Sagenwelt gleichen Ursprungs sind, ist nicht bekannt.

Die Schwester des Magiers

Auch in anderen chinesischen Überlieferungen finden sich Hinweise auf das Tschi-kung-Volk. »In Verbindung mit dem Wind konzentrierten sie sich und erfanden einen fliegenden Wagen, der steigend und sinkend, je nach dem Wege, sie als Gäste zu Kaiser T'ang brachte«, heißt es bei dem Dichter Kuo-Po (270–324 n. Chr).

In dem 1341 veröffentlichten Werk »Ku-yü-t'u« steht: »Vor alter Zeit unter Kaiser Tscheng (1115–1077 v. Chr.) schickte das Land der Einarmigen Gesandte mit Tributgeschenken aus, die auf einem Wagen aus Federn saßen, der vom Winde getrieben wurde.«

Bemerkenswert bleibt eine kuriose Namensgleichheit zwischen dem chinesischen Volk Tschi-kung und der zauberkundigen Schwester des Magiers Spina de Mùl aus den Dolomiten, der den feurigen Strahlenstein durch die Luft entführen ließ. Beide hießen Tsikúta.

Die Felszeichnungen von Val Camonica zählen zu den berühmtesten der ganzen Welt. Auf ihnen sind deutlich Szenen aus dem Leben von Menschen in der Bronze- und Eisenzeit zu sehen.

KRAFTORTE

Die roten Felsen von Sedona

Cathedral Rock wird die imposante Gesteinsformation inmitten der roten Felsen von Sedona wegen seiner Ähnlichkeit mit einem christlichen Gotteshaus genannt. Er liegt ca. zwei Autostunden nördlich von Arizonas Hauptstadt Phoenix. Das trockene Klima, das die Felsen umgibt, und die Todesstille, die auf ihren Gipfeln herrscht, tragen zum Mythos, das es sich hier um einen Kraftort handelt, bei.

Die Landschaft scheint nicht von dieser Welt. Die energetischen Kräfte, die dort wirken sollen, inspirieren die Menschen seit Jahrtausenden. Wind und Wasser verwandelten dunkelrote Tafelberge in 200 Millionen Jahren in fantastische Felssäulen von ehrfurchtsgebietender Form. Für die Hopi-Indianer, die heute etwas weiter nordöstlich leben, sind diese »Felsen von Sedona« ein Tor zu den Sternen und Fluchtburgen für die Seelen der Ahnen – kurz, Orte kosmischer Energien.

Geschichtsträchtiger Flecken Erde

Sedona am Ende des Oak Creek Canyon in Arizona zieht mit seiner Schlucht und den roten Felsen zahlreiche Naturbegeisterte und Erholungsuchende an. Die magische Energie, die es umgibt, machten das einstige Pioniersstädtchen zum beliebten Urlaubsort. Den Namen erhielt Sedona von der Pioniersfrau Sedona Schnebly, die sich als Erste mit ihrem Mann zu Beginn des letzten Jahrhunderts im Oak Creek Canyon niederließ.

Die Gegend ist jedoch bereits seit 10.000 Jahren von Menschen bewohnt. In den Felsen und Höhlen um Sedona fand man Reste alter, zumeist kleiner Indianersiedlungen, aber auch großer, einst dicht bevölkerter Dörfer (Pueblos). Später erlebte der Indianerstamm der Sinagua hier seine Blütezeit, bis er verschwand. Wahrscheinlich starb er aus, doch Beweise hierfür gibt es nicht.

»Wirbel« als magische Punkte

Die Hopi-Indianer Arizonas fühlen sich als Nachfolger des alten Sinagua-Clans, der die Täler um 1300 n. Chr. vermutlich aufgrund der Weissagung eines Medizinmannes verlassen hat.

Die Medizinmänner der Hopi haben schon vor Jahrhunderten in der malerischen Landschaft acht Stellen entdeckt, an denen sich angeblich Linien kosmischer Energien überschneiden. Zu diesen magischen Punkten, Wirbel genannt, gehören unter anderen Bell Rock und Boynton Canyon, zu denen Besucher gerne pilgern, um sich von der »Allheit der Dinge«, der Energie, die diese Landschaftspunkte ausstrahlen, durchdringen zu lassen.

Eine weitere Attraktion ist der Oak Creek Canyon, an dessen Windungen entlang sich die Wasser eines kleinen Flusses ziehen. Auf schlüpfrigen flachen Steinen sollen sich dort bereits in prähistorischen Zeiten Menschen energetisch aufgeladen haben.

Hauptanziehungspunkt der Landschaft sind jedoch ihre hohen roten Felsen von der Gestalt gigantischer orientalischer Tempel oder die seltsam-bizarren Sandsteinformationen mit breitrandigen Kappen, die von den Geologen »Hoodoos« genannt werden – Unglücksboten. Ziehen die roten Felsen von Sedona und die Wirbel in der Landschaft nicht nur positive Energien an?

Der Gang der Sonne

Die intakten religiösen und kulturellen Traditionen der Hopi-Indianer faszinieren die Menschen der alten Welt, die angesichts vielfältiger Krisen nach Orientierung und Sinn suchen.

Noch heute messen die Hopi die Zeit nach dem erhabenen Gang der Sonne durch die Weiten des Wüstenhimmels und weniger nach dem Ticken einer Uhr. Ein Grund, warum sie mit langem Atem die Geschehnisse betrachten, nach denen sie ihr Leben gestalten. Für sie sind die roten Felsen ihre »Mutter Erde«, die ihnen vom Großen Geist, einer Art Hochgott, am Beginn der Welt anvertraut wurde und die es zu hüten und zu pflegen gilt, egal, was geschieht. Die Prophezeiungen der Hopi sprechen vom Untergang dieser Welt, von dem kommenden Ende unserer Zeit. Nach einer Reihe von Naturkatastrophen wird es den Indianern zufolge zu einer Rückkehr zur natürlichen Ordnung kommen, einer Ordnung, in der die roten Felsen thronen, bis in alle Ewigkeit.

In Arizona, der Heimat der roten Felsen von Sedona, gibt es die größten Indianerreservate der USA. Wie hier die Hopi in ihrem Pueblo im Grand Canyon haben sich die Ureinwohner des Kontinents ihre Mythen und Weisheiten bewahrt. So sollen die Steine von Sedona mit heilenden Kräften ausgestattet sein, die man durch Gebete aktivieren kann.

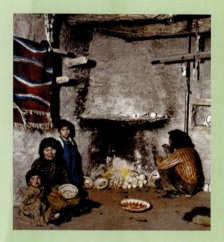

Wünsche werden wahr

Die roten Felsen von Sedona ziehen Menschen magisch an. Es ist ihre Farbe, ihre Form, ein Sog von Energie, wenn man in ihre Nähe kommt, behaupten Touristen wie Einheimische. Die Kräfte an den Felsen werden als ungeheuer stark beschrieben. Man fühlt sich schon »high«, auch wenn man nur dort sitzt – eine Wirkung, als zöge ein Magnet einen an.

Spirituelle Lehrer und Schüler behaupten, an diesem Kraftort würde alles, was man sich wünscht, in Erfüllung gehen.

Die Hopi-Indianer erzählen: »Früh am Morgen, wenn es zu dämmern beginnt, während es aber noch ganz dunkel ist und kein Licht den Himmel erhellt, dann stehst du da und schaust nach Osten. Du musst ganz still sein und voller Anbetung. Während du dann beobachtest, wie das Licht kommt, sprichst du ein Gebet, nur zu dir selbst. Das ist ‚kuyiva'to'«. ‚Kuyiva'to' ist für die Hopi ein ganz bestimmtes, von Ehrfurcht und Dankbarkeit geprägtes Lebensgefühl.

KRAFTORTE

Das Rätsel der Talayots

Die zyklopischen Steinquader des Talayots von Son Fornés bilden eine Mittelsäule, um die ein enger Gang herumführte.

TALAYOTS

Wenn die Touristen auf Mallorca von und zum Flughafen von Palma rasen, wissen die meisten von ihnen nicht, dass sie an einem der wichtigsten heiligen Orte der so genannten talayotischen Kultur vorbeifahren. Direkt neben dem Zubringer finden sich die Überreste des Grabturmbaus von Son Oms und ein rechteckiges Heiligtum. Sie gehörten zu einer großen Tempelanlage, die heute leider nur noch in archäologischen Büchern existiert, weil sie einer Piste des Flughafens zum Opfer fiel.

Verschwundene Denkmäler

Ursprünglich bestand die Anlage aus zwei Ringmauern mit einem Steinkern und einem zentralen Grabraum. Ein Gang führt auf das Dachplateau, wo sich der Kultplatz befand. Vermutlich diente dieser der Sternenbeobachtung, die den megalithischen Völkerschaften so wichtig war. Son Oms entstand Mitte des 2. Jahrtausends v. Chr. und gehört somit zu den weltweit ältesten megalithischen Komplexen. Der mächtige Bau aus riesigen Steinblöcken diente offenbar Einweihungsriten.

Die talayotische Kultur

Der Begriff »Talayot« ist aus dem arabischen Wort »atalayi« (Wache halten) entstanden und bezeichnet runde oder rechteckige turmartige Gebäude aus mächtigen Steinquadern. Talayots stehen einzeln oder in Gruppen, im Inneren von Ringmauern und auf Anhöhen. Die »Son« sind auf der ganzen Insel zerstreut. Son bedeutet so viel wie Landgut. Es handelt sich also um Ortsbezeichnungen, die angeben, auf welchen Landgütern die Talayots zu finden sind. Die Anlagen haben ganz unterschiedliche Ausmaße, von einzelnen runden Talayots mit einem Durchmesser von wenigen Metern, bis hin zu gewaltigen Anlagen, die ein ganzes Dorf mit vielen Gebäuden umfassen.

Ihre Bedeutung ist jedoch bis zum heutigen Tag in ein Geheimnis gehüllt. Die talayotische Kultur blühte von 1300 bis zum 1. Jahrhundert v. Chr. Man vermutet, dass die runden Talayots die in Stein übertragene Form der steinzeitlichen Rundhütte waren. Es besteht kein Zweifel, dass die runden Talayots kultischen Bräuchen dienten.

Die späteren eckigen Talayots waren wahrscheinlich eher für Verteidigungszwecke und als Begräbnisstätten angelegt.

Möglicherweise handelte es sich bei den Stierkopf-Bronzen um Kultgegenstände aus dem ehemaligen Tempel von Costix.

Die Stierköpfe von Costitx

Bei Costitx haben die Archäologen den bedeutendsten Fund Mallorcas gemacht: Drei bronzene Stierköpfe von großer Eleganz und Perfektion aus dem 6.–5. Jahrhundert v. Chr. Sie sind ausdrucksvolles Zeugnis von den Beziehungen, die die talayotische Kultur mit dem asiatischen Kulturraum verband. Die Figuren weisen auffallende Ähnlichkeit mit Stierköpfen auf, die im persischen Susa ausgegraben wurden, aber auch mit den »Löwen von Delos« im griechischen Kulturraum.

Nur zwei Säulenreihen sind von der ehemals bedeutenden talayotischen Anlage bei Costix geblieben.

KRAFTORTE

Das Urteil des Herzogs

Das Osttor von Ses Païsses bei Artá mit dem riesigen zyklopischen Türsturz zählt zu den schönsten Beispielen megalithischer Baukunst. Der österreichische Erzherzog Ludwig Salvator (1847–1915), der sich mit seinen geographischen Studien einen bedeutenden Namen gemacht hat, beschreibt in seinem siebenbändigen Monumentalwerk »Die Balearen in Wort und Bild« (Leipzig, 1869–1884) seinen Eindruck: »Diejenigen Talayots, die am besten erhalten sind, befinden sich in Ses Païsses dels Olors, del Señor Pedro Font im südlichen Teil in unmittelbarer Nähe von Artá, mitten in einem Eichenwald, wo große Steine einen Kreis bilden, dessen Eingang von drei majestätischen Blöcken gebildet wird.«

Das berühmte Eingangstor in der Ringmauer der talayotischen Anlage von Ses Païsses.

Das Heiligtum von Son Mas

Ein besonders auffälliger und charakteristischer Bau ist der Tempel von Son Mas. Sein Grundriss hat die Form eines Hufeisens mit einer konkaven Fassade. Die Struktur des Gebäudes ist einzigartig auf den Balearen und nicht mit den runden Talayots zu vergleichen. Im Inneren sind Überreste von Säulen zu sehen, die einst das relativ niedrige Dach trugen.

Zweifellos handelte es sich um ein sehr bedeutendes Heiligtum, in dem wahrscheinlich rituelle Speisungen stattfanden. Der Tempel mit der dazu gehörenden großen Siedlung war zwei Jahrtausende, von 2100 v. Chr. bis 200 n. Chr., in Gebrauch.

Damit handelt es sich um die größte Niederlassung in Europa, die über einen derart langen Zeitraum ungestört existierte. Unglaublich viele verschiedene Völker und Kulturen müssen ihn im Laufe dieser langen Zeit besucht haben. Sie sind dort zweifellos mit den rätselhaften spirituellen Systemen der talayotischen Kultur konfrontiert worden.

Archäologische Rätsel

Der runde Talayot von Son Fornés ist einer der größten der Insel mit einem äußeren Durchmesser von 17 Metern. Man betritt ihn durch ein niedriges Tor, das aus drei monolithischen Blöcken geformt wurde.

Erst der Tordurchgang von fünf Metern Länge gibt einen Eindruck von der Mächtigkeit dieser Mauern, die mit Blöcken errichtet wurden, die bis zu zehn Tonnen wiegen. Im Inneren finden sich gekrümmte Wände sowie ein charakteristischer kleiner Raum, der durch einen schmalen in die Mauer eingearbeiteten Zugang erreichbar ist.

Beide Strukturen geben den Archäologen noch immer Rätsel über den Verwendungszweck dieser Anlage auf.

682

TALAYOTS

Mittelpunkt der Welt

Die massive Mittelsäule konnte nicht allein als Dachträger dienen. Es gibt weitaus ausladendere talayotische Bauten, die keiner Säulen bedürfen. Die Ausmaße der Mittelsäulen sind oft derart enorm, dass der sie umgebende Raum zu einem engen Umgang verkleinert wird.

Offensichtlich stellt die Mittelsäule im Rundbau die mythische Weltenachse dar, wie sie uns in ähnlichen Rundbauten alter Kulturen, aber auch in den sibirischen Jurten begegnet. Sie bezeichnet den Mittelpunkt des Kosmos, der Himmel, Erde und Unterwelt miteinander verbindet. Die Konstruktion legt nahe, dass diese Bauwerke einer mythisch und religiös motivierten Absicht unterstanden.

Initiationsriten

In diesen Bauwerken, die symbolisch im Zentrum der Welt standen, fanden wohl Initiationsriten statt. Kleine, nur durch einen engen Kanal zugängliche Kammern, die vielen Talayots angeschlossen sind, könnten der Beweis für Initiationsriten einer älteren Zeit sein, als die Einweihung noch in Höhlen stattfand. Damals wurde der Initiand durch einen schmalen Zugang in den »Uterus der Erdmutter« hinab geführt, um neu geboren zu werden.

Boote aus Stein

Eigentümlich sind die vortalayotischen Behausungen in der Form eines kieloben liegenden Schiffes. Bisweilen dienten diese »Navetiforme« (»bootsförmiges Bauwerk«) auch als kollektive Gräber, wie bei Son Real im Norden der Insel. Dort handelt es sich wahrscheinlich um ein phönizisches Gräberfeld. Sehr ähnliche Baustrukturen weisen die so genannten Nuraghen auf Sardinien auf. Aber auch viel weiter im Norden, in Skandinavien, schickte man die Toten in steinernen Schiffen auf ihre Reise ins Jenseits.

In dem wahrscheinlich phönizischen Gräberfeld von Son Real wurden runde, eckige und bootsförmige Gräber errichtet.

683

KRAFTORTE

Borobudur – der Tempel Buddhas

Gelassen ruht der Buddha in Meditation versunken. Seine Haltung ist lehrend und weist auf die Wiedergeburt hin. In Erzählungen späterer Jahrhunderte wurden aus den zahlreichen Buddhafiguren verzauberte Prinzen.

BOROBUDUR

Borobudur, der geheimnisvolle Götterberg auf der indonesischen Insel Java, ist eines der größten Wunder des Fernen Ostens. Nur knapp 40 Kilometer von der ehemaligen Sultans-Stadt Yogyakarta entfernt, errichteten vor über 1000 Jahren gläubige Buddhisten den ausgedehntesten Tempelbau Asiens. Mit gewaltigen Steinmassen wurde eine ganze Bergkuppe überspannt und so zu einem Sakralbau riesigen Ausmaßes umgestaltet. Zahlreiche Spekulationen und Legenden ranken sich bis heute um diese heilige Stätte und lassen unwillkürlich Fragen nach den Baumeistern und dem Zweck dieses fantastischen Bauwerks aufkommen.

Auferstehung aus Ruinen

Als britische und niederländische Reisende zu Beginn des 19. Jahrhunderts die vom Urwald überwucherte Ebene von Kedu erforschten, hatten sie nur Augen für die üppige Vegetation und die vulkanischen Hügelketten. Borobudur dagegen war in einen tausendjährigen Schlaf versunken. Dies änderte sich mit der beginnenden Kolonialherrschaft des Britischen Imperiums. Sir Thomas Stamford Raffles (1781–1826), der stellvertretende Gouverneur auf Java, hörte 1814 auf einer Inspektionsreise zum ersten Mal die fast unglaublichen und unheimlichen Berichte über einen Waldhügel namens Borobudur. Danach soll 1757 der Kronprinz von Yogyakarta den Ort besucht und dabei auf einen »Ritter« in einem »Käfig« gestoßen sein. Wenig später sei der Prinz erkrankt und gestorben. Von da an hatten die Einheimischen große Angst vor dieser Stätte und hielten sich von dem verwunschenen Berg lieber fern.

Sir Raffles entschloss sich, den holländischen Ingenieur H. C. Cornelius zu dem seltsamen Ort zu schicken. Was Cornelius fand, verschlug ihm den Atem. Ein gestufter, kuppelförmiger Bau mit sechs quadratischen Terrassen und drei kreisrunden Abschlussstufen erhob sich vor ihm in einer Höhe von 35 Metern. Galerien und Nischen, 500 wuchtige Buddhastatuen, 1460 Steinreliefs und vier Treppenfluchten sowie glockenförmige Kuppeln, die wie Kronen die oberste Rundterrasse schmückten, deuteten auf ein zentrales Heiligtum des Buddhismus hin.

Das Grab Buddhas

Bis heute wurden jedoch keine Dokumente, die über das Kultmal genauere Auskunft geben

Buddha

Der nordindische Prinz Siddharta Gautama war der Begründer der buddhistischen Lehre. Durch sein entsagungsreiches Leben im sechsten Jahrhundert v. Chr. wurde er zum »Buddha«, zu einem »Erleuchteten«. Die Buddhisten glauben, die menschliche Unzufriedenheit entspringe dem eigensüchtigen, sinnlosen Wunsch nach Reichtum und ewigem Leben.
Das Ziel ist es, den Kreislauf der Wiedergeburten zu durchbrechen, der den Menschen in einer illusionistischen Welt des Leidens gefangenhält. Die Buddhisten streben einen Zustand der Nicht-Existenz (Nirwana) an, in dem sich das Individuum mit dem »Großen Selbst« des Universums vereinigt.

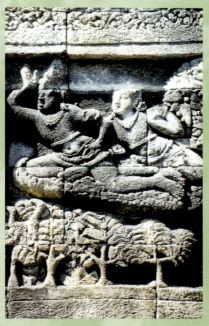

Zahlreiche Friese und Reliefs auf den Mauern des Tempelbergs zeigen Szenen aus dem Leben Buddhas. Auf dieser Darstellung widersteht er den Versuchungen einer Liebesdienerin.

685

KRAFTORTE

Vision des Mikrokosmos

Wie durch ein überdimensionales Bilderbuch wanderte der Pilger im Uhrzeigersinn die erste Galerie des Tempelbergs entlang und wurde mit Bildern von guten und schlechten Taten und den davon abhängenden Belohnungen oder Strafen konfrontiert. Über Treppen stieg er weiter bis zur fünften Ebene hinauf. Auf dem Weg verkündeten ihm nun 1300 Relieffelder und 432 Buddha-Statuen die religiöse Heilsbotschaft. Die »Erzählung« berichtet über das Leben Siddhartas und seine fortschreitende Erleuchtung sowie die Suche nach dem Weg zur Wahrheit.

Der spirituelle Aufstieg endete in der Sphäre der Losgelöstheit von allem Irdischen. Borobudur gleicht damit einem gewaltigen Mandala, einem Hilfsmittel zur Meditation, das aus magischen Diagrammen besteht und die illusorische Welt der Objekte überwinden hilft.

könnten, von Archäologen gefunden. Dennoch existieren Vermutungen über die einstige Bedeutung des Tempelbaus. Kurz nach der Wiederentdeckung fand man auf der obersten Plattform unter einem Stupa (einem glockenähnlichen Hohlbau) eine verschlossene Metallurne mit Asche und einem Bildnis aus Metall. Dann aber wäre Borobudur ein gewaltiger Reliquienschrein gewesen. Und die Urne könnte die sterblichen Überreste des legendären Buddhas enthalten haben, die König Ashoka im dritten vorchristlichen Jahrhundert aus seinem ursprünglichen Bestattungsort in Indien hatte entfernen lassen. Der sensationelle Fund, der bei der Wiederentdeckung gemacht wurde, ist jedoch verschollen und möglicherweise zerstört. Nur er könnte der Spekulation, dass Borobudur die Grabstätte eines der größten Religionsgründer der Welt sei, ein Ende machen.

Ebenen der Erleuchtung

Ein königliches Bauwerk wie die ägyptischen Pyramiden war Borobudur nie. Jedermann konnte ohne Hindernis den Tempelberg betreten. War Borobudur also eine Kultstätte für das Volk? Seltsamerweise fanden sich nirgendwo Hinweise für repräsentative Ritualplätze.

Borobudur scheint ein Stein gewordenes Symbol des kosmischen Systems des Buddhismus und die Versinnbildlichung des Weges der Erleuchtung gleichzeitig zu sein. Diese fantastische Entdeckung machte 1929 der deutsche Gelehrte W. F. Sutterheim. Die buddhistische Heilslehre strebt danach, durch aufeinanderfolgende Wiedergeburten zum »Bodhisattva«, einem Halbgott, zu werden. Dies geschieht, wenn der Erleuchtete eins wird mit der Natur. Der Weg dorthin führt durch drei Sphären. Und genau diese Ebenen der Erleuchtung scheint Borobudur zu versinnbildlichen.

Stadien der Seligkeit

Auf der untersten Terrasse erblickten die Gläubigen mehr als 160 Reliefs. Sie repräsentiert das Kamadhatu, die Sphäre des Begehrens. Die

Borobudur, einst indonesisches Zentrum der buddhistischen Religion, war bis zur Mitte des 18. Jahrhunderts völlig vergessen und vom Urwald überwuchert. Heute ist es eine der Touristenattraktionen der Insel Java.

folgenden vier Ebenen stellen das Rupadhatu dar, die Sphäre der Ordnung. Höher und höher stiegen die Gläubigen den Götterberg hinauf. Nach einem etwa 5000 Meter langen Weg, gesäumt von einer ununterbrochenen Folge von Reliefdarstellungen, gelangten sie zur höchsten quadratischen Terrasse. Von hier aus weitet sich der Blick, und die offenen ungeschmückten Kreisebenen werden sichtbar. Es ist die Sphäre des Arupadhatu. Die begreifbaren Phänomene des endlichen Raumes werden nicht mehr gezeigt. Der Kreis, als Symbol für die Unendlichkeit, der ohne Anfang und Ende existiert, ist sinnbildlich erreicht. Stein-Dagobas, kapellenähnliche Glockenbauten, gewähren durch rautenförmige Öffnungen einen eingeschränkten Blick auf 72 sitzende Buddhas. Der Suchende soll daran erinnert werden, dass er immer nur einen Teil der ganzen Wahrheit erkennen kann.

Stufenpyramide ins Nirwana

Geheimnisvoll ist der zentrale, alles überragende Stupa auf dem höchsten Plateau geblieben.

Vermutlich enthielt er ursprünglich keine Buddha-Statue und versinnbildlichte das Nirwana, die vollendete Seelenruhe und die Befreiung von dem endlosen Kreislauf der Seelenwanderung.

Borobudur wurde demnach als ein magischer Hügel konzipiert, über den die Gläubigen zu immer höheren kosmischen Stufen gelangen sollten und der ihnen dabei half, Erinnerungen an das eigene vergangene Leben wachzurufen und neue Ziele für die Zukunft anzuvisieren. Erst als eine neue Religion, der Hinduismus, Java eroberte, geriet das monumentale Bauwerk ins Vergessen und mit ihm die Idee von der stufenweisen Erleuchtung der Menschheit.

Die Reliefdarstellung aus dem 8. Jahrhundert zeigt Buddha im Gebet vertieft. Noch zu Beginn des letzten Jahrhunderts glich Borobudur einem riesigen, verwitterten und geplünderten Steinhaufen. Erst 1885 entdeckten niederländische Archäologen mehr als 160 Reliefs, die hinter Platten verborgen waren. In einem einmaligen Hilfsprojekt der Unesco wurden zwischen 1971 und 1981 die größten Schäden des Bauwerks für 25 Millionen Dollar beseitigt. Dazu musste der gesamte Bau abgetragen und neu zusammengesetzt werden.

KRAFTORTE

Maya-Ruinen in Mexiko und Guatemala

Das mittelamerikanische Volk der Maya, das in seiner Blütezeit vor und nach der ersten Jahrtausendwende eine Kultur erschuf, die noch heute in Erstaunen versetzt, bescherte uns auch viele Sehenswürdigkeiten. In Tikal (Guatemala) beispielsweise ließ einer der mächtigsten Herrscher, Ah Cacaw (682–734), während seiner Regentschaft nicht nur diese neunstufige, 70 Meter hohe Pyramidenkonstruktion errichten, sondern auch die schönsten Tempel der Stadt wurden von ihm und seinen Nachfolgern gebaut.

MAYA-RUINEN

Der Indianerstamm der Maya war in vorkolumbianischen Zeiten Träger einer Hochkultur, die noch heute durch ihre Ruinen und Mythen fasziniert. Die Welt dieses Volkes war durchströmt von den Kräften des Übernatürlichen.

Alle Materie – Pflanzen, Steine, Tongefäße, ja selbst der Sternenhimmel – war belebt und konnte sich zu einer bedrohlichen Macht entwickeln. Nur aufgrund bizarrer Rituale und blutiger Opferkulte konnte der Kosmos der Maya existieren. Ziel ihrer heute oft grausam anmutenden Zeremonien war die Aufrechterhaltung des labilen Gleichgewichts zwischen Himmel, irdischer Mittelwelt und unheilvoller Unterwelt. Durch Opfergaben erhoffte man sich das Herabsteigen der Götter aus dem Kosmos oder der Ahnen aus dem Jenseits. Wichtige Rituale wurden von den »ahauob«, den Priesterfürsten der Indianer durchgeführt, die zugleich Herrscher und Schamanen waren.

König und Schamane

Eines dieser Rituale beinhaltete eine mehrtägige Fastenzeit, in der der Priesterkönig in einen tranceähnlichen Zustand fiel. Er befand sich dabei auf der höchsten Plattform einer der legendären Maya-Pyramiden. Er durchstieß sich den Penis mit einem Rochenstachel, dann zog er sich eine Schnur durch die Wunde. Blut tropfte an langen Papierstreifen herab, die man an den Penis hielt, während sich der Herrscher in ekstatischem Tanz drehte. Gehilfen eilten herbei und verbrannten die sakrale Gabe in einer Opferschale. Der aufsteigende Rauch symbolisierte für die Maya eine Schlange, durch die der König seine Visionen erhielt und eine Verbindung zu Ahnen und Göttern herstellte. Sie glaubten, nur durch die rituellen Handlungen des göttergleichen Schamanen ließen sich das Diesseits und das Jenseits im Gleichgewicht halten, denn im Realitätskonzept der Maya konnten gefährliche Energien auch an heiligen Orten zum Ausbruch gelangen. Stelen, steinerne Schrifttafeln, die von ihnen als lebende Bäume betrachtet wurden, mussten in einem solchen Fall unverzüglich rituell beerdigt werden, um die vernichtenden Kräfte nicht auf ihre Stadt herabkommen zu lassen.

Jenseitstore

Ein »Rachen« zur Unterwelt befand sich in Tabasqueña, im mexikanischen Bundesstaat Campeche. Die Maya schufen in ihren religiösen Zentren Eingänge zum Jenseits: Unheimliche Skulpturen und Monster mit Fangzähnen und riesigen Mäulern wurden moduliert. Sie sollten die Menschen vor dem Betreten warnen. Hinter jedem der dunklen Eingänge verbargen sich ungeheure Kräfte, gefährlich und magisch zugleich. Da mit jedem Opfer durch die erneute Aktivierung die Trennwand zwischen diesseitiger und jenseitiger Welt immer durchlässiger wurde, konnten die dunklen Mächte nur durch einen speziellen Weihekult wieder in die Anderwelt zurückversetzt werden.

Auf der Halbinsel Yucatán befindet sich Tulum – die einzige Mayastätte am Meer. Sie ist geprägt durch zahlreiche Grotten und Höhlen, Cenotes, in denen man sogar tauchen gehen kann. Eines dieser unterirdischen Wasserreservoirs befindet sich direkt unter dem Tempel des »herabstürzenden Gottes«.

Die Unterwelt

Der Schein der Taschenlampe tauchte hinab in das Dunkel und die Stille der gigantischen Höhle in Naj Tunich in Guatemala.

Dem Maya-Forscher George E. Stuart enthüllte sich eine fantastische Galerie aus vielfarbigen Zeichnungen und Inschriften. Auf dem Boden glitzerten seit 1200 Jahren unberührt prächtige Tongefäße.

Die Entzifferung der geheimen Hieroglyphen, die er fand, ist noch nicht abgeschlossen, aber die Höhle hatte wahrscheinlich eine wichtige Funktion beim Übergang in ein neues Zeitalter der Maya. Der Forscher vermutet, dass dieser unheimliche Ort den Toten gehörte – er muss für die Maya gleichbedeutend mit dem Tor zur Hölle gewesen sein.

689

KRAFTORTE

Das auf einem niedrigen Hügel gelegene, einst von Sümpfen umgebene Tikal, gilt als Mittelpunkt eines der einflussreichsten Mayareiche. Sein eigentliches Zentrum liegt heute in einem 500 Quadratkilometer großen Park.

Grabpyramiden

Jedes 52. Jahr war im Kalenderzyklus der Maya heilig. Zu diesem Anlass übermantelte ein Heer von Arbeitern die Pyramiden mit einer neuen Außenschale. Tief im Inneren der himmelwärts strebenden Bauwerke lagen die Grabstätten von Königen – auch ihre Altäre, auf denen sie ihre Riten praktiziert hatten, wurden mit ihnen aufbewahrt. Auf diese Weise stellte jede Pyramide im Glauben der Bewohner einen riesigen Energiespeicher dar. Die künstlichen Berge müssen konzentrierte Macht- und Kraftorte für die Maya gewesen sein.

MAYA-RUINEN

Tikal
Ein Ort höchster jenseitiger Energiekonzentration war Tikal. Den Grundstein der Urwald-Metropole im Tiefland von Guatemala legte Priester-König Yax Moch Xok im dritten Jahrhundert nach Christus an einem genau berechneten magischen Punkt.

Die Maya-Völker verehrten eine Vielzahl von Göttern, die sie in den äußersten Regionen des Alls oder der Unterwelt beheimatet glaubten. Die Milchstraße galt dabei als die Zentralachse des Kosmos.

Im Weltbild der Indianer hatten die Götter bereits bei der Erschaffung dieses Kosmos jenseitige Knotenpunkte festgelegt. Deshalb folgten die Maya dem imaginären Grundmuster sehr genau, wenn sie Häuser, Wege und Stufenpyramiden anlegten. Nach Bauende spiegelte sich dann in den Metropolen das religiöse Konzept vom heiligen Raum in einer heiligen Zeit.

Die Weltachse
Wenn die Maya ihre Herrscher kürten, mussten in den farbenprächtigen Inthronisationsfeiern auch rituelle grausame Menschenopfer dargebracht werden. Oft waren es besiegte Könige gegnerischer Stadtstaaten. Dies war im Glauben des Volkes die Voraussetzung, damit sich im Zentrum ihrer Stadt die Weltachse »wacah chan« materialisierte – die für sie so wichtige Verbindung zwischen Menschenwelt und Jenseits.

Nur dann konnte der König im Tempelheiligtum durch magische Kulte das Portal zur Jen-

Heilige Ballspiele
Spiele hatten bei den Maya höchste religiöse Bedeutung. Ein Beispiel: Ein T-förmiges Spielfeld symbolisierte die Welt, der Ball, der nie die Erde berühren durfte, stand für Sonne und Mond. Wettkämpfe im Ballspiel standen für den Kampf der Dunkelheit gegen das Licht – mit ihm vollzog man Tod und Wiedergeburt der Sonne nach.

Wie die mythischen Heldenzwillinge Hunahpú und Ixbalanqué sich den Herrschern der Unterwelt stellen mussten, denen das Ballspiel der Jungen zu laut war, so wurde das Blut einiger Spieler nach dem Wettkampf den Göttern zur Nahrung dargebracht. Nur so konnte, den religiösen Dogmen der mittelamerikanischen Indianer entsprechend, der tägliche Lauf der Sonne gesichert werden. Die Zwillinge wurden, nachdem sie die aufgebrachten Götter überlistet hatten, in der Mythologie am Himmel zu Sonne und Mond.

Vom Glanz der Vorfahren blieb den Maya wenig. Der Alltag ist heute hauptsächlich durch Handarbeiten, Ackerbau und Tourismus geprägt.

691

KRAFTORTE

Mitten im Urwald von Palenque leben die Lakandonen, die letzten direkten Nachfahren der Palenque-Maya. Sie wurden ab 1978 von dem deutschen Anthropologen Dr. Christian Rätsch (*1957) erforscht – er durfte bei ihnen die alte Magie des mystischen Indianervolkes studieren: Wahrsagung, Zauber und Heilung von Krankheiten aller Art. Wegen ihres Lebens im Einklang mit der Natur, haben sich die Lakandonen selbst »echte Menschen« genannt.

Die Welt des Regengottes

Der Regengott Chac war für die Maya gleichermaßen Todesbringer und Fruchtbarkeitsspender. Er konnte sowohl Regen schicken, als auch das Land verwüsten. Eine herausragende Rolle spielte Chac bei rituellen Festen der späten Maya-Zeit, bei denen man ihm zu Ehren auf den Berggipfeln kleine Kinder opferte. Wenn sie weinten, sah man dies als gutes Zeichen, weil die Tränen Regen symbolisierten. Gleiches galt für geopferte Jungfrauen, die in große Karstbrunnen, Cenotes, geworfen wurden, wo sie zusammen mit goldenen Skulpturen und Gefäßen versanken.

Chac wurde als vier Gottheiten gesehen, von denen jede eine Himmelsrichtung und eine Farbe symbolisierte: Osten/Rot, Norden/Weiß, Westen/Schwarz, Süden/Gelb. Eine ähnliche Zuteilung von Himmelsrichtungen und Farben findet sich in der chinesischen Geomantie.

seitswelt aufstoßen. Geistwesen materialisierten sich bei solchen Ritualen entweder in Kultgegenständen oder im Priesterfürsten selbst.

Mehr als 1000 Jahre lebten die Maya in Tikal. Warum die Stadt im ausgehenden neunten Jahrhundert plötzlich verlassen wurde, ist eines der großen Rätsel geblieben. Hatte die Bevölkerung Angst vor den zu starken Kräften aus dem Jenseits? Töteten sie selbst rituell ihr Königszentrum oder wurde die Königsstadt von mächtigen Feindstaaten besiegt? Man weiß es nicht. Es wird auch ein Rätsel bleiben, warum es in der Folgezeit nie wieder zu einer Besiedlung kam.

Beschwörung des Geisterreichs

Die heutigen Maya teilen sich in 18 Stämme und leben vorwiegend in Guatemala und in Mexiko. Ihren Alltag bestreiten sie mit Ackerbau. Was die einfachen Indianer immer wieder stolz aufleben lässt, ist ihre Tradition: Die Medizinmänner yucatekischer Dörfer zelebrierten – wie ihre Vorfahren – auch noch heute schamanische Praktiken. Auf Naturaltären vor geheimnisvollen Höhleneingängen in die Unterwelt Xibalba entzünden sie Kerzen und besprengen den Boden mit dem Blut eines für dieses Ritual geschlachteten Tieres. So wird heilige Kraft wie vor Jahrtausenden aktiviert und die Kommunikation mit den verstorbenen Ahnen hergestellt. Die Maya glauben noch immer, die Kräfte des Jenseits an ihren uralten Kultorten zu spüren.

In ihren zeremoniellen Handlungen könnte ein Schlüssel zur Welt der antiken Maya verborgen liegen. Während der Winteranfangs-Zeremonie der Chorti-Maya beispielsweise beschwören die Schamanen die Götter mit magischen Worten. Verschiedene Zaubermittel sowie ein Getränk aus Mais, Kakao und Wasser werden dargereicht, und dichte Weihrauchwolken hüllen die imaginären Gestalten ein, die von den Priestern angeblich tatsächlich wahrgenommen werden.

Realität oder Scheinwelt?

Denkbar ist, dass die Kombination aus betäubendem Weihrauchduft, alkoholisierenden Getränken und leichten Drogen die Sinneswahrnehmung beeinflussen. Andererseits ist auffällig, dass oft gleichzeitig von mehreren Menschen dieselbe Erscheinung gesehen wird. Ausschlaggebend hierfür könnte die Erwartungshaltung sein.

Eine rationale Erklärung wäre auch in einer religiös motivierten Ekstase zu suchen. Eine Bewusstseinseintrübung durch längeres Fasten und Entzug von Flüssigkeit, wie dies im medizinischen Bereich oftmals nach Operationen beobachtet wird, wäre eine weitere Deutungsmöglichkeit. Die Patienten erleben dann mit all ihren Sinnen Szenen, die mit der Realität nicht übereinstimmen, die für sie aber absolut real erscheinen.

Während die Fachwelt über die Visionen antiker und gegenwärtiger Mayastämme rätselt und im Verhalten der Nachfahren den Schlüssel zu den Ahnen sucht, kann sich jeder von der einstigen Hochkultur sein eigenes Bild machen – bei einem Besuch der berühmten Maya-Ruinen in Tikal, Palenque, Chichén Itzá oder Copán.

Der Palast von Palenque bedeckt über 5000 Quadratmeter. Er wurde vermutlich während des 7. und 8. Jahrhunderts erbaut und unterscheidet sich von anderen Maya-Ruinen durch seinen vierstöckigen Turm, der vermutlich als Observatorium diente. Die meisten Bauwerke in Palenque gehen auf König Pacal II. (603–683) und seinen Sohn Chan-Bahlum zurück.

KRAFTORTE

Hatra – Zentrum des Sonnengottes Schamasch

1985 wurde Hatra zum UNESCO-Weltkulturerbe erklärt. Innerhalb seiner runden Stadtmauern wurde ein parthischer Tempel freigelegt, der dem Sonnengott des Volkes, Schamasch, gewidmet war. Dem trockenen Klima um Hatra ist es zu verdanken, dass die kulturellen Relikte noch sehr gut erhalten sind. Seine einstige Schönheit und Kraft verdankte Hatra angeblich einem Talisman.

An einem der wichtigsten Karawanenwege entlang des Tigris im heutigen Irak lag das antike Kultzentrum Hatra. Aus großen Steinquadern errichteten Anhänger des Gottes Schamasch vor über 2000 Jahren an diesem Ort eine imposante Tempelkulisse. Ihrem Gott, so glaubten die Bewohner, verdankten sie ihr Glück und ihren immensen Reichtum. Doch eines Tages begann der Glücksstern der heiligen Stadt zu sinken. Die Hatrer hinterließen ihrer Nachwelt nur Ruinen, fantastische Kunstschätze, kunstvolle Skulpturen und eine rätselhafte Geschichte über ihr Ende.

HATRA

Die Macht Schamaschs

Es war im Jahre 117, als eine Angst einflößende Armee durch die mesopotamische Wüstenlandschaft auf Hatra zumarschierte. Die gefürchteten römischen Legionäre unter Kaiser Trajan (63–117 n. Chr.) wollten das Kultzentrum erobern. Hatra trotzte mit einem imposanten Stadtmauerring. Noch ehe die Feinde ihre Katapulte in Stellung bringen konnten, wurden sie von einem Feuerregen aus Naphtha (Roherdöl) überschüttet und

mussten mit hohen Verlusten den Rückzug antreten. Ähnliches widerfuhr 198 n. Chr. dem römischen Soldatenkaiser Septimius Severus (146–211 n. Chr.).

Ihre Macht, davon waren die Hatrer überzeugt, verlieh ihnen Gott Schamasch. Ihm zu Ehren hatten sie einen 435 x 320 Meter umfassenden Bezirk mit Mauern abgegrenzt. Zwölf Tore führten in einen Innenhof, an dessen Ende das Heiligtum Schamaschs errichtet war: ein Tempel, dessen beeindruckende Fassade 100 Meter breit und mit den Antlitzen von Gottheiten geschmückt war. Durch Säulengänge gelangte man in zwei Hallen und das Allerheiligste des Sonnengottes, wo das heilige Feuer, eine nie erlöschende Flamme, brannte, in der die Menschen das Abbild Gottes sahen.

Mystischer Talisman

In Hatra lebten auch die Parther, die ein Land regierten, das vom Irak bis nach Indien reichte. Dieses Steppenvolk aus dem Gebiet jenseits des Kaspischen Meeres zog im dritten Jahrhundert v. Chr. nach Mesopotamien und schuf dort einen Vielvölkerstaat. Ihrem Sonnengott erbauten die Parther einen Feuertempel, den sie »Hatra des Schamasch« nannten. Aber auch Furcht erregende Götter, deren Abbilder in den Ruinen entdeckt wurden, erhielten prunkvolle Tempel. Offenbar verschmolzen im multikulturellen und kosmopolitischen Hatra orientalische, griechische und indische Kultur als auch Glaubensvorstellungen.

Der Untergang kam überraschend im Jahre 241. Der Sassanidenkönig Schapur I. eroberte die glanzvolle Metropole. Wie dies geschah, bleibt ein Rätsel. Doch erzählen Überlieferungen von einem geheimnisvollen Talisman, der die Stadt Jahrhunderte beschützt hatte. Die Tochter des Königs aber, die von Schapur entführt worden war, verriet ihrem Eroberer das Geheimnis. Schapur besiegte Hatra und ließ die Königstochter an ein Pferd binden und zu Tode schleifen. Wenig später überdeckte Wüstensand die heiligen Tempel und das Geheimnis um den Talisman, der den Hatrern so lange den Sieg über ihre Feinde gebracht hatte.

Orakelkulte

Die Parther müssen Hatra als wichtiges religiöses Zentrum eingestuft haben, denn die Tempel quollen vor Kostbarkeiten über. Da Schamasch auch der Gott der Orakel war, wäre es denkbar, dass Hatra eine bedeutende Stätte der Prophetie war. Archäologen stoßen immer wieder auf edelste Schmuckstücke aus Gold und Perlen und prachtvoll gewandete Statuen von Göttern und frommen Hatrern. So lebensecht wirken ihre Figuren, dass der französische Archäologe Henri-Paul Eydoux schreibt: »Inmitten der Trümmer einer vor vielen Jahrhunderten versunkenen Welt scheinen die dargestellten Persönlichkeiten durch den Stein aus dem Jenseits zu uns zu sprechen«.

Auf einer parthischen Statue aus dem ersten Jahrhundert n. Chr. ist der Sonnengott Schamasch zu sehen. Er leuchtet von der Brust – zu Füßen die Schicksalsgöttin Tyche. Gefunden wurde das Objekt bei Ausgrabungen in Hatra. Es befindet sich heute im Irakischen Museum in Bagdad.

695

KRAFTORTE

Rom – die heilige Stadt

1505 begann Baumeister Bramante mit dem Bau der Peterskirche. Unter Raffael, Peruzzi und da Sangallo kam der Bau nur langsam voran. Schließlich vollendete Michelangelo unter Einbeziehung der Florentiner Kuppelidee den Bau 1590. Der Petersdom gilt mit einer Länge von 211 Metern und einem Kuppeldurchmesser von 42 Metern als größter Kirchenbau der Erde und bildet mit dem Petersplatz das Zentrum des Vatikans.

Aus dem Hügelland von Latium kommend, gelangte der Reisende vor 3000 Jahren zu einer kleinen Insel mitten im Tiber, die ihm den Übergang über den breiten Fluss erleichterte. Um 1000 v. Chr. säumten noch einfache Ovalhütten das flache Ufer. Aber nur vier Jahrhunderte später sollte sich hier ein städtisches Zentrum entwickeln, das einen unvergleichlichen Aufstieg zum Mittelpunkt eines riesigen Weltreichs nahm.

Das heilige Rom

Nach dem römischen Schriftsteller Livius hat Romulus genau am 21. April 753 v. Chr. um einen durch göttliche Zeichen ausgewiesenen heiligen Bezirk eine Mauer gezogen.
Wer kennt sie nicht, die Geschichte um den sagenhaften Gründer der Stadt Rom, der zusammen mit seinem Zwillingsbruder Remus ausgesetzt worden war und schließlich von den Tiberwellen am Fuß eines Hügels, dem Palatin,

ROM – DIE HEILIGE STADT

angespült wurde, wo sich eine Wölfin ihrer annahm und sie säugte. Auf dem Palatin erbaute der erwachsene Romulus, nachdem er ein Götterzeichen erhalten hatte, eine Wallanlage. Sein Bruder Remus aber verspottete diese noch bescheidene Mauer, worauf ihn Romulus aus Zorn tötete. Keineswegs handelt es sich

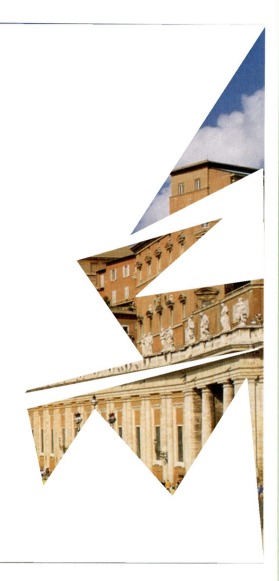

bei dieser fantastischen Erzählung um reine Fiktion. Denn 1985 stieß der Archäologe Professor Cardini (Pisa) auf den Graben aus dem 8. Jahrhundert v. Chr., wie ihn schon der römische Geschichtsschreiber Tacitus (um 55–116) als sakrale Grenzlinie beschrieben hatte.
Die Gründungsgeschichte enthält also einen wahren Kern. Und die Wölfin? Das lateinische Wort für Wölfin ist »lupa«. Und mit Lupa wurden im antiken Rom auch Prostituierte bezeichnet. Die ausgesetzten Zwillinge wurden also möglicherweise von einer Hure aufgezogen. Aber auch andere Zuschreibungen und Erzählungen um diese einzigartige Stadt scheinen auf wahren Begebenheiten zu basieren. Ist Rom also tatsächlich ein heiliger Bezirk? Ein Ort, an dem sich bestimmte Energien bündeln und Ereignisse und Kräfte hervorbringen, die ihn zum »Caput mundi«, Mittelpunkt der Welt machen?

Roms mythologische Bedeutung

Romulus, der legendäre Gründer und erste König Roms, so die römischen Geschichtsschreiber, entstammte einer geschlechtlichen Verbindung der Vesta-Priesterin Rhea Silvia und dem Gott Mars. Von ihrem Onkel Amulius, der ihren Vater König Numitor entmachtet hat, wird die Vestalin gezwungen, die Kinder zu ertränken, denen geweissagt worden war, dass einer von ihnen ein mächtiger König werden sollte. Doch es kommt anders: Der machthungrige Amulius wird von den erwachsenen Zwillingen getötet und der Großvater Numitor wieder in seine Rechte gesetzt. Und schließlich erfüllt sich auch die Weissagung, als Romulus der erste König Roms wird und zuletzt bei einer Heerschau unter Donner und Blitz in einem Gefährt in den Götterhimmel emporsteigt.
Aber die mythischen Wurzeln der heiligen Stadt Rom reichen noch weiter zu-

Die Wölfin war entweder tatsächlich eine fürsorgliche Tiermutter, die Romulus und Remus nährte oder nur ein Interpretationsfehler, der den Umstand beschönigen sollte, dass die Stadtgründer von einer Prostituierten aufgezogen wurden, die man im Umgangslatein bei den Römern auch »lupa« (ital. Wölfin) nannte.

Der Wahrsager Spurinna Vestritius sagte Julius Caesar auf den Tag genau seine Ermordung voraus. Auch Caesars Frau Calphurina träumte am Vorabend des Todestages (15. März 44 v. Chr.), dass ihr Mann niedergestochen werde und man ihr seine Leiche in den Schoß lege. Caesar hätte das Attentat durch römische Senatoren verhindern können, wenn er die Weissagung beachtet hätte. (Porträtbüste Caesars aus dem 1. Jahrhundert v. Chr.)

Magische Zahlen

Auf sieben Hügeln wurde die Metropole erbaut und von sieben legendären Königen in ihrer Frühzeit regiert. Die Sieben galt bereits in der Antike als eine heilige Zahl und hatte magische Bedeutung. Diese Zuschreibung beruhte auf der damals bekannten Anzahl der Planeten und Zahl der Wochentage (die wiederum die Planetennamen in ihrem Namen tragen) und sieben Tage hatten auch die einzelnen Mondphasen. Daher haben die Römer diese Zahl als ein besonderes symbolträchtiges Zeichen verstanden.

697

KRAFTORTE

Der altitalischen Göttin Hestia (Hüterin des Herdfeuers) hatten die Römer einen Tempel mit einem ewig brennenden Feuer geweiht. Ihre Priesterinnen, die Vestalinnen, verpflichteten sich während ihrer 30-jährigen Dienstzeit in Jungfräulichkeit dieses Feuer zu wahren. Auf dem Forum Romanum kann man noch heute das Peristyl, den dreiseitig mit Säulen versehenen Innenhof, des Vestatempels bewundern. Den Vordergrund bilden die Torsi der Oberpriesterinnen.

Teilausschnitt des Vestatempels

Kultstätten

Zentrum größter himmlischer Kräfte war der Vesta-Tempel. Er galt als Symbol des Universums. Sechs jungfräuliche Priesterinnen, die Vestalinnen, hüteten in seinem Inneren ein ewiges Feuer und den rätselhaften Schrein der Schutzgöttin Vesta. Die Jungfrauen, Mädchen zwischen sechs und zehn Jahren, wurden vom obersten Priester aufgrund bestimmter Orakelzeichen für den Dienst im Tempel ausgewählt. Diese Vestalinnen waren zu einem 30jährigen Dienst verpflichtet. Verletzungen der Keuschheit wurden mit lebendig Begrabenwerden, Verlöschenlassen des heiligen Feuers mit Geißelhieben bestraft. Der Empfang und die Auslegung göttlicher und übersinnlicher Botschaften spielte im römischen Staat eine große Rolle. Bereits Romulus hatte auf dem Palatin bei den »Auspizien«, den Vogelschauen, den Willen der Götter erkannt. Später lag das prophetische Zentrum im Jupitertempel auf dem Kapitolshügel. Dort schliefen auserwählte Römer unter seinen Säulengängen und empfingen Offenbarungen, die oftmals eintrafen.

698

rück. Schon der Held Trojas, König Aeneas, soll den sakralen Bezirk der späteren Weltmetropole erreicht haben, als er den Griechen Euandros besuchte. Dieser hatte sich, nachdem er aus dem paradiesischen Arkadien flüchten musste, auf dem Palatin niedergelassen und dort gleichsam ein zweites Paradies gefunden. Auch der griechische Göttersohn Herkules wird mit Rom in Verbindung gebracht: Als er bei seiner zehnten »Tat« mit der Rinderherde des Geryoneus durch Italien zog, wurden ihm einige Tiere von Cacus, einem Riesen und feuerschnaubenden Unhold, der in einer Höhle beim Aventin-Hügel hauste, geraubt. Herkules drang in die Höhle ein und erschlug Cacus. Zum Dank für die Befreiung stiftete man Herkules später den Ara maxima auf dem Forum boarium, einen Kultaltar auf dem römischen Rindermarkt.

Trotz der vorhandenen Überreste dieses alten Tempelheiligtums am Tiber bleibt die Frage offen, was bei dieser Geschichte fantastische Ausschmückung oder wahrer Gehalt ist. Allerdings lässt sich eine Übereinstimmung in Bezug auf die zeitliche Abfolge der Besiedlung der verschiedenen Hügel feststellen: Ausgrabungen ergaben, dass der Palatin als erster Hügel durch das Volk der Etrusker besiedelt war und die ältesten Hütten Roms in dem geheiligten Bezirk standen. Während das einfache Volk später auf dem Aventin wohnte, errichteten die Kaiser ihre imperialen Prachtbauten und Wohnhäuser zunächst auf dem Palatin.

Rom – Die außerirdische Stadt

Eine Geschichte in der von magischen Ereignissen reichen Stadthistorie scheint den Ver-

ROM – DIE HEILIGE STADT

dacht nahezulegen, dass es bereits vor 2700 Jahren UFOs gegeben haben könnte.

Als Begründer der römischen Staatsreligion galt Numa Pompilius (715–672 v. Chr.), der zweite der sieben sagenhaften Könige der Frühzeit. Während seiner Regentschaft soll es zu einem bedeutsamen Zwischenfall gekommen sein, bei dem der Gott Mars aus dem Himmel einen zu beiden Seiten ausgeschnittenen Schild herabfliegen lassen haben soll. Eine Stimme verkündete, vom Bestand dieses Schildes sei Wohl und Wehe des jungen Staates abhängig. Numa Pompilius war so sehr um dieses fliegende Objekt besorgt, dass er unverzüglich einen Kultbau errichten ließ, der das Herzstück des Römischen Staates im so genannten Forum Romanum bildete. Numa Pompilius, der sich als oberster Herrscher und Priester auch Pontifex Maximus nannte (großer Brückenbauer), gab dem Waffenschmied Mamurius Veturius den Auftrag, elf völlig identische Schilde anzufertigen, damit kein Feind das Original entwenden könne. Ein Collegium Pontificum behütete die Artefakte. Der Geschichtsschreiber Livius merkt an: »Desgleichen wählte er für die Schilde des Mars zwölf Männer. Und er wies sie an, die Kopien der vom Himmel gefallenen Waffen sowie die so genannten ancilia selbst zu tragen und durch die Stadt zu ziehen.« Zwei Fragen beschäftigen die Wissenschaft bis heute: Was landete da vor 2700 Jahren nach einem rasanten Flug in Rom? – Und: Wo ist dieses »Unbekannte Flugobjekt« verblieben?

Das Geheimarchiv

Als Rom 410 n. Chr. von den Westgoten geplündert wurde, scheinen die Priester ihren heiligsten Besitz in Sicherheit gebracht zu haben. Um diese Zeit erstarkte auch das Christentum, und die Päpste übernahmen Titel und Aufgabe des Pontifex Maximus, wie sie sich bis heute nennen. Das Kardinalskollegium trägt noch immer den heidnischen Titel Collegium Pontificum. Bewahrt die katholische Kirche auch die dazu passenden Gegenstände aus vorchristlicher Zeit auf? Liegt das rätselhafte Flugobjekt in den unterirdischen Geheimarchiven des Vatikans?

Herkules hat im Lauf seiner Heldentaten Rom von einem Unhold, dem Riesen Cacus, befreit. Diese Statue wurde in den Caracalla-Thermen von Rom gefunden.

Papst Gregor I., der Große, legte nicht nur durch seine organisatorischen Fähigkeiten den Grundstein für die Machtstellung des Papsttums im Mittelalter – er verwaltete das Patrimonium Petri (die zentrale Vermögensverwaltung) vorbildlich, förderte die Benediktiner und führte eine neue Liturgieform ein (Gregorianischer Gesang), sondern sah auch aufgrund einer Erscheinung das Ende der Pestwelle um 590 voraus.

699

KRAFTORTE

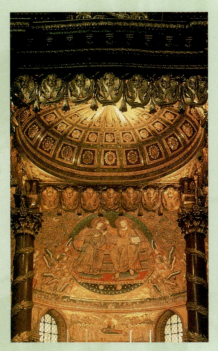

Das prächtige Apsismosaik hinter dem Baldachin des Hochaltars zeigt die Krönung Mariä. Sie war dem Papst Liberius im Traum erschienen und gab den Auftrag zum Bau der Basilika.

Die im 4. Jahrhundert erbaute Kirche Santa Maria Maggiore, im Zentrum Roms, wurde nach den Umrissen gebaut, die ein plötzlicher Schneefall mitten im Sommer 352 hinterlassen hatte. Die heutige Fassade stammt aus dem 17. Jahrhundert.

Das Schneewunder

Eine himmlische Erscheinung ereignete sich im heutigen Stadtzentrum von Rom bei der Basilika Santa Maria Maggiore, der bedeutendsten der achtzig römischen Marienkirchen. In der Nacht zum 5. August 352 erschien die Gottesmutter dem Papst Liberius und gleichzeitig einem reichen Patrizier im Traum. Sie gab ihnen den Auftrag, diese riesige Kirche zu erbauen. Und zwar an dem Ort, an dem am anderen Morgen frisch gefallener Schnee liegen werde. Trotz des heißen Hochsommers lag an einer genau abgegrenzten Stelle auf dem Esquilin-Hügel Schnee in der Form des späteren Grundrisses der Basilika. Das Schneewunder, an das viele Millionen Menschen in aller Welt seither glauben, ist noch heute Anlass zu einem großen Kirchenfest. Zur Erinnerung an das Wunder lässt man an »Maria Schnee« weiße Blütenblätter aus der Kuppel der Kirche niederregnen.

Heilige Stätten der Christenheit

Dass das frühe Christentum von Palästina seinen Weg nach Rom fand, ist nicht verwunderlich. Das Heilige Land gehörte ja zu den römischen Provinzen, und die ferne Hauptstadt muss eine ungeheure Anziehungskraft ausgeübt haben.

Dort war der ideale Boden, die Botschaft Christi weiterzugeben. Die Apostelfürsten Petrus und Paulus kamen hierher und erlitten in Rom den Märtyrertod. Die Verfolgung und die Märtyrien der ersten Christen waren der Schatten der über der Urkirche lag, die Christen aber umso stärker zusammenschmiedete. Und was wäre die Geschichte Roms ohne seine Kirchen und die Nachfolger des heiligen Petrus, die Päpste?

Das »Zentrum der Christenheit« hat über lange Zeit die Geschichte dieser Stadt geprägt, einer Geschichte von Wundern und Rätseln.

Die Via Appia Antica ist die älteste der noch erhaltenen antiken Straßen Roms. Eine unscheinbare Kirche steht an ihrem Anfang. Ihr Name lautet »Domine quo vadis?«. Diese Worte: »Herr, wohin gehst du?«, soll der Apostel Petrus auf der Flucht aus Rom zu der Erscheinung Jesu gesprochen haben. Jesus, der bereits viele Jahre zuvor am Kreuz gestorben war, antwortete ihm: »Ich gehe nach Rom, um mich nochmals kreuzigen zu lassen.« Beschämt, nicht für seinen Glauben eingestanden zu sein, kehrte Petrus in die Stadt zurück, um den Märtyrertod zu erleiden – wie Jesus am Kreuz, aber mit dem Kopf nach unten.

Wundertätige Reliquien

In San Pietro in Vincoli, einer der ältesten Kirchen Roms (um 430/40), werden die Petrusketten aufbewahrt. Mit ihnen soll der heilige Petrus im Kerker angeschmiedet gewesen sein, eine Engelserscheinung befreite ihn jedoch. Aber noch weitere Wunderlegenden ranken sich um diese Ketten. So gab es ursprünglich wohl zwei verschiedene Ketten Petris: eine aus dem römischen Kerker Mamertius und eine aus dem Kerker des Herodes in Jerusalem, wo Petrus jeweils gefangengehalten worden war. Als man die beiden vergleichen wollte, schlossen sich beide Ketten von selbst zu einer zusammen. In einer Seitenkapelle der dreischiffigen Basilika hat der italie-

700

nische Künstler Giovanni Parodi 1706 das Wunder dargestellt, das sich bei der Berührung der Ketten ereignet haben soll. Bereits im 5. Jahrhundert wurden Bittbriefe vieler Gemeinden geschrieben, damit sie Späne der Ketten erhielten, und Papst Gregor der Große (590-604) führte schließlich das »Fest der Fesseln« ein, das bis heute am 1. August gefeiert wird.

Rom – Die wundersamen Kräfte der Päpste

Um das Jahr 590 wütete in Rom eine Pestepidemie. Da erschien Papst Gregor dem Großen auf den Zinnen des Mausoleums des Kaisers Hadrian der Erzengel Michael, der sein Schwert in die Scheide stieß. Gregor schloss aus dieser Erscheinung auf das Ende der Pest, das tatsächlich auch bald eintrat. Seitdem heißt das Grabmal Hadrians »Engelsburg«. Auch spätere Päpste standen im Mittelpunkt rätselhafter Vorgänge.

Prophezeiungen

Papst Pius X. hatte zu Beginn des 20. Jahrhunderts dramatische Zukunftsvisionen von bevorstehenden Kriegen, und Pius XII. sah in den 1950er Jahren eine mysteriöse Lichterscheinung über dem Vatikan. – Eine Marienerscheinung manifestierte sich in diesen Jahren auch bei der Kirche »Tre-Fontane« außerhalb der antiken Stadtmauer. Der Überlieferung nach war dort die Hinrichtungsstätte des Apostel Paulus. Nach den drei Quellen, die gemäß der Legende beim dreimaligen Aufschlagen des Hauptes Pauli aus dem Boden traten, erhielt dieser Ort seinen Namen.

Auch der derzeitige Papst, Johannes Paul II., musste schließlich in einer der drei Prophezeiungen von Fatima, wo 1917 die Mutter Gottes drei portugiesischen Hirtenkindern erschienen war, erkennen, dass sie sich in seinem eigenen Schicksal vollendete. Damals war vorhergesagt worden, dass ein »weißgekleideter Bischof« von Gewalt und Zerstörung bedroht ist und »von Kugeln« getroffen »wie tot zu Boden falle«. Bei dem Anschlag auf Papst Johannes Paul II., bei dem der Attentäter Ali Agca auf ihn am 13. Mai 1981 schoss, zeigte sich, dass der Papst sehr nahe an der Grenze des Todes gewesen war.

Ob solche Phänomene okkulte Prophezeiungen oder göttliche Mysterien sind oder ob diese Ereignisse tiefenpsychologisch erklärbar oder gar bewusste Manipulationen sind? Noch ist der Schlüssel für all das Wunderbare und Rätselhafte nicht gefunden. So ist Rom trotz der hektisch-modernen Zeit ein geheimnisvoller Ort geblieben, in dem unerklärliche Wunder passieren.

Am antiken Quellheiligtum »Tre-Fontane« wurde Paulus hingerichtet. Seither ereignen sich an diesem Ort spontane Wundheilungen. Zuletzt soll es 1950 eine Marienerscheinung gegeben haben.

Als am 13. Mai 1981 der türkische Attentäter Ali Agca mitten auf dem Petersplatz auf den vorbeifahrenden Papst Johannes Paul II. schoss, bestätigten sich die Weissagungen aus Fatima auf unheimliche Weise.

Die legendäre Erscheinung des Erzengels Michael während einer Pestprozession ließ Papst Gregor I. das Mausoleum (135-139 n. Chr.) des Kaisers Hadrian in »Engelsburg« umbenennen. Eine Statue des Erzengels am Dach der Engelsburg sowie eine Kapelle erinnern noch heute an die Erscheinung.

KRAFTORTE

Tanatowa – das Ursprungsland der Menschheit

Die Kajang sind überzeugt, dass Tanatowa, das Land, in dem die Ahnen leben, in unmittelbarer Nähe existiert. Es könnte sein, dass ihre Nachbarn, die Toraja, aus diesem Grund Ebenbilder von Toten anfertigen – sie stehen vor den Gräbern, die ihre menschlichen Überreste bergen und warten; vermutlich darauf, abgeholt zu werden für ein Leben in einer anderen Welt.

Das größte Archipel der Welt, das sich über 5000 Kilometer längs des Äquators zwischen Indischem und Pazifischem Ozean erstreckt, bildet eine schier endlose Kette von Inseln. Eine dieser Pazifikinseln ist das zu Indonesien zählende Sulawesi. Die tropische Bergwelt hat ihre Bewohner uralte Lebensweisen beibehalten lassen, selbst als Portugiesen und Niederländer Sulawesi im 16. und 17. Jahrhundert ihrem Kolonialreich einverleibten. Ein Volk, das dem Missionierungsdruck vor allem dank seines standhaften animistischen Glaubens widerstand, sind die Kajang, die in Süd-Sulawesi nahe der Küste leben. In ihrem Stammesgebiet bewahren sie ein Geheimnis vom Anbeginn der Geschichte auf. Denn sie behaupten, dort läge Tanatowa, das Ursprungsland der Menschheit.

Leben aus der Dunkelheit

Die Kajang leben heute nur noch in den vier Dörfern Sobu, Balambina, Benteng und Tambolo. Über holprige Straßen, vorbei an Kautschuk-Plantagen und Reisfeldern, gelangt man bis kurz vor ihre Ortschaften. Ein knorriger Schlagbaum versperrt unvermittelt die Weiterfahrt. Besucher müssen ihre Autos weit außerhalb des Siedlungsgebiets stehen lassen, denn die Kajang wünschen keinen Kontakt zu den Errungenschaften der modernen Zivilisation. Da sie noch ganz bewusst in einer harmonischen Beziehung mit der sie umgebenden Natur leben, sind fortschrittliche Geräte jeglicher Art für sie tabu. Auch Fremde müssen sich ihren Lebensweisen anpassen. Bevor sie ihr Gebiet betreten dürfen, werden ihnen schwarze Kleider, lange Wickelröcke und turbanartige Kopfbedeckungen angezogen. Weil das Leben aus der Finsternis entsprang, ist es ihnen vorgeschrieben, nur dunkle Kleidung zu tragen.

Die Existenz der Urmenschen

Der Ursprung des Lebens, davon sind die Kajang fest überzeugt, liegt in einem heiligen Waldgebiet, das von niemandem betreten werden darf. Die Tradition ihrer Ahnen hat überliefert, dass in diesem Wald die ersten Menschen entstanden seien und noch immer dort leben. Da sie befürchten, dass jeder, der in dieses Gehölz hinein geht, sich in ihm ohne Wiederkehr verirrt, ist es allen Kajang verboten, den Hauseingang in Richtung des mystischen Waldes zu bauen, da dies eine magische Anziehungskraft auf seine Bewohner zur Folge hätte.

Die Spur des Homo sapiens

Was verbirgt sich wirklich hinter Bäumen, Lianen und Sträuchern? Ist alles »nur« eine Legende? Vielleicht bewahren die Kajang tatsächlich die Erinnerung an eine uralte Wahrheit auf. Vor 30.000 Jahren begann der Homo sapiens, unsere damals noch primitiv lebenden Vorfahren, unweit des Kajang-Gebietes Süd-Sulawesi zu besiedeln. Ockerfarbige Zeichnungen in den steilen Kalkklippen von Leang Leang beweisen seine Existenz. 1905 entdeckten holländische Kolonisten keine 100 Kilometer entfernt, im Bezirk der alten Fürstenresidenz von Bone, so genannte »Waldmenschen«, die in der Bevölkerung To-ala genannt wurden.

Es wäre also durchaus denkbar, dass in einem »Reservat« bis ins 20. Jahrhundert Wesen vom Anbeginn der Menschheit überlebt haben.

TANATOWA

Mythische Wahrheiten

Professor Bernd Laufer vom »Museum of Natural History« in Chicago/USA wies bereits 1928 darauf hin, dass »die Imaginationskraft des menschlichen Geistes sich keine Dinge ausdenken kann, die in der Realität überhaupt nicht vorhanden sind. Ein Produkt unserer Imagination wird immer erst hervorgebracht durch etwas, das existiert oder worüber wir Grund haben zu glauben, dass es existiert.«

Die Kajang könnten somit Erinnerungen an unsere entferntesten Vorfahren besitzen, die anderenorts vielleicht als Yeti in die Legenden eingingen, denn nichts wird frei erfunden – alles war schon einmal in irgendeiner Weise da.

Auch Besucher müssen sich wie die Kajang kleiden. Der große Turban, der das Kopfhaar verhüllt und die weiten Röcke, die auch von Männern getragen werden, deuten einen heidnischen Aberglauben an, der von bösen und guten Göttern und Vorfahren inspiriert ist. Das Sich-Bedecken wird als Respekt vor den höheren Mächten gesehen.

KRAFTORTE

Bali – Insel der Dämonenwächter

Die zahlreichen Tempel auf Bali haben alle ein besonderes Erkennungszeichen: Der Eingang, meist ein gespaltenes Tor, wird von steinernen Wächtern und abschreckenden Dämonen bewacht. Sie sollen verhindern, dass sich böse Mächte der repräsentativen Heiligtümer bemächtigen und stellen sicher, dass niemand wertvolle Preziosen aus dem Inneren der Tempel stiehlt. Dämonen, die für gewöhnlich mit einem negativen Image behaftet sind, wurden ursprünglich lediglich als übernatürliche Wesen (daimones, gr. für die Übernatürlichen) gesehen. Sie galten als Bewohner eines Zwischenreichs und mittelten zwischen den Göttern und den Menschen. Aus diesem Grund wurde ihnen wahrscheinlich die Aufgabe von Tempelwächtern zugeteilt.

BALI

Geisterstunde auf Bali: Barfüßig springt ein Mann in die Glut aus verbrannten Kokosnussschalen. Funken sprühen um seinen Körper. Der Mann befindet sich in Trance und bekommt von seinem gefährlichen Feuerlauf kaum etwas mit.

Die Einheimischen auf Bali führen nachts ihre überlieferten Rituale und Zeremonien durch, bei denen sie durch Trance Kontakt zu den Göttern und Dämonen herstellen. Der Tag dagegen gehört den Touristen, die jährlich in großer Zahl die Insel des indonesischen Archipels besuchen. Sie nehmen zumeist nur ein harmonisches Bild aus Tanz, Musik, Palmen und Stränden wahr. Doch ist die balinesische Mythologie hinter dieser idyllischen Fassade noch immer äußerst lebendig, wenn Dämonen von Masken tragenden Priestern Besitz ergreifen und grazile Tänzerinnen mit ihren stilisierten Bewegungen das Böse bannen.

Götterkräfte

Die balinesische Religion ist eine abgewandelte Form des Hinduismus mit Einflüssen aus dem Buddhismus und alten animistischen Religionen, der Glaube an die Beseeltheit der Natur und der Naturkräfte.

In der höchsten Gottheit, genannt Ida Sanghyang Wasa, sind alle positiven wie negativen Kräfte vereint. Er ist der Absolute und Unfassbare. Daher finden sich in balinesischen Tempeln keine Götterbilder, sondern leere Götterthrone für die unsichtbare Gottheit.

Alle anderen Götter und Göttinnen sind Manifestationen der ordnenden Kräfte dieses höchsten Gottes; die Dämonen personifizieren hingegen die zerstörenden Gewalten. Seine wichtigsten Erscheinungsformen sind die der drei Hindugötter. Brahma symbolisiert den Schöpfergott und Vishnu ist der Erhalter. Shiva ist in dem unendlichen Kreislauf des Universums der Zerstörer, aber auch der Auslöser neuer Schöpfung. Deshalb wird der höchste Vulkanberg Balis, der Gunung Agung, mit ihm gleichgesetzt.

Vulkan der Magie

Wie tief der Glaube an das Gegenspiel der kosmischen Kräfte noch im Volke verwurzelt ist, zeigte sich 1963 nach dem Ende der blutigen Unruhen gegen die niederländischen Kolonialherren. Durch eine vorgezogene Zeremonie (Eka Dasa Rudra), die sonst nur alle 100 Jahre stattfindet, sollte die Harmonie im Land wieder hergestellt werden. Priester rieten der Regierung von ihren Plänen ab, da die Zeit noch nicht gekommen sei. Dennoch zog eine unübersehbare Menschenmenge zum heiligen Tempel am Fuße des Gunung Agung. Da entlud sich der Zorn der Götter. Urplötzlich brachen Magmaströme aus dem Vulkan Gunung Agung über die Menschen herein und forderten viele Opfer. Nur eine Gruppe Gläubiger, die in ihrer Not zu Shiva betete, blieb verschont, als sich der Lavastrom teilte und sie unversehrt ließ. Seitdem gilt wieder unangefochten der alte Glaube an den ewigen Kampf von Gut und Böse, und die Menschen üben sich mit Opfergaben und Gebeten für Götter und Dämonen in tiefer Religiosität.

Nach den alten Legenden werden in den Tempeltänzen auf Bali in traditionellen Kostümen und alten Choreographien die Geschichten von Göttern und Königen erzählt. Stets siegt auch hier, wie bei allen Legenden, das Gute über die dämonischen Widersacher.

Magische Weltordnung

Jahrtausendealte animistische Praktiken, in denen die in der Natur innewohnenden dämonischen Kräfte durch Opfergaben verehrt werden, haben sich auf Bali mit dem Hinduismus vermischt und ließen eine einzigartige Religion entstehen, die trotz ihrer uralten Mystik auch moderne Züge trägt. Denn der Kosmos des balinesischen Hinduismus befindet sich in einem permanenten evolutionären Prozess, in dem jedes Teilchen eine bestimmte Aufgabe hat. Ob Menschen, Tiere, Pflanzen oder Gegenstände, sie alle tragen zur Aufrechterhaltung des Universums bei, in der eine Kraft (Dharma) wirkt, die diese Ordnung erhält. Zerstörerische Kräfte (Adharma) sind jedoch bestrebt, die Welt ins Chaos zu stürzen. Daher muss alles unternommen werden, um ein Gleichgewicht zu erreichen. Wissenschaftliche Theorien kennen ähnliche Überlegungen in Materie-Antimaterie-Modellen, etwa bei der Theorie der »Schwarzen Löcher«, bei der die so genannte Antimaterie lediglich als eine andere Form von Masse aufgefasst wird. Erst mit der Wechselwirkung beider Formen von Materie wurden sowohl die physikalischen Elementarprozesse als auch Aufbau und Entwicklung des Kosmos in Gang gesetzt.

KRAFTORTE

Karakorum – Highway der Riesen

3700 Meter hoch liegt dieser moslemische Friedhof des Dorfes Karakul in Tadschikistan. Im Hintergrund erkennt man den mit 7546 Metern zweithöchsten Berg des Pamir-Gebirges, den Muztagata, der an der Karakorum-Passstraße von China nach Pakistan liegt.

706

KARAKORUM

Unweit des gletscherbedeckten, über 8000 Meter hohen Nanga Parbat im westlichen Himalaya (Kaschmir, Pakistan) bahnt sich der Indus seinen Weg durch das zentralasiatische Hochgebirge des Karakorum.

Dort, wo Pakistan an China und Indien grenzt, wurde beim Bau des Karakorum-Highways eine gigantische Felsbild-Galerie mit über 40.000 Einzelzeichnungen entdeckt. Die Steine sind übersät mit buddhistischen Kultszenen und frühen neolithischen Göttern, mit Kriegern, Jägern und Tieren, die die ungebrochene Heiligkeit dieses Platzes über nahezu 8000 Jahre dokumentieren.

Magische Felsbilder

Der »Wüstenlack«, der sich als Patina in Jahrmillionen über die Granitfelsen gelegt hat, indem die Hitze der Sonne Manganstaub auf ihre Oberfläche einbrannte, gab vorzeitlichen Künstlern eine »Leinwand« eigener Art. Sie nutzten sie, um an diesem Ort magische Energien, göttliche Wesen und dämonische Kräfte zu beschwören.

Eines der größten Rätsel der Granitfelsen sind die so genannten »Giganten«. Es sind Abbildungen fremdartiger Wesen, die als heilig verehrt wurden. Auf die ältesten aufgefundenen Motive stieß der Archäologe Professor Harald Hauptmann (Universität Heidelberg, Deutschland) 1989 und datierte die über zwei Meter messenden Figuren auf ein Alter von mindestens 6 000 Jahre.

Zur Zeit der frühen Wanderkulturen Asiens wurden die riesenhaften Gestalten in den Stein zieliert; mit gespreizten Beinen und weit ausgestreckten Armen stehen sie da, sie tragen Helme und antennenähnliche Gebilde auf dem Kopf. Weitab aller anderen Bildwerke haben sie die nachfolgenden Jahrtausende unbeschadet überstanden. Nie wurden sie angekratzt, nie übermalt, nie anderweitig beschädigt. Diese höheren Wesen, die hier dargestellt sind, müssen auch auf die Menschen späterer Epochen einen machtvollen, magischen Eindruck hinterlassen haben, da sie die Gestalten voll Ehrfurcht behandelten, obwohl ihre Schöpfer, ebenso wie ihre Motivation für solche Darstellungen bis heute unbekannt sind.

Besuch der Götter

Die rätselhaften Figuren geben zu Spekulationen Anlass. Während einige Forscher in ihnen Darstellungen göttlicher Wesen mit Haar- oder Strahlenkranz oder einem bizarren Kopfputz zu sehen glauben, deuten andere sie als Aufzeichnungen seltsamer Begegnungen, die die Bewohnern des Indus-Tals gemacht haben könnten. Sie könnten prähistorische Astronauten, außerirdische Intelligenzen gesehen haben, die sie in Stein verewigten. Ob göttliche Schauung, kultische Beschwörung oder extraterrestrische Raumfahrer – eine beweiskräftige Aussage für das Unerklärliche, das am »Highway der Riesen« in grauer Vorzeit passierte, lässt vorläufig noch auf sich warten.

Religiöse Abbilder

8000 Jahre alte prähistorische Hand- und Fußabdrücke zwischen Shatial und Chilas weisen weit in die menschliche Vorgeschichte zurück. Wanderer haben einst ihre Handflächen auf die dunklen Felsen gelegt. Mit Steinwerkzeugen konnten sie die Umrisse nachhämmern und so einzigartige Zeugnisse ihres Seins hinterlassen. Diese einfachen Abbilder menschlicher Existenz drückten vermutlich ein religiöses Verhältnis zu ihrer Umwelt aus. Vielleicht bedeuteten sie so viel wie: Ich bin. Ich existiere. Ich beschwöre die Welt, die Natur, die Götter. Denn gleich daneben befinden sich Stilisierungen von Ziegen, Schafen und jagdbarem Wild. Möglich also, dass sie den Geist getöteter Tiere besänftigen und von den Göttern Jagdglück herbeiwünschen wollten.

Der von einem doppelköpfigen Adler bekrönte Stupa in Taxila-Sirkap (Pakistan) weist als einzige der Opfernischen diese besondere Bekrönung auf. Vor diesen Nischen, die einst eine Buddhafigur bargen, legten die Gläubigen ihre Opfergaben nieder.

KRAFTORTE

Die Detailaufnahme eines Stupasockels zeigt zahlreiche Buddhas in Nischen zu einem Fries vereint. Das Gebiet um den Ort Taxila war einst ein wichtiges Zentrum des Buddhismus, von wo aus er auf einem friedlichen Feldzug China und ganz Ostasien erobert hat. Aber auch die hellenistische Kultur drang bis dorthin vor, als Alexander der Große (356–323 v. Chr.) das Gebiet seinem Reich einverleibte.

Galerie der Bilderrätsel

Uralte Felszeichnungen entdeckte 1955 Professor Karl Jettmar von der Universität Heidelberg zwischen den Orten Shatial, Chilas und Gilgit. Zusammen mit seinem pakistanischen Kollegen, dem Ethnologen Professor Ahmad Dani (Quaid-i-Azam Universität, Islamabad), unternahm er 17 Jahre später eine Expedition dorthin. Es wurde eine gefahrvolle Reise, die direkt in das von Krisen heimgesuchte und umkämpfte Kaschmir führte. Aber Tausende Petroglyphen – von der Stein- und Bronzezeit bis zur präislamischen Periode – belohnten die Forscher. Erstaunlich ist, dass Pilger und Händler, Nomaden und Krieger vieler Nationen diesen Ort als etwas Besonderes empfanden. Denn die Expedition fand Inschriften in zehn Sprachen, darunter Chinesisch, Indisch, Persisch, ja sogar Hebräisch.

Schmelzpunkt der Religionen

Prähistorische Zeichnungen von Elefanten, Pferden und von schwerbewaffneten persischen Kriegern, vor allem aber religiöse Symbole schmücken dieses einzigartige Open-Air-Museum. Am häufigsten kehrt auf den Altarfelsen das buddhistische Bild des Stupa wieder. Stupas sind Symbole für das Ende der Lebensreise, aber auch Beförderungsmittel zur Welt der Götter. Die kapellenähnlichen Bauwerke dienen den Gläubigen als Meditationsobjekte, an denen sie Opfergaben darbringen, aber schon durch die tätige oder finanzielle Mithilfe beim Bau der Stupas können sie sich religiöse Verdienste erwerben. Reisende hatten diese Möglichkeit nur selten. Sie verwendeten stattdessen die Felsgravuren zur Ausübung ihres Glaubens. Die Häufung eines Symbols, das mit dem christlichen Kreuz zu vergleichen ist, weist die Gegend am Indus als eine besondere Glaubensstätte aus. Etliche der Gravuren wurden ab 1981 von dem deutschen Archäologen Dr. Volker Thewalt vom weißen Flugsand, der die Felszeichnungen konserviert hielt, befreit. Nicht selten musste er bei Temperaturen bis zu 55 Grad seiner schweißtreibenden Arbeit nachgehen. Aber auf diese Weise entdeckte er ganze Bildgeschichten.

Das Ende der Zeichnungen

War im 1. Jahrtausend nach Christus das Indus-Tal bei Chilas noch ein bedeutendes religiöses Zentrum, beginnt anschließend ein neuer Kult Fuß zu fassen: Äxte und Sonnenscheiben symbolisieren kämpferische Gottheiten. Mit dem vordringenden Islam im 14. Jahrhundert versinkt der heilige Ort in einen Dornröschenschlaf, und Einheimische vermeinten Feen über die alten Kultstätten schweben zu sehen. Heute haben die Menschen die Ehrfurcht vor den magischen Plätzen ihrer Ahnen verloren. Sie verwenden die Bildsteine zum Hausbau. Noch bedrohlicher ist ein geplanter Stausee, der die gesamte Gegend überfluten würde. Damit wäre auf unabsehbare Zeit eine letzte Verbindung in die Welt unserer Vorfahren, der Dämonen und Götter, durchtrennt und damit die Möglichkeit, ihre ganz andere Lebenswelt und ihr verschüttetes Wissen zu erforschen.

Feen und Geister

Lange war den Archäologen ein vager Hinweis des chinesischen Pilgers Hiuen Tsang zu Beginn des 7. Jahrhunderts bekannt, der von merkwürdigen Felsen im Norden Pakistans berichtet hatte: »Viele wunderbare Begebenheiten geschehen in diesen Bergen. Sie sind Spuren der Arhats und Sramaneras (Feen und Geister), die in großer Zahl diese Plätze besuchen und mit ihren Fingern nachzeichnen, als wenn sie auf Pferden reiten oder zu Fuß hin- und hergehen.«

Heute wissen wir, dass die »Galerie der Bilderrätsel« durch Menschen angelegt wurde, die mit Zaubersymbolen versuchten, ihre eigene Erlebniswelt zu beeinflussen.

Schon vor den zahlreichen Hochkulturen war das nördliche Industal von Menschen besiedelt. Zwischen Kaschmir und Taschkent fanden sich an den Felswänden Tausende von Petroglyphen und Felsgraffiti sowie Inschriften in verschiedensten Sprachen. Nomaden, Pilger, Kaufleute und andere Reisende haben sie im Verlauf von vielen Jahrhunderten an den Felswänden der Passstraßen hinterlassen. (Zeichnungen aus dem Ort Thalpan bei Chilas, am so genannten Altarfelsen, Thalpan Bridge)

KRAFTORTE

Nemrud Dag – der Himmelsthron

Götterstatuen auf den drei Terrassen des 2150 Meter hohen Nemrud Dag. Links außen ist Antiochos selbst zu sehen. Die Anlage, die zu den faszinierendsten Relikten der Menschheitsgeschichte zählt, wurde 1987 zum Weltkulturerbe erklärt.

In Kleinasien begegnete man einst vielen so genannten »Heiligen Bergen«. Einer von ihnen ist der Nemrud Dag (sprich: Da-i). Der 2150 Meter aufragende Gigant liegt im Antitauros-Gebirge in Anatolien, der historisch überaus bedeutsamen Halbinsel in der Türkei. Auf seinem Gipfel stehen persisch-griechische Götter- und Königsstatuen als stumme Zeugen eines antiken Königtums. Zudem sind sie die stummen Zeugen eines unheimlichen Fluchs und eines mysteriösen Geheimnisses im Inneren des Bergkegels, so steht es jedenfalls auf ihnen in griechischer Schrift eingemeißelt.

Das versteckte Königsgrab

Kommagene wäre längst ein vergessenes Königreich, hätte nicht sein Herrscher, Antiochos I. (Mitte des 1. Jahrhundert v. Chr. bis 34 n. Chr.), die gesamte Bergspitze des Nemrud Dag zu einem mächtigen Felsengrab für sich selbst umgestaltet.

»Den Grabtempel habe ich an diesem heiligen Ort errichten lassen, damit dort die Hülle meines Leibes bis in unendliche Zeiten am gemeinsamen himmlischen Thronsitz aller Götter ruhe«, ließ der König einst auf schwere Kalksteinplatten gravieren. Zuvor hatte er schon drei Terrassen von beachtlichem Ausmaß in den Berg schlagen lassen, auf die er tonnenschwere Statuen stellen ließ. Dahinter türmte er eine 50 Meter hohe Schotterpyramide auf, die den gesamten Bergkegel überdeckte.

So meinte er, in seinem ewigen Schlaf vor Grabräubern sicher zu sein. Der Plan hat tatsächlich funktioniert. Ob Plünderer oder Archäologen, sie alle kämpften bis heute vergebens gegen die ständig nachrutschenden faustgroßen Geröllbrocken der Schotterpyramide an.

Zorn der Götter

Der Monarch hinterließ darüberhinaus eine »unsterbliche Botschaft«, die er nur dem Nemrud Dag anvertraute. Sie wurde von ihm das »unerschütterliche Gesetz der Zeit« genannt.

Außerdem formulierte er einen Fluch für alle, die nach seinem Grab und seinem Geheimnis suchen sollten: »Für alle Geschlechter [...] ist es eine heilige Angelegenheit, dass sie es unantastbar bewahren, wohl wissend, dass schwere Rache der göttlichen Ahnen jede Gottlosigkeit verfolgen wird [...]. Wer es darauf anlegen sollte, die heilige Geltung dieser Anordnung aufzulösen oder sie zu beschädigen, diesem und seinem ganzen Geschlecht stehe der unversöhnliche Zorn aller Götter entgegen bis zur vollständigen Sühne.«

Obwohl das Heiligtum sein Geheimnis noch nicht preisgegeben hat, scheint es doch nur eine Frage der Zeit, bis Archäologen das Felsgrab finden und betreten werden. Dann wird sich zeigen, ob es Antiochos tatsächlich gelang, seinen mittlerweile 2000 Jahre alten Fluch in all seiner Kraft bis ins dritte Jahrtausend zu bewahren.

NEMRUD DAG

Archäologische Detektive

1880 entdeckte der deutsche Ingenieur Karl Sester die Grabanlage des Nemrud Dag. Zusammen mit dem Berliner Archäologen Professor Carl Humann (1839–1896) kehrte er 1882 zurück und leitete eine erste Bestandsaufnahme ein. Zu groß angelegten Ausgrabungen kam es erst ab 1951 durch den deutschen Archäologen Dr. Friedrich Karl Dörner und der amerikanischen Altertumswissenschaftlerin Dr. Theresa Goell. Seit 1989 versuchen die Geophysiker Tom Utrech und Volker Hagen vom Geophysikalischen Institut Kiel in Deutschland, den Erdhügel mit Hilfe seismografischer Messungen und Radarstrahlen zu durchleuchten. Dabei stießen sie auf höhlenartige Anomalien, die eine aufsteigende Linie ergeben. Der türkische Grabungsleiter, Dr. Sencer Sahin von der Universität Köln, vermutet, dass das Antiochos-Grab im höchsten dieser Punkte liegt – weil er hier den Göttern am nächsten war.

Darüber, was Antiochos zur Aufstellung der zahlreichen Götterstatuen auf dem Nemrud Dag veranlasste, wird viel spekuliert. Fest steht: Der Herrscher versuchte, mehrere Weltanschauungen und Glaubensrichtungen zu vereinen. Auf einer Stele auf dem Nemrud Dag ist zu lesen: »Ich glaubte, die Frömmigkeit sei nicht nur der für uns Menschen sicherste Besitz unter allen Gütern, sondern auch die süßeste Freude.« Hier zu sehen: Antiochos auf dem Krankenbett. (Francesco Fontebasso, 18. Jahrhundert)

KRAFTORTE

Der heilige Uluru Australiens

Seit mindestens 50.000 Jahren besiedelt, birgt Australien in seiner Mitte ein Heiligtum: den Uluru (Ayers-Rock).

Im Zentrum Australiens südwestlich von Alice Springs liegt wohl eines der schönsten Juwele, die unser Planet zu bieten hat: der Uluru, englisch Ayers Rock. Für die Ureinwohner des Fünften Kontinents – die Aborigines – ist der gigantische Monolith so heilig wie für die Juden der Felsentempel in Jerusalem oder für die Mohammedaner die Kaaba, ein schwarzer Stein im Innenhof der Großen Moschee in Mekka. Nach einer Legende begann am Uluru die Schöpfung der Welt.

DER HEILIGE ULURU

Pilgerstätte für alle Menschen

Der Uluru ist eine Pilgerstätte für Menschen aller Kulturen geworden, die dort mystische Erfahrungen machen möchten. Die Natur bietet ein geeignetes Szenario: Morgens leuchtet der einem schlafenden Urtier ähnelnde Felsen aufgrund seiner Pigmentierung goldgelb wie Bernstein, während er bei Sonnenuntergang glänzt wie ein Rubin. Die im Bundesstaat Northern Territory, wo sich der 330 Meter hohe Berg befindet, eher seltenen Regenwolken verwandeln den Uluru, so sie doch einmal am Himmel stehen, in einen geheimnisvollen, dunkel glühenden Opal. Der Uluru ist ein Ort mit geweihten männlichen und weiblichen Plätzen, stillen Höhlen, Wasserstellen und Felsvorsprüngen. Die Pfade der Traumzeit, der australischen Schöpfungsgeschichte, finden sich dort zusammen und geben dem Platz einen Zauber, in dessen Umfeld uralte Mythologien gedeihen.

Vom Wesen der Geistkinder

So glauben die Aborigines, dass eine Frau auch eine geistige Befruchtung herbeiführen kann, wenn sie mit der Kraft eines Ortes in Berührung kommt. Solche Fruchtbarkeitshöhlen gibt es am Uluru, wo sich große, phallusförmige Felsen befinden, deren rauhe Oberfläche Frauen mit ihren Körpern glattgerieben haben sollen, um so ihre Fruchtbarkeit anzuregen.

Danach setzten sie sich angeblich in die Nähe von Wasserlöchern und Baumgruppen um den Uluru, wo man, so die Eingeborenen, auch heute noch in günstigen Augenblicken so genannte »Geistkinder« sehen kann und lockten eines der zerbrechlichen Wesen in ihren Schoß, um es zu nähren.

Mystik bei Sonnenaufgang

Eine Besteigung des Uluru zu Sonnenaufgang ist auf vorbestimmten Wegen auch den in die australische Urgeschichte Nicht-Eingeweihten erlaubt. Die Aborigines hoffen, dass sie mit Hilfe dieses mystischen Erlebnisses Menschen anderer Kulturen an ihrem Werteverständnis teilhaben lassen können. Tatsächlich lässt der Ort im geografi-

160.000 Aborigines leben heute in Australien. Sie leben in Stämmen von 50 bis 500 Menschen zusammen, von denen jeder seine eigene Körperbemalung für Zeremonien hat.

Ahnengeister als Urtypen

Die Traumzeit symbolisiert für die Aborigines jene Zeit der Schöpfung, in der jegliches Leben Teil eines Systems war, dessen einzelne Faktoren miteinander in Verbindung standen.

Es erwies sich als ein Geflecht von Beziehungen, die ins Leben gerufen wurden, als die ewigen Ahnengeister sich erstmals bemerkbar machten. Aborigines können das Djang – die spirituelle Energie der Traumzeit – immer noch vergegenwärtigen, indem sie die von den Ahnen gelehrten Zeremonien feiern und so mit ihnen in Verbindung treten.

Sie glauben, dass ihnen über den Geist der Verstorbenen hinweg der Durchbruch in die zeitlose Traumzeit möglich ist, als alle Dinge erschaffen wurden und in der auch heute noch alle Dinge ewig sind. Bemerkenswert ist, dass mittelalterliche Mystiker wie Franz von Assisi, Meister Ekkehard und Hildegard von Bingen die gleiche Auffassung von der Schöpfung als universelles Lebensprinzip hatten wie die Ureinwohner Australiens. Dieses über die Jahrtausende hinweg bewahrte Bewusstsein könnte vielleicht auch die Menschen des 21. Jahrhunderts daran hindern, weiterhin systematisch zu verdrängen, dass wir alle aufeinander und auf die Ganzheit der Natur angewiesen sind.

KRAFTORTE

Aus dem Nordterritorium, aus Arnhelmland, stammt diese australische Felsmalerei. Da die Aborigines bis in die neueste Zeit hinein schriftlos waren, überlieferten sie ihre Mythen nur in Bildern. Der hier dargestellte Mann ist für eine Zeremonie bemalt.

schen Zentrum Australiens niemanden ungerührt: In der Ferne zeichnet sich die Silhouette des Kata Tjuta-Massivs, auch »Olgas« genannt, ab. Bei dieser Gebirgsformation aus 36 einzelnen Kuppen, die sich westlich des Ayers Rock auf 36 Quadratkilometern erstreckt, handelt es sich um bereits stark verwitterte und zersplitterte Felsblöcke. Deren alter Name wurde mit »die Stätte der vielen Köpfe« übersetzt, weil man annimmt, dass dort die Heimat vieler Ahnen aus der Traumzeit ist.

Der Gott der Aranda

In jener Traumzeit ist der Legende nach der Uluru von zwei göttlichen Knaben errichtet worden. »Altjira«, der große Gott der Aranda,

DER HEILIGE ULURU

Aborigines versuchen im Einklang mit der Natur zu leben. Dies wird zunehmend schwerer, da die Zivilisation mit Industrie und Technik immer massiver in ihre Lebensbereiche Einzug hält. Geld und Konsumgüter gewinnen vor allem bei den jüngeren Ureinwohnern an Bedeutung. Viele ziehen in die großen Städte, um zu arbeiten und wenden sich so von ihren kulturellen Werten ab.

Die Aranda-Bibel

Der britische Missionar Carl Strehlow kam 1894 nach Australien und bot auf seiner Station vielen Ureinwohnern Schutz vor den Übergriffen weißer Farmer.

Nach dem Willen der Medizinmänner sollte er deren spirituellen Schatz für eine andere Zeit festhalten, die mehr Verständnis für die Eingeborenenkultur aufbringen würde.

Aus dem umfangreichen Material erstellte Strehlow schließlich eine so genannte »Aranda-Bibel« sowie Wörterbücher der Aborigines-Sprache. Die Botschaften aus der Bibel lassen sich in einfachen Sätzen zusammenfassen:

- Die Lebensgrundlagen für alle Generationen bleiben nur erhalten, wenn die Menschen im Einklang mit der Natur leben.
- Singen, Tanzen, Geschichtenerzählen aktivieren die Lebensenergie.
- Alle Menschen sind dafür verantwortlich, dass die goldenen Lebensregeln und geistigen Werte von Generation zu Generation weitergegeben werden.

Aborigines-Eltern sehen ihre Kinder übrigens nicht als persönlichen Besitz an. Sie fühlen sich auch nicht verantwortlich für deren Charakter und Persönlichkeit. Die Familie der Kinder ist der ganze Stamm der Ureinwohner, in dem jeder die gleichen Eltern hat: die Kräfte der Ahnen und die Mutter Erde.

Bei den Aborigines nehmen auch Frauen an den Zeremonien teil. Das wichtigste Ritual dient dazu, sich die einstige »Traumzeit« zu vergegenwärtigen.

eines der mächtigsten Urvölker der Welt, hat hier Sonne, Mond und Sterne ans Firmament gesetzt, die Berge, Flüsse und Wasserlöcher geformt, Eukalyptusbäume und Wildblumen gepflanzt, und die Tiere zum Leben erweckt. Als er sich nach einem langen Schlaf einsam fühlte, formte er aus einem Felsklumpen des Uluru den Menschen. Der Gott erzählte dem neuen Lebewesen alle seine Geheimnisse und ermahnte ihn, diese zuverlässig an die folgenden Generationen weiterzugeben, damit die Menschheit leben und gedeihen kann.

Träger kultureller Tradition

Das in die Traumzeit-Mythologie integrierte Wissen wurde tatsächlich in Form von Liedern, Tänzen und heiligen Gegenständen weitervermittelt. In den letzten 200 Jahren wurde diese alte Tradition jedoch durch englische Kolonialisten teilweise zerstört. Viel zu spät machten deren Völkerkundler die für die Aborigines rettende Entdeckung: Sie, die so genannten wilden Steinzeitmenschen waren keinesfalls eine ungezügelte Horde, sondern Träger einer Jahrtausende alten kulturellen Tradition, deren inhaltliche Vorstellungen bis zum Beginn der Welt zurückreichen.

715

KRAFTORTE

Heilige Quellen – das Wasser des Lebens

Wasser ist ein Lebensspender, das die Menschen schon immer als heilig angesehen haben. Aber es hat auch durch seine zerstörerischen Kräfte das Aussehen vieler Küsten im Laufe von Jahrhunderten verändert.

HEILIGE QUELLEN

Wasser ist das Element des Lebens – ohne Regen gibt es kein fruchtbares Land, ohne Wasser keine Möglichkeit zu überleben. Kein Wunder, dass die Menschen Wasser in allen seinen Erscheinungsformen großen Respekt und tiefe Verehrung entgegenbrachten. Was Leben erhalten, ja gleichsam hervorrufen kann, muss eine geheimnisvolle Heilkraft besitzen. Deshalb glaubte man schon früh, dass Wasser Schaden auf- und mit sich fortnehmen kann. In diesen Vorstellungen liegt der Ursprung der Heilquellen. Wie man mit Wasser äußere Verschmutzungen reinigen konnte, so konnte es aufgrund seiner geheimnisvollen Kräfte auch zur kultischen Reinigung dienen. Das älteste bekannte Quellheiligtum wurde bei Jericho in Palästina entdeckt und geht auf den Zeitraum zwischen 8000 und 5000 v. Chr. zurück.

Wohnstatt von Göttern

Besonderen Eindruck hinterließ die Lebendigkeit des Wassers. Ständig ändert es seine Erscheinung, weil Dämonen und Götter in ihm wohnen sollen. Mächtige Götter regierten das Meer, Seen und Flüsse erhielten ihre eigenen Gottheiten. Nach dem griechischen Geschichtsschreiber Herodot (ca. 485–425 v. Chr.) durfte in Ägypten außer den Priestern keiner die Leiche eines Ertrunkenen berühren. Diesem wurde ein prächtiges Begräbnis zuteil, weil der Ertrunkene die im Wasser wohnende Gottheit der Fruchtbarkeit darstellte. In den biblischen Quellteich Bethesda, an dessen Ufer die Kranken auf Heilung warteten, stieg ein Engel herab, um das Wasser zu bewegen. Der Erste, der nach dem Besuch durch den Himmelsboten in den Teich stieg, wurde von seiner Krankheit geheilt.

Mythische Geschichten

Die Kelten waren davon überzeugt, dass sich die irdische Welt an bestimmten symbolischen oder realen Orten für die Welt der Götter öffnet. Für Caesar (100–44 v. Chr.) lag dieser locus consecratus, der »geweihte Ort«, in der Heimat der Kelten, in der die Druiden in Wäldern ihre Riten und Kulte abhielten.

Ein solcher Platz wurde »nemeton« genannt, ein Begriff der auf das keltische Wort für »heilig« zurückgeht. Es konnte eine Waldlichtung sein, die Spitze eines Hügels oder ein Quellaustritt. Die keltischen Quellheiligtümer wurden von den Römern, bei denen die Quell-

Der Opferbrunnen der Mayas

In Chichén Itzá wie auch an anderen Orten der Halbinsel Yucatán, gibt es abseits von den eigentlichen Zeremonienstätten einen natürlichen Brunnen. Doch weist der Opferbrunnen (Cenote) von Chichén Itzá einige Besonderheiten auf. Auf dem Grund dieses Cenotes fanden Taucher menschliche Gebeine und Schmuckstücke. Eine heilige Straße (Sacbé) führte von der Pyramide des Kukulkan geradewegs zum Opferbrunnen. In einer kultischen Prozession begleitete die Priesterschaft ihre Opfer dorthin. Als Trinkwasserreservoir wurden andere Cenotes auf dem Gelände von Chichén Itzá benutzt. Eine Theorie besagt, dass Jungfrauen von einer Plattform am oberen Rand des Cenotes in die Tiefe gestoßen wurden. Da die Mayas ihre Wasservorräte ausschließlich aus Regenfällen bezogen, nimmt man an, dass man die Jungfrauen dem Regengott Chac opferte.

Seit Menschengedenken ist der Opferbrunnen von Chizén Itzá in Mexiko voller Wasser. Zu Zeiten der Maya wurden in der 40 Meter tiefen Höhlung Menschenopfer dargebracht.

717

KRAFTORTE

Cloutie Well

Im Culloden Moor in Schottland befindet sich eine Quelle, die Tobar Ghorm (»Blaue Quelle«) und Tobar n'Oige (»Quelle der Jugend«) genannt wird. Weithin bekannt ist sie unter dem Namen Cloutie Well (Quelle der Lappen), weil die Menschen Tuchstücke an die Bäume bei der Quelle hängen, um damit einen Wunsch zu verbinden. Die Bittsteller kommen am ersten Sonntag im Mai vor Sonnenaufgang, umschreiten die Quelle dreimal im Uhrzeigersinn bevor sie aus ihr trinken und hängen schließlich ein Stoffstück an einen Baum.

In Zypern steht der mit unzähligen Votivgaben behängte Lappenbaum bei einer heiligen Quelle an der Agia-Solomoni-Kirche in Paphos.

verehrung auch eine wichtige Rolle spielte, übernommen. An der Seinequelle, wo sich ein keltisches Stammesheiligtum befand, errichteten die Römer um 50 n. Chr. einen Tempel. Der an solchen Orten verehrte keltische Heilgott Grannus wurde mit dem römischen Heilgott Apollo vermischt und fortan als Apollo Grannus verehrt.

Quellen sind geheimnisvoll: Sie spiegeln das Antlitz, sie führen als Brunnen in die Unterwelt hinab, sie spenden belebendes und erquickendes Wasser. Wasser kann versiegen oder überlaufen, wenn zu viel davon vorhanden ist. Aufgrund dieser Wandelbarkeit schrieb man dem Quellwasser weissagende Fähigkeiten zu. Durch Trinken aus einer besonderen Quelle zur rechten Zeit konnte man alten Erzählungen nach Weisheit erlangen. Auch um die Entstehung von Quellen ranken sich zahlreiche Sagen. Oft war es ein Blitz aus dem Himmel oder der Speer eines Helden, der sie hervorsprudeln ließ.

Die Lappenbäume

Bei den heiligen Quellen finden sich häufig so genannte Lappenbäume. Damit verbindet sich ein alter Aberglaube: Krankheiten könne man, indem man einen Flicken an einem solchen Baum befestigt, auf diesen Baum übertragen. Der Lappen dient als Zwischenträger. Die Heilung der Krankheit erfolge dann durch das Heilwasser.

Die Lappen sind Bitt- oder Dankopfer nach der Genesung. Berühmt ist der Lappenbaum an der Agia-Solomoni-Kirche in Paphos auf der Insel Zypern. Tief unter der Erde befindet sich die heilige Quelle, der man die Fähigkeit zuschreibt, Augenleiden heilen zu können.

HEILIGE QUELLEN

In Benares am Ganges verkauft dieser Inder Kupferkannen für aus dem Fluss geschöpftes heiliges Wasser. Millionen von Hindus kommen jährlich zu den Pilgerstätten nach Benares oder Allahabad am Ganges, um sich in rituellen Waschungen zu reinigen und von dem heiligen und lebensspendenen Wasser des Ganges zu trinken. Der Ganges ist für die Hindus das Symbol für das nie endende Leben. Für viele Hindus ist die Stadt Benares ihr letztes Ziel. Wer am Ufer des Ganges stirbt und dessen Asche in den Fluss gestreut wird, dem ist garantiert, dass seine Seele weiterleben wird.

Herodot war im 5. Jahrhundert v. Chr. der Begründer der griechischen Geschichtsschreibung. Auf zahlreichen Reisen durch Ägypten, Babylon, Italien, Afrika und an die Nordküste des Schwarzen Meeres studierte er das Leben der verschiedenen Völker und stellte in seinen Werken ein umfassendes Bild der Gebräuche und Sitten der dortigen Bewohner dar. So berichtet er etwa, dass bei den Ägyptern und den Persern das Wasser geheiligt war.

Rituelle Taufe

Herodot berichtet, dass den Persern alle Flüsse als heilig galten. In Mesopotamien verrichtete die Sekte der Mandäer rituelle Taufbäder im Fluss Euphrat.

Diese Sitte wurde von jüdischen Sekten in Palästina übernommen. In der Gemeinde von Qumran gab es dafür eigens errichtete Zisternen. Die in den dortigen Höhlen gefundenen Schriftrollen erwähnen bestimmte rituelle Bestimmungen für dieses Zeremoniell. Am Jordan in unmittelbarer Umgebung der Siedlung von Qumran wirkte der apokalyptische Prophet Johannes des Täufer. Dort soll er auch Jesus getauft haben.

Die Christen deuteten später die spirituelle Reinigung mit Wasser als Reinwaschung von Sünden um.

719

KRAFTORTE

Die Pagoden von Burma

In Pagan am Flussufer des Ayeyarwady befindet sich ein Tempel- und Pagodenfeld, das 1287 zu einem erheblichen Teil von einfallenden Mongolen zerstört wurde. Einer der prächtigsten und am besten erhaltenen Tempel aus dem frühen 12. Jahrhundert ist der Ananda-Tempel.

PAGODEN IN BURMA

Trotz des weltweit boomenden Tourismus ist Burma, seit dem Beginn des Militärregimes 1988 auch Myanmar genannt, ein weithin unbekanntes, geheimnisvolles Land.

Friedliebende Menschen, unzählige Kulturdenkmäler, aber auch eine tiefe, vom Buddhismus geprägte, Frömmigkeit und viele ungelöste Rätsel der Vergangenheit prägen das Land. Besonders in der noch wenig erschlossenen alten Kaiserstadt Pagan und in den kleinen Dörfern entlang des Flusses Ayeyarwady, der »Lebensader« des Landes, gelingt dem aufmerksamen Besucher ein ungetrübter Blick auf die Mysterien einer südostasiatischen Kultur.

Das Wunder Asiens

Am Ufer des Ayeyararwady schlug das Herz des ersten burmesischen Reiches. Anawratha, der Begründer der Pagan-Dynastie, und seine Nachfolger bauten bis zum 13. Jahrhundert 5000 Tempel und Pagoden, Paläste und Klöster. Pagoden sind die in Ostasien entwickelten Tempel- und Reliquienbauten.

Nachdem der Fluss seinen Lauf geändert und viele Pagoden überflutet hatte, sind davon nur etwa 2000 erhalten geblieben. Die im 13. Jahrhundert anrückenden Truppen des Mongolenherrschers Kublai Khan – selbst Buddhisten – fügten den beeindruckenden Bauwerken zwar keinen Schaden zu, doch konnte man sich den Aufwand zur Erhaltung der Bauten damals und auch in den Folgereichen nicht leisten. Erst in der Gegenwart wird diese großartigste Ruinenlandschaft Asiens wieder gewürdigt.

Reinigung des Karma

Die gesamte Anzahl der Pagoden in Burma wird auf mehrere Millionen geschätzt. Jeder strenggläubige Buddhist baut eine solche, um den Erleuchteten zu ehren und um sein eigenes Karma – die spirituelle Biographie – zu verbessern. Skeptiker vermuten, hinter jeder Pagode stehe ein Verbrechen und mit dem Bau des heiligen Gebäudes versuche der Missetäter, seine Untat zu sühnen und damit sein Karma zu reinigen. Manche der Pagoden sollen in früherer Zeit auch der Sternbeobachtung gedient haben und nach astronomisch-mathematischen Konzepten ausgerichtet worden sein. Zumindest gibt es eine kosmische Symbolik: Das Dach in Form einer Halbkugel repräsentiert das Himmelsgewölbe, gleichzeitig aber auch das Erdenrund. Beide bilden auf universelle Weise eine Einheit.

Der Glaube der Mon

Über 80 Prozent der Burmesen bekennen sich zum Buddhismus, der in seiner ältesten Form etwa zur Zeitenwende im Gebiet der Mon-Khmer-Kultur, das ist die erste geschichtlich erfasste Volksgruppe des Vielvölkerstaates, Wurzeln schlug.

Die Lehre Buddhas breitete sich jedoch erst im 11. Jahrhundert über das gesamte Land aus, als Anawratha, auch Aniruddha genannt, der Gründer des ersten burmesischen Königreiches, die Mon unter seine Herrschaft gebracht, und ihren Glauben angenommen hatte.

Himmlische Helfer

In der geschichtslosen Zeit - so ein burmesischer Mythos – sollen Drachen (Ngas) vom Himmel gestiegen sein und die ersten Menschen unterwiesen haben. Sie zeigten ihnen u.a., wie man Gold und Edelsteine aus der Erde und dem Wasser holt. Noch heute betrachten die Burmesen den 2170 langen Ayeyarwady-Fluss als »Leine des Drachen«. Hinweise auf himmlische Helfer finden sich auch in der Shwedagon-Pagode, in der unser Planetensystem und das Universum symbolisch dargestellt sind. Es gibt eine »Sonnenandachtsstelle«, vor der am Sonntag gebetet wird und eine »Mondandachtsstelle«, die dem Montag gewidmet ist und vor der sich die an diesem Wochentag Geborenen versammeln.

Ein Teil der weitläufigen Shwedagon-Pagode in festlicher Beleuchtung. Andächtig blickt ein Mönch mit Blumen als Opfergaben auf das heilige Relikt, die »Pagode der acht Wochentage«.

721

KRAFTORTE

In der Shwedagon-Pagode gibt es zahlreiche Buddha-Schreine. Vor diesem hier sind mit Wasser gefüllte Fußabdrücke – es sollen die Abdrücke von Buddha sein – zu sehen. Wasser ist auch für Buddhisten ein zentrales, da Leben spendendes Element. Der Religionsgründer wird durch diesen Schrein geehrt.

Die Shwedagon-Pagode

An diversen Andachtsstellen in der Pagode sind den Planeten Wochentage zugeordnet: Der Mond dem Montag, Mars dem Dienstag, Merkur dem Mittwoch, Jupiter dem Donnerstag, Venus dem Freitag, Saturn dem Samstag und die Sonne dem Sonntag. Dazu kommen Orte der Verehrung für noch unbekannte Planeten und für die »Sakka-Könige«, die aus den himmlischen Gefilden kamen. Weitere Plätze der großflächigen Shwedagon-Pagode sind Wundern vorbehalten. Hier beten die Gläubigen um Erleichterung für das gegenwärtige Leben, wobei sie sich nicht an Buddha direkt wenden, sondern über seine Lehre Erleuchtung und Hilfe erwarten. Dabei erheben sie einen in der Pagode liegenden Stein, den »Stein der Wünsche«, und sprechen die Formel: »Möge dieser Stein leicht werden, wenn sich mein Wunsch erfüllt.« Bleibt der Stein schwer, bleibt der persönliche Wunsch aus himmlischer Vorsehung unerfüllt.

Aus einem Ableger des Bodhi-Baums in Indien wurde der Bodhi-Baum der Shwedagon-Pagode gezogen. Darunter ruht ein goldener Buddha in einem Schrein.

Die Lehre des Buddha existierte lange Zeit lediglich auf Palmblättern, bis König Mindon sie zwischen 1871 und 1879 auf 729 Marmortafeln meißeln ließ, die in vielen kleinen Stupas im Tempelbezirk der Stadt Mandalay (»Zentrum der Welt«) ausgestellt sind.

Einweihung für Knaben

Im ganzen Land ist eine tiefe Religiosität zu spüren; auch die militärischen Machthaber gehen vor den Buddhastatuen in die Knie. Jeder männliche Buddhist muss eine Zeit seines Lebens als Mönch verbringen – mindestens eine Woche lang. In den Pagoden vollziehen sich tagtäglich malerische Einweihungszeremonien von Jungen, die in der Regel zwischen acht und zehn Jahre alt sind.

Das Ritual beginnt mit einem Mahl der Mönche, bei dem die anwesende Familie zusieht.

PAGODEN IN BURMA

Danach wird der Kopf des Jungen geschoren. In seiner neuen gelben Robe kniet der junge Mönch nieder und spricht die drei buddhistischen Wahrheiten: Alles ist Leiden, nichts ist von Dauer, nur das Nirwana bringt Erlösung vom Rad des Lebens. Dabei verneigen sich Eltern und Freunde ehrerbietig vor dem Novizen.

Das größte Heiligtum

Nicht selten werden auch Fremde zu diesen Ritualen und zum gemeinsamen Essen mit den Mönchen geladen. Besonders in der Hauptstadt Rangun finden solche Zeremonien in der 2000 Jahre alten Shwedagon-Pagode täglich statt. In diesem größten Heiligtum des Landes steht ein Schrein mit acht Haupthaaren des Buddha Siddharta Gautama, die sich in der innersten von acht übereinander gebauten Pagoden befinden sollen. Der Tempelbezirk der Shwedagon-Pagode ist heilig und darf nur barfuß betreten werden. Schon im Morgengrauen steigen die Gläubigen über die vier Haupttreppen zu dem zehn Meter hohen inneren Stupa empor, dessen glockenförmig geschwungenes Dach aus 8000 Goldplatten besteht. Die Kugel auf der Spitze ist mit 5500 Brillanten besetzt, die das frühe Sonnenlicht eindrucksvoll reflektieren.

Wie der Turmbau zu Babel

Weniger prunkvoll bietet sich der Koloss von Mingun, einem verschlafenen Dorf am Oberlauf des Ayeyarwady, an. Er wurde nicht aus Stein, sondern aus Ziegeln gebaut. 1790 sollte dort die gewaltigste Pagode der Welt entstehen: Mingun Paya. König Bodawpaya hatte sie zum Aufbewahren einer Zahnreliquie Buddhas geplant. Das Projekt glich in seinen Anstrengungen dem Turmbau von Babel. Erst dreißig Jahre später, beim Tod des Auftraggebers, wurden die Arbeiten an dem Unternehmen eingestellt. 1883 zerstörte ein Erdbeben das Werk. Die Überreste sind heute noch zu sehen. In einem Pavillon neben dem verfallenen Koloss hängt die mit einem Gewicht von nahezu 90 Tonnen größte Glocke der Welt, die einst passend zum Mingun Paya – Paya ist ein anderes Wort für Pagode – gegossen wurde. Ein einsamer Wächter schlägt regelmäßig mit einem Holzstock an ihren Bronzekörper. Dumpf und mit beeindruckendem Nachhall ermahnt ihr Klang zum Innehalten. Auch hier wie in ganz Burma begegnet man der Tradition im Sinne Buddhas und seiner Lehre im Hier und Jetzt.

Die Mingun-Glocke soll die größte und älteste Glocke der Welt sein. Die Angaben über ihr Gewicht variieren leicht. Im allgemeinen gibt man es mit 87 Tonnen an.

723

Heilige Pflanzen

M an nennt sie »Pflanzen der Götter« oder »Fleisch Gottes« – Pflanzen, deren Einnahme Rauschzustände und Halluzinationen hervorrufen. Schamanen aller Kulturen verwenden sie, um mit der Welt jenseits unserer alltäglichen Erfahrung in Kontakt zu treten, um Visionen zu erlangen, Flugerfahrungen hervorzurufen, die Zukunft zu ergründen oder Kranke zu heilen. Chemisch betrachtet, enthalten fast alle pflanzlichen Halluzinogene so genannte Alkaloide – stickstoffhaltige Stoffwechselprodukte, die alkalische Eigenschaften aufweisen. In ihrem chemischen Aufbau zeigen diese Pflanzen eine enge Verwandtschaft mit Hormonen, die im Gehirn gebildet werden, also mit Wirkstoffen, die eine Rolle bei den mit den psychischen Funktionen verbundenen biochemischen Prozessen spielen.

HEILIGE PFLANZEN

Heilige Pilze – Fleisch der Götter

Francesco de Mura (1696–1782) malte diesen hochbarocken »Zug des Bacchus« (Dionysos) um 1760. Auf seinem Weg wird er von trunkenen, tanzenden Satyren und Nymphen begleitet. Durch den Genuss heiliger Pilze sollen die Begleiterinnen des Weingottes schließlich in Raserei verfallen sein.

HEILIGE PILZE

Kerzen erleuchten die kleine Hütte in den mexikanischen Bergen und Räucherharz erfüllt den Raum mit starkem Duft. Mit Lilien und Gladiolen hat María Sabina zuvor die Atmosphäre gereinigt. Sie hat alles vorbereitet für eine Zeremonie mit den heiligen Pilzen. Auf Strohmatten kauern einige im Halbdunkel kaum auszumachende Gestalten. Über dem Räucherharz schwenkt die Indianerin paarweise die Pilze, die sie liebevoll niños santos, heilige Kinder, nennt. Drei Paar bekommt ihre schwerkranke Schwester, sie selbst nimmt eine weit größere Menge dieser sakralen Speise zu sich. Allmählich beginnt sie mit großer Leichtigkeit zu sprechen. Die Pilze bringen ihr Gesang, schönen Gesang und geben ihr Ratschläge. María Sabina, die berühmte Pilz-Heilerin, sagte einmal: »Der Pilz ähnelt deiner Seele. Er führt dich dorthin, wohin die Seele gehen will. Aber nicht jeder tritt in die Welt ein, in der alles bekannt ist.«

Die Nahrung der Götter

Schon die Azteken erzählten, dass die heiligen Pilze dort sprießen, wo einer ihrer Götter namens »Gefiederte Schlange« Blutstropfen auf die Erde fallen ließ. Sie nannten den Pilz Teonanácatl (»Fleisch Gottes«). Interessanterweise kannte man psychedelisch wirkende Pilze bereits im antiken Griechenland, wo sie einen sehr ähnlichen Namen hatten: Theon broma (»Nahrung der Götter«). Die rasenden Mänaden des Dionysos sollen den ungekochten Fliegenpilz mit Nektar hinuntergespült und im Rausch Kinder und Tiere zerrissen haben.

Rituelle und profane Verwendung der Pilze

In mexikanischen Chroniken des 16. und 17. Jahrhunderts wird die Verwendung von Pilzen als Rauschdrogen immer wieder vermerkt. Als besonders pflanzenkundig werden die Chichimeken beschrieben, die als erste Wurzeln, die sie »peiotl« nannten, sammelten und aßen, um eine rauschartige Wirkung zu erzielen. Dasselbe taten sie mit Teonanácatl, eine Sorte kleiner Pilze, die unter dem Wiesengras wachsen, einen hohen, dünnen Stiel haben und gerne gegessen werden, weil sie trunken machen. Bereits 1569 beschreibt der mexikanische Schriftsteller Fray Toribio de Bena-

María Sabina

Bei ihrer ersten Begegnung mit den heiligen Pilzen fand sich die Mazateken-Indianerin María Sabina in einem visionären Raum wieder: Vor ihr standen festlich gekleidet die »Grundwesen« als Personifikationen der Pilze. Sie legten ihr ein Buch vor, das größer und größer wurde, bis es so groß war wie ein Mensch. Es war das Buch der »heiligen Sprache«. In der nächtlichen Pilztrance lernte sie die Weisheit des Buches. So wurde María Sabina in der Sprache der Mazateken zu einer chotáa tchi-née, eine »Wissende«.

María Sabina und ihre Tochter in einer mexikanischen TV-Show. Die Mazatekin aus Huantla de Jiminez erreichte in den 1970er Jahren überregionale Berühmtheit als echte »curandera« (Heilerin). Im Gegensatz zu vielen Betrügern gelangte sie mit Hilfe der heiligen Pilze in tatsächliche Trance. Kurz vor ihrem Tod hat der Forscher Alvaro Estrada 1975/76 Gespräche und die »schamanischen Gesänge der María Sabina« auf Tonband aufgenommen und ihre eindrucksvolle Lebensgeschichte in einem Buch veröffentlicht.

HEILIGE PFLANZEN

Die Pilze des Teufels

Schon die ersten europäischen Reisenden kamen mit dem kultischen Gebrauch der Pilze in Berührung. Diese wussten natürlich genau, woher die Pflanze kam – vom Teufel selbst. Einer der frühen Berichterstatter, André Thévet, schrieb 1574: »Er heißt Herr von Tezcuq. Er ordnete auch an, dass die jungen Männer und Frauen in den Tempeln tanzen, um den Göttern Freude zu bereiten, indem sie Rosen und Blumen im Tempel verstreuten und ständig vor ihnen tanzten, sowohl jene aus dem Dorf wie die nächsten Nachbarn, die der Teufel verführte, ein gewisses Kraut zu essen, das sie nanacatl nennen und sie von Sinnen geraten und viele Visionen sehen lässt.«

Ein Pilzfortsatz als Kopfschmuck zeigt diese peruanische Figurenvase.

vente (1490–1569; Pseudonym: Motolina) in seiner »Historia de los Indios de la Nueva España« den Genuss und die Wirkungen der Pilze während religiöser Zeremonien: »Als Erstes aß man während des Festes kleine schwarze Pilze, Nanacatl genannt, die einen trunken machen, Visionen und selbst Wolllust hervorrufen. Sie aßen sie, ehe der Tag anbrach ... mit Honig und sobald sie sich durch ihren Einfluss genug erhitzt fühlten, begannen sie zu tanzen... Diese setzten sich in einen Raum, wo sie versunken blieben. Die einen hatten das Gefühl, sie stürben, und weinten in ihren Halluzinationen, andere sahen sich von einem wilden Tier aufgefressen, wieder andere bildeten sich ein, sie nähmen einen Feind im Kampfgetümmel gefangen...«

Besonders aufschlussreich an der Schilderung Motolinas ist die Beschreibung der Symptome, die mit dem Verzehr der Pilze einhergehen: Der »erhitzte« Zustand wird durch einen vermehrten Blutandrang, vor allem im Gesicht, hervorgerufen, der auf der Wirkung des enthaltenen Psilocybins beruht. Auch wird der Effekt der halluzinogenen Pilze nicht als durchweg lustvoll und positiv beschrieben.

Bei der Krönung des später von den Spaniern ermordeten Montezuma – so berichten die Historiographen – wurden als Bestandteil der Zeremonie von allen Teilnehmern rohe Pilze verzehrt, »die sie betrunkener machten als viel Wein. In ihrer Ekstase töteten sich viele mit eigener Hand, andere erlebten durch die Macht der halluzinogenen Pilze Visionen und Offenbarungen über die Zukunft«.

Mittel zur Eleuchtung

Als heiliger Pilz wird in Mexiko neben Psilocybe, Conocybe und Panaeolus auch der Hongo de San Isidrio (Stropharia cubensis) verwendet, den die Mazateken als »göttlichen Dungpilz« bezeichnen. Die verschiedenen Pilze werden von vielen Stämmen zur zeremoniellen Weissagung und zum Heilen benutzt. In früherer Zeit muss auch der Fliegenpilz unter den Maya in kultischer Verwendung gestanden haben. Noch heute assoziieren die Quiche-Maya in Guatemala den Fliegenpilz mit Erleuchtung, denn sie nennen ihn cakuljá ikox, »Pilz des Blitzes«.

Das Einsammeln der Pilze

Ehrfürchtig sammeln Schamanen und Heiler in Mexiko die »magischen« Pilze, um sie zur Entschlüsselung der Zukunft, zur Diagnose und für Heilzwecke zu benutzen.

An Berghängen pflücken sie die Pilze, die anschließend rasch in Bananenblättern versteckt werden, um sie vor ehrfurchtslosen Augen zu schützen. Pilze sind im Verständnis von Heilkundigen zerbrechliche kleine Wesen, die im Körper einer andächtigen Person zu mächtigen Verbündeten werden. Bevor man sie auf rituelle Weise einnimmt, muss ihr Weg gesichert sein, damit sie nicht entheiligt werden und Rache nehmen.

Ein uralter Kult

Die jahrhundertealte Tradition des Pilzkultes beweisen zahlreiche kleine Skulpturen, die man in Mittelamerika ausgegraben hat. Sie zeigen Pilze, die aus menschlichen und tierischen Wesen zu wachsen scheinen. Die ältesten stammen aus dem zweiten Jahrtausend vor Christus, der präklassischen Periode der Maya. Bisweilen sind darauf ekstatische, von einem Strahlenkranz umgebene Gesichter zu erkennen. Auf Keramikgefäßen der peruanischen Moche-Indianer kann man Personen erkennen, bei denen ein Trichter als Fortsatz aus der Stirn ragt. Man hat die Vermutung geäußert, dass es sich dabei um einen Pilz handelt: eine symbolische Darstellung für die geistige Erfahrung im Pilzrausch.

Chemie der heiligen Pilze

Fast alle Arten der heiligen Pilze Mittelamerikas enthalten zwei Wirkstoffe, denen sie ihre halluzinogene Wirkung verdanken. Diese sind die beiden Alkaloide Psilocybin und Psilocin. Der Hauptwirkstoff ist das Psilocybin. Es han-

HEILIGE PILZE

delt sich dabei um die organische Verbindung des Phosphorsäureesters, von Psilocin, von dem nur Spuren in den Pilzen vorhanden sind. Psilocybin und Psilocin gehören zur großen Klasse der Indolalkaloide und weisen eine auffallende Ähnlichkeit mit Serotonin auf, einem so genannten Neurotransmitter – ein Stoff, der bei der Reizübermittlung von Nerv zu Nerv eine wichtige Funktion besitzt.

Der Pilz der sibirischen Schamanen

Die Schamanen zahlreicher sibirischer Stämme verwenden den Fliegenpilz (Amanita muscaria) für Heilséancen und für die Kommunikation mit der Geisterwelt. Im Fliegenpilzrausch hört der Schamane die Stimme des Pilzes. Alles erscheint ihm riesengroß oder schrecklich klein. Bald vermag er seine Körperbewegungen nicht mehr zu kontrollieren, stolpert umher und zerstört alles, was ihm in die Hände fällt. In diesem Zustand des Wütens hat er das große Flugerlebnis, besucht andere Welten und mythische Völker. Schließlich tritt Erschöpfung ein, er sinkt in einen tiefen Schlaf.

Der Fliegenpilz wurde bei den sibirischen Stämmen meist in getrocknetem Zustand eingenommen. Die psychoaktiv wirkenden Stoffe im Fliegenpilz sind Ibotensäure und das Alkaloid Muscimol. Wird der Pilz getrocknet, kommt es zum Übergang der Ibotensäure in Muscimol, was die psychedelische Wirkung des Pilzes noch erhöht.

Der Verzehr des weitverbreiteten und hochgiftigen Fliegenpilzes kann tödlich sein. Allerdings wird er von pflanzenkundigen Schamanen aufgrund der starken halluzinogenen Wirkung bei ihren Praktiken verwendet. Vor dem Versuch, den Fliegenpilz selbst »erproben« zu wollen, muss jedoch eindringlich gewarnt werden.

HEILIGE PFLANZEN

Halluzinogene Kakteen

Der Jaguargott von Chavín

Im Hof des Alten Tempels von Chavín de Huantar im nördlichen Hochland von Peru entdeckten die Archäologen eine Steinplatte mit einem eindrucksvollen Flachrelief. Sie zeigt die Hauptgottheit von Chavín: ein menschenähnliches Wesen mit einem Jaguarkopf, Schlangenhaar, Jaguarfängen und einem Gürtel aus doppelköpfigen Schlangen. In einer Hand hält er den San Pedro Kaktus wie ein Zepter hoch. Das Relief entstand etwa 1300 v. Chr. – Beweis für die lange Tradition des Kultes um den San Pedro Kaktus.

Die Orakelstätte Chavín de Huantar hat Archäologen viele Details aus dem Leben früherer mesoamerikanischer Hochlandindianer verraten. So wurde beispielsweise der abgebildete Jaguargott ob seiner List und Schnelligkeit verehrt.

Sie wachsen selbst unter extremster Hitze, karge Böden oder trockene Gegenden sind für ihr Gedeihen kein Problem – Kakteen werden deshalb bei den Indianern Südamerikas noch immer als Geschenk der Götter verehrt. Dass einige der Pflanzen zu den Halluzinogenen zählen und ihre Einnahme rauschähnliche Zustände bewirkt, hat in den Augen der Ureinwohner nur einen Sinn: den Kontakt zu einer mystischen Anderswelt, aus der man Kraft beziehen, Rat holen und medizinisches Wissen weitergeben kann. Säulenkakteen, wie dieses Exemplar eines Saguaro-Kaktus in Süd-Arizona, können eine gewaltige Höhe erreichen.

730

HALLUZINOGENE KAKTEEN

Eine der ältesten unter den magischen Pflanzen Südamerikas ist der Säulenkaktus San Pedro (*Trichocereus*). Seit über dreitausend Jahren umgibt ihn ein magischer Kult. Im Reich der Moche-Indianer, einer Kultur, die sich in der Zeit von 200 bis 800 n. Chr. in den Küstentälern des nördlichen Perus entwickelte, spielte der halluzinogene Kaktus eine wichtige Rolle. Von Abbildungen auf Tongefäßen wissen wir, dass er dort mit einem Hirschkult in Beziehung stand. Als die Spanier nach Peru kamen, war die kultische Anwendung des Kaktus weit verbreitet. Die Missionare nahmen den Kampf dagegen auf. Einer von ihnen schrieb: »Von diesem Teufelsgetränk in unwirkliche Welten entführt, träumen die Indianer von tausend Absurditäten und halten sie für wahr.«

Die Wallfahrt der Schamanen

Verdrängen konnten die Missionare die Pflanze dennoch nicht. Sie nimmt auch heute noch einen zentralen Platz unter den Heilmethoden (Curanderismo) der Anden ein. Die ursprünglichen indianischen Mythen, die sich um den Gebrauch der heiligen Pflanze rankten, wurden mit den christlichen angereichert. Für magische Rituale und Heilungen, zur Wahrsagerei, gegen Hexerei und zum Lösen von Verzauberungen wird ein Sud von dem in Scheiben geschnittenen San Pedro eingenommen. Gesammelt wird der San Pedro vornehmlich in den hoch gelegenen Regionen der Anden. Jedes Jahr unternehmen die Schamanen eine Wallfahrt dorthin. Sie feiern aufwendige Zeremonien und Weihungen und nehmen ein rituelles Reinigungsbad. Dann sammeln sie verschiedene magische Pflanzen, die durch den San Pedro zu ihnen sprechen. Büßer können beim Bad in den Lagunen eine Wandlung erfahren, denn die Einnahme des Kakteen-Suds in dieser Gegend gilt als besonders wirkungsvoll.

Zur Chemie des San Pedro

Das Gemisch an Alkaloiden im San-Pedro-Kaktus ist ähnlich dem Peyote-Kaktus, einer Kakteenart, die ebenfalls bewusstseinserweitern-

Die Mesa ist ein von Säbeln und Hartholzstangen (chontas) abgegrenzter Bereich. Im peruanischen Heilerwesen stellt man sich das Heilen als eine Kampfhandlung vor, bei der die Machenschaften der feindlichen Hexer zunichte gemacht werden müssen. Deshalb erhalten alle Beteiligten bei der Zeremonie einen Säbel oder eine chonta.

Ein Indio bereitet kleine Nester aus Kokablättern, um die Geister herbeizurufen.

Viele der rund 200 verschiedenen Kakteengattungen mit ca. 6000 sehr unterschiedlichen Arten wachsen in den tropischen und subtropischen Regionen. Einige sind Nutzpflanzen, wie etwa der Feigenkaktus (Opuntie), andere enthalten Halluzinogene.

HEILIGE PFLANZEN

Bei vielen der südamerikanischen Indianer hat der Konsum psychoaktiver Drogen eine uralte Tradition. Neben dem alkaloidhaltigen Kakteen werden auch heute noch Pilze, Lianengewächse und andere Pflanzen für die Herstellung von Drogen verwendet. Anders als bei den Drogenkonsumenten der westlichen Welt, die aus dem Alltag entfliehen wollen, steht der Gebrauch in Südamerika in Zusammenhang mit den Riten der Schamanen. Die Abbildung zeigt einen Cuzco-Indianer aus Peru, der ein berauschendes Getränk zu sich nimmt.

Halluzinogene Säulenkakteen

In Mexiko und Südamerika gibt es zahlreiche Arten von Säulenkakteen, die pharmakologisch aktive Alkaloide enthalten. Der größte unter ihnen, der Saguaro (Carnegiea gigantea), wird etwa 12 Meter hoch. Die Stämme können bis zu 75 Zentimeter Durchmesser erreichen.

Einen anderen baumähnlichen Säulenkaktus nennen die Tarahumara im Norden Mexikos Cawe (Pachycereus pecten-aboroginum) und Wichowaka. Die Stacheln sind bei dieser Art besonders auffällig. Sie sind grau mit einer dunklen Spitze. Aus dem Saft der jungen Triebe bereiten die Indianer ein narkotisierendes Getränk. Es löst Halluzinationen aus, die oft von Schwindelanfällen begleitet werden.

de Inhaltsstoffe enthält. Der Hauptbestandteil für die halluzinogene Wirkung ist das Meskalin, das im getrockneten Zustand in einer Ausbeute von zwei Prozent vorhanden ist. Auch eine Reihe anderer Alkaloide, wie 3-Methoxy-Tryamin und 3,4-Dimethoxyphenyläthylamin, konnten nachgewiesen werden. Der Säulenkaktus wird drei bis sechs Meter hoch und wächst im zentralen Andengebiet in einer Höhe von 1800 bis 2800 Metern.

Das Mesa-Ritual

Das wichtigste Ritual um die Pflanze, das sich bis in unsere Tage erhalten hat, ist das so genannte Mesa-Ritual. Für den »Geister-Tisch«, wie das Mesa-Ritual auch genannt wird, baut der peruanische Schamane eine Mesa (Tisch) auf: ein von Holzstangen (chontas) und Säbeln begrenzter Bereich. Dazwischen, auf einem Tuch, wird ein Sammelsurium an magischen Objekten dargeboten: Totenschädel, getrocknete Tiere, Heiligenfiguren, Kruzifix, Muscheln, Feuersteine, Stoffpuppen, Wurzeln, Kräuter, Flaschen mit Elixieren. Säbel und Stöcke schützen die Mesa vor den Angriffen feindlicher Hexer. Die magischen Objekte haben alle eine bestimmte Bedeutung, sind im Weltbild der Heiler lebendig und können

HALLUZINOGENE KAKTEEN

bei richtiger Anwendung ihre positive Energien zum Wohl von Kranken entfalten. Die Mesa ist ein symbolisches Abbild der Lebenswelt und Grundlage dieser speziellen Form der schamanischen Heilungspraxis.

Die heilige Zeremonie

Bisweilen werden Reinigungsmixturen verschiedener Kräuter eingenommen. Meist erhalten die Indianer, die an der nächtlichen Zeremonie teilnehmen, eine braune Brühe zum Trinken: den San-Pedro-Tee. Er wird von einem Kaktus mit insgesamt sieben Zacken gekocht, damit er wirksam ist. Vor einer Ansammlung magischer Utensilien schlägt der Schamane die Rassel, um die Geister anzulocken. Später wird eine Art Nest aus Kokablättern hergestellt, auf das Stücke von Lamafett und zahlreiche andere landwirtschaftliche Produkte kommen, schließlich Zuckerrohrschnaps als Trankopfer. Gebete begleiten die Handlungen. Häufig wird noch ein bitterer Sud aus Tabak und Zuckerrohrschnaps verteilt, der durch röhrenförmige Muschelschalen in der Nase hochgezogen wird. Das soll die Stimmung heben und Glück bringen. Schließlich die eigentlichen Heilungshandlungen: Der Schamane führt an den Patienten Reinigungen mit Holzstäben, Feuersteinen und anderen magischen Objekten durch, murmelt dabei Sprüche, zieht die Säbel, um mit imaginären angreifenden Hexern zu kämpfen, die für viele Krankheiten seiner Patienten verantwortlich gemacht werden. Eine Zeit lang halten die Patienten eines seiner magischen Objekte in ihren Händen, während der Schamane seine monotonen Gesänge singt und sich seinen Visionen hingibt, bis bei Morgengrauen die Zeremonie ein Ende findet.

Während sich aus den Kaktusstämmen oft ein bewusstseinserweiternder Sud herstellen lässt, sind die Früchte von Kakteen gänzlich ungefährlich. Schon die Azteken züchteten jene wohlschmeckenden Kaktusfeigen, die es auch bei uns zu kaufen gibt.

Beim Mesa-Fest wird der Tabaksaft in Muschelschalen verteilt. Den Saft selbst ziehen die Indios dann mit der Nase aus der Schale ein.

733

HEILIGE PFLANZEN

Ayahuasca – die Liane der Seelen

Zur Chemie von Ayahuasca

Die Wirkstoffe der Urwaldliane Banisteriopsis gehören zur Stoffklasse der Indolalkaloide. Um die rituellen Getränke zu bereiten, mischen die Indianer in den verschiedenen Regionen unterschiedliche Arten von Banisteriopsis und geben andere psychoaktive Pflanzen hinzu, meist Nachtschattengewächse, wie etwa die Stechapfelart Datura suaveolens oder die Blätter der Pflanze Psychotria viridis, die DMT (Dimethyltryptamin) enthalten.

Meist wird Ayahuasca aus zwei Pflanzen hergestellt: aus Banisteriopsis und aus der hier abgebildeten Psychotria viridis, Chacruna genannt. Die Wirkstoffe von beiden ergänzen einander in ihrer Psychoaktivität und dienen den Anwendern als Werkzeuge für Selbsterkenntnis und Meditation sowie als Mittel, um mit den Geistern der Ahnen zu kommunizieren.

Es ist Nacht. Tief im Dschungel des westlichen Amazonasbeckens öffnen sich zum Gesang des Schamanen die Tore zu einer unsichtbaren Welt. Eine kleine Gruppe Shipibo-Indianer hat Ayahuasca zu sich genommen, das Gebräu einer Lianenart (Banisteriopsis) und anderer halluzinogener Pflanzen. Ein Heilritual findet statt.

Das Ayahuasca-Ritual

Kranke behandelt der Schamane im Rausch des Ayahuasca-Geistes. In seinem psychedelischen Kosmos erfährt er den Grund für die Krankheit und beschwört die krankheitserregende Schlange im Leib des Patienten. Wo es schmerzt, bläst er den Rauch seiner Pfeife darüber. Die Krankheit saugt er aus dem Körper und entfernt sie durch lautes Ausspucken.

Für den Behandlungserfolg entscheidend ist auch die Anwesenheit der Angehörigen – und zwar nicht nur für den Patienten. Denn Heilung erfahren auch Gesunde durch die Erneuerung der Verbindung zu Natur, Kosmos und Mitmenschen. Zum Klang von Rasseln leitet der Schamane in seinen Gesängen die Teilnehmer durch die psychedelische Erfahrung. Die Shipibo verstehen Ayahuasca als Schlan-

AYAHUASCA

Fernab der Zivilisation, mit der Natur verbunden, stehen die Bewohner des Amazonasgebiets noch eng in Verbindung mit den Geistern ihrer Vorfahren. Ayahuasca, ein psychoaktiver Trank, hilft ihnen, mit diesen Geistern zu kommunizieren und in Zeremonien selbst durch die Pflanze Heilung zu erfahren.

Kenntnis verborgener Dinge

»Liane der Seelen« wird diese mächtige Pflanze in der Quechua-Sprache der prähispanischen Inkas von Peru genannt.
Der Sud aus der Urwaldliane steht bei vielen Stämmen in Kolumbien, Ecuador, Brasilien und Peru unter verschiedenen Namen in höchstem Ansehen. Nicht zuletzt durch die US-amerikanischen Schriftsteller William S. Burroughs und Allen Ginsberg wurde Ayahuasca in der westlichen Kultur bekannt. Eines der wichtigsten Alkaloide der Liane wurde früher als Telepathin bezeichnet, weil Yagé, wie die Lianenart auch genannt wird, telepathische Fähigkeiten begünstigen soll.

Im Yagé-Rausch sehen die Schamanen Dinge, die sich in der Ferne ereignen, sie senden ihre

Krafttiere, etwa den Jaguar, zu Kämpfen mit Hexern aus, erleben Tierverwandlungen und Flüge in weit entfernte Regionen oder in Gebiete, die unserer alltäglichen Wahrnehmung nicht zugänglich sind.

Ayahuasca und Kreativität

Der Ayahuasca-Rausch regt auch die kreativen Fähigkeiten an. Die von rhythmisch wiederkehrenden Mustern begleiteten Visionen einer intensiv belebten Geisterwelt stellen die Indianer als Ornamente dar, in der sich die ethnische Gruppe wiedererkennt.
Die kulturgebundenen künstlerischen Motive schmücken Umhänge, Tonkrüge, Hüttenfassaden, Masken und Gesichter. Aber auch viele der amerikanischen Künstler der so genannten Beatnik-Generation experimentierten in den späten 50er und 60er Jahren mit der Droge, die sie in ihrer Kreativität beflügelt haben soll.

Ayahuasca-Äste werden in kleine Stücke geschnitten und mit grünen Chacruna-Blättern gemischt. In einem Topf wird der Mix stundenlang gekocht. Die Einnahme des fertigen Getränks bedarf einer gewissen psychologischen Vorbereitung, da nicht jeder für die geistige Öffnung durch Ayahuasca geeignet ist. Einen Missbrauch der Droge verhinderte bislang übrigens ihr ausgesprochen bitterer Geschmack.

ge, die zum Boot wird, das der Schamane lenkt und alle einlädt, mit ihm an den Ursprung des Universums zu reisen.

735

HEILIGE PLANZEN

Die Alraune – Zauberpflanze Mandragora

Die menschenähnliche Gestalt der Alraun-Wurzel soll als »Zaubermittel« Glück, Liebe und Reichtum bringen.

Alraun-Pflanze und Wurzel in einem Kupferstich des 16. Jahrhunderts. Mit Alraune, auch Alraun, Heckmännchen, Erd- oder Galgenmännchen genannt, wird meist nur die Wurzel des Nachtschattengewächses der Mandragora bezeichnet.

ALRAUNE

Die Alraune *(Mandragora officinarum)* zählt zu den bekanntesten zauberkräftigen Pflanzen. In ihrem deutschen Namen klingt das altnordische run (Geheimnis, Rune) an. Diese in vielen Kulturen seit Urzeiten in höchstem Ansehen stehende Pflanze gehört zur Familie der Nachtschattengewächse. Ihren Ruf verdankt die Alraune vor allem ihrem eigentümlichen, rübenartigen, gespaltenen Wurzelstock, der an einen menschlichen Torso mit zwei Beinen verehrt und in Kästchen oder Fläschchen verschlossen aufbewahrt. Man richtete sie her, damit sie wie Menschenkörper oder zumindest wie Menschenköpfe aussahen. Der so fürsorglich behandelte Pflanzengeist sollte dem Besitzer Glück, Liebe, Reichtum und Gesundheit bringen.

Aphrodisiakum und Talisman

In der Antike fand die Alraune, von deren Wurzel man einen Wein machte, als Heilmittel

Der Legende nach soll die Mandragorapflanze beim Ausreißen einen Schrei ausstoßen und tödliche Ausdünstungen hervorbringen.

erinnert. Aus diesem Grund stellte man sich die Alraune belebt, als menschenähnliches Wesen vor.

Alraun-Figuren

Wie man in der Antike die Hausgötter als Statuetten an einem geheimen Ort aufbewahrte, so wurden Alraunwurzeln bekleidet, gebadet, gegen Epilepsie und Augenkrankheiten Verwendung. Zudem wurde sie als Amulett und Talisman benutzt. Schon bei den Persern und Ägyptern galt die Einnahme der Alraune als Aphrodisiakum. In Griechenland trug sie den Beinamen Kirkeia, da man vermutete, die Zauberin Kirke hätte sich die Männer mit Hilfe der Alraune gefügig gemacht. Durch den

Zaubermittel Engelwurz

Als Mittel gegen Zauber galt nach alter Vorstellung die Engelwurz (Angelica archangelica). Ihren Namen erhielt sie wegen der ihr zugeschriebenen sanften Heilwirkung, z. B. bei Liebeskummer.

Nach einem alten Rezeptbuch soll man Engelwurz bei sich tragen, »dass die Hexen keinen Platz bei dir haben«. In Frankreich wurde den Kindern Engelwurz um den Hals gehängt, um sie vor Zauberei zu bewahren. Die Pflanze galt als Mittel gegen Gift, Pestilenz und schlechte Luft. Engelwurz wurde aber auch beim Liebeszauber eingesetzt, indem man sie bei sich trug oder der auserwählten Person schenkte.

Der Engelwurz wurde früher wie die Alraunwurzel als Amulett und Talismann um den Hals getragen. Heute findet die Pflanze mit den grünlichen Blüten und den aromatisch duftenden Blättern Anwendung als Gewürz in Speisen. In der Heilkunde wird sie besonders in der Aromatherapie eingesetzt.

HEILIGE PLANZEN

Ein Kupferstich des 18. Jahrhunderts zeigt menschlich bekleidete Alraunwurzeln und eine Mandragora-Pflanze in vollem Umfang. Besonders in Deutschland wurden die Alraunwurzeln als geheime Hausgötter verehrt. Sorgfältig wurden sie wie Puppen angezogen und in speziellen Kästchen gehütet, gehegt und gepflegt. Das ging so weit, dass man sie sogar ein Mal die Woche in Weingeist badete, um sie dann wieder in den Schrein zurückzulegen. So wollte man sich ihrer Orakeldienste und magischen Fähigkeiten – Glück und Reichtum zu schenken – versichern. Auch heute ist der Glaube an die Wirksamkeit der Alraunen in manchen Gegenden noch vorhanden.

ALRAUNE

hohen Anteil an Alkaloiden war der Genuss der Pflanze stets gefährlich. Andererseits galt für magische Pflanzen auch: je höher die Gefahr, desto größer ihre Macht.

Gefahrvolle Ernte

Beim Ziehen einer Mandragora-Wurzel musste man besondere Vorsichtsmaßnahmen beachten. Im Codex Anicia Juliana in der Österreichischen National-Bibliothek findet sich eine Abbildung, in der der berühmte griechische Arzt Dioscurides (1. Jahrhundert n. Chr.), ein eifriger Sammler pharmazeutisch wirksamer Pflanzen, von der Göttin der Erfindungskunst, Heuresis, eine Mandragora-Wurzel überreicht bekommt. Zu seinen Füßen liegt ein verendeter Hund. Diesen hatte man an die Pflanze gebunden. Als er weglaufen wollte, starb er auf magische Weise beim Ausreißen der Wurzel. Sogar in China, wo die Pflanze im 13. Jahrhundert durch reisende Mohammedaner auch in Ostasien bekannt wurde, kennt man die Geschichte um das Ziehen der Wurzel mit Hilfe eines Hundes, der vom Gifthauch der Pflanze umkommt.

Den klassischen Bericht über das Sammeln der Mandragora überlieferte der jüdische Geschichtsschreiber Flavius Josephus (37–93 n. Chr.). Zunächst musste die Pflanze mit Urin und Blutfluss dazu gebracht werden, »stillzuhalten«, so der antike Autor, denn der Versuch, sie selber auszureißen könnte mit dem Tod enden, wenn man die Wurzel nicht vollständig aus der Erde bekomme. Deshalb grub man um die Pflanze vorsichtig die Erde ab, band einen Hund daran, der beim Weglaufen die Pflanze ausriss und als stellvertretendes Opfer starb.

Hexenpflanze Mandragora

Solche Berichte wurden im Mittelalter noch angereichert: Die Alraunen wüchsen vornehmlich unter dem Galgen aus dem Samen der gehängten Diebe. Außerdem stoße die Pflanze beim Herausziehen einen furchtbaren Schrei aus. Wenn man sich die Ohren nicht mit Wachs verstopfte, wäre der sofortige Tod die Folge. Den Schrei der Alraune hat übrigens Shakespeare in »Romeo und Julia« literarisch verarbeitet. Kein Wunder, dass Hildegard von Bingen (1098–1179) darum zur Ansicht neigte, der Teufel selbst wohne in der Wurzel. Selbstverständlich war die Alraune auch ein wichtiger Bestandteil der legendären Hexensalbe. Wegen ihrer Gefährlichkeit musste der Besitzer einer Alraune sie irgendwann wieder loswerden. Starb er, solange er noch im Besitz einer dieser Wurzeln war, musste er unweigerlich in die Hölle.

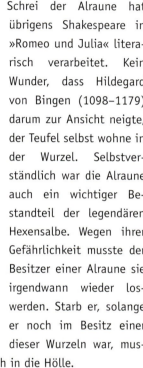

Die mittelalterliche Mystikerin Hildegard von Bingen beschäftigte sich umfassend mit Pflanzen und gab ihre naturkundlichen Betrachtungen in einem Buch heraus. Die Abbildung zeigt eine ihrer zahlreichen Visionen, die Hildegard aufzeichnen ließ und in welcher ihr ein Engel erscheint, dessen Körper einer Alraune verblüffend ähnelt.

Allerdings werden sich viele Eigentümer einer solchen Wurzel umsonst Sorgen gemacht haben. Denn weil das Geschäft mit der magischen Wurzel blühte, verkauften geschickte Fälscher häufig die runde Siegwurz (Gladiolus communis) oder andere geeignete Wurzeln, die als »Alraunen« menschenähnlich zurechtgeschnitzt wurden.

Die Mandragora kam als Abwehrzauber bei übersteigertem Sexualtrieb zum Einsatz. Der Betroffene musste eine weibliche Alraune zwischen Brust und Nabel befestigen. Die Wurzel wurde dann gespalten. Ein Teil verblieb am Körper, der andere wurde mit Kampfer, einem durchblutungsfördernden Mittel, zerrieben und eingenommen. Auch andere mächtige Pflanzen, wie etwa Engelwurz und Beifuß, wurden häufig als Abwehrzauber eingesetzt.

Zauberpflanze Beifuß

Der Saft vom Beifuß (Artemisia vulgaris) wurde schon in einem griechischen Papyrus als Zaubermittel beschrieben. In der Antike wurde Beifuß im Haus aufgehängt, um die Dämonen zu vertreiben. Im Mittelalter verwendete man die Pflanze als Mittel gegen Zauberei. Damals kam auch der Name »Machtwurz« auf, weil man glaubte, dass sie Kraft und Stärke verleihe. Vor allem gegen angezauberte Krankheiten, verzaubertes Vieh, verzauberte Milch und Eier galt der Beifuß als mächtiges Mittel. Besonders am Johannistag entwickele die Pflanze ihre Dämonen abwehrende Funktion. Deshalb nannte man sie auch St. Johanniskraut. Beim Tanz um das Sonnwendfeuer am Johannistag (24. Juni) umgürtete man sich mit Stängeln von Beifuß.

Der gemeine Beifuß gehört zur Pflanzengattung der Korbblütler und kommt in über 200 Arten vor. Die Blätter und Blüten werden vor allem als Küchengewürz verwendet. Zur selben Gattung zählen auch der Estragon (Artemisia dranunculus) und der bittere Wermuth, auch Absinth genannt (Artemisia absinthium).

HEILIGE PFLANZEN

Ginseng und Fo Ti Teng

Ginsengwurzeln haben einen merkwürdig verdrehten Wuchs. Wegen der ihnen zugeschrieben lebensverlängernden Wirkung und ihrer Seltenheit erzielen sie einen hohen Preis.

Die in der Mandschurei und in Korea wild wachsende Ginsengwurzel, wird auch in Japan auch kultiviert. Sie zählt zu den Araliengewächsen und hat eine goldgelbe, rübenartige Wurzel. Sie galt schon von alters her als Allheilmittel und als Aphrodisiakum. Ginseng enthält u. a. Saponine und Glykoside. (Kolorierte Federlithografie um 1820)

Die spirituelle Fortentwicklung des Menschen steht in China traditionell eng mit der Medizin in Zusammenhang. Geistiges Wachstum sei nach chinesischem Verständnis nur dann zu erreichen, wenn es mit körperlicher Vervollkommnung in Verbindung stehe. Im Streben nach Gesundheit, als Spiegelbild des rechten harmonischen Weges, stellten taoistische Schulen schon sehr früh ein Bestreben in den Vordergrund: ein langes Leben, mit dem Ziel der Unsterblichkeit. Neben geistig-körperlichen Übungen, Meditation und Methoden der »inneren Alchemie«, sollte dieses Vorhaben durch Einnahme lebens-

GINSENG

verlängernder Substanzen erreicht werden. Viele Pflanzen haben die chinesischen Weisen im Lauf von Jahrtausenden dafür erprobt.

Die Kräfte der Wurzel

Den Taoisten zufolge besitzt Ginseng (Panax ginseng) mehr als jede andere Pflanze die Fähigkeit, die Lebensenergie Qi der Erde in seiner Wurzel zu konzentrieren. Deshalb vermag sie die »drei Schätze des Menschen« – die feinenergetische Essenz (Jing), die Lebensenergie (Qi) und die geistige Energie (Shen) – auf diesen zu übertragen. Ihre verjüngende Wirkung zeige sich auch darin, dass die Ginseng-Wurzel wie die Figur eines kleines Kindes aussehe. In den Wundergeschichten, die um Ginseng erzählt werden, spielt immer ein Kind die Hauptrolle.

Das Kraut der Langlebigkeit

Unter Fo Ti Teng werden heute zwei Pflanzen verstanden. Einmal Hydrocotyle asiatica minor, die in der traditionellen indischen Medizin, dem Ayurveda, wie auch in China zur Erhöhung der geistigen Klarheit und für Langlebigkeit verwendet wird. Andererseits Polygonum multiflorum, das als Fo Ti Teng oder Ho Shou Wu bekannt ist. Einer Legende zufolge entdeckte ein gewisser Ho Shou Wu (»Mann mit schwarzen Haaren«) im Alter von 60 Jahren, als er ausgebrannt, impotent und dem Alkohol verfallen war, zufällig die Pflanze. Er nahm sie von da an regelmäßig ein, zeugte vier Kinder und starb mit 132 Jahren. Die Pflanze erhielt seinen Namen. Moderne Untersuchungen haben gezeigt, dass Polygonum multiflorum durch das in der Wurzel gefundene Lecithin den Cholesterinspiegel senken kann und gegen Schlaflosigkeit und Haarausfall wirkt.

Die Unsterblichen

Hsien nennt man in China Männer und Frauen, die das Lebenselixir gleichsam in sich tragen und die Unsterblichkeit erlangt haben. Man kennt drei Kategorien Hsien: himmlische Unsterbliche (Tian Hsien), irdische Unsterbliche (Ti Hsien) und Verstorbene, die als körperlose Wesen weiter existieren (Shi Chieh Hsien). Eine beliebte Darstellung ist das Fest der acht Unsterblichen (Pa Hsien), bei dem sie auf einer Terrasse den Gott der Langlebigkeit Shou-hsing begrüßen, der auf einem Kranich geflogen kommt. Der Palast von Shou-hsing ist von einem Garten mit Kräutern umgeben, in dem auch das Kraut der Unsterblichkeit wächst.

Einem Sprichwort zufolge werden Menschen, die das Lebenselixir Fo Ti Teng regelmäßig zu sich nehmen, so alt wie die über 2000-jährige Chinesische Mauer.

Das Vermächtnis des Gelben Kaisers

Huang-ti, der legendäre Gelbe Kaiser, der im dritten Jahrtausend v. Chr. gelebt haben soll, gilt als Begründer des religiösen Taoismus. Huang-ti entstand aus dem Verschmelzen der Energien am Anbeginn der Welt. Er erschuf die Menschen, ordnete das Weltchaos, erfand die Schrift, die Töpferscheibe, den Kompass und erlangte als erster Mensch Unsterblichkeit. Als legendärer Verfasser des ältesten medizinischen Werkes Chinas, des Huang-ti nei-ching, das bis heute Gültigkeit besitzt, legte er das Streben nach langem Leben und Unsterblichkeit als Grundlage des chinesischen Medizinverständnisses fest. Vor diesem Hintergrund wird die große Wertschätzung, die Ginseng und Fo Ti Teng auch heute noch in China haben, deutlich.

Nach chinesischer Tradition ist die Zivilisation des Landes eine Schöpfung von weisen Urkaisern, deren erster und wichtigster Huang-ti, der »Gelbe Kaiser« war. (Idealbildnis, chinesischer Holzschnitt, um 1640)

741

HEILIGE PFLANZEN

Zaubertränke und Elixiere der Unsterblichkeit

Der peruanische Künstler Pablo Amaringo hat seine psychedelischen Erfahrungen mit Ayahuasca, einem Gebräu, das aus einer Lianenart (Banisteriopsis) und andere halluzinogene Pflanzen besteht, im Bild festgehalten. Im Rausch begegnet er einer mythischen Schlange.

ZAUBERTRÄNKE

Zaubertränke dienen der Stärkung der Macht. Diese Stärkung vermag sich in besonderen körperlichen oder spirituellen Kräften zu zeigen, im Erlangen von Erleuchtung oder von ewigem Leben. Auf der ganzen Welt werden bei Initiationsriten Zaubertränke gereicht. Solche alten Bräuche haben sich in Sagen und Märchen erhalten, in denen Helden durch geheimnisvolle Tränke Riesenkräfte erlangen. Zaubertränke besitzen halluzinogene Eigenschaften und rufen außerordentliche Erfahrungen hervor: Begegnung mit Geistwesen und Erlebnisse aus einer anderen Realität.

Das mythische Lebenselixir

Auch die Götter müssen sich durch Zaubertränke stärken. Bei den Griechen nehmen sie die Unsterblichkeit verleihenden Mittel Ambrosia und Nektar zu sich, in Indien Amrita und Soma. Im alten Persien gewann man das berauschende Lebenselexier Haoma aus einer Pflanze, die der Gott Ahura Mazda in der Nähe eines heiligen Baumes wachsen ließ. Als die Arier vor dem zweiten Jahrtausend v. Chr. aus ihrer nordwestlichen Heimat ins Indus-Tal vordrangen, brachten sie den uralten Kult um Haoma nach Indien. Vor diesem Hintergrund entstanden die bedeutenden vedischen Riten um das Unsterblichkeitselixir Soma, das dem vedischen Himmelsgott Indra als Quelle seiner Kraft diente.

Das Räsel um Soma

120 der über tausend Hymnen des Rigveda, der ältesten religiösen Literatur der indischen Arier, sind ausschließlich dem Soma gewidmet.

Wie neuere Forschungen ergeben haben, soll das Soma der vedischen Priester der Fliegenpilz (Amanita muscaria) gewesen sein, eine »blattlose, wurzellose, blütenlose Pflanze«, wie es im Rigveda heißt.

Zaubertrank Urin

Dort findet sich in einem berühmten Vers ein Hinweis auf die Identität von Soma. Darin heißt es, dass auch der Urin von Soma-Berauschten getrunken wurde. Tatsächlich passieren die psychoaktiven Substanzen des Pilzes unverändert oder als wirksame Metaboliten die Verdauungsorgane.

Die Völker Nordasiens, die ebenfalls den heiligen Fliegenpilz als mächtige schamanische Pflanze verwenden, wussten gleichermaßen davon. Auch bei ihnen ist die Sitte des Urintrinkens von Pilz-Berauschten verbürgt.

Der sehr giftige Fliegenpilz wächst in ganz Europa und in den meisten nördlichen Regionen der Welt sowie in Südafrika. Er enthält die Giftstoffe Ibotensäure, Muscarin sowie andere Gifte und kann bei Überdosis tödlich wirken. Als eines der ältesten Halluzinogene der Menschheit wurde er in vielen Kulturen als Droge benutzt.

Pilzkult und Zaubertrank

Welchen Einfluss der asiatische Pilzkult auf die Vorstellungen von den mächtigen Zaubertränken anderer Völker ausübte, zeigt sich etwa in der Kalevala, der großen finnischen Nationalsage.

In ihr suchen die Heroen unentwegt nach dem mysteriösen Sampo. Wie das Soma der Inder ist Sampo der Urquell der Macht und des Lebens. In einigen balto-finnischen Dialekten bedeutet Sampo »Pilz«, und alle finno-ugrischen Wörter für Ekstase gehen auf einen Begriff zurück, der den Fliegenpilz bezeichnet.

Der Zaubermet

Die mächtigsten Zaubertränke haben die Götter selbst gebraut und den Menschen auf die Erde gebracht. Gegorenes Honigwasser – der den Göttern geweihte Met – war in allen Kulturen als Zaubertrank und göttliches Rauschmittel bekannt. Odin spendet seinen Zaubermet der Dichtkunst und Weisheit den Göttern und begnadeten Menschen.

Auch bei den Skythen und Arabern gab es einen aus gärendem Honig bereiteten Met als Mittel zur Ekstase, und bei den Maya in Mexiko ist es Emen K'uh, der herabsteigende Gott, der den Honig zur Erde brachte, damit die Menschen daraus Met zubereiten können.

Emen K'uh, der herabsteigende Gott der Maya, brachte den Honig auf die Erde. Reliefdarstellung auf einem Tempel von Tulum, Yucatán (Mexiko).

HEILIGE PFLANZEN

Der Peyote-Kult

Vor allem in Mexiko wird der stachellose, rübenförmige Peyote-Kaktus als Droge bei heiligen Zeremonien eingenommen. Die Wirkung der Pflanze ähnelt dem LSD-Rausch, da in beiden Drogen das Alkaloid Meskalin enthalten ist. Peyote wird von den Indianern entweder als Auszug im Wasser, oder ganz, in getrocknetem Zustand, eingenommen.

Mehr als alle anderen Stämme haben die mexikanischen Huichol-Indianer die Kraft des Peyote-Kaktus (Hikuri) zur Kraft ihres Stammes gemacht. Mit Hikuri fliegt der Schamane auf der Suche nach der verlorenen Seele eines Kranken über Felsen und Schluchten. Mit Hikuri bringt er seinen Stammesbrüdern neues Leben. Die Mythen um ihren Peyote-Kult stellen die Huichol in gestickten Garnbildern dar.

Mythische Pilgerfahrt

Alljährlich begeben sie sich auf eine Pilgerreise in ihr Paradies, das Land ihres Ursprungs: Wirikuta, eine Wüste im Nordosten Mexikos. Dort befindet sich das Zentrum der Welt.

PEYOTE-KULT

Unter Führung ihres Schamanen folgen sie den nur für ihn sichtbaren Spuren ihres großen mythischen Helden, dem Reh Kauyumari. Er wird auch mit der Maispflanze identifiziert und vor allem mit dem heiligen Peyote. Ein Schamane sagt: »Wir gehen nach Wirikuta, um unsere Herzen zu finden, um unser Leben zu sehen, damit wir wissen, was es bedeutet ein Huichol zu sein.«

Sein Leben finden

Bevor sich die Huichol auf den Weg zu ihren Göttern machen, müssen sie selbst gleichsam zu Göttern werden. Der Schamane wird dabei zu Tatewari, »Unser Großvater Feuer«. Von ihm erhalten die übrigen Teilnehmer an der Zeremonie ihre Götternamen.

Wenn die Huichol den ersten Peyote finden, muss er unter sorgfältigen Zeremonien auf dieselbe Weise wie das Reh Kauyumari im indianischen Mythos »gefangen« und mit einem Pfeil »getötet« werden. Mit einer kleinen Sichel schneidet der Schamane vorsichtig den Kaktus ab, so dass einige Wurzeln im Boden verbleiben. Aus diesen »Knochen« wird das Reh Kauyumari wieder geboren werden. Dann erst sammeln die Pilger ihre sakramentale Speise, den Peyote, in großen Körben. Abends lagern sie um ein Feuer und nehmen Peyote zu sich. »Es ist die Nacht, in der man viel sieht«, wie ein Schamane erzählt. »Aber man darf darüber nicht sprechen. Du behältst es in deinem Herzen. Nur dein Selbst weiß davon. Es ist eine perfekte Sache. Eine persönliche Sache, eine sehr private Angelegenheit. All das ist nötig, um zu verstehen, um sein Leben zu finden.«

Zur Chemie des Peyote

Die psychoaktive Wirkung von Peyote (Lophophora williamsii) geht auf Phenyläthylamine zurück, insbesondere auf das Alkaloid Meskalin. Meskalin ist mit dem Hirnhormon Noradrenalin chemisch verwandt. Aufgrund der chemischen Komplexität erzeugt der Peyote-Rausch ein reichhaltiges, die Sinne sensibilisierendes Spektrum: Mit visuellen, geschmacklichen, olfaktorischen und taktilen Sensationen nicht alltäglicher Art gehen Gefühle der Schwerelosigkeit einher. Das Erleben von Raum und Zeit erfährt eine tiefgreifende Veränderung.

Ein Schamane der Huichol steht sich beim Ritus des Einfangens des Peyote selbst als mythische Rotwildperson mit Geweih gegenüber (Garnbild der Huichol). Erst wenn sie zu Göttern geworden sind, können sie den heiligen Peyote-Kaktus ernten.

Das Einfangen des heiligen Peyote

Sobald der erste Peyote-Kaktus gefunden ist, versammeln sich die Huichol hinter dem Schamanen. Dieser pirscht sich heran und erlegt den Peyote mit Pfeil und Bogen. Jetzt ist der Peyote, der zugleich das mythische Reh Kauyumari ist, gefangen. Das Geweih Kauyumaris, das der Schamane mit sich führte, stellt er neben der Pflanze ab, reinigt sorgsam den heiligen Boden. Mit einem Bündel seiner Schamanenfedern drängt er die durch die Verletzung ausgetretenen Strahlen von kupuri, die Lebenskraft des Rotwildes, die unter allen Umständen erhalten bleiben muss, zurück in den Kaktus.

Der mexikanische Indianerstamm der Huichol stellt die mythische Geschichte um das Reh Kauyumari aus Peyote-Visionen in bunten gestickten Bildern dar. In psychedelischen Farben schildern sie, wie sie sich bei der Suche nach dem Heiligen Reh selbst zu Göttern verwandeln.

HEILIGE PFLANZEN

Mistel – Europas heilige Pflanze

Germanen beim Ernten der als besonders wirksam geltenden Eichenmistel, dargestellt in einem kolorierten Kupferstich des 19. Jahrhunderts von Johann Michael Mettenleiter (1756–1853)

MISTEL

Hochgeschätzt wurde die Mistel bereits von den Kelten und Germanen. In der germanischen Mythologie ist es ausgerechnet die Mistel, eine eher unscheinbare Pflanze, die den unbesiegbaren Götterliebling, den altgermanischen Lichtgott Baldur, tötet. Im Mittelalter kam sie in den Ruf, Dämonen und Hexen abwehren zu können. So war man beispielsweise der Überzeugung, man könne eine Hexe, die für einen Wetterzauber auf einen Baum geklettert war, mit Hilfe von Misteln bannen. Dazu müsse man lediglich Misteln rings um den Baum legen. Daraufhin ändere sich das magisch erzeugte Wetter.

Die Druiden und die Mistel

Plinius d. Ä. (23–79) schreibt schon in der Antike von der Mistelverehrung der keltischen Gallier. Die Druiden, die Priester der Gallier, würden nichts Heiligeres als die Mistel kennen. Am sechsten Tag nach Neumond bringt der Druide unter dem Baum Opfer dar. Mit seiner goldenen Sichel schneidet er die Mistel vom Baum und fängt sie in seinem weißen Mantel auf. Im Anschluss daran werden Tieropfer dargebracht. Die Gallier glaubten, so Plinius, dass die Mistel, in einen Trank gemischt, unfruchtbare Tiere fruchtbar mache und ein Allheilmittel gegen alle Gifte sei. Tatsächlich wurde in der Antike bei Viehseuchen den Tieren ein Gebräu aus Misteln in die Nase eingeflößt.

Die »Allesheilende«

In höchstem Ansehen stand die Mistel bei den Kelten, wenn sie auf deren heiligstem Baum, der Wintereiche, wuchs. Generell galt die Mistel als »allesheilend«. Sie wurde unter rituellen Vorkehrungen bei den Kelten an bestimmten Tagen von den Bäumen geholt. Interessant in diesem Zusammenhang: Stammte eine Mistel nicht von einer Wintereiche, wurde sie als weniger stark in ihrer Heilwirkung angesehen.

Wie für alle Pflanzen galt eine Analogie für die medizinische Wirksamkeit der Mistel. Sie wurde vor allem bei der Fallsucht (Epilepsie) sehr geschätzt: Die Mistel fällt nicht vom Baum, also fällt auch der Patient nicht, der sie bei sich trägt oder in gekochtem Zustand zu sich nimmt. Man vermutete, dass bereits König David diese Wirkung entdeckt hatte.

Mittel gegen Zauberei

Die auf Bäumen und Sträuchern schmarotzende Mistel hat einen vielfach gabelig verzweigten Stamm, lederartige immergrüne Blätter und weiße Beeren. Die im Zauberglauben bekannteste Spezies ist die auf Eichen wachsende Mistel. Gegen Hexen und böse Geister hängt man die Pflanze im Stall und im Haus auf. In ganz Europa ist der Glaube verbreitet, dass an der Türschwelle oder unter das Dach gesteckte Mistelzweige als Abwehrmittel gegen schädigende Einflüsse wirke. Besonders in England und Frankreich gilt die Mistel als Glückspflanze, wie der englische Spruch nahe legt: »No mistletoe, no luck« (kein Mistelzweig, kein Glück).

Epiphyten

Der Glaube an die Zauberkraft der Mistel muss mit ähnlichen Vorstellungen in anderen Kulturen verglichen werden, in denen Epiphyten, also Pflanzen, die auf anderen Pflanzen wachsen, ebenfalls als zauberkräftig angesehen werden. In Kambodscha wird eine bestimmte epiphytische Orchideenart zeremoniell vom Tamarindenbaum geholt. Auch ihr werden hervorragende medizinische Eigenschaften zugeschrieben. Der ebenfalls auf einem anderen Baum gewachsene Holunder wurde schon in der Antike gegen Hundebisse eingesetzt und in der Renaissance galt ein auf einer Linde gewachsener Holunder, wie die Mistel, als Heilmittel gegen die Epilepsie. Heute wird die Mistel vor allem in der Krebstherapie angewandt und kann u. a. die Nebenwirkungen von Tumorbehandlungen lindern und so die Lebensqualität der Patienten steigern.

Die immergrüne, strauchförmige Mistel wächst als Halbschmarotzer vor allem auf Laub- und Nadelbäumen. Wegen ihrer ungewöhnlichen Gestalt gewann sie in vielen alten Sagen große Bedeutung. Daneben galt sie als Abwehrzaubermittel und als vielseitig verwendbares Arzneimittel.

HEILIGE PFLANZEN

Ololiuqui – die Samen der Wahrheit

In Mexiko glaubt man an die Kraft der Pflanze Ololiuqui. Sie hat große Ähnlichkeit mit der Droge LSD und ruft das Gefühl der Trennung von Geist und Körper hervor.

Es gibt in Mexiko eine Schlingpflanze, die aufgrund ihrer pfeilförmigen Blätter auch Pfeilkraut genannt wird. Wenn die Priester der Indianer mit den Geistern Verstorbener in Kontakt treten wollen, genießen sie von diesen Samen, um sich sinnlos zu berauschen, und sehen dann Tausende von Teufelsgestalten und Fantasmen um sich.« So lautet die erste Beschreibung von Ololiuqui in der monumentalen Naturgeschichte

Neuspaniens des Arztes Francisco Hernandez, der schon von 1570 bis 1575 in Mexiko Studien betrieb.

Die Orakelwinde

Die Indianer zermahlen die Samen der Windenpflanze Ololiuqui, bis ein mehlartiges Pulver entsteht. Für kurze Zeit geben sie dieses Mehl in kaltes Wasser, das sie anschließend durch ein Tuch rinnen lassen und trinken. In der frühen Zeit der Missionierung wurden Besitzer von Ololiuqui grausam verfolgt und bestraft. Ruiz de Alarcón beschrieb 1629 in seinem Traktat über den Aberglauben der Eingeborenen von Neuspanien den Gebrauch des Ololiuqui als eine Art Orakel, mit dem die Indianer Zwiesprache halten würden. Nach Einnahme des Tranks ziehe sich der Indianer aus der Dorfgemeinschaft zurück. Niemand dürfe sich ihm nähern, denn ein Dämon würde in dem Samen stecken, der nach der Einnahme herauskomme. Nur alleine könne der Indianer den Dämon befragen und so verlorene Gegenstände wieder aufspüren und die Zukunft ergründen. Heute verwenden die Maya von Yucatán die Samen unter dem Namen Xtabentum (Edelsteinkordel). Verliert jemand etwas Wertvolles, dann erhält er Xtabentum zum Trinken. Vor dem Einschlafen wird ihm ins Ohr geflüstert, wie der Gegenstand aussieht, den er im Schlaf finden soll. Ist der Schlaf seicht, gibt er Antworten, wie ein Hypnotisierter.

Bei den Forschungen zur illegalen Droge LSD wurde auch das Halluzinogen Ololiuqui näher untersucht. Trotz der Ähnlichkeit mit LysergSäureDiäthylamid kamen nach Einnahme der Pflanzensamen schwächere psychische Auswirkungen vor.

Zur Chemie von Ololiuqui

Die chemische Struktur von Ololiuqui entschlüsselte der Entdecker der synthetischen Droge LSD, der Schweizer Chemiker Dr. Albert Hofmann.

Die Samen von Turbina corymbosa und von Ipomoea violacea enthalten die Alkaloide d-Lysergsäureamid und d-Isolysergsäureamid, die große Ähnlichkeit mit LSD aufweisen.

Die Ipomoea-Samen haben einen größeren Prozentualanteil an Alkaloiden. Deshalb verwenden die Indianer davon auch kleinere Mengen als von den Samen der Turbina.

Es besteht kein Zweifel, dass die in den Pflanzen enthaltenen Lysergsäureamide sowie Elymoclavin und das Lysergol für die psychotropen Wirkungen verantwortlich sind.

Leben in Gefahr

Ähnlich wie beim LSD sind die Reaktionen auf die Einnahme von Ololiuqui sehr unterschiedlich.

Es kann neben angenehmen Eindrücken auch zu sehr angstvollen Rauschzuständen führen, da ein so genanntes Halluzinogen wie Ololiuqui die Wahrnehmung durchaus auch zum Negativen verändern kann. Wie bei allen Drogen besteht die Gefahr der psychischen Abhängigkeit und vor allem auch die Gefahr von lebensgefährlichen oder tödlichen Unfällen, wenn man die Menge nicht exakt dosiert.

Die Winden der Schlange

Ololiuqui sind die Samen von zwei Windenarten, Turbina corymbosa und Ipomoea violacea. Die Azteken widmeten der Gottheit des Ololiuqui ein üppiges Wandgemälde in Tepantitla. Es zeigt den Regengott Tlaloc, der über das Paradies herrscht und seinen Blitz auf Mutter Erde schickt, um heilige Pilze hervorzurufen. In der Tat werden diese noch heute von den direkten Nachfolgern der Azteken in San Pedro Mexapa Apipiltzin, die »kleinen Kinder des Wassers« genannt.

Im Jahr 1943 entdeckte der Schweizer Chemiker Albert Hofmann durch Zufall die berauschende Wirkung von LSD. In einem Selbstversuch ging er der Sache auf den Grund. Ihm fielen Symptome wie vermeintliche Bewegungsunfähigkeit, zeitweise Verwirrung und das Gefühl, sich außerhalb des eigenen Körpers zu befinden, auf.

HEILIGE PFLANZEN

Das Geheimnis des Koka-Orakels

Auch Kinder helfen bei der Ernte der Kokablätter, einem wichtigen landwirtschaftlichen Produkt der Anden. Heute dienen sie u. a. der Herstellung von Kokain. Während man Blätter kaut, wird Kokain »gesnieft« – beides erzeugt ein Glücksgefühl. 210.000 Tonnen Kokablätter werden jährlich weltweit geerntet.

Die Koka-Pflanze (Erythroxylon coca) gilt den Andenvölkern seit Urzeiten als heilig. Sie untersteht der mythischen Mama Coca, einer verführerischen Frau. Als die Indianer christianisiert wurden, änderte sich an der Verehrung dieser Pflanzengöttin nichts. Sie wurde lediglich mit der Jungfrau Maria identifiziert. Maria habe auf ihrer Flucht nach Ägypten unter einem Strauch Rast gemacht.
Entkräftet pflückte sie einige Blätter und kaute an ihnen. Sofort fühlte sie sich angeregt und kräftig und konnte ihre beschwerliche Reise fortsetzen.

750

Als leistungssteigerndes Mittel steht deshalb Koka in höchstem Ansehen. Außerdem vermag die Pflanze das Hungergefühl zu vertreiben. Deshalb ist es Brauch, von morgens bis abends die kleinen Kokablätter mit Quinoa-Asche oder Muschelkalk zu kauen, um die wirksamen Bestandteile zu lösen.

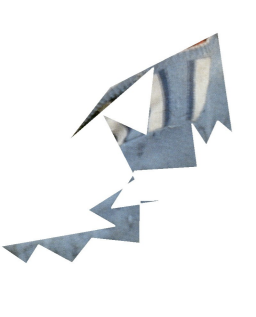

Heilmittel Koka

Für die Anwendung der Kokablätter mussten strenge Regeln befolgt werden. Hielt man sie ein, konnte die Pflanze zu einem wichtigen Heilmittel werden.
Die Inka behandelten zahlreiche Krankheiten mit der Pflanze, von Magengeschwüren bis zur Höhenkrankheit und Impotenz. Man kannte auch die lokalanästhetische Wirkung und setzte Koka deshalb bei Operationen ein. Die Bedeutung, die Koka bei den Andenvölkern bis heute hat, zeigt sich in präkolumbianischen Tonfiguren, auf denen Schamanen – ausgewiesen durch das Krafttier, den Jaguar – als Kokaesser mit dem charakteristischen Beutel für die Kokablätter dargestellt wurden.

Orakelbefragung

Der Kokagenuss stand für den rituellen Gebrauch der Pflanze allerdings nicht im Vordergrund, zumal sich daraus keine halluzinogene Wirkung ergibt. Die Blätter wurden vielmehr für ein rituelles Orakel benutzt, das auch heute noch unter den Heilern und Schamanen in den Anden weit verbreitet ist. Eine alte Frau der Quollawaya Indios aus Bolivien, die für ihre Heilpflanzenkenntnisse bekannt sind, befragt das Koka-Orakel auf folgende Weise: Sie wählt zwölf Kokablätter aus und schreibt ihnen, je nach Form, Färbung und Aussehen, bestimmte Bedeutungen zu. Dann lässt sie die Blätter auf ein Tuch fallen. Die Klientin stellt ihr Fragen, und sie liest aus dem zufälligen Beziehungsmuster, das die Blätter bilden, ihre Antworten heraus. Mit Kokablättern die Zukunft vorherzusagen hat besonders bei den Indianern in Bolivien und Kolumbien eine lange Tradition. Das Wissen, das dazu nötig ist, wird von den Schamanen und weisen Frauen mündlich weitergegeben.
Auf einer Tonfigur der Moche-Kultur (um 200–800 n. Chr. in Peru) ist ein Schamane mit einem Raubvogelschnabel im Kopfputz und reichen Ohrgehängen, Zeichen seiner gehobenen sozialen Position, zu sehen. In seinen Händen hält er das Täschchen für die Kokablätter und das Gefäß mit dem Muschelkalk, der zusammen mit den Blättern gekaut wird. Der untere Teil der Darstellung zeigt ein Waffenbündel, das als Symbol für einen Schamanenkampf steht, und zwei Füchse – Schamanentiere – die Kakteen fressen. Die Szene stellt die Vorbereitung für das Koka-Orakel dar.

Volksheilmittel Koka

Wie schon im alten Inkareich gilt Koka auch in der Gegenwart als Volksheilmittel. Bereits im frühen 17. Jahrhundert berichtete der Jesuitenpater Bernabé Cobo (1582–1657) in seiner »Geschichte der neuen Welt«, wie die Indios Kokablätter, Kartoffelbrei und Bienenhonig kochten. Die aus der Masse geformten Kugeln wurden gegen Magenbeschwerden und bei Frauenleiden eingenommen. Bei fast allen geringeren Beschwerden werden die Kokablätter heute noch zusammen mit Quinoa-Asche gekaut. Gegen Kopfschmerzen legt man die Kokablätter auf die Schläfen. Bei Nasenbluten reibt man die gedünsteten Samen in die Nasenlöcher und bei Knochenbrüchen wird ein Pflaster aus mit Eiweiß und Salz vermischten Kokablättern angelegt. Frische Blätter von Erythroxylon coca enthalten verschiedene Alkaloide, das Wichtigste ist das Kokain, das eine euphorisierende, zentral erregende Wirkung hat. Der leistungssteigernde Effekt des Kokakauens kommt dadurch zustande, dass sich das Kokain durch den Stoffwechsel in Ekgonin verwandelt, das den Blutzuckerspiegel erhöht.

Zeichen einer Tradition: Der Koka-Kultpriester, dargestellt auf einem Gefäß der peruanischen Moche-Kultur.

HEILIGE PFLANZEN

Engelstrompeten und Stechapfel

Ein Wollgarn-Bild der Huichol-Indianer Mexikos zeigt den Stechapfelhexer Kiéri Tewiyari. In den mythischen Geschichten der Indianer haben Zaubertränke, die Stechapfel oder den Peyote-Kaktus enthalten, ihren festen Platz.

ENGELSTROMPETEN

An verborgenen Plätzen wächst der mythische Hexer Kiéri Tewiyari als Pflanze. Er hat sich trichterförmige Blüten zugelegt und runde, dornenbedeckte Samenblätter. Isst der Unglückliche von dem verbotenen Baum, so wird er mit Wahnsinn und Tod geschlagen. Er glaubt, ein Vogel zu sein und springt vom Felsen.

Diese Geschichte erzählen die Huichol-Indianer in Westen Mexikos, die den halluzinogenen Peyote-Kaktus als heilig verehren, aber auch um die gefährliche magische Macht des Stechapfels (Datura) wissen. Auf einem ihrer typischen Garnbilder stellen die Huichol dar, wie der Stechapfelhexer Kiéri im Flug eine Indianerin dazu überredet vom Stechapfel zu kosten und eine Hexe zu werden.

Die Wirkung der Engelstrompete

Verwandt mit der Datura sind die Brugmansia-Arten im westlichen Südamerika, die wegen ihrer schönen röhrenartigen Blüten Engelstrompeten genannt werden. Neuere Forschungen ergaben, dass man Brugmansia besser einer eigenen Gattung zuordnet. Der älteste Bericht über die rituelle Einnahme von Brugmansia durch einen südamerikanischen Schamanen stammt von dem Forschungsreisenden Johann von Tschudi (1818–1889) aus dem Jahr 1846. Eindrücklich beschreibt er die physiologischen Reaktionen und die Verhaltensänderungen unter der Einwirkung der Pflanze, die stets eine Phase höchster Erregung auslöst, die für einen außenstehenden Betrachter Furcht erregend sein kann.

Die Magie des Stechapfels

Da der Stechapfel Halluzinationen erzeugt, u. a. auch ein Gefühl des Fliegen-Könnens, war er im Mittelalter Bestandteil der so genannten Flugsalben der Hexen. Aus den in den Früchten enthaltenen Samen wurden »Liebestränke« hergestellt oder Räucherwerk gemischt, die die Sinne benebelten und erotische Traumbilder hervorriefen. Auch heute noch werden im Orient Stechapfelgewächse zu Tabak verarbeitet. In der Magie der Eingeborenen Indiens, Amerikas und der europäischen Zigeuner spielt der Stechapfel ebenfalls noch immer eine große Rolle. So reiben die Zigeuner mit Stechapfelsamen den Körper von Kranken, die an Krämpfen leiden, ein.

Die Heimat des extrem giftigen Stechapfels (Datura stramonium) ist Mexiko und Nordamerika. In Europa ist er nur selten zu finden. Die zu den Nachtschattengewächsen zählende Pflanze ist leicht am Geruch, an den trichterförmigen Blüten und an der Frucht, den Äpfeln, zu erkennen, die etwa walnussgroß und mit Stacheln übersät sind. Alle Teile der Pflanze sind giftig.

HEILIGE PFLANZEN

Bis zu fünf Meter hoch kann der baumartige Strauch der Engelstrompete werden. Die ursprünglich in Südamerika, vor allem in Peru und Chile beheimatete Pflanze erfreut sich auch in Europa aufgrund ihrer üppigen Blütenpracht zunehmender Beliebtheit. Allerdings enthalten alle Pflanzenteile der Engelstrompete hochgiftige Inhaltsstoffe. Schon der Verzehr kleinster Mengen kann zum Tod führen.

Gefährliche Initiation

In vielen Kulturen in Amerika, Europa und Asien war und ist der Stechapfel als besonders mächtige Zauberpflanze bekannt. Die Heftigkeit der veränderten Bewusstseinszustände im Stechapfel-Rausch fürchten viele Schamanen, weshalb die Pflanze in einigen Kulturen mit bösen Zauberern in Verbindung gebracht wird. Die südamerikanischen Jivaro-Indianer am Amazonas warnen vor dem Gebrauch des Stechapfels, es sei denn, er kommt für die Initiation der Krieger zum Einsatz.

Setzt man die Pflanze jedoch für andere Zwecke ein, etwa aus Neugier auf die psychotrope Wirkung, könnte es passieren, erst nach mehrtägigem Koma aufzuwachen. Bei vielen Stämmen kommt Datura nur bei wichtigen und gefährlichen Initiationen zum Einsatz. Ihr Gebrauch ist immer mit eindringlichen Warnungen verbunden. Als Heilpflanze wird der Stechapfel allerdings geschätzt. Wie die Zuñi und Azteken in der Neuen Welt, so verwenden auch die afrikanischen Zulu die Pflanze in Salbenform als Schmerzmittel und zur Behandlung von Knochenbrüchen.

Die Visionen erzeugende Seele

Das gewöhnliche Leben ist eine Illusion. Die wahren Kräfte hinter den alltäglichen Erscheinungen sind übernatürlicher Natur. Davon sind die Jivaro-Indianer überzeugt. Ihre Schamanen verwenden verschiedene psychotrope, auf die Psyche einwirkende Pflanzen, um in jene Gefilde jenseits unserer alltäglichen Wahrnehmungswelt zu reisen, in denen sie mit Göttern und Dämonen um das Leben ihrer erkrankten Patienten feilschen müssen. Im Alter von sechs Jahren wird ein Jivaro-Junge von seinem Vater an einen heiligen Wasserfall geführt. Dort baden sie und nehmen einen Saft von Engelstrompeten (Brugmansia) zu sich, damit der Sohn eine »äußere Seele« bekommt. Die Jivaro nennen sie »die Visionen erzeugende Seele« (arutam wakani), denn sie allein ermöglicht eine Verbindung zu den Ahnen.

Diese »arutam« dringt im Brugmansia-Rausch in Gestalt eines Jaguars oder einer Anakonda in den Körper des Knaben ein.

Der Baum des bösen Adlers

Im kolumbianischen Andental von Sibundoy wird dem Rausch mit einem Sud von der Engelstrompete sehr häufig gehuldigt. Die Schamanen einiger Indianerstämme der Region haben außerordentliche Kenntnisse über die Wirkungen dieser Pflanze gewonnen, die sie bei verschiedensten Krankheiten einsetzen können.

Es sind hingegen die unberechenbaren und äußerst unangenehmen Neben- und Nachwirkungen der Brugmansia, wie Wutanfälle oder vorübergehender Wahnsinn, die sie nur die zweite Stelle neben anderen halluzinogenen Pflanzen einnehmen ließ. Der böse Geist in Gestalt eines Adlers schwebe über dem Strauch, wie die Guambiano-Indianer in Kolumbien erzählen.

Verbreitung des Stechapfels

In Mittelamerika ist der Stechapfel heimisch und schon seit langem in schamanischem Gebrauch. Auch in Südamerika, entlang der Anden von Kolumbien bis Chile lässt sich seine Verwendung bis in präkolumbianische Zeiten belegen, denn schon die Inka und Chibcha haben die südamerikanische Küstendatura, die dort als Baum wächst, rituell benutzt. Nach Europa gelangte der Stechapfel im Mittelalter auf zwei Wegen: Aus Zentralasien brachten ihn Nomadenvölker und Zigeuner mit, aber auch als mexikanischer Import wurde er hier heimisch. Noch in den Kräuterbüchern des 16. Jahrhunderts erscheint der Stechapfel als fremde Pflanze.

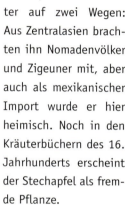

Die Gattung der Datura hat sowohl in der Alten als auch in der Neuen Welt zahlreiche Vertreter. In Europa sind die Pflanzen von der Größe eher staudenähnlich, in Amerika werden sie auch busch- oder bäumchengroß. In sämtlichen Pflanzenteilen kommen die Alkaloide Hyoscyamin, Skopolamin und Atropin vor. Allein die Blüten sind schon so berauschend, dass ihr Geruch betäubend wirken und leichte Vergiftungserscheinungen hervorrufen kann.

Zur Chemie des Stechapfels

Der Name Datura für stammt aus dem Sanskrit. Als »dhat« bezeichnete man ein Gift, das aus einer Stechapfelart gewonnen wurde. Die psychotropen Bestandteile dieser Art von Nachtschattengewächs sind die Tropan-Alkaloide Hyoscyamin, Scopolamin und Atropin. Der Alkaloidgehalt ist in den Blüten am geringsten. In hohen Dosen ist die Wirkung stark berauschend. Überdosierungen können Tobsucht und Halluzinationen hervorrufen und im schlimmsten Fall zum Tod durch Atemlähmung führen.

Die pharmakologisch wirksamen Bestandteile sind vielfältig, so dass Datura zurecht bei vielen Stämmen als wichtiges Arzneimittel galt.

ENGELSTROMPETEN

Shiva und der Stechapfel

Shiva ist der indische Gott der Schöpfung und der Zerstörung. Daneben hat Shiva zahlreiche weitere Wesenszüge und Fähigkeiten. So ist er auch der Gott der orgiastischen Sexualität und der Fruchtbarkeit, aber auch der Askese und der Meditation. Ihm ist der Stechapfel geweiht; bisweilen sieht man die Gottheit mit Stechapfelblüten im Haar abgebildet. Zu seiner Verehrung legen die Gläubigen Stechapfelblüten auf die elliptischen Steine in seinem Tempel, die den Phallus (Linga) des Gottes repräsentieren.

Auch als Heilmittel gegen Geistesgestörtheit, Fieberkrankheiten, Hautkrankheiten und Durchfall war und ist der Stechapfel in Indien in Gebrauch.

Dem Zerstörergott Shiva werden bei seinen Festen Blumengirlanden um den Hals gelegt. Sie bestehen aus den Blüten des Stechapfels.

755

HEILIGE PFLANZEN

Von der bis zu 60 Zentimeter großen Salbeipflanze werden ausschließlich die Blätter und jungen Triebe gepflückt. Sie sollten nur bei Sonnenschein gesammelt werden, da der Ölgehalt der Pflanze durch Wärme zunimmt. Auch die Blüten duften nur bei Sonnenlicht.

Salbei – das heilige Kraut

SALBEI

Wie kann ein Mensch sterben, in dessen Garten Salbei wächst? Dieses Sprichwort aus dem antiken Rom zeigt, welch hohes Ansehen der Salbei in der Alten Welt genoss. In der gelehrten magischen Literatur wurde Salbei als ein wichtiges Zauberkraut beschrieben. Die Macht, die man der Pflanze zuschrieb, ist eng mit dem Hexenglauben im Mittelalter verknüpft.

Man brachte Salbei mit Kröten in Verbindung, die angeblich darin saßen. Schauerliche Geschichten von Frauen, die statt eines Kindes eine hässliche Kröte zur Welt brachten, weil ihnen eine Hexe von einer Salbeisuppe zu essen gab, machten die Runde. In der alten Medizin galt Salbei als das »heilige Kraut«. Es soll das Gedächtnis verbessern, Krämpfe lösen, gegen Taubheit und Blindheit wirken und nicht zuletzt das Leben verlängern.

Zauberpflanze und Hexenkraut

Der Ethnobiologe Gordon Wasson entdeckte im September 1962 eine Pflanze in den Bergen der mexikanischen Provinz Oaxaca, die sich offenbar als das bis dahin unbekannte sakrale Kraut des vorkolumbianischen Mexikos entpuppte, das Pipiltzintzintli der Azteken. Die Mazateken nennen die Pflanze Hierba de la Pastora (Kraut der Schäferin) oder Hierba de la Virgen (Kraut der Jungfrau). Die botanische Bestimmung ergab, dass es sich um eine bislang noch nicht beschriebene Art von Salbei handelte. Man nannte sie Salvia divinorum. Die Blätter der Hierba de la Pastora werden in Mexiko zu rituellen Anlässen, vor allem zu Wahrsagerituralen, wie sie auch mit den heiligen Pilzen (Psilocybe) durchgeführt werden, verwendet.

Sie werden paarweise an die Teilnehmer einer Zeremonie verteilt, auf einem Mahlstein zerdrückt und dann durch ein feines Sieb in einen Becher ausgepresst.

Der Siebinhalt wird mit Wasser hinuntergespült. Die halluzinogene Wirkung ist nicht so nachhaltig, aber vergleichbar mit jener, die durch den Genuss von Psilocybe-Pilzen hervorgerufen wird.

Salbei bei den Indianern

In der Neuen Welt spielt Salbei als Pflanze für rituelle Reinigungen vor allem unter den nordamerikanischen Indianern eine bedeutende Rolle. Bei keinem kultischen Anlass darf ein Salbeiwedel fehlen. Der Schamane reibt nach einem rituellen Schwitzbad mit einem Bündel Salbeiblättern seinen Körper ab. Durch Salbeiräucherungen wird die Atmosphäre gereinigt.

Auch für seine Heilrituale verwendet der Medizinmann der Cherokee, Rolling Thunder (»Rollender Donner«), den Salbei.

Bei der wichtigen Kulthandlung um den halluzinogenen Peyote-Kaktus der Comanchen wird dieser auf einem halbmondförmigen Altar ehrfürchtig auf Salbeizweigen gebettet.

Die violetten Salbeiblätter duften würzig, die graufilzigen Blätter werden wegen ihrer aromatischen Inhaltsstoffe sowohl in der Küche als auch in der Medizin verwendet.

Der Cherokee-Medizinmann Rolling Thunder verwendet bevorzugt Salbeiblätter bei seinen Reinigungs- und Heilungszeremonien. Aber auch in anderen Kulturkreisen wird Salbei zu rituellen Zwecken benutzt.

Salbei als Halluzinogen

Salvia divinorum ist ein mehrjähriges Kraut mit eiförmigen, am Rand gezähnten Blättern. Die Indianer von Oaxaca greifen auf die Pflanze zurück, wenn andere psychoaktive Substanzen, wie z. B. der Peyote-Kaktus, für ihre Rituale nicht zur Verfügung stehen. Die halluzinogene Wirkung von Salvia divinorum ist unbestritten und auch im Experiment nachgewiesen worden. Trotzdem ist es noch nicht gelungen, die chemische Natur der psychoaktiven Substanz aufzuklären.

HEILIGE PFLANZEN

Cannabis – Nektar der Verzückung

Von der ursprünglich in Indien, Afghanistan und im Iran beheimateten Hanfpflanze werden bei den Cuna-Indianern in Panama vor allem die Blätter und das aus dem Harz der weiblichen Blüten gewonnene Marihuana geraucht.

Im alten Indien erzählte man sich die Legende, dass die Dämonen und Götter auf den Rat Vishnus mit dem Berg Mandara den Ur-Ozean umrührten. Amrita, der Trank der Unsterblichkeit, sollte gewonnen werden. In Gestalt einer Schildkröte trug Vishnu dabei den hohen Berg Mandara auf dem Rücken. Götter und Dämonen wickelten die Schlange Vasuki um den Berg und quirlten dadurch das Wasser schaumig. Durch die Bewegungen verlor die Schildkröte einige Haare, die mit der Strömung ans Ufer trieben. Aus den Haaren entstanden Pflanzen, darunter der Hanf (Cannabis sativa), der schon damals als »Quelle des Glücks« bezeichnet wurde.

Indische Riten

Nach einer anderen Legende war es der Gott Shiva, der den Menschen Cannabis brachte. Die indischen Sadhus, die der Welt entsagt haben und dem spirituellen Pfad ihres Gottes Shiva folgen, rauchen Cannabis nach einem bestimmten Ritus in ihrem traditionellen Chillum. Für sie ist es ein Weg, eine harmonische Beziehung zum Unendlichen herzustellen.

Verbreitung des Hanfgebrauchs

Der therapeutische Wert von Cannabis fand in einem chinesischen pharmazeutischen Traktat zum ersten Mal Erwähnung, das aus dem Jahre 2737 v. Chr stammen und von dem legendären

Kaiser Shen-nung verfasst worden sein soll. Im Hochland von Tibet und im Himalayagebiet erfuhren Cannabis-Präparate unter dem Einfluss des Mahayana-Buddhismus große religiöse Bedeutung. Symbolisch schlägt sich dies in der Legende nieder, Buddha habe in der Zeit, in der er stufenweise seiner Erleuchtung näher kam, täglich von einem Hanfsamen gelebt.

Vor mehr als 2500 Jahren hatte Hanf das Abendland erreicht. Herodot (ca. 485–425 v. Chr.) berichtet von seinem rituellen Gebrauch bei den Skythen. Kein Zweifel besteht, dass Hanf zu medizinischen Zwecken seit ältesten Zeiten verwendet wurde. Von Demokrit (ca. 470/60–380 v. Chr.) wissen wir, dass Cannabis bei den Griechen bisweilen mit Wein und Myrrhe gemischt wurde, um Visionen hervorzurufen.

Shen-nung empfahl Cannabis bei Malaria, Verstopfung, Rheuma, Konzentrationsschwächen und Frauenleiden. Seit ältester Zeit wurde in China eine Mischung aus dem Harz des Hanfes mit Wein als schmerzlinderndes Mittel bei Operationen verabreicht. Die medizinische Anwendung in der Volksmedizin lässt sich von der halluzinogenen Wirkung der Pflanze zumeist nicht trennen. In Indien, wo Cannabis für medizinische Zwecke die weiteste Verbreitung gefunden hat, schrieb man dem Hanf die Fähigkeit zu, das Leben zu verlängern, die Ruhr zu heilen und das Fieber zu senken. Darüber hinaus soll die Pflanze den Geist beleben und das Urteilsvermögen verbessern. Aus medizinischen Werken aus dem 15. Jahrhundert ist bekannt, dass Hanf in Indien bei den unterschiedlichsten Beschwerden verschrieben wurde: bei schlechter Verdauung, Appetitlosigkeit, Kopfschmerzen, Schlaflosigkeit, sogar als Arzneimittel gegen den Aussatz. Von Asien aus verbreitete sich die medizinische Anwendung von Cannabis rasch nach Europa und Afrika. Die Hottentotten verwenden es heute noch gegen Schlangenbisse. In Europa stand der Hanf im Mittelalter offenbar nur als Heilmittel in besonderem Ansehen, nicht als Halluzinogen. Die Kräuterkundigen unterschieden die Pflanze nach zwei Qualitäten, den kultivierten und den »minderwertigen« Hanf. Während der kultivierte Hanf gegen Husten und zahlreiche andere Beschwerden verschrieben wurde, setzte man den »minderwertigen« Hanf gegen Gichtknoten und Geschwüre ein.

Der griechische Arzt Dioskurides verfasste im 1. Jahrhundert n. Chr. eine Arzneimittellehre, in der er auch den Cannabis darstellte. Das Idealbildnis aus dem 18. Jahrhundert zeigt ihn mit einer blühenden Pflanze.

Hanf wird bis zu drei Meter hoch. Nur die weiblichen Pflanzen scheiden THC (Tetrahydrocannabinol) enthaltendes Harz aus.

Zur Chemie von Cannabis

Die psychoaktiven Wirkstoffe sind bei den meisten halluzinogenen Pflanzen Alkaloide, bei Cannabis hingegen ölige Verbindungen aus der Stoffgruppe der Cannabioniden. Hauptverantwortlich für die psychedelische Wirkung ist das THC (Tetrahydrocannabinol). Im Harz der weiblichen Blütenstände findet sich die größte Konzentration des Stoffes.

Cannabis bei den Cuna

Die euphorisierende Wirkung von Hanf führte dazu, dass die Pflanze in allen Teilen der Alten Welt und, nachdem sie dorthin importiert worden war, auch in vielen Kulturen der Neuen Welt zu einer milden Droge für gemeinschaftliche rituelle Anlässe avancierte. Den Cuna-Indianern auf dem San Blas Archipel in Panama gilt der Hanf als heilige Pflanze. Nicht nur bei den Ratsversammlungen rauchen Häuptlinge und Teilnehmer Cannabis in ihren Pfeifen. Die Indianer meinen, dass der Geist der Pflanze das Böse fern hält.

Beim Umrühren des Ur-Ozeans durch Götter und Dämonen entstand auch die Hanfpflanze. (Kupferstich aus dem 17. Jahrhundert)

HEILIGE PFLANZEN

Opium – die Tränen des Mohns

Mohnkapsel, aus der Opium gewonnen wird.

In Asien, im so genannten Goldenen Dreieck im Südosten, (Myanmar, Laos, Thailand) und im so genannten Goldenen Halbmond im Südwesten (Afghanistan, Pakistan, Iran) sowie in den lateinamerikanischen Staaten Kolumbien, Guatemala und Mexiko wird Schlafmohn in großen Mengen angebaut. Durch chemische Konzentration gewinnt man daraus Morphinbase und Heroin. Die Aufnahme zeigt Bauern bei der Mohnkapselernte am so genannten Rubinpfad in Thailand.

Schon vor 6000 Jahren wird in sumerischen Inschriften der Mohn (Papaver somniferum) als Rauschmittel erwähnt. Man kannte das Verfahren, die unreifen Mohnkapseln leicht anzuritzen und den austretenden Saft – die »Tränen des Mohns« – als Opium zu gewinnen. Über Zypern kam das Opium nach Ägypten. Mitte des dritten Jahrtausends v. Chr. benutzten die Assyrer Opium als Heilmittel. Sie nannten es die »Pflanze der Freude«. Auch in Griechenland scheint das Opium seine Anwendung gefunden zu haben. Davon zeugt eine weibliche minoische Gottheit des Schlafes aus dem zweiten Jahrtausend v. Chr., die einen Stirnreif mit geritzten Mohnkapseln trägt.

Mysterien und Heilkunst

Der Initiationstrank bei den eleusinischen Mysterien in Griechenland, bei denen die Initianden in einer psychedelischen Erfahrung in die Welt des Todes hinabstiegen, soll neben dem stark halluzinogenen Mutterkorn auch Opium enthalten haben. Lässt sich die »Schau«, von der die Mysten, die Eingeweihten sprechen, auf einen solchen halluzinogenen Trank zurückführen? Sicherlich hätte die Wirkung von Opium den nach innen gekehrten Erlebnishorizont bei den Mysterien unterstützen können.

Als Schmerz stillende und beruhigende Arznei stand Opium im alten Griechenland in hohem Ansehen. Dioskurides (1. Jh. n. Chr.) beschrieb detailliert die Herstellung und die Anwendung von Opium in seiner Heilmittellehre. Von der griechischen Heilkunst übernahm die islamische Medizin den Opiumgebrauch. Auch in der traditionellen indischen Heilkunst nimmt Opium einen wichtigen Stellenwert ein.

Die Fröhlichkeitspillen

In China erfreute es sich großer Beliebtheit, weil seine Wirkung der beschaulichen, philosophischen Weltanschauung der Chinesen entgegen kam. Früher hatte man im Orient das Opium getrunken. Erst im 17. Jahrhundert ging man dazu über, es zu rauchen. Vielleicht ist auch der Gebrauch der berühmten orientalischen »Fröhlichkeitspillen«, die euphorisierend und aphrodisierend gewirkt haben sollen und deren wichtigster Bestandteil das Opium ist, schon Tausende Jahre alt. In der Renaissance machte Theophrastus Paracelsus (1493–1541) durch sein Laudanum, eine Opiumtinktur, das er im Schwertknauf immer mit sich führte, das Opium abermals berühmt. In China erlangte die Droge jedoch die größte Bedeutung und wurde zum Narkotikum für die breite Masse. Die damalige Beliebtheit der Droge ist zum Teil auch darauf zurückzuführen, dass sie massiv den Appetit hemmt, was neben der euphorisierenden Wirkung bei den vielen Hungerkatastrophen ein willkommener Nebeneffekt war. Das Opiumrauchen wurde schließlich zu einem Zeremoniell, dem so genannten Chandu-Rauchen ausgebaut und war um die Wende zum 20. Jahrhundert auch bei vielen Künstlern und Intellektuellen in Europa sehr beliebt.

Anwendung und Missbrauch der Opiumderivate

Anfang des 19. Jahrhunderts gelang es, aus Opium das wesentlich stärker wirkende Morphin (Morphium) zu isolieren, das als Schmerzmittel zum Einsatz kam und auch rasch zu einer abhängig machenden Modedroge wurde. In der medizinischen Therapie wird Opium nur noch selten in Form der Opiumtinktur verwendet, beispielsweise zur Ruhigstellung des Darmes bei schweren Durchfällen.

Opium liefert mit Morphin allerdings den Grundstoff für eines der stärksten Suchtgifte überhaupt: das Heroin. Dieses halbsynthetisch hergestellte Morphinderivat ist eines der gefährlichsten, körperlich und seelisch abhängig machenden Rauschmittel und in vielen Ländern verboten.

Demeter, die griechische Göttin des Ackerbaues und Erdmutter, wird, wie auch ihre römische Entsprechung Ceres, häufig mit einem purpurfarbenen Kleid dargestellt. Gemälde von Jan Brueghel d. Ä. (1568–1625), um 1604.

Die Mysterien von Eleusis

Die Erdmutter Demeter, Schutzgöttin der Mysterien von Eleusis, wird häufig mit Mohnkapseln dargestellt.

Ihr unterstanden auch die Getreidearten, auf denen der als Mutterkorn bekannte schmarotzende Schlauchpilz »Claviceps purpurea« wächst. Die psychische Wirkung von Mutterkorn war schon in der Antike bekannt.

Interessanterweise spielt auch die purpurne Farbe des Pilzes im Mythos der Persephone, der Tochter Demeters und Herrin des Totenreichs, deren Spuren die Eingeweihten in Eleusis folgten, eine wichtige Rolle: das Kleid der Persephone soll purpurfarben gewesen sein.

Diese Aufnahme von 1890 zeigt einen chinesischen Opiumraucher mit Opiumpfeife und verschiedenen Gerätschaften, der auf einer Liege ruht.

HEILIGE PFLANZEN

Magie der Pflanzen

Neben Obst und Gemüse werden auf den Wochenmärkten in den Anden auch magische Pflanzen und Kräuter angeboten.

Die Samenkette

In manchen Gegenden von Peru werden heute noch Samen der Espingo-Pflanze als Halskette mit kleinen Kreuzen aus Weidenästchen getragen. Sie gelten als Schutz vor dem bösen Blick. Wer unter dem Einfluss des bösen Blicks leidet, trägt die Kette so lange um den Hals, bis die Weidenästchen vertrocknen. Dann werden die Samen auf öffentlichen Wegen verstreut. Man hofft, dass jemand auf die Samen tritt, und so die Krankheit mit sich nimmt. Es spiegelt sich darin ein uralter Brauch. Präkolumbianische Plastiken der Moche-Kultur (200–800 n. Chr.) zeigen Schamanen in Trancehaltung – mit auf die Brust gelegten Armen – die eine Kette von Espingo-Samen tragen (siehe unten).

Aus der Moche-Kultur haben sich zahlreiche Tonplastiken erhalten, die das Leben in dieser Zeit vergegenwärtigen. Schon damals wurden die Espingo-Ketten getragen.

Bestimmte Pflanzen standen nicht nur deshalb in hohem Ansehen, weil sie Stoffe enthielten, die in psychedelischen Erfahrungen einen Einblick in die Götter- und Geisterwelt ermöglichten oder als Heilmittel effektiv waren. Ihre wahre Bedeutung lag darin, auf magische Weise Schutz zu gewähren.

Geheimnisvolle Lebenskraft

Die Idee der zaubermächtigen Pflanzen entwickelte sich auf der frühen magischen Stufe

762

des menschlichen Bewusstseins: Allen Dingen, vorzugsweise den belebten, wohnte eine Macht inne, eine geheimnisvolle Lebens-

kraft, die man sich zu sichern trachtete. Man erwarb sie, indem man einen Teil des mit solcher Macht geladenen Objekts bei sich trug: u. a. eine Haarlocke, eine Hasenpfote, eine Bärenklaue. Zwei fundamentale Gesetze beherrschen die magische Weltsicht: das Gesetz der Ähnlichkeit, demzufolge Ähnliches Ähnliches erzeugt, und das Gesetz der Ansteckung, wonach Objekte, die einmal Kontakt miteinander hatten, für immer als verbunden angesehen werden.

Jeder Teil des Ganzen enthält das Wesen des Ganzen, da dieser Teil einmal in Kontakt mit dem Ganzen war. War das Wesen eines Gegenstands bekannt, konnten seine Eigenschaften zum Vorteil des Menschen genutzt werden.

Eine uralte Tradition

Wie alt die magische Verwendung von Pflanzen ist, zeigen archäologische Funde. In der Shanidar Grotte im nördlichen Irak wurden verschiedene Pflanzen in der Nähe eines männlichen Skeletts entdeckt.

Sieben der acht Pflanzenüberreste konnten identifiziert werden. Sie alle spielen heute noch in diesen und anderen Regionen der Alten Welt für Naturheilzwecke und magischen Schutz eine bedeutende Rolle. Der Fund ist deshalb so interessant, weil er aus der Altsteinzeit stammt, als die Neandertaler noch mit dem Faustkeil ihre Arbeit verrichteten. Heilen und das Wissen um die mächtigen Kräuter scheint eines der frühesten Kulturgüter der Menschheit gewesen zu sein.

Magische Reinigung

Wegen der in ihnen enthaltenen magischen Kräfte, können mächtige Pflanzen zu Reinigungen verwendet werden. Bevor ein südamerikanischer Schamane mit einer Heilungszeremonie beginnt, reinigt er das »Feld« mit einem Bündel grüner Blätter. Ein anderer vertreibt widrige Einflüsse aus einem Haus, indem er verschiedene Rituale durchführt, zu denen etwa das Ausräuchern von Räumen gehört, wobei bestimmte Kräuter verbrannt werden.

Häufig vergräbt der Schamane als Abschluss des Reinigungsrituals, an einer Ecke im Hof des Hauses, Früchte und Pflanzen als magischen Schutz und als Opfergaben für die Dämonen.

Ein Indio-Schamane aus der Andenregion Cuzco verschüttet an einem seit Menschengedenken für heilig erklärten Ort in der Natur aus Kräutern gebrannten Schnaps, um den Opferplatz zu reinigen und um den Göttern eine Opfergabe zu überbringen. Nach einer Überlieferung der Inkas sollen die Götter in einen Hügel in der Nähe von Cuzco einen goldenen Stab versenkt haben und so den »Nabel der Welt«, den ersten Wohnsitz der Menschen, begründet haben.

HEILIGE PFLANZEN

Die Flugsalbe der Hexen

Hatten sich die Hexen mit der Flugsalbe bestrichen, konnten sie auf ihren Besen zum Blocksberg reiten, wo sie mit Teufeln und anderen bösen Dämonen den Hexensabbat feierten. (Kupferstich von Bernard Picard aus dem 18. Jahrhundert)

FLUGSALBE DER HEXEN

Glieder von zu Brei gekochten Kindern, Fett, Blut, Herzen ungetaufter Kinder, giftige Schlangen, Eidechsen, Spinnen, eine mit einer geweihten Hostie gefütterte Kröte, gepulverte Knochen eines Gehängten und ein ganzes Arsenal an giftigen Kräutern sollen die Hexen, glaubt man den zeitgenössischen Berichten, gemischt haben, um daraus unter Anleitung des Teufels ihre Hexensalbe zu gewinnen. Mit diesem Hexengebräu hätten sie Gesicht, Körper oder einen Stab bestrichen und sich daraufhin in die Lüfte erhoben, um zum Hexensabbat zu fliegen.

Hexenkräuterlexikon

Die Ingredienzen der Flugsalbe waren in der Hauptsache die klassischen Hexenkräuter: Alraune (Mandragora), Bilsenkraut (Hyoscyamus), Tollkirsche (Atropa belladonna), Stechapfel (Datura stramonium) und Sturmhut (Aconitus napellus). Auch der alkaloidhaltige Schleim von bestimmten Kröten wird als Bestandteil mancher Hexen- oder Flugsalben genannt. Bisweilen wird berichtet, der Mohn (Papaver somniferum) sei ebenfalls eine Zutat gewesen.

Besonders das Bilsenkraut war ein wichtiger Bestandteil der Salbe. Die Pflanze hat gelbe oder grünlich-gelbe Blüten mit violetten Äderchen und verbreitet einen penetranten Geruch. Stängel und Blätter sind mit klebrigen Drüsenhaaren besetzt. Schon die Ägypter kannten die Pflanze. In Griechenland und Rom gab es Zaubertränke, die mit Extrakten von Bilsenkraut angereichert waren. Bilsenkraut wurde im Mittelalter als schmerzstillendes Mittel eingesetzt. Wichtige aktive Bestandteile der Pflanzen sind die Tropan-Alkaloide Hyoscyamin, Atropin und Scopolamin. Vor allem Scopolamin ruft die halluzinogenen Wirkungen hervor.

Das Bilsenkraut, auch Teufelsauge, Tollkraut, lat. Hyoscyamus niger genannt, gehört zu den Nachtschattengewächsen. Psychoaktive Substanzen finden sich in allen Pflanzenteilen.

765

HEILIGE PFLANZEN

Tollkirschen, lat. Atropa belladonna, gehören zur Gattung der Nachtschattengewächse und sind in Westeuropa bis hin zum Himalaya verbreitet. Besonders giftig sind die schwarzen Beeren durch ihren hohen Alkaloidgehalt (Hyoscyamin, Atropin, Scopolamin). Der Extrakt aus den Blättern wird medizinisch als krampflösendes, gefäß- und pupillenerweiterndes Mittel verwendet.

Tollkirsche

Die Pflanze wächst auf kalkhaltigem Boden in Gehölzen und Dickichten und wurde auch »Hexenbeere« genannt. Die stark verzweigte, mehrjährige Pflanze kann bis 90 Zentimeter hoch werden. Aus den braun-roten Blüten entwickeln sich glänzend-schwarze Beeren. Alle Pflanzenteile sind giftig. Um 1035 vernichteten die Schotten unter Duncan I. die Armee der Norweger, indem sie ihr Speisen zukommen ließen, die mit Tollkirsche vergiftet waren. Neben dem Scopolamin ist das Hyoscyamin das wichtigste psychoaktiv wirkende Alkaloid der Pflanze. In den Samen ist die Konzentration der Alkaloide am größten.

Antike Vorbilder

Gehören solche Berichte in die Annalen des finstersten Aberglaubens, oder ist an ihnen etwas Wahres? Die Salbe für den Flug der Hexe ist zumindest keine Erfindung aus dem Mittelalter. Schon Apulejus (1. Jahrhundert n. Chr.) berichtet im dritten Buch seines »Goldenen Esels« von der Hexe Pamphile, die ihren Körper von der Ferse bis zum Scheitel mit einer rätselhaften Salbe einreibt, schließlich in ekstatische Konvulsionen verfällt, zu einem Uhu verwandelt wird und unter grässlichem Geheul zum Fenster hinausfliegt.

Bestandteile der Flugsalbe

Die Hexen waren vor allem »wissende Frauen«, Pflanzenkundige. Sie wussten gefährliche und mächtige Pflanzen zum Heilen und zur Bewusstseinsveränderung anzuwenden. Sie haben zweifellos Nachtschattengewächse und andere psychoaktiv wirkende Pflanzen eingenommen.

Vielleicht haben sie auch tatsächlich Salben aus solchen Pflanzen hergestellt, allerdings ohne die fantastischen und abstoßenden Andichtungen, die ihnen Denunziation und Inquisition einbrachten.

Möglicherweise gehen die Bestandteile der mittelalterlichen Hexensalbe auf eine alte Tradition zurück. Es gibt Hinweise darauf, dass sich die wilden Mänaden zu ihren heiligen Orgien des Dionysos-Kultes mit Fliegenpilz, Tollkirschen oder Bilsenkraut berauschten. Sie sollen sich mit weit aufgerissenen Augen in die Arme ihres Gottes geworfen haben, was eine Folge der Einnahme von Tollkirschen sein könnte.

Die Halluzinationstheorie des Hexenflugs

Die italienischen Gelehrten Geronimo Cardano (Hieronymus Cardanus) und Giambattista della Porta (1538–1615) berichteten als erste ausführlich über die Hexensalbe. Es war die Zeit aufstrebender Wissenschaften, und man erkundete experimentell die Wirkung von psychoaktiven Kräutern. Dadurch gelangten Cardano und Porta zu einer »Halluzinationstheorie« des Hexenfluges. Aufgrund der psychotropen Wirkung der verwendeten Pflanzen käme es zu keinem wirklichen Flug sondern nur zu einer geistigen Entrückung. Die Salbe oder die Einnahme der Pflanzen führte zur Illusion eines Flugs.

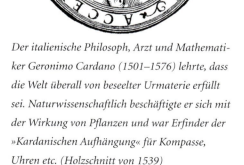

Der italienische Philosoph, Arzt und Mathematiker Geronimo Cardano (1501–1576) lehrte, dass die Welt überall von beseelter Urmaterie erfüllt sei. Naturwissenschaftlich beschäftigte er sich mit der Wirkung von Pflanzen und war Erfinder der »Kardanischen Aufhängung« für Kompasse, Uhren etc. (Holzschnitt von 1539)

FLUGSALBE DER HEXEN

Selbstversuche mit der Hexensalbe

Einige wagemutige Wissenschaftler führten Selbstversuche mit Hexensalben durch. Der französische Mathematiker Pierre Gassendi (1592–1655) war einer der Ersten. Er experimentierte mit einer opiumhaltigen Salbe und berichtet von lebhaften Flugvisionen.

Im 20. Jahrhundert war es der Göttinger Volkskundler Will-Erich Peuckert, der sich mit einer Hexensalbe aus Bilsenkraut, Stechapfel, Sturmhut, Tollkirsche und Mohn nach einem Rezept von Giambattista della Porta einrieb und darüber berichtet: »Vor meinen Augen tanzten zunächst grauenhaft verzerrte menschliche Gesichter. Dann plötzlich hatte ich das Gefühl, als flöge ich meilenweit durch die Luft. Der Flug wurde wiederholt durch tiefe Stürze unterbrochen. In der Schlussphase sah ich schließlich das Bild eines orgiastischen Festes mit grotesken sinnlichen Ausschweifungen.«

Auch der Biologe Wilhelm Mrsich, der bereits in den 30er Jahren des letzten Jahrhunderts mit verschiedenen Rezepturen für eine Hexensalbe experimentierte, erlebte bei einem Selbstversuch eine Begegnung mit Teufelsgestalten und wollüstigen Halluzinationen, die er mit dem sinnlichen Erlebnis Tannhäusers im Venusberg verglich, und schließlich sogar einen Flug zu einer Hexenorgie.

Ein ganz besonderes Kraut: Sturmhut

Bestandteil vieler Hexensalben war auch die äußerst giftige Pflanze Sturmhut (auch Eisenhut, Aconitus napellus). Sie enthält das Alkaloid Aconitin, eines der stärksten Gifte der Pflanzenwelt, das besonders stark konzentriert in der Wurzelknolle vorhanden ist. Der Sage nach entstand der Sturmhut aus dem Geifer des Höllenhundes Kerberos, als ihn Herakles am Hügel Akonitos in Pontos aus der Unterwelt hinaufzerrte.

Im Mittelalter pflanzte man den Sturmhut in Klostergärten. Laut Albertus Magnus, deutscher Philosoph und Theologe (1193–1280), hilft das Kraut gegen Lepra. Der Arzt und Alchemist Paracelsus (1493/94–1541) setzte es als Abführmittel ein. Heute wird der Sturmhut unter seiner lateinischen Bezeichnung Aconitum als homöopathisches Mittel verwendet, vor allem bei seelisch-geistigen Beschwerden wie Ängsten und Phobien.

Hexen bei der Zubereitung der Flugsalbe. Darüber fliegt bereits eine Hexe auf einem Ziegenbock davon. (Holzschnitt von Hans Baldung Grien (1484/85–1545), 1515)

HEILIGE PFLANZEN

Der heilige Baum – Achse der Welt

In der germanischen Mythologie spielt der heilige, immergrüne Baum Yggdrasil eine wichtige Rolle. Er steht im Weltmittelpunkt und stützt Midgard, die von den Menschen bewohnte Mittelwelt – dargestellt als Scheibe mit einem Burgberg, und von der Midgardschlange umgeben. Diese Mittelwelt wiederum steht mit der Götterwelt der Asen, die an der Wurzel von Yggdrasil hausen, und mit dem Wohnort der Vanen in den Zweigen in Verbindung.

Bei vielen indogermanischen Völkern wurden Eichen als heilig verehrt. Auch heute beeindrucken sie durch ihr knorriges Wachstum und ihr hohes Lebensalter. Manche der ehrwürdigen Exemplare werden über 1000 Jahre alt.

Der sibirische Stamm der Jakuten glaubt, dass am »goldenen Nabel der Erde« ein Baum steht, der seine acht Äste ins paradiesische Land reckt. Auf diesem Baum wurde der erste Mann geboren. Er ernährte sich von der Milch einer Frau, die zur Hälfte aus dem Stamm des Baumes hervorragte. Ai toyon, der Lichtschöpfer, lebt mit seinen Kindern in den Ästen der Baumkrone.

Die Weltenachse

Da der Baum mit seinen Wurzeln tief in die Unterwelt und mit seiner Krone in den Himmel ragt, galt er als Achse, welche die Welten miteinander verbindet. Der Baum als Weltenachse steht im Zentrum, wie die Weltesche Yggdrasil der nordischen Völker, deren drei mächtige Wurzeln in das Reich der Riesen, des Nebels und in das Heim des germanischen

HEILIGER BAUM

Göttergeschlechts der Asen, hinunterreichten. Unter der dritten Wurzel entsprang die heilige Quelle, der Urdsbrunnen, wo die Götter ihren Richtplatz hatten. Die Zweige der Weltesche reichten in zahlreiche andere Welten, beispielsweise in den Wohnort der Vanen, dem zweiten germanischen Göttergeschlecht oder melsreise eine Birke hoch, die im Zentrum der Jurte steht, um durch sieben, neun, oder zwölf Himmel zum obersten Herrscher Bai Ülgän zu gelangen. Die Burjaten, ein Volk im Süden Sibiriens, nennen diesen Schamanen-Baum Udeš-i-burkhan, »Wächter des Tores«, denn er eröffnet den Weg in den Himmel, so

Der beseelte Baum

Mit Bäumen verbinden sich viele uralte Legenden. Vor allem der Glaube an die Wesensgleichheit von Mensch und Baum ist tief verwurzelt.

Viele Bräuche und die Verehrung von heiligen Bäumen gehen auf die Anschauung zurück, der Baum sei ein beseeltes Wesen, in dem Geister wohnen. Es bildete sich die Vorstellung, die magische Vegetationskraft des Baumes könne den Menschen übermittelt werden. Daraus entstanden Vegetations- und Fruchtbarkeitskulte und die Vorstellung vom »Lebensbaum«, bei zahlreichen Völkern bekannt ist.

Im Hof des indischen Ekambaranathar-Tempels in Kanchipuram steht der heilige Mangobaum. Der uralte Baum, der dem Gott Shiva geweiht ist, wurde von einer Mauer umgeben.

in jenen der Elfen. Von Yggdrasil ging auch alle Weisheit und geheimes Wissen aus. Der oberste Gott der Asen, Odin, hing neun Nächte lang an der Weltesche, um das Geheimnis der Runen zu ergründen.

Der Baum des Lebens

Die Sagen vieler sibirischen Stämme erzählen, dass die Seelen der Kinder vor ihrer Geburt wie kleine Vögel in den Zweigen des Weltenbaumes nisten. Dort sucht sie der Schamane, um sie den Eltern zu überbringen. Eine Jakuten-Legende beschreibt, dass die Seelen der Schamanen auf einer Tanne auf dem heiligen Dzokuo-Berg im Nord-Osten Sibiriens geboren werden. Die größten Schamanen wachsen in den höchsten, die weniger mächtigen in den niederen Zweigen heran. Ein Schamane etwa aus den Gebieten des Altai-Gebirges in der Mongolei steigt auf seiner ekstatischen Him-

wie ein Ceiba-Baum bei den Mayas durch die Löcher der sieben Himmelsschichten ragte.

Heilige Bäume in Indien

Auch in Indien werden vielerorts heilige Bäume verehrt. Der heiligste für die Buddhisten ist der Bodhibaum (Ficus religiosa) von Bodh Gaya, weil Buddha unter diesem die Erleuchtung erlangte. Im Ekambaranathar-Tempel in Kanchipuram verehren die Anhänger Shivas den heiligen Mangobaum Sthala-virutcham, der 3500 Jahre alt sein soll. Der Legende nach soll die Gläubige Kamakshi Amman unter dem Mangobaum eine Buße verrichtet haben, um mit Shiva spirituell vermählt zu werden. Später habe man den Tempel um den Baum errichtet. Aber nicht nur die indischen Mythen erzählen von heiligen Bäumen, in fast allen Kulturen der Menschheit haben Bäume einen Platz in den Schöpfungslegenden als Orte kosmischer Kraft.

Im Burgbezirk von Athen stand beim Erechteion-Tempel ein heiliger Ölbaum. Im Altertum galt der Olivenbaum den Griechen als heilig und war vielfaches Symbol: Da er das Öl für die Öllampen lieferte, also dem Licht nahe stand, war er Symbol der geistigen Stärke und der Erkenntnis; wegen der Reinigungskraft des Öls, das Symbol der Läuterung, der Fruchtbarkeit und der Lebenskraft; er war das Symbol des Sieges, wegen seiner Widerstandsfähigkeit und seines hohen Alters sowie des Friedens wegen der lindernden Wirkung seines Öls. Der kolorierte Holzstich entstand 1865 nach einer Zeichnung von Heinrich Leutemann (1824–1905).

Licht gilt als symbolischer Ausdruck des Geistes. Seine höchste Entfaltung wird entsprechend als Erleuchtung beschrieben. Den Menschen soll ein Lichtkörper, eine Aura umgeben, und dieses Licht soll mit einer feinstofflichen Lebensenergie in Verbindung stehen. Solche überlieferten Ansichten scheint die moderne Wissenschaft zumindest teilweise zu bestätigen, denn in den Zellen von Lebewesen befinden sich nachweislich Biofotonen – gebündeltes Licht, durch das die Zellen miteinander kommunizieren. Je intensiver die Abstrahlung von Biofotonen ist, desto gesünder ist die Zelle selbst. Gibt es tatsächlich einen Zusammenhang zwischen okkulten Spekulationen und neuen wissenschaftlichen Entdeckungen?

DAS LICHT DES LEBENS

Strahlenkränze und Sonnengötter

Den Titel »Du wirst deinen Nächsten lieben wie dich selbst«, trägt dieses zeitgenössische Ölbild von Karl Käfer. Es zeigt zwei sich umfassende Götter-Gestalten mit Horusfalken und Planetenmodell, die vom Glanz der über ihnen schwebenden Sonnenscheibe überstrahlt werden.

772

STRAHLENKRÄNZE

Das Symbol eines Strahlenkranzes, der sich um das Haupt bedeutender Menschen bildet, ist aus Indien, Griechenland, Rom, dem Islam und vielen anderen Kulturen und Religionen bekannt.
Dieses Leuchten zeichnete vor allem Götter, Heroen und spirituell fortgeschrittene Individuen aus und wurde in mannigfachen Kunstwerken dargestellt.

Das Strahlen der Götter

Man bezeichnet einen solchen Strahlenkranz als Nimbus. Wörtlich bedeutet das »Nebelhülle« oder »Wolke«. Man stellte sich also die Person als in einer Art Strahlenwolke eingebettet vor. In Griechenland deutete der Strahlenkranz auf den erscheinenden Gott hin.
Als die römischen Herrscher den Anspruch auf Göttlichkeit erhoben, wurden sie mit Apollon-Helios gleichgesetzt und ebenfalls mit Strahlenkränzen dargestellt. Auf Plastiken und Münzen ließen sie sich mit Strahlenkronen abbilden.

Von der Antike bis heute haben sich Herrscher auf Münzen verewigen lassen. Diese spätrömische Münze zeigt die Abbildung eines Kaisers mit einer stilisierten Strahlenkrone, die auf seine göttergleiche Bedeutung hinweisen soll.

Heiligenschein und Aureole

Die Tradition solcher Darstellungen übernahm die christliche Kunst und verwandelte den Strahlenkranz zu einer Lichtscheibe hinter dem Kopf. Gott, Jesus, Engel, Apostel, Propheten, Maria und die Heiligen wurden mit einem Heiligenschein ausgestattet. Es gibt auch Abbildungen, bei denen der gesamte Körper des Heiligen von Strahlen umgeben ist. In diesem Fall spricht man von einem großen Nimbus oder einer Aureole. Diese Lichtform gilt als Sinnbild der himmlischen Sphäre. Man kennt die Aureole in der christlichen Kunst in Kreis- und Ovalform, im Westen häufig als mandelähnliche Ovalform (Mandorla).

Die Aura

Nach okkultistischer Vorstellung ist der Mensch von einer Lichthülle, der so genannten Aura, umgeben. Es handele sich allerdings nicht um gewöhnliches, sondern vielmehr um eine Art geistiges Licht, das mit der Lebensenergie in Zusammenhang stehe und meist nur von sensitiven Personen wahrgenommen werden könne. Es gibt übereinstimmende Berichte von Sensitiven, wonach die Aura eines spirituell hochentwickelten oder sehr frommen und heiligen Menschen besonders groß und intensiv strahlend sein soll.
Zwar gibt es keine historischen Belege dafür, aber womöglich gehen die Heiligenscheine, die um den Kopf solcher Personen in vielen Kulturen abgebildet werden, tatsächlich auf die Wahrnehmung solcher eindrucksvollen Auren zurück.

Aktivierung der Lebensenergie

Möglicherweise führen spirituelle Übungen zu einer Intensivierung der als Leuchten in Erscheinung tretenden Lebensenergie im Körper.
Übereinstimmend wird der Fortschritt in solchen Übungen als Aktivierung einer geheimnisvollen Energie beschrieben und nicht umsonst spricht man bei den dabei erreichten höchsten Zuständen von »Erleuchtung«. So sind die flammenden Aureolen, die vor allem in Japan um Buddha-Figuren dargestellt werden, Ausdruck der Erleuchtung, des subtilen Einsseins mit dem Absoluten.
Dass dieses Leuchten sichtbar werden kann, hängt vielleicht mit den Biofotonen, dem

Eine Madonna mit Heiligenschein in Form eines Strahlenkranzes. (Relief aus gebranntem Ton mit Glasur, Italien 17. Jahrhundert)

Das Leuchten der Mystiker

In seinem monumentalen Werk »Die christliche Mystik« (1836–1842) sammelte der deutsche Historiker und Philosoph Johann Joseph von Görres (1776–1848) zahlreiche Belege für eigentümliche Leucht- und Lichtphänomene um Mystiker. Dabei unterscheidet er zwischen »Ausströmung« und »Einströmung«. Er berichtet von Lichtbällen, die von Betenden in Ekstase ausgegangen seien. Auf die heilige Gertrud (geb. 626) soll andererseits vor Augenzeugen eine leuchtende Sphäre eingeströmt sein. Eine merkwürdige Arbeit veröffentlichte 1905 der französische Neurologe Charles Féré. Er berichtet darin, dass er bei einer seiner hysterischen Patientinnen während eines Anfalls ein orangefarbenes Licht von Kopf und Händen ausströmen sah.

DAS LICHT DES LEBENS

Surya – der indische Sonnengott

Wegen ihrer großen Hitze galt die Sonnengottheit auch als gefährliche Macht. So erzählt der Mythos des indischen Sonnengottes Surya von seiner unerträglichen Intensität. Sie drückte sich in unersättlicher Begierde nach seiner Gemahlin Sanjna aus. Ihr Vater, der göttliche Architekt Vishvakarma, nahm ihm ein Achtel seiner Helligkeit, indem er Surya auf seine Töpferscheibe legte und seinen ganzen Körper zurechtstutzte. Die glühenden Körperteile fielen auf die Erde. Aus ihnen entstand der Dreizack Shivas, der Diskus Vishnus und die mächtigen Waffen anderer Götter. Seitdem hat Surya die Form einer Scheibe.

stark gebündelten Licht in den menschlichen Zellen, zusammen.

Von Mystikern im Zustand der Verzückung berichtete man, dass ihr Antlitz strahlen würde. In der Ekstase soll das Gesicht des heiligen Johannes Columbini von Siena (um 1300–1367) derart geleuchtet haben, dass die Anwesenden dadurch geblendet wurden. Auch bei außergewöhnlichen Menschen wurde dieses Phänomen beobachtet. Als Leonardo da Vinci den Kerker verließ, soll ein für alle wahrnehmbarer Strahlenkranz sein Haupt umgeben haben.

Die alten Sonnengottheiten

Die ältesten Gottheiten wurden mit der Sonne in Verbindung gebracht. Diese geheimnisvolle aus sich selbst leuchtende Scheibe, die jeden Tag von neuem Wärme und Leben spendet, konnte nur eine mächtige, schöpferische Gottheit sein. So wurde die Sonne zum Zentrum wichtiger Licht- und Lebenskulte. Die Sonnengottheit, die natürlich ein strahlender Lichtschein auszeichnete, findet man bereits auf steinzeitlichen Felsmalereien.

Felsgravuren aus der Steinzeit

In Val Camonica in Norditalien sind weit über 20.000 Steingravuren aus verschiedenen steinzeitlichen und späteren Epochen entdeckt worden. Von einfachen geometrischen Ornamenten über symbolische Formen, Abbildungen von Gebäuden, Waffen, Gegenständen bis hin zu Tieren, Menschen und Göttern findet sich ein riesiges Spektrum, das die Lebensweisen und Ideen untergegangener Kulturen bewahrt – eine wahre Fundgrube für die prähistorische Forschung.

Auf einigen Felsmonolithen sind Personen mit Strahlen um ihr Haupt dargestellt. Sie lassen unterschiedliche Interpretationen zu, die von Federkronen bis hin zu Strahlenhelmen prähistorischer Astronauten reichen. Die wahrscheinlichste Lösung wird indes von Mythen, Traditionen und vergleichbaren Abbildungen in aller Welt bestätigt: Es handelt sich um Darstellungen von Göttern oder göttergleichen Heroen.

In Val Camonica gibt es beispielsweise eine solche Darstellung von einem Reiter auf einem Pferd mit siegreich erhobenen Händen, in denen er eine Art Axt und einen Speer hält. Sein Haupt ist von einem mächtigen doppelten Strahlenkranz umgeben, der ihn als gottgleiches Wesen vor allen Sterblichen auszeichnet.

An der Fassade des Palastes von Udaipur in Rajasthan wurde das Antlitz des Sonnengottes Surya dargestellt. Seine Mächtigkeit und Kraft drückt sich in dem großen Strahlenkranz aus, obwohl diese nach der indischen Legende vom göttlichen Baumeister Vishvakarma stark beschnitten wurden.

STRAHLENKRÄNZE

Zu Ehren Christi sind auf dieser russischen Ikone des 18. Jahrhunderts die Heiligen versammelt. Während sie mit dem scheibenförmigen Nimbus gekennzeichnet sind, wird Christus in der oben eingeblendeten Darstellung von einer ovalen Aureole umgeben.

DAS LICHT DES LEBENS

Die Initiationserfahrung des Schamanen

Bei den nordamerikanischen Indianern übten die Medizinmänner die schamanistischen Praktiken aus. Der Stich aus dem 19. Jahrhundert zeigt einen Medizinmann der Ojibway, der sich mit Hilfe einer Rassel in Trance versetzt, um schließlich Kontakt mit dem Jenseits aufzunehmen, wodurch die kranke Seele seines Patienten geheilt werden kann.

SCHAMANISCHE INITIATION

Grundlage der Berufung des Schamanen bildet die Initiation (Einweihung). Der Novize wird zwar bei einem alten Schamanen in die Lehre gehen, aber die grundlegenden Einsichten in den Aufbau der Wirklichkeit, in das magische Weltbild, erfährt er in der Initiation gleichsam aus sich selbst.

Die Stationen der schamanischen Initiation folgen einem bestimmten Muster: Absonderung von der irdischen Welt, Wendung nach innen, dem Mysterium, dem Unbekannten zu. Dieser Prozess erfolgt entweder spontan, auf Grund einer lebensbedrohlichen Krankheit oder aus einem inneren Drang heraus. In der Einsamkeit oder während einer schweren Krankheit fällt der angehende Schamane in eine tiefe Trance und sein Geist wird in jenseitige Gefilde entführt.

Auf dieser archetypischen Reise werden ihm mystische Kenntnisse zuteil und es erfolgt seine psychische Erweckung. Vor allem geht er gleichsam durch den Tod, um als Verwandelter und Unsterblicher zurückzukehren.

Die Initiation des Djuhadie Kosterkin

Die visionären Stationen auf der initiatorischen Jenseitsfahrt des Schamanen ähneln sich überall auf der Welt. Typisch und beispielhaft ist die Initiationserfahrung des Schamanen Djuhadie Kosterkin vom Stamm der Samojeden aus Sibirien. Er erlebte diese während eines dreitägigen »Todes«. An einem Meer schenkt ihm der Herr des Wassers die Gabe des Schamanisierens und gibt ihm seinen Schamanennamen. Djuhadie säugt an den Brüsten der Mutter der Seetiere, die den Völkern die Fische schenkt. Ihr Gatte, der Herr der Unterwelt, fordert den angehenden Schamanen auf, den Weg aller Krankheiten zu gehen. Djuhadie erhält einen Hermelin und eine Maus als Hilfsgeister, die ihm auch in Zukunft durch die anderen Welten geleiten. Er wird in sieben Zelte geführt, in denen er nacheinander die Herren aller Krankheiten kennen lernt und ihre zerstörerische Macht qualvoll am eigenen Leib spüren muss. Den Weg hierher muss er spä-

Phasen der Initiation

Erst wenn alle Initiationsprüfungen bestanden sind, vermag der Schamane seines Amtes zu walten. Die Erlebnisse auf seiner Initiationsreise können als symbolische Repräsentation der tiefsten Schichten der Psyche verstanden werden. Der Schamane muss durch den Tod gehen, um das Leben verstehen zu können, er muss den Weg aller Krankheiten gehen, um selbst ein Heiler werden zu können, er muss die verborgensten Tiefen der Seele verstehen, um den Menschen helfen zu können.

Die Stadien auf seiner Initiationsreise folgen einem Muster: 1. der Abstieg ins Totenreich, 2. die Begegnung mit dämonischen Mächten, 3. die Zerstückelung des eigenen Körpers, 4. Feuerproben, 5. die Gemeinschaft mit Geistern und Tieren, 6. die Einverleibung der Lebensenergie, 7. der Aufstieg auf den Weltenbaum und der Schamanenflug, 8. die Erkenntnis einer sonnenhaften (solaren) Identität und 9. die Rückkehr in die Mittlere Welt.

Ein so genanntes Pfeifgerät der südamerikanischen Moche-Kultur. Die Schamanen der Indianer verwendeten es, um Hilfsgeister herbeizurufen.

DAS LICHT DES LEBENS

Der Flug des Schamanen

Von besonderer Bedeutung für den Schamanen ist die Fähigkeit zu fliegen, die er auf seiner Initiationsreise erlernt. Fliegen kann er erst, wenn sein Körper zu Licht und damit für die Geister sichtbar geworden ist. Er kann seinen Körper als Hülle zurückzulassen, um seine Seele auf Wanderschaft zu schicken. Der Schamanenflug ist kein körperlicher Flug, aber auch nicht ein Flugerlebnis, das sich ganz in der Fantasie abspielt. Der Schamane fliegt vor allem durch nichtalltägliche Wirklichkeiten. In Trance erkundet er einen neuen Kosmos, der für ihn ebenso real ist, wie die Wirklichkeit unserer gewöhnlichen Alltagserfahrung. Als außerkörperliche Erfahrung ist es ein Flug durch Bekanntes und Unbekanntes, durch diesseitige und jenseitige Sphären zugleich.

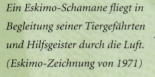

Ein Eskimo-Schamane fliegt in Begleitung seiner Tiergefährten und Hilfsgeister durch die Luft. (Eskimo-Zeichnung von 1971)

ter wieder finden, wenn er mit dem Herrn der Krankheiten verhandeln will, um einen Kranken zu heilen.

Die Achse der Welt

In der Mitte eines Sees kommt Djuhadie zu einer Birke, die bis in den Himmel ragt. Er erfährt, dass es der Baum ist, der allen Menschen das Leben ermöglicht. Um die Birke herum wachsen neun Pflanzen, die er später zu medizinischen Zwecken verwenden wird. Plötzlich wird er in die Luft gehoben. Im Flug fängt er einen Ast der Weltbirke auf, die ihm der Herr des Baumes zuwirft mit der Aufforderung, sich daraus drei Schamanentrommeln zu zimmern.

Zerstückelung und Neugeburt

Nach dreitägiger Wanderschaft gelangt Djuhadie an einen runden Berg und dort in eine tiefe Höhle. Um ein großes Feuer empfängt ihn der finstere Unterweltsschmied mit riesigen Zangen und mächtigem Hammer. Der düstere Mann trennt mit einer Zange den Kopf des angehenden Schamanen ab, zerstückelt seinen Körper und wirft ihn in den Kessel.

Drei Jahre lang kocht er ihn in dieser Brühe, bis sich das Fleisch von den Knochen gelöst hat. Dadurch wird Djuhadie von allem Vergänglichen befreit und erhält einen neuen, einen verwandelten, einen unvergänglichen Leib. Er bekommt neue Augen und neue Ohren, mit denen er durch die Alltagswelt und durch die Zeit hindurchsehen und die Stimmen der Bewohner überirdischer Welten vernehmen kann.

Begegnung mit dem Licht

Das Kochen des Schamanen im Kessel ist der symbolische Ausdruck seiner Begegnung mit dem Licht in Form des großen Feuers. Wenn sein Körper durch den Schmied der Unterwelt neu zusammengesetzt wird, dann ist es für den Schamanen ein von Licht erfüllter Leib. Er ist das Resultat der mystischen Vereinigung mit dem Feuer, das Ziel seiner Initiation. Sie wird zum Ausdruck der Verwandlung alles Irdischen in Geistiges. Eine Verwandlung, die später die Alchemisten an ihren Feueröfen als Hinführung alles Niederen in den höchsten Zustand anstreben sollten. Das Feuer ist das Symbol des geistigen Aspekts der Schöpfung. Der Schamane überwindet als Meister des äußeren und inneren Feuers die elementare menschliche Natur und erreicht höhere Ebenen des Bewusstseins.

Überwindung der Gegensätze

Bei der Initiation kommt es zu einer intensiven Auseinandersetzung mit den Elementargewalten. Der angehende Schamane muss alle Gegensätze überwinden, um jene Einsichten und Fähigkeiten zu erlangen, die ihn zu einem wahren Schamanen machen. Dazu gehört die Fähigkeit, die Sprache der Tiere zu verstehen, ja sich selbst in ein Tier zu verwandeln. Dazu gehört auch, die Sprache der Götter und Geister zu verstehen und sich mit ihnen zu identifizieren. In manchen Kulturen, beispielsweise im sibirischen Raum, muss sich der

SCHAMANISCHE INITIATION

Schamane oder die Schamanin auch mit dem anderen Geschlecht identifizieren. Viele Schamanen sträuben sich davor, können aber diesem tiefenseelischen Prozess nicht widerstehen, wenn sie wegen dieses psychischen Widerstreits nicht verrückt werden wollen. Gemeint ist, dass der angehende Schamane (oder die angehende Schamanin) von ihren Schutzgeistern den Auftrag erlangt, weibliche (bzw. männliche) Kleidung zu tragen, Namen des anderen Geschlechts anzunehmen und sich wie das andere Geschlecht zu verhalten. Ein Nichtbeachten dieses Wunsches zieht Wahnsinn oder Tod nach sich. Die Verwandlung von Schamaninnen in Männer wird zwar seltener berichtet, scheint aber durchaus verbreitet gewesen zu sein. Die Indentifikation führt zumeist zu schamanischem Transvestismus. Er war vor allem im sibirischen Bereich bei den Kamtschadalen, Korjaken, Tschukschen und den arktischen Eskimos verbreitet, findet sich jedoch auch in Indonesien bei den See Dayak und in Südamerika bei den Patagoniern wieder. Bestimmte Schamanen sagten sich vollständig von ihrer männlichen Rolle los, nahmen die Gebärden und Verhaltensweisen von Frauen an, heirateten einen Mann und lebten fortan als Schamaninnen. Die Geister lehrten sie den Weg der Frau. Diese waren besonders mächtige und gefürchtete Schamanen, mit allen Fähigkeiten der Metamorphosen ausgestattet.

In Südkorea gerät die Mudang, die Schamanin, durch Tanzen in Trance und nimmt während der so genannten Kut-Zeremonie Verbindung zu den Geistern auf. Das Kut-Ritual der Schamanin kann sowohl für Heilungen als auch beispielsweise für Unternehmensgründungen angewandt werden. In jedem Fall sollen dabei positive Kräfte mobilisiert werden.

DAS LICHT DES LEBENS

Das Innere Leuchten des Schamanen

Die Schamanen der Papua von Neuguinea heben sich durch ihre prächtige Körper- und Gesichtsbemalung sowie durch ihren auffallenden Federschmuck hervor. (Acrylgemälde von Elmar R. Gruber)

Während seiner Initiation erlebt der Schamane in einer visionären Reise wie sein Leib in einem Kessel zerstückelt und gekocht wird. Danach wird er von einem Unterweltsschmied neu zusammengestellt. Dieser Körper sieht für gewöhnliche Personen wie ein normaler menschlicher Körper aus. Für den Schamanen indes ist er verwandelt: Er ist von Licht erfüllt.

INNERES LEUCHTEN

Blick ins Innere

Der Schamane kann in seinen neuen Leib hinein- und hindurchsehen, weil er mit dem verwandelten Körper die Gabe der Hellsicht erlangt hat. Als Nachweis, dass er diese Erfahrung durchlebt und durchlitten hat, muss er die Knochen in seinem Inneren in einer geheimen Sprache benennen. Beispielsweise erkennt der sibirische Schamane, dass er drei überzählige Knochen hat. Deshalb befindet er sich später im Schlaf gleichzeitig in drei Zuständen, kann zur selben Zeit an drei Orten sein, und während des Schamanisierens wird er drei Paar Augen, drei Nasen, drei Paar Ohren haben. Alle seine Sinne werden über das normale Maß hinaus aufnahmefähig sein. Viele Schamanengewänder sind mit Skeletten verziert. Sie zeigen, dass der Schamane durch den Tod gegangen ist und deuten zugleich darauf hin, dass er in sein Innerstes und das Innerste aller Menschen und Dinge hineinzusehen vermag.

Die Knochen als Samen des Lebens

Das Fleisch wurde im mythischen Kessel von seinen Knochen gelöst. Nur das Skelett bieb zurück. Das Urgestein in unserem Inneren. Um die Knochen wurde der neue Leib geformt. Die Knochen sind jener Teil des Körpers, der nach dem Tod am längsten erhalten bleibt. Für die Jägervölker stellten die Knochen den Samen des Lebens dar. Aus ihnen werden die Tiere neu geboren, und genauso werden aus den Knochen toter Schamanen neue Schamanen geboren. In Sibirien werfen die Tschuktschen die gesammelten Knochen der erlegten Seetiere ins Meer zurück, um die Seelen der Tiere zurückzuschicken. Die Giljaken hingegen legen die Knochen eines getöteten Bären in einem Ehrengebäude, einer Art Holzschrein im Wald, nieder, von wo aus der Bär zum Herrn des höchsten Berges läuft, der den Giljaken daraufhin neues Wild schickt.

Neugeburt aus Licht

Im Schamanismus besteht ein enger Zusammenhang zwischen Visionen von Licht, das Vermögen seinen eigenen Körper durchsichtig zu sehen und der Befähigung zum Hellsehen. Bei manchen schamanischen Einweihungsriten wird das Innere der Novizen mit leuchtenden Quarzkristallen ausgefüllt. In verschiedenen Mythen besteht zwischen dem Kristall und den Knochen eine enge Beziehung. Der Kristall ist zu Stein gewordenes Licht, wie die Knochen versteinertes Licht darstellen. Das Licht gilt als Symbol des Geistes. Dieses unwandelbare leuchtende Innerste ist die Grundlage für die Neugeburt.

Bei der Initiation australischer Ureinwohner verwandelt sich der Initiationsmeister, ein alter Schamane, zu einem Skelett – eine Gestalt, die nur für einen Schamanen wahrnehmbar ist. Er zeigt dadurch, dass er über die Fähigkeit verfügt, einem neuen Schamanen Leben zu geben. Er macht den Schüler zu einem Säugling und entführt ihn in die Lüfte. Dort öffnet er den Körper des Novizen und füllt ihn mit weißen Quarzkristallen. Dann schleudert er ihn in die Leere, wodurch er ihn tötet. Auf dem Rücken der Regenbogenschlange wird der Kandidat zum Schamanen verwandelt auf die Erde zurückgebracht. Wenn der Schüler erwacht, hat er das starke Gefühl von innerem Licht.

Die Verwandlung

Bei den sibirischen Schamanen der Burjaten und Sojoten, bei jenen der Sudanesen und der Eskimos stellt sich eine solche Erleuchtung manchmal ungewollt wie ein Blitz ein. Sie befähigt den Schamanen, sein eigenes Skelett zu sehen. Wenn er sein eigenes Skelett sieht, dann sind diese Knochen schon verwandelt wie bei den Kiwai Papua auf Neu Guinea. Bei diesem Stamm wird der angehende Schamane von dem Geist eines Verstorbenen (Óboro) getötet. Dieser nimmt dann sämtliche Knochen seines Opfers heraus und gibt ihm dafür Óboro-Knochen. Wenn das Opfer wieder zu sich kommt, dann ist er den Geistern gleich – er ist zum Schamanen geworden.

Das Leuchten im Körper

Bei den Eskimo-Schamanen (Angakoq) spielt die Erfahrung des inneren Lichtes als Schlüssel zur anderen Welt eine wesentliche Rolle. Es ist die Aufgabe des Novizen nach dieser Erleuchtung durch Einsamkeit und Askese zu suchen. Erst wenn er in der Lage ist, seinen Körper vollkommen mit Licht zu füllen, kann er von den Geistern gesehen werden und die Geister anziehen. Aua, ein Eskimo-Schamane vom Stamm der Iglulik, berichtet über sein Initiationserlebnis: »Ich konnte auf eine ganz neue Weise sehen und hören. Jeder Schamane muss ein Leuchten in seinem Körper fühlen, im Innern seines Kopfes oder in seinem Gehirn, etwas, das wie Feuer leuchtet, das ihm die Kraft gibt, mit geschlossenen Augen in die Dunkelheit, in die verborgenen Dinge oder in die Zukunft zu sehen oder auch in die Geheimnisse anderer Menschen. Ich fühlte, dass ich im Besitz dieser wunderbaren Fähigkeit war«.

Knochen besitzen im Schamanismus eine große Bedeutung: Haube, Armreifen sowie Gürtelschürze aus Menschenknochen dieses nepalesischen Schamanen des Tibtibe-Volkes sind einem buddhistischen Ritualgewand nachempfunden.

781

DAS LICHT DES LEBENS

Magische Steine

Einblicke in die wissenschaftlichen Bereiche der Geologie, speziell der Mineralogie, geben Schautafeln, die mit wenigen Demonstrationsobjekten und Zeichnungen die grundlegenden Unterschiede von Mineralien erklären. So stellen die gezeichneten Formen die physikalischen und chemischen Eigenschaften der Steine dar; die Abbildungen verdeutlichen die Klassen des Mineralreichs selbst. (Kolorierte Lithographie aus T. Bromme, »Systematischer Atlas der Naturgeschichte«, Stuttgart, 1861)

Das Wissen um die Heilkraft von Edelsteinen und Kristallen war in vielen Hochkulturen verbreitet und wurde vor allem bei Ritualen und Zeremonien, z. B. durch Auflegen auf den Körper oder indem man mit ihnen Muster auf der Erde bildete, eingesetzt.

Über den Kontakt mit Mineralien erhoffte man sich einen spirituellen Zugang zu den positiven feinstofflichen Energien von Himmel und Erde. Edel- und Halb-Edelsteine sollen ihren Trägern noch heute Glück und Erfolg vermitteln und bei den unterschiedlichsten Beschwerden psychischer und physischer Natur erstaunlich wirksam sein. Die »Stein-Heilkunde« empfiehlt zudem den gezielten Aufenthalt auf Felsen, Bergen und an Meeresküsten, denn dort sollen positive Energien von Mineralien besonders wirksam und frei in ihrer Entfaltung sein.

MAGISCHE STEINE

Steinerne Zeugen

Um sich von solchen Energien zu überzeugen, sollte man die Steine vor Ort erleben. Experten weisen darauf hin, dass man verschiedene Felsen, Klüfte, Vorsprünge oder Platten bei Annäherung oder Berührung eindeutig an unterschiedlichen Körperstellen, z. B. durch ein Kribbeln oder einen heißen Strom, spüren kann. Diese Art von »Gesteinswahrnehmung« dient nicht nur der Gesundheit, sondern vor allem auch dem intuitiven Zugang zur natürlichen Welt.

Das für unsere Begriffe unglaubliche Alter von Felsen – z. B. das der imposanten Externsteine aus der Unterkreidezeit (vor ca. 140 Millionen Jahren) im Teutoburger Wald – vermag eine andere Sicht auf die eigene Position zu vermitteln. Wer sich in der Betrachtung eines dieser riesigen Steine meditativ versenkt oder auf ihm sitzt und seine Energie erspürt, kann eine distanzierte, ruhige und wertfreie Beobachtung des irdischen Geschehens erleben. Über die gleichen Steine sind vielleicht einst mächtige Dinosaurier geschritten, darauf haben unsere Vorfahren gelebt, geliebt und um ihr Leben gekämpft. Nicht von ungefähr spricht man von steinernen Zeugen der Vergangenheit.

Der Einfluss des Bodens

Steinkundige Menschen betonen, dass nicht nur diese Naturfelsen, sondern generell jede Art von Gestein in seiner energetischen Ausstrahlung eine Wirkung auf den Menschen hat.

So auch die Flächen aus Stein, auf denen wir wohnen und arbeiten. Nach Ansicht Heilkundiger manifestiert sich der Einfluss einer Bodenbeschaffenheit nicht nur am Einzelnen, sondern auch in den Charaktereigenschaften ganzer Bevölkerungsgruppen, die über Generationen geschlossen in dieser Landschaft lebten. Derartige Erkenntnisse bedeuten für Naturheiler, dass sie neben vielen anderen Lebensumständen eines Menschen bei Beschwerden auch die Beschaffenheit des Bodens in Betracht ziehen müssen, auf dem der Kranke lebt.

Steinkunde als alte Tradition

Seit jeher wurden Edelsteine und Kristalle nicht nur als Schmuck, sondern auch zum Heilen für Seele, Körper und Geist angewandt. Hinweise darauf gibt es in alchemistischen Texten des alten Ägypten ebenso wie in den mittelalterlichen Aufzeichnungen der Mystikerin und Naturkundigen Hildegard von Bingen (1098–1147). Trotz dieser langen Tradition gilt die moderne Steinheilkunde als junge Disziplin, die sich nach jahrhundertelanger Vergessenheit erst wieder im 20. Jahrhundert aus der Anthroposophie – der Weltanschauungslehre gegen die Mechanisierung des Lebens des österreichischen Naturwissenschaftlers und Philosophen Rudolf Steiner (1861–1925) – entwickelt hat. Die Kenntnis von der Magie der Steine könnte dazu beitragen, sich wieder heimisch im Universum zu fühlen, wieder den Kreis des Lebendigen zu spüren und wieder in Einklang mit der Natur zu leben, so wie es unsere Vorfahren taten.

Rosenquarz, Milchquarz, Tigerauge, Blutstein – die Kraftperlenbänder haben verschiedene Wirkungen.

Glück durch Armbänder

Aus den Mala-Gebetsketten der Tibeter entwickelten sich für die westliche Welt »Kraftperlenarmbänder« aus Halbedelsteinen. Das Mala mit 21 Perlen für das Handgelenk soll Glück, Trost und Erfolg für alle bringen, die fest an seine Wirkung glauben. Frauen suchen dabei meist nach Liebe und Harmonie. Sie tragen gerne Malas aus Rosenquarz, Jade und Hämatit. Männer wählen für Erfolg, Geld und Energie Perlmutt, Aventurin oder den schwarzen Onyx. Besonders beliebt ist es, drei oder mehr Armbänder gleichzeitig zu tragen und die Wirkung der Steine aufeinander abzustimmen. Seit Edel- und Halbedelsteine als heilende Talismane in Mode gekommen sind, werden jedoch auch viele Fälschungen auf den Markt gebracht, die nicht immer von echten Steinen zu unterscheiden sind.

In Nepal verkaufen hinduistische Wandermönche Malas – jene Kraftperlenbänder, die man sich im Westen auch als Freundschaftsbänder schenkt und trägt. Für den gläubigen Hindu strömen durch die Malas heilende Energien.

DAS LICHT DES LEBENS

Steine und ihre Wirkungen

Die Steinheilkunde ist eine interessante Wissenschaft, die neben der Schulmedizin ergänzend zur Heilung von physischen und psychischen Beschwerden herangezogen werden kann. Während man die positive Wirkung von Gesteinen in Forscherkreisen auf Kristallaufbau, Mineralklasse und chemische Zusammensetzung zurückführt, spricht man in spirituellen Zirkeln gerne von Ausstrahlung und heilender Energie und setzt sie auch in der Astrologie zur Linderung oder Betonung von Sternzeichen-Charakteristika ein. Ein Beispiel: Man sagt dem Löwen Herrschsucht nach. Das Tigerauge hilft ihm, sich zu mäßigen und seine Fehler zu erkennen. Tatsache ist, dass die heilende Wirkung von Steinen weniger mystisch, als vielmehr logisch erklärbar ist. Nach ihrer Beschaffenheit und ihren unterschiedlichen Wirkungen teilt man Minerale in acht Klassen ein. So vermitteln beispielsweise die »natürlichen Elemente« ein positives Selbstwertgefühl, »Carbonate« helfen bei stressbedingten Beschwerden, die fiebersenkenden »Silikate« stärken das Immunsystem und »Sulfate« machen ruhig und verhelfen zu gesundem Schlaf. Von Heilkundigen werden die Mineralklassen weiter nach ihren chemischen Elementen differenziert, wodurch eine noch spezifischere Wirkung der Steine ermittelt werden kann. Beachtet wird zudem die Struktur der Mineralien, da

Interdisziplinär arbeiten lässt sich im Bereich der Astrologie, wenn man die im Geburtshoroskop angelegten positiven Eigenschaften des Horoskopbesitzers durch Mineralien stärkt. Ebenso lassen sich nicht so günstige Veranlagungen mit Hilfe der richtigen Edelsteine abschwächen oder ganz verdrängen.

MAGISCHE STEINE

auch hieraus – sanfte Strukturen für die sanfte Anwendung und raue Strukturen für die aggressive Ausstrahlung – oft entscheidende Hinweise zur Heilung oder Linderung von Beschwerden entstehen.

Bergkristall
Für alle Tierkreiszeichen
Bergkristall erzeugt auf natürliche Weise ein ausgeglichenes, stabiles Energiefeld, indem es seine verfügbaren Kräfte im Sinne des Trägers umwandelt. Er gibt dem Menschen ein gutes Gefühl und die Kraft, sich allen Herausforderungen zu stellen. Der Stein stärkt das Erinnerungsvermögen und fördert kreative Gedanken. Gesundheitlich setzt man Bergkristall durch Auflegen bei tauben oder geschwollenen Körperstellen ein. Es aktiviert auch die Drüsentätigkeit und stärkt die Nerven. Selbst bei Übelkeit greift dieser Mineralstoff lindernd ein.

Der Bergkristall zählt zu den ältesten Edelsteinen der Welt. Lange Zeit hielt man ihn für versteinertes Eis (griechisch: krystallos) und hatte ob dieser mystischen Verwandlung große Ehrfurcht vor ihm.

Meteorit
Für alle Tierkreiszeichen
Meteoritensplitter sind seltener als Diamanten und zeichnen den Besitzer – man kann sie in auf außergewöhnliche Steine spezialisierten Geschäften kaufen – schon durch seine Einmaligkeit aus. Als Bote aus fernen Galaxien stammt er von Kometenkernen, aus dem Asteroidengürtel, vom Mars oder vom Mond. Er ist ein Geschenk an die Erdbewohner, eine Gabe aus einer anderen Welt mit ganz besonderen Heileigenschaften. Gesundheitlich sorgt er, z. B. durch Auflegen auf den Körper, für ein optimales Gleichgewicht zwischen allen Organen; psychisch schenkt er inneren Frieden und ein Gefühl von Harmonie.

Rosenquarz
Tierkreiszeichen Stier und Waage
Rosenquarz strahlt eine beruhigende, liebevolle Energie aus. Er betont mit sanfter Kraft die Eigenliebe, aber auch die Zuneigung und das Verständnis für andere. Der Stein macht sensibel und sorgt dafür, dass

Vorbeiziehende Kometen am Himmel sind ein Spektakel, das die Menschheit einst als Kommunikation der Götter mit den Irdischen deutete. Die meteorartigen Schweifsterne konnten sowohl Unheil als auch Zuspruch von oben bedeuten. Wenn sich Kometen auflösen, regnen sie als Meteoritenschauer auf die Erde herab. Direkt aus dem All gelten Meteoritensplitter als Präziosen unter Steinheilkundigen.

DAS LICHT DES LEBENS

Auch wenn man in der Steinheilkunde analytisch die richtigen Mineralien für die angesprochenen seelischen und körperlichen Probleme des Klienten wählen kann – der beste Weg zum richtigen Stein ist meist die Intuition. Wer »seinen« Heilstein unter vielen finden will, z.B. den Rosenquarz für eine liebevolle Grundstimmung, lässt seine Hand von seinem Unterbewusstsein führen.

sein Träger für Signale aus seiner Umgebung empfänglich wird. Dank des Rosenquarzes gehen wir achtsamer mit unseren Mitmenschen um. Er spendet zudem Trost bei Liebeskummer und lindert diesen Schmerz. Körperlich regt der Mineralstoff die Gewebsdurchblutung an und stärkt das Herz.

Hämatit
Tierkreiszeichen Widder und Wassermann
Der Hämatit – auch als Blutstein bekannt – ist hilfreich beim Sortieren von Gedanken. Er frischt Erinnerungen auf und fördert die Kreativität. Negative Gedanken verwandelt er in Zärtlichkeit. Schon in der Antike galt er als Glücksstein, der drohendes Unheil abwendet. Er entspannt und schenkt Freude und Optimismus. Vorsicht: bei Entzündungen in keinem Fall einen Hämatit auflegen, weil seine aktivierende Ausstrahlung diese anregt.

Amethyst
Tierkreiszeichen Fische, Jungfrau, Wassermann und Steinbock
Der Amethyst ist ein Stein der Spiritualität und der Zufriedenheit. Schon allein sein Name, abgeleitet vom griechischen »a-methystos«, »unberauscht«, weist auf seine klärende Wirkung in allen Lebenslagen hin. Der Kristallquarz verbindet Intellekt mit Gefühl und steigert die Konzentrationsfähigkeit. Auch hilft er bei Traum- und

Steine derselben Art, hier der Amethyst, weisen verschiedene Farben und Formen auf. Das hängt von ihrer mineralischen Zusammensetzung und von ihrer Behandlung nach der Bergung ab. Wurden sie geglättet oder blieben sie roh?

Trauerbewältigung. Gesundheitlich setzt man ihn am Besten bei Verspannungen und Nervenleiden, aber auch bei Erkrankungen der Atemwege ein.

Aventurin
Tierkreiszeichen Widder
Der Aventurin verstärkt Entscheidungsfreude und Führungsqualitäten, fördert den Instinkt und bringt intellektuelle, emotionale und physische Fähigkeiten miteinander ins Gleichgewicht.
Auch hilft er, mit Ängsten umzugehen, indem er das Selbstvertrauen seines Trägers stärkt. Auf dem Weg zum Erfolg fördert der Aventurin Ausdauer und Kreativität.
Mit ihm gelangt man oft zu unkonventionellen Lösungen. Gesundheitlich setzt man ihn am Besten gegen einen hohen Cholesterinspiegel und zur Anregung des Fettstoffwechsels ein. So beugt man Herzinfarkten vor.

Jade
Tierkreiszeichen Widder, Zwillinge, Stier und Waage
Jade hilft uns als »Traumstein« oder »Stein der Treue« Talente zu verwirklichen und Ziele leichter zu erreichen. Schon im alten Ägypten galt er als Symbol der Liebe, des inneren Friedens und der Harmonie. Seine beruhigende Wirkung auf Körper und Geist war auch in China bekannt. Dort trug man Jaderinge, um gelassen und ruhig zu sein. Jade stärkt die Konzentrationsfähigkeit und löst Verkrampfungen und innere Blockaden auf. Auch gegen Albträume hat sich der Stein bewährt. Gesundheitlich setzt man ihn oft bei Nierenbeschwerden ein.

Sodalith
Tierkreiszeichen Schütze
Das Mineral unterstützt die Fähigkeit, durch rationale Denkprozesse zu logischen Schlüssen zu gelangen. Es hilft, Verwirrungen auszuschalten sowie den Intellekt zu stimulieren. Künstlerische Arbeiten gelingen mit einem Sodalith-Schmuckstück am Körper wie von selbst, da der Stein als Ideengeber unübertrefflich ist. Er schenkt Vertrauen in die eigenen Fähigkeiten. Neid und Missgunst von anderen berühren sei-

In die Steinheilkunde fließt immer auch das Heilen durch Farben ein. Blau kühlt und beruhigt, fördert Entspannung und Offenheit. Körperlich steht die Farbe für den Halsbereich, weswegen der Sodalith Heiserkeit und Probleme mit dem Kehlkopf oder den Stimmbändern vorbeugen bzw. lindern kann.

MAGISCHE STEINE

nen Träger nicht. Körperlich aktiviert der Stein vor allem die Halsregion: Kehlkopf, Stimmbänder – als Kette ein ideales Mittel zur Vorbeugung von Heiserkeit.

Tigerauge
Tierkreiszeichen Steinbock
Das Tigerauge schwingt angeblich mit den Frequenzen der Erde und schafft Stabilität durch seine dynamische Schönheit. Es

Das Tigerauge schärft den Blick fürs Wesentliche. Seinen Namen erhielt der Stein, weil er mit dem richtigen Schliff den Schimmer einer ockerfarbenen bis bräunlichen Iris erhält. Schon in der Antike trug man das Tigerauge als Schutz vor bösen Geistern. Der Stein gibt Mut und Kraft.

überträgt ein Gefühl des Friedens und hilft bei der Suche nach Klarheit. Fehler werden oft mit einem Tigerauge erkannt. Die Träger dieses Steins sind ausgeglichen und selbstsicher und werden dadurch nicht selten vor Ärger bewahrt. Der Quarz hemmt bei nervlichen Beschwerden den Energiefluss und regt zur Ruhe an.

Sieben Typen bei Steinen und Menschen
Neben den individuellen Merkmalen existieren unter den heilenden Steinen sieben Kristallsysteme, denen jeweils eine bestimmte Haltung zur Welt und zum Leben zugeordnet wird. So ist der »kubische Lebensstil« durch hohe Regelmäßigkeit, durch Zuverlässigkeit und Logik gekennzeichnet, während die

Qualitäten des »trigonalen Lebensstiles« die Einfachheit, der Sinn fürs Praktische und der nüchterne Realismus sind. Jeder der sieben möglichen Kristallstrukturen gibt den durch sie geprägten Mineralien ein Grundmuster mit, anhand dessen in der Diagnostik der Steinheilkunde schon eine grobe Vorauswahl für die Eignung zu Heilung getroffen werden kann.
(In Anlehnung an Michael Gienger, den Begründer der Analytischen Steinheilkunde. Er setzt sich seit Jahren für die Förderung der Steinheilkunde ein.)

Jade: Der Name kommt aus dem Spanischen, »piedra de ijada« (Lendenstein). Das grünlich schimmernde Silikat war im präkolumbianischen Amerika als Heilmittel gegen Nierenleiden bekannt. Doch nicht nur Heilkräfte wurden ihm zugesprochen. Bei den Maya galt Jade als der Bewahrer von Liebe und Freundschaft, in China verehrte man den Halbedelstein als Symbol der fünf Tugenden Gerechtigkeit, Bescheidenheit, Barmherzigkeit, Mut und Weisheit. Durchaus positiv besetzt, verwendete man Jade schon früh als Handwerksmaterial. Man fertige daraus Schmuckstücke, Totenmasken und Götterstatuen an.

DAS LICHT DES LEBENS

Die Aura und der Kirlianeffekt

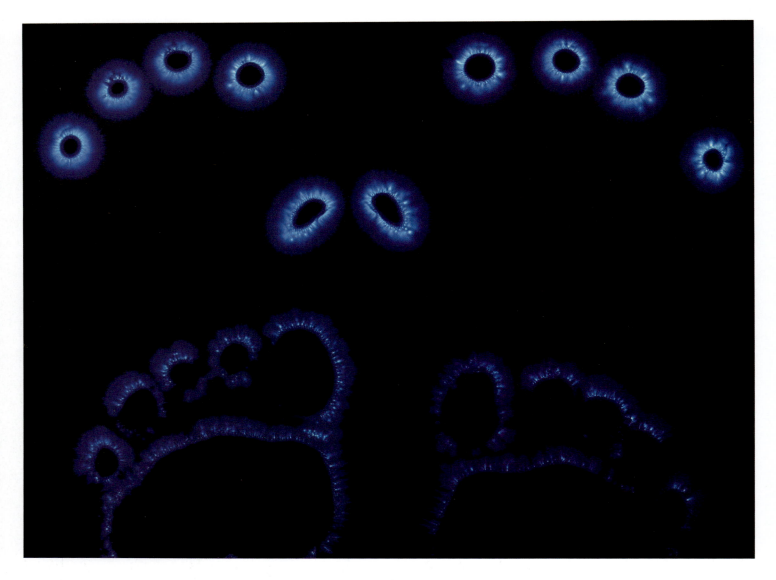

Viele esoterisch orientierte Menschen sind davon überzeugt, dass man durch ein spezielles fotografisches Verfahren, die Kirlian-Fotografie, die Aura von Lebewesen und Dingen, hier ein Foto von Fingerspitzen und Zehen, sichtbar machen kann. Dabei sagte die Farbe des ätherischen Lichtkranzes vieles über die jeweilige Person aus. Rot beispielsweise steht für Emotionsgeladenheit und Leidenschaft, Blau weist auf Religiösität und Nächstenliebe hin.

Nach den Vorstellungen der Naturvölker werden der menschliche Körper und der Kosmos von einer geheimnisvollen Lebensenergie durchströmt. Diese Energie hat viele Namen, wurde in den letzten Jahrzehnten aber vor allem unter dem chinesischen Begriff Qi bekannt. In vielen Forschungsinstituten werden die Wirkungen dieser Lebensenergie seit den 1970er Jahren wissenschaftlich erforscht.

Das Leuchten des Energiefeldes

Paranormal Begabte behaupten, das Energiefeld eines Menschen als farbige Lichterscheinung wahrnehmen zu können. Man spricht in diesem Zusammenhang von der Aura. Gibt es diese Aura tatsächlich oder handelt es sich bei ihr nur um Einbildung? Okkultisten beteuern, sie würde jeden Menschen wie ein Lichtei umgeben. Es handele sich dabei um eine »feinstoffliche« Ausstrahlung des menschlichen Körpers. Viele sind davon überzeugt, dass auch Tiere von diesem leuchtenden Energiefeld umgeben sind. Bei außergewöhnlichen Menschen, etwa bei spirituell Fortgeschrittenen und bei Heiligen soll die Aura von besonderer Leuchtkraft und Intensität sein.

Ihre Farben lassen angeblich Rückschlüsse auf Charakter, Krankheiten oder das Schicksal von Personen – von sich selbst oder anderen – zu. Intensiv haben sich vor allem die Theosophie und die Anthroposophie mit dem Konzept der Aura auseinander gesetzt. In der Anthroposophie werden bei ihr fünf Schichten unterschieden. Interessant ist die Beobachtung, dass Kinder häufig in der Lage sind, Auren wahrzunehmen, mit zunehmendem Alter aber diese besondere Gabe verlieren. Das nimmt man an, weil Kinder bei Versuchen vergleichsweise häufig von Aura-Wahrnehmungen berichteten.

Die Aurabrille

Der englische Arzt Walter J. Kilner (1847–1920) erfand eine Vorrichtung, mit der die menschliche Aura sichtbar werden sollte. Es handelt sich um einen Filter, der nur exakt blaues Licht hindurchlässt.

Blickt man lange durch die dunklen Scheiben, kann man eine schwache Aura um eine Person registrieren. Bei der Wahrnehmung schwacher Lichtschimmer um Gegenstände handelt es sich allerdings nicht um die Aura selbst, sondern nur um eine optische Täuschung, die durch die Filtergläser hervorgerufen wird.

Reinigen der Aura

Bei Naturvölkern wird die Lebensenergie als eine Art energetisches Feld um den Menschen aufgefasst. Bei den Heilhandlungen der Shipibo, einem Indiovolk im peruanischen Amazonas-Tiefland, reinigt der Schamane mit bestimmten Kräuterbündeln das »Aura-Feld« des Patienten. Im Rauschzustand sieht er geometrische Muster, die den Körper des Patienten durchziehen. Durch das Reinigen der Aura bringt er die Muster wieder in Ordnung und harmonisiert auf diese Weise die Lebensenergie seines Gegenübers. Kleidung, Keramiken und Gesichtsbemalung der Shipibo zeigen übrigens diese »spirituelle Anatomie« des Körpers in Form von Energiemustern.

Die Shipibo-Indianer aus Peru sind der festen Überzeugung, dass energetische Muster den Körper durchziehen. Diese können auch durcheinandergeraten und müssen dann von einem Schamanen wieder zurecht gerückt werden. Das Muster im Gesicht dieser jungen Frau zeigt solche Energiebahnen an. Der Schamane der Shipibo, Guillermo Arévalo, ist übrigens ein international anerkannter Meisterschamane.

DAS LICHT DES LEBENS

Die Chakren

Durch eine bestimmte indische Versenkungsübung, dem so genannten Pranayama, sollen auch die radförmig kreisenden Energiezentren des Menschen (Chakren), die entlang der Wirbelsäule angeordnet sind, als farbige Lichtwolken zu sehen sein. Es gibt allerdings nur wenige Hinweise darauf, dass es sich um ein objektives und nicht bloß eingebildetes Phänomen handelt. Nur vereinzelt gibt es Berichte von Polaroid-Aufnahmen indischer Yogis, auf denen nebelartige schwache Lichterscheinungen erkennbar sind. Beweiskraft haben solche Aufnahmen aber nicht.

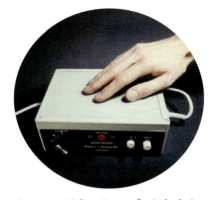

Geräte zur Kirlian-Fotografie sind relativ klein. Man legt seine Hände oder Füße auf eine unter hochfrequenter Spannung stehende Metallplatte. Die Luft wird so ionisiert – ein Strahlenkranzbild des Fotoobjekts entsteht.

Kirlians Strahlenbilder

Der russische Elektronik-Ingenieur Semjon Davidowitsch Kirlian aus Krasnodar entwickelte in den Jahren 1939 bis 1958 ein fotografisches Verfahren unter dem Einfluss hochfrequenter Ströme, die Kirlian-Fotografie. Setzt man eine Metallplatte unter hochfrequente Spannung, entsteht zwischen Platte und einem sich in unmittelbarer Nähe befindlichen Objekt ein elektrisches Feld. Bei Erreichen einer bestimmten Feldstärke, wird die sich dazwischen befindliche Luft ionisiert. Dadurch bilden sich Entladungskanäle aus kleinen Blitzen, die man

Der New Yorker Sensitive Ingo Swann ist seit den 1970er Jahren, als er an den ersten »Remote-Viewing«-Versuchen in den USA teilgenommen hatte, nicht nur für seine Talente hinsichtlich der »Fernwahrnehmung« bekannt – er hat sich auch als Künstler, der paranormale Phänomene thematisiert, einen Namen gemacht. In seinem bekannten Ölgemälde »Die Aura« stellt er dar, wie man sich den Lichtkranz um einen Menschen vorstellen soll.

AURA

Die Kirlian-Fotografie eines Blattes zeigt auch ein ästhetisch eindrucksvolles Bild. Umstritten ist allerdings der so genannte Phantomblatt-Effekt, der in einem südamerikanischen Labor geglückt sein soll: Obwohl das Blatt nicht vollständig war, soll die Kirlian-Aufnahme das vollständige Strahlenbild des Blattes gezeigt haben – für Auragläubige der Beweis, dass die Kirlian-Fotografie den ätherischen Nebel, der den Menschen umgibt, sichtbar macht.

Korona-Entladung nennt. Ihre Lichterscheinung wird auf Fotomaterialien als Strahlenkranz wiedergegeben. Auf einem Kirlian-Bild erscheinen also nicht die fotografierten Objekte, sondern das Strahlenbild ihrer Konturen.

Ein physikalisches Phänomen

Obwohl es sich dabei um einen physikalisch vollkommen normalen Vorgang handelt, sind Okkultisten der Meinung, durch die Kirlian-Fotografie ließe sich die Aura sichtbar machen. Beliebt sind vor allem Bilder von Fingerkuppen. Die Strahlenbilder erscheinen immer unterschiedlich in ihrer Dichte und Färbung. Man vermutet, dass diese Unterschiede auf energetische Zustände des Körpers zurückzuführen sind. Mit der Aura haben die Kirlian-Fotos jedoch nichts zu tun. Strahlenbilder kann man von allen elektrisch leitenden Objekten erhalten.

Das Phantomblatt

Aufsehen erregte ein Phänomen, das in einem südamerikanischen Labor geglückt sein soll. Auf einer Kirlian-Aufnahme war das Strahlenbild eines vollständigen Blattes zu sehen, obwohl zuvor eine Ecke davon abgeschnitten worden war. Mit anderen Worten heißt das, dass die Entfernung eines Blattstückes nicht zu einem verstümmelten Aura-Foto führt. Dieser so genannte Phantomblatt-Effekt wurde als Beweis für die These gewertet, dass die Kirlian-Fotografie Bilder der Aura zeigt. Auch wenn ein Teil des physischen Körpers fehlt, bleibe der mystische Farbenkranz immer eine Ganzheit. Skeptiker merken an, dass es sich hierbei um esoterisches Wunschdenken handeln muss. Ihre Argumentation: Ein Blatt ist nur Teil eines Astes und dieser ist nur Part eines Baumes. Warum also erscheint nicht auf jedem Bild der gesamte Organismus?

Diagnose mit Kirlian-Fotos

Kirlian-Bilder von Fingerkuppen und Zehen werden vor allem in der unorthodoxen medizinischen Diagnostik, z. B. bei Heilern im Westen, eingesetzt. Von Anhängern dieser Methode wird behauptet, dass man körperliche und seelische Zustände im Strahlenbild erkennen kann. Das ist zwar durchaus möglich, aber die Bilder hängen von zahlreichen, schwer kontrollierbaren, Faktoren ab, die man konstant halten müsste, um sie wirklich zu einem Vergleich oder zu einer Diagnose heranziehen zu können: Neigungswinkel der aufgebrachten Fingerkuppen, Anpressdruck, Luftdruck, Luftfeuchtigkeit, Umgebungstemperatur, Beschaffenheit der Haut, Transpiration usw. Die Farbe des Strahlungsbildes hängt darüber hinaus auch noch von dem verwendeten Fotopapier ab.

DAS LICHT DES LEBENS

Heilendes Licht

»Es werde Licht« – der kolorierte Holzstich von Gustave Dore (1832–1883) veranschaulicht das göttliche Wunder, von dem im ersten Buch Mose, der Genesis, zu lesen ist: »Gott sprach: Es werde Licht. Und es wurde Licht. Gott sah, dass das Licht gut war.« (1,3 f) Er schenkte den Menschen Tage und Nächte, wies den Augen den Weg aus der Dunkelheit und machte mit der Sonne eine Quelle der Wärme und des Heiles an.

HEILENDES LICHT

Die biblische Geschichte über den Anfang der Welt beginnt mit dem Satz: Es werde Licht! Licht macht die Formen sichtbar, ohne Licht wäre ein sehendes Auge blind. Licht ist die Grundlage des Lebens auf diesem Planeten – schon unsere Vorfahren verehrten es.

Strahlende Zellkörper

Der Physiker Professor Dr. Fritz-Albert Popp, Leiter des Technologiezentrums Siegelsbach bei Karlsruhe, fand heraus, dass Zellen von Lebewesen geringe Mengen Licht ausstrahlen. Dieses Licht, von ihm Biophotonen genannt (Photonen sind die kleinsten Energieteilchen elektromagnetischer Strahlung) ist der eigentliche Motor des gesamten Stoffwechsels, also des Absterbens und Erneuerns der Zellen. In jeder einzelnen Zelle laufen etwa 30.000 bis 100.000 chemische Reaktionen pro Sekunde ab. Im Körper eines Menschen sind das rund eine Trillion Stoffwechselprozesse pro Sekunde – eine unvorstellbare Zahl!

Das innere Licht

Die Schulmedizin nimmt an, dass diese Abläufe chemisch gesteuert sind. Popp setzt dagegen, dass allein Photonen – physikalische Einheiten – die nötige Schnelligkeit besitzen, um die erwünschten chemischen Reaktionen präzise auszulösen. Das »innere Licht« – die Biophotonen – hält das Leben erst in Gang. Tritt eine Störung in der Zelle auf, erhöht sich ihre Lichtabstrahlung, bis hin zum Zelltod, bei dem die sterbende Zelle ihre restliche Energie in einem letzten Aufflackern auf einmal abstrahlt, wie ein erlöschender Stern. Führt man den Zellen jedoch von außen Licht zu, regenerieren sie sich und fangen von selbst wieder an, Licht abzugeben.

Gleiche Wellenlängen

Auf der Basis von Popps Analysen ist die aus China stammende Akupunktur zu sehen. Sie teilt den Körper in Energiebahnen, so genannte Meridiane, ein. Jeder Meridian besteht aus vielen kleinen Energiepunkten und korrespondiert mit einem ganz bestimmten menschlichen Organ. Mit Nadeln wird bei der Akupunktur ein minimaler Bereich gesunder Haut durch einen winzigen Stich zerstört. Dadurch beginnen die benachbarten Zellen konzentriert Licht gleicher Wellenlänge auszustrahlen, um eine heilende Wirkung auf das kranke Organ zu erzielen, das über die Meridiane mit diesem Akupunkturpunkt verbunden ist. Auch die Akupressur, das händische massieren und drücken der Akupunkturpunkte, beruht auf dem Prinzip, durch eine

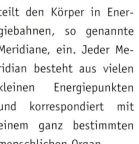

In der klassischen Akupunktur teilt man den Körper in zwölf Energiebahnen ein, entlang derer bestimmte Stellen mit Nadeln stimuliert werden können, um die Lebensenergie des Menschen zu aktivieren.

Farbenlehre

Johann Wolfgang von Goethe (1749–1832) war nicht nur ein genialer Dichter, sondern auch ein anerkannter Naturwissenschaftler. Er schuf mit seiner Farbenlehre ein Harmoniegesetz, das sowohl für Farben als auch für Töne galt. Er stellte darin fest, dass man nur die drei reinen Farben Rot, Gelb und Blau benötigt, um alle anderen daraus zu erzeugen. Sie gehen aus diesen Grundfarben durch Mischen hervor.

Schon Ärzte im alten Ägypten richteten in ihren Tempeln für ihre Patienten verschiedenfarbige Räume ein, in denen Kranke durch einen längeren Aufenthalt Genesung fanden. Menschen mit Durchblutungsstörungen oder chronischem Husten hielten sich in roten Zimmern auf. Rot ist die Farbe des Herzens und der Lunge, stimmt heiter und vertreibt Melancholie. Heute behandelt man viele Patienten mit so genannten Lichttherapien, wo bestimmte Farben bestimmte Wirkungen hervorrufen sollen. Gelb macht beispielsweise kreativ und mitteilsam, Grün weckt das Mitgefühl für andere und Braun vermittelt Geborgenheit

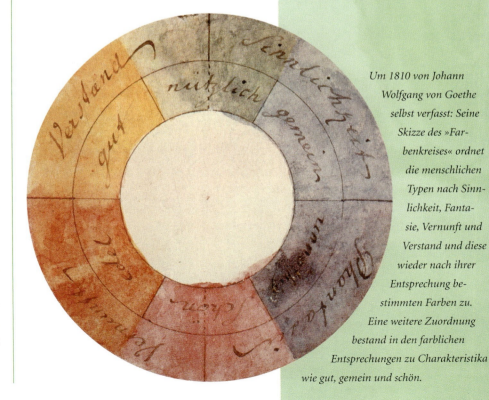

Um 1810 von Johann Wolfgang von Goethe selbst verfasst: Seine Skizze des »Farbenkreises« ordnet die menschlichen Typen nach Sinnlichkeit, Fantasie, Vernunft und Verstand und diese wieder nach ihrer Entsprechung bestimmten Farben zu. Eine weitere Zuordnung bestand in den farblichen Entsprechungen zu Charakteristika wie gut, gemein und schön.

DAS LICHT DES LEBENS

Vier Menschentypen

Der römische Arzt Galenus, Berater des Philosophenkaisers Mark Aurel, hatte eine Heilkunde herausgegeben, die weit über das Mittelalter hinaus Autorität haben sollte.

Galenus war, ebenso wie Hippokrates (460–370 v. Chr.), einer der bedeutendsten Mediziner der Antike. Er mischte die hippokratische Viersäftelehre, die den Menschen je nach Beschaffenheit seiner Körpersäfte in Pykniker, Sanguiniker, Phlegmatiker und Choleriker einteilt, mit einer eigenen Pneumalehre. In ihr teilte er den genannten Typen nach umfangreichen Krankheitsbeobachtungen Farben zu: Der schwerblütige, melancholische Mensch, der als hilfsbereit, aber sehr empfindlich gilt, wurde von Galenus mit der Farbe Blau ausgezeichnet. Der cholerische Typ mit seiner Begeisterungsfähigkeit und für gewöhnlich auch Streitlust wird auch heute noch am besten mit der Farbe Rot charakterisiert. Der Sanguiniker ist heiter gestimmt und wird von Gelb, der Farbe der Sonne, am meisten profitieren. Der Phlegmatiker schließlich gilt als Verstandesmensch, der vor allem den materiellen Erfolg im Leben zu schätzen weiß: Ihm ist das Grün zugeordnet, das symbolisch Abnehmen von Licht und Wärme signalisiert.

begrenzte Zellzerstörung (starker Druck) gezielt eine erhöhte Lichtemission bei den Nachbarzellen hervorzurufen, um einen bestimmten Meridian positiv zu stimulieren.

Harmonie der Gedanken

Der Heilpraktiker und Leiter des Instituts für wissenschaftlich-energetische Fotografie und Diagnostik in Bruchsal, Peter Mandel (*1941), löst mit der von ihm entwickelten »Farbpunktur« – eine Akupunktur mit farbigem Licht auf bestimmten Stellen des menschlichen Körpers – Blockaden seiner Patienten auf und führt sie so in Zustände von Ruhe und Gelöstheit, die unabdingbare Voraussetzungen für jeden Heilungsprozess sind. »Weil Farben direkten Einfluss auf unsere informativen Energien nehmen«, sagt Peter Mandel, »stellt sich die Farbpunktur als faszinierende Therapieform dar, um auf die zentralen Lebensprozesse einzuwirken.«

Mit Hilfe der Farbpunktur können Gemüter entsprechend aufgehellt oder gedämpft werden. Ein Übermaß an Traurigkeit kann zum Beispiel durch die Behandlung mit rotem Licht in heitere Gelassenheit verwandelt werden.

Das Wesen des Lichts

Licht ist Energie, Licht transportiert Informationen, ein Mangel an Licht führt zu seelischen und körperlichen Defekten. Sonnenlicht kann Krebs auslösen, aber – richtig angewendet – auch heilen. Wenn Wissenschaftler auch das Wesen des Lichts noch nicht verstanden haben, über seine Wirkungen wissen sie schon viel.

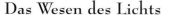

Mark Aurel (121–180) war Römischer Kaiser von seinem 40. Lebensjahr bis zu seinem Tod. Als Philosoph gab er mit seinen »Selbstbetrachtungen« ebensoviele Impulse für die zeitgenössische Weltanschauung, wie sein Leibarzt Galenus mit dessen Beobachtungen für die Medizin.

Licht des Lebens

Mystiker sind überzeugt davon, dass jeder Organismus (Menschen, Tiere, Pflanzen) von einem gewöhnlich unsichtbaren Energiekörper umgeben ist. Verletzungen der Seele manifestieren sich nach dieser Theorie erst im feinstofflichen Bereich, bevor sie die Organe erreichen. Bestätigen die Forschungen der Biophysik die alten Lehren? Nach Meinung von Fritz-Albert Popp ist das von ihm entdeckte

794

HEILENDES LICHT

Biophotonenfeld dem materiellen Körper übergeordnet, und die Wirkung aller Mittel, mit denen der Organismus – zum Guten oder Schlechten – beeinflusst wird, geht von diesem Energiekörper aus. Dies gilt für Medikamente wie für sämtliche Substanzen in Nahrung und Umwelt, die auch in geringsten Mengen noch Wirkung auf den Menschen ausüben. In Versuchen wies Popp nach, dass zum Beispiel Eier von Hühnern aus freier Zucht ein weitaus größeres Biophotonenfeld aufweisen, als Eier von Tieren aus Legebatterien, deren »Ausstrahlung« kaum festzustellen sei. Produkte von Tieren in unserer Nahrung übermitteln also auch Informationen über die Befindlichkeit dieser Wesen.

Haben die Mystiker Recht, wenn sie davon sprechen, dass wir die Todesangst des Tieres vor dem Schlachten mit dem Verzehr seines Fleisches in uns aufnehmen?

Claudius Galenus, der römische Arzt griechischer Herkunft, wurde vermutlich 129 in Pergamon geboren und starb 199 in Rom. Er galt neben Hippokrates als der bedeutendste Mediziner der Antike. Seine Arbeit kennzeichnet die Forderung nach einer theoretischen Grundlage der Medizin. Der kolorierte Holzstich »Galenus als Lehrer der Anatomie zu Rom« von Otto Spamer stammt aus dem Jahr 1876.

795

DAS LICHT DES LEBENS

Wilhelm Reichs Urenergie

Die letzte Wirkungsstätte von Wilhelm Reich liegt in Rangeley, im amerikanischen Bundesstaat Maine. Auf Wunsch des umstrittenen Forschers wird sie als Museum weitergeführt. Reich war ein progressiver Denker. Seine Schriften wurden in den 1950er Jahren in Amerika öffentlich verbrannt, weil die Arzneimittelbehörde FDA Anklage gegen Reich wegen »betrügerischer Reklame« für die Heilwirkung seines Orgon-Akkumulators, eines Gerätes, das zur Heilung physischer und psychischer Krankheiten beitragen sollte, erhoben hatte.

Das Gericht gab der FDA Recht. Reich sah dieses Urteil als Absage an die freie Wissenschaft. Trotz des Vorgehens gegen seine Schriften hatte er weitergearbeitet und Akkumulatoren produziert. Letztlich kam der Forscher für seine Missachtung des Gerichts ins Gefängnis, in dem er 1957 an Herzversagen starb.

Der umstrittene österreichische Mediziner und Psychoanalytiker Wilhelm Reich (1897–1957), der u.a. durch die Aussage, menschliche Sexualität werde durch eine zu repressive Gesellschaft unterdrückt, von sich reden machte, postulierte in der letzten Phase seines Schaffens, nachdem er 1939 in die USA emigriert war, die Existenz einer kosmischen Urenergie, die er Orgon nannte.

Durch einen Differenzierungsprozess, so Reich, gingen aus ihr die mechanische Energie, die anorganische Masse und die lebende Materie hervor.

WILHELM REICH

Lebensenergie Orgon

Reichs Idee des Orgon fußt auf der schon den Naturvölkern bekannten Vorstellung einer universalen »Lebensenergie«, die den Kosmos und alle Lebewesen durchströmt. Sie baut aber vor allem auf die philosophischen Ansichten des französischen Mystikers Henri Bergson (1859–1941) und dessen Lehre von der schöpferischen Lebenskraft, dem »élan vital«, auf. Reich war der Auffassung, das Orgon sei ein biophysikalisches Fluidum, das sich in Feldern um und im Organismus zentriert. Seine Dynamik sei für das Verständnis des Universums, der Natur und der Seele wesentlich.

Basis seelischer Vorgänge

In den seelischen Vorgängen, die durch eine psychoanalytische Therapie angeregt werden können, will Reich biophysikalische Effekte des Orgon im Organismus erkannt haben. Diese körperlichen Erscheinungen, wie etwa Muskelspannungen oder Zwerchfellbewegungen, hielt sein Kollege Siegmund Freud (1856–1939) für Begleiterscheinungen der Psychoanalyse. Für Reich waren sie aber die Grundlage aller psychischen Veränderungen. Er kam auch zu dem Schluss, dass der ungehemmte Orgasmus durch Freisetzen aufgestauter Orgon-Energie für die körperliche und seelische Gesundheit von zentraler Bedeutung sei.

Verstiegene Thesen

Im Lauf der Zeit stattete Reich seine hypothetische Orgon-Energie mit immer fantastischeren Fähigkeiten aus. Sie erscheine in Form von pulsierenden Bläschen (Orgonen) und einem Mittelding zwischen totem und lebendem Zellgewebe (Bionen). In einem Experiment, das er die »primäre Biogenese« nannte, will er aus mit Bionen versetztem Wasser eine lebende Substanz entwickelt haben. Schließlich spekulierte er, Außerirdische würden mit ihren UFOs der irdischen Atmosphäre Orgon abziehen. Solche exzentrischen Behauptungen, die an Märchen und Legenden erinnern, haben Reich und seine Ideen letztlich in Misskredit gebracht.

Wirkung auf die Psychotherapie

Trotzdem waren Reichs grundsätzliche Einsichten über die Lebensenergie durchaus richtig. Beispielsweise, dass sie Bakterien und Krebszellen abtöten könne und etwa von Gesunden stärker als von Kranken abgestrahlt würde. Das findet heute Bestätigung durch die wissenschaftliche Erforschung der aus der chinesischen traditionellen Medizin stammenden, vergleichbaren Vorstellung der kosmischen Urenergie »Qi«. Nicht umsonst haben Wilhelm Reichs Arbeiten einen starken Einfluss auf die moderne Psychotherapie ausgeübt. Sie begründeten eine therapeutische Richtung, die stärker energetische körperliche Prozesse in die psychotherapeutische Arbeit mit einbezieht und beeinflussten den englischen Psychiater Ronald D. Laing (1927–1989), der in den 1960er Jahren die enthierarchisierte und medikamentenfreie Behandlung von Psychosepatienten forderte, den Begründer der »Bioenergetik«, Alexander Lowen (*1910), der Körpertherapie als Lösung für physische und psychische Spannungszustände sah, und Fritz Perls (1893–1970), den Begründer der »Gestalttherapie«, die davon ausgeht, dass nicht einzelne Empfindungen, sondern ganzheitliche Organisationsformen für das allgemeine psychische Wohlbefinden von Bedeutung sind.

Der Orgon-Akkumulator

In späteren Jahren konstruierte Wilhelm Reich so genannte Orgon-Akkumulatoren. Es handelt sich dabei um aus verschiedenen Holz- und Metallschichten aufgebaute Boxen, die Orgon sammeln und konzentrieren sollen. Laut Reich können sie für therapeutische Zwecke genutzt werden. Seine Orgontherapie beruht auf der Annahme, dass Leib und Seele bioenergetisch im »pulsierenden Lustsystem« (Blut und vegetatives Nervensystem) wurzeln. Auf diese gemeinsame Quelle körperlicher und psychischer Funktionen soll sie einwirken. Menschen, die in Orgon-Akkumulatoren sitzen, sollen durch Sammlung der Energie von Krankheiten geheilt werden.

So sahen Wilhelm Reichs Orgon-Akkumulatoren aus. Im Inneren war Platz für eine Person. Doch nicht nur sie konnte sich sitzend mit den gesundheitsfördernden Orgonen aufladen. Auch das energetische Anreichern von Substanzen in Fläschchen war möglich.

DAS LICHT DES LEBENS

Reichenbach und das Od

Der in Stuttgart geborene und in Leipzig verstorbene Chemiker und Naturforscher Carl Ludwig Freiherr von Reichenbach, entdeckte im Zuge seiner Arbeiten eine Lichterscheinung um Menschen und Kristalle. Dieses Phänomen nannte er Od. Das schlichte Wort hat keine tiefere Bedeutung, es sollte einfach helfen, eine mystische Angelegenheit zu entmystifizieren. Reichenbach, der ein Leben lang für seriöse Forschung in wissenschaftlichen Bereichen eintrat, geriet durch seine Theorie von den strahlenden Körpern Zeit seines Lebens immer wieder in Verruf.

Während eines Experiments, in dem der deutsche Chemiker und Naturphilosoph Carl Ludwig Freiherr von Reichenbach (1788–1869) die Heilwirkung von Steinen auf den Körper und die Psyche des Menschen testete, entdeckte er bei manchen Menschen eine eigentümliche Fähigkeit: Reichenbach hatte große Kristalle in vollkommen abgedunkelte Räume gestellt. Zu seiner Verblüffung gab es nun einige Menschen, die an den Ecken und Spitzen der Kristalle Lichterscheinungen sehen konnten. Außerdem waren sie in der Lage, Temperaturänderungen in der Nähe der Kristalle wahrzunehmen.

Die Sensitiven

In weiteren Versuchen stellte er bei diesen Versuchspersonen eine allgemein gesteigerte Empfindlichkeit hinsichtlich »Ausstrahlungen« anderer Menschen fest. Sie schienen deren Nähe instinktiv zu meiden, weil deren Ausstrahlungen gelegentlich sogar schmerzhaft erlebt wurden. Reichenbach nannte diese Menschen »Sensitive« – bis heute ein Begriff, mit dem paranormal begabte Personen bezeichnet werden.

Bei einem weiteren Experiment mit dem hochsensitiven Mädchen Angelika Sturmann im Mai 1844 konnte jenes genau die Stelle beschreiben, an der Reichenbach in einem großen, vollkommen abgedunkelten Raum einen Kristall positioniert hatte. Angelika sah den Körper des Kristalls glühen und über seiner Spitze ein handgroßes, pulsierendes, blaues Licht nach oben strömen. Drehte Reichenbach den Kristall um, nahm sie über dem stumpfen Ende eine Art gelbroten Rauch wahr. Diese Beobachtung bestätigte sich später durch Versuche mit anderen paranomal Begabten.

Eine neue Energieform

Der Versuchsleiter kam schließlich zu der Auffassung, dass alle Gegenstände mit Licht geladen sind. Besonders Kristalle und der menschliche Körper dienen als Speicher und Quelle dieses Lichts. Die Kraft, die Reichenbach auf diese Weise entdeckt zu haben meinte, beschrieb er in seinen »Odisch-magnetischen Briefen« (1852) als eine Form »zwischen Magnetismus, Elektrizität und Wärme«, ohne mit einem dieser Phänomene identisch zu sein. Deshalb bezeichnete er die alles durchdringende Lichtemanation mit dem Wort »Od«. Er betrachtete die Odkraft als eine Art Lebensenergie und sah sie in Zusammenhang mit dem »animalischen Magnetismus«, den der deutsche Arzt Franz Anton Mesmer (1734–1815) als eine im menschlichen Körper strömende Kraft, die für die Aufrechterhaltung körperlicher und seelischer Gesundheit entscheidend sei, entdeckt haben will. Während der Magnetismus von Mesmer gleichsam die physikalische Seite dieser Kraft darstellte, wollte Reichenbach das Od als die medizinische Seite dieser Lebenskraft, die alle Fehlfunktionen regulieren kann, verstanden wissen.

Die odische Lohe

Einige Sensitive gaben an, starke Strahlungen wie Flammen von Menschen ausgehen zu sehen. Reichenbach nannte diese Konzentration an geheimnisvoller Kraft »odische Lohe« und machte sie für viele paranormale Phänomene, beispielsweise für das damals populäre Tischrücken, verantwortlich. Obwohl die englische Society for Psychical Research (Gesellschaft für psychische Forschung) im Jahr 1882 und der Naturforscher Gustav Theodor Fechner (1801–1887) keinen solchen Zusammenhang erkennen konnten, scheinen die Sensitiven in dem vom Menschen ausströmenden Od, das Reichenbach auch »Biod« genannt hatte, auf ein real existierendes Phänomen gestoßen zu sein.

Reichenbach standen allerdings nicht die technischen Hilfsmittel zur Verfügung, dies nachzuweisen. Wie wir heute wissen, sind die Zellen der Lebewesen tatsächlich von Licht durchströmt. Sie kommunizieren durch die Abstrahlung so genannter Biofotonen.

Bevor Reichenbach das Od als leuchtende Energie entdeckte, machte in Wien der Arzt Franz Anton Mesmer den »animalischen Magnetismus« bekannt. Reichenbach sah sein Od als Ergänzung zu Mesmers Entdeckungen. Mesmer hatte in der feinen Pariser Gesellschaft als Heiler Karriere gemacht.

DAS LICHT DES LEBENS

Auf einer anatomischen Schautafel aus dem 17. Jahrhundert hat man den menschlichen Körper in Verbindung zu den astrologischen Zeichen und den himmlischen Gestirnen gesetzt. Man nahm an, dass zwischen dem Mikrokosmos Mensch und dem Makrokosmos Universum eine Wechselwirkung besteht. Die Verbindung zwischen diesen Welten wurde durch einen feinstofflichen Leib, den Astralkörper, hergestellt.

Der Astralkörper – ein feinstofflicher Leib?

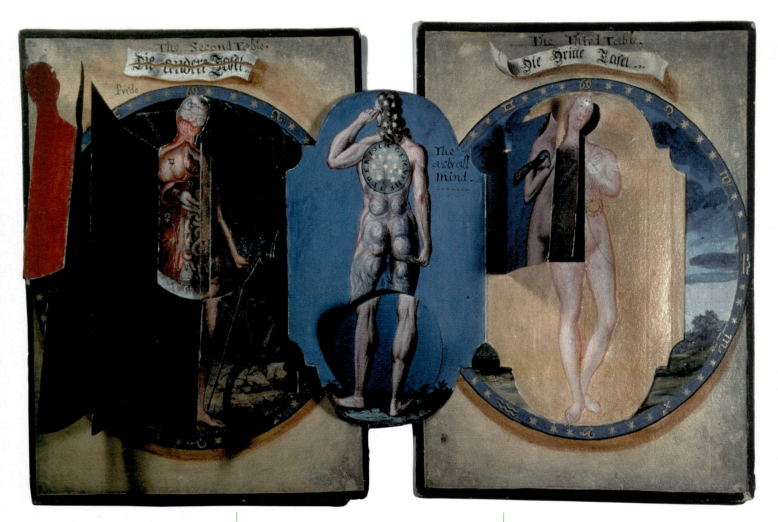

Unter Naturvölkern ist die Ansicht verbreitet, dass die Seele des Menschen unter bestimmten Bedingungen auf Wanderschaft gehen kann. Ihre Zauberpriester, die Schamanen, sollen sogar in der Lage sein, willentlich auf Seelenexkursion zu gehen. Die Vorstellung von Seelenreisen floss in viele philosophische Überlegungen der Kulturvölker ein.

Der Sternenkörper

Auch in der okkulten Literatur des Westens entwickelte man schon früh die Idee, dass der Mensch einen »feinstofflichen« Körper besitze, der gleichsam als Fahrzeug für die Seelenreise dient. Man nannte ihn »Astralleib«, »Astralkörper« oder »Siderischer Leib«. Alle diese Bezeichnungen bedeuten so viel wie »Sternenkörper«, denn man stellte sich diesen Leib als Bin-

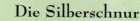

ASTRALKÖRPER

deglied zwischen den physischen und den höheren, mit den Sternen in Verbindung stehenden, Bereichen vor. Schon der Renaissance-Gelehrte Paracelsus (ca. 1493–1541) sprach von einem »Archaeus« und verstand darunter einen solchen ätherischen Leib.

Astralreisen oder Hellsehen?

Die Parapsychologie versucht, das Astralwandern als eigenständiges Phänomen nachzuweisen. Menschen, die in der Lage sind, die so genannten »außerkörperlichen Erfahrungen« hervorzurufen, behaupten wahrnehmen zu können, was sich in entfernten Räumen abspielt. Im Experiment ist es jedoch nur sehr wenigen gelungen, diese Aussage zu bestätigen. Erfolgreiche Versuche waren äußerst selten – allerdings lässt sich ein gelungenes Experiment dieser Art oft nicht von der Fähigkeit des Hellsehens unterscheiden. Die Erklärung, warum man etwas, das sich in einem anderen Raum befindet, »errät«, hängt nicht unbedingt damit zusammen, dass man sich mit seinem feinstofflichen Körper gerade auf Reisen befindet. Erst vor einigen Jahren ist ein interessanter neuer Versuchsansatz gewählt worden. Die Grundidee war folgende: Wenn »etwas« den Körper verlässt, dann gibt es vielleicht einen Detektor, der in der Lage ist, das rätselhafte »Ding« wahrzunehmen. Katzen und Hunde zeigten beispielsweise Reaktionen wie nervöses Maunzen oder Kläffen bzw. Schwanzeinziehen. Ob sie allerdings wirklich auf einen aus dem Körper ausgetretenen, feinstofflichen Leib reagiert haben oder ob eine andere Erklärung für die Reaktionen gefunden werden muss, bleibt offen.

Erfahrung der Entgrenzung

Entscheidend für die Einschätzung von Astralreisen ist die Tatsache, dass bei außerkörperlichen Erfahrungen nicht nur den Sinnen Verborgenes, sondern auch ungewöhnliche Landschaften und Orte wahrgenommen werden. Auf Reisen wird die Realität wie in einem veränderten Bewusstseinszustand als abgewandelt erfahren. Man kann deshalb nicht guten Gewissens von Seelenflug sprechen, denn so sehr das, was geschieht, einem Flug ähneln mag, so sehr ähnelt es Erfahrungen, in denen die Grenzen von sinnlich wahrgenommener Wirklichkeit verschwinden. Bei Astralreisen scheint es sich um einen Wandel der Erlebnisebene zu handeln, der erlaubt, in eine uneingeschränkte Welt einzutauchen, die zwar der unseren ähnelt, aber lange nicht so begrenzt wie diese ist. Ein Hinweis auf diese Weite ist der flexible, astrale Leib, der unendliche Distanzen zurücklegen kann.

Ein peruanisches Tongefäß aus der Moche-Kultur (um 600 n. Chr.) bezeugt durch die Darstellung eines fliegenden Schamanen die Vorstellung, dass die Heiler des Volkes zu Seelenreisen fähig waren.

Auch nicht-sensitive Menschen können das Reisen mit ihrem feinstofflichen Astralkörper lernen. Dazu begeben sie sich am besten in eine entspannte Atmosphäre und schirmen sich durch dunkle Brillen und sanfte Musik über Kopfhörer von der hektischen Umwelt ab.

Die Silberschnur

Im Okkultismus hielt man den Astralleib für den Träger der seelischen Qualitäten, der für paranormale Phänomene verantwortlich ist. Im Laufe okkulter Spekulationen entwickelte sich daraus eine Dreiheit von Körper, Astralleib und Geist. Besonders in der Theosophie und Anthroposophie kam es zu weiteren Untergliederungen von immer feinstofflicheren leiblichen Formen, die im Menschen anwesend sein sollen – bis hin zum völlig immateriellen Geist. Einige Okkultisten, die angeblich willentlich Astralreisen hervorrufen können, behaupten, der physische Leib sei durch eine Silberschnur mit dem Astralleib verbunden. Dadurch würde der Astralkörper immer wieder in den materiellen Körper zurückfinden, wenn er auf Reisen geht. Solche Auffassungen können nicht überprüft werden. Das gesamte Konzept des Astralkörpers hält nur schwer einer wissenschaftlichen Untersuchung stand.

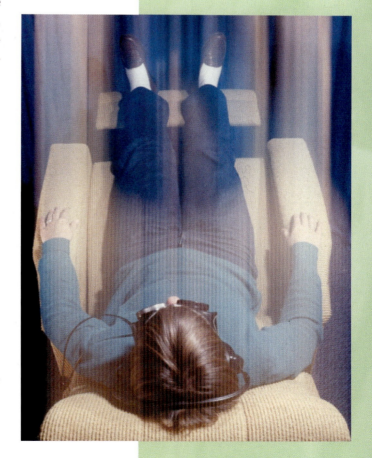

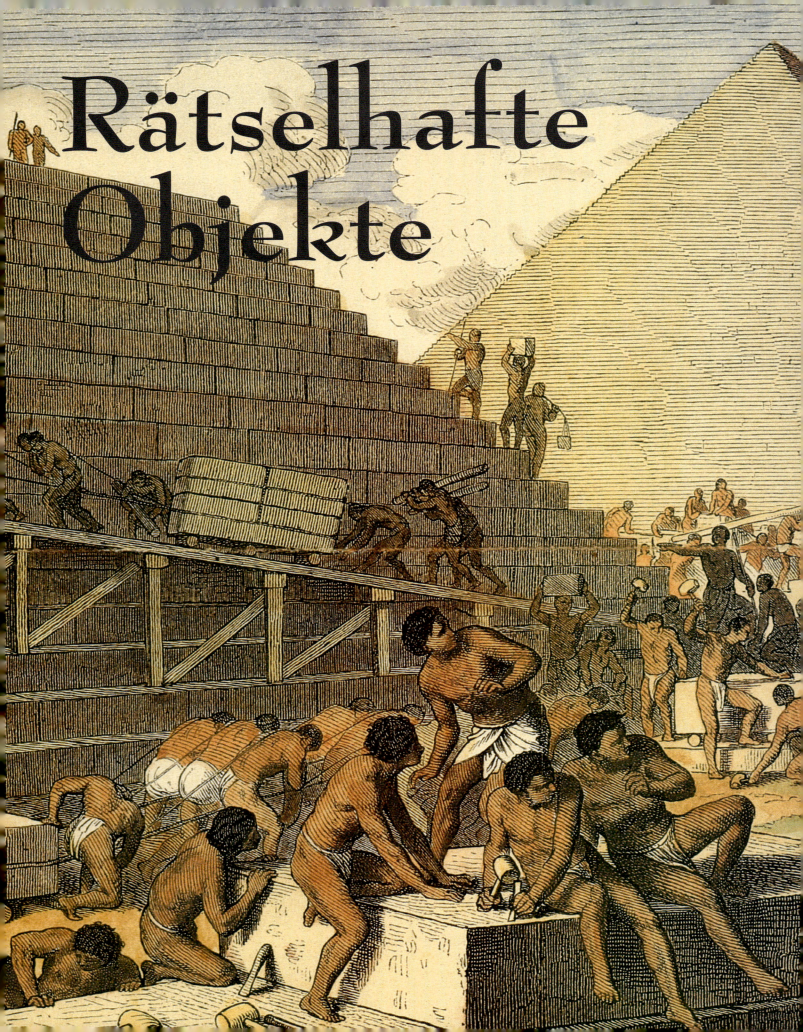

Rätselhafte Objekte

Hatten die Sumerer elektrisches Licht? Kannten südamerikanische Indianer Flugzeuge? Gab es im antiken Griechenland Computer? Vieles deutet darauf hin, dass die technische Entwicklung längst untergegangener Kulturen weiter fortgeschritten war, als wir uns das heute vorstellen können. Hinweise auf antike technische Höchstleistungen sind aufgrund der zahlreichen Naturkatastrophen, Kriege und gesellschaftlichen Umwälzungen der vergangenen Jahrhunderte selten. Doch lassen die wenigen Relikte, die Archäologen und andere Wissenschaftler entdecken und erforschen konnten, den Schluss zu, dass die Ursprünge so mancher wissenschaftlicher Entdeckungen der Neuzeit in Wahrheit viel weiter zurückliegen.

RÄTSELHAFTE OBJEKTE

Der Schädel aus Bergkristall

Bei vielen antiken Kristallschädeln können keine Handwerksspuren ausgemacht werden. Rätselhaft ist, wie die Menschen damals die Schädel ohne Hilfe von Maschinen anfertigen konnten. Da Kristall durch Bearbeitung leicht brechen kann, bleibt das Entstehen der alten Kristallschädel weiterhin ein Geheimnis.

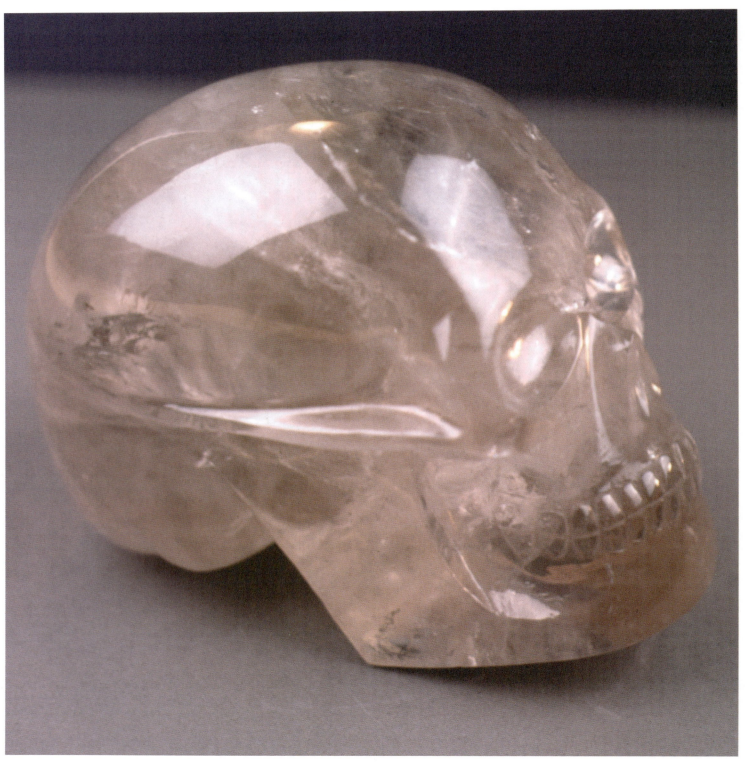

SCHÄDEL AUS BERGKRISTALL

In mystischem Rot funkelt und strahlt der kristalline Totenschädel. Aus dem Dunkel des Zimmers, das nur von einigen Kerzenflammen erhellt wird, schälen sich erwartungsvolle Gesichter von Personen, die in diesem Moment durch die Kraft ihrer Gedanken Informationen aus einer anderen Welt erhalten wollen. Sie sind zutiefst davon überzeugt, dass es möglich ist, im Beisein des funkelnden Objekts Kontakt zu Bewohnern von Atlantis oder zu Außerirdischen zu haben. »Dieser Schädel«, behauptet Nick Nocerino, einer der führenden Parapsychologen Kaliforniens, »umfasst die unerkannten Geheimnisse des Universums und des Lebens. Für mich ist er wie eine Art kompakter Computer mit einem Video-Monitor und Lautsprecher.« Welches Mysterium umgibt diesen Schädel aus Kristall? Verfügt er wirklich über magische Kräfte? Eines lässt sich auf alle Fälle sagen: Der mysteriöse Kopf zählt zu den erstaunlichsten archäologischen Entdeckungen des letzten Jahrhunderts.

Der Senstationsfund

Man schrieb das Jahr 1927. Damals wurde ein Ausgrabungsteam unter der Leitung eines gewissen Dr. Thomas Gann vom Gouverneur der Kronkolonie British Honduras (Belize/Mittelamerika) beauftragt, die versunkene Maya-Stadt Lubaantun (»Platz der gestürzten Steine«), die im 7.–9. Jahrhundert n. Chr. entstand, freizulegen. Mit in dem Archäologenteam befand sich auch ein Forscher namens F. A. Mitchell-Hedges (1882–1959). Ihm gelang während der Freilegung von Pyramiden und Tempeln im Regenwald des westlichen Belizes ein sensationeller Fund: »Soeben haben wir den Platz in der Nähe des Altars gesäubert. Als ein Sonnenstrahl einfiel, sahen wir etwas glitzern. Die Maya, die bei uns waren, fielen auf die Knie.« So beschrieb Mitchell-Hedges die Umstände seiner Entdeckung des 5,3 Kilogramm schweren, aus einem einzigen Bergkristallblock herausgeschliffenen Schädels.

Maya oder Nicht-Maya?

Als Mitchell-Hedges am 24. Februar 1935 in der »New York American« seinen Fund publizierte, richtete sich die internationale Fachwelt gegen ihn. Dieser Kristallschädel passte einfach nicht in das Bild, das sich Altamerikanisten nach vielen Jahren der Forschung von den Maya des achten nachchristlichen Jahrhunderts gemacht hatten. Dieses Indianervolk, so meinte man, hätte im Gegensatz zu zentralmexikanischen Kulturen wie Azteken oder Mixteken keine Schädelkulte besessen. Außerdem sei die Präzision der Arbeit völlig untypisch für die Maya. Böse Zun-

Kristallene Esoterik

1997 veröffentlichten die Schriftsteller Chris Morton und Ceri Thomas ein Buch mit dem Titel »Die Tränen der Götter«. In diesem Werk vertraten sie die These, dass der Kristallschädel eine Epoche des Friedens über die Welt bringen würde, wenn man ihn mit 12 anderen seiner Art zusammenbringt. Diese »anderen« existieren tatsächlich, doch sind sie oft nur faustgroß und recht einfach bearbeitet. Zwei der schönsten befinden sich im British Museum in London und im Trocadero Museum in Paris. Beide stammen vermutlich aus der Ära der Azteken (15. Jahrhundert).

Dieser Steinkopf stammt vermutlich aus Nordamerika. Das Wissen um die Kraft der Steine und Kristalle spielte bei vielen antiken Völkern eine große Rolle. Besonders dem Kristall wurde eine herausragende energetische Bedeutung zugeschrieben.

805

RÄTSELHAFTE OBJEKTE

Herstellung unbekannt

Der Kunsthistoriker Dr. Diestelberger aus Wien kam 1992 zu dem Schluss: »Lässt man übernatürliche Kräfte aus dem Spiel, so müssen die Maya ihren Kristallschädel durch manuelle Politur hergestellt haben. Eine unvorstellbare Arbeit, die jahrhundertelang gedauert hätte. Wir können uns schwer vorstellen, wie ein derartig anvisiertes Ziel stur durchgehalten wurde.« Sieben Millionen Arbeitsstunden hätte die perfekte Endform benötigt. Bei einem zwölfstündigen Arbeitstag wären dies 1600 Jahre gewesen, länger als die antike Kultur der Maya existiert hat.

Legenden der Inka aus Peru (15. Jh.) berichten, dass ihre Vorfahren Steine mit Pflanzensaft bestrichen, der den Stein erweichen und bequem zerschneiden ließ. Vielleicht stand ein solches Wissen auch den Maya zur Verfügung.

gen behaupteten, Mitchell-Hedges hätte die Fachwelt belogen. Dem Entdecker konnte jedoch nie ein unseriöses Verhalten nachgewiesen werden. Wie Forschungen ergaben, hatten die Maya, etwa im mexikanischen Chichén Itzá, sehr wohl rituelle Schädelkulte praktiziert.

Obwohl es viel Aufsehen um den Mitchell-Hedges Fund gab, war der Forscher nicht an finanziellen Vorteilen interessiert. Er schenkte das Objekt nach der Entdeckung seiner kleinen Pflegetochter Anna, die heute in Toronto, Kanada, lebt und weiterhin im Besitz des Kristalls ist.

Auch wenn der Streit um den Quarzschädel nicht beigelegt werden konnte – irgendwo zwischen der hervorragenden künstlerischen Arbeit, die er repräsentiert, und den okkulten bzw. außerirdischen Einflüssen, die man ihm nachsagt, scheint eine Wahrheit zu liegen, die man bei seinem Anblick unbewusst auch spürt.

Am Rande des Unglaublichen

Die Widersprüche waren in jedem Fall groß und Frederick Mitchell-Hedges selbst mystifizierte den Schädel bald. Er kam zu der Überzeugung, mit dem magischen Artefakt hätten Priester-Schamanen den Tod von anderen Menschen befehlen können. Die Buchautorin Sandra Bowen aus Pinole in Kalifornien glaubt, 1981 in dem Kristall UFOs gesehen zu haben. Wieder andere empfinden in seiner Nähe ein unheimliches Grauen und meinen, er werde von einem Geist bewohnt.

Schädelkontroverse

Dagegen steht die Auffassung einiger anderer Wissenschaftler. So vertrat der britische Mayaexperte Professor Norman Hammond (University of Cambridge) 1994 die Meinung: »Es gibt überhaupt keinen Beweis dafür, dass der Schädel jemals auch nur in der Nähe von Lubaantun gewesen ist. Man hat dort keinen anderen Bergkristallschädel gefunden. Es ist die Geschichte von Mitchell-Hedges, die unbeweisbar ist und im Gegensatz zu allem steht, was wir wissen.« Hammond kann der Vorwurf nicht erspart werden, sich nicht gründlich mit der Materie auseinander gesetzt zu haben, bevor er diesen Kommentar gab, denn schon 1932 untersuchte Dr. Adrian Digby vom Britischen Museum in London den Kristallschädel und fertigte einen Bericht über dessen Echtheit an. Dass kein weiteres Objekt dieser Art in Lubaantun gefunden wurde, ist nicht weiter seltsam. Auch anderenorts wurden archäologische Unikate ausgegraben.

Perfekte Künstler

Der amerikanische Konservator Frank Dorland hat den Schädel 1970 intensiv analysiert. Im Labor des Hewlett-Packard-Elektronikkonzern

Die ehemalige US-amerikanische Rennfahrerin Jokey van Dieten behauptet, dass der so genannte, aus Mittelamerika stammende E.T.-Kopf durch seine Strahlungen ihren Gehirntumor geheilt hätte. Van Dieten litt an einem der größten Gehirntumore, der je diagnostiziert wurde.

SCHÄDEL AUS BERGKRISTALL

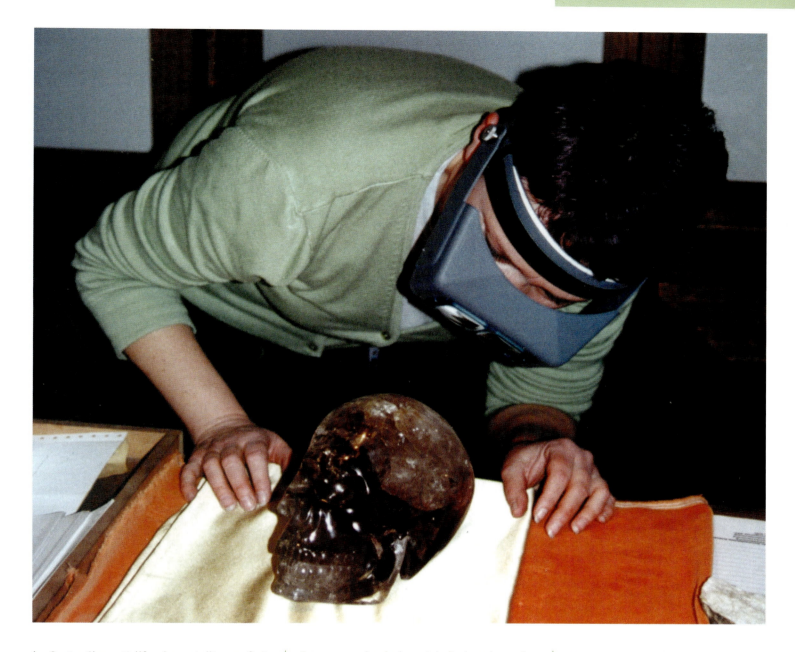

in Santa Clara, Kalifornien, stellte er fest, dass das Mayarelikt aus einem einzigen Stein gefertigt wurde. Das scheint jedoch unmöglich, da Bergkristall nicht – wie der getrennte Ober- und Unterkiefer vermuten lassen – gespalten werden kann. Bergkristall hat die Härtestufe sieben. Im Vergleich: Diamant, der kostbarste Edelstein, wird mit Härtestufe zehn angegeben. Um einen Kristallschädel zu schnitzen, benötigt man entweder andere, härtere Quarzkristalle als das Ausgangsmaterial oder Werkzeuge aus Diamant. Schwierig in der Herstellung sind das Formen der Knochen, sowie das Anlegen der Winkel, Kanten und Rundungen, aus denen ein Kopf besteht.

Spuren mechanischer Arbeit konnten aber kaum gefunden werden. Und eigentlich hätte dieser Quarzstein überhaupt nicht bearbeitet werden können, weil er gegen die natürlich gewachsene Achse des Kristalls gearbeitet wurde. Nur eine geringfügige Abweichung von dieser Achse hätte zum Zersplittern geführt. Diese innere Struktur kann aber nur bei Vergrößerungen unter polarisiertem Licht ermittelt werden. Wer also fertigte den Schädel an und wie? Würde man ein solches Objekt heute herstellen lassen, wäre es kaum erschwinglich. Selbst aus den besten europäischen Edelsteinschleifereien sind vergleichbare Dinge nicht bekannt.

Nur mit einer Speziallupe sind feinste Strukturen der Bearbeitung in den Kristallschädeln zu erkennen. Dieses Exponat ist heute im Naturhistorischen Museum in Wien zu bewundern. Gefunden wurde dieses Exemplar in Südamerika. Selbst modernste Geräte konnten sein Geheimnis bis heute nicht lüften.

RÄTSELHAFTE OBJEKTE

Wundertechnik der Vorzeit

Gaius Plinius Secundus (23–79 n. Chr.) zählte zu den herausragenden römischen Schriftstellern. Er berichtete in seinen 37 Büchern zur Naturgeschichte auch über die Herstellung von unzerbrechlichem Glas im 1. Jahrhundert v. Chr.

Als der griechische Schreiber Lukian (120–180) im 2. Jahrhundert n. Chr. die Stadt Hieropolis im heutigen Syrien besuchte, blieb er überwältigt im Tempel der Göttin Hera stehen. Eine Art »leuchtender Edelstein«, gespeist aus einer »magischen« Energiequelle, tauchte den heiligen Innenraum in ein strahlendes Licht. Von solchen Wunderlampen wird in antiken Texten wiederholt berichtet. Waren sie nur Fantasieprodukte tollkühner Zukunftsdenker? Mit großer Wahrscheinlichkeit besaßen Magier und

WUNDERTECHNIK

Wissenschaftler früher Hochkulturen bereits ein erstaunliches Wissen. Für ihre Zeitgenossen war das alles Zauberei.

Antike Leuchtkörper

In Geschichtsbüchern können wir lesen, dass Lugio Galvani (1737–1798) 1791 die Elektrizität entdeckte und Thomas A. Edison (1847–1931) 1871 die Glühlampe erfand. Doch die Elektrizität scheint auserwählten Geheimnisträgern bereits seit mindestens 3000 Jahren bekannt gewesen zu sein. Aus der Regierungszeit des oströmischen Kaisers Justinianus I. (527–565 n. Chr.) existiert ein Bericht, demzufolge sich in Antiochia (Syrien) eine immerwährend strahlende Lampe befunden haben soll.

Bereits im siebten vorchristlichen Jahrhundert soll König Numa Pomilius in Rom eine »ewig brennende Leuchte« in der Kuppel eines Tempels angebracht haben. Ein künstlich erzeugtes goldenes Licht brannte auch im Heiligtum der römischen Göttin Minerva, so schreibt der griechische Historiker Pausanias (2. Jh. n. Chr.). Der Philosoph und Kirchenfürst Augustinus (354–430 n. Chr.), ein äußerst kritischer Mann, berichtet von einer »Zauberlampe«, die ununterbrochen in einem heidnischen Isis-Tempel geleuchtet haben soll. Weder Wind noch Wetter vermochten sie auszulöschen. Darüber hinaus heißt es über den Magier Virgilius, er habe in der Mitte der Stadt Rom einen Pfeiler errichtet und eine »große gläserne Lampe angebracht, die immerzu brannte, ohne auszugehen.« Interessant ist, dass genau wie heute, eine gläserne Hülle für die Glühbirne verwendet worden war.

Das Licht der Pharaonen

Wenn Ägyptenbesucher im »Tal der Könige« bei Luxor in die tiefen Grabkammern ägyptischer Pharaonen steigen, fragen sie sich oft, wie es möglich war, die dunklen Gänge so kunstvoll mit farbigen Gemälden zu verzieren. Mit Spiegeln reflektierte Sonnenstrahlen verlieren sich

Detektive der Wissenschaft

Im Museum von Bagdad (Irak) steht eine elektrische Batterie. Schon der Entdecker des mehr als 2000 Jahre alten Gegenstandes, der deutsche Archäologe Wilhelm König, notierte 1938 in seinem Ausgrabungsbericht über eine Parthersiedlung, dass ein vasenartiges, 14 Zentimeter hohes Gefäß aus Ton, welches einen Zylinder aus Kupferblech und einen Eisenstab besitzt, den Gedanken an ein galvanisches Element, also eine elektrische Zelle mit einer Kathode (Kupfer) und Anode (Eisen) nahelegt. 1978 baute der Restaurator Rolf Schulte zusammen mit dem Ägyptologen Professor Dr. Arne Eggebrecht vom Pelizaeus-Museum im deutschen Hildesheim eine exakte Versuchsanordnung mit diesem Fund auf. Dann füllten sie Weinessig als Säure hinzu und das Gerät gab Strom von einem halben Volt Spannung ab.

Im 20. Jahrhundert rekonstruierte ein Wiener Ingenieur diese Glühbirne, die es einem Wandrelief im Hathor-Tempel von Dendera zufolge bereits im alten Ägypten gab. Obwohl nicht sehr leistungskräftig, gibt das Gebilde immerhin ausreichend Licht zur Beleuchtung der dunklen Tempelgänge ab.

809

RÄTSELHAFTE OBJEKTE

So sieht das Wandrelief im Hathor-Tempel von Dendera aus, das auf die Existenz frühzeitlicher Glühbirnen hinwies. Diese Zeichnung diente dem Wiener Ingenieur Walter Garn als Vorlage für eine Nachbildung, die auch tatsächlich funktionierte.

Gläserne Geheimnisse

Viele Völker der Antike kannten bereits Methoden zur Glasherstellung. Schon vor mehreren Jahrtausenden produzierten Inder, Chinesen und Assyrer Gläser aller Art. Als der römische Imperator Augustus (63 v.–27. n. Chr.) 31 v. Chr. Ägypten eroberte, verlangte er einen Teil seines Tributes in Glas.

Wie aber konnten die Priester der Hathor die Luft aus dem Glaskolben saugen, um einen möglichst niedrigen Druck zu erzeugen? Die Antwort befindet sich ebenfalls im Hathortempel. Gleich neben einem der birnenförmigen Objekte wurden vier Männer dargestellt, die aus einem Rohr oder Schlauch Wasser spritzen. Dies entspräche erstaunlicherweise einem Ejektor, einer Strahlpumpe, die relativ hohe Vakua erzeugen kann.

im diffusen Dunkel. Da in den wunderbaren Tunnelsystemen auch keine Hinweise auf Rußspuren von Fackeln zur Beleuchtung der Wände zu finden sind, stehen Ägyptologen vor der Frage, wie vor über 3500 Jahren die fantastischen Werke auf die Wände aufgetragen werden konnten. Besaßen die Pharaonen eine elektrische Beleuchtung? Der Naturforscher Atanasius Kirchner (1601–1680) wusste von einer brennenden Lampe, die man zu seiner Zeit in den unterirdischen Gewölben der altägyptischen Hauptstadt Memphis gefunden hatte. Sind diese Geschichten in irgendeiner Form belegt?

Hochtechnologie vor Jahrtausenden

Ein Beweis könnte in einem Tempel der spätägyptischen Epoche, 60 Kilometer nördlich von Luxor, liegen. In unterirdischen Krypten des Hathor-Tempels von Dendera, die drei Stockwerke tief angelegt wurden, befinden sich einzigartige Reliefs. Neben menschlichen Gestalten ließen hier die Priester der Göttin Hathor um 100 v. Chr. blasenförmige Gebilde darstellen, die wie überdimensionale Glühlampen aussehen und von »Djed«-Pfeilern, dem Hieroglyphenzeichen für »Kraft«, gehalten wurden. In diesen Objekten winden sich wellenförmig Schlangen, die aus der Spitze einer Lotosblume entspringen.

Göttliche Glühlampen

Der Wiener Elektroingenieur Walter Garn (*1940) bewies 1980, dass es sich bei diesen Darstellungen um die Abbildung realer Glühbirnen gehandelt haben muss. »Die Art der

810

WUNDERTECHNIK

Darstellungen war frappierend«, berichtet W. Garn. »Die Djed-Pfeiler sehen genauso aus wie moderne Hochspannungsisolatoren. Die Schlangen dürften elektrische Funken oder leuchtende Gasentladungen sein, die unter Hochspannung aus den Spitzen der Lotosblüte austreten. Ohne elementare Kenntnisse der Elektrotechnik wäre eine solche Zeichnung nicht möglich. Es stimmt einfach zu viel überein.«

Getreu dem altägyptischen Vorbild fertigte der Ingenieur einen 40 Zentimeter langen Glaskörper an, dessen Ende er mit Harz vergoss, wobei eine Plattenelektrode auf der einen und eine Metallspitze auf der anderen Seite eingegossen wurde. Was sich dann ereignete, schildert Garn so: »Evakuiert man eine Glasbirne, wo zwei Metallteile hineinreichen, so tritt bereits bei niedrigeren Spannungen eine Entladung auf. Bei einem Druck von 40 Torr schlängelt sich ein Leuchtfaden von einem Metallteil zum anderen. Wird weitere Luft aus der Birne evakuiert, so verbreitet sich die Schlangenlinie, bis sie zuletzt die gesamte Glasbirne ausfüllt. Die entspricht exakt jenen Abbildungen in den unterirdischen Gängen des Hathorheiligtums.«

Die Magie des Lichts

Man kann sich vorstellen, welche Machtdemonstration eine solche Apparatur bei den Gläubigen vor über 2000 Jahren darstellen musste, wenn sich der irisierende Lichtstrahl wie eine zischende Schlange im Dunkel der Krypta bewegte, bläuliches Licht ausstrahlte und Wände erleuchtete. Dort war u. a. ein Bildnis von Thot, dem Mondgott, der auch als Schutzgott der Forscher galt, zu sehen. Er soll in einem der vielen Mythen in einer Lotosblüte vom Himmel zu den Menschen gekommen sein, um ihnen das »Licht« zu bringen.

Der italienische Arzt und Naturforscher Luigi Galvani entdeckte 1789 bei Versuchen mit Froschschenkeln elektrische Entladungen. Dieser Kupferstich deutet an, wie es damals in Galvanis Versuchskammer ausgesehen haben kann. Galvanis Forschungen führten zu neuen Impulsen und Erkenntnissen auf dem Gebiet der Elektrizität.

811

RÄTSELHAFTE OBJEKTE

Vorzeit-Computer von Antikythera

Die Röntgenaufnahme der antiken Mechanik zeigt deutlich die feinen Zahnräder, die sowohl mit Hilfe des oberen Zifferblatts die Mondzyklen von rund 18 Jahren anzeigen können als auch die zwölf synodischen Monate eines Kalenderjahres.

VORZEIT-COMPUTER

Es war der Ostersonntag des Jahres 1901. Nahe der griechischen Felsinsel Antikythera waren Schwammtaucher in das tiefblaue Ägäische Meer hinabgetaucht. Was sie auf dem Meeresgrund fanden, waren jedoch keine Schwämme, sondern ein morsches Schiffswrack, in dem seit 2000 Jahren eine der ungewöhnlichsten Frachten der Geschichte auf seine Bergung wartete: ein Sterncomputer aus der Antike.

Vergessene Sensation

Als die Seemänner sahen, was da in 60 Meter Tiefe lag, benachrichtigten sie Fachleute des Archäologischen Nationalmuseums in Athen. Diese bargen in monatelanger Arbeit wertvolle Statuen, kostbare Vasen und einige, von Meeresmuscheln überwachsene Platten. Die Funde wurden gereinigt, erfasst und ausgestellt. Nur das undefinierbare Frachtgut blieb unbeachtet in einem Archiv eingelagert.

Einige Jahre später stieß der junge Archäologe Valerion Staios auf die seltsamen Reste der antiken Fracht. Als er die Teile von ihren Ablagerungen befreite, bemerkte er Schriftzeichen und kleine Zahnräder aus Bronze, die ihn an den Mechanismus einer Uhr erinnerten. Staios fragte sich, ob er eine mechanische Uhr entdeckt habe, aber seine Kollegen lehnten seine Schlussfolgerung als zu abenteuerlich ab.

Das Miniplanetarium

Erst 1958 entschloss sich die »American Philosophical Society« den britischen Physiker und Mathematiker Dr. Derek de Solla Price vom Institute for Advanced Study in Princeton, New Jersey, mit einer Untersuchung der noch nicht definierten Gegenstände zu betrauen. Er erkannte sehr rasch, dass er in der Tat eine recht ungewöhnliche, 2000 Jahre alte Apparatur vor sich hatte: Ein Gehäuse mit Zifferblättern auf der Außenseite, in dem ein sehr kompliziertes System von Zahnrädern befestigt war. Die Schriftzeichen gaben Auskunft über den Verwendungszweck: Es handelte sich um ein Gerät mit astronomischer Funktion. Das vordere Zifferblatt zeigte die Bewegung der Sonne innerhalb der Tierkreiszeichen am Himmel sowie den Aufgang von hellen Himmelssternen. Das hintere Zifferblatt hielt die Mondphasen und die Planetenpositionen fest. Ein Ring zur Justierung war ebenfalls vorhanden. Die komplizierte Zahnradkombination funktionierte wie ein Differentialgetriebe. Dieses wurde offiziell erstmals 1896 bei Kraftfahrzeugen benutzt. Es hilft dort, beim Kurvenfahren die Drehzahldifferenz zwischen äußeren und inneren Rädern auszugleichen. Das antike Getriebe bestand aus vierzig Zahnrädern, neun verstellbaren Skalen, drei Achsen und einer Grundplatte. Die 250 Zahnradzacken messen jeweils exakt 1,3 Millimeter.

»Es scheint, dass dies tatsächlich eine Rechenmaschine war, die die Bewegungen der Sonne, des Mondes und wahrscheinlich auch der Planeten bestimmen und darstellen konnte«, kommentiert Dr. de Solla Price. »Etwas Derartiges zu finden wie diesen griechischen Sterncomputer, ist genauso, als würde man in der Grabkammer des Pharaos Tut-anch-Amun ein Düsenflugzeug entdecken [...].« Vielleicht werden wir von der Vergangenheit noch mehrmals überrascht. Lassen wir noch etwas Zeit vergehen.

Antike Unikate

Einmalige Zufallsfunde gab es immer wieder in der Archäologie. Ohne ihre Entdeckung, wie im Falle der »Maschine von Antikythera«, wüssten wir heute nichts von den technischen Fortschritten früher Kulturen. Neben der Mumie des Tut-anch-Amun fand der Archäologe Howard Carter (1873–1939) ein rostfreies Messer aus Stahl.

Bei Taschkent in Russland wurden merkwürdige Gefäße aus Ton, versiegelt mit einer Art Kunststoff, gefunden. Sie enthielten nichts als einen Tropfen hochgiftiges Quecksilber, wie die sowjetische Zeitschrift »Der junge Techniker« 1967 berichtete. Es könnte zur Erzeugung statischer Elektrizität gedient haben. Und der Physiker Dr. Friedrich Egger aus Salzburg (*1944) rekonstruierte aus Zeichnungen der Maya-Indianer Mexikos einen Rotationskolbenmotor, der heute in 20 Ländern patentiert ist.

Am 4. November 1922 hat der britische Archäologe Howard Carter im ägyptischen Tal der Könige mit der finanziellen Hilfe von Lord Carnavon das Grab des Pharaos Tut-anch-Amun, der um 1347–1339 v. Chr. regiert haben soll, entdeckt.

RÄTSELHAFTE OBJEKTE

Ignorante Wissenschaft

Erst 1983 befasste sich die offizielle französische Archäologie wieder mit den Entdeckungen von Glozel. Eine Kiste mit Fundstücken sollte wissenschaftlich untersucht werden. Als der Leiter des Privatmuseums von Glozel, Robert Liris, 1995 die Schrifttafeln endlich wieder zurück erhielt, waren sie zerbrochen, teilweise nicht mehr erkenntlich – und überdies hatte man daraus keinerlei neue Erkenntnisse gewonnen. Auch 70 Jahre nach seinem Fund wartete Emile Fradin (*1906) über 90jährig immer noch auf ein Resultat und eine offizielle Anerkennung seiner Entdeckung.

Heute werden die prähistorischen Schrifttafeln, Urnen und Gravuren trotz ihrer mangelnden Beachtung seitens der Forschung in dem kleinen Museum von Glozel einem interessierten Publikum präsentiert.

Die Schrifttafeln von Glozel

Noch immer wartet Emile Fradin, der die Schrifttafeln zusammen mit seinem Vater fand, auf die Anerkennung seines Funds durch die Archäologen.

Geheimnisvolle, runenartige Zeichen, die einst in Reihen untereinander in den weichen Ton »geschrieben« wurden, finden sich auf den Schrifttafeln von Glozel.

Lebten in der europäischen Altsteinzeit Angehörige einer noch unbekannten Hochkultur in Frankreich? Als im Jahre 1924 zwei Bauern ihre weidende Kuh in einem tiefen Loch wiederfanden, hatten sie keine Ahnung, was sich da unter ihrem Feld bei Glozel, einem Örtchen zwischen Lyon und Vichy, befand. Mit Spaten schaufelten sie eine Höhlung, um ihre Kuh aus der misslichen Lage zu befreien und entdeckten dabei kleine Tontafeln mit schriftähnlichen Zeichen. Dieser Fund sollte ihnen einen lebenslangen Ärger einhandeln. Bis heute nämlich streiten sich Fachgelehrte und Laien darum, ob die Schrifttafeln von Glozel Fälschungen oder eine der größten archäologischen Sensationen Mitteleuropas sind.

Ein archäologischer Skandal

Die Geschichte von Glozel ist eine Geschichte archäologischer Skandale und menschlicher Unzulänglichkeiten. Sie begann, als die beiden Bauern Claude und dessen Sohn Emile Fradin sich gutgläubig an die »Französische Prähistorische Gesellschaft« wandten. Diese jedoch tat

An den Ausläufern der Chevennen in der Auvergne liegt der kleine Ort Glozel, der durch die dort gefundenen Schrifttafeln überregionale Berühmtheit erlangt hat und zum Ziel zahlreicher Forscher und Hobbyarchäologen geworden ist.

die Tafeln als Fälschungen ab, da keine frühe Schriftkultur in Südfrankreich bekannt war. Am 25. Februar 1928 wurde Strafanzeige gegen Unbekannt wegen archäologischer Fälschung gestellt. Die Polizei verhaftete Claude Fradin, verhörte ihn, durchsuchte seinen Hof und seine Felder nach möglichen weiteren Fälschungen. Der Bauer musste jedoch bald wieder auf freien Fuß gesetzt werden, da man ihm nicht das geringste Vergehen nachweisen konnte. Die internationale Untersuchungskommission unter der Leitung der britischen Archäologin Dorothy Garrods tat nun etwas, das professionelle Forscher niemals tun sollten. Sie verbot weitere Grabungen – offenbar aus Angst um ihr eigenes vorurteilbehaftetes Weltbild. Denn die geistigen Fähigkeiten der Menschen der Altsteinzeit wurden noch nicht für ausreichend erachtet, um eine Schriftsprache hervorzubringen.

Unverstandene Botschaften

In den folgenden Jahrzehnten erlebten die Bewohner von Glozel jedoch auch, dass neue Funde und Entdeckungen ihre These einer frühen Hochkultur bestätigten. Zum einen kamen bei späteren Grabungen Gebeine und vorgeschichtliche Grabbeigaben zum Vorschein. Tiergravuren von Urwildpferden und Rentieren ähnelten denen, die anderswo gefunden und in das Paläolithikum (Altsteinzeit, früher als 8000 v. Chr.) datiert worden waren. Auch einige Stücke von gefundenem Mammut-Elfenbein weisen auf ein sehr hohes Alter hin. In den 1970er Jahren bestätigten immerhin ausländische Wissenschaftler wie Professor Arne Bjor, Leiter des Forschungszentrums des dänischen Nationalmuseums in Kopenhagen, und sein Kollege Professor Vagn Mesdal mit Hilfe moderner Datierungsmethoden (Thermolumineszenz-Datierung) ein Mindestalter von 2700 bis 2900 Jahren. Die Tierknochen müssten sogar ca. 7000 Jahre alt sein. Wenn die Schrifttafeln von Glozel echt sind, was berichten uns dann ihre stark abstrahierten Wortsymbole?

Es mag sein, dass eines Tages die Funde von Glozel nicht nur ignorante Wissenschaftler eines Besseren belehren, sondern auch wir unser Verständnis von den intellektuellen Fähigkeiten unserer Vorfahren erheblich revidieren werden.

RÄTSELHAFTE OBJEKTE

Sieben gleichgroße, einander ähnliche Statuen blicken als Einzige auf den Osterinseln in Richtung Meer, zurück nach dem imaginären Hiva. Von dort, so erzählt die Legende, sollen Kundschafter gekommen sein, die auf der Suche nach dem Land »Rapa Nui« waren.

Die Osterinsel – der Nabel der Welt

Zu einer abenteuerlichen Suche nach einem sagenhaften Südkontinent (Terra australis), der irgendwo im Pazifik liegen sollte, brach 1722 der holländische Admiral Jakob Roggeveen auf. Am 5./6. April 1722 sichtete er in den endlosen Weiten des Stillen Ozeans endlich Land. Der gesuchte Kontinent war dies jedoch nicht, sondern nur ein kleines Stück Land von nichts als Wasser umgeben.

OSTERINSEL

Weil die Entdeckung an einem Ostertag erfolgte, nannte er das Eiland »Osterinsel« (»Paasch-Eyland«). Entlang der Küste konnte die Mannschaft gigantische Megalithskulpturen erkennen, die in ihren Augen wenig beachtenswerte Erzeugnisse einer primitiven Inselbevölkerung waren. In ihrer Arroganz verauszuschlagen, sie zu transportieren und aufzurichten? Wen stellen sie dar und welche kultische Bedeutung haben sie?

Rätselvolle Vergangenheit

Eine magische Aura spannt sich noch immer über die Insel, die ihre polynesischen Einwohner »Rapa Nui« (flache, weite Insel) oder »Te-Pito-O-Te-Henau« (Nabel der Welt) nennen. Ihre Geschichte ist geheimnisvoll und mystisch, aber sie ist auch grausam und leidvoll gewesen. Archäologische Untersuchungen ha-

kannten sie, dass sie vor einem der größten Mysterien standen, das bis heute lautlos Fragen an uns richtet: Wie war es den Insulanern gelungen, die teilweise über 10 Meter hohen Kolossalstatuen aus dem Vulkangestein her-

Rätselhafte Steinriesen, geheimnisvolle Steingötter, stumme Götzen, mysteriöse Monumente sind nur einige der vielen Interpretationen, die den »Moais«, wie die gigantischen Statuen auf Rapa Nui benannt sind, zugeschrieben werden. Warum die steinernen Denkmäler errichtet wurden, ist noch immer unbekannt.

Die mythische Ankunft

Die Osterinselbewohner berichten, in grauer Vorzeit habe ein übernatürliches Wesen namens Uoke aus dem rätselhaften Land »Hiva« die Osterinsel erreicht. Uoke bereiste mit einer gigantischen »Stange« den Pazifik und wollte ursprünglich die Felsinsel zerstören.

Doch dies gelang ihm nicht. Stattdessen kam eine Gruppe von 300 Einwanderern aus Hiva, das schließlich von einer großen Sintflut vernichtet wurde.

Durch Magie hatten die Ankömmlinge das kleine Land im Meer aus der Ferne gesehen und es mit Hilfe der Sterne angesteuert; zuvor aber hatten sie sieben weise Magier ausgeschickt, um die Insel auf ihre Ankunft vorzubereiten. Hotu Matua, ihr Anführer, galt den Insulanern als Gottkönig. Vielleicht könnten kleine Schrifttafeln, die auf der Insel gefunden wurden, nähere Auskunft geben, doch leider kann sie heute niemand mehr lesen.

817

RÄTSELHAFTE OBJEKTE

Auf der Osterinsel sind annähernd 1000 Statuen in verschiedenen Größen bekannt. Aufsehen erregen aber nur die Giganten. Der größte von ihnen misst über 20 Meter und wird auf 250 Tonnen Gewicht geschätzt. Er liegt noch mit dem Fels verbunden am Kraterberg Rano raraku (Bild), in dessen unmittelbarer Nähe Hunderte angefangener oder zum Transport bereitgestellter Steinkolosse liegen.

ben ergeben, dass eine Besiedelung um 300 n. Chr. einsetzte. Woher ihre Bewohner jedoch stammten, ist ebenso ein Rästel wie die Antwort auf die Frage, woher sie ihre hoch entwickelte Baukunst und ihre Kenntnisse des Ingenieurswesens hatten.

Derzeit gibt es zwei Annahmen. Die Einwanderung erfolgte in drei Schüben durch unterschiedliche Volksgruppen aus Polynesien – oder es gab eine Verbindung nach Südamerika. Diese zweite These stellte der norwegische Ethnologe Thor Heyerdahl (*1914) auf, der verschiedene Hinweise dafür fand: Steinmauern, die wie in Peru gemeißelt wurden, ähnliche Kulte, z. B. ein Vogelkult, demzufolge ein Vogelei aus einem der Küste vorgelagerten Felsen geborgen wurde und dem Bergenden magische Kräfte verlieh sowie die Funde von Pflanzenarten, wie sie ursprünglich nur in Südamerika wuchsen. Mit seiner Aufsehen erregenden Ozeanüberquerung in einem Schilfboot von Peru zur Osterinsel bewies er, dass eine solche Möglichkeit denkbar ist.

Der Niedergang einer Hochkultur

Der Verfall der alten Kultur setzte kurz nach Ankunft der Holländer ein. Als der britische Seefahrer James Cook (1728–1779) rund 50 Jahre später, um 1774, die Insel betrat, waren die großen Statuen umgeworfen. Ein Machtkampf zwischen zwei ethnischen Gruppen, den »Langohren« und den »Kurzohren«, hatte zur fast völligen Ausrottung der Adelsschicht, der Langohren, geführt. 1862 verschleppten zudem peruanische Sklavenjäger

900 Osterinsulaner, darunter der letzte »Ariki« (König) und alle Wissensträger zur Sklavenarbeit nach Peru und Chile.
Und Krankheiten reduzierten im 19. Jahrhundert die Bevölkerung schließlich auf 111 Personen. So ging auch das Wissen um ihre Vorfahren, die alten Kulte und um das geheime Mysterium dieser Insel fast gänzlich verloren.

Den Geheimnissen auf der Spur

1955 erreichte Thor Heyerdahl die nur 118 Quadratkilometer große Insel und machte sich zielstrebig daran, die Frage nach der Herstellungstechnik der Steinkolosse zu beantworten. In den Steinbrüchen der Kraterwände lagen noch Hunderte primitiver Faustkeile und Statuen in allen Bearbeitungsphasen. 18 Tage lang versuchten Arbeiter aus dem Fels eine neue Figur, von den Einheimischen »Moai« (Standbild) genannt, herauszumeißeln.

Das Ergebnis war niederschmetternd, denn nur Umrisse waren zu erkennen, und die Bildhauer hatten völlig zerschundene Hände. Dagegen gelang es ihnen, einen der über 600 Steinriesen unter großem Aufwand mit einer primitiven Hebeltechnik zu transportieren.

Eine Frage aber bleibt: Zu welchem Zweck gingen die etwa 4000 Einwohner der Insel mindestens 300 Jahre lang einer völlig unproduktiven Arbeit nach? Welche spirituelle Kraft trieb sie dazu?

Mythen und überirdische Kräfte

Es sind die Statuen selbst, die Riten und Erzählungen, die von der mythischen Vergangenheit künden. Nimmt man die Überlieferungen ernst, dann besaßen die angesehenen Magier eine spirituelle Kraft, »mana« genannt, die sie auf einen runden Stein, den »Te Pito Kura« konzentrierten, und mit der Macht ihres Wortes konnten sie die Megalithstatuen schließlich schweben lassen. Kann man einer solchen Legende trauen? Immerhin ist es erstaunlich, dass es ähnliche Behauptungen aus vielen Teilen der Welt gibt, etwa aus Ägypten, aus Tibet und aus Mexiko.

1886 erzählte der Dorfälteste Ure Vaeiko, dass ein Ahne, der weise Heke, vor langer Zeit Straßen aus allen Richtungen zum Zentrum der dreieckig geformten Insel bauen ließ, damit man die Gestalt des Netzes einer grauschwarzen Spinne erhielte, die schließlich nach der Legende von dort aus »in den Himmel emporgestiegen« sei. Spiegelt sich hier ein auf den Himmel bezogenes Koordinatensystem wider, wie es auch die Astronomen kennen?

Inselzauber

Vielleicht aber hatten die Insulaner auch etwas ganz anderes im Sinn. Fast alle Moais blicken nämlich nicht, wie man annehmen könnte, auf das Meer hinaus, sondern richten ihre Augen auf einen imaginären Punkt am Himmel über dem Zentrum der Insel. Verfolgt man ihre Blicke mit gedachten Linien, so ergibt sich eine Pyramide. Wollten sie auf diese Weise auf dem »Nabel der Welt« eine ungeheuere magische Kraft konzentrieren? Gelang ihnen dieses Vorhaben? Konnten sie wirklich die Schwerkraft aufheben? Ihre steinernen Götter wurden aus zwei verschiedenen Steinarten (Tuff und Basalt) zusammengesetzt. Sollte so eine ganze Batterie von mineralischen »Elementen« entstehen, um einer neuen Katastrophe wie in ihrer ehemaligen Heimat, dem legendären Hiva, vorzubeugen? Bedienten sich diese Meisterarchitekten eines verlorengegangenen Wissens einer Urzivilisation? Die Monumentalstatuen schweigen seit Jahrhunderten und werden sich auch künftig nur mühsam ihr Geheimnis entreißen lassen.

OSTERINSEL

Sternenkult

Die Insulaner bezeichnen ihr Land auch als Mata-Ki-Te-Rani (»in den Himmel blickende Augen«). Dieser Name leitet sich von den stechenden Blicken der Moais ab, die einst durch weiße Korallen-Einlegearbeiten in den dunklen Augenhöhlen hervorgerufen wurden. Auf diese Weise durchforschten die Statuen Tag und Nacht den Kosmos wie spähende Astronomen. Erstaunlich ist, dass mehrere Statuen eine Ausrichtung auf markante Sonnenstände (Sommer-, Wintersonnenwende) erfahren haben. Zudem gab es eine Bruderschaft von »gelehrten Männern, die den Himmel studierten« (Tangata Rani) und ein Sternenobservatorium (papa ui hetu'u). Es ist also denkbar, dass man auf der Osterinsel einen Sonnen- und Sternenkult betrieb.

Ko te Riku wird ein etwa 4,74 Meter hoher und 20 Tonnen schwerer Moai genannt. Auf seinem Kopf thront ein tonnenschwerer rot schimmernder Pukao. Schon aus der Entfernung leuchten die aus weißer Koralle eingelegten Augen der Statue. Heute ist dies die einzige noch »sehende« Figur der Osterinsel.

819

RÄTSELHAFTE OBJEKTE

Geheimnisvolle Landkarten

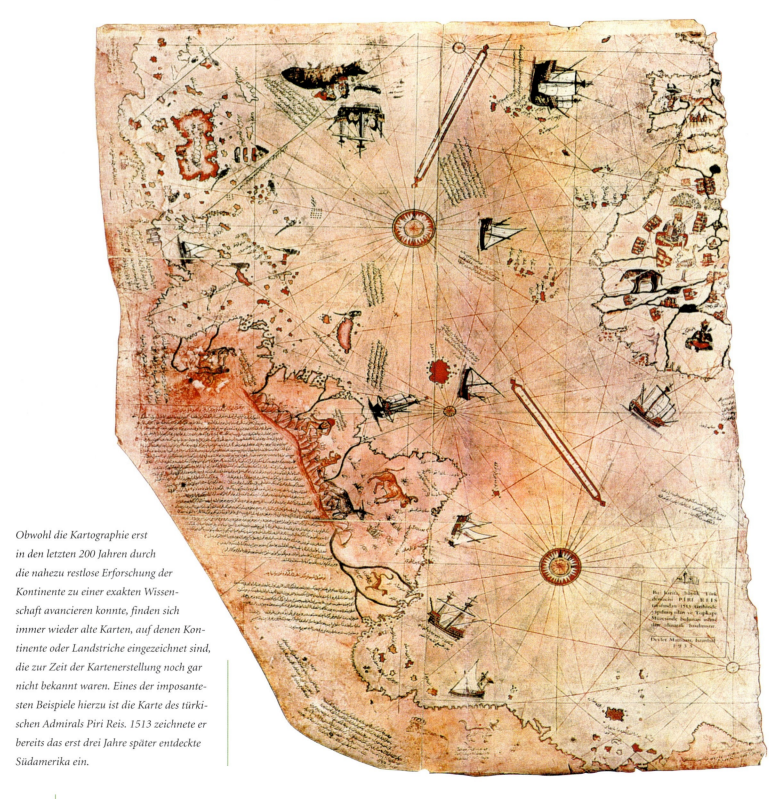

Obwohl die Kartographie erst in den letzten 200 Jahren durch die nahezu restlose Erforschung der Kontinente zu einer exakten Wissenschaft avancieren konnte, finden sich immer wieder alte Karten, auf denen Kontinente oder Landstriche eingezeichnet sind, die zur Zeit der Kartenerstellung noch gar nicht bekannt waren. Eines der imposantesten Beispiele hierzu ist die Karte des türkischen Admirals Piri Reis. 1513 zeichnete er bereits das erst drei Jahre später entdeckte Südamerika ein.

LANDKARTEN

Eine der unglaublichsten Landkarten, die je gezeichnet wurde, stammt aus dem Jahr 1513 von dem türkischen Admiral Piri Reis (1470–1554). Auf der Abbildung kann man sehr genau Teile Westafrikas, der Pyrenäen-Halbinsel und des amerikanischen Kontinents sehen – auch die Umrisse Südamerikas sind eingezeichnet, obwohl es erst 1516 entdeckt wurde. Ein Faksimiledruck der 1929 in Istanbul wieder entdeckten Karte gelangte 1956 in die Hände von M. J. Walter vom Amt für Hydrographie der US-Marine. Dieser kam zu der Ansicht, die Karte müsse auf Informationen zurückgehen, die bereits jahrtausendealt seien. Doch wer sollte damals in der Lage gewesen sein, moderne Atlanten zu erstellen?

Kartographen früher Zeiten

Als der Geschichtswissenschaftler Professor Charles Hapgood vom Keene State College in New Hampshire von der abenteuerlichen Vermutung Walters hörte, beschloss er, die Karte genauer zu studieren. Nach sieben Jahren legte er das Ergebnis seiner Detektivarbeit vor. Die europäische Küste und die nordatlantischen Inseln sind mit Längengraden versehen, die im korrekten Abstand zur Küste Südamerikas und der Antarktis stehen. Diese Erkenntnis stellt eine Sensation dar, weil die Längengrade noch nicht einmal zu Beginn des 18. Jahrhunderts korrekt bestimmt werden konnten. Hierzu wäre eine exakte Zeitmessung nötig gewesen, die nur mit mechanischen Uhren vorgenommen werden konnte, die aber 1513 noch niemand besaß.

Blick aus dem All

Auch die Karibik war richtig eingezeichnet, allerdings in einem falschen Winkel. Der Amazonas war gleich zwei Mal abgebildet. Professor Hapgood fand eine einleuchtende Erklärung: Piri Reis hatte angemerkt, dass er seine Karte anhand von 20 sehr alten Einzelkarten erstellt hatte. Offenbar gab es Schwierigkeiten, die Überschneidungen zu bestimmen. Hinzu kam, dass die Karte nicht wie moderne Karten am Äquator ausgerichtet war, sondern von einem Zentrum in großer Höhe über der ägyptischen Stadt Syene (Assuan). Nach einer

Sensation aus der Antike

Im März 1998 machten Archäologen in der Nähe des römischen Kolosseums einen Sensationsfund. In den Ruinen der Villa des Kaisers Nero (Domus Aurea) war auf einem 2000 Jahre alten Fresko der erste große Stadtplan der Antike abgebildet. »Es ist mit Sicherheit nicht Rom, wir hätten nie gedacht, dass die Gebäude im Altertum so seltsame Formen haben konnten«, kommentierte der römische Chefarchäologe Eugenio La Rocca den aufsehenerregenden Fund. Eher sähe es wie London aus, meint er, doch das könne schließlich nicht sein. Große Gebäude spiegeln sich im Wasser, eine Stadtmauer, Türme, ein halbrundes Theater und Brücken sind zu sehen. Und was die Sensation perfekt macht: Die Stadt wurde aus der Vogelperspektive gezeichnet, als schwebte der Zeichner über den Stadttoren.

Rund um das Kolosseum in Rom gibt es immer wieder überraschende Entdeckungen. 1998 fand man ein Wandfresko mit einem Stadtplan aus der Vogelperspektive.

RÄTSELHAFTE OBJEKTE

Im National Maritime Museum von London befindet sich diese Weltkarte von Nicolas des Liens. Sie wurde 1567 hergestellt und stellt einen interessanten Vergleich zu modernen Landkarten dar. Obwohl dem damaligen Wissensstand entsprechend sehr genau kartographiert, weicht sie in ihrer Exaktheit von heutigen Zeichnungen in Atlanten ab.

entsprechenden Korrektur wurde es dem Professor unheimlich. Er stellte fest, dass auch die Ostküste Amerikas, 1513 noch völlig unbekannt, präzise gezeichnet war. Der Fluss Atrato in Kolumbien war genau vermessen: von seiner Quelle in den Kordilleren bis zum Pazifik.

Eine Sensation stellt die Abbildung der Antarktis dar, die erst 1818 entdeckt wurde. »Die geographischen Einzelheiten stimmen bemerkenswert mit den Ergebnissen des seismischen Profils überein, die von der Antarktis-Expedition des Jahres 1949 gemacht wurde«, stellt Hapgood fest. »Dies beweist, dass der Küstenverlauf gezeichnet wurde, bevor er mit Eis überzogen war (vor mindestens 10.000 Jahren). Wir wissen nicht, wie die Daten auf dieser Landkarte mit den geographischen Kenntnissen des Jahres 1513 in Einklang gebracht werden können.«

Geheimnisse alter Karten

Die Kenntnis früher Kartographen über unsere Welt war nur fragmentarisch, und doch zeugen alte Erdkarten in einer besonderen Weise von der kulturellen Vergangenheit des Menschen. Schnell wird bei ihrer Betrachtung deutlich, wie wenig von unserer Erde selbst noch im 17. Jahrhundert bekannt war. Umso überraschender ist, dass es einige Karten gibt, die im krassen Widerspruch zur damaligen Kenntnis europäischer Kartographen stehen. Diese Karten enthalten Länder und Inseln, die noch gar nicht entdeckt waren. Woher nahmen die Gelehrten ihre unglaublichen Informationen?

Modernes Wissen

Vasco de Balboa (1475–1519) durchquerte 1513 als erster Europäer Panama und erreichte anschließend den Stillen Ozean. Francisco Pizarro eroberte 1532 das Reich der Inka in Peru und Pedro de Valdivia gelangte um 1550 bis nach Chile. Von geographischen Vermessungen war man weit entfernt. Doch schon 1510 zeichnete der Schweizer Gelehrte Henricus Glareanus (1488–1563) eine Erdkarte, auf der er sowohl die Ostküste als auch die Westküste Südamerikas mit Buchten und Flüssen in überraschender Detailtreue wiedergab.

822

Aus dem Jahr 1569 stammt eine Weltkarte von Gerhard Mercator (1512–1594), dem Begründer der wissenschaftlichen Kartographie. Darauf sehen wir den antarktischen Kontinent, der erst 250 Jahre später entdeckt wurde. Er gab damals völlig unbekannte Orte auf Antarktika wieder, wie etwa das Kap Dart, den Amundsensee, die Thrustoninsel oder die Regulakette und berief sich auf alte Quellen.

Erklärungsmodelle

Drei mögliche Erklärungen werden heute diskutiert. Erstens fragt man sich: Waren unsere Vorfahren vielleicht trotz ihrer primitiven Technik in der Lage, schon vor Jahrtausenden in kleinen Booten die riesigen Weiten der Ozeane zu vermessen? Gelang es ihnen, ihren Standort selbst auf dem Atlantik genau zu bestimmen, ferne Kontinente zu durchforschen und ihre Ergebnisse zu einem zentralen Punkt zurückzubringen und genaueste Landkarten anzufertigen?

Die Vertreter der zweiten These sind davon überzeugt, dass diese Karten auf dem Wissen außerirdischer Besucher beruhen müssen, da die Piri-Reis-Karte gezeichnet wurde, als hätte ein Satellit mehrere sich überlappende Fotos aus sehr großer Höhe geschossen. Da sich auch die Verzerrung durch die Kugelgestalt der Erde widerspiegelt, könnte diese Landkarte tatsächlich ein wichtiges Indiz für einen Besuch extraterrestrischer Raumfahrer in früher Zeit darstellen.

Hapgood selbst zieht folgenden Schluss: »Es könnte sein, dass die Wissenschaft, die wir in der Dämmerung der aufgezeichneten Geschichte sehen, nicht unsere Wissenschaft in ihren Anfängen war, sondern die Überreste der Wissenschaft einer unentdeckten Zivilisation darstellt.« Vorläufig bleiben wir auf Spekulationen angewiesen, aber ein fantastisches geschichtliches Objekt bedarf auch einer fantastischen Erklärung.

Sensation in chinesischem Grab

Die älteste Landkarte Chinas ist 2100 Jahre alt und ähnelt verblüffend einer modernen geologischen Karte. Entdeckt wurde sie im Grab der Aristokratin Ma Wang Dui (um 150 v. Chr.), das sich am Rand der Stadt Changsha (Hunan) befindet. Maßstabgetreu (1 : 180.000) bildet sie hervorragend die topographischen Gegebenheiten des Gebietes von Daoxian (Provinz Hunan), den Xiao-Fluss und die Gegend um Nanhai (Provinz Guangdong) ab. Professor Wang Shiping vom Historischen Museum in Xian kommentierte 1996 den Fund mit den Worten: »Wenn es nicht so fantastisch klingen würde, müsste man sagen, das Vorbild für diese Karte ist eine Satellitenaufnahme, die vor Jahrtausenden von einem fremden Satelliten aus dem Erdorbit gemacht worden ist«.

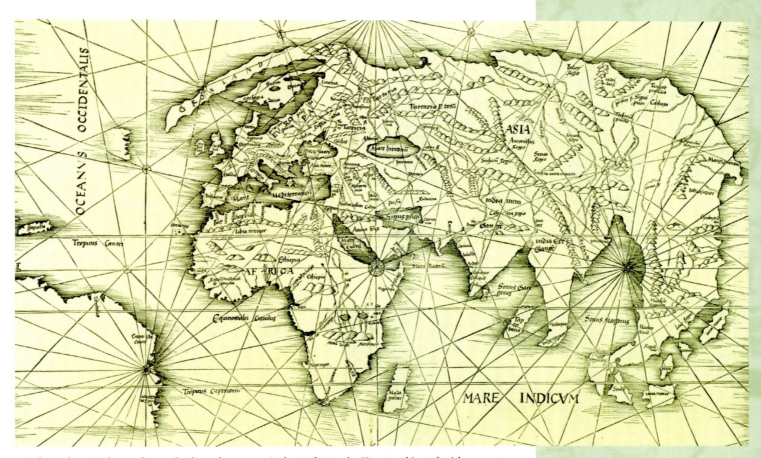

Mit der exakten Zeichnung der Landenden nahm man es in den Anfängen der Kartographie noch nicht so genau. Gerade Linien wechselten sich mit Rundungen ab, um den Unterschied von Land und See zu markieren. Der Holzschnitt einer Karte aus dem Jahr 1513 zeigt in fast naiv anmutender Weise Höhenzüge, Meere und Landflächen an.

RÄTSELHAFTE OBJEKTE

High-Tech-Astronomie in der Antike

Der Holzschnitt aus dem Jahr 1876 demonstriert wie hoch man die technischen Möglichkeiten der Antike ansetzte. Der Astronom Hipparchos von Nicaea, der um 190 bis 125 v. Chr. in der Sternwarte von Alexandria arbeitete, wird hier bei seinen Forschungen gezeigt.

Besaßen unsere Vorfahren vor Jahrtausenden modernes technisches Wissen? Verstanden sie es, optische Linsen und Teleskope herzustellen? Der französische Astronom Dr. Théodore Moreux besuchte 1903 in Tunesien die antike Stadt Karthago (8.–2. Jahrhundert v. Chr.). Dort führte ihn Pater Delattre in sein Museum, das von einem kirchlichen Orden unterhalten wurde. Moreux wunderte sich über die miniaturhaften Darstellungen auf einer der dort ausgestellten Kameen und fragte, ob ein Gegenstand gefunden wurde, der wie eine Uhrmacherlupe aussah. Zu seiner Verwunderung übergab ihm der Priester eine kleine plankonvexe Linse, die in einem Grab gelegen hatte. Wer, fragte sich Moreux, verstand es vor über 2500 Jahren Linsen zu schleifen?

Kuriose Kristalllinsen

Moreuxs Neugierde war geweckt. Er ermittelte, dass schon 1852 der englische Physiker Sir David Brewster (1781–1868) ein Plättchen aus Bergkristall untersucht hatte, das wie eine Linse geschliffen und als Vergrößerungs- oder Brennglas gedient hatte und bei Ausgrabungen im assyrischen Ninive/Irak gefunden wurde und auf das 8. Jahrhundert v. Chr. zurückgeht. Eine absolute Kuriosität wurde im ägyptischen Heluan aufgespürt: eine Vergrößerungslinse aus Bergkristall, die mit Cäsiumoxid behandelt worden war. Heute wird Cäsiumoxid durch

HIGH-TECH-ASTRONOMIE

Das Sonnenobservatorium von Vaxactún im heutigen Mexiko gilt als eine der frühen wissenschaftlichen High-Tech-Stätten. Der Grundriss der Pyramide entspricht dem aztekischen Symbol der Null.

elektrochemische Verfahren erzeugt, wie konnte man aber ein solches Resultat vor mehr als 2000 Jahren erzielen?

Wer eine noch ältere, fast 3000 Jahre alte, Verkleinerungslinse sehen möchte, kann dies in der Türkei im Museum von Ankara tun. Sie kam bei Ausgrabungen in Ephesos ans Tageslicht. Auch aus Kreta stammt eine qualitativ sehr hochwertige Linse aus dem 5. Jahrhundert v. Chr. Spezielle, asphärisch geschliffene Gläser aus einem Wikinger-Grab der Ostseeinsel Gotland untersuchte der deutsche Diplom-Ingenieur Olaf Schmidt im Jahr 1998: »Die Form der Linse ist so gut, dass man sie auch nach heutigen Maßstäben als ausgefeilt bezeichnen kann,« lautet sein Resümee.

Vergrößerungsgläser antiker Astronomen

Zu einer sensationellen Schlussfolgerung gelangte 1999 die Astrophysikerin und Archäologin Professor Marilyn H. Childs (Washington, USA): »Ich postuliere eine prähistorische Technologie der Teleskopherstellung. Bei meinen Forschungen stieß ich auf unterschiedliche astronomische Motive, bei denen bearbeitete Spiegel im Mittelpunkt standen.« Ihre Untersuchungen ergaben Übereinstimmungen mit modernen Reflektor-Teleskopen. In der heiligen Literatur der Maya-Indianer fand sie weitere Verbindungsglieder für ihre These:

»Viele astronomische Angaben konnten nur über lange Zeiträume mit technischen Beobachtungsgeräten ermittelt werden. Nur moderne Teleskop-Technik kann die präzisen Kalenderberechnungen erklären. Maya und Chinesen überliefern uns, dass die Priester-Astronomen bei ihren mathematischen Kalkulationen und ihrer Astronomie Hilfe von Göttern erhielten. Legenden legen einen Kontakt mit prähistorischen Astronauten nahe.«

Ob man dieser weitreichenden Schlussfolgerung zustimmt oder nicht: Das technische Wissen früher Kulturen muss erheblich umfangreicher gewesen sein, als wir bislang annahmen.

Teleskope vor 3000 Jahren

Sir Austen Layard (1817–1894) entdeckte 1850 in Nimrud (Irak) eine Bergkristalllinse, die im Britischen Museum in London aufbewahrt wird. Für die Bearbeitung eines solch harten Kristalls hätte ein Mensch der Antike mit den damaligen technischen Möglichkeiten viele Jahre benötigt, um eine Linse von solcher Präzision herzustellen. Wozu betrieb man diesen Aufwand?

Professor Giovanni Pettinato von der Universität in Rom kam 1999 zu der Ansicht, die Linse sei Teil eines Teleskops gewesen. Er weist darauf hin, dass schon die Assyrer über die Ringe des Saturn Bescheid gewusst haben. Aus dem 3. Jahrhundert v. Chr. existiert zudem die Beschreibung eines geheimnisvollen Instruments, das König Ptolemaios III. (284–221 v. Chr.) auf dem Leuchtturm von Alexandria (Ägypten) anbringen ließ, um »ferne Schiffe sehen zu können.«

Viele Hinweise führen zu der Annahme, dass bereits weit vor der Zeitenwende im Nahen Osten Teleskope bekannt waren. Der Fund dieser geheimnisvollen Linse im Irak, deren Herstellung sich bis heute nicht erklären lässt, bekräftigt diese Vermutung.

825

RÄTSELHAFTE OBJEKTE

High-Tech-Waffen im Altertum

Ein assyrisches Wandrelief vom Palast des Königs Assurnasirpal II. aus dem 9. Jahrhundert v. Chr. im Britischen Museum in London zeigt ein Panzerfahrzeug mit Kanonenrohr wie man es sonst erst in den Kriegen der letzten Jahrhunderte gesehen hat. Forscher legen daher die Vermutung nahe, dass es hochtechnische Waffen schon in grauer Vorzeit gab.

Panzer, Photonenkanonen und Atombomben sind Erfindungen unserer hochtechnisierten Welt. Zumindest glauben wir dies. Berichte aus geschichtlichen Zeiten lassen jedoch erhebliche Zweifel daran aufkommen. Es scheint nämlich, als hätten High-Tech-Waffen schon vor vielen tausend Jahren existiert.

Biblische Schallkanonen

Ein Hinweis hierauf findet sich im israelischen Jericho. Mit einem Alter von nahezu 7000 Jahren gehört die Königsstadt der Kanaaniter zu den ältesten Städten der Welt. Der Name Jericho ist jedoch weniger mit den Glanzzeiten einer reichen Kultur, als vielmehr mit deren Vernichtung durch die Israeliten verbunden: »Jericho hielt wegen der Israeliten die Tore geschlossen. Niemand konnte heraus und niemand konnte hinein«, berichtet die Bibel im Buch Josua (6,1). Josua (ca. 1400 v. Chr.), der Heerführer der Israeliten, wurde schließlich von einer göttlichen Erscheinung aufgefordert, die Stadt mit seinen

Kriegsleuten sechs Tage zu umrunden. »Am siebenten Tage sollen die Priester in die Posaunen stoßen. Und es soll geschehen, wenn man das Lärmhorn anhaltend bläst, dass die Mauer der Stadt einstürzen wird«. (6,5) Laut dem biblischen Berichterstatter zerbarst die Festungsmauer beim Schall der Posaunen und

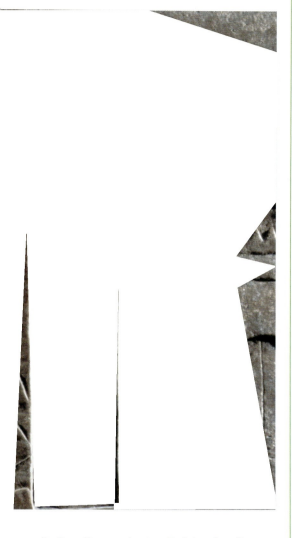

die Israeliten eroberten Jericho. Ist dies nur eine fromme Legende? Möglicherweise nicht, denn weitere Details lassen sich archäologisch bestätigen, so beispielsweise die Spuren einer Feuersbrunst und einer Seuche.
Der Gelehrtenstreit ist jedoch um das Datum des Niedergangs entbrannt. Waren es wirklich die Israeliten, die Jerichos Mauern durch akustische Schwingungen zum Einsturz brachten oder war es doch nur ein zufälliges Erdbeben, das die doppelte Festungsmauer brechen ließ?

Was man lange Zeit für unmöglich hielt, nämlich Gegenstände mit Schallwellen zu zerstören, ist mit moderner Ultraschall-Technik bereits machbar und wird im medizinischen Bereich etwa zum Zertrümmern von Nieren- und Gallensteinen eingesetzt. Stand den Israeliten bereits ein solches Wissen zur Verfügung?

Indische Atombomben

Im rund 5500 Jahre alten indischen Mahabharata-Epos scheinen atomare Waffen erwähnt zu werden, wenn es heißt, eine »göttliche Waffe« sei gegen das Volk der Vrischni eingesetzt worden, aus der ein Blitz, heller als tausend Sonnen schoss und Menschen und Tiere zu Staub werden ließ. Andere litten unter furchtbaren Qualen, Haarausfall und verloren die Fingernägel. Tontöpfe zerbrachen ohne sichtbaren Anlass. Selbst das Reinigen der Kleider und Körper half nichts. Von häufigen Fehlgeburten bei den überlebenden Frauen ist die Rede. Der indische Sanskrit-Gelehrte Professor Dileep K. Kanjilal aus Kalkutta (*1933) weist darauf hin, dass auch vom Toben heftiger Stürme, Donnergrollen bei wolkenlosem Himmel, einem anschließenden Beben der Erde und einer Finsternis berichtet wird. Er meint: »Es ist an der Zeit, den Gang der menschlichen Zivilisation neu zu betrachten und diesen vergessenen Bereich antiker Technologien in den ihm gebührenden Rahmen zu stellen.«

Zwar hatten die Neandertaler noch nicht die kriminologischen Kenntnisse der Neuzeit, doch lässt sich aufgrund der Einschusslöcher in einem gefundenen Neandertalerschädel vermuten, dass es zu Lebzeiten des Ermordeten vor mindestens 30.000 Jahren bereits Feuerwaffen gegeben hat.

HIGH-TECH-WAFFEN

Hochgeschwindigkeits-Projektile

Der merkwürdigste Fund, der auf technische Waffen in früheren Zeiten hinweist, dürfte der Schädel eines Neandertalers sein, der vor 40.000 Jahren lebte und 1921 in Zimbabwe entdeckt wurde. Er weist einen glatten Durchschuss eines Hochgeschwindigkeits-Projektil mit dem typischen Einschussloch eines Kalibers auf, das beim Austritt den Hinterschädel zerfetzte.
Der zweite sonderbare Fund liegt im Paläontologischen Museum von St. Petersburg (Russland). Wieder handelt es sich um das Einschussloch eines Geschosses. Diesmal in den Schädel eines 4000 Jahre alten Bisons. Im Gegensatz zu »kalten Waffen« wie Pfeilen und Lanzen, hinterlassen Projektile radial verlaufende Sprünge und Risse. Wer aber schoss schon in der Altsteinzeit mit einem Gewehr?

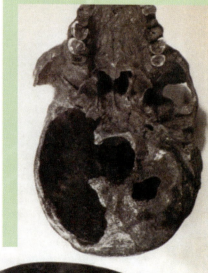

RÄTSELHAFTE OBJEKTE

Flugzeuge vor Jahrtausenden?

Auf der ganzen Welt sind Beweise einer frühen Fachkenntnis der Luftfahrt entdeckt worden. Da die Objekte bereits tausende Jahre alt sind, gehen einige Forscher davon aus, dass sie unter Anleitung von Außerirdischen gebaut wurden.

FLUGZEUGE

Über 500 Jahre lagen sie in kolumbianischen Fürstengräbern: goldene Amulette, die modernen Flugzeugen verblüffend ähnlich sehen. Luft- und Raumfahrtingenieure sind davon überzeugt, hochmoderne aerodynamische Konstruktionen vor sich zu haben. Die Tragflächen weisen eine Dreiecksform auf und sind an der unteren Seite des Rumpfes befestigt. Sowohl das Leitwerk mit der hochaufragenden rechtwinkligen Seitenruderflosse als auch das horizontal angeordnete Höhenruder entsprechen exakt den Maßen eines Flugzeuges. Selbst der blasenförmige Rumpf findet sich heute bei Transportflugzeugen und dem Space Shuttle wieder. Und in seinen Proportionen entspricht das goldene Objekt dem modernen »Einmaleins des Flugzeugbaus« und nicht etwa Konstruktionen aus den Anfängen der Fliegerei. Handelt es sich um einen unglaublichen Zufall oder um konkretes technisches Wissen früher amerikanischer Kulturen?

Der Flug des Phönix

Den deutschen Flugzeugmodellbauern Dr. Algund Eenboom, Peter Belting und Conny Lübbers gelang 1996 der konkrete Nachweis, dass die rätselhaften Gegenstände tatsächlich fliegen konnten. Sie bauten maßstabsgetreue Modelle nach, die während der Startphase, dem Gleit- und Landeflug höchst erstaunliche Flugeigenschaften zeigten. Selbst ein komplettes Kunstflugprogramm mit extremsten Flugmanövern wie Loopings, Rollen und Turns zeigte keine aerodynamische Schwäche auf.

Techniker der Deutschen Gesellschaft für Luft- und Raumfahrt attestierten die flugfähigen Formen. Schon zuvor waren Messungen im Windkanal, einer Anlage zur Untersuchung aerodynamischer Eigenschaften, erfolgt. Dr. Arthur Poyslee vom Aeronautical Institute in New York resümiert: »Vögel mit derart präzisen Tragflächen und senkrecht hochgestellten Spannflossen kann man sich nicht vorstellen.«

Fabeltiere

Im dicht bewaldeten Cauca-Graben in Kolumbien entwickelten die Tolima-Indianer um 500 n. Chr. eine filigrane Technik der Goldverarbeitung. Archäologen sehen in diesen kleinen Objekten mythische Wesen, sind sich aber über die Hintergründe der Motive uneinig. Nach Meinung einiger Forscher könnten es »geflügelte Krokodile« oder Fischdarstellungen sein. Haben Indianer einfach nur die Natur kopiert? Mit Gewissheit nicht. Die Anatomie natürlicher Wesen spricht dagegen. Alle flugfähigen Spezies, die jemals auf der Erde gelebt haben, waren Hoch- oder Schulterdecker, also mit den Flügeln stets dort positioniert, wo Menschen Arme haben. Tiefdecker, wie die vorliegenden Funde, sind absolut widernatürlich. Auch Insekten als Vorlage scheiden aus, weil diese, argumentieren Flugzeugspezialisten, ein hyperinstabiles Flugverhalten aufweisen, also permanent gegen den Absturz anrudern müssen. Viele Forscher sind überzeugt: Hier liegen eindeutig hochmoderne Flugzeugformen vor.

In Anbetracht der Tatsache, dass die antiken Flugzeugmodelle tatsächlich fliegen konnten, müsste eigentlich die Chronologie der technischen Entwicklung neu geschrieben werden. (Modell des links abgebildeten präkolumbianischen Objektes)

RÄTSELHAFTE OBJEKTE

Ägyptische Flugzeuge der Antike

Im Jahr 1891 ging ein Menschheitstraum in Erfüllung. Der deutsche Ingenieur Otto Lilienthal (1848–1896) erhob sich als erster Mensch in einem selbstgebauten Fluggerät zu einem Gleitflug. Dieses historische Ereignis läutete die Geschichte der Flugzeuge ein.

Tatsächlich? Im Ägyptischen Museum in Kairo wird das Modell eines Flugzeuges aufbewahrt, das 200 Jahre vor der Zeitwende gebaut und als Grabbeigabe in der Nähe der Stufenpyramide von Sakkara entdeckt wurde. Der Gegenstand misst etwa 15 Zentimeter und hat eine Spannweite von 18 Zentimetern.

Aufgefallen war der ungewöhnliche »Vogel« dem Ägyptologen Professor Kahlil Messiha, denn die V-förmigen Winkel der Vorderkanten und der senkrecht stehende Schwanz sind bei keiner Vogelart bekannt, sondern entsprechen dem Seitenruder des Leitwerks eines Flugzeuges. Die Sensation war perfekt, als es Messiha gelang, das 2200 Jahre alte Holzmodell durch die Luft gleiten zu lassen.

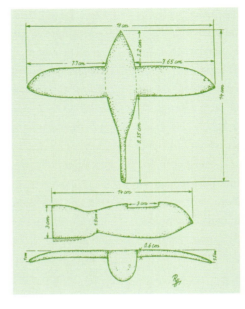

Die Konstruktionszeichnung für den Nachbau des altägyptischen Flugkörpers.

Dieses Modell eines altägyptischen Flugkörpers befindet sich im Ägyptischen Museum von Kairo. Die verblüffende Ähnlichkeit des vogelartigen Objekts mit einem Segelflugzeug ist nicht zu leugnen.

Der maßstabsgenaue Nachbau des nebenstehend abgebildeten Flugkörpers beim Testflug.

FLUGZEUGE

Im August 1891 erhob sich der Flugpionier Otto Lilienthal erstmals mit einem Doppeldecker 15 Meter in die Lüfte. Lilienthal und seine Zuschauer hatten sicher nicht von den »Flugzeugen vor Jahrtausenden« gewusst.

Aerodynamische Perfektion

Inzwischen haben Flugingenieure mehrfach die rätselhafte Grabbeigabe untersucht. Die Expertisen stimmen überein: Die Flügel besitzen aerodynamische Formen moderner Tragflächen, und die Rumpfform setzt flugtechnisch korrekt dem Wind den größten Widerstand entgegen.

Handelt es sich nur um einen Zufall oder um die Laune eines altägyptischen Künstlers? Fest steht: Dieser Gegenstand sieht nicht nur aus wie ein Flugzeug, sondern besitzt auch dessen Flugfähigkeit. Experten vermuten, es könne sich um das Modell eines großen Segelflugzeugs gehandelt haben, das schwere Lasten transportieren sollte.

5000 Jahre alt ist ein weiterer seltsamer Gegenstand aus der Grabkammer des ägyptischen Prinzen Sabu, den der renommierte Ägyptologe Walter B. Emery 1936 in Sakkara entdeckte. Technikern fiel die Ähnlichkeit mit einem Impeller, also einer Luftschraube auf, wie sie in heutigen Flugzeugen Verwendung findet. Besaß Prinz Sabu Kenntnisse über Flugzeugantriebe oder erhielt er sein Wissen gar von höheren Intelligenzen aus dem All? Anhand der vielen historischen Funde, die alle auf ein uraltes aerodynamisches Wissen schließen lassen, könnte man dies wohl vermuten. Dennoch: Prinz Sabu und alle anderen Flugzeugbauer der Vorzeit nahmen ihr Geheimnis um die mysteriösen Flugobjekte aus aller Welt mit ins Grab.

Aus dem 18. Jahrhundert stammt diese Radierung, die den ersten bemannten Aufstieg eines Heißluftballons am 21. November 1783 in Paris bezeugt. Verantwortlich für das historische Ereignis waren die Erfinder dieses Fluggeräts, die Brüder Montgolfier, Etienne (1745–1799) und Michel-Joseph (1740–1810).

Antike Ballonfahrer

Der Grieche Strabon (64 v.–3 n. Chr.) berichtet über die geheimnisvolle Sekte der Kapnobaten, also »die mit Hilfe des Rauches sich Erhebenden«. Offenbar beherrschten diese das Fliegen mit Hilfe des Warmluftauftriebes. Gleiches schreibt der griechische Dichter Lukian (120–180) über Frauen aus Thessalien, die mit einem Gerät, das aus zwei mit Rauch gefüllten Säcken bestand, von den Bergen herabschwebten. Die Priester des griechischen Hieropolis kannten offenbar dasselbe Verfahren; sie konnten ihr Orakel-Idol in die Luft gleiten lassen. Die Vorstellung, dass frühgeschichtliche Aeronauten bereits vor Jahrtausenden gleitfähige Flugzeuge und ballonähnliche Konstruktionen entwickelten, ist faszinierend. Einige Jahrhunderte später, 1709, also noch 74 Jahre vor dem historischen Heißluftballonflug der Gebrüder Montgolfier, erhob sich im Beisein von König Johann V. von Portugal eine dreieckige Ballonpyramide zu einem Flug über Lissabon. An Bord befand sich ihr Konstrukteur Pater Bartolemeu de Gusmao. Die Grundidee hatte er von Indianerstämmen seines Missionierungsgebietes in Brasilien übernommen. Diese fertigten seit jeher für kultische Handlungen Heißluftballone aus tierischen Eingeweiden an.

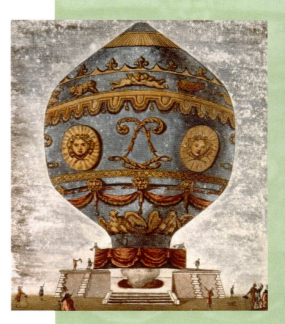

831

RÄTSELHAFTE OBJEKTE

Eiszeitliche Nanotechnik

Eine Spirale, kleiner als ein Millimeter, dargestellt in 500-facher Vergrößerung unter einem Elektronenmikroskop im Geologischen Institut von Moskau. Wäre die Spirale aus dem 20. Jahrhundert, wäre sie nichts Besonderes, da man solche Gegenstände mit Hilfe der Nanotechnik mittlerweile in Massen herstellen kann. Die Spirale stammt jedoch aus dem Pleistozän – sie ist höchstens zwei Millionen, mindestens aber 10.000 Jahre alt.

Nanotechnische Objekte gehören zu dem Fortschrittlichsten, was Techniker in der heutigen Zeit herzustellen vermögen. Die Nanotechnik ermöglicht die Produktion von mikro-miniaturisierten Objekten in der Größe von Bruchteilen eines Millimeters. Als Sensation muss es gelten, wenn solche Gegenstände in geologischen Schichten gefunden werden, die teilweise ein Alter von 20.000 Jahren besitzen, wie es 1991 in Russland geschah. Die Geowissenschaftler, die die Untersuchungen leiteten, standen damals vor einem der größten Rätsel der Geschichte. Es ist auch jetzt noch immer ungeklärt.

832

NANOTECHNIK

Sensation im Millimeterbereich

Die erstaunlichen Funde am Flüsschen Narado am östlichen Rand des Ural-Gebirges verzeichnete man in den Jahren 1991 bis 1993, als Goldsucher zufällig auf zumeist spiralförmige metallische Gegenstände stießen, die eine maximale Größe von drei Zentimetern und eine minimale von unglaublichen 0,003 Millimetern besaßen. Drei Institute der Russischen Akademie der Wissenschaften in Syktwaka, in Moskau und in St. Petersburg untersuchten unabhängig voneinander die merkwürdigen Gebilde. Was sie feststellten, führte zu einem wissenschaftlichen Erdbeben: Die Miniobjekte bestanden aus Kupfer und aus den seltenen Metallen Wolfram und Molybdän. Wolfram besitzt eine sehr hohe Dichte. Sein Schmelzpunkt liegt bei 34.100° Celsius. Es wird für Spezialdraht und Glühfäden in Lampen verwendet. Molybdän weist ebenfalls eine hohe Dichte auf. Sein Schmelzpunkt liegt bei 26.500° Celsius. Es findet bei der Veredelung von hochbelastbaren Panzerungen Verwendung.

Im Zuge von Probennahmen zur Ausbeutung von Metallen analysierte das »Zentrale wissenschaftliche Forschungsinstitut für Geologie und Erkundung von Bund- und Edelmetallen« (ZNIGRI) in Moskau zeitgleich zu den ersten Funden die Kleinstobjekte. In der ZNIGRI-Expertise Nr. 18/485 vom 29. November 1996 bestätigt Dr. E. W. Matwejewa die Analyse »an fadenförmigen Wolframspiralen in den alluvialen (eiszeitlichen) Ablagerungen des Flusses Balbanju, die in der dritten Überschwemmungsterrasse am flussabwärts liegenden linken Ufer im Bohrkern gefunden wurden.« Dem Bericht nach entstammen die Objekte dem oberen Pleistozän, also einer geologischen Epoche, die vor zwei Millionen Jahren begann und vor 10.000 Jahren endete.

Bis heute konnte man keine konkreten Angaben über die Herkunft der prähistorischen Nanoschrauben machen.

Mögliche Weltraumtechnik

Dr. Valerji Qouvarov aus St. Petersburg bestätigte 1996, dass zwischenzeitlich mehrere Tausend der metallischen Artefakte vorliegen, von denen einige auch zur Untersuchung nach Helsinki weitergeleitet wurden, wo Geologen zur selben Auffassung gelangten wie ihre russischen Kollegen. Wer war vor Zehntausenden von Jahren in der Lage, solch filigrane Mikro-Technik zu produzieren? Die Wissenschaftler weisen darauf hin, dass eine »technogene Ursache« auszuschließen sei, d. h., dass dies keine Teile von bekannten Raketenflugkörpern oder Geschossen sind. Der Bericht schließt mit den Worten: »Die angeführten Daten erlauben die Frage nach ihrem außerirdischen technogenen Ursprung.«

Mit Nanosonden zu den Sternen

Nanotechnik galt bis zum Ende des 20. Jahrhunderts als ein Bereich der Sciencefiction. Heute werden diese Gegenstände jedoch für unterschiedliche Einsatzgebiete entwickelt und produziert. Ein Gebiet der Mikroelektronik ist die Medizin, in der man beispielsweise mit Minisonden Krankheiten im menschlichen Körper erforscht. Aber auch Miniaturkolben und Zahnräder sowie Steuerungselemente sind in Entwicklung. Die NASA untersucht die Möglichkeit, mit Nanosonden kostensparend Raumfahrt zu betreiben. Welchem Einsatzzweck die Mikro-Artefakte aus Gesteinsschichten der Eiszeit dienten, ist bis heute unbekannt.

Russische Experten haben diese spiralförmigen Miniaturgegenstände untersucht. Mittlerweile gilt als ausgeschlossen, dass es sich bei den Artefakten um irdischen Industriemüll handelt. Deshalb wird beim Anblick der Gegenstände auch über eine außerirdische Herkunft spekuliert.

833

RÄTSELHAFTE OBJEKTE

Die Kugeln von Costa Rica

Der bisher größte Fund im Disquis-Delta ist eine 16 Tonnen schwere Granitkugel. Diese Kugel im Hof des Museums von San José hat einen Durchmesser von vier Metern.

Im Staatsmuseum von San José, der Hauptstadt von Costa Rica, werden zahlreiche blank polierte Steinkugeln unterschiedlichster Größe aufbewahrt: »Las Bolas Grandes« gehören zu den seltsamsten archäologischen Funden der Weltgeschichte. Hunderte Kugeln unterschiedlicher Größe zieren private Gärten in dem mittelamerikanischen Staat, andere wurden auf der Suche nach verborgenem Gold aufgebrochen und so

KUGELN VON COSTA RICA

zerstört, wieder andere bei der Rodung des Dschungels durch Feuer stark beschädigt. Einheimische Archäologen bergen noch immer Exemplare aus dem Schlamm des Disquis-Deltas und staunen über die handwerkliche Geschicklichkeit der unbekannten Hersteller. Vor allem die größeren Kugeln – das schwerste bisher ausgegrabene Exemplar wiegt 16 Tonnen – sind so glatt und rund, dass eine Fertigung ohne mechanische Hilfsmittel unmöglich scheint. Der Granit, aus dem sie stammen, kommt im Fundgebiet nicht vor, da es dort keine Steinbrüche gibt. Möglicherweise stammt das Material für die Kugeln aus einer Region, die 50 Kilometer flussaufwärts gelegen ist.

Kompliziertes Herstellungsverfahren

Archäologen haben das Fertigungsverfahren der Kugeln bisher nur ungenau rekonstruiert: Die unbekannten Steinmetze polierten die Oberfläche eines für sie geeignet erscheinenden Felsbrockens mit Hilfe anderer Steine und eines Schleifmittels aus Sand und Wasser. Experten vermuten, dass allein für die Herstellung der 16 Tonnen schweren Riesenkugeln mindestens 24 Tonnen Rohmaterial notwendig waren. Angesichts Tausender von Kugeln im ganzen Land erweckt dies den Anschein einer unglaublichen Leistung.
Jede der Kugeln ist in ihrem Umfang perfekt rund, d. h. der Durchmesser ist an jeder Stelle gleich, so dass die Exaktheit der Ausfertigung bei den unbekannten Herstellern auf gute Kenntnisse der Geometrie und perfekte Handhabung technischer Geräte schließen lässt.

Von besonderer Bedeutung

Dass die Riesenkugeln für ihre Schöpfer eine besondere Bedeutung besaßen, erkennt man an den ungeheuren Anstrengungen, die der Transport der Fundstücke erforderte. Für die Herstellung einer Kugel von 2,40 Meter Durchmesser benötigten die damaligen Steinmetze einen Block von mindestens 2,75 Meter Kantenlänge, der sich nur mit großem Kraftaufwand und in Gemeinschaftsarbeit drehen und polieren ließ. Selbst mit Hilfe modernster hydraulischer Maschinen ist es schwierig, die Kugeln zu bewegen.

Muster aus der Vogelperspektive

Niemand weiß, welches Volk die Kugeln angefertigt hat und warum sie entstanden sind. Kleine Exemplare wurden in Gräbern entdeckt, die größeren waren in langen Geraden, Wellenlinien oder in Dreiecksform angeordnet, Muster, die man eigentlich nur aus der Vogelperspektive erkennen konnte.

Abbilder des Sonnensystems?

Manche mittelamerikanische Archäologen halten die Kugeln für Sinnbilder von Sonne und Mond, vielleicht auch des gesamten Sonnensystems mit seinen Planeten, Monden und Asteroiden. Da Inkas, Mayas und Azteken die Sonne jedoch nie als Kugel, sondern immer als Scheibe darstellten, müssten die Artefakte aus einer unbekannten Megalith-Kultur stammen. Andere Experten sehen in ihnen Grabbeigaben, die wie Himmelskörper angeordnet waren. Auch als Symbole der göttlichen Vollkommenheit werden die Fundstücke aus dem Dschungel interpretiert.

Im ganzen Land

Noch immer sind viele mysteriöse Kugeln im Urwald, an Flussufern oder auf Hochebenen zu finden. Im Golfo Dulce liegen 15 Riesenbälle in einer geraden Linie, auf der Camaronal-Insel zwei Kugeln und mehrere große Exemplare auf den Gipfeln der Cordillera Brunquera. Was für ein gigantischer Aufwand an Arbeit und Energie mag es gewesen sein, die Kugeln auf Bergspitzen zu deponieren oder durch schlammige Flussbetten zu wälzen.

Die mysteriösen Kugeln von Costa Rica wurden in den unterschiedlichsten Formationen, Größen und an den gegensätzlichsten Orten gefunden. Wie handwerklich geschickt und technisch versiert muss eine Kultur gewesen sein, um solch gigantische Materialbewegungen durchzuführen? Für eine Kugel ist fast die Hälfte mehr an Rohmaterial zu rechnen als die fertige Kugel ausmacht.

835

RÄTSELHAFTE OBJEKTE

Das Grabtuch von Turin

Ein mit Hilfe des Computers erstelltes dreidimensionales Bild des Antlitzes Jesu? Das zumindest ist die Meinung der Wissenschaftler, die dieses Relief herstellten. Bei der letzten öffentlichen Präsentation des Grabtuchs im Turiner Dom im Jahr 2000 wurde eine Aluminium-Plastik des Leichentuchs in Originalgröße erstellt, die das Abbild des toten Jesus auch erfühlbar machen soll. Während auf diese Weise Blinde erstmals ein »Bild« von Jesus ertasten konnten, war die Betrachtungsdauer für die übrigen Besucher für den hinter schusssicherem Glas ausgestellten Domschatz begrenzt.

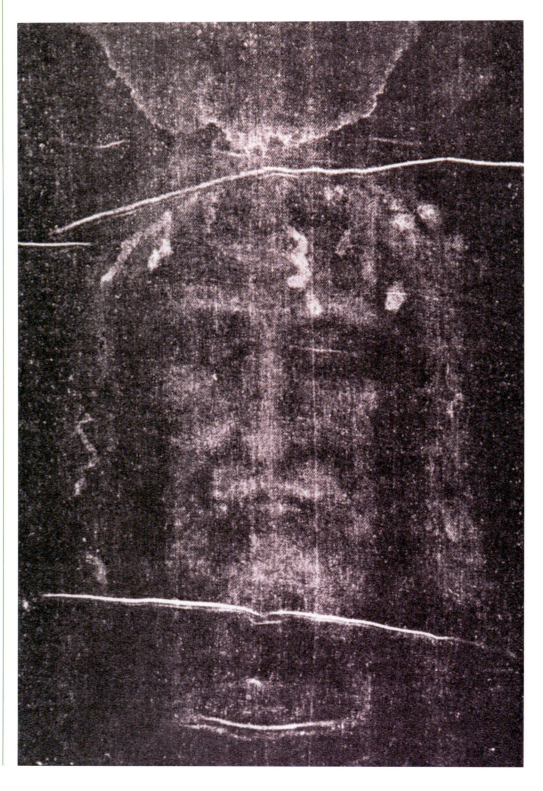

Das Leinentuch, in das Jesus nach der Kreuzigung gehüllt worden sein soll, gilt als die kostbarste und zugleich umstrittenste Reliquie des Christentums. Deutlich zeichnet sich in der Negativaufnahme des Tuchs das Gesicht eines Menschen ab, der einst von diesem Tuch eingehüllt war. Während das Grabtuch von den Gläubigen tief verehrt wird, werden Echtheit und Herkunft in der Forschung diskutiert.

GRABTUCH VON TURIN

Ein 4,36 Meter langes und 1,10 Meter breites Leinentuch, dessen Herkunft und Aufbewahrungsort seit seiner Entstehung heftig umstritten sind, zeigt die Vorder- und Rückenansicht eines nackten, verwundeten Mannes wie auf einem fotografischen Negativ. Das zarte Abbild ist sepiafarben, einige Partien erscheinen grau. Außerdem sind deutlich Blutspuren zu sehen. Die Stoffbahn zählt zu den am intensivsten wissenschaftlich erforschten und untersuchten Einzelobjekten: Das Turiner Grabtuch. Es handelt sich nicht um ein Gemälde. Das Blut ist menschliches Blut. Sogar die Blutgruppe konnte bestimmt werden. Zweifellos lag in diesem Tuch einst ein Mensch, dessen Abbild sich auf rätselhafte Weise auf das Tuch übertragen hat. Doch wann ist es entstanden, und wen stellt es dar?

Ein Abbild Jesu?

Die Wunden weisen den Mann als Opfer einer Kreuzigung aus. Seine Verletzungen sind exakt jene, die Jesus bei seiner Kreuzigung zugefügt wurden. Die Übereinstimmung mit den Evangelienberichten über Jesu Passion und anderen historischen Kenntnissen über seine Kreuzigung sind so frappierend, dass der Jesuit und Historiker Herbert Thurston schrieb: »Im Hinblick auf die Identität des Körpers, dessen Bild auf dem Grabtuch zu sehen ist, ist kein Zweifel möglich. Die fünf Wunden, die grausame Geißelung, die Punktwunden, die den Kopf umgeben, können noch deutlich ausgemacht werden. Bei keiner anderen Person (außer Jesus) seit Bestehen der Welt können diese Einzelheiten verifiziert werden«. Das Grabtuch des Jesus. Bis zum heutigen Tag streiten sich die Wissenschaftler, ob das Tuch echt oder eine Fälschung ist.

Argumente für die Echtheit

Professor Gilbert Raes vom Institut für Textiltechnologie in Gent fand im Leinengewebe einzelne Fasern einer Baumwoll-Gattung, die zur Zeit Jesu in Syrien angebaut wurde. In Europa wurde damals noch keine Baumwolle kultiviert. Offensichtlich wurde das Leinen auf einem syrischen Webstuhl verarbeitet, auf dem zuvor auch mit Baumwolle gearbeitet worden war. Der Schweizer Kriminologe Max Frei konnte die Pflanzenarten identifizieren,

Bei der Analyse des Leinenstoffes wurden Pollen von Pflanzen im Gewebe gefunden, die in einem Gebiet rund um das Tote Meer wuchsen, was darauf schließen lässt, dass das Tuch dort hergestellt wurde.

Göttliche Erbinformation

Überlebte Jesus die Kreuzigung, und ist die Auferstehung nichts als ein frommes Märchen? Auf die Kirche warten weitere brisante Enthüllungen in Zusammenhang mit dem Turiner Tuch. Dr. Victor V. Tryon, Direktor des Center for Advanced DNA Technologies an der Universität von Texas in San Antonio, hat die DNA aus einem Blutflecken des Grabtuchs untersucht. Er konnte feststellen, dass das Blut die X- und Y-Chromosome beinhaltet und damit eindeutig einem Mann zugeordnet werden kann. Aber es sind noch andere Analysen möglich, die Tryon auf den Punkt bringt: »Wenn sich herausstellt, dass diese DNA nur von der Mutter kam, ohne Beitrag vom Vater, hätte das religiöse Folgen, die für jeden verständlich sind.« Nun wartet die Erbinformation jenes Menschen, der von einem Viertel der Erdbevölkerung für den Sohn Gottes gehalten wird, Glaubensgewissheiten zu bestätigen – oder zu erschüttern.

Dramatisch hat der spanische Bildhauer Gregorio Fernandez (um 1576–1636) den toten Christus dargestellt. (Plastik in der Kathedrale von Segovia)

837

RÄTSELHAFTE OBJEKTE

deren Pollen er auf dem Grabtuch gefunden hatte. Viele davon sind reine Wüstenpflanzen, die für das Gebiet um das Tote Meer typisch sind. Einige finden sich ausschließlich in der Gegend von Jerusalem. Die Größe des Tuches entspricht einer zu Jesu Zeiten in Palästina gültigen Maßeinheit. Für die Echtheit sprechen auch die auf ihm identifizierten Überreste der im Johannesevangelium genannten Kräuter Myrrhe und Aloe. Zahlreiche Studien erbrachten eine Fülle von Nachweisen für die These, es sei das authentische Abbild eines Lebenden.

Das Abbild eines Lebenden

Eine Sensation erbrachte die Analyse durch Pathologen. Sie konnten auf dem Bild keine Anzeichen von Leichenstarre feststellen, und aus den Blutflüssen geht hervor, dass der Mann in dem Tuch gelebt haben muss. An verschiedenen Stellen, die sich bei dem liegenden Körper auf den höchsten Positionen befinden – Stirn, Brustkorb, Handwunden – floss reichlich Blut. Bei einer Leiche wäre dies unmöglich.

Besonders auffallend ist der Blutfluss von der Seitenwunde. Auf der Rückenansicht des Tuches sieht man, wie sich die große Blutspur quer über den Rücken erstreckt. Seitlich verteilt sich das Blut direkt auf das Tuch. Dafür kann es nur eine Erklärung geben: Als der Mann im Tuch auf dem Rücken lag, hatte die Seitenwunde wieder zu bluten begonnen. Dieser Blutfluss kann unmöglich in der aufrechten Haltung am Kreuz entstanden sein. Nur mit intaktem Blutkreislauf konnte aus diesen verschiedenen Wunden noch Blut austreten. Es konnten 28 Wunden ausgemacht werden, die nach der Abnahme vom Kreuz noch bluteten. Fazit: Der Gekreuzigte konnte unter keinen Umständen tot gewesen sein.

Die Radiocarbon-Datierung

Wenn das Grabtuch echt ist, muss Jesus noch gelebt haben, als er vom Kreuz abgenommen wurde. 1988 veranlasste der Vatikan eine Altersbestimmung durch das Radiocarbon-Verfahren. Schließlich standen die zentralen Glaubensartikel der Kirche – Kreuzestod und Aufer-

Wie sehr das Grabtuch die Fantasie der Menschen durch die Jahrhunderte angeregt hat, macht die lebensgroße Plastik »Der verschleierte Christus« von Giuseppe Sanmartino in Neapel deutlich. In schweren Marmor gehauen, zeichnet sich der Körper Christi unter dem Tuch plastisch, gleichsam realistisch ab.

GRABTUCH VON TURIN

Auf dem Altarbild von Francesco Salviati (1510–1563) wollte »Der ungläubige Thomas« erst dann an die Auferstehung Christi glauben, wenn er mit eigenen Augen die Wundmale des Herrn gesehen und seine Hände in die Seitenwunde gelegt hätte. So erschien ihm Christus, wie den anderen Jüngern davor, und Thomas konnte sich von seiner Auferstehung überzeugen. (Louvre, Paris)

Blutflüsse

In den Bildern und Gemälden der Kunstgeschichte wird Christus am Kreuz fälschlicherweise meist mit durchbohrten Handflächen dargestellt. Die Blutungen auf dem Tuch zeigen jedoch, dass die Nägel in Wirklichkeit durch die Handwurzeln getrieben wurden. Nur so war sichergestellt, dass das Körpergewicht nicht die Hände durchreißen würde. Von den drei Blutbahnen auf dem Tuch kann eine erst entstanden sein, nachdem die Nägel aus der Wunde entfernt worden waren. Da sich das Blut flächenartig ausgebreitet hat, kann dieses Blut erst geflossen sein, als der Körper ruhig auf dem Boden lag.

stehung – auf dem Spiel. Das Ergebnis: Das Tuch sei in der ersten Hälfte des 14. Jahrhunderts entstanden. Wer hatte Recht? Die vielen Forscher, die es für echt und 2000 Jahre alt halten oder die Radiocarbon-Datierung? In akribischen Recherchen konnten die beiden deutschen Forscher Holger Kersten und Dr. Elmar R. Gruber nachweisen, dass bei der Radiocarbon-Datierung manipuliert wurde. Sie führten auch den Nachweis, dass die auf dem Grabtuch gefundenen Rückstände von Aloe und Myrrhe bei den jüdischen Bestattungsriten, die nur eine Ölung kennen, keine Rolle spielten. Ebenso wenig wurden sie für das Einbalsamieren verwendet, ein Brauch der im Übrigen den Juden in höchstem Maße als anstößig galt. Vielmehr wurden in der Antike beide Pflanzen, Aloe wie Myrrhe, zur Behandlung von großflächigen Hautwunden eingesetzt, weil sie sich bestens zu Salben und Tinkturen verarbeiten lassen. Einige Forscher behaupten, dass die Myrrhe für die Herstellung von Pflaster und Wundverbänden bei den Juden oft mit dem Harz der Zistrose vermischt wurde. Offenbar wurde mit dem Tuch und den Kräutern eine Heilpackung hergestellt. Mithin handelt es sich um ein Heiltuch und nicht um ein Grabtuch. Dafür spricht auch die Tatsache, dass die Juden Leichen in schmale lange Bänder wie Mumien wickelten, und nicht auf ein breites Tuch legten, das über den Kopf geschlagen wird, wie das beim Turiner Grabtuch der Fall ist.

In ihren Experimenten haben Gruber und Kersten nachgewiesen, wie die Spezereien nur in Mischung mit Schweiß und Körperölen das Abbild auf dem Tuch erzeugen konnten – was beweist, dass es nur durch eine noch lebende Person entstanden sein konnte.

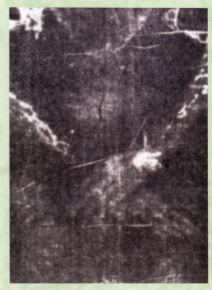

Auf dem Ausschnitt vom Turiner Grabtuch kann man deutlich erkennen, dass die Nagelung an den Händen durch die Handwurzel erfolgte

839

RÄTSELHAFTE OBJEKTE

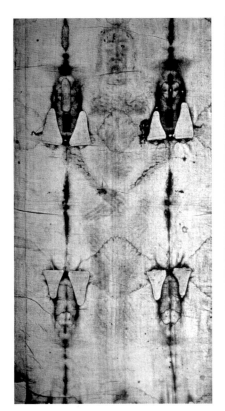

Das im Original zarte Abbild der Vorderansicht des Mannes auf dem Grabtuch wird durch kontrastverstärkte Fotografie deutlicher hervorgehoben. Die verschiedenen Blutflüsse lassen sich deutlich als dunkle Stellen ausmachen.

Bei dem nachgestellten Experiment zeigte sich, dass erst durch die Körpertemperatur der Testperson und der Paste aus Myhrre und Aloe ein chemischer Prozess entstand, der beim Versuch ein ähnlich zartes Abbild wie das des Grabtuchs ergab.

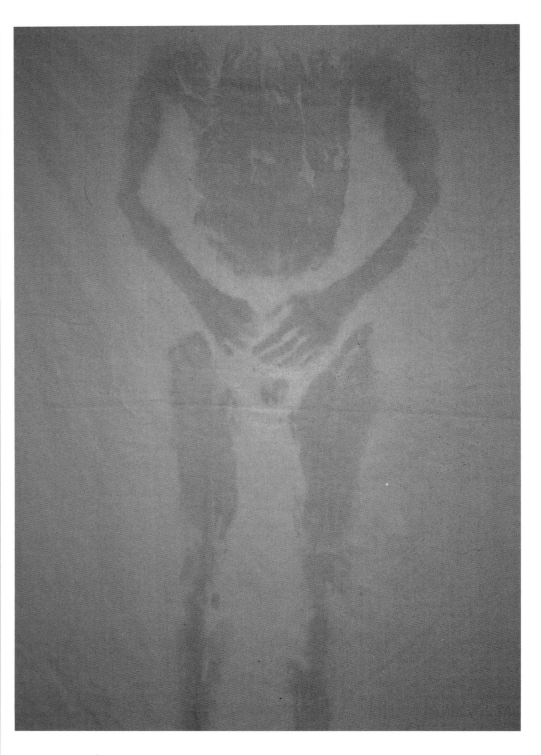

Weitere Indizien – die Passionswunden

Die Verteilung der Wunden auf dem Kopf zeigt, dass die Dornenkrone kein Ring war. Es handelte sich vielmehr um eine den ganzen Kopf bedeckende Haube, wie sie den orientalischen Kronen jener Zeit entsprach. Auf Schulter und Rücken sind über 90 kleine, hantelförmige Wunden zu sehen. Die charakteristische Art der einzelnen Verletzungen verweist auf eine bestimmte römische Peitsche, das »Flagrum«, das an den Enden von drei Lederriemen kleine Bleihanteln trug. In der Schultergegend erscheinen Wunden, die blutverschmiert sind. Diese Beobachtung deckt sich mit dem Brauch, den zum Kreuzestod Verurteilten den Querbalken des Kreuzes selbst zur Hinrichtungsstelle tragen zu lassen.

GRABTUCH VON TURIN

Das Experiment
Einer Versuchsperson trugen Holger Kersten und Dr. Elmar R. Gruber eine Mischung von Aloe und Myrrhe auf und bedeckten sie mit einem Leinentuch. Durch Aufheizung wurde die Person zum Schwitzen gebracht. Es entstand ein nicht auswaschbares, zartes Negativbild, ähnlich dem des Turiner Grabtuchs. Freilich entspricht es nicht genau der Vorlage, weil die Veränderungen, wie sie beim Original durch den Alterungsprozess verursacht worden sind, nicht nachgestellt werden konnten.

Rekonstruktion des Gekreuzigten
Die Verfärbungen im Tuch sind am intensivsten, wo es auf dem Körper auflag. Heller erscheinen die Stellen, die weiter weg von der Haut lagen. Wissenschaftler digitalisierten die Hell-Dunkel-Werte eines Schwarzweissfotos des Tuchbildes. Wo dunkle Stellen waren, las der Computer Erhöhungen, wo die Verfärbung weniger intensiv war, geringere Erhöhungen. Ein Computerprogramm rekonstruierte aus dem Zusammenhang zwischen Tuchabstand und Verfärbungsintensitäten die Form des Körpers, der darunter lag und entwarf eine dreidimensionale Graphik mit der Figur des »Mannes vom Grabtuch«.

Fragliche Altersbestimmung
Inzwischen wurden zahlreiche Stimmen, so von dem Mikrobiologen Dr. Leoncio Garza-Valdes vom Health Science Center an der San Antonio Universität von Texas, gegen die Korrektheit der Ergebnisse der Radiocarbon-Datierung laut. Garza-Valdes entdeckte, dass das Turiner Grabtuch, wie viele alte Artefakte, von einem bioplastischen Mantel aus zum Teil noch lebenden Bakterien und Pilzen bedeckt ist. Damit wurde durch die Radiocarbon-Methode, eine Mischung des Leinens mit dem bioplastischen Überzug datiert.
Das Ergebnis sei ein viel zu junges Datum. Garza-Valdes will darüber hinaus bei seiner Untersuchung eines Blutfleckens winzige Holzrückstände entdeckt haben. Seiner Ansicht nach handelt es sich um eine bislang noch nicht genau zuordenbare Eichenart. Er vermutet, es könne sich um einen Teil des Kreuzes handeln. Angesichts der Tatsache, dass die meisten bekannten Reliquien vom »wahren Kreuz Jesu« aus Pinienholz sind, ein weiteres Ergebnis, das unter den Gläubigen Verunsicherung auslösen könnte.

In der Ungarischen Nationalbibliothek in Budapest wird das Original des so genannten Pray-Manuskripts, das die Grablegung Christi schildert, aufbewahrt. Es zeigt die Einbalsamierung Jesu (o.) und das Fischgrätenmuster (u.) des Grabtuchs.

Das Pray-Manuskript
Für eine falsche Radiocarbon-Datierung spricht die Miniatur im so genannten Pray-Manuskript. Es entstand zwischen 1150 und 1195 und ist somit mindestens ein Jahrhundert älter, als das errechnete Datum des Tuches. Der Künstler muss das Turiner Grabtuch gekannt haben: Die nackte Abbildung Jesu mit den gekreuzten Händen ist einmalig. Auf der unteren Szene ist das aufgeschlagene Tuch mit dem charakteristischen Fischgrätenmuster zu sehen. Die kleinen Kreise, die ohne kompositorischen Sinn auf beiden Seiten des Grabtuchs zu sehen sind, entsprechen exakt heute noch sichtbaren Brandlöchern auf dem Turiner Tuch.

841

RÄTSELHAFTE OBJEKTE

Das Jesus-Grab in Srinagar

Im Inneren des Grabgebäudes in Srinagar, in dem Jesus unter dem Namen Yuz Asaf begraben liegen soll, steht ein hölzerner Schrein. Er wurde über dem Grabstein des Propheten errichtet, um das Geheimnis des Toten zu wahren.

Im Christentum stellen Jesu Kreuzigung und Auferstehung zentrale Elemente der Glaubenslehre dar. Im Koran jedoch, der »Bibel« des Islam, existiert eine Sure (Vers), die nicht nur zu unterschiedlichen Interpretationen, sondern auch zur Annahme, dass Jesus nicht getötet wurde, führt. Tatsächlich soll er unter anderem Namen erst in Indien verstorben und dort in Srinagar begraben worden sein. Selbst in der Bibel haben aufmerksame Leser mittlerweile Hinweise auf ein Weiterleben Jesu erkannt.

Im Johannes-Evangelium gibt es beispielsweise neben den versteckten Andeutungen, dass das Begräbnis für jüdische Begriffe »unsachgemäß« durchgeführt wurde, auch die

Auskunft, es wurden Aloe und Myrrhe zur Grabstätte gebracht. Diese beiden Stoffe hatten jedoch im Judentum weniger mit Leichenbalsamierung als viel mehr mit Wundheilung zu tun. Heute glauben viele Menschen, dass Jesus, nachdem er die Kreuzigung überlebt hatte, im Grab versteckt und gesund gepflegt wurde, bevor er vor seinen Landsleuten nach Persien floh. Dort soll er als Prophet unter dem Namen Yuz Asaf gewirkt haben. Dann, so sagt man, sei er weiter nach Afghanistan gezogen. Seine letzte Station soll Indien gewesen sein. In Kaschmir soll er viele Wunder

Von außen unterscheidet sich das Gebäude, das den Sarkophag von Yuz Asaf enthält, kaum von anderen der herkömmlichen indischen Architektur. Im Inneren jedoch wird durch mystische Beleuchtung und verhüllende Tücher eine Atmosphäre der Ehrfurcht erzeugt.

vollbracht, geheiratet und Kinder gezeugt haben. Angeblich wurde Jesus 108 Jahre alt.

Jesus auf den Spuren Buddhas

Stichhaltige Beweise gibt es keine. Warum sollte Jesus nach Indien gegangen sein? Dennoch deuten einige historische Relikte auf ein Weiterleben Jesus in Kaschmir hin.
Schon im 19. Jahrhundert gelang es dem Religionshistoriker und Professor für Philosophie an der Universität Leipzig Rudolf Seydel (1835–1892) in zwei Untersuchungen nachzuweisen, dass die Evangelien voller Entlehnungen aus buddhistischen Texten sind. Buddha hatte 560 bis 480 vor Christi Geburt in Indien gelebt. Möglich, dass sich Jesus als Yuz Asaf in Buddhas Heimatland mit dessen Lehren vertraut gemacht und sie für seine eigene Lehre adaptiert hat. Seydel kam zu der Überzeugung, dass den Autoren des Neuen Testaments eine Schrift als Grundlage gedient haben musste, die er als ein christlich bearbeitetes Buddha-Evangelium charakterisierte.

Buddhistisches Christentum?

Jüngst konnte der amerikanische Literaturwissenschaftler Dr. Zacharias P. Thundy belegen, dass die Kindheits- und Jugendgeschichten Jesu mit jenen Buddhas in zahlreichen Details übereinstimmen. Zudem gibt es in den Lehrreden von Jesus sehr viele Parallelen zu hinduistischen und buddhistischen Texten. Für den deutschen Religionshistoriker Holger Kersten besteht kein Zweifel, dass die Grundzüge der Jesus-Lehre buddhistisch sind.
Sowohl das Wunder der Brotvermehrung als auch der Gang von Jesus übers Wasser sind identisch mit Wundergeschichten, die über den historischen Buddha erzählt werden. Beim Brotwunder stimmt nicht nur das Phänomen selbst, sondern auch die Anzahl der Menschen, der Brote und der Körbe mit den Resten, welche übrig blieben, überein.

JESUS-GRAB IN SRINAGAR

Kreuzigung und Auferstehung: Scheintod und Flucht?

Koran, Sure 4, 157 f. »... und (weil sie) sagten: ›Wir haben Jesus Christus, den Sohn der Maria und Gesandten Gottes, getötet‹. – Aber sie haben ihn (in Wirklichkeit) nicht getötet und (auch) nicht gekreuzigt. Vielmehr erschien ihnen (ein anderer) ähnlich (so dass sie ihn mit Jesus verwechselten und töteten) ... Und sie haben ihn nicht mit Gewissheit getötet (sie können nicht mit Gewissheit sagen, dass sie ihn getötet haben). ...« Aufgrund der arabischen Wortwahl und Grammatik ist es schwierig, den Kreuzigungsvers im Koran richtig zu übersetzen und zu verstehen. Die verschiedenen Deutungsmöglichkeiten führten zur Spekulationen wie: Jesus sei nicht getötet worden oder Jesus sei zwar getötet worden, aber nicht von den in der Bibel angegebenen Personen. Einige Forscher sprechen im Zusammenhang mit Kreuzigung und Auferstehung von Scheintod aber auch von vorgetäuschtem Tod. Jesus soll, ihren Angaben zufolge, nicht mit Essigwasser getränkt, sondern von Verbündeten mit einem Opiat betäubt worden sein. Zudem sei Jesus »verdächtig schnell« gestorben. Schon nach drei Stunden soll alles vorbei gewesen sein, während der Tod am Kreuz gewöhnlich erst nach Tagen eintrat. Im Grab soll Jesus wieder zu sich gekommen und nach Indien geflüchtet sein.

Deutlich sind auf der künstlerischen Darstellung von Fußabdrücken im Prophetengrab die Wundmale von Jesus zu sehen. Kein weiterer Prophet mit Narben dieser Art ist bekannt.

843

RÄTSELHAFTE OBJEKTE

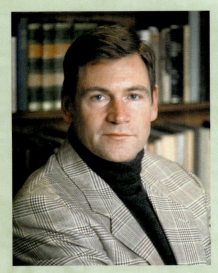

Holger Kersten, Verfasser des Buches »Jesus lebte in Indien«, wartet auf die Öffnung des Yuz-Asaf-Grabes in Srinagar, um zu beweisen, dass Jesus dort begraben liegt.

Verhinderter Forschergeist

Der deutsche Religionshistoriker Holger Kersten machte sich zur Aufgabe, den Weg von Jesus alias Yuz Asaf nach Indien sowie dessen Leben als fremder Prophet inmitten der indischen Bevölkerung, nachzuvollziehen.

Er konnte den Gouverneur von Kaschmir, Dr. Farooq Abdullah, bei seinen ersten Besuchen in Srinagar sogar davon überzeugen, das Grab des Yuz Asaf öffnen zu lassen. Kersten wollte seine These, dass der fremde Prophet identisch mit Jesus ist, erhärten. Am Tag vor der geplanten Öffnung brachen jedoch gewalttätige politische Auseinandersetzungen aus. Kaschmir ist seit Jahrzehnten ein Krisenherd, da das ehemalige Fürstentum geteilt ist. Während etwa die Region um Srinagar von Indien verwaltet wird, sind Städte wie Ladakh oder Gilgit von China und Pakistan besetzt.

Der Polizeichef entschied deshalb gegen eine Öffnung des Grabes. Das war 1984. Seitdem sind die Territorial- und Machtkämpfe in Kaschmir nie ganz beendet worden, das Grab des Yuz Asaf blieb verschlossen. Es hat sein Geheimnis bis heute bewahrt.

Nicht nur Jesus, auch Moses soll in Indien begraben sein. Ein Indiz, dass der Führer Israels in Kaschmir gewesen sein soll, könnte dieser so genannte »Stein des Moses« in Hasbal, nördlich von Srinagar, sein. Der Mittler der Zehn Gebote hat an ihm angeblich Feuerzauber zelebriert.

Die Geschichte vom Gang auf dem Wasser ist in Struktur und Inhalt mit der älteren buddhistischen Überlieferung nahezu identisch. Beide Schüler, Sariputta bei Buddha und Petrus bei Jesus, versinken in den Wellen wegen ihres fehlenden Vertrauens.

Das Grab

Abgeschieden in den Bergen des nördlichen Indien, mitten in der Altstadt von Srinagar, steht ein anmutiges Gebäude. Darin befindet sich die letzte Ruhestätte des Propheten Yuz Asaf. Die Mauern wurden um das Grab errichtet, nachdem das mystische Relikt im Jahr 1766 offiziell zum heiligen Denkmal erklärt worden war. Zwei Sarkophage bedecken den Boden im Inneren. Sie sind mit einer schweren Decke verhüllt und mit einer Holzverkleidung umgeben. Der größere Steinsarg ist der von Yuz Asaf. Seine Oberfläche weist mehrere moslemische Schriftzüge und Daten auf. Das eigentliche Grab des Propheten befindet sich unter dem Sarkophag in einer Grabkammer, in die man durch eine kleine Öffnung sehen kann.

Während jedoch Gräber nach islamischem Brauch in Nord-Süd-Richtung ausgelegt sind, liegt der Sarkophag von Yuz Asaf, der die irdischen Überreste von Jesus bergen soll, nach jüdischem Brauch in Richtung Ost-West. Yuz Asaf kann, so Historiker, kein Moslem gewesen sein. Auch als Hindu hat der sagenumwobene Prophet keinen Bestand: Seine Leiche wäre nach den religiösen Sitten des Landes verbrannt worden. Die überlieferte

844

JESUS-GRAB IN SRINAGAR

Beschreibung des Propheten – es soll sich um einen hellhäutigen, gutmütigen Menschen in weiten, weißen Gewändern gehandelt haben, der sich, wie Jesus, als Sohn einer Jungfrau ausgab und mit Engeln sprach – scheint einigen Historikern Beweis genug für die Tatsache: Hier liegt Jesus, Jesus war Yuz Asaf.

Das Relief

Im Grab fand man ein Relief in Form von zwei Fußabdrücken, neben dem ein Kruzifix und ein Rosenkranz gelegen haben sollen. In Asien sind Fußabdrücke an den Gräbern von Heiligen eine weit verbreitete Tradition. Den Abdrücken werden immer »Erkennungsmerkmale« beigefügt. So werden Buddhas Abdrücke von einer Swastika verziert. Die Swastika, das Hakenkreuz, war ursprünglich ein altindisches Glückssymbol. Als Erkennungszeichen für Jesus sind die Wundmale der Kreuzigung in seinen Fußabdrücken zu erkennen. Diese können nicht geleugnet werden. Dennoch weigern sich Kritiker, in den Abdrücken die Passionswunden Jesu zu sehen. Eine ganze Weltreligion stünde auf dem Spiel.

Illustrationen aus einer alten Bibel: Jesus wandelt über dem Wasser und hilft Petrus aus den Wellen, der versinkt. Der Jünger Jesu hat nicht an das Wunder geglaubt und deshalb wurde es ihm auch nicht zuteil. Dem Ganzen liegt eine Geschichte Buddhas zugrunde. Demonstriert wird hier der Sieg des Willens: Alles ist möglich, wenn man fest daran glaubt.

Das Indien, in dem Jesus nach seiner Kreuzigung gelebt haben soll, ist landschaftlich von ganz besonderem Reiz. Beeindruckend ist vor allem das Massiv des Himalaya – ein Bild wie es vielleicht schon Jesus sah.

Auch die Brotvermehrung, die Jesus hier zelebriert, beruht auf einer buddhistischen Überlieferung. Viele Geschichten aus der Bibel weisen auf viel ältere indische Traditionen hin. Allein dies könnte bereits ein Hinweis für eine Affinität von Jesus zum heutigen Kaschmir und für seine letzte Ruhestätte in Srinagar sein, doch die Wissenschaft erkennt solche Vermutungen bis zum heutigen Tag nicht an. Für sie gilt nur der stichhaltige Beweis.

Im kleinen Dörfchen Buth, direkt unterhalb des Berges Nebo im heutigen Jordanien, bewacht ein »Wali Rishi« genannter Grabwächter den angeblichen Grabstein von Moses. Der Wali Rishi beharrt darauf, selbst jüdischer Abstammung zu sein.

Geheime Botschaften

Das 20. Jahrhundert und seine Lehren

Nach einer Jahrtausende alten Menschheitsgeschichte, in der man sich zuerst von Geistern und Göttern, danach von Industrie und Technik leiten ließ, näherte man sich im 20. Jahrhundert einer Symbiose beider Extreme. Das Suchen der Wissenschaftler nach neuen Zusammenhängen und Antworten führte zu einer wechselseitigen Betrachtung, zu einer Annäherung von mystischen Überlieferungen und moderner Welt. Die Menschen sehnten sich nach ihrer verloren geglaubten Einheit mit der Natur zurück, sie suchten nach einem Lebenssinn, der sich fern von materiellen Wünschen in spirituelle Dimensionen reiht. Philosophen des New Age sehen diese Entwicklung als Spiegel des Zeitalters des Wassermanns, wie sie die Zeit, in der wir leben, nennen. Der vorliegende Band spiegelt diese Vereinigung von Natur und Technik, von spirituellem und wissenschaftlichem Streben. Fragen wie: »Können Gebete heilen?« oder »Was begünstigt Reisen durch Zeit und Raum?« zeigen Wege in ein technisch bereichertes ganzheitliches Weltbild.

Das 20. Jahrhundert

Im 20. Jahrhundert durchlebte die Menschheit epochale Krisen. Wertvorstellungen brachen ebenso zusammen wie scheinbar festgefügte Denkgebäude. Das ein halbes Jahrtausend lang bewährte physikalisch-mechanistische Weltbild von Kopernikus, Descartes, Newton und Darwin reichte nicht mehr als Erklärungsmodell. Die Physik bekam eine neue Chance: Quanten- und Relativitätstheorie führten die Menschheit an die Grenzen ihrer Wahrnehmungsfähigkeit. Ein neues Weltbild überschritt die Grenzlinien der Wissenschaft und umfasste das Natürliche und Übernatürliche, das Normale und Paranormale, Physik und Metaphysik. Ein neues Meta-Denken zielte auf die Brücke zwischen den physikalischen und den unsichtbaren, nichtphysikalischen Welten. Es eröffnete eine unerwartete Dimension der sinnlich wahrnehmbaren Welt.

DAS 20. JAHRHUNDERT

Die Weisheit der Indianer

Als Ureinwohner Amerikas haben die Indianer eine bewegte Vergangenheit. Heute leben sie meist fern von ihrem Stammesland in Reservaten. Dort versuchen sie, ihre Geschichte und ihre Mythen zu pflegen und zu bewahren. Ihr Hauptanliegen heute gilt dem Frieden, der Naturverbundenheit und einer internationalen Bemühung um Zusammenhalt für das Weiterbestehen der Erde. Das Bild zeigt den Häuptling der Comanchen Kayu-hahno.

Das Wort Indianer wurde von Christoph Kolumbus (1451–1506), dem Entdecker Amerikas, geprägt. Seit seiner Schöpfung steht es für die bewegte Geschichte seiner Repräsentanten. Möglicherweise bewohnten die Indianer schon seit 40.000 Jahren den Kontinent, doch ab dem 15. Jahrhundert wurden ihnen durch das Eindringen der europäischen Eroberer Frieden und Ländereien geraubt. Jahrhundertelang kämpften die Angegriffenen um ihre Rechte. Amerika wurde für sie nie wieder, was es einmal war. Einzig ihr geheimes Wissen, das von Generation zu Generation weitergegeben wurde, konnten die »First Nation People«, wie sich die Ureinwohner Nordamerikas heute nennen, ohne Kampf und Entmachtung bewahren.

Botschaften der Ureinwohner

Mehr und mehr entdecken sie mit Stolz diese, ihre eigene, Identität wieder. Die Werte ihrer

850

WEISHEIT DER INDIANER

Vorfahren vermitteln ihnen seit einigen Jahren auch große Autorität bei anderen Bevölkerungsgruppen. Ihr mythisches und religiöses Wissen gibt den Indianern Kraft. Sie haben eine Botschaft für die Welt: Die Völker aller Kulturen und Glaubensrichtungen sollen zur Heilung der Erde zusammengeführt werden. Mit dieser Forderung stoßen die Indianer auf fruchtbaren Boden. Nach Industrialisierung und Technisierung gibt es heute ein deutliches Umdenken in der westlichen Welt. Die Menschen dort sehnen sich nach einer verlorenen Einheit – der Einheit von Mensch und Natur und nach einem Lebenssinn, der sich fern von materiellen Wünschen in spirituelle Dimensionen reiht.

Weltweite Friedensgebete

Über Jahrhunderte gaben die Ureinwohner von Nord- und Südamerika ihr Wissen, ihre Traditionen und Mythen an ihresgleichen weiter. Die mündlichen Überlieferungen wandelten sich zwar mit der Zeit, die Kernbotschaft aber blieb: Es gibt eine geregelte kosmische Ordnung und alles und jedes hat seinen Platz und Sinn.

Nach Ansicht der Indianer führten die Errungenschaften der weißen Zivilisationen in eine falsche Richtung: Umweltzerstörung und eine geschundene Erde werden von den Göttern mit Naturkatastrophen bestraft. Inzwischen bieten Stämme wie die friedliebenden Hopi in Colorado oder die engagierten Dakota in Minnesota konkrete »spirituelle Hilfsprojekte« an. Sie setzen den meist düsteren Prophezeiungen vom Untergang der Natur weltweit koordinierte Friedensgebete und -meditationen entgegen.

Am 21. Juni 1999 starteten sie einen drei Jahre umfassenden Friedensplan: die Erschaffung eines riesigen imaginären Medizinrades, eines symbolischen Kreises, der sich nach und nach um den gesamten amerikanischen Kontinent spannt und in der Vorstellung der Dakota die elementaren Energien von Universum, Erde und Mensch bündeln soll. Alle Stämme der Erde sollen dann wieder glücklich sein.

Christoph Kolumbus, Seefahrer aus Genua, umsegelte im Dienste der spanischen Krone die halbe Welt. Am 12. Oktober 1492 erreichte er die Bahamas – Amerika.

Jeden Tag um 12.12 Uhr

Denkbar ist, dass weltweite Meditationen, bei denen positive Kräfte freigesetzt werden, tatsächlich einen ordnenden und verstärkenden Einfluss auf das natürliche Energiefeld der Erde ausüben können. Arvol Looking Horse, der Häuptling der Lakota-, Dakota- und Nakota-Stämme, hofft auf einen positiven Effekt des »zielgerichteten Gruppenbewusstseins«: Jeder Teilnehmer der Initiative »LightShift 2000« soll sich täglich um 12.12 Uhr Ortszeit mit positiven Gedanken einstimmen und die Affirmation »Friede sei auf Erden« in eine kurze Meditation einbeziehen. Die Indianer erwarten sich davon eine Welle positiver Energien, die um den ganzen Erdball strömt. Jeweils am Ersten jeden Monats um 12.12 Uhr wird diese Friedensmeditation auf 15 Minuten ausgedehnt.

Im British Museum von London befindet sich diese Indianermaske von der Nordwestküste Amerikas. Sie wurde in der Mitte des 19. Jahrhunderts vom Stamm der Tlingit, einfachen Jägern und Fischern, angefertigt und dient als Symbol für Stammeszugehörigkeit und Tradition.

Vom Zeitgeist nicht unberührt: ein Medizinmann in einem Navajo Reservat in Arizona.

Wie Gebete wirken können

Roger Nelson, Pionier der Erforschung so genannter »Feldbewusstseinseffekte« und Direktor des PEAR-Forschungslabors in New Jersey, stellte fest, dass die auf dasselbe Ziel gerichtete Aufmerksamkeit vieler Menschen im Zufallsgenerator – einer Maschine, die elektronische Zufallsgrößen auswirft – eine größere Ordnung erzeugt, selbst wenn die Geräte auf anderen Kontinenten stehen. Je größer die innere Übereinstimmung der Menschen ist, die dieses Aufmerksamkeitsfeld erzeugen, umso ausgeprägter ist die dadurch erzeugte ordnende Kraft. Entsprechende Ergebnisse erzielten die Forscher bei Ereignissen mit weltweiter Anteilnahme wie den Beerdigungen von Lady Diana und Mutter Theresa (1997). Dass die innere Einstellung bei gezielten globalen Friedensmeditationen zu Bewusstseinsveränderungen führen kann, hält auch das amerikanische »Institute of HeartMath« (IHM) für möglich. Dort tätige Forscher fanden heraus, dass das Herz im Zustand der Liebe »musikalisch harmonisch« schlägt und die dabei erzeugten elektromagnetischen Impulse erstaunlicherweise der Hauptresonanzfrequenz der Erde und den Alpha-Wellen des menschlichen Gehirns entsprechen.

851

Éliphas Lévi und die französischen Okkultisten

Éliphas Lévi war einer der gelehrtesten und meistzitierten Okkultisten Frankreichs. Er wollte ursprünglich Priester werden, wurde jedoch aufgrund seiner eigenständigen Ansichten von der Kirche disqualifiziert. Trotzdem betrachtete er sich weiterhin als Katholik und Abbé. Lévi war einer der produktivsten esoterischen Schriftsteller. Mehr als 200 Bücher tragen seinen Namen. Fast alle okkulten Bewegungen und besonders ihre Wortführer haben auf das Wissen Lévis zurückgegriffen, häufig jedoch ohne die Quelle zu nennen.

ÉLIPHAS LÉVI

Der Materialismus des 19. Jahrhunderts brachte zwei große Gegenbewegungen hervor: den Spiritismus und den Okkultismus. Während der Spiritismus mit seinen medialen Kontakten zum Jenseits zu einem Religionsersatz wurde, versuchten die Okkultisten dem nicht Erklärbaren aus den Traditionen von Hermetik und Magie eine wissenschaftliche Basis zu verleihen. Dabei definierten die führenden Persönlichkeiten in Frankreich wie Éliphas Lévi (1810–1875), Papus (1865–1916) und Stanislas de Guaïta (1861–1897) den Okkultismus pseudowissenschaftlich als die »Geheimwissenschaft«.

Die »Eingeweihten«

Die Werke der Okkultisten sind überladen mit geheimnisvollen Bezügen und unverständlichen Andeutungen, die wiederum nachweisen sollen, dass sie selber zu den Eingeweihten gehören. Die Behauptung, in Besitz von geheimem Wissen zu sein, steht dabei unbestritten an erster Stelle. Auch das Verwenden von bedeutungsvollen Pseudonymen gehört dazu.
Papus war der Gründer mehrerer geheimwissenschaftlicher Orden und Zeitschriften. Er popularisierte den Okkultismus mit Werken über die jüdische Geheimlehre der Kabbala, über das symbolische Kartenspiel des Tarot und über Magie.

Beschwörung bedeutender Ahnen

Lévi war der einflussreichste unter den französischen Okkultisten. Er suchte nach einer Verschmelzung des antiken Okkultismus mit der Wissenschaft des 19. Jahrhunderts und der Religion, wobei er sich selbst als Typus des gelehrten Magiers nach den großen Vorbildern der Renaissance wie Agrippa von Nettesheim (1486–1535) und John Dee (1527–1608) verstand.

Seine magischen Rituale waren nicht einfache Totenbeschwörungen. Sie sollten eher dazu dienen, die Geister unserer Ahnen und deren Wissen wiederzubeleben. Während eines Besuchs in London bei seinem Freund, dem okkultistischen Romancier Edward George Bulwer-Lytton (1803–1873), beschwor Lévi mit Hilfe eines Pentagrammrituals als beispielsweise den Geist des berühmten antiken Magiers Apollonios von Tyana (1. Jahrhundert n. Chr.).

Aus dem Jahr 1902 stammt diese Abbildung aus Charles Webster Leadbeaters Werk »Man Visible and Invisible«, das den Astralleib einer Person darstellt. Leadbeater hatte sich, wie viele seiner Zeitgenossen, dem Okkultismus verschrieben.

Die Gesetze der Magie

Lévi lehrte drei grundlegende Gesetze der Magie: 1. Das Gesetz der Willenskraft. Der Wille sei eine »materielle« Emanation des Menschen, eine reale psychische Kraft, die Dinge bewirkt. Durch magische Rituale soll dieser Wille gesteigert werden. 2. Das Gesetz vom »Astrallicht«. Das Astrallicht sei eine dem Weltäther vergleichbare feinstoffliche Substanz, die das Universum erfüllt. Durch Kenntnis dieser Grundsubstanz wird sie benutzbar. 3. Das Gesetz der Korrespondenz. Jeder Faktor im Kosmos findet seine Entsprechung im Menschen.
Durch rituelle magische Beschwörungen, so genannte Evokationen (Anrufungen einer höheren Wesenheit) können diese äußeren Entsprechungen herabgerufen werden.

Okkultismus und Dekadenz

In seinem Hauptwerk »Dogma und Ritual der Hohen Magie« versucht Lévi in blumenreicher Sprache die rituelle Magie wiederzubeleben und mit kabbalistischen und okkulten Lehren zu verschmelzen. An seine berühmten Vorbilder reichte er allerdings bei weitem nicht heran. Das Werk der französischen Okkultisten entspricht den dekadenten Vorlieben des Fin de Siècle für die Abgründe der Seele, für Kräfte, die in einer zunehmend technisierten Welt geheimnisvoll-dunkel erschienen. Ihre Aktivitäten stellten auch Motive bereit für den literarischen Ausdruck dieser Grundstimmung wie sie sich etwa in den Werken von Joris-Karl Huysmans (1848–1907) und Charles Baudelaire (1821–1867) niedergeschlagen haben.

Titelblatt von Éliphas Lévis Hauptwerk: »Dogma und Ritual der Hohen Magie«, das auf viele Schriftsteller und Intellektuelle der Zeit nachhaltig wirkte. Auch der berühmte französische Schriftsteller Victor Hugo befasste sich mit dem Satanismus.

DAS 20. JAHRHUNDERT

Spiritismus – Kommunikation mit Verstorbenen?

Im 19. Jahrhundert wurde der Spiritismus, die Kontaktaufnahme mit Verstorbenen, in den Industrienationen zum Massenphänomen. Obwohl man an die Weiterexistenz von Lebewesen nach ihrem Tod immer glaubte, drängte erst im vorletzten Jahrhundert der Zeitgeist nach einer Begegnung mit der Anderwelt. Zum Einstieg fasste man sich meist an den Händen und konzentrierte sich auf die Kontaktaufnahme mit einem Geist im Jenseits.

854

SPIRITISMUS

In Gegenwart der Bauernmädchen Margaretta und Kate Fox traten 1848 in Hydesville, USA, unerklärliche Klopfgeräusche auf, mit denen man sich unterhalten konnte: Die Anzahl der Klopflaute bezeichnete den entsprechenden Buchstaben. Das Klopfen ergab sinnvolle Botschaften, und so deutete man es als Mitteilungen von Verstorbenen.

Die Entdeckung des Klopfalphabets wird von vielen Menschen als die Geburtsstunde des Spiritismus angesehen – des Glaubens an die Möglichkeit, mit geistig-seelischen Wesenheiten Verstorbener zu kommunizieren. Seitdem verbreiteten sich spiritistische Zirkel auf der ganzen Welt. In ihnen wurden im Laufe der Zeit die verschiedensten Techniken verfolgt, um mit Verstorbenen in Kontakt zu treten.

Die Medien

Im Zentrum der spiritistischen Sitzungen standen Medien – Mittler zwischen dem Diesseits und Jenseits – so wie Margaretta und Kate Fox. Um das so genannte Fluidum zum Kreisen zu bringen, bildete man Ketten, indem man sich an den Händen fasste und ehrfurchtsvoll der Dinge harrte, die da kommen sollten: Klopftöne oder sich bewegende Tische. Aus dem Mund mancher Medien sprachen die Geister direkt oder sie bedienten sich ihrer, um Botschaften schriftlich niederzulegen. Dann schrieb das

Der Geist der Fanny Kent

Ein Vorläufer der spiritistischen Sitzungen waren 1761 die Zusammenkünfte in der Londoner Cock Lane. Wenn die 13-jährige Elizabeth Parsons in ihrem Bett lag, erschienen Klopfgeräusche, die man befragen konnte. Man schrieb sie dem Geist einer gewissen Fanny Kent zu. Literaten und Intellektuelle besuchten die Sitzungen von Reverend John Moore, die er im Zimmer Elizabeths abhielt. Unter ihnen Samuel Johnson, der berühmte Lexikograph und Essayist, und der Dramatiker Oliver Goldsmith. Mit bissiger Ironie beschrieb Goldsmith die allabendlichen Szenen: Das Mädchen wurde zu Bett gelegt. Danach nahm das Publikum im Kreis Platz, unterdrückte sein Lachen, während es schweigend auf die Eröffnung der Vorführung wartete.

Elizabeth Parsons war es angeblich möglich, den Geist einer Verstorbenen herbeizurufen, mit diesem zu sprechen und mit dessen Hilfe Gegenstände zu bewegen.

855

DAS 20. JAHRHUNDERT

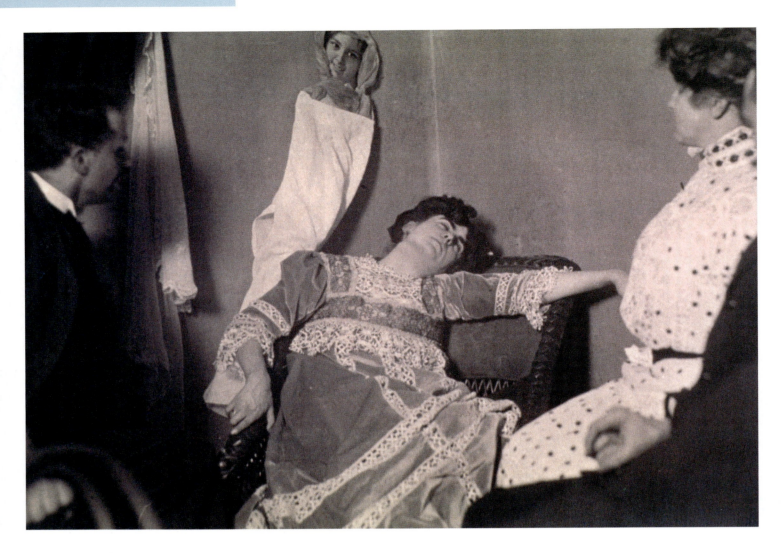

Wieviel Wahrheit hinter den spiritistischen Auswüchsen des 19. Jahrhunderts steckt, lässt sich heute kaum noch nachvollziehen. Vieles mutet unseriös an, wobei wahrscheinlich einige echte Phänomene durch Effekthascherei verlorengingen. Eines der Medien, deren spiritistische Zirkel voller Sensationen steckten, war die Italienerin Linda Gazzera, die hier, auf einen Stuhl gesunken, im Hintergrund die angebliche Materialisation eines weiblichen Geistes demonstriert.

Medium, angeblich von einem Geist geführt, zumeist banale und triviale Botschaften, die in erhabene Worthülsen gekleidet waren. Die Medien berichteten Details aus dem Leben im Jenseits, das sich als Utopie einer besseren Welt entpuppte. Hochstehende Wesenheiten gaben moralische Anweisungen an die Lebenden, und so wurde der Spiritismus für viele Menschen eine Art Ersatzreligion.

Spiritistische Séancen

Mit der Zeit wurde es immer dunkler in den Séanceräumen. Man erklärte dies mit der Scheu der Geister vor Licht. In der Finsternis wurden die Phänomene in der Folge heftiger: Gliedmaßen von Geistern manifestierten sich und hinterließen Abdrücke in flüssigem Paraffin. Die Toten erschienen sogar als leibhaftige Phantome, die sich fotografieren und von den ergriffenen Anwesenden berühren ließen. Durch die abgedunkelten Räume und die leichtgläubige Klientel öffneten sich dem Betrug Tür und Tor.

Levitation

Es gab aber auch ungewöhnliche Phänomene, die nicht ohne Weiteres dem Betrug, der Täuschung und der Leichtgläubigkeit zugeschrieben werden konnten. Der Schotte Daniel Dunglas Home (1833–1886) war der Wundermann des Spiritismus schlechthin. Er legte sein Gesicht in glühende Asche, ließ Tische und Stühle bis an die Zimmerdecken schweben, Instrumente in Käfigen erklingen und levitierte selbst am helllichten Tage vor den Augen verblüffter Zuschauer. Der berühmteste Fall ereignete sich 1868, als Home im dritten Stock eines Hauses aus einem Fenster hinaus- und bei einem anderen wieder hereinschwebte.

Wissenschaftliche Untersuchungen

Wenige aufgeschlossene Forscher wagten sich auf das Gebiet des Spiritismus. Einer dieser Pioniere war der englische Chemiker Sir William Crookes (1832–1919). Er führte in den 1870er Jahren eine Reihe interessanter Experimente mit Daniel D. Home durch.

Unter anderem konstruierte er einen Apparat, der aus einem 90 Zentimeter langen und 20 Zentimeter breiten Brett bestand, das an einem Ende an einer Federwaage mit automatischer Aufzeichnungsvorrichtung hing. Das andere Ende lag auf einer kleinen Stütze auf einem Tisch. Darüber befand sich ein großer, mit Wasser gefüllter, zylindrischer Behälter. Darin war ein perforiertes Kupfergefäß so angebracht, dass der Behälter selbst nicht berührt werden konnte. Legte man etwas in das Kupfergefäß, konnte kein Druck ausgeübt werden. Sobald jedoch Home seinen Finger in das Kupfergefäß tauchte – eine Manipulation war ausgeschlossen – entstand eine Kraft von etwa 320 Gramm, wie die Feederwaage anhand des sich dadurch bewegenden Brettes verzeichnet hat.

Es waren die Versuche solcher vorurteilsfreien Forscher, welche die Vorreiter der Wissenschaft wurden, die sich als Parapsychologie dem Studium außergewöhnlicher Erscheinungen widmen sollte.

Das Akkordeon-Experiment

Für eine weitere Untersuchung spiritistischer Phänomene besorgte Sir William Crookes ein neues Akkordeon und platzierte es in einem oben offenen Käfig.

Das Medium, wieder Daniel D. Home, hielt das Instrument mit einer Hand an der Rückseite. Die Tasten befanden sich auf der Vorderseite und konnten von ihm nicht erreicht werden. Das Akkordeon konnte auch nicht bewegt werden, um den zum Erzeugen von Tönen nötigen Luftdruck hervorzurufen.

Die andere Hand und die Füße des Mediums wurden von Beobachtern festgehalten. Trotzdem erklangen aus dem Akkordeon bekannte Melodien.

Moderner Spiritismus

Spiritistische Séancen sind auch heute noch weit verbreitet. An der Glaubwürdigkeit der geschilderten Phänomene darf man indes große Zweifel anmelden.

Die Spiritisten glauben an die Durchsagen der auf einer »hohen Entwicklungsstufe« stehenden Geister ebenso, wie an die angeblich von diesen bewirkten »Apporten« – das vermeintlich unerklärbare Auftauchen von Gegenständen.

Auf dem Friedhof Père-Lachaise in Paris befindet sich das Grab eines Menschen, der nicht nur als der Begründer des westlichen Spiritismus, sondern auch als der erste nachhaltige Verfechter einer westlichen Reinkarnationslehre gilt: Allan Kardec war mit den Geistern Verstorbener wie Sokrates oder Martin Luther in Verbindung und hat durch sie der Welt ein Bild vom Jenseits transportiert. Seine späte Ehre: 1957 gab Brasilien, ein Land, in dem seine Publikationen besonders reißenden Absatz fanden, zum 100. Erscheinungsjahr von Kardecs »Buch der Geister« eine Briefmarke mit seinem Bild heraus.

Allan Kardec

Der französische Arzt Hippolyte Rivail (1804–1869) hielt sich für die Wiedergeburt eines Druiden namens Allan Kardec. Unter diesem Pseudonym gründete er eine religiöse Bewegung, die Spiritismus und Reinkarnationsglauben miteinander verband. Sein einflussreiches »Buch der Geister« entstand 1859. Es beinhaltet Botschaften aus dem Jenseits im Frage-Antwort-Stil und avancierte zur Bibel des »Kardecianismus«. Die Bewegung erfreut sich heute noch in Frankreich und vor allem in Brasilien, wo die extreme Religiösität der Menschen als fruchtbarer Boden für Kardecs Wirken galt, zahlreicher Anhänger. Aus dem Buch »Haben Geister eine bestimmte, begrenzte und dauernde Gestalt?«: »Für eure Augen nicht, für die unseren ja. Sie ist, wenn ihr wollt, eine Flamme, ein Schein oder ein ätherischer Funke. In der Farbe wechselt sie für euch vom Dunklen bis zum Glanze des Rubins, je nach der Reinheit des Geistes.«

DAS 20. JAHRHUNDERT

Madame Blavatsky

Die stark medial begabte Helena Petrowna Blavatsky traf in New York bei den Sitzungen der Eddy Familie, einer Spiritistengemeinschaft, mit dem Journalisten Henry Steel Olcott zusammen.

In Gegenwart der Russin Helena Petrovna Blavatsky sollen Geister aufgetaucht und Kleider in Flammen aufgegangen sein. Ihre hypnotischen Kräfte ängstigten Hausangestellte und Besucher. Und weil sie sich von verstorbenen tibetischen Meistern inspiriert sah, entwickelte sie das Werk »Die Geheimlehre« aus buddhistischem, gnostischem und hinduistischem Gedankengut. 1875 gründete Madame Blavatsky in New York zusammen mit H. S. Olcott die Theosophische Gesellschaft, die sich als Fortsetzung alter okkultistischer Traditionen verstand.

Von russischem Adel

Helena Petrovna, geborene Hahn von Rottenstern, kam am 31. Juli 1831 in Jekarterinoslaw (Ukraine) im Haus ihrer Großeltern zur Welt. Da gerade die Cholera im Land grassierte, erhielt das Kind die Nottaufe, wobei alle Anwesenden erschraken, weil das Gewand des Priesters plötzlich in Flammen aufging – kein gutes Vorzeichen für das spätere Leben der Helena Petrovna. Schon als kleines Mädchen ließ sie Gegenstände scheinbar mit Gedankenkraft durcheinander wirbeln und wurde auf Wunsch der Eltern mehrfach exorziert, weil diese sie vom Teufel besessen glaubten.

Flucht in den Orient

Helena wurde mit 18 Jahren mit Nikofor Blavatsky verheiratet, dem sie bei der Trauung versicherte, dass sie ihn »niemals ehren und ihm niemals gehorchen« werde.
Sie verweigerte ihm auch die Hochzeitsnacht und floh kurz darauf nach Konstantinopel, um wenig später in Ägypten zu landen. Durch das Rauchen von Haschisch will sie dort ihre

MADAME BLAVATSKY

ersten mystischen Erlebnisse gehabt haben, bei denen sie sich wie eine Wiedergeburt der Isis fühlte. Bei ihren zahlreichen Reisen durch die Welt konnte sie neben Kanada und den USA auch Ceylon, Indien und das für Ausländer damals nahezu unzugängliche Tibet kennen lernen.

Abenteuerliches Leben

Zurück in Russland ließ sie sich von ihrem Ehemann aushalten, nahm sich aber einen Liebhaber mit dem sie einen gemeinsamen Sohn – Juri – hatte; ein verkrüppeltes Kind, das bereits im Alter von fünf Jahren starb.
Nach diesem Schicksalsschlag stürzte sie sich an der Seite Guiseppe Garibaldis (1807–1882) in den italienischen Freiheitskampf, wurde verwundet und reiste nach ihrer Genesung zusammen mit ihrem Geliebten nach Ägypten. Bei der Überfahrt explodierte das Schiff – mit Helena überlebten nur 17 der insgesamt 400 Passagiere.

Die Hohepriesterin

In Kairo wurde Madame Blavatsky zum Mittelpunkt eines spiritistischen Zirkels, in deren Gegenwart Klopfgeräusche von allen Zimmerwänden widerhallten. Ihre Anhänger sahen in ihr eine orientalische Hohepriesterin, die erkannt hatte, dass die blutigen Religionskriege »der einzige Grund für die Verdunkelung der Wahrheit« sind. Jeder solle deshalb – unabhängig von traditionellen Bindungen – seine eigene religiöse Bestimmung suchen.

Die Geschichte der Menschheit

Nachdem sie zusammen mit ihrer neuen Liebe – dem New Yorker Anwalt Henry Steel Olcott – die Theosophische Gesellschaft gegründet hatte, schrieb sie Bücher. Ihrem Werk »Die entschleierte Isis« folgte »Die Geheimlehre«, in der sie die Geschichte der Menschheit aus theosophischer Sicht beschreibt und deren mystischen Inhalt sie auf geistigem Wege aus dem »Buch von Dzyan« entnommen haben will. Dieses ominöse Buch hat vermutlich außer Helena Blavatsky, die einige Abschnitte in ihrer »Geheimlehre« zitiert, niemand jemals gesehen. Als wirkliche Quelle wird eine soharische Schrift (Kompendium der kabbalistischen Philosophie) aus dem 17. Jahrhundert vermutet, die der jüdischen Kabbala zugerechnet werden kann.

Gordon Wain fügte in das Porträt von Madame Blavatsky die Symbole der »Theosophischen Gesellschaft« ein, die aus der ägyptischen und den fernöstlichen Traditionen stammen.

Tod in London

Schon vor Erscheinen von »Die Geheimlehre« wurde Madame Blavatsky beschuldigt, bei ihren Séancen manipuliert zu haben. Gekränkt zog sie sich nach Neapel zurück, verfasste Briefe zur Verteidigung ihrer Person und ihrer Lehre. Freunde überredeten sie, aus ihrer Einsamkeit auszubrechen und nach London zu gehen. Dort starb Helena Petrovna mit 60 Jahren an einer Grippe.

Universelle Bruderschaft

Unter dem Namen Theosophische Gesellschaft verbergen sich verschiedene esoterische Vereinigungen. In ihrem Werk »Schlüssel zur Theosophie« (1889) nennt Madame Blavatsky drei wesentliche Aufgaben: die Bildung einer überkonfessionellen universellen Bruderschaft der Menschheit, das Studium der östlichen Weltsicht und des Okkultismus. Alle Religionen seien gleich wahr und die Theosophie sei eine »Zusammenschau von allem«. So wurden in der Theosophie Traditionen des Phythagoreismus, des Platonismus, Gnostizismus, der Mystik und insbesondere der indischen Religionen und des Sufismus verschmolzen.

Briefe von der Zimmerdecke

Der Journalist Henry Steel Olcott erkannte in Helena Petrowna Blavatsky ein interessantes Medium. Er hatte sie 1874 bei einer Spiritistengemeinschaft kennen gelernt und tat viel für ihre Popularität. So stattete er Madame Blavatsky mit dem Titel einer Gräfin aus und instituierte zusammen mit ihr zunächst den »Miracle Club« und kurz darauf die Theosophische Gesellschaft, der 1884 die erste Gründung in Deutschland folgte.
Bei den Zusammenkünften sollen sich erstaunliche Dinge zugetragen haben: direkte Musik aus dem Äther, Materialisation von Gegenständen und geheimnisvollen Briefen, die von Zimmerdecken herab fielen. Der Jurist Richard Hodgson – ein gefürchteter Entlarver betrügerischer Medien – warf Madame Blavatsky vor, zumindest einen Teil ihrer Manifestationen gefälscht zu haben.

Annie Besant (1847–1933) trat 1889 der Londoner »Theosophischen Gesellschaft« bei und wurde aufgrund ihres großen rhetorischen Talents bald eine der engsten Mitarbeiterinnen von Madame Blavatsky und in England eine der bekanntesten, aber auch umstrittensten Persönlichkeiten innerhalb der Theosophischen Gesellschaft. Seit 1907 war sie bis zu ihrem Tod Präsidentin der Londoner »Aydar-theosophischen-Gesellschaft«.

DAS 20. JAHRHUNDERT

Der Orden des Golden Dawn

In den Geheimorden, wie etwa dem Golden Dawn, behauptete man, Geister beschwören und zum Erscheinen zwingen zu können. Aber schon damals kannte man die Tricks mit einem Hohlspiegel oder einer Projektion mittels einer Camera Obscura, wie hier dargestellt wird. (Kupferstich aus: Karl von Eckartshausen, »Aufschlüsse zur Magie«, 1788–91)

Im 19. Jahrhundert kam es als Reaktion auf die materialistische Weltanschauung zu einem verstärkten Interesse an okkulten Studien. Zahlreiche Gruppen von Freimaurern, Theosophen, Spiritisten und Rosenkreuzern beriefen sich auf eine zweifelhafte historische Herleitung eines »geheimen Wissens«, das sie vor dem Untergang bewahren wollten.

Modische Geheimbünde

Geheimgesellschaften waren sehr in Mode. 1888 wurde in England ein solcher Geheim-

860

bund ins Leben gerufen. Er nannte sich Hermetic Order of the Golden Dawn (Hermetischer Orden der Goldenen Dämmerung) und übte auf andere Geheimgesellschaften und die modernen Formen von Magie und Okkultismus einen nachhaltigen Einfluss aus.

Gründer des Golden Dawn

Der Golden Dawn, der die westliche esoterische Tradition bewahren wollte, war das geistige Kind von Dr. William Wynn Westcott (1848–1925), einem okkultistisch interessierten Londoner Leichenbeschauer. Die beiden anderen Gründungsmitglieder waren Dr. William Robert Woodman (1828–1891), ein pensionierter Arzt, Rosenkreuzer und passionierter Kabbalist sowie Samuel Liddell MacGregor Mathers (1854–1918), der eigentliche Magier des Ordens. Er war dafür verantwortlich, dass die Geheimgesellschaft ein magischer Orden mit komplizierten Initiationen wurde, die durch die Rituale zu verschiedenen Graden an esoterischem Wissen führten.

Komplexe Rituale

Die Rituale und Lehren des Golden Dawn basieren auf dem so genannten Cipher Manuscript (Geheimschrift-Manuskript). In dieser angeblich antiken Aufzeichnung in Geheimschrift seien Rituale einer alten Geheimgesellschaft skizziert. In Wahrheit handelte es sich um die Schrift eines zeitgenössischen englischen Freimaurers, der den Ritualtext für eine geplante, aber nie gegründete Geheimgesellschaft als verschlüsselte Botschaft geschrieben hatte. Westcott und Mathers entwickelten daraus aufwändige magische Rituale. Die Lehren, Einweihungsprüfungen und Grade des Golden Dawn avancierten zu bedeutenden Vorbildern aller folgenden okkultistischen Geheimgesellschaften.

Der innere Orden

Zu Beginn lehrte der Golden Dawn hauptsächlich die Grundzüge der Kabbala, Astrologie, alchemistische Symbolik, Geomantik und Tarot. Diese Lehren des »äußeren Ordens« waren nicht geheim, sie beinhalteten nur einen kleinen Teil des vermeintlich magischen Wissens. Ab 1891 ging man dazu über, den Adepten praktische Magie als esoterisches Wissen zu vermitteln. Das war der Zeitpunkt, als MacGregor Mathers zum Leiter des Ordens aufstieg und opulente Einweihungsrituale für die Adepten des Niederen Grades entwarf. Durch die Initiation in die ersten fünf Stufen der esoterischen Erleuchtung wurde man in den zweiten, den »inneren Orden« eingeweiht, den R.R. und A.C. (Ordo Roseae Rubeae et Aureae Crucis, deutsch: Orden der Rubinrose und des goldenen Kreuzes).

Geheimbünde und Verschwörungstheorien

Der Golden Dawn zog zahlreiche unterschiedliche Charaktere an, wie den Dandy und Magier Aleister Crowley (1875–1947) oder den irischen Poeten und Dramatiker William Butler Yeats (1865–1939). Seinen geheimnisvollen Ruf behielt der Orden auch nach vielen Querelen und Aufsplitterungen, weil schließlich die Behauptung in die Welt gesetzt wurde, im Zentrum des Golden Dawn gebe es einen »Dritten Orden«. Diesen würden die »wahren Fackelträger des geheimen Wissens« bilden. Sie seien nicht bekannt und man könne sich ihnen nicht nähern. Solche Behauptungen trugen dazu bei, den Golden Dawn und ähnliche esoterische Geheimbünde mit Verschwörungstheorien in Verbindung zu bringen. Ihnen zufolge seien die mysteriösen »großen Eingeweihten« die geheimen Lenker der Geschicke der Menschheit. Sie hätten die verschiedenen intellektuellen, religiösen, künstlerischen und wirtschaftlichen Trends ins Leben gerufen und gesteuert. Den Golden Dawn Orden gibt es mit zahlreichen Neuerungen noch heute. 1937 brachte ein Mitglied, Israel Regardie (1907–1985), die Rituale des Ordens durch Publikationen an die Öffentlichkeit und verhinderte dadurch, dass die Lehren des Golden Dawn für immer verloren gingen.

GOLDEN DAWN

Magie im Zeitalter der Dekadenz

Die wahre hermetische und magische Tradition war nach dem Zeitalter der Renaissance in den Naturwissenschaften aufgegangen. Mit dem Residuum des Geheimnisvollen beschäftigten sich mittlerweile die Psychologie und die Vorläufer der wissenschaftlichen Parapsychologie. Die okkultistischen Geheimgesellschaften des 19. Jahrhunderts suchten nach Möglichkeiten, wie man mysterienhaft »höheres Wissen« erlangen und über die Möglichkeiten durch Magie, weitgehende Einflüsse ausüben könne, die gänzlich dem Bereich des Fantastischen zuzurechnen sind.

Man bediente sich der undurchsichtigen Symbolsprachen der Alchemie und der Kabbala und machte in ebenso unverständlichen Ritualen auf die uninformierte Masse Eindruck. Das Dogma und Ritual der Hohen Magie, ein Werk des französischen Okkultisten Éliphas Lévi (1810–1875), der die modische Form der Magie als substanzloses Konglomerat der Symbolsprache unterschiedlicher Religionen und magischer Traditionen präsentierte, wurde eine wichtige Grundlage der Lehren des Golden Dawn.

Der bedeutende irische Lyriker, Dramatiker und Essayist William Butler Yeats (Nobelpreis für Literatur 1923) war ein glühender Anhänger des Ordens und Großmeister des Golden Dawn. Er trug sich mit dem Gedanken, für seine Heimat Irland eine neue Religion zu schaffen, die von den Ideen des Ordens getragen sein sollte.

861

DAS 20. JAHRHUNDERT

Aleister Crowley – die Teufelsbestie

Der junge Aleister Crowley im Gewand eines Magiers: Seinen Kopf krönt eine Uräus-Schlange, in der Hand hält er einen Zauberstab, vor ihm auf dem Tisch liegt ein Schwert, ein Gefäß mit heiligem Öl und das von ihm verfasste »Buch des Gesetzes«. Crowley kam schon früh in Berührung mit mystischem Gedankengut, denn bereits seine Mutter sah in dem Kind Aleister den Antichristen. In seinem späteren Leben kostete er seinen sinistren Ruf weidlich aus, indem er sich rühmte, satanische Fähigkeiten zu besitzen.

862

ALEISTER CROWLEY

An der Wende zum 20. Jahrhundert brachte das Sammelsurium von Okkultismus und Magie auf dem Hintergrund der Dekadenz des Fin de Siècle Persönlichkeiten hervor, die heute noch als Prototypen des durchtriebenen, psychopathischen Magiers gelten. Allen voran der Engländer Edward Alexander (»Aleister«) Crowley (1875–1947), der sich als Mittler zwischen den Menschen und den verborgenen Mächten verstand.

Dandy und Magier

Crowley begann seine Karriere als esoterischer Dandy. Ohne große Lust studierte er in Cambridge, schrieb unverständliche, erotische Gedichte und beschäftigte sich oberflächlich mit dem modischen Okkultismus.

Seine Neigungen, Grenzen überschreiten und im Mittelpunkt stehen zu wollen, lebte er in dem Geheimbund Hermectic Order of the Golden Dawn (Hermetischer Orden der Goldenen Dämmerung) aus. Er scheiterte beim Versuch, die Führung des Ordens an sich zu reißen, und gründete seine eigene Geheimgesellschaft. In ihr sollten sexualmagische Praktiken im Mittelpunkt stehen.

Crowley, der sich den Namen und den kabbalistischen Zahlenwert 666 des Großen Tieres der Apokalypse gab, war der Ansicht, dass

Das Buch des Gesetzes

Am 8. April 1904 empfing Aleister Crowley in Kairo als eine Offenbarung seines Schutzengels Aiwass, »Minister des Horus«, das »Liber al vel Legis« (Das Buch des Gesetzes). Er bezeichnete es als das »Gesetz des neuen Äons«. Den Kern von Crowleys magischem System bilden sexualmagische Handlungen, von denen er sich die Bewusstwerdung der Göttlichkeit des Menschen versprach. Auch durch Einsatz unterschiedlichster Drogen suchte Crowley dieses Ziel zu erreichen. Orgiastische Grenzüberschreitung galt ihm als Weg zur Erleuchtung.

Aleister Crowley wollte magische Rituale, wie sie einst der hier abgebildete John Dee ausführte, wiederbeleben. Deshalb wurde den Ritualen in den zahlreichen von ihm gegründeten Orden eine wichtige Position zuerkannt. (Kupferstich, 18. Jahrhundert)

DAS 20. JAHRHUNDERT

Exzessives Leben

Aleister Crowley ließ sich in romantischer Manier als ägyptischer Hohepriester, als chinesischer Gott des Lachens, als Dandy, als arabischer Eingeweihter oder in der Pose Churchills fotografieren. Schließlich trat er dem deutschen Ordo Templi Orientis (Orden des Östlichen Tempels, O.T.O.) bei und reiste rastlos durch die Welt, von Mexiko bis Ägypten, von den Vereinigten Staaten bis nach Indien. In der für ihn typischen Selbstüberschätzung, sah er mit sich eine neue Zeit anbrechen, wurde heroinsüchtig und starb geistig umnachtet in einer Pension in Hastings.

sich durch Sexualmagie die stärksten okkulten Kräfte mobilisieren ließen.

Historische Vorbilder

1899 versuchte sich Aleister Crowley am sagenumwobenen Loch Ness in Schottland am Ritual einer Engelbeschwörung. Grundlage des Rituals bildete der magisch-kabbalistische Text des historisch nicht nachweisbaren Abraham von Worms aus »Das Buch der wahren Praktik in der göttlichen Magie«, das wahrscheinlich in der Mitte des 15. Jahrhunderts verfasst wurde. Der Text war ein Vorläufer von John Dees (1527–1608) Technik der Beschwörungen. Dee war einer der einflussreichsten Magier der Renaissance und wurde für Crowleys magische Handlungen zu einem wichtigen Vorbild. Mit seinem Schüler und Liebhaber Victor Neuburg führte Crowley zahlreiche auf John Dee zurückgehende Herbeirufungen von Geistern (Invokationen) durch, wie er sie beim Golden Dawn erlernt hatte. In der ägyptischen Wüste sollen Crowley und Neuburg den Dämon Choronzon, Herr des zehnten Aethyrs – eine Region der unsichtbaren Welt in John Dees henochischem System (so genannt nach den biblischen Apokryphen der Henochbücher) – zum Erscheinen gezwungen haben.

Die Abtei Thelema

Crowley war ausgesprochen geschickt im Zusammenstellen ungewöhnlicher Ideen und verfügte zweifellos über eine theatralische Begabung. Seine Devise »Tu was du willst« entlehnte er dem großen französischen Dichter François Rabelais (um 1494–1553), der sie zum Motto der mythischen Abtei Thelema in seinem Buch »Gargantua und Pantagruel« gemacht hatte. Das Thelema, das Rabelais mit spitzer satirischer Feder beschrieb, war eine Art Anti-Kloster, in dem all das zur Vorschrift gemacht wurde, was in einem gewöhnlichen Kloster verboten war: keine Mauern um das Gebäude, keine Uhren, weil in den Klöstern alles streng nach Stunden eingeteilt sei. Alles solle »nach Umständen und Bedürfnis« getan werden, nur schöne, gutartige Menschen beiden Geschlechts sollten dort aufgenommen werden, weil in der Realität nur die Dummen und Missgestalteten in die Klöster gesteckt würden. Selbstverständlich soll in Thelema keine Geschlechtertrennung herrschen und jeder könne das Kloster verlassen, wann es ihm beliebe. 1920 gründete Crowley seine eigene Abtei Thelema in einer verfallenen Villa am Stadtrand von Cefalù in Sizilien. Dort lebte er seine bisexuellen Neigungen als Meister der Magie aus.

Gegen Konvention und Moral

Freilich war nicht alles am Crowleyanismus Show, okkultes Sammelsurium oder magisches Ritual als Vorwand für sexuelle Ausschweifun-

Der ältere Aleister Crowley, wie ihn der englische Maler Gordon Wain sah. Auf der Stirn trägt er das Symbol seiner selbstgeschaffenen Religion, über seiner Nasenwurzel erscheint die Zahl 666.

gen. Offenbar versuchte Crowley in der Tat die Suche nach geistiger Freiheit auf eine neue Stufe zu heben. In gewisser Weise kann man ihn mit dem Philosophen Friedrich Nietzsche vergleichen, der einmal gesagt hat, dass es noch so vieles gibt, was noch nicht gesagt oder gedacht wurde. Ohne dieses aber bliebe der Mensch Gefangener einer Konvention, besonders dann, wenn er es nicht merkt. Das gilt auch für die Tradition der Magie, die nach immer neuen Wegen der Befreiung sucht. »Tu was du willst« stellte für Crowley die Aufforderung dar, den wahren Willen zu suchen, jenes Zentrum im Menschen, das sich mit seinen tiefsten Wünschen und Sehnsüchten deckt, und ihm gemäß zu handeln. Aus dieser echten Willenshandlung heraus, wird der Mensch in Crowleys Augen vergöttlicht. »Jeder Mann und jede Frau ist ein Stern«, schrieb er einmal, um zu zeigen, dass im Handeln aus dem bewussten Willen, ohne Rücksicht auf Konventionen, Schamgefühl und Moral, der Mensch zu einem leuchtenden Kraftfeld wird.

Dämon in Menschengestalt

Kein Wunder, dass solche Gedanken in der auf kleinbürgerliche Konventionen begründeten westlichen Gesellschaft auf heftige Entrüstung stießen. In Crowley wurde nur noch der dämonische Zeitgenosse und seine Verwandtschaft zu den angeblich kindermordenden Hexenmeistern des düsteren Mittelalters gesehen. Crowleys eigenen Worte scheinen dies zu bestätigen. Am Ende seiner Charta der Menschenrechte im »Liber Oz«, nachdem er dem Menschen das Recht, nach seinem Gesetz zu leben, zu wohnen, zu reisen, wohin er will, zu denken, zu sagen, zu schreiben, was er will und zu lieben wie er will, zugesprochen hat, schreibt Crowley: »Der Mensch hat das Recht diejenigen zu töten, die ihm diese Rechte zu nehmen suchen.« Wahrlich, keine beruhigende Aufforderung.

Der von Mythen umrankte Loch Ness, hier vom Urquhart Castle aus gesehen, wurde zum Schauplatz eines der geheimnisvollen mit mancherlei magisch-kabbalistischen Gepräge aufgeladenen Ritualen Aleister Crowleys.

DAS 20. JAHRHUNDERT

Yogananda

Paramahansa Yogananda zählt zu den wenigen indischen Yogis, die östliches Gedankengut in einer Form lehrten, die auch den Menschen der westlichen Welt verständlich ist. Schenkt man den Worten des Weisen Glauben, so wurde er von Gott selbst zu dieser Art von Lehrtätigkeit berufen, die er in seiner Schule »Self-Realization Fellowship« ausübte.

Mit seiner berühmten »Autobiographie eines Yogi« schrieb der Inder Paramahansa Yogananda einen der großen spirituellen Klassiker des letzten Jahrhunderts. Mit diesem verschaffte er auch dem Westen Zugang zur Lehre des Yoga, einer Praxis, die bestimmte Körperhaltungen mit bewusstem Atmen, Konzentration, Meditation und Versenkung vereint.
Yogananda wurde am 5. Januar 1893 im nordostindischen Gorakhpur als Mukunda Lal Ghosh geboren. Seine sieben Geschwister und die liebevolle Zuneigung seiner Eltern bildete für ihn den Lebensmittelpunkt.

Bilder aus früheren Leben

Zu den ersten Erinnerungen des Yogananda gehören Bilder »aus einer früheren Inkarnation, einem Leben als Yogi (geistiger Lehrer) im schneebedeckten Himalaja«. Schon bald suchte sich der Junge einen Weg, der ihn zu einem »christusähnlichen Weisen« führte: Sri Yukteswar Giri.
Dieser gehörte zu jenen großen Meistern, die Indiens wahren Reichtum ausmachen«, schreibt Yogananda in seiner Biographie. Zu ihm nach Puri pilgerten zahlreiche fromme Hindus und Mukunda Lal Ghosh empfand es als eine große Ehre, als er von diesem Lehrer wenig später

866

den Ehrentitel Paramahansa (wörtlich: »Größter Schwan«) Yogananda (»Wonne des Yoga«) erhielt.

– einen realen praktischen Weg gibt, und dass Gott kein Wesen »irgendwo da draußen«, sondern eine Erfahrung in der eigenen Seele sei.

Von Yogananda wurde die so genannte Kriya Technik gelehrt – eine Form der Meditation, die zu drei Manifestationen Gottes führt. Yogananda kannte keine Religionsgrenzen, denn: »Alle heiligen Schriften der Welt [...] sagen im Wesentlichen dasselbe aus.«

Gemeinschaft der Selbstverwirklichung

Um die alten Lehren seiner Heimat dem Westen zu vermitteln, schrieb sich Yogananda in die Universität von Kalkutta ein. Dort suchte er nach einer Verbindung zwischen den Aussagen der modernen Naturwissenschaft und den geistigen Wahrheiten Indiens. Noch im Jahr seiner Ankunft in Amerika gründete er die »Self-Realization Fellowship«, eine Gemeinschaft der Selbstverwirklichung, die es sich seitdem zur Aufgabe machte, das Werk des Yogi weiterzuführen. Das Mutterzentrum befindet sich auf dem Mount Washington in Los Angeles.

Erleuchtung ist möglich

Yogananda lehrte den Weg des »Kriya-Yoga«, das aus einer Kombination von einfachen Atem-, Körper- und Konzentrationsübungen besteht. Als Voraussetzung für den Weg zur Erkenntnis nannte er einen gesunden Lebensstil. Der Meister war davon überzeugt, dass es zur vollständigen Erleuchtung – zum Samadhi

Medizinisches Wunder

Am 7. März 1952 vollendete der Weise seinen irdischen Lebensweg. Während eines Banketts bei dem indischen Botschafter Binay R. Sen in Los Angeles hielt er eine kurze Ansprache und sackte kurz darauf in aller Öffentlichkeit zusammen. Yogananda war tot. Seine Anhänger sprachen von Mahasamadhi, dem bewussten Austritt eines Yogi aus seiner leiblichen Hülle. Ihnen scheint nur natürlich, was Harry T. Rowe, der Direktor des Friedhofs von Forst Lawn Memorial, auf dem Yogananda lag, erzählte: »Selbst zwanzig Tage nach seinem Tod war durch den gläsernen Sargdeckel, durch den Yoganandas Bewunderer von ihrem Meister Abschied nahmen, kein Zeichen einer körperlichen Auflösung festzustellen. Die körperliche Erscheinung Yoganandas war am 27. März, kurz bevor ein Bronzedeckel auf den Sarg gelegt wurde, dieselbe wie am 7. März.« Yoganandas Leben blieb wundersam, bis in den Tod.

Kriya-Yoga: Yoganandas Wissenschaft

Aus der Bedeutung der Worte Kriya und Yoga leitet sich eine faszinierende Wissenschaft zum rechten Umgang mit dem menschlichen Körper ab.

»Kri«, ein Sanskritwort, bedeutet soviel wie tun. »Yoga« heißt Vereinigung. Im Kriya-Yoga vereinigt sich demnach der Yogi mit dem Unendlichen, indem er bewusst tut: Er entzieht seinem Blut durch Atmen und Visualisieren Kohlendioxyd und führt ihm in großen Mengen Sauerstoff zu. Er hebt dadurch, so die Lehre, den Verfall der Körperzellen, den Verfall seines Körpers auf.

Der Kriya ist eine höhere Yoga-Technik, welche die subtilen Ströme der Lebenskraft im Körper intensiviert und neu belebt und die normale Tätigkeit von Herz und Lunge auf natürliche Weise verlangsamt. Dadurch wird das Bewusstsein auf eine Ebene höherer Wahrnehmung gelenkt und eine innere Erweckung bewirkt, die sehr befriedigend ist. Menschen, die den Kriya praktizieren, schwören darauf, dass diese höhere Wahrnehmung glückselig stimmt. Sie soll zu drei Manifestationen führen: dem göttlichen Licht, dem göttlichen Ton und der göttlichen Schwingung.

Hindus glauben daran, dass jeder Mensch bei seiner Geburt ein bestimmtes Potential an Prana (Energie) erhält. Dieses ist weder gut noch böse – es obliegt dem Menschen, was er daraus macht. Um das Gute hervorzukehren, pflegen Inder rituelle Waschungen.

DAS 20. JAHRHUNDERT

Krishnamurti, die Wahrheit

Besonders in den Vereinigten Staaten fand die Philosophie Krishnamurtis eine große Anhängerschaft. Seine undogmatische Haltung den Religionen gegenüber kam der nach Freiheit strebenden Lebenseinstellung vieler Amerikaner sehr entgegen.

KRISHNAMURTI

Der indische Weisheitslehrer Jiddu Krishnamurti wurde schon früh von seinen zahlreichen Anhängern als Meister verehrt. Er verwarf alle Bindungen an etablierte Glaubensgemeinschaften, Kulte und Ideologien. Seine Botschaft: Geistiges Erwachen ist auch ohne die Vermittlung religiöser Traditionen möglich.

Krishnamurti wurde am 11. Mai 1895 in Madanapalle in Südindien als achtes Kind eines armen Brahmanen (Angehöriger der obersten Kaste im Hinduismus) geboren. Zu dieser Zeit erwartete die Theosophische Gesellschaft in Adyar bei Madras die Wiedergeburt eines neuen religiösen Weltenlehrers. Annie Besant, Präsidentin der Gesellschaft, nahm sich nach dem Tod seiner Mutter des Vierzehnjährigen an, der ihr durch sein ungewöhnlich selbstloses Wesen während ihres Indienaufenthalts aufgefallen war.

Oberhaupt mit siebzehn Jahren

Mit siebzehn Jahren ging er nach England und wurde dort von privaten Lehrern unterrichtet. Schon bald galt er als Oberhaupt der weltumspannenden Organisation »Orden des Sterns des Ostens« (Order of the Star in the East), deren Anhängern er empfahl, ihre ganze Kraft auf das Erreichen der höchsten Stufe geistiger Entwicklung zu konzentrieren.

Enttäuschung bei den Anhängern

Schon bald verwarf er diesen »Weg in die Selbsttäuschung«, löste die Organisation auf, gab seinen Besitz zurück und wandte sich von jeder Art des etablierten »Glaubens« strikt ab. Damit enttäuschte er die in ihn gesetzten messianischen Erwartungen, wies aber ausdrücklich auf die Fähigkeit jedes Einzelnen hin, sich aus »Einsicht von innen heraus selbst zu ändern«.

Reden, Diskussionen, Dialoge

Krishnamurtis Aussagen sind keine Lehre, weil sie nicht gelehrt, sondern erfahren werden müssen. Viele seiner Formulierungen gleichen den Überlieferungen von Lao-Tse, Buddha und Jesus, obwohl Krishnamurti nie religiöse oder philosophische Schriften studiert haben will. Offenbar gibt es Wahrheiten, die Menschen zu jeder Zeit und unabhängig von bestimmten Traditionen selbst entdecken können. »Jeder Mensch kann sich selbst befreien, indem er sich verstehen lernt«, sagte Krishnamurti, der nur wenige seiner Gedanken aufgeschrieben hat und dessen Aussagen aus Reden, Diskussionen und Dialogen überliefert sind.

Wandel im Herzen

Als Pädagoge in den von ihm gegründeten Schulen in England, den USA und Indien sah er, in welch hohem Maß die vorherrschenden Erziehungsmethoden Anpassung, Autoritätsgläubigkeit, Spezialisierung und Karrieredenken fördern und damit zum trostlosen Zustand der Welt beitragen. Auch heute noch arbeiten die von Krishnamurti in aller Welt gegründeten Schulen in seinem Geist.

Krishnamurti, der im Alter von 90 Jahren 1986 in Kalifornien starb, betonte stets, dass wir unser Leben nur in der Gegenwart leben können. Seine Botschaft ist allgegenwärtig: Nur durch einen grundlegenden Wandel im Herzen jedes Einzelnen ist eine Veränderung der Gesellschaft und damit Frieden auf der Welt möglich.

Jiddu Krishnamurti wurde in Indien geboren, bezeichnete sich selbst aber als Weltbürger. Er sah in der Religion »erstarrtes menschliches Denken, woraus die Menschen Tempel und Kirchen erbaut haben«, und riet ihnen, ihre eigenen Handlungen selbst zu beobachten und zu bestimmen und nicht aufgrund einer Autorität oder Theorie zu handeln.

Das Leben als Spiegel

Von Meditations-Techniken und anderen Methoden, die den Geist »still« machen sollen, rät Krishnamurti ab. Er empfiehlt dagegen »voraussetzungslose Achtsamkeit«. Niemand könne uns Einsichten in die lebendige Wirklichkeit vermitteln: »Allein das tägliche Leben, alle unsere Beziehungen sind ein Spiegel, in dem das eigene Wesen sichtbar wird. Um sich selbst in diesem Spiegel zu erkennen, muss der menschliche Geist völlig aufnahmebereit sein.«

»Die meisten Menschen werden dazu erzogen, sich viel Wissen anzueignen und es methodisch anzuwenden. Doch die Fähigkeit zuzuhören, hinzusehen, mitzuempfinden bleibt unterentwickelt. Die Verarbeitung von Kenntnissen macht den Geist mechanisch und routiniert, zwar effizient und erfinderisch, aber begrenzt. Es fällt ihm schwer, sich auf etwas völlig Unbekanntes, ja Unmögliches einzulassen und so wirklich kreativ zu sein. Wirkliches Lernen aber ist ein Entdecken.«

DAS 20. JAHRHUNDERT

New Age oder das Zeitalter des Wassermanns

Der belgische Jugendstilmaler Henri Meunier verewigte um 1900 diese Vorstellung vom Sternzeichen Wassermann. Das Symbol – Frau mit Kanne(n) – entstand vermutlich in der ägyptischen Mythologie und wandelte sich mit der Zeit. Der Flussgott Hapi stellte den Verursacher der jährlichen Nilschwemme und somit des landwirtschaftlichen Reichtums von Ägypten dar. Mit dem Ausdruck »Zeitalter des Wassermanns« möchten New-Age-Anhänger die Eigenschaften, die man dem Sternzeichen Wassermann nachsagt – technisches Geschick gepaart mit spiritueller Feinfühligkeit – als Symbole einer historischen Epoche präsentieren.

Die Philosophen des New Age behaupten, dass wir in eine neue Zeit eingetreten sind, in der grundlegende Veränderungen zu erwarten sind. Das »Zeitalter des Wassermanns«, in dem wir uns nach den antiken Berechnungen der Griechen seit etwa 1950 befinden, soll von einem neuen Bewusstsein geprägt werden, in dem verschiedene »Einzel-Bewusstseine« sich verbinden und zu einer höheren Stufe aufsteigen. Jeder von uns wird aufgefordert, mehr Verantwortlichkeit für sich, die Menschheit und den Planeten zu übernehmen. Globale Netzwerke sollen dabei Umdenkungsprozesse ermöglichen, die ein ganzheitliches Menschenbild anstreben.

Den geläufigen Zeitabschnitten Altertum, Mittelalter und Neuzeit wird der Begriff New Age hinzugefügt. Er bezeichnet dabei jedoch nicht eine zeitliche Einteilung, sondern geht von bestimmten Zeitqualitäten aus. »Die Zeit ist reif, dass jeder seinen eigenen inneren Lehrer findet und Frieden mit sich selbst schließt, bevor er Frieden in die Welt bringt,« meint der New-Age-Philosoph Sir George Trevelyan (*1906).

Die Landung auf dem Mond

Die letzten zwei Jahrtausende standen im Zeichen der Fische, dem Zeitalter der Entdeckungen und Erfindungen, das jetzt vom Zeitalter des Wassermanns abgelöst wird, einer Epoche geistig-spiritueller Energien. Die chronologische Entwicklung orientiert sich an kein festzumachendes Datum: Während viele die Geburt Christi als Beginn des Fische-Zeitalters favorisieren, bedeutet die Landung des Menschen auf dem Mond den Start ins Wasser-

NEW AGE

Bis zum ersten Schritt auf dem Mond musste die Menschheit viele Schritte auf der Erde tun. Die Apollo-Missionen, denen die erste bemannte Mondlandung im Juli 1969 zu verdanken war, begannen bereits im Februar 1967. Am 11. Oktober 1968 fand nach umfangreichen Tests der erste bemannte Apollo-Raumflug statt. Endlich, im Juli 1969 betrat der erste Mensch den Mond.

mann-Zeitalter: Zum ersten Mal hat der Mensch seinen eigenen Lebensraum Erde verlassen, um seinen Fuß auf einen anderen Himmelskörper zu setzen.

Global denken, lokal handeln

Grundlegende Gedanken des New Age stammen von der amerikanischen Autorin Marilyn Ferguson, die in ihrem 1983 erschienenen Buch »Die sanfte Verschwörung« ihren Leitsatz formuliert: »Global denken, lokal handeln«. Zentraler Aspekt ihrer Arbeit ist eine kulturelle Transformation, ein Paradigmawechsel, wie sie es nennt.
Werte, die unsere Gesellschaft in der Vergangenheit geprägt haben, zum Beispiel die Vorstellung der Natur als ein mechanistisches System, sollen durch zeitgemäße Gedanken, Wahrnehmungen und Wertebegriffe ersetzt werden.
Ferguson fordert vor allem eine ökologische Perspektive für die Welt und Konzepte für den ganzheitlichen Zugang zu Gesundheit und Medizin, Wirtschaft und Technologie und eine feministische Betrachtungsweise, die zutiefst spirituell ist.

Verborgene Fähigkeiten

In China besteht der Begriff »Krise« aus den Schriftzeichen für »Gefahr« und »Gelegenheit«, eine Aussage, die Ferguson als Leitfaden für ihre Arbeit verwendet. Wenn sie die vielfältigen Auswirkungen des Paradigmenwechsels beschreibt, verweist sie auf Verbindung zwischen Krise und Transformation, zwischen Gefahr und Gelegenheit. Ihre »sanfte Verschwörung« zeigt dem einzelnen Menschen Wege zur Neuorientierung und die Entdeckung von bisher verborgenen Fähigkeiten. Zu den zahlreichen Wegbereitern des New Age gehörte auch der Brite Sir George Trevelyan, der ein Zentrum für »spirituelle Erwachsenenbildung« in Cambridge leitete. In seinen Arbeiten verwies er stets auf Verbindungen aus den Erkenntnissen der modernen Naturwissenschaft und den Aussagen der Mystiker. Auch der amerikanische Atomphysiker Fritjof Capra stand den Ideen des New Age nahe, suchte er doch in seinen Werken (»Das Tao der Physik«) nach Übereinstimmungen zwischen mystischer Erfahrung und wissenschaftlicher Denkweise. Die von ihm entdeckten Parallelen führten zu einem neuen Bild von der Welt.

Der innere Lehrer

Sir George Trevelyan wird in spirituellen Kreisen als New-Age-Guru angesehen. Er gilt nicht nur als einer der Gründerväter der schottischen »Findhorn Foundation«, die an Naturgeister glaubt und beim Anbau von Nahrungsmitteln nach den Ratschlägen dieser Geister geht, sondern er wird auch als geheimer spiritueller Berater des britischen Thronfolgers Prinz Charles angesehen. Trevelyan hat sich auch als Erforscher der hawaiianischen Naturlehre und als »alternativer Nobelpreisträger« einen Namen gemacht. Er sagt: «Das Wichtigste ist, dass die Menschen erkennen müssen, dass New Age nicht ein mentaler, ausgedachter Plan von jemandem ist, der die Gesellschaft verbessern will. Wir glauben, dass es ein wirklicher Impuls ist, der jetzt von höheren Welten ausgeht, aber auf eine Weise, die nicht mit der menschlichen Freiheit in Konflikt gerät. Wir sollten lernen, unseren eigenen inneren Lehrer zu finden. Es gibt nur ein Stück des Universums, über das du und ich wirklich Kontrolle haben, und das ist unser eigenes inneres Wesen.«

871

DAS 20. JAHRHUNDERT

Rudolf Steiner

Für das Goetheanum in Dornach, einem tempelartigen Versammlungsort der Anthroposophen, betätigte sich Rudolf Steiner auch als Bildhauer. 1914 schuf er die große Statue von Christus und seinen Widersachern, die er die »Die Repräsentanten der Humanität« nannte.

1919 wurde Rudolf Steiner erster Leiter der im gleichen Jahr gegründeten Waldorfschule, deren pädagogische und organisatorische Leitideen er auf der Grundlage der Anthroposophie erarbeitet hatte. Die Porträtaufnahme stammt aus dieser Zeit.

Rudolf Steiner, Begründer der Anthroposophie (griechisch: Weltanschauungslehre) und Verkünder eines neuen Menschenbildes, war einer der bedeutendsten, aber auch einer der schwierigsten und umstrittensten Denker des 20. Jahrhunderts. Seine Lehre von der stufenweisen Entwicklung des Menschen zu höheren seelischen Fähigkeiten und spirituellen Erkenntnissen findet immer noch zahlreiche Anhänger in unserer heutigen Gesellschaft, die nach alternativen Lebens- und Denkformen

872

RUDOLF STEINER

sucht. Aspekte von Steiners Philosophie finden sich im Lehrplan der von der Anthropophischen Gesellschaft gegründeten »Freien Waldorfschulen« wieder.

Zwischen Ost und West

Rudolf Steiner wurde am 27. Februar 1861 in Kraljevec (Kroatien) geboren. Sein Vater war Angestellter bei der Staatsbahn im damaligen Kaiserreich Österreich-Ungarn. Ein Umstand, der ihn sein Leben lang über das Spannungsverhältnis zwischen Ost und West nachdenken ließ. Auch die Polarität von Natur und Technik hat ihn geprägt: die Schönheit Kroatiens und das »mechanische Dasein« in der Familie eines Stationsvorstehers, wie er später die Zeit seiner Kindheit auch beschrieb.

Doktor der Philosophie

Im Wiener Gymnasium endet die Idylle. Steiner macht Bekanntschaft mit den Lehren Darwins und ist fasziniert vom Leben und Werk Goethes. Mit 23 Jahren wird er Hauslehrer eines behinderten Kindes und erhält dabei Impulse für seine spätere heilpädagogische Arbeit. Er wirkt im Goethe- und Schiller-Archiv in Weimar, lernt den bereits erkrankten Nietzsche kennen und setzt sich mit den Arbeiten von Sigmund Freud und Carl Gustav Jung auseinander. Er promoviert zum Doktor der Philosophie, veröffentlicht seine Gedanken zu »Welt- und Lebensanschauungen« und begibt sich auf Vortragsreisen durch Europa.

Atlantis und Lemuria

Der Theosophie, die seit 1886 auch in Deutschland von der deutschen Theosophischen Gesellschaft vertreten wird, steht er zuerst ablehnend gegenüber. 1902 jedoch tritt er der Gesellschaft bei und bleibt bis 1921 deren Mitglied. Er übernimmt einiges von ihrem Denken, vermischt es mit Erkenntnissen Goethes, mit christlichen Wertvorstellungen und okkulten Ansichten. Er erforscht die Mythen um die versunkenen Kontinente Atlantis und Lemuria und berichtet von »inneren Erfahrungen«, die er »Hellsehen« nennt.

Tod in Dornach

Steiners Biograph Colin Wilson: »Sein Geist muss ständig am Überfließen gewesen sein. Nie gab es eine Pause. Um einen Begriff eines solchen intellektuellen Niagarafalls zu haben, muss man sich nur die 1600 Seiten der ›Karmabetrachtungen‹ ansehen, die er zwischen Februar und September 1924 als Vorträge gehalten hat. Und dabei war dies nur ein Bruchteil dessen, was er wirklich leistete. Dieser Mann konnte nicht aufhören zu denken.« Rudolf Steiner starb am 30. März 1925 in Dornach, unweit des von ihm gegründeten Goetheanums, der Freien Hochschule für Antroposophie.

Innere Erkenntniswelten

»Steiners Lehre basiert auf dem Grundsatz, dass wir uns bald der inneren Erkenntniswelten bewusst werden, wenn wir nur ihre unabhängige Existenz anerkennen und unser Denken auf sie hin orientieren würden. Die innere Welt ist unser natürliches Umfeld. Wenn wir das einmal erkannt haben, begreifen wir auch, dass wir ein ›wahres Selbst‹ haben, eine ganz spezifische Identität, die weit über unser normales, kleines ›Ich‹ hinausgeht«, so Colin Wilson. Von Rudolf Steiners Anregungen sind Erneuerungsbewegungen in vielen praktischen Lebensbereichen ausgegangen: für nahezu sämtliche Wissenschaftsgebiete, für diverse Künste, für das soziale Leben, für die Medizin, die Landwirtschaft, die Pädagogik und nicht zuletzt für das religiöse Leben.

In einer Waldorfschule lernen Kinder, ihre Fantasie zu entfalten. Gefördert werden des weiteren Verantwortungsgefühl und Wahrheitssinn.

Die andere Schule

Waldorfschulen sind private, anthroposophisch orientierte Gesamtschulen. Die Erste wurde 1919 in Stuttgart von dem Direktor der Waldorf-Astoria-Zigarettenfabrik, Emil Molt, gegründet, der die Leitung an Rudolf Steiner übertrug.
1938 wurden die in Deutschland bestehenden acht Schulen von den Nazis aufgelöst. Nach Kriegsende kam es weltweit zu zahlreichen Neugründungen. Bis heute gibt es 180 Waldorfschulen mit 71.400 Schülern in Deutschland, 424 im übrigen Europa und 231 auf den anderen Kontinenten. Träger jeder Waldorfschule ist ein eigener Verein, in dessen Vorstand Eltern und Lehrer gleichberechtigt sind. Der Besuch der Schule ist mit Kosten für die Eltern verbunden. Zielsetzung nach 13 Schuljahren ist eine umfassende Begabtenförderung unter Berücksichtigung künstlerischer und handwerklicher Talente und der Eurythmieunterricht, die in der Anthroposophie gepflegte Bewegungskunst, bei der Sprache zusammen mit Musik in Bewegungen umgesetzt wird. Der Unterricht in Fremdsprachen beginnt für Waldorfschüler ab dem ersten Schuljahr.

DAS 20. JAHRHUNDERT

Ken Wilber – Evolution des Bewusstseins

Ken Wilbers Meinung nach vermittelt sich die Evolution des Bewusstseins über das berühmte biblische Motiv des Engelssturzes: Einst stieß Gott alle abtrünnigen Engel auf die Erde. Sie, die einst fröhlich und beschützt im Garten Eden lustwandelten, waren plötzlich von irdischen Leiden geplagt und konnten sich nicht mehr an ihre göttliche Herkunft erinnern. Langsam müssen sie sich wieder zu dem entwickeln, was sie einmal waren. So soll es auch mit dem menschlichen Bewusstsein sein: Gottes höchster Geist steckt in uns allen, wir können uns nur durch einen symbolischen »Engelssturz« nicht mehr daran erinnern.

874

KEN WILBER

Er wird der Einstein der Bewusstseinsforschung genannt. Seine provokanten Thesen entstehen aus einer Synthese von Philosophie, Naturwissenschaft, Tiefenpsychologie und den spirituellen Lehren der Menschheit. Der Biochemiker und Physiker Ken Wilber ist angetreten, nicht weniger erklären zu wollen, als die Entwicklung des menschlichen Bewusstseins, von seinen Anfängen bis zu seinem Ziel.

Der Fall des Geistes

Ken Wilber (*1949) studierte zwei Jahre Medizin in North Carolina, bevor es ihn zu biochemischen und physikalischen Forschungen zog. Seine wissenschaftlichen Interessen ergänzte er seit den 1970er Jahren mit ostasiatischer Weisheit. So praktizierte Wilber, der heute zurückgezogen in Boulder, Colorado, lebt, die Kunst des Zen.

In seinem Modell geht der »Evolution des Bewusstseins« der »Fall des Geistes« als Involution (Rückentwicklung) voraus. Involution, das sei die »Selbstentleerung« Gottes, also des »höchsten Geistes«. Die Erschaffung der Welt sei ein stufenweiser Abstieg des reinen Geistes in immer dichtere Formen materiellen Daseins, bis hin zu seiner höchsten Dichte in der so genannten toten Materie. Das mythische Bild für den Fall des Geistes in die Materie ist der Engelssturz. Im übertragenen Sinn »vergisst sich« der reine Geist auf jeder abwärts führenden Stufe immer mehr – er wird immer dichter, bis in der Form der toten Materie die vollkommene Geistvergessenheit eingetreten ist. Die ganze Kette der Involution, so Wilber, beruht letztlich auf dem Vergessen des Geistes durch den Geist. An diesem tiefsten Punkt dieses Abstiegs erfolgt die Umkehr. Die Evolution setzt ein. Es entstehen rudimentäre Formen von Leben, aus diesen entwickeln sich die Lebewesen, in denen der Geist allmählich wieder aufkeimt und im menschlichen Bewusstsein schließlich erwacht. Der Geist beginnt, die Stufen, die er vorher gefallen war, wieder emporzusteigen – bis zur göttlichen Allwissenheit.

Eine frühe Stufe in der menschlichen Rückeroberung des göttlichen Bewusstseins sollen die phrygischen Kulte um die Göttin Kybele im heutigen Anatolien gewesen sein.

Das Erwachen des Geistes

Den Wiederaufstieg des Geistes teilt Wilber in zehn Stufen ein – vom Zustand völliger Unbewusstheit bis hin zum vollständigen Erwachen, zum absoluten Geist. Bislang habe die Menschheit etwa die Hälfte dieses Weges zurückgelegt, sagt der große Philosoph, den man aufgrund seiner Arbeiten auch als Vordenker und führenden Autor der transpersonalen Psychologie kennt. Auf allen Ebenen spiegelt sich die erreichte Bewusstseinsstufe der Welt in ihren kulturellen Errungenschaften wider, aber am deutlichsten in ihren Mythen und Religionen. Der dem Individuum innewohnende Drang zur Suche nach der kosmischen Ureinheit sei der Motor jeder Bewusstseinsevolution. Die sich aus der ursprünglichen Ganzheit durch den Fall des Geistes ergebende Geschichte strebt wieder auf ihre einstige Ganzheit zu. Auch wenn Wilber den Menschen derzeit in der Mitte, auf halbem Weg zur Ganzheit, sieht, so gab es doch zu allen Zeiten und gibt es auch heute spirituell weit fortgeschrittene Individuen, die sich von der Masse unterscheiden. Sie erkunden gleichsam den Geist der Zukunft. Ihre Einsichten und Lehren weisen auf künftige Ebenen des Bewusstseins hin.

Im Wandel der Zeit

Eine frühe Ebene der Entwicklung wird von Wilber das »Zeitalter des Typhon« – nach der gleichnamigen Titanengestalt aus der griechischen Mythologie – genannt. Dieses Wesen, halb Mensch, halb Schlange, dessen Kopf an die Sterne stieß und dessen ausgebreitete Arme von Sonnenaufgang bis Sonnenuntergang reichten, steht als Symbol dieser frühen Bewusstseinsstufe: Der Körper beginnt sich zwar als Ich schon von der Umwelt zu differenzieren, doch noch nicht der Geist vom Körper. Um das zehnte Jahrtausend v. Chr. wandelt sich das Bewusstsein. Der Einzelne versteht sich in eine Gruppe eingebunden und einer kosmischen Ordnung unterliegend. Ackerbaukulturen entstehen, die nur durch ein Verständnis für Zeit und zyklische Abläufe möglich sind. Sprache als Grundlage der Kommunikation in der Gruppe wird vorrangig und erzeugt ein vom Körper befreites Gedächtnis, ein verbales Ich. Dies ist der Beginn von Kultur und Zivilisation. Aus der großen Mutter Natur formte man eine Religion der Großen Göttin.

Der Bewusstseinsforscher Ken Wilber, der heute nach einem privaten Schicksalsschlag sehr zurückgezogen lebt, wurde vor allem durch seine zahlreichen Buchveröffentlichungen bekannt.

875

Gegenwarts-phänomene

Überwältigend sind die wissenschaftlichen Fortschritte des vergangenen Jahrhunderts. Angetrieben von der Neugier des Entdeckers verließ der Mensch zum ersten Mal seinen Heimatplaneten. Gleichzeitig drangen Forscher in die Welt der kleinsten Teilchen vor – Genbiologie, Atom- und Quantenphysik erschlossen unglaubliche Welten. Aber trotz aller Entdeckungen bleiben ungelöste Rätsel. Ist der menschliche Geist zu Dingen fähig, die wir bislang nur erahnen können? Kann er kraft geistiger Konzentration Gegenstände bewegen, Gedanken lesen oder in die Zukunft schauen? Was erleben Menschen, die ein UFO sehen oder an Bord eines Raumschiffes entführt werden? Versuchen vielleicht Außerirdische Intelligenzen mit den Menschen Kontakt aufzunehmen? Es lohnt, diesen Phänomenen einer »fantastischen Realität« nachzugehen.

GEGENWARTSPHÄNOMENE

In Delhi in Indien preist ein Wahrsager seine Dienste an. Während von Parapsychologen nicht abgestritten wird, dass viele Aussagen von Wahrsagern nur aufgrund menschlicher Intuition und durch Einfühlungsvermögen in den Hilfe Suchenden getroffen werden können, so verblüffen Wahrsager doch immer wieder mit Details aus dem Leben der Betroffenen, die nicht zu »erfühlen« sind – manche Angaben müssen einfach durch paranormale Fähigkeiten entstanden sein.

PSI-Forschung – von anomalen Phänomenen

Seit der Antike wird von ungewöhnlichen Vorgängen berichtet, bei denen Menschen Informationen von Ereignissen hatten, die sie nicht über die normalen Sinneswege erhalten haben konnten. Es wird auch von Begebenheiten erzählt, wo im Bereich der körperlichen Welt Unbegreifliches geschieht: Ahnungen, Visionen, Träume, die verborgen Gegenwärtiges und Zukünftiges offenbaren, Erscheinungen, Todesankündigungen, Spukphänomene, Wunderheilungen und vieles mehr. Solche außergewöhnlichen Erleb-

PSI-FORSCHUNG

nisse werden meist als unheimlich empfunden und dennoch verbindet man mit ihnen eine gewisse Faszination.

Parapsychologie

Die Parapsychologie oder PSI-Forschung ist die Wissenschaft, die sich der Untersuchung solcher außergewöhnlicher Ereignisse verschrieben hat. Sie sammelt Erlebnisberichte und versucht, sie durch Zeugen möglichst genau zu rekonstruieren und zu dokumen-

tieren. Diese Fälle bilden die Grundlage für Experimente, in denen einerseits die Wirklichkeit der behaupteten Phänomene analysiert wird und man andererseits die Bedingungen erforscht, unter denen sie sich ereignen.

Hauptbereiche der Forschung

Die parapsychologischen Phänomene (PSI-Phänomene) werden in zwei Klassen eingeteilt: außersinnliche Wahrnehmung und Psychokinese. Zur außersinnlichen Wahrnehmung gehören Telepathie, Hellsehen und Präkognition. Telepathie ist, was man im alltäglichen Sprachgebrauch unter Gedankenübertragung versteht. Hellsehen definiert man als die außersinnliche Wahrnehmung eines objektiven Tatbestandes, von dem niemand Kenntnis hat. Der Zusatz ist entscheidend, denn nur so lässt sich Telepathie ausschließen. Wenn beispielsweise der italienische Sensitive Marcello Creti aufgrund intuitiver Eindrücke Edelsteine in Italien und auf Expeditionen in Nordafrika aufspüren kann, von denen niemand etwas weiß, dann spricht man von Hellsehen. Unter Präkognition versteht man das Vorauswissen eines zukünftigen Ereignisses, für das zur Zeit des Vorauswissens keine zureichenden Gründe bekannt sein können und das auch nicht als Folge des Vorauswissens eintritt. Der zweite große Bereich, die Psychokinese, umfasst alle unerklärlichen Erscheinungen in der materiellen Welt, die vom Bewusstsein ausgelöst werden.

Methoden der Forschung

Zwei Forschungsverfahren setzt die Parapsychologie ein: qualitative und quantitative Experimente. In qualitativen Experimenten werden vor allem Personen untersucht, bei denen besonders ausgeprägte PSI-Fähigkeiten vermutet werden. Zur Untersuchung der Psychokinese beispielsweise stand lange Zeit das Verbiegen und Brechen von Besteckteilen und Metallstäben im Vordergrund. Für solche Experimente müssen die Parapsychologen auf PSI-Begabte, so genannte Sensitive, zurückgreifen, von denen es jedoch nicht allzu viele gibt, die bereit sind, an den Experimenten mitzuwirken.

Aktuelle Forschung

Heutzutage sind Computer und Zufallsgeneratoren die wichtigsten Utensilien für die Experimente. Für außersinnliche Wahrnehmung sollen Zufallsprozesse unter Ausschaltung der Sinne erkannt werden, für Psychokinese sollen

In Labors wird versucht, paranormale Begabungen wissenschaftlich zu belegen. Beim Prozess des Geistheilens durch Berührung wurde durch Messung der Gehirnströme ein Aufeinander-Einschwingen der elektrischen Hirnaktivitäten von Heiler und Patienten festgestellt.

Die Anwendung von Psi

Von besonderem Interesse für die Anwendung von PSI ist die Einsatzmöglichkeit auf dem Gebiet des geistigen Heilens. Auf diesem Sektor hat die Parapsychologie in jüngster Zeit große Fortschritte erzielt. Man beginnt zu verstehen, wie noch weitgehend unbekannte Energien zum Wohl der Menschen angewendet und gelenkt werden können. Die Polizei bedient sich bisweilen bei der Verbrechensaufklärung der Hilfe von Sensitiven. Die Geheimdienste setzen PSI-Spione ein und mit der Wünschelrute wird schon seit Jahrhunderten nach Wasser und verborgenen Schätzen gefahndet.

Lassen sich PSI-Fähigkeiten trainieren? Bis zu einem gewissen Grad, ja. Einige Versuchspersonen konnten mit computergesteuerten Trainingsmaschinen ihre Leistung in PSI-Tests verbessern. Das wichtigste dabei war die Rückmeldung über Treffer während des Experiments. Dieses »Feedback« scheint die Motivation zu beflügeln, die eigenen PSI-Fähigkeiten unbewusst verstärkt einzusetzen. Allerdings verbessern nur Personen, die bereits über eine gewisse Begabung verfügen, ihre PSI-Leistungen.

GEGENWARTSPHÄNOMENE

In den 1930er Jahren führte der Forscher J.B. Rhine zahlreiche Psychokinese-Versuche mit Würfeln durch. Eines seiner Experimente beinhaltete eine schiefe Ebene, auf der Hindernisse, z. B. kleine Bretter im Spielkartenformat, angebracht waren. Auf diesen Ebenen wurden Würfel von Rhine zum Rollen gebracht. Seine Versuchspersonen, in diesem Fall ein junges Mädchen, sollten »vorhersehen«, welche Augenzahl bei den Würfeln zum Liegen kommt.

sie beeinflusst werden. Man untersucht die Abhängigkeit der PSI-Leistungen von Persönlichkeitsmerkmalen, Einstellungen, Bewusstseinszuständen und äußeren Einflussfaktoren. Auf diese Weise hat die Wissenschaft bereits einige Aufschlüsse über die Natur paranormaler Fähigkeiten gewonnen und erste theoretische Ansätze für Erklärungen gefunden.

Rhines Symbolkarten

Der amerikanische Biologe und Parapsychologe Joseph B. Rhine (1895–1980) entwickelte in den 1930er Jahren an der Duke Universität in Durham, North Carolina (USA), die quantitativen Versuche – sozusagen Experimente für jedermann. Als Grundlage diente ein Kartenspiel mit 25 Karten, auf denen fünf verschiedene geometrische Figuren, die sich wiederum fünfmal wiederholten, dargestellt waren. Die Versuchsteilnehmer sollten im Vorfeld erahnen, welche Figur als nächstes aufgedeckt werden würde. Fünf Treffer aus 25 zu erzielen, liegt im Bereich der Zufallserwartung. Werden in langen Serien auffällig mehr richtige Karten erraten, folgert man, dass außersinnliche Wahrnehmung den Erfolg herbeigeführt hat. Je nachdem, ob zum Beispiel jemand die Karten ansieht oder nicht oder ob sie erst nach Nennung einer Karte gemischt und gezogen werden, konnten so Telepathie, Hellsehen und Präkognition statistisch überprüft werden. Die Resultate von jahrzehntelangen Untersuchungen haben überwältigendes Material zu Gunsten der Existenz außersinnlicher Wahrnehmungen erbracht. Die Trefferquoten von zahlreichen Versuchspersonen lagen weit jenseits der Zufallserwartung.

Die Ganzfeldmethode

»Kreise [...] einige sind größer, andere ganz klein – nicht größer als ein Penny [...] Jetzt sehe ich Farben, besonders zwei: Gold und Silber treten deutlicher hervor als andere.« Diese Aussagen machte eine Versuchsperson, die für einen neutralen Betrachter ein seltsames Bild abgeben musste: Sie saß auf einem bequemen

Stuhl, hatte Kopfhörer auf und halbierte Tischtennisbälle über die Augen gestülpt. Ein telepathischer Sender in einem entfernten Raum betrachtete zur selben Zeit eine Serie von Dias zum Thema: »Seltene Münzen«. Die telepathische Übertragung war offenbar geglückt. Warum aber die seltsame Aufmachung der Versuchsperson? Die Augen hinter dem milchigen Weiß der halbierten Tischtennisbälle sollten offen bleiben. Durch das rote Licht im Laborraum ergab sich der optische Eindruck eines rosafarbenen Nebelmeeres. Über Kopfhörer wurde ein gleichmäßiges Geräusch eingespielt, das wie fernes Meeresrauschen klang. Man versetzte die Testperson dadurch in einen Bewusstseinszustand, der für PSI-Phänomene besonders förderlich ist. Diffuse optische und akustische Reize rufen eine Zustandsänderung hervor: Traumartige Bilder steigen auf, die Außenwelt versinkt. Diese Bilder sind äußerst gut geeignet, telepathisch beeinflusst zu werden. Diese so genannte Ganzfeld-Methode erwies sich als derart erfolgreich, dass sie der Parapsychologie zum Durchbruch verhalf. Zahlreiche Versuche dieser Art wurden in Labors auf der ganzen Welt durchgeführt. Die statistische Auswertung über alle Experimente betrug eine Trefferquote von 33 Prozent, während man zufällig nur 25 Prozent erwarten würde. Die Wahrscheinlichkeit, dass es sich deshalb um echte telepathische Übertragungen handelte, war astronomisch hoch. Auch Skeptiker erkennen seitdem an, dass PSI kein Hirngespinst ist, sondern ein sehr seltenes und schwer fassbares Phänomen.

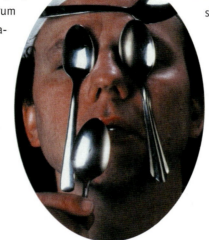

Uri Geller konnte es, vielen vor und nach ihm gelang es auch: das gedanklich herbeigeführte Schweben von Gegenständen. Levitation durch Konzentration ist eindeutig ein paranormales Phänomen, da man sich nicht erklären kann, wie die Kraft der Gedanken auf tote Materie wirken kann.

Die Aufzeichnung der vom Gehirn erzeugten elektrischen Spannungsschwankungen in einem Elektroenzephalogramm, kurz EEG, ist eine der wenigen Möglichkeiten, mit denen man paranormale Phänomene im Rahmen wissenschaftlicher Methoden aufzeichnen kann. Leider erklärt das Vorhandensein von Strömungen nicht, wie und wodurch das Phänomen entsteht.

PSI-FORSCHUNG

Bei manchen Psychokinese-Experimenten des amerikanischen Parapsychologen J. B. Rhine wurden zahlreiche Würfel gleichzeitig verwendet. Versuchspersonen sollten das Ergebnis zugunsten einer bestimmten Zahl beeinflussen. Obwohl dies angesichts der Würfelmenge schwierig zu bewerkstelligen schien, wurden mit begabten Testpersonen doch verblüffend gute Ergebnisse erzielt.

Die Rhine-Experimente

Einen der erfolgreichsten Kartenrateversuche führte J. B. Rhine 1933 und 1934 mit dem Theologiestudenten Hubert Pearce durch. Seine Trefferquote in Hellseh-Versuchen lag im Schnitt bei etwa zehn aus 25. Dies stellte alle bis dahin durch das Institut gegangenen Versuchspersonen in den Schatten. Der Höhepunkt wurde erreicht, als Pearce einmal die Reihenfolge des Auftretens aller 25 Karten eines Versuchsdurchgangs richtig vorhersagen konnte.

Zur Überprüfung der Psychokinese ließ Rhine Würfel aus einem speziellen Automaten fallen. Seine Versuchspersonen sollten sich darauf konzentrieren, dass eine bestimmte Augenzahl möglichst häufig nach oben zu liegen kommt. Auf diese Art konnte auch der statistische Beweis erbracht werden, dass Menschen in der Lage sind, durch Konzentration fallende Würfel zu beeinflussen.

881

GEGENWARTSPHÄNOMENE

Rund um Telepathie, Hellsehen und Präkognition

Hellsehen oder Telepathie

Bei PSI-Fähigkeiten lassen sich oft schwer die Grenzen bei der Bestimmung der auftretenden Phänomene ziehen. In jedem Fall hat im folgenden Experiment jemand anderes als die Versuchsperson ebenfalls vom beschriebenen Ort gewusst, womit eine Gedankenübertragung möglich wäre. Unter Hypnose forderte 1961 der aus der ehemaligen Tschechoslowakei stammende amerikanische Parapsychologe Milyn Ryzl seine Versuchsperson Ctibor S. auf, im Geiste ein etwa ein Kilometer entferntes, ihm unbekanntes Gebäude zu betreten. Es handelte sich um eine Urnengruft im Kellergewölbe einer Kirche. Die Wände waren in massive Blöcke unterteilt, in den Wänden befanden sich gleichartige Fächer für die Urnen. Blumen und Kerzen trugen zur friedhofsähnlichen Ausstattung bei. Ctibor gab zu Protokoll: »An den Wänden befinden sich Regale, als ob Bücher dort sind oder Ähnliches [...] selbstständige Fächer [...] einfach so ein großer Block und darin selbstständige Unterabteilungen [...] ich habe das Gefühl wie auf einem Friedhof [...].«

Telepathie

Eine Mitarbeiterin des deutschen Parapsychologen Professor Hans Bender notierte am 12. April 1951 in ihr Traumtagebuch: »An der Wand hängt das Bild der Mona Lisa, davor steht ein Mann, groß, grauhaarig. Plötzlich dreht er sich nach mir um und sagt erstaunt: ›Sind Sie jetzt die Mona Lisa oder ist es die auf dem Bild?‹« Zwei Tage später erreichte sie ein Brief aus Paris. Er stammte von einem Herrn, den sie flüchtig kennen gelernt hatte. Er schrieb darin, er sei im Louvre gewesen und habe Leonardos Mona Lisa bewundert. Dabei sei ihm die auffallende Ähnlichkeit der Mona Lisa mit ihr ins Auge gesprungen.

Manche Fälle lassen eine eindeutige Unterscheidung zwischen Telepathie und Hellsehen nicht zu. Die Information kann von den, an den Ereignissen beteiligten Personen stammen (Telepathie) oder das Geschehen wurde ohne »fremde Hilfe« wahrgenommen (Hellsehen).

So erzählt man von Papst Pius V. (1566–72), er habe am 7. Oktober 1571 zur Verblüffung aller Anwesenden eine Gerichtssitzung im Konsistorium mit den Worten unterbrochen:

882

PSI-FORSCHUNG

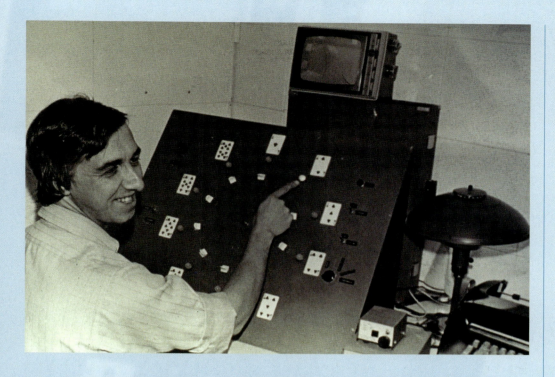

In den 1930er Jahren untersuchte Joseph B. Rhine das Phänomen des Hellsehens u.a. mittels Kartenexperimenten. In den 1960er Jahren entwickelte der amerikanische Parapsychologe Dr. Charles Tart (Bild) ein elektronisches Gerät, mit dessen Hilfe paranormale Fähigkeiten trainiert werden sollten.

»Es ist jetzt an der Zeit, Gott für den großen Sieg zu danken, den er uns gegen die Türken gewährt hat.« – Zur selben Zeit errangen die Christen den bedeutenden Sieg über die Türken in der Seeschlacht von Lepanto.

Präkognition

In der Nacht des 11. Mai 1812 träumte ein Engländer namens Williams dreimal, dass Lord Spencer, der britische Schatzkanzler von 1809–1812, in der Vorhalle des Unterhauses erschossen würde. Williams beschrieb sowohl den Ort, als auch Lord Spencer in allen Einzelheiten, obwohl er beide niemals zu Gesicht bekommen hatte. Tatsächlich wurde der Lord am folgenden Tag in der Vorhalle des Unterhauses von John Bellingham erschossen. Das Eigentümliche an dem Traum war nicht allein die Tatsache seines präkognitiven Inhalts, sondern seine eigentliche »Unmöglichkeit«, denn ein Lord ließ sich damals nie in der Vorhalle des Unterhauses sehen.

Das Bildnis der Mona Lisa, das man auch unter dem Titel »La Gioconda« kennt, wurde um 1503–1506 von Leonardo da Vinci gemalt. 1951 war die lächelnde Schönheit Gegenstand eines hellseherischen Traums.

883

GEGENWARTSPHÄNOMENE

Telepathie und Hellsehen

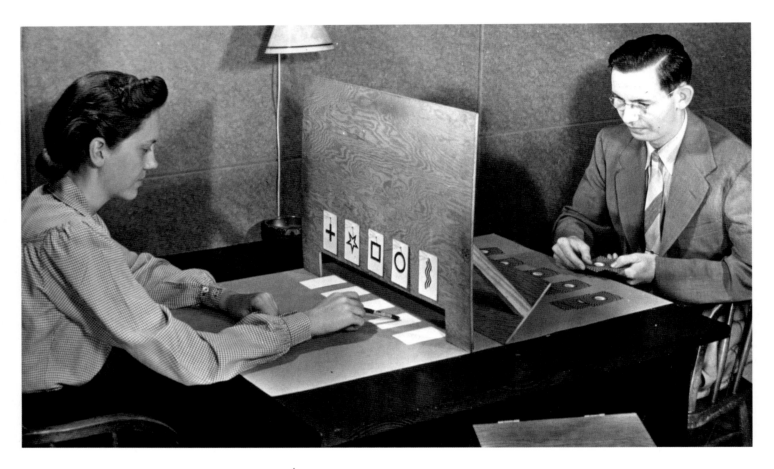

Der amerikanische Parapsychologe Joseph B. Rhine machte in den 1930er Jahren viele Versuche zu den Themen Telepathie und Hellsehen. Als bahnbrechend werden seine Würfel- und Kartenversuche angesehen. Bei den Kartenexperimenten legt der Versuchsleiter ein Päckchen mit 25 Karten, die aus 5 x 5 Symbolen bestehen, aus. Die Versuchsperson soll durch Hellsehen erfassen, welches Symbol als nächstes ausgelegt wird. Der Leiter kann das Zeichen, auf das die Testperson zeigt, durch einen schmalen Spalt in der Trennwand sehen.

Eine Frau in tiefer Konzentration murmelt: »Klirrende Waffen, ein Gefühl von Stärke, von Kampf, von scharfen Dingen, die zerreißen und zerfetzen, dahinter viel eckiges Gitterwerk.« Eine andere gibt zu Protokoll: »Die Sonne von Waterloo, ein Schlachtfeld, Schwert, Gewehre, tote Pferde, eine Vorstellung von Tod. Hügel im Schnee, eine Landschaft weiß in weiß mit schwarzen Punkten (Menschen?).« Die beiden Frauen nahmen an einem Telepathieversuch mit René Warcollier (1881–1962) teil, bei dem sie versuchen sollten, ohne fremde Hilfsmittel Warcolliers Gedanken zu empfangen. Tatsächlich hatte sich der französische Chemiker, der im Jahr 1906 aus reinem Interesse an parapsychologischen Fragestellungen mit Telepathieexperimenten begann, auf ein Gruppenbild von Soldaten aus dem Ersten Weltkrieg konzentriert und an die Schützengräben, den Stacheldraht und die öde weiße Kalklandschaft auf dem Foto gedacht.

Die telepathische Information

Bei einer telepathischen Übertragung erhält ein Empfänger mit paranormalen Fähigkeiten von einem Sender, in diesem Fall Warcollier, eine telepathische Information, wie z. B. Eindrücke einer Fotografie. Der Sender muss über keine besonderen Fähigkeiten verfügen, er sollte sich nur gut auf seine Vorlagen konzentrieren. Was Warcollier bei seinen Versuchen

TELEPATHIE

auffiel: Die telepathische Information kommt oft nur bruchstückhaft an, denn der Empfänger nimmt sie nicht selten wie durch einen dichten Nebel, als schemenhafte Silhouette, wahr. Hier hat sich herausgestellt, dass es für den Empfänger sicherer ist, nur auf die Struktur – beispielsweise glatt, lang, spitz, rauh – des Gesehenen einzugehen, als zu assoziieren. Lässt man nämlich seinem Geist freien Lauf, neigt dieser dazu, aus neuen fragmentarischen Informationen eine altbekannte Ganzheit zu formen. Diese kann im Falle der Telepathie jedoch völlig falsch sein.

Telepathie in der Praxis

Ein Beispiel: Ein Empfänger beschreibt seine Eindrücke mit »längliche vertikale Form, scharfe Kanten, oben spitz zulaufend, helle Farbe«. Das Zielbild ist eine Rakete auf der Abschussrampe. Bei dieser Beschreibung eindeutig ein Treffer. Beschreibt der Empfänger allerdings nicht nur die Struktur, die er sieht, sondern lässt auch noch seine Assoziationen zu, dann könnte er irrtümlicherweise den Eindruck »eines Kirchturms« bekommen. Die Strukturen wurden korrekt wahrgenommen, ihre Bedeutung verkannt. Upton Sinclair (1878–1968), ein sozialkritischer Schriftsteller aus den USA, der 1930 über seine privaten Telepathieversuche in dem Buch »Mental Radio« (»Radar der Psyche«, 1973), berichtete, gab ähnliche Erfahrungen zu Wahrnehmungsproblemen in der telepathischen Praxis an. Die schematische Darstellung, beispielsweise einer Hacke, gab seine Frau Craig exakt wieder. Leider wurden die Linien und Formen mit dem Teil einer Brille assoziiert. Von einem Rentier erfasste sie die Form des Geweihs, hielt das Gebilde aber für einen Zweig von Stechpalmen. Sinclair hat zudem herausgefunden, dass es leichter ist, konkrete Bilder als abstrakte Begriffe telepathisch zu übermitteln.

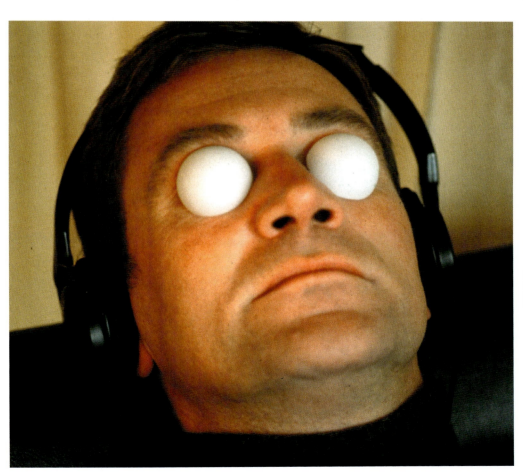

Sanftes Rauschen und durch Tischtennisbälle abgedichtete Augen sorgen für die Konzentration, die bei der so genannten Ganzfeldmethode für den Empfang paranormaler Informationen nötig ist.

Mit Elektroden zur Messung von Spannungsschwankungen im Gehirn während des Schlafs stellt sich diese Versuchsperson einem Experiment zur Traumtelepathie.

Die Basis der Traumtelepathie

Auch in Träumen ist es möglich, telepathisch aktiv zu sein. Schlafphasen, in denen Träume auftreten, sind durch eine bestimmte Art der elektrischen Aktivität des Gehirns und durch rasche Augenbewegungen charakterisiert. Elektroden an der Versuchsperson messen diese Aktivitäten. Wenn die Schlafenden in diesen so genannten REM-Phasen (»rapid eye movements«, rasche Augenbewegungen) aufgeweckt werden, bekommt man fast ausnahmslos lebhafte Traumberichte, die beim Wecken aus anderen Schlafphasen fehlen. Die REM-Phasen treten in einer Nacht etwa vier- bis fünfmal auf. Ihre Dauer – anfänglich 20–25 Minuten – nimmt an Länge zu. Durch diese Entdeckung ist es möglich geworden, eine Versuchsperson unmittelbar nach Ablauf einer Traumphase aufzuwecken und so relativ vollständige Berichte ihrer Traumerlebnisse zu sammeln. Sobald der Versuchsleiter auf seinem Registriergerät den Beginn einer REM-Phase bemerkt, beginnt ein »Sender« in einem anderen Raum sich auf ein zufällig ausgewähltes Bild zu konzentrieren. Die Versuchsperson wird nach Ende der REM-Phase geweckt. Die Traumberichte beinhalteten oft erstaunliche Übereinstimmungen mit dem Zielbild, das man telepathisch zu übermitteln trachtete.

885

GEGENWARTSPHÄNOMENE

Der Hellseher Umberto di Grazia versuchte sich auf den Philippinen an einem Schatz. Obwohl Sensitive wie er nicht immer positive Ergebnisse erzielen, bedient man sich dennoch in vielen Ländern ihrer Hilfe, so z. B. zur Aufklärung von Verbrechen.

Der hellsichtige Schatzsucher

Mit dem Sensitiven Umberto di Grazia und dem Wünschelrutengänger Hans Schuck ging der deutsche Parapsychologe Dr. Elmar R. Gruber 1984 im Auftrag eines Unternehmers auf den Philippinen auf die Suche nach einem Goldschatz aus dem Zweiten Weltkrieg. Der Schatz wurde nicht gefunden, obwohl wochenlang Urwaldregionen durchkämmt wurden und Bohrtrupps damit beschäftigt waren, an vermuteten Fundstellen zu suchen. Di Grazia beschrieb auf den Philippinen einmal hellsichtig die Ruine einer alten spanischen Festung, die schließlich auch gefunden wurde. Dort herrschte die lokale Sage von einem alten Seeräuberschatz vor. Di Grazia ortete also nicht den gesuchten Goldschatz aus dem Zweiten Weltkrieg, dafür aber einen Ort, der mit einem anderen Schatz in Verbindung stand. Solche »Umleitungen« der Psi-Information auf ähnliche Ziele werden häufig beobachtet.

In einem Versuch zur Traumtelepathie wurden Jesus Christus und das Kreuz, an das er genagelt wurde, zum Ausgangsmaterial. Der Empfänger erkannte zwar nicht exakt den Gottessohn, fühlte jedoch, dass es um Religion und um Menschenopfer ging. (»Christus am Kreuz mit dem heiligen Dominikus«, Fresko von Fra Angelo, 1437/45)

Experimentelle Traumtelepathie

Im Traum werden die meisten paranormalen Eindrücke erlebt. Im Traumlabor des Maimonides Medical Center in New York ging man 1965 daran, unter kontrollierten Bedingungen, Träume auf telepathischem Wege zu beeinflussen. Über viele Jahre hinweg erzielte das Team um Dr. Montague Ullman, Dr. Stanley Krippner und Charles Honorton eindrucksvolle Ergebnisse. Ein Beispiel eines Traumberichts: »Wir sollten geopfert werden oder so ähnlich und irgendwie hatte es mit politischen Dingen zu tun [...] wir hätten vorgegeben, wir seien Götter [...].« Die Versuchsper-

886

son hatte eine Szene von einem religiösen Menschenopfer geträumt. In dieser Nacht hatte der Sender die Aufgabe, aus einer Schachtel ein kleines Holzkreuz, ein Bild von Jesus, einige Reißnägel und einen roten Filzstift zu nehmen. Als Anleitung stand auf einem Blatt: »Nageln Sie mit den Reißnägeln Jesus ans Kreuz. Bemalen Sie mit dem Filzstift seinen Körper mit Blut.«

Hellsehen

Anders als bei der Telepathie, handelt es sich beim Hellsehen um einen außersinnlich wahrgenommenen objektiven Vorgang, von dem niemand Kenntnis hat. Gewöhnlich kann man zwischen den beiden Äußerungsformen kaum unterscheiden. Am besten lassen sie sich in Laborexperimenten künstlich trennen, wo man um das Vorhandensein oder das Fehlen von Senderinformationen weiß.

Viele Hellseher haben die Wissenschaft dennoch ohne Laborversuch glaubwürdig verblüfft. So z.B. der holländische Hellseher Gerard Croiset. Er setzte seine Fähigkeiten im August 1953 für polizeiliche Ermittlungen im Zusammenhang mit dem Verschwinden eines 10-jährigen Jungen aus Velsen (Niederlande) ein. Croiset gab an, das Kind sei ertrunken. Er sah einen kleinen Hafen, ein Floß und ein kleines Segelboot. Der Hellseher meinte, der Junge habe auf dem Floß gespielt, sei dabei ausgerutscht und mit dem linken Teil des Kopfes am Segelboot angeschlagen, woraufhin er bewusstlos geworden und ertrunken sei. In der Tat fand die Polizei die Leiche nach den Angaben Croisets – sie hatte tatsächlich eine Schädelverletzung links am Kopf. Auch ein anderer Fall sorgte für Aufregung außerhalb wissenschaftlicher Labors.

Für die Nachwelt geborgen

Am 14. September 1321 starb Dante Alighieri und hinterließ der Nachwelt die wohl berühmtesten italienischen Dichtungen. Von diesem Werk waren, wie man lange glaubte, keine Originalhandschriften erhalten.

Erst der österreichische Hellseher Karl Zwirchmaier bezeichnete 1964 auf Fotos der Bibliothek von Treviso eine Stelle an einer Wand, hinter der sich ein ungenutztes Zimmer befinden sollte. Zentimetergenau beschrieb er den Platz, an dem man eine Originalhandschrift finden würde. Tatsächlich fand man genau an jener Stelle ein Pergamentblatt, das die Fachleute eindeutig als ein Manuskript Dantes erkannten. Skeptiker fragten sofort, ob es Zufall war. Oder hat ein unbekannter mysteriöser Sender von den Dante-Schriften gewusst? War Zwirchmaier nur Empfänger wider Willen und kein Hellseher? War es Telepathie? Parapsychologen meinen auch ohne Beweis aus dem Labor: es war Hellsehen – und immer wieder lösen solche oder ähnliche Vorfälle, Verwunderung und Diskussionen zugleich aus.

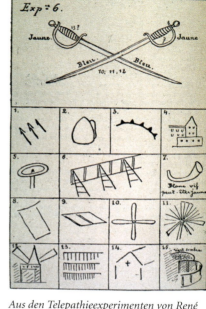

Aus den Telepathieexperimenten von René Warcollier stammen diese Zeichnungen von verschiedenen Teilnehmern. Oben sieht man das Zielbild und unten die richtigen und falschen Wahrnehmungen – manchmal wurden Teile des Zielbildes korrekt erkannt.

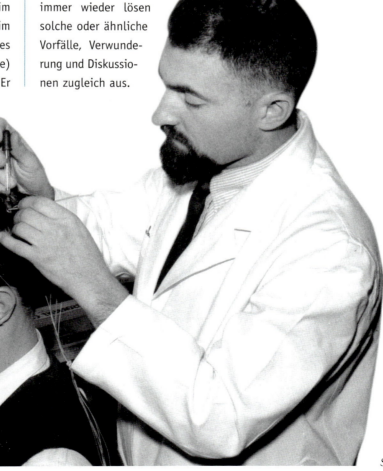

Die Elektroden für die Experimente zur Traumtelepathie am Maimonides Medical Center werden für den eventuell unruhigen Schlaf mit besonderer Sorgfalt platziert.

GEGENWARTSPHÄNOMENE

Psychokinese – Bewusstsein bewegt Materie

Allein durch Konzentration verbog der Israeli Uri Geller tausende von Löffeln in den 1970er Jahren. 5000 der prominentesten Stücke liegen dekorativ auf des Meisters Cadillac. Darunter soll auch ein 700 Jahre alter tibetanischer Löffel sein.

888

PSYCHOKINESE

Ist es möglich, dass Menschen allein kraft ihrer Gedanken Gegenstände schweben lassen, Löffel verbiegen oder Kompassnadeln in Bewegung setzen können? Psychokinese, das mentale Einwirken auf Dinge der körperlichen Welt, scheint dem gesunden Menschenverstand zu widersprechen.

Geist und Materie

Auch rätselhaftere Vorgänge zählen zum Bereich der Psychokinese, wie beispielsweise die »Materialisation«, das angebliche Vermögen von medialen Menschen, Gegenstände aus dem Nichts entstehen zu lassen. Solche Phänomene, die sich in der sichtbaren Welt ereignen, sind nach wie vor umstritten und äußerst selten, obgleich viele Versuche unter einwandfreien Kontrollbedingungen die Existenz von Psychokinese unter Beweis gestellt haben. In den sechziger Jahren vermochte die aus Leningrad stammende Nina Kulagina nach Angaben des russischen Forschers Eduard Naumov Schachteln, Zigaretten oder Streichhölzer, die sich teilweise unter einem Glassturz auf einer Tischplatte befanden, zu sich hin zu bewegen. Untersuchungen des Physiologen Dr. Genadij Sergejew vom Uktomskii Institut für Physiologie in Leningrad zeigten eine abnorme elektrische Aktivität des Stammhirns während der psychokinetischen Bewirkungen. Die sowjetischen Forscher machten damals eine unbekannte Energie für die Effekte verantwortlich.

Schmidt-Maschinen

Aktuelle Forschungsansätze verlagern sich auf die Mikrowelt, auf die Ebene der Atome und Moleküle, weil man hier im Gegensatz zu vielen mechanischen Versuchen – z. B. der Beeinflussung von fallenden Würfeln – Fehler, wie nicht exakt konstruierte Würfel oder mögliche Manipulationen, ausschließen kann. Die heute üblichen Zufallsgeneratoren sind betrugssicher. Sie lassen sich leicht für Experimente einsetzen und sind mit Computern gekoppelt, wodurch die Ergebnisse gleich automatisch ausgewertet werden können.

Die mentale Beeinflussung mikrophysikalischer Abläufe untersuchte zuerst der amerikanische Physiker deutscher Abstammung Dr. Helmut Schmidt am Institut für Parapsychologie in Durham, North Carolina. Seine Versuchspersonen saßen vor einfachen Kästchen auf denen Leuchtdioden oder Lämpchen angebracht waren und hatten die Aufgabe, bestimmte Lämpchen durch Konzentration öfter zum Aufleuchten zu bringen als andere.

Ein radioaktives Präparat in diesen »Schmidt-Maschinen« bildete den Zufallsprozess, durch den die Lämpchen ausgewählt wurden. Die ein-

Bewusstsein der Massen

Wenn einzelne Personen in der Lage sind, allein durch ihr Bewusstsein auf mikrophysikalische Prozesse einzuwirken, könnten diese in einer großen Gruppe möglicherweise verstärkt auftreten. Wissenschaftler vom PEAR-Institut verteilten deshalb auf der ganzen Welt Zufallsgeneratoren – das sind Kästen, die auf zufällige Weise immer zwischen zwei Zuständen, z. B. den Zahlen 0 und 1 schwanken – und registrierten die Datenauswürfe. So auch während des O. J. Simpson-Prozesses, einer der spektakulärsten Mordprozesse in den USA. Simpson, ein bekannter Football-Star und Schauspieler, wurde 1994 in Los Angeles des Mordes an seiner Ex-Frau und deren Bekannten angeklagt. Im Augenblick der Urteilsverkündung am 3. Oktober 1995, als die Aufmerksamkeit von weltweit 500 Millionen Zuschauern auf einen Inhalt gerichtet war, stieg die Ordnung im Datenauswurf der Geräte, die sich in parapsychologischen Labors in Amerika und Europa befanden, rapide an. Es wurde plötzlich eine markante Regelmäßigkeit in der Abfolge der sonst »unwillkürlich« auftretenden Nullen und Einsen festgestellt. Nach der Urteilsverkündung pendelte sich die Verteilung wieder auf das Zufallsniveau ein. Für die Forscher war das der Beweis, dass das Bewusstsein einer Gruppe einen subtilen Einfluss auf die materielle Welt ausübt.

Am Birbeck College in London befindet sich eine Figur aus ineinander verwachsenen Büroklammern, die durch Psychokinese von Kindern erzeugt wurde. Durch Konzentration haben sie sie in Bewegung gesetzt.

GEGENWARTSPHÄNOMENE

Verschobene Verteilungen

Auf einer bequemen Sitzbank im holzgetäfelten Untersuchungsraum sitzt eine Versuchsperson und konzentriert sich auf ein eigenartiges Gerät, das auf der Wand vor ihr aufgebaut ist. Auf Knopfdruck fallen hinter einer Plexiglasscheibe durch eine zentrale Öffnung oberhalb von 19 langen Glasbehältern 9000 Kunststoffbälle durch ein Gitterwerk von 333 Nylonstäben. Zwölf Minuten dauert es, bis alle Bälle dieser so genannten »mechanischen Zufallskaskade« in den Behältern gelandet sind. Gemäß der statistischen Erwartung enden die meisten im mittleren Behälter, unterhalb der Öffnung, aus der sie herausgefallen sind. Andere werden von den Nylonstäben abgelenkt und landen in den anderen Behältern. Am Ende bilden die Kugeln eine glockenartige Verteilung: In den zentralen Behältern sind die meisten, nach außen hin immer weniger Kugeln zu finden. Fotoelektrische Zellen zählen automatisch jeden Ball.

In langen Versuchsserien gelingt es vielen Testpersonen, die Verteilung durch »Wünschen« zu ändern. Wollen sie, dass mehr Bälle auf der linken Seite landen, dann verschiebt sich die Verteilung in diese Richtung in statistisch auffälliger Weise. Dies ist eines der Experimente, mit denen Dr. Robert Jahn, der PEARL-Leiter und seine Mitarbeiterin Brenda Dunne die Macht des Geistes über die Materie erforschen.

Robert Jahn gründete die PEAR-Forschungsgruppe in New Jersey.

Der psychokinetisch Begabte Nicola Cutolo versucht, eine Kompassnadel zu beeinflussen, was ihm nach einiger Anstrengung auch gelingt.

fachste Form des Testgeräts basiert auf dem radioaktiven Zerfall des chemischen Elements Strontium 90. Ein elektronischer Schalter bewegt sich mit einer Geschwindigkeit von 1.000.000 Hertz zwischen zwei Positionen hin und her. Dieser Schalter bleibt in einer der beiden Positionen stehen, sobald ein Geigerzähler ein vom Strontium durch Zerfall emittiertes Partikel registriert. Dann leuchtet ein Lämpchen auf. Dieser radioaktive Zerfall ist ein nicht kontrollierbarer, sondern ein absolut zufälliger Prozess. In genügend langen Testreihen müsste jedes Lämpchen etwa gleich oft aufleuchten. Versuchspersonen sollten durch ihren Willen versuchen, den Zufallsprozess zu Gunsten eines Lämpchens zu beeinflussen.

Viele Menschen waren tatsächlich in der Lage, nur durch Konzentration eines der Lämpchen öfter aufleuchten zu lassen als das andere. Offenbar hat ihr Bewusstsein auf den radioaktiven Zerfallsprozess im Gerät eingewirkt. Ein Sieg des Geistes über die Materie?

PSYCHOKINESE

Fingerabdruck des Bewusstseins

Kürzlich wurden die Ergebnisse von 5,6 Millionen Einzelversuchen aus 1262 Experimentalserien von PEAR (Princeton Engineering Anomalies Research) einer aufwendigen statistischen Analyse unterzogen. Diese spricht eindeutig für einen, durch die bewusste Absicht der Probanden erzeugten, anomalen Effekt. Auffallend dabei sind die starken Unterschiede in den Leistungen. Die 30 besten Versuchspersonen weisen einen stärkeren und deutlich symmetrischen Effekt auf. Überraschend war, dass die Verteilungen der Effekte charakteristisch unterschiedliche Verlaufskurven aufweisen. Besonders die Erfolgreichsten unter ihnen scheinen die Zufallsgeneratoren in individueller Weise zu beeinflussen, wobei diese Auffälligkeit bei wiederholten Versuchen erhalten bleibt. Die Forscher sprechen in diesem Zusammenhang von »Signaturen«, durch welche sich die Probanden unterscheiden lassen. Eine mentale Unterschrift sozusagen, durch Mikro-Psychokinese im Datenauswurf einer Zufallsmaschine festgehalten – ein »Fingerabdruck des Bewusstseins«.

Als Mitarbeiterin des Leiters der PEAR-Forschungsgruppe in New Jersey hat Brenda Dunne zahlreiche Versuchsreihen betreut.

Der russische Parapsychologe Eduard Naumov hat das psychokinetische Potenzial von Nina Kulagina untersucht.

Die Forscher von Princeton

Den weitreichenden Konsequenzen dieser Entdeckung sind die Wissenschaftler der PEAR-Gruppe an der Princeton Universität in New Jersey auf der Spur. Sie verfolgen die rigorose wissenschaftliche Analyse der Interaktion des menschlichen Bewusstseins mit physikalischen Geräten. Endziel ist ein besseres Verständnis der Rolle des Bewusstseins im Aufbau der physischen Realität. Die Versuchspersonen von PEAR sitzen dabei vor einem Zufallsgenerator, der nichts anderes macht, als in zufälliger Abfolge die Zahlen 1 oder 0 auszuspucken. In einer Phase des Experiments konzentrieren sie sich darauf, öfter die Zahl 1, ein andermal die Zahl 0 zu produzieren und ein drittes Mal verfolgen sie überhaupt keinen Wunsch. Die über Jahrzehnte angesammelten Daten lassen nur einen Schluss zu: Die Zufallsverteilung von Datenauswürfen verändert sich in Entsprechung zur mentalen Absicht einer Person.

Es handelt sich jedoch nicht um dramatische Veränderungen, sondern eher um extrem geringe Effekte in der Größenordnung von einem Prozent. Diese Wirkungen aber sind robust und zeigen sich über lange Zeiträume und bei vielen Personen, wodurch sie statistisch durchaus von Bedeutung sind.

Revolutionäre Studien

Die Studien von PEAR sind revolutionär. Sie zeigen, dass unsere Intentionen, Wünsche und Geisteshaltungen auf subtile Weise in unsere physikalische Umwelt eingreifen. Die Interaktion von Bewusstsein und Materie gehört offensichtlich zur Natur des Menschen. Der Geist erschafft die Realität. Die Konsequenzen sind weitreichend: Demnach können positive Absichten auch positive Wirkungen hervorrufen. Ob eines Tages alle Hoffnungen und Erwartungen der Menschheit bei entsprechender Konzentration in Erfüllung gehen? Was geschieht, wenn man dann auch negative Absichten in die Realität umsetzen kann?

*Am 5. Dezember 1992 reparierte der als »Löffelbieger« in den Medien bekannt gewordene Israeli Uri Geller (*1946) im Bayerischen Rundfunk in der Sendung »Psi – das Phänomen Uri Geller« durch Gedankenkraft eine Uhr.*

GEGENWARTSPHÄNOMENE

Uri Geller – der Löffelbieger und seine Nachfolger

Die junge Spanierin Monica Nieto kann sich am besten konzentrieren, wenn sie Musik hört. Dann schafft sie es sogar, in Glaskolben eingeschlossene Metallgegenstände kraft ihrer Gedanken zu verbiegen.

Zu Beginn der 70er Jahre des 20. Jahrhunderts erregte ein junger Israeli namens Uri Geller Aufsehen mit einem eigentümlichen Phänomen: Er verbog Löffel und Gabeln, laut eigenen Angaben durch Gedankenkraft. Mit einigen medienwirksamen Auftritten löste Geller bald eine internationale »Löffelbiege«-Hysterie aus. Tausende Menschen behaupteten damals, ähnliche Fähigkeiten zu haben. Angeblich konnten auch sie plötzlich Besteckteile ohne den Einsatz physischer Kräfte deformieren. Zudem bestätigten zahlreiche Fernsehzuschauer, dass sich während der Medienauftritte von Geller in ihren Häusern Besteck verformte und stehengebliebene Uhren wieder zu ticken begannen.

892

LÖFFELBIEGER

Psychokinese oder Betrug?

Das Phänomen, die Form oder Position von Gegenständen durch Gedanken beeinflussen zu können, wird Psychokinese genannt. Es gibt nur wenige Menschen auf der Welt, denen Wissenschaft und Forschung nach eingehenden Untersuchungen tatsächlich psychokinetische Begabung attestieren. Uri Geller ist einer von ihnen. Obwohl er mehrfach bei Betrügereien entlarvt wurde, lieferte er auch genügend Beweise für eine echte Begabung. So erzielte Geller in mehreren physikalischen Einrichtungen unter strengster Beobachtung des jeweiligen Laborpersonals Veränderungen in den Strukturen verschiedener Metalllegierungen.

Die »Mini-Gellers«

Psychokinetisch Begabte, die nach Uri Geller kamen, wurden »Mini-Gellers« genannt. In England arbeitete der renommierte Atomphysiker John Hasted mit einem jugendlichen Löffelbieger namens Stephen North. Japanische Medien verbreiteten die psychokinetische Begabung von Masuaki Kiyota. Auch Frankreich machte den Löffelbieger Jean-Pierre Girard durch Berichte in den Medien berühmt. Die zur Zeit ihrer Untersuchung 15-jährige Spanierin Monica Nieto war in der Lage, kraft ihrer Gedanken, Besteckteile und Metallstücke zu verformen. Richtig konzentrieren kann sie sich jedoch erst, wenn Popmusik erklingt. In einem solchen Ambiente hat Nieto auch Metallstäbe, die in Glasbehältern eingeschlossen waren, verformt.

Konkurrenz aus der Schweiz

Silvio M., ein Bauzeichner aus dem schweizerischen Bern, stellte alle bisherigen »Mini-Gellers« in den Schatten. Seine Begabung wurde mehrfach durch Videoaufzeichnungen dokumentiert und in der Folge psychokinetischer Versuche unter Beobachtung auch von anerkannten Wissenschaftlern bestätigt. Der Zauberkünstler Rolf Mayr aus Bern, der selbst einige Tricks kannte, um Löffel zu verbiegen, wollte Silvio 1975 als Betrüger entlarven. Nach einer Vorführung von Silvios Fähigkeiten, bei

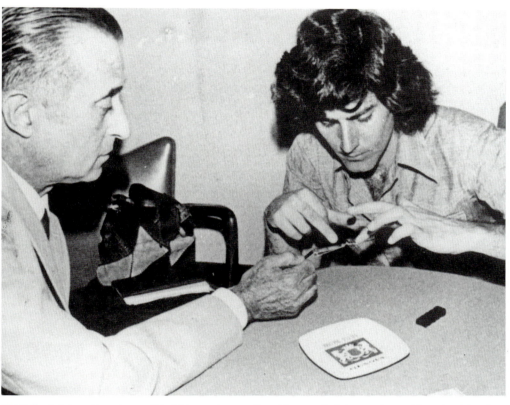

Uri Geller bei einem Experiment. Zeitgleich zu seinen medienwirksamen Auftritten meinten viele andere Menschen auch, nicht zuletzt wegen des entstandenen öffentlichen Interesses, über psychokinetische Begabungen zu verfügen.

Uri Geller und die Außerirdischen

Uri Geller wurde 1946 in Israel geboren. Seine Kindheit war einerseits geprägt durch die politische Geschichte seines Landes und andererseits durch ein Ereignis, dem er laut eigenen Angaben, seine psychokinetische Begabung verdankt: »Es war später Nachmittag in jenem Garten vor vielen Jahren, aber noch hell. Ich hatte ganz alleine gespielt und während des Nachmittags manchmal im Garten gedöst oder geträumt. Plötzlich hörte ich ein sehr lautes, schrilles Klingen. Alle anderen Geräusche verstummten. Die Bäume bewegten sich nicht im Wind. Irgendetwas veranlasste mich, zum Himmel hinaufzuschauen. Daran erinnere ich mich gut. Dort war eine silberne Masse aus Licht. Und ich erinnere mich sogar noch an den ersten Gedanken, der mir durch den Kopf ging: Was ist mit der Sonne geschehen?« Was Geller sah, war aber nicht die Sonne. »Das Licht war mir zu nahe. Dann senkte es sich herab, kam sehr dicht an mich heran. Es hatte eine strahlende Farbe. Ich fühlte mich, als habe mich etwas nach hinten gestoßen. In meiner Stirn spürte ich einen scharfen Schmerz.« Vorsichtig formuliert wurde Geller in seiner Kindheit mit einer »unbekannten Intelligenz« konfrontiert. Viele seiner Anhänger sprechen direkt von einer »UFO-Begegnung«. Solche Begegnungen sollen sich durch Gellers ganzes Leben ziehen und UFO-Forscher sind überzeugt: Geller ist »auserwählt«.

Ganz offensichtlich ist die Psychokinese nicht von bestimmten Metallen abhängig, denn auch verschiedenste Münz-Legierungen reagieren auf die Gedankenkräfte.

GEGENWARTSPHÄNOMENE

Der unmögliche Löffel

Einen schier unmöglichen Effekt erzielte Silvio 1974 im Beisein von Freunden in einem Restaurant.

Er nahm die beiden Teile eines zerbrochenen Löffels, legte den Stiel verkehrt herum an die Kelle, hielt diese zwischen Daumen und Zeigefinger und konzentrierte sich darauf, der Löffel möge wieder ganz werden. Nach wenigen Minuten präsentierte Silvio das Ergebnis: der einzige Löffel aus dem ganzen Tafelsilber, auf dem der Name des Restaurants auf der »falschen« Seite eingraviert war.

Bei anschließenden Experimenten mit Silvio wurden auch Videoaufnahmen gemacht. Darauf sieht man, wie er einen Plastiklöffel ohne Mühe und physische Berührung verbiegt. Die Verbiegung eines solchen Löffels wäre unter normalen Umständen nur durch die Einwirkung einer starken Hitzequelle möglich, die den Plastiklöffel schmelzen lässt. Wäre irgendwo eine Hitzequelle gewesen, hätte Silvio den Löffel nicht in seinen Händen halten können, wie er es – auf dem Video deutlich sichtbar – tat.

der Mayr keine Anzeichen von Tricks erkennen konnte, war der Zauberer so sehr vom Talent Silvios überzeugt, dass er diesen an das Freiburger Parapsychologische Institut meldete.

Da sich paranormale Fähigkeiten durch einen zu eindeutig dokumentierenden Zugriff leicht stören lassen, gingen die Wissenschaftler des Instituts die Zusammenarbeit mit Silvio behutsam an.

Die Erfahrung: psychokinetische Phänomene gedeihen in vertrauter Atmosphäre besonders gut. Während Monica Nieto ausschließlich bei Musik ihre Fähigkeiten optimiert, führte Silvio M. seine Versuche am liebsten in einem Restaurant im Beisein von Freunden und Bekannten durch.

Selbst zwei Rähmchen aus Papier und Aluminium konnte Silvio so verändern, dass sie ineinandergeschoben waren, ohne dass eine Bruchstelle zu erkennen war.

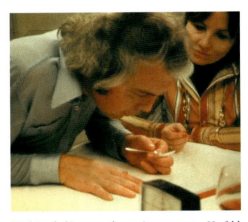

Weil Psychokinese am besten im vertrauten Umfeld funktioniert, begleiteten die Forscher Silvio in sein Stammlokal. Dort konnte er seine Fähigkeiten am Restaurantbesteck unter Beweis stellen.

Experimente mit Silvio M.

Über Jahre hinweg folgten weitere Untersuchungen. Anders als Geller, der durch seine vielen Medienauftritte auf einige Forscher unseriös wirkte, genoss der zurückhaltende Silvio M., der sich ohne großen Medienrummel der Wissenschaft zur Verfügung stellte, in parapsychologischen Kreisen großen Respekt. Immer wieder verbog er unter Laborbedingungen und in »freier Natur« Löffel aus unterschiedlichem Material, auch Speziallöffel, die betrugsicher in Glaskolben versiegelt waren. Selbst vor Münzen, die sich mit Muskelkraft nicht deformieren lassen, machten seine Fähigkeiten nicht Halt. Analysen

Oben: Der von Silvio M. durch Gedankenkraft verkehrt herum »geschweißte« Löffel. Die Gravur des Restaurants befindet sich auf der Oberseite.
Unten: Ein »normaler« Löffel des Restaurants. Die Gravur ist nicht zu sehen, sie befindet sich auf der Unterseite

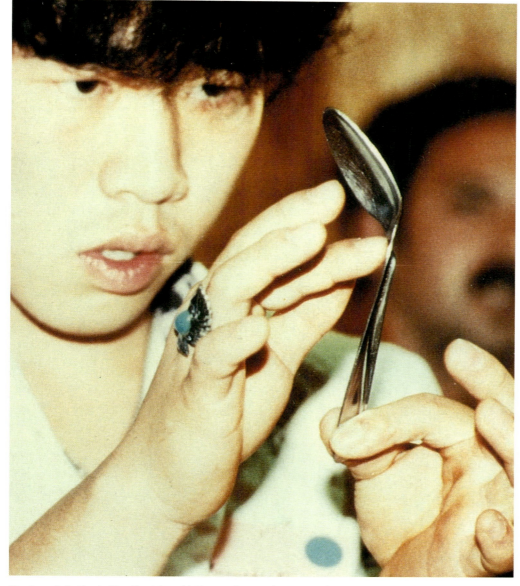

Der japanische Psychokinetiker Masuaki Kiyota gehört zu der Gruppe der »Mini«-Gellers. Er hat es zu beachtlichem Ruhm gebracht – hier bei einem Biegeversuch durch Berührung.

ergaben molekulare Veränderungen in den von Silvio berührten Metallen, die bei einer normalen mechanischen Verformung nicht auftraten. Silvio verbog sogar Löffel aus Plexiglas – eigentlich eine Unmöglichkeit. Versucht man solche Löffel zu deformieren, zerbrechen sie.

Das unmögliche Objekt

Bernhard Wälti, Techniker an der Universität Bern und langjähriger Beobachter Silvios, ließ sich einen besonderen Test für seinen prominenten Probanden einfallen. Er stellte zwei quadratische Rähmchen aus verschiedenen Materialien her. Eines aus Papier, das andere aus Aluminiumfolie. Silvio schnitt den Papierrahmen auf und schob das Aluminiumrähmchen hinein wie ein Kettenglied. Dann hielt er die Schnittstelle zwischen den Fingern und konzentrierte sich so lange auf den Verschluss dieser Stelle, bis der Papierrahmen schließlich tatsächlich wieder ganz war. Der mikroskopische Befund ergab, dass die Rähmchen an keiner Stelle einen Hinweis auf einen Schnitt aufwiesen. Dieses einmalige Objekt ist nach dem herkömmlichen naturwissenschaftlichen Verständnis unmöglich – es dürfte eigentlich überhaupt nicht existieren.

LÖFFELBIEGER

Psychokinetische Impulse

John Hasted, Professor für experimentelle Physik am Londoner Birbeck College und Autor des Buches »The Metal-Benders« (1981), verwendete für seine Versuche mit psychokinetisch Begabten Dehnungsmessstreifen, die, auf einem Metallobjekt angebracht, bereits dann schwache psychokinetische Impulse registrierten, wenn noch keiner der Impulse zu sichtbaren Deformationen geführt hatten.

Hasted verteilte mehrere solcher »präparierter« Objekte in einem Raum, während ausgewählte »Mini-Gellers« aus aller Welt versuchten, einen ganz anderen Gegenstand psychokinetisch zu deformieren.

Die Messstreifen auf den nicht angepeilten Objekten registrierten dennoch psychokinetische Impulse.

Der Rückschluss: Ist ein psychokinetischer Prozess in Gang, macht sich dieser auch in nächster Nähe bemerkbar. Er wirkt sich auch auf andere Objekte aus.

Um psychokinetische Begabungen messbar zu machen, verwendete der englische Professor John Hasted Dehnungsstreifen und Spannungsmessgeräte, die er an den Objekten anbrachte. Das Ergebnis war, dass psychokinetische Prozesse das gesamte Umfeld des Experiments beeinflussen und nicht nur den Gegenstand selbst.

895

GEGENWARTSPHÄNOMENE

PSI-Phänomene bei Tieren

Der Yak, ein Wildrind, das im Hochland Zentralasiens heimisch ist, gilt als besonders widerstandsfähig. Dass das Tier auch extrem sensibel und empfänglich für negative Schwingungen ist, wurde erst bei Tierbeobachtungs-Experimenten in Peking klar: Dort haben Yaks bei drohender Gefahr ihre üblichen Aktivitäten unterbrochen und sich auf den Boden gelegt. (Kolorierte Federlithografie aus »Schreiber's Bilder-Werke« um 1850)

Zahlreiche wissenschaftliche Experimente weisen auf PSI-Begabungen bei Tieren hin, einen »sechsten Sinn«, mit dem sie die Welt erfahren. Besonders bei Haustieren stellen ihre Halter oft fest, dass sie über außersinnliche Wahrnehmungen wie Zukunftsschau (Präkognition) und Gedankenübertragung (Telepathie) verfügen.

Das Gedächtnis der Natur

Der englische Biologe Professor Rupert Sheldrake (*1942) von der Universität in Cambridge konzipierte Experimente, an denen sich auch Laien beteiligen. Überall auf der Welt beobachten Menschen das außergewöhnliche Verhalten ihrer Haustiere: Hunde, die zu wissen scheinen, wann ihre Halter zum Nachhauseweg aufbrechen, Katzen, die Hunderte von Kilometern zurücklegen, um ihre Besitzer zu erreichen. Die Beispiele sollen Sheldrakes Theorie der morphogenetischen Felder bestätigen. Morphogenetische Felder verkörpern eine Art »Gedächtnis der Natur«, in denen die Erfahrungen eines jeden Individuums unabhängig von Zeit und Raum gespeichert sind. Die Felder werden mit den Informationen der unterschiedlichsten Lebensformen versorgt. Sie sammeln diese und stellen so denselben Lebewe-

PSI BEI TIEREN

sen zur Aufarbeitung wieder ein »Sammelbecken von Wissen« zur Verfügung. Entwickelt eine bestimmte Anzahl von Mitgliedern einer Spezies ein bestimmtes Verhalten, dann wird dies automatisch von den anderen Mitgliedern übernommen. Sheldrake nennt dieses Phänomen »morphische Resonanz«.

Warnung vor Gefahr

Dass viele Tiere über eine Art »Frühwarnsystem« verfügen, mit dem sie zum Beispiel Naturkatastrophen wie Erdbeben voraussahnen, ist schon aus frühgeschichtlicher Zeit überliefert. Schafe, Rinder, Pferde und Maultiere betreten in solchen Fällen ihre Pferche nicht, Ratten und Schlangen verlassen ihren Unterschlupf und warnen so vor einer kommenden Gefahr. An der Universität von Peking planen Zoologen ein Warnsystem auf der Grundlage intensiver Tierbeobachtungen. Der tibetanische Yak legt sich beispielsweise bei drohender Gefahr auf den Boden, streckt alle Viere von sich und verhält sich außerordentlich gelassen. Pandabären halten sich schreiend den Kopf, Schwäne verlassen das Wasser und legen sich auf die Erde.

Peoc'hs Küken-Experiment

Der französische Biologe René Peoc'h konnte erfolgreich den Einfluss geistiger Vorstellungskraft auf Materie (Psychokinese) bei Hühnerküken feststellen.

Bei Experimenten mit einem vom Zufallsgenerator bewegten Roboter ging er der Frage nach, ob Küken in der Lage sind, vitale Bedürfnisse durch Einsatz von eventuell vorhandenen PSI-Fähigkeiten zu befriedigen. Peoc'h arbeitete in einem seiner zahlreichen Versuche mit Küken, aufgeteilt in 80 Gruppen mit je 15 Tieren, die in völliger Dunkelheit großgezogen wurden. Küken mögen keine Dunkelheit, vor allem nicht tagsüber. Sobald Licht eingeschaltet wurde, hörten sie auf zu piepsen. Der Forscher montierte nun auf einen kleinen Roboter eine Kerze als einzige Lichtquelle. Da der Roboter von einem Zufallsgenerator bewegt wurde, wanderte er – vorerst – willkürlich mit dem Licht hin und her. Die Küken wurden in durchsichtigen Käfigen zu verschiedenen Zeitpunkten an unterschiedlichen Seiten einer umgrenzten Fläche platziert, auf der sich das Gefährt bewegte.

Es zeigte sich, dass in 57 der 80 Einzelversuche der Roboter öfter die Richtung zu den Küken einschlug. Das konnte kein Zufall sein. Nur bei Kontrollversuchen ohne Küken lag die Wahl der Laufrichtung absolut innerhalb der Zufallserwartung von 50 Prozent. Peoc'h sieht dies als Beweis dafür, dass Tiere in der Lage sind, psychokinetisch auf eine Apparatur Einfluss zu nehmen. Mit einer bisher unbekannten Kraft zogen die Küken die Lichtquelle an sich heran.

Verhaltensforscher sind sich seit längerem einig, dass Gedächtnis, Lernfähigkeit und außergewöhnlich ausgebildete Sinne im Reich der Tiere auf Intelligenz und Bewusstheit deuten. Dies sollte ein Umdenken in dem Sinne erfordern, dass man Tiere künftig als das betrachtet, was sie sind: Lebewesen.

Begabte Schildkröte

Das Institut von Rupert Sheldrake erhielt inzwischen fast 5000 Fallgeschichten über telepathisch begabte Haustiere. Sharon Ronsse aus Snohomish (Bundesstaat Washington/USA) schrieb: »Als mir auffiel, dass unsere Schildkröte zum Futterplatz kam, wenn ich nur ans Füttern dachte, begann ich mit gezielten Experimenten. Wenn sie sich ganz in ihren Panzer zurückgezogen hatte und offenbar schlief, brauchte ich nur daran zu denken, ihr das Fressen zu bringen. Wenn ich dann mit dem Futter aus der Küche kam, hatte sie bereits ihren Fressplatz aufgesucht.«

Eine verblüffende Erfahrung machte eine deutsche Katzenbesitzerin. Ihre Perserkatze starrte so lange auf das Telefon, bis es klingelte. Der Anrufer meldete einen schweren Unfall eines Familienmitgliedes. Auch die Katze einer Londoner Geschäftsfrau verblüffte ihre Besitzerin immer wieder aufs Neue. Obwohl die Katze normalerweise nicht auf das Klingeln des Telefons reagierte, miaute sie jedes Mal aufgeregt, wenn die Tochter des Hauses anrief, bevor der Hörer abgenommen wurde.

Tiere mit einem sechsten Sinn gibt es auf der ganzen Welt. Oft gelingt es ihnen, durch scheinbar anormales Verhalten, den Menschen vor nahenden Katastrophen zu warnen.

GEGENWARTSPHÄNOMENE

Signale aus dem All

In einem natürlichen Krater in den puertoricanischen Bergen befindet sich das Arecibo-Radioteleskop, mit dem Radiowellen aus dem All empfangen und an dort vermutete außerirdische Intelligenzen gesandt werden.

Eines der ehrgeizigsten Projekte der Menschheitsgeschichte ist nach wie vor, mit intelligenten Lebensformen im All in Kontakt zu treten. Möglichkeiten werden ersonnen, um ferne Sternenzivilisationen zu finden. Wäre eine Kommunikation mit ihnen möglich? Welche Auswirkungen hätte eine erfolgreiche Suche nach Extraterrestriern?

Galaktische Kommunikation

Als die »Leute von der SETI-Ranch« werden sie scherzhaft bezeichnet. In Wirklichkeit aber

SIGNALE AUS DEM ALL

sind sie seriöse Forscher: Astronomen, Biologen, Planetengeologen und Physiker, die an einem weltumspannenden wissenschaftlichen Projekt arbeiten. SETI, die Abkürzung steht für »Search for Extraterrestrial Intelligence« (Suche nach außerirdischen Intelligenzen), und ihre »Ranch« ist ein Forschungszentrum mit einem gewaltigen Radioteleskop, dessen Parabolantenne einen Durchmesser von 26 Metern aufweist und in Green Bank, West Virginia, steht. Von hier aus startete Professor Frank Drake 1960 das erste Projekt zur Suche nach Außerirdischen, dem er den Namen »OZMA« gab – in Anlehnung an das Märchenland Oz, das von seltsamen Wesen bewohnt und nur schwer zu erreichen ist. Drei Monate lang richtete Drake die Radioteleskopantenne auf die unserem Sonnensystem relativ nahe stehenden Sterne Tau Ceti und Epsilon Eridiani. Ein Radiosignal würde von diesen beiden Sonnensystemen 11,9 Jahre bzw. 10,7 Jahre benötigen, um die Erde zu erreichen. Da Drake keine »intelligente« Mitteilung auffangen konnte, stand für ihn zumindest eines fest: Vor 11,9 bzw. 10,7 Jahren hat auf den adressierten Sternen noch kein hoch-

Seti@home

Um die Millionen Daten, die jede Sekunde von den Radioastronomen eingefangen werden, auswerten zu können, kamen die SETI-Forscher auf eine einmalige Idee: »Seti@home« (»SETI daheim«). Es handelt sich dabei um ein Experiment, das die Rechenleistung von unzähligen, über Internet verbundenen Computern nutzt, um nach außerirdischen Intelligenzen zu suchen. Jeder, der einen PC mit Internetanschluss besitzt, kann daran teilnehmen, und zwar durch Einsatz eines Bildschirmschoner-Programms, das Daten des Arecibo-Radioteleskops herunterlädt und analysiert. Jeder Teilnehmer hat so die winzige Chance, dass gerade sein Computer das Sensations-Signal aus dem All analysiert. Ende 2000 beteiligten sich eine Millionen Menschen aus 225 Ländern an diesem Projekt.

Auch Raumsonden dienen der Wissenschaft als potenzielle Kommunikatoren mit Intelligenzen aus dem All. Man setzt sie zur Erforschung des Weltraums und als Mittler zwischen den Planeten ein.

GEGENWARTSPHÄNOMENE

In der Nähe von Canberra (Australien) befindet sich die Tidbinbilla Deep Space Tracking Station, ein Weltraumzentrum, in dem ein großes Observatorium mit einer Schüssel von 64 Metern Durchmesser steht. Wie in Puerto Rico hofft man auch hier auf Signale aus dem All.

entwickeltes Leben Radiowellen ausgesandt. Aber davon ließen sich die SETI-Forscher nicht abschrecken. Sie wussten, dass ihre Suche viele Jahrzehnte dauern könnte, denn allein in unserer Galaxis, der Milchstraße, gibt es 100 Milliarden Sonnen, von denen viele – wie unsere eigene – von Planeten umkreist werden, auf denen Leben existieren könnte.

Die Arbeit der Wissenschaftler gleicht also der berühmten Suche nach der Nadel im Heuhaufen.

Rätselhaftes »Wow«-Signal

Am 15. August 1977 passierte dann das, worauf die Forscher seit den 1960er Jahren gewartet hatten. Der Astronom Jerry Ehmann von der Ohio State University empfing bei der Wellenlänge von 21 Zentimetern ein extrem starkes Signal. »Es war das eindrucksvollste Signal, das wir je gesehen hatten«, kommentierte Ehmann danach. In seiner Begeisterung hatte er auf den Computerausdruck »Wow!« als Ausruf der Überraschung geschrieben. Doch dieses »Wow«-Signal, das sich dadurch auszeichnete, dass es sich (ähnlich wie beim Klingeln eines Telefons) selbst an- und ausstellte, konnte kein zweites Mal aufgefunden werden. Frank Drake ist dennoch der Ansicht: »Dieses Signal ist eines der vielversprechendsten, das wir je entdeckt haben – ein echter Kandidat für den wirklichen Nachweis außerirdischer Intelligenz.«

»Ist da jemand?«

Zu Beginn des dritten Jahrtausends steht den SETI-Wissenschaftlern eine Technik zur Verfügung, an die vor wenigen Jahrzehnten noch nicht zu denken war. Sekundenschnell können Millionen Funkfrequenzen aus dem All ausgewertet werden. Seit 1995 erfasst das Projekt BETA (Billion-channel Extraterrestrial Assay) gleichzeitig 20 Millionen Kanäle und ab 2005 wird das »Allen Telescope Array« auf dem Hat Creek, 460 Kilometer nordöstlich von San Francisco in einer völlig neuen Dimension Weltraumsignale empfangen. Tausend kleine Empfangsschüsseln ergeben bei diesem Gerät ein zusammengeschaltetes Riesenteleskop, das auch schwächste Nachrichten noch aufzeichnen kann.

Weltraum-Telefonate

Bei der Suche nach extraterrestrischem Leben muss man bedenken: Radiosignale sind letztlich eine primitive Art der Verständigung, die auf der Erde am Anfang einer globalen Kom-

SIGNALE AUS DEM ALL

munikation standen. Was wäre, wenn Außerirdische auf andere Mitteilungstechnologien zurückgreifen? Der Physiker Professor Paul Horowitz von der University of Harvard möchte daher ab 2002 mit einem Spezialteleskop nach eventuellen Laserstrahlblitzen, optischen Signalen, Ausschau halten. Allerdings müssten diese von den ETs gezielt auf die Erde gerichtet sein. Andernfalls ginge ihre Botschaft ins Leere.

Doch vielleicht »lauschen« alle Sternenzivilisationen nur, und keine sendet selbst. Bislang wurde erst ein einziges Mal, nämlich 1974 von Arecibo in Puerto Rico aus, eine dreiminütige Botschaft in eine Sternenballung im Sternbild Herkules abgestrahlt. Dorthin benötigen die Signale eine Reisezeit von 21.000 Jahren. Eine Antwort wäre also frühestens in 42.000 Jahren zu erwarten.

Der deutsche SETI-Astronom Professor Sebastian von Hoerner führt einen weiteren Grund an, warum wir bislang keinen Kontakt zu Außerirdischen herstellen konnten. Er vermutet, dass das tägliche Weltgeschehen, das in Radio- und Fernsehübertragungen via den Äther vermittelt wird, die Außerirdischen erschreckt: »Würden sie uns allein an den Kriegs- und Terrorberichten der TV-Nachrichten messen, dürften wir uns über ihr Schweigen, sollte es sie wirklich geben, wohl kaum wundern.«

Treibgut zwischen den Sternen

»Kosmische Flaschenpost« schickte die NASA 1972 an Bord der Raumsonde »Pioneer 10« und 1977 auf »Voyager« mit in den Kosmos. Beide erkundeten die Planeten Jupiter und Saturn. Danach führte sie ihre Bahn aus unserem Sonnensystem hinaus. Sollte die »Pinoeer 10« eines Tages von einer außerirdischen Kultur gefunden werden, können die fremden Wesen auf einer goldenen Plakette ein nacktes Menschenpaar und unsere Sonne mit den Planeten sehen. Die Voyager-Raumkapsel nahm eine Bild-Ton-Metallplatte mit, auf der gesprochene Grußbotschaften in 60 verschiedenen Sprachen, Fotografien und Musik aufgezeichnet wurden. Sollten wir selbst jemals eine kosmische Botschaft anderer Intelligenzen auffangen, wäre dies das aufregendste Ereignis in der Menschheitsgeschichte, denn dann wären wir sicher, dass die Menschen nicht allein im Universum sind.

Kosmische Flaschenpost

Radiowellen gelten als einfachster Weg, um intelligentes Leben in unserer Galaxis aufzuspüren, denn die Wellen entstehen bei vielen technologischen Prozessen. Sie breiten sich mit der Geschwindigkeit von Licht (ca. 300.000 km/sek) aus und sind in der Lage, die gigantischen Entfernungen des Alls zu überwinden. Bis zum Jahre 2000 hatten die Radioastronomen allein von Arecibo aus 100 Billionen Kanäle nach Signalen von Außerirdischen durchsucht. Noch immer ohne positives Ergebnis. Aber es sind bei weitem noch nicht alle denkbaren Kombinationen überprüft. Signalfrequenz und Modulation, Beobachtungszeit, Stärke und Richtung spielen einen entscheidenden Faktor, um »kosmische Kommunikationspartner« zu finden.

Solche Botschaften werden noch vom Arecibo-Radioteleskop ins All gesandt. Die Frage ist, ob außerirdische Wesen, so sie existieren sollten und diese Nachricht je empfangen, auch verstehen.

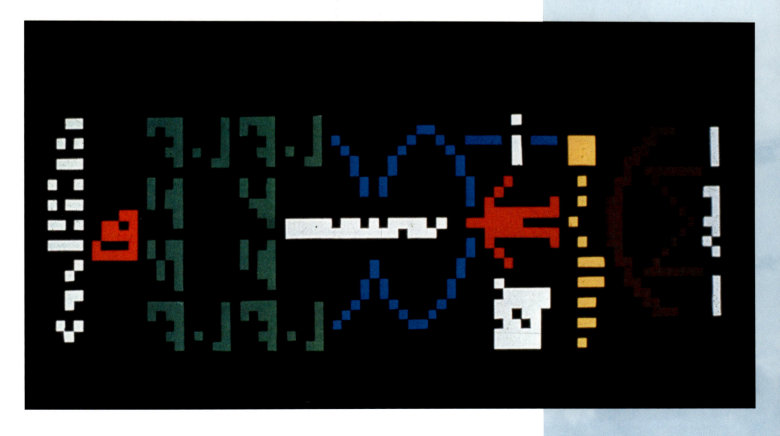

901

GEGENWARTSPHÄNOMENE

Kontakt: UFO-Begegnungen

Tausende von UFO-Sichtungen sind der Wissenschaft seit den 1950er Jahren bekannt. Dieses unbekannte Flugobjekt bewegte sich am 16. Oktober 1957 über Holloman Test Range in New Mexico.

Sie sind die geheimnisvollsten Erscheinungen unserer Zeit, die UFOs, die »unidentifizierbaren Flugobjekte«. Urplötzlich erscheinen sie am Himmel, vollführen die unmöglichsten Flugmanöver und lösen sich wieder im Nichts auf. Menschen aus aller Welt, jeden Alters und mit unterschiedlichsten Meinungen zu diesem Kuriosum wurden mit diesem Phänomen in den vergangenen Jahrzehnten konfrontiert. Etliche von ihnen berichten sogar, dass sie von UFOs entführt und von seltsamen Wesen

902

UFO-BEGEGNUNGEN

untersucht worden seien. Handelt es sich bei diesem Phänomen um behandlungsbedürftige Fantasien psychisch Erkrankter, um politische Irreführung und Geldmacherei oder um eine ernstzunehmende Realität? Haben extraterrestrische Intelligenzen längst Konktakt zu uns aufgenommen?

Im Zeitalter der »Fliegenden Untertassen«

»Sie sind geflogen wie eine Untertasse, wenn man sie über eine Wasseroberfläche hüpfen lässt.« Mit diesen Worten charakterisierte der amerikanische Pilot Kenneth Arnold (*1915) aus Boise in Idaho am 24. Juni 1947 die unglaublichste Begegnung seines Lebens mit unbekannten Flugobjekten. Das Wort des Jahrhunderts war geboren. Mit seinem Flugzeug war Arnold in 2800 Metern Höhe über die Cascade Mountains in Washington geflogen, als ein blauweißes Licht durch sein Cockpit blitzte und eine Formation von neun blendenden Objekten mit rasanter Geschwindigkeit über die Berggipfel hinwegschoss.

Die US-Air-Force bagatellisierte den Vorfall und man machte sich lustig über »grüne Männchen vom Mars«. Wissenschaftler der US-Luftwaffe begutachteten dennoch alle verwertbaren Informationen. Ende 1947 lautete das Resümee des Berichts an das Pentagon: »Das beobachtete Phänomen ist etwas Reales und nichts Visionäres oder Fiktives.«

Abfangjäger gegen UFOs

Seitdem haben abertausende UFO-Beobachtungen immer wieder kontroverse Diskussionen ausgelöst. Wie real UFO-Sichtungen sind, zeigte beispielsweise der 3. Februar 1989. Um 19.00 Uhr erschienen auf dem Radarschirm des Flughafens Esenboga der türkischen Stadt Ankara nicht erklärbare Objekte. Die Fluglotsen griffen zu ihren Ferngläsern und sahen unmittelbar über dem Flugplatz drei UFOs bewegungslos am

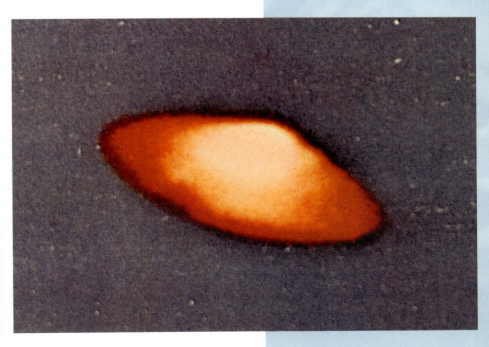

UFO-Invasion über Belgien

Eines der größten UFO-Ereignisse, das bis heute dokumentiert wurde, begann am 29. November 1989. Hunderte Belgier sahen in den Nächten bis zum April 1990 riesige fliegende »Dreiecke« am Himmel schweben, die völlig geräuschlos erstaunliche Flugmanöver vollzogen und mit ungeheurer Geschwindigkeit flogen. Das belgische Verteidigungsministerium schaltete das Militär ein und Radaraufzeichnungen, Pilotenberichte von Abfangjägern, Polizeiprotokolle, Foto- und Videoaufnahmen wurden ausgewertet. Der Sprecher der belgischen Luftwaffe, Leutnant Wilfried De Brouwer, stellte abschließend fest: »Mit Sicherheit hat es sich nicht um irgendwelche militärischen Aktivitäten gehandelt. Ganz einfach, weil das Verhalten dieser Flugkörper völlig außerhalb des konventionellen Spektrums liegt.«

Am 21. Oktober 1965 war dieses UFO in der Nähe von St. George in Minnesota zu sehen. Es wurde von Sheriff Arthur Strauch aufgenommen, der zum Zeitpunkt der Erscheinung mit Freunden, die den Vorfall bezeugen können, jagen war.

GEGENWARTSPHÄNOMENE

Der amerikanische Kinohit »Mars Attacks«, der 1997 die deutschen Kinobesucher begeisterte, stellte Außerirdische – in diesem Fall Invasoren vom Mars – als blutrünstige und bösartige Wesen dar. Über den Charakter von Extraterrestriern wird viel spekuliert. Einerseits sollen sie dem Menschen interessiert und höflich begegnen, andererseits scheinen sie dessen physische und psychische Schmerzen nicht zu empfinden.

UFO-Sichtungen der 1990er Jahre

1990: Der russische Generalstabschef Igor Maltsew veröffentlicht ein Dossier, wonach am 21.3. Hunderte Moskauer ein schnell fliegendes scheibenförmiges UFO mit sehr hellen Lichtern an den Rändern sahen.

1991: Die Kosmonauten G. M. Manakov und G. Strekalov berichten über eine UFO-Sichtung am 28.9. während ihres Aufenthaltes in der Raumstation MIR.

1992: Über dem Flughafen von Mexiko City werden geheimnisvolle Lichterscheinungen gesehen und vom Radar registriert.

1993: Im März ordnet das britische Verteidigungsministerium die Untersuchung von landesweiten UFO-Sichtungen eines kristallförmigen Gebildes an.

1996: Im Februar erfolgen UFO-Massensichtungen von leuchtenden, eiförmigen Objekten über Tel Aviv (Israel).

1997: Über Phoenix (USA) werden von März bis April orangene, glühende Kugeln von Tausenden Zeugen gesehen.

1998: Ein zigarrenförmiges UFO überfliegt das Stadion von Guayaquil, Ecuador. Das laufende Fußballspiel wird unterbrochen und ein Fernsehsender filmt das Flugobjekt.

2000: Am 10.1. fliegen gelbe Kugeln in Dreiecksformation über Sydney, Australien.

Himmel stehen, ein weiteres raste in Richtung Landepiste. Zwei landende Flugzeuge mussten ihm ausweichen. Der türkische Ministerpräsident Turgut Özal wurde umgehend über die Vorfälle informiert. Wenig später traf auch Verteidigungsminister Mustafa Özatamer mit hochrangigen Militärs am Flughafen ein. F-16-Kampfflugzeuge stiegen auf, um die UFOs abzufangen. Doch bevor sie diese erreichen konnten, verschwanden sie wieder. Als sie erneut erschienen, befahl der türkische Generalstab drei Abfangjägern, die Verfolgung aufzunehmen. Um 22.03 Uhr formierten sich noch einmal zehn unbekannte Flugobjekte. An Schnelligkeit nicht zu überbieten, schossen sie in den nächtlichen Himmel hinauf und entschwanden vor den Augen ihrer irdischen Jäger. Flugexperten schlossen nach diesem Ereignis ausdrücklich elektrische Erscheinungen, Meteorite, Lichtreflexe u. ä. als Möglichkeit für die Vorkommnisse am Himmel aus.

Zwischen Mythos und Realität

Hartnäckig halten sich Berichte, wonach abgestürzte UFOs und ihre Insassen gefunden wurden. Zum Synonym eines solchen Vorfalls avancierte Roswell in New Mexico (USA). Nahe der Kleinstadt soll nämlich am 2. Juli 1947 ein »Unidentifizierbares Flugobjekt« herabgefallen sein.

Alles begann damit, dass Augenzeugen am Himmel ein leuchtendes, diskusförmiges Objekt wahrnahmen. Einen Tag später, am 3. Juli, fand der Farmer William Mac Brazel auf seinem Feld metallische Überreste, wovon er eines dem örtlichen Sheriff brachte. Fünf Tage später riegelte das Militär plötzlich das Gebiet um die Fundstelle ab. Es machte bei seinen Untersuchungen eine zweite Absturzstelle aus. Zeugenaussagen belegen, dass nicht nur ein diskusförmiges Fluggerät gefunden wurde, sondern auch die Leichen von Außerirdischen.

Am selben Tag noch gab Presseoffizier Leutnant Walter Haut im Auftrag von Colonel William Blanchard eine offizielle Stellungnahme für die Öffentlichkeit ab: »Wir haben eine fliegende Untertasse in unserem Besitz. Sie wurde von Major Marcel nach Forth Worth, Texas, geflogen.« Kaum veröffentlicht, erfolgte auch schon ein Dementi durch General Roger Ramey

UFO-BEGEGNUNGEN

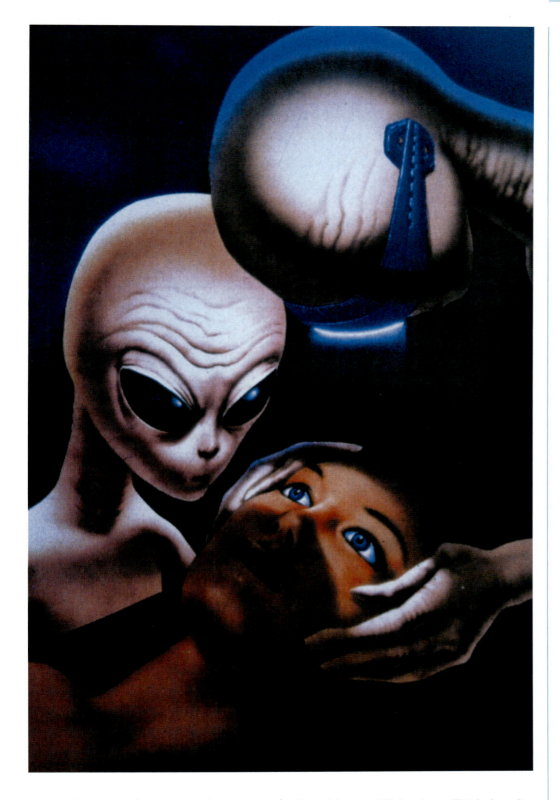

Der zeitgenössische Künstler Attila Borus hat auf einem Gemälde zwei Außerirdische mit einer Frau verewigt. Frauen, die von Entführungen durch Extraterrestrier berichteten, haben immer wieder von künstlichen Befruchtungen durch die ETs erzählt. Später sollen die Embryos in ähnlichen Entführungsaktionen wieder aus den Bäuchen der unfreiwilligen Mütter gestohlen worden sein. Der Verdacht liegt nahe, die Erde sei ein Experimentierfeld für Außerirdische.

aus Forth Worth. Die neue Version lautete nun, dass ein Wetterballon abgestürzt sei.

Zeugen sagen aus

Major Jesse Marcel, der das UFO transportiert haben soll, brach erst viele Jahre später sein Schweigen: »Das Zeug war nicht von dieser Erde. Ich war Offizier des militärischen Geheimdienstes und kannte auch alle geheimen Materialien. Dieses war mir völlig unbekannt.« Der örtliche Bestatter, Glenn Dennis, sagte später aus, er habe auf Anweisung der Militärs mehrere Särge von etwa 1,20 Meter Länge fertigen müssen. Sie sollten hermetisch

905

GEGENWARTSPHÄNOMENE

Nicht nur in Amerika, auch in Europa haben Menschen UFOs am Himmel gesehen. Diese drei waren im Juni 1978 über Barcelona in Spanien fotografiert worden. Interessant: In Deutschland meldeten die Behörden für das Jahr 2000 einen Rückgang von UFO-Sichtungen: nur zehn Meldungen das ganze Jahr.

verriegelbar sein. Über 300 Zeugen gaben eidesstattliche Versicherungen ab, dass damals tatsächlich ein UFO geborgen wurde. Einer der untersuchenden Ingenieure, Grady L. Barnett, erklärte zu den Leichenfunden um das UFO: »Sie sahen aus wie Menschen, waren aber keine. Sie hatten runde Köpfe, seltsame Augen und keine Haare.«

Was geschah in Roswell?

Erst 1993 sah sich die amerikanische Luftwaffe aufgrund des zunehmenden Drucks durch die Öffentlichkeit dazu gezwungen, von der ursprünglichen Stellungnahme abzuweichen. Man erklärte, die abgestürzten Teile entstammten dem Geheimprojekt MOGUL, das die Atomtests der UdSSR ausforschen sollte. Die Air Force verstrickte sich dabei aber in Widersprüche und bald reichte sie eine zweite Erklärung nach: Die seltsamen Wesen hätten existiert, es seien allerdings nur Dummys, Test-Puppen, gewesen. Man übersah bei dieser Aussage, dass es Test-Puppen erst ab den 1950er Jahren gab. Gänzlich erschüttert wurde die Glaubwürdigkeit der Air Force schließlich, als der pensionierte Luftwaffen-

UFO-BEGEGNUNGEN

General Arthur E. Exon bestätigte, dass außerirdische Wrackteile und Wesen geborgen und von einer Spezialeinheit untersucht worden waren. »Man kann die Meldungen nicht mehr als Ausgeburt überhitzter Fantasie ansehen«, kommentierte der US-amerikanische Astrophysiker Professor Alan Hynek (1910–1986). »Vielleicht erleben wir die Geburt einer neuen Wissenschaft.«

Von Aliens entführt

Die Begegnung mit dem Unbegreiflichen, dem Undenkbaren kommt meist ohne Vorwarnung. Und es kann jeden treffen. In der Nacht vom 19. auf den 20. September 1961 verließ das Ehepaar Betty und Barney Hill um 22.05 Uhr ein Restaurant in Colebrook im US-Bundesstaat Maine. Sie fuhren auf dem Heimweg auf die Bundesstraße 3 in Richtung Süden. Dort fiel ihnen ein merkwürdiger Lichtpunkt am Himmel auf, der sie verfolgte. Es geschah etwas Seltsames: Plötzlich sahen sie ein Straßenschild mit der Aufschrift »Concord – 27 km« – weit von der Stelle entfernt, an der sie »gerade eben« noch angehalten hatten, um das unbekannte Objekt zu beobachten. Dem Ehepaar fehlen zwei Stunden Erinnerung.

Besucher aus dem Nichts

In ihren Träumen sahen Barney und Betty von nun an helle Lichter, seltsame Gestalten, albtraumhafte Ereignisse. Der Psychiater Dr. Benjamin Simon (Boston) schlug 1964 getrennte Hypnosesitzungen vor, um die Eheleute die Ereignisse von 1961 noch einmal durchleben zu lassen. Zu seiner Verblüffung schilderten Barney und Betty unter starkem inneren Widerstand einen identischen Ablauf. Die Hills fühlten sich offenbar von dem unheimlichen Objekt verfolgt und bogen in einen Waldweg. Dort wurden sie plötzlich von mehreren Gestalten gestoppt und in das Objekt geführt. Sie mussten sich auf eine Art Tisch legen und Betty bekam eine lange Nadel durch den Bauchnabel gestochen, die ihr heftige Schmerzen bereitete. Dann zeigte ihr einer der Fremden eine Karte mit Punkten und Linien. Auf ihre Frage, was dies darstelle, antwortete das Wesen, es wären Sterne und Verbindungsrouten. Danach fanden sich Barney und Betty Hill in ihrem Auto wieder.

Eine Computersimulation der unter Hypnose angegebenen Punkte ergab 1996, dass Betty Hill vermutlich eine Karte unseres Sonnensystems aus einer Position oberhalb der Bahnebenen der Planeten gesehen hatte.

Begegnung mit ETs

Seit diesem Vorfall wurden viele ähnliche »UFO-Entführungsfälle« bekannt – etliche erst durch Psychologen wie den amerikanischen Professor John Mack von der Harvard-Universität in Massachusetts, der 1994 in seinem Weltbestseller »Entführt von Außerirdischen« die Auswertung von 100 Fällen vorlegte. »Betroffen sind Männer und Frauen aus unterschiedlichen Ländern, Kulturen und sozialen Schichten, und ihre Aussagen bieten so viele Übereinstimmungen, dass man sie ernst nehmen muss«, schreibt John Mack. Unter Anwendung unerklärlicher Zwänge werden die Betroffenen in raumschiffartige Umgebungen gebracht und dort von kleinen grauen Wesen mit überdimensional großem Kopf und riesigen dunklen Augen rätselhaften und körperlich wie seelisch schmerzhaften Experimenten unterzogen. Professor Macks Ergebnis: »Eine fremde Intelligenz beobachtet uns.«

Die Mimikry-Hypothese

Hochrechnungen ergaben für den Zeitraum von 1974 bis 1992 etwa 14 Millionen UFO-Sichtungen. Der deutsche Naturwissenschaftler Dr. Johannes Fiebag (1956–1999) stellte die Frage, wie wahrscheinlich es ist, dass Außerirdische in solchen Mengen die Erde besuchen und Untersuchungen an Menschen vornehmen. Seine Mimikry-Hypothese (Mimikry = Tarnung) gab die Antwort: »Das, was UFO-Beobachter erleben, ist nur eine Maske, hinter der eine für uns völlig fremdartige Intelligenz operiert. Außerirdische agieren mit unserer Wirklichkeit vermutlich wie wir mit der virtuellen Realität des Cyberspace. Sie legen ein Verhalten an den Tag, das auf unseren jeweiligen religiösen und sozio-kulturellen Hintergrund abgestimmt ist. Und sie bedienen sich dabei Projektionen, die nur für den jeweiligen Beobachter eine Realität besitzen.«

Das Ehepaar Betty und Barney Hill hatte nach einem nächtlichen Restaurantbesuch 1961 ein seltsames Blinken am Himmel gesehen. Erstaunlicherweise haben beide für die Zeit danach Gedächtnislücken. Noch erstaunlicher: Die Gedächtnislücken wurden unter Hypnose mit deckungsgleichen Inhalten gefüllt.

GEGENWARTSPHÄNOMENE

Reisen in Zukunft und Vergangenheit

Theorien zu Reisen in Zukunft und Vergangenheit haben Forscher seit Jahrhunderten fasziniert. Im 20. Jahrhundert trug die Filmindustrie einige kreative Überlegungen bei. Zu den bekanntesten Kinohits, die sich mit dem Thema Zeitreisen beschäftigten, zählte Steven Spielbergs »Zurück in die Zukunft«, in dem der Schauspieler Michael J. Fox mit Hilfe eines zerstreuten Professors (hier an einer Turmuhr hängend) Reisen in andere Gefilde unternahm.

Faszinierende Zeitmodelle

Schon um 1940 lieferte der deutsche Mathematiker Kurt Gödler zu Einsteins Relativitätstheorie einige Berechnungen, die ein Mitreißen von Raum und Zeit zumindest in der Nähe massiver rotierender Objekte, wie den im Kosmos vermuteten Schwarzen Löchern, ermöglichen soll. Ihre starken Gravitationskräfte üben nämlich eine Art »Bremswirkung« auf zeitliche Abläufe aus, so dass es in ihnen zu einer »Zeitstarre« kommt. In den Schwarzen Löchern herrscht also »Ewigkeit«.

Nach dieser Theorie wäre es möglich, rund um das Universum zu reisen und doch zur selben Zeit am selbem Ort zu verweilen. Man hätte sich quasi nicht von der Stelle bewegt und doch vielleicht eine Reise unternommen, die mehrere Millionen Jahre gedauert hat.

ZEITREISEN

"Für uns überzeugte Physiker sind Vergangenheit, Gegenwart und Zukunft nur Illusionen«, sagte Albert Einstein (1879–1955), das größte wissenschaftliche Genie des 20. Jahrhunderts. Durch seine Relativitätstheorie wurde fraglich, ob sich die Zeit gleichförmig fließend fortbewegt, so, wie man dies mit dem Ticken einer Uhr wahrzunehmen glaubt.

Einsteins Annahme führte zu der Aufsehen erregenden Schlussfolgerung, dass letztlich niemand eine Ereignisabfolge wirklich beeinflussen kann. Dies führt zu der Frage, ob nicht Zeitreisen sowohl in die Zukunft als auch in die Vergangenheit möglich wären. Wie es scheint, hat es solche Zeitsprünge tatsächlich bereits gegeben.

Zeitreise

1985 berichtete die luxemburgische Fernsehmoderatorin Helga Guitton über einen unheimlichen Zeitsprung, der ihr in der Nähe der französischen Stadt Josselin in der Bretagne zugestoßen war. Zusammen mit Freunden hatte sie dort ein Haus gemietet und fuhr häufig in die kleine Stadt. Zwischen den Wiesen und Kornfeldern, die an ihrem Weg lagen, erblickte sie eines Tages auf einem Hügel eine kleine Kirche, um die sich ein paar weißgetünchte Häuser gruppierten. Davor befanden sich ein Ziehbrunnen, Gänse und Enten – eine Idylle wie aus einem fernen Jahrhundert. Leider entdeckte sie auch an den folgenden Tagen keine Menschen in dem Ort. Frau Guitton beschloss, das Dorf beim nächsten Mal zu fotografieren. Als sie jedoch das Motiv durch die Kamera fixierte, war da nichts mehr: keine Kirche, keine Häuser, keine Tiere.

Verwirrt stieg sie in den Wagen und fuhr nach Josselin. Bei ihrem Einkaufsbummel kam sie an einem Antiquariat vorbei. Eine Madonna fiel ihr besonders auf. Der alte Ladenbesitzer erzählte ihr, dass viele seiner Stücke aus einem verlassenen Dorf stammten, das vor ein paar Jahrhunderten von einer Feuersbrunst vernichtet worden war. Und dann traf ihr Blick auf ein verstaubtes Bild. »Mit den Fingern wischte ich den Staub weg. Und da konnte ich es ganz deutlich sehen: Mein Dorf, die Kirche mit dem Hahn auf dem Turm, die kleinen weißgetünchten Häuser, den Ziehbrunnen und die Enten und Gänse,« berichtete die TV-Reporterin später. Hatte sie einen Blick in eine ferne Zeit werfen können? Sind Zeitsprünge möglich?

Zeitmaschinen

Theoretisch zumindest ja. Da nach Einstein Raum und Zeit untrennbar zusammengehören, das sie wahrscheinlich Teile einer Raum-Zeit-Einheit sind, könnte ein Bruch dieser Einheit durchaus möglich sein. In diesem Zusammenhang begegnet einem der Begriff »Schwarzes Loch«. Damit ist ein Riss im Universum gemeint, in den Raum und Zeit fallen können, und wo sie aufhören, als Einheit zu existieren.

Viele Wissenschaftler beschäftigten sich mit dieser scheinbar weit hergeholten Hypothese. Der Physiker Dr. Frank Tipler von der Tulane-Universität in New Orleans berechnete beispielsweise 1990 eine »geschlossene zeitähnliche Schleife« und entwarf eine hypothetische Zeitmaschine. Professor Stephen W. Hawking von der Universität Cambridge und der Quantenphysiker John Gribbin aus Sussex in Großbritannien kamen 1992 zu dem Schluss, dass »wir in der Zeit reisen und an vergangenen und zukünftigen Ereignissen teilhaben können.«

Konkrete wissenschaftlich anerkannte Beweise gibt es bislang jedoch nicht.

Vergangenheit – Gegenwart – Zukunft

Eine der berühmtesten Zeitreisen scheint sich im Sommer 1902 ereignet zu haben, als den

Albert Einstein 1931, mit 52 Jahren. Der berühmte Physiker, den man hauptsächlich mit der von ihm aufgestellten »Relativitätstheorie« in Verbindung bringt, wurde 1879 in Ulm geboren und wanderte später in die USA aus. 1939 gab der überzeugte Pazifist mit einem Brief an den damaligen amerikanischen Präsidenten Franklin Roosevelt, in dem er seine Furcht vor der deutschen Aggression unter Adolf Hitler ausdrückte, den Anstoß zum Bau der ersten Atombombe. Ein Ereignis, das ihn Zeit seines Lebens verfolgte. Nach 1945 setzte er sich verstärkt für den Abbau von Kernwaffen ein.

GEGENWARTSPHÄNOMENE

Diese Aufnahme von Eleanor Jourdain entstand um 1912. Zehn Jahre zuvor hatte sie mit Anne Moberly bei einem Besuch im französischen Schloss Versailles Gestalten aus einer anderen geschichtlichen Epoche gesehen.

Die wohlhabende Anne Moberly, die um 1900 als eine von wenigen Frauen an der University of Oxford lehrte, ließ sich 1889 auf einem Gemälde verewigen. Die Erlebnisse, die sie mit ihrer Assistentin Eleanor Jourdain 1902 im Garten von Versailles hatte, gingen in die Geschichte parapsychologischer Forschung ein: Angeblich hatten die beiden Damen durch einen Zeitsprung Frankreich zur Zeit von König Ludwig XVI. gesehen.

beiden Engländerinnen Anne Moberly, einer Lehrerin an der University of Oxford, und Eleanor Jourdain, ihrer Assistentin, in den Parkanlagen von Versailles in Frankreich ein unheimliches Erlebnis zustieß.

Bei einem Rundgang durch das Schloss der französischen Könige spazierten die beiden Frauen auch durch ein Wäldchen. Plötzlich standen sie auf einer Lichtung, die zu einem kleinen Gebäude führte. Eine Frau, die ein wenig altertümlich aussah, schüttelte dort gerade ein Tuch aus dem Fenster. Andere Touristen waren nicht zu sehen. Stattdessen kamen ihnen zwei ernst blickende Männer entgegen. Sie trugen aus einer anderen Zeit stammende grüne Uniformröcke und einen Dreispitz als Kopfbedeckung. Miss Jourdain sprach die Männer an, ob sie ihr den Weg zum kleinen Palais »Petit Trianon« zeigen könnten. Sie bekam eine trockene Antwort, doch die beiden Frauen folgten dem Weg, der ihnen gewiesen worden war.

Blick in die Vergangenheit

Die beiden Frauen befiel ein Gefühl von überwältigender Einsamkeit. Sie erreichten einen runden Pavillon, vor dem ein Mann mit einem Umhang saß. Mit zynischer Mimik sah ihnen der pockennarbige Fremde entgegen. Furcht ergriff die beiden. »Auf einmal wirkte alles unnatürlich und unheimlich«, schrieb Miss Moberly später. »Die Bäume hinter dem Gebäude schienen flach und leblos. Es gab weder Licht- noch Schatteneffekte. Rundum herrschte eine angespannte Stille.«

ZEITREISEN

Da tauchte aus dem Nichts ein freundlich aussehender Mann mit einem breitkrempigen Hut auf. Er rief ihnen zu, welchen Weg sie weiter nehmen sollten, um das »Petit Trianon«, die königliche Residenz, zu erreichen. Dort angekommen, nahmen sie eine elegante Dame wahr. Die Frau in dem barocken Kleid schien verunsichert. Kurze Zeit später aber trafen die englischen Schlossbesucher auf eine Hochzeitsgesellschaft in moderner Kleidung und alles war wieder wie immer.

Realität oder Fiktion?

Anne Moberly und Eleanor Jourdain beschafften sich nach dieser unheimlichen Episode Literatur über die Zeit der französischen Könige. Dabei stellten sie fest, dass die gesehenen Gebäude im Versailles des Jahres 1902 nicht existierten, wohl aber auf Dokumenten aus dem Jahre 1780 aufgezeichnet waren. Der Mann, den sie beim Pavillon getroffen hatten, besaß eine unglaubliche Ähnlichkeit mit dem Comte de Vaudreuil, einem Freund Ludwig XVI. (1754–1793). Waren die beiden Besucherinnen in eine Theaterinszenierung geraten? Oder hatten sie tatsächlich durch einen Riss in der Zeit in die Vergangenheit geschaut? Vielleicht benötigt der Mensch nicht einmal eine Zeitmaschine, um ein Fenster in die Zeit zu öffnen. Vielleicht öffnet sich die Zeit mitunter von selbst und gewährt einen Blick in die Vergangenheit oder die Zukunft.

Phantastische Zeitphänomene

In Filmen wie »Zurück in die Zukunft« des US-amerikanischen Regisseurs Steven Spielberg wird eine Technik dargestellt, die Reisen in die Vergangenheit oder Zukunft ermöglicht. Tatsächlich lassen sich im subatomaren Bereich der Quantenphysik Effekte nachweisen, in denen die Wirkung noch vor der Ursache gemessen werden kann, Zukunft und Vergangenheit variabel sind. Der britische Physiker Professor Stephen W. Hawking (*1942) diskutiert die Theorie, wonach sich Zeit zusammenziehen könnte. Der »Zeitpfeil«, der in die Zukunft gerichtet ist, könnte sich dann umkehren, wenn sich das Universum nicht mehr ausdehnt, sondern aufgrund starker Masseanziehungskräfte zu kollabieren beginnt. Hawking: »Die Menschen würden rückwärts leben. Sie würden vor ihrer Geburt sterben und in der Kontraktion des Universums jünger werden.«

Mit »Schwarzen Löchern« bezeichnet man Objekte, die eine so starke Schwerkraft haben, dass nicht nur materielle Teilchen, sondern auch sämtliche elektromagnetische Strahlen das Gebilde nicht verlassen können. Ein Schwarzes Loch kann also auf direktem Weg nicht nachgewiesen werden. Schwarze Löcher können das Endergebnis einer Sternentwicklung von sehr massereichen Sternen sein. Nach der Theorie vom Urknall könnten sie auch Überreste aus der Zeit der Weltentstehung vor rund 15 Milliarden Jahren sein.

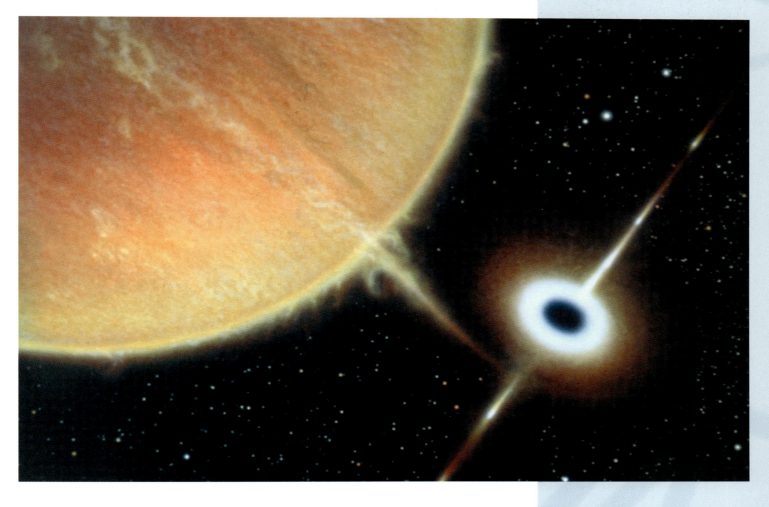

911

GEGENWARTSPHÄNOMENE

Leben auf dem Mars

Dieses Bild wurde im März 1999 aufgenommen und zeigt als hellen Fleck eine Region namens »Arabia Terra«. Daten zum Mars: 6787 Kilometer Durchmesser; 1/10 der Erdmasse, 1/3 der Schwerkraft der Erde; ein Marstag entspricht 1,026 Erdentagen; ein Marsjahr ist 686,98 Erdentage lang.

MARS

Am 4. Juli 1997, dem amerikanischen Unabhängigkeitstag, berührt die Raumsonde »Pathfinder« den sandigen Boden unseres Nachbarplaneten Mars. Kurze Zeit später funkt sie die ersten Fotos der rötlich-gelben Oberfläche zur Erde. Es sind Bilder vom ausgetrockneten Mündungsdelta des »Ares Vallis«, eines gewaltigen Marsflusses, der hier vor Urzeiten in der Nähe des Marsäquators über den Planeten floss. Dann rollt der kleine Forschungsroboter »Sojourner« aus der Raumsonde hinaus in die steinige, von großen Felsblöcken übersäte Wüste – während Menschen in aller Welt gebannt die Bilder der bizarren, leblosen und dennoch irdisch vertraut wirkenden Landschaft verfolgen. Auf eine der spannendsten Fragen, die die Menschheit seit langem beschäftigt, kann der elektronische Kundschafter keine Antwort geben: Gibt es Leben auf dem Mars?

Mission Pathfinder

Als die Marssonde am 4. Dezember 1996 ihre Reise von Cape Canaveral in Florida aus antrat, war nicht vorgesehen, nach Leben auf unserem Nachbarplaneten zu suchen. Vielmehr wollte man neueste Technologien testen, Wetterbeobachtungen und geologische Experimente durchführen, um daraus Erkenntnisse für spätere Missionen zu erlangen. Die »Mission Pathfinder« bestätigte, dass vor vielen Jahrmillionen Wasser über unseren roten Nachbarn im All floss. Der wissenschaftliche Leiter des Projektes, Dr. Peter Smith (Universität von Arizona), entdeckte auf den Fotos vom Mars einen kleinen Bachlauf. An anderen Stellen wurden Eindampfungsrückstände und Vertiefungen gefunden, die vielleicht einmal Pfützen gewesen sind.

Unterirdisches Leben

Leben, wie wir es kennen, benötigt neben Wasser noch drei andere Faktoren: Kohlenstoff, Wärme und Schutz vor tödlicher Strahlung aus dem Kosmos. Vor vier Milliarden Jahren, als es möglicherweise Flüsse, Seen und Meere auf dem Mars gab, waren diese Zutaten sicher im Überfluss vorhanden. Vulkanismus und Blitzentladungen sorgten für Energie und das Wasser oder die Gesteinskruste des Mars schützte vor lebensfeindlichen UV-Strahlen. Der heutige Mars ist allerdings ein frostiger Himmelskörper: Da er eine geringere Schwerkraft als die Erde besitzt, hat er eine dünne Atmosphäre, die nicht ausreicht, um kosmische Strahlung abzuhalten. Trotzdem könnten sich einfache Organismen tief ins Marsinnere zurückgezogen haben. Und genau dort soll eine Armada von Robot-Sonden ab dem Jahr 2003 mit Tiefenbohrungen auf die Suche nach mikrobisch kleinen Marsbewohnern gehen.

Seit 1999 liefert der NASA-Satellit »Mars Global Surveyor« Bilder von Kegeln auf dem Mars. Die Kegel haben Durchmesser von 20 bis 300 Meter und weisen auf einstige Wasservorkommen auf dem Roten Planeten hin. Interessant ist, dass sich die Kegel nahe des Marsäquators befinden. Bislang nahm man Wasserreservate eher in Polnähe an.

Lebensspuren auf dem Mars

Flüssiges Wasser ist eine wesentliche Voraussetzung für Leben. Auf hochauflösenden Bildern der Sonde »Mars Global Surveyor« machten NASA-Geologen Sedimentationsmuster, Ablagerungen von Fossilien, aus, wie sie nur in Meeren oder Seen entstehen können. Das Alter dieser Gesteine wird auf 3,5 bis 4,3 Milliarden Jahre geschätzt. Als die Sonde »Viking I« 1976 auf dem Mars landete, zeigte ein biologischer Test tatsächlich Leben an. Doch zwei Vergleichsexperimente blieben ohne positives Ergebnis. Heute wissen wir, dass die Detektoren zu unempfindlich waren, um Bakterien feststellen zu können. Die Mars-Missionen der NASA im Jahre 2005 und 2007 werden deswegen hochempfindliche Detektoren an Bord haben, die auch kleinste Bakterienzellen ausmachen können.

Die Raumsonde Pathfinder stellte mit ihrer Marslandung am 4. Juli 1997 einen vorläufigen Höhepunkt in Sachen Mars-Missionen dar. Endlich waren die Weichen für eine erfolgreiche Erforschung der Umweltbedingungen auf dem roten Nachbarplaneten der Erde gelegt.

GEGENWARTSPHÄNOMENE

Das Marsgesicht

Die Sonde »Viking« funkte 1977 Bilder eines riesigen zum Himmel blickenden Gesichts und Pyramiden ähnliche Strukturen vom Mars zur Erde. Diese am Rand der südlichen Hochländer gelegene Cydonia-Region wurde rasch zum Spekulationsgegenstand. Hat eine außerirdische Kultur von einem fernen Stern ein Selbstporträt für spätere Raumfahrer hinterlassen? Um dem Geheimnis auf die Spur zu kommen, ließ die NASA 1997 die Raumsonde Mars Global Surveyor direkt über das Gesicht fliegen. Die Detailanalysen zeigten jedoch leider nur natürliche Formationen, die durch Schatteneinfall wie Zeugnisse von Außerirdischen erschienen. Dennoch: Mit dieser Mission wurde erstmalig gezielt nach dem Artefakt einer fremden Sternenkultur gesucht.

»Ich glaube, die Chancen stehen gut, dass wir auf dem Mars lebendige Wesen finden«, bekräftigte im November 2000 die Biologin Dr. Melanie Mormile von der University of Missouri-Rolla, USA. »Auch wenn Mikroorganismen für die meisten Menschen weit weniger aufregend sind als Außerirdische mit großen Augen, so denke ich doch, dass uns noch einige aufregende Entdeckungen bevorstehen.«

Die Marsbewohner

Der erste »Angriff« vom Mars fand 1938 statt. Damals strahlten US-Radiosender das Hörspiel »Krieg der Welten« von Orson Welles (1915–1985) nach einer Romanvorlage von H. G. Wells aus, das ein Großteil der Zuhörer für eine reale Invasion vom Roten Planeten hielt. Eine landesweite Panik brach aus. Heute ist es offensichtlich, dass es keine intelligenten Marsbewohner gibt oder je gegeben hat. Um eine Evolution zu einem denkenden Lebewesen hin zu ermöglichen, sind viele Voraussetzungen nötig. Die dünne, kalte Atmosphäre des Mars hat diese Bedingungen nie erfüllt. Trotzdem sind primitive Organismen auf dem Mars vorstellbar, weil es dort einmal Leben ermöglichendes Wasser gegeben hat.

Extraterrestrische Biologie

Wie eine Bombe schlug eine Meldung ein, die von David McKay und anderen NASA-Geologen im August 1996 veröffentlicht wurde und die eine Entdeckung möglicher Marslebewesen zum Inhalt hatte. In dem Marsmeteoriten ALH84001, der 1994 auf den Eisfeldern der Antarktis gefunden wurde, hatte man kleine Kügelchen aus Karbonat (Kalkmineral) entdeckt, die sich organisch bilden können.

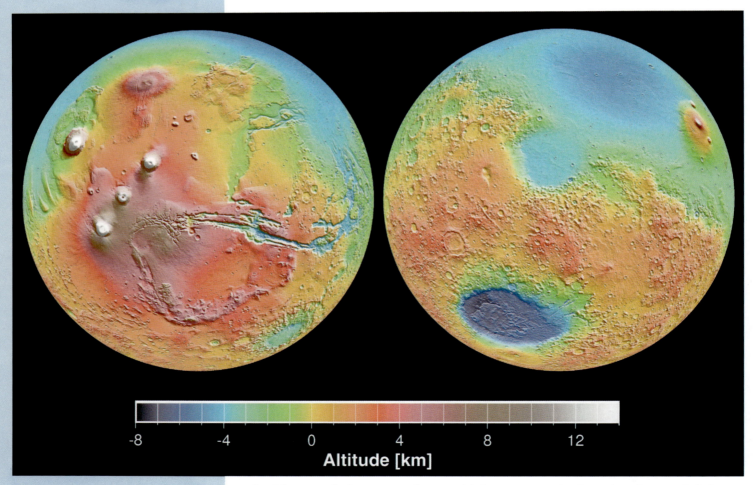

Anhand der Daten, die der NASA-Satellit Mars Global Surveyor in regelmäßigen Abständen zur Erde funkt, konnten vom Roten Planeten exakte Karten erstellt werden. Links im Bild der größte Vulkan des Sonnensystems, der Olympus Mons mit 27.000 Metern Höhe.

Diese Kügelchen besaßen »Häute« aus Magnetit, wie sie von Mikroben auf der Erde produziert werden, die zu den ältesten Lebewesen zählen, die wir kennen. »Die wahrscheinlichste Erklärung«, meint die Mikrobiologin Dr. Kathie Thomas-Keprtra, »ist die, dass es sich um die Produkte von Mikroorganismen handelt, die auf dem Mars entstanden sind.«

Mikrobakterien

Weitere Hinweise für ein potenzielles ehemaliges Leben auf dem Mars waren wurmförmige Objekte, die 3,4 Milliarden Jahre alten irdischen Nanobakterien ähneln, und ringförmig aufgebaute organische Molekülstrukturen, wie sie beim Zerfall irdischer Mikroorganismen entstehen. 2001 wurden zusätzlich von Dr. Imre Friedmann von der Florida State University in Tallahassee, USA, feine Kristallketten identifiziert, die wie »magnetotaktische Bakterien« der Erde aussehen. Diese haben magnetische Strukturen und können sich im Erdmagnetfeld gleich einer Kompassnadel ausrichten und orientieren.

Nanobakterien können innerhalb von Steinen leben, völlig unabhängig von Sonnenenergie, was für Marslebewesen, die sich schon vor Jahrmillionen unter die Oberfläche ihres unwirtlichen Planeten zurückgezogen haben, eine gute Voraussetzung wäre, auch heute noch zu existieren.

Blinde Passagiere

Als eine Sensation muss auch eine Marsmeteorit-Studie von Wissenschaftlern des California Institute of Technology in Pasadena, USA, gelten. Die untersuchten Artefakte wurden vermutlich beim Einschlag eines großen kosmischen Objektes aus der Marsoberfläche herausgeschleudert, verließen das Schwerefeld ihres Planeten und wurden später von der Schwerkraft der Erde eingefangen. Als Fracht trugen sie lebendige Organismen mit sich. Eine Reise durch das All können Bakterien ohne weiteres überstehen. Stellt sich vielleicht sogar eines Tages heraus, dass wir ohnehin alle Marsianer sind – dass das erste Leben auf unserem Planeten von »blinden Passagieren« in Marsmeteoriten kam?

Das erste Farbbild vom Mars wurde am 21. Juli 1976 zur Mittagszeit, einen Tag nach der Landung der Sonde »Viking I«, gemacht und zeigt rötliches Oberflächenmaterial (basaltartiges Gestein) auf dunklem, chemisch verändertem Grundgestein. Mit Hilfe der Marssonden war es möglich, einen genauen »Marssteckbrief« zu erstellen. Der Mars hat einen Durchmesser von 6787 Kilometer. Seine Atmosphäre besteht zu 95% aus Kohlendioxid, 3% Stickstoff und 2% Argon.

GEGENWARTSPHÄNOMENE

Der Blitz über der Tunguska

Einige Augenzeugen der mysteriösen Katastrophe in der Tunguska wollen in dem rasenden Objekt, das schließlich in den sibirischen Wäldern verschwand, ein Raumschiff erkannt haben. Nach ihren Angaben wurde die abgebildete Zeichnung angefertigt.

An einem Sommermorgen des Jahres 1908 raste ein grell leuchtendes Objekt über den Himmel Sibiriens. Sekunden später explodierte der Flugkörper dicht über den endlosen Wäldern der Taiga. Mit der Urgewalt mehrerer Wasserstoffbomben vernichtete er ein Gebiet von ca. 2100 Quadratkilometern in einiger Entfernung zum Fluss »Steiniger Tunguska« (Russisch: Podkamennaja Tunguska). Ganze Rentierherden verschwanden spurlos und auch Menschen wurden seitdem vermisst. Die Katastrophe in der Einöde der sibirischen Taiga gehört zu den großen Rätseln des 20. Jahrhunderts.

Reisende in den Waggons der Transibirischen Eisenbahn beobachteten am 30. Juni 1908 exakt um 7.17 Uhr eine gigantische leuchtende Masse, die von Süden nach Norden zog. Ein gewaltiger Schlag erschütterte den Zug und

BLITZ ÜBER TUNGUSKA

noch im 900 Kilometer entfernten Irkutsk pendelten die Zeiger der Seismographen annähernd eine Stunde lang.

Die Nacht wurde zum Tag

In London konnte man in dieser Nacht durch den plötzlichen Lichtschein Zeitungen lesen und in Holland wurden astronomische Beobachtungen wegen der ungewohnten Helligkeit nicht durchgeführt. Noch heute ist ungeklärt, was damals aus den interplanetarischen Räumen in den unendlichen Weiten Sibiriens einschlug und ganze Wälder in Flammen aufgehen ließ. Zum Glück lag der Schauplatz des Aufschlags in einer der wenigen menschenleeren Gebiete der Erde. Hätte sich die Katastrophe über einer Großstadt ereignet, hätten Tausende Menschen ihr Leben verloren. Wäre der Himmelskörper ins Meer gestürzt, hätte er eine riesige Flutwelle ausgelöst und bewohntes Land überschwemmt.

Raumschiff oder Antimaterie?

Zur Erklärung der Explosion – sie dauerte nicht länger als zwei Zehntelsekunden – wurden die verschiedensten Phänomene der Astrophysik in Erwägung gezogen: die Begegnung der Erde mit einem »schwarzen Loch«, die Berührung des Planeten mit »Antimaterie« oder gar ein defektes Raumschiff außerirdischer Besucher, das beim Eintritt in die Atmosphäre verglühte, wie eine Hypothese lautete, die der Wissenschaftler und Schriftsteller Alexander Kasanzew 1946 aufstellte.

Wegen der unruhigen Zeiten vor und während des Ersten Weltkriegs machte sich erst 1921 eine russische Expedition zum Zentrum der Explosion auf. Man befragte auch Augenzeugen, die von »einem feurigen Himmelskörper« oder »einer Flamme, die den Himmel entzwei schnitt« berichteten. Seltsamerweise fanden die Forscher unter Leitung des Geologen Leonard A. Kulik von der Sowjetischen Akademie der Wissenschaften in Moskau weder einen Krater noch andere Gesteinsveränderungen, die von einem entsprechenden Einschlag herrühren konnten.

Parallelen zu Atomexplosionen

Spätere Untersuchungen im Auftrag der Akademie ergaben sonderbare Parallelen zu Kernexplosionen. Die radioaktive Strahlung im Zentrum lag doppelt so hoch wie an den Randgebieten. Untersuchungen der Bäume und ihrer Jahresringe bestätigten eine Zunahme der Radioaktivität seit 1908. Professor Nikolai Wassilijew von der Universität in Tomsk, einer der Leiter der Tunguska-Forschung, stellte bei Pflanzen und Insekten genetische Veränderungen fest. Einige Bäume stellten plötzlich ihr Wachstum ein, während andere viel schneller wuchsen als vor 1908. Entgegen der allgemeinen Überzeugung können nukleare Effekte auch auf natürlichem Weg entstehen, zum Beispiel beim Zusammenstoß eines Kometen oder Asteroiden mit einem seiner eigenen Masse äquivalenten Quantum an Luft. Dies ist denn auch die inzwischen gängige Erklärung für die geheimnisvolle Explosion über der Tunguska.

Geschosse aus dem Weltall

Kollisionen kosmischer Körper mit der Erde sind keine Seltenheit. Nach neueren Schätzungen wird jeder Quadratkilometer etwa alle 8000 Jahre von einem Meteoriten getroffen. Seltener sind Einschläge eines Kometen oder Asteroiden. Im Winter 2000 entdeckten Astronomen der NASA einen winzigen hellen Fleck im Weltall, dem sie den Codenamen »2000 SG 344« gaben. Nach ihren Berechnungen handelt es sich um einen Asteroiden mit einem Durchmesser von 70 Metern und einem Gewicht von 23.000 Tonnen, der zu diesem Zeitpunkt rund 13,5 Millionen Kilometer von der Erde entfernt war. Die Wahrscheinlichkeit einer Kollision liegt bei eins zu 500.

Experten gehen davon aus, dass das Objekt eine ähnliche Größe hat wie der Gesteinsbrocken, der über der Tunguska explodierte. Wahrscheinliches Aufschlagdatum: 21. September 2030.

In der Antarktis gibt es Gebiete, auf die relativ häufig Meteoriten niedergehen. Zur Identifikation verwenden die Geologen spezielle Geräte, die die Gesteinsbrocken mit Nummern markieren.

GEGENWARTSPHÄNOMENE

Rätselhaftes Planetensystem

Das Kunstwerk von Chris Butler zeigt die Geburt eines Sonnensystems. Ein flacher Sternennebel rotiert so stark, dass er sich plötzlich verdichtet. Übrig bleiben auch zahlreiche Kunstplaneten, die um die neue Sonne kreisen.

Seit 2001 jagen die US-Astronomen Alan Stern und Dan Durda an Bord des Jets F-18 einem seltsamen Rätsel nach. Sie fragen, ob unsere Sonne mehr als die bekannten neun Planeten (Merkur, Venus, Erde, Mars, Jupiter, Saturn, Uranus, Neptun und Pluto) besitzt. Dazu müssen die NASA-Wissenschaftler in eine Höhe von über 16 Kilometer aufsteigen, um mit ihren Instrumenten die Sonne im ultravioletten Bereich

PLANETENSYSTEM

zu fotografieren. Durch markante Abweichungen auf den Fotos hoffen sie, geheimnisumwitterten »Vulkanoiden« auf die Spur zu kommen. Das sind Kleinstplaneten, deren Existenz bislang nur hypothetisch angenommen worden ist. Ihre Bahn müsste nach astronomischen Berechnungen noch enger um die Sonne verlaufen als die des Merkur, der sich unserem Zentralgestirn bis auf 46 Millionen Kilometer nähert.

Planet Vulkan

Die Geschichte dieser eigenartigen Himmelskörper geht bis in das Jahr 1855 zurück, als der damalige Direktor des Pariser Observatoriums, Urbain Leverrier, Abweichungen in der berechneten Merkurbahn feststellte. Für ihn konnte dies nur bedeuten, dass sich eine noch unbekannte Masse innerhalb der Planetenbahn befand. Aufzeichnungen des Astronomen Dr. Lescarbaults (Orgères, Frankreich) bestätigten, dass ein kleiner Planet am 26. März 1859 für etwa eine Stunde vor der Sonnenscheibe sichtbar gewesen war, den Leverrier auf den Namen »Vulkan« taufte. Tatsächlich stieß 1871 auch der Züricher Astronom Professor Rudolf Wolf auf Aufzeichnungen, in denen zwei bislang unbekannte Himmelskörper verzeichnet wurden, die mit einer Umlaufzeit von 26 und 38 Tagen die Sonne passiert hatten.

Planetenjäger

Am 4. April 1875 bestätigte der deutsche Astronom Heinrich Weber, den »Vulkan« von Leverrier genau an der zuvor berechneten Stelle entdeckt zu haben. Fotografien der Observatorien in Greenwich und Madrid belegen seine Behauptung.
Am 29. Juli 1878 sichteten James D. Waston, Professor für Astronomie an der Universität Michigan, und sein Kollege Lewis Swift aus New York während einer Sonnenfinsternis zwei kleine Lichtpunkte in der Nähe der Sonne, die sie anfangs für die Sterne Theat und Zeta Cancri hielten. Doch diese Sterne standen an einer ganz anderen Position. Damit begann das eigentliche Mysterium »Vulkans« und seines Schwesterplaneten, denn seit 1878 wurden beide von niemandem mehr gesehen. Eine mögliche Erklärung könnte sein, dass die Beobachtungen auf Fehlern beruhten. Eine derartige Fehlerhäufung bei unabhängig voneinander beobachtenden Astronomen ist jedoch höchst unwahrscheinlich. Vielleicht zeigen die Fotoplatten aus Greenwich zwischen Erde und Sonne existierende Planetoide (Kleinstplaneten), die eine exzentrische Bahn beschreiben und nur zu diesem Zeitpunkt beobachtet werden konnten. Als dritte Variante betrachtet man die Möglichkeit, dass große Gesteinsbrocken die Merkurbahn kreuzen. Diese Annahme wird derzeit von NASA-Astronomen untersucht.

ETs im Sonnensystem

Wäre es nicht denkbar, dass ein gigantisches Raumschiff unser Planetensystem besucht hat, für einige Jahre Zwischenstation einlegte, um Rohstoffe und Energie zu tanken und dann für immer zu verschwinden? Diese These scheint die fantastischste Erklärung für den rätselhaften Planeten Vulkan zu sein. Und es gibt gute Gründe, warum sie stimmen könnte.

Die Welt der Planeten

Alle sonnennahen Planeten (Merkur, Venus, Erde, Mars) bestehen aus Gestein und einem Metallkern. Venus und Mars besitzen wie die Erde eine Atmosphäre. Die nächste Gruppe, die dann weiter von der Sonne entfernt ist als der Mars, ist die Welt der Gasriesen. Ihre Atmosphäre verdichtet sich aufgrund der Schwerkraft so stark, dass die Gase (Ammoniak, Wasserstoff) zu einer heißen, metallischen Flüssigkeit werden und dann in schmelzflüssiges Gestein übergehen. Jupiter ist mit einem Durchmesser von 142.984 Millionen Kilometer (Erde: 12.756 Millionen Kilometer) der größte Planet. Er umrundet die Sonne in einer Entfernung von 778 Millionen Kilometer. Dann schließt sich der gigantische Saturn mit 120.536 Millionen Kilometer Durchmesser an. Es folgen Uranus, Neptun und Pluto, der kleinste Planet mit nur 2.300 Kilometer Durchmesser. Pluto besteht hauptsächlich aus Eis.

Bei einer Sonnenfinsternis lässt sich besonders gut die Sonnenatmosphäre (Corona) erforschen. Auch andere, sonst nicht sichtbare Himmelskörper, können beobachtet werden.

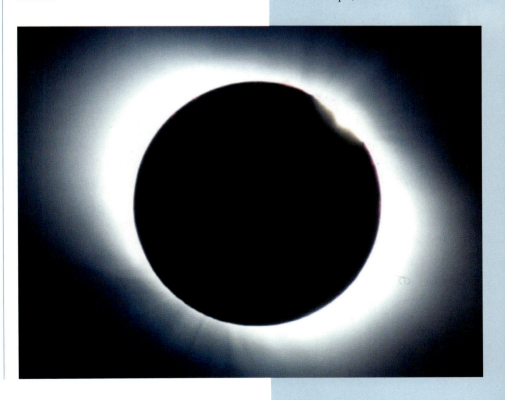

GEGENWARTSPHÄNOMENE

Unser Sonnensystem: Merkur, Venus, Erde und Mars (von innen nach außen) sind die der Sonne nächsten Planeten. Auf den äußeren Bahnen kreisen die Planeten Jupiter, Saturn, Uranus und Pluto.

Dr. Robert A. Freitas aus Sacramento, USA, der 1985 an einer Projektstudie der NASA über unbemannte Raumflugkörper teilnahm, stellte folgende Überlegung an: »Wenn irdische Wissenschaftler darüber nachdenken, ferne Sonnensysteme mit Raumschiffen zu erkunden, warum sollten dies außerirdische Intelligenzen nicht ebenso tun? Das Verhalten von »Vulkan« würde genau den vorausgesag- ten Anzeichen entsprechen: plötzliches Auftauchen, eine Umlaufbahn in Sonnennähe zwecks Energieversorgung, kurze Aufenthaltsdauer und plötzliches Verschwinden.«

Der unmögliche Venusmond »Neith«

Damit nicht genug. Der deutsche Wissenschaftler Dr. Johannes Fiebag wies 1985 ebenfalls da-

PLANETENSYSTEM

rauf hin, dass solche Beobachtungen auch für den Planeten Venus vorliegen. Mehrmals wurde ab 1672 die Sichtung eines Venus-»Mondes« gemeldet, so auch durch den italienischen Astronomen Cassini. Nachdem der Venustrabant zwischen 1768 und 1886 spurlos verschwand, entdeckte ihn der ägyptische Astronom Houzear wieder und benannte ihn nach der Göttin »Neith«. Seit 1892 jedoch ist auch Neith von niemandem mehr gesehen worden. Lagen auch hier nur Beobachtungsfehler vor?

Außerirdische Artefakte

Die Forscher Dr. Johannes Fiebag und Peter Fiebag sowie der Wiener Astrophysiker Dr. Karl Grün haben ein Projekt zur Suche nach außerirdischen Artefakten vorgeschlagen. Seit Anfang 1999 ist bekannt, dass ein mysteriöses Objekt in Erdnähe die Sonne umrundet. Seine Signatur lautet CG9. Dieses Gebilde bewegt

sich – entgegen aller Annahmen für Umlaufbahnen um eine Sonne – fast exakt kreisförmig. Ähnlich ungewöhnlich verhalten sich die Objekte 1996 PW und 1991 VG. Radarstrahlen, die normalerweise von jedem Objekt reflektiert werden, erbrachten bei 1991 VG einen »Null-Effekt« – es existiert auf dem Radarschirm nicht. Asteroiden und »Raketenschrott« scheiden damit aus. Nach Überlegungen vom Jet Prospulsion Laboratory in Pasadena (USA) würde eine Mission zu 1991 VG nur ein Fünftel des Energieaufwandes erfordern, der für einen Flug zum Mond notwendig ist. Zusammen mit dem seit 1999 eingesetzten »Space Dust Instrument« des Satelliten Argos, das künstliche von natürlichen Partikeln unterscheiden kann, könnte eine Forschungsmission zu den drei rätselhaften Himmelskörpern schon bald einen unmittelbaren Beweis für die Annahme erbringen, dass ein außerirdisches Artefakt in unserem Planetensystem existiert.

Mondrätsel

Mehrfach wurden von Astronomen im Inneren von Mondkratern »moonblinks« (Lichtsignale) beobachtet. Auch seltsame künstliche Strukturen wurden kurzzeitig gesehen. Im Jahre 1869 wurde beispielsweise von dem deutschen Astronom Johann Heinrich Mädler in einem Krater namens Fontanelle auf dem Mond eine vollkommen viereckige Einfriedung entdeckt. 1935 sichteten die englischen Astronomen John O'Neil, H. P. Wilkins und Patrick Moor eine gigantische Brücke im Mare Crisium – und auf einem Foto der Mondsonde »Lunar« aus den 1960er Jahren entdeckte der amerikanische Wissenschaftspublizist Richard Hoagland einen seltsamen Mondobelisk im Sinus-Medii-Gebiet. Die »Felsnadel« überragt die Mondoberfläche um etwa 2000 Meter. Es ist völlig unmöglich, dass sie ihre Entstehung einem natürlichen Prozess verdankt. Was also befindet sich dort auf unserem Mond?

Die Raumsonde Galileo, die von der NASA von 1995 bis 1997 zur Erkundung des Jupitersystems eingesetzt wurde, lieferte mit ihrem Nahinfrarotspektrometer diese vier kartographisch genauen Abbildungen des Mondes. Die Farben kennzeichnen die mineralische Zusammensetzung der Mondoberfläche sowie Höhenzüge und Meere. Mit den gleichen Methoden soll auch nach außerirdischen Artefakten gesucht werden.

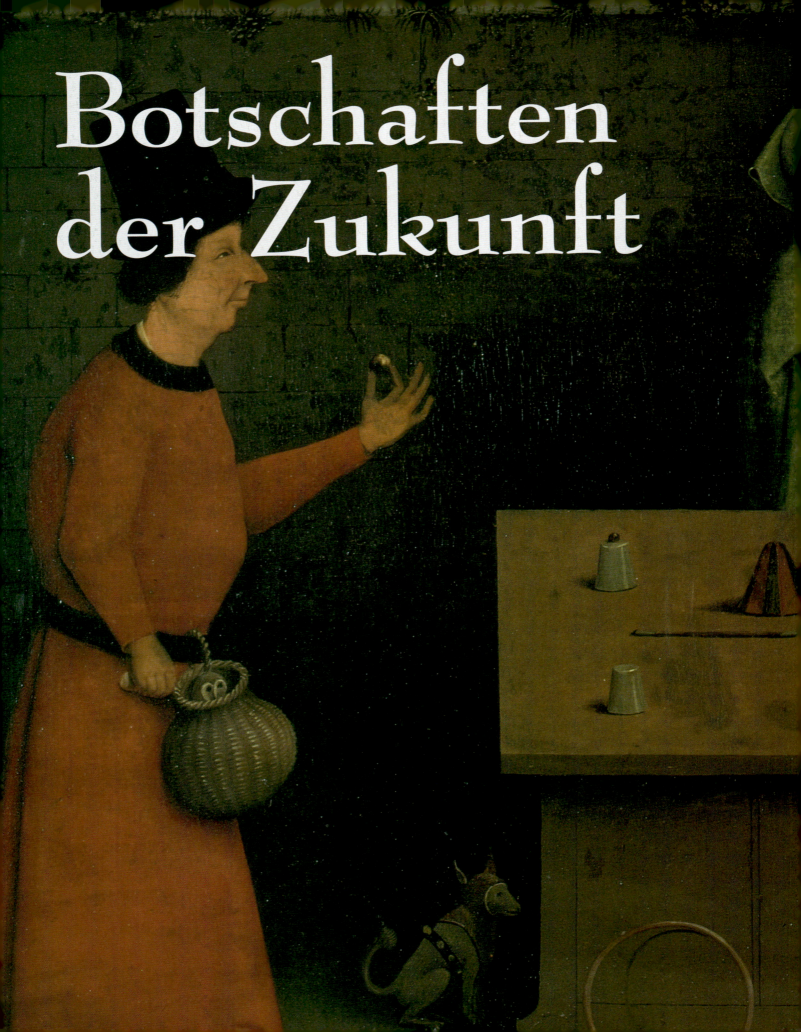

Botschaften der Zukunft

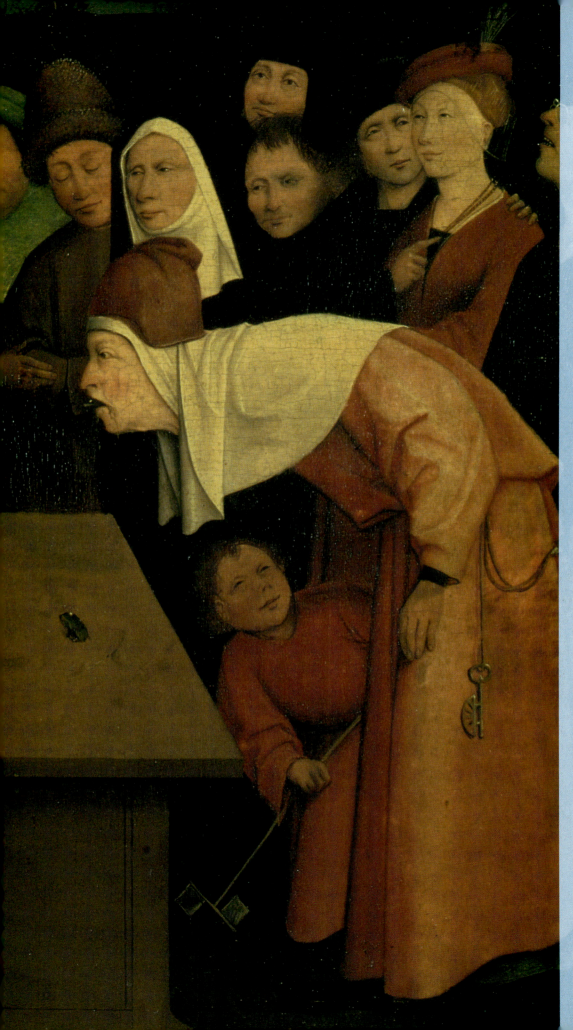

Kann man von einem Ereignis, das noch nicht stattgefunden hat, schon im Voraus Nachricht haben? In einer Vielzahl okkulter Praktiken, vom Glasrücken bis zur Kristallschau, wird versucht, die Zukunft zu entschlüsseln. Bisweilen scheint das zu gelingen. So unglaublich es klingen mag, Präkognition – das Vorherwissen künftiger Ereignisse – ist eine wissenschaftlich gesicherte Tatsache. In den Archiven der parapsychologischen Institute stapeln sich zahlreiche akribisch dokumentierte Fälle. Im Labor ist das Phänomen der Präkognition nach allen Regeln der Kunst untersucht und als real erkannt worden. Allerdings: Die Zukunft liegt nicht als offenes Buch vor uns. Solche Phänomene sind äußerst selten, und bevor ein Ereignis eingetroffen ist, gibt es keine Möglichkeit zu wissen, ob eine Vision tatsächlich präkognitiv war.

ZUKUNFTSBOTSCHAFTEN

Methoden der Visionäre

»Der Alte der Tage« hat der englische Maler William Blake sein Bild genannt, in dem Gott den Blitzstrahl der Schöpfung und der Erkenntnis auf die Erde schickt. Viele Bilder, die der Künstler entwarf, entstanden vor seinem inneren Auge – wie eine Vision.

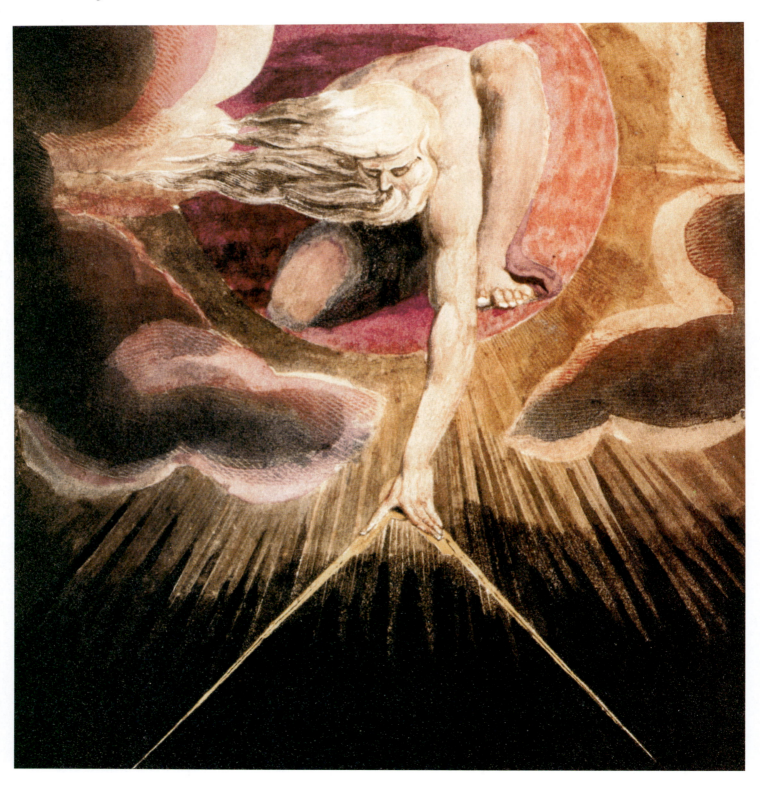

Eine der ältesten Sehnsüchte der Menschheit ist die Entschlüsselung der Zukunft, um dem Schicksal in die Karten schauen zu können. Visionen, die in Wasserschalen und Kristallkugeln, auf Spiegeln und Fingernägeln gesehen werden können, gehören zu den verbreitetsten Techniken, einen Blick in die Zukunft zu werfen.

Es besteht kein Zweifel, dass Menschen Zukunftsvisionen erleben können. Aber ihre Quellen und ihre Tragweite können sehr unterschiedlich sein.

Vielfach handelt es sich nur um bedeutungslose Sinnestäuschungen. Bisweilen werden mythische und religiöse Motive »geschaut«, nur selten konkretere Bilder künftiger Ereignisse. Manchmal ist der Visionär während seines Erlebens ansprechbar und unterhält sich mit seiner Umgebung. Gewöhnlich befindet er sich aber in ekstatischer Entrückung.

Emanuel Swedenborg

Meist stehen Visionen mit mystischen religiösen Erlebnissen in Verbindung. Aber es gibt auch Formen von Visionen, in denen paranormale Elemente eine Rolle spielen. Dabei teilen sich telepathische, hellsichtige und präkognitive Eindrücke mit.

So hatte der schwedische Naturforscher und Mystiker Emanuel Swedenborg (1688–1772) im Jahr 1756 in Göteborg eine Vision, in der er den zeitgleich stattfindenden Brand des Hauses eines Freundes in Stockholm sah. Selbst der Philosoph Immanuel Kant (1724–1804) hat sich analytisch mit den paranormalen Fähigkeiten seines Zeitgenossen auseinandergesetzt.

Formen der Vision

Swedenborg verfügte darüber hinaus über eine besondere introspektive Begabung. Er war in der Lage, seine Visionen zu analysieren und zu klassifizieren.

Er unterschied fünf Stufen der visionären Erfahrungen nach dem Grad seines Wachbewusstseins. Als die höchste Form beschrieb er die Schau mit offenen Augen. In ihr werde »die irdische und die geistige Welt im gleichen Akt durchdringen«. Swedenborg will in solchen Visionen die irdische Wirklichkeit im Licht der geistigen Welt und die geistigen Kräfte, die die sinnliche Welt durchwirken, erkannt haben.

Bis zum Alter von 46 Jahren war Emanuel Swedenborg reiner Wissenschaftler und wurde dann erst zum Seher, Philosophen und Theosophen. Von allen Mystikern hat er die Theosophie am meisten beeinflusst. Aufgrund seiner hellseherischen Fähigkeiten scharte er zu Lebzeiten eine zahlreiche Anhängerschaft um sich.

Erscheinungsweisen

In Visionen treten persönliche und unpersönliche Phänomene auf. Zu den persönlichen Visionen zählt das Erscheinen von religiösen Gestalten.

Das bekannteste Beispiel aus dem christlichen Kulturraum sind die Marienvisionen. Unpersönliche Visionen beinhalten Licht und Strahlen, Sonnenphänomene (Blicken in die Sonne ohne geblendet zu werden, drehende Sonne, Auftreten mehrerer Sonnen), schließlich Visionen von Himmel, Hölle, Fegefuer, oder Visionen von Naturerscheinungen.

In manchen Fällen sind diese Wahrnehmungen mit Prophezeiungen verbunden.

METHODEN DER VISIONÄRE

Mythische Visionen

William Blake (1757–1827), der als Maler und Dichter ein mystisches Weltbild entwarf, schrieb: »Wenn die Pforten der Wahrnehmung gereinigt wären, würden wir die Welt so sehen, wie sie ist: unendlich.«

Die in der Vision geschauten Inhalte werden als weitaus realer empfunden, als die vergleichsweise farblose alltägliche sinnliche Wahrnehmung.

Bei vielen Urvölkern, die eine schamanische Tradition haben, spielt die ekstatische Vision eine entscheidende Rolle. Häufig werden solche euphorischen oder tranceähnlichen Zustände durch die Einnahme psychedelischer Pflanzen, wie z. B. bestimmter Pilze, hervorgerufen. In diesen Visionen wird die Wirklichkeit der Mythen geschaut.

William Blake war Maler, Grafiker und Dichter. Er illustrierte seine eigenen Dichtungen und erfand für seine poetisch-fantastischen Bilder ein besonderes Druckverfahren, mit dem er einen neuen Ausdruck und einen eigenen Stil schuf.

ZUKUNFTSBOTSCHAFTEN

Die Macht der Träume

Seit der österreichische Nervenarzt Dr. Sigmund Freud im Jahr 1900 sein wegweisendes Werk »Die Traumdeutung« schrieb, bezieht man das Unbewusste und das, was uns symbolisch im Schlaf begegnet in psychoanalytische Betrachtungen mit ein. Die Macht der Träume wurde im Laufe vieler Forschungsarbeiten immer offensichtlicher. Mittlerweile kennt man verschiedene Traumarten und eine Unmenge an Deutungsmöglichkeiten.

»Der Traum für Höhenängste«, ein Bild des französischen Schriftstellers und Künstlers Jean Bruller (1902–1991), symbolisiert eine Szene, wie man sie nur aus Albträumen kennt: eine gespenstische Atmosphäre, erzeugt durch eine schmale, gewundene Stufe und eine düstere Spirale, in die scheinbar alles hingezogen wird. Was ein solcher Traum für den Einzelnen bedeutet, hängt jedoch stark von der Persönlichkeit des Träumenden ab. Die dunkle Spirale kann beispielsweise ein Hinweis auf eine Angst vor dem »Absprung« im Sinne eines Neubeginns sein.

MACHT DER TRÄUME

Sind unsere Träume verschlüsselte Botschaften aus dem Unbewussten oder nur ein Trommelfeuer von Nervenreizen, eine Art nächtliches Großreinemachen im Gehirn? Alle uns bekannten Kulturen verfügen über Theorien und Methoden der Traumdeutung. Nach neuen Erkenntnissen sind Träume nicht nur rein seelische Phänomene oder die Projektionen unserer Gehirntätigkeit, sondern sie sind beides zugleich.

Die Helfer in der Nacht

Niemals zuvor gab es mehr Erkenntnisse bei der Erforschung von Träumen, als in den letzten Jahrzehnten. Nachdem er anfangs behauptet hatte, Träume seien nichts weiter als das Ergebnis eines chaotischen neuronalen Gewitters im Gehirn, revidierte der Neurophysiologe Robert Stickgold (*1940) vom Massachusetts Mental Health Center in Boston Jahre später diese Ansicht. Er hatte herausgefunden, dass Träume eine Art »Jogging für das Gehirn« sind, um damit unsere Lernfähigkeit zu trainieren. Der amerikanische Biologe Jonathan Winson machte das Träumen gar zur biologischen Notwendigkeit. Ohne Träume, so der Fachmann, müsste das menschliche Gehirn um ein Vielfaches größer sein, da es ohne nächtliche Datenverarbeitung bei der Größe unserer Gehirne tagsüber zu einer heillosen Überlastung käme.

Königsweg zum Unbewussten

Der Traum als spezieller Bewusstseinszustand wird längst nicht mehr nur mechanistisch interpretiert, sondern auf eine ganzheitliche Weise. Für den Psychoanalytiker Sigmund Freud (1856–1939) bildet der Traum den »Königsweg« zum Unbewussten: Traumforschung ist Bewusstseinsforschung. Der Stoff aus dem die Träume sind, ist demnach das Unbewusste oder das »Es«, wie Freud es nannte.

Das Tor zur Seele

Nach Erkenntnissen der Schlafforschung träumt jeder Mensch vier- bis fünfmal pro Nacht, ob er sich daran erinnern kann oder nicht. Die Träume können zwischen wenigen Sekunden bis zu einigen Minuten dauern. Zwanzig bis fünfundzwanzig Jahre Lebenszeit werden verschlafen. Träume sind keine Schäume, sondern öffnen uns das Tor zur Seele. Sie hinterlassen Spuren im Unbewussten, die sich auf die gesamte Persönlichkeit eines Menschen auswirken können.

Träume und ihre Botschaften

Nach Ansicht von Psychotherapeuten können Träume wichtige Lebenshelfer sein. Leider zieht sich die Traumkraft jedoch zurück, wenn man ihr keine Beachtung schenkt. Der Schweizer Psychoanalytiker Carl Gustav Jung (1875–1961) fand heraus, dass fast alle Menschen ein lückenloses Traumerinnerungsvermögen entwickeln können, wenn sie es nur wollen. Traumerinnerung lässt sich trainieren. Dazu müssten sie aber jeden Traum beachten und dessen Inhalt notieren. Jeder Träumer kann sein eigener Traumdeuter sein. Vorausgesetzt, dass er sich mit seiner eigenen Symbolsprache vertraut macht und sich für deren Interpretation Zeit nimmt. Da jeder Mensch individuell träumt, sind auch seine Traumvokabeln nur ihm allein zugänglich. Am besten erhält man Zugang zu seiner eigenen Traumsprache, indem man die Symbole aus dem Traum mit Gedanken, Gefühlen oder auch Personen aus dem Tagesbewusstsein assoziiert. So filtert sich beispielsweise vielleicht heraus, dass ein Haus aus der Kindheit, das man im Traum immer wieder sieht, nichts mit Kindheitserinnerungen zu tun hat, sondern vielmehr das aktuelle emotionale Innenleben repräsentiert, z. B die Sehnsucht nach einer unbeschwerten Kindheit.

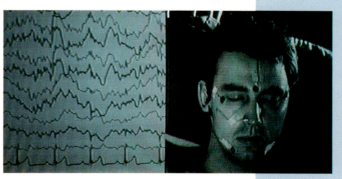

Durch die Messung der Gehirnstromaktivitäten während des Schlafs versuchen Forscher einerseits die unterschiedlichen Schlafphasen, andererseits aber auch Frühwarnsysteme z.B. für Albträume zu registrieren.

Die Vielfalt der Träume

Klarträume (luzide Träume) sind ein Bewusstseinszustand, in dem sich der Träumer bewusst ist, dass er träumt. Ein geübter Klarträumer kann den Verlauf eines Traums steuern oder die Traumfiguren auffordern, ihre eigentliche Bedeutung zu erläutern, indem er sich zum Beispiel in einen Dialog mit ihnen begibt. Klarträumer brauchen in der Regel nur drei bis vier Stunden Schlaf und können meist ihre inneren Probleme ohne äußere Hilfe lösen. Die Klartraum-Technik ist erlernbar.

Wahrträume (präkognitive Träume) gelten als ein Frühwarnsystem der Seele. Wenn gleiche Trauminhalte immer wieder auftauchen und nicht vergessen werden, sollte man sich ernsthaft damit auseinandersetzen. Dennoch: Sie treten seltener auf als gewöhnliche Wahrträume, die auf meist banale Ereignisse in der Zukunft hinweisen und sich nach dem Aufwachen auflösen. Träume von Todesfällen oder Katastrophen müssen keine Informationen über die Zukunft sein. Die Traumsprache bedient sich dieser Bilder nur, um auf ein inneres Geschehen des Träumers hinzuweisen.

Helfende Träume treten ein, wenn sich ein Mensch vor dem Einschlafen auf eine bestimmte Aufgabe konzentriert, die ihn im Tagesbewusstsein beschäftigt. So fand der amerikanische Mechaniker Elias How (1819–1867) die Lösung für die Konstruktion der Nähmaschine. Er träumte, dass man das Loch in die Nähnadel nicht wie bisher am Ende, sondern an der Spitze der Nähnadel anbringen müsse.

Der Ungar Laszlo Biro (1899–1985) hat es einem Traum zu verdanken, dass er als Erfinder des Kugelschreibers in die Geschichte einging. Er hatte zuvor geträumt, dass aus einem Gewehr Tinte nur spärlich tröpfelte, weil eine Kugel dessen Lauf versperrte.

927

ZUKUNFTSBOTSCHAFTEN

Astrologie – die Sternendeutung

»Zwölf heidnische Philosophen mit ihren stellaren Konjunktionen« – diese Buchmalerei aus dem 14. Jahrhundert verdeutlicht, wie wichtig für die Menschen der Antike der Blick nach oben zu den Sternen war. Mit Göttern gleichgesetzt, analysierte man den Stand der Sterne am Himmel und versuchte so herauszufinden, ob die Oberen gnädig oder missmutig waren.

ASTROLOGIE

Seit die Astrologie um 3000 v. Chr. in Sumer entstand, wurde sie einerseits uneingeschränkt bewundert, andererseits hemmungslos kritisiert.
Ihre Anfänge verdankt die Sterndeutung religiösen Überlegungen, die davon ausgingen, dass die Welt geschaffen wurde, um den Göttern zu dienen – der Blick nach »oben« wurde unerlässlich, um den göttlichen Willen zu erkennen und auf eventuellen Zorn sofort zu reagieren.

Spiegelbilder des Menschen

Mit der Zeit filterten die Priester, denen die Himmelsbeobachtung aufgetragen worden war, fünf bewegliche Sterne heraus (man nahm damals noch an, dass sich die Sonne um die Erde dreht): Sonne, Mond, Venus, Mars und Merkur.

Diese setzten sie mit ihren Göttern gleich und schrieben ihnen in der Folge deren Eigenschaften zu. Daraus entwickelte sich die heutige Astrologie, die für sich in Anspruch nimmt, aus den Gestirnen und aus deren Stellung zueinander Wesen und Schicksal eines Menschen zu ersehen.

Mittlerweile zieht man zehn Gestirne – Jupiter, Saturn, Neptun, Uranus und Pluto ergänzen die oben genannten fünf – zu astrologischen Berechnungen heran. Der Kreis, den die Erde jährlich um die Sonne beschreibt, wird Tierkreis genannt. Dessen meist gleich große Kreisabschnitte entsprechen so genannten »Tierkreiszeichen«.

Sie spiegeln bestimmte Energien. So gilt der Widder, das erste Tierkreiszeichen im Jahreslauf, als feurig und forsch; der Fisch, das letzte Zeichen, als sanft und sensibel.

Die Kunst der Sterndeutung

Ein Geburtshoroskop, das nach der Stellung der Gestirne zum Zeitpunkt der Geburt anhand von Geburtstag, -stunde und -ort berechnet wird, gilt als Grundlage für die Charakterdeutung und das Entwicklungspotenzial eines Menschen. Es werden jedoch auch Solar- und Partnerhoroskope erstellt. Das Solarhoroskop vergleicht die Sterne zur Stunde der Geburt mit aktuellen Konstellationen und deutet Chancen, aber auch Gefahren für Gegenwart und die nahe Zukunft an. Astrologen legen auf Wunsch ihrer Kundschaft auch günstige Augenblicke für bestimmte Vorhaben fest, indem sie den Start des Vorhabens gleichsam als dessen »Geburtsstunde« sehen: den Beginn einer Reise, die Gründung eines Unternehmens oder das Datum einer Eheschließung.

Mehr als nur ein Zufall

Es gibt viele Untersuchungen über die Trefferquote astrologischer Aussagen – unter anderem von dem Schweizer Psychoanalytiker Carl Gustav Jung (1875–1961). Er analysierte die Horoskope von Eheleuten und entdeckte erstaunliche Übereinstimmungen, die seiner Ansicht nach mehr als zufällig waren. Auch der Leiter des Instituts für Studien der Beziehungen zwischen kosmischen Rhythmen und Psychophysiologie in Paris, Michel Gauquelin (1928–1995), legte umfangreiches statistisches Material vor, in dem sich »überzufällige Entsprechungen zwischen Mensch und Gestirnen« zeigten – vor allem im Bereich der Berufswahl.

Heute ziehen bereits viele Psychotherapeuten das Horoskop als dienliches Hilfsmittel heran. Die Beratungsarbeit von Astrologen wird von Klienten als Lebenshilfe empfunden. Es besteht nur eine einzige Gefahr: Manche Menschen identifizieren sich so sehr mit den vorgegebenen Eigenschaften ihres Geburtshoroskops, dass sie dazu neigen, sich so zu geben, wie sie nach Auslegung des Horoskops sein müssten und nicht, wie es ihren aktuellen Lebensumständen entspricht.

Erfahrung kontra Wissenschaft

Obwohl Astronomie und Astrologie in ihren Anfängen einander gleichgesetzt waren, steht die Astrologie heute nicht mehr im Rang einer wissenschaftlich anerkannten Disziplin. Ihre Anhänger betonen dennoch, dass die Sterndeutung eine Erfahrungswissenschaft sei. Sie verweisen auf die Position der Astrologie als Universalwissenschaft in der Antike. Bis zu Beginn der Neuzeit gab es tatsächlich eine Einheit von Sterndeutung (Astrologie), Sternenkunde (Astronomie) und auch Alchemie (Veredlung von Materie).

Als der flämische Künstler Jan Stradanus im Jahr 1570 sein Gemälde »Die Alchemie« malte, waren Astrologie, Astronomie und Alchemie noch Teile einer einzigen Universalwissenschaft. Langsam und noch unmerklich zeichneten sich jedoch damals bereits Wege für eine baldige Trennung der drei Forschungssäulen ab.

ZUKUNFTSBOTSCHAFTEN

Psychische Automatismen

Das Kristallkugelschauen zählt innerhalb der psychischen Automatismen zu den sensorischen Automatismen, da Halluzinationen und Illusionen durch das Spiegeln des Kristalls erzeugt werden können.

Geistesabwesend beim Telefonieren gekritzelte Zeichnungen können uns oft in Erstaunen versetzen. Sie wirken fremd, man weiß nicht wie sie zu Stande gekommen sind. Es ist erstaunlich, was ohne Zutun des Bewusstseins »automatisch« produziert wird. Die Surrealisten zeigten reges Interesse daran. Sie trachteten durch

AUTOMATISMEN

die Ausschaltung der bewussten Kontrolle mit solchen psychischen Automatismen zu den Quellen des schöpferischen Potenzials vorzudringen. Außer Zweifel steht, dass durch psychische Automatismen Menschen zu nie für möglich gehaltenen Leistungen fähig werden. Auf diese Weise entstanden durch solche Menschen, die gewöhnlich nicht einmal in der Lage waren, einen passablen Brief zu schreiben, literarisch auf hohem Niveau stehende Romane.

Äußerungen des Unbewussten

Zu den psychischen Automatismen zählen das Glas- und Tischrücken, das Pendeln, das Wünschelrutengehen, das automatische Schreiben und Malen und die Kristallschau. Das Wünschelrutengehen ist ein motorischer Automatismus. Das Pendel, die Wünschelrute oder das Glas werden durch unwillkürliche Muskelbewegungen in Gang gesetzt. Das Unbewusste äußert sich unter Umgehung des Bewusstseins auf direkte Weise körperlich. Man spricht in diesem Zusammenhang von motorischen Automatismen, weil sie durch den Muskelapparat ausgelöst werden. Illusionen und Halluzinationen, hervorgerufen durch Betrachten von spiegelnden Flächen oder Kristallkugeln werden als sensorische Automatismen bezeichnet.

Die in Trance erzeugten Alphabete lassen sich ähnlich wie Geheimschriften durchaus in ein lesbares Alphabet übertragen, hier ein Beispiel des Mediums Hélène Smith und ihrer »Mars-Schrift«.

Glasrücken

Auf einem Tisch steht ein umgestülptes Glas. Zeigefinger ruhen leicht darauf. Es bewegt sich ziellos hin und her, dann fährt es in rascher Folge Buchstaben an, die im Kreis auf der Platte angebracht wurden.

Das Glas »buchstabiert« eine Botschaft. Das Glasrücken gehört zu den populärsten der so genannten psychischen Automatismen. Die Botschaften stammen allerdings nicht von Verstorbenen aus dem Jenseits, sondern aus dem Unbewussten eines Teilnehmers an dieser okkulten Praktik.

Beim »automatischen Buchstabieren« ruhen die Zeigefinger aller Beteiligten auf dem Rücken eines Glases, das sich auf einem Buchstabenkranz fortbewegt und so »Wörter erzeugt«.

ZUKUNFTSBOTSCHAFTEN

Leonore Piper gehörte Anfang des 20. Jahrhunderts zu einer Gruppe von Medien, die immer wieder unabhängig voneinander automatische Texte erzeugten. Nur wenn man die Fragmente aller Medien zusammenführte, ergaben die Texte einen Sinn.

Der Fall Andrea

Anita Ceccone aus Triest ist eine Frau, die eine besondere Begabung besitzt: Sie kann automatisch schreiben. Sie ist der Überzeugung, jenseitige Wesenheiten würden durch sie ihre Botschaften übermitteln. Wenn die Rechtshänderin automatisch schreibt, legt sie den Stift auf die offene Handfläche der linken Hand. Er bleibt wie angeklebt daran haften. Dann krakelt sie in einer schwer lesbaren, ungewöhnlichen Handschrift übers Papier. Für einen Industriellen, der sie nach dem spurlosen Verschwinden seines 19-jährigen Sohnes Andrea aufgesucht hatte, schrieb ihre Hand, ohne ihr bewusstes Wollen, von einer Bluttat im fernen Turin. Andrea sei mit einer größeren Summe Geldes nach Turin gegangen, um sich einen Gebrauchtwagen zu kaufen. In einem Park soll er von einer Gruppe Jugendlicher ermordet worden sein. Anita zeichnete einen Park und markierte darin eine Stelle an einem Fluss. Grabungen an dem bezeichneten Ort förderten eine Jeans zu Tage, die einem sehr großen Mann gehört haben muss. Der Vermisste war außergewöhnlich groß und mit einer Jeans bekleidet. Die Leiche selbst wurde nie gefunden.

Hélène Smith

Eine der außerordentlichsten Leistungen auf dem Gebiet der automatischen Produktionen erbrachte das Genfer Medium Catherine-Elise Müller (1861–1929) unter dem Pseudonym Hélène Smith. In Trance sprachen aus ihr verschiedene Persönlichkeiten, die sie in früheren Leben gewesen sein will. Zu ihrem Repertoire gehörte auch ein früheres Leben auf dem Mars. Das Unbewusste von Hélène Smith war in der Lage, automatisch eine grammatisch und syntaktisch vollständig ausgearbeitete »Marssprache« zu erfinden, in der sie fehlerlos lange Texte schreiben konnte.

Verteilte Botschaften

Zu Beginn des 20. Jahrhunderts machten einige Medien, unter ihnen die bekannte Leonore Piper (1859–1950), auf sich aufmerksam. Sie schrieben unabhängig voneinander fragmentarische automatische Texte. Sie ergaben nur einen Sinn, wenn man sie zusammenführte. Man vermutete, dass eine Intelligenz die Botschaften an die verschiedenen Medien gleichsam verteilte, um auf diese Weise einen Beweis ihrer jenseitigen Existenz zu liefern. Da die Texte Rätsel beinhalteten, die mit Spezialthemen der Altertumswissenschaft zu tun hatten, vermutete man als Ur-

AUTOMATISMEN

Der Altphilologe Frederic W. H. Myers wird immer wieder in Verbindung mit den Textfragmenten der automatisch schreibenden Medien gebracht. Da sich sämtliche Fragmente mit Rätseln der Altertumswissenschaft befassten, vermutet man in ihm den geistigen Vater der Schreibautomatismen zu Beginn des 20. Jahrhunderts.

Kristallvisionen

Der französische Psychologe Professor Pierre Janet (1859–1947) beschrieb vor über hundert Jahren den Mechanismus der Kristallvisionen. Menschen, die in Kristallkugeln Visionen sehen, sind vom Fremdheitscharakter der Bilder überwältigt. Zuerst tauchen geometrische Formen auf, schließlich Figuren, dann scheint es, als ob sich die Kugel mit einer Art Nebel füllt, der alle Formen und Figuren verschlingt. Der Nebel lichtet sich, und es werden plastische, lebendige Szenen gesehen, die von außen zu kommen scheinen, obwohl es sich um Projektionen aus dem eignen Unbewussten handelt.

Pierre Janet erforschte den Mechanismus der Kristallvisionen unter psychologischen Aspekten.

heber verstorbene führende Mitglieder der Society for Psychical Research (Gesellschaft für psychische Forschungen), etwa den Altphilologen Frederic W. H. Myers (1843–1901).

Erklärungsansätze

Jedoch ist anzunehmen, dass die Medien ihre Eindrücke nicht aus dem Jenseits erhalten, sondern durch außersinnliche Wahrnehmung. Automatismen sind Werkzeuge, mit deren Hilfe Psi-Informationen hervorgelockt werden können. Die fantastischen Mehrleistungen des Unbewussten bei psychischen Automatismen zeigen, dass der unbewusste Geist ungleich mehr Eindrücke aufnimmt und weiterverarbeitet, als dem bewussten Geist zu Kenntnis kommt. Offenbar gelangen außersinnliche Informationen zuerst in den nicht bewussten Teil der Psyche und deshalb nur selten oder verstümmelt ins Bewusstsein, weil sie eine Schwelle zu überwinden haben. Durch das Umgehen der bewussten Geistestätigkeit können bisweilen erstaunliche paranormale Informationen gewonnen werden.

933

ZUKUNFTSBOTSCHAFTEN

Geistreisen – das Bewusstsein verlässt den Körper

Außerkörperliche Erfahrungen sind Bewusstseinszustände, in denen das Ich die untrügliche Gewissheit hat, nicht mehr im eigenen physischen Körper zu sein. Dennoch scheint dieses Bewusstsein weiterhin mit der normalen Fähigkeit zur Wahrnehmung ausgestattet zu sein. Ob der Geist dabei in einem »Astralkörper« auf Reisen geht ist umstritten.

GEISTREISEN

Eine 47-jährige Frau berichtete dem amerikanischen Parapsychologen William Roll: »Während meines ganzen Lebens bin ich in der Lage gewesen, meinen Körper während des Schlafs zu verlassen. Die ungewöhnlichste Erfahrung war, als ich einmal durch die Luft kam, durch Küche und Flur in mein Schlafzimmer schwebte, wo ich meinen eigenen Körper in einer vertrauten Stellung auf dem Bauch liegen sah. Was für ein Schreck, auf sich selbst herunter zu blicken und sein eigenes Gesicht und die Haare zu sehen! Ich kam schnell herunter und trat wieder in meinen Körper ein. Es ist ein noch größerer Schreck, mit dem eigenen Körper in Berührung zu kommen. Ich wachte auf und fand mich in derselben Stellung, wie ich sie zuvor von der Luft aus gesehen hatte.«

Die Trennung von Körper und Geist

Was die Frau erlebt hat, wird in parapsychologischen Kreisen eine »außerkörperliche Wahrnehmung« oder auch »Out of Body Experience« (OBE) genannt. Parapsychologen gehen davon aus, dass sich im Schlaf oder auch durch bewusstes Herbeiführen der Geist vom Körper trennen kann. Der Körper schläft sozusagen ein, während das Bewusstsein bestehen bleibt.

Wer eine OBE das erste Mal und völlig absichtslos erlebt, erschrickt meist so sehr, dass sein Geist wieder schlagartig in den Körper zurückkehrt. Außerkörperliche Erfahrungen werden aus allen Kulturkreisen berichtet. Der Glaube an sie existiert wohl, seit es die Menschheit gibt, denn schon den Ägyptern der Antike, Griechen, Indern, Juden und Muslimen waren Erfahrungen außerhalb des physischen Leibes bekannt. Im Mittelalter wurden diese merkwürdigen Erlebnisse erstmals zum Forschungsobjekt. Okkultisten, die sich mit wissenschaftlich nicht erklärbaren Phänomenen beschäftigten, kamen damals zu der Ansicht, dass jeder Mensch neben dem sichtbaren Körper noch einen ätherischen, so genannten Astralkörper besitzt. Die beiden Körper bilden eine Einheit, können sich jedoch bei Gelegenheit auch voneinander trennen, wobei dann der Astralkörper, ausgestattet mit dem Geist, dem Bewusstsein, auf Reisen geht. Aus diesem Grund werden außerkörperliche Wahrnehmungen, wie sie die Frau beschrieben hat, Geistreisen oder auch Astralreisen genannt.

Als Publizist und späterer Herausgeber des »Rheinischen Merkurs« hatte Johann Joseph von Görres die Möglichkeit, Themen, die ihm am Herzen lagen, einer breiten Öffentlichkeit bekannt zu machen. So geschah es auch mit dem Bericht über den italienischen Naturforscher Geronimo Cardano, der sich außerhalb seines Körpers sah.

Das Entlassen der Seele

Der Historiker und Philosoph Joseph von Görres (1776–1848) beschrieb die außerkörperlichen Erfahrungen des italienischen Naturforschers Geronimo Cardano (1501–1576): »Er hatte überdem auch die Fähigkeit, in einer Art Ekstase sich außer sich zu setzen, wobei er das Gefühl hatte, als ob das Herz sich ihm spalte, um seine Seele zu verlassen und zugleich eine Empfindung über diese seine ganze Seele sich verbreite, als ob eine Tür sich öffne, um einen Geist davonzulassen, worauf es ihn dann däuchte, er sei außer seinem Körper und halte nur durch eine kräftige Anstrengung noch einen Teil seiner Körpergestalt fest.«

Reisen im Schlaf

Dr. Charles Tart (*1937), emeritierter Professor für Psychologie an der Universität in Davis, Kalifornien, fand bei Untersuchungen heraus, dass außerkörperliche Erfahrungen während des Schlafs im Zwischenzustand des Schlafwachens auftreten. Tart, der sich als Ex-

OBE oder Klartraum?

Außerkörperliche Erfahrungen (OBEs) treten meist im Schlaf auf. Von einigen Menschen werden sie auch bewusst im Wachzustand herbeigeführt. Es gibt Träume, in denen man sich bewusst ist, zu träumen. In diesen so genannten Klarträumen ist man hellwach, aber dennoch im Traum. Während des Klartraums lässt sich die Realität nach Belieben ändern. Geübte Klarträumer können erleben, was sie wollen und reisen, wohin sie wollen. Die häufigen Flugerfahrungen in Klarträumen weisen viele Gemeinsamkeiten mit außerkörperlichen Erfahrungen auf. Dennoch können OBEs nicht auf Klarträume reduziert werden, wie dies neuerdings einige kritische Psi-Forscher versuchen. Der wichtigste Unterschied ist der folgende: Spontane außerkörperliche Erfahrungen während des Schlafs treten nicht in Traumphasen auf, während Klarträume nur in diesen Phasen stattfinden.

In Labors werden Untersuchungen zum Thema »Geistreisen« gemacht. Um sie von Klarträumen zu unterscheiden, werden dabei physiologische Daten erfasst, die eine eindeutige Zuordnung erlauben.

ZUKUNFTSBOTSCHAFTEN

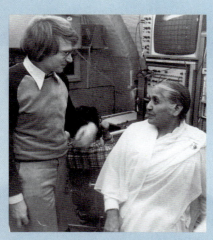

Die indische Yoga-Meisterin Pushpal Behen ist weit über ihre Landesgrenzen für ihre paranormalen Fähigkeiten bekannt. Mit dem starken Willen und dem Energiepotenzial eines Yogi hat sie sich die Kunst der Geistreisen angeeignet – eine Fähigkeit, die man bei entsprechender Konzentration durchaus trainieren kann.

Die Yoga-Meisterin

Pushpal Behen, eine indische Meisterin des Yoga, vollbringt in tiefer Meditation außerkörperliche Erfahrungen. Im Psychologischen Institut der Universität Köln wurden 1984 mit ihr als Versuchsperson die physiologischen Begleiterscheinungen in diesen Zuständen untersucht. Das Wellenmuster von Pushpal Behens Gehirnströmen deutete auf einen tiefen Entspannungszustand mit gleichzeitiger hoher Aufmerksamkeit hin. Gewöhnlicherweise lässt jedoch bei tiefer Entspannung die bewusste Aufmerksamkeit stark nach. Dieser widersprüchliche Zustand bei Pushpal Behen zeigte sich auch bei anderen Versuchspersonen. Obwohl Messdaten vorliegen, ist dies für die Wissenschaft noch kein hinreichender Beweis, dass ein wacher Geist tatsächlich für außerkörperliche Erfahrungen auf Reisen geht.

perimentalpsychologe besonders mit umstrittenen Phänomenen wie Hypnose, Meditation, veränderten Bewusstseinszuständen und paranormalen Erscheinungen befasst, versuchte, die Hirnströme von Astralreisenden zu messen. Er konnte bei einer Versuchsperson, die in der Lage war, im Zustand des Schlafwachens willentlich OBEs hervorzurufen, bei der Messung von Gehirnstromaktivitäten viele unterschiedliche Wellenmuster feststellen. So zeigten sich nicht nur die erhöhte Aufmerksamkeit bezeichnenden Alphawellen mit vergrößerten Amplituden über das gesamte Spektrum ihrer Frequenz von 8 bis 13 Hertz. Auch Thetawellen von 4 bis 8 Hertz, die während des Schlafs auftreten, waren von außergewöhnlicher Intensität. Dafür konnte Tart während des Schlafs seiner Versuchsperson keine Deltawellen ausmachen. Diese Wellen von 0 bis 4 Hertz begleiten den traumlosen Tiefschlaf. Ganz offensichtlich werden außerkörperliche Erfahrungen von markanten Veränderungen in den Hirnaktionsströmungen begleitet.

Experimente zur OBE

Bei frühen Experimenten mit Geistreisen konnte mit der einfachen »Versteckmethode« aufgezeigt werden, dass Gegenstände während der außerkörperlichen Erfahrungen wahrgenommen werden können, die nachweislich von den Sinnen der Probanden abgeschirmt sind.

Der New Yorker Sensitive Ingo Swann, der in den 1970er Jahren Mitarbeiter eines Programms zur Psi-Spionage des amerikanischen Geheimdienstes war, sollte sein Bewusstsein gezielt aus seinem Körper hinaus bewegen. Es sollte unter die Zimmerdecke des Laborraums schweben, wo sich auf einer Zwischendecke,

vor seinen leiblichen Augen verborgen, Bilder, Zahlen und Zeichen befanden. Swann war an Messgeräte angeschlossen. Er konnte die Zielobjekte nur sehen, wenn er in einer außerkörperlichen Erfahrung an die Decke schwebte. Tatsächlich gelang es ihm verblüffend oft, die Gegenstände richtig zu beschreiben. Ein Beweis für die Echtheit des Phänomens? Es stellt sich die Frage, ob es sich dabei nicht um die Fähigkeit des Hellsehens handelt. Sind die Erlebnisse, sich außerhalb des eigenen Körpers zu empfinden, nur eingebildet oder verlässt tatsächlich »etwas« den Körper? Um diese Frage zu beantworten, ersonnen die Forscher originelle Versuche.

Komplexe Experimente

Der 1917 in Lettland geborene Parapsychologe Dr. Karlis Osis ließ zwischen 1962 und 1975, als er Forschungsdirektor der American Society for Psychical Research in New York war, in seinem Labor Versuchspersonen, die in der Lage waren, willentlich außerkörperliche Erfahrungen hervorzurufen, beim Austritt aus dem Körper durch das Sichtfenster eines Kastens blicken, in dessen Inneren sich ein komplizierter Spiegelapparat befand. Nur wenn man in einem ganz bestimmten Winkel in das Fenster sah, konnte man eine Scheibe erkennen, auf der Bilder projiziert wurden. Zusätzlich platzierte Osis eine Kiste mit hoch empfindlichen Metall-

Dem italienischen Arzt, Philosophen und Mathematiker Geronimo Cardano (auch Hieronymus Cardanus, 1501–1576) verdankt die Welt nicht nur die Cardanische Formel zur Lösung kubischer Gleichungen. Dieser rationale Mensch hatte selbst außergewöhnliche paranormale Erlebnisse. Als Kind konnte er in tiefster Dunkelheit sehen und sah Dinge in Träumen voraus.

lamellen, die an Dehnungsmessstreifen angeschlossen waren, vor die Anlage. Mit dieser Apparatur wollte der Forscher den »Astralleib« seiner Probanden auf dessen Reise zum Fenster des Spiegelapparats nachweisen. Nur wenige Male registrierte das Aufzeichnungsgerät tatsächlich Bewegungen der Lamellen.

Allerdings war dadurch die Existenz eines feinstofflichen Körpers als Mittel für außerkörperliche Erfahrungen immer noch nicht bewiesen. Der seltene und schwache Effekt könnte auch auf eine natürliche Ursache zurückzuführen sein, wie etwa minimale Erschütterungen des Kastens.

Detektoren für den Astralleib

Ein Forschungskollege von Osis, Dr. Robert Morris, setzte Tiere als Detektoren ein. Möglicherweise, so dachte er, würden diese auf die Anwesenheit eines feinstofflichen Körpers reagieren. Bei einem Versuch wurde der in Amerika bekannte Parapsychologe und Sensitive Dr. Keith Harary an physiologische Messgeräte angeschlossen. In einem anderen Laborraum befand sich Hararys Katze. Ein Biologe zeichnete die Aktivitäten der Katze auf. Harary sollte seinen »Astralkörper« in das Zimmer mit der Katze lenken. Immer dann, wenn Harary eine außerkörperliche Erfahrung meldete, veränderte die Katze ihr Verhalten drastisch: Das Tier bewegte sich kaum noch und gab keinen Ton von sich. Es verhielt sich, als wäre tatsächlich etwas oder jemand Unheimliches im Raum. Bislang konnte die Existenz eines »Astralkörpers« mit wissenschaftlichen Messgeräten noch nicht eindeutig festgestellt werden. Die auffallenden physiologischen Veränderungen in Zusammenhang mit außerkörperlichen Erfahrungen und die nicht erklärbaren Wahrnehmungen der Versuchspersonen sind indes bedeutende Hinweise darauf, dass es sich bei dem Phänomen der Geistreisen nicht nur um Einbildung handeln kann.

»Ich war im Garten. Plötzlich registrierte ich neben mir die Atemzüge einer anderen Person, die dicht neben mir stand. Verwundert drehte ich mich zur Seite und sah mich. Ich war mit meinem Geist auf Reisen und blickte auf mich und meine zurückgelassene physische Gestalt.« Solche und ähnliche Erfahrungsberichte hört man immer wieder von Geistreisenden. Bei allen gesammelten Fällen konnte festgestellt werden, dass das normale Sehen nicht verloren geht. Gelegentlich fand sich jedoch eine Besonderheit: das Rundumsehen.

ZUKUNFTSBOTSCHAFTEN

Kartenlegen – der geheime Tarot

Der wohl bedeutendste Magier des 20. Jahrhunderts war Aleister Crowley (1875–1947). Neben zahllosen Studien, die er weltweit, besonders auf den Gebieten der schwarzen Kunst, der Religion und des Spiritistischen durchführte, gründete Crowley auch Orden und Verbindungen. Weltweit schuf er ein Netzwerk von Verbündeten, die er mit magischen Künsten in seinen Bann zog. Berühmt ist auch sein Crowley-Toth-Tarot, ein Tarotspiel mit 78 Karten, das er selbst entworfen hat und von Frieda Harris zeichnen ließ (rechts).

Die Ursprünge der Tarot-Karten, vor allen Dingen die der 22 Trümpfe, zu denen auch der Tod zählt, werden einer altitalienischen Bilderenzyklopädie mit dem Namen Naibis zugerechnet. Das Orbis Pictus (lat. »gemalte Welt«), wurde im 14. Jahrhundert in Venedig zum Unterricht der Jugend eingesetzt. Zahlreiche Maler haben im Lauf der Jahrhunderte immer wieder eigene Kunstwerke innerhalb der Darstellungswelt der Tarotkarten geschaffen. Die Auswahl unten stammt aus dem 15.–19. Jahrhundert.

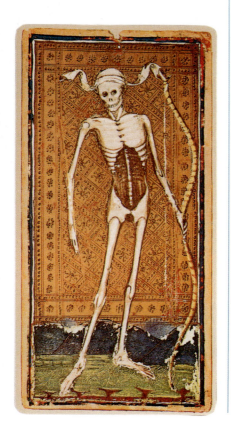

Einer Legende zufolge überlegte vor vielen tausend Jahren die Priesterschaft Ägyptens, wie sie ihr geheimes Wissen bewahren könne. Man einigte sich auf das Einzige, was in der Welt Bestand zu haben schien – das menschliche Laster. Das Wissen der Priester wurde deshalb auf Spielkarten gemalt und dem gemeinen Volk übergeben. Obwohl die Uneingeweihten nicht wussten, womit sie sich in der Folge die Zeit vertrieben, wurden so die Weisheiten früherer Gelehrter bis in unsere Tage gebracht.

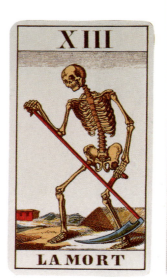

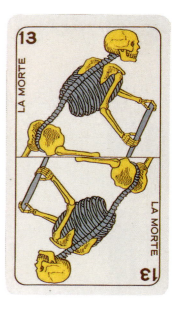

938

KARTENLEGEN

Bei dem Kartenspiel, von dem die Rede ist, handelt es sich um Tarot. Esoteriker ziehen es zur Deutung des Potenzials im Leben eines Menschen heran. Historische Beweise für seine Herkunft aus Ägypten gibt es jedoch keine.

Der Tarot

Geschichtlich begründet ist hingegen die Tatsache, dass um die Mitte des 15. Jahrhunderts ein Künstler namens Bonifacio Bempo für die lombardische Adelsfamilie Visconti in Mailand einen Satz Bilderkarten ohne Bezeichnungen und ohne Nummern gemalt hat – den klassischen Pack eines italienischen Spiels, das man »Tarocchi« nennt.

Viele Jahre war Tarocchi nicht mehr als ein Zeitvertreib. Erst, als im 18. Jahrhundert das Gerücht laut wurde, bei dem beliebten Kartenspiel handle es sich um verschlüsselte Weisheiten ägyptischer Priester, begann man den Tarot, wie er heute heißt, als ein Mittel der Weissagung zu sehen. Im Laufe der Zeit repräsentierten die einzelnen Spielkarten ganz bestimmte Aussagen und Charakteristika.

Die Kleinen Arkana

Der Tarot umfasst 78 Karten: 40 Zahlenkarten und 16 Hofkarten, die man die Kleinen Arkana (lat. arcanum, Geheimnis) nennt sowie 22 Karten, die Archetypen wie den Magier, den Hohepriester, den Tod und den Teufel repräsentieren. Von ihnen, sie werden als Große Arkana bezeichnet, geht ein besonderer Zauber aus. Nach esoterischen Vorstellungen spiegeln die Farben der Zahlen- und Hofkarten die vier Elemente Erde, Feuer, Wasser, Luft und somit Energien und geistiges Potenzial wieder. Die Erde steht dabei für Bodenständigkeit, das Feuer für leichte Erregbarkeit und Draufgängertum.

Die Hofkarten stellen jeweils Charaktertypen dar, die von den ihnen zugeschriebenen Elementen dominiert werden. So kombiniert z.B. der König im Element Wasser Tiefgründigkeit mit Verantwortlichkeit.

Die Großen Arkana

Das Kernstück des Tarot bilden die komplexen Symbolbilder der 22 Großen Arkana. Häufig werden zum Kartenlegen auch nur die Großen Arkana herangezogen.

Zu den bekannten symbolbeladenen Bildern zählen etwa die Karten »Der Narr«, »Die Liebenden«, »Das Rad des Schicksals«, »Der Gehängte« oder »Der Turm«.

Die Karten, die von 0 bis 21 durchnummeriert sind, repräsentieren die Reihenfolge der Entwicklungsgeschichte des Menschen. Diese fängt mit dem »Narren« an und endet mit der »Welt«, die alle vorangegangenen Figuren und somit einen menschlichen Entwicklungsprozess in sich vereint.

Die Kartomantie

Bei der Orakeltechnik der Kartomantie, der Kunst des Kartenlegens, werden Spielkarten nach bestimmten Regeln abgelegt. Die Symbolik der Karten und ihre Konstellation werden auf die Situation des Fragenden hin interpretiert. Auch Tarot-Karten werden nach verschiedenen Systemen gelegt. Die jeweilige Lage der Karten symbolisiert den Stellenwert im Leben des Fragenden. Da geschulte Kartenleger nicht nur die Symbolik der Karten zu deuten wissen, sondern oft auch durch Beobachtung und geschicktes Fragen die Wünsche ihrer Kunden erraten können, verkommen Tarotsitzungen nicht selten zur Effekt heischenden Wahrsagerei, anstatt Lebenshilfe zu bieten, wo ihre eigentliche Bedeutung gesucht werden soll.

Der bekannte mediale Heiler Cutulo legt Tarotkarten.

Psychologische Hilfestellung

Fruchtbar kann der Umgang mit dem Tarot als psychologisches Hilfsmittel sein. Wird etwa ein Ratsuchender in einer Psychotherapie oder auch bei einem einfühlsamen Kartenleger dazu angehalten, ausgewählte Karten nach seinem Empfinden in freier Assoziation auszulegen und/oder zu interpretieren, können daraus wertvolle Rückschlüsse zur Seelenlage des Betreffenden entstehen. Wie wirken der »Tod«, der »Teufel«, der »Narr« auf uns? Wie wollen wir die Verbindung »Liebende« und »Gehängter« – alles Karten aus den Großen Arkana – verstehen? Ist die Liebe tot oder läuft zur Zeit nur etwas verkehrt?

939

ZUKUNFTSBOTSCHAFTEN

Magische Zahlenwelten

Aus dem Buch »Die Weisen und Gelehrten des Altertums«, das 1876 in Leipzig erschien, stammt der kolorierte Holzschnitt mit dem Motiv »Pythagoras unter seinen Schülern in Kroton«. Pythagoras war Philosoph und Mathematiker um 570–497 v. Chr.

MAGISCHE ZAHLENWELTEN

Zahlen sind für die Menschen von heute vor allem Mittel, um Berechnungen durchzuführen. In früheren Zeiten hatten sie jedoch einen weitaus subtileren Charakter: Zahlen waren Symbole und Mittler geheimer Botschaften.

Ziffern und Bedeutungen

Die Bildung von Zahlenvorstellungen zum Bewältigen alltäglicher Rechenaufgaben sind Historikern bereits aus der Jungsteinzeit (ab 9000 bis ca. 1800 v. Chr.) bekannt. Konkrete Ziffern und komplexe Rechensysteme, die beispielsweise auch negative oder Bruchzahlen beinhalteten, bildeten sich erst nach Christi Geburt heraus.

Ihre magische Bedeutung bekamen Zahlen hauptsächlich durch die Astrologie. So hatten bereits bei den Babyloniern und Ägyptern im dritten und zweiten Jahrtausend vor Christus bestimmte Ziffern wegen ihrer Gesetzmäßigkeit beim Ablauf von Naturvorgängen einen tieferen Sinn. Die 30 war z. B. in Mesopotamien das Symbol für den Mondgott, weil nach Auffassung dortiger Gelehrter der Mondumlauf um die Erde 30 Tage betrug.

Himmliche Unterschiede

Himmelskörper wurden in alten Kulturen oft bestimmten Göttern zugeordnet, oft auch deren Eigenschaften auf sie übertragen. Als man herausfand, dass zwischen Planeten und Zahlen ein nachvollziehbarer Zusammenhang bestand, wiesen nach und nach immer mehr Ziffern eine bestimmte Symbolik, die man mit Charaktereigenschaften der Planetenherrscher verband, auf.

Es entstanden heilige Zahlen oder Glücks- und Unglückszahlen, wie man heute noch der Unglückszahl 13 misstraut. Für die Geheimwissenschaften verweisen die Zusammenhänge der Zahlen mit Planeten, Elementen, Metal-

Praktische Zahlenmagie: 13, die Unglückszahl

Warum die 13 eine Unglückszahl ist, hat tiefe Wurzeln in der Überlieferung des Volksglaubens. Die Zwölf galt in vielen alten Kulturen als Zahl der Vollkommenheit, weil sich das Jahr aus zwölf Mondzyklen zusammensetzt. In der jüdischen Religion kamen weitere Bedeutungen hinzu. So gab es einst die zwölf Stämme Israels, deren Gründungsväter die zwölf Söhne Jakobs waren. Für Juden symbolisiert die Zwölf die Gesamtheit des Volkes Israel und gilt als heilige Zahl. Auch für Christen ist die Zwölf heilig, schließlich hatte Jesus Christus zwölf Apostel gewählt.

Wenn die Zwölf eine Ganzheit darstellt, kann die 13 nur eine Störung sein. Tatsächlich ist im Volksglauben die 13 überall als Unglückszahl präsent: Man lädt keine 13 Gäste ein, wohnt nicht in Hotelzimmern mit der Nummer 13, meidet auf Flügen und Zügen alles, was mit der Zahl in Verbindung steht und es kommt häufig vor, dass man die 13 »des Teufels Dutzend« nennt.

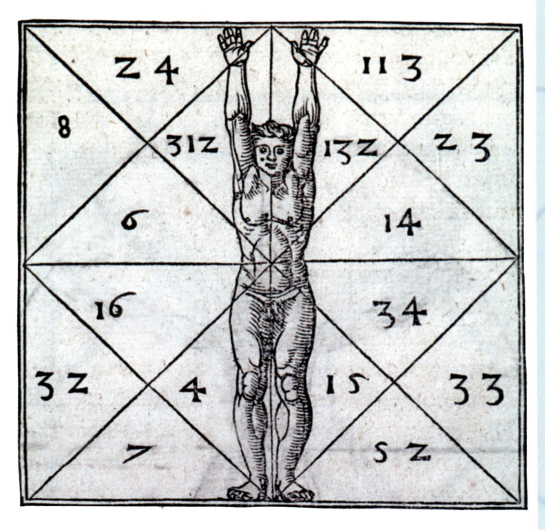

»Die Maßzahlen des menschlichen Körpers« heißt der Holzschnitt aus Agrippa von Nettesheims einflussreichem, 1533 erschienenem Buch »De occulta philosophia« über Zahlenmagie. Die Unglückszahl 13 kommt dabei nicht vor.

941

ZUKUNFTSBOTSCHAFTEN

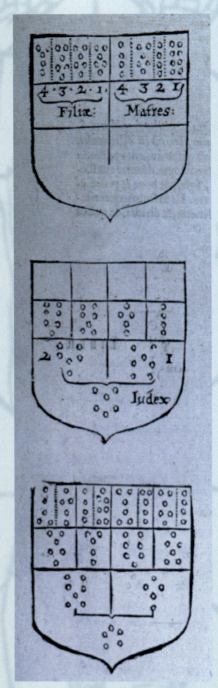

Eine Abart der so genannten Geomantie, die Punktierkunst, gehört zu den zahlenmagischen Operationen. Dabei werden in rascher Folge 16 Reihen von Punkten in den Sand gerückt oder auf Papier geschrieben. Mit Hilfe eines Quadrats aus zwölf Feldern, dem »geomantischen Spiegel«, werden sie in Figuren aus mehreren Zeilen von jeweils einem oder zwei Punkten zusammengefasst. Aus diesen Figuren wird schließlich nach astrologischen Gesichtspunkten das Schikksal des Fragestellers gedeutet.

Auf das Jahr 1516 wird der Holzschnitt von Paulus Ricius datiert. Er zeigt einen jüdischen Kabbalisten, der den Sephirot-Baum hält – Grundlage der jüdischen Kabbala.

len, Tönen, Buchstaben und Namen auf eine verborgene Ordnung der Welt, die es zu entschlüsseln galt. Die Kenntnis solcher Abhängigkeiten sollte beispielsweise den mittelalterlichen Magier befähigen, in diese Ordnung einzugreifen.

Numerologie nach Pythagoras

Die Zahl galt im antiken Geistesleben als das ordnende Wesen der Dinge. Die Vorstellung, dass man durch Zahlen zu einem Verständnis kosmischer Gesetzmäßigkeiten kommen könne, geht auf die Schule der Pythagoräer zurück. Der griechische Philosoph Pythagoras (570–500 v. Chr.) sah die Ziffern Eins, Zwei, Drei und Vier als heilig an: Die Eins ist die Gottheit, der Urgrund allen Seins. Aus ihr geht die Zwei, das Symbol des Lebens, hervor. Drei und Vier waren für Pythagoras die Zeichen von Zeit, bzw. Vergänglichkeit sowie Körperlichkeit und Materie.

Kabbalistische Zahlenmagie

In der Kabbala, einer jüdischen Geheimlehre, die sich im 13. Jahrhundert entwickelte, kam es zu einer besonderen Art von Zahlenmagie. Nach jüdischem Glauben hat Gott die Welt nach dem Gesetz der Zahlen errichtet. Im Alten Testament im Buch der Weisheit heißt es in Vers 11,20: »Du aber hast alles nach Maß, Zahl und Gewicht geordnet.«

Da jedem hebräischen Buchstaben seit jeher ein Zahlenwert zugeordnet wird – der Buchstabe Samech kann sowohl ein S als auch eine 15 sein – drückten die Kabbalisten schon bald Namen und Worte in den Quersummen ihrer Zahlenwerte aus. Es entstand die Kunst der Namensdeutung. Diese Art der Interpretation von Namen und Begriffen nach ihrem geheimen numerischen Wert wird Gematrie genannt. Auch die Bibelexegese, die sich Textauslegungen vom Alten und Neuen Testament zur Aufgabe macht, sucht nach Worten mit gleichen Zahlenwerten und leitet daraus verborgene Botschaften für die Menschen ab.

»C'est calcul me l'annonce« – meine Berechnung hat ihn (den Tag) mir angekündigt – sagt die Wahrsagerin A. Le Normand den Männern, die sie verhaften wollten und belegt somit die Popularität der Zahlenmagie im 18. Jahrhundert.

ZUKUNFTSBOTSCHAFTEN

Endzeitangst und Weltuntergang

Eine totale Sonnenfinsternis ist relativ selten in Gebieten zu beobachten, die im Kernschatten des Mondes liegen. Es werden ca. 2,3 Sonnenfinsternisse pro Jahr registriert. Sie wiederholen sich nach etwa 18 Jahren, jedoch mit veränderter Totalitätsdauer und -zone sowie abweichender Bedeckungsdauer.

944

ENDZEITANGST

„Es wird in der letzten Zeit einmal das Meer trocken sein, und nicht mehr werden einst die Schiffe nach Italien fahren; Asien, das große, fruchtbare, wird dann Wasser sein, und Kreta eine Ebene." Die Zeit des Endes schildern Propheten von alters her in Bildern monumentaler Naturkatastrophen. Dieses Zitat stammt aus dem fünften Buch der Sibyllinischen Weissagungen, einer Sammlung aus dem 5. und 6. Jahrhundert.

Endzeitbilder

Die Vorlagen für die Vorboten der Endzeit fanden sich in der Natur, die mit ihren Stürmen, Fluten, Beben und Vulkanausbrüchen das Arsenal für den Visionär bereitstellte. Er brauchte seine Befürchtungen nur ins Kosmische zu steigern. Und das hatten die antiken Propheten zur Genüge getan. Jahwe, der Name Gottes im Alten Testament, ließ schon im 8. Jahrhundert v. Chr. durch seinen Propheten Jesaja verkünden: »Darum will ich den Himmel bewegen, und die Erde soll beben und von ihrer Stätte weichen durch den Grimm des Herrn Zebaoth, am Tage seines Zorns.«

Apokalyptische Urbilder

Das Gefühl, die Endkatastrophe stehe unmittelbar bevor, begleitet die Menschheit seit nahezu drei Jahrtausenden. Gegenwärtig vertreten viele Denker und Philosophen die Auffassung, dass es keine Vorstellung von Zukunft mehr gebe, sondern nur noch Szenarien von möglichen ökologischen, ökonomischen oder kriegerischen Katastrophen. Diese Szenarien gehören zu den apokalyptischen Urbildern, die jeweils die der Epoche entsprechenden Ausschmückungen erfahren.

Die Zeit des Endes

In der Anfangszeit war die Idee der Weltvernichtung mit der mythischen Gewissheit verbunden, dass auf ihr ein neues Goldenes Zeitalter folge: die Apokalypse als der notwendige planetare Kehraus. Endzeitangst war relativ, denn mit dem Ende verband sich die Hoffnung auf Erneuerung. Je mehr mythische und religiöse Gewissheiten abhanden kamen, desto stärker trat die Angst vor einer globalen Vernichtung in den Vordergrund: denn die Apokalypse ist im Zeitalter ungeheurer Waffenarsenale zu einer realen Möglichkeit geworden, die Menschheit zu vernichten. Ein göttliches Strafgericht scheint nicht mehr nötig, das Damoklesschwert haben die Menschen selbst geschmiedet.

Friedrich Nietzsche (1844–1900) war einer der Wortführer des im 19. Jahrhundert aufkommenden europäischen Nihilismus. Er beeinflusste Generationen von Philosophen nach ihm.

Kulturpessimismus

»Unsere ganze europäische Kultur bewegt sich seit langem schon mit einer Tortur der Spannung, die von Jahrzehnt zu Jahrzehnt wächst, wie auf eine Katastrophe los: unruhig, gewaltsam, überstürzt: wie ein Strom, der ans Ende will.« Diese Worte schrieb der Philosoph Friedrich Nietzsche 1888. Sie spiegeln die endzeitliche Stimmung des Fin de Siècle wider. Und als der Strom nicht das Ende erreicht hatte, sondern sich in das kriegerische 20. Jahrhundert ergoss, beschwor der Philosoph und Psychologe Ludwig Klages 1929 den Selbstvernichtungswillen des Menschen: »Das Wesen des ›geschichtlichen‹ Prozesses der Menschheit (auch ›Fortschritt‹ genannt) ist der siegreich fortschreitende Kampf des Geistes gegen das Leben mit dem absehbaren Ende der Vernichtung des letzteren.«

Astrologen beobachteten den Lauf der Planeten und wurden nicht selten zu Unheilverkündern. (Holzschnitt des 15. Jahrhunderts)

945

ZUKUNFTSBOTSCHAFTEN

In einem apokalyptischen Bild hat Gustave Doré »die Finsternis«, die neunte Plage, die Gott über das Land des Pharaos schickte, um Moses zum Auszug aus Ägypten zu verhelfen, dargestellt. Die Ägypter glaubten, dass mit der drei Tage währenden Dunkelheit das Ende der Zeit gekommen sei.

Eine Prophezeiung von Nostradamus

Die Wende zum 21. Jahrhundert war geprägt von Katastrophenängsten und endzeitlicher Stimmung. Auch ein Vierzeiler aus dem in zehn Abschnitte unterteilten Werk »Prophéties« (Centurie X, 72) des populärsten aller Propheten, Nostradamus (1503–1566), sorgte für gehörige Unruhe. Darin heißt es: »Im Jahr 1999 und sieben Monaten kommt vom Himmel ein großer Schreckenskönig.« Vieles wurde in diese Zeilen hineingelesen, von einem Atomkrieg, über den Einschlag eines riesigen Asteroiden, bis hin zum Absturz der russischen Raumstation MIR über Paris.

Es war indes die totale Sonnenfinsternis vom 11. August 1999 über weiten Teilen der nördlichen Halbkugel, die der Prophet im Sinn hatte, wie der Nostradamus-Experte Dr. Elmar Gruber nachweisen konnte. Nach dem julianischen Kalender, der zu Nostradamus' Zeiten Gültigkeit hatte, wäre das Datum der Sonnenfinsternis der 29. Juli 1999 gewesen.

Eine außerordentliche prophetische Leistung? Keineswegs. Es war die Spezialität von Nostradamus, astronomische Konstellationen und Himmelserscheinungen zu berechnen und auszulegen. Damals war bereits die so genannte Saros bekannt, eine periodische Zeiteinteilung, nach der sich Sonnen- und Mondfinsternisse über den Zeitraum von mehreren Jahrtausenden zyklisch wiederholen. Dr. Gruber konnte zeigen, dass Nostradamus nicht seine prophetischen, sondern seine Rechenkünste bemühte, um zu diesem Ergebnis zu gelangen.

Bedrohliche Vorzeichen

Ungewöhnliche Himmelserscheinungen wie Kometen, Sonnenfinsternisse und astrolo-

946

ENDZEITANGST

Das Erscheinen eines siebenköpfiges Tieres und anderer Missgeburten war laut der Bibel (Offenbarung Johannes, 13) die Ankündigung des Weltuntergangs. Aber auch andere Erscheinungen wie Unzucht oder Mord waren die Vorzeichen des bevorstehenden Endes. (Aus Adam Coburgers Bibel, 1468)

gisch »beängstigende« Planetenkonstellationen galten seit der Antike als Zeichen einer bevorstehenden Katastrophe. Die Astrologen beobachteten unablässig das Firmament und warnten regelmäßig vor drohendem Unheil kosmischen Ausmaßes. So gibt es kaum ein Jahrhundert, in dem die Menschen nicht glaubten, unmittelbar vor dem Ende der Welt zu stehen.

Prophetische Fehlschläge

Die Angst vor prophezeiten kollektiven Katastrophen ist unbegründet. Nie trafen sie ein, und wenn sie doch die Menschen heimsuchten, wurden sie nicht vorausgesehen.
Ein Beispiel unter vielen: Der französische Parapsychologe Eugène Osty (1874–1938) analysierte im Nachhinein Äußerungen von Sensitiven, die sie in den Jahren unmittelbar vor dem Ersten Weltkrieg gemacht hatten: Kein einziger hatte diesen jedoch vorausgesagt. Viel ist also glücklicherweise von Weltuntergangspropheten nicht zu halten.

Der Prophet Jesaja wirkte in Jerusalem und sagte der dortigen Oberschicht, die die Schwachen ausbeutete, Unheil voraus. Aus dem frühen 10. Jahrhundert stammt die Buchmalerei »Gebet des Jesaias«.

Kriegsprophezeiungen

Der niederländische Parapsychologe Professor W. H. C. Tennhaeff (1894–1981) fand bei seiner Analyse von Kriegsprophezeiungen heraus, dass manche den gewaltsamen Tod von Einzelpersonen vorhersahen, die dann tatsächlich dem folgenden Krieg zum Opfer fielen. Aber die Seher erkannten keine Ereignisse, die ein ganzes Kollektiv betroffen hätten, sondern nur Umstände, die einen Bezug zu bestimmten Personen hatten. Vorwiegend das persönliche Einzelschicksal scheint seltene Phänomene spontaner Vorausschau zu begünstigen.

Das Bild zeigt einen Angriff der sowjetischen Infanterie bei Kursk im Zweiten Weltkrieg.

947

ZUKUNFTSBOTSCHAFTEN

Hypnotische Progressionen

Zeitreisen faszinieren viele Menschen. Da eine solche voraussichtlich niemals möglich sein wird, nimmt man mit gedanklichen Reisen vorlieb. In Hypnose oder in psychotherapeutischen Sitzungen kann man geistig in die Vergangenheit oder auch in die Zukunft gehen. Therapeuten sehen in der Zukunftsreise Möglichkeiten, falsche Weltbilder zu korrigieren.

Längst lassen Psychotherapeuten ihre Klienten im Geiste in die Vergangenheit reisen. Das Verfahren kann dazu beitragen, problematische Verhaltensmuster zu erkennen und aufzulösen, die längst vergessen worden sind. Ob dabei auch Geschehnisse aus früheren Leben erkannt werden können, ist strittig. Gegenstück zu diesen »Regressionen« sind »Progressionen«, also Zeitreisen in die Zukunft. Dabei schildern die Testpersonen in Einzel- oder Gruppensitzungen oft bis ins Detail mögliche Lebenswirklichkeiten, die in weiter Ferne sind.

Wunschdenken der Klienten

Progressionstherapeuten führen ihre Klienten zunächst an eine beliebige Situation in der Zukunft heran, um in späteren Sitzungen durch so genannte »Kurskorrekturen« zu einem stimmigen Endzustand zu gelangen. Dass dabei auch ein gewisses Wunschdenken des Klienten einfließt und er an seiner Schicksalsgestaltung bewusst oder unbewusst mitarbeitet, wird einkalkuliert.

Die amerikanische Psychotherapeutin Petrene Soames (*1939) behauptet, dass ihre Klienten bei mentalen Zeitreisen keinerlei Beschränkungen ausgesetzt seien – sie könnten sich von wenigen Tagen bis weit in andere Jahrhunderte erstrecken. In einer von der BBC dokumentierten Sitzung will sie eine Frau mehrere tausend Jahre in die Zukunft versetzt haben.

Selbstvertrauen und Zuversicht

Offenbar zeigen diese Therapien bei den meisten Klienten durchaus positive Resultate. Die Menschen behaupten danach fast übereinstimmend, mehr Selbstvertrauen und Zuversicht gewonnen zu haben. Sie bemühen sich, persönliche Ziele entschlossener anzugehen und Wünsche kraftvoller in die Tat umzusetzen. Zeitreisende werden in einem Zustand tiefer Entspannung von ihrem Therapeuten zunächst ein wenig in die Zeit zurück, dann aber schrittweise in die Zukunft geführt. Dabei orientieren sie sich an vorgegebenen Bildern: »Du gehst eine Treppe hinauf, einen Gang entlang, überquerst einen Fluss, schreitest durch ein Portal!« Nach Passieren eines imaginären Tores und dem Eintritt in das Zukunftsterritorium soll der Klient sein Aussehen beschreiben: Kleidung, Schuhe, Haartracht. Dann wird er gefragt, wo er sich gerade befindet, wie er sich fühlt und ob jemand bei ihm ist. Sobald sich die inneren Bilder stabilisieren, wird der Zeitreisende aufgefordert, genau zu beobachten, was als Nächstes geschieht.

»Die meisten Klienten klinken sich dabei in zukünftige Ereignisse aus ihrem privaten und beruflichen Leben ein«, berichtet Petrene Soames. »Wenn sie mit diesen Zukunftsaspekten zufrieden sind, ist die Sitzung gelungen. Wenn nicht, sollten sie ihre Situation korrigieren.« Auch der amerikanische Hypnosetherapeut Bruce Goldberg meint, dass seine Klienten nach den Sitzungen leichter bereit seien, ihren späteren Lebenslauf je nach Notwendigkeit zu ändern und auch mehr Eigenverantwortung zu übernehmen.

Wissenschaftliche Berichte

Bahnbrechend bei dieser Zukunftsforschung durch Progression war die amerikanische Psychologin Dr. Helen Wambach (1925–1985), deren Arbeit von den Psychotherapeuten Dr. Chet B. Snow und Dr. R. Leo Sprinkle weitergeführt wurde. Veröffentlichungen über erste wissenschaftliche Studien erschienen kurz vor Helen Wambachs Tod in »The Journal of Regression Therapy« unter dem Titel »Beyond the Millennium: Newage or Brave New World?« Inzwischen sind etwa 3000 Berichte von psychischen Zeitreisen nach den wahrgenommenen Eindrücken über Umwelt, Gesellschaft und sozioökonomischen Lebensbedingungen ausgewertet. An den Experimenten, die in Einzel- und Gruppensitzungen stattfanden, nahmen Frauen und Männer unterschiedlicher Herkunft aller Altersklassen teil. Wenn manche Schilderungen recht ausführlich ausfielen, blieb es bei anderen Versuchspersonen nur bei knappen Anmerkungen.

In Raumschiffen und im Weltraum

Während in den »Massenträumen von den Jahren 2100 bis 2200« ein eher düsteres Bild von der Zukunft der Erde und ihrer Bewohner vorherrscht, scheinen sich die Aussichten in der Periode um 2300 n. Chr. zu verbessern. Danach spielt sich die Zukunft der Menschheit einerseits in künstlichen, von überkuppelten Städten geprägten Hightech-Zivilisationen ab und andererseits in einer Kultur von New-Age-Gemeinden. Daneben erlebten sich zahlreiche Versuchspersonen in Raumstationen auf Umlaufbahnen um die Erde und sogar auf benachbarten Planeten.

Chet B. Snow sieht in diesen Visionen archetypische Modelle, die aus dem kollektiven Unbewussten der Menschheit zu kommen scheinen. »Zukunft wird von uns gestaltet und wir haben die Wahl zwischen einer Apokalypse gewaltiger Konflikte oder einem Zeitalter des Friedens und globaler Zusammenarbeit«, fasst Snow die Aussagen seiner Zukunftsreisenden zusammen.

Leben zwischen 2100 und 2200 n. Chr.

Bei einer Gruppenprogression wurden 72 Frauen und Männer von Dr. Snow in die Zeit zwischen 2100–2200 n. Chr. geführt.

1) 18 Teilnehmer sahen sich im Weltraum. Ein junger Mann berichtete: »Ich blicke auf einen Stern und fühle mich allein.«

2) 14 Teilnehmer fühlten sich einer neuzeitlichen Gemeinde zugehörig, in der offenbar einige Menschen gelernt hatten, ihre Körperfunktionen mittels willentlicher Geisteskontrolle zu beherrschen. Essen war nicht mehr wichtig. Die außergewöhnlichste Aussage kam von einer Frau, der zufolge eine musikalische »Energieplatte« nahrhafte Vibrationen aussandte, die feste Nahrungsmittel ersetzte.

3) 22 Teilnehmer in Hightech-Siedlungen konnten nicht über ihre »überkuppelte Umwelt« hinaussehen und beschrieben ihre Nahrung als »hochtechnifiziert«.

4) 18 Teilnehmer sahen sich als Überlebende einer Öko-Katastrophe oder eines Atomkriegs in zerfallenen Städten oder Höhlen auf dem Land.

$E = mc^2$ – die berühmte Formel von Albert Einstein wird hier in Verbindung mit dem Inneren eines Atomreaktors gebracht. In dieser Kombination sollen die zwei Zeichen eine beängstigende Zukunftsvision symbolisieren.

ZUKUNFTSBOTSCHAFTEN

Botschaften anderer Dimensionen

Jane Roberts fiel ab 1963 bis zu ihrem Tod im Jahre 1984 immer wieder in Trance, jenen Zustand, in dem sie die Seth-Botschaften empfing. Ihr Mann, der eigentlich Maler war, protokollierte alle Aufzeichnungen. Bis zu dem ersten Seth-Ereignis schrieb Jane Roberts Sience-fiction-Romane, die allerdings nur wenig Beachtung fanden, weshalb sie sich mit Gelegenheitsarbeiten über Wasser halten musste. Nach der Veröffentlichung der ersten Seth-Aufzeichnungen konnte sie sich ganz ihrer schriftstellerischen Arbeit widmen.

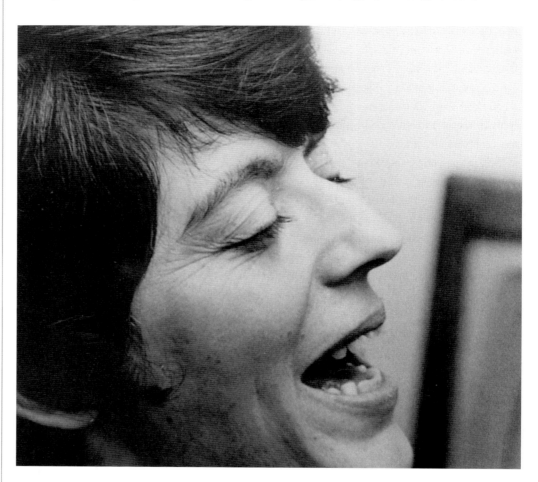

Von der großen Öffentlichkeit unbemerkt suchen einzelne Menschen oder Gruppen Kontakte zu anderen Ebenen des Bewusstseins: »Channeling« – Medien treten in Talk-Shows auf und veröffentlichen die von ihnen empfangenen Texte in einer Unzahl von Publikationen, deren inhaltliche Qualitäten nicht selten banal und religiös verbrämt sind.

Eine Ausnahme bilden die »Seth«-Bücher der US-Amerikanerin Jane Roberts (1929–1984) aus New York, die weltweit in Millionenauflagen erschienen und angeblich von einer »multidimensionalen Wesenheit« namens Seth diktiert worden sind.

Orakel und Weissagungen

Jane Roberts befand sich mit ihren medialen Kontakten in guter Gesellschaft. Schon in frühen Zeiten versuchten Menschen Kontakt zu jenseitigen Bereichen aufzunehmen. Priester, weise Frauen und Propheten praktizierten Orakel und versuchten sich in Weissagungen, deren Ursprung sie außerhalb der uns bekannten Raum-Zeit-Welt vermuteten.

Jane Roberts wurde von Seth an einem Septemberabend 1963 überrascht. Sie arbeitete an einem Gedicht und wurde plötzlich von einer wahren Schreibwut erfasst. Mit den zu Papier gebrachten philosophischen Einsichten hatte sich die Frau zuvor jedoch noch nie beschäftigt. Offenbar hatte sie mit ihrer Intuition eine Quelle angezapft, die – laut Seth – nicht mehr in der erfahrbaren Wirklichkeit lag.

In tiefer Trance

Zuerst erhielt sie die Botschaften aus anderen Dimensionen über ein Quija-Brett, ein Holzbrett mit Zahlen und Buchstaben, das, ähnlich wie beim »Tischerücken«, bei der Kommunikation mit Verstorbenen hilft. Als wirksamer erwies sich jedoch bald eine andere Methode: Die Frau nutzte ab 1964 regelmäßig den Zustand der tiefen Trance, in dem sie nicht nur ihre Gestik und Mimik veränderte, sondern auch mit einer tiefen, männlichen Stimme sprach. Stundenlang diktierte Jane Roberts ihrem Mann Robert Butts rhetorisch und inhaltlich brillante Abhandlungen zu philosophischen und spirituellen Themen, vorwiegend über den tieferen Sinn von Gesundheit, Krankheit und Tod. Als ihr Sprachrohr identifizierte Jane Roberts das »Geistwesen Seth«, das sich einmal so beschrieb: »Ich spreche für jene Teile eures Seins, die schon verstehen. Meine Stimme erhebt sich aus Bereichen der Psyche, in denen auch ihr bewandert seid. Horcht daher auf euer eigenes Wissen!«

Geistig und körperlich gesund

Seths Botschaften wurden zur Lebensaufgabe für das Paar Roberts/Butts. Jane begann nicht nur zu »channeln«, d.h. Kanal (channel) für Seth zu sein, sondern unterzog diese Tätigkeit und die Ergebnisse daraus auch einer kritischen, rationalen Prüfung. Weil sie sich vor den psychologischen Gefahren eines naiven Mediumismus fürchtete, ließ sie sich von Ärzten und Psychologen auf ihren geistigen und körperlichen Gesundheitszustand untersuchen. Erst als ihr völlige Gesundheit bestätigt worden war, fuhr sie mit ihrer Arbeit fort.

Tipps zur Lebensführung

Die Kundgaben von Seth behielten ihre Qualität. Er zeigte sich als charmanter, einfühlsamer und witziger Gesprächspartner, der Jane Roberts nicht selten vernünftige Ratschläge zur eigenen Lebensführung erteilte. Er empfahl meditative Techniken, um das Bewusstsein zu erweitern und die Fähigkeit außersinnlicher Wahrnehmung zu trainieren. Eingehend beschäftigte er sich mit der Frage, welchen Einfluss bewusste oder unbewusste Glaubenssätze auf Gesundheit und Krankheit haben: »Die Menschen beschließen die Ereignisse ihres Lebens selbst, ob sie sich das eingestehen mögen oder nicht.« Eine wirklich gesunde Sichtweise ist laut Seth nicht das »Hinwegdenken« von Alter, Krankheit und Tod, sondern die Auflösung der damit verbundenen Ängste: »Der Geist wird mit zunehmendem Alter weiser, wenn es ihm gestattet wird.«

Die Natur der Psyche

Jane Roberts empfand ihre Kontakte schon deshalb »erfrischend humorvoll und anregend«, weil Seth nie behauptete, aus irgendwelchen exotischen Welten zu stammen. »Die Sitzungen, wie das Leben selbst, sind ein Geschenk, das aus der immensen, unendlichen Kraft des Universums stammt«, schrieb Jane im Vorwort zu dem Buch »Die Natur der Psyche« (1979). Die klassische Frage, ob es sich bei den Aussagen des Geistwesens Seth um »Dramatisierungen« des Unbewussten von Jane Roberts handelt – sozusagen Informationen aus den tiefen Schichten ihrer eigenen Persönlichkeit – oder ob sie tatsächlich aus einer unabhängig von ihr existierenden Quelle schöpfte, bleibt unbeantwortet. Angesichts der Qualität des erhaltenen Materials halten Experten diese Überlegungen auch für zweitrangig und letztendlich für nicht überprüfbar.

Dieses Foto von Jane Roberts entstand ein Jahr nach ihrer Hochzeit mit Robert Butts im Jahre 1954. Spätere Aufnahmen zeigen sie in weniger weltlichem Ambiente.

ANDERE DIMENSIONEN

Aussagen von Seth

Über das Dasein: »Zuerst müsst ihr wissen, dass es keine objektive Realität gibt, außer der durch euer Bewusstsein geschaffenen. Unsere Existenz wird durch unsere Gedankenmuster hervorgebracht, ganz so wie eure eigene körperliche Realität ein vollkommenes Abbild eurer inneren Wünsche und Gedanken ist.«

Über die Liebe: »Eben darin besteht ja die Liebe, dass sie uns in der Schwebe des Lebendigen hält, in der Bereitschaft, einem Menschen zu folgen in allen seinen Entfaltungen [...]. Nur wer liebend aus dem Kreis des Ichs heraustritt zu einem Du, findet das Tor zum Geheimnis des Seins.«

Über den Tod: »Das Leben ist ein Zustand des Werdens, und der Tod ist ein Teil dieses Werdeprozesses. Der Tod ist der Anfang einer anderen Art von positiver Existenz.«

Über die Wiedergeburt: »Ihr seid wie ein Schauspieler in dem Theaterstück eures Lebens. Wenn die Vorstellung zu Ende ist, legt ihr euer Kostüm - eure wechselseitige Identität – in der Garderobe ab, um am nächsten Tag eine andere Rolle in einem anderen Stück zu spielen. Stücke und Rollen verändern sich, aber die Persönlichkeit des Schauspielers bleibt die gleiche. Es ist euer unzerstörbares Ich«.

Über Gott: »Die Realität ist viel mannigfaltiger, reicher und unaussprechlicher, als ihr gegenwärtig ahnen oder verstehen könnt... Gott ist die Summe aller Wahrscheinlichkeiten.«

951

Leben nach dem Tod

Immer mehr bestätigt sich, was die alten Lehren in den heiligen Büchern behaupten: Der Mensch überlebt seinen Tod. Daten und Fakten lassen den Schluss zu, dass unsere physikalische Welt der Materie nur ein Teil einer von Raum und Zeit unabhängigen Welt ist. Erfahrungen aus Nahtod-Erlebnissen und der so genannten »Transkommunikation« lassen den revolutionären Schluss zu, dass ein Leben nach dem Tod für alle existiert. Diese Erkenntnisse bewirken eine Verschmelzung von Naturwissenschaft und spirituellem Wissen, die den Menschen vor seiner elementaren Todesangst bewahren kann. Ärzte haben erkannt, dass es nicht darum geht, das Leben um jeden Preis zu verlängern, sondern darum, ihre Kunst so einzusetzen, dass jedem Menschen an der Schwelle seines Todes ein würdevoller und schmerzfreier Übergang in die andere Dimension ermöglicht wird.

LEBEN NACH DEM TOD

Die Reisen der Seele

Hexen, die zum Hexensabbat fliegen, aber auch Seelen, die rasante Reisen in andere Welten absolvieren – im 18. Jahrhundert stellte man paranormale Phänomene, wie dieser Kupferstich mit seinen skelettartigen Protagonisten erkennen lässt, noch als beängstigende Wahrheiten hinter dem täglichen Leben dar.

Seelenreisen oder Astralreisen gehören bereits seit der Antike in europäischen und vielen außereuropäischen Kulturen zum vertrauten Bild einer »Welt hinter der Welt«. Dabei verlassen Menschen für kurze Zeit ihren physischen Körper, um Abenteuer in bisher unbekannten Parallelwelten zu bestehen. Da sich viele dieser meist nächtlich im Schlaf stattfindenden Erlebnisse und Begegnungen mit denjenigen von sterbenden und wiederbelebten Menschen vergleichen lassen, betrachten Psychologen sie als eine Art Vorbereitung des Menschen auf seinen physischen Tod.

Mit Psycho-Technik

Der Schweizer Spirituelle Werner Zurfluh (*1948), der bereits unzählige Astralreisen nach Anwendung einer bestimmten Psycho-Technik, etwa die des »luziden Träumens«, die

REISEN DER SEELE

man durch Meditation erreichen kann, bewusst herbeigeführt haben will, erkennt die Aussagen in den alten Totenbüchern der Ägypter und Tibeter als richtig an: Die Seele verlässt den Körper, um sich in anderen Gefilden zu orientieren. Dabei wurde Zurfluh die Relativität der Zeit besonders bewusst, als er

in einer einzigen Nacht wie in einem Zeitraffer sein ganzes irdisches Leben mit Freuden und Leiden erlebt haben will.

Die nächtlichen Erfahrungen wurden von Zufluh nicht als etwas Abstraktes empfunden, sondern als Möglichkeit zu innerem Wachstum. Über die Jahre hinweg gliederte er seine Erlebnisse während der Astralreisen in seinen Alltag ein, so z. B. Dinge, die er über seine Liebsten erfuhr.

Mittelalterliche Rezepte

Auch der griechische Philosoph Aristoteles (384–322 v. Chr.) soll nach dem Zeugnis seines Schülers Clearchus an einem Experiment zur Seelenreise teilgenommen haben. Mittelalterliche Rezepte nennen Salben, die solche Reisen erleichtern sollen. Sie enthalten einen Wirkstoff des Bilsenkrauts, der Atemerleichterung verschafft und damit subjektiv Flugempfindungen vortäuschen kann.

Out-of-Body-Phänomene

Auch Patienten in Narkose erleben oft – unfreiwillig – einen Körperaustritt. Ihre eigene Operation erleben sie während dieses Zustands wie aus der Vogelperspektive und in einem Bewusstsein, das außerhalb ihrer selbst angesiedelt ist. So können sie nach dem Aufwachen bestimmte Umstände während des Eingriffes schildern und auch Gespräche der Ärzte wiedergeben oder sie wissen, was in Nebenräumen und bei den ängstlich wartenden Angehörigen geschah. Allerdings sah der amerikanische Parapsychologe J. B. Rhine (1895–1985) in diesen Erfahrungen eher eines der nicht seltenen Out-of-Body-Phänome, Erlebnisse außerhalb des Körpers also, als klassische Seelenreisen.

Lichtwesen auf Reisen

Auch Drogensüchtige erleben zuweilen eine Spaltung von Leib und Geist, und nicht nur mittelamerikanische Schamanen berichten von außerkörperlichen Erfahrungen, bei denen sie, losgelöst von Raum und Zeit, zu kosmischen Ausflügen aufbrechen. Seelenreisende aller Zeiten und Kulturen treffen dabei nicht selten auf Lichtwesen, denen sie sich auf fantastische Weise verbunden fühlen.
Der amerikanische Gehirnforscher und Nobelpreisträger Professor Karl Pribram von der Stanford Universität hält solche Erscheinungen für eine Interaktion des menschlichen Bewusstseins. Soll das heißen, dass sich der Seelenreisende seine außerkörperliche Wirklichkeit lediglich selbst erschafft? »Natürlich«, bestätigt Pribram. »Und er kann dabei nur auf etwas zurückgreifen, was tatsächlich vorhanden ist.«

Begegnung mit fremden Wesen

Zu den bekannt gewordenen Fällen von Körperaustritten zählt jener, den der Medienmogul Robert Monroe (1915–1995) 1958 zufällig erlebt hatte. Monroe beschlich zunächst die Angst, den Verstand zu verlieren, was ihm die Ärzte jedoch widerlegen konnten. Erst als Monroe von indischen Yogis hörte, die ihre Körper jederzeit verlassen können, lernte er mit seinem ungewöhnlichen Talent umzugehen und es weiterzuentwickeln. In einem Tagebuch dokumentierte er zahlreiche außerkörperliche Exkursionen und entdeckte dabei, dass er sowohl durch feste Gegenstände hindurchfliegen, als auch große Entfernungen sekundenschnell zurücklegen konnte, sobald er nur an einen bestimmten Ort dachte. Dort anwesende Menschen bemerkten ihn jedoch nicht. Die Freunde, die er auf diese Art aufsuchte, ließen sich von seinen Berichten erst überzeugen, als er ihre Kleidung und ihre Aktivitäten zur fraglichen Zeit exakt beschrieb. Schon bald fand Monroe heraus, dass er nicht der einzige Reisende war. »Wer diese anderen Wesen auch sein mögen, sie strahlen jedenfalls eine Menschenfreundlichkeit aus, die vollkommenes Vertrauen schafft,« schrieb er in sein Tagebuch.

Am Anfang einer Seelenreise fühlt man sich, als ob ein ätherischer Teil des Körpers in die Lüfte schwebt, während der leibliche Part auf der Erde zurückbleibt. Wie ein Schatten wandelt man anschließend durch Zeit und Raum.

955

LEBEN NACH DEM TOD

Der Tod – und was danach kommt

Mit »Thanatos« (1911) malte Jacek Malczewski, einer der bedeutendsten Vertreter des jungpolnischen Symbolismus, den Abschied des blühenden Lebens vom greisen Tod. Der Begriff Thanatos stammt aus der griechischen Mythologie. Dort wurde er als Bruder von Hypnos, dem Schlaf, gesehen.

Voraussetzung für ein Leben ohne Angst ist das Ende der Furcht vor dem Tod. Mit der Thanatologie gibt es ein interdisziplinäres Forschungsgebiet zur Aufklärung mysteriöser Phänomene bei Sterbenden im Angesicht des Todes. Thanatos war bei den Griechen das, was man im deutschen Sprachraum den Sensenmann nennt: die Personifizierung des Todes. Bereits bei der Frage, wann wirklich jedes Leben in einem Organismus erloschen ist, waren sich die empirischen Wissenschaften bisher nicht einig, so dass die Definition von Tod und Leben weitgehend in den Bereich theologischer und philosophischer Spekulationen fiel. Erst Ende des vergangenen Jahrhunderts befassten sich auch Naturwissenschaftler wie der amerikanische Physiker Frank J. Tipler (*1947) mit dem Ende der biologischen Existenz und einem möglichen Überleben des Todes. Er ist davon überzeugt, dass es »feinere Wirklichkeitsebenen« gibt, zu denen man nach dem Tod gelangt.

Die Gesetze der Physik

Tipler glaubt nachweisen zu können, dass die wesentlichen Glaubensvorstellungen der jüdisch-christlichen Theologie, z.B. die Auferstehung der Toten, das ewige Leben und die Existenz eines allgegenwärtigen Gottes, in der Tat wahr und als direkte Ableitungen aus den Gesetzen der Physik zu verstehen sind.

In einer Vielzahl mathematischer Formeln und Computersimulationen versucht er, den naturwissenschaftlichen Beweis für die Existenz Gottes und für ein Leben nach dem Tod zu liefern. Tipler geht davon aus, dass das sichtbare Universum nur einen winzigen Bruchteil der tatsächlichen Realität umfasst und dass alle Formen von Leben, einschließlich des menschlichen, denselben physikalischen Gesetzen unterliegen wie Atome.

Sterben als Übergang

»Zu Beginn meiner Laufbahn«, so Tipler, »hätte ich mir nie träumen lassen, dass ich eines Tages in meiner Eigenschaft als Physiker behaupten würde, dass jeden von uns ein Leben nach dem Tode erwartet.« Das Sterben eines jeden Lebewesens sei lediglich sein Übergang in eine andere Bewusstseinsdimension.

Nach Tiplers Theorie gibt es zwei Arten von Leben nach dem Tod: zunächst ein Leben in einem feinstofflichen, energetisch nicht so dichten, menschlichen Körper, gefolgt von einem buchstäblich unendlichen Leben als Teil des universellen Bewusstseins. Er stellt sich aber auch nicht gegen spirituelle östliche Vorstellungen, wie die der buddhistischen Philosophie, die eine ständige Erneuerung der Lebewesen durch die Wiedergeburt vorsieht, deren Zyklus durch das Eintreten in das Nirwana, dem endgültigen Erlöschen der individuellen Existenz, beendet ist. Fast alle Religionen versichern, dass der Mensch in jener anderen Welt einen »subtilen Leib« besitzt, eine Aussage, die Tipler bestätigte: »Es wird nach dem Tode auch sinnliche Vergnügen geben, weil nicht-asketische Menschen es so wollen. Das Leben in der anderen Welt ist dem unseren sehr ähnlich, allerdings ohne Schattenseiten.«

Unabhängig von Zeit und Raum

Auch die amerikanische Psychoneuroimmunologin Candace Pert, die man in Deutschland vor allem seit der Veröffentlichung ihres Buches »Moleküle der Gefühle« (1999) kennt, ist überzeugt, dass die im menschlichen Gehirn gespeicherten Informationen mit dem Tod eine andere Dimension annehmen. Der amerikanische Physiker und Parapsychologe Professor Dr. Milan Ryzl, der sich seit den 1950er Jahren mit paranormalen Phänomenen befasst, legte 1983 einen für die Universität Prag erarbeiteten Forschungsbericht vor, aus dem er den Schluss zog, dass unsere physikalische Welt der Materie nur Teil einer von Raum, Zeit und Stofflichkeit unabhängigen »höheren Welt« ist, und dass der Mensch in diesem geistigen Universum nach dem Tod weiterlebt – nicht als ein »Geist«, aber als etwas von jener geistigen Substanz, die man gemeinhin »Seele« nennt.

Ryzl will mit seinen wissenschaftlichen Erkenntnissen die wesentlichen Aussagen der Weltreligionen bestätigt haben. Die Menschen des dritten Jahrtausends werden vielleicht wie er bald erkennen, dass das, was sie bisher als naive Mythologie betrachtet haben, in Wahrheit kunstvolle Schilderungen anderer Wirklichkeitsebenen sind. Die Erkenntnisse der Todesforschung können eine Verschmelzung von Naturwissenschaft und spirituellem Wissen bewirken, die den Menschen vor seiner elementaren Todesangst bewahren.

Der schwedische Mystiker und Theosoph Emanuel Swedenborg (1688–1772) beschäftigte sich mit zahlreichen paranormalen Phänomenen und dem Wesen der Thanatologie.

Wünsche und Vorstellungen

Aspekte aus der Thanatologie lassen darauf schließen, dass das »Jenseits« eine Bewusstseinsebene ist, die von Wünschen und Vorstellungen des menschlichen Geistes gestaltet wird, zugleich aber ihre eigene Körperlichkeit und Dimension besitzt. Sie ist bevölkert von Verstorbenen und Engeln, »Lichtwesen, die eine Menschenfreundlichkeit ausstrahlen, welche vollkommenes Vertrauen schafft«, heißt es bei dem Mystiker Emanuel Swedenborg. Der amerikanische Wissenschaftsautor Michael Talbot (*1947), der sich mit den Theorien des noch aktiven Gehirnforschers Karl Pribram und des Physikers David Bohm (1917–1992) beschäftigt, meint, dass diese Lichtwesen sowohl Erzeugnisse menschlicher Fantasie wie auch handfeste Realität einer anders gearteten Wirklichkeit sind.

Bohm und Pribram haben sich mit ihrer Idee des holographischen Universums einen Namen gemacht. Damit haben sie ein neues Weltbild vorgestellt, nach dem unser Gehirn analog zum gesamten Kosmos konstruiert ist. Aus holographischer Sicht soll jedes Teilstück, und sei es noch so klein, das Ganze enthalten, womit ein jeder Mensch quasi auch das Abbild des ganzen Universums ist.

LEBEN NACH DEM TOD

Die Welt der Toten

Über das Leben nach dem Tod, die Weiterexistenz der Seelen von Verstorbenen, wurde besonders im 19. Jahrhundert sehr viel spekuliert. Im Jahrhundert der Séancen und spirituellen Zirkel stellte man sich die Geister von Toten als Energiefelder vor, die den Lebenden manchmal in hauchdünnen Leibern erscheinen. (»Erscheinung eines Geistes«, Gemälde von Charles Green, 1894)

Das Jenseits ist in den Vorstellungen der meisten Religionen ein Ort oder ein Zustand des Menschen nach seinem Tod. Im Spiritismus spielt das Jenseits als »Aufenthaltsraum« der Toten eine wesentliche Rolle. Es wird von den Medien, die mit den Geistern Verstorbener in Verbindung stehen und deren Botschaften übermitteln wollen, als rein geistige, ätherische aber auch erdähnliche Ebene geschildert. Entsprechend der jeweiligen Aussagen werden die Verstorbenen einmal als körperlos, das andere Mal als »lebensähnlich in feinstofflicher Gestalt« oder mit einem »Energie-Leib« beschrieben. Es gibt unzählige so genannte »Durchgaben« von Dahingeschiedenen. Linda Georgian (*1950), eine der bekanntesten amerikanischen Hellseherinnen, beschreibt das Jenseits als ein Gefilde, das mit Sphärenmusik erfüllt ist und in dem spirituelle Wesenheiten dem »heimgekehrten Geist« hilfreich begegnen.

Geistige Schwingungsebenen

Im jenseitigen Leben befindet sich die Seele, also der unsterbliche Teil des Menschen, auf gleicher geistiger Schwingungsebene mit See-

DIE WELT DER TOTEN

len, die ein ähnliches Bewusstsein und vergleichbare Energien haben. »Die Menschen sind in demselben geistigen Zustand, den sie beim Verlassen ihres Körpers hatten«, sagt Linda Georgian. »Ein Rückblick auf alle Einzelheiten ihres vergangenen Lebens hilft ihnen bei der Klärung und Überwindung ihrer Vergangenheit und gibt ihnen Aufschluss über ihre persönliche Thematik.«

Freier Wille

Ähnliche Aussagen finden wir in asiatischen Religionen und Philosophien wie dem Buddhismus: Jeder Geist erhält in der jenseitigen Welt Gelegenheit zu Hoffnung und Wachstum. Freier Wille, der auch die Möglichkeit einer Wiedergeburt einschließt, ist dort eine grundlegende Voraussetzung für jegliche Art von Entwicklung.

Für die persischen Sufis – der Sufismus ist eine mystische Glaubensrichtung, die den Islam als Vorlage nimmt – ist das Jenseits eine Welt, die allein aus der feinen Materie des »alam almithal«, also des Denkens, hervorgeht. Oder wie Buddha sagte: »Wir schaffen die Welt mit unseren Gedanken.« So ist das Jenseits keine Landschaft, die nur ein einziger Geist hervorbringt, sondern eine Seinsebene, die durch die Vorstellungskraft vieler Lebewesen entsteht.

Weder Zeit noch Raum

Für den Mystiker Emanuel Swedenborg (1688–1772) war das Jenseits, ungeachtet seiner schemenhaften Beschaffenheit, in Wahrheit eine elementarere Realitätsebene als unsere physikalische Welt. In einem Zustand tiefster Trance will er die »Nachlebensbereiche« besucht und die Ankunft gerade Verstorbener im Jenseits beobachtet haben. Erstaunlich ist, wie stark seine Darstellungen von Nahtod-Erfahrungen mit ähnlichen Berichten von heute übereinstimmen. Swedenborg schilderte Landschaften, die »schöner waren als alle irdischen und in denen weder Zeit noch Raum existierten.«

Der indische Philosoph Shri Aurobindo Ghose (1872–1950) entdeckte bei seinen Yoga-Übungen ein »unermessliches Territorium der Spiritualität«, das bevölkert ist von körperlosen Wesen, »die dem menschlichen Bewusstsein so weit überlegen sind, dass wir dagegen wie Kinder wirken.« Diese Wesen, so Aurobindo, können jede beliebige Gestalt annehmen; dem Christen erscheinen sie als Engel, dem Inder als hinduistische Heilige. Damit versuchten sie, sich dem jeweiligen Bewusstsein des Betrachters zugänglich zu machen.

Für den Schweizer Psychoanalytiker Carl Gustav Jung (1875–1961) sind Jenseitsvorstellungen Bilder und Projektionen des Unbewussten. »Das Unbewusste in uns ist laut ältester Auffassung das Traum- und zugleich das Toten- und Ahnenland. Es ist eine Seinsform außerhalb von Raum und Zeit.«

Jugend im Jenseits

Der 1913 verstorbene Geistliche Robert Hugh Benson, ein Sohn des Erzbischofs von Canterbury, soll sich kurz nach seinem Tod regelmäßig über das Medium Anthony Borgia gemeldet und detaillierte Schilderungen vom Jenseits geliefert haben. Auf die Frage, wie denn Kinder, die kurz nach ihrer Geburt sterben, das Jenseits erleben, antwortete Benson:

»Sie wachsen hier, wie sie in der irdischen Welt gewachsen wären. Doch werden die Kinder allen Alters mit einer Fürsorge und Umsicht behandelt, wie es auf Erden nie möglich sein würde. Das Kind, dessen Geist von irdischen Einflüssen unberührt geblieben ist, findet sich in einer Welt von großer Schönheit wieder, in der sich Seelen von gleicher Schönheit um den Neuankömmling kümmern. Der Kinderregion im Jenseits wurde der Name ›Himmlischer Garten‹ gegeben. Und sicherlich wird jeder, dem es vergönnt war, einen solchen zu besuchen, gestehen, dass wohl kein treffenderer Name dafür gefunden werden konnte.«

Auch wenn man nicht an Gespenster glaubt: Manche Szenen muten doch gespenstisch an. So hat ein Besucher im englischen Königshaus auf einem Foto nach der Entwicklung ätherische Gestalten entdeckt, die er beim Fotografieren selbst nicht gesehen hatte. (Aufnahme vom 19. Juni 1966)

959

LEBEN NACH DEM TOD

Das Jenseits der alten Ägypter

Eine nachgebaute Grabkammer aus dem Alten Ägyptischen Reich (2660–2160 v. Chr.) im Dr. Ragab-Village, einem Museumsdörfchen am Stadtrand von Kairo, zeigt Wandmalereien von Gestalten aus dem Totenreich und zwei Mumien, von denen eine noch ganz belassen war.

Noch in der Antike betrachtete man das Land am Nil als einen einzigen Tempel und die Ägypter als das frömmste Volk der Welt. Als Urbild für ein Weiterleben nach dem Tode dienten den Pyramidenbauern zwei Naturphänomene: der Lauf der Sonne, die allabendlich im Westen versinkt, um am nächsten Morgen von neuem zu erstrahlen, und das Werden und Vergehen der Pflanzen. Sie sterben am Ende ihres Vegeta-

960

tionszyklusses, um im nächsten Frühjahr zu neuem Leben zu erwachen. So war für die Ägypter der Tod nichts weiter als eine Schwelle zu einem anderen Leben, eine Übergangssituation, die allerdings auf komplizierte Art gemeistert werden musste. Weil das Schicksal des Verstorbenen auf das Engste mit seinem Körper verbunden blieb, verwendete man auf dessen Erhaltung und Aufbewahrung die größte Sorgfalt.

Auferstehung für die Toten

Ähnlich wie für den Totengott Osiris – der von seinem Bruder Seth ermordet und von seiner Schwester und Gemahlin Isis für die Zeugung eines Sohnes ins Leben zurückgeholt worden war – gab es für die Verstorbenen eine Hoffnung auf Auferstehung. Schon in der Frühzeit des Alten Reiches um 3000 v. Chr. galt die Bestattung eines Pharaos gleichzeitig als Inthronisation für das Jenseits. Sein Körper wurde deshalb in genau festgelegten Zeremonien einbalsamiert.

Später wurden der Leiche auch Gehirn, Herz und Eingeweide entnommen und in Tongefäßen, den Kanopen, aufbewahrt. Die Mumie wurde dann in einen Holz- oder Steinsarg gelegt, auf dem eine Tür und Augen gemalt waren, damit der Tote hinausgehen und die Sonne sehen konnte.

Weihrauch und Gebete

In den Gräbern wurden die Könige – aber auch hohe Beamte und Priester – mit Speise und Trank versorgt, damit sie am jenseitigen Leben teilnehmen konnten. In vor- und frühgeschichtlichen Grabhügeln fand man regelrechte Speisekammern. In den Kulträumen wurde zu Ehren des Toten Weihrauch abgebrannt. Diesen Dienst verrichtete jeweils der älteste Sohn oder ein dafür verpflichteter Tempelpriester. Oft war auch eine Statue des Verstorbenen aufgestellt, der durch Türschlitze in Augenhöhe das Anhören der Gebete und das Einatmen des Weihrauchs ermöglicht werden sollte. An dieser Statue konnte sich der »Ka« des Grabherrn niederlassen und die Gaben in Empfang nehmen.

Die Bedeutungen der Seele

Ka war für die Ägypter eine physische wie psychische Lebenskraft, ein elementares Wesensmerkmal, das Göttern und Menschen gemeinsam ist.

Das gilt auch für den Begriff des »Ba«, dem unsterblichen, immateriellen Wesen des Menschen, der unserem Begriff von der Seele ähnelt. Als Vogel mit Menschenkopf symbolisiert der Ba den Wunsch des Verstorbenen, sich frei zwischen Himmel und Erde zu bewegen. Der dritte der für die Ägypter so wichtigen Seelenbegriffe ist der »Ach«, der mit allem versorgte Totengeist, in den jeder Verstorbene sich verwandelt und dessen Macht auch die Lebenden fürchten.

Die Waage des Osiris

Nach seinem Tod trat der Verstorbene vor ein Gericht unter Vorsitz des Gottes Osiris, der vom Toten einen Rechenschaftsbericht über dessen Leben verlangte. Dabei wurde die Lauterkeit des Angehörten auf einer göttlichen Waage geprüft, in deren rechte Schale sein Herz und als Gegengewicht ein Symbol, meist eine Feder der Maat, der Göttin der Wahrheit, gelegt wurden. Wenn die Wahrheit überwog, durfte der Tote in die Gefilde der Seligen eingehen, die sich als lichte Fortsetzung des Diesseits darstellten. Wurde aber sein Herz gewogen und für unwürdig empfunden, wurde der Verstorbene einem schrecklichen Dämonen mit Krokodilskopf ausgeliefert, der ihn mit in die Unterwelt nahm, wo er von nun an ein trostloses Dasein in finsteren Höhlen fristete.

JENSEITSWELT DER ÄGYPTER

Die Gefilde der Seligen

Im Laufe der langen Geschichte der Ägyptischen Reiche änderten sich die Jenseitsvorstellungen nur unwesentlich. Neben der Idee, dass der Tote in seinem Grab – und damit im Diesseits – weiterlebte, gab es auch die Vorstellung von jenseitigen Sphären, den Gefilden der Seligen, die man entweder über oder unter der Erde vermutete.

Das Reich der guten Toten lag im Westen, wo allabendlich die Sonne unterging. Dieses himmlische Jenseits personifizierte man in der Göttin Nut, der Mutter des Totengotts Osiris, die durch die Sonne und die Sterne jeden Tag und jede Nacht wiedergeboren wurde und deren Umarmung dem Toten eines Tages die Wiedergeburt brachte. Das dunkle Totenreich für die Bösen, die hungernd und dürstend auf Erlösung hofften, war das »Duat«, eine finstere Höhle in der Unterwelt. Jede Nacht fuhr der Sonnengott mit seiner Barke durch die Höhle, deren Bewohner ihm Opfergaben bringen mussten, um eines Tages wiedergeboren zu werden.

Im Britischen Museum in London befindet sich diese Sargmalerei mit der Himmelsgöttin Nut. Die Repräsentantin eines guten Jenseits wird von Figuren umrahmt. Zwischen ihren Füßen befindet sich ein Skarabäus, das Symbol für den Sonnengott Re.

961

LEBEN NACH DEM TOD

Die Totenbücher

Die meist auf Papyrus, Pergament oder Stein geschriebenen Totenbücher der alten Ägypter, Tibeter und Maya warnen vor Gefahren im Jenseits und geben Hinweise, wie man diese überwinden kann. Das ägyptische Totenbuch behandelt beispielsweise das Thema »Was man spricht, wenn man zur Halle der beiden Wahrheiten gelangt, wenn man gereinigt wird von allem Bösen, das man getan hat, um das Antlitz der Götter, die in ihr sind, zu schauen«. Der Gott, den man am meisten fürchten muss, ist Osiris (links auf seinem Thron). Er ist es, der das »Jüngste Gericht« mit der verstorbenen Seele hält. (Papyrus, 4.–1. Jahrhundert v. Chr.)

Totenbücher gelten als eine Sammlung von Anleitungen, die den Verstorbenen im Jenseits und auf dem Weg dorthin von Nutzen sein sollen. Die ersten ägyptischen Totenbücher gehen auf das Jahr 1.500 v. Chr. zurück.

Über mehrere Epochen hinweg gab es verschiedene Totenbücher, die von der Familie des Verstorbenen aus einzelnen Papyri und Themen, die sich mit dem Jenseits auseinandersetzten, zusammengestellt wurden. Mit den Jahrhunderten wurde jedoch ein repräsentatives Totenbuch aus den zur Verfügung stehenden Einzelteilen zusammengefügt – das ägyptische Totenbuch, wie man es heute auch im Westen kennt. Immer wieder begegnet man in diesem Totenbuch Hinweisen auf eine »negative Beichte«. Diese hatte eine große Bedeutung für die lebenden Menschen. Statt des befehlenden Gebots »Du sollst nicht töten!« heißt es nämlich vor dem Totengericht: »Ich habe nicht getötet!« Wer von dieser Art Vorgehen im Jenseits nicht zu Lebzeiten informiert worden war, konnte es als Verstorbener im beigelegten Totenbuch ersehen.

Anleitung für die Lebenden

Das aus dem 8. Jahrhundert stammende tibetische Buch der Toten »Bardo Thödol« ist im Unterschied zum ägyptischen Totenbuch nicht nur ein Führer für die Verstorbenen bei ihrer Reise in das Jenseits, sondern auch eine Anleitung für die Lebenden, wie der Akt des Sterbens in einen Vorgang der Befreiung verwandelt werden kann. Gelegenheiten zur »Erlösung« gibt es hier bereits im Mutterschoß, wo der Säugling aus einer Welt in eine andere übertritt, aber auch im Traum oder in der Meditation.

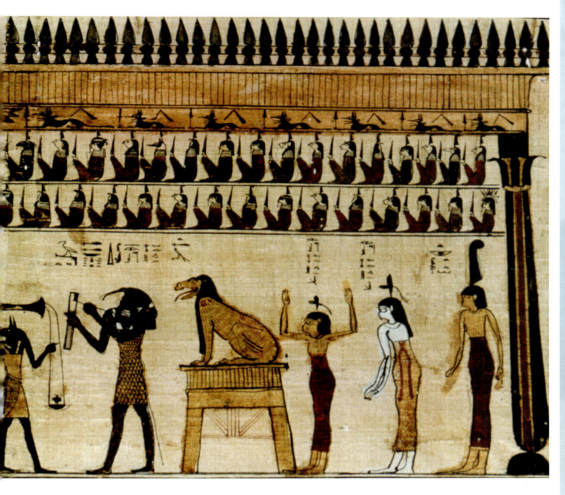

Schweben ins Paradies

Tibetische Mönche rezitieren regelmäßig aus diesem Totenbuch. Wer einer solchen Lesung beiwohnen kann oder darf, lernt die Regeln für das Jenseits noch vor seinem Tod. Aber auch nach dem Dahinscheiden besteht eine Möglichkeit, die Weisheiten für das neue Leben zu erfahren: In den ersten 49 Tagen nach dem Tod lesen Lamas oder Mönche dem Verstorbenen aus dem Totenbuch vor. Das soll ihm den Übergang erleichtern, bis er im buddhistischen Adäquat zum westlichen Paradies erlöst wird.

Tibetische Archetypen

Im tibetischen Totenbuch werden die emotionalen Zustände eines sterbenden Menschen – Trauer, Wut, Angst usw. – in Form von Gottheiten und Dämonen, denen er auf dem Weg ins Jenseits begegnet, geschildert. In diesen Texten sind tiefenpsychologische Erkenntnisse wie die der Archetypen vorweggenommen, die – zum Beispiel von dem Psychologen Carl Gustav Jung (1875–1961) – erst im letzten Jahrhundert formuliert worden sind.

Das Totenbuch der Maya

Neben dem ägyptischen und tibetischen gilt das Totenbuch der Maya-Kultur als das dritte große Totenbuch der Menschheitsgeschichte. Dem französischen Religionswissenschaftler Paul Arnold gelang in den 1970er Jahren zum ersten Mal, eines der wenigen erhaltenen Maya-Manuskripte zu entschlüsseln, die die spanischen Eroberer im 16. Jahrhundert nach Europa brachten. Danach war für die Maya das Leben nur eine Station in einer endlosen Kette von Wiedergeburten und der Tod nicht mehr als ein Übergang in eine andere Form der Existenz.

Aus der Negativbeichte:

Das ägyptische Totenbuch enthält eine Sammlung ritueller Zitate, die den Toten auf ca. 20 Meter langen Papyrusrollen in die Särge gelegt wurden. In der saitischen Zeit (663–525 v. Chr.) waren die Weisheiten des Totenbuchs in 165 Kapiteln aufgeteilt. In Kapitel 125 führt man die »negative Beichte« an, die möglicherweise sogar Vorbild für die christlichen Zehn Gebote war:

»Ich habe nicht Unrecht getan gegen die Menschen.
Ich habe nicht hungern lassen.
Ich habe nicht weinen gemacht.
Ich habe nicht getötet.
Ich habe nicht zu töten befohlen.
Ich habe gegen niemanden schlecht gehandelt.
Ich habe nicht Ehebruch begangen und nicht Unzucht getrieben.«

Osiris, hier in der Darstellung als Mumie mit Krummstock, regiert das ägyptische Totenreich.

LEBEN NACH DEM TOD

Göttliche Pole – Himmel und Hölle

Um 1431 malte Fra Angelico, ein berühmter italienischer Mönch, der in seinen Kreisen eigentlich Fra Giovanni hieß, »Das Jüngste Gericht«. Christlichen Glaubensvorstellungen entsprechend stellte er den Allmächtigen von Engeln umringt und von verstorbenen Seelen umgeben dar.

Für die Christen ist der Himmel über der Erde nicht nur ein endloses Blau mit Wolken, sondern auch der Wohnsitz Gottes und die Heimstatt der Erlösten, das Paradies.

Dort oben wohnen die Heiligen und Engel; Jesus fährt nach seiner Kreuzigung in den Himmel auf, seine Mutter Maria folgt auf die gleiche Weise. Auch die Juden hoffen auf ein lichtvolles Weiterleben in einem, durch einen Messias verkündeten und errichteten Reich, in dem sich die Gerechten auf ewige Zeiten der Gemeinschaft mit Gott erfreuen. Die Hölle dagegen ist für beide Religionen ein Ort der Finsternis, in dem Sünder, Frevler und gottvergessene Heiden verdammt werden.

Ewige Verdammnis

Schon in der Antike nahm man an, dass der Himmel mit göttlichen Wesen bevölkert sei, die von dort aus über die Erde, die Menschen und die Unterwelt herrschten.

Das Wort »Hölle« ist aus dem griechischen »Hades« abgeleitet und bezeichnet das To-

HIMMEL UND HÖLLE

tenreich. Im Alten Testament – und damit auch in der Vorstellungswelt des Judentums – wird der Tod generell als Strafe betrachtet, die Gott über Adam und Eva und damit über das gesamte nachfolgende Menschengeschlecht verhängt hat.

Mit dem hebräischen Wort »scheol« bezeichnen die Juden ihren Platz der ewigen Verdammnis. Der schaurige Ort wird als die »äußerste Tiefe« (Jes 14,15) im Erdinneren beschrieben, »aus der man nie mehr heraufsteigt«. (Ijob 7,9) Die Unterwelt wird als ein Ort der Finsternis, in der kraftlose Totengeister vegetieren und niemand mehr an Gott denkt, als ein Platz des absoluten Schweigens dargestellt.

Ein Hoffnungsschimmer

Trotz Leid und Qual scheint es jedoch für die Insassen der Hölle einen Hoffnungsschimmer zu geben. Im alttestamentarischen Buch der Psalmen heißt es: »Doch Gott wird mich loskaufen aus dem Reich des Todes, ja, er nimmt mich auf.«(Ps 49,16) Eine undeutliche Vorausahnung an die Auferstehung des gemarterten Leibes findet sich auch im Psalm 16,10: »Denn du gibst mich nicht der Unterwelt preis; du lässt deinen Frommen das Grab nicht schauen.«

Unter dem Eindruck anderer Religionen und während der diversen Verfolgungswellen in ihrer bewegten Geschichte entstand bei den Juden langsam ein Auferstehungsglaube und die Hoffnung auf ein lichtvolles Weiterleben im Jenseits.

Im Neuen Testament hält der barmherzige Christus den Schlüssel zum Tod und zur Unterwelt (Offb 1,18). Er ist gestorben um Herr zu sein über Tote und Lebendige (Röm 14,9) und kündigt an, dass beim Endgericht, dem Jüngs-

Das Paradies mit Jungfrauen

Auch der Islam sieht einen Jüngsten Tag vor, der sich nach einem Zwischengericht und dem Zusammenbruch der Welt ankündigt. Da nach dem Koran der Mensch nicht von Natur aus sündig ist, muss er auch nicht erlöst werden. Nur die Ungläubigen und Gotteslästerer brennen für immer im höllischen Feuer, die gläubigen Muslime gehen ins Paradies ein, wo Wasser, Milch, Wein und Honig fließen – ein Ort sinnlicher Genüsse. Männer werden dort mit den »Huris« vermählt, schönen Jungfrauen mit unvergänglichen Reizen. Jeder, der vor dem Weltgericht stirbt, muss nach seinem Tod bis zum Tag seiner Auferstehung bewusstlos im Grab ausharren. Nur die Männer, die im Heiligen Krieg für den Islam gefallen sind, gehen sofort ins Paradies ein.

Im heutigen Irak liegt ein berühmter Wallfahrtsort der Schiiten: Kerbela. Dort soll Hussein, der Enkel des islamischen Religionsgründers Mohammed am 10. Oktober 680 n. Chr. erschlagen worden sein. Das hier abgebildete Gemälde zeigt »Husseins Schwert vor der Moschee zu Kerbela«. Es wurde 1915 von Bruno Richter gemalt.

LEBEN NACH DEM TOD

Engel hatten die Teufel zu besiegen. Um so erstaunlicher ist diese Symbolik, wenn man bedenkt, dass der Teufel erst Gestalt durch den Himmelssturz annahm, demzufolge sich Engel versündigt hatten und aus dem Himmel gestoßen worden waren. Die christliche Lehre sieht eine detaillierte Engelshierarchie vor, die vielen Kabbalisten später zur Grundlage ihrer Beweisführungen wurde. Der Italiener Guariento (1338–1370) schuf dieses Holzbild, das Teil einer Decke der Kapelle im Castello in Padua ist.

Das Paradies galt als der Himmel auf Erden. Nach dem Sündenfall stellte man sich vor, dass paradiesische Zustände nur mehr im Himmel existent seien – ein Ziel, das es nach dem Tod zu erreichen galt. Das Bild stammt aus einem Weltgerichtstritychon von Hieronymus Bosch (1450–1516).

ten Tag, die Toten vor dem Thron Gottes stehen und nach ihren Werken gerichtet werden.

Das Gesicht hinter der Maske

Im Hinduismus gibt es weder Himmel noch Hölle. Die Gläubigen sind von der ewigen Wiederkehr des Lebens überzeugt, die eine Raupe zum Schmetterling und den Schmetterling wieder zur Raupe werden lässt. Die einzelnen Leben müssen, so die Hindu-Weisen, wieder und wieder geboren werden, wobei sie aus der Pflanze zum Tier, aus dem Tier zum Mensch, aus einem Menschen zum anderen wandern. Hinter allem verbirgt sich ein reiner, unveränderlicher Geist.

Buddha auf dem Lotus

Im Mahajana-Buddhismus ist der Himmel das »große westliche Paradies«, in den alle guten Buddhisten einmal einzugehen hoffen. Es ist ein Ort, »der von kostbaren Juwelen umrahmt und von harmonischer Musik erfüllt ist. Strahlender Glanz liegt über allem. Große Paradiesvögel schweben durch die Luft. Auf einem Lotus sitzend, thront Amitabha Buddha wie ein goldener Berg inmitten dieser Glorie. Um ihn herum sind alle seine Heiligen.«
Auch eine Hölle gibt es, zu der die Bösewichte nach ihrem Tod verdammt werden – wenngleich keine genauen Beschreibungen existieren, wie diese Hölle aussieht.
Täglich steigen Gebete von Millionen Menschen zwischen Himalaja und Japan zum Amitabha-Buddha auf – einer Art Stellvertreter-Gott, vor dem man Räucherstäbchen anzündet und Opfergaben niederlegt. Das soll eine angenehme Reise ins Jenseits garantieren.

Abstrakte Begriffe

Diese Rituale haben nichts mit den philosophischen Lehren Siddharta Gautamas zu tun, der unter dem Namen Buddha bekannt ist. Er sprach zwar von einer »Befreiung des Menschen aus der endlosen Kette der Wiedergeburten«, doch waren ihm Begriffe wie »Himmel« und »Hölle« als abstrakte Beschreibungen von Seelenzuständen, die von den Menschen selbst erschaffen wurden, fremd.

966

HIMMEL UND HÖLLE

Bereits die griechische Mythologie skizzierte eine unwirtliche Welt, aus der es kein Entrinnen gab. Der Wächter der Unterwelt war Hades. Die Lithografie stammt von einem unbekannten Künstler und wird auf das Jahr 1891 datiert.

LEBEN NACH DEM TOD

Im Angesicht des Todes

Im Krieg zu sterben erscheint selbst heute noch in vielen Kulturen als erstrebenswert zu gelten. Tapferen Kämpfern konnten die Himmlischen den Zugang ins Paradies nicht verwehren. Auf einem Kupferstich aus dem späten Mittelalter holen Engel verstorbene Krieger zu einem Dasein im Jenseits ab.

Seit Ende des vergangenen Jahrhunderts häufen sich Berichte von Menschen, die nach einem schweren Unfall oder einem Herzinfarkt aus dem Zustand des klinischen Todes ins Leben zurückgeholt worden sind. Sie gaben den Ärzten zu Protokoll, was sie im Grenzbereich des Todes empfanden. Ihre Berichte ähneln einander auf verblüffende Weise.

Die Mediziner unterscheiden zwischen klinischem und biologischem Tod. Beim biologischen Tod versagen irreversibel Atmung, Herz und Gehirn. Der Gehirntod ist der endgültige Exitus. Der klinische Tod ist umkehrbar, man kann ins Leben zurückfinden und Erinnerungen mitnehmen – von seinem eigenen nahen Tod.

Zwischen Leben und Tod

Aufsehen erregten die Arbeiten der amerikanischen Psychiater Dr. Raymond Moody (*1927) und Professor Kenneth Ring (*1941) sowie der in der Schweiz geborenen und in der Nähe von Phoenix, Arizona, lebenden Ärztin Professor Dr. Elisabeth Kübler-Ross (*1926), die unabhängig voneinander etwa tausend Protokolle mit Aussagen reanimierter Patienten erstellten und analysierten. Menschen, die mit Hilfe der modernen Medizin, den Tod vor Augen, ins Leben zurückgeholt wurden, berichteten, was ihnen im Grenzbereich zwischen Leben und Tod widerfuhr. Geprägt war dieser Zustand meist von liebevoller Wärme und einem zärtlichen Licht. Ihre Aussagen sind nicht Botschaften aus dem Jenseits, gestützt auf außersinnliche Wahrnehmungen oder mediale Übermittlungen, sondern Erfahrungen von Menschen, die an der Schwelle zum Tod gestanden haben. Beinahe jeder von ihnen bekennt, nun viel bewusster zu leben und zugleich selbstsicherer und aufgeschlossener, bescheidener und großzügiger zu sein. Die meisten dieser Menschen leben in der Gewissheit, dass der Tod kein endgültiger Schlusspunkt sein wird, sondern der Anfang von etwas ganz Neuem.

Keine Angst mehr

Eine gewisse Berühmtheit erlangte der Züricher Architekt Stefan von Jankovich (*1921), der nach einem Unfall für klinisch tot erklärt und von einem Arzt reanimiert wurde. Der Unfall ereignete sich auf der Fahrt von Zürich nach Bellinzona im Tessin. Jankovich stieß mit seinem Sportwagen frontal gegen einen Lastwagen, wurde auf die Straße geschleudert und blieb dort schwer verletzt liegen. Als Minuten später ein Arzt den Verunglückten erreichte, war bereits der Herzstillstand eingetreten. Durch zwei direkt ins Herz gesetzte Adrenalinspritzen rettete der Mediziner den leblosen Mann.

Der Unfall und die Erinnerungen an ein »sanftes himmlisches Schweben« haben Jankovichs Leben verändert. Die Nahtod-Erfahrung war so übermächtig, dass der Architekt seinen Beruf aufgab, um seine Eindrücke in Aquarellen festzuhalten, in Büchern niederzuschreiben und in Seminaren zu verbreiten. Seine Botschaft: Habt keine Angst vor dem Tod!

»Ich sah meinen Körper!«

Über seine Nahtod-Erfahrung berichtet Jankovich: »Ich sah meinen leblosen Körper genau in der Lage, die ich später im Polizeibericht beschrieben fand. Dann entfernte ich mich von der Unglücksstelle. Ich schwebte und hörte eine wundervolle Musik. Eine nie wahrgenommene Harmonie erfüllte mein Bewusstsein [...] Dann erlebte ich wie im Zeitraffer alle meine Taten im Leben und auch meine Gedanken [...] Ich war selbst aufgefordert, mich zu beurteilen und ich tat es in kosmischer Harmonie [...] Das glücklich machende Licht durchdrang mich noch einmal [...].«

Das euphorische Erlebnis endete abrupt in dem Moment, als der Arzt die Spritzen setzte und Jankovich sich wie in einem gewaltigen Strudel in seinen Körper zurückgezogen fühlte.

Nahtod in unterschiedlichen Kulturen

Die meisten Nahtod-Erfahrungen wurden in den USA untersucht, doch gibt es auch Forschungsberichte aus Indien. Nach der Auswertung der Visionen Sterbender dort und in den USA, kamen die Sterbeforscher Karlis Osis (*1917) und Erlendur Haraldsson (*1931) zu der Feststellung, dass sich Totenbettvisionen in den beiden Nationen zwar ähneln, es aber trotzdem eindeutig kulturell bedingte Unterschiede im Hinblick auf Persönlichkeiten aus Religion und Mythen, die der Sterbende sieht, gibt. Christen berichten nicht selten von Jesus, Buddhisten von Buddha am Ende des Tunnels. Das heißt: Der Form nach entsprechen die Visionen einander, dem Inhalt nach sind sie jedoch vom jeweiligen kulturellen Kontext des Betroffenen beeinflusst.

Sterben als Ereignisfolge

Sterben ist ein in Phasen verlaufendes Geschehen, eine Ereignisfolge, die auf der psychologischen wie auf der physiologischen Ebene abläuft und an deren Ende der Tod als Zustand steht. Irgendwo zwischen Herzstillstand und Hirntod wird eine Station erreicht, die von Medizinern als »klinischer Tod« bezeichnet wird. In diesem Bereich sind die Nahtod-Erlebnisse angesiedelt, die sich in den letzten Jahrzehnten häufen – auch, weil mit Hilfe der modernen Apparatemedizin immer mehr klinisch tote Patienten ins Leben zurückgeholt werden konnten.

IM ANGESICHT DES TODES

Eine Musik der Stille

1982 war der Schriftsteller Henry Jaeger (1927–2000) nach einem Aneurysma (Durchbruch einer Gehirnarterie) in das Kantonalspital nach Zürich eingewiesen und dort für klinisch tot erklärt worden. Eine Notoperation rettete ihm das Leben. Für Jaeger war der Schwebezustand zwischen Leben und Tod eine »angenehme Reise in eine andere, bessere Welt«. Er beschreibt ein klassisches Nahtod-Erlebnis: »Ich kam zu einem gewaltigen Felsen – mehr ein Tor – hinter dem ich einen hellen Schein erkannte. Das Gelände schien mir vertraut. Ich sah nur freundliche Farben und vernahm eine Musik, wie ich sie niemals zuvor gehört hatte. Es waren Tonabläufe von großer Harmonie und Schönheit, eine Musik der Stille, die von niemandem gespielt oder gemacht wurde, sondern von selbst zu wachsen schien. In mir war ein tiefer Frieden, eine unvorstellbare Harmonie und ein nie gekanntes Glücksgefühl.«

Der amerikanische Psychologe Kenneth Ring machte sich in der Vergangenheit auch als Sterbeforscher einen Namen. Er filterte Kernerlebnisse wie z. B. »in ein Licht gehen« im Nahtod heraus. Ring fiel auf, dass manche Wiederbelebte nicht nur ihr bisheriges, sondern auch Details aus ihrem zukünftigen Leben sahen.

LEBEN NACH DEM TOD

Durch den Tunnel ins Licht

Liebevoll und doch gleißend – so beschreiben Menschen, die dem Tod entronnen sind, das Licht, das sie durch einen Tunnel an die Grenze von Diesseits und Jenseits zog. Der Durchgang zu einer strahlenden neuen Welt ist Nahtod-Berichten aus allen Kulturen gemein.

Manche Menschen in Todesnähe machen ungewöhnliche Erfahrungen. In einer Art totaler Rückschau erleben sie alle Stationen ihres Daseins noch einmal in einer Form, die das Vorstellungsvermögen weit übersteigt. Danach fühlen sie sich durch einen Tunnel von einem magischen Licht angezogen, das viele als die »Personifikation allumfassender Liebe« beschreiben. Die Rückkehr ins Leben – meist durch die erfolgreichen Reanimationsbemühungen der Ärzte – ist für viele ein emotional schmerzlicher Prozess.

Sind die Schilderungen der wiederbelebten Menschen ein Hinweis auf das Überleben des Todes, ein Indiz, dass mit dem Tod die individuelle Existenz nicht vernichtet wird? Inzwischen haben weltweit immer mehr reanimierte Patienten für weitere Berichte gesorgt, die von Sterbeforschern, Ärzten und Psychiatern wie Elisabeth Kübler-Ross (*1926), Raymond Moody (*1927) und Kenneth Ring (*1941) gesammelt und analysiert wurden. Aus dem empirischen Material konnte folgender Erfahrungstypus konstruiert werden: Ein Mensch liegt im Sterben, und im Augenblick der

TUNNEL INS LICHT

höchsten Not hört er, wie der Arzt ihn für tot erklärt. Er vernimmt ein lautes Klingen oder Summen, das er als unangenehm empfindet. Zugleich hat er das Gefühl, sich sehr schnell durch einen langen, dunklen Tunnel zu bewegen. Dann erlebt er sich plötzlich außerhalb seines bislang lebendigen, stofflichen Leibes. Er sieht den eigenen Körper aus der Distanz eines Zuschauers. Von diesem ungewöhnlichen Beobachtungspunkt aus verfolgt er den Wiederbelebungsversuch in allen Einzelheiten.

Wesen aus Licht

Schließlich begegnet ihm ein Wesen aus Licht, eine liebevolle, warmherzige Erscheinung. Dieses stellt ihm wortlos Fragen, durch die er dazu veranlasst wird, Rechenschaft über den Wert seines Lebens zu geben. In nie gekannter Schnelle und doch oft quälend langsam rollt eine Art Aufzeichnung der wesentlichen Ereignisse seiner Existenz ab, die er in einer nie gekannten Klarheit selbst zu bewerten hat. Dabei erkennt er oft schmerzhaft innere Zusammenhänge, durch die er anderen Menschen Leid zugefügt hat. »Wenn es überhaupt eine Hölle gibt, dann ist das dieser Moment«, sagt Elisabeth Kübler-Ross. »Egal, was ich jemandem antue – ob gut oder schlecht – es wirkt sich auf mich und auf die anderen aus.«

Freude und Frieden

Irgendwann nähert sich der Sterbende einer Schranke, die er als Trennlinie zwischen dem irdischen Leben und einer anderen Existenz begreift. An dieser Stelle ist entschieden, dass er ins Leben zurück muss, weil die Zeit für seinen Tod noch nicht gekommen ist. Er sträubt sich gegen diese Rückkehr, denn er ist überwältigt von Gefühlen der Freude, der Liebe und des Friedens. Trotz seiner Gegenwehr vereinigt er sich wieder mit seinem stofflichen Körper.

Der Sensenmann

Soziologen der Universität Konstanz haben 1998 nach einer Umfrage in Deutschland ermittelt, dass etwa jeder sechste Deutsche Erfahrungen in Todesnähe hat, die sich oft vom »Standardtyp« der anfangs geschilderten, meist bekannteren, amerikanischen Fallstudien unterscheiden und »die schwerer wiegen als das meiste, was die Religion zu vertreten hat.« Die Forscher fanden eine Variationsbreite individueller Berichte.
So gaben zum Beispiel in Deutschland mehrere Befragte an, in Todesnähe einem »Sensenmann« begegnet zu sein.

Platon berichtet

Nahtod-Erfahrungen sind ein seit Jahrhunderten erfasstes Phänomen. Schon Platon (427–348/347 v. Chr.) schildert in seinem Buch »Der Staat« die Geschichte eines in der Schlacht schwer verwundeten Soldaten, der wieder zum Leben erwacht. Seine Erlebnisse hätten ein Fallbeispiel aus der Sammlung von Elisabeth Kübler-Ross sein können: Er sah sich mit offenen Eingeweiden liegen. Während seine Kameraden um ihn herum kämpften, erlebte er eine verheißungsvolle Reise ins Licht und die schmerzliche Rückkehr ins diesseitige Leben. Auch im Tibetanischen Totenbuch aus dem achten Jahrhundert steht bereits alles über die Stationen, die ein Sterbender durchläuft. Sie decken sich mit den Erfahrungen, die wir heute von den Reanimierten hören. Viele der Betroffenen spüren in der Regel nach ihrem Erlebnis keine Angst mehr vor dem Tod und haben oft auch für positive Veränderungen in ihrem Leben gesorgt.

Halluzinationen im Gehirn

Bei der wissenschaftlichen Bewertung der Nahtod-Erlebnisse halten sich Mediziner bedeckt. Während die einen die Bilder für Halluzinationen des Gehirns halten – ausgelöst von chemischen Botenstoffen wie den Endorphinen – sehen die anderen die geschilderten Vorgänge als Hinweise für eine wie auch immer geartete andere Wirklichkeit. Der Limburger Internist und Sterbeforscher Dr. Paul Becker (*1930) drückt es so aus: »Das Sterben ist für einen auf den Tod nicht vorbereiteten Menschen offenbar etwas ganz Übermenschliches, das er aus eigener Kraft gar nicht durchstehen kann, so dass ihm von irgendwoher Hilfe zuteil wird.«

Der Tod ist […]

Elisabeth Kübler-Ross wurde 1926 in der Schweiz geboren und studierte in Zürich Medizin. Bevor sie in die USA auswanderte, arbeitete sie in ihrer Heimat als Landärztin. In den Staaten hat sie sich an psychiatrischen Kliniken immer mehr auf die Angst des Menschen vor dem Sterben und auf Berichte von Nahtod-Erlebnissen spezialisiert. Sie gab ihre Forschungsergebnisse schon bald in Seminaren bekannt: »Was Menschen an der Schwelle des Todes zu sehen bekommen, ist ein unfassbares Erlebnis. Wer das einmal erlebt hat, kann keine Angst mehr vor dem Tod haben. In dieser neuen Welt ist man umgeben von totaler, absolut bedingungsloser Liebe.«
»Der Tod ist ein Hinübergehen in einen neuen Bewusstseinszustand, in welchem man fortfährt, zu fühlen, zu sehen, zu hören, zu verstehen, zu lachen und wo man befähigt ist, weiterhin seelisch und geistig zu wachsen.«
»Lernen ist ein unaufhörlicher Prozess, der auch nach dem Tod weitergeht.«
»Der Tod ist ganz einfach das Heraustreten aus dem physischen Körper, und zwar in gleicher Weise, wie ein Schmetterling aus seinem Kokon heraustritt.«

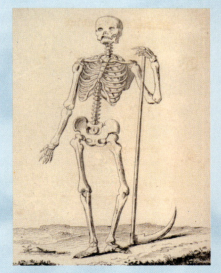

Häufig begegnen Menschen während ihrer Nahtod-Erlebnisse dem Tod in Form des »Sensenmannes«. (Kupferstich, 1844)

LEBEN NACH DEM TOD

Technische Brücken zum Jenseits

Der Ingenieur und Elektrotechniker Thomas Alva Edison mit einem seiner von ihm entwickelten Phonographen. Zahllose Experimente und Untersuchungen führten ihn schließlich 1877 zu dieser »Erfindung«, die ein Vorläufer des späteren Grammophons war und der Aufzeichnung und Wiedergabe von Schallgeräuschen diente. (Gemälde von Abraham A. Anderson, 1889)

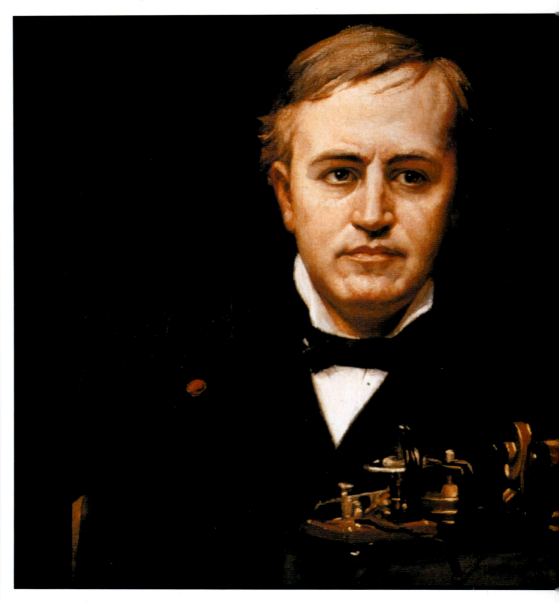

Im 20. Jahrhundert gab es immer wieder Versuche, ein Leben nach dem Tod unwiderlegbar zu beweisen. Mit Hilfe von Computern, Tonbandgeräten, Videorecordern und speziellen Apparaturen wagten Forscher einen Brückenschlag in eine Welt hinter der Welt. Diese Experimente werden als »Instrumentelle Kommunikation« bezeichnet, eine neue Form so genannter Jenseitsverbindungen. Während frühere subjektive Kontakte durch Medien kaum nachprüfbar waren, gehört die technisch gestützte Kommunikation zum objektiv-erfahrbaren Bereich.

Auch über 40 Jahre nach seiner Entdeckung bleibt das Phänomen der Tonbandstimmen von Wissenschaft und Öffentlichkeit weitgehend unbeachtet. Bereits 1920 arbeitete der geniale amerikanische Erfinder Thomas Alva Edison (1847–1931) an einem technischen Gerät, das die Kommunikation mit Verstorbenen ermöglichen sollte. Doch erst dem Schweden Friedrich Jürgenson gelang im Sommer 1959 die Tonband-Aufnahme geheimnisvoller Stimmen,

die von ihm bekannten verstorbenen Menschen stammten. Nach diversen Veröffentlichungen über die Arbeit von Jürgenson haben einige tausend Experimentatoren in verschiedenen Ländern durch die Aufzeichnung unzähliger Stimmen mit vergleichbaren Aussagen die Existenz des Phänomens dieser Tonbandstimmen auf wissenschaftlicher Basis bestätigt.

Trost und Hilfe

Meist versuchen Angehörige von Verstorbenen einen verbalen Kontakt aufzunehmen, um die Gewissheit zu erhalten, dass ihre Lieben auf einer »anderen Ebene« weiterleben. In den meisten Fällen jedoch gehen die Antworten in einem sphärischen Rauschen unter, werden Stimmenfetzen aus Radiosendungen falsch interpretiert oder die Experimentatoren ungewollt Opfer ihres eigenen Wunschdenkens. Der Elektroakustiker Hans-Otto König (*1938) konstruierte 1985 einen Stimmengenerator, der solche Verbindungen verfeinerte und auch für ungeübte Ohren hörbar machte. Nicht selten sind die »Nachrichten aus der anderen Welt« klar und deutlich zu vernehmen und für viele der »Empfänger« von Botschaften aus dem Jenseits bedeuten die so übermittelten Aussagen Trost und Hilfe bei der Bewältigung des Verlusts der geliebten Menschen.

Bilder aus dem Reich der Toten

Unabhängig davon erhielt Ende der 1980er Jahre der Aachener Rentner Klaus Schreiber (1920–1988) über Monate hinweg die Bilder seiner verstorbenen Angehörigen auf Video-

Die Aufnahme des Schachspielers Geza Maroczy entstand um 1900. 35 Jahre nach seinem Tod trat er, mittels eines Mediums, eine Partie gegen den weltberühmten Schachmeister Viktor Kortschnoj an, der nach mehrjähriger Spieldauer siegte.

BRÜCKEN ZUM JENSEITS

Ein Toter spielt Schach

Der Schweizer Börsenmakler Dr. Wolfgang Eisenbeiss (*1938) organisierte 1985 in St. Gallen eine der ungewöhnlichsten Partien in der Geschichte des Schachs. Um ein Indiz für das Weiterleben nach dem Tod zu liefern, engagierte er den ehemaligen russischen Großmeister Viktor Kortschnoj, der über ein Medium gegen das verstorbene ungarische Schachgenie Geza Maroczy (1870–1951) antreten sollte. Die Partie zog sich über sieben Jahre hin und endete im Herbst 1992 in einem Fernsehstudio mit einem knappen Sieg von Kortschnoj. Dass das seltsame Duell so lange gedauert hatte, lag an dem umständlichen Verfahren: Die einzelnen Spielzüge wurden von Eisenbeiss jeweils schriftlich an Kortschnoj und – über das Medium – an seinen verstorbenen Gegner übermittelt. Um die wahre, jenseitige Identität von Maroczy zu überprüfen, ließ ihm Eisenbeiss über das Medium Fragen zu seiner vergangenen persönlichen Lebenssituation stellen, die nur er beantworten konnte. Das Material dafür stammte von dem in Budapest lebenden Historiker Laszlo Sebastyen, der die Details aus der Biographie des ungarischen Großmeisters recherchiert hatte. Das Medium, ein Musiker, der Schach nachweislich nicht beherrschte, schrieb die »Antworten aus dem Jenseits» in deutscher und ungarischer Sprache auf, obwohl ihm Ungarisch ebenfalls fremd war.

LEBEN NACH DEM TOD

1946/7 fotografierte Mrs. Andrews aus Gatton, Queensland, Australien den Grabstein ihrer beiden verstorbenen Kinder. Obwohl Mrs. Andrews kein Kind mit dem Fotoapparat aufgenommen hatte, erschien auf der fertigen Aufnahme das rätselhafte Bild eines Kleinkindes.

»Die Toten leben»«

Bei weltweiten Experimenten mit Tonbandaufzeichnungen kam es zu folgenden Aussagen von weiblichen und männlichen Stimmen, deren Identität nicht aufgeklärt werden konnte, die aber von ihrer Aussage her eine besondere Bedeutung haben:

»Die Toten leben«
»Wir sind alle glücklich hier«
»Liebe ist der Beginn allen Lebens«
»Sagt allen Menschen, dass wir leben!«
»Mama, deine Liebe zu mir ist für mich eine große Hilfe!«
»Wir machen Musik und spielen!«
»Energie ist Liebe und Liebe ist Energie!«
»Sie werden sehen, der Himmel ist lustig!«
»Friede durch Erkenntnis und Liebe!«
»Habe neue und andere Sinne hier!«

bändern. Der Mann hatte dafür ein besonderes Verfahren entwickelt, bei dem er eine Videokamera auf den eingeschalteten Fernsehmonitor richtete, der gleichzeitig das Bild übertrug.

Es kam dabei sozusagen zu einem visuellen Rückkopplungseffekt, und aus dem Wirrwar von Lichtblitzen und Spiralen, die auf dem Monitor sichtbar wurden, kopierte Schreiber mit Hilfe eines zweiten Videorekorders Einzelbilder, auf denen er die Gesichter seiner verstorbenen Tochter und seiner – bei deren Geburt ums Leben gekommen – ersten Frau erkannte. Im Lauf der Zeit erhielt Schreiber auch Bilder seines toten Sohnes, seines verstorbenen Schwagers und der ebenfalls toten Schwägerin. Als die zweite Frau an einem Herzinfarkt starb, erschien ihr Bild kurze Zeit später auf der Versuchsanordnung der Videoanlage, die Klaus Schreiber zur Aufzeichnung dieser Phänomene im Keller seines Hauses eingerichtet hatte.

Was geschieht nach dem Tod?

Klaus Schreiber hatte im Lauf von nur zehn Jahren so viele Familienmitglieder und Angehörige verloren, dass es nicht verwundert, wenn Menschen durch ein so trauriges Schicksal schwermütig werden. Als er jedoch die ersten Bilder seiner verstorbenen Angehörigen erhielt, wandelte sich sein Leid in Neugier. Der Rentner, der sich Zeit seines Lebens nie mit religiösen oder philosophischen Themen beschäftigt hatte, befasste sich nun mit der wohl größten Menschheitsfrage: Was geschieht mit uns nach dem Tod?

Keine Manipulation der Technik

Die Person des Klaus Schreiber und seine Experimente wurden von drei unabhängigen Experten untersucht. Weder der Physiker Professor Dr. Ernst Senkowski (*1922) noch der Parapsychologe Professor Hans Bender (1907–1991) sowie der Elektroingenieur Martin Wenzel (*1930) konnten dem Rentner irgendeine Manipulation nachweisen. Obwohl die technischen Einzelheiten des Experiments in mehreren Ländern veröffentlicht wurden, ist es bisher nicht gelungen, die Versuche ähnlich erfolgreich fortzusetzen, noch ist es gelungen für das Phänomen rationale Erklärungen zu finden.

Während der letzten Jahre scheint sich der technische Kontakt zu einem uns unbekannten Jenseits erweitert zu haben: Über elektroakustische Stimmen aus Radio- und Fernsehgeräten, aus speziellen Apparaten, aber auch über rätselhafte Mitteilungen aus Computern gibt es inzwischen zahlreiche wissenschaftliche Veröffentlichungen. Besonders intensiv beschäftigt sich der Physiker Ernst Senkowski, der einst angetreten war, die Sache als Schwindel zu entlarven, mit dem Phänomen.

Zwar steht der endgültige Beweis noch aus, dass es sich bei den Mitteilungen um Informationen aus dem Reich der Toten handelt, doch Antworten auf die Frage, wie das Phänomen sonst zu deuten wäre, gibt es beim bisherigen Stand der Forschung keine.

Die wahre Natur des Jenseits

Eine Erklärung dafür sieht der deutsche Arzt und Jenseitsforscher Dr. Vladimir Delavre (*1939) darin, dass der spirituell interessierte Mensch selten einen vorurteilsfreien Zugang zur Technik findet, während Techniker weniger Interesse an philosophischen und transzendenten Fragen entwickelten. »Noch muss die Frage nach der wahren Natur der Jenseitswelten als wissenschaftlich ungeklärt gelten«, meint Delavre. »Wenn jedoch das Rätsel, das die technische Transkommunikation uns aufgibt, eines Tages gelöst würde, müssten wesentliche Teile unserer Naturerkenntnis und des von ihr mitbestimmten Menschenbildes neu formuliert werden.«

Als am 19. November 1995 ein Feuer im Rathaus von Wem (Großbritannien) ausbrach, dokumentierte Tony O'Rahilly dies mit seiner Kamera. Verblüfft entdeckte er auf den fertigen Abzügen ein kleines Mädchen, das er jedoch nicht fotografiert hatte. Da niemand die Herkunft des geisterhaften Wesens erklären konnte, zog man auch »jenseitige Verbindungen« in Betracht. 1677 war das Gebäude, das an der Stelle des Rathauses stand, durch Verschulden eines Mädchens niedergebrannt.

LEBEN NACH DEM TOD

Jenseitswelten – Visionen anderer Dimensionen

Geradezu visionär und »anachronistisch« wirkt Albrecht Dürers Selbstbildnis aus dem Jahre 1506. Der Ausschnitt ist ein Teil des Bildes »Rosenkranzfest«. Dürer hat dem noch spätmittelalterlichen Stil verpflichteten Malerhandwerk neue Einflüsse der italienischen Renaissance hinzugefügt. Pinselführung, Proportionslehre, Lichtdarstellung sowie die Neuerung, das »ich« in den Mittelpunkt zu stellen, machen auch ihn zu einem Vorbild für die visionären Maler.

Ohne eine Ausbildung genossen zu haben, beginnen sie spontan zu malen. Was sie malen, wissen sie anfangs nicht. Sie haben das Gefühl, ihre Hand werde von »jenseitigen Wesenheiten«, von verstorbenen Künstlern wie Pablo Picasso (†1973), Auguste Renoir (†1919) oder Claude Monet (†1926) geführt. In einer Art Trance schaffen sie, meist bei vollkommener Dunkelheit, innerhalb kürzester Zeit Bild auf Bild. Solche Menschen werden »mediale Maler« genannt.

Mediale Kunst

Eine Eigenart medialer Kunst ist es, dass sich ein Stil nicht erst entwickeln muss, sondern von Anfang an vorhanden ist. Deshalb fühlen sich ihre Künstler oft als Instrumente fremder Intelligenzen. Obwohl, laut Spiritistenmeinung, verschiedene Verstorbene aus unterschiedlichen Malern sprechen sollen, weisen mediale Bildwerke doch übereinstimmende Merkmale auf. Für gewöhnlich sind sie angefüllt mit ornamentalen Formen und einem traumartigen Durcheinander. Aus dem meist unbestimmten Hintergrund treten Gesichter und Landschaften hervor, die angeblich aus jenseitigen Gefilden stammen.

Das Malmedium

Einer der außergewöhnlichsten medialen Maler, der deutsche Heinrich Nüsslein (1879–1947), hatte hauptsächlich Gesichter aus dem Jenseits zum Gegenstand seines paranormalen Schaffens gemacht.
Nüsslein entstammte einer Kunsthandwerker-Familie aus Nürnberg und wuchs in ärmlichen Verhältnissen auf.
Sein Traum, eine Kunsthochschule zu besuchen, wurde ihm nicht nur aus finanziellen Gründen verwehrt: Nüssleins Sehkraft war so schwach, dass er nicht nach der Natur zeichnen konnte. Erst nachdem er als Antiquitätenhändler zu Reichtum gekommen war und in den 1920er Jahren zu spiritistischen Kreisen Zugang fand, fing der Kunstliebhaber selber mit dem Malen an.

Der »Bilderschreiber«

In großer Geschwindigkeit trug Nüsslein dann in Trance verdünnte Ölfarbe auf Pappe auf. Mit Papier oder Putzwolle wischte er die medialen Bilder aus den Farbschichten heraus.
In wenigen Minuten waren seine Werke fertig. Durch diese ungeheuer rasche Arbeitsweise soll es der Maler in zwanzig Jahren auf etwa 30.000 Bilder gebracht haben. Nüsslein nannte seine Arbeit »Bilderschreiben«. Seine, im Ungefähren und Unbestimmten der »Geisterwelt« angesiedelten Öllasurmalereien, verstand er als Botschaften aus einer anderen Welt.

Pablo Picasso (1881 - 1973), einer der größten Maler des 20. Jh., wird von visionären Malern immer wieder als Vorbild und Einflussgebender genannt. Picasso selbst hat sich im Laufe seines Schaffens von einer gegenständlich traditionellen Malweise bis hin zu einem abstrakten Stil entwickelt. Durch seinen Kontakt mit den Surrealisten eröffneten sich ihm Möglichkeiten zur Verschlüsselung und zur mythischen Überhöhung psychischer Erfahrungen. Seine mannigfaltige Ausdruckskraft hat den visionären Malern immer wieder Impulse gegeben.

Aus den Tiefen der Seele

Psychologen sehen in der medialen Kunst keine Botschaften aus dem Totenreich. Vielmehr interpretieren sie die in Trance gemalten Bilder als ein Ausschalten der Ich-Kontrolle des Malers und ein daraus resultierendes Gefühl der Fremdheit gegenüber der eigenen Person. Durch das Auflösen des eigenen Willens entsteht der Eindruck, man sei fremdbestimmt. Der tote Künstler, der angeblich das Handeln steuert, ist nichts anderes, als das eigene kreative Potenzial, das aus den Tiefen des Unbewussten kommt, weil man es nun nicht mehr mit Wollen überdeckt oder beschränkt. Von Wissenschaftlern wird die mediale Kunst oft mit den kreativen Leistungen geistig Behinderter und mit der so genannten »Art Brut« – der voraussetzungslosen Kunst mental gesunder, künstlerisch nicht ausgebildeter Menschen – verglichen.
Es ist sehr wahrscheinlich, dass auch aus Heinrich Nüsslein und aus seinen Kollegen nicht ein verstorbener Maler, sondern bloß die eigene Seele sprach.

JENSEITSWELTEN

In Heinrich Nüssleins Werken sind sehr häufig Renaissance-Ornamente zu entdecken. Die Farben sind meistens kontrastarm und »durchscheinend«.

Mittelsmänner der Toten

Der mediale Künstler war der Ansicht, dass der große Renaissance-Maler Albrecht Dürer (1471–1528) durch seine Hand aus dem Jenseits sprach.
Doch Nüsslein stand mit seinem Talent nicht alleine da. Gesichter aus dem Totenreich hat auch der Italiener Narciso Bressanello gemalt. In spiritistischen Kreisen war auch ein Zeitgenosse Nüssleins, der Bergwerksarbeiter Augustin Lesage (1876–1954), als medialer Maler bekannt.
Er konzentrierte sich in seinem Schaffen auf Städte aus der Totenwelt. Viele von Lesages großformatigen Arbeiten befinden sich heute im »Musée de l'Art Brut« bei Lausanne in der Schweiz.

977

LEBEN NACH DEM TOD

Tod und Wiedergeburt in der Psychotherapie

Im Baptisterium von Florenz sind »Die Verdammten des Jüngsten Gerichts« zu sehen. Die Darstellung stammt aus dem 13./14. Jahrhundert. Der Tod wird hier als wahre Hölle repräsentiert. Heute versucht man vor allem in der Psychotherapie den Tod symbolisch als das Sterben von Altem zugunsten von Neuem zu sehen. Ein einschneidender Abschied von Vergangenem und unser wohl schicksalhaftester Neubeginn ist die Geburt.

TOD UND WIEDERGEBURT

Menschen aller Zeiten und Kulturen berichten von Erlebnissen beim Meditieren, in Trancezuständen oder von therapeutischer Selbsterfahrung, die über die persönlich erlebte Realität hinausgehen.

In besonderen Situationen scheint die menschliche Psyche eine Seinsebene erreichen zu können, die sich durch Phänomene von besonders aufwühlender Dynamik äußern kann. Solche Erlebnisse werden »transpersonale Erfahrungen« genannt. Sie können bei Menschen tief greifende Wandlungen ihrer Persönlichkeit auslösen und werden in einem neuen Zweig der Psychologie, der transpersonalen Psychologie, erforscht.

Die Mythen in der Seele

Der amerikanische Arzt und Psychologe Dr. Stanislav Grof setzte in den 1960er Jahren zu therapeutischen Zwecken, etwa bei Neurosen oder Psychosen, die psychedelische Droge LSD ein. Im Lauf ihrer Therapie berichteten viele Patienten von transpersonalen Erfahrungen. Einige Menschen mit diesen Erlebnissen hat Grof im Besonderen studiert. Sie verbindet auf ungewöhnliche Weise die Begegnung mit dem Tod mit Elementen des Geburtskampfes. Ursache dafür scheint ein Geburtstrauma zu sein. In ihm werden tiefe Erfahrungen des Sterbens und der Geburt oder Wiedergeburt gemacht. Grof konnte zeigen, wie sich solche Erlebnisse in entsprechenden Mythen um Tod und Wiedergeburt spiegeln.

Diese Mythen rühren nur deshalb so sehr an die tiefen Schichten der Persönlichkeit des einzelnen, weil darin Erfahrungen verarbeitet sind, die jedem Menschen, meist unbewusst, bekannt sind. Die reiche Bildsymbolik der Mythen und der spirituellen Texte über Tod und Wiedergeburt ist bloß ein Spiegel eigener transpersonaler Erfahrungen.

Perinatale Erfahrungen

Grof nannte diese Erlebnisse »perinatale Erfahrungen«. Perinatal bedeutet »um die Geburt herum«. Die Elemente dieser Erlebnisse laufen nach einem Muster ab, das sich in vier Bereiche teilen lässt – ähnlich den Phasen bei der biologischen Geburt: Eröffnung, Übergang, Austreibung und Nachgeburt.

Mythische und visionäre Bilder, die in den Religionen große Bedeutung erlangt haben, gehen teilweise auf diese Art von transpersonalen Erfahrungen zurück. So sind Teufel und Höllenszenen, die Visionen von himmlischen, zornigen und dämonischen Wesen, die aus allen Religionen und aus den Totenbüchern bekannt sind, Ergebnisse der Erfahrungen in der zweiten perinatalen Phase. Auch die Reise des Sonnengottes in Ägypten durch die dunklen Gefilde mit vielen Gefahren und Prüfungen bezieht sich darauf.

Der psychische Tod

Auf die dritte Phase, dem eigentlichen Geburtsvorgang, geht das Motiv des titanischen Kampfes zurück, Visionen mythologischer Kämpfe von kosmischen Ausmaßen, das Jüngste Gericht, Blutopfer. Eine wichtige Rolle spielt hier die Begegnung mit dem reinigenden Feuer. Die archetypischen Gestalten, die für Tod und Wiedergeburt stehen, wie Jesus, Osiris, Dionysos, Attis, Adonis, Quetzalcoatl, sind mit dieser Phase eng verbunden. Menschen mit transpersonalen Erfahrungen in diesem Stadium erleben oft die Begegnung mit Furcht erregenden Tieren als Teil des psychischen Todes. Diese als verschlingende Urgewalten auftretenden Ungeheuer gehen der vierten Phase, dem befreienden Erlebnis der psychischen Wiedergeburt, voraus.

Der gebürtige Tscheche Stanislav Grof begann in seiner Funktion als Psychiater mit veränderten Bewusstseinszuständen zu experimentieren.

Psychotherapie bei spirituellen Krisen

Lange Zeit wurden psychische Probleme nur aus dem Blickwinkel der seelischen Entwicklung betrachtet. Erst die transpersonale Psychologie schärfte das Bewusstsein für die Bedeutung der spirituellen Entwicklung des Menschen. Auch auf diesem Gebiet kann es zu schwerwiegenden Krisen kommen. Menschen, die sich speziell mit ihrem spirituellen Fortkommen beschäftigen, beispielsweise durch meditative Übungen, sind dafür besonders anfällig. Bestimmte tiefgreifende Erfahrungen, die spontan auftreten, können nicht verarbeitet werden und drohen die seelische Stabilität aus dem Gleichgewicht zu bringen und nachhaltig psychische Schäden zu hinterlassen. Stanislav Grof begründete deshalb mit einer Reihe speziell ausgebildeter Psychotherapeuten das Spiritual Emergence Network (Netzwerk für spirituelle Notfälle), in dem psychotherapeutische Hilfe bei Problemen mit der Einordnung transpersonaler Erfahrungen angeboten wird.

Die Phasen perinataler Erlebnisse

Aus den LSD-Experimenten von Stanislav Grof stammen die folgenden Bilder. Dieses hier zeigt deutlich, wie sich die Versuchsperson am Anfang des transpersonalen Experiments als glücklich lächlender und geborgener Fötus im Intrauterin-Ozean der Mutter fühlt.

Phase 1

In der ersten Phase herrscht biologisch gesprochen die ursprüngliche Einheit von Fötus und Mutter vor. Sind Berichte von Menschen über ozeanische oder kosmische Erfahrungen Erinnerungen an diesen Zustand des Aufgehobenseins in einem bergenden Universum? Vielfach treten Identifikationen mit Lebensformen des Wassers und bergende Mutter-Natur-Vorstellungen, Elemente kosmischer Einheit und mystischer Vereinigung auf. In visionären Zuständen dieser Art können Bilder des Paradieses erscheinen. Gab es in diesem Stadium der persönlichen biologischen Entwicklung eine Störung, kann es zu Visionen von schmutzigen Wasserströmen und einer mit heimtückischen Dämonen bevölkerten ungastlichen Natur kommen.

Phase 2

Die zweite Phase korrespondiert mit periodischen Gebärmutterspasmen, den Anfängen der biologischen Geburt. Erfahrungen auf dieser Ebene sind gekennzeichnet von Gefühlen unerkennbarer Gefahren. Der Welt wird mit para-

Selten wurden Drogenerfahrungen so plastisch dargestellt. Ein Patient von Stanislav Grof hat dieses Bild einer bedrohten Existenz gemalt: Fötus und Skelett – Geburt und Tod – treiben gemeinsam unentrinnbar im Mahlstrom des Seins.

TOD UND WIEDERGEBURT

Eine riesige Spinne, ein Dämon mit Totenschädeln gespickt, greift nach dem verzweifelt schreienden Fötus und versucht, ihn an sich zu reißen. Ungeschützt und nackt liegt das Kind da. Es steht kurz vor seiner unfreiwilligen Entführung in eine neue Welt.

noiden Ängsten begegnet. Es treten Visionen eines Mahlstroms oder Ängste, von einem Ungeheuer verschlungen zu werden, auf. Dies ist die Hölle, die dunkle Nacht der Seele. Personen, die unter dem Einfluss dieser Phase stehen, leiden häufig unter quälenden Gefühlen metaphysischer Einsamkeit, Hilflosigkeit, Minderwertigkeit, existenzieller Verzweiflung und Schuld.

Phase 3

Die dritte Phase entspricht dem Ausstoß durch den Geburtskanal, der eigentlichen biologischen Geburt. Was bei der Geburt ein Kampf ums Überleben durch mechanischen Druck und Sauerstoffmangel ist, wird in den entsprechenden Erfahrungen als Todes- und Wiedergeburtskampf erlebt. Auch sadomasochistische Erlebnisse und heftige sexuelle Erregungen gehen mit diesen Erlebnissen einher. In Visionen erscheinen Bilder von entfesselten Naturgewalten, Folter, Hinrichtung, sadomasochistischen Praktiken, dämonischen Elementen, Hexensabbat, Höllenorgien, schwarzen Messen.

Phase 4

Die vierte Phase entspricht dem letzten Stadium des biologischen Geburtsvorgangs bis zur Durchtrennung der Nabelschnur: Geburt und Eintritt in eine vollkommen andere Daseinsform. Häufig treten Erfahrungen vollkommener körperlicher Zerstörung auf. Emotionale Auflösung und moralische Verwirrung. Diese Erfahrungen werden als Ich-Tod bezeichnet. Darauf folgen Visionen von blendend weißem oder goldenem Licht oder von herrlichen himmlischen Wesen.
Es ist ein Gefühl der Befreiung und Erlösung zu spüren. Das Universum erscheint von unbeschreiblicher Schönheit.

Es bedarf viel psychologischen Feingefühls, die Dämonen eines Geburtstraumas zu vertreiben.

981

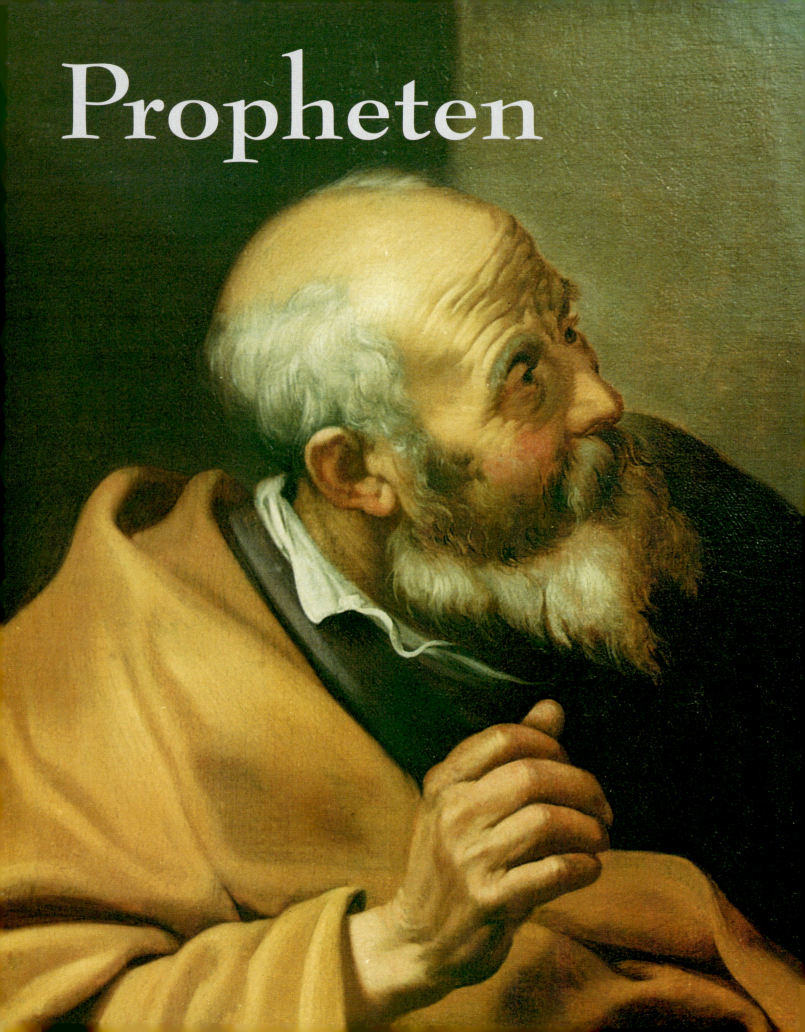

Propheten

Seit Urzeiten strebt der Mensch danach, die Zukunft vorauszusagen. Da nur die Götter das Schicksal der Geschöpfe kennen konnten, musste der Mensch, wollte er die Zukunft ergründen, sich eben an diese Götter wenden. Man konnte die Gottheiten zwar anrufen, sie in Opfer- und Kulthandlungen verehren, aber ob man von ihnen erhört wurde, blieb dem Willen der Götter anheim gestellt. Schon früh setzte sich die Überzeugung durch, dass die Götter ihre Mittler auf Erden selber auswählen. Diese Menschen wurden von ihnen regelrecht in Besitz genommen – sie wurden besessen. In Trance und Ekstase offenbarte sich die Gottheit schließlich durch den Mund seines Propheten.

PROPHETEN

Die prophetische Tradition

»Die Sybille von Cumae verbrennt die heiligen Bücher«. Von Romeyn de Hooghe (1645–1708).

Sibyllinische Bücher

Einer Legende zufolge hatte ein altes Weib dem römischen König Tarquinius Superbus (534–578 v. Chr.) prophetische Bücher zum Kauf angeboten. Der König lehnte ab. Sie verbrannte ein Buch und bot den Rest zum gleichen Preis an. Als er wieder ablehnte, verbrannte sie ein weiteres. Der Preis blieb indes gleich. Die Berater des Königs drängten ihn zum Kauf. So erwarb er die drei letzten Bücher. Die alte Frau war die Sibylle von Cumae. Von da an wurde die Schriftensammlung, die so genannten Sibyllinischen Bücher, in unterirdischen Gewölben im Tempel des Jupiter Capitolinus aufbewahrt. Die Priester durften die Texte nur mit Genehmigung des Senats befragen, was nur dann geschah, wenn viele beängstigende Vorzeichen beobachtet worden waren. 83 v. Chr. fielen die Sibyllinischen Bücher einem Tempelbrand zum Opfer.

»Die Sybille von Delphi«, Kupferstich von Romeyn de Hooghe.

Der Prophet Jasaja in typischer Haltung, mit der Steintafel im Arm. Gemälde von Fra Bartolomeo (1475–1517) um 1516, Galleria dell'Academia, Florenz.

984

PROPHETISCHE TRADITION

Die jüdische Tradition ist reich an prophetischen Überlieferungen. Von besonderer Bedeutung waren die Schriftpropheten der Bibel, die im Alten Testament zunehmend mit Attributen aus den Bereichen Kultur und Bildung dargestellt wurden: Jesaja schrieb auf einer Tafel, Jeremia in ein Buch, Habakuk auf einem Brett, Zacharias sah eine fliegende Schriftrolle, Ezechiel musste sogar im Auftrag Gottes eine Schriftrolle verschlingen.

In Zeiten großer Krisen nahmen die Propheten immer stärker Endzeitvisionen und apokalyptische Motive in ihr Repertoire auf. Die apokalyptische Unheilspredigt ist ein Spiegel der Angst vor dem Verlust der Tradition in einer sich immer rascher verändernden Welt.

sich mit der bestehenden Überlieferung vermischten. Das Alte Testament ist reich an apokalyptischen Texten, die für die Urkirche große Bedeutung hatten.

Erhalten hat sich im Neuen Testament nur ein prophetisches Buch, die Apokalypse des Propheten Johannes von Patmos. Darin werden Weltkatastrophen in intensiven Bildern geschildert, die den prophetischen Vorratskorb füllten. Bis in die Gegenwart bedienen sich Unheilsverkünder dieser Vorlagen für eigene Prophezeiungen.

Antonio Francisco Lisboa (1783–1814) schuf das Denkmal des Propheten Ezechiel.

»Der Prophet Zacharias« aus dem Fresko der Sixtinischen Kapelle von Michelangelo Bounarotti (1475–1564) um ca. 1509 gemalt – wie in so vielen anderen Abbildungen mit Buch dargestellt.

Psychologie der Propheten

Die Funktion des antiken Propheten war es, Übersetzer für eine mythische Wirklichkeit und Verkünder schicksalhafter Geschehnisse zu sein. Er ermahnte sein Volk durch die Einsicht in die religiöse Gewissheit, die er verkörperte, und kündete vom Ende. Aber alle Mahnungen und Verheißungen der Propheten beziehen sich auf die unmittelbaren gesellschaftlichen Missstände ihrer Zeit und nie auf eine ferne Zukunft. Es ging ihnen darum, die Einheit einer Volksgruppe auf geistiger Basis zu zementieren. Mit unheilvollem künftigem Schicksal zu drohen, war das psychologische Werkzeug der Propheten, um dieses Ziel zu erreichen.

Apokalypse

Aus Indien und Persien kamen die Ideen über eine endzeitliche Reinigung der Welt in den nahen Osten, wo sie aufgegriffen wurden und

PROPHETEN

Die Sibylle von Tibur in einem Kupferstich von Romeyn de Hooghe.

Eine der apokalyptischen Schreckensvisionen war die Ausschüttung der Schalen des Zorns, hier in einem Kupferstich von Matthäus Merian (1593–1650).

Sibyllinische Weissagungen

Von den Sibyllinischen Büchern unterscheiden muss man die Oracula Sibyllina (»Sibyllinische Weissagungen«), eine Sammlung anonymer griechischer Weissagungen in Hexametern, die im 5. oder 6. Jahrhundert zusammengestellt wurden. Von den 14 Büchern sind noch 12 erhalten. In den Texten mischen sich hellenische, jüdische und christliche Inhalte. Im Vordergrund steht hier die apokalyptische Thematik. Der charakteristische prophetische Kunstgriff der Oracula Sibyllina bestand darin, geschichtliche Ereignisse zu überhöhen und als künftiges Schicksal darzustellen. Dadurch wurden sie zum Vorbild der gesamten westlichen prophetischen Tradition und fanden reichliche Nachahmung.

Der heilige Johannes von Patmos schuf einen »Grundschatz« an apokalyptischen Bildern, die im Neuen Testament enthalten sind. Die Holzfigur stammt aus dem 17. Jahrhundert.

Propheten als Ratgeber

Im antiken Griechenland waren Propheten die Berater der Herrscher. Ihre Aufgabe war es, in einer komplizierter werdenden Gesellschaft Probleme zu lösen, ihre Aussagen wurden jedoch nicht als unverrückbare Weissagungen aufgefasst. Sie galten vielmehr als Vorschläge, die der Regent nach Belieben akzeptieren oder verwerfen konnte. Propheten waren Ratgeber von hohem geistigem Rang, weil sie vor allem im Ruf standen, das Hintergründige zu erkennen, das sich unter der Erscheinung der Dinge verbirgt.

Die Sibyllen

Der erste Bericht über weissagende Frauen, so genannte Sibyllen, stammt von Heraklit (ca. 550–480 v. Chr.): »Die Sibylle spricht mit rasendem Mund, ohne Lachen, ohne Schminke und ohne Myhrren und dringt vermöge göttlicher Hilfe mit ihrer Stimme durch Jahrtausende.« Ursprünglich scheint die Sibylle tatsächlich eine bestimmte prophetisch begabte Frau gewesen zu sein. Später bezeichnete man weissagende Frauen allgemein als Sibyllen, sie wurden gleichsam die Prototypen der Wahrsagekunst. Ihre Fähigkeiten waren universal, und in den unterschiedlichsten Kulturen hatten diese weissagenden Frauen eine hoch angesehene Stellung. Darüber hinaus stehen sie für verschiedene Techniken der Wahrsagerei. Die eng mit Apollo verbundene Sibylle von Delphi zeichnet sich durch Raserei aus.

Die Sibylle von Tibur wird bisweilen mit einer Wasserschale abgebildet, in der sie die visionären Bilder sah. Besonders bekannt waren

986

die hellespontische Sibylle Herophile und die mit ihr konkurrierende Sibylle von Erythrai, da sich ihre Weissagungen häufig bewahrheitet haben sollen. Große Bedeutung besaß die Sibylle von Cumae in Süditalien. Man kannte aber auch Sibyllen in Phrygien, Libyen, Persien, Ägypten und Chaldäa.

Cicero über prophetische Texte

Was Cicero (106–43 v. Chr.) über die Sibyllinischen Bücher schrieb, kann man auf die meisten prophetischen Texte aller Zeiten anwenden: »Ihr Verfasser hat sie schlauerweise so eingerichtet, dass alles, was geschieht, den Schein haben kann, es sei in ihnen vorausgesagt, weil jede bestimmte Angabe von Menschen und Zeiten fehlt. Zugleich hat er sich durch dunkle Rede gedeckt, sodass dieselben Verse zu verschiedenen Zeiten für ganz verschiedene Verhältnisse passen können. Dass aber die Verse nicht das Werk eines Verrückten sind, zeigen sie durch ihren Bau; sie sind mehr das Resultat von Kunst und Fleiß, als das von innerer Erregung und Bewegung.«

Elias trat im 9. Jahrhundert v. Chr. für eine Alleinverehrung des Volksgottes Jahwe ein. Einer Legende nach soll er in der Wüste von Raben gespeist worden sein. In dem Bild »Elias in der Wüste« vom Meister der Antwerpner Kreuzigung Anfang des 16. Jahrhunderts erfolgt dies durch einen Engel. Sein Kult ging vor allem von den Stätten seines Wirkens aus, z. B. vom Karmelbergrücken oder dem Sinai. Später wurde der Prophet der Patron des Karmeliterordens und noch heute gilt er als Schutzheiliger der Flugzeuge und Luftschiffe.

PROPHETEN

Das Zeitalter der Propheten

Der Kupferstich aus dem 16. Jahrhundert zeigt Abt Joachim beim Aufschreiben seiner Prophezeiungen.

Joachim von Fiore

Der kalabresische Abt Joachim von Fiore (1130–1202) galt als bedeutendster Prophet des Mittelalters. Er schuf die Idee der »drei Reiche«: In der Zeit des Alten Testaments wirkte der Vater, die Zeit des Neuen Testaments war die Periode des Sohnes, in seiner Lebenszeit breche das Zeitalter des Heiligen Geistes an. Er erwartete für die unmittelbare Zukunft die Öffnung des Siebten apokalyptischen Siegels und den Beginn des »Dritten Reichs«, in welchem sich der Heilige Geist über die Menschheit ergießen würde. Den propagandistisch wirkenden Begriff missbrauchte und pervertierte der Nationalsozialismus im 20. Jahrhundert.

Der französische Mathematiker und Astrologe Nostradamus gilt bis heute als einer der größten Propheten der Neuzeit. Das Portrait zeigt ihn in einem kolorierten Kupferstich des 17. Jahrhunderts.

Im Mittelalter erlebte die Prophetie eine Blütezeit. Auch ohne die »ungeheure Panik« vor dem Jahr 1000 – man glaubte zur Jahrtausendwende würde die Welt untergehen –, die heute als ein widerlegter geschichtlicher Mythos gilt, schuf das Mittelalter eigenständige prophetische Traditionen. So popularisierte Geoffrey von Monmouth im 12. Jahrhundert die Prophezeiungen des legendären Zauberers Merlin. In seiner Traditionslinie entstanden die berühmten prophetischen Texte des Abtes Joachim von Fiore. Sie faszinierten

Jahrhunderte lang und wirkten direkt auf die Ideen der Reformation.

Prophetie und Astrologie

Durch den Einfluss der arabischen Wissenschaften wird die Astrologie zum großen System der Welterklärung und verschafft der

»Nichts ist zu schwer als dass es uns nicht möglich wäre« – ein Satz, der den Universalgelehrten der Renaissance Programm war, wie hier dem großen Mediziner Paracelsus.

Prophetie gleichsam ein wissenschaftliches Fundament: Die Zukunft lässt sich berechnen. Mit dem Aufkommen des Buchdrucks, etwa seit der Mitte des 15. Jahrhunderts, verbreiten sich solche astrologischen Traktate in der jeweiligen Landessprache als billige Flugschriften mit sensationslüsternen Aufmachern in Windeseile. Sie zementierten die Furcht vor einer nahenden Endzeit.

Die große Flut

Im Jahr 1499 errechneten die deutschen Astrologen Johannes Stöffler und Jakob Pflaum für den Februar 1524 zahlreiche Konjunktionen der Planeten im Zeichen der Fische. Für sie konnte das nur bedeuten, die alles vernichtende Sintflut stehe vor der Tür. Stöffler und Pflaum lösten eine regelrechte Flut-Hysterie aus. Überall veröffentlichten Astrologen reißerische Prognosen über die zu erwartende Katastrophe. Natürlich lieferten sie die Erklärung gleich dazu. Wenn die seit langem angemahnte Reform von Kirche und Kaisertum nicht erfolge, dann würde die Flut als Strafgericht über die Erde kommen.

Dekrete gegen das Prophezeien

Das Ausbleiben der vorhergesagten Flut tat der Popularität der Prophetie und der astrologischen Prognose keinen Abbruch. So weit verbreitet waren Weissagungen, dass beim 5. Laterankonzil (1512–1517) Dekrete erlassen wurden, die das Vorhersagen künftig Ereignisse verboten. In einem davon wurde den Priestern untersagt, in ihren Predigten genaue Daten für zukünftige Geschehnisse, die Ankunft des Antichristen oder den Tag des Jüngsten Gerichts zu verkünden. Offenbar war diese Praxis sehr weit verbreitet, so dass man sie von höchster Stelle verbieten musste. Welche Bedeutung den Vorhersagen beigemessen wurden, zeigt der Umstand, dass der Reformator und Humanist Philipp Melanchthon (1497–1560) in einem physikalischen Werk an die Weissagung der universellen Flut für 1524 erinnert, um zu beweisen, dass Gestirne und meteorologische Phänomene in engem Zusammenhang stehen, obwohl sich diese Voraussage längst als falsch herausgestellt hatte.

Almanache und Prognostika

Schon kurz nach der Erfindung des Buchdrucks überschwemmen Prognostika und Almanache den Buchmarkt. Sie enthalten Kalender und Festtage für das jeweils kommende Jahr und astrologische Berechnungen über zu erwartende meteorologische Einflüsse. Die Kühnsten unter den Almanach-Schreibern prognostizieren sogar Kriege, Katastrophen, Umstürze und den Tod von Regenten. Der berühmteste unter ihnen wurde Nostradamus (1503–1566, eigentlich Michel de Notredame). Bei dieser unüberschaubaren Produktionsfülle können gelegentliche »Treffer« indes keinen Anspruch darauf erheben, echte Voraussagen künftiger Ereignisse zu sein.

Trotz seiner Gelehrtheit – Philipp Melanchton war Professor für Griechisch und Theologie sowie engster Mitarbeiter Luthers – glaubte auch er als Universalwissenschaftler an Prophezeiungen. Hier in einem Bildnis von Lukas Cranach d. J. (1515–1586).

PROPHETEN

Gerade in den Almanachen des 15. Jahrhunderts wurden die Prophezeiungen dem Volk zugänglich gemacht. Der Holzschnitt zeigt einen Almanachverkäufer.

Auch Martin Luther, hier in seinem Arbeitszimmer, beteiligte sich an der »Mode der Prophezeiungen«.

Prophetische Handbücher

Eine wichtige Rolle in der Verbreitung von Prophezeiungen spielte Johannes Lichtenberger. In seinem einflussreichen Werk »Prognosticatio« von 1488 sammelte er verschiedenste Prophezeiungen und brachte sie in Beziehung zur Astrologie. Das Werk erlebte über 50 Ausgaben. Den folgenden Generationen diente es als prophetisches Handbuch, in welchem der Leser alle gegenwärtig umlaufenden Weissagungen auf wenigen Seiten zusammengestellt finden konnte. Eine solche Sammlung von Prophezeiungen und Offenbarungen stellt auch das zu Beginn des 16. Jahrhunderts vielfach aufgelegte Werk »Mirabilis liber« dar, welches Nostradamus und viele nach ihm beeinflusste.

Johannes Lichtenberger galt als einer der Urheber prognostischer Schriften. Sein Werk erreichte viele Auflagen bis weit über seinen Tod 1503 hinaus.

Drohung mit dem Weltende

Breite Bevölkerungsschichten glaubten an die Prophetie, sie wurde Mittel zur Propaganda für religiöse und politische Überzeugungen. Auf protestantischer Seite drohte Martin Luther der abgewirtschafteten Papstkirche mit dem Weltuntergang. 1545 erklärte Luther: »Gott wird bald mit dem rechten Effekt kommen und mit dem jüngsten Tage dreinschlagen.« Als Luther 1520 die päpstliche Bulle verbrannte, lasen Könige, Adelige und der Klerus mit Begeisterung die vielen prognostischen Bücher, die allenthalben im Umlauf waren.

Zeichen für das Ende der Zeit

Nicht allein Visionen von Propheten und astrologische Berechnungen mussten für Weissagungen herhalten. Es kam in der Umbruchzeit zwischen Mittelalter und Renaissance zur Wiederentdeckung der Bedeutung von

Astrologen waren bis weit ins 17. Jahrhundert in allen Herrscherhäusern Europas beschäftigt, um die Zukunft zu deuten und die Herrscher zu beraten.

Vorzeichen. Schon in der Antike maß man eigentümlichen Erscheinungen, die eine natürliche Ordnung zu durchbrechen scheinen, als göttliche Vorboten große Bedeutung zu. Man nannte sie »prodigium« oder »monstrum«, was »zeigen«, »auf etwas hindeuten« bedeutet.

Vorzeichen

Diese Vorzeichen konnten die verschiedensten Formen annehmen, etwa sprechende Tiere, Missgeburten, Blut- und Steinregen, Sonnenfinsternisse, Kometen, aber auch eine ganze Reihe von visonsartigen Bildern, die am Himmel gesehen wurden, wie das «Wilde Heer«, Schlachten, kämpfende Waffen usw. Diese Prodigien wurden als Zeichen göttlichen Zorns aufgefasst und machten bestimmte Sühnehandlungen notwendig.

Überall will man Hinweise für das bevorstehende Ende der Zeit erkannt haben. Kein Wunder, denn das Vorbild, die Prodigien als Zeichen der nahenden Endzeit zu sehen, fand man in alten apokalyptischen Schriften, wie im vierten Buch Esra.

Dort heißt es über die Zeichen, die der Endzeit vorausgehen: »Da wird plötzlich die Sonne bei Nacht scheinen und der Mond am Tage. Von Bäumen wird Blut träufeln; Steine werden schreien. Die Völker kommen in Aufruhr... Weiber gebären Missgeburten. Im süßen Wasser findet sich salziges. Freunde bekämpfen einander plötzlich.«

Seher und Gelehrte

Der Höhepunkt des Zeitalters der Prophetie war mit dem provenzalischen Gelehrten Nostradamus erreicht. Für seine Weissagungen bediente er sich aller Techniken, die zu seiner Zeit greifbar und anwendbar waren. Er erlebt nicht nur selber Visionen und benutzte Riten und Räucherungen nach dem Vorbild antiker Orakel, er interpretierte vor allem Vorzeichen, monströse Geburten, das Erscheinen von Kometen, Sonnenfinsternisse, Plantenekonstellationen und griff auf den Schatz prophetischer Schriften zurück. Seine Prophezeiungen sind auch heute noch Bestseller.

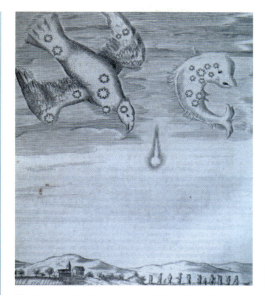

Ein Komet galt schon immer als Vorzeichen kommenden Unheils.

Der große Dichter der Epoche, Pierre de Ronsard (1525–1585), schrieb Elogen über ihn. Nostradamus wurde zum Orakel Frankreichs. Auch eine der berühmtesten Geistesgrößen der Renaissance, Theophrastus von Hohenheim, genannt Paracelsus (1493–1541) veröffentlichte eine Prognostik. In einer Folge von 30 symbolischen Bildern mit rätselhaften Texten sagte Paracelsus eine Periode voraus, in welcher die zivilisierte Welt schwere Prüfungen bestehen müsse, bevor es zu einem dauerhaften Frieden unter den Völkern komme.

ZEITALTER DER PROPHETEN

Das Monster von Ravenna

1512 wurde in Ravenna ein geflügeltes Monster geboren mit einem Horn auf dem Kopf, ohne Arme, mit einem Vogelbein, einem Auge auf dem Knie, ein Y und ein Kreuz auf der Brust und den Genitalien beiden Geschlechts. Es wurde behauptet, das Wesen sei das Kind einer Nonne und eines Mönchs – die Frucht der Korruption des Klerus und die Vorankündigung des Antichrist. Als am 7. März 1513, vier Tage vor der Wahl des Papstes Leo X., ein weiteres missgebildetes Kind in Rom zur Welt kam, wurde es sofort mit der Papstwahl in Verbindung gebracht. Die Möglichkeiten, Monster als Vorzeichen zu Propagandazwecken einzusetzen, schienen unbegrenzt.

Missgebildete Kinder galten in Mittelalter und Renaissance als Boten des Unglücks. Das unglückseelige Geschöpf, das 1512 in Ravenna geboren wurde und wohl schwere Behinderungen aufwies, ging als »Monster von Ravenna« in die Geschichte der Prophezeiungen ein.

991

PROPHETEN

Echte Propheten – gefälschte Prophezeiungen

Der Prophet Philipp Theodatus Olivarius soll im 16. Jahrhundert gelebt haben. Seine Existenz ist jedoch genauso fragwürdig, wie seine Prophezeiungen. Es handelt sich dabei um zurückdatierte »Vorhersagen«.

Falsche Propheten

Die häufigste Art der Fälschung ist das Zurückdatieren von Prophezeiungen. Beispielsweise bei einem gewissen Philipp Theodatus Olivarius, dessen Weissagungen das Leben Napoleons in Einzelheiten vorweggenommen haben sollen. Seine Prophezeiungen sollen aus dem Jahr 1542 stammen. In Wahrheit wurden sie erst 1820 erfunden und veröffentlicht. Auch die Prophezeiung von Orval wurde später einem Einsiedler des 16. Jahrhunderts im Zisterzienser-Kloster Orval zugeschrieben. Es geht um die Geschicke Frankreichs von Napoleon bis zum Auftreten des Antichristen. Es ist erwiesen, dass geschichtliche Ereignisse nachträglich als alte Prophezeiungen in verschlüsselter Schreibweise aufgezeichnet wurden.

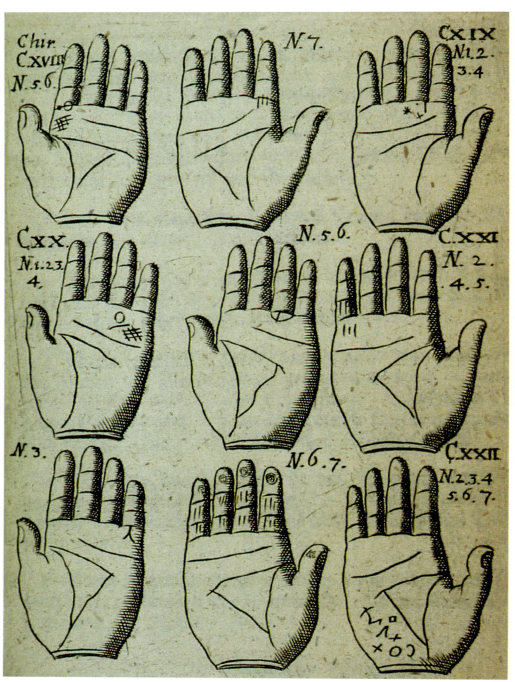

Aus einem Handbuch der Chiromantie, der Kunst aus Handlinien etwas über das weitere Schicksal eines Menschen vorherzusagen, stammt diese Abbildung. Den Arealen und Erhebungen der Handinnenflächen werden verschiedene Bedeutungen zugeschrieben.

FÄLSCHUNGEN

Im Zeitalter der Renaissance vermischten sich Prophezeiungen mit Wahrsagekünsten. Die aufstrebenden Wissenschaften hatten für viele Erscheinungen noch keine Erklärungen. Sie galten als »natürliche Magie«, als Teil einer rätselhaften, göttlichen Sympathie aller Dinge. Aus den Linien der Hand schloss man auf künftige Ereignisse im Leben einer Person. Philosophen und Naturwissenschaftler entwarfen Systeme, mit denen das persönliche Schicksal erkundet werden sollte.

sierte sie. Fälschungen, etwa unter Missbrauch des Namens von Nostradamus, waren verbreitet. Andere wiederum machten sich die Popularität des Sehers zu Nutze und versahen Plagiate mit ihrem Namen, wie die französischen Fälschungen belegen, die unter dem Namen eines gewissen Thomas-Joseph Moult, einem Mann, der historisch nicht nachweisbar ist, veröffentlicht wurden. Die Prophezeiungen des Nostradamus wurden dort dreist als Beweis für die Richtigkeit der gefälschten Vorhersagen bezeichnet.

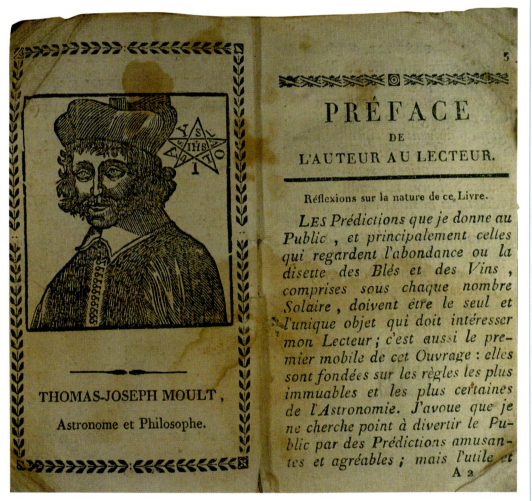

Unter dem Namen Thomas-Joseph Moult, der im 13. Jahrhundert gelebt haben soll, erschien im 17. Jahrhundert ein französisches Buch mit gefälschten Prophezeiungen. Person und Lebensdaten sind jedoch mit Sicherheit fiktiv.

Ein allegorisches Bild aus der Päpsteweissagung. Diese vieldeutigen, mit rätselhaften Fabelwesen und monströsen Tieren angereicherten Darstellungen waren besonders im 16. und 17. Jahrhundert weit verbreitet. Das neue Medium, der Buchdruck, erlaubte es, dass solche »Bild-Kommentare« zu den Wirren der Zeit in hohen Stückzahlen gedruckt und auch vom niederen Volk »gelesen« werden konnten.

Gefälschte Prophezeiungen

Die Verbindung von hoher Prophetie mit einfacheren Wahrsagetechniken führte dazu, dass Weissagungen immer mehr missbraucht wurden. Prophetische Fälschungen waren an der Tagesordnung. Man bemächtigte sich berühmter prophetischer Schriften, ergänzte und aktuali-

Weissagungen über kommende Päpste

Eine Sammlung von Bild-Weissagungen über künftige Päpste, die dem Abt Joachim von Fiore (1130–1202) zugeschrieben wurde, spielte im Zeitalter der Reformation und Gegenreformation eine große Rolle. Sie

993

PROPHETEN

Ein Blatt der Päpsteweissagung stellt einen Papst, ausgewiesen durch die Mitra (die Bischofsmütze der Päpste), dar. Er steht einem drachenähnlichen Teufelswesen gegenüber. Bei der Päpsteweisung handelte es sich um eine der ersten Fälschungen, die einen politisch-religiösen Hintergrund hatten.

Mit der Chiromantie verband man schon früh auch die Sterndeuterei. Die Abbildung zeigt die astrologische Zuordnungen einzelner Planeten zu den Handlinien.

veranlasste sogar Paracelsus (1493–1541) zu einer eigenen Deutung. Wie der unbekannte Verfasser der Bilderweissagung erwartete der große Gelehrte ein Wiedererstarken des Papsttums. An der Wende vom 16. zum 17. Jahrhundert galten diese Weissagungen, die in dreißig Allegorien – Darstellungen von Figuren mit kurzen obskuren Texten – in Italien als Orakel für die anstehenden Papstwahlen gesehen wurden.

Auch die berühmte Päpsteweissagung, die dem heiligen Malachias (1095–1148), dem Metropoliten Irlands, zugeschrieben wird, entstand in Wahrheit gegen Ende des 16. Jahrhunderts und erschien erstmals 1595 im Druck. Die Fälschung lässt sich leicht erkennen: Auf die Leitsprüche der Päpste von Cölestin II. (1143–1144) bis zu Urban VII. (1590) folgen jeweils Geburtsorte, Wappen, Familiennamen, Kardinalstitel, während die nachfolgenden Päpste allein durch dunkle Anspielungen charakterisiert werden, die es dem Geschick des Interpreten überlassen, nach

Gutdünken Übereinstimmungen zu finden. Dennoch wird heute noch die »Weissagung des Malachias« als Ankündigung für die bevorstehende Endzeit angerufen, zumal der gegenwärtige Papst Johannes Paul II. in der Reihenfolge der Weissagung der Vorletzte sein soll, bevor das endzeitliche Geschehen hereinbreche.

Das Wahrsagerad

Bei den gefälschten Päpsteweissagungen unter dem Namen des Joachim von Fiore begnügten sich die meisten Interpreten und Kommentatoren mit der historischen Identifizierung der dargestellten Päpste. Einige waren der Ansicht, dass die Päpste in der richtigen Reihenfolge vorhergesagt worden sind. Andere fassten die Weissagungen zyklisch auf. Diese »Wahrsageräder« führen ständig zum Ursprung zurück und sollten so immer neue Erklärungen verborgener Informationen erzeugen.

Wahrsagerei

Aus der antiken Kunst der Chiromantie, das Wahrsagen aus Handlinien, machte man durch astrologische Verknüpfung der Linien und Erhebungen der Hand mit den Planeten eine Wissenschaft. In der Barockzeit wurde Chiromantie sogar an Universitäten gelehrt.

Verbreitet war auch die Technik, persönliches Schicksal aus den Stirnfalten (Metoposkopie) vorherzusagen. Auch hier wurde versucht, durch Zuordnung der Planeten zu den Stirnfalten in Entsprechung zu den astrologischen Eigenschaften der Gestirne auf Wesenszüge und künftige Entwicklungen einer Person zu schließen. Ein Knick in der Marslinie bei einem Feldherrn konnte auf eine künftige Schlacht und deren negativen Ausgang hinweisen.

Dieses Ungeheuer in Form eines geflügelten Drachens mit menschlichem Kopf galt als Darstellung des Tieres, das vor dem Untergang der Welt erscheinen würde. Das Bild stammt aus der Päpsteweissagung.

FÄLSCHUNGEN

Jacques Cazotte soll bei einem festlichen Diner das kommende Schicksal der übrigen Teilnehmer des Banketts vorausgesehen haben. (Stich aus J. Collin de Plancy »La Fin des Temps«, 1874)

Der Fall Cazotte

Der französische Schriftsteller Jacques Cazotte (1719–1792) soll bei einem Bankett im Jahre 1788 außerordentliche Prophezeiungen gemacht haben: »Meine Herren, freuen sie sich, Sie werden alle die große Revolution erleben, nach der Sie so sehr verlangen. Wissen Sie indes, was mit dieser Revolution kommen wird? Sie, Herr von Condorcet, werden im Kerker an dem Gift sterben, welches Sie nehmen werden, um dem Henker zu entgehen. Sie, Herr von Nicolai, werden auf dem Schafott sterben, Sie, Herr von Bally auf dem Schafott, Sie Herr von Malesherbes auf dem Schafott...« Aufgrund seiner Treue zum König wurde Jacques Cazotte verhaftet und hingerichtet. Die Prophezeiung genoss hohes Ansehen, aber ihr Detailreichtum deutet auf ihre wahre Herkunft hin. Denn wie sich herausstellte, handelt es sich um eine besonders perfide Nachlassfälschung.

995

PROPHETEN

Prophetische Wandersagen

Berichte von Sonnenwundern als Omen für den Fall irdischer Mächte, wie das Erscheinen von drei Sonnen am 20. April 1535 in Stockholm, gehören zu den wiederkehrenden Erzählmotiven in den so genannten Wandersagen. (Gemälde von Urban Målare, 1520–1574)

WANDERSAGEN

Es gibt eine Tradition von prophetischen Geschichten über das Ende der Zeit, das von einem furchtbaren Krieg begleitet wird. Sie zieht sich von England über Westfalen bis in das bayerisch-böhmische Grenzgebiet. Diese prophetische Überlieferung wird deshalb auch als Wandersage bezeichnet. Aus unterschiedlichen Quellen vernehmen wir sehr ähnliche Voraussagen. Vergrößert dies die Wahrscheinlichkeit, dass die Vorhersagen stimmen könnten? Oder werden nur die selben prophetischen Legenden weitergetragen?

Übereinstimmende Prophezeiungen

Bei vergleichenden Zusammenstellungen prophetischer Aussagen soll durch die Vielzahl der Übereinstimmungen suggeriert werden, dass etwas an den Weissagungen dran sein muss. Tatsächlich aber spiegeln sich in den Erzählmotiven und ihren Wandlungen die Zeitumstände selbst wider, die zur Eigendynamik von Wandersagen beitragen. Darum ist zu erwarten, dass sich zahlreiche Übereinstimmungen in unterschiedlichen Prophezeiungen zeigen.

Die Legende vom »Mühlhiasl«

Ein Lehrbeispiel ist die Geschichte des berühmten »Mühlhiasl«, des Propheten aus dem Bayerischen Wald. Dieser »Waldprophet« soll als Müller in der zweiten Hälfte des 18. Jahrhunderts in der Nähe von Straubing gelebt haben.

Der Historiker und Heimatkundler Dr. Reinhard Haller ist der einzige, der sich die Mühe gemacht hat, die geschichtlichen Tatsachen über den »Mühlhiasl« zu recherchieren. Das Ergebnis ist entlarvend. Die angeblich 200 Jahre alten Weissagungen wurden 1923 zum ersten Mal veröffentlicht, als alle Neuerungen, die als Vorzeichen des großen Krieges galten – gemeint war der Erste Weltkrieg –, längst bekannt waren. Es handelt sich in Wahrheit um prophetisches Erzählgut, das ein Pfarrer gesammelt und einem gewissen »Mühlhiasl« untergeschoben hatte. Tatsächlich aber schöpfte er aus dem in jedem Volk vorhandenen Legendenschatz an Weissagungen mit besonderem Lokalkolorit, die er einer Kunstfigur zuschrieb.

Mother Shipton (1488–1561) war eine der berühmtesten Seherinnen aus Knaresborough in der Grafschaft Yorkshire. Der Stich von 1804 nach einem Gemälde von Sir William Ouseley zeigt die Prophetin in Begleitung eines Schutzgeistes.

Ein Prophet wird erfunden

Das Phantom »Mühlhiasl« stieg zu einer bayerischen Kultfigur auf. Im Laufe der Jahre erhielt es von so genannten »Mühlhiasl-Forschern« eine erfundene Biographie, die man durch Einträge in Pfarrbüchern, Sterbebüchern, Matrikeln und anderen Archivalien zu erhärten suchte. Die passende Person, die man fand, war ein gewisser Matthias Lang, geboren 1753, Klostermüller zu Apoig. Tatsächlich aber hat dieser Matthias Lang mit einem Propheten »Mühlhiasl« nichts zu tun. Haller konnte nachweisen, dass die Existenz eines Propheten »Mühlhiasl« ein von Wunschdenken geleitetes Konstrukt ist.

Dynamisches Erzählgut

Im Volksgut gibt es einen dynamischen Strom von prophetischen Aussagen und Motiven, der sich in ähnlicher Form in den unterschiedlichsten Gegenden findet: Geschichten, die von Menschen, die gut fabulieren konnten,

Mühlhiasl-Prophezeiungen

Unter den Prophezeiungen, die der »Mühlhiasl« im 18. Jahrhundert gemacht haben soll, finden sich wahrhaft erstaunliche und beängstigende: »Eine Zeit kommt, wo die Welt abgeräumt wird und die Menschen wieder wenig werden... Wenn die Bauern mit gewichsten Stiefeln im Stall stehen... Wenn sich die Bauernleute kleiden wie die Städtischen und die Städtischen wie die Narren... wenn die farbigen Hüte aufkommen... Wenn die Leute rote Schuh haben... Wenn die eiserne Straße über die Donau gebaut wird... Wenn die Wagen ohne Pferde fahren... Dann ist es nicht mehr weit hin.«

Dann soll der große endzeitliche Krieg nicht mehr lange auf sich warten lassen.

Seit der Erstveröffentlichung in den 1920er Jahren erlebten die Prophezeiungen des Mühlhiasl zahlreiche Wiederauflagen und wurden in vielen Schriften zu diesem Thema angeführt. Mit einer Sehergeste (die Hand um das Auge gekrümmt) wird der Mühlhiasl auf einem Buchcover (»Hellseher schauen die Zukunft«, Verlag Morsak, Gragenau) aus den 60er Jahren dargestellt.

997

PROPHETEN

1917 erschien die Gottesmutter Maria drei Hirtenkindern im portugiesischen Fátima. Die heute verstorbenen Auserwählten wurden von Papst Johannes Paul II. selig gesprochen. Sie hatten der Welt im Namen der Marienerscheinung drei Geheimnisse offenbart: Das erste bezog sich auf den Ersten und den Zweiten Weltkrieg (»Der Krieg geht bald zu Ende, aber ein neuer, schlimmerer wird kommen ...«), das zweite auf die Herstellung von »Waffen, die in Minuten die Hälfte der Menschheit dahinraffen können« und das dritte Geheimnis beinhaltet neben der Warnung, sich wieder auf religiöse Werte zu besinnen, da der Welt sonst schreckliche Zeiten bevorstünden, angeblich einen Hinweis auf das 1981 verübte Attentat auf Papst Johannes Paul II. (es werde »auch der Heilige Vater viel leiden müssen«).

Marienvisionen

Bei den berühmten Marienvisionen von La Salette (1846), Fátima (1917), San Sebastian de Garabandal (1961) oder Medjugorje (1970er Jahre) steht die Warnung im Vordergrund. Die furchtbaren endzeitlichen Katastrophen, welche Maria die Visionäre schauen lässt, sind nicht als unverrückbares zukünftiges Szenario gemeint. Die Muttergottes erscheint, um die Menschen zu warnen. Wenn sie sich in ihrem gottlosen Verhalten nicht ändern, dann würde ein Strafgericht über sie hereinbrechen.

Die vier Mädchen Maria Dolores, Conchita, Jacinta und Maria Cruz hatten im Juni 1961 im spanischen San Sebastian de Garabandal Visionen, bei denen ihnen die Jungfrau Maria erschien.

vorgetragen wurden. An die besten Erzähler erinnerte man sich lebhaft, so dass man sie als Urheber der Weissagungen hielt. Sie machten sich das Erzählgut in einer Weise zu Eigen, wie es normalerweise Märchen- und Geschichtenerzähler taten und wurden in der Erinnerung der Menschen zu den »Propheten«, die sie niemals waren.

Wandermotive

Viele dem »Mühlhiasl« nachgesagte Motive wurden lange davor schon wörtlich anderen »Sehern« zugeschrieben, etwa den »Propheten« aus dem Rheinland Bernhard Rembold (1689–1783) und Johannes Peter Knopp (1714–1794) oder Wessel Dietrich Eilert (1764–1833) aus Westfalen, genannt »der alte Jasper«, aber auch dem Landpfarrer Soufrant aus der Vendée (gestorben um 1830). Sie sind auch in einer britischen Tradition bekannt, in der die legendären Weissagungen von Mother Shipton aus dem 16. Jahrhundert weiterentwickelt wurden.

Ausdruck menschlicher Ängste

Der Legendenschatz einer solchen prophetischen Tradition schöpft aus den Umständen und Missständen der jeweiligen Gegenwart. Dazu gehören auch Visionen aus dem religiösen Bereich wie etwa die Marienerscheinungen. Es manifestiert sich in ihnen die Angst vor dem Ende einer hergebrachten Lebensform, die Ungewissheit in Zeiten wirtschaftlicher, religiöser und kultureller Umbrüche. Dem »Mühlhiasl« werden fast ausschließlich endzeitliche Aussagen wie »Wenn der eiserne Hund in der

Donau heraufbellt [...] Wenn die Leute in der Luft fliegen können [...] Dann steht die Welt nicht mehr lang« in den Mund gelegt.

Seine Geschichte dient als Lehrstück, das sich auf zahlreiche Weissagungen anwenden lässt: Prophezeiungen als Ausdrucksmittel für zeitgemäße Existenzängste. Viel zu leichtfertig werden Propheten und Prophezeiungen als das angenommen, was sie vorgeben zu sein, obwohl es sich in Wahrheit um Kunstprodukte oder gar fiktive historische Personen handelt. Diese Ängste, die die Menschen an Weissagungen aller Art glauben lassen, sind durchaus real und ihre Auswirkungen im kollektiven Unbewussten der jeweiligen Zeit sind nicht zu unterschätzen.

APPARITION DE LA Ste VIERGE LE 19 SEPT.^{re} 1846

Am 19. September 1846 hatten die Kinder Melanie Calvat und Maximin Girard aus La Salette beim Kühehüten eine Marienerscheinung. Auch hier hinterließ die Jungfrau Prophezeiungen, die aufgezeichnet wurden. Diese ergehen sich in düsteren und vieldeutigen Ankündigungen über das zukünftige Schicksal der Welt, das durch die Verfehlungen der Menschen verschuldet wird. Die Lithographie aus dem 19. Jahrhundert zeigt den Ort des Geschehens und fasst die Begegnung der Hirtenkinder mit Maria in wenigen Szenen wie auf einem Votivbild zusammen. Im unteren Bild ist zu sehen, dass auf dem Hügel, auf dem sich die Erscheinung ereignete, ein Gotteshaus entstand.

PROPHETEN

Der »prophetische Franzose«

Die in der Schlacht von Cambrai (20.–29. November 1917) erbeuteten leichten Geschütze sind wie ein Mahnmal des Ersten Weltkriegs – ein Szenario, wie es der prophetische Franzose geweissagt haben könnte.

Es ist wirklich kaum zu begreifen, dass diese Katastrophe, während sie bereits nahte und in ihrem Schoß unzählbares Unglück trug, nicht klarer den drohenden Schatten auf uns geworfen hat. Ein Geheimnis von diesem Gewicht hätte auf allen Existenzen lasten und Vorahnungen und Enthüllungen hervorrufen müssen. Nichts derartiges. Sorglos kamen und gingen wir unter dem drohenden Unglück, das uns von Jahr zu Jahr, von Tag zu Tag, schließlich von Stunde zu Stunde näher kam, und sahen es erst, als es bereits unsere Häupter berührte.« Der flämische Dichter Maurice Maeterlinck analysierte in seinem Buch »Les Débris de la Guerre« (Die Verwüstungen des Krieges, 1918) 83 Prophezeiungen über die Zeit vor dem Ersten Weltkrieg. In keiner kündigte sich das verheerende Kriegsgeschehen an, keiner der Sensitiven ahnte etwas von dem schrecklichen Geschehen. Einzig Aussagen eines unbekannten Franzosen, die im August 1914 aufgezeichnet wurden, weisen auf die Geschehnisse des Krieges hin. Die Prophezeiungen des unbekannten Mannes enthalten sogar detaillierte Angaben über einen Zweiten Weltkrieg und über Dinge, die in den 1930er und 1940er Jahren geschahen. Hätte Maeterlinck diese Prophetien gekannt, hätte er sich nach den Analysen für sein Buch weniger enttäuscht gezeigt.

Die Briefe des Soldaten Rill

Überliefert sind die Prophezeiungen des unbekannten Franzosen durch zwei Briefe des deutschen Soldaten Andreas Rill an seine Familie. Seine Briefe datieren vom 24. und vom 30. August 1914. Umfangreiche Untersuchungen zur Echtheit der Dokumente haben daran keine Zweifel ergeben.

Zu Beginn des Ersten Weltkriegs nahm die Kompanie, der Andreas Rill angehörte, im Oberelsass einen französischen Zivilisten fest, der im Beisein aller vom Leutnant verhört wurde. Der unbekannte Mann beantwortete dabei nicht nur Fragen, die man an ihn richtete, er präsentierte sich auch als Prophet.

Was er den Männern der Kompanie zu sagen hatte, erschreckte viele der Anwesenden. Andere taten die Ankündigungen des Fremden als Unsinn ab. Rill nannte den Gefangenen zwar scherzhaft den »prophetischen Franzosen«, schrieb aber dennoch ganz bewusst an Frau und Kinder in Bayern, was er von diesem über einen Ersten und Zweiten Weltkrieg erfahren hatte, denn: »[...] wer weiß, ob wir bis dort noch leben, und es ist ja nicht zum glauben, und ich schreibe es nur, damit Ihr seht, was der alles gesagt hat, und von den Kindern erlebt die Zeit doch eines.« Rill

hat dem Propheten als Zeuge für spätere Nachfragen in seinen Briefen ein einmaliges Denkmal gesetzt.

Die Suche nach dem Propheten

Der Freiburger Parapsychologe Hans Bender recherchierte den Fall 60 Jahre später, konnte aber nur noch Bruchstücke zusammentragen.

Die Begegnung Rills mit dem seltsamen Mann muss zwischen dem 14. und dem 18. August 1914 stattgefunden haben. Die Identität des Propheten bleibt indes ein Geheimnis. Er soll Mitglied einer Freimaurerloge gewesen und später als Laienbruder in ein Kloster eingetreten sein. Wahrscheinlich fand die Vernehmung in einem Kloster statt und wahrscheinlich trat der fremde Franzose später in eben dieses Kloster ein, denn Teile der Rillschen Kompanie waren ab Mitte August 1914 im Kapuzinerkloster Sigolsheim bei Colmar untergebracht. Dort führte man am 6. November 1917 auch einen namentlich nicht genannten Laienbruder in den Büchern an. Rill, der im selben Winter nach dem unbekannten Franzosen suchte und meinte, ihn in dem Laienbruder gefunden zu haben, konnte leider nicht mehr mit dem Fremden sprechen. Er hörte nur, dass der Mann, den er sehen wollte, inzwischen verstorben war.

Der Soldat Andreas Rill zu Beginn des Ersten Weltkrieges.

Zitate aus dem ersten Rill-Brief vom 24. 8. 1914:

Zum Jahr 1938 notierte Rill: »Denn es kommt die ganze Lumperei auf und es geht wild zu in den Städten. Er sagte, man soll unter dieser Zeit kein Amt oder dergleichen annehmen, alles kommt an den Galgen oder wird unter der Haustür aufgehängt, wenn nicht an Fensterblöcke hingenagelt; denn die Wut unter den Leuten sei entsetzlich, denn da kommen Sachen auf, unmenschlich. Die Leute werden sehr arm, und die Kleiderpracht hat ihr Höchstes erreicht und die Leute sind froh, wenn sie sich noch in Sandsäcke kleiden können.«

Zu 1943: »Und im Jahre 1943 kommt erst der Aufstieg. Dann kommen gute Zeiten. Auch von Italien sagt er, dass es gegen uns geht und in einem Jahr den Krieg erklärt und beim zweiten Krieg mit uns geht. Italien wird furchtbar zugerichtet und viele deutsche Soldaten finden dort ihr Grab.«

Ausschnitt aus Rills Originalbrief.

Über den Propheten: »Wir sagen, der hats doch nicht ganz recht, oder er spinnt. Ihr werdet darüber lachen, denn das ist doch nicht zum glauben. Der Mann sprach mehrere Sprachen; wir haben ihn ausgelacht, aber der Leutnant sprach mit ihm die ganze Nacht, und was er noch alles gesagt hat, könnt Euch nichts denken. Jetzt habe ich genug am Schreiben, und Ihr braucht da nichts zu glauben. Ich schreibe nur, damit Ihr seht, was es für Menschen gibt. Sonst weiß ich heute wenig, bin gesund, und morgen gehts weiter; man ist halt im fremden Land; hoffentlich geht der Krieg bald zu Ende und nicht, wie der sagte.«

VISIONÄRSWISSENSCHAFTEN

Die Aussagen des »prophetischen Franzosen«

Falsche Voraussagen

Neben vielen richtigen, gab der Prophet aus dem Elsass auch falsche Prognosen, wie beispielsweise diese: »Wenn sich die Schweiz an Deutschland anschließt«, oder »England wird dann der ärmste Staat in Europa«. Dazu mischen sich prophetische Motive mit okkulten Spekulationen wie: »Unter dieser Zeit – sagt er (der Prophet) – wird der Antichrist geboren im äußersten Russland, von einer Jüdin, und er tritt erst in den fünfziger Jahren auf.« In den Rill-Briefen ist auch von »sieben dunklen Männern, die Unheil bringen«, zu lesen. Immer wieder stehen in der schriftlichen Überlieferung der Worte des Propheten historisch zutreffende Voraussagen unrichtigen gegenüber.

Inflationsgeld

Rills schrifliche Erinnerungen

Mögliche Fehlerquellen sind:
- Andreas Rill, der die Prophezeiungen niedergeschrieben hatte, konnte dem Verhör nur aus einer gewissen Entfernung lauschen.
- Der Franzose sprach angeblich mehrere Sprachen, doch wissen wir nicht, wie gut sein Deutsch war. Sowohl inkorrekte deutsche Aussagen als auch die Aussprache des Gefangenen können zu Fehlern geführt haben.
- Das lückenhafte Erinnerungsvermögen des Briefschreibers Rill.

»Der Krieg ist für Deutschland verloren und geht ins fünfte Jahr.
In einem Jahr (1916) wird Italien uns den Krieg erklären. Dann kommt Revolution, aber sie kommt nicht recht zum Ausbruch; der eine geht und der andere kommt; und reich wird man; alles wird Millionär, und so viel Geld gibts, dass mans beim Fenster rauswirft und klaubts niemand mehr auf.«
1914 glaubte kaum jemand, dass Deutschland den Krieg verlieren könnte. Wenige hielten es für möglich, dass der Krieg in eine Revolution münden würde, die das Ende des Deutschen Kaiserreichs bedeutete. Die Inflation, die in markanter Weise vorausgesagt wird, kennt in dieser Form kein historisches Vorbild.

»Es kommt ein Mann aus der niederen Stufe, und der macht alles gleich in Deutschland, und die Leute haben nichts Rechtes zu reden, und zwar mit einer Strenge, dass es uns das Wasser bei allen Fugen raustreibt.
Denn der nimmt den Leuten mehr, als es gibt, und straft die Leute entsetzlich, denn um diese Zeit verliert das Recht sein Recht, und es gibt viele Maulhelden und Betrüger.
Die Leute werden wieder ärmer, ohne dass sie es merken. Jeden Tag gibts neue Gesetze, und viele werden dadurch manches erleben oder gar sterben.
Die Zeit beginnt ungefähr 1932 und dauert neun Jahre, alles geht auf eines Mannes Diktat.«

DER FRANZOSE

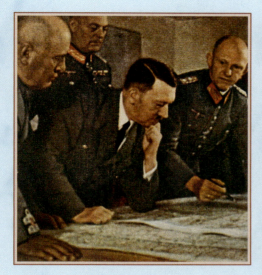

Reichskanzler Adolf Hitler, 1936

Die unmenschliche Diktatur, die der Prophet voraussagte, könnte jene sein, die am 30. Januar 1933 unter Adolf Hitler begann.

»*Der Mann und das Zeichen verschwinden, und es weiss niemand wohin.*«
Mit Ende des Zweiten Weltkriegs wurde auch das Hakenkreuz aus der Öffentlichkeit verbannt.
Über Hitlers Verbleib nach Kriegsende wird heute noch spekuliert.

»*Steht an der Jahreszahl vier und fünf, dann wird Deutschland von allen Seiten zusammengedrückt, und das zweite Weltgeschehen ist zu Ende.*«
Das Kriegsende wird mit der korrekten Jahresangabe 1945 bezeichnet. Am 7., 8. und 9. Mai unterzeichnete Deutschland seine bedingungslose Kapitulation.

»*Deutschland wird zerrissen, und ein neuer Mann tritt zutage, der das neue Deutschland leitet und aufrichtet.*«
Der prophetische Franzose sah hier wahrscheinlich die Teilung Deutschlands in DDR und BRD und den Auftritt von Bundeskanzler Konrad Adenauer (1949) voraus.

Das zerstörte Köln mit dem Wahrzeichen der Stadt, dem Dom. (Luftaufnahme von 1945)

Konrad Adenauer, erster Bundeskanzler der Bundesrepublik Deutschland.

1003

PROPHETEN

Die Hopi-Prophezeiung

Über die kultischen Handlungen der Hopi, insbesondere über die Zeremonien, gibt es keine aktuellen Bilder. Seit nahezu 100 Jahren darf in den alten Dörfern nicht mehr fotografiert werden. Dieses Foto eines Schlangentanzes aus dem Jahr 1900 ist daher eine Seltenheit.

Die Hopi-Indianer leben seit Jahrhunderten im Norden des US-Bundesstaates Arizona. Sie besitzen uralte Weissagungen über das Ende unserer und den »Aufstieg« einer neuen Welt. Ihre Mythen berichten von gewaltigen Naturkatastrophen, die die Menschen heimsuchen werden, wenn sie sich nicht wieder göttlichen und spirituellen Werten zuwenden. Erstaunlich an ihren jahrhundertealten Prophezeiungen ist, dass sie sich in den vergangenen Jahrzehnten zum Teil tatsächlich erfüllt haben. Woher konnten die Hopi von einer Zeit und einer Welt wissen, die so völlig außerhalb

HOPI-PROPHEZEIUNG

ihrer damals noch steinzeitlich geprägten Lebensweise lag? Was genau sagen ihre Überlieferungen über die Zukunft? Sehen sie eine Möglichkeit, dem Weltuntergang zu entgehen?

Volk des Friedens

Die Hopi-Überlieferungen erzählen vom Beginn der Welt und davon, dass die Indianer die ersten Menschen auf dem amerikanischen Kontinent waren. Zuvor hatten sie in einer anderen Welt gelebt, die aber durch eine Sintflut vernichtet wurde, weil ihre Bewohner moralisch verkommen waren. Erinnerungen an biblische Erzählungen werden wach, wenn die Hopi von dem Großen Geist Massau'u berichten, der den im Herzen rein gebliebenen Hopi die neue Welt anvertraute. Massau'u übergab den Hopi auch göttliche Gesetze des Friedens und zeigte ihnen ihre Zukunft.

Die Weltkriegsprophetien

Häuptling White Bear (1905–1997) erzählte 1990 über diese Vorhersagen: »1911 sagte meine Großmutter, dass ich hingehen und mir den Kriegstanz ansehen sollte, den die Hopi ›Wúwuchim‹ (Zerstörung unserer Gegner) nennen. Und innerhalb von vier Jahren würde etwas Schreckliches geschehen. 1914 begann der Erste Weltkrieg. Das gleiche geschah mit dem Zweiten Weltkrieg und dem Koreakrieg.«

Einen dritten Weltkrieg sagen die Hopi nun voraus. Er solle von jenen Völkern begonnen werden, die »zuerst das Licht, die göttliche Einsicht erhalten haben«. Dieser Hinweis auf den Nahen Osten scheint durch die heutigen Unruhen dort belegt. Die Indianer sind der Ansicht, ihr eigenes Land werde durch eine Waffe vernichtet, die der Beschreibung nach eine Atombombe ist. Schließlich würden die Sendboten des Schöpfers (Kachina) die Waffen zerstören, »um eine Welt und ein Volk unter einer Herrschaft zu gründen, nämlich der des Schöpfers.«

Arizona, die Heimat der Hopi-Indianer aus der Vogelperspektive. Einst breitete sich das Volk ganz selbstverständlich in seiner Heimat aus, bis entsprechend ihren Weissagungen, europäische Eroberer in ihr Land vordrangen. Nach dem Zweiten Weltkrieg drängten die Weißen sie – wie es ihren Prophezeiungen schon lange vorher zu entnehmen war – tatsächlich in Reservate zurück.

Apokalyptische Vision

Die Hopi glauben, dass zuvor noch Kontinente absinken und nur Höhen über 1800 Meter verschont blieben. »Wacht auf, hört, was geschieht«, warnt White Bear. Im September 1981 reiste der Hopi-Vertreter Thomas Banyacya zu einer UN-Konferenz nach Genf, um die Weltöffentlichkeit über den »Tag der Reinigung«, die Apokalypse, zu informieren: »Die Botschaft der Hopi ist dazu da, um die Menschen zu warnen. Ob und wie die Prophezeiungen eintreffen, das hängt ganz allein vom Verhalten der Menschen ab. Aber die Zeit ist sehr kurz.«

Die Hopi sind für ihre Kunstfertigkeit berühmt. Besonders aufwändig werden die Masken produziert, die Abgesandte des »Großen Geistes«, des Weltschöpfers, darstellen sollen. Sie werden von auserwählten Männern und Frauen zum Tanz bei Zeremonien getragen. Um die Kinder schon früh an diese Gestalten zu gewöhnen, werden ihnen von den Müttern Geisterpuppen geschenkt.

Botschaft an die Welt

Der spirituelle Führer der Hopi, David Monongye, schrieb 1982: »Als der prophezeite ›Kürbis voll tödlicher Asche‹ auf Japan abgeworfen war, durch den viele Menschen umkamen, handelten die Hopi, um der Welt ihre Botschaft zu bringen und sie zu warnen. Wir wussten, dass jeder Versuch, die Welt zu kontrollieren oder zu unterwerfen, einzig dazu dient, die Welt zu zerstören. Wir mögen diese Warnung zu unserem Wohlergehen oder Untergang benutzen.« Die Hopi-Prophezeiung über den Zweiten Weltkrieg lautete, dass dieser im Zeichen des Hakenkreuzes (Deutschland) und der Sonne (Japan) stattfinden werde. Anschließend würde den Hopi ihr Land genommen. So geschah es auch, obwohl die Hopi seit 1949 mehrere Protestschreiben an die US-Präsidenten verfassten.

1005

PROPHETEN

Schwarzseher und Scharlatane

Immer wieder sind Ballungszentren wie Istanbul, Tokio, Mexiko City oder San Francisco von Erdbeben betroffen. Aber nicht nur notorische Schwarzseher verbreiten solche Schreckensszenarien, auch die Filmindustrie greift sie in publikumswirksamen Katastrophenfilmen auf (Foto).

Eines der großen Katastrophenszenarios sieht folgendermaßen aus: Das Schwarze Meer vergrößert sich durch Absinken der Gestade. Neue Küstenlinien entstehen durch Flutwellen und Beben in Japan und Indien. Ein Erdbeben zerstört weite Teile von New York City. Der Rest der Stadt driftet vom Kontinent weg. Ein Drittel der Vereinigten Staaten wird vom Pazifik verschlungen. Teile der Britischen Inseln und Skandinaviens versinken im Meer, Afrika wird in Teile zerrissen.

Das Team der »Seher«

Dieses Weltuntergangsbild entwarf ein Team von Sensitiven unter Leitung des amerikanischen Anthropologen Jeffrey Goodman im Jahr

1978. Die darin angekündigten Umwälzungen würden zwischen 1980 und dem Jahr 2000 Wirklichkeit werden. Das Schlimmste wurde für das letzte Jahrzehnt des 20. Jahrhunderts vorausgesagt. Höhepunkt sollte der Polsprung im Jahr 2000 mit dem Aussetzen der Erdrotation für einige Tage sein. Wenn sich unser Heimat-

planet wieder dreht, stehen die Pole an neuen Plätzen. In Alaska wird dadurch das Klima mild und in Florida muss man wegen der permanenten Minusgrade den Pelzmantel überstreifen.

Geschäft mit der Angst

Nichts von dem, was mit großer Autorität vorgetragen wurde, ist eingetroffen. Wir haben es hier ganz offensichtlich nicht mit echten paranormalen Fähigkeiten zu tun, nicht mit präkognitiven Visionen künftiger Ereignisse. Vielmehr stechen zwei Beweggründe für die moderne Schwarzseherei hervor: Geschäftssinn und apokalyptische Ängste – die Erwartung der großen Verwandlung und um-

Paco Rabannes Vorahnungen von einem Absturz der russischen Raumstation MIR auf Paris sind bekanntlich nicht eingetreten.

fassender Veränderungen, der Anbruch des »Tausendjährigen Reiches« mit seinem bestürzenden Vorspiel.

Selbst ernannte Propheten

Der französische Modeschöpfer Paco Rabanne stilisiert sich als moderner Nostradamus. Zur Sonnenfinsternis im August 1999 war er felsenfest davon überzeugt, die Raumstation MIR würde auf Paris stürzen.

Der Amerikaner Gordon-Michael Scallion steht dem nicht nach. Seit einem Unfall im Jahr 1980 behauptet er, zukünftige Geschehnisse mit »perfekter Genauigkeit« vorhersehen zu können. Für 1995 kündigte der vermeintliche Seher in Amerika Erdbeben einer genauen Stärke von 15.0 an, jenseits des möglichen Messbereichs der Richter-Skala. Seine prophezeiten Folgen: weltweit sich ausbreitende Schockwellen, ganze Gebirgszüge stürzen durch die Schwingungsresonanz ein, Kalifornien versinkt im Meer.

SCHWARZSEHER

Der schlafende Prophet

Vorbild der Schwarzseher aus jüngster Zeit ist Edgar Cayce (1877–1945), der »schlafende Prophet«. Neben seinen Prophezeiungen machte Cayce sich vor allem einen Namen als Herausgeber der Zeitschrift »The Searchlight« und als Medium für medizinische Fragen – er konnte schwere Erkrankungen erkennen.

Cayce hatte den Beginn einer über 40 Jahre dauernden Periode von gewaltigen Naturkatastrophen für das Jahr 1958 mit dem Höhepunkt im Jahr 2000 vorhergesagt. Aber von dem, was Cayce weissagte, ist genausowenig eingetroffen, wie von den Prophezeiungen anderer Chaoskünder.

Cayce und seine Epigonen sind dem Mythos vom Jahrtausendwechsel aufgesessen – unbewusst vielleicht. Die Bilder, die als neu präsentiert werden, haben die Zukunftsdeuter wie schon in früheren Jahrhunderten aus der Schatztruhe antiker Prophezeiungen und Apokalypsen gefischt.

Edgar Cayce, der sich auch »Lichtbote« nannte, las im Schlaf angeblich aus der Akasha-Chronik, dem so genannten Gedächtnis der Welt, aus dem Vergangenheit und Zukunft gelesen werden, und veröffentlichte an die 30000 »Readings«, Niederschriften des im Schlaf Gelesenen.

1007

PROPHETEN

Der selbst ernannte Prophet Gordon-Michael Scallion hat aufgrund seiner seherischen Gaben eine Umweltkatastrophe vorhergesagt, die das biblische Ausmaß der Sintflut um ein Vielfaches übersteigen soll: Von seiner Überflutungstheorie wäre die ganze Welt betroffen.

Landkarten der Zukunft

Auf Landkarten der Zukunft zeigt der »Prophet« Gordon-Michael Scallion die neue Westküste der USA entlang der Staaten Nebraska, Wyoming und Colorado. Mittelamerika wird zu einer Reihe von Inseln reduziert. Von Europa bleibt kaum etwas übrig: Eine geschlossene Wasserfläche erstreckt sich von der Nordsee bis zum Schwarzen Meer. Kurioserweise ragt von Italien durch eine Landerhebung allein der Vatikan aus den Fluten. Russland wird von Europa durch unermessliche Wassermassen, die bis weit nach Asien hineinreichen, getrennt werden. Japan geht unter, weite Teile Chinas sind vom Meer überflutet.

Nach Scallions Theorie ragen neben dem wieder aufgetauchten Atlantis nur noch wenige Gebirgszüge Europas aus dem Wasser.

Das Antlitz der Erde sei bis zum Ende des 20. Jahrhunderts nicht wieder zu erkennen. Um weiterhin glaubhaft im Gespräch zu bleiben, bedient sich Scallion eines alten Tricks: Er versieht die vorhergesagten, aber nicht eingetroffenen Schreckensereignisse für die verstrichenen Jahre einfach mit einem neuen, späteren Datum.

Ausdruck kollektiver Ängste

Eine derart massive Verquickung von modernen Mythen mit endzeitlichen Schreckensbildern verdient wahrhaft das Attribut katastrophal. Alle diese Szenarien beruhen auf apokalyptischen Befürchtungen. Sie werden nur aus der Angst verständlich, buchstäblich »den Boden unter den Füßen« zu verlieren: verschwindende und auftauchende Länder, wegdriftende und untergehende Städte. Sie sind Ausdruck der Angst des modernen Menschen, der erlebt, wie die Welt durch Kriege, Atomwaffen, Umweltzerstörung und schwindende Ressourcen in äußerste Gefahr geraten ist.
Unter dem Mantel von Visionen und Prophezeiungen gebärden sich die Schwarzseher als Sprachrohre für kollektive Ängste.

Datum des Weltendes

Tritt das vorhergesagte Ereignis nicht pünktlich ein, wird es einfach später datiert. Mother Shipton, eine legendäre Prophetin des

SCHWARZSEHER

»Apokalypse« wird das letzte Buch der Bibel genannt, das die (geheime) Offenbarung des Johannes enthält. Die visionären Aussagen sind durch eine geheimnisvolle Symbol- und Rätselsprache verschlüsselt. Das Thema ist jedoch der vorherrschend negative Verlauf der bisherigen Menschheitsgeschichte, aber auch die künftige Entwicklung bis zur Realisierung des Reiches Gottes. Nach der Bibelstelle (Apk. 6, 1–8) des Neuen Testaments werden die vier Reiter, die Pest, Krieg, Hunger und Tod versinnbildlichen, als die »Apokalyptischen Reiter« bezeichnet.
Das Gemälde »Johannes erblickt die vier apokalyptischen Reiter« stammt von Palma il Giovane (1544–1628).

Ruth Ryden ist in den Vereinigten Staaten ein häufig zitiertes »Medium«. Ihre Vorhersagen bezüglich der Überschwemmung Kaliforniens trafen allerdings nicht ein.

frühen 16. Jahrhunderts, soll das Ende der Welt in Versen verkündet haben, die von ihren Anhängern über Jahrhunderte hinweg ungeniert umgeschrieben und auf die unmittelbare Zukunft bezogen wurden. Sie stellte sich dieses Ereignis als Umkehrung alles Bestehenden vor. Deshalb war das Datum für das Weltende stets eine Jahreszahl, die man auch verkehrt herum lesen konnte.

Besonders beliebt waren bei den Katastrophen-Propheten die Jahreszahlen 1661 und noch besser 1691 – diese Zahl konnte man sogar auf den Kopf stellen. Der Untergang blieb aus, und so reimte man zuletzt: »The world to an end shall come in nineteenhundred sixty-one.« (Die Welt wird 1961 zu Ende gehen).

Die Wesen aus Licht

Über das amerikanische Medium Ruth Ryden melden sich aus dem Jenseits »Peter und die Wesen aus Licht«. Auf Erden sei Peter als ein Jünger Jesu, Simon Petrus, inkarniert gewesen. Die »Wesen aus Licht« hatten nur altbekannte, dafür falsche Weissagungen zu berichten. Beispielsweise: Ende des Jahres 1997 stehe der Großteil Kaliforniens unter Wasser. Mächtige Veränderungen zum Jahrtausendwechsel ständen bevor. Das Ende der Welt naht, zumindest der Welt, wie wir sie bislang gekannt haben. Aber auch diese Vorhersage ist wie viele andere bisher nicht eingetroffen, denn glücklicherweise hat noch kein Schwarzseher ins Schwarze getroffen.

1009

PROPHETEN

Das Testgerät

Der Physiker Dr. Helmut Schmidt entwickelte Ende der 60er Jahre ein Testgerät für Präkognition auf der Basis von radioaktivem Zerfall. Betätigt eine Versuchsperson einen der vier Knöpfe der Maschine, wird ein Geigerzähler aktiviert, der die zufällig emittierten Elektronen registriert. Der Zähler stoppt bei einem von vier Zuständen, und das korrespondierende Lämpchen leuchtet auf. Die Versuchspersonen sollten vorhersagen, welches Lämpchen als Nächstes aufleuchten würde. Die überdurchschnittlichen Trefferzahlen belegen die Fähigkeit, absolut zufällige mikrophysikalische Zustände vorhersagen zu können.

Prophezeiungen auf dem Prüfstand

Professor Hans Bender beschäftigte sich mit einer Vielzahl parapsychologischer Phänomene. Über Jahrzehnte hat er in seinem Institut die Träume verschiedener Personen auf ihren prophetischen Gehalt hin ausgewertet.

Bei der wissenschaftlichen Versuchsreihe wurde von den Probanden erstaunlich häufig der richtige Knopf gedrückt, der einem der vier Zerfallszustände von Radioaktivität entsprach.

Am 27. Juni 1914 hatte Bischof Lanyi von Großwardein (heute Rumänien) einen beunruhigenden Traum. In einem Kuvert mit schwarzen Rändern und dem Wappen des Erzherzogs Franz Ferdinand von Österreich-Ungarn befand sich ein Bild, auf dem zwei junge Männer den Erzherzog und dessen Frau im Fond eines Automobils mit Revolverschüssen töten.

Darunter stand: »Teile Ihnen hiermit mit, dass ich heute mit meiner Frau in Sarajewo als Opfer eines politischen Meuchelmordes falle...« Unterzeichnet »EH. Franz«. Am folgenden Tag erhielt der Bischof durch ein Telegramm die Nachricht von der Ermordung des Thronfolgers. Einzige Abweichung von seinem Traum: es war nur ein Täter und nicht zwei.

Präkognitive Träume

Spontane Eindrücke von künftigen Ereignissen kommen weit häufiger vor, als gemeinhin angenommen. Der »Sprung über die Zeit« – die Präkognition – zählt zu den häufigsten Berichten, die in parapsychologischen Instituten gesammelt werden. Viele präkognitive Eindrücke ereignen sich im Traum. Der Freiburger Parapsychologe Professor Hans Bender (1907–1991) stellte eine bemerkenswerte Studie mit der Schauspielerin Christine Mylius an, die von häufigen Wahrträumen berichtete und sich selbst für die Langzeituntersuchung anbot. Frau Mylius schickte seit Beginn der 50er Jahre bis zu ihrem Tod im Jahr 1982 ihre Träume an das Institut Benders. Auf diese Weise ließen sich bei der Nachprüfung von präkognitiven Inhalten, Erinnerungstäuschun-

PRÄKOGNITION

gen und Ausschmückungen vermeiden. In 25 Jahren kamen mehr als 2800 Träume zusammen. Ein einmaliges Material, in dem Bender und seine Mitarbeiter eine Reihe von Ereignissen rekonstruieren konnten, die Christine Mylius unzweifelhaft vorhergeträumt hatte.

Der Parapsychologe Professor W. H. C. Tenhaeff hat zusammen mit seinem Kollegen Hans Bender Mitte der 70er Jahre die berühmten »Platzexperimente« durchgeführt.

Das Beispiel Gotenhafen

Zu einer Zeit, als der Film »Nacht fiel über Gotenhafen« noch gar nicht geplant war, träumte die Schauspielerin Christine Mylius von ihrer künftigen Rolle darin. Sie träumte von einer Expedition nach Afrika, erlebte dabei ein Schneegestöber in einer Gegend, die sowohl Schneelandschaft als auch Sandwüste sein konnte. Für eine Filmszene wurde später auf dem Studiogelände ein künstliches Schneegestöber erzeugt, während nur 50 Meter davon entfernt für einen anderen Film eine Wüstenlandschaft aufgebaut war. In demselben Traum sah Mylius zwei Tänzerinnen in spärlicher Bekleidung. Im Gotenhafen-Film traten dann in der Tat zwei Tänzerinnen auf, die allerdings nicht spärlich bekleidet waren. Hingegen wurde parallel dazu eine wenig bekleidete Bauchtänzerin in dem anderen Film aufgenommen.

Vorahnungen

Vielfach wird künftiges Geschehen nicht konkret, sondern nur als »dumpfes« Gefühl wahrgenommen. Man spricht dann von einer Ahnung oder einer Vorahnung. Die Wirkweise unbewusster Ahnungen wurde auch experimentell untersucht. Wenn ängstlichen Menschen Bilder gezeigt werden und sie jeweils wissen, ob das nächste Bild ein affektiv aufwühlendes ist, dann beschleunigt sich ihr Herzschlag schon vor dem Erscheinen des Bildes in auffälliger Weise. Doch was passiert, wenn man nicht weiß, was für ein Bild auftauchen wird?

Der Vorahnungsreflex

Ein Experiment des amerikanischen Parapsychologen Dr. Dean I. Radin aus dem Jahr 1997 beantwortete diese Frage. Die Versuchspersonen saßen vor einem Computerbildschirm. Durch einen Klick auf die Maustaste des Computers erschien ein zufällig gewähltes Farbfoto. Die Versuchsperson wusste nie, ob ein neutrales Bild oder eines mit erotischen oder aggressiven Darstellungen auftauchen würde. Physiologische Apparaturen zeichneten einen auffallenden Anstieg der Erregung auf, schon bevor die reizauslösenden Fotos auf dem Bildschirm erschienen. Fazit der Forscher: Der menschliche Organismus registriert unbewusst Vorahnungen, und lässt die so gewonnen Informationen ohne unser bewusstes Wissen in unsere Entscheidungsprozesse einfließen.

Platzexperimente

Die Professoren W.H.C. Tenhaeff (1894–1981) und Hans Bender untersuchten die präkognitiven Fähigkeiten des Niederländers Gerard Croiset (1910–1981). Croiset machte Aussagen über eine Person, die zu einem späteren Zeitpunkt auf einem bestimmten Platz in einem Auditorium sitzen wird.
Bei zahlreichen dieser berühmt gewordenen »Platzexperimente« konnte Croiset oft kleine emotional betonte Erlebnisse aus dem Leben der Zielperson wiedergeben. So nebensächlich sie gelegentlich zu sein schienen, umso überzeugender waren die treffenden Aussagen, mit denen die teilnehmenden Personen konfrontiert wurden.

Die Schauspielerin Christine Mylius machte schon in jungen Jahren die erstaunliche Entdeckung, dass sie bestimmte Begebenheiten ihres Lebens, aber auch politische Ereignisse »vorherträumte«. Mit ihren Traumaufzeichnungen nahm sie an einer langjährigen wissenschaftlichen Untersuchung teil. Im Freiburger Institut für Parapsychologie hat Professor Hans Bender die Träume von Frau Mylius ausgewertet und für weitere Forschungen archiviert.

Visionärs-
wissenschaften

Natur- und Geisteswissenschaftler prophezeien eine neue Epoche, die die Welt grundlegend verändern wird. Das kommende Zeitalter werde, so die Prognosen, mit einer Dynamik über die Menschheit hereinbrechen, als würden Dampfmaschine, Automobil und Fernsehen innerhalb einer Woche erfunden und die Epoche verändernden Werke eines Galilei, Kant, Darwin, Freud oder Einstein an einem Tage verfasst. Bald schaffen Gen-Forscher den neuen Menschen, der klug und widerstandsfähig ist. Mediziner setzen bisher unentdeckte Kräfte des Geistes für die Heilung von Krankheiten ein und Physiker dringen in die Welten der Antimaterie vor, die zu einer gigantischen Energiequelle werden kann. Schließlich stellen sich Wissenschaft und Religion gemeinsam die Frage aller Fragen: Ist bei den Gesetzen des Universums ein intelligentes Wesen involviert?

VISIONÄRSWISSENSCHAFTEN

Wissenschaft und Vision

Diese Sammlung von Behältern mit entschlüsselter DNA symbolisiert den Zustand der medizinischen Wissenschaft heute. Mit der Erforschung wird es möglich sein, Krankheiten zu bekämpfen und Alterungsprozesse aufzuhalten.

WISSENSCHAFT UND VISION

Nichts deutet darauf hin, dass der jetzige Stand unseres Wissens und unserer Lebensumstände das Ziel der Evolution ist. Ob sich der Mensch fortentwickelt oder selbst beseitigt, entscheidet sich im neuen Jahrtausend. Sein Wissen kann ihn in Abgründe führen – ökologisch, nuklear und bakteriell – oder ihm dabei helfen, sich auf eine Welt ungeahnter Möglichkeiten einzustellen.

Die maximale Lebenserwartung steigt ständig. Mediziner sagen weitere Manipulationen der genetischen Zeitgeber voraus, so dass die individuelle Lebensspanne bis zum Jahre 2050 auf etwa 150 Jahre ausgedehnt werden kann. Denn der Mensch stirbt nicht am Alter, sondern an Krankheiten, für die er im Alter anfälliger wird. Nicht nur die revolutionären Entwicklungen in der Medizin, der Gentechnik und der Ernährung werden zu einer Verlängerung der Lebenszeit beitragen, auch die mentale Einstellung des Menschen spielt zunehmend eine Rolle. Es wird nicht darum gehen, Krankheiten zu heilen, sondern Gesundheit zu erhalten.

«Keine Menschenzucht!»

Die Wissenschaft steht vor weitreichenden Eingriffen in die Schöpfung. Seit der Aufschlüsselung des menschlichen Erbguts ist es nur eine Frage der Zeit, dass Menschen nach den Vorstellungen von Menschen geschaffen werden. Dürfen Wissenschaftler das alles oder geraten ethische Grundfesten ins wanken? Der Molekularbiologe und Arzt Professor Jens Reich (*1939) von der Berliner Humbold-Universität fordert: »Zur Menschenzucht darf es nicht kommen!«

Gegen die herrschende Ethik und geltendes Recht – nur von ihrem Forscherdrang beseelt – haben in der Vergangenheit Wissenschaftler wie Leonardo da Vinci auf Friedhöfen Leichen ausgegraben und seziert. Davon haben in der Folge die Medizin und die ganze Menschheit profitiert. Stets hat die Wissenschaft die Erweiterung ihrer Kenntnisse vorangetrieben und es wird auch dieses Mal nicht anders sein.

Drogen und Implantate

Der Umbau von Körper, Geist und Gefühl ist bereits in vollem Gange. Der physische und psychische Mensch wird zunehmend künstlich: Die Techniken zur Veränderung seiner Erbanlagen, imitierte Organe, Gehirnimplantate sowie der gezielte Einsatz von Bewusstseinsdrogen stehen erst am Anfang, deuten aber auf ein Ende des bisherigen biologischen Modells Mensch.

Der Physiker und Wissenschaftsphilosoph Stephen Hawking prophezeit den Anbruch einer Epoche der totalen Veränderung des Menschen durch die Entwicklung der Gen-Technik. Die Zeit der künstlichen Intelligenz fordert eine widerstands-, wandlungsfähigere und klügere menschliche Spezies.

Was folgt? Auf jeden Fall eine veränderte Ausgabe des homo sapiens. Der britische Physiker Stephen Hawking (*1941) prophezeit eine totale Veränderung des Menschen durch die Gen-Technik: »Unsere Nachfahren werden klüger und widerstandsfähiger. Ich befürworte das nicht, aber es wird passieren, ob wir es wollen oder nicht.«

Künstliche Lebewesen

Bekommt das Modell Mensch nicht ohnehin bald Konkurrenz?

Für das späte 21. Jahrhundert sagen Zukunftsforscher eine neue Klasse von Organismen voraus. Diese Lebewesen sind insofern künstlich, als sie von Menschen gestaltet wurden. Dennoch werden sie sich fortpflanzen und in immer neue Formen umwandeln. Sie werden »leben« in des Wortes eigentlicher Bedeutung. Der Beginn der Ära des »Künst-

Positives Denken

In Zukunft wird lebenslanges Lernen die Norm sein. Da die meisten der heutigen Menschen nach dem Ende ihrer regulären Ausbildungszeit in einer sich rapide verändernden Wissenswelt noch etwa 60 Jahre leben, bieten sich ihnen bis ins hohe Alter ungeahnte Entwicklungschancen. »Siebzigjährige sind mental und körperlich fitter als man glaubt«, meint Professor Paul Baltes (*1939), Direktor am Berliner Max-Planck-Institut für Bildungsforschung. Als unabdingbare Voraussetzungen, diese Lebensqualität bis ins hohe Alter zu bewahren, hält er Eigenschaften wie Optimismus und positives Denken: »Von der Kindheit bis ins hohe Alter ist der Glaube an sich selbst und die eigene Gestaltungskraft eine Kernbedingung.«

Nicht nur medizinisch wird das Alter der Menschen manipulierbar sein, sondern auch das Bewusstsein wird und muss sich ändern. Professor Paul Baltes propagiert positives Denken und Lernbegierigkeit als gewinnbringende Faktoren, wenn es um die Fitness im Alter geht

1015

VISIONÄRSWISSENSCHAFTEN

Was ist Leben?

Noch streiten sich Philosophen darüber, ob man etwas als »lebend« bezeichnen kann, das sich im Kern einer Rechenanlage befindet. Verdient überhaupt irgendetwas von Menschenhand Geschaffenes diese Bezeichnung? Sollte der Begriff »Leben« nicht auf die natürlichen Phänomene beschränkt bleiben? Die Fragen sind schwer zu beantworten, weil es noch immer keine wirklich brauchbare Definition des Begriffes »Leben« gibt. Die hier beschriebenen Wesen von »Poly World« zeigen viele der notwendigen Voraussetzungen, um sie als Leben bezeichnen zu können; sie wachsen, pflanzen sich fort, sind entwicklungsfähig und sterben. Diese Kreaturen können körperliche Formen haben und damit so etwas wie lebende Roboter sein, sie können aber auch, ganz immateriell, nur innerhalb eines Computers existieren.

lichen Lebens« wird das wichtigste historische Ereignis seit der Entstehung des Menschen sein.

Computer als Brutkästen

Die kleinen Lebewesen gleiten lautlos mit unterschiedlicher Geschwindigkeit durch ihr Dasein und sind in der Lage, sich zu orientieren. Ein neuronales Netzwerk verleiht ihnen die Fähigkeit, die Welt um sich herum wahrzunehmen.

So lehrt sie die Erfahrung, was ihnen gut bekommt und wie sie ihre dringendsten Bedürfnisse befriedigen können. Wenn sich zwei von ihnen paaren, verschmelzen die Erbanlagen und bestimmen damit die Eigenschaften ihrer Nachkommen. Sie sind sterblich und manchmal werden ihre Körper noch vor der Verwesung von Artgenossen verschlungen. Der Name dieses künstlichen Ökosystems, das bereits Ende des vergangenen Jahrtausends von dem Informatiker Larry Yaeger (* 1962) in Silicon Valley ersonnen wurde, ist »Poly World«. Das Material ist anorganisch, sein Kern ist Information, und Computer sind die Brutkästen, die diese neuen Organismen hervorbringen. Ebenso wie es die medizinische Forschung der letzten Jahrhunderte geschafft hat, Lebensvorgänge in Reagenzgläsern (in vitro) ablaufen zu lassen, so erschaffen die Biologen und Computerspezialisten Leben in Siliciumchips (in silicio).

War die Geschichte des natürlichen intelligenten Lebens auf der Erde nichts als eine vorübergehende Entwicklungsphase? »Ich sehe in den Gehirnen unserer Maschinen den Keim einer Wahrnehmung, die sich zu einem Bewusstsein ähnlich dem des Menschen entwickeln wird«, sagt Professor Hans Moravec (*1958), Direktor des Mobile Robot Laboratory der Carnegie-Mellon-Universität in Pittsburg voraus.

Vom Einzeller zum Insekt

Nach Moravec entwickeln die modernsten heutigen Computer eine Leistung, die mit dem Nervensystem einer Biene vergleichbar ist. Vor 50 Jahren war das Verhalten der kompliziertesten Maschinen noch einfacher als das einer Mikrobe. In der biologischen Evolution hat die Entwicklung vom Einzeller zum Insekt 500 Millionen Jahre gedauert. Also ist aktuelle technische Entwicklung von Intelligenz etwa zehnmillionenmal schneller. Innerhalb der nächsten zehn Jahre werden wir Haushaltsroboter sehen, die kochen, putzen und das Grundstück bewachen und etwa so intelligent sind wie Amphibien. In 20 Jahren werden Roboter die Intelligenz von Ratten haben. In 30 Jahren werden sie unabhängig und bewusst wie unsere Affen reagieren und in 40 Jahren sind sie intelligenter als der Mensch.

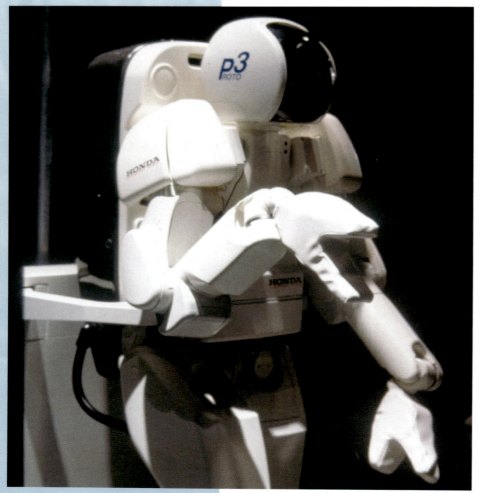

Die Erforschung des Erbguts beeinflusst auch die Hochtechnologie in ungeahntem Maße. Es wird in Zukunft Roboter mit immer größer werdender Intelligenz geben – das Zeitalter der künstlichen Evolution ist gerade erst angebrochen.

WISSENSCHAFT UND VISION

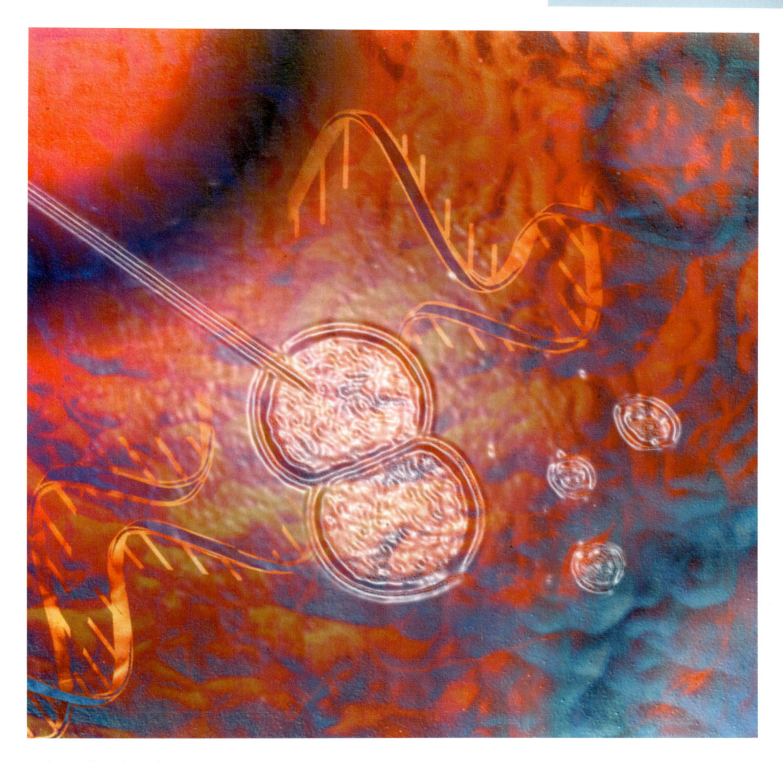

Roboter beerben das Universum

Maschinen werden dann jede Art von Job billiger, schneller und exakter ausführen. Dank dieser mechanischen Helfer könnten sich die biologischen Menschen ganz ihrer Freizeit und dem Vergnügen widmen, denn das Delegieren der Arbeit der Roboter ist nicht tagesfüllend – der Verdienst aber bleibt. Die Fron harter Arbeit bliebe ihnen erspart, wenn sie mit den technischen Errungenschaften verantwortungsvoll umgehen. Stephen Hawking ist fest davon überzeugt, dass sich diese Maschinen selbständig machen, vom Menschen fortentwickeln und später als superintelligente Roboter das Universum beerben. Werden die biologischen Menschen, ihre Vorfahren, dann nichts weiter als eine ferne Erinnerung sein?

Die Computergrafik zeigt das Eindringen einer Nadel in zwei sich teilende Zellen. Sie entnimmt Erbgut, das dann z. B. in andere Organismen wieder eingesetzt wird. So werden Pflanzen widerstandsfähiger gegen Schädlinge.

1017

VISIONÄRSWISSENSCHAFTEN

Der Ring in der Blume

Beim Blumenpflücken im Annatal verlor die Frau des Malers Moritz von Schwind ihren Trauring. Verzweifelt suchte sie mit ihrem Mann immer wieder die gesamte Gegend ab, doch vergeblich. Im nächsten Sommer spazierte das Ehepaar Schwind wieder durchs Annatal, den schmerzlichen Verlust hatten sie bereits vergessen und freuten sich an der Pracht der blühenden Pflanzen, als sie ein Glitzern an einer Blume bemerkten: Eine Königskerze war durch den Ring hindurch gewachsen und trug ihn auf ihrer Spitze.

Eine Dame berichtete, sie habe in einem See beim Baden ihren Ring verloren. Trotz eifriger Suche konnte sie ihn nicht finden. Acht Jahre später badete sie an derselben Stelle. Sie rutschte dabei aus und griff, um Halt zu finden, auf den Grund. Dabei glitt ihr Finger in den verlorenen Ring.

Ein anderer Fall berichtet von einer Frau, die an ihrem Geburtstag eine ungewöhnliche Brosche verlor. Sie war zwar nicht besonders wertvoll, aber ihr Herz hing sehr daran. Noch ganz unglücklich öffnete sie am selben Tag die Geschenke, die man ihr geschickt hatte. Darunter befand sich auch das Päckchen einer seit Jahrzehnten in Übersee lebenden Tante. Darin war eine Brosche, die der verlorenen verblüffend ähnlich sah. Die Tante, die die verlorene Brosche nie zu Gesicht bekommen hatte, hatte das ähnliche Schmuckstück aus einem spontanen Impuls heraus gekauft.

Von sinnvollen Zufällen

Portrait mit faksimiliertem Namenszug des Malers und Graphikers Moritz von Schwind (1804–1871). (Stahlstich um 1860)

1018

SINNVOLLE ZUFÄLLE

Man hört zum ersten Mal ein ungewöhnliches neues Wort und kurz darauf begegnet es einem mehrmals wieder, etwa in den Fernsehnachrichten oder aus dem Mund eines Bekannten. Das ist ein einfacher sinnvoller Zufall, den man auf fokussierte Wahrnehmung zurückführen kann. Komplizierte Fälle dieser Art gehören zu den rätselhaften Erlebnissen, denen immer etwas Schicksalhaftes anzuhaften scheint, wie dieses Beispiel veranschaulicht: Im März des Jahres 1914 fotografierte eine Mutter im Schwarzwald ihren vierjährigen Sohn. Überraschend musste sie nach Straßburg fahren und vergaß den Film abzuholen. Einige Zeit später brach der erste Weltkrieg aus. Zwei Jahre später kaufte die Frau in Frankfurt einen Film, um ihre Tochter, die sie mittlerweile zur Welt gebracht hatte, aufzunehmen. Bei der Entwicklung stellte sich heraus, dass der Film doppelt belichtet war. Es war der verlorene Film. Die erste Belichtung zeigte ihren Sohn im Schwarzwald beim Spielen mit seinen Freunden im Schnee und darüber war ihr Töchterchen beim Sonnenbad in Frankfurt zu sehen.

Sir Arthur Conan Doyle (1859–1930), der Autor der Sherlock-Holmes-Romane und überzeugte Spiritist, meinte, die sinnvollen Zufälle auf das Eingreifen jenseitiger Geister zurückführen zu können.

Der deutsche Schriftsteller Wilhelm von Scholz (1874–1969), der viele der hier genannten Beispiele sinnvoller Zufälle gesammelt hat, sprach von einer »Anziehungskraft des Bezüglichen«. Darin schwingt die Idee mit, dass es unsichtbare Verbindungen gibt, die auf eine transzendente, schicksalhafte Bezogenheit hindeuten.

Synchronizität

Bei diesen eigentümlichen Phänomenen handelt es sich um scheinbar nicht zusammengehörende Ereignisse im Bewusstsein und in der materiellen Welt. Für das Zusammenfallen gibt es keine Ursachen, dennoch stehen die Ereignisse in einer sinnvollen Beziehung zueinander. Der Schweizer Tiefenpsychologe Carl Gustav Jung (1875–1961) nannte diese Phänomene »Synchronizitäten« und versuchte sie mit seiner Theorie des kollektiven Unbewussten zu erklären. Das kollektive Unbewusste sei die tiefste den Menschen aller Zeiten und Kulturen gemeinsame Geistesebene.

In ihr übersteige die Seele die Grenzen von Zeit und Raum. Aus ihr entstanden die Mythen und durch sie hat wiederum jedes Individuum teil an der Mythologie schlechthin. Jung drückte diesen Umstand folgendermaßen aus: »Wenn im Punkt A etwas geschieht, welches das kollektive Unbewusste berührt oder in Mitleidenschaft zieht, so ist es überall geschehen.«

Akausale Zusammenhänge

In bestimmten Situationen, vor allem bei solchen von existenzieller Bedeutsamkeit, treten verstärkt Zufälle auf, die in Zusammenhang

Der Schöpfer des berühmten Detektivs Sherlock Holmes, Sir Arthur Conan Doyle, war auch Verfasser etlicher spiritistischer, okkulter und fantastischer Werke. Neben seinem Roman »Der Hund von Baskerville« (1902) gehört auch »Die neue Offenbarung – Was ist Spiritismus?« (1921) zu seinen bekannteren Werken. Die Aufnahme von 1892 zeigt ihn zusammen mit seiner Frau vor ihrem Haus in London.

1019

VISIONÄRSWISSENSCHAFTEN

mit seelischen Erfahrungen stehen – es erscheint dem Betrachter wie eine geheimnisvolle Abhängigkeit der inneren von den äußeren Ereignissen und umgekehrt.

Zusammen mit dem Physiker Wolfgang Pauli (1900–1958) entwickelte Jung seine These systematisch. Die Synchronizität muss als ein Prinzip akausaler Zusammenhänge verstanden werden. Damit ist es kein Erklärungsmodell in naturwissenschaftlichem Sinn, sondern vielmehr ein Beschreibungsrahmen, der sich auf die enge Verbindung von psychischen und physischen Geschehnissen stützt; eine Verbindung, die von der modernen Bewusstseinsforschung neu entdeckt und erforscht wird. Jung unterschied drei Kategorien der Synchronizität:

Der Skarabäus nimmt im Ägyptischen Totenbuch eine herausragende Stellung ein. Der Psychologe C. G. Jung berichtete, wie sich der Traumbericht einer Patientin mit dem zufälligen Erscheinen eines Käfers dieser Gattung deckt.

1. Das ursachenlose Zusammentreffen des psychischen Zustandes eines Menschen mit einem gleichzeitig auftretenden äußeren Ereignis, das dem psychischen Zustand entspricht. Ein Beispiel hierfür wäre der weiter unten angeführte »Skarabäus«-Fall.
2. Die Koinzidenz eines psychischen Zustandes mit einem entsprechenden objektiven Ereignis, das der Erlebende nicht wahrnehmen kann. Zum Beispiel kann man das Phänomen des Hellsehens als synchronistisches Ereignis sehen: 1756 erlebte der schwedische Naturforscher und Mystiker Emanuel Swedenborg (1688–1772) bei einem Bankett in Göteborg spontan eine Vision. Er sah den Brand des Hauses seines Freundes in Stockholm. Wie sich herausstellte, fand der Brand tatsächlich zur selben Zeit statt.
3. Die Koinzidenz eines psychischen Zustandes mit einem zukünftigen äußeren Ereignis. In den 1920er Jahren besuchte ein 14-jähriges Mädchen mit ihren Eltern den Mont-Saint-Michel in Frankreich. Sie bestaunte die großen parkenden Autos und kletterte in einen besonders schönen Wagen. Der Chauffeur beschimpfte sie in einer fremden Sprache und warf sie hinaus. In München lernte sie acht Jahre später einen skandinavischen Ingenieur – ihren künftigen Mann – kennen. Als sie nach ihrer Hochzeit ein Fotoalbum ihres Mannes durchblätterte, erkannte sie den Wagen mit dem Chauffeur vor dem Mont-Saint-Michel. Sie war als Mädchen in das Auto ihres zukünftigen Mannes gestiegen. Die eigentliche Pointe: So wie sie Jahre zuvor aus dem Auto hinausgeworfen wurde, warf ihr Mann sie Jahre später aus der Ehe. Die Scheidung lastete jahrzehntelang auf ihr. Der sinnvolle Zufall scheint hier wie ein Orakel für eine bedeutende künftige Entwicklung zu sein.

Der Urgrund des Seins

Jung versuchte mit seiner Theorie der Synchronizität nicht nur die paranormalen Phänomene wie Telepathie, Hellsehen und Präkognition zu erfassen, sondern auch einen Erklärungsrahmen für Astrologie und für die aus

SINNVOLLE ZUFÄLLE

allen Zeiten und Kulturen bekannten Formen der Wahrsagerei zu bieten. Jung hat das Konzept der Synchronizität beispielsweise auf das alte chinesische Orakelbuch I Ging angewendet. Dabei wirft man Münzen, um zu einem bestimmten Problem eine orakelhafte Antwort zu erhalten. Das Ergebnis des Münzwurfs entspricht einem der 64 Orakeltexte des I Ging. Jung hat beobachtet, dass Menschen dann sinnvolle und brauchbare Antworten erhalten, wenn sie das I Ging in existentiell bedeutsamen Situationen befragen. Hier wird also ein seelischer Zustand – die drängende, existentiell bedeutsame Lebenssituation – tatsächlich durch einen Zufallsprozess in einen sinnvollen Zusammenhang mit einer Antwort auf das eigene Problem gebracht. Seelischer Zustand und Orakelantwort stehen in keinem ursächlichen Zusammenhang – ein synchronistisches Phänomen.

Jungs Überlegungen zur Synchronizität münden in philosophische Spekulationen. Er ging davon aus, dass es einen Wirklichkeitsbereich gibt, der weder psychisch noch physisch ist. Es ist der unbeschreibbare, außerhalb von Raum und Zeit liegende Urgrund des Seins. Wenn sich in ihm die körperliche und die seelische Welt überschneiden, treten synchronistische Phänomene auf.

Die Fischserie

Jung erlebte selber zahlreiche synchronistische Phänomene. Ein Beispiel: »Am 1. April 1949 habe ich mir am Vormittag eine Inschrift notiert, in welcher es sich um eine Figur handelt, die oben Mensch, unten Fisch ist. Beim Mittagessen gab es Fisch. Jemand erwähnte den Brauch des ›Aprilfisches‹. Am Nachmittag zeigte mir eine frühere Patientin, die ich seit Monaten nicht mehr gesehen hatte, einige eindrucksvolle Fischbilder, die sie gemalt hatte. Am Abend zeigte mir jemand eine Stickerei, die Meerungeheuer und Fische darstellt. Früh am nächsten Morgen sah ich eine frühere Patientin, die mir nach zehn Jahren zum ersten Mal wieder begegnete. Sie hatte in der Nacht vorher von einem großen Fisch geträumt.«

Der goldene Skarabäus

Eine Patientin von C. G. Jung war mit ihrer Therapie ins Stocken geraten. Endlich erinnert sie sich an einen Traum von einem goldenen Skarabäus. Während die Patientin über ihren Traum berichtete, flog ein Rosenkäfer, ein in Mitteleuropa dem Skarabäus am engsten verwandtes Insekt, ans Fenster. Für Jung ein klassisches Beispiel einer Synchronizität; die sinnvolle Anordnung von inneren und äußeren Vorgängen. Der Skarabäus ist ein ägyptisches Symbol der Erneuerung, womit sich die im Traum verschlüsselte Hoffnung verbindet, sich durch die Therapie zu erneuern. Auf der anderen Seite das Erscheinen eines Käfers genau zu dem Zeitpunkt, in dem der Traum erzählt wurde. Tatsächlich kam die stockende Therapie nach dem synchronistischen Ereignis mit dem Rosenkäfer ins Rollen. Die Patientin konnte erfolgreich therapiert werden und erlebte so ihre seelische Erneuerung.

Friedhöfe sind häufig Schauplatz schaurig-schöner Geschichten. Von Caspar David Friedrich (1774–1840) stammt dieses romantisch-düstere Bild »Der Friedhof«.

Das Grab in Coppet

Als junger Student unternahm Professor Hans Bender einen Ausflug an den Genfer See. In Coppet besuchte er das Grab der Schriftstellerin Madame de Staël. Er las die Inschrift: »Warum sucht ihr den Lebenden unter den Toten?« Plötzlich brach Bender in einen unerklärlichen Weinkrampf aus. Mehr als 30 Jahre später erhält Bender bei einem Kongress in Südfrankreich einen Telefonanruf: Seine Mutter liegt im Sterben. Er macht sich auf den Weg zurück nach Freiburg. Nachts hält er irgendwo an und ruft zu Hause an. Man teilt ihm mit, dass seine Mutter soeben verstorben ist. Als er nach draußen tritt, erkennt Bender, dass er vor dem Eingang zu jenem Friedhof in Coppet steht, wo er als junger Mann von einer bis zu diesem Augenblick unergründbaren Traurigkeit erfasst worden war. Dass der Tod der Mutter in einem synchronistischen Ereignis über Jahrzehnte seinen Schatten vorauswarf und zu der völlig unerklärlichen seelischen Aufwühlung führte, ist ein Hinweis auf die besondere, enge Beziehung die Hans Bender zu seiner Mutter hatte.

1021

VISIONÄRSWISSENSCHAFTEN

Das Gedächtnis des Universums

Entwickeln oder lernen Tiere einer bestimmten Spezies, so der Biologe Rupert Sheldrake, eine bestimmte Eigenschaft oder ein bestimmtes Verhalten, dann wird dies automatisch von den anderen Mitgliedern der Spezies übernommen, auch wenn es – im konventionellen Sinn – keine Kontakte zwischen ihnen gibt.

Gibt es ein kollektives Gedächtnis der Natur, in dem die Erfahrungen eines jeden Individuums gespeichert werden, egal ob Bakterie, Pflanze, Tier, Mensch oder Kristall? Der englische Biochemiker und Zellbiologe Professor Rupert Sheldrake (*1942) ist davon überzeugt, dass alle Formen in der Natur durch »morphogenetische Felder« bestimmt werden, die eine Art zeit- und raumübergreifendes Gedächtnis des Universums darstellen: »Alles was existiert« steht mit diesen Feldern in Verbindung. Über sie werden Entwicklung, Form und charakteristische Verhaltensweisen eines jeden Individuums beeinflusst.

Rupert Sheldrake rüttelt mit seiner Theorie an wissenschaftlichen Weltbildern. Manche Beobachter nennen ihn den Galileo des 21. Jahrhunderts, dessen Erkenntnisse zu kühn für die etablierte Wissenschaft sind. Neue Dimensionen des Denkens wurden in der langen Geschichte der Wissenschaften oft ignoriert, ihre Vertreter, so auch Sheldrake verfemt und zu Außenseitern erklärt.

Antwort auf zentrale Fragen

Die morphogenetischen Felder sind nach Sheldrake so etwas wie die neutrale Software des Computers. Sie werden laufend mit Informationen der unterschiedlichsten Lebensformen auf der Erde versorgt, sammeln diese und stellen sie zur Aufarbeitung wieder zur Verfügung. Entwickelt eine bestimmte Anzahl von Mitgliedern einer Spezies ein bestimmtes Verhalten, dann wird dies automatisch von den anderen Mitgliedern übernommen. »Wenn auf der Welt irgendwo etwas häufiger gelernt, geübt, ausgeführt wird, entsteht ein gemeinsames Lernfeld, das die spätere Ausübung erleichtert«, so Sheldrakes Theorie.

Er vergleicht diese »morphische Resonanz« mit der Funktion eines Radiogerätes. Die Musik ist nicht in dem Gerät enthalten; sie befindet sich unhörbar im Äther. Erst wenn ein Empfänger auf der richtigen Frequenz eingestellt ist, tritt er in Resonanz mit der Information. »Das Gehirn ist für mich eher ein Sender und Empfänger als ein Recorder, in dem Informationen gespeichert sind«, meint der Biologe.

Lernen auch Kristalle?

Mit dieser Hypothese ließen sich auch andere zentrale Fragen der Wissenschaft erklären: das instinktive Verhalten von Tieren etwa oder die Beobachtung, dass neue chemische Substanzen beim ersten Mal oft schwieriger zu kristallisieren sind als bei späteren Versuchen. »Wenn irgendwo auf der Welt neue Kristallstrukturen entwickelt werden, lassen sie sich anschließend überall auf der Welt leichter wiederholen«, erklärt Sheldrake. »Das ist insofern von Bedeutung, als Kristalle nach herrschender Meinung tote Materie darstellen.«

Rätseln auf der Spur

Die Hinweise häufen sich, dass ein solches »Gedächtnis der Natur« wirklich existiert. So sind Biologen dem Rätsel auf die Spur gekommen, wie Tiere ihre Vorratslager und ihr Zuhause finden: Eichhörnchen, die zu ihren Vorräten oder Bienen, die zum heimatlichen Stock zurückkehren, besitzen Eigenschaften, die auf eine intelligente Beobachtungsgabe und sensitive Fähigkeiten zurückzuführen sind. Es wird vermutet, dass Tiere eine abstrakte geometrische Landkarte abrufen können, in der markante Landschaftspunkte miteinander in Beziehung gesetzt werden.

Ein unsichtbares Band

Auf welche Weise finden Tauben – aber auch Katzen und Hunde – exakt ein bestimmtes, oft weit entferntes Ziel? »Es ist das morphische Feld, das sie dorthin führt,« meint Rupert Sheldrake. »Eine Art unsichtbares Gummiband, das sich ausdehnt, wenn sie sich von daheim oder von einer vertrauten Person entfernen und das sie wieder zurückzieht. Man kann es auch als eine sensitive Verbindung bezeichnen, etwas Unbekanntes, das auf der Landkarte der Naturwissenschaft noch nicht existiert.«

Sheldrake will durch seine Forschungen auch einer oft gemachten Erfahrung nachgehen, dass nämlich manche Menschen spüren, wenn jemand sie beobachtet, obwohl sie ihn nicht sehen können. Die Hypothese des Wissenschaftlers, aufgestellt nach einer Versuchsreihe im Jahre 1990 mit 18.000 Personen, lautet: »Das Sehen ist kein Vorgang, bei dem das Objekt nur passiv wahrgenommen wird. Vielmehr sind Beobachter und Objekt miteinander verbunden und beeinflussen sich gegenseitig. Betrachten erzeugt ein Feld, das der Betrachtende wahrnehmen kann.«

Ein weites Bild

Der Forscher ist davon überzeugt, dass auch paranormale Fähigkeiten wie außersinnliche Wahrnehmung und Gedankenübertragung ihre Wurzeln in unserem biologischen Erbe haben und bei Tieren weit ausgeprägter sind. Sheldrakes Ziel ist es, durch eine immense Materialsammlung gut dokumentierter und analysierter Fälle eine tragfähige empirische Basis zu schaffen. »Mein Bild von Wissenschaft ist weiter gefasst als das aus der traditionell mechanistischen Sicht«, definiert er seine Überlegungen.

Die Wanderung der Aale

Trotz intensiver Forschungen gibt es noch keine befriedigende Erklärung dafür, warum sämtliche Flussaale aus der westlichen Hemisphäre in der Sargassosee südlich der Bermudas aus den Eiern schlüpfen. Millionen Aale aus den Flüssen Europas und Amerikas legen Tausende von Kilometern zum Ort ihrer Geburt zurück, um dort zu laichen und zu sterben. Aus unzähligen Larven entwickeln sich die jungen Aale, die wenig später ihre beschwerliche Reise in die weit entfernten Flüsse antreten. Es gehört zu den großen Rätseln der Biologie, warum die Aale diese ausgedehnten Reisen unternehmen und wie sie genau den Ort wieder finden, den ihre Vorfahren verlassen haben. Nach Sheldrake ist ihr Verhalten ein weiterer Hinweis auf die Existenz der von ihm postulierten morphogenetischen Felder.

Rupert Sheldrake studierte in Harvard Philosophie, danach in Cambridge Naturwissenschaften und promovierte 1967 in Biochemie. Mit seinen Theorien wurde er zum herausragenden Vertreter der »Neuen Biologie«. Seine umstrittenen Ideen haben sowohl erbitterte Gegner als auch enthusiastische Befürworter auf den Plan gerufen.

VISIONÄRSWISSENSCHAFTEN

Die Kraft der inneren Bilder

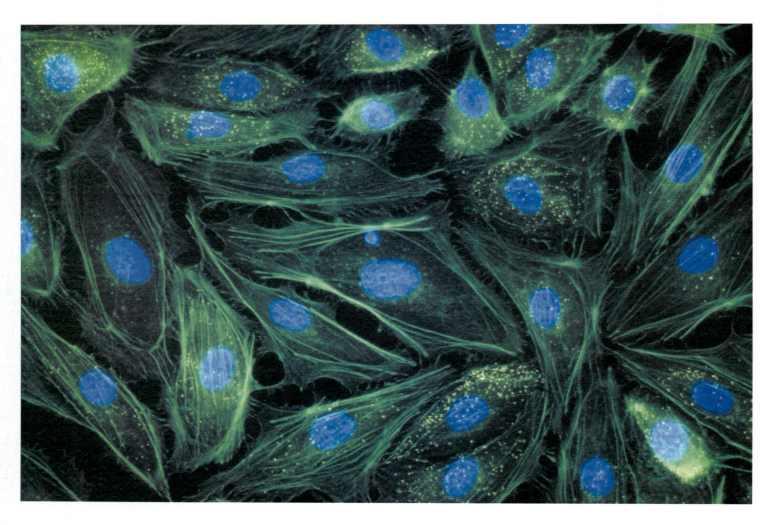

Menschliche Zellen sind für eine Vielzahl von Abläufen und Aufgaben verantwortlich und verfügen als kleinste Einheiten im Körper über einen eigenen Energie- und Stoffwechsel. Grün gefärbt erkennt man in dieser Probe das Zellgewebe und in deren Mitte die blaugefärbten Zellkerne, die die einzigartigen Erbinformationen jedes Menschen enthalten.

Der Mensch verfügt über eine sehr mächtige Kraft: die seiner Gedanken. Wer sie zu nutzen versteht, wird darüber entscheiden, ob er glücklich oder verzweifelt, krank oder gesund ist. In den letzten zwei Jahrhunderten galten Leib und Seele des Menschen als getrennte Einheiten. Inzwischen weiß man, dass sie eng zusammenhängen. Der Körper ist gesund, wenn es der Seele gut geht. Wissenschaftler haben mit dem Psycho-Neuro-Immunologie-Programm (PNI) die Auswirkungen des Geistes auf körperliche Prozesse nachgewiesen. Mit Fantasiebildern und Heilmeditationen versuchen sie, Körper und Seele in Harmonie zu bringen, damit das ungeheure Potenzial der inneren Selbstheilungskraft aktiviert werden kann.

Friedensarmee im Körper

Unser Immunsystem – unsere körpereigene Abwehr – kann man sich getrost als eine Friedensarmee vorstellen, deren einzige Aufgabe es ist, uns vor unseren Feinden zu schützen. Denn die in jedem Moment unseres Lebens bedrohlichen Angriffe durch eindringende

KRAFT DER BILDER

Viren, Bakterien oder Pilze werden von den Abwehrzellen unseres Körpers erkannt und vernichtet. Einsatzzentrale für das komplizierte Abwehrnetz ist unser Gehirn, das indes von unserem Geist – dem Bewusstsein – beeinflusst wird. Unser Geist spricht also mit dem Körper, indem er aus Nervenfasern bestimmte Botenstoffe ausstößt und diese chemischen Nachrichten von einer Immunzelle aufgefangen und entziffert werden. Geist und Körper stehen somit in ständiger Verbindung miteinander. Sind wir positiv gestimmt, wird der Schutzschirm des Immunsystems gestärkt. Eine negative, vielleicht sogar depressive Stimmung, aber auch chronischer Stress, schwächen die Abwehrzellen, und der Körper wird krank.

Lachen ist die beste Medizin

Weil die PNI-Forscher erkannt haben, dass nahezu alle Krankheiten ihren Ursprung im Geistigen haben, wird in psychosomatischen Kliniken nach dem Motto gehandelt: Wer die Macht hat, Krankheiten zu erzeugen, besitzt auch die Macht, Gesundheit hervorzubringen. Schwerkranken Patienten werden zusätzlich zur konventionellen Behandlung Videos mit Film-Komödien verordnet, aber auch deftige Slapsticks oder andere lustige Fernsehsendungen. Was unsere Ahnen bereits wussten, ist jetzt wissenschaftlich erwiesen: Lachen ist die beste Medizin.

Vorsicht vor eingebildeten Krankheiten

Psychologen haben herausgefunden, dass selbst ein erzwungenes Lächeln die Stimmung heben kann und damit unser Immunsystem positiv beeinflusst. Ebenso hat die innere Einstellung eines Patienten eine bedeutende Funktion für den Verlauf einer Krankheit. Der Leiter des PNI-Programms am Cedars-Sinai Medical Center in Los Angeles, Professor Marc Schoen, erkannte, dass die Therapie schwerer Funktionsstörungen des Immunsystems oder von Krebserkrankungen davon beeinflusst wird, wie der Patient psychisch reagiert und so auf den Heilungsverlauf einwirkt. Menschen täuschen Krankheiten vor, weil sie sich davon etwas erhoffen: mehr Aufmerksamkeit von ihren Mitmenschen, Mitgefühl oder die Chance, sich der Verantwortung zu entziehen. Doch Vorsicht: Auch eine eingebildete Krankheit kann per Gedankenkraft zu einer wirklichen organischen Krankheit führen.

Übungen zur Selbstheilung

Inzwischen bieten sowohl Psychosomatische Kliniken als auch Volkshochschulen praktische Kurse zur Psycho-Neuro-Immunologie an. Die Teilnehmer lernen mit Visualisierungs- und Imaginationsübungen ihr Immunsystem zu stärken, die Selbstheilungskräfte anzuregen und damit die Gesundheit zu erhalten.
Dr. Jeanne Achterberg (*1952) vom University of Texas Health Science Center in Dallas baut auf die Wirkung von Ritualen und hat spezielle Fantasiebilder für die Heilung unterschiedlichster Krankheiten ausgearbeitet. Die »prozessorientierte Bildersprache« wird ganz unterschiedlich angewandt. So arbeiten etwa Migräne-Patienten mit anderen Symbolen als Patienten mit Krebserkrankungen. Zum einen können die Bilder Entspannung erzielen, zum anderen wird durch Licht- und Farbbreite aber auch das Immunsystem angeregt.

Wunderbares Licht!

Während der Forschungen am Psycho-Neuro-Immunologie-Programm stellten Wissenschaftler fest, dass unser Immunsystem nicht wie Atmung oder Herzschlag autonom funktioniert. Es ist abhängig von den Signalen, die es aus unserem Gehirn erhält. Diese Informationen können wir mit unserem Denken beeinflussen. In einer stillen Minute – am besten während des autogenen Trainings oder der Meditation – stellen wir uns vor, dass jede unserer Millionen Zellen in ein wunderbar fluoreszierendes Licht getaucht ist und in Harmonie mit den anderen existiert. Wir sind eingehüllt in dieses heilende Licht. Diese Botschaft wird als positive Nachricht in alle Teile unseres Körpers transportiert und sorgt dafür, dass sich Krankheiten auflösen oder noch besser, die Gesundheit erhalten wird.

Mit Visualisierungstechniken kann man einen positiven Effekt auf sein Immunsystem erzielen. Dabei wird versucht, mit inneren Bildern zu arbeiten, ähnlich wie es diese Laserkunst-Grafik mit dem Namen »Sensorium – Theater der Sinne« vermittelt.

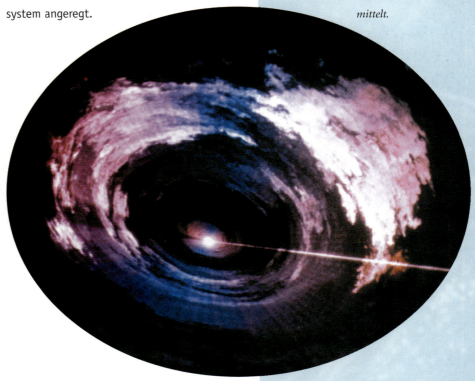

1025

VISIONÄRSWISSENSCHAFTEN

Schneller als das Licht

Die Milchstraße, eine Galaxie, zu der auch unsere Erde gehört, ist ein System mit 100 Milliarden Sonnen. Würde man einen Lichtstrahl von einem Ende der Milchstraße zum anderen senden, bräuchte er 100.000 Jahre zu seinem Bestimmungsort. Diese so genannte Lichtgeschwindigkeit, die 299.792 km/sek. beträgt, war lange Zeit das Schnellste, was die Menschen kannten.

SCHNELLER ALS LICHT

Werden Menschen eines nicht mehr fernen Tages zu fremden Welten im All reisen können? Oder gibt es natürliche Geschwindigkeitsgrenzen, die es uns unmöglich machen, die unendlichen Weiten zwischen zwei Sternen zu überwinden? Die Relativitätstheorie Albert Einsteins (1879–1955) zeigt, dass die Lichtgeschwindigkeit (299.792 km/sek) eine absolute Barriere darstellt. Schneller, so nahmen bislang die Physiker an, ginge es auf keinen Fall. Diese Annahme ist überholt. Ein kosmisches Tempolimit scheint es nicht zu geben. Mit bisherigen Technologien war allenfalls vorstellbar, sich der Lichtgeschwindigkeit anzunähern. Physikalische Experimente legen jedoch die Vermutung nahe, dass eine Geschwindigkeit jenseits der des Lichts möglich ist. Denn inzwischen sind physikalische Effekte entdeckt worden, die zu Einsteins Zeiten noch unbekannt waren.

Mozart-Sinfonie überlichtschnell

Einer der ersten, der an der Lichtgeschwindigkeitsbarriere rüttelte, war Professor Günter Nimtz (Physikalisches Institut der Universität Köln, Deutschland im Jahr 1995). In seinem Experiment verwendete er Mikrowellen, die er durch einen Hohlleiter übertrug. Ein solches Rohr muss in seinem Durchmesser mit der Wellenlänge der Mikrowelle übereinstimmen, denn nur so kann sie es ungehindert passieren. In dem Rohr ordnete Nimtz eine Engstelle – einen Tunnel – an. Um diese passieren zu können, müssen sich diese elektromagnetischen Wellen »tunneln«, also verwandeln. Dabei erfahren sie eine unglaubliche Beschleunigung. Professor Nimtz sendete auf diese Weise Teile einer Mozart-Sinfonie und konnte am anderen Ende des Hohlleiters 4,7-fache Lichtgeschwindigkeit nachweisen.

Erschüttertes Lehrbuchwissen

An der Technischen Universität Wien führte der Quantenpysiker Professor Ferenc Krausz ein Experiment mit ultrakurzen Laserimpulsen in einer verspiegelten Röhre durch. Das verblüffende Ergebnis: Die Zeit zum Durcheilen des Tunnels war gleich Null. Damit nicht genug. In Berkeley/USA wurden von dem Physiker Professor Raymond Y. Chiao (University of California) Photonen (Lichtteilchen) »getunnelt« und erreichten zweifache Lichtgeschwindigkeit. Das spektakulärste aller Experimente führte Dr. L.J. Wang im Jahr 2000 an der Universität Princeton (New Jersey, USA) durch. Ein Gas aus kalten Cäsium-Atomen ermöglicht es Lichtpulsen (gebündelten Lichtwellen), schneller voranzukommen als im luftleeren Raum. Treten nämlich die Lichtwellen in eine Wechselwirkung mit den Atomen, wird ihre Gruppengeschwindigkeit so verstärkt, dass eine 330-fache Lichtgeschwindigkeit erzielt wird. Diese neuen Erkenntnisse lassen sich derzeit noch nicht praktisch nutzen. Aber wichtig ist das Resultat: Eine überlichtschnelle Beschleunigung ist möglich. Wann sie für Raketen anwendbar wird, das steht noch in den Sternen.

Albert Einstein nahm die Lichtgeschwindigkeit als eine nicht mehr überschreitbare Konstante für Geschwindigkeiten an.

Unendliche Weiten

Wie bedeutsam eine hohe Geschwindigkeit für Weltraumreisen ist, macht folgendes Beispiel klar. Das Schnellste, das wir bislang kannten, ist ein Lichtstrahl, der sich mit 299.792 km/sek. ausbreitet. Wenn das Licht der 150 Millionen Kilometer entfernten Sonne unsere Erde erreicht, ist es bereits acht Minuten unterwegs. Zum Vergleich: Ein Fußwanderer würde bei einer täglichen Wegstrecke von 40 Kilometern 10.274 Jahre laufen müssen. Um den äußersten Planeten unseres Sonnensystems, den Pluto, zu erreichen, würde ein Auto bei 1000 Kilometern pro Tag 32.876 Jahre benötigen, ein Lichtstrahl nur 11 Stunden. Bis zu unserer Nachbarsonne, dem Sirius, ist ein Lichtstrahl bereits 8,5 Jahre unterwegs, eine Rakete mit 28.000 km/h jedoch ganze 318.000 Jahre. Ein Astronaut würde also sein Ziel niemals lebend erreichen.

Albert Einstein, dessen Berechnungen der Lichtgeschwindigkeit die Menschheit tief beeindruckt und vor allem nachhaltig beeinflusst hat, hätte seine Theorien angesichts des unten aufgezeigten Experiments revidieren müssen: Lichtgeschwindigkeit ist beschleunigbar: hier wurde z.B. Laserlicht auf eine Geschwindigkeit von 100 Millionen Kilometer pro Sekunde gebracht.

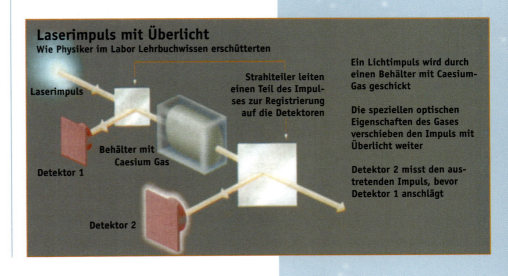

Laserimpuls mit Überlicht
Wie Physiker im Labor Lehrbuchwissen erschütterten

- Ein Lichtimpuls wird durch einen Behälter mit Caesium-Gas geschickt
- Die speziellen optischen Eigenschaften des Gases verschieben den Impuls mit Überlicht weiter
- Detektor 2 misst den austretenden Impuls, bevor Detektor 1 anschlägt

Strahlteiler leiten einen Teil des Impulses zur Registrierung auf die Detektoren

Laserimpuls · Behälter mit Caesium Gas · Detektor 1 · Detektor 2

1027

VISIONÄRSWISSENSCHAFTEN

Capra und das »Tao der Physik«

Der renommierte Physiker Fritjof Capra hat sich zur Aufgabe gemacht, westliche und östliche Denkmuster zu vergleichen. Im Zuge seiner quantenphysikalischen Forschungen hatte er die Vision, dass alles im Universum dynamisch und somit nicht immer mit herkömmlicher Logik zu verstehen ist. Aus der Quantenmechanik ist bekannt, dass Atome sich nicht in klaren Bahnen bewegen und dass ein Elementarteilchen auch feste Materie durchringen kann. In seiner Vision hat Capra dies gesehen.

Im 21. Jahrhundert dringt die Naturwissenschaft in Bereiche vor, die einst ausschließlich Territorium von Religionsverkündern waren. Wissenschaft und Gesellschaft sind im Umbruch und so vertritt der amerikanische Atom-Physiker Fritjof Capra seit den 1970er Jahren Thesen, die den Menschen in Erstaunen versetzen: In seinem Buch »Das Tao der Physik« (1975) entdeckt er die »östliche Mystik als einen stimmigen, schönen Rahmen für die modernen Theorien unserer physikalischen Welt.«

Erleuchtung am Strand

Capra war ein Schüler des deutschen Physikers Werner Heisenberg (1901–1976), der die Entwicklung der modernen Physik im Bereich der Quanten- und Wellenmechanik sowie der Atom- und Kernphysik mit seinen Forschungen nachhaltig beeinflusst hat. Capra selbst will zu seinen späteren Forschungen und weltweiten Publikationen durch ein »wunderbares Erlebnis am Strand« angeregt worden sein, während dem er sich als »Teil eines gigantischen kosmischen Tanzes« fühlte. Plötzlich wusste er, »dass der Sand und die Felsen, das Wasser und die Luft um mich herum sich aus vibrierenden Molekülen und Atomen zusammensetzten«.

Als Wissenschaftler mit den Erkenntnissen der Hochenergie-Physik vertraut, war ihm klar, dass unsere Atmosphäre ständig durch Ströme kosmischer Strahlen bombardiert wird und dass Teilchen von hoher Energie beim Durchdringen der Luft zusammenstoßen. An diesem Nachmittag am Strand wusste Capra dies jedoch nicht nur – er will sogar gesehen haben, wie aus dem Weltraum Energie in Kaskaden herabkam und ihre Teilchen rhythmisch erzeugt und zerstört wurden. Der Wissenschaftler »sah« die Atome der Elemente und die seines Körpers »als Teil eines kosmischen Energie-Tanzes, dessen Rhythmus ich fühlte und dessen Klang ich hörte«. In diesem Moment hatte Fritjof Capra die Eingebung, dass seine Vision den Tanz Shivas darstellte, den man als Gott der Tänzer unter den Hindus verehrt.

Der Weg zur Vision

Schon als Student der Atomphysik interessierte sich Capra für fernöstliche Mystik und erkannte die Parallelen zwischen ihr und der modernen Physik. In seinem, zum Kultbuch des New Age avancierten Werk, vermutet der Autor in den philosophischen Erkenntnissen des Buddhismus, des Hinduismus oder des Taoismus frühe Beschreibungen einer Welt, wie sie sich erst den Quantenphysikern des Zwanzigsten Jahrhunderts naturwissenschaftlich erschließen sollte. Auch in seinen späteren Büchern bleibt das zentrale Thema des erleuchteten Forschers das ganzheitliche Verständnis von der Welt, das er in den alten fernöstlichen Weisheitslehren präzise beschrieben sieht.

Über einem Tempel im nordindischen Spiti wurde dieser faszinierende Abendhimmel mit einer langen Belichtungszeit fotografiert. Der Sternenwirbel ist wohl mit jenen Energiekaskaden zu vergleichen, die Fritjof Capra bei seinem »wunderbaren Erlebnis« sah.

Wie Shiva, der hinduistische Gott der Zerstörung und Erneuerung, den man auch als Gott des Tanzes verehrt, sollen kleinste Energieteilchen vor Capra getanzt haben. Shivas Tanz hat übrigens eine tiefe Bedeutung: Der Gott soll einst einen bösartigen Zwerg, der ihm nach dem Leben trachtete, beim Tanz zertreten haben – das Symbol für die mit Zerstörung verbundene Befreiung.

Capras Glaubensbekenntnis

Fritjof Capra wurde 1939 in Wien geboren und promovierte dort in Atomphysik. Lehr- und Forschungsaufträge führten ihn an die Universität von Kalifornien, nach Stanford und an das Londoner Imperial College. Von seinen Veröffentlichungen sind vor allem »Das Tao der Physik« (1975), »Wendezeit« (1982) und »Wendezeit im Christentum« (1991) bekannt.

»Die Menschheit ist in den letzten zweitausend Jahren nicht viel weiser geworden, trotz der erstaunlichen Zunahme des rationalen Wissens. Dies ist ein Beweis für die Unmöglichkeit, absolutes Wissen durch Worte zu übermitteln. Absolutes Wissen ist eine völlig nicht-intellektuelle Erfahrung der Wirklichkeit«.

VISIONÄRSWISSENSCHAFTEN

Rätselhaftes Universum

Die »Space Art« von Mark Garlick zeigt die Formation eines Solarsystems. Die neue Sonne oben links ist von einem Nebelkranz umgeben. Gas und Staub haben bei der mittleren Sonne bereits kleine Gebilde erzeugt. Unten umkreisen die in 4,6 Billionen Jahren entstandenen Planeten die Sonne.

1030

RÄTSELHAFTES UNIVERSUM

In einer klaren Nacht sehen wir mit bloßem Auge Tausende von Sternen und mit unseren Teleskopen sogar Abermilliarden von Galaxien. Ein enges Verhältnis der Menschen zu den Himmelskörpern lässt sich bis in die frühesten Anfänge kultureller Gemeinschaften zurückverfolgen.

Die Sicht des Universums unserer Vorfahren erscheint uns kindlich, fromm und romantisch. Bis ins 16. Jahrhundert hinein nahmen die Menschen an, der Kosmos sei klein und überschaubar: über ihnen wölbe sich das Himmelszelt, aus dem durch Löcher (die Sterne) der Glanz des Himmels fiele, in dem Gott wohne. Im 21. Jahrhundert nehmen wir das Universum dagegen als unermeßlich groß und zeitlos wahr und uns selbst als unendlich klein. Und doch scheinen zentrale Menschheitsfragen noch lange nicht geklärt: Wie und wann entstand unser Universum? Wie groß ist der Weltraum? Können wir die Entstehung unserer Sonne und der Erde zurückverfolgen? Wird das All eines Tages aufhören zu existieren? Die Astronomie hat fantastische Möglichkeiten geschaffen, in diesen Kosmos zu schauen und den Antworten auf diese Fragen näher zu kommen.

Big Bang – der Urknall

Die wohl bekannteste Hypothese über die Entstehung des Kosmos besagt, dass sich die gesamte Materie und Energie unseres heutigen Universums vor 12 bis 20 Milliarden Jahren in extremer Dichte in einem »Uratom« befunden haben muss, konzentriert in einem mathematischen Punkt. Die Vorstellung, diese Urmaterie sei in einem kleinen Winkel des heutigen Universums zusammengepresst gewesen, ist aber grundlegend falsch. Auch wenn wir hier an den Grenzen menschlichen Begreifens stehen: Materie und Energie waren auf ein äußerst kleines Volumen beschränkt, dass sich im Nichts befand. Erst durch eine ungeheure kosmische Explosion, den Urknall, begann die Expansion der Materie und damit auch die des sie umgebenden Raumes. Es war der Beginn von Raum und Zeit.

Ein kosmischer Feuerball erfüllte dieses Ur-Universum, in dem die ersten Atome und Elektronen entstanden. Ihre massive Strahlung reichte von Gamma- über Röntgen- und Ultraviolettstrahlen, die Regenbogenfarben des sichtbaren Lichts bis in den Infrarot- und Radiobereich hinein. Je weiter sich die Raumstruktur ausdehnte, desto mehr kühlte die Strahlung dieses grell erleuchteten Ur-Kosmos ab, und der Raum wurde im Bereich der für uns sichtbaren Strahlung dunkel.

Sternengeburt

Hunderttausend bis eine Million Jahre nach dem »Zeitpunkt Null« bildeten sich riesige Wolken aus Wasserstoff und Helium, den ersten Elementen des Universums. Aus diesen Wasserstoff-Helium-Gebilden formten sich Protogalaxien, die langsam zu rotieren anfingen und immer heller erstrahlten. Die Materie in ihrem Inneren begann sich zu verdichten. Kleinere Klumpen zogen Gase aus ihrer Umgebung an und konzentrierten mehr und mehr Materie um sich herum. Die Materie presste sich zusammen, bis eine thermonukleare Kettenreaktion ausgelöst wurde. Nur wenige Milliarden Jahre nach dem Urknall hatte der Prozess der Sternenentstehung eingesetzt.

Kosmische Fragezeichen

Die ersten Sonnen waren heiße, massereiche Sterne, deren Brennstoff schnell verbraucht war. Binnen Sekunden fielen die ausgebrannten Sonnen in sich zusammen und erstrahlten in einer gigantischen Explosion, einer Supernova. Ihre

Die Expansion des Alls

Wenn man sich einen Beobachtungspunkt vorstellt, von dem man den gesamten Kosmos überblicken könnte, dann zögen vor unseren Augen mehrere hundert Milliarden leuchtende Lichtbänder durch die unendlichen Weiten eines tiefschwarzen Raums. Diese Lichterketten sind die Galaxien. Sie bestehen aus Gas, Staub und hunderten Milliarden von Sternen, also Sonnen, die wiederum von Milliarden Planeten, wie die Erde einer ist, umkreist werden. Seltsamerweise scheinen sich alle Galaxien mit einer unglaublichen Geschwindigkeit voneinander zu entfernen. Die Sternenansammlung des »Hydra-Haufens« in 2,6 Milliarden Lichtjahren Entfernung bewegt sich beispielsweise mit einer Geschwindigkeit von 60.600 km/sek. Dieses Phänomen brachte den russischen Mathematiker Alexander Friedmann (*1922) und den belgischen Astrophysiker Abbé Georges Lemaître (*1927) auf die Idee eines sich ausdehnenden Universums – Grundlage der Hypothese vom Urknall als Beginn von Raum und Zeit.

Die Sternenformationen geben aufgrund ihres Aussehens immer wieder Rätsel auf. Dieses Foto des Pferdekopfnebels wurde mit einem Zwei-Meter-Teleskop gemacht und zeigt eine Dunkelwolke im Sternzeichen des Orions in Form eines Pferdekopfes.

VISIONÄRSWISSENSCHAFTEN

Diese Grafik zeigt die Entstehung eines Schwarzen Lochs. Als Schwarzes Loch wird nach der Einstein'schen Relativitätstheorie der Endzustand massereicher Sterne bezeichnet, bei dem ein Stern aufgrund seiner eigenen Schwere kollabiert. Die immense Gravitationskraft ist so groß, dass keine Materie diesen neuen Stern verlassen kann.

thermonukleare Asche, die aus Helium, Kohlenstoff, Sauerstoff und schweren Elementen bestand, verband sich mit interstellarem Gas und ermöglichte die nächste Sternengeneration. Durch ein solches nukleares Inferno entstand vor 4,6 Milliarden Jahren auch unsere Sonne, in deren Ursprungswolke die Schwerkraft so lange Materie anzog, bis nach 10 Millionen Jahren eine Kernreaktion einsetzte. Aus der übriggebliebenen Materie formten sich über weitere 10 Millionen Jahre neun glühendheiße Planeten und über 50 Monde.

Schwarze Löcher

Solche kosmischen Vorgänge spielen sich permanent im All ab. Im Februar 1987 konnte in der Großen Magellanschen Wolke das Aufblitzen einer Supernova beobachtet werden, aus der die Astrophysiker neue Einblicke in das Werden und Vergehen der Sterne gewannen. Ein Sternentod kann je nach Masse der explodierenden Sonne verschiedene Resultate hervorbringen. Eines davon ist ein Schwarzes Loch: Übertrifft die Sternenmasse um ein Dreifaches die Masse unserer eigenen Sonne, so kollabiert der Stern zu einem Punkt unendlich hoher Dichte minimalster Ausdehnung. Das Schwerefeld ist derart gewaltig, dass alle Materie in diesen »kosmischen Kanibalen« hineingezogen wird. Selbst Licht kann nicht mehr entweichen.

Oszillierendes oder expandierendes Universum?

Was aber geschieht, wenn alle Materie aufgebraucht ist, sich keine neuen Sterne mehr bilden können? Vermutlich wird eine Galaxie nach der anderen zu einem extrem kalten, dunklen Ort. Ob sich dann das Universum auf immer und ewig ausdehnen oder sich wieder zusammenziehen wird, hängt letztlich von der vorhandenen Materie im Kosmos ab. Nur wenn genug Materie vorhanden ist, werden sämtliche Galaxien kollabieren und einem alles verschlingenden Endkollaps zutreiben. Denn die Gravitationskräfte der Materie könnten die Expansion bremsen und umkehren. Diese »Pendelhypothese« würde zu einer zyklischen Wiedergeburt des Universums führen, zu einem neuen Urknall. Die Geschichte des Alls würde von neuem beginnen, so wie dies die uralten Mythen des Hinduismus vorhersagen.

Nichts oder Gott?

Doch diese Ereignisse werden sich noch über Jahrmilliarden hinziehen. Währenddessen finden intelligente Lebewesen, die dieses Universum hervorgebracht hat, vielleicht Antworten auf die kosmischen Fragen: Was war vor dem Urknall? Entstand unser gesamtes Universum mit all seinen Erscheinungen aus dem Nichts, oder gab es einen Schöpfergott, der schon vor Anbeginn der Materie, des Raumes und der Zeit existierte, von »Ewigkeit zu Ewigkeit«?

RÄTSELHAFTES UNIVERSUM

Zwerge und Riesen im All

Sterne von der Größe unserer eigenen Sonne blähen sich, wenn ihr Wasserstoffvorrat aufgebraucht ist, zu einem roten Riesenstern auf. In etwa fünf Jahrmilliarden wird dieser Vorgang alles Leben auf der Erde auslöschen. Danach werden die Elektronen so komprimiert, dass unsere Sonne noch einige zehn Milliarden Jahre als kleiner Sonnenkörper (Weißer Zwerg) erstrahlt, um schließlich als tote Schlacke im All dahinzutreiben. In Sternen, die bis zu drei Sonnenmassen aufweisen, werden Elektronen in die Protonen gepresst und zu Neutronensternen (Pulsare), die einen Radius von nur zehn Kilometer aufweisen. Ihre Kruste besteht aus reinstem Eisen, billiardenmal härter als irdischer Stahl. Eine Rotationsgeschwindigkeit von bis zu tausendmal pro Sekunde um sich selbst und gigantische Magnetfelder bauen um den eine Milliarde Grad heißen Kern machtvolle elektrische Kräfte auf.

Mit dem Hubbel-Weltraumteleskop konnte diese Sternentstehung in einer Molekülwolke aufgenommen werden.

1033

VISIONÄRSWISSENSCHAFTEN

Die Frage nach dem Leben

Diese mikroskopische Aufnahme zeigt ein Aminosäurekristall im polarisierten Licht. Aminosäuren sind Proteinbausteine. Proteine sind verantwortlich für komplexe Funktionen im Organismus. Beim Menschen sind bislang 200.000 unterschiedliche Proteine bekannt.

FRAGE NACH DEM LEBEN

Menschen haben nicht gerade viele Ähnlichkeiten mit einem Schleimpilz, einer der primitivsten Lebensformen, die es auf unserem Planeten gibt. Eine Betrachtung auf molekularer Ebene zeigt jedoch, dass beide im Grunde identisch sind, denn zur Steuerung der Abläufe in ihren Zellen benutzen Mensch wie Pilz Nukleinsäuren und Eiweißstoffe (Enzyme). Beide benutzen auch bei der Übertragung der DNS/RNS-Information in Proteininformation denselben Code. Demnach muss es einen gemeinsamen Ursprung allen Lebens auf unserer Erde gegeben haben. Philosophen und Theologen sind jahrtausendelang von der Annahme einer göttlichen Lebensschöpfung ausgegangen. Erst mit der modernen Evolutionstheorie kam im 19. Jahrhundert die Idee von einem sich selbst organisierenden Leben auf. Kann es uns heute gelingen, das »Naturprinzip Leben« zu enträtseln und mit molekularbiologischen Methoden seine Entwicklung nachzuvollziehen?

Die Sprache des Lebens

Dieser Frage gehen Biochemiker in aller Welt nach. Der erste, der Experimente auf diesem Gebiet durchführte, war der Chemiker Professor Stanley Miller. Als Student versuchte er 1952/53 in einem Glasgefäß die Atmosphäre der Ur-Erde zu simulieren. In ein Gemisch aus Wasserstoff, Wasserdampf, Ammoniak und Methan schoss er Funkenentladungen, die den auftretenden Blitzen der Uratmosphäre glichen und in der Lage waren, chemische Bestandteile aufzubrechen. An den Glaswandungen zeigten sich schon bald braune Streifen, die schließlich eine dicke Teerschicht ergaben. Sie setzte sich aus komplexen organischen Molekülen zusammen, darunter auch Bestandteile von Proteinen und Nukleinsäuren, den Bausteinen des Lebens. Nukleinsäuren bestehen aus den Säurebasen Adenin, Cytosin, Guanin und Uracil (in RNA) bzw. Thymin (in DNA) und stellen sozusagen das Alphabet dar, mit dem das Leben buchstabiert wird. Sie fügen sich zu Strängen und ergeben so die DNS und die RNS, die Sprache des Lebens. Das fadenartige DNS-Gebilde enthält das Wissen über den Bauplan der Zelle. Die RNS leitet die »Anweisungen« der DNS an die übrige Zelle weiter. Beide Moleküle sind somit die Ergebnisse einer vier Milliarden Jahre währenden Evolution.

Vorstufe des Lebens

Einem schweizerisch-amerikanischen Wissenschaftlerteam unter der Leitung von Dr. Albert Eschenmoser aus Zürich gelang es 2001 eine RNS ähnliche Nukleinsäure (Threo-furanosyl-oligonucleotide-acid) herzustellen, die in der Lage ist, mit RNS (Ribonucleinsäure) oder DNS (Desoxyribonucleinsäure) eine Doppelhelix (spiralige Molekülstruktur) zu bilden und somit ein Vorläufer von beiden sein könnte. Auch wenn damit eine weitere Vorstufe des Lebens künstlich erzeugt werden konnte, geht die Suche nach dem eigentlichen Ursprung des Lebens weiter. Der gewaltige

Außerirdische Lebenskeime

Der britische Astrophysiker Professor Sir Fred Hoyle (*1915) errechnete für die spontane Entstehung des Lebens eine Wahrscheinlichkeit, die genauso groß wäre wie bei einer ununterbrochenen Serie von 50.000 Sechsen mit ungezinkten Würfeln. Hoyle kommt zu dem Ergebnis, dass Leben auf der Erde nicht von selbst entstanden sein könne. Als Alternative sieht er eine Evolution, die durch Lebenssporen aus dem All zur Erde getragen wurde und bereits fertige Programme zur Entwicklung höherer Lebensformen beinhalteten. Der amerikanische Nobelpreisträger für Medizin Professor Francis Crick (*1916), der Entdecker der DNS, gelangte 1981 zu der Ansicht, außerirdische Intelligenzen hätten vor Milliarden Jahren über unsere Galaxis Gene verstreut, um lebensfreundliche Planeten mit dem Samen des Lebens zu infizieren.

Durch die Weltraumforschung können auch neue Erkenntnisse über die Entstehungsgeschichte der Erde gewonnen werden. Die Suche gilt immer wieder den Umständen, die Leben ermöglichen. Denn manche Wissenschaftler nehmen an, dass das »Leben von anderen Sternen« auf die Erde »gebracht« wurde.

VISIONÄRSWISSENSCHAFTEN

Die Kambrische Explosion

Zu Beginn des Erdzeitalters des Kabriums setzte eine rasante Entwicklung höherer Lebensformen ein. In den Weltmeeren wimmelte es plötzlich von Trilobiten. Immer neue Lebewesen traten fast schlagartig auf: Fische, Wirbeltiere, Pflanzen. Ur-Insekten waren die ersten größeren Landpioniere unter den Tieren. Es folgten zum Ende des Devon (vor 395–345 Millionen Jahren) Amphiewesen, aus denen die Reptilien der Karbonzeit (vor 345–270 Millionen Jahren) hervorgingen, bis schließlich gigantische Dinosaurier in Erscheinung traten, Säugetiere und Vögel. Die Vorfahren unserer heutigen Wale und Delphine und schließlich die ersten Primaten, die Ahnen des Menschen, betraten als letzte die Bühne des Lebens.

Als die Dinosaurier vor 125 Millionen Jahren ausstarben, hatten sie 150 Millionen Jahre lang die Erde bevölkert. Dieser älteste Fund eines Dino-Embryos ist 210 Millionen Jahre alt.

Sprung hin zur Komplexität lebensfähiger Gebilde konnte bislang noch nicht nachvollzogen werden.

Das Leben erobert die Erde

Wann erste Lebewesen auf der Erde entstanden sein könnten, kann bislang nur vermutet werden. Das Alter unseres Planeten ist mit 4,56 Milliarden Jahren recht genau beziffert. Frühestens 50 Millionen Jahre nach der Entstehung der Erde bildete sich aus einem lavafeurigen Ball eine feste Kruste mit Kontinenten. Bereits 1,36 Milliarden Jahre später gab es nach neuesten Erkenntnissen tierische und pflanzliche Organismen. Die Geologin Dr. Birger Rasmussen von der University of Western Australia stieß nämlich im Jahr 2000 auf Öltröpfchen, in denen fossile Bakterien aus dieser Zeit erhalten geblieben waren – sie zählen zu den ersten Bewohnern der Erde.

Zeitgleich ermittelte der Paläontologe Dr. Yumiko Watanabe von der Pennsylvania State University (USA), dass bereits vor 2,6 Milliarden Jahren winzige Lebewesen das Land eroberten. In uraltem Gestein Südafrikas zeigten sich Spuren von Mikrobenmatten aus Blaualgen (Cyanobakterien), die sich damals schon auf dem Festland gebildet haben könnten. Solche Algen beherrschten lange Zeit die Erde, bis es vor rund 600 Millionen Jahren zu einer dramatischen Veränderung kam. In der »Kambrischen Explosion« tauchte schlagartig eine unglaubliche Vielzahl neuer Lebensformen auf, deren vorläufiger Höhepunkt der Mensch ist.

Die Entstehung der Arten

Der englische Naturforscher Charles Darwin (1809–1882) versuchte diese Entwicklung mit der Evolutionstheorie zu erklären. Nach dem Darwinismus entstehen neue Arten hauptsächlich durch Mutation und natürliche Auslese (Selektion) im »Kampf ums Dasein«. Mutation trete demnach immer dann ein, wenn eine zufällige Änderung im Erbgut weitergegeben werde. Die Selektion würde wirksam, wenn bei gegebenen Umweltbedingungen sich eine Form als am besten angepasst herausstelle,

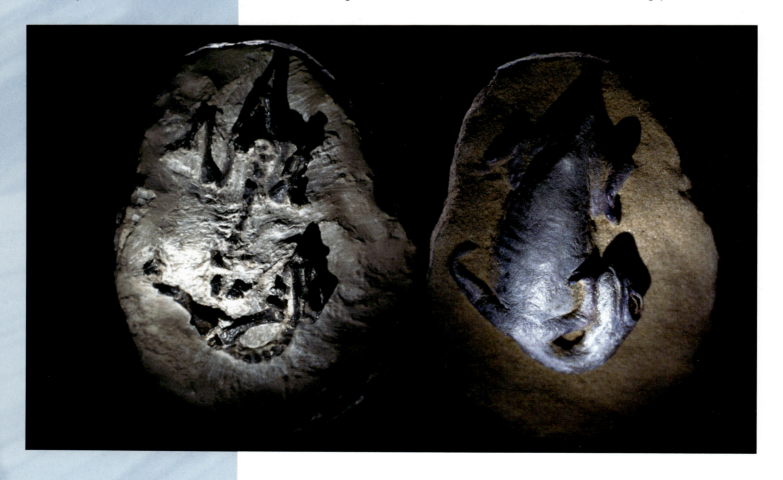

FRAGE NACH DEM LEBEN

James Watson (links) und Francis Crick vor ihrem räumlichen Modell der Struktur eines DNS-Moleküls (1953).

denn diese hätte die größere Chance zu überleben und sich stärker zu vermehren.

Evolution oder Schöpfung?

Kritiker wenden ein, dass hier der Natur ein Bewusstsein unterstellt würde, da das bessere Produkt anfangs als solches nicht erkennbar sei. Ein Beispiel: Das Auge ist eben erst in seiner entwickelten Form wirksam, ein Vorstadium brächte seinem Besitzer keinen Gewinn. Wer aber sollte bei den ersten Ansätzen schon das Endprodukt geplant haben? Im übrigen fehlen alle wichtigen Bindeglieder im Stammbaum der Arten. Gerade die interessanten Übergänge etwa vom Dinosaurier zum Vogel oder vom Reptil zum Säugetier sind nicht vorhanden. Die Evolution müsste somit riesige Sprünge vollbracht haben. Dies aber widerspricht jeglicher Wahrscheinlichkeit. Somit bleibt vorläufig nicht nur ein großes Rätsel, was den entscheidenden »Lebensfunken« einst auslöste und aus unbelebter belebte Materie machte, sondern auch, wie sich das Leben bis hin zum bewusst denkenden Menschen entwickeln konnte und ob nicht doch ein Schöpfergott am Anfang allen Lebens gestanden hat.

VISIONÄRSWISSENSCHAFTEN

Gibt es Leben im Universum?

*Der Wissenschaftsjournalist und Autor Andres von Rétyi (*1963) spekuliert mit dem Gemälde »Galaktischer Pol« über Erscheinungsformen extraterrestrischer Intelligenz.*

Eine der spannendsten Fragen, die die Menschheit seit Jahrhunderten bewegt, ist die nach der Existenz von Leben außerhalb der Erde. Wissenschaftler in aller Welt versuchen mit einfallsreichen Ideen eine Antwort auf diese Frage zu finden. Dabei sucht die Astrobiologie sowohl nach mikrobisch kleinem Leben als auch nach intelligenten Spezies (ETI = extraterrestrische Intelligenzen).

LEBEN IM UNIVERSUM

Kosmische Biotope

Die Wahrscheinlichkeit, außerirdische Mikroben aufzuspüren, ist dabei ungleich größer. Dies können wir am Beispiel der Erde sehen, denn über Milliarden Jahre waren diese Kleinstlebewesen die einzigen Bewohner auf unserem Heimatplaneten. Erst im letzten

Sechstel der Erdgeschichte konnten sich Organismen höherer Ordnung bilden. Seit 500.000 Jahren, das sind 0,01 Prozent der Existenz der Erde, die immerhin seit 4–5 Milliarden Jahren existiert, leben intelligente Wesen auf ihr: die Menschen. Ausgehend von diesem Wissen müssen wir feststellen, dass Intelligenz eine sehr exklusive Variante der Daseinsform darstellt.

Dennoch stehen die Chancen für die Entwicklung weiterer denkender Wesen nicht schlecht. Der US-Astronom Professor Carl Sagan (1934–1996, Cornell University, USA) wies darauf hin, dass eine größere Intelligenz für jede Lebensart so viele Vorteile brächte, dass sie sich mit hoher Wahrscheinlichkeit überall entwickeln wird, wo Leben existieren kann. Ein entscheidender Faktor, warum es relativ häufig extraterrestrische Intelligenzen geben könnte, ist die Zeit. Da unser Sonnensystem im Hinblick auf das Alter des Universums erst einem späteren Sternenzyklus angehört, gehen viele Forscher davon aus, dass das Leben in kosmischen Biotopen schon vor Milliarden Jahren eine erdähnliche Evolution durchlaufen hat.

Planetenjäger

Die Anzahl möglicher Sternenzivilisationen kann bislang nur geschätzt werden. Der Astronom Frank Drake (*1930) von der Cornell University in Ithaca, USA, nimmt bis zu 100 Millionen außerirdischer Zivilisationen allein in der Milchstraße an. Bei der Suche nach außerirdischen Lebensformen halten Astrono-

Lebendiges Universum

In unserer Galaxie dürfte es zur Zeit mehr Leben geben, als uns bekannt ist. Zu dieser Annahme gelangte im Jahr 2000 der Astronom Mario Livio vom Space Science Institute in Baltimore, USA. Seine These lautet: Unser Universum ist etwa 16–17 Milliarden Jahre alt. Nur wenn eine Sonne Energie liefert, kann eine Evolution beginnen. Aber es entstanden nicht von Anfang an Sonnen. Sonnen, die in ihrem Inneren Kohlenstoff, die Basis allen bekannten Lebens, produzieren, benötigen bis zu neun Milliarden Jahre, um entstehen und genügend Kohlenstoff für das Entstehen von Leben produzieren zu können. Das wäre also erst vor sieben Milliarden Jahren der Fall gewesen. »Falls Zivilisationen bei anderen Sternen existieren«, meint Livio deshalb, »entwickeln sie sich höchstwahrscheinlich gerade jetzt besonders zahlreich, wie bei einem Obstgarten, in dem alle Äpfel zur gleichen Zeit reif werden.«

Leben im Weltraum ist ein Thema, das vor allem die Filmemacher Hollywoods nicht loslässt. Diese Szene stammt aus dem Science-fiction-Film »2010 – das Jahr, in dem wir Kontakt aufnehmen«.

VISIONÄRSWISSENSCHAFTEN

Superintelligenzen

Gibt es eine Superintelligenz im Kosmos, die über einen intellektuellen Stand verfügt, dessen Technologie uns geradezu »magisch« erscheinen würde? Solch eine Kultur könnte aufgrund des Alters des Universums eine bis zu vier Milliarden Jahre längere Evolutionslinie aufweisen, da unsere Erde ein noch vergleichsweise junger Planet ist. Wenn wir uns die irdische Evolution ansehen, dann wäre dies der Zeitraum von der Entstehung der ersten Amöbe vor vier Milliarden Jahren bis zum bewusst denkenden Menschen von heute. Ein Wesen mit der doppelten Evolutionszeit hätte mit unserem »biologischen Leben« kaum noch etwas gemein – oder eben nur soviel, wie wir mit einer Amöbe. Diese Lebensform könnte bereits den Austausch mit anderen Seinsdimensionen oder Zeitreisen beherrschen.

Das kleinwüchsige Aussehen von Außerirdischen, wie es nach Zeugenaussagen immer wieder beschrieben wird, nahm Andreas von Rétyi als Vorbild für die Gestalt, die durch das »Sternentor 1« schreitet. Sternentor ist ein Synonym für »Dimensions-Tore«, die hypothetisch das Raum-Zeit-Gefüge symbolisieren, durch die das Reisen über extreme Weiten im All und andere Dimensionen möglich sein soll.

men besonders nach solchen Planeten Ausschau, die nicht zu unserer Sonne gehören, und auf denen ebenfalls Leben möglich ist. Leider ist die Erde der einzige »bio-freundliche« Planet in unserem Sonnensystem.
1999 entdeckten Forscher am Mount-Stromolo-Observatorium in Australien zum ersten Mal einen solchen Himmelskörper. Sie nannten ihn 98-BLG-35. Er ist 30.000 Lichtjahre entfernt (Ein Lichtjahr entspricht der Strecke, die das Licht in einem Jahr zurücklegt: 9,5 Billionen Kilometer), erdgroß und bewegt sich in einer für Leben bewohnbaren Zone. Das heißt, sein Abstand zu seiner Sonne ist groß genug, dass auf ihm Temperaturen herrschen, die Wasser in flüssiger Form garantieren – eine optimale Voraussetzung für Leben. Erreichen können wir diesen Planeten jedoch nicht, da selbst die derzeit schnellste Mondrakete Saturn V mit ihren 40.320 km/h Geschwindigkeit für die Überwindung einer Entfernung von nur einem Lichtjahr schon 26.471 Jahre im All unterwegs wäre.

Exotische Biologie

Wer über Leben im All nachdenkt, steht vor der Frage, wie und wo solches Leben existieren könnte. Eine Studie der NASA aus dem Jahr 2001 zeigt, dass erste komplexe Moleküle, die die Bausteine allen Lebens sind, durchaus in der eisigen Kälte des Kosmos entstehen könnten. Die Astrobiologen züchteten für dieses Experiment einen künstlichen Eisbrocken unter Weltraumbedingungen und bestrahlten ihn mit jenem ultraviolettem Licht, wie es Sterne aussenden. »Wir erwarteten, dass dabei eine Hand voll Moleküle entsteht, die etwas komplizierter aufgebaut sind als die Ausgangsprodukte, die Wassermoleküle eines Eisblocks«, erklärte Projektleiter Louis Allamandola. »Stattdessen fanden wir Hunderte verschiedener organischer Verbindungen, die sich sehr komplex verhielten.« Als die bestrahlten Eisbrocken mit Wasser in Kontakt kamen, bildeten sie zudem spontan einige zellartige Strukturen aus. Diese Entdeckungen legen nahe, dass Leben überall im Universum existieren könnte. Eine solche »kosmische Bioküche« kann sich beispielsweise in interstellaren Wolken befinden, die aus kosmischen Gasen und Staub bestehen. Diese Geburtsstätten neuer Sterne bestehen aus einer, wie Wissenschaftler sagen, »exotischen Chemie«, in der sich Vorboten des Lebens zusammenfügen könnten. Astronomen wie Steven Gibson und Russ Taylor von der Universität in Calgary haben 1998 organische Verbindungen in den elektrisch geladenen heißen Außenzonen solcher Mole-

LEBEN IM UNIVERSUM

külwolken nachgewiesen. Primitives Leben wäre somit in solchen Gebieten durchaus denkbar. Höher entwickelte Lebensformen aber bräuchten mit ziemlicher Sicherheit Planeten oder Monde, um in eine evolutionäre Entwicklung eintreten zu können.

Das Aussehen der ETs

Bislang gibt es Außerirdische nur in unserer Fantasie. Dennoch scheinen universelle Gesetze der Biologie zu Ergebnissen zu führen, die diese Fantasie unterstützt. Eine extraterrestrische Intelligenz muss ein Informationsspeichersystem besitzen, das Empfang und Umsetzung der Umweltinformationen gewährleistet, also eine Art Gehirn. Augen oder ein Sonar-Organ – wie bei Delphinen – sollten vorhanden sein, um bildliche Eindrücke zu melden. Auch Wahrnehmungsmöglichkeiten für Geräusche müsste es geben. Eine Körperöffnung für die Nahrung wäre ebenfalls unabdingbar. Angeschlossen müsste ein Verdauungstrakt sein. Gliedmaßen, um aktiv in die Umwelt eingreifen zu können (Arme, Hände, Tentakeln, Scheren o. ä.), lassen sich ebenso annehmen.

Vielleicht entsprechen die wahren Außerirdischen nicht jenen in unseren Science-fiction-Filmen, aber eine gewisse Ähnlichkeit mit irdischem Leben, wie auf der Leinwand und im Fernsehen angedeutet, wäre durchaus denkbar. Bis zu dem Tage, an dem wir Menschen einen leibhaftigen Außerirdischen sehen werden, sei es in Form einer Mikrobe oder eines denkenden Wesens, werden wir trotzdem weiterhin auf unsere Fantasie angewiesen sein.

Mit dem Terrestrial Planet Finder (TPF) lassen sich physikalische und chemische Verhältnisse von Planeten, die viele Lichtjahre entfernt sind, eruieren. Die hochsensible Infrarotkamera liefert sehr genaue Daten über Gase, Temperatur, Boden- und Klimaverhältnisse.

VISIONÄRSWISSENSCHAFTEN

Darwins Irrtümer

Der amerikanische Künstler Jon Lomberg gibt in seinem Bild seine Vorstellung von parallel nebeneinander existierenden Universen wieder: Jedes der Universen ist als ein in einer Blase abgeschlossener Kosmos dargestellt. Aus einer dieser Welten versucht ein Mensch herauszugleiten, um mit einem Sprung in einen benachbarten Makrokosmos einzutauchen – Sinnbild für den nie befriedigten Taten- und Entdeckungsdrang des Menschen. Die Konzepte, die in der These von den »Parallel-Universen« enthalten sind, besagen jedoch, dass diese Kosmen völlig getrennt voneinander bestehen und kein Austausch zwischen ihnen möglich ist.

DARWINS IRRTÜMER

Als der englische Theologe und Naturforscher Charles Robert Darwin (1809–1882) im Jahr 1859 seine Untersuchungen »Über die Entstehung der Arten durch natürliche Zuchtauswahl, oder die Erhaltung der begünstigten Rassen im Kampfe ums Dasein« veröffentlichte, löste er einen Skandal aus. Bis dahin war das Denken von der biblischen Schöpfungsgeschichte geprägt, nach der alle Arten von Gott geschaffen worden waren. Doch scheinen Darwins Lehren aus heutiger Sicht ein gigantischer Irrtum zu sein. Der »Darwinismus« geht davon aus, das alle Lebewesen miteinander verwandt sind, weil sie von einem gemeinsamen Vorfahren abstammen. Die Entstehung unterschiedlicher Arten beruht auf zufälligen Veränderungen, so genannten »Modifikationen«, die zu Lebewesen mit neuen Merkmalen und Eigenschaften geführt haben. Im Lauf der Evolution siegen die Starken und die Schwachen bleiben auf der Strecke.

Fatale Auswirkungen

Schon 1860 erkannte der Naturforscher Louis Agassiz (1807–1873), dass Darwin sich einen »wissenschaftlichen Missgriff« erlaubt hatte. Inzwischen erklären zahlreiche Wissenschaftler unterschiedlicher Fachgebiete, dass nicht der Kampf ums Dasein die wahren Grundlagen der Evolution sind, sondern Selbstbegrenzung und Kooperation zwischen den Arten sowie eine schöpferische Intelligenz. Der deutsche Darwin-Experte Reinhard Eichelbeck (*1945) macht für die fatalen gesellschaftspolitischen und moralischen Exzesse der Vergangenheit letztendlich auch den Darwinismus verantwortlich, der die Menschen zu einer falschen Einschätzung der Natur verleitet habe. Egoismus, Aggressivität, Rücksichtslosigkeit und die Untermenschen-Ideologie des Dritten Reiches seien einige der daraus entstandenen Folgen.

Geist und Schöpfung

»Wäre ein gnadenloser Überlebenskampf der Motor der Evolution«, so Eichelbeck, »müssten nur aggressive, giftige, gepanzerte Tiere existieren«. Der Kampf ums Dasein sei ein Märchen, weil Schönheit, Bewusstheit und Liebesfähigkeit das Leben auf der Erde bestimme. Es sei an der Zeit, den Geist wieder in die Wissenschaft einzuführen und Schöpfung als einen intelligenten Prozess zu begreifen.
Wie und wann entstand Leben auf der Erde? Was waren die ersten Bausteine des Lebendigen, und wie wurden sie in der »Ursuppe« des Planeten zu belebter Materie? Molekularbiologen haben begonnen, die Chemie der Urzeugung und die ersten Schritte der Evolution im Labor zu ergründen. Es häufen sich die Erkenntnisse, dass Leben auf der Erde nicht als Ergebnis einer Reihe zufällig ablaufender chemischer Reaktionen entstanden ist.

Gab es eine »Makroevolution«?

Nach den Berechnungen des amerikanischen Physikers und Theologen Gerald L. Schroeder, die er erstmals 1996 in seinem Buch »Schöpfung und Urknall« formulierte, hat die verfügbare Zeit – die Erde ist etwa fünf Milliarden Jahre alt – einfach nicht ausgereicht, um so komplexe Lebensformen wie den Menschen durch Zufallsreaktionen entstehen zu lassen. Auf einem Kongress zum Thema »Makroevolution« 1980 in Chicago kam es zu einer ersten vollständig neuen Bewertung von Ursprung und Entwicklung des Lebens. Die Überlegung der Wissenschaftler: Entweder hat eine bislang unbekannte physikalische Kraft oder metaphysische Instanz (Gott?) die Entstehung des Lebens auf der Erde gesteuert oder das Leben ist von anderswo gekommen. Bereits der griechische Philosoph Anaxagoras (500–428 v. Chr.) vermutete, dass es im All »von Leben nur so wimmelt« und die Erde ein idealer Empfänger für organische Substanzen aus dem Kosmos sei. Lebenskeime, so der britische Astronom Professor Fred Hoyle (*1915), könnten – eingefroren in Meteoriten – die Erde erreicht haben und in einer günstigen Situation aufgegangen sein.

Glaube und Wissen

Laut einer Umfrage des amerikanischen Wissenschaftsmagazins »Nature« im Jahr 1998 glauben rund 40 Prozent der von der Redaktion interviewten Biologen, Physiker und Mathematiker an einen »persönlichen Gott«. Ihre Indizien, dass das Universum vor 15 Milliarden Jahren mit einer gewaltigen Explosion aus dem Nichts geboren wurde, verdichten sich. Die lange umstrittene Urknall-Theorie ist mit dem christlichen Glauben an einen Schöpfergott durchaus vereinbar, meint heute der vatikanische Astronom und Jesuitenpater William Stoeger. Der amerikanische Physik-Nobelpreisträger Charles Townes, der 1994 den Laser entwickelte, offenbarte dem Magazin: »Bei den Gesetzen des Universums ist ein intelligentes Wesen involviert.«
Sein Landsmann, der Kosmologe Allan Sandage (*1927), erklärte: »Als junger Mann war ich praktizierender Atheist. Die Erforschung des Universums hat mir gezeigt, dass die Existenz der Materie – und nicht zuletzt Leben und Bewusstsein auf der Erde – ein Wunder ist, das sich nur übernatürlich erklären lässt.«

Der Begründer der Selektionstheorie, Charles Robert Darwin, in einer Porträtaufnahme von 1875.

VISIONÄRSWISSENSCHAFTEN

Die holographische Theorie der Gehirnfunktionen

Um seine Erkenntnisse über die gleichmäßige Verteilung aller menschlichen Fähigkeiten im Gehirn zu demonstrieren, griff der Neurophysiologe Dr. Karl Pribram selbst zur Kreide: Das Vermögen zu Schreiben sitzt auch in jenem Teil des Gehirns, der den Kiefer kontrolliert.

Geht es nach dem Neurophysiologen Dr. Karl Pribram von der Georgetown Universität in Washington, dann funktioniert das menschliche Gehirn wie ein Hologramm. Ein Hologramm ist eine außergewöhnliche fotografische Aufnahmetechnik, wobei die Bildinformationen in solcher Weise gespeichert werden, dass jedes Bild als eine dreidimensionale Projektion erscheint.

Holographie

Ein Hologramm wird erzeugt, indem ein Laserstrahl mit Hilfe eines Spezialspiegels in zwei Strahlen geteilt wird. Das fotografierte Objekt reflektiert den ersten Strahl. Der zweite Strahl kollidiert gleichsam mit dem reflektierten Strahl. Es entsteht ein Effekt, der dem ähnelt, wenn man zwei Steine in einen Teich fallen lässt. Jeder Stein erzeugt eine Wellenbewe-

1044

gung aus konzentrischen Kreisen. Wenn die beiden Kreise aufeinander treffen, überlagern sich die Wellen und bilden ein so genanntes Interferenzmuster. Das Interferenzmuster, das die beiden kollidierenden Laserstrahlen erzeugen, wird auf einen Film aufgenommen. Mit dem bloßen Auge kann man auf einer solchen holographischen Aufnahme nur unregelmäßige Wellenlinien erkennen. Beleuchtet man aber den Film, erscheint dem Betrachter das aufgenommene Objekt als dreidimensionale Abbildung, die man von allen Seiten und aus verschiedenen Blickwinkeln betrachten kann.

Spannend ist die Tatsache, dass durch diese Art der Aufnahme die gesamte Bildinformation in jedem Teil des Films gespeichert wird. Jeder Teil beinhaltet das Ganze. Es genügt, einen kleinen Teil der Platte zu beleuchten, um ein Bild des gesamten Objekts zu erhalten.

Holographisches Gehirn

Laut Pribram zeichnet das Gehirn wahrgenommene Eindrücke als Frequenzmuster auf. Unser Gehirn verwandelt diese Welleninformation, wie der Lichtstrahl, der das Hologramm-Bild hervorruft, zu dreidimensionalen, bewegten, farbigen Bildern, die wir als bewusste Wahrnehmung der Welt erleben. Das Gehirn funktioniert als Hologramm, das ein holographisches Universum interpretiert.

Neurologische Rätsel

Pribrams bahnbrechende Forschungen können eine Reihe von Problemen erklären, die den Gehirnforschern bislang Kopfzerbrechen bereiteten: Wie ist es möglich, dass Patienten, bei denen ein Teil des Gehirns zerstört ist, nicht auch einen Teil ihrer Erinnerungen verlieren? Sie verlieren ihr Gedächtnis entweder ganz oder gar nicht. Wenn das halbe Hirnareal zerstört ist, das für Sehen notwendig ist, sehen sie nicht etwa nur ein halbes Haus, einen halben Tisch, einen halben Menschen – sie sehen nach wie vor die ganze Welt, lückenlos.

Verteilte Informationen

Eine weitere Besonderheit dieser Art, so Pribram, kann man auch selbst nachvollziehen: Man nimmt einen Bleistift zwischen die Zähne und versucht, seinen Namen zu schreiben. Normalerweise wird das Schreiben nur von jenem Gehirnareal gesteuert, das die motorische Tätigkeit der Hände kontrolliert, speziell sogar der linken oder der rechten. Die Buchstaben werden, mit dem Mund geschrieben, zwar nicht so schön wie mit der Hand, aber immerhin wird es gelingen, den Namen zu schreiben, obwohl jener Teil des Gehirns, der den Kiefer kontrolliert, noch nie zuvor Schreibarbeit geleistet hat.

Der visionäre Physiker und Naturphilosoph David Bohm entwarf im Zuge seiner Forschungen eine »Theorie der verborgenen Variablen« und war Vorreiter auf dem Gebiet der Quantenphysik.

Solche Phänomene sind nur erklärbar, wenn die Fähigkeiten des Gehirns in allen Teilen gleichermaßen gespeichert sind – verteilt wie Informationen auf einer holographischen Platte.

Pribrams Theorie stützt sich übrigens auf die Arbeiten des Physikers Dr. David Bohm (1917–1992) von der »London University«, der ein Mitarbeiter Einsteins war.

Nach Bohms Auffassung ist die gesamte Wirklichkeit ein Muster von Wellen, die sich ständig überlagern und somit Interferenzen bilden. Die Wirklichkeit, so erkannte Bohm, ist holographisch organisiert. Zwar erklärt diese Theorie Probleme, die bislang in der Gehirnforschung nicht zu lösen waren, doch den definitiven Beweis für ihre Richtigkeit gibt es noch nicht. Forschungen zur Erbringung dieses Beweises werden fortgeführt.

HOLOGRAPHISCHE THEORIE

Der Schweizer Silvio M., den man von parapsychologischen Versuchen aus den 1970er Jahren kennt, hat in eindrucksvoller Manier eine Erscheinung verewigt, die er einmal sah.

Erscheinungen

Das Wahrnehmen von »Geistererscheinungen« an bestimmten Orten und die Berichte über eigentümliche Zeitphänomene, bei denen sich Menschen in die Vergangenheit zurückversetzt fühlen und lebhaft längst vergangene Dinge erfahren, scheinen mit der holographischen Theorie verständlicher zu sein. Denn wenn die Wirklichkeit tatsächlich wie ein Hologramm organisiert ist, dann können Wellenmuster an einem Ort oder einem Gegenstand solange kodiert bleiben, bis man sie als »Erscheinung« wiedersieht. Wie das möglich ist, darüber bilden die Forscher gegenwärtig komplizierte Theorien. Offenbar kann sich das Bewusstsein unter bestimmten Bedingungen in solche, an einen Ort gebundene Frequenzen »einklinken«. Allem Anschein nach hängt es von noch nicht erforschten Besonderheiten in der Verarbeitung von Informationen im Gehirn ab, ob jemand solche Erfahrungen machen kann. Beispielsweise erlebten sensitive Menschen unabhängig voneinander völlig übereinstimmende »Geistererscheinungen« in einem Haus, in dem es spukt, während andere anwesende Personen zur selben Zeit nichts wahrgenommen haben. Eine rätselhafte Fähigkeit des Bewusstseins mit verborgenen Informationen an einem Ort in Kontakt treten zu können, mag der Schlüssel zu solchen Erlebnissen sein.

1045

VISIONÄRSWISSENSCHAFTEN

Bewusstseinsforschung

Der deutsche Arzt Franz Anton Mesmer wollte mit seiner Lehre von der Heilkraft des Magnetismus, dem Vorläufer der Hypnosetherapie, Gutes tun. Eine Art Trance sollte die körpereigenen Heilkräfte aktivieren. In den falschen Händen wurde jedoch mancher Hilfesuchende zum Spielball eines Scharlatans. (Stahlstich, ca. 1860)

Es ist das letzte unbekannte Territorium des menschlichen Wissens und zugleich ist es die Grundlage dafür, dass wir überhaupt etwas wissen können: das Bewusstsein.
Als Bezugsmittelpunkt des Erlebens umfasst es Wahrnehmungen, Erinnerungen, Fantasie, Gefühl, Stimmungen und Denken, aber auch das Wissen darum. Im Alltag erscheint es uns deshalb auch als Selbstbewusstsein. Dass man immer noch so wenig über das Bewusstsein weiß, resultiert aus einem »technischen« Problem.

Das Methodenproblem

Das Bewusstsein lässt sich nur dann angemessen studieren, wenn man sein eigenes Bewusstsein veränderten Zuständen, beispielsweise durch die Einnahme von bewusstseinserweiternden Drogen, aussetzt.
Solche Erfahrungen gelten jedoch als zu subjektiv – für eine objektive Wissenschaft ein kaum brauchbares Instrument. Der aus Wien stammende Wissenschaftsphilosoph Dr. Paul Feyerabend (1924–1993) wandte sich in seinem viel diskutierten Werk »Wider den Methodenzwang« (1976) gegen eine solche

Überheblichkeit der Wissenschaft, die nur ihre sanktionierten Methoden gelten lässt und alle Phänomene, die unkonventionellerer Forschungsmethoden bedürften, außer Acht lässt.

Ungewöhnliche Ansätze

Auch Dr. Charles Tart, einer der heute führenden parapsychologischen Forscher, hat die Bedeutung der Bewusstseinsforschung erkannt.
Er fordert die Bildung so genannter »zustandsspezifischer Wissenschaften«, also eigener wissenschaftlicher Vorgangsweisen für veränderte Bewusstseinszustände, in denen sich der Forscher selbst in veränderten Zuständen befindet und nach nur für seinen Zustand gültigen Methoden zu Erkenntnissen kommt.

Potenzielle Bewusstseinsformen

Der amerikanische Philosoph und Psychologe Professor William James (1842–1910) untersuchte beispielsweise schon zur Jahrhundertwende in Selbstversuchen den Einfluss von Drogen auf das Bewusstsein: »Vor einigen Jahren habe ich selbst einige Beobachtungen über die Wirkung von Lachgasbetäubung gemacht. Dabei drängte sich mir ein Urteil auf, dessen Richtigkeit mir bis heute unerschüttert geblieben ist. Nämlich dies, dass unser normales, waches Bewusstsein – unser rationales Bewusstsein, wie wir es nennen können – nur eine bestimmte Art von Bewusstsein ist, und dass um dasselbe herum potenzielle Bewusstseinsformen liegen, die ganz andersartig und von ihm nur durch eine ganz dünne Wand geschieden sind.«

James nahm damit eine Einsicht der modernen Bewusstseinsforschung vorweg: Veränderte Bewusstseinszustände, ob durch psychedelische Drogen oder auf anderem Wege hervorgerufen, vermögen eine völlig andere Auffassung der Realität zu vermitteln. Bestimmte Erfahrungen dieser Art werden als unbeschreiblich und von tiefer Bedeutung erlebt. Die gewöhnliche Sinneserfahrung wirkt dagegen völlig unbedeutend und unwirklich. Solche Erlebnisse nennt man mystische Erfahrungen. William James erlebte sie während seiner Lachgasversuche, in denen sich ihm eine immer tiefere Wahrheit zu enthüllen schien.

Paul Feyerabend (1924-1993) entwickelte die »anarchistische« Erkenntnistheorie: Kreativität vor Methodologie.

Östliche Weisheit

Heutige Bewusstseinsforscher beginnen zu verstehen, dass vor allem die Einsichten östlicher Weisheit als Leitlinie für die Forschung gelten sollten, da in den spirituellen Systemen des Ostens seit Jahrtausenden Formen der Meditation gelehrt werden, durch die zahlreiche veränderte Bewusstseinszustände entstehen und durch die sich in der Folge Bewusstsein wandeln kann. Die auf diesem Gebiet weit entwickelten Lehrmeister haben in der Meditation die Möglichkeiten des Geistes erkundet und einen tiefen Einblick in das Spektrum des Bewusstseins erlangt.

William James prägte die amerikanische Psychologie durch seine Forschung über die seelischen Vorgänge als Bewusstseinsstrom.

BEWUSSTSEINSFORSCHUNG

Franz Anton Mesmer, einer der führenden Wissenschaftler seiner Zeit, studierte Theologie, Philosophie und Medizin.

Somnambulismus

Ein Pionier der Bewusstseinsforschung war Franz Anton Mesmer (1734–1815). Er nahm an, dass eine »magnetische fernwirkende Kraft (Fluidum) den Äther durchwirkt und für Heilungen eingesetzt werden kann«. Durch streichende Bewegungen über dem Körper eines Patienten meinte Mesmer dieses magnetische Fluidum lenken zu können. Er konstruierte hölzerne Zuber, in denen sich Wasser in Flaschen befand, das durch streichende Bewegungen »magnetisiert« war. Aus den Flaschen ragten Eisenstäbe, welche die Patienten zur Heilung berühren sollten.

Bei diesen so genannten mesmerischen Sitzungen traten merkwürdige Phänomene auf. Manche Menschen gebärdeten sich wild, andere fielen in seltsam lethargische Zustände, in denen sie sich wie schlafwandelnd bewegten. Sie waren aber dennoch wach, ansprechbar und durch Suggestionen zu allerlei Handlungen bereit. In solchen Zuständen veränderten viele auch ihre gewohnten sprachlichen Ausdrucksweisen, erzählten merkwürdige Dinge und hatten hellsichtige Erlebnisse. Mesmer hatte den Somnambulismus, die Vorform der Hypnose, entdeckt. In der Folge wandte man sich solchen veränderten Bewusstseinszuständen, den Einflüssen von Trance, Drogen, mystischen und paranormalen Erfahrungen zu, ohne aber eine eigenständige Wissenschaft vom Bewusstsein zu schaffen.

1047

VISIONÄRSWISSENSCHAFTEN

Ein Hologramm ist die Projektion eines dreidimensionalen Bildes. Das Phänomen wird erzeugt, wenn ein Laserstrahl in zwei Strahlen aufgeteilt wird, wobei der erste Strahl vom fotografierten Objekt reflektiert wird und der zweite mit dem reflektierten Strahl kollidiert.

Wunderwelt der vierten Dimension

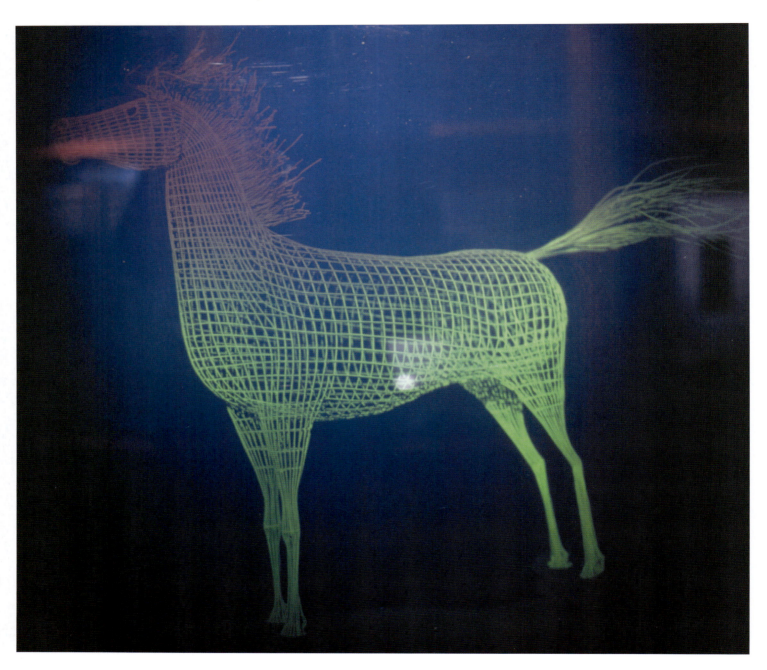

Ein mit Hilfe der Lasertechnik hergestelltes dreidimensionales Bild, ein Hologramm, eignet sich als Modell für ein neues Weltbild, das zahlreiche mysteriöse Phänomene erklären könnte. Der Physiker David Bohm (1917–1992) und der Neurophysiologe Karl Pribram gehen davon aus, dass unser Gehirn und das gesamte Universum holografisch konstruiert sind. Zerschlägt man ein Hologramm in tausend kleine Stücke, gehen

VIERTE DIMENSION

dessen Informationen nicht verloren. So birgt auch jedes Teilstück des Universums das große Ganze in sich. Nach Ansicht der beiden Wissenschaftler müsse es daher möglich sein, zum Beispiel in der Zelle eines Frosches auch die Konstruktion des Andromeda-Nebels zu entdecken, wenn man annimmt, dass der Frosch ein Teil des Universums ist.

Bedeutende Denker

Bohm und Pribram gehören zu den bedeutendsten Denkern der Gegenwart. Sie sind unabhängig voneinander zu folgender Erkenntnis gelangt: Bei allem, was in diesem Universum existiert – vom Schneekristall bis zum Eichenblatt, von glühenden Meteoren bis zu wirbelnden Elektronen, handelt es sich lediglich um Projektionen einer Realitätsebene, die die unsere weit übersteigt, da sie sich außerhalb von Raum und Zeit befindet.

Schwingung und Energie

Das kompliziert erscheinende Modell des holografischen Universums lässt sich folgendermaßen darstellen:

1. Jeder Aspekt des Universums existiert nur als Manifestation von Schwingung und Energie.
2. Jeder Aspekt des Universums ist für sich ein Ganzes, ein umfassendes System vollständigen Seins, das einen Speicher von Informationen über sich selbst und alle anderen Systeme enthält.
3. Jeder Aspekt des Universums scheint Teil eines größeren allumfassenden Systems zu sein.
4. So wie jedes winzige Teil eines Hologramms die Information des Gesamtinhalts enthält, kann man erwarten, dass jeder einzelne Aspekt im riesigen Universum die Fähigkeit hat, intime Kenntnis von allen anderen Aspekten innerhalb des Haupthologramms zu besitzen.
5. Im holografischen Universum existiert die Zeit nicht als lineare Abfolge von Ereignissen: Vorgestern war Gestern noch Zukunft. Stattdessen kann sich Zeit auch multidimensional in viele Richtungen gleichzeitig bewegen.

Traum-Wirklichkeiten

Nach der Theorie von Pribram und Bohm wäre jeder Mensch ein Mini-Universum. Unsere Gedanken könnten geisterhafte holografische Bilder – zum Beispiel während des Traums – entstehen lassen, die sich in den subtilen Schichten anderer Realitäten bewegten. Wir würden also zwei Wirklichkeiten besitzen: Eine, in der unser Körper konkret erscheint und einen festen Ort in Raum und Zeit hat, und eine, in der unser Ich primär als eine Art feinstoffliche Substanz existiert. Vor diesem Hintergrund würden sich paranormale Phänomene wie Nahtod-Erlebnisse, außersinnliche Wahrnehmungen und das Einwirken des Geistes auf die Materie nach und nach entschlüsseln und erklären lassen.

Neue Wertesysteme

Da unser heutiges konventionelles Denken nicht ausreicht, das holografische Universum in seiner Ganzheit zu erfassen, fordern Philosophen eine Art Meta-Denken zum Erkennen der Welt auf einer höheren Dimension. Meta-Denker könnten den religiös besetzten Begriff vom Mystiker ersetzen. Bestimmte Entwicklungen der letzten Jahre deuten in der Tat darauf hin, dass wir uns auf dem Weg zu einem neuen Bewusstsein befinden, das andere, immaterielle Wertesysteme zum Ziel hat.

Das Museum für Holografie in Pulheim/Deutschland veranstaltet immer wieder Experimente mit Lichtholografien.

Höhere Dimensionen

Der Mensch lebt in einem dreidimensionalen Raum, wobei ihm aus eigener Kraft lediglich zwei Dimensionen als Bewegungsfläche bleiben: Länge und Breite. Die dritte Dimension, die Höhe, erreicht er nur mit Hilfsmitteln wie einer Leiter oder dem Flugzeug. Sie steht zum Beispiel nur Vögeln oder Insekten offen. Die vierte Dimension ist ein Gedankenkonstrukt: Physiker und Mathematiker rechnen mit ihr, Mystiker und Philosophen meditieren über sie.

Theoretisch gibt es viele höhere Dimensionen. Eine davon könnte die Zeit sein, eine andere die Krümmungsrichtung des Weltalls und wieder eine andere führt uns möglicherweise durch ein Wurmloch in ein Paralleluniversum. Querdenker rechnen mit einer Dimension, in der der Raum gekrümmt ist und die Zeit rückwärts läuft.

So fantastisch diese höheren Wirklichkeiten auch sein mögen, sie sind immerhin Bestandteil anerkannter wissenschaftlicher Arbeiten wie der von Albert Einstein aufgestellten Relativitätstheorie, die physikalische Theorie der Struktur von Raum und Zeit, die neben der Quantentheorie die bedeutendste der im 20. Jahrhundert entwickelten physikalischen Theorien ist.

VISIONÄRSWISSENSCHAFTEN

Die faszinierende Welt der Quanten

Der Physiker Max Planck (1858–1947), dessen Hauptarbeitsgebiete die Strahlentheorie und die Thermodynamik waren, erhielt 1918 den Physik-Nobelpreis für seine Forschungsergebnisse.

WELT DER QUANTEN

Die Quantenphysik ist der Schlüssel zum Verständnis der Vorgänge in der Welt der Atome und die theoretische Grundlage für sämtliche moderne Technologien – vom Transistor zum Mikrochip, bis zum Laser eines CD-Spielers und dem Innenleben einer Atomuhr, vom Kernspintomografen in der Medizin, bis zum Scanner im Supermarkt.

Die Quantentheorie ist die mathematische Beschreibung des Universums. Obwohl sie absolut korrekt zu sein scheint, kann niemand exakt erklären, was sie über die Welt aussagt. So beschäftigt das Geheimnis der Quanten vermehrt die Philosophie. Nach der Quantentheorie regiert in der Natur allein der Zufall und nicht, wie bisher angenommen, das Prinzip von Ursache und Wirkung.

Die am 14. 12. 1900 von dem Physiker und späteren Nobelpreisträger Max Planck (1858–1947) vorgestellte Quantentheorie veränderte das Leben der Menschen wie keine andere wissenschaftliche Erkenntnis. In den folgenden Jahren bewährte sich das Konzept und Wissenschaftlern wie Albert Einstein (1879–1955), Werner Heisenberg (1901–1976) und Max Born (1882–1970) gelang eine völlig neue Beschreibung der Gesetze der Mikrowelt – die Quantenmechanik. Sie besagt: Einem Elementarteilchen, wie z.B. einem Elektron, lässt sich in bestimmten Situationen prinzipiell kein eindeutiger Standort zuordnen, da es potenziell an vielen Orten gleichzeitig zu sein scheint. Wo, das ist nicht voraussagbar, da dies in den Herrschaftsbereich des Zufalls fällt. In der Quantenmechanik lassen sich lediglich Wahrscheinlichkeiten angeben.

Licht kommt in die Welt

Die Welt der Quanten ist geheimnisvoll und bizarr und widerspricht jeder Alltagserfahrung. Da können etwa kleine Teilchen einfach durch Wände gehen und auf geheimnisvolle Weise über Ozeane hinweg miteinander kommunizieren. Sie interagieren miteinander, obwohl sie Tausende von Kilometern voneinander entfernt sind und es keine augenscheinliche Verbindung zwischen ihnen gibt.

Technik und Quanten

Die Entwicklung der Quantentheorie gehörte zu den großen Leistungen des menschlichen Geistes und legte gleichzeitig den Grundstein zu einer gigantischen Wirtschaftsmaschinerie: Rund 50 Prozent des Bruttoinlandproduktes westlicher Industriestaaten werden zur Zeit auf der Basis der Quantentheorie umgesetzt. Die zukunftsweisenden Informations- und Nanotechnologien sind ohne die Quantentheorie und ihren mikrokosmischen Erklärungsumsätzen undenkbar.

Es besteht kein Zweifel, dass die Quantentheorie mit ihrer Reihe von Gleichungen die korrekte mathematische Beschreibung des Universums ist. Viele Physiker konnten sich die Welt, die diese Gleichungen impliziert, jedoch nicht bildlich vorstellen. So hatte Einstein immer wieder den Eindruck, dass die Theorie, mit der er arbeitete, einen Makel hatte, doch sie wurde immer wieder bestätigt. Die Situation ist merkwürdig: Über 100 Jahre gibt es nun eine Theorie, die technisch perfekt umgesetzt wird und die inzwischen jeder Physiker als korrekt bezeichnet, aber niemand kann erklären, was sie für die Welt zu bedeuten hat.

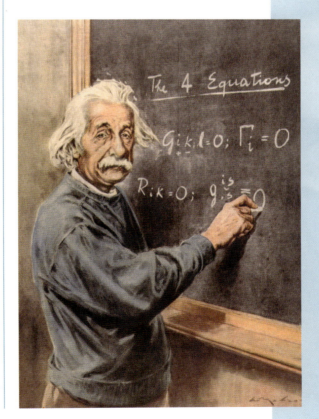

Reisen durch Raum und Zeit

Die Quantentheorie wurde entwickelt, um die Vorgänge im Mikrokosmos zu erklären. Gilt sie auch für die riesigen Dimensionen des Makrokosmos? Der britische Physiker Hugh Everett behauptete 1957 erstmals, dass unser Universum, das Universum, das wir sehen, nur eines aus einer unendlichen Zahl von Universen sei, die nebeneinander existieren. Everett nannte dies die »Vielwelten«-Erklärung der Quantenmechanik. Folgt man dem Gedanken, stößt man auf das inzwischen in der Astrophysik verankerte Modell der Paralleluniversen – Blasen in der Raum-Zeit, die sich unabhängig voneinander entwickelt haben könnten. Diese Universen könnten über so genannte Wurmlöcher – Tunnel durch Raum und Zeit – miteinander verbunden sein. Nach dieser Vorstellung würde die Öffnung eines solchen Wurmlochs in unserer Region des Weltalls mit einer Öffnung in einem anderen Bereich des Universums verbunden sein. Science-fiction-Autoren träumen von Reisen in diese Paralleluniversen, in denen die Zeit anders abläuft, als bei uns. Das heißt, einige der Universen könnten zu einer früheren Zeit existiert haben. Eine Zeitreise ins Mittelalter wäre also nicht eine Reise in die Vergangenheit unserer Erde, sondern in die Realität einer parallel von uns existierenden Welt.

Astrophysiker, die sich die Existenz kosmischer Wurmlöcher vorstellen können, halten die Öffnung dieser Tunnel für so mikroskopisch klein, dass kein materielles Objekt – nicht einmal ein subatomares Teilchen wie das Proton – durch ein Wurmloch passen würde.

Albert Einstein entwickelte ebenso wie Werner Heisenberg und Max Born aus den theoretischen Grundlagen von Max Planck die Quantenmechanik.

1051

VISIONÄRSWISSENSCHAFTEN

Die Suche nach der Anti-Materie

In Genf wurde 1953 das europäische Labor für Teilchenphysik, das CERN, gegründet. 19 Staaten, darunter auch Deutschland, Großbritannien und Österreich, beteiligen sich an den internationalen Forschungen. Am CERN – hier ist einer der modernen »Arbeitsräume« der dortigen Wissenschaftler zu sehen – wurden u. a. Versuche unternommen, Anti-Materie nachzuweisen.

Gibt es zu unserer materiellen Welt eine Art Gegenwelt aus Anti-Materie? Existiert womöglich eine Anti-Erde, die von einer Anti-Menschheit bewohnt wird? Anti-Materie – das war bislang der Stoff, aus dem die Träume von Astrophysikern und Science-fiction-Autoren gewebt waren, bis es 1996 Wissenschaftlern gelang, mit Hilfe von riesigen Beschleunigungsanlagen Anti-Materie-Atome zu isolieren.

Der deutsche Physiker Walter Oelert (*1943) suchte 1996 im europäischen Labor für Teilchenphysik in Genf mit Hilfe einer voluminösen Maschine, einem so genannten Teilchenbeschleuniger, nach Anti-Wasserstoff – dem ersten chemischen Element aus jener geheimnisvollen Schattenwelt, in der elementare Eigenschaften der Materie in ihr Gegenteil verkehrt sind. Nach Auswertung von rund 300.000 Signalen konnten neun der »Ereig-

ANTI-MATERIE

nisse« unzweifelhaft als geisterhafte Anti-Materie identifiziert werden, die theoretisch zwar seit Jahrzehnten vorhergesagt, doch noch nie experimentell nachgewiesen werden konnte.

Es begann mit dem Urknall

Warum ist Anti-Materie so selten? Vor etwa 15 Milliarden Jahren, unmittelbar nach der Entstehung des Universums, gab es, so vermutet man, genau so viel Materie wie Anti-Materie. Eine winzige, kaum stecknadelkopfgroße Kugel komprimierter Energie war explodiert. Aus dem gigantischen Feuerzauber entstanden im Laufe von Äonen Galaxien, Sonnen, Planeten und schließlich auch das Leben auf der Erde. Nanosekunden nach dem Urknall bildeten sich beide Formen von Materie in gleicher Menge. Doch nur einen Bruchteil später löschten sich die Myriaden von Teilchen-Zwillingen wieder gegenseitig aus. Auf uns nicht bekannte Weise überlebte dennoch ein Teil der Materie, der sich zu Atomen und Molekülen zusammenschloss und nach Millionen Jahren eine erste Galaxie mit Sonnen, Planeten und Monden bildete.

Flucht aus dem Inferno

Möglicherweise gab es an einigen Stellen mehr Teilchen, anderswo waren die Anti-Teilchen in der Mehrheit. Den jeweils überzähligen Partikeln fehlte das Gegenstück und so entkamen sie dem Inferno. »Es könnte im Universum ebenso viel Antimaterie wie Materie geben«, vermutet der amerikanische NASA-Astrophysiker Floyd Stecker (*1930). Und sein britischer Kollege Paul Dirac (1902–1984) hielt es gar für möglich, dass jede zweite Sonne in unserer Milchstraße aus Anti-Materie besteht, wir nur keine astronomischen Methoden hätten, dies zu erkennen. Als er 1933 wegen seiner inzwischen weltweit geschätzten Dirac-Gleichung – sie beschreibt die Bewegung der Elektronen, jener negativ geladenen Elementarteilchen, aus denen die Hülle der Atome besteht – mit dem Physik-Nobelpreis geehrt wurde, prophezeite er auch die Existenz der Anti-Materie: »Wir müssen es

als Zufall betrachten, dass die Erde aus negativen Elektronen und positiven Protonen besteht. Bei einigen Sternen ist es vielleicht genau andersherum.«

Geisterhafte Materie

Möglicherweise eröffnet die Erzeugung von Anti-Materie ein Zeitalter bisher nicht gekannter Energien. Noch ist der Stoff außerordentlich »zurückhaltend«. Es kostet weit mehr Energie, Anti-Materie zu produzieren, als man von ihr an Energie zurückbekommt. Nur wenn die komplizierten Maschinen reibungslos laufen, erhalten die Forscher am CERN (Centre Européene pour la Recherche Nucléaire) in Genf etwa zehnmal am Tag einige Milliarden Anti-Protonen, für deren Untersuchung sie nur ein paar Minuten Zeit haben. Dann ist die geisterhafte Materie wieder verpufft. Inzwischen arbeiten die Wissenschaftler daran, die Schattenpartikel zu einem längeren Aufenthalt in der hiesigen Welt zu bewegen. Erst dann wird sich zeigen, ob Materie und Anti-Materie den gleichen Gesetzen der Natur gehorchen. Für die meisten Menschen mag die Suche nach Anti-Materie – ob im Universum oder in den CERN-Forschungslabors – keine besonders aufregende und vor allem wenig sinnvolle Sache zu sein. Für die Wissenschaft jedoch ist es ein ungeheuer wichtiger Schritt auf dem Weg zu den Rätseln des Universums, die eben durch Entdeckung und Erforschung von Phänomenen wie der Anti-Materie zu lösen sind.

Dem britischen Physiker Paul Dirac gelang es 1930 das Elektron zu beschreiben. Protonen und Photonen folgten dem Elektron als elementare Bausteine der Teilchenphysik nach.

Schlupfloch in die Gegenwelt?

Das Genfer Forschungslabor CERN ist wegen seiner epochalen Arbeit ein begehrtes Ziel für prominente Besucher. So grübelte dort sogar Papst Johannes Paul II über mögliche Zusammenhänge zwischen Materie und Anti-Materie, Himmel und Hölle, Christ und Anti-Christ. Der Dalai Lama wollte von den Wissenschaftlern wissen, ob es ein physikalisch nachweisbares Schlupfloch in eine, wie auch immer geartete, Gegenwelt geben könne.

NASA-Mitarbeiter interessiert bei ihren Visiten vor allem eine mögliche neue Antriebskraft für die künftige interstellare Raumfahrt. Schließlich nutzte auch das TV-Raumschiff »Enterprise« bereits die Energien der Anti-Materie.

Von einem Besuch auf einem Anti-Planeten würde jedoch sicher kein Astronaut lebend zurückkehren. Bei dem Versuch, seinem spiegelverkehrten Ebenbild die Hand zu schütteln, würden sich beide auflösen.

Könnte auf der Erde erzeugte Anti-Materie trotz der hypothetischen Gefahr des sich-gegenseitig-Auflösens von Teilchen und Anti-Teilchen so gewaltige Energien freisetzen, um ein Raumschiff mühelos zu einem fernen Sternbild zu bringen? Ein Mitarbeiter der Fakultät für Luft- und Raumfahrttechnik der Universität Stuttgart kam nach einer äußerst komplizierten Berechnung zu dem verblüffenden Ergebnis, dass 0,147 Gramm Anti-Protonen, was ungefähr der Masse eines Regentropfens entspricht, ausreichend Energie für einen Flug zum Mars freisetzen können.

Anhang

GLOSSAR

Aborigines Ureinwohner Australiens. Zur Zeit der Entdeckung und Erforschung des Kontinents durch die Europäer im 17. Jahrhundert lebten in Australien rund 300.000 Aborigines. Sie waren in 500 Stämme unterteilt. Heute leben nur noch ein Zehntel reinrassiger Ureinwohner dort. Durch Modernisierung und Technik wurde das Naturvolk immer mehr ins Hinterland gedrängt. Heute leben die meisten Aborigines am Rand der Gesellschaft; viele davon an der Armutsgrenze.

Alkaloide Organische Verbindungen, die in bestimmten Pflanzen, wie etwa in Nachtschattengewächsen, vorhanden sind. Auch in der berühmten Chinarinde oder in Mohngewächsen kommen Alkaloide vor. Obwohl – oder gerade weil – sie zu den stärksten Giften der Welt zählen, werden sie auch zur Heilung von Krankheiten eingesetzt. Strychnin regt beispielsweise Krämpfe an; Opium betäubt. Zu den bekanntesten Alkaloiden zählen weiterhin: Atropin, Chinin, Kokain, Codein, Koffein, Ergotamin, Heroin, Lysergsäure, Morphin und Nikotin.

Anagramm Umstellung der Buchstaben eines Wortes zur Bildung gleichbedeutender Wörter oder generell zu Wortspielen. Mittlerweile finden sich beispielsweise im Internet richtige Anagramm-Maschinen, die auf Tastendruck aus den Buchstaben eines Wortes oder Satzes beliebige mehr oder weniger sinnvolle neue Wörter oder Sätze kreieren. Beispiele für Einwort-Anagramme: Gartenfest-Testfragen; Frauen-Anrufe; Hitparade- Apartheid; Mensa-Samen; Italien-Litanei.

Anaxagoras Griechischer Philosoph um ca. 500 v. Chr., der nach eigenen Worten sein Leben der Himmelsbeobachtung verschrieb. Einige seiner Thesen: Sonne und Sterne sind glühende Gesteinsmassen. Die Milchstraße ist ein Reflex vom Licht jener Sterne, die nicht von der Sonne beschienen sind. Der Mond verfinstert sich, wenn die Erde zwischen Mond und Sonne tritt. Die Sonne verfinstert sich, wenn der Mond zwischen Sonne und Erde tritt. Der Mond hat kein eigenes Licht, er wird von der Sonne beschienen.

Anthropologie Wissenschaft von Mensch und menschlichen Verhaltensweisen. Dazu zählt die Erblehre ebenso wie die Soziologie oder die Völkerkunde. Generell kann man durch Nachlesen in anthropologischen Schriften alles bisher bekannte über die Geschichte der Menschheit erfahren.

Antichrist Der Bibel zufolge sollen Antichristen Scheinchristen gewesen sein – Menschen, die die Herkunft Jesu als Gottes Sohn verleugneten. »Wer ist ein Lügner, wenn nicht der, der leugnet, dass Jesus der Christus ist? Das ist der Antichrist, der den Vater und den Sohn leugnet.« (1. Johannes 2,22) Berühmt wurde der Terminus aber auch durch das gleichnamige religionskritische Werk des großen Philosophen Friedrich Nietzsche, »Der Antichrist – Fluch auf das Christentum«.

Apis Eine im alten Memphis verehrte Stierart, die man als irdische Erscheinungsform des Stadtgottes Ptah sah. Der örtlichen Götterlehre zufolge soll Ptah einst die Welt Kraft seiner Gedanken erschaffen haben. Dem dermaßen mächtigen Himmlischen, und somit auch seinem tierischen Vertreter auf Erden, brachte man den größten Respekt entgegen.

Asanas Körperübungen im Yoga, die man u.a. in Sitzhaltungen, Standhaltungen, Gleichgewichtshaltungen, Vorbeugen, Rückbeugen, Seitbeugen, Drehungen und Umkehrhaltungen unterteilen kann. Die Asanas halten Körper und Geist im Gleichgewicht. Ruhige Bewegungsabläufe oder das Verharren in anspruchsvollen Körperhaltungen dehnen und entspannen zugleich.

Asteroiden Auch Planetoiden oder Kleinplaneten genannt. Sie stellen eine Anhäufung relativ kleiner Himmelskörper dar, die von der Erde aus nur mit dem Fernrohr sichtbar sind, und sich fast ausschließlich zwischen Mars und Jupiter bewegen. Die Gesamtzahl der Asteroiden mit einem Durchmesser von über einem Kilometer wird auf ca. eine Million geschätzt. Die vier größten Kleinplaneten sind Ceres (1023 Kilometer), Pallas (608 Kilometer), Vesta (538 Kilometer) und Juno (288 Kilometer).

Ayurveda Indische Heilkunde, die es seit über 3500 Jahren gibt. »Ayus« bedeutet »Zusammenhalt «, »Veda« heißt »Wissenschaft« – entsprechend handelt es sich beim Ayurveda um eine ganzheitliche Pflege der Gesundheit. Der Mensch besteht dieser Lehre zufolge aus den vier Komponenten Körper, Sinne, Seele und Geist. Sie alle werden zu unterschiedlichen Anteilen von fünf »Elementen« bestimmt: Feuer, Wasser, Erde, Luft und Raum. Je nachdem, wie diese fünf Elemente zusammenwirken, teilt man die Menschen in drei Konstitutionstypen ein: Vata, Pitta, Kapha. Diese Unterscheidungen helfen, Ungleichgewichte im System Mensch auszubalancieren.

Betawellen Hirnströme mit einer Frequenzbreite von 13–30 Hertz. Sie treten immer dann auf, wenn sich der Mensch in einem Zustand bewusster Aufmerksamkeit befindet. Beim Elektroenzephalogramm, jenem Kurvenbild, dass bei der Messung von Gehirnstromaktivitäten entsteht, lassen sich Betawellen absichtlich durch das Öffnen der geschlossenen Augen produzieren. Normalerweise entstehen Betawellen beim Anstieg geistiger Aktivität.

GLOSSAR

Botenstoffe Meist Hormone, die im Körper für entsprechende Reaktionen verantwortlich sind. Botenstoffe des Nervensystems werden Neurotransmitter genannt. Neurotransmitter, die die Stärke von Reaktionen regeln, heißen Neuroeptide. Dazu zählt beispielsweise das Endorphin, das starke Schmerzen hemmen und Entspannung nach körperlicher Anstrengung vermitteln kann. Stoffe, die Entzündungsreaktionen bewirken zählen ebenfalls zu den menschlichen Botenstoffen. Für diese so genannten Entzündungsmediatoren ist Histamin ein Beispiel.

Chakra Kreisende Energiezentren im Körper, die es zu aktivieren und rein zu halten gilt. Das Wort Chakra stammt aus dem Sanskrit. Ursprünglich war damit eine Scheibe, die dem Hindugott Vishnu als Schild diente, gemeint. Im Okkultismus des Westens wurden die Chakren dann als geheimste Organe des Körpers gesehen. Man stellte sie sich als sieben spiralförmig kreisende Kraftzentren vor, die sich an Damm, Unterleib, Solarplexus, Herz, Hals, Stirn und Scheitel des Menschen befinden.

Channeling Mediale Durchgaben. Das Wort kommt aus dem Englischen und begeutet übersetzt »Kanal«. Man sagt, dass beim Channeln sensitiv begabte Menschen – Medien – Kanäle für Botschaften von Wesenheiten aus anderen Welten sind. Diese wissen nach dem Channeln meist nicht mehr, was sie gesagt oder getan haben. Man geht davon aus, dass die Medien während einer Channel-Sitzung voll im Besitz der fremden mitteilsamen Entitäten sind.

Cherubim Bezeichnung jener Engel, die unmittelbar neben Gottes Thron zu finden sind. Der Name leitet sich aus dem Akkadischen, karibu = Fürbitter, ab. Bibeltexten zufolge waren die Cherubim zur Bewachung der Bundeslade und zum Schutz des himmlischen Gartens abgestellt.

Church of England Die Kirche von England entstand aus einer Not Heinrichs VIII. heraus. Als Monarch sah sich dieser zu Zeiten seiner Regentschaft (1509–1547) verpflichtet, einen männlichen Thronfolger zu zeugen, was ihm mit seiner Gattin Katharina nicht gelang. Da der Papst in keine Scheidung einwilligte, sagte sich der Herrscher in rechtlichen Belangen von der katholischen Kirche los und machte sich selbst zum Kirchenoberhaupt. Obwohl in England der König und nicht der Papst die Kirche anführt, werden dennoch katholische Werte gelehrt.

Cro-Magnon Eine Höhle im Vézèretal im französischen Regierungsbezirk Dordogne. In ihr wurden 1868 altsteinzeitliche Siedlungsreste mit Knochenfunden entdeckt. Nach der Höhle wurden die Menschen, die vor ca. 30.000 Jahren in ihr lebten, Cro-Magnon-Menschen genannt. Sie zeichneten sich durch besonders kleine Gesichter und lange Schädel aus.

Devas Das Wort Deva kommt aus dem Sanskrit und ist von »div« abgeleitet, was zu Deutsch »scheinen« heißt. Mit Devas sind Engel oder himmlische Wesen gemeint, die gut oder böse sein können, je nachdem, in welcher Engelsgruppe sie beheimatet sind. Die Theosophische Gesellschaft, die 1875 in New York von dem Medium Madame Blavatsky gegründet wurde, teilte die Devas beispielsweise in 33 Gruppen ein. Das Leben dieser Wesen darf man sich in etwa so vorstellen: glücklich, friedlich und für den Menschen unsichtbar. Interessant ist, dass die Devas getreu hinduistischen Vorstellungen, einem Kreislauf von Wiedergeburten unterworfen sind.

Devon Das Devon zählt zu den verschiedenen Erdzeitaltern. Es begann vor ca. 410 Millionen Jahren und dauerte nahezu 50 Millionen Jahre. Die Zeiten vor dem Devon werden Silur, Ordovicium und Kambrium genannt, jene danach heißen Carbon und Perm. Alle gehören dem Paläozoikum an. Neben Knochen- und Knorpelfischen im Wasser beherrschten im Devon erstmals Insekten das Land. Der Unterschied zwischen kriechenden und fliegenden Insekten entstand. Es sollten noch 120 Millionen Jahre bis zum Auftreten der ersten Saurier vergehen.

Dinosaurier Eine Gruppe unterschiedlicher Repitilien, die von der Trias bis zum Ende der Kreidezeit im Erdmittelalter etwa 170 Millionen Jahre lang die dominierende Gruppe der Landwirbeltiere stellte. Anders als bei den bis dahin existierenden Reptilien hatten die Saurier ihre Beine nicht seitlich, sondern unter dem Körper angebracht. Das bedeutete, dass sie nicht mehr kriechen mussten und schnell laufen konnten, wenn es darauf ankam. Warum diese starke Rasse plötzlich ausstarb, weiß man nicht. Man vermutet, dass vor 65 Millionen Jahren ein riesiger Meteorit auf der Erde einschlug, der einen so extremen Klimawechsel auf der Erde nach sich zog, dass die Tiere ausstarben.

Druiden Priester der Kelten und Gallier. Sie verfügten, so wie die heutigen Brahmanen in Indien, über ein tiefes religiöses Wissen, das nur Auserwählten, und diesen nur durch die Druiden selbst, zugänglich war. Hinzu kommt: Die Druiden übten auch die Wahrsagekunst und Traumdeutung aus. Sie waren astrologisch bewandert und verfügten über ein alchemisches und naturheilkundliches Wissen, das ihnen im Bereich Volksgesundheit von Vorteil war.

1057

GLOSSAR

Dualismus Beschreibt Gegensätzlichkeiten, die im Leben vorhanden sind. Der Dualismus ist vor allem durch Religion und Philosophie bekannt. In der Philosophie deutet er an, dass alles Existierende auf einer Zweiheit beruht, z.B. Leib-Seele oder Geist-Materie. Auch in der Religion spiegelt er die Anschauung, dass das Wesen alles Seienden in zwei einander gegensätzlichen Prinzipien begründet liegt. So kennt man in östlichen Religionssystemen das Begriffspaar Ying-Yang, welches für männlich-weiblich, hell-dunkel, nehmend-gebend usw. steht.

Durga Ein anderer Name für Kali, die hinduistische Göttin und Gemahlin Shivas, die 100 Namen hat. Kali ist vierarmig und blauschwarz, unbekleidet bis auf eine Girlande aus Köpfen und abgeschlagenen Armen als Schürze. Kali ist allmächtig, alles durchdringend, die absolute Existenz jenseits der Furcht. Sie ist die Zerstörerin von Maya, der aus Illusionen erschaffenen Welt. Ihre vollen Haare sind Symbol für die Zeit. Kali wird vornehmlich an Verbrennungsorten (Friedhöfen) und bei Neumond angerufen. Dies entspricht am ehesten ihrem Wesen. Jüngere Darstellungen zeigen sie auf dem liegenden Körper Shivas. Vielleicht soll damit angedeutet werden, daß nach dem Tantrismus Shiva der ruhende (Bewusstsein) und Kali der dynamische Aspekt (die Schöpfung) ist.

Ektoplasma Ursprünglich ein Begriff aus der Zoologie und Botanik, ist unter Ektoplasma in spirituellen Kreisen ein gazeartiger Stoff zu verstehen, der aus den Körperöffnungen von Medien quillt. Aus dem Ektoplasma von in Trance befindlichen Personen haben sich in der Vergangenheit bereits Gegenstände, Gesichter und sogar Körper von Verstorbenen geformt. Es wurde, trotz zahlreicher Fotoaufnahmen des Phänomens, jedoch nie wirklich bewiesen, ob die Produktion von Ektoplasma tatsächlich möglich ist oder ob es sich hierbei um einen Betrug handelt, den die Medien in der Hoffnung auf Publicity begehen.

Elfen Mittlerwesen zwischen den Menschen und den Göttern. Die Elfen oder auch Elben bzw. Alben entstammen der germanischen und nordischen Mythologie. Ürsprünglich konnten Elfen alle möglichen Gestalten, z.B. Zwerge oder Nixen, sein. Erst im 18. Jahrhundert entwickelte sich die Vorstellung von einem anmutigen weiblichen Wesen, das geistgleich durch die Welt der Irdischen streift.

Erbinformation Erbgut des Menschen, das von den Eltern an ihre Kinder weitergegeben wird. Dies geschieht über Chromosomen, fadenförmige Gebilde in Zellkernen, die für die Übertragung der Erbinformation verantwortlich sind. Wichtigster Bestandteil der Chromosomen ist die Desoxyribonukleinsäure oder DNS (auch DNA). Sie ist der stoffliche Grundträger für die genetische Information, da sie sich originalgetreu repliziert, also identische Chromosomen zur Weitergabe des elterlichen Erbguts an die Kinder produzieren kann.

Exorzismus Die Vertreibung von bösen Geistern und Teufeln aus dem Leib von »Besessenen«. Man geht bei einem Exorzismus davon aus, dass ein böses Wesen vom Körper eines Menschen Besitz ergreift. Durch magische Riten und Gebete ängstigt oder verärgert man die Dämonen so sehr, dass sie den von ihnen vereinnahmten Körper wieder verlassen. Dämonenbeschwörungen waren vor allem zu Jesu Zeiten an der Tagesordnung. Die christliche Taufe selbst wird als Möglichkeit, Dämonen abzuwenden, angesehen.

Fakir Ein Wort aus dem Arabischen, das eigentlich Bedürftiger heißt. Ursprünglich wurden nämlich Bettler islamischen Glaubens als Fakire bezeichnet. Erst später bürgerte sich das Wort als Name für jene indische Asketen ein, die den irdischen Leib als Bürde sehen und nach geistiger Erleuchtung streben. Da sie dies u.a. auch durch das Liegen auf Nagelbrettern tun, wurden die Fakire im Westen eher als unempfindliche Wundermänner bekannt.

Feen Zauberkundige weibliche Naturgeister aus der keltischen Mythologie. Sie leben an Quellen, in Grotten oder in der Nähe von Waldlichtungen. Feen helfen den Menschen, sie haben jedoch keine Nachsicht mit Neugierigen. Wer versucht, in ihre Welt vorzudringen und ihre Geheimnisse zu erfahren, wird gnadenlos bestraft.

Flugsalbe Eine aus verschiedenen toxischen Substanzen hergestellte Droge in Salbenform, die für die Flugerfahrungen mittelalterlicher Hexen verantwortlich zeichnet. Selbstverständlich konnten diese nicht tatsächlich fliegen, durch Giftstoffe hervorgerufene Halluzinationen waren für die Flugerlebnisse ursächlich. Auch heute noch bieten Frauen, die sich als Hexen bezeichnen, Rezepte für Flugsalben an. Mittlerweile kann man die unterschiedlichen Mixturen sogar über das Internet beziehen.

Freimaurer Bruderschaftsbewegung mit ausgesuchten Mitgliedern, die danach strebten, den Menschen geistig wie sittlich zu veredeln. Die Menschen sollen von Furcht, Sorge und Zwietracht erlöst und in einen paradiesischen Urzustand zurückversetzt werden. Da dies nur geschehen kann, wenn jeder mitarbeitet, waren ethisches Handeln, Wohltätigkeit und soziales Verantwortungsgefühl die Säulen des Freimaurertums.

1058

GLOSSAR

Geigerzähler Der Geiger-Müller-Zähler ist das am häufigsten verwendete Gerät zum Messen von Strahlung. Er wurde 1928 von zwei deutschen Physikern, Hans Wilhelm Geiger und Max Müller, erstmals hergestellt und basiert auf der Annahme, dass Radioaktivität auf seine Umgebung ausstrahlt, und dass man diesen energetischen Austausch – es handelt sich um Strom – messen kann. Der Geiger-Müller-Zähler erfasst jenen Stromfluss, der in radioaktiver Umgebung entsteht. Diese »Energiedosis« wird in Gray angegeben und dient so als Maß für die Energiemenge der betreffenden Strahlung.

Gentechnik Wissenschaft, die die Erbanlagen von Lebewesen durch Isolation, Analyse und Manipulation erforscht. Nach ihren ersten Erfolgen in den Bereichen Molekularbiologie und Biotechnologie entwickelte sich die Gentechnik zu einer äußerst kontroversen Wissenschaft. Durch die ist es möglich, Erbmaterial zu reproduzieren, Lebewesen mit denselben Erbinformationen auszustatten – ein Vorgang, den man »klonen« nennt.

Geomantie Die Wissenschaft der Geomantie ist so alt wie die Menschheit. Sie entstand aus dem Bedürfnis heraus, Mensch und Natur in einem harmonischen Miteinander zu sehen, und beschäftigt sich mit den unterschiedlichen Erdenergien in Wechselwirkung mit dem Menschen. So können z. B. Wasseradern unter der Erdoberfläche fördernd oder störend sein. Besonders im Mittelalter bezogen Baumeister geomantisches Wissen in ihre Baupläne für Sakralbauten mit ein. Zu Zeiten der Aufklärung kam der Glaube an die Geomantie abhanden. Er wurde im Westen erst im 20. Jahrhundert wiederentdeckt.

Gnosis Das Wort kommt aus dem Griechischen und heißt »Erkenntnis«. Die Gnosis ist eine religiöse Bewegung des 2. Jahrhunderts n. Chr., die das Glaubensbekenntnis und somit eine Abgrenzung des Christentums von anderen Religionen erarbeitet hat. Der Ansatz der Gnosis ist dualistisch, es wird in unüberbrückbaren Gegensätzen zwischen Gut und Böse gedacht, Gott wird dabei als das unwandelbar Gute angesehen.

Hara Hara heißt im Japanischen »Bauch« im anatomischen Sinn. Daneben hat das Wort noch eine weitere Bedeutung erlangt. Zwei Finger breit unter dem Bauchnabel soll sich das Hara, das energetische Zentrum eines jeden Menschen, befinden. Nur wer, vielen östlichen Lehren zufolge, diese Mitte findet und wahrt, kann wirklich reifen und sich im Leben bewähren, und profitiert von einer gesteigerten Lebenskraft und Leidensfähigkeit.

Hexenbulle Bis hin ins 15. Jahrhundert waren Hexenverfolgungen im französischen und italienischen Alpenbereich üblich. Ende des 15. Jahrhunderts verbreiteten sie sich auch im deutschen Raum. Förderer der Hexenverfolgungen waren Heinrich Institoris und Jakob Sprenger. Sie erreichten 1484 von Papst Innozenz VIII. einen Erlass, der ihnen die alleinige Zuständigkeit für die Hexenverfolgung in großen Teilen Deutschlands und Österreich zusagte. Dieser päpstliche Erlass wird »Hexenbulle« genannt.

Hexensabbat Das Treffen aller Hexen aus einer Region. Es findet auch heute noch – meist nachts und unter freiem Himmel – statt. Im abergläubischen Mittelalter herrschte die Auffassung vor, dass man als Hexe zu einem solchen Sabbat auf seinem Besen flog. Angeblich tanzten die Hexen bei solchen Gelegenheiten und stellten gemeinsam Schadenszauber an. Auch Dämonen waren anwesend, denn am Hexensabbat wurde der Teufel verehrt.

Hypnose Vom Griechischen »hypnos«, Schlaf. Der Begriff wurde 1841 vom englischen Arzt Dr. Braid aus Manchester geprägt. Die Hypnose ist eine bewusst herbeigeführte Bewusstseinsänderung, die mehr einem teilweisen Wachsein als einem Schlafzustand gleicht, und in dem der Hypnotiseur dem Hypnotisierten Dinge, z.B., dass er ein Tier ist, suggerieren kann. Wie Hypnose entsteht, ist noch nicht geklärt. Man vermutet, dass es im hypnotischen Zustand zu Blockierungen in der Großhirnrinde kommt, wodurch sensorische und motorische Umsteuerungen möglich sind. Um eine Hypnose einzuleiten, werden meist optische Mittel wie das Fixieren einer ruhig hin- und herwandernden Fingerspitze eingesetzt.

Immunsystem Ein System im Körper von Wirbeltierorganismen, das für die Abwehr von Krankheitserregern verantwortlich ist. Das Immunsystem besteht aus Fresszellen oder Phagozyten. Sie umhüllen in den Körper eingedrungene Krankheitserreger und bauen diese in ihrem Zellinneren ab. Auch die Lymphozyten zählen zum Immunsystem. Sie werden hauptsächlich nach ihren Aufgaben – Helferzellen, Suppressorzellen, Killerzellen – benannt.

Initiation Rituelle Aufnahme in einen Geheimbund. Bei Naturvölkern auch die Aufnahme von Kindern in die Gruppe der Jugendlichen oder die Aufnahme von Jugendlichen in die Gruppe der Erwachsenen. Einer solchen Aufnahme geht immer eine Art Initiationsritus voraus, bei dem sich der Initiand als für die neue Gruppe würdig erweisen muss. So werden männliche Jugendliche bei manchen afrika-

1059

GLOSSAR

nischen Völkern durch den offiziellen Beischlaf mit Altersgenossinnen zu Männern gemacht, andere Jungen müssen zum Kampf mit gefährlichen Tieren in den Busch, um ihre Jagdfähigkeit und ihren Mut zu beweisen.

Jade Im 16. Jahrhundert entdeckten spanische Eroberer bei den Einwohnern Mittelamerikas einen Stein, den diese Piedra de Yjada, »Stein der Lende«, nannten. Im 17. Jahrhundert wurde Jade, wie der Stein bald heißen sollte, vor allem aus China importiert. Dabei gab es verschieden farbige (z.B. grün, lavendel) und unterschiedlich harte Jade. Der Stein wurde zur Herstellung von Waffen, aber auch zur Produktion von Zahlungsmitteln, Geschirr, Musikinstrumenten, Talismanen und Schmuck benutzt.

Karma Ein Begriff aus der asiatischen Heilslehre, der sich im Westen als »Auge um Auge, Zahn um Zahn«-Philosophie eingebürgert hat. Dem Karma-Gesetz zufolge wird alles, was ein Mensch tut, im Universum registriert. Die Auswirkungen seiner Taten fallen so auf ihn zurück. Hat z. B. ein Mensch einen anderen verletzt, wird er selber verletzt werden. Ob dies in diesem oder in einem anderen Leben geschieht, ist Sache des Universums, denn: Karma ist nicht an einen Körper, sondern an die Seele gebunden, und eine menschliche Seele hat nach asiatischen Vorstellungen mehr als eine Existenz.

Kartenlegen Orakeltechnik, bei der versucht wird, durch rituelles Auflegen und Ziehen von ausgewählten Kartensets Antworten zu Vergangenheit, Gegenwart und Zukunft eines Fragenden zu ersehen. Dabei werden den Karten und bestimmten Kartenkombinationen Bedeutungen zugeschrieben, die der Kartenleger für seinen Klienten deuten kann.

Kartografie Die Wissenschaft und Technik, die sich mit der Erstellung grafischer Abbildungen der Welt, etwa in Form von Landkarten, befasst. Die dazu nötigen geowissenschaftlichen Informationen werden aus der Erforschung, Beobachtung und Analyse der Erdoberfläche und ihrer ständigen Entwicklung gezogen. Die ersten Kartenfragmente stammen aus Mesopotamien und befinden sich auf nahezu 6000 Jahre alten Tontafeln Die früheste und einzige erhaltene Weltkarte aus dem Altertum stammt aus der späten babylonischen Zeit um 600 v. Chr. Es handelt sich dabei um eine schematische, in Tontafeln geritzte Ansicht der Erde.

Kinematik Die Beschreibung der Bewegung von Körpern. Die Kinematik ist ein Teilgebiet der Mechanik, zu dem z. B. das Newtonsche Axiom – »Jeder Körper verbleibt in Ruhe oder behält seine Geschwindigkeit nach Betrag und Richtung, solange er nicht durch äußere Kräfte gezwungen wird, seinen Bewegungszustand zu ändern.« – zählt. Auch die Formeln »Geschwindigkeit = Zurückgelegter Weg pro Zeitintervall« und »Beschleunigung = Geschwindigkeitsänderung pro Zeitintervall« werden zu den Grundformeln der Kinematik gezählt.

Koran Die heilige Schrift des Islam. Moslems glauben, dass der Text des Koran identisch mit dem Wort Gottes ist, das dem Propheten Mohammed vom Erzengel Gabriel diktiert worden sein soll. Der Koran ist in 114 Suren unterteilt. Die meisten Texte sind in Versform verfasst.

Kraftorte Plätze, an denen starke positive Energien versammelt sind. Diese Energien kann man zwar nicht sehen, besonders sensitive Menschen oder Wünschelrutengänger behaupten jedoch, sie zu fühlen. Geht man von einer esoterischen Annahme aus, der zufolge die Erde von einem unsichtbaren Kraftgitter durchzogen ist, an dessen Kreuzungspunkten starke Energiewirbel walten, könnten sich Kraftorte jeweils über solchen Wirbeln befinden.

Levitation Wissenschaftlich umstrittenes Schweben oder Aufheben der Schwerkraft. Levitation ist ein Zustand, der angeblich durch Konzentration und Kraft der Gedanken erreicht werden kann. Vor allem in parapsychologischen und spirituellen Kreisen wird immer wieder von Levitationen – von Gegenständen oder Menschen – berichtet. Dem Heiligen Franz von Assisi wurde einst die Fähigkeit, zu levitieren, nachgesagt.

Leylines Der Begriff wurde in den 1920er Jahren von dem englischen Kaufmann und Hobbyforscher Alfred Watkins geprägt. Er glaubte, dass in seiner Heimat Herefordshire eine große Zahl alter Kirchen und Kultplätze in einer Art Netzwerk mit geraden Linien verbunden sind. Er hielt diese Verbindungen für steinzeitliche Handelswege, die in der Neuzeit in Vergessenheit gerieten. Generell versteht man heute unter Leyline eine lineare Struktur in einer Landschaft, die mindestens drei markante Orte so verbindet, dass man auf der Landkarte eine exakte Gerade durch diese Punkte ziehen kann.

Makrokosmos/ Mikrokosmos Als Makrokosmos wird im Allgemeinen das Weltall angesehen. Dem gegenüber steht der Mikrokosmos Mensch. Diese Einteilung geht auf den mystischen Weisen Hermes Trismegistos, der niemand Geringerer als der ägyptische Totengott Thot gewesen sein soll, zurück. Er formulierte angeblich die These: »Wie oben, so unten« und schuf

GLOSSAR

damit das Fundament der Synchronizitäts-
lehre, der zufolge sich alles im All und auf
der Erde gegenseitig bedingt und in Abhängigkeit voneinander steht.

Mänaden
Frauen aus der grie-
chischen Mythologie. Sie zählten zum Gefolge des Gottes der Fruchtbarkeit und der
Ekstase, Dionysos. Da die Mänaden, ihrem
wollüstigen Herren folgend, grötenteils be-
trunken waren, kannte man sie wegen ihres
wilden Benehmens und ihres ungepflegten
Äußeren. Die männlichen Begleiter der
Mänaden nannte man Satyrn. Allen gemeinsam war als Kennzeichen der Thyrsos, ein
Stab mit einem Pinienzapfen.

Mantik
Wahrsagekunst, die
hauptsächlich im Zuge kultischer Handlungen zum Tragen kommt. So werden z.B.
die Eingeweide von toten Tieren oder der
Rauch beim Verbrennen dieser Kadaver als
Zeichen der Zukunft, bzw. als Mitteilung
der Götter an die Menschen angesehen. Die
Mantik entstand aus der, bei den Urvölkern
der Erde einst verbreiteten, Überzeugung,
dass die Menschen eins mit den Göttern
und Kanäle für deren Botschaften seien.

Mantra
Ein Mantra ist ein
Klanggebilde, das magische Kräfte haben
soll. Als Trägermedien fungieren Töne oder
Worte. Spricht man ein Mantra in monotoner Reihenfolge immer wieder aus, verbreitet es seine Heilwirkung. Dabei muss die
Buchstabenreihenfolge eines Mantras gar
keinen Sinn ergeben. Auf die Lautmalerei
kommt es an. Es gibt verschiedene Arten
von Mantras. Solche die den Körper ansprechen, welche für den Geist, aber auch Mantras, die bevorstehende Ereignisse beeinflussen. Man unterscheidet Anrufungsman-
tras, Meditationsmantras und Autosugges-
tionsmantras. Eines der bekanntesten Mantras ist das Meditationsmantra »OM mani

padme hum«, das übersetzt sogar einen
Sinn, nämlich, »OM, Juwel im Lotus, Hum«,
ergibt.

Matriarchat
Lateinisch-
griechische Wortzusammensetzung aus
lateinisch »Mutter« und griechisch »Gewalt,
Herrschaft«. Bezeichnet eine »Mutter-
herrschaft«. Das Matriarchat ist eine Gesell-
schafts- oder Herrschaftsordnung, in der
für Planung und Ablauf der sozialen Beziehungen sowie für die Bestimmung und Be-
wahrung der sozialen, kulturellen und religiösen Normen die jeweils ältesten Frauen
bzw. Mütter zuständig sind. Untersuchungen weisen darauf hin, dass es im Mittelmeerraum Kulturen gab, die unter Mutter-
herrschaft standen, z.B. Çatal Hüyük in
Anatolien oder die minoische Kultur auf
Kreta.

Meridian
Meridiane sind nach
Auffassung der traditionellen chinesischen
Medizin Leitbahnen im menschlichen Körper, durch die die Lebensenergie Chi fließen kann. Ähnlich Strom- oder Wasser-
leitungen können jedoch auch Meridiane
blockieren. Durch Akupunktur oder Akupressur regen gesundheitsbewusste Chinesen ihre Energieleitbahnen wieder an. Die
Meridiane betreffen Blase, Niere, Gallen-
blase, Leber, Magen, Milz, Dickdarm, Lunge,
Dreifacher Erwärmer (Herzbeutel, Konzep-
tionsgefäße, Verdauungstrakt), Herzkreis-
lauf, Dünndarm und Herz. Die traditionelle
chinesische Medizin teilt sie in Yin- und
Yang-Meridiane ein. Yin-Meridiane sind
jene, bei denen die Energie von unten nach
oben fließt. Die Yang-Meridiane sind für
den umgekehrten Energiefluss zuständig.

Merlin
Der Name Merlin wurde
erstmals 1136 in der »Historia Regum
Britanniae« von Geoffrey von Monmouth
erwähnt. Es handelt sich hierbei um den

Zauberer und Propheten, der sich als weiser
Ratgeber im Kreis um den legendären König
Artus erweist. Merlin soll der Sohn des
Teufels und einer bretonischen Prinzessin
sein. Er gilt als Vater der Druiden, jener
keltischen Magier, denen man noch heute
an kultischen Plätzen wie Stonehenge Ehre
erweist.

Meskalin
Droge mit halluzi-
nogener Wirkung. Meskalin ist z.B. im
Peyote-Kaktus enthalten und zählt zu den
natürlichen Rauschmitteln in Mexiko. Die
Einnahme erfolgt durch den pulverisierten
Kaktus oder durch Kauen von so genannten
Buttons (Peyote-Scheiben). Die übliche
Dosis liegt um 500 Milligramm, die LSD-
ähnliche Wirkung mit optischen Sinnes-
täuschungen und Halluzinationen tritt nach
etwa zwei bis drei Stunden ein.

Meteorit
Festkörper aus dem
All, die in die Erdatmosphäre eindringen.
Je nach Größe und Materialbeschaffenheit
verglühen sie dabei vollständig oder nur
zum Teil. Die dabei entstehenden Leuchtspuren werden Meteor genannt. Meteorite
können einen Durchmesser von 0,1 Millimeter bis zu mehreren hundert Metern
haben. Große Meteoriten, die beim Eintritt
in die Erdatmosphäre nicht vollständig verglühen, können beim Aufprall auf die Erdoberfläche Krater bis zu 100 Meter Tiefe
und über einen Kilometer Durchmesser verursachen.

Morphogenetische Felder
Eine Art universelles
Gedächtnis. Der englische Biochemiker
Rupert Sheldrake geht davon aus, dass das
Universum nicht ausschließlich nach unver-
änderlichen Mustern funktioniert, sondern
durch die Wiederholung von Aktionen neue
Muster schaffen kann. Sheldrake zufolge
liegt jedem Verhalten ein morphogeneti-

1061

GLOSSAR

sches Feld zugrunde. Es ist das Gedächtnis des Verhaltens und stellt sicher, dass das gleiche Verhalten erneut ablaufen kann. Je mehr Wiederholungen erfolgen, desto stärker ist das Feld. Bald schon breitet sich die Handlung eines Einzelnen auf andere aus.

Myrrhe

Ein Räuchermittel aus dem Altertum, das auch in der Medizin seine Anwendung fand. Man setzte Myrrhe beispielsweise bei Husten, Schnupfen, Halsschmerzen, schlechten Zähnen, Zahnfleischschwund, Geschwüren und Hautverletzungen ein. Heute gurgelt man mit Myrrhe-Tinkturen bei Schleimhautentzündungen im Mund- und Rachenbereich. Der Myrrhenstrauch ist in Nordostafrika und Südwestasien heimisch, besonders in der Region um das Rote Meer.

Neuplatonismus

Philosophie der Spätantike (3.-6. Jahrhundert), die sich auf den griechischen Philosophen Platon beruft. Das Interesse dieses Denkzweiges konzentriert sich auf die These, dass jedes Prinzip immer ein Prinzip für etwas anderes ist. Demzufolge begründet ein höheres Prinzip mit logischer und metaphysischer Notwendigkeit die Existenz von etwas Niedrigerem, das sich von dem Prinzip selbst unterscheidet und für das das Prinzip Prinzip ist. Auf diese Vorstellung gründet die Lehre von der Welt als einer Emanation des höchsten Prinzips, von Gott.

Notarikon

Teil der Kabbala, in dem jeder Buchstabe eines Wortes als Anfangsbuchstabe für das nächste Wort genommen werden kann. Aber auch die Bildung von Wörtern aus den Anfangs- oder Endbuchstaben in jedem Satz oder die Bildung eines Satzes von Wörtern, deren Anfangs- oder Endbuchstaben ein bestimmtes Wort ergeben, ist Teil des Notarikons.

Nummerologie

Eine der ältesten Geheimwissenschaften. Sie wurde zur Errechnung von Schicksalen eingesetzt. In der Nummerologie wird jedem Buchstaben des Alphabets ein Zahlenwert zugeordnet, der eine bestimmte Bedeutung hat. Nimmt man nun die Zahlenwerte aller Buchstaben eines Namens und bildet die Quersumme daraus, erhält man als Ergebnis ebenfalls eine Zahl. Diese deutet an, welchen Charakter, welche negativen Anlagen und welche negativen Anlagen und welche Zukunftschancen der Namensträger hat.

Odische Lohe

Der Naturforscher Karl Freiherr von Reichenbach führte den Begriff 1852 ein. Er bezeichnete damit in etwa das, was man heute als »Qi«, universelle Lebenskraft, kennt. Menschen, Tiere, Pflanzen, ja sogar Magnete, Metalle und Kristalle strahlen laut Reichenbach Od aus. Sensitive Menschen nehmen es als farbiges Leuchten, die Lohe, wahr. Forschungen am Menschen ergaben, dass Ausscheidungsprodukte der Haut, wenn sie eine Verbindung mit Sauerstoff eingehen, tatsächlich schwach leuchten, und dass manche Menschen für diese Lichteindrücke empfänglich sind.

Orakel

Brauch, bei dem ein Ereignis, das nicht vom menschlichen Willen beeinflusst wurde oder zu beeinflussen ist, als Zeichen oder Antwort auf eine Frage gesehen wird. Mit Orakeln wollte man in früheren Zeiten vor allem im Volksglauben Entscheidungen herbeiführen bzw. nicht sichtbare Zusammenhänge von Dingen enthüllen, damit man sich entsprechend verhalten kann. Noch heute wenden viele Menschen Orakel, zu denen auch Runen oder Tarotkarten zählen, zur Entscheidungshilfe oder als Antwort auf bestimmte Lebensfragen an.

Parsen

Anhänger der vom altindischen Propheten Zarathustra gestifteten Religion, die sich Parsismus nennt. Parsen ist das persische Wort für Perser. Der Parsismus war nämlich ursprünglich nur in Persien zu Hause. Nach der islamischen Eroberung um 642 verließen die Parsen jedoch ihr Land und wanderten nach Indien aus. Dort bilden sie bis heute geschlossene Religionsgemeinschaften. Ihre Zahl sinkt gegenwärtig.

Peyote-Kaktus

Halluzinogenhaltiger Kaktus aus Mexiko, aus dem die Droge Meskalin gewonnen wird. Meskalin ist in Europa als »Mescal buttons«, braune Scheiben von 3 bis 4,5 Zentimeter Durchmesser, nur auf dem Drogenmarkt erhältlich. In Deutschland ist der Genuss laut Betäubungsmittelgesetz nicht erlaubt. Meskalinkonsumenten berichten von visuellen Halluzinationen und veränderten Sinneserfahrungen. Das Denken und die Urteilskraft sind nach Einnahme der Droge beeinträchtigt, die Emotionen sind reduziert. Es kann auch eine Bewusstseinsspaltung auftreten, das Gefühl für Raum und Zeit kann verloren gehen.

Piktogramm

Bildsymbol, z.B. mystische Kreise in Kornfeldern. Im heutigen Sprachgebrauch jedoch meist für jene Zeichen auf Schildern verwendet, die durch ihre bildliche Aussagekraft international verständlich sind. Piktogramme müssen kultur- und bildungsneutral sein, und sie dürfen keine Tabus verletzen, also weder religiös noch sittlich noch rassistisch diskriminieren. Eines der bekanntesten Piktogramme weltweit kommt aus Australien. Es handelt sich um ein gelbes Dreieck mit schwarzem Känguruh.

GLOSSAR

Plejaden In der griechischen Mythologie bezeichnen die Plejaden sieben schöne Jungfrauen, die von Göttervater Zeus an den Himmel versetzt wurden, um sie vor den dreisten Annäherungsversuchen des Jägers Orion zu schützen. In der Astronomie stellen die Plejaden einen offenen Sternenhaufen im Sternbild Stier dar, der aus ungefähr 500 kleineren Sternen besteht. Getreu der griechischen Mythologie sind tatsächlich sieben der Sterne mit bloßem Auge zu erkennen.

Quija-Brett Das Quija-Brett wurde 1890 von dem Amerikaner Charles Kennard erfunden, um den Lebenden die Kontaktaufnahme mit den Toten zu ermöglichen. Ähnlich wie beim Gläserrücken wird hier eine Plachette auf einem Brett mit Buchstaben und Zahlen bewegt. Man nimmt an, dass Geistwesen die Plachette in Bewegung setzen und dass die Buchstaben und Zahlen, zu denen sie »wandert«, Antworten auf die Fragen der Séanceteilnehmer sind.

Radiocarbon-Methode Verfahren zur Altersbestimmung von geologischen und historischen Gegenständen, die allerdings organischen Ursprungs sein müssen, da nur in Relikten organischen Ursprungs die bei der Radiocarbon-Methode gemessenen radioaktiven Kohlenstoffisotope vorhanden sind. Die Kohlenstoffisotope stammen aus dem Kohlendioxid der Luft. Sie verringern sich in toten Organismen gesetzmäßig durch radioaktiven Zerfall, wobei ihre Halbwertszeit rund 5730 Jahre beträgt. Je nachdem, wie zerfallen die Kohlenstoffisotope sind, schätzt man das Alter des betreffenden organischen Reliktes ein.

Reliquien Ein Wort, das aus dem Lateinischen stammt und so viel wie »Überbleibsel« heißt. Im religiösen Leben wird mit Reliquie meist ein Gegenstand bezeichnet, der der Heiligenverehrung dient. Das können beispielsweise die Gebeine christlicher Autoritäten, aber auch Gegenstände, die mit diesen in Verbindung standen, sein. Das Kreuz, das symbolisch für den Märtyrertod des Religionsgründers Jesus von Nazareth steht, ist eines der bekanntesten Reliquien des Christentums.

Rig-Veda Der Rig-Veda ist ein Teil der ältesten religiösen Schriftsammlung Indiens. Er ist in den Veden enthalten, jenem Wissen, das noch aus der Zeit vor dem ersten Jahrtausend vor Christus stammen soll. Im Rig-Veda selbst sind die indischen Hymnen an die Götter niedergelegt. Weitere Veden sind der Samaveda (Veda der Lieder), der Yajurveda (Buch mit Opfersprüchen) und der Atharvaveda (Zauberlieder). An diese vier Grundwerke des Hinduismus schließen sich die Upanischaden, philosophische Texte, an.

Runen In Stein, Metall oder Holz geritzte grafische Zeichen der Runenschrift, jener ältesten Schrift der germanischen Stämme, die mit dem Aufkommen der christlichen Kultur des Mittelalters der lateinischen Schrift wich. Erste Zeichen für Runen gehen auf die Bronzezeit (ab 2000– ca. 700 v. Chr.) zurück. Sie sind keineswegs nur als altgermanisches Alphabet zu sehen. Das Wort Rune bedeutete nämlich ursprünglich Geheimwissen. Eine Rune war ein magischer Buchstabe.

Satanismus Anbetung von Satan, dem Bösen, im Gegensatz zur Verehrung Gottes, dem Guten. Der Ursprung der extremen Gegensätze Gott-Satan und des Satanismus ist im Mittelalter zu sehen.

Damals wurde einerseits die Angst vor bösen, dunklen Mächten geschürt, auf der anderen Seite provozierte man dadurch die Teufelsanbetung, denn man stellte Satan als mächtig und einflussreich in einem Kampf um das Universum dar.

Schamanen Das Wort Schamane stammt aus der Sprache der Turgusen, eines sibirischen Volksstammes. Es wird mit »Weiser« oder mit »der, der die Ekstase kennt« übersetzt. Die Bezeichnung bezieht sich auf seine Fähigkeit, neben der diesseitigen auch noch jenseitige Welten zu erfahren. Als weiser Mann pflegt der Schamane den Umgang mit Göttern und ist mit einem naturheilkundlichen Wissen gesegnet, dass ihm von den Göttern selbst übermittelt wird. Den Grenzübertritt vom Hier zur Welt der Himmlischen begeht der Schamane durch verschiedene Techniken wie Meditation oder durch die Einnahme von Drogen.

Scheiterhaufen Eine Holzkonstruktion, die aus einem zentrierten Pfahl und um diesen herum getürmten Scheiten besteht. Seit dem Mittelalter wurden von Spanien ausgehend im Zuge der Inquisition »Hexen« auf Scheiterhaufen verbrannt. In England wurde der Scheiterhaufen unter Maria I., der Tochter von Heinrich VIII, populär, da die Monarchin ab 1553 im Zuge einer Rekatholisierung ihres Landes Ketzer verbrennen ließ. Aus Amerika kennt man die Verbrennung der Hexen von Salem (1648). Die letzten Hexenprozesse mit Verbrennung auf dem Scheiterhaufen in Deutschland fanden 1775 im Allgäu statt.

Schintoismus Japanische Religion. Schintoisten glauben, dass die Seele eines Toten durch den Tod verunreinigt wird. Mit diversen Ritualen machen sie die Seele wieder rein. Erst dann

1063

GLOSSAR

wird die Ahnenseele zu einer guten Seele – sie steigt in den Rang einer Schutzgottheit auf.

Schlafforschung

Auch Chronobiologie genannt. Sie beschäftigt sich mit den biologischen Schlafrhythmen des Menschen und versucht, Schlaf-Wach-Störungen zu analysieren und in den Bereichen Tagesmüdigkeit und Tagesschlaf zu erforschen. So fand man etwa heraus, dass die täglich notwendige Schlafdosis genetisch festgelegt ist; dass das Einschlafen und Aufstehen wesentlich unproblematischer erfolgen, wenn man sich auf bestimmte Zeiten festlegt; der chronobiologische Rhythmus von Schichtarbeitern aus dem Takt gerät, wenn die Nachtschichtphase länger als drei Nächte andauert.

Sherpas

Aus Tibet eingewandertes Bergvolk im östlichen Nepal. Die Sherpas leben im Himalaya und sind für gewöhnlich hervorragende Bergsteiger. Fälschlicherweise bürgerte sich im Westen das Wort Sherpa für »Bergführer« ein, weil es meist Sherpas sind, die die Touristen durch den Himalaya führen.

Siddhis

Übernatürliche Kräfte, die man indischen Yogis nachsagt. 16 Siddhis gibt es im System, u.a. die Fähigkeit, in die Erde einzutauchen, als wäre es Wasser. Die Fähigkeit, in einen Stein einzudringen, gehört ebenso dazu wie die Kontrolle über Feuer und Wasser oder die Fähigkeit, sich unsichtbar zu machen. Das Wissen über Vergangenheit, Gegenwart und Zukunft. Das Wissen über die Klänge aller Lebewesen und das Wissen um deren Gedanken oder auch das Wissen um die Zeit des eigenen Todes.

Spiritismus

Umfasst die Gesamtheit aller Lehren und Handlungen, die auf der Annahme beruhen, dass eine unsterbliche Seele nach dem leiblichen Tod aus dem dahingeschiedenen Körper fährt, und dass es Lebenden möglich sei, mit dieser Seele zu kommunizieren. Die spiritistischen Lehren fußen der Überlieferung nach auf einem Ereignis in Amerika, wo man 1847 ein »Totenalphabet «, Klopfzeichen im Hause eines gewissen John Fox, entschlüsselte. Damals teilte der verstorbene Charles Ryan dem Hausherrn mit, dass er ermordet wurde und wo im Keller sich seine Leiche befand.

Stechapfel

Eine hochgiftige Pflanze, die zur Familie der Nachtschattengewächse zählt. Durch seine Bestandteile Atropin und Scopolamin, von denen ersteres zu Tobsuchtsanfällen, und letzteres zu Halluzinationen führen kann, ist der Stechapfel unter Drogenkonsumenten als billiges und vor allem legales Rauschmittel bekannt. Die Tatsache, dass der Wirkstoffgehalt von Pflanze zu Pflanze schwanken kann, macht eine richtige Dosierung jedoch unmöglich. Als Richtlinie gilt, dass nach der gleichzeitigen Einnahme von 15 Stechapfelsamen tödliche Komplikationen zu erwarten sind.

Sufis

Das Wort Sufi leitet sich vom Arabischen Safá ab, das »von Unkenntnis gereinigt« heißt. Den Namen führt man auch auf den Suf, ein Büßergewand aus Wolle, zurück. Der Sufismus bezeichnet eine mystische Richtung des Islam, in deren Zentrum der Gedanke der reinen Gottesliebe steht. Der Sufi versteht sein Leben als Weg, das zu überwinden, was ihn von seinem Schöpfer trennt. Über Gebete, Meditationen und asketische Übungen kommt man Gott nahe.

TCM

Traditionelle chinesische Medizin, die bereits vor über 4000 Jahren entstand und sich um die Harmonie von Körper, Geist und Umwelt bemüht. Die TCM geht davon aus, dass die gegensätzlichen energieformen Yin und Yang eine Einheit bilden. Dieser Ansatz ist auch aus dem Tao bekannt. Yin und Yang halten ein Gleichgewicht aufrecht, dass auf der Wechselwirkung zweier sich ergänzender Kräfte beruht. Ist dieses Gleichgewicht in Körper oder Geist gestört, greift die TCM durch Methoden wie Akupunktur oder Akupressur ein.

Thanatologie

Aus dem Griechischen, »thanatos«, Tod. So wird die Sterbeforschung genannt, die sich mit allen Aspekten des Sterbens befasst. Von besonderem Interesse sind die Nahtod-Erlebnisse bereits klinisch toter und wieder reanimierter Patienten, aber auch Forschungen zu internationalen Todes- und Trauerriten und zum gesellschaftlichen Umgang mit dem Tod.

Theosophische Gesellschaften

Name für okkulte Organisationen, die aus der 1875 in New York gegründeten Theosophischen Gesellschaft eines spiritistischen Mediums namens Madame Blavatsky hervorgegangen sind. Drei große Ziele werden propagiert: 1) die Bruderschaft aller Menschen 2) das Finden einer universellen Ethik durch das Studium aller Weltreligionen und 3) das Studium der göttlichen Kräfte im Menschen. Im deutschsprachigen Raum wird die Theosophische Gesellschaft vor allem mit dem Namen des österreichischen Anthroposophen Rudolf Steiner in Verbindung gebracht.

GLOSSAR

Tonbandstimmen

Physikalisch nicht erklärbare akustische Phänomene auf Tonträgern. Das können Klopfzeichen, sonstige Geräusche aber auch deutlich vernehmbare Stimmen sein. Zu den Tonbandstimmen gibt es drei Theorien: die spiritistische geht davon aus, dass sie Nachrichten aus der Geistwelt sind. Die animistische Richtung ist überzeugt davon, dass die Stimmen und Geräusche vom Unterbewusstsein des Tonbandstimmenforschers selbst ausgehen, und die dritte Theorie der Ungläubigen besagt, dass die Stimmen lediglich technische Phänomene sind. Welche Theorie die richtige ist, ist nicht belegt.

Urknall

Auch Big Bang genannt. Explosionsartige Expansion des Universums. Die Urknall- Theorie versucht die Entstehung des Universums zu erklären. Demnach war das gesamte Weltall vor rund 15–20 Milliarden Jahren in einem Punkt unendlicher Dichte und Temperatur konzentriert. Durch die Explosion wurde die Masse des Universums auseinandergetrieben, die Temperatur fiel rasch und aus den Massewolken entstanden die heutigen Galaxien. Die Urknall-Theorie wurde aufgrund der Beobachtung entwickelt, dass sich alle Galaxien des Universums voneinander fortbewegen, was darauf schließen lässt, dass sie zu Beginn dieser Bewegung auf einen Punkt konzentriert waren.

Vesta

Die römische Göttin des Herdfeuers. Sie wurde in allen römischen Familien verehrt. In Rom stand ein kleiner runder Tempel der Vesta, in dem ein symbolischer »Herd des Staates«, eine Feuerstätte, stand. Diese Feuerstätte durfte niemals ausgehen und wurde deshalb von Jungfrauen, den Vestalinnen, bewacht. Während der Tempel die meiste Zeit des Jahres für die Öffentlichkeit verschlossen war, öffneten sich vom 7. bis 15. Juni für alle die Türen. Am 9. Juni feierte man Vesta mit dem nach ihr benannten Opferfest Vestalia.

Walküren

Die überirdische Frauengestalten in altnordischen Mythen sind Dienerinnen des Oberund Totengottes Odin. Sie mischen sich bei Schlachten ins Getümmel und führen die ruhmreichen, im Kampf gefallenen Helden nach Walhall, der großen Totenhalle, in der Odin seine Untergebenen Krieger empfängt.

Weltkulturerbe

Die UNESCO (United Nations Educational Scientific and Cultural Organisation) hat sich seit 1972 den Schutz des Kultur- und Naturerbes der Welt zur Aufgabe gemacht. Ausschlaggebend für die Aufnahme in die »Liste des Welterbes« sind beispielsweise die Einzigartigkeit und Authentizität von Kulturdenkmälern. Eine Kultur- oder Naturerbestätte wird nur dann zum Weltkulturerbe ernannt, wenn der UNESCO ein überzeugender Erhaltungsplan vorliegt.

Weltwunder

Es gibt sieben Weltwunder der Antike, die um 200 v. Chr. vom griechischen Ingenieur Philon von Byzanz bestimmt worden sind. Erhalten davon sind heute nur noch die Pyramiden von Gizeh. Durch einen Brand zerstört wurde die Zeusstatue des Phidias in Olympia. Der Koloss von Rhodos stürzte 224 v. Chr. ein, der Leuchtturm von Pharos in Alexandrien wurde 1375 durch ein Erdbeben zerstört. Ebenso wenig erhalten sind der Artemistempel in Ephesos, das Grabmal des Mausolos in Halikarnassos und die Hängenden Gärten der Semiramis in Babylon.

Wünschelrute

Sensorgerät zum Aufspüren energetischer Störfelder wie beispielsweise Wasseradern. Wünschelruten sind seit dem Mittelalter bekannt. Sie bestehen für gewöhnlich aus einem dünnen Stab, einer Astgabel, einem Metallbogen oder einem anders geformten Gebilde, das in der Hand über vermutete Störzonen gehalten wird. Liegt tatsächlich ein negativer Energieeinfluss vor, beginnt sich die Rute zu bewegen und zeigt so das Störfeld an.

Yoginis

Gottheiten in Gestalt junger vitaler Frauen. Sie ähneln der mächtigen indischen Göttin Kali und sind nackt, bis auf einen Knochenschurz und eine Krone in ihrem langen schwarzen Haar.

Zazen

Meditationshaltung im Zen. Man sitzt dabei unbeweglich auf einem Kissen mit dem Gesicht zur Wand, die Beine über Kreuz. Die Knie drücken auf den Boden, der Rücken ist gerade. Die linke Hand liegt in der rechten, die Handkanten berühren den Unterbauch. Diese Haltung kann nach einiger Zeit sehr schmerzhaft sind. Dennoch: Durch die Unbeweglichkeit wird die Atmung ruhig. Ziel ist es, sich auf die Ausatmung zu konzentrieren und Gedanken keine Bedeutung beizumessen. Man lässt sie aufsteigen und wieder ziehen.

Zeitalter des Wassermanns

Ein astrologischer Terminus, der bestimmte Qualitäten des dritten Jahrtausends n. Chr. bezeichnen soll. Man sagt, das Zeitalter des Wassermanns, dem das Zeitalter der Fische vorausging, habe in den 1960er Jahren begonnen und brauche vermutlich noch einige Jahrzehnte, um sich energetisch auf Erden zu etablieren. Ähnlich den Charakteristika des Sternzeichens Wassermann soll das Wassermannzeitalter von Nonkonformismus und Individualismus, gepaart mit einem erhöhten Interesse an spirituellen Dingen, geprägt sein.

REGISTER

A

Aberglaube 529
Aborigines 418, 430, 538, 712f
Abraxas 443, 541
Abwehrzauber 514, 739
Ach 961
Achtsamkeit 869
Adam 965
Adenauer, Konrad 1003
Aeneas 37f, 698
Aeneis 37
Agassiz, Louis 1043
Aggersborg 35, 574
Agrippa 526ff
Ägypter 960ff
Ägyptische Vorstellungen 168ff
Ägyptisches Totenbuch 155
Ahimsa 281
Ahu 352ff
Akupunktur 793
Albertus Magnus 767
Albigenser 450f
Alchemie 297
Alchemie 470ff, 929
Alchemisten 476f, 533
Alektryomantie 517
Alighieri, Dante 887
Alkaloide 728, 731f, 735, 744f, 755, 759, 766f
All 898ff
Allah 53, 653
Almas 199
Aloe 838ff, 843
Alphawellen 263, 405
Alphawellen 936
Alraune 736ff, 765
Altertum 39
Amaranth 308f
Amba 303
Ambrosia 743
Amrita 367, 758
Amulette 485, 540ff
Amun 151
Anagramm 636
Ananda 323
Ananta 347
Anasazi 140ff, 627
Anatman 246
Anaxagoras 414, 430, 1043
Anderwelt 485, 854
Anekanta 281
Angelologie 489
Antaratman 297
Anthropologie 636
Anthroposophie 872
Antichrist 991f

Anti-Erde 1052
Antikythera 812f
Antilia 120ff
Anti-Materie 1052f
Antimaterie 705
Anti-Menschheit 1052
Anubis 205
Aparigraha 281
Aphrodisiakum 737
Apis-Stier 205
Apokalypse 509, 863, 945, 1009
Apollo 986
Apollon 36, 207, 209
Apollon-Tempel 41
Aquin, Thomas von 314, 456
Ararat 287
Arche Noah 286f
Aristoteles 456f, 527, 955
Arjuna 237, 375, 379, 413
Arkana 939
Armorika 31
Arthur 184ff
Arthur, König 444f, 484
Arthus siehe Arthur
Artus 19, 21, 146f
Asana 238, 241, 323, 430
Asgard 182f, 209
Ashram 301, 330
Askese 273, 451
Askese 755, 781
Äskulap-Stab 289, 315
Assisi, Franz von 490f, 506, 508
Assyrer 760, 810
Asteroiden 77, 222, 917
Astragalomantie 517
Astralkörper 934
Astralreisen 954f
Astrobiologie 1038
Astrologie 477, 527, 555, 861, 928f, 941, 989, 1020
Astronauten 77
Astronomie 195, 824f, 929
Asuras 371, 379
Atacama, Riese von 586
Atharvaveda 228
Atlantikinseln 120ff
Atlantis 43, 96ff, 100f, 111f, 115, 285
Atman 228, 232ff, 237
Aton 151f
Aubrey Holes 23
Aubrey, John 24, 27
Aura 773, 788ff
Aureole 773
Außerirdische 27, 414ff, 418ff, 624ff, 630ff, 634f, 675, 893, 899, 901, 1040f

Australien 712ff
Automatismen 930ff
Auvergne 672f
Avalon 18ff, 146f, 187
Avatar 227, 300, 369, 373, 381ff
Avebury 20, 26f
Aventin 698
Aventurin 783, 786
Axinomantie 517
Ayahuasca 734f
Ayurveda 741
Azteken 72f, 125, 127, 727, 733, 757, 835

B

Ba 168f, 961
Babel 58ff
Babylon 59, 61
Bacon, Roger 457
Baldur 183, 747
Bali 704f
Baudelaire, Charles 853
Beckett, Thomas 147
Behen, Pushpal 936
Beichte, negative 962f
Beifuß 739
Bellerophon 208f
Bender, Hans 975, 1010, 1021
Berge, heilige 90ff
Bergpredigt 436
Bernadette 496, 498
Besant, Annie 290, 859, 869
Besessenheit 520f, 523f
BETA 900
Beta Giorghis 423
Betawellen 295, 430
Bethesda 717
Bewusstsein 1045f
Bewusstseinsforschung 1020, 1046f
Bhagavad-Gita 231, 237, 379
Bhakti-Yoga 237
Bibel 287, 314, 947, 1009
Bibelforscher 436
Bibelforschung 441
Bibelübersetzungen 360
Bibliomantie 517
Bigfoot 196ff
Bilder, innere 1024f
Bildnisse Britanniens 580ff
Bilsenkraut 765, 767, 955
Bimini 114f
Binah 465, 469
Bingham, Hiram 79, 81
Bioenergetik 797
Biophotonen 773, 793

REGISTER

Biotope, kosmische 1039
Blake, William 924f
Blavatsky, Madame 858f
Bodhi-Baum 247, 722
Bodhisattva 249, 253, 311
Bohm, David 957, 1045, 1048f
Böhme, Jakob 482f
Bön 251, 253
Bongiovanni, Giorgio 509
Born, Max 1051
Borobudur 684ff
Botenstoffe 1025
Bradley, Marion Zimmer 146
Brahma 228, 233, 237, 308, 311, 331, 365, 369, 705
Brahman 228, 232ff
Brahmane 869
Bramante 696
Bremen, Adam von 35, 109
Brentano, Clemens von 509
Bretagne 31, 33
Bruno, Giordano 474f
Buchanan, J. Rhodes 615
Buchstaben, hebräische 358
Buddha 87f, 103, 244ff, 252f, 259, 265, 270, 281, 288, 297, 380f, 383, 439, 684f, 687, 722, 843ff, 869, 966
Buddhismus 244ff, 255f, 267, 297, 311, 380, 441, 685, 721, 959
Buddhismus, Tantrischer 241
Buddhismus, Tibetischer 250ff, 259, 348ff
Bundeslade 55, 423ff
Burak 209
Burma 720ff, 760

C

Caesar 697, 717
Cagliostro 539
Caldragh 675
Cannabis 758f
Capra, Fritjof 871, 1028f
Caracol 66, 68
Cardano, Geronimo 935f
Cargo-Kulte 419
Carnac 30ff
Carwin, Charles 1036
Cäsar 484
Cäsar, Julius 25
Castel Gandolfo 622f
Catal Hüyük 132ff
Cayce, Edgar 98f, 1007
Cazotte, Jacques 995
Cenotes 689, 717
Ceques 80

CERN 1052f
Cerne, Riese von 580ff
Chaco Canyon 141ff
Chakren 240ff, 268, 341f, 347, 410f, 483, 636, 790
Channeling 950
Chavín de Huántar 82ff, 730
Cheops 46ff, 634
Cheopspyramide 46ff, 72
Chephren 47f, 634
Cherubim 314, 430, 489
Chessed 465, 469
Chichén Itzá 66ff, 717
Chilam Balam 67, 221
Chimäre 208f
Chiromantie 517
Chiromantie 992, 994f
Chiron 203
Chochmah 465, 469
Christen 537
Christentum 183, 289, 467, 484, 493, 528, 571, 700, 836, 842
Christus 301
Cicero 987
Cicero, Marcus Tullius 518
Comino 44
Cook, James 355, 818
Copán 66ff
Corpus Hermeticum 156ff
Costa Rica 834f
Creti, Marcello 879
Crick, Prof. Francis 1035
Cro-Magnon-Menschen 32, 222
Crowley, Aleister 861ff, 938
Cumae 36ff
Cumae, Sibylle von 517f, 984
Cutolo, Nicola 890, 939
Cuzco 80, 565, 592f

D

Da Vinci, Leonardo 1015
Daktylomantie 517
Dalai Lama 251, 396
Dämonen 250ff, 297, 303, 329, 338f, 366, 370f, 377, 379, 383, 514, 523, 528, 541, 663, 704ff, 717, 739, 747, 758, 764, 864f, 961, 963, 980
Dämonenwächter 704f
Dänemark 34f
Däniken, Erich von 77, 624, 627
Darwin, Charles 100, 873, 1042f
Darwinismus 1043
David, König 55
Dee, John 460f, 853, 863f
Delphi 516, 574

Delphi, Orakel 40f
Deltawellen 936
Demeter 761
Dendera 213
Derwische 272ff, 569
Devas 503, 636
Devon 1036
Dharana 239
Dharma 249, 257, 705
Dharmachakra 228
Dharmapala 253
Dhyana 259
Diesseits 970
Digambara 281
Dilum 216f
Dimension, vierte 1048f
Dinosaurier 1036
Dionysos 163ff, 726f
Dionysos-Kult 766
Dirac, Paul Adrien Maurice 1053
Divination 517f
Djoser 213
DNA 1014, 1035
Dogon 632
Dolme 31f, 643, 662
Dolomiten 676f
Dornbusch, brennender 492ff
Drache 335, 206f
Drake, Frank 899f
Dreiecke 27, 31f, 575
Drittes Reich 1043
Drogen 84, 863, 1015, 1046
Druiden 19, 25, 147, 222, 485, 503, 671ff, 717, 747
Dschainismus 87
Dualismus 259, 451
Dualismus 83, 222
Dualität 524
Dürer, Albrecht 976f
Durga 303, 430

E

Echnaton 150ff
Edda 183
Edelsteine 782f
Eden 284f
Edison, Thomas A. 809, 972f
Edwin-Smith-Papyrus 213f
EEG 881
Einstein, Albert 909, 949, 1027, 1049, 1051
Eisenbeiss, Wolfgang 973
Ektoplasma 598, 636
El Dorado 104ff
Elasmosaurier 201

1067

REGISTER

Elektrizität 479
Elemente 650ff
Eleusis 162ff, 761
Elfen 210f, 222
Elfenschule 211
Emanation 463
En Sof 463
Endorphin 295
Endzeit 945
Endzeitangst 944ff
Energiebahnen 789
Energiefeld 788
Energiepunkte 793
Energiequelle 808
Energieströme 647
Energiezentren 240ff
Engel 211, 314f, 317, 461, 472, 488ff,
    527f, 545, 653, 671, 717, 773, 964,
    966
Engelsbegegnungen 488ff
Engelssturz 874f
Engelstrompeten 752ff
Engelwurz 737
Enkidu 194
Er Grah 32
Erbe, biologisches 1023
Erbinformationen 1024
Erdbeben 1006f
Erde 77
Erdmutter 45
Erdstrahlen 655
Erdzeichnungen 628
Erdzeitalter 1036
Erfahrungen, perinatale 979
Erfahrungen, transpersonale 979
Eridu 59, 61
Erleuchtung 241, 247, 728, 861
Erscheinungen 991
Erzengel 489f
Eschenbach, Wolfram von 445ff
Eskeholm 35
Etrusker 136ff, 698
Euphrat 59, 193
Eurydike 162
Evangelien 437f, 441
Everett, Hugh 1051
Evokationen 853
Evolo, Natuzza 509
Evolution 1016, 1037, 1039, 1043
Exorzismus 514, 521, 636
Explosion, kambrische 1036
Externsteine 42f, 783
Ezechiel 416f

F

Fabelwesen 206
Fafnir 207
Fakire 290f, 430
Farbenlehre 793
Fatima 289, 496ff, 509, 701, 998
Faust, Doktor 530f
Feen 210f, 222
Fegefeuer 652
Felsbilder 577f, 707
Felsendom 54
Felsenkirchen, Äthiopiens 422ff
Felsentempel, indische 86ff
Felsklippen-Behausungen 140ff
Felsmalerei 714
Felszeichnungen 418f, 565, 578, 631, 677
Feng Shui 340ff, 404, 649
Ferguson, Marilyn 871
Fernwahrnehmung siehe Remote Viewing
Fetische 513
Feuerlauf 304f
Feuertod 451
Feyerabend, Dr. Paul 1047
Ficino, Marsilio 458f, 480
Filfa 44
Findhorn 211, 502f, 871
Fiore, Joachim von
Fische-Zeitalter 870
Fliegenpilz 729, 743
Fluch 452
Flugsalbe 753, 764ff
Flugzeuge 828ff
Folter 452, 535
Forum Romanum 698
Fox, Margaretta und Kate 855
Frankreich 670ff
Franzose, prophetischer 1000f
Freimaurer 539, 636, 860
Freud, Sigmund 263, 797, 873, 926f
Freyr 183
Frigg 183
Fruchtbarkeitskult 43, 133, 769
Fyrkat 34f, 574

G

Gaia 646ff
Galaxien 1031
Galenus 794f
Galilei, Galileo 622
Galvani, Luigi 809, 811
Ganesha 229, 312f, 412, 560
Ganges 328ff
Ganzfeldmethode 880f, 885
Gastromantie 517
Gazzera, Linda 856

Gebete 499
Gebetsheilung 549
Geburah 465, 469
Geburt 171
Geburtshoroskop 929
Gedächtnis, kollektives 1022f
Gedankenfotografie 618f
Gedankenübertragung 882
Geheimbünde 538f, 860
Geheimwissenschaften 461, 510f
Gehirnfunktionen 1044f
Geigerzähler 644
Geist 267
Geister 80, 142, 251, 345, 461, 520, 527,
    545, 571, 608f, 657, 733, 748, 787,
    855ff, 864, 958
Geistererscheinungen 33, 1045
Geisterinseln 122
Geisterwelt 84, 142f
Geisterwesen 211
Geistheilung 548ff
Geistreisen 934ff
Geller, Uri 881, 888, 891ff
Gelugpa 251
Gematrie 463
Genesis 287, 792
Gentechnik 217, 222
Geologie 782
Geomantie 341, 430, 649, 658f
Geomantie 942
Geomantik 861
Georgian, Linda 958f
Germanen 42
Germanien 43
Gesetzestafeln 493
Gesichtsbemalung 780
Gespenster siehe
Ghose, Shri Aurobindo 959
Gilgamesch 192ff
Gilgamesch-Epos 192ff, 217, 287
Ginseng 740f
Gizeh 47, 49, 634
Glasrücken 931
Glastonbury 18ff, 93, 146f, 187, 614, 617
Glaubensheilung 549
Glozel 814f
Glückszahlen 941
Gnome 210
Gnosis 442f, 636
Gnostiker 443, 451
Goethe, Johann Wolfgang von 530f, 539,
    873
Gold 472, 476, 479
Golden Dawn 860f, 863f
Gott 237, 246, 257, 267, 272f, 286f, 964f

REGISTER

Göttermythen 183
Götterstatuen 710
Gotteslästerer 965
Gotteslästerung 452
Götzenverehrung 109
Gozo 44
Grab Buddhas 685
Grabanlage 29
Gräber 32
Grabstelen 643
Grabtuch von Turin 836ff
Gral, heiliger 444ff, 451
Gran Moxo 106
Gravitationsgesetz 622f
Gravitationskraft 1032
Grazia, Umberto di 886
Grof, Stanislav 979f
Großfüße 196ff
Guadalupe 504f
Guaita, Stanislas de 853
Guatemala 688ff
Guinevere 185f
Guru 228, 233f

Hades 964, 967
Hadschar al-Aswad 53
Hagar Qim 44
Haithabu 35
Halb-Edelsteine 782f
Halluzinationen 388, 930
Halluzinogene 730ff
Hal-Tarxien 45
Hämatit 783, 786
Hammid, Hella 604f
Handauflegen 549
Haoma 161
Hara 673
Haraldsson, Erlendur 301, 969
Harary, Dr. Keith 604f, 937
Hartmann-Gitter 655
Haschisch 858
Hasted, John 895
Hatha-Yoga 238
Hathor 809f
Hatschepsut 181
Haushaltsroboter 1016
Hawking, Prof. Stephen W. 909, 911, 1015,
 1017
Heel Stone 23, 25
Heiler siehe Schamane
Heilige 499, 964
Heiliges Land 700
Heiligtümer 685, 704, 711
Heilmethoden 731

Heilmittel 737, 760, 762
Heilungen 731
Heilungsrituale 84
Heinrich VIII 665
Heisenberg, Werner 278, 1028, 1051
Hellsehen 508, 513, 882, 884ff, 887, 1020
Hemingway, Ernest 115
henochisch 461
henochisches System 864
Hepatomantie 517f
Hepatoskopie siehe Hepatomantie
Hera 203
Heraklit 986
Herkules 698f
Hermes 347
Hermes Trismegistos 458f
Hermetik 459, 853
Herodes 55
Herodot 138, 513, 521, 717, 719, 759
Heroin 761
Heroldsbach 496, 499
Hesekiel 270
Hestia 698
Hexen 534f, 547, 747, 753, 764ff, 954
Hexenangst 534f
Hexenbulle 535, 636
Hexenglaube 534f, 757
Hexenhammer 535
Hexensabbat 536f, 764, 954, 981
Hexensalbe 739
Hexenverfolgung 535, 537, 652
Hexenzauber 522
Hexerei 454, 731
Heyerdahl, Thor 354, 818f
Hieroglyphen 359
High-Tech-Waffen 826f
Hilfsgeister 777f
Himalaja 102f, 196f, 244, 251, 296, 308f,
 321, 329f, 707, 845
Himmel 964ff
Himmelserscheinungen 946
Himmelsleiter 316
Hinayana 247f
Hindugötter 705
Hinduismus 226ff, 230, 232ff, 237, 240,
 243, 255, 257, 263, 267, 379f, 383,
 415, 859, 966
Hindus 719
Hippokrates 794
Hippomantie 518
Hissarlik 65
Hitler, Adolf 1003
Hiva 816f
Hochkultur, mesoamerikanische 73
Hochmoore 674

Hochzeit, chymische 473
Hod 465, 468
Hofmann, Albert 749
Hölle 964ff
Hologramm 616, 1044f, 1048
Holographie 1044
Homer 65, 188, 347
Homöopathie 476f
Hopi 142, 625, 678f, 1004f
Horowitz, Paul 901
Horus 155, 167, 169, 205, 207
Horusauge 155, 167
Hotu Matua 817
Hügelgrab 28f
Hugo, Victor 853
Hydromantie 518
Hypnose 255, 430, 508, 521, 615, 636
Hypnose 936
Hypogäum 45

I Ging 276ff, 335, 1021
Iamblichos von Chalkis 173
Ilias 65, 188f
Illusionen 930
Imhotep 47, 212ff
Immunsystem 1025
Indianer 728, 731f, 734, 744f, 748f, 750,
 752, 755, 757ff, 776, 829
Indra 228, 368
Indrani 303
Industrialisierung 851
Initiation 304, 861
Initiationsreise 777f
Initiationsriten 304, 683, 743
Initiationstrank 760
Inka 78ff, 565, 592f, 735, 751, 835
Inquisition 454, 468, 474, 535, 652, 662
Inti 592
Invokationen 864
Irland 674f
Irrgärten 570f
Ischtar 61, 194
Ise-Schrein 356
Isis 51, 155, 166f, 169ff, 205, 961
Islam 272ff, 327, 52f, 842, 959, 965
Iumne 35

Jade 647, 783, 786f
Jaguar 74f
Jaguargott 730
Jahn, Robert 890
Jahwe 987
Jainismus 280f

REGISTER

Jains 281
Jakobsleiter 316f
James, William 1047
Janet, Pierre 933
Java 685ff
Jenseits 67, 152, 853f, 856, 931, 933,
    958ff, 970, 972f, 975
Jenseitsverbindungen 972
Jenseitswelten 84, 976
Jeremia 270
Jericho 826f
Jerusalem 424f, 453, 54ff, 838
Jesaja 270, 315
Jesod 465, 468
Jesus 19f, 57, 103, 221, 434ff, 440f, 449,
    489, 506ff, 663, 671, 700, 719, 773,
    836ff, 842ff, 869, 886, 964, 969
Jesus-Grab 842ff
Jiva 234
Jnana-Yoga 237
Johannes-Evangelium 842
Juden 467f, 537, 839, 964f
Judentum 439, 463, 843
Jugend, ewige 471
Jung, C. G. 207, 278, 473f, 490, 873, 927,
    929, 959, 963, 1019ff
Jupiter 77, 918f, 929

Ka 169
Kaaba 52f, 327
Kabbala 459, 462ff, 861, 943
Kabbala, christliche 466ff
Kabrium 1036
Kadmon, Adam 462ff, 467
Kagyüpa 251f, 253
Kailas 92
Kailash 321
Kajang 702f
Kakteen 730ff
Kali 302f, 322
Kalki 382f
Kamsa 378f
Kamunda 303
Kant, Immanuel 925
Karakorum 706f
Karbonzeit 1036
Kardec, Allan 857
Karma 227f, 235, 251, 254ff, 431, 721
Karma-Yoga 237
Kartenlegen 938f
Karthago 824
Kartographie 820, 823
Kartomantie 939
Kathakali 338f

Katharer 450f
Kathedralen englische 664ff
Kathedralen französische 660ff, 671
Kaumari 303
Kebra Nagast 423
Kelley, Edward 461
Kelten 20, 25
Kelten 484f, 647, 674f, 717, 747
Kent, Fanny 855
Keter 469
Kether 464f
Ketzer 451
Ketzerei 468
Kimura, Masaaki 128ff
Kinematik 636f
Kircher, Athanasius 327, 480, 810
Kirke 737
Kirlianeffekt 788ff
Kiva 141
Kleinasien 65
Kleromantie 518
Klopfalphabet 855
Koans 259
Kojote 74
Kokain 750
Koka-Orakel 750f
Kolumbus, Christoph 115, 455, 850
Kometen 917, 946, 991
Kommagene 711
Konfuzius 270f, 279
König, Hans-Otto 973
Kon-Tiki 353f
Kopernikus 475
Koran 842
Korbflechterperiode 141
Kornkreise 620f
Korona-Entladung 791
Körperbemalung 780
Körperfunktionen 294f, 400ff
Kosmologie 122
Kraftlinien 666
Kraftort 25, 222, 642ff, 666, 690
Kraftplätze 669
Kraftzentren 33
Krankheitszauber 394
Krebserkrankungen 1025
Kreise 27, 32, 528, 561f, 569, 579
Kreuz 485, 514, 561ff, 565, 700
Kreuzestod 838
Kreuzigung 663, 836f, 842f
Kreuzzüge 424, 453, 662
Krishna 227, 229, 237, 313, 378f
Krishnamurti 868f
Kristalle 782f, 798f
Kristallkugeln 933

Kritias 96ff
Kriya-Yoga 867
Kronos 203
Kübler-Ross, Elisabeth 970f
Kugeln 834f
Kulte 79
Kultgegenstände 29
Kultobjekte 390
Kultstätten 42, 74, 645, 671, 698
Kultur, präkolumbianisch 74
Kultzentrum 43, 83
Kundalini 241, 263, 347
Kundalini-Yoga 241, 243, 347
Kunst, visionäre 412f
Kurma 366f
Kyniker 435
Kyros 62

Labyrinth 483, 570f, 671
Lakshmi 311
Lalibela 422ff
Lama 250f, 348ff
Landkarten 820ff
Lanzelot 19, 187
Lanzón 83, 85
Lao Tse 269, 270f, 869
Laos 760
Lappenbäume 718
Lasertechnik 1048
Latium 696
Laudanum 761
Lazarus 499
Leben 1034ff
Lebensenergie 391, 715, 773, 789, 797,
    799
Legenden 33, 194, 202ff
Lehrtafel der Antonia 466, 468
Leib, feinstofflicher 800f
Leichen 1015
Lemuren 100f
Lemuria 100f, 285
Leonardo da Vinci 774
Lévi, Éliphas 852f, 861
Levitationen 597, 600, 637, 856
Leylines 648, 666
Lhakhang 253
Lhasa 348ff
Libanomantie 518
Licht 1026f
Licht, heilendes 792ff
Lichterscheinungen 798
Lichtgeschwindigkeit 1027
Lichttherapie 793

REGISTER

Lichtwesen 955, 957
Liebestränke 753
Liebeszauber 514
Lilienthal, Otto 830f
Linga 291, 308, 321, 413
Linga 561, 563
Linien 29, 32, 560f, 567, 585, 628
Linsen, optische 824f
Livius 137, 696, 699
Loch Ness 200f, 864f
Locmariaquer 32
Loki 183
Lotos 245, 310
Lourdes 289, 496, 498
LSD 744, 748, 979f
Luther, Martin 285, 665, 990
Luxor 440
Luxstedt 35

M

Maat 961
Machu Picchu 78ff
Madonnen 496ff
Maeterlinck, Maurice 1000
Magie 477ff, 512ff, 527ff, 853, 861f, 862f, 863f
Magie, schamanische 390ff
Magie, Schwarze 542f
Magie, Weiße 542f
Magier 533
Magna Charta 665f
Magnetfelder 341, 411
Magnetismus 479, 1046
Magnetismus, animalischer 799
Magnetogramme 345
Magnetometer 644
Magnus, Albertus 456f
Mahabharata 229f, 237, 313, 329, 413, 415, 827
Mahamudra 252f
Mahavira 280f
Mahayana 247ff
Mahayana-Buddhismus 259, 759
Maheshvari 303
Makrokosmos 43, 255, 449, 527, 569, 637, 800, 1042, 1051
Malchut 464f, 468
Malta 44f
Mama Coca 750
Mamayuillia 592
Mänaden 164, 222, 766
Managerseminare 304
Mandala 686
Mandara 366f
Mandragora 736ff, 765

Manipogo 201
Manipulationen 618
Manna 493
Manoa 105
Mantik 516ff
Mantra 251, 253, 431
Manu 365
María Sabina 727
Maria, Jungfrau 496ff, 504f
Marienerscheinungen 156, 496, 498f, 504f, 506, 509, 701
Marienkirchen, römische 700
Marihuana 758
Mars 77, 697, 699, 912ff, 918ff, 929
Marssteckbrief 915
Märtyrertod 700
Mastaba 47f
Materialisation 597, 889
Materialismus 853
Materie 267
Matriarchat 45, 222
Matsya 364f, 368
Maya 66ff, 127, 564f, 626f, 688ff, 693, 717, 743, 749, 825, 835
Maya-Pyramiden 689
Maya-Ruinen 688ff
Mediallinien 669
Medien 596ff, 855ff, 859, 932, 973
Meditation 227, 241, 251, 258f, 262ff, 288, 292, 643f, 671, 684, 686, 734, 740, 755, 851, 936, 955
Medizinmänner 692, 715, 776
Medjugorje 496
Megalithbauten 45
Megalithe 31f
Megalith-Kultur 835
Megalithskulpturen 817
Megalith-Tempel 666
Mekka 52f, 289, 327
Mekromantie 518
Melancholie 480f
Menhire 23, 31ff, 118, 643
Menschenopfer 74f, 523
Meridiane 406, 431, 793
Merkaba 464
Merkur 77, 471, 673
Merkur 918ff
Merkurschlange 476
Merkurstab 477
Merlin 19, 184ff, 484
Mesa Verde 141ff
Mesa-Ritual 732
Meskalin 84, 222, 732, 744f
Mesmer, Franz Anton 1046f
Mesopotamien 59, 61

Messe, Schwarze 546f
Messias 270
Messner, Reinhold 198
Meteorit 785, 917
Metopososkopie 518
Mexiko 688ff, 748ff
Mexiko City 72
Michelangelo 696
Midgard 768
Midlands 29
Migräne-Patienten 1025
Mikrobenmatten 1036
Mikroklima 644
Mikrokosmos 43, 255, 449, 459, 527, 569, 637, 786, 700, 1051
Mikronesien 116
Mikrowellenspektrometer 644f
Milchstraße 1026
Mineralien 782, 784
Mineralogie 782
Minerva 809
Miniaturgegenstände 833
Mirakel 496ff
Mischwesen 202ff
Mistel 746f
Mithras 161
Mittelalter 456f, 471, 530, 535, 537, 647, 652, 662f, 699, 747, 753, 755, 757, 759, 765fff
Moche-Kultur 520, 615, 751, 762, 777
Mohammed 53, 57, 209, 274, 965
Mohini 367
Mohn 760, 765, 767
Moksha 227f
Monaden 475
Mond 929
Mondlandung 870f
Mondpyramide 74
Mondzyklus 76
Monolithe 23, 45, 118
Monotheismus 53, 151
Mont Saint-Michel 670ff
Moody, Raymond 968, 970
Mordred 185
Morgan 186
Morphium 761
Morris, Dr. Robert 937
Moses 358, 844f
Moslems 288
Mother Shipton 997
Mounds 588ff
Mu 100f, 285
Mudra 241, 339
Mühlhiasl 997
Murthy, Narayana 412f

1071

REGISTER

Muttergöttin 133, 653
Myanmar siehe Burma
Myers, Frederic W. H. 933
Mykerinos 47f, 634
Myrrhe 759, 838ff, 843
Mysterien 162ff, 166f
Mystik, jüdische 462ff
Mystikerinnen 507
Mythologie 31, 211, 216

N

Nagas 347
Nahtod-Erfahrungen 969, 971
Nahtod-Erlebnisse 1049
Nan Madol 116ff
Nanotechnik 832f
Narasimha 370f
Narkotikum 761
Nataraja 318f
Naturgeister 210f, 503
Naturgesetze 480
Naturkatastrophen 851, 897, 945
Naturreligion 251
Naturvölker 513, 520, 538
Naturwissenschaften 479, 527
Navajos 140
Nazca 584ff, 628
Nebukadnezar II 60ff
Nemrud Dag 710f
Neptun 918f, 929
Nessie 200f
Nettesheim, Agrippa von 360, 463, 853
Neuplatonismus 172ff, 223, 474, 481
New Sarum 665
Newgrange 28f
Newton, Isaac 622f
Nezach 465, 468
Nieto, Monica 892ff
Nietzsche, Friedrich 473, 873, 945
Nimbus siehe Strahlenkranz
Ninive 216, 824
Nirvana 234, 246, 249, 381, 687
Nixen 203, 210
Nofretete 150
Nonnebakken 574
Nostradamus 552ff, 946, 989, 991, 993
Notarikon 463, 637
Numa Pompilius 699
Numerologie 942
Nüsslein, Heinrich 977
Nut 961
Nyingmapa 251
Nymphen 652

O

OBE 935f, 955
Ochsenbilder 260f
Od 798f
Odin 183, 209, 769
Ödipus 517
Odyssee 37, 189
Odysseus 188ff, 202
Oelert, Walter 1052
Ogopogo 201
Okkultismus 801, 853, 859, 863
Okkultisten 852f
Old Sarum 573, 665, 667
Olgas 714
Ololiuqui 748f
Olymp 92
Omen 553
Onychomantie 518
Onyx 783
Opferfeuer 79
Opfergaben 763
Opferkulte 689
Opferriten 45, 513
Opfertier 395, 675
Ophir 144f
Opium 760f
Opiumtinktur 761
Orakel 37f, 45, 82ff, 553, 637, 749
Orakelbücher 512
Orakelsitz 673
Orakelstätte 83, 110, 518, 730
Ordnung, kosmische 851
Orgonen 797
Orléans, Jungfrau von 490f
Oro 355
Orpheus 162
Osiris 51, 155, 166f, 169, 205, 961f
Osis, Karlis 301, 936, 969
Osterinsel 118f, 816ff
Ouroboros 472, 541, 562
OZMA 899

P

Pacal II. 626f
Pagoden 720ff
Paladino, Eusapia 596, 601
Palatin 698
Palenque 624, 626, 692f
Palmblattorakel 298f
Päpsteweissagung 994f
Papyrusrollen 170
Paracelsus 476f, 767, 801, 991, 994
Paradies 284f, 963ff, 966, 968, 980
Paralleluniversen 1051
Paranormale Phänomene 1020

Parapsychologie 513, 607, 879, 881
Parashu-Rama 374f
Parsen 161, 223
Partnerhoroskop 929
Parvati 303, 309, 313, 320ff
Parzival 445f
Passionswunden 840
Patrimonium Petri 699
Patterson, Roger 196ff
Paulinismus 439
PEAR 890f
Pearce, Hubert 881
Pegasus 208f
Pendel 643
Pendeln 931
Pentagramm 573, 647f
Peoc'h, René 897
Persephone 163ff
Peru 78ff, 82f
Pestepidemie 701
Petersdom 696
Peterskirche 696
Petersplatz 696
Petroglyphen 576ff
Petrowna, Helena 103
Petrus 700
Peyote-Kaktus 752f
Peyote-Kult 744f
Pfad, achtfältiger 246
Pferde, fliegende 208f
Phantomblatt-Effekt 791
Philosophie, okkulte 526ff
Phönizier 112
Picasso, Pablo 976f
Piktogramme 27, 610f, 637
Pilgerreise 53
Pilze, heilige 726ff
Piper, Leonore 932
Pizarro, Francisco 79
Planck, Max 1050f
Planeten 76
Planetensystem 918ff
Platon 96ff, 120, 163, 172ff, 648, 651
Plätze 658f
Plejaden 115, 223
Plinius 747
Plotin 174
Plutarch 167
Pluto 918f, 929
Pneuma 405
Polsprung 1007
Pontifex Maximus 699
Präkognition 879, 882f, 1010, 1020
Prana 405
Pranayama 238

1072

REGISTER

Pratyahara 239
Preseli Mountains 23f
Pribram, Karl 957, 1044, 1048f
Price, Pat 610ff
Priesterkaste 83
Progression, hypnotische 948f
Prophet 39, 53, 57, 209, 986, 988ff, 992ff
Prophezeiungen 497, 512, 990, 992ff, 997, 1004f, 1010f
Protogalaxien 1031
PSI-Forschung 610, 878ff
PSI-Phänomene 879, 881, 896
Psi-Spione 610ff
Psychokinese 879, 881, 888ff, 893f
Psychologie 479, 481
Psychometrie 614ff
Psychotherapeuten 396
Psychotherapie 978ff
Ptolemäus 430, 527
Pueblo Bonito 141
Puebloperiode 141
Pulsare 1033
Puy de Dome 672f
Pyramide, weiße 426ff
Pyramiden 46ff, 66ff, 128ff, 151, 170, 203, 212ff, 566, 589, 634
Pyramidengrab 627
Pyramidentexte 170
Pythagoras 538f, 942f
Pythia 40f

Qi 402f, 404f, 406ff, 741, 797
Qigong 289, 336, 402f, 406ff, 410ff
Qigong-Kugeln 337
Qigong-Meister 407ff, 410f
Quadrate 528, 565f
Quanten 1050
Quantenmechanik 1028f, 1051
Quantenphysik 281, 475
Quantentheorie 1049, 1051
Quecksilber 471
Quellen 716ff
Quellheiligtümer 717
Quetzalcóatl 74ff, 126
Quija-Brett 951
Qumran 719

Rachamim 465
Rad 562
Radiästheten 643f, 655ff, 671
Radioaktivität 577, 644
Radiocarbon-Methode 23, 223
Raffael 696

Raja-Yoga 237f
Rama 231, 313, 374, 376f
Ramayana 229, 231, 329, 376f
Rangeley 796
Raumschiff 916f, 919f
Rauschdrogen 727
Rauschmittel 760f
Ravana 231, 377
Re 169, 205, 634
Reagenzgläser 1016
Reformation 496
Regeneration 310
Reich, Wilhelm 796f
Reiche, Maria Dr. 586f
Reichenbach, Carl Ludwig Freiherr von 798f
Reinigungsritual 763
Reinkarnation 300, 396ff
Reinkarnationstherapie 255, 399
Reizzonen 643
Relativitätstheorie 908, 1027, 1032, 1049
Religionsgründer 53
Religionsstifter 300
Remission, spontane 289
Remote Viewing 602ff, 611ff, 790
Remus 696
Renaissance 458f, 478ff, 533, 553
Renoir, Auguste 976
Resonanz, morphische 1023
Rethre 108f
Reuchlin, Johannes 467
Rhapsodomantie 518
Rhea Silvia 697
Rhine, J. B. 880f, 883f, 955
Rhythmen 654ff
Rig-Veda 220, 223, 227, 369
Rill, Andreas 1001f
Ring, Kenneth 968, 970
Ringwälle 675
Rishis 226ff, 298f
Rituale 689, 731, 782
Ritualheilung 549
RNS 1035
Roberts, Jane 950f
Roboter 1017
Rocca di Papa 622f
Rom 696ff, 821
Römer 647, 674, 697f, 717
Romulus 697ff
Rorschach-Tests 413
Rosencreutz, Christian 533
Rosenkreuzer 532f, 860
Rosenquarz 783, 785f
Rosenroth, Christian Knorr von 467
Roswell 904, 906
Ruffini, Antonio 506

Runen 361, 542, 637
Rungholt 108, 110f
Ryden, Ruth 1009

Saba, Königin 178ff
Sadhana 253
Säftelehre 477
Sai Baba 300f
Saintes-Maries-de-la-Mer 500f
Sakkara 27, 48, 212ff
Sakralbau 685
Sakyapa 251
Salbei 756f
Salisbury 23, 26, 581, 665ff
Salomon 55, 144f, 178ff, 446f
Samadhi 239
Samaveda 227
Samsara 227f, 235, 246, 256
Sangallo da 696
San-Pedro-Kaktus 84
Santorin 98f
Sarum 665
Satan 315, 451, 482, 514, 521, 527, 531, 536f, 546f
Satanismus 546f, 637, 853
Satipatthana 441
Saturn 77, 918f, 929
Satyre 204
Schädel aus Bergkristall 804ff
Schadenzauber 514
Schamanen 67, 85, 143, 223, 305, 332f, 386ff, 390ff, 395, 515, 520, 544, 548f, 757, 763, 693, 728f, 731ff, 734f, 744f, 751, 754, 769, 776ff, 780f, 789, 800, 955
Schamanenpriester 84
Schamanismus 251, 395, 534, 781
Scharia 273
Scharlatane 1006ff
Scharrbilder 584ff, 628
Scheiterhaufen 452, 474, 547, 662
Schiller 873
Schlafforschung 927
Schlafphasen 885
Schlange 32, 74, 192, 194, 315, 346f
Schlangenbeschwörer 346
Schliemann, Heinrich 37, 64f
Schmidt-Maschinen 889
Schreiber, Klaus 973ff
Schriften 358ff
Schriftrollen 719
Schrifttafeln 814f
Schriftzeichen 358ff
Schutzengel 490

1073

REGISTER

Schwarze Löcher 705, 908, 911, 917, 1032
Schwarzer Stein 53
Schwarzsehen 1006ff
Schwing, Moritz von 1018
Schwingungen 654ff
Sedona 678f
Seefahrermächte 139
Seele 485
Seelenreisen 954f
Seelenwanderung 330ff
Seher 39, 552ff
Seherin 37
Selbstheilung 550f
Selbstheilungskraft 1024
Selbstregulation 294f
Selektionstheorie 1043
Self-Realizationfellowship 867
Semiramis, hängende Gärten der 59, 62f
Sensitive 879, 1006
Sepher Jezirah 360, 464, 467
Sephirot 463, 465
Sephirot-Baum 462, 468, 942
Serafim 314f, 489
Serios, Ted 618
Seth 51, 155, 167
Seth-Botschaften 950
SETI 899ff
Shakti 301, 303, 320ff, 322, 325
Shamatha 251, 253
Shangri-La 102f
Shani 313
Sheik 274
Sheldrake, Rupert 896f, 1022f
Shen 268
Sherlock Holmes 1019
Sherpas 197, 199, 223
Shintoismus 357
Shipibo 734, 789
Shiva 228f, 232, 237, 242f, 301, 303, 308f,
        313, 318f, 320ff, 326f, 329, 331, 369,
        413, 561, 705, 755, 758, 769, 774, 1029
Shunyata 252f
Shvetambara 281
Sibylle von Cumae 36ff
Sibyllen 986
Siddhartha siehe Buddha
Siddhis 241, 297, 431
Silenen 204
Silsila 274
Silvio M. 893ff, 1045
Simpson, O. J. 889
Sinagua 679
Sinai 358
Sintflut 57, 218ff, 286f, 365, 369, 652,
        817, 1005

Sipapu 142
Sirius 632
Sita 231, 376f
Skarabäus 49, 1020f
Skythen 759
Sleipnir 183, 209
Smaragd-Tafel 157ff
Smriti 246
Sodalith 786
Sodomie 452
Sohar 464, 467
Solarsystem 1030
Somerset 18, 146
Sommersonnenwende 25, 31, 43
Somnambulismus 1047
Sonne 929
Sonnenfinsternis 919, 944, 946, 991
Sonnengott 311, 772ff
Sonnenpyramide 72ff
Sonnensystem 918, 920
Sphinx 112, 203f
Spielberg, Stephen 911
Spiralen 29, 565, 568f, 579, 585, 628
Spiritismus 521, 853ff, 958
Spiritisten 857, 860, 1019
Spiritualität 523
SPI-Spione 879
Spuk 606ff
Spukschlösser 608
Srinagar 842ff
Stätten heilige 700
Stätten mystische 670ff
Stechapfel 752ff, 765, 767
Stein der Weisen 472
Stein-Alleen 30ff
Steine 782ff, 798
Steiner, Rudolf 503, 783, 872f
Steinfiguren 674
Steinformationen 31
Stein-Heilkunde 782, 784, 686f
Steinkreisanlage 26f
Steinkreise 648, 666f, 674f
Steinkunde 783
Steinmonument 29
Steinmuster 675
Steinsäulen 643
Steinskulpturen 675
Steinzeit 28, 32, 45, 118, 133ff, 140
Stelen 61, 71, 564, 689
Sterbeforscher 969f
Sterndeutung 928f
Sternengottheiten 68
Sternenkult 819
Sternennebel 918
Sternwarte 43

Stigmatisierte 506ff
Stigmen 508f
Stoffwechsel 1024
Stonehenge 20, 22ff, 26, 43, 573, 666
Strahlenkranz 728, 772ff
Strahlensucher 655
Strahlung, radioaktive 917
Stufenpyramiden 27, 61, 212f, 590
Stupa 645, 686, 707
Sturluson, Snorri 183, 209
Südsee 116ff
Sufis 272ff, 959
Sufismus 272ff, 431, 859
Suggestion 521
Sulamith 468
Sumerer 59
Sünder 964
Superintelligenzen 1040
Supernova 1032
Sushumna 241
Sutra 246
Svastika 562f
Swann, Ingo 603, 790, 936
Swedenborg, Emanuel 925, 957, 959, 1020
Symbole 29, 532, 558f, 570, 589
Symbole, indianische 564ff
Symbolik 861
Synchronizität 1019ff

T

Tachyonen 656f
Tacitus 38f, 697
Tafelrunde 146f, 184ff
Tal der Könige 809
Talayots 680ff
Talismane 528, 540f, 545, 737, 783
Talmud 463
Talud-Tablero-Stil 76
Tanatowa 702ff
Tantra 323
Tantra-Yoga 241
Tanztheater 338f
Tao 266ff, 277f, 335f
Taoismus 263, 266ff, 335
Taoisten 741
Tao-te-ching 269
Tapas 297
Tarot 861, 938f
Tart, Charles 883, 935, 1047
Tartessos 112f
Tau Tau 421
Taufbäder 719
TCM 336f, 406, 431
Te 268
Teilchenphysik 1052

REGISTER

Telepathie 513, 879, 882, 884ff, 887, 1020
Teleskope 824f
Tempel 73ff, 662, 684ff, 698, 704
Tempelberg 57
Tempelhügel 590
Tempeltürme 58ff
Templer 424, 452ff, 663
Temuen 117f
Temurah 463
Tenno 357
Tenzin Gyatso 396
Teotihuacán 72ff
Teratoskopie 518
Tereisias 517
Terrakotta-Armee 344f
Testament, Altes 58, 113, 219, 285ff, 315,
    416, 451, 468, 488ff, 943, 945, 965,
    985
Testament, Neues 161, 436, 441, 488ff,
    965, 986, 1009
Teufel 764, 966, 979
Teufel siehe Satan
Teufelsaustreibung siehe Exorzismus
Teufelsbuhlschaft 535
Teutoburger Wald 42
Thailand 760
Thanatologie 956
Thanatos 956
Thangka 250, 253
THC 759
Theosophen 860, 873
Theosophie 482f, 789, 801
Theosophische Gesellschaft 103, 223, 858f,
    869, 873
Thermodynamik 1050
Thetawellen 263
Thomasevangelium 440f
Thor 183, 207
Thot 154f, 157
Throne 314
Tibetisches Totenbuch 103
Tierkreiszeichen 929
Tigerauge 787
Tigris 59
Tikal 70, 690ff
Tintagel 185
Tipheret 469
Tipler, Frank 909, 957
Tischrücken 931
Tlaloc 76
Tod 267, 956f, 978ff
Todesnähe 970f
Todeszauber 394
Tohate 411
Tollán 77, 124ff

Tollkirsche 765ff
Tolteken 74, 124ff
Tonbandstimmen 972f
Tontafeln 59, 145, 193
Topiltzin 126
Toraja 419ff, 702
Tote 958f
Totenbeschwörung 545
Totenbuch, ägyptisches 170
Totenbücher 955, 962f
Totenreich 170
Totenwelt 162
Tötung, magische 395
Tötungsknochen 395
Trance 251, 255, 275, 319, 388, 485, 520f,
    569, 705, 727, 776f, 976
Trancezustände 84
Traumata 396
Traumbewältigung 786
Traumdeutung 926f
Träume 878, 926f
Träumen, luzides 954
Traumsprache 927
Traumtelepathie 885, 887
Traumzeit 713ff
Trelleborg 572, 574
Trelleburgen 34f
Trevelyan, Sir George 870f
Trilithe 23
Trismegistos 43, 156ff, 569
Trithemius, Johannes 527
Troja 37, 64f, 134
Trojanischer Krieg 188f
Trojanisches Pferd 190
Troyes, Chrétien de 445, 447, 453
Tuatha 675
Tula siehe Tollán
Tulum 689
Tumo 296f
Tunguska 916ff
Tupac Amaru 79
Tut-ench-Amun 153
Tysoe, Pferd von 581

Uaxactún 68
Uffington, Pferd von 581ff
UFO-Begegnungen 902ff
UFOs 419, 509, 625, 631, 634f, 699, 797
UFO-Sichtungen 902, 904, 906
Uluru 712ff
Unglückszahlen 941
Universum 267, 1030ff, 1033, 1038f, 1049,
    1051, 1053
Unterwasserfunde 117

Unterwelt 37
Upanischaden 226ff, 229
Ur 61
Uranus 77, 918f, 929
Ureinwohner 850
Urenergie 796f
Urkirche 700
Urknall 1031, 1033, 1043, 1053
Ursymbole 560ff
Urubamba 79
Uruk 192ff

Vajrayana 250ff
Val Camonica 676f, 774
Valletta 45
Vamana 372f
Varaha 368f
Varahi 303
Vardhamana 281
Varuna 228
Vasuki 758
Vatikan 696
Veden 226ff, 243, 321, 365, 415
Venus 68, 77, 918ff, 929
Venusmond 920f
Vergil 37, 39
Vesta 697f
Vestalinnen 698
Viersäftelehre 794
Vineta 109
Vipashyana 251, 253
Vishnavi 303
Vishnu 228f, 237, 308, 311, 327, 347, 362,
    364, 366f, 368f, 370f, 372f, 374f,
    376f, 378, 380f, 382f, 705, 758, 774
Vision 1005, 1014ff, 1028
Visionäre 924f
Visionen 297, 304f, 689, 693, 728, 735,
    754, 878, 925, 933, 979, 981, 990,
    1007
Visualisierungstechniken 1025
Volksgut 997
Voodoo 520f, 522ff
Vorahnungen 1011
Vorzeit-Computer 812f
Vulkan 705
Vulkanoide 919
Vyasa 313

Waberla 668f
Wahrsagerei 298, 516ff, 534, 1021
Wahrträume 927
Waldorfschulen 872f

1075

REGISTER

Walhall 183
Walküren 183, 223
Wallanlage 34f, 43, 697
Wallfahrt 53
Wallfahrtsstätte 74
Wandersagen 996ff
Wandmalereien 960
Warcollier, René 884, 887
Wasser 716ff
Wasseradern 666
Watson, James Dewey 1037
Wegener, Alfred 101
Weissagungen 36ff
Wellen, elektromagnetische 671
Welles, Orson 914
Weltachse 691f
Weltbild 474
Weltbild antikes 650
Weltbild chinesisches 651
Weltbild der Indianer 691
Weltenachse 683, 768
Weltende 990
Weltkarte 822
Weltkrieg, Zweiter 427
Weltkulturerbe 586, 631, 645, 694, 710
Weltraumreisen 1027
Weltreligionen 496
Weltuntergang 944ff, 947
Weltwunder 59, 62, 116, 223
Werwolf 535
Westcott, Dr. William Wynn 861
Wiedergeburt 147, 166, 234f, 254ff, 684f,
    859, 959, 978ff
Wierus, Johannes 529
Wikinger 35, 109, 209, 574, 588, 591
Wikingerburgen 34f
Wilber, Ken 191, 874f
Willenskraft 853

Wilmington 582
Wiltshire 22, 24, 581
Wintersonnenwende 28
Wissenschaft 1014ff
Wow-Signal 900
Wunder 410f, 435, 486f, 492ff, 496
Wunderheilungen 289, 496
Wundertechnik 808ff
Wundmale 490, 506ff
Wünschelrute 637, 643
Wünschelrutengehen 931
Wurmlöcher, kosmische 1051

Xerxes 62
Xylomantie 518

Yajurveda 227, 365
Yang 267f, 334ff, 342f, 401, 651
Yeats, William Butler 861
Yeti 197ff
Yggdrasil 183
Yidam 253
Yin 267f, 334ff, 342f, 401, 651
Yoga 227, 236ff, 263, 289, 297, 323, 329
Yoga Sutra 238
Yogananda 290, 866f
Yogeshvari 303
Yogi 239, 241f, 290f, 292f, 297, 321,
    339
Yoginis 303, 431
Yonaguni 128ff
Yoni 321, 413
Yucatán 67, 689, 717, 749
Yuz Asaf 842ff

Zahlen 941
Zahlenmagie 943
Zahlensystem 137
Zahlenwelten, magische 940ff
Zarathustra 103, 160f, 270
Zauber 118, 394f
Zauberbücher 545
Zauberei 535
Zauberkräfte 84, 513
Zauberkraut 757
Zaubermittel 736, 739
Zauberreiche 147
Zauberriten 80
Zauberspiegel 461
Zaubersprüche 515
Zaubertränke 742f
Zazen 258, 431
Zehn Gebote 358, 361, 493
Zeitalter des Wassermanns 870f
Zeitberechnung 68
Zeitmaschinen 909
Zeitphänomene 911
Zeitreisen 909, 948
Zen 258ff, 264
Zentauren 203f
Zeremonien, heilige 744
Zeus 164ff, 203
Zikkurat 59, 62
Zisternen 719
Zombies 523
Zufälle, sinnvolle 1018ff
Zufallsfunde 813
Zufallsgeneratoren 881, 889
Zukunftsforschung 949
Zukunftsvisionen 701
Zwerge 210f
Zwitterwesen 203

BILDNACHWEIS

12 – 13 akg-images, Berlin; 14 l Agentur Focus, Hamburg; 14 r akg-images, Berlin; 15 akg-images, Berlin; 16 – 17 Agentur Focus, Hamburg, Harry Magnum; 18 – 19 l Fortean Picture Library, Ruthin; 19 r Mary Evans Picture Library, London; 20 – 21 Fortean Picture Library, Ruthin, Janet & Colin Bord; 22 Bildagentur Schapowalow, Hamburg, Thomke; 23 o akg-images, Berlin; 23 r Deutsche Presse Agentur GmbH; 24 o akg-images, Berlin, Justus Göpel; 24 u akg-images, Berlin; 25 o Deutsche Presse Agentur GmbH; 25 r akg-images, Berlin; 26 Agentur Focus, Hamburg, Patric Ward; 27 Fortean Picture Library, Ruthin; 28 aisa, Barcelona; 29 Fortean Picture Library, Ruthin, Anthony Weir; 30 Fortean Picture Library, Ruthin, Andreas Trottmann; 31 Fortean Picture Library, Ruthin, Anthony Weir; 32 – 33 Bildagentur Schapowalow, Hamburg, A. van Rennings; 34 National Museet, Kopenhagen; 35 Vikingerskibsmuseet, Roskilde; 36 – 37 akg-images, Berlin, Erich Lessing; 38 – 39 akg-images, Berlin; 40 Mary Evans Picture Library, London; 41 Bildagentur Schapowalow, Hamburg; 42 Stadt Horn-Bad Meinberg; 43 Fortean Picture Library, Ruthin, Don Douglas; 44 akg-images, Berlin, Evelyn Henn; 45 u akg-images, Berlin, Erich Lessing; 45 r Fortean Picture Library, Ruthin, Klaus Aarsleff; 46 Bildagentur Schapowalow, Hamburg, Heaton; 47 Rainer Holbe, Rameldingen; 48 l ParaPictures Archiv, München; 48 o akg-images, Berlin; 48 – 49 ParaPictures Archiv, München; 50 akg-images, Berlin, Henning Bock; 51 o Rainer Holbe, Rameldingen; 51 u ParaPictures Archiv, München; 52 Agentur Focus, Hamburg, Kazuyoshi Nomachi; 53 akg-images, Berlin, Jean-Louis Nou; 54 u Das Fotoarchiv, Essen, Andrea Künzing; 54 o Peter Fiebag, Northeim; 55 ol akg-images, Berlin; 55 ul Das Fotoarchiv, Essen, Sebastian Koch; 55 ur Mira Köll, Augsburg; 56 l akg-images, Berlin, Erich Lessing; 56 o Peter Fiebag, Northeim; 56 u Bildagentur Schapowalow, Hamburg, Thiele; 57 akg-images, Berlin, Jean-Louis Nou; 58 akg-images, Berlin; 59 akg-images, Berlin, Erich Lessing; 60 akg-images, Berlin; 61 akg-images, Berlin, Jean-Louis Nou; 62 akg-images, Berlin, Erich Lessing; 63 – 65 akg-images, Berlin; 66 Peter Fiebag, Northeim; 67 ParaPictures Archiv, München; 68 Walter-Jörg Langbein, Lügde; 69 Peter Fiebag, Northeim; 70 ParaPictures Archiv, München; 71 Walter-Jörg Langbein, Lügde; 72 Bildagentur Schapowalow, Hamburg; 73 m akg-images, Berlin, Werner Forman; 73 r akg-images, Berlin; 74 – 75l Peter Fiebag, Northeim; 75 or akg-images, Berlin, Werner Forman; 75 u – 77 Peter Fiebag, Northeim; 77 ur akg-images, Berlin; 78 Peter Fiebag, Northeim; 79 ParaPictures Archiv, München; 80 – 81 Peter Fiebag, Northeim; 82 – 83 Bildagentur Schapowalow, Hamburg, Döring; 84 o ParaPictures Archiv, München; 84 u aisa, Barcelona; 85 Bildagentur Schapowalow, Hamburg, Moser; 86 aisa, Barcelona; 87 aisa, Barcelona; 88 – 90 m ParaPictures Archiv, München; 91 r Rainer Binder Photo Conceptions, München; 92 akg-images, Berlin; 93 u IFA-Bilderteam, Noczynski; 93 r Bildagentur Schapowalow, Hamburg, Tom Nebbia; 94 akg-images, Berlin; 96 Damanhur Organisation, Baldissero Canavese; 97 m akg-images, Berlin; 97 u – 98 l Rainer Holbe, Rameldingen; 98 o akg-images, Berlin; 99 m Marianne Schiffl-Deiler, München; 99 u Rainer Holbe, Rameldingen; 100 – 101 m akg-images, Berlin; 101 u Mira Köll, Augsburg; 102 ParaPictures Archiv, München; 103 – 104 o akg-images, Berlin; 104 m Bildarchiv Steffens, Mainz; 105 – 106 akg-images, Berlin; 107 ol – 107 ul Bildarchiv Steffens, Mainz; 107 r akg-images, Berlin, Werner Forman; 108 – 109 akg-images, Berlin; 110 Bildagentur Schapowalow, Hamburg, Pratt-Pries; 111 akg-images, Berlin, Werner Forman; 112 akg-images, Berlin; 113 Bildagentur Schapowalow, Hamburg, Thiele; 114 Image Bank, Robert Holland; 115 akg-images, Berlin; 116 – 119 Walter-Jörg Langbein, Lügde; 120 akg-images, Berlin; 121 Agentur Focus, Hamburg, Roman Bezjak; 122 Agentur Focus, Hamburg, Robert Tixador; 123 akg-images, Berlin; 124 – 131 Peter Fiebag, Northeim; 132 – 133 Bildarchiv Preußischer Kulturbesitz, Berlin, Jürgen Liepe; 134 / 135 Agentur Focus, Hamburg, Memet Gülbiz; 136 – 139 ParaPictures Archiv, München; 140 – 144 Bildagentur Schapowalow, Hamburg, Tom Nebbia; 145 akg-images, Berlin; 146 Fortean Picture Library, Ruthin, Roger Vlitos; 147 akg-images, Berlin; 148 – 151 akg-images, Berlin, Erich Lessing; 152 akg-images, Berlin, Francois Gunért; 153 akg-images, Berlin, Erich Lessing; 154 ParaPictures Archiv, München; 155 akg-images, Berlin, Werner Forman; 156 akg-images, Berlin; 157 m Bildarchiv Preußischer Kulturbesitz, Berlin, U. Hoffmann; 157 u – 159 ParaPictures Archiv, München; 160 akg-images, Berlin; 161 ParaPictures Archiv, München; 162 l, 162 m akg-images, Berlin, Erich Lessing; 163 – 164 ParaPictures Archiv, München; 165 o akg-images, Berlin, Werner Forman; 165 r ParaPictures Archiv, München; 166 ParaPictures Archiv, München; 167 o akg-images, Berlin, Werner Forman; 167 u akg-images, Berlin, Erich Lessing; 168 – 169 akg-images, Berlin; 170 l Rainer Binder Photo Conceptions, München; 170 r – 171 Christoph Rehbach, Fuchstal; 172 akg-images, Berlin, Schütze/Rodemann; 173 – 174 ParaPictures Archiv, München; 175 akg-images, Berlin, S. Domingie; 176 – 178 akg-images, Berlin; 179 akg-images, Berlin, Erich Lessing; 180 akg-images, Berlin; 181 o Bildagentur Schapowalow, Hamburg; 181 r akg-images, Berlin, Werner Forman; 182 Bildagentur Schapowalow, Hamburg, Atlantide; 183 Mary Evans Picture Library, London; 184 l Bildarchiv Steffens, Mainz; 184 – 186 akg-images, Berlin; 187 m Bildarchiv Steffens, Mainz, Osmund Caine; 187 r Bildagentur Schapowalow, Hamburg, Brooke; 188 akg-images, Berlin; 189 akg-images, Berlin; 190 o Marianne Schiffl-Deiler, München; 190 u akg-images, Berlin, Erich Lessing; 191 akg-images, Berlin; 192 Mary Evans Picture Library, London; 193 akg-images, Berlin, Erich Lessing; 194 – 195 Mary Evans Picture Library, London; 196 l Fortean Picture Library, Ruthin, Rene Dahinden; 196 r Fortean Picture Library, Ruthin, Christopher L. Murphy; 197 Fortean Picture Library, Ruthin; 198 ol akg-images, Berlin; 198 ul Bildagentur Schapowalow, Hamburg, Thiele; 198 m Fortean Picture Library, Ruthin, Rene Dahinden; 199 o Bildagentur Schapowalow, Hamburg, Rose; 199 u Bildagentur Schapowalow, Hamburg, Weyer; 200 Mary Evans Picture Library, London, Robert Kenneth Wilson; 201 l Bildarchiv Steffens, Mainz; 201 or Bildagentur Schapowalow, Hamburg, Brooke; 201 ur akg-images, 202 – 203 akg-images, Berlin; 204 Das Fotoarchiv, Essen, Michael Schwerberger; 205 – 206 akg-images, Berlin; 207 m akg-images, Berlin, Werner Forman; 207 r – 209 akg-images, Berlin; 210 l ParaPictures Archiv, München; 210 akg-images, Berlin; 211 Das Fotoarchiv, Essen, Max Schmid; 212 Bildagentur Schapowalow, Hamburg, Scholz; 213 u akg-images, Berlin, Erich Lessing; 213 o Bildagentur Schapowalow, Hamburg, Sperber; 213 r – 215 akg-images, Berlin; 214 o akg-images, Berlin, Robert O´Dea; 215 – 217 akg-images, Berlin; 218 Bildarchiv Preußischer Kulturbesitz, Berlin, Joseph Martin; 219 Mary Evans Picture Library, London; 220 Bildarchiv Preußischer Kulturbesitz, Berlin; 221 Fortean Picture Library, Ruthin; 224 Agentur Focus, Harry Magnum; 226 Fortean Picture Library; 227 Mary Evans Picture Library; 228 – 229 Fortean Picture Library, Janet & Colin Bord; 230 Bildagentur Schapowalow, Thomke; 231 o akg-images, Berlin; 231 r Deutsche Presse Agentur GmbH; 232 o akg-images, Berlin, Justus Göpel; 232 u akg-images, Berlin; 233 o Deutsche Presse Agentur GmbH; 233 l akg-images, Berlin; 234 Agentur Focus, Patric Ward; 235 Fortean Picture Library; 236 Bertelsmann, Patrimonio del Mundo – Band 226, Seite 232/233; 237 Fortean Picture Library, Anthony Weir; 238 Fortean Picture Library, Andreas Trottmann; 239 Fortean Picture Library, Anthony Weir; 240 – 241 Bildagentur Schapowalow, A. van Rennings; 242 National Museet Kopenhagen, Dänemark; 243 Vikingerskibsmuseet, Roskilde, Dänemark; 244 – 245 akg-images, Berlin, Erich Lessing; 246 – 247 akg-images, Berlin; 248 Mary Evans Picture Library; 249 Bildagentur Schapowalow; 250 Stadt Horn-Bad Meinberg; 251 Fortean Picture Library, Don Douglas; 252 akg-images, Berlin, Evelyn Henn; 253 u akg-images, Berlin, Erich Lessing; 253 r Fortean Picture Library, Klaus Aarsleff; 254 Bildagentur Schapowalow, Heaton; 255 Rainer Holbe, Rameldange, Luxemburg; 256 l ParaPictures Archiv; 256 o akg-images, Berlin; 256 – 257 ParaPictures Archiv; 258 akg-images, Berlin, Henning Bock; 259 o Rainer Holbe, Rameldange, Luxemburg; 259 ParaPictures Archiv; 260 Agentur Focus, Kazuyoshi Nomachi; 261 akg-images, Berlin, Jean-Louis Nou; 262 m Das Fotoarchiv, Andrea Künzing; 262 o Peter Fiebag, Northeim; 263 o akg-images, Berlin; 263 u Das Fotoarchiv, Sebastian Koch; 264 l akg-images, Berlin, Erich Lessing; 264 o Peter Fiebag, Northeim; 264 u Bildagentur Schapowalow, Thiele; 265 akg-images, Berlin, Jean-Louis Nou; 266 akg-images, Berlin; 267 akg-images, Berlin, Erich Lessing; 268 akg-images, Berlin; 269 akg-images, Berlin, Jean-Louis Nou; 270 akg-images, Berlin, Erich Lessing; 271 – 273 akg-images, Berlin; 274 Peter Fiebag, Northeim; 275 ParaPictures Archiv; 276 Walter-Jörg Langbein, Lügde; 277 Peter Fiebag, Northeim; 278 ParaPictures Archiv; 279 Walter-Jörg Langbein, Lügde; 280 Bildagentur Schapowalow; 281 m akg-images, Berlin, Werner Forman; 281 r akg-images, Berlin; 282 – 283 o Peter Fiebag, Northeim; 283 ro akg-images, Berlin, Werner Forman; 283 – 285 Peter Fiebag, Northeim; 285 akg-images, Berlin; 286 Peter Fiebag, Northeim; 287 ParaPictures Archiv; 288 – 289 Peter Fiebag, Northeim; 290 – 291 Bildagentur Schapowalow, Döring; 292 o ParaPictures Archiv; 292 u Bertelsmann, Patrimonio del Mundo – Band 220, Seite 411; 293 Bildagentur Schapowalow, Moser; 294 Bertelsmann, Patrimonio del Mundo – Band 223, Seite 344/345; 295 Bertelsmann, Patrimonio del Mundo – Band 223, Seite 356; 296 – 298 ParaPictures Archiv; 299 Rainer Binder Photo Conceptions, München; 300 akg-images, Berlin; 301 u IFA-Bilderteam, Noczynski; 301 r Bildagentur Schapowalow, Tom Nebbia; 302 akg-images, Berlin; 304 Damanhur Organisation Baldissero Canavese, Italien; 305 m akg-images, Berlin; 305 u – 306 l Rainer Holbe, Rameldange, Luxemburg; 306 o akg-images, Berlin; 307 m Marianne Schiffl-Deiler, München; 307 u Rainer Holbe, Rameldange, Luxemburg; 308 – 309 r akg-images, Berlin; 310 ParaPictures Archiv; 311 – 312 o akg-images, Berlin; 312 m Bildarchiv Steffens; 313 – 314 akg-images, Berlin; 315 l Bildarchiv Steffens; 315 r akg-images, Berlin, Werner Forman; 316 – 317 akg-images, Berlin; 318 Bildagentur Schapowalow, Pratt-Pries; 319 akg-images, Berlin, Werner Forman; 320 akg-images, Berlin; 321 Bildagentur Schapowalow, Thiele; 322 Image Bank, Robert Holland; 323 akg-images, Berlin; 324 – 327 Walter-Jörg Langbein, Lügde; 328 akg-images, Berlin; 329 Agentur Focus, Roman Bezjak; 330 Agentur Focus, Robert Tixador; 331 akg-images, Berlin; 332 – 339 Peter Fiebag, Northeim; 341 Bildarchiv Preussischer Kulturbesitz, Jürgen Liepe; 342 o Bildarchiv Preussischer Kulturbesitz; 342 , 343 Agentur Focus, Memet Gülbiz; 344 – 347 ParaPictures Archiv; 348 – 352 Bildagentur Schapowalow, Tom Nebbia; 353 akg-images, Berlin; 354 Fortean Picture Library, Roger Vlitos; 355 akg-images, Berlin; 356 – 359 akg-images, Berlin, Erich Lessing; 360 akg-images, Berlin, Francois Gunért; 361 akg-images, Berlin, Erich Lessing; 362 ParaPictures Archiv; 363 akg-images, Berlin, Werner Forman; 364 akg-images, Berlin; 365 m Bildarchiv Preussischer Kulturbesitz, U. Hoffmann; 365 – 367 ParaPictures Archiv; 368 akg-images, Berlin; 369 ParaPictures Archiv; 370 akg-images, Berlin, Erich Lessing; 371 – 372 ParaPictures Archiv; 373 akg-images, Berlin, Werner Forman; 374 ParaPictures Archiv; 375 o akg-images, Berlin, Werner Forman; 375 u akg-images, Berlin, Erich Lessing; 376 – 377 akg-images, Berlin; 378 l Rainer Binder Photo Conceptions, München; 378 o, 379 Christoph Rehbach, Fuchstal; 380 akg-images, Berlin, Schütze/Rodemann; 381 – 382 ParaPictures Archiv; 383 akg-images, Berlin, S. Domingie; 384 – 386 akg-images, Berlin; 387 akg-images, Berlin, Erich Lessing; 388 akg-images, Berlin; 389 o Bildagentur Schapowalow; 389 r akg-images, Berlin, Werner Forman; 390 Bildagentur Schapowalow, Atlantide; 391 Mary Evans Picture Library; 392 l Bildarchiv Steffens; 392 – 394 akg-images, Berlin; 395 m Bildarchiv Steffens, Osmund Caine; 395 r Bildagentur Schapowalow, Brooke; 396 akg-images,

BILDNACHWEIS

Berlin; 397 akg-images, Berlin; 398 o Marianne Schiffl-Deiler, München; 398 u akg-images, Berlin, Erich Lessing; 399 akg-images, Berlin; 400 Mary Evans Picture Library; 401 akg-images, Berlin, Erich Lessing; 402 – 403 Mary Evans Picture Library; 404 – 404 ul Fortean Picture Library, Rene Dahinden; 404 – 405 Fortean Picture Library, Christopher L. Murphy; 406 ol akg-images, Berlin; 406 ul Bildagentur Schapowalow, Thiele; 406 m Fortean Picture Library, Rene Dahinden; 407 o Bildagentur Schapowalow, Rose; 407 m Bildagentur Schapowalow, Weyer; 408 Mary Evans Picture Library, Robert Kenneth Wilson; 409 m Bildarchiv Steffens; 409 o Bildagentur Schapowalow, Brooke; 409 r akg-images, 410 – 411 akg-images, Berlin; 412 Das Fotoarchiv, Michael Schwerberger; 413 – 414 akg-images, Berlin; 415 m akg-images, Berlin, Werner Forman; 415 – 417 akg-images, Berlin, 418 l ParaPictures Archiv; 418 akg-images, Berlin; 419 Das Fotoarchiv, Max Schmid; 420 Bildagentur Schapowalow, Scholz; 421 o Bildagentur Schapowalow, Sperber; 421 – 422 akg-images, Berlin; 422 o akg-images, Berlin, Robert O´Dea; 423 – 425 akg-images, Berlin; 426 Bildarchiv Preussischer Kulturbesitz, Joseph Martin; 427 Mary Evans Picture Library; 428 Bildarchiv Preussischer Kulturbesitz; 429 Fortean Picture Library. 428 / 429 akg-images, Berlin; 430 l Bildagentur Schapowalow, Hamburg, Heaton; 430 r akg-images, Berlin, Werner Forman; 431 lo akg-images, Berlin; 431 lu Bildagentur Schapowalow, Hamburg, Tom Nebbia; 431 r Mary Evans Picture Library, London; 432 / 433 Bildagentur Schapowalow, Hamburg, Heaton; 434 – 439 l ParaPictures Archiv, München; 439 r akg-images, Berlin; 440 akg-images, Berlin, Erich Lessing; 441 – 442 ParaPictures Archiv, München; 443 m akg-images, Berlin; 443 r ParaPictures Archiv, München; 444 – 445 akg-images, Berlin; 446 o Bildarchiv Steffens, Mainz; 446 m akg-images, Berlin; 446 u akg-images, Berlin; 447 Bildarchiv Steffens, Mainz, Jean Paul Laurens; 448 – 449 akg-images, Berlin; 450 l akg-images, Berlin, Stefan Drechsel; 450 / 451 akg-images, Berlin; 451 r akg-images, Berlin; 452 o Peter Fiebag, Northeim; 452 m Bildagentur Schapowalow, Hamburg, Komine; 453 o Peter Fiebag, Northeim; 453 u akg-images, Berlin; 454 lo Peter Fiebag, Northeim; 454 ro Peter Fiebag, Northeim; 454 lu Postkarte, RCT, Antonia Reeve; 455 o Peter Fiebag, Northeim; 455 u akg-images, Berlin; 456 l akg-images, Berlin; 456 / 457 akg-images, Berlin, Schütze/Rodemann; 457 akg-images, Berlin; 458 lo DIZ Süddeutscher Bilderdienst, München, Scherl; 458 / 459 akg-images, Berlin, Erich Lessing; 459 ro akg-images, Berlin; 459 ru – 462 ParaPictures Archiv, München; 463 l akg-images, Berlin; 463 r ParaPictures Archiv, München; 464 o akg-images, Berlin; 464 m akg-images, Berlin; 466 – 467 ParaPictures Archiv, München; 468 akg-images, Berlin; 469 ParaPictures Archiv, München; 470 / 471 Bildarchiv Preußischer Kulturbesitz, Berlin; 471 – 472 ParaPictures Archiv, München; 473 – 475 o akg-images, Berlin; 475 u Bildarchiv Preußischer Kulturbesitz, Berlin; 476 – 477 ParaPictures Archiv, München; 478 akg-images, Berlin, Erich Lessing; 479 – 483 ParaPictures Archiv, München; 484 l akg-images, Berlin; 484 / 485 Bildagentur Schapowalow, Hamburg, Heaton; 485 Bildarchiv Steffens, Mainz; 486 / 487 akg-images, Berlin; 488 – 492 akg-images, Berlin; 493 Corbis-Bettmann/Springer, New York; 494 / 495 akg-images, Berlin; 495 r akg-images, Berlin, Erich Lessing; 496 l akg-images,Berlin; 496 / 497 Rainer Binder Photo Conceptions, München; 497 r akg-images, Berlin; 498 lo akg-images, Berlin, Paul Almasy; 498 lu Bildagentur Schapowalow, Hamburg, Waldkirch; 498 m akg-images, Berlin, Erich Lessing; 499 o akg-images, Berlin, Joseph Martin; 499 u akg-images, Berlin; 500 Agentur Focus, Snowdon/Hoyer; 501 akg-images, Berlin; 502 – 503 Rainer Holbe, Rameldange; 504 l Peter Fiebag, Northeim; 504 m akg-images, Berlin; 505 m Das Fotoarchiv, Essen, Peter Stone; 505 u Peter Fiebag, Northeim; 506 lm ParaPictures Archiv, München; 506 lm ParaPictures Archiv, München; 506 / 507 akg-images, Berlin, Erich Lessing; 507 r akg-images, Berlin; 508 o akg-images, Berlin; 508 u akg-images, Berlin; 509 o ParaPictures Archiv; 509 u akg-images, Berlin; 509 r ParaPictures Archiv, München; 510 / 511 akg-images, Berlin; 512 – 513 ParaPictures Archiv, München; 514 l ParaPictures Archiv, München; 514 r akg-images, Berlin; 515 Das Fotoarchiv, Essen, Henning Christoph; 516 / 517 Bildagentur Schapowalow, Hamburg, Heaton; 517 m ParaPictures Archiv, München; 517 r – 520 l ParaPictures Archiv, München; 520 / 521 – 525 Das Fotoarchiv, Essen, Henning Christoph; 526 – 527 Mary Evans Picture Library, London; 528 – 529 ParaPictures Archiv, München; 530 akg-images, Berlin; 531 m akg-images, Berlin; 531 r Bildarchiv Preußischer Kulturbesitz, Berlin; 532 l ParaPictures Archiv, München; 532 m akg-images, Berlin; 533 – 534 ParaPictures Archiv, München; 109ro Titelblatt eines Nachdrucks des Malleus Maleficarum; 535 u Kolorierter Holzschnitt; 536 o ParaPictures Archiv, München; 536 / 537 akg-images, Berlin; 537 r akg-images, Berlin; 538 ParaPictures Archiv, München; 539 o Mary Evans Picture Library, London; 539 u Das Fotoarchiv, Essen, Henning Christoph; 540 o ParaPictures Archiv, München; 540 / 541 Das Fotoarchiv, Essen, Henning Christoph; 541 r ParaPictures Archiv, München; 542 – 543 ParaPictures Archiv, München; 544 / 545 akg-images, Berlin; 545 r ParaPictures Archiv, München; 546 l ParaPictures Archiv, München; 546 m akg-images, Berlin; 547 ParaPictures Archiv, München; 548 ParaPictures Archiv, München; 549 l Das Fotoarchiv, Essen, Peter Kornriss; 549 r ParaPictures Archiv, München; 550 l Das Fotoarchiv, Essen, Markus Dworaczyk; 550 / 551 Das Fotoarchiv, Essen, Henning Christoph; 551 ParaPictures Archiv, München; 552 / 553 akg-images, Berlin; 553 o ParaPictures Archiv, München; 553 u akg-images, Berlin; 554 l ParaPictures Archiv, München; 554 m akg-images, Berlin; 555 – 557 ParaPictures Archiv, München; 558 / 559 Bildagentur Schapowalow, Hamburg, Tom Nebbia; 560 – 561 ParaPictures Archiv, München; 562 Paxmann/Teutsch Buchprojekte, München; 563 – 567 ParaPictures Archiv, München; 568 / 569 Bildagentur Schapowalow, Hamburg, Sander; 569 Paxmann/Teutsch Buchprojekte, München; 570 Das Fotoarchiv, Essen, Bernhard Nimtsch; 571 u Fortean Picture Library, Ruthin; 571 r akg-images, Berlin, Erich Lessing; 572 / 573 National Museum Denmark, Kopenhagen; 574 Bildagentur Schapowalow, Hamburg, Pratt-Pries; 575 aisa, Barcelona; 576 / 577 Bildagentur Schapowalow, Hamburg, Stefano Amantini, Atlantide; 577 akg-images, Berlin; 578 Das Fotoarchiv, Essen, Thomas Mayer; 579 Bildagentur Schapowalow, Hamburg; 580 Fortean Picture Library, Ruthin; 581 akg-images, Berlin, Erich Lessing; 582 Fortean Picture Library, Ruthin; 583 o akg-images, Berlin; 583 u Das Fotoarchiv, Essen, Michael St. Maur Sheil; 584 Dietrich Schulze, Langenselbold; 585 m Dietrich Schulze, Langenselbold; 585 r Bildagentur Schapowalow, Hamburg; 586 l Rainer Holbe, Rameldange; 586 m Dietrich Schulze, Langenselbold; 587 lo Reiche/ Schulze, Langenselbold 587 ro + 587 u Dietrich Schulze, Langenselbold; 588 / 589 Document Vortragsring e.V., München, Jörg Trobitzsch; 589 r akg-images, Berlin; 590 o William F. Romain, Olmstead twp, Ohio, USA; 590 u Fortean Picture Library, Ruthin, McAdams; 591 akg-images, Berlin; 592 ParaPictures Archiv, München; 593 o Bildagentur Schapowalow, Hamburg, Hans Döring; 593 u Das Fotoarchiv, Essen, Nik Wheeler; 594 / 595 Mary Evans Picture Library, London; 596 – 601 ParaPictures Archiv, München; 602 U.S. Department of Defence, Pentagon, Washington DC, USA; 603 – 605 ParaPictures Archiv, München; 605 r Das Fotoarchiv, Essen, Joseph Rodriguez; 606 – 608 ParaPictures Archiv, München; 609 o akg-images, Berlin; 609 u ParaPictures Archiv, München; 610 ParaPictures Archiv, München; 611 l ParaPictures Archiv, München; 611 ro akg-images, Berlin; 611 ru ParaPictures Archiv, München; 612 Deutsche Presse Agentur, München; 613 l ParaPictures Archiv, München; 613 r Deutsche Presse Agentur, München; 614 – 615l Bildagentur Schapowalow, Hamburg, Brooke; 615 r – 619 ParaPictures Archiv, München; 620 Frank Laumen Photografie, Leverkusen; 621 HFS GmbH, Berndt Mückner, Calden; 622 l akg-images, Berlin, Erich Lessing; 622 m Bildagentur Schapowalow, Hamburg; 623 lo akg-images, Berlin; 623 u Rainer Holbe, Rameldange; 624 l Bildagentur Schapowalow, Hamburg, Kölsch; 624 Mary Evans Picture Library, London; 625 Mary Evans Picture Library, London, E.S. Curtis; 626 Bildagentur Schapowalow, Hamburg, Huber; 627 akg-images, Berlin; 628 / 629 Fortean Picture Library, Ruthin, Klaus Aarsleff; 629 r Fortean Picture Library, Ruthin, Klaus Aarsleff; 630 Bildagentur Schapowalow, Hamburg; 631 Fortean Picture Library, Ruthin; 632 akg-images, Berlin, Werner Forman; 633 Mary Evans Library; 634 akg-images, Berlin; 635 Bildagentur Schapowalow, Hamburg, Brooke; 634 – 635 pwe Kinoarchiv, Hamburg; 636 / 637 Bildagentur Schapowalow, Hamburg, Kirsch; 638 lu Getty Images, München, David Muench; 638 ro ParaPictures Archiv, München; 639 l Agentur Focus, Hamburg, Oscar Burriel; 639 r akg-images, Berlin; 640 – 641 r Getty Images, München, David Muench; 642 / 643 Bildagentur Schapowalow, Hamburg, Kirsch; 643 r Jump, Hamburg; 644 Christof Rehbach, Fuchstal; 645 o Das Fotoarchiv, Essen, Thomas Mayer; 645 u aisa, Barcelona; 646 / 647 Agentur Focus, Hamburg, David Ducros; 647 r Bildarchiv Preußischer Kulturbesitz, Berlin, U. Hoffmann; 648 o Eduard Baumann, Bern; 648 u Agentur Focus, Hamburg, Nick Sinclair; 649 Bildagentur Schapowalow, Hamburg, Brooke; 650 – 652 akg-images, Berlin; 653 l Bildagentur Schapowalow, Hamburg, Heaton; 653 r Das Fotoarchiv, Essen, Peter Hollenbach; 654 – 656 Rainer Binder Photoconception, München; 657 Das Fotoarchiv, Essen, Christoph Henning; 658 – 659 Miguel Perez, München; 660 o akg images, Berlin, Erich Lessing; 660 / 661 Bildarchiv Preußischer Kulturbesitz, Berlin; 661 r Das Fotoarchiv, Essen, Dirk Eisermann; 662 o Labyrinth Resource Centre Photo Library, London, Jeff Saward; 662 u Das Fotoarchiv, Essen, Marco Cristofori; 663 o akg-images, Berlin, Erich Lessing; 663 u Fortean Picture Library, Ruthin; 664 Fortean Picture Library, Ruthin, Janet & Colin Bord; 665 Fortean Picture Library, Ruthin; 666 l Mary Evans Picture Library, London; 666 r aisa, Barcelona; 667 Fortean Picture Library, Ruthin; 668 Bildagentur Schapowalow, Hamburg, Dr. Nowak; 669 Bildagentur Schapowalow, Hamburg, Mader; 670 aisa, Barcelona; 671 Fortean Picture Library, Ruthin, F. C. Taylor; 672 – 673 o Bildagentur Schapowalow, Hamburg, Pratt-Pries; 673 u Document Vortragsring e.V., München, Richard K. Blasy; 674 – 675 Fortean Picture Library, Ruthin, Hamish M. Brown; 676 Bildagentur Schapowalow, Hamburg, Huber; 677 ParaPictures Archiv, München; 678 / 679 Das Fotoarchiv, Essen, Jochen Tack; 679 r akg-images, Berlin; 680 – 683 ParaPictures Archiv, München; 684 – 685 Peter Fiebag, Northeim; 686 – 687 aisa, Barcelona; 688 – 692 r Peter Fiebag, Northeim; 693 aisa, Barcelona; 694 / 695 Das Fotoarchiv, Essen, Nik Wheeler; 695 r akg-images, Berlin; 696 / 697 Bildagentur Schapowalow, Hamburg, Dallas & John Heaton; 697 o Peter Fiebag, Northeim; 697 u Bildagentur Schapowalow, Hamburg, Cora; 698 l akg-images, Berlin; 698 / 699 akg-images, Berlin, Werner Forman; 699 o akg-images, Berlin, Erich Lessing; 699 u akg-images, Berlin, Cameraphoto; 700 l akg-images, Berlin, Erich Lessing; 700 r akg-images, Berlin; 701 o Peter Fiebag, Northeim; 701 m Deutsche Presse Agentur, München; 701 u Das Fotoarchiv, Essen, Thomas Mayer; 702 Bildagentur Schapowalow, Hamburg, Scholz; 703 Bildagentur Schapowalow, Hamburg, Sander; 704 Peter Fiebag, Northeim; 705 aisa, Barcelona; 706 akg-images, Berlin, Jürgen Sorges; 707 – 709 LaserSatz Thewalt, Wiesenbach, Dr. Volker Thewalt; 710 / 711 Bildagentur Schapowalow, Hamburg, Thiele; 711 r akg-images, Berlin; 712 / 713 Das Fotoarchiv, Essen, James Sugar; 713 r Bildagentur Schapowalow, Hamburg, Heaton; 714 akg-images, Berlin, Henning Bock; 715 o Bildagentur Schapowalow, Hamburg, Heaton; 715 u akg-images, Berlin; 716 Christof Rehbach, Fuchstal; 717 – 723 ParaPictures Archiv, München; 724 / 725 ParaPictures Archiv, München, Walter Andritzky; 726 / 727 akg-images, Berlin; 727 r – 728 ParaPictures Archiv,

BILDNACHWEIS

München; 729 Reinhard Tierfoto, Heiligkreuzsteinach, Hans Reinhard; 730 l ParaPictures Archiv, München, Walter Andritzky; 730 r Das Fotoarchiv, Essen, Jochen Tack; 731 m – 731 u ParaPictures Archiv, München, Walter Andritzky; 731 o Das Fotoarchiv, Essen, Knut Müller; 732 Bildagentur Schapowalow, Hamburg, Hans Döring; 733 o Reinhard Tierfoto, Heiligkreuzsteinach; 733 u – 734 l ParaPictures Archiv, München, Walter Andritzky; 734 / 735 Das Fotoarchiv, Essen, Erica Lansner; 735 r ParaPictures Archiv, München, Walter Andritzky; 736 l akg-images, Berlin; 736 r ParaPictures Archiv, München; 737 l Reinhard Tierfoto, Heiligkreuzsteinach, Yvonne Lapp; 737 r Das Fotoarchiv, Essen, Andreas Riedmiller; 738 ParaPictures Archiv, München; 739 l – 739 r akg-images, Berlin; 740 l Das Fotoarchiv, Essen, Andreas Riedmiller; 740 r akg-images, Berlin; 741 l Christof Rehbach, Fuchstal; 741 r akg-images, Berlin; 742 ParaPictures Archiv, München, Walter Andritzky; 743 l Reinhard Tierfoto, Heiligkreuzsteinach, Hans Reinhard; 743 r – 745 ParaPictures Archiv, München; 746 akg-images, Berlin; 747 Bildagentur Schapowalow, Hamburg, Cora; 748 o Das Fotoarchiv, Essen, Cindy Karp; 748 u Das Fotoarchiv, Essen, John Running; 749 ParaPictures Archiv, München; 750 o ParaPictures Archiv, München; 750 / 751 Das Fotoarchiv, Essen, Vera Lentz; 751 r ParaPictures Archiv, München, Walter Andritzky; 752 ParaPictures Archiv, München; 753 Reinhard Tierfoto, Heiligkreuzsteinach, Nils Reinhard; 754 Bildagentur Schapowalow, Hamburg, Peters; 755 l ParaPictures Archiv, München; 755 r Rainer Binder Photoconception, München; 756 – 757 o ParaPictures Archiv, München; 757 u Zeichnung, Quelle: unbekannt; 758 ParaPictures Archiv, München; 759 o akg-images, Berlin; 759 m – 760 o ParaPictures Archiv, München; 760 u Das Fotoarchiv, Essen, Mathew Naythons; 761 o akg-images, Berlin, Kunsthistorisches Museum, Wien; 761 u akg-images, Berlin; 762 l ParaPictures Archiv, München; 762 / 763 Das Fotoarchiv, Essen, Peter Korniss; 763 r Bildagentur Schapowalow, Hamburg, Th. Müller; 764 / 765 ParaPictures Archiv, München; 765 r Reinhard Tierfoto, Heiligkreuzsteinach, Hans Reinhard; 766 o ParaPictures Archiv, München; 766 m Bildarchiv Preußischer Kulturbesitz, Berlin; 767 ParaPictures Archiv, München; 768 l Bildagentur Schapowalow, Hamburg, Jacobi; 768 r akg-images, Berlin; 769 l ParaPictures Archiv, München; 769 r akg-images, Berlin; 770 / 771 Agentur Focus, Hamburg, Oscar Burriel; 772 – 778 ParaPictures Archiv, München; 779 Das Fotoarchiv, Essen, Martin Sasse; 780 – 781 ParaPictures Archiv, München; 782 akg-images, Berlin; 783 o Paxmann/ Teutsch Buchprojekte, München; 783 u Rainer Binder Photoconception, München; 784 akg-images, Berlin; 785 o Paxmann/Teutsch Buchprojekte, München; 785 u akg-images, Berlin; 786 l – 787 l Paxmann/Teutsch Buchprojekte, München; 787 r akg-images, Berlin, Werner Forman; 788 ParaPictures Archiv, München; 789 – 791 ParaPictures Archiv, München, Walter Andritzky; 790 – 791 ParaPictures Archiv, München; 792 akg-images, Berlin; 793 o Agentur Focus, Hamburg; 793 u – 794 l Bildarchiv Preußischer Kulturbesitz, Berlin; 794 / 795 akg images, Berlin; 796 Fortean Picture Library, Ruthin, Loren Coleman; 797 ParaPictures Archiv, München; 798 – 800 akg-images, Berlin; 801 ParaPictures Archiv, München; 802 / 803 akg-images, Berlin; 804 – 805 Paxmann/Teutsch Buchprojekte, München; 806 – 807 Peter Fiebag, Northeim; 808 / 809 Mary Evans Picture Library, London; 809 r – 810 Peter Fiebag, Northeim; 811 akg-images, Berlin; 812 Lars A. Fischinger, Coesfeld-Lette; 813 akg-images, Berlin; 814 l Peter Fiebag, Northeim; W. Rüedi; 814 r Peter Fiebag, Northeim; 815 Peter Fiebag, Northeim; 816 / 817 Bildagentur Schapowalow, Hamburg, Atlantide; 817 r Das Fotoarchiv, Essen, M. Folco; 818 Bildagentur Schapowalow, Hamburg, Atlantide; 819 Das Fotoarchiv, Essen, Hiroyuki Matsumoto; 820 Peter Fiebag, Northeim, Prof. Habgood; 821 Das Fotoarchiv, Essen, Marco Cristofori; 822 – 824

akg-images, Berlin; 825 o Peter Fiebag, Northeim, Franz Frisch; 825 u Peter Fiebag, Northeim; 826 / 827 akg-images, Berlin, Erich Lessing; 827 r Peter Fiebag, Northeim, Hartwig Hausdorf; 828 o – 830 u Peter Fiebag, Northeim; 831 akg-images, Berlin; 832 – 833 u Peter Fiebag, Northeim, Valerij Onarow/Werner Forster; 834 – 835 Rainer Holbe, Rameldange; 836 l – 837 o ParaPictures Archiv, München; 837 u akg-images, Berlin; 838 ParaPictures Archiv, München; 839 o akg-images, Berlin, Erich Lessing; 839 u – 845 ro ParaPictures Archiv, München; 845 lo Das Fotoarchiv, Essen, Pat & Baiba Morrow; 845 ru – 845 lu ParaPictures Archiv, München. 844 – 845 Mary Evans Picture Library, London; 846 l akg-images, Berlin; 846 r pwe Kinoarchiv, Hamburg; 847 l Agentur Focus, Hamburg, Oscar Burriel; 847 r Agentur Focus, Hamburg, Cern; 848 – 849 akg-images, Berlin; 850 Rainer Binder Photoconception, München; 851 l – 851 u akg-images, Berlin; 851 ro Das Fotoarchiv, Essen, John Running; 852 – 853 l Mary Evans Picture Library, London; 853 r – 857 ParaPictures Archiv, München; 858 Rainer Holbe, Rameldange; 859 l Fortean Picture Library, Ruthin, Gordon Wain; 859 r – 860 ParaPictures Archiv, München; 861 aisa, Barcelona; 862 Fortean Picture Library, Ruthin; 863 ParaPictures Archiv, München; 864 Fortean Picture Library, Ruthin; 865 ParaPictures Archiv, München; 866 Self-Realization Fellowship, Los Angeles; 867 o Bildagentur Schapowalow, Hamburg, Dr. Beisert; 867 u Rainer Binder Photoconception, München; 868 akg-images, Berlin, H. Bock; 869 Bilderdienst Süddeutscher Verlag, München; 870 Mary Evans Picture Library, London, Henri Meunier; 871 akg-images, Berlin; 872 l Fortean Picture Library, Ruthin; 872 r Verlag am Goetheanum, Dornach; 873 Freunde der Erziehungskunst, Berlin; 874 – 875 o ParaPictures Archiv, München; 875 u Wolfgang Krüger Verlag, Frankfurt; 876 / 877 pwe Kinoarchiv, Hamburg; 878 / 879 Das Fotoarchiv, Essen, Wolfgang Schmidt; 879 r – 880 ParaPictures Archiv, München; 881 lo Das Fotoarchiv, Essen, Richard Howard; 881 r ParaPictures Archiv, München; 881 u Das Fotoarchiv, Essen, Steve Winter; 882 akg-images, Berlin; 883 o ParaPictures Archiv, München; 883 u Das Fotoarchiv, Essen, Alfred Gescheidt; 884 – 886 l ParaPictures Archiv, München; 886 r akg-images, Berlin; 887 ParaPictures Archiv, München; 888 / 889 l Fortean Picture Library, Ruthin; 889 r Fortean Picture Library, Ruthin, Dennis Stacy; 890 – 891 lu ParaPictures Archiv, München; 891 r Bilderdienst Süddeutscher Verlag, München, Stephan Rumpf; 892 – 895 ParaPictures Archiv, München; 896 / 897 akg-images, Berlin; 897 r Das Fotoarchiv, Essen, Steve Winter; 898 / 899 Agentur Focus, Hamburg, David Parker; 899 r NASA, Pasadena; 900 Agentur Focus, Hamburg, David Nunuk; 901 Das Fotoarchiv, Essen, Dan McCoy; 902 / 903 Fortean Picture Library, Ruthin, Ella Louise Fortune; 903 r Mary Evans Picture Library, London, Arthur Strauch; 904 pwe Kinoarchiv, Hamburg; 905 Peter Fiebag, Northeim; 906 Fortean Picture Library, Ruthin; 907 Peter Fiebag, Northeim; 908 pwe Kinoarchiv, Hamburg; 909 Agentur Focus, Hamburg, US Library of Congress; 910 Fortean Picture Library, Ruthin; 911 Fortean Picture Library, Ruthin; Andrew C. Stewart; 912 – 915 NASA, Pasadena; 916 Fortean Picture Library, Ruthin, Dezsö Sternoczky; 917 Das Fotoarchiv, Essen, Ann Hawthorne; 918 Agentur Focus, Hamburg, Chris Butler; 919 Agentur Focus, Hamburg, David Nunuk; 920 Agentur Focus, Hamburg, Detlev van Ravensway; 921 NASA, Pasadena; 922 / 923 Bildarchiv Steffens, Mainz; 924 akg-images, Berlin; 925 l ParaPictures Archiv, München; 925 r akg-images, Berlin; 926 Mary Evans Picture Library, London; 927 Das Fotoarchiv, Essen, Henning Christoph; 928 akg-images, Berlin, Erich Lessing; 929 akg-images, Berlin; 930 – 933 ParaPictures Archiv, München; 934 Miguel Perez Fotodesign, München; 935 l akg-images, Berlin; 935 r – 936 l ParaPictures Archiv, München; 936 r akg-images, Berlin; 937 Miguel Perez Fotodesign, München; 938 o Bildagentur Schapowalow, Hamburg, N. Brüggemann.

938 u – 939 u Bildarchiv Steffens, Mainz; 939 o ParaPictures Archiv, München; 940 akg-images, Berlin; 941 – 942 l ParaPictures Archiv, München; 942 r Mary Evans Picture Library, London; 943 ParaPictures Archiv, München; 944 / 945 Sipa Press, Paris; 945 o akg-images, Berlin; 945 u ParaPictures Archiv, München; 946 akg-images, Berlin; 947 o ParaPictures Archiv, München; 947 l – 947 r akg-images, Berlin; 948 – 949 akg-images, Berlin, Erich Lessing; 950 – 951 Robert F. Butts, Sayre, PA; 952 / 953 Agentur Focus, Hamburg, Oscar Burriel; 954 / 955 Mary Evans Picture Library, London; 955 r Miguel Perez Fotodesign, München; 956 – 957 akg-images, Berlin; 958 – 959 Mary Evans Picture Library, London; 960 Bildagentur Schapowalow, Hamburg, Dr. Ragab-Village; 961 – 962 / 963 Bildarchiv Preußischer Kulturbesitz, Berlin; 963 r Mary Evans Picture Library, London; 964 – 966 akg-images, Berlin; 967 – 968 Mary Evans Picture Library, London; 969 Fortean Picture Library, Ruthin, Dennis Stacy; 970 Rainer Binder Photoconception, München; 971 Bildarchiv Preußischer Kulturbesitz, Berlin; 972 / 973 akg-images, Berlin; 973 r Rainer Holbe, Rameldange; 974 Fortean Picture Library, Ruthin; 975 Fortean Picture Library, Ruthin, Tony O'Rahilly; 976 akg-images, Berlin; 977 l Das Fotoarchiv, Essen, Robert Doisenau; 977 r ParaPictures Archiv, München; 978 akg-images, Berlin, Erich Lessing; 979 ParaPictures Archiv, München; 980 – 981 ParaPictures Archiv, München, Stanislav Grof; 982 / 983 akg-images, Berlin; 984 lo – 984 lu ParaPictures Archiv, München; 984 r akg-images, Berlin, S. Domingie; 985 o ParaPictures Archiv, München; 985 u akg-images, Berlin; 986 ParaPictures Archiv, München; 987 akg-images, Berlin; 988 l ParaPictures Archiv, München; 988 r akg-images, Berlin; 989 l – 995 ParaPictures Archiv, München; 996 Postkarte, Storkyrkobodenförlag, Stockholm; 997 l Mary Evans Picture Library, London; 997 r Verlag Morsak, Grafenau, Fruth; 998 – 999 Mary Evans Picture Library, London; 1000 akg-images, Berlin; 1001 – 1002 l ParaPictures Archiv, München; 1002 r – 1003 akg-images, Berlin; 1004 – 1005 Peter Fiebag, Northeim; 1006 / 1007 pwe Kinoarchiv, Hamburg; 1007 o Bilderdienst Süddeutscher Verlag, München, Ralph Metzger; 1007 u Bildagentur Schapowalow, Hamburg, N. Brüggemann; 1008 o – 1008 u ParaPictures Archiv, München; 1008 / 1009 akg-images, Berlin; 1009 r – 1011 ParaPictures Archiv, München; 1012 / 1013 Agentur Focus, Hamburg, CERN; 1014 Agentur Focus, Hamburg, James King-Holmes; 1015 r Paul. B. Baltes, Berlin; 1015 l Agentur Focus, Hamburg, Stephen Shames; 1016 Agentur Focus, Hamburg, Makoto Iwafuji; 1017 Agentur Focus, Hamburg, David Gifford; 1018 akg-images, Berlin; 1019 Fortean Picture Library, Ruthin; 1020 akg-images, Berlin, Erich Lessing; 1021 akg-images, Berlin; 1022 Agentur Focus, Hamburg, Hans Silvester; 1023 ParaPictures Archiv, München, Ron Jones; 1024 Agentur Focus, Hamburg; 1025 Rainer Binder Photoconception, München; 1026 Peter Fiebag, Northeim, A. v. Rétyi; 1027 Peter Fiebag, Northeim; 1028 Scherz Verlag, Bern; 1029 u akg-images, Berlin, Jean-Louis Nou; 1029 o Bildagentur Schapowalow, Hamburg, Rehren; 1030 Agentur Focus, Hamburg, Mark Garlick; 1031 akg-images, Berlin; 1032 Fortean Picture Library, Ruthin, Andrew C. Stewart; 1033 akg-images, Berlin; 1034 Agentur Focus, Hamburg, Alfred Pasieka; 1035 Das Fotoarchiv, Essen, James Sugar; 1036 Das Fotoarchiv, Essen, Markus Matzel; 1037 Agentur Focus, Hamburg, A. Barrington Brown; 1038 / 1039 Peter Fiebag, Northeim, A. v. Rétyi; 1039 r pwe Kinoarchiv, Hamburg; 1040 Peter Fiebag, Northeim, Andreas von Rétyi; 1041 NASA, Pasadena; 1042 Agentur Focus, Hamburg, J. Lomberg; 1043 akg-images, Berlin; 1044 – 1047 ParaPictures Archiv, München; 1048 Agentur Focus, Hamburg, Rainer Schmidt; 1049 Das Fotoarchiv, Essen, Henning Christoph; 1050 akg-images, Berlin; 1051 Mary Evans Picture Library, London; 1052 Das Fotoarchiv, Essen, Jörg Meyer; 1053 Mary Evans Picture Library, London.

IMPRESSUM

Genehmigte Lizenzausgabe für
Verlagsgruppe Weltbild GmbH, Steinerne Furt, 86167 Augsburg
Copyright © 2002 by wissen Media Verlag, Gütersloh / München
(vormals Bertelsmann Lexikon Verlag GmbH)
Die Originalausgabe erschien 2002 / 2003 in Einzelbänden unter den Titeln
Mysterien des Altertums / Mysterien des Westens / Mysterien des Ostens /
Magische Kraftorte / Geheime Botschaften
bei Droemersche Verlagsanstalt Th. Knaur Nachf., München.
Konzept: wissen Media Verlag, Gütersloh/München;
Paxmann / Teutsch Buchprojekte, München
Gestaltung: Paxmann / Teutsch Buchprojekte, München
Autoren: Peter Fiebag, Dr. Elmar Gruber, Rainer Holbe
Datenaufbereitung, Satz: Ingo Engel, Werner Kopp, Christine Kraut
Projektleitung: Thekla Sielemann
Redaktion: Johanna Brechtken, Petra Parsons, Lars Richter, Claire Singer
Schlußredaktion: CLP Lauer & Partner, Christoph Dedring, München
Bildredaktion: Sandra Perez-Lennart
Umschlaggestaltung: Christian Strohmayr,
Atelier Lehmancher, Friedberg / Bay.
Umschlagmotiv: vorne oben und hinten: Mike Waggoner / Corbis;
vorne unten: Nigel Francis / Corbis
Gesamtherstellung: Neografia, a.s.
Skultétyho 1, SK-03655 Martin

Printed in Slovakia

ISBN 3-8289-0804-7

2007   2006   2005   2004
Die letzte Jahreszahl gibt die aktuelle Lizenzausgabe an.

Alle Rechte vorbehalten.

Einkaufen im Internet: *www.weltbild.de*